두뇌로부터 문화에 이르는

사 회 인 지

두뇌로부터 문화에 이르는

사회인지

Social Cognition
From Brains to Culture

Susan T. Fiske · Shelley E. Taylor 지음
신현정 옮김

박학사

Social Cognition, From Brains to Culture, 1st Edition.

1 2 3 4 5 6 7 8 9 10 PHS 20 10

Original: Social Cognition, from Brains to Culture, 1st Edition.
By Susan Fiske, Shelley Taylor.
ISBN 978-0-07-340552-0

This book is exclusively distributed in Pakhaksa.

When ordering this title, please use ISBN 978-89-91633-76-6

Printed in Korea

역자 서문

亡羊之歎에 望洋之嘆이라. 학문의 길에는 갈림길이 너무나 많고 광대하여, 사반세기 넘게 인지심리학자로 활동해 왔음에도 미로 속에 빠져 헤매고 있다는 느낌이다. 멀리 갈 것도 없이 심리학 내의 이웃 영역에서 얼마나 많은 연구자들이 얼마나 창의적인 방법을 동원하여 얼마나 많은 연구들을 수행하고 있는지조차 파악하기 힘들다. 그렇다고 한탄만 하고 있을 수는 없는 일이기에, 인지심리학과 사회심리학의 교집합이라 할 수 있는 사회인지 분야에 관심을 가지고 S. 피스키와 S. 테일러의 『Social Cognition: From Brains to Culture』(2007)를 정독할 기회가 있었다. 마침 출판사의 요청이 있어서 용기를 내어 번역을 시도하게 되었다.

이 책은 사회인지 분야를 대표하는 두 저자가 『Social Cognition』이라는 제목으로 출판한 세 번째 책이다. 마땅히 3판이 되어야 함에도, 'From Brains to Culture'라는 부제를 붙여 전판과 차별화하고 있다. 즉, 정통 실험 사회인지(experimental social cognition) 연구에 사회신경과학과 문화심리학을 접목시키는 새로운 시도를 하고 있다. 책 말미의 참고문헌에서 볼 수 있는 것처럼, 두 저자는 새롭게 떠오르고 있는 사회신경과학 분야의 최근 연구를 포함한 엄청난 양의 연구 문헌들을 두루 섭렵하고 있다. 지면의 제약에도 불구하고 다양한 사회인지 분야의 연구들을 간결하고도 명료하게 요약하면서, 현재까지 합의가 이루어진 내용과 뜨거운 논쟁이 진행되고 있는 연구문제들 그리고 미래의 연구 방향을 저자들의 관점과 융합시키고 있다. 사회인지 분야에 관심을 가진 연구자들에게는 일종의 핸드북으로 유용할 것이며, 꼭 읽어 보기를 권하고 싶은 책 중의 하나다. 무리하게나마 이렇게 번역을 시도한 이유도 여기에 있다.

번역은 원문의 글쓰기 스타일을 최대한 반영할 수 있도록 진행되었다. 그렇지만 영어와 한국어의 구조적 차이로 인해서 가독성이 떨어질 수 있다고 판단된 부분에서는 다소 의역이 포함되기도 하였다. 아무튼 번역은 역자의 능력을 넘어설 수 없는 것이기에 어색한 표현이 없을 수 없다. 독자들의 따가운 지적을 받아들여 향후 더 좋은 번역본을 내놓을 수 있게 되기를 기대한다.

끝으로 이 책을 기꺼이 출판해 준 박학사에 감사드리고, 산만한 원고를 열심히 읽어 준 대학원생 윤상석에게 고마움을 전한다.

2010년 벽두의 새벽별 귀퉁이에서

신현정

저자 서문

사회인지에 관한 우리의 첫 번째 교재가 출판된 이래, 개인적으로나(태어나고 떠난 자식들, 새로운 직업, 새로운 집 등) 직업적으로나(두 사람 모두 예측하였던 것보다 신경과학과 문화에 관한 연구를 더 많이 하고 있다) 상당히 많은 것들이 변하였다. 첫 번째 교재를 집필할 때는, 우리가 하루하루 작성한 원고를 타이핑해 주고 글이 제대로 써지지 않는 날에는 우리를 힐난하던 비서에게 줄이 쳐 있는 공책에 적게 하거나 직접 글을 써 나갔다. 원고를 서로 바꾸어 읽어 보기 위해서는 우편을 이용하였다. 그리고 첫 판 표지의 색깔은 비행기 티켓 카본지에 근거하여 선택하였으며, 1980년대 재즈 연주자들의 목판화로 생기를 불어넣은 디자인을 선택하였다.

그 교재가 한때는 위세를 떨쳤으며, 오늘날 형태의 사회인지의 출현을 정의해 주었다. 그 당시 사회심리학은 위기에서 벗어나고 있었는데, 그 위기는 부분적으로 인지심리학으로부터 새롭게 가용하게 된 신선한 아이디어와 방법들로 인해서 해결되었다. 회의론자들은 사회인지가 단명할 일시적 유행에 불과할 것으로 예측하였다. 사회심리학자들은 충분히 사회적이지 못한 실수를 저질렀으며, 인지심리학자들은 충분히 인지적이지 못한 실수를 저질렀다는 것이다. 그렇지만 용감무쌍한 연구자들은 사회적 주의, 기억, 추론, 스키마 등을 무엇보다도 자기(self)에서부터 건강과 편견에 이르는 주제에 적용하는 선도적인 통찰에 열광하고 있었다. 처음에 우리는 그 당시 사회인지에 관한 책에 귀인, 자기, 태도와 같은 고전적 영역들을 포함시킬 것인지를 놓고 논쟁을 벌였다. 결국에는 포함시키는 것을 목표로 삼았으며, 사회인지적 접근이 고전적 논제와 새로운 논제 모두에 부합한다는 것을 보여 주고자 하였다. 이러한 부합성은 오늘날에도 참이다.

두 번째 책은 사회인지의 강건한 힘을 입증하였으며, 단순히 일시적 유행이나 막간 혹은 한 시대에 머무는 것이 아님을 증명하였다. 사회인지는 살아남아 있으며, 사회심리학 구석구석을 파고들었다. 두 번째 판의 표지에는 부드러운 톤의 전형적인 녹색을 살려 르누아르를 연상하게 만드는 기다란 그림을 실었다. 그 그림에 많은 사람이 북적이고 있는 것처럼, 우리의 참고문헌도 많은 연구들로 채워졌다. 이 책은 다루고 있는 범위에서 백과사전적이었으며, 7년 동안 연구가 폭발적으로 진행되었음을 반영하는 것이었다.

이제 이 새로운 책은—초판이 출판되고 거의 24년이 흘렀다—더욱 광범위한 조망을 취하고 있으며, 여전히 기본 아이디어로 출발하지만 빠르게 오늘날의 연구로 진행하고 있다. 이 교재는 가장 최근의 사회신경과학을 반영하고 있는데, 회의론자들에게는 이것이 별로 사회적이지 않으며 다른 사람들에게는 별로 신경과학적이지도 않다. (친숙하게 들리지 않는가?) 그렇지만 우리는 출발할 당시부터 논쟁거리였던 사회인지에 상당 부분 의존하고 있는 사회인지감정 신경과학(social cognitive affective neuroscience)이라고 하는 새로운 분야가 번성할 것이라고 기꺼이 예측하고 있다.

이에 덧붙여서, 이 책은 세계화가 우리의 삶뿐만 아니라 우리의 분야를 주도함에 따라 사회인지에서 점차적으로 현저하고 중요한 주제가 되어 가고 있는 문화에 관한 상당히 많은 연구들을 반영하고 있다. 애초에 사회인지가 사회심리학 분야를 정체상태에서 끄집어내는 데 도움을 주었음에도, 다른 요인이 항상 인간의 조건에 대한—건강, 집단 간 관계, 정치, 불평등 등등—활발한 관심사가 되어 왔다. 이 책이 이렇게 흥미진진한 분야의 공헌을 명확하게 보여 주기를 기대한다.

감사의 글

이 책은 한 장(章) 이상의 원고를 읽어 준 많은 동료들의 도움을 받았다−노스이스턴대학교의 데이비드 드스테노(David DeSteno), 하버드대학교의 대니얼 길버트(Daniel Gilbert), 요크대학교의 케리 가와카미(Kerry Kawakami), 콜로라도대학교의 버나데트 파크(Bernadette Park), 프린스턴대학교의 에밀리 프로닌(Emily Pronin), 프린스턴대학교의 앤 마리 러셀(Ann Marie Russell), 메릴랜드대학교의 찰스 스탠저(Charles Stangor), 프린스턴대학교의 알렉산더 토도로프(Alexander Todorov). 이에 덧붙여서, 2006년 봄학기 대인관계 지각 수업(프린스턴대학교 Psych 313)의 조교였던 라사나 해리스(Lasana Harris)가 피드백을 주었다. 모든 분들에게 감사드린다. 비서인 베라 솔(Vera Sohl) 그리고 연구 조교인 타마르 코자니안(Tamar Kozanian)과 로렌 포스트(Loren Post)에게 감사드린다. 이들은 비록 첫 판처럼 종이에 직접 적는 수고를 하지는 않았지만, 참고문헌을 정리하는 일을 열심히 도와주었으며, 피드백을 주었다.

맥그로힐 출판사의 편집장인 마이클 슈거먼(Michael Sugarman)은 자료 수집부터 출판까지 우리와 함께하였는데, 그의 친절한 끈기를 입증하는 것이다. 단호하면서도 도움이 되는 그의 감시와 감독도 앞의 두 판보다 이 책을 빨리 마무리 짓도록 부추겼다. 앞의 두 판은 그 당시 편집장들의 임기를 훌쩍 넘었었다.

마지막으로, 같이 살고 있든 멀리 떨어져 있든 간에 우리를 지지해 준 가족들에게 감사드린다.

프린스턴에서 수전 피스키(Susan T. Fiske)
로스앤젤레스에서 쉘리 테일러(Shelley E. Taylor)

저자 소개

수전 피스키(Susan T. Fiske)는 프린스턴대학교 유진 히긴스 심리학 교수(Eugene Higgins Professor)로 재직하고 있다(하버드대학교 PhD이며, 벨기에 Université Catholique de Louvain-la-Neuve의 명예교수다). 사람들이 서로를 어떻게 이해하는가에 관한 『Social Cognition』(1984, 1991, 모두 테일러와 함께 집필하였다)이라는 제목이 붙은 두 권의 책을 이미 집필한 바 있다. 200여 편의 논문을 발표하고 전문 서적의 장(章)들을 출판하였으며, 10여 권의 책과 저널 특별호의 편집을 맡았다. 특기할 사항으로는 「Annual Review of Psychology」(섹터, 스턴버그와 공동으로)와 「Handbook of Social Psychology」(길버트, 린제이와 공동으로)의 편집을 맡고 있다는 것이다. 그녀는 고급 수준의 교재인 『Social Beings: A Core Motives Approach to Social Psychology』(2004) 초판을 집필하였다.

현재 그녀는 문화적·사회적·대인관계적·신경적 수준에서 정서적 편견(연민, 경멸, 선망, 자부심)을 연구하고 있다. 이 연구는 사회인지의 근본적 차원들을 밝혀내고 있다. 차별 사례에 대한 전문가로서 그녀의 증언은 1989년 성별 편향에 관한 미국 대법원의 획기적인 판결에 인용되었다. 1998년에도 그 당시 클린턴 대통령의 인종판정 자문위원회에서 증언하였으며, 2001~2003년에는 차별 측정 방법에 관한 국립과학원의 보고서를 공동 집필하였다. 2004년에는 보통 사람들이 편견과 사회적 영향의 과정을 통해서 어떻게 적군 포로를 고문할 수 있는지를 설명하는 논문을 「Science」에 게재하였다.

그녀는 차별을 반대하는 증언을 함으로써 대중의 관심을 불러일으킨 공로로 미국심리학회에서 수여하는 젊은 심리학자 상을 수상하였으며, 양가적 성차별 이론으로 미국심리학협회에서 수여하는 올포트 집단 간 관계 상(Allport Intergroup Relations Award)을 수상하였을 뿐만 아니라(글럭과 공동 수상), 하버드대학교 졸업생 백주년 메달도 수상하였다. 이 책의 공동 저자인 쉘리 테일러와 함께, 평생에 걸쳐 사회인지의 이론과 연구에 뛰어난 업적을 쌓은 공로로 토머스 오스트롬 상(Thomas M. Ostrom Award)도 수상하였다. 미국심리학협회(American Psychological Society) 회장, 성격과 사회심리학회(Society of Personality and Social Psychology) 회장, 뇌와 행동과학 재단(Foundation for the Advancement of Brain and Behavioral Sciences) 이사장, 그리고 미국 예술과 과학 아카데미(American Academy of Arts and Sciences)의 펠로우를 역임하였다.

그녀는 전문가 증언 연구로 조선소와 공장의 조립 라인에서부터 국제투자 회사에 이르는 다양한 장면에서의 차별에 정통하게 되었으며, 여러 다양한 비영리 단체에서 활동해 왔다. 그녀는 안정되고 여러 인종이 조화를 이루며 살아가고 있는 지역사회에서 성장하였으며, 왜 모든 세상이 그렇게 작동하지 않는 것인지를 여전히 궁금해하고 있다.

쉘리 테일러(Shelley E. Taylor)는 UCLA 심리학과의 특훈교수(Distinguished Professor)로서 1979년부터 재직하고 있다. 1972년에 예일대학교에서 박사학위를 받았으며, 계속해서 귀인 이론에 관심을 가지고 있다. 하버드대학교 교수로 있을 당시 사회인지 연구 프로그램을 시작하여 귀인과 기억, 대인지각에 대한 현저한 자극의 영향을 살펴보았다. 그 과정에서 그녀와 동료인 수전 피스키는 소수집단 구성원에게 현저성 현상이 갖는 함의를 밝혀냈으며, '솔로', 즉 직장에서 여성이나 흑인과 같이 소수의 입장에 처해 있는 사람들이 눈에 띈다는 이유로 부당하게 감시를 받고, 과장된 추론의 대상이 되며, 치명적인 고정관념에 희생될 수 있다는 사실을 지적하였다. 1979년 이래로 테일러의 연구는 위협받는 상태에서의 사회인지에 초점을 맞추어 왔으며, 1980년에는 암, 에이즈, 심장질환, 그리고 다른 스트레스 사건과 같은 위협적인 사건에서의 회복을 증진시키거나 방해하는 인지적 요인들을 찾아내기 위한 건강심리학 연구 프로그램에 착수하였다. 이 과정에서 그녀는 UCLA에 건강심리학 프로그램을 개설하는 데 일조하였다.

현재, 테일러의 연구는 웰빙을 유지하는 데 있어서 긍정적 환상과 다른 심리사회적 자원(예컨대 사회적 지원)의 역할에 초점을 맞추고 있다. 그녀의 다른 저서인

『Health Psychology』, 『Positive Illusions』, 『The Tending Instinct』는 이러한 주제들을 발전시키고 있다. 실험과 현장 연구를 조합시키는 그녀의 연구는 심리학적 조망을 신경과학 방법론과 통합시키고 있는데, 여기에는 신경내분비 기능, 심리신경면역학, fMRI 방법론, 유전학 등이 포함된다. 그녀의 연구는 중요한 사회 문제라는 맥락에서 이론적 논제를 추구함으로써 사회심리학의 이론과 연구 모두에 공헌할 뿐만 아니라, 사람들이 스트레스 사건을 관리하는 데 도움을 주는 응용 방향도 제시하고 있다.

테일러는 미국심리학회로부터 젊은 심리학자 상과 공로상을 모두 수상하였다. 클리프턴 스트렝스 상(Clifton Strengths Prize)을 가장 먼저 수상하였으며, 사회심리학 분야에서 뛰어난 과학적 공헌으로 도널드 캠벨 상(Donald Campbell Award) 그리고 평생에 걸쳐 사회인지의 이론과 연구에 뛰어난 업적을 쌓은 공로로 토머스 오스트롬 상(Thomas M. Ostrom Award)을 포함한 여러 가지 상을 수상하였다. 그리고 미국 예술과 과학 아카데미(American Academy of Arts and Sciences), 미국과학원 의학연구소의 펠로우이기도 하며, 서부심리학회 회장, 성격과 사회심리학회 회장을 역임하였다.

차 례

제 1 부
사회인지의 기본 개념

3 주의와 부호화 75

제 2 부
자기로부터 사회에 이르는 사회인지의 다양한 주제

제 1 장

서 론

- 사회적 존재를 연구하는 접근방법
- 심리학에서 인지의 성쇠
- 사회인지란 무엇인가?
- 사람과 사물 간의 차이
- 두뇌의 중요성
- 문화의 중요성

이 책의 목적이 어떤 도움을 주려고 하는 것은 아니지만, 독자들이 사회적 세상을 살아가는 데 도움을 줄 수 있다. 사회를 개조하려는 책은 아니지만, 세상에 중대한 변화를 초래하는 데 도움을 줄 수 있다. 이 책은 픽션은 아니지만, 몇몇 좋은 이야깃거리를 제공한다. 사회인지(social cognition)는 개개인은 물론이고 인간의 조건에 유용한 매우 광범위한 현상들을 포괄한다.

잘못된 사회인지의 한 가지 일상적 경험을 살펴보자. 파티에서 누군가에게 자신이 심리학자라고 말하거나 아니면 그저 심리학을 공부하고 있을 뿐이라고 말해 보라. 당신이 연구를 수행하고 있는 것이지 마음을 읽어 내는 것이 아니라고 말하는 것은 별 도움이 되지 않는다. 필연적인 반응은 상대방이 즉석에서 분석당하고 있다는 두려움에 뒤로 물러서거나, 아니면 온갖 종류의 내밀한 비밀을 드러내기 위해서 더욱 다가서는 것이다. 우리가 알고 있는 어떤 심리학자는 자신이 컴퓨터 프로그래머라고 말하는 것으로 이러한 상황을 회피하고 있다. 우리는 또 다른 전략 한 가지를 접해 왔는데, 그것은 차분하게 "저는 사람들이 낯선 사람에 대하여 어떻게 첫인상을 갖게 되는지를 연구합니다."라고 말하는 것이다. 이러한 진술은 대화를 즉각적으로 중지시키게 된다.

그런데 대화가 거기에서 끝나지 않았다고 가정해 보자. 상대방이 사람들로 하여금 흥분하게 만드는 것에 대해서, 여러 친구와 친척 그리고 파티에 참가한 낯선 이들의 인상에 대해서 이야기하기 시작하였다고 가정해 보자. 이러한 이야기는 이 책이 관심을 갖는 일종의 원자료가 된다. 사회인지란 사람들이 타인과 자신을 이해하는 방식에 관한 연구다. 보통 사람들이 사람들에 대해서 생각하고 느끼는 방식 그리고 사람들에 대해서 생각하고 느끼는 것에 대해서 생각하는 방식에 초점을 맞춘다.

사회적 세상에 대한 사람들의 이해는 그들에게 타인을 어떻게 이해하는지를 물어봄으로써 연구할 수 있다(Heider, 1958). 이것이 **현상학**(phenomenology)의 방법이다. 즉, 보통 사람들이 세상을 경험하는 방식에 대해서 말하는 것을 체계적으로 기술하는 것이다. 만일 사람들의 진술이 옳다면, 연구자는 많은 사람들의 직관에서 공통적인 패턴들을 집약하는 방식으로 이러한 통찰을 사용하여 형식 이론을 구축할 수 있다. 비록 사람들의 진술이 옳지 않다고 하더라도, 연구자는 사람들이 생각하는 방식을 알기 위하여 그 사람들의 상식 이론 자체를 연구할 수 있다. 사회인지 연구자들은 상식 이론 또는 **소박한 심리학**(naive psychology) 자체에도 관심을 가지고 있다. 즉, 상대방에 대한 사람들의 일상적 이론들도 그 자체로 흥미를 끄는 연구 문제다. 따라서 만일 파티에 참석한 어떤 사람이 상호간에 인상을 형성하는 방식에 대해서 어떤 생각을 가지고 있다면, 그 사람의 비공식적인 생각도 자체적으로 흥미를 끄는 것이다.

사회인지 연구가 소박한 심리학을 넘어서는 것은 물론이다. 자신과 타인에 대해서 생각하는 방식에 대한 정교한 분석을 수반하며, 인지심리학의 이론과 방법에 크게 의존한다. 인지심리학에서 유래한 상세한 모형의 영향은 사회인지가 가지고 있는 특징 중의 하나다. 이러한 모형들이 중요한 이유는 사회지각을 포함한 광범위한 영역에 적용되는 학습과 사고의 기제를 엄격하게 기술하고 있기 때문이다. 이 모형들은 보편적인 것이며 인지과정은 사회행동에 크게 영향을 미치는 것으로 간주할 수 있기 때문에, 인지 이론을 사회 장면에 적용하는 것은 적절하다.

사회인지 연구에서는 소박한 심리학 견지와 인지적 견지 모두가 중요한 주제다.

이러한 두 가지 견지가 사회인지의 매력을 배가시킨다. 사람들이 타인에 대해서 생각하는 방식을 연구하는 데 직관에만 매달린다면 그것은 심심풀이 오락에 해당할 수 있다. 이는 자정이 지나도록 친구와 마주 앉아서 인간의 본성에 대해 사색하는 것과 같이 즐겁고 흥미진진한 것에 비유할 수 있다. 인지적 견지의 정교성은 정확하고 엄격할 것을 요구한다. 그 매력은 복잡한 퍼즐의 매력에 비유될 수 있다. 당신의 취향이 크로스워드 퍼즐이든 수학 게임이든 조각그림 맞추기 퍼즐이든 아니면 추리소설이든 간에, 모든 조각들을 짜 맞추는 것에는 상당한 즐거움이 있게 마련이다.

1. 사회적 존재를 연구하는 접근방법

사회인지 연구를 위한 두 가지 광의적인 접근방법은—요소적 접근과 총체적 접근—심리학의 철학적 기원으로 거슬러 올라갈 수 있다. 사회인지의 지성적 역사를 아는 것은 오늘날 연구자들의 노력을 이해하는 조망을 제공해 준다. **요소적 접근**(elemental approach)은 과학적 물음을 조각으로 분해하여 개별적으로 상세하게 분석한 후에 결합하는 특징을 갖는다. **총체적 접근**(holistic approach)은 조각들을 다른 조각들이 존재하는 맥락에서 분석하고 조각들 간의 관계라고 하는 전체적 형상에 초점을 맞추는 특징을 갖는다. 이러한 구분은 두 가지 접근방법을 상세하게 기술함으로써 보다 명확해진다.

사회인지 연구에서 요소적 접근의 기원

20세기가 시작될 때까지만 해도 심리학은 철학의 한 분야였으며, 철학자들이 오늘날까지 비중을 차지하는 마음의 기본 원리를 제공하였다(Boring, 1950). 영국 철학의 요소적 전통에서는 마음을 화학에 비유하는데, 관념(idea)이 요소라는 것이다. "소금"과 같이 구체적이든 '수치심'과 같이 추상적이든 모든 개념이 기본 요소이며, 요소는 다른 요소들과 연합될 수 있다. 개념들 간의 결합이 심성적 화학을 구성한다(Locke, 1690/1979).

요소적 견지에서는 관념이 처음에는 감각과 지각에서 유래한다. 그런 다음에 공간과 시간의 근접성에 의해서 연합된다(Hume, 1739/1978). 즉, 만일 식탁 위에 소금이 후추 옆에 있다면, 둘은 근접성에 의해서 하나의 단위가 될 수 있다. 반복이 단순 근접성에서 심적 복합체로 전이시키는 열쇠다(Hartley, 1749/1966). 만일 소금과 후추가 일상의 삶에서 식탁 위에 함께 있다면, 소금을 생각할 때 자동적으로 후추도 생각하게 된다. 소금과 후추가 하나의 심적 복합체가 되는 것이다. 마찬가지로 만일 '교수' 개념이 '건망증' 개념과 동시에 자주 나타나게 된다면(예컨대 텔레비전 프로그램에서), 단지 반복적 짝지음으로 인해서 연합될 가능성이 커진다. 사람들은 일상생활에서도 반복과 근접성의 원리를 의식적으로 사용한다. 일곱 개의 연속된 숫자인 어떤 전화번호를 반복하여 되뇌기하여 하나의 단위로 암기하려고 애썼던 가장 최근의 시도를 생각해 보라. 반복의 빈도가 연합의 강도를 결정하는 일차적 요인이다(Mill, 1869, 1843/1974).[1)]

심리학은 20세기 초엽에 철학으로부터 독립된 분야로 부상하기 시작하였으며, 그 당시에는 심성적 화학이라는 생각이 최초로 경험적 검증을 받게 되었다. 빌헬름 분트(Wilhelm Wundt), 헤르만 에빙하우스(Hermann Ebbinghaus)와 같은 최초의 실험심리학자들은 자신과 대학원생들을 훈련시켜서 사고과정을 관찰하고자 하였다. 즉, 관념을 기억에 집어넣는 방식과 기억으로부터 그 관념을 인출하는 방식을 내성하고자 하였다(Ebbinghaus, 1885/1964; Wundt, 1897). 이들의 방법은 경험을 요소들로 분석하여 그 요소들이 연계되는 방식을 결정하고 이들의 연합을 지배하는 법칙을 찾아내려는 것이었다. 이러한 주제는 영국의 철학자들이 시작한 것으로서, 계속해서 현대 실험심리학의 토대를 제공하고 있다. 이 장(章)의 말미와 제4장에서 오늘날 요소적 접근이 사회인지 연구에서 어떻게 나타나고 있는지를 보게 될 것이다.

사회인지 연구에서 총체적 접근의 기원

요소적 접근에 대한 반동으로 독일 철학자 임마뉴엘 칸트(Immanuel Kant, 1781/1969)는 마음을 총체적으로 다루는 것을 강조하는 주장을 피력하였다. 마음에 대한 그의 견해에 따르면 심적 현상은 본질적으로 주관적인 것이다. 다시 말해서 마음은 원래의 대상 그 자체를 넘어서는 실재를 적극적으로 구성한다는 것이다. 포도송이는

---

1) 연합의 다른 원리들이 다양한 시기에 제안되었으나 반복적 근접성으로 인해서 탈락하였다. 여기에는 연합을 만들어 내는 것으로서 유사성과 인과성이, 그리고 연합을 강화시키는 것으로서 생동감(vividness)이 포함되어 있다(Boring, 1950).

하나의 단위로 지각되지만, 그 지각은 마음의 구성물이다. '포도가 담겨 있는 접시'를 지각하는 것은 낱개의 포도들을 개별적으로 지각하는 것과는 다르다. 마찬가지로 만일 어떤 사람이 포도 알갱이 몇 개를 떼어 내는 과정에서 나머지가 접시 밖으로 쏟아진다면, 두 가지 움직임은 인과관계로 연계된 것으로 지각된다. 그 지각도 마음이 제공하는 것이며 자극에 내재한 것이 아니다. 지능을 갖춘 존재는 주변 환경의 속성들로부터 지각적 질서를 만들어 냄으로써 세상을 체제화하는 것이다.

게슈탈트 심리학은 이러한 초기의 총체적 통찰에 주목하였다(Koffka, 1935; Köhler, 1938/1976). 게슈탈트 방법을 사용하는 심리학자들은 요소로 분석하는 것에 반대하면서, 우선적으로 즉각적인 지각 경험을 분석하지 않고 기술한다. 현상학에서 이미 소개되었던 이 방법은 지각하고 사고하는 사람들의 경험을 체계적으로 기술하는 데 초점을 맞춘다. 나중에 이 방법은 사회인지 연구의 일차적 기반의 하나가 되었다. 즉, 사람들에게 세상을 어떻게 이해하는 것인지를 묻는 것에 의존하는 방법이다.

요소적 접근과 총체적 접근이 모두 내성에 의존하기는 하였지만, 게슈탈트 심리학자들은 역동적 전체에 대한 사람들의 경험에 초점을 맞추었으며, 요소주의자들은 전체를 부분들로 분할하는 전문가의 능력에 초점을 맞추었다. 게슈탈트 접근과 요소적 접근 간의 차이를 예시하기 위해서 마음속에 노래 한 곡을 생각해 보자. 노래는 개별적 음표(요소)의 연속이나 음표들 간의 관계에서 출현하는 멜로디(게슈탈트)로 지각될 수 있다. 게슈탈트 견지에서 보면 노래를 감각 요소들로 분석함으로써 전체 구조가 상실된다. 화학 화합물은 요소를 가지고는 예측할 수 없는 특성을 가지고 있기 때문에, 게슈탈트 심리학자들은 요소주의자들의 심성적 화학 은유를 잘못된 것으로 간주하였다. 마찬가지로 지각적 전체는 분리된 부분들로부터는 식별해 낼 수 없는 속성을 가지고 있다. 예컨대, '가온 다(middle C)' 음표가 저음 맥락에서는 고음으로 그리고 고음 맥락에서는 저음으로 들릴 수 있지만, 유사한 음들이 존재하는 맥락에서는 전혀 개별적으로 들리지 않을 수 있다. 마찬가지로, 팀에서 평균 신장에 해당하는 농구 선수가 지하철에서는 눈에 띄지만 팀에서는 그렇지 않다. 고등학교 시절 최상위에 있던 많은 대학 신입생들이 대학에서는 더 이상 공부벌레로 눈에 띄지 않게 되는 것도 마찬가지다. 재차 언급하지만, 개체는 주변 맥락에서 의미를 획득하는 것이다. 심리적 의미에는 원래의 감각을 넘어서서 사람들이 전체에게 부과하는 체제화가 포함된다. 게슈탈트 자극 형상의 중요성은 사회인지 연구와 이론을 직접적으로 특징짓게 만든 두 연구자, 즉 솔로몬 애쉬(Solomon Asch)와 쿠르트 레빈(Kurt Lewin)의 연구로 이끌어 갔다.

애쉬의 형상 모형

애쉬(1946)는 자신의 선구자적 연구에서 사람들이 어떻게 타인의 성격을 구성하는 성분들을 결합시켜서 통합된 총체적 인상에 다다르게 되는지를 밝히고자 하였다. 그러한 연구를 통해서 애쉬는 많은 대인지각 연구의 발판을 마련해 주었다(E. E. Jones, 1990; D. J. Schneider, Hastorf, & Ellsworth, 1979). 타인에 대한 인상을 형성하는 방법에 대한 분석에서 애쉬는 사람들이 상대방을 하나의 심리적 단위로 경험하며 그가 가지고 있는 다양한 자질을 단일한 통합 주제로 묶는다고 가정하였다. 애쉬는 12개의 인상적인 연구를 통해서 이러한 주장을 내놓았다(Asch, 1946). 실험참가자들의 과제는 성격 특질 목록이 기술하고 있는 사람에 대한 인상을 형성하는 것이었다. 예컨대, 한 집단에게는 '지적이고, 재간이 있으며, 근면하고, 냉정하며, 단호하고, 현실적이며, 신중한' 사람이라고 알려 주었다. (계속 읽기 전에 이 사람에 대한 인상을 형성해 보라.) 다른 집단에게는 '지적이고, 재간이 있으며, 근면하고, 온화하며, 단호하고, 현실적이며, 신중한' 사람이라고 알려 주었다. 단지 '온화한'과 '냉정한'이라는 특질을 조작한 것이 대상 인물에 대한 사람들의 인상 기술에서 상당한 차이를 만들어 냈다. 예컨대, 냉정하고 지적인 사람은 계산적인 사람으로 보인 반면, 온화하고 지적인 사람은 현명한 사람으로 간주되었다.

애쉬는 이러한 결과를 설명하기 위하여 두 가지 모형—형상 모형(configural model)과 대수 모형(algebraic model)—을 제안하였다. 형상 모형은 사람들이 타인에 대하여 통합된 총체적 인상을 형성하며, 통합하려는 힘이 개별 요소들을 총체적 인상과 조화를 이루도록 이끌어 간다고 가정한다. 따라서 통합을 지향하는 압력이 개별 요소들의 의미를 변화시켜 맥락에 잘 부합하도록 만들게 된다. 머리가 좋은 사기꾼은 교활하며, 머리가 좋은 아동은 똑똑하고, 머리가 좋은 할머니는 현명하다. 사람들은 인상의 성분들을 체제화하고 통합하기 위하여 의미를 변화시킬 뿐만 아니라 다양한 전략도 사용한다. 즉, 애매한 용어의 의미를 변화시킬 뿐만 아니라 상호 모순적으로 보이는 용어들을 재치 있게 조화시킨다. 형상 모형에 따르면 이 모든 심적 활동들이 특질 그리고 그 특질들 간의 관계로 구성된 인상을 내놓게 되는데, 이 인상은 뒤에서 속성 그리고 그 속성들 간의 관계로 구성되는 것으로 정의될 스키마(schema)와 유사한 것이다.

대안적 모형인 대수 모형은 형상 모형 그리고 형상 모형을 확장한 스키마 모형과 직접적으로 대조를 이룬다. 대수 모형은 개별 특질을 받아들여서 다른 특질과는 독립적으로 평가한 후에 그 평가들을 결합하여 요약하게 된다. 이것은 마치 새로운 사람을 만났을 때 그 사람의 모든 긍정적 특질(예컨대 지능)과 부정적 특질(예컨대 냉정함)을 단순하게 결합하여 인상을 형성하는 것과 같은 것이다. 정보를 평균 내는 방식의 대수 모형은 신념들을 결합하여 전반적 태도를 형성하게 된다는 또 다른 대수 모형(Fishbein & Ajzen, 1975) 못지않게 성공적인 연구 프로그램을 자랑하고 있다(N. H. Anderson, 1981).

형상 모형과 대수 모형은 각각 여기서 기술하고 있는 사회인지에 대한 총체적 접근과 요소적 접근을 대표한다. 두 모형은 사람들이 상대방에 대한 인상을 형성하는 방식에 대해서 근본적으로 다른 생각을 나타낸다. 애초에 애쉬가 제안하였던 두 가지 경쟁적 접근은 철저하게 연구되었으며, 독자들도 예상할 수 있겠지만 오랫동안 뜨거운 논쟁을 벌여 왔다(Fiske & Taylor, 1991 참조). 그렇지만 이론적 조망에서 볼 때, 이 경쟁은 본질적으로 무승부일 수밖에 없었다. 두 모형 모두 상대방의 데이터를 설명할 수 있을 만큼 융통성을 가지고 있으며, 어느 모형도 엄격하게 반증 가능한 형태로 진술되지 않았기 때문이었다. 이러한 결과는 '적대적 접근의 무익함' 그리고 보다 진전된 이론 개발의 필요성에 대한 합의로 이끌어 가게 되었다(Ostrom, 1977). 이제는 어느 접근도 더 이상 다른 접근을 반증하는 데 초점을 두지 않는다. 실제로 제2장에서 기술하는 많은 이중과정 이론들은 이러한 낡은 논쟁을 효과적으로 해소하고 있다. 즉, 두 모형이 모두 옳지만, 사람들은 두 접근방법의 연구 패러다임에 적합하게 마련된 서로 다른 정보와 동기가 주어지는 상황에서 각각의 접근방법을 채택한다는 사실을 지적한다.

레빈의 개인-상황 장 이론

쿠르트 레빈(1951)은 사회심리학 그리고 궁극적으로는 사회인지 연구에 게슈탈트 아이디어를 도입하였다(Boring, 1950; Bronfenbrenner, 1977; Deutsch, 1968). 레빈은 다른 게슈탈트 심리학자와 마찬가지로 '객관적' 분석이 아니라 개인의 주관적 지각에 초점을 맞추었다. 개인이 지각한 것으로서의 사회환경의 영향을 강조하였는데, 그는 이것을 심리장(psychological field)이라 칭하였다. 한 개인을 둘러싸고 있는 환경을 다른 사람이 '객관적'으로 기술하는 것으로는 그 개인의 심리장을 충분하게 이해할 수 없다. 왜냐하면 그 개인 자신의 해석이 결정적 요인이기 때문이다. 그렇다고 해서 그 개인이 반드시 스스로 지각한 환경을 말로 표현할 수 있는 것은 아니며, 단지 그 사람의 보고가 연구자의 직관보다는 더 좋은 단서를 제공하기 십상이라는 말이다. 예컨대, 연구자는 철수가 영희의 의상을 칭찬하였다고 객관적으로 보고할 수 있다. 연구자는 철수가 왜 그랬는지에 대해서 강한 추측을 할 수도 있다. 그렇지만 영희의 반응은 철수의 의도에 대한 그녀의 지각에 달려 있다—아첨인가, 질투인가, 격려인가, 아니면 우정인가? 이것을 알아보는 일차적 방법은 영희에게 무슨 일이 일어났는지를 스스로 표현해 보도록 요구하는 것이다. 레빈은 게슈탈트 심리학과 마찬가지로 개인의 현상학, 즉 개인의 상황 구성을 강조하였다.

게슈탈트 심리학에서 사회심리학으로 유입된 또 다른 주제는, 기술해야만 하는 것이 분리된 요소들이 아니라 전체 상황이라는 레빈의 주장이었다. 개인은 힘의 형상인 심리장 내에 존재한다. 무엇이든지 예측하기 위해서는 주어진 상황에서 그 개인에게 작용하고 있는 모든 심리적 힘들을 이해해야만 한다. 예컨대 어떤 힘은 개인으로 하여금 공부하도록 동기화시킬 수 있지만(예컨대 다가오는 시험, 학우의 공부하는 장면), 다른 힘은 그날 저녁을 다른 방식으로 보내도록 동기화시킬 수 있다(예컨대 친구들이 영화 보러 가자고 제안하는 것). 어느 것이든 하나의 힘은 행위를 예측할 수 없지만, 힘들 간의 역동적 균형, 즉 끊임없이 변하는 힘의 균형은 행위를 예측할 수 있다.

전체 심리장(그리고 그에 따른 행동)은 두 가지 요인쌍에 의해서 결정된다. 첫 번째 쌍은 상황 속의 개인(person in the situation)으로 구성된다. 어느 것 하나도 행동을 예측하기에 충분하지 않다. 사람은 욕구, 신념, 지각 능력 등 많은 것들을 가지고 있다. 이것들이 환경에 작용하여 심리장을 구성한다. 따라서 특정한 사람이 공부하도록 동기화되었다는 사실을 안다고 해서 그/그녀가 공부할 것인지 또는 얼마나 많이 공부할 것인지를 예측할 수 없다. 그렇지만 동기화된 사람이 도서관에 있다면 공부할 가능성이 매우 크다. 사회심리학자들은 레빈 이래로 개인과 상황 모두가 행동을 예측하는 데 필수적이라는 사실을 확인해 왔다. 사회인지 연구는 한 개인이 가지고 있는 특성과 그가 처해 있는 환경의 함수로서 지각하고 사고하며 기억하는 것에 초점을 맞춘다.

행동을 결정하는 심리장 요인의 두 번째 쌍은 **인지와 동기**(cognition and motivation)다. 둘은 개인과 상황의 결합함수(joint function)이며, 공동으로 행동을 예측한다. 인지는 세상에 대한 지각자의 해석을 제공한다. 명확한 인지가 없다면 행동은 예측 불가능하다. 만일 새로운 장면에 대하여 불완전하거나 혼란스러운 인지를 가지고 있다면 행동은 불안정하게 된다. 예컨대, 여러분이 다가오는 작곡 과목의 시험이 어떻게 출제될 것인지에 대해서 손톱만큼도 알지 못하고 있다면 엉뚱하고 예측 불가능하게 행동할 수 있다. 여러 가지 공부 전략을 시도해 보지만 어느 것도 그렇게 체계적이지 못하게 된다. 인지는 무엇을 할 것인지, 어느 방향의 행동을 취할 것인지 결정하는 것을 도와준다. 만일 음악가인 친구가 전형적인 작곡 시험이 어떤 것인지를 설명해 준다면, 여러분의 인지와 공부 내용이 제시된 방향을 따라서 자리 잡게 된다. 그렇지만 이것은 여러분이 실제로 공부한다는 것을 전제로 하는 것이다. 심리장의 두 번째 자질은 동기다. 동기의 강도는 행동이 일어날 것인지의 여부 그리고 일어난다면 얼마나 강력하게 일어날 것인지를 예측해 준다. 무엇을 할지를 안다는 것이 그것을 할 것임을 의미하지는 않는다. 인지 자체만으로는 충분하지 않다. 동기가 행동을 위한 동력을 제공하는 것이다.

요약컨대, 레빈은 자신의 분석을 개인이 지각하는 심리적 실재, 개별 요소들이 아니라 전체적인 힘의 형상을 들여다보는 것, 개인과 상황, 그리고 인지와 동기에 초점을 맞춘다. 게슈탈트 심리학을 거쳐 칸트까지 거슬러 올라가는 이러한 주요 주제들은 심리학 전체뿐만 아니라 사회인지에 대한 오늘날의 접근에서도 여전히 살아 있는 이론적 요점인 것이다.

결론

지금까지 사회인지의 역사적 기원을 요소적 견지와 총체적 견지 간의 대비로 특징지었다. 요소적 접근은 전체 퍼즐이 조립될 때까지 작은 부분들을 더 큰 것으로 결합하는 상향식으로 진행되는 방식을 추구한다. 이 접근의 단편적 본질은 게슈탈트적 접근의 총체적 본질과 날카롭게 대립한다. 총체적 견지에서 실재에 대한 개인의 능동적 구성을 기술하기 위해서는 지각자가 바라보는 전체 형상을 다룰 필요가 있다. 요소적 접근과 형상적 또는 총체적 접근 간의 갈등은 제2장에서도 상이한 형태로 등장하게 된다. 이 둘이 두 가지 상보적 과정으로 통합될 수 있다는 사실을 보게 될 것이다.

2. 심리학에서 인지의 성쇠

마음속을 들여다보는 것이 중요하다는 점에서 심리학자들이 항상 동의를 해 왔던 것은 아니다. 인지 연구는 시대에 따라서 좋은 평판과 나쁜 평판을 모두 받아 왔다. 인지의 중요성에 대해서 지나치게 근시안적인 견해를 방지하기 위하여 실험심리학과 사회심리학에서 인지의 위상을 간략하게 들여다보도록 하자. 초기 심리학자들은 요소주의자든 총체주의자든 간에, 인간 사고를 이해하기 위한 핵심적 도구로 내성(內省, introspection)에 크게 의존하였다. 그러나 앞으로 보게 되겠지만 내성은 명성을 상실하게 되었으며, 내성으로 인해서 인지는 악평을 받게 되었다. 실험심리학은 오랫동안 인지를 거부하였지만 사회심리학은 그렇지 않았다. 다음 두 절에서는 실험심리학과 사회심리학 두 분야에서 인지의 대비되는 역사를 제시한다.

실험심리학에서의 인지

경험심리학의 여명이 밝아 오는 시점에서 분트의 연구는 훈련된 내성에 크게 의존하였다.[2] 내성을 사용하였다는 사실은 분트의 목표가 명백하게 인지적인 것이었다는 사실을 나타낸다. 즉, 사람들의 경험이 주제였다. 분트와 동료들은 심적 사건에 대한 데이터를 수집하여 그 데이터를 설명하는 이론들을 구성하였다. 그렇지만 결국에는 실험심리학의 방법론으로 내성을 포기하게 되었다. 과학적 연구에 적합한 원리들과 일치하지 않았기 때문이었다. 일반적인 과학 기준에 따르면, 데이터가 공개적으로 반복 가능한 것이어야 한다. 다른 과학자들도 데이터를 고찰해 보고 동일한 절차에 따라서 반복할 수 있어야 하며, 그 데이터가 이론을 지지하는지를 보기 위해서 분석할 수 있어야만 한다. 초기 실험심리학에서 내성(즉, 자기관찰)을 설명하기 위한 이론이 요구되었는데 그 과정에 문제가 있었다. 만일 한 이론의 성공에 대한 기준이 사적 경

2) 분트는 내적 과정에 대한 사람들의 보고에 의존하지 않은 데이터도 측정하였다. 예컨대 반응시간의 측정도 강조하였는데, 이것은 자극과 반응 간의 시간이다. 만일 여러분이 (저자인) 우리의 나이가 몇이냐고 묻는다면 우리는 즉각적으로 반응할 수 있다. 만일 우리 중 한 사람에게 다른 사람의 나이가 몇이냐고 묻는다면 계산을 해 보아야 하기 때문에 시간이 더 걸리게 된다. 따라서 반응시간을 통해서 매개하는 사고를 어느 정도 추론할 수 있었다. 이러한 측정치가 내성 데이터를 보완하였다.

험에 의존한다면 그 증거를 공개적인 것으로 만들어 낼 수 없었던 것이다. 즉, 연구가 다른 연구자에 의해서 확인될 수 없었다. 가장 모순적인 문제점은 다음과 같은 것이었다—만일 내 이론이 나의 내성을 설명하고, 여러분의 이론이 여러분의 내성을 설명하고 있다면, 누가 옳은지를 어떻게 결정하겠는가?

이러한 문제로 인해서 내성을 포기하게 되었을 때 인지 연구도 간과되었다. 내적(인지적) 과정에 대한 연구에서 벗어나 외적이고 공개적으로 관찰 가능한 사건으로의 전환이 일어났다. 이러한 접근의 궁극적 발달은 20세기 초반의 미국 행동주의 심리학이었다. 행동주의자들은 외현적이고 측정 가능한 행위만이 경험적 연구를 위해 타당한 대상이라고 주장하였다. 이 접근의 창시자 중 한 사람은 에드워드 손다이크(Edward L. Thorndike)였다. 스키너(B. F. Skinner)와 동료들은 손다이크의 연구를 더욱 발전시켰다. 예컨대, 손다이크(1940)의 도구적 학습 이론에는 인지를 위한 여지가 없었다. 이 이론에 따르면 행동은 특정한 보상 결과와 처벌 결과를 가지고 있으며, 이 결과들이 유기체로 하여금 나중에 그 행동을 반복하거나 회피하도록 만든다. 요컨대, '결과가 원인이 된다.' 결과와 원인 모두가 관찰 가능하며, 인지는 무관한 것으로 간주되었다(Skinner, 1963). 한 행동주의자는 인지라는 아이디어를 미신이라고 부르기까지 하였다(Watson, 1930).

행동주의자들은 하나의 이론을 위해서는 관찰 가능한 자극(S)과 반응(R)을 명세화하는 것이야말로 사회심리학을 포함한 모든 심리학의 발전에 필요한 엄격한 과학 분야라고 주장하였다(Berger & Lambert, 1968). 예컨대, 행동주의자는 어떤 아이들은 특정한 인종 집단의 아이들과 어울려서 처벌을 받고 자신과 동일한 인종 집단의 아이들과 어울려서 보상을 받는다는 사실을 지적하는 것으로 인종차별의 주제를 다루고자 할 수 있다. 이렇게 단순한 모형은 '다른 인종 집단'을 자극으로, '함께 어울리는 것'을 반응으로 포함할는지도 모른다. 행동주의자는 고정관념(인지)이 수행할 가능성이 있는 역할을 고려하지 않는다. 실험심리학 전반에 걸쳐서 행동주의의 순수한 효과는 인지에 대한 아이디어가 반세기에 걸쳐 무시되었고 행동주의 이론이 주도하였다는 것이다.

여러 가지 사건들이 실험심리학자들로 하여금 1960년대에 인지에 대해 새로운 관심을 갖게 만들었다(J. R. Anderson, 1980; Holyoak & Gordon, 1984). 첫째, 언어학자들은 언어를 설명하기 위한 자극-반응 패러다임의 시도가 실패하였다고 비난하였다〔예컨대 촘스키(1959)의 스키너(1957) 비판〕. 언어라고 하는 복잡하고 상징적이며 인간에게 고유한 현상은 행동주의적 접근으로는 쉽게 설명될 수 없다는 사실이 명백해졌다.

둘째, 정보처리(information processing)라고 부르는 새로운 접근방법이 지식과 기술의 획득 방식에 대한 연구에서부터 출현하였다(Broadbent, 1958). 정보처리는 심적 조작이 연속적인 단계로 분해될 수 있다는 생각을 지칭한다. 만일 여러분이 (저자인) 우리 중 한 사람에게 조카가 언제 태어났는지를 묻는다면, 그 사건을 둘러싼 개인적 상황을 되살려서 1979년 8월이라는 사실을 회상하게 된다. 정보처리 이론은 이러한 인지적 조작을 다음과 같이 나타낼 수 있다.

질문의 의미 이해 ⟶ 그 주제에 대한 정보 탐색 ⟶ 답 확인 ⟶ 답 진술

정보처리 이론의 요점은 자극(질문)과 반응(대답) 사이를 매개하는 단계들을 상세화하려는 것이다. 이러한 견지에서 볼 때, 중요한 특성은 정보의 계열적 처리다. 정보처리 접근은 행동주의자들이 받아들이지 않는 인지과정을 상세화하려는 노력을 수반한다.

인지심리학자들로 하여금 자극과 반응 사이를 매개하는 것으로 간주되는, 관찰 불가능한 과정을 추적할 수 있게 해 주는 새로운 과학적 도구들이 개발되어 왔다. 이러한 도구 중에서 가장 중요한 것이 컴퓨터이며, 컴퓨터는 이론적 은유일 뿐만 아니라 방법론적 도구가 되어 왔다. 인지과학자들이 인간의 인지과정을 시뮬레이션하는 데 컴퓨터를 사용한다는 점에서 도구의 역할을 한다. 이들은 서양장기를 두고 기하학을 학습하며 뉴스를 요약하는 복잡한 프로그램들을 작성하고 있다(J. R. Anderson, 1976; Newell & Simon, 1972; Schank & Abelson, 1977). 사회인지 연구자들은 사람들이 상호간에 인상을 형성하고 기억하는 방식(Hastie, 1988a; Linville, Fischer, & Salovey, 1989; E. R. Smith, 1988) 그리고 상호영향을 미치는 방식(Latané & Bourgeois, 2001)에 대한 컴퓨터 시뮬레이션을 개발해 왔다. 또한 컴퓨터는 심적 과정을 특징짓는 개념틀과 전문 용어를 제공하는 데 있어서 은유로도 사용되어 왔다. 인지심리학자들은 인간 인지라는 측면에서 입력-출력 작동이나 기억 저장과 인출 등에 대해서 언급하였다. 보다 중요한 사실은 대부분의 초기 인지 이론들이 인간 인지는 여러 가지 중요한 측면에서 컴퓨터 정보처리와 닮았다는 생각에 기초하였다는 것이다.

인지신경과학이 출현함에 따라서 은유와 모형들이 변하고 있다. 인지심리학자

들은 점차적으로 이해되고 있는 두뇌체계, 신경망, 신경 활동의 타이밍, 그리고 심지어는 단일세포 반응이라는 측면에서 가능성이 농후한 처리과정들을 모형화하는 데 더욱 초점을 맞추고 있다. 오늘날의 도전거리에는 개별적으로는 멍청하기 짝이 없는 뉴런들의 집단이 어떻게 그토록 빼어난 지적 행위를 할 수 있도록 만들 수 있는지를 모형화하는 것이 포함되어 있다. 몇몇 모형들은 개미와 같이 개별적으로는 단순하기 짝이 없는 유기체로부터 통찰을 얻었는데, 개미는 포식자로부터 안전하게 둥지를 찾아내는 것과 같은 최적의 선택을 집단적으로 수행한다(Mallon, Pratt, & Franks, 2001). 또 다른 예는, 개별적으로는 극히 작은 두뇌를 가졌지만 집단적으로는 조화를 이루면서 내려앉고 비행하며 날아오르고 효과적으로 집단 의사결정을 하면서 수천 킬로미터를 함께 날아가는 새 떼의 협응이다(Couzin, Krause, Franks, & Levin, 2005). 단순한 생물학적 존재들의 집단이 신경계를 이해하는 은유와 모형, 방법을 제공하기도 한다.

요컨대, 실험심리학은 사고에 대한 통찰을 얻는 적법한 방법으로서의 내성을 가지고, 이론을 위해 인지에 적법하게 초점을 맞추면서 출발하였다. 행동주의자들은 수십 년 동안 그러한 기법과 관심을 거의 배제하였으며, 인지는 관심의 대상에서 멀어져 갔다. 1970년대에 인지심리학은 과학적으로 적법한 연구 분야로 부활하였다(J. R. Anderson, 1990; Neisser, 1967; D. A. Norman, 1976). 보다 최근에는 '두뇌의 10년'이라고 불리는 1990년대를 거치면서 인지신경과학이 사태를 근원적으로 변모시켜 왔다. 예컨대, 인간 인지와 정서 간의 상호작용(Phelps, 2006), 언어 산출과 이해에 수반된 확산적 신경체계(Gernsbacher & Kaschak, 2003), 불일치 모니터링을 포함한 인지적 제어의 신경 기반(Miller & Cohen, 2001), 범주학습 유형에 따른 특정한 신경 기반(Ashby & Maddox, 2005), 그리고 두뇌 손상에 대한 신경심리학과 기억에 대한 두뇌 영상 연구 모두가 지지하는 것처럼 과거 경험에 관한 일화기억과 같이 케케묵은 개념들에 대한 신경적 증거(Tulving, 2002) 등을 들 수 있다. 신경계를 강조하는 것이 사회인지와는 거리가 멀고 심리학을 분열시키려는 위협인 것처럼 보일 수 있다. 다행스럽게도 인간 신경과학은 심리학을 다시 하나로 결합시키는 잠재력을 가지고 있다. 두뇌는 심리학과가 여러 심리학 영역으로 분할되어 있는 것처럼 나누어져 있지 않기 때문이다. 우리는 사회적이면서 동시에 감정적이고 인지적 행위자인 것이다.

사회심리학에서의 인지

실험심리학과는 반대로 사회심리학은 일관성 있게 인지적 개념에 의지해 왔으며, 대부분의 심리학이 행동주의적일 때조차 그랬다. 사회심리학은 적어도 세 가지 측면에서 항상 인지적이었다. 첫째, 레빈 이래로 사회심리학자들은 자극 환경에 대한 객관적 기술의 함수로서가 아니라 세상에 대한 사람들의 지각의 함수로서 사회행동이 보다 유용하게 이해되는 것이라고 생각해 왔다(Manis, 1977; Zajonc, 1980a). 예컨대, 사람들이 뇌물이나 아첨으로 지각하는 돈이나 칭찬과 같은 객관적 보상은 그러한 정략적 의도가 없는 것으로 지각하는 보상과는 다른 방식으로 영향을 미친다. 사람들의 반응은 단지 자극 제공자의 행위에 의해서가 아니라 그들의 지각에 근거해서 예측할 수 있다.

사람들은 그 자리에 존재하지도 않으면서 한 개인의 행위에 영향을 미칠 수 있으며, 이 사실은 객관적 자극이 배제된 지각에 의존한다는 것을 나타낸다. 따라서 다른 사람의 반응을 상상함으로써 제안하는 뇌물이나 아첨에 반응할 수 있다(예컨대, "어머니가 뭐라고 하실까?" 또는 "내 친구들이 어떻게 생각할까?"). 물론 그러한 사고는 그 개인 자신의 환상이며, 객관적 실재와의 연계는 빈약한 것일 수 있다. 따라서 사회행동의 원인은 이중으로 인지적이다. 즉, 실제로 존재하는 타인의 지각 그리고 이들의 존재에 대한 상상이 모두 행동을 예측한다(예컨대 G. W. Allport, 1954 참조).[3)]

사회심리학은 항상 인지적이었다는 두 번째 측면은 사회심리학자들이 사회지각과 상호작용의 원인뿐만 아니라 최종 결과도 전적으로 인지적 용어에 기초해서 바라본다는 것이다. 사회심리학자들이 측정하는 주요 반응에서 볼 때, 사고는 감정과 행동에 앞서 나타나기 십상이다. 개인은 뇌물을 걱정하고(사고), 그러한 생각을 싫어하며(감정), 거부할 수 있지만(행동), 사회심리학자들은 주로 "이것에 대해서 당신은 어떻게 생각하는가?"라고 묻기 십상이다. 행동과 감정에 초점을 맞추고 있을 때조차도, 이들의 질문은 "당신은 무엇을 하려고 의도하는가?" 그리고 "당신의 감정에 어떤 이름을 붙이겠는가?"인 경우가 다반사다. 이러한 질문은 행동과 감정에 대한 것이 아니라 명백히 그에 대한 인지인 것이다. 따라서 사회심리학적 원인은 대체로 인지적인

---

3) 이 접근의 논리적 대안이 무엇인지를 물을 수 있다. 누가 지각된 세상과 대비되는 것으로서 객관적 세상에 대한 반응을 연구하는가? 그 답은 앞서 기술한 바와 같이 행동주의자들이며 몇몇 지각 이론가들이다(Gibson, 1966; 제3장 참조).

것이며, 그 결과도 대체로 인지적인 것이다.

사회심리학이 항상 인지적이었던 세 번째 측면은 원인과 결과로 추정되는 것 사이에 존재하는 사람이 사고하는 유기체(thinking organism)로 간주된다는 점이다. 이 견해는 사람을 정서적 유기체나 마음이 없는 자동기계로 간주하는 것과 대비된다(Manis, 1977). 많은 사회심리학 이론들은 전형적인 사람을 행위에 앞서 추리하는(아마도 옳지 않은 방식으로) 존재로 묘사한다. 사회심리학이 항상 그래 왔던 것처럼, 복잡한 인간 문제를 다루려는 시도에는 복잡한 심적 과정이 필수적인 것으로 보인다. 그렇지 않고서 어떻게 고정관념과 편견, 선동과 설득, 이타성과 공격성 등을 설명할 수 있겠는가? 편협하게라도 어떻게 하면 행동주의 이론을 시도해 볼 수 있을지를 상상해 보는 것조차 쉽지 않다. 엄격한 자극-반응(S-R) 이론에는 이러한 문제들을 설명하기 위해서 필수적인 것으로 보이는 사고하는 유기체가 포함되지 않는다. 그렇기에 여러 가지 의미에서 사회심리학은 자극, 유기체, 반응을 포함하는 S-O-R 이론에 의존하기 때문에 엄격한 S-R 이론과는 대비된다. 결과적으로 자극과 반응 사이에 존재하는 생각하는 사람이 사회심리학에서는 항상 중요한 위치를 차지해 왔다.

사회적 사고자는 최근 수십 년간의 연구에서 다양한 면모를 갖추어 왔다(S. E. Taylor, 1998). 이러한 면모들은 사회심리학에서 인지의 다양한 역할을 기술해 준다. 인지의 다양한 역할 이외에 동기도 사회적 사고자에 대한 견지에서 또 다른 역할을 수행해 왔다. 인지와 동기라는 두 가지 성분을 명심하게 되면 사회심리학에서 사고자에 대한 다섯 가지 보편적 견해—일관성 추구자, 순진한 과학자, 인지적 절약자, 동기적 전략자, 활성화된 행위자(**표 1.1** 참조)—를 확인해 낼 수 있다.

첫 번째 견해는 2차 세계대전 후에 태도 변화에 관한 집중적인 연구 결과로부터 출현하였다. 1950년대 후반에 여러 이론들이 제안되었는데, 모든 이론은 몇 가지 핵심적 기본 가정을 공유하였다. 일관성 이론들은 이름이 나타내는 것처럼 사람들을 인지들 사이의 지각된 불일치에 의해서 동기화된 **일관성 추구자**(consistency seeker)로 간주하였다(예컨대 Festinger, 1957; Heider, 1958; 개관을 위해서는 Abelson et al., 1968 참조). 부조화 이론이 가장 널리 알려진 예다. 만일 철수가 자신은 다이어트 중이라고 공개적으로 천명해 왔으며 방금 아이스크림을 먹었다는 사실을 알고 있다면, 두 가지 인지를 조화시키기 위해서 어떤 사고를 해야만 한다. ('다이어트'의 주관적 정의를 변경하는 것이 출발점이 될 수 있다.)

제9장에서 일관성 이론을 보다 철저하게 다룰 것이지만, 지금으로서는 두 가지

표 1.1 사회인지 연구에서의 사회적 사고자 모형

사회적 사고자 모형	연대	동기의 주요 역할	인지의 주요 역할	이론적 사례(관련 장)
일관성 추구자	1950~1960년대	인지부조화의 불편감을 감소시키려는 욕구	행동, 신념에 대한 인지	태도의 부조화 이론 (제9장)
순진한 과학자	1970년대	예측과 제어, 합리성 추구	일차적·합리적 분석	귀인의 공변 모형 (제6장)
인지적 절약자	1980년대	신속하고 정확한 이해	간편법이 제한된 용량을 보존	발견법적 의사결정 (제7장)
동기적 전술가	1990년대	사고는 사회적 맥락에서 행위를 위한 것	상호작용 목표가 인지적 전략을 체제화	이중과정 모형 (제2장), 특히 고정관념(제11장)
활성화된 행위자	2000년대	사회적 생존과 번창	자동적 감정과 행동	암묵적 연합 (제3~4, 12~15장)

가 핵심이다. 첫째, 이 이론은 지각된 불일치에 의존하며 인지적 행위에 중심 역할을 부여한다. 예컨대, 다이어트하는 사람이 한 번의 탐닉은 문제가 되지 않는다고 확신할 수 있다면, 아이스크림 한 개를 먹는 것은 불일치하는 것이 아니다. 객관적 불일치는 중요하지 않다. 다양한 인지 사이에서 또는 감정과 인지 사이에서 발생하는 주관적 불일치가 이 이론의 핵심이다. 불일치로 지각되지 않는 실제의 불일치는 심리적 불일치를 초래하지 않는다.

둘째, 일단 비일관성이 지각되면 개인은 불편함을 느끼고(부정적 추동상태), 비일관성을 감소시키고자 동기화된다고 가정한다. 혐오적 추동상태의 감소는 즐거운 위안이며 자체적으로 보상적이다. 이러한 유형의 동기 모형을 추동 감소 모형(drive reduction model)이라고 부른다. 덜 형식적으로 표현하면, 아이스크림을 먹은 다이어트 시행자는 어떤 변명을 만들어 내기 전까지는 불안에서 자유로울 수 없다. 따라서 일관성 이론가들은 사람들이 충족되지 않은 일관성 욕구라는 동기적 이유로 인해서 자신의 태도와 신념을 변화시킨다고 주장한다. 요컨대, 동기와 인지는 모두 일관성 이론에서 중심적인 것이다.

역설적으로 일관성 이론은 번창함에 따라서 이 분야의 주도력을 상실하게 되었

는데, 부분적인 이유는 변형된 이론들 간에 변별력을 상실하게 되었기 때문이었다. 나아가 개인이 무엇을 어느 정도로 비일관적인 것으로 지각하게 되는지 그리고 비일관성을 해소하기 위하여 어떤 경로를 따르는지를 예측하기 어려웠다. 마지막으로 사람들은 상당한 정도의 비일관성을 감내하기 때문에, 비일관성을 회피하려는 동기를 결정적인 원리로 간주하는 것에 회의를 품게 되었다(예컨대 Kiesler, Collins, & Miller, 1969 참조).

사회인지 연구는 1970년대 초에 시작되었으며, 그에 따라 사고자에 대한 새로운 모형들이 출현하였다. 이러한 새로운 모형에서는 인지와 동기가 일관성 추구자 모형에서의 역할과 비교할 때 상이한 역할을 담당하였다. 새 모형에서는 동기가 중요성에서 인지에 부차적인 것이다. 이러한 견해는 사회인지 연구에서 핵심적이며, 이 책 전반에 걸쳐서 보다 상세하게 다루게 될 것이다. 아무튼 지금은 간략하게 조망해 보는 것이 유용하겠다.

사회인지 연구의 개념틀 속에서 등장한 첫 번째 모형은 순진한 과학자(naive scientist)로서 사람들이 행동의 원인을 밝혀내는 방식에 관한 모형이다. 귀인 이론은 사람들이 자신과 타인의 행동을 설명하는 방식을 다루며, 1970년대 초반에 연구의 전면에 나서게 되었다(제6장 참조). 귀인 이론은 사회적 세상에 대한 사람들의 인과적 분석 또는 귀인을 기술한다. 예컨대, 귀인은 어떤 사람의 행동이 외적 상황에 의해서 야기된 것인지 아니면 그 사람의 내적 성향에 의해서 야기된 것인지를 다룬다. 만일 평소 알고 지내던 철수가 어느 날 아침에 당신에게 느닷없이 달려든 이유를 알고 싶다면, 감정을 삭혀야 할 상황이 있었는지(예컨대 여자 친구가 떠나 버렸다, 당신이 방금 뒷걸음치다 그의 차와 부딪혔다) 아니면 그가 성마른 성향을 가지고 있는지(그는 항상 누구에게나 그렇게 행동한다)를 결정하는 것이 중요하다.

귀인 이론가들은 처음에 사람들이 과학자처럼 다양한 잠재적 원인을 구분해 낼 수 있는 상당히 합리적인 존재라고 가정하였다. 부분적으로 이것은 인간에 대한 합리적 견해의 단점을 찾아낼 때까지 그 견해를 확장시켜 보도록 설계된 의도적인 이론적 전략이었다. 귀인 이론은 만일 충분한 시간이 주어진다면 사람들이 모든 관련 데이터를 수집하여 가장 논리적인 결론에 도달하게 될 것이라는 작업 가설로부터 출발하였다. 이 견해에 따르면, 사람들은 다양한 장면에서 친구 행동에 대해 생각하고는 그 행동의 상황적 원인이나 성향적 원인에 대한 증거에 신중하게 가중치를 부여하게 된다. 따라서 순진한 과학자 모형에서 인지의 역할은 상당히 합리적 분석을 내놓는다는 것이다.

만일 당신이 철수가 성마른 이유를 잘못 평가하였다면, 초기 이론들은 당신의 오류를 정서로 인해서 정상적인 처리과정에서 벗어났기 때문이거나 단순히 가용한 정보에서의 오류로 간주하였을 것이다. 예컨대, 만일 당신이 철수의 불쾌한 행동을 그의 성마른 성향에 귀인한다면, 그가 당신에게 화가 났다는 생각을 회피하려는 동기 때문일 수 있다. 이러한 조망에서 보면 오류는 주로 비합리적 동기의 간섭으로 인해서 발생한다. 초기의 귀인 이론에서는 동기가 주로 일상적 처리과정에 대한 잠재적 유보조건으로 작동한다.

반면에 일관성 이론에서는 동기가 전체 시스템을 주도한다는 사실을 회상해 보라. 일관성 이론에서는 동기가 중심적 역할을 담당한다. 비일관성이 해소될 때까지 지속되는 혐오적 추동상태로 작동한다. 전통적으로 귀인 이론가들은 해소되지 않은 귀인이 혐오적 추동상태를 야기하는 것으로 간주해 오지 않았다. 사회적 세상을 예측하고 제어하려는 동기가 귀인이 작동하도록 만드는 것으로 간주된다. 이러한 의미에서 동기는 전반적인 일관성 추구과정을 촉매하는 것과 마찬가지로 귀인과정을 촉발시키는 데 도움을 준다. 그렇기는 하지만 동기는 귀인 이론에서보다는 일관성 이론에서 한결 명시적이다.

불행한 사실은 사람들이 그렇게 항상 신중하고 순진한 과학자가 아니라는 점이다. 인지 시스템은 용량이 제한되어 있기 때문에 사람들은 간편법을 사용하게 된다. 인지 시스템의 제한점은 신용카드 번호, 지역번호, 전화번호 등을 기억하려고 애쓰는 사소한 문제 또는 혼란스러울 때 작업을 제대로 해내지 못하는 심각한 문제들을 가지고 예증할 수 있다. 인지적 제한점의 영향은 사회적 추론에서도 나타난다. 예컨대, 철수가 성마른 이유를 결정하는 데 있어서 당신은 가장 정확한 설명보다는 가장 손쉬운 설명에 매달릴 수 있다. 철수에게 무엇 때문에 괴로운지를 묻기보다는 깊이 생각하지 않은 채 그저 그는 불쾌한 사람이라고 낙인찍을 수 있다. 사람들은 그저 철저하지 않기 십상인 것이다.

사회적 사고자에 대한 세 번째 보편적 견해는 인지적 절약자(cognitive miser) 모형이다(S. E. Taylor, 1981b). 기본 생각은 사람들의 정보처리 능력이 제한적이기 때문에 가능하기만 하다면 언제나 간편법을 채택한다는 것이다(제7~8장 참조). 사람들은 복잡한 문제를 단순화시키는 전략을 채택한다. 그 전략은 정확하지 않거나 정답을 내놓지 못할 수가 있지만 아무튼 효율성을 강조한다. 용량이 제한된 사고자는 느리지만 정확한 해결책보다는 신속하고 적절한 것을 탐색한다. 따라서 이 견해에 따르면 오류와 편향은 인지 시스템의 내재적 자질에서 유래하는 것이지 반드시 동기에 의한 것이 아니다. 실제로 인지적 절약자 모형은 신속하고 적절한 이해(이것은 특징상 동기적인 것이라기보다는 인지적인 것이다)를 제외하고는 어떤 유형이든지 동기나 감정의 문제를 다루지 않는다. 인지적 절약자 견해에서는 인지의 역할이 핵심적이며, 동기의 역할은 소수의 예외를 제외하면 거의 상실되었다.

인지적 절약자 견해가 성숙함에 따라서 동기와 정서의 중요성이 다시 명백해졌다. 사람들의 인지과정이 상당히 정교화됨에 따라서 연구자들은 인지에 대한 동기의 흥미롭고도 중요한 영향력을 새롭게 인식하기 시작하였다(제2장 참조). 게다가 제13~14장에서 볼 수 있는 바와 같이, 감정은 끊임없이 매력의 원천이 되어 왔다. 동기적 사회인지에 대한 강조가 증가함에 따라서(Showers & Cantor, 1985; Tetlock, 1990), 연구자들은 사회인지 연구에서 획득한 새로운 조망을 가지고 오래된 문제들로 되돌아오게 되었다. 사회적 상호작용이 더욱 중요하게 되었다. 사람들의 사고는 윌리엄 제임스(William James, 1890/1983)의 표현을 빌리면 행위를 위한 것이며, 사회적 사고는 사회적 행위를 하기 위한 것이다(S. T. Fiske, 1992, 1993). 사회적 지각자라는 1990년대의 견해는 **동기화된 전술가**(motivated tactician)라고 적절하게 칭할 수 있는데, 다양한 인지적 전략이 가용한 철저하게 몰두하는 사고자로서 목표, 동기, 욕구에 근거하여 그 전략들을 선택하는(의식적이든 무의식적이든) 사람이다. 동기화된 전술가는 때로는 적응성과 정확성을 추구하면서 현명하게 선택하기도 하며, 때로는 속도나 자존감을 추구하면서 방어적으로 선택하기도 한다. 따라서 사회적 사고자에 대한 견해는 동기의 중요성을 인식하는 쪽으로 완전히 되돌아오기는 하였지만, 인지 구조와 과정에 대한 아이디어는 더욱 세련되었다.

21세기가 시작되면서 사회적 지각자에 대한 견해는 과거에 제시되었던 모든 주장을 토대로 하여 다시 한 번 조금씩 변모하고 있다. 동기화된 전술가는 목표에 대한 견해가 함축하고 있는 것처럼 결코 그렇게 심사숙고하지 않는다. 오늘날에는 순식간에 주어지는 단서에 의한 무의식적 연합을 강력하게 강조하게 됨에 따라서 사람들을 **활성화된 행위자**(activated actor)로 간주한다. 즉, 사회적 환경은 자각되지도 않은 채 재빠르게 지각자의 사회적 개념에 단서를 제공하며, 거의 필연적으로 그와 연합된 인지, 평가, 감정, 동기, 행동을 촉발시킨다는 것이다(예컨대 Dijksterhuis & Bargh, 2001; Fazio & Olson, 2003; Greenwald et al., 2002; Macrae & Bodenhausen,

2000). 이러한 가장 최근의 관점은 신속한 반응을 강조하며, 지각자 의지의 제약을 받지 않는 암묵적이거나 자발적이거나 자동적인 행동 지표로 간주된다(제3~4, 10~13장 참조). 이러한 해석은 논쟁거리로 남아 있지만 한 가지는 명백하다. 즉, 사람들의 동기가 놀라울 정도로 무의식적 반응에 영향을 미친다는 것이다. 자각을 넘어서는 속도로 자극을 제시하는 보다 빠르고 보다 정확한 방법들을 사용하고 지각의 최초 순간에 벌어지는 신경반응에 대한 신경과학 측정치를 사용함으로써, 사회지각의 첫 순간에 얼마나 많은 일들이 일어나고 있는지를 빠르게 이해해 가고 있다. 그렇다고 해서 사회인지가 단순하게 인지적 절약자 견해(즉, 빠르지만 그렇게 우수하지는 않은)로 회귀하는 것은 아니다. 오늘날의 견해는 모든 정보처리 단계에 동기와 감정, 심지어는 전의식적인 것까지도 포함하는 견해를 인지경제성 견해와 결합시키고 있다. 처리 단계를 거슬러 올라갈수록 인지와 감정 그리고 행동 준비성을 분리할 수 없게 된다는 사실을 깨닫게 된다.

요약하자면, 사회심리학은 관찰 가능한 자극과 반응 사이를 매개하는 중요한 단계들을 상정한다는 광의적 의미에서 항상 인지적이었다. 초기에 중요한 일련의 이론들은 사람을 일관성 추구자로 간주하였으며, 동기가 전체 시스템을 이끌어 가는 데 있어서 중추적 역할을 담당하였다. 사회인지 연구가 출현함에 따라서 새로운 견해들이 나타났다. 한 가지 중요한 연구 흐름에서 심리학자들은 사람을 순진한 과학자로 간주하였다. 이 심리학자들은 동기를 주로 오류의 원천으로 간주하였다. 또 다른 최근의 견해에서는 사람을 인지적 절약자로 간주하며, 오류를 인지 시스템의 본유적 제한의 탓으로 돌리고, 동기에 대해서는 거의 언급조차 하지 않았다. 보다 최근에는 사회적 사고자를 동기화된 전술가로 간주하는 견해에서 인지에 대한 동기의 영향이 재등장하게 되었다. 마지막으로 오늘날의 연구자들은 자동처리와 통제처리를 채택하는 데 있어서 의식적 선택의 한계를 깨닫고 있는 중이다. 사람은 사회적 사고자이자 감정을 느끼는 존재이며 동시에 행위자라는 점을 강조하게 됨에 따라서, 최근의 연구는 사람을 과거에 생각하였던 것보다 더 이른 단계에서조차 사회적 환경의 영향을 받는 활성화된 행위자로 간주하고 있다.

3. 사회인지란 무엇인가?

사회인지 연구는 어느 한 이론에 의존하지 않는다. 이 분야는 사람들이 어떻게 타인과 자기 자신을 이해하는지에 관심을 둔다. 모든 사회인지 연구는 몇 가지 기본 특성을 공유한다. 즉, 단호한 심성주의, 처리과정에 대한 지향성, 인지심리학과 사회심리학 간의 융합, 그리고 실세계 사회 문제에 대한 최소한의 관심 등을 공유한다(다른 개관을 보려면 Augustinos & Walker, 1995; Bless, Fielder, & Strack, 2004; Kunda, 1999; Macrae & Bodenhausen, 2000; Moskowitz, 2005 참조. 그리고 이러한 주장에 관한 것으로는 Hastie & Carlston, 1980; Ostrom, 1984; S. E. Taylor, 1981b 참조).

심성주의

첫 번째 가정인 단호한 심성주의(인지)는 앞에서 비교적 길게 논의하였다. 심성주의(mentalism)란 심적 표상과 처리과정의 중요성에 대한 신념을 말한다. 타인을 이해하기 위해서 사람들이 자연스럽게 사용하는 인지적 요소들이 사회인지의 내용을 구성한다. 심적 표상은 주어진 개념이나 자극 영역에 대한 일반 지식 그리고 특정 경험에 대한 기억 모두를 나타내는 인지 구조다. 예컨대, 새로운 친구에 관한 당신의 일반 지식은 그가 독립적이지만 외롭지 않으며, 다정하지만 알랑거리지 않고, 활달하지만 튀지는 않는 사람이라는 견해로 체제화될 수 있다. 한 개념(예컨대 이 사람)에는 관련된 속성(예컨대 독립성, 다정함, 활달함)과 그 속성들 간의 관계(예컨대 그의 독립성이 다정함과 관련된 방식) 모두가 포함된다. 우리 자신과 타인에 대한 일반 지식은 이 세상에서 제대로 기능할 수 있도록 해 주는 기대를 제공해 준다. 앞서 언급한 바와 같이 사고는 대부분 행위를 위한 것이다. 또한 사람들은 독특한 사건에 대한 특정한 기억도 가지고 있다. 두 가지 유형의 표상은 모두 심적 표상을 다루는 제4장에서 논의한다. 사람들은 여러 가지 중요한 사회인지 중에서도 자기(제5장), 태도(제9장), 외집단(제10장)에 대한 심적 표상도 가지고 있다.

사회적 장면에서의 인지과정

사회인지 연구에서의 두 번째 기본 가정은 인지과정, 즉 인지적 요소들이 시간 경과에 따라서 형성되고 작동하며 변화하는 방식에 관한 것이다. 처리과정 지향성은 근본적으로 인지에 관심을 갖기 때문이다. 다시 말해서, 관찰 가능한 자극과 반응 사이를 매개하는 인지적 요소들에 대한 관심은 어떻게 자극으로부터 반응을 도출하게 되는지를 설명할 것을 요구한다. 행동주의자들은 공개적으로 관찰 가능한 자극으로부터 공개적으로 관찰 가능한 반응을 예측하는 데 관심을 가지고 있었기 때문에 내적 과정에 관한 논의를 드러내 놓고 거부하였다는 사실을 회상해 보라. 이런 의미에서 행동주의자들은 처리과정 지향적이라기보다는 반응 지향적 또는 결과 지향적이었다.

그렇지만 결과 지향성은 다른 곳에서도 출현하였다. 예컨대, 일관성 이론 연구의 초기 방법론은 처리과정 지향적이기보다는 결과 지향적이었다. 연구자들은 처음에 이론을 구축하고 처리과정에 대한 가정을 하였지만, 경험적으로는 자극으로부터의 결과를 예측하는 데 초점을 맞추었다. 예컨대, 비일관성(자극)에 처치를 가하고 그 결과로 초래되는 태도 변화를 측정하였다(결과). 일관성 연구를 수행하는 후속 심리학자들이 매개과정을 측정하고자 시도하기는 하였지만, 초기의 연구 방법들은 결과 지향적이었다. 태도 연구와 사회심리학에서 최근에 진행되고 있는 한 가지 변화는 전반적으로 결과 지향적 접근에서 벗어나 처리과정을 밝히는 쪽으로 나아가고 있는 점이다.

오늘날 사회인지 연구에는 처리과정에 대한 다양한 암묵적이면서 지금까지 다루지 않았던 가정을 기술할 수 있는 이론들 그리고 그러한 가정을 측정하는 데 사용할 수 있는 도구들이 존재한다. 사회인지 연구는 사회 정보처리의 단계들을 측정하고자 시도한다. 즉, 사회적 자극에 직면할 때, 사람들은 여러 단계를 거친 후에 반응을 한다는 것이다. 사회인지 그리고 오늘날 사회신경과학은 정보처리의 초기 순간부터 진행되는 처리과정을 분석하고 있다.

인지심리학과 사회심리학의 융합

지금까지 사회인지 연구의 두 가지 주제, 즉 인지 또는 심성주의에의 관여와 처리과정 분석에의 관여를 기술하였다. 세 번째 주제인 인지심리학과 사회심리학의 융합은 사회인지 연구의 또 다른 특징을 나타낸다. 사회심리학이 항상 인지적이기는 하였지만, 새로운 접근을 제공해 줄 수 있는 순수한 인지적 연구 분야와 항상 함께한 것은 아니었다. 상대적으로 세밀하게 접근하는 인지심리학과 인지신경과학의 이론과 방법을 사용하는 것은 사회심리학 연구에 유익한 것으로 입증되어 왔다. 연구자들은 처리과정 모형의 단계를 상세화할 뿐만 아니라 보다 세밀하게 그 단계들을 측정하고자 시도한다. 예컨대, 사회인지 연구에서 최초의 새로운 흐름은 밀리초 단위의 반응시간에 크게 의존하였다. 가장 최근의 사회인지 신경과학은 상세한 두뇌 영상 기법에 의존한다. 앞으로 보게 되겠지만, 심리학의 다른 영역에서 측정 방법을 받아들이는 것은 사회심리학에서 자생적으로 사용해 온 방법들을 풍요롭게 만들어 준다. 다양한 전통적인 실험 방법과 새로운 방법들은 연구자로 하여금 처리과정 모형의 여러 측면, 예컨대 주의, 기억, 추론 등을 입증할 수 있게 해 준다.

실세계 사회 문제

사회인지 연구의 네 번째 주제는 실세계에의 적용이다. 사회심리학자들은 중요한 현실적 문제들을 다루는 오랜 전통을 가지고 있다. 초기 연구는 군중 행동, 선전, 반유태주의, 군대의 사기 등과 같은 사회 문제에 대한 통찰을 제공하였다. 사회인지 연구는 이러한 전통에 따라서 중요한 사회 문제에 관한 정보를 제공해 준다. 실세계 사회 문제에 인지 이론과 방법을 적용하고 있는 것이다. 이 책 전반에 걸쳐서 우리는 사회인지가 심리치료, 건강관리, 법체계, 고정관념, 광고, 정치 캠페인, 타인을 돕는 이타행동, 낭만적 사랑 등의 영역에서의 연구를 이끌어 갈 수 있는 방법들을 예시할 것이다. 이 모든 것은 사회인지 연구의 융통성을 예시하며, 어떻게 지극히 기술적(技術的)이거나 추상적인 아이디어가 실험실을 넘어서 일반화될 수 있는지를 증명해 준다.

실세계 문제에 대한 사회인지의 응용은 인지과정의 몇몇 한계 조건을 규정한다. 다시 말해서, 연구는 순수한 인지적 분석에 적합하지 않은 현상을 드러낸다. 많은 대인관계 장면에서는 다른 요인들도 고려하여야만 한다. 예컨대, 인지는 정확성과 효율성을 어떻게 결정하는가? 사회적 정보처리는 개인이 깊이 관여하고 있는 상황에서 어떻게 작동하는가? 사회인지는 어떻게 투표 행동으로 전환되는 것인가? 사회인지 신경과학은 어떻게 자폐증 환자의 사회적 문제와 관련되는 것인가?

이 책은 사회인지 연구의 네 가지 주요 주제를 다룬다. 즉, 사람에 대한 인지적 표상 연구에서 단호한 심성주의, 인지과정에 대한 세밀한 분석, 인지심리학과 사회심리학 이론과 방법 간의 융합, 실세계 사회 문제에의 관여가 그것이다.

4. 사람과 사물 간의 차이

사회인지 연구를 개관하면 사물지각과 대인지각 간의 유추가 점차 명확해지게 된다. 다음과 같은 주장이 반복해서 나타난다—사람들이 일반적으로 사고하는 방식을 기술하는 원리는 사람들이 사람에 대해서 사고하는 방식도 기술해 준다. 사회인지의 많은 이론들은 원천적으로 인지적 원리에 근거를 두고 개발되어 왔음을 부정할 수 없다. 그렇기는 하지만, 그러한 원리를 차용하는 과정에서 사람에 대한 인지에 그 원리를 적용시킬 때 근원적인 차이점을 발견하게 된다. 인지심리학은 무생물체와 추상적 개념에 대한 정보를 처리하는 데 더 많은 관심을 가지고 있는 반면에, 사회심리학은 사람과 사회적 경험에 대한 정보를 처리하는 데 더 많은 관심을 가지고 있다.

이 시점에서 여러분은 다음과 같이 말할는지 모르겠다. "잠깐. 내가 암산이나 커피 잔에 대해서 생각하는 방식이 친구에 대해서 생각하는 방식과 무슨 관계가 있는지 알 수 없잖아." 사물지각의 원리를 대인지각에 적용할 때의 장점과 단점은 한동안 논쟁의 대상이 되어 왔다(Heider, 1958; Higgins, Kuiper, & Olson, 1981; Kraus, 1981; Schneider, Hastorf, & Ellsworth, 1979; Tagiuri & Petrullo, 1958). 지각의 대상으로서 사람과 사물 간의 몇 가지 중요한 차이점은 다음과 같다.

- 사람은 의도적으로 환경에 영향을 가한다. 자신의 목적을 위해서 환경을 제어하고자 시도한다. 물론 사물은 의도를 갖고 있는 인과적 행위자가 아니다.
- 사람은 이면을 지각한다. 당신이 부산하게 타인에 대한 인상을 형성하고 있을 때, 타인도 당신에 대해서 똑같은 일을 하고 있다. 사회인지는 상호 인지다.
- 사회인지는 자기(self)와 결부되어 영향을 미친다. 상대방도 나를 판단하고 있으며, 나 자신에 대한 정보를 나에게 제공하고, 사물에 비해서 나와 훨씬 유사하기 때문이다.
- 사회적 자극은 인지의 대상이 됨으로써 변할 수 있다. 사람들은 자신이 어떻게 보일 것인가에 대해서 염려하기 때문에 그에 따라서 자신의 외모나 행동을 조정할 수 있다. 커피 잔이 그렇게 하지 않는 것은 명백하다.
- 사람의 특질은 그 사람에 대해서 생각하는 데 필수적이면서도 관찰이 불가능한 속성이다. 사물의 관찰 불가능한 속성은 그렇게 중요하지 않다. 사람과 컵이 모두 나약할 수 있지만, 컵의 경우에는 그렇게 추론된 특성이 덜 중요하며

보다 직접적으로 관찰될 수 있다.

- 사람은 사물에 비해 시간과 상황에 따라서 훨씬 더 많이 변한다. 그렇기 때문에 사람에 대한 인지를 곧바로 낡거나 신뢰할 수 없는 것으로 만들어 버릴 수 있다.
- 사람에 대한 인지의 정확성은 사물에 대한 인지의 정확성에 비해서 확인하기가 더 어렵다. 심리학자들조차도 한 사람이 외향적인지, 예민한지, 아니면 정직한지의 여부에 대해서 동의하기가 어려운 경우가 많지만, 일반 사람들은 주어진 컵이 열을 잘 전달하는지, 깨지기 쉬운지, 아니면 새는지의 여부를 쉽게 검증할 수 있다.
- 사람은 필연적으로 복잡하다. 단순화하기 위해서 수많은 선택을 하지 않고는 사람에 대한 인지를 연구할 수 없다. 연구자들은 사물인지에서도 단순화 작업을 해야만 하지만 왜곡이 그렇게 심하게 발생하지는 않는다. 표적이 근원적으로 가지고 있는 많은 복잡성을 제거하지 않고는 사회적 자극을 단순화할 수 없다.
- 사람은 복잡하기 때문에, 이면에 숨어 있는 특질과 의도를 가지고 있기 때문에, 그리고 사물과는 다른 방식으로 우리에게 영향을 미치기 때문에, 사회인지는 자동적으로 사회적 기대를 수반한다. 일반인에게 있어서는 왜 컵이 깨지기 쉬운지를 설명하는 것보다 왜 한 사람이 나약한지를 설명하는 것이 훨씬 중요하다.

이러한 이유들로 인해서 사회인지심리학에는 인지심리학을 그대로 적용할 수 없다. 이론과 방법을 새로운 용도에 적용함으로써 도움을 받을 수 있지만, 사회적 세상은 타인과 자신에 대한 사고에서, 비록 이 사고에만 독특한 것은 아닐지라도, 극적인 특징이라고 할 수 있는 조망과 도전거리를 제공하고 있는 것이다.

5. 두뇌의 중요성

두뇌의 10년이라고 할 수 있는 1990년대에 사회적 처리과정을 포함한 인간의 다양한 처리과정에서 신경계의 흥미진진하면서도 중차대한 역할이 확인되었다. 물론 사회

생리심리학이 새로운 것은 아니다(예컨대 Cacioppo & Berntson, 1992; Shapiro & Crider, 1969). 오늘날 연구자들과 일반 대중 사이에서 나타나고 있는, 심장이 고동칠 정도의 흥분은 부분적으로 기능적 자기공명영상(functional magnetic resonance imaging, fMRI) 기법이 개발되어 보편화된 것에서 유래하는데, 이 기법은 작동하고 있는 두뇌의 영상을 보여 준다. 이 기법은 한 사람을 MRI 자장(磁場)에 집어넣고 어떤 자극을 제시하여 두뇌의 특정 영역으로 흘러가는 혈류를 관찰함으로써 여러 가지 과제에서 그 영역의 기능에 대한 단서를 제공해 준다. fMRI 기법은 점차적으로 두뇌의 공간적 위치에 대한 보다 정확한 지표들을 발전시키고 있다. 이 기법은 뒤에서 기술할 개발 중에 있는 새로운 기법들뿐만 아니라 뇌전도(electroencephalogram, EEG)와 안면 근전도(electromyogram, EMG) 같은 오래된 기법들에 의해서 보완된다. EEG는 공간 위치에서 개략적인 정보만을 제공해 주는 반면(두뇌 활동을 방해하지 않는 전극이 두개골에 분산되어 부착된다), 매우 정확한 시간적 정보를 제공한다. 안면 EMG(얼굴의 중요한 위치에 부착된 전극)는 관찰자가 볼 수 없지만 얼굴 표정의 지표가 될 수 있는 안면근육의 미세한 움직임을 탐지할 수 있다.

이러한 기법들에 심근 활동과 손바닥 땀 분비 측정치가 더해지는데 이것들은 다양한 형태의 각성을 측정한다. 심근 활동의 측정은 생리적 각성에 대한 정보를 제공한다. 스트레스 처리과정에 특별히 관심을 갖는 사회신경과학자들은 또한 시상하부-뇌하수체-부신피질(hypothalamic pituitary adrenal, HPA) 기능을 평가하기도 하는데, 특히 위협이나 스트레스 과제에 대한 반응으로 코티솔의 변화를 측정한다. 코티솔 수준이 높아지는 것이나 코티솔의 주행성 리듬이 와해되는 것은 스트레스 사건과 심리사회적 스트레스 상태와 연계되어 왔다. 예컨대, 사회적 위협은 스트레스 과제에 대하여 코티솔 반응이 증가할 것을 예언하며(Dickerson & Kemeny, 2004), 강건한 자기감과 같은 사회심리적 자원이 스트레스에 대한 코티솔 반응을 낮추는 것과 연계되어 왔다(Creswell et al., 2005). 사회신경과학자들은 다양한 유형의 면역 측정치도 활용하는데, 여기에는 다양한 유형의 면역세포의 수치를 평가하는 측정치와 면역 기능을 평가하는 측정치 등이 포함된다. 면역 시스템은 스트레스를 비롯한 각종 위협에 대처한다(Dickerson, Kemeny, Aziz, Kim, & Fahey, 2004). 낙관성이나 자기제어감과 같은 사회심리적 자원과 연합된 면역 기능을 측정하는 것은 스트레스와 심리적 고통으로부터 자신을 보호해 주는 사회인지의 측면을 확인해 내는 데 도움이 된다(Reed, Kemeny, Taylor, & Visscher, 1999; Segerstrom, Taylor, Kemeny, & Fahey,

1998). 종합적으로 볼 때, 이러한 측정치들은 사회적 마음의 속내를 들여다보는 새로운 길을 열어 주고 있다.

사회인지 연구자들은 특정한 신경과학적 반응에 기초하여 특정한 사회인지과정을 분리해 낼 수 있는 잠재력도 가지고 있다. '사람은 사물이 아니다.'라는 우리의 주장과 관련하여, 최근 연구들은 사물지각과 비교할 때 사회지각에서만 활성화되는 특정한 신경 시스템이 존재한다는 사실을 증명해 주고 있다. 한 연구(Castelli, Happé, Frith, & Frith, 2000)에서는 사람들이 크고 빨간 삼각형과 작고 파란 삼각형이 운동하는 장면을 다음과 같은 세 가지 표지 중 하나가 붙어 있는 상황에서 관찰하였다—즉, 감정과 사고를 가지고 상호작용하고 있는 것이거나, 무선적으로 운동하고 있는 것이거나, 아니면 단순한 상호작용을 하고 있는 것. 이와는 별도로 또 다른 시행에서는 이들의 운동이 심적 추론(예컨대 설득을 하고 있거나 사기를 치고 있는 것)이나 단순한 목표(예컨대 쫓아가거나 춤을 추고 있는 것) 또는 직접적인 물리적 운동(예컨대 표류하거나 벽에 부딪히는 것)을 수반한 이야기와 같은 것이었다. 삼각형에다가 (인간에 준하는) 심적 상태를 부여하였을 때 특정한 활성화 패턴이 발생하였는데, 무엇보다도 내측 전전두피질(medial prefrontal cortex, mPFC), 상측두고랑〔superior temporal sulcus, STS 또는 측두두정엽(temporoparietal junction)〕, 방추이랑(fusiform gyrus, FFA)의 활성화가 나타났다.[4] 이 연구가 흥미를 끄는 이유는 대상이 의도와 성격 특질을 가지고 있는 것으로 지각될 때 나타나는 특별한 현상, 흔히 '마음 이론(theory of mind)' 효과라고 부르는 현상을 보여 주는 최초 연구의 하나이기 때문이다. 이 연구가 사람과 사물 간의 차이에 대한 앞선 언급과 어떻게 어울리는지에 주목하기 바란다.

또 다른 관련된 연구(Mitchell, Heatherton, & Macrae, 2002)도 신경 시스템 수준에서의 이러한 구분을 지지하고 있다. 대학생들이 일련의 형용사-명사 쌍을 보면서 그 형용사가 명사에 '참일 수 있는지'를 판단하였다. 명사는 사람(예컨대 철수, 영수)이거나 사물(예컨대 셔츠, 망고)이었으며, 형용사에는 전형적으로 사람을 수식하는

---

4) 카스텔리 등(2000)의 연구는 측두극(temporal pole)과 선조외피질〔extrastriate cortex, 후두이랑(occipital gyrus)〕의 활성화도 보여 주었다. 그 후에 미첼 등(2002)의 연구는 두정엽내고랑(intraparietal sulcus)의 활성화를 보여 주었다. 여기서는 단순화시키기 위하여 이 외의 영역들에 초점을 맞춘다.

것(예컨대 독단적, 신경질적), 적절한 사물 수식어(예컨대 조각난, 씨 없는)가 포함되었다. 사람과 사물에 대하여 이러한 의미 판단을 할 때 상이한 신경 활동이 나타났다. 사람과 연합된 두뇌 활동에는 앞서 카스텔리 등(Castelli et al., 2000)이 관찰하였던 것과 동일한 영역들—내측 전전두피질(medial prefrontal cortex, mPFC), 상측두고랑(superior temporal sulcus, STS), 방추이랑(fusiform gyrus, FFA)—이 포함되었다.

두뇌의 이 영역들(mPFC와 STS)은 사람들이 일반적으로 사회인지에 관여할 때(mPFC) 또는 의도와 추이에 대해 판단할 때(STS)마다 이 책 전반에 걸쳐 자주 등장하게 된다. 특히 mPFC는 많은 연구에 걸쳐 사회인지에서 독특한 역할을 하는 것으로 나타난다(Amodio & Frith, 2006). 또한 FFA는 얼굴 또는 조류 관찰자에게 있어서 새 그리고 자동차 전문가에게 있어서 자동차와 같이 전문 영역에 들어 있는 사물들에 특별하게 반응한다(Farah, 1994; Gauthier, Skudlarski, Gore, & Anderson, 2000). 미첼 등(2002)의 연구에서 지적하고 있는 요점은 선행 연구에서와 마찬가지로 사회적 신경 활성화 패턴과 비사회적 신경 활성화 패턴 간의 해리(분리)다. 나아가 이 두 연구와 다른 연구(예컨대 Mitchell, Macrae, & Banaji, 2005)를 보면 몇몇 동일한 영역들이 사회인지에 관여하고 있다. 한 가지 흥미를 끄는 가능성은 이 영역들이 두뇌의 보상 시스템과 연계되어 있으며, 사람들이 사회적 상호작용과 소속에 대해서 가지고 있는 매력을 설명한다는 것이다(S. T. Fiske, 2004; Baumeister & Leary, 1995).

이러한 결과들이 더욱 흥미를 끄는 점은 사회인지가 지정값을 갖는 안정상태(default resting state)일 수 있다는, 도발적이라고 할 수 있는 가능성에 있다(Iacoboni et al., 2004). 많은 사회신경과학 연구를 보면, 전형적으로 사회적 '활성화'는 신경 활동의 기저선(예컨대 시행의 시작을 알리는 응시점을 바라볼 때의 신경 활동)에서부터 비교적 작은 변화로 나타나기 십상이다. 반면에 사물 판단은 기저선 이하로 떨어지는 신경 활성화를 나타내는 경우가 많다. 이 연구는 신경계가 결코 중립적이지 않으며 오히려 사람들이 자발적으로 사회인지에 관여하고 있음을 시사하였다(실험자는 지금 무엇을 하고 있는가? 그/그녀가 하고 있는 것을 알고 있으면 좋겠는데. 친구들이 점심을 같이 먹자고 기다리고 있을까? 룸메이트가 약속대로 나를 깨우지 않은 이유는 무엇일까?). 사람들이 두뇌에서 어느 정도 활성화된 사회 시스템을 동원하여 제멋대로 하는 생각의 대부분이 타인에 관한 것이라고 잠시 가정해 보자. 실험자가 참가자들에게 암산을 하거나 다른 비사회적 과제를 수행하도록 할 때, 사회인지과정이 차단됨으로써 이렇게 '사회인지와 연루된' 영역들이 차단된다. 반면에 사회적 자극을 바라볼 때는 이미 타인에 대해서 생각하고 있었기 때문에 이 영역의 활성화가 기저선에서 크게 변하지 않는다. 이것이 아이아코보니 등(2004)이 내놓은 주장의 핵심이다. 이들은 두 사람이 상호작용하는 영화 장면을 보는 사람을 일상적 활동을 하고 있거나 기저선 상태에 있는 사람과 비교하였다. 이들은 STS와 FFA뿐만 아니라 mPFC의 등쪽 부분에서 기저선과 거의 대등한 활성화가 나타나는 것을 발견하였다. 마찬가지로 미첼 등의 연구에서도 대인 판단을 할 때 사회인지와 관련된 영역은 일반적으로 두뇌의 기저선 활동에서부터 거의 아무런 변화가 없는 반면, 사물 판단에서는 활성화가 유의하게 감소하였다. 사회적 사고가 사회적 백일몽 이상의 강도를 갖도록 만든 다른 연구들은 활성화가 기저선 이상으로 증가하는 것을 발견하였다(Harris, Todorov, & Fiske, 2005).

다른 사람의 성향과 상태에 대한 사고가 독특한 신경적 위상을 차지하고 있다는 증거가 누적됨에 따라서, 연구자들은 사회인지를 특별하게 만드는 것에 대해서 많은 사실들을 밝혀내고 있다. 이러한 신경적 준거를 사용한 보다 흥미진진한 최근의 몇몇 연구 결과는 사람들이 마약 중독자와 노숙자를 사람으로 생각하는 것보다도 개를 사람으로 더 쉽게 생각할 수 있다는 사실을 시사한다(Harris & Fiske, 2006; Mitchell, Banaji, & Macrae, 2005). 즉, 혐오감을 유발하는 외집단(노숙자와 중독자에 대한 평정이 이에 대한 증거다)에 대한 사람들의 일반적 반응은 혐오감에 전형적으로 나타내는 신경 패턴〔예컨대 뇌섬(insula)〕을 활성화시키지만, 내집단과 다른 중립적 외집단에 대한 사회인지에 전형적인 신경 패턴(예컨대 mPFC)은 활성화시키지 않는다. 반면에 사람들은 개에게 쉽게 심리적 상태(의인화하는 것)를 부여하는데(Mitchell, Banaji, & Macrae, 2005), 적어도 mPFC 그리고 특질 용어('호기심이 있는')를 개에게 적용할 수 있는지에 대해서 "그렇다"고 답하는 것으로 볼 때 그렇다. mPFC의 활성화를 해석하는 방법이 빠르게 개발되고 있기는 하지만, 이 영역이 사회인지에 관여한다는 사실은 명백하다.

사회적 두뇌의 중요성을 논의하려면 그 맥락도 명시해야 한다. 때때로 사람들은 생물학적 설명을 문화적 설명과 잘못 대립시키면서 선천성·후천성 논쟁을 재연시키기도 한다. 연구자들은 각자의 취향에 따라서 특정한 수준의 분석에 매달리는 경향이 있지만, 두뇌와 문화는 동일한 현상에 대한 경쟁적 설명이 아니다.

첫째, 우리 두뇌는 문화가 우리를 사회화시킴에 따라서 그 문화를 받아들이는 소인을 가지고 있다. 예컨대, 방금 위에서 언급한 바와 같이 사회적 사고는 특정한 신경

영역을 활성화시킨다. 이에 덧붙여 사회적 배척은 신체적 고통과 연계된 신경 시스템을 활성화시킨다(Eisenberger, Lieberman, & Williams, 2003). 즉, 추방당하는 사람은(심지어는 낯선 사람과의 단순한 비디오게임에서조차) 전대상피질(anterior cingulate cortex, ACC)을 활성화시키며, 이러한 활성화는 우복측 전전두피질(right ventral prefrontal cortex, rvPFC)의 활성화에 의해서 약화된다. 이러한 패턴은 신체적 고통에 의해서도 일어난다. 신체적 고통에 대한 사람들의 기저선 민감도는 사회적 고통에 대한 민감도를 예언하며, 사회적 고통의 경험은 사람들로 하여금 신체적 고통에 민감하게 만든다는 증거는 이와 맥을 같이한다(Eisenberger, Jarcho, Lieberman, & Naliboff, 2006). 사회적 삶에 대한 신경 상관체를 점차적으로 이해함에 따라서 우리의 두뇌가 사회적 단서에 얼마나 민감한지를 알게 될 것이다.

둘째, 문화 정보는 두뇌에 저장된다. 제4장에서 보는 바와 같이, 사회적 정보에 대한 심적 표상은 복잡하며 비사회적 표상과는 상이한 자질을 나타내는 특징을 가지고 있다.

셋째, 두뇌는 문화적 경험에 따라서 물리적으로 변화한다. 예컨대, 택시 운전사는 운전 경험이 길어짐에 따라서 거리와 위치에 대한 학습의 결과로 후해마 영역(posterior hippocampus, 공간기억 저장과 연합되어 있다)이 커진다(Maguire et al., 2000). 이러한 사례들이 나타내는 바와 같이 두뇌는 특정한 문화적 경험 속에 자리잡고 있으며, 두 가지 모두 사회인지에 중요하다.

6. 문화의 중요성

흥미진진한 새로운 문화 간 비교는 사회인지 연구자들로 하여금 자기 분야의 토대를 재고찰하도록 만들어 왔다. 타인에 대해 사고하는 방식에 관한 많은 기본 가정들이 문화적으로 제한된 것으로 판명되면서 오랫동안 견지해 온 가정들이 도전을 받고 있다. 오늘날까지의 많은 비교들은 미국이나 캐나다 대학생들을 한국, 일본, 중국의 대학생들과 대비시키는 것이었다. 이렇게 제한된 비교에서조차 몇몇 도발적인 결과가 출현하고 있다. 예컨대, 제6장에서 보는 바와 같이 문화에 따라 인과성을 보다 분석적으로 사고하거나(서양인) 총체적으로 사고한다(동아시아인)(Nisbett, Peng, Choi, & Norenzayan, 2001). 이러한 차이는, 예컨대 어떤 행동을 취하는 것에서 사람이 원인인지 아니면 사회 상황이 원인인지를 결정하는 데 영향을 미치며, 법률, 도덕성, 사회적 역할 등에 대한 함의를 갖는다.

또 다른 예를 들면, 신념의 구성은 문화에 따라 다르다(Leung & Bond, 2004). 일반적으로 사회적 냉소주의를 믿고 있는 문화는 권력의 과시가 복종을 유발하며, 따라서 사람들은 그러한 영향력 전략을 받아들인다고 가정한다(Fu et al., 2004). 종교, 노력에 대한 보상, 그리고 운명 제어에 대한 신념에서도 마찬가지다. 즉, 사람들을 행동하도록 만드는 원인에 대한 자신의 문화가 가지고 있는 기대와 맞아떨어지는 영향력 전략을 받아들인다. 기업, 교육, 정치의 세계화 시대에 문화의 차이에 대한 사회인지적 통찰은 상호작용에 대한 서로의 신념을 이해하는 데 결정적 요소가 된다.

문화에서 가장 현저한 사회인지적 차이 중의 하나는 자기를 보다 독립적이고 자율적으로 간주하는가(서양인), 아니면 보다 상호의존적이고 조화적으로 간주하는가(동아시아인)이다(예컨대 Markus & Kitayama, 1991; 제5장 참조). 이러한 차이점의 함의는 자기의 정의에서부터 자존감, 일생의 과제, 다른 사람들의 역할에 걸쳐 있으며, 이 모든 것들은 사회인지에서 핵심적인 것이다.

앞으로 보게 되겠지만, 이 모든 문화적 패턴은 서로 관련되어 있다. 대비가 사실인 것과 마찬가지로, 유사성도 실재하며 양극단 사이에 위치하는 것도 사실이다. 문화 간 비교는 흥미진진한 복잡성을 만들어 내는 것이지, 고정관념이나 풍자만화를 초래하는 것이 아니다. 사회인지 연구가 성장하여 애초의 서양(북미와 유럽)이라는 경계를 넘어서는 동시에 두뇌에까지 이른 것과 마찬가지로, 문화적인 측면에까지 확장되고 있는 것이다.

요약

사회인지 연구는 사람들이 타인과 자신을 이해하는 방식을 다룬다. 흥미를 끄는 현상으로서 그리고 사람들의 일상적 이해에 대한 이론을 위한 토대로서 사람들의 일상적 이해에 초점을 맞춘다. 따라서 사람들이 사회적 세상에 대해서 사고하는 방식과 사람들이 사회적 세상에 대해서 사고하는 것에 대해 사고하는 방식 모두에 관심을 갖는다. 또한 인지심리학 이론과 방법이 제공하는 정교한 분석에도 크게 의존한다.

사회인지에 대한 두 가지 보편적 접근은 초기의 현대 철학까지 거슬러 올라간다.

요소적 접근은 연계됨으로써 점차적으로 복잡한 합성체가 만들어지는 요소로서의 관념으로부터 출발한다. 반복적인 시공간적 근접에 의해서 관념들 간의 연합이 형성된다. 초기 심리학자들은 기억과정을 이러한 기본 요소로 분해하는 방법으로 내성법을 사용하였다.

게슈탈트 심리학자들은 총체적 접근을 채택하였다. 이들은 자극장의 객관적 기술보다는 실재에 대한 마음의 능동적 구성에 초점을 맞추었다. 또한 요소보다는 역동적 전체에 대한 경험에 초점을 맞추었다. 레빈과 애쉬는 이러한 생각을 사회심리학에 도입하였다. 애쉬는 게슈탈트 인상에 초점을 맞추었다. 레빈은 지각된 환경, 즉 심리장이 행동을 예언하며 개인에게 작동하고 있는 힘의 역동적 균형을 다루어야만 한다고 주장하였다. 심리장은 개인과 상황 그리고 동기와 인지의 합동적 산물이다.

실험심리학에서 인지가 항상 비중 있게 다루어졌던 것은 아니다. 내성이 경험과학을 위한 빈약한 방법이라는 사실이 입증되었을 때, 인지는 심리학자들에게서 냉대를 받게 되었다. 행동주의자들은 수십 년 동안 심리학을 주도하면서 관찰 가능한 자극과 반응을 강조하며 둘 사이를 매개하는 인지를 부정하였다. 나중에 행동주의적 접근은 언어를 설명하는 데 부적합한 것으로 보였으며, 동시에 정보처리 이론 그리고 컴퓨터의 지원을 받은 이론과 테크놀로지가 실험심리학에서 인지의 부활을 위한 길을 닦았다.

그렇지만 사회심리학에서는 인지가 항상 훌륭한 아이디어였다. 사회적 상호작용의 원인은 압도적으로 지각된 세상에 들어 있으며, 사회적 상호작용의 결과로 감정과 행동뿐만 아니라 사고가 초래된다. 나아가서 사회심리학자들은 지각된 자극에 반응하면서 인지적 반응을 생성해 내는 사회적 사고자에 대한 견해에서 항상 인지적이었다. 이들은 한때 사회적 사고자를 지각된 불일치를 감소시키려는 동기를 가지고 있는 일관성 추구자로 간주해 왔었다. 다른 시점에서는 사회적 사고자를 진실을 찾아내려고 온갖 노력을 기울이는 순진한 과학자로 간주하였는데, 동기는 주로 오류를 불러일으키는 것으로 보았다. 뒤이어서 사회심리학자들은 사회적 사고자를 용량이 제한된 인지 시스템의 효율성을 증가시키거나 유지하고자 애쓰는 인지적 절약자로 간주하였으며, 동기에 대해서는 일언반구도 하지 않았다. 이 견해에 뒤이어서 사회적 지각자를 동기화된 전술가로 보는 견해가 뒤따랐는데, 이 견해는 연구자들이 사회적 지각자의 융통성을 밝혀냄으로써 인정을 받게 되었다. 오늘날에는 강조점이 보다 빠르고 즉각적인 반응과 외현적 행동에 대한 이러한 반응의 효과 쪽으로 이동함에 따라서, 연구자들은 사회환경에 크게 영향을 받는 활성화된 행위자로서 사회적 지각자를 강조하는 경향이 있다.

하나의 연구 분야로서 사회인지는 단호한 심성주의, 사회 장면, 인지심리학과 사회심리학의 융합, 그리고 실세계 사회 문제를 강조한다. 사회인지는 몇 가지 점에서 보편적 인지 원리들과는 차이가 있다. 즉, 사물과 비교할 때 사람은 원인 행위자이며, 지각될 뿐만 아니라 지각하는 주체이고, 관찰자의 자기를 수반할 가능성이 크다. 사람은 인지하기 어려운 표적이다. 지각됨에 따라서 자신을 조절하기 때문에 많은 중요한 속성(예컨대 특질)을 추론해야만 하며, 관찰의 정확성을 판단하기가 어렵다. 사람은 자주 변하며, 인지의 표적으로서 필연적으로 복잡하다. 따라서 사회인지 연구자는 사람에 대한 인지의 세부적 자질을 갖추기 위해서 인지심리학의 아이디어를 받아들일 수밖에 없다.

가장 흥미진진한 최근의 발전에는 사회인지감정 신경과학의 연구가 포함되는데, 사회인지과정에만 유일하게 관여하는 특정한 신경 시스템을 밝혀냄으로써 신경계 수준에서 사회인지의 특별한 위상에 대한 통찰을 제공해 준다. 문화심리학에서 얻는 통찰이 이러한 연구를 보완하고 있는데, 문화심리학은 다양한 사회 장면에서 상대방을 이해해야 한다는 도전거리를 해결하는 방식에서의 다양성을 다루고 있다.

제1부

사회인지의 기본 개념

제 2 장

사회인지의 이중 처리모드

- 자동처리
- 통제처리
- 처리모드 선택에 영향을 미치는 동기
- 자동처리와 통제처리 모형

첫인상은 정말로 중요하다. 사람들은 옳든 그르든 1초도 되지 않는 짧은 시간에 서로를 판단한다. 다행스럽게도 어떤 상황에서는 사람들이 이렇게 짧은 시간에 이루어진 인상을 넘어설 수 있다. 그렇기는 하지만 비교적 자동적인 첫인상이 후속하는 사고의 출발점으로 작동하기 때문에 첫인상을 완전히 버리기는 어렵다. 얼핏 보면 첫인상이 중요하다는 옛말이 정확하기는 하지만, 상식은 자동적 인상이 어떤 것일 수 있는지에 대해서 절반도 알려 주지 않으며, 의도적 처리과정이 작동할 때 정확하게 어떻게 작동하는지에 대해서 알려 주는 것도 거의 없다.

이 장은 사회인지의 두 가지 처리모드를 다루는데, 이 책 전반에 걸쳐 반복해서 등장하는 주제다. 이중모드 접근은 잘 확립되어 왔기 때문에 여러 저자들이 참여한 한 책에는 이 개념틀에 근거한 30개 이상의 장(章)이 포함되어 있으며(Chaiken & Trope, 1999), 사회심리학 핸드북에서는 이 문제에 대해서 한 장(章)을 완전히 할애하고 있다(Wegner & Bargh, 1998). 마음에는 다양한 처리과정이 포함되어 있으며, 이러한 모형들은 서로에 대한 사람들의 사고와 감정 그리고 행동의 다양성을 설명하고자 하는 것인데, 대부분의 모형은 둘 이상의 핵심 처리과정을 가정하고 있다(Gilbert, 1999).

제1장에서 기술하였던 동기화된 전술가란 상황과 동기상태에 따라서 상대적으로 자동적인 처리나 아니면 보다 노력이 요구되는 통제처리에 의존하는 사람들의 경향성을 지칭한다. 전술가(tactician)라는 용어가 함축하고 있는 사실은 상대방과 상호작용하는 도중에 사람들이 필요하다고 생각하는 정도에 따라서 깊이 생각하거나 아니면 간단하게 생각하면서 행동하는 과정에서 처리모드를 선택한다는 것이다. 보다 최근의 연구는 사람들이 자동처리와 통제처리를 의식적으로 선택하지 않으며, 자동처리가 사회인지를 촉발하는 동기와 그 동기에서 초래되는 행동 모두에 영향을 미친다는 사실을 지적하고 있다.

이 장에서는 자동처리를 예시하고 설명하는 것으로 시작한 후에 통제처리를 기술하도록 한다. 그리고 사람들로 하여금 한 처리모드에서 다른 모드로 전환하도록 만드는 동기를 살펴본다. 그런 다음에 후속 장들에서 등장하게 될 이중모드 모형의 몇 가지 사례들을 살펴본다. 마지막으로 이렇게 주도적인 이중모드 견해에 대한 몇 가지 반론을 제시하는 것으로 마무리 짓는다.

1. 자동처리

자동처리는 정말로 다양한 형태로 나타난다. 일상적 예로는 사람들이 생각하지 않고 있는 것처럼 보이는 경우들이 포함된다. 초기의 연구는 이것을 '무사고(mindlessness)'라고 칭하기도 하였다(Langer, Blank, & Chanowitz, 1978). **표 2.1**은 순차적으로 가장 자동적인 처리에서부터 가장 통제적인 처리를 보여 주고 있다. 가장 순수한 형태의 자동성에 대한 논의로부터 시작하는데, 이것은 비의도적이고, 제어 불가능하며, 효율적이고, 자율적이며, 자각되지 않는다(Bargh, 1997).

역치하 점화

다음 연구를 살펴보자(Bargh, Chen, & Burrows, 1996). 심리학 실험에 참가한 대학생들이 4~20개의 원들이 매번 3초씩 제시되는 것을 보고 나서 그 숫자가 짝수였는

표 2.1 자동처리와 통제처리의 다양성

처리모드	정의
완전 자동성	**자각되지 않으면서 비의도적이고, 제어 불가능하며, 효율적이고, 자율적인 반응**
역치하 점화 또는 전의식적 점화	점화자극이 감각에 등록되지만, 그 자극 자체나 반응에 대한 효과를 자각하지 못한다. 맥락에 의존적이다.
의식적 점화 또는 후의식적 점화	점화자극을 의식적으로 지각하지만, 반응에 대한 효과를 자각하지 못한다. 맥락에 의존적이다.
만성적 접속 가능성의 개인차	만성적으로 점화되어 있는 것처럼 특정한 범주나 개념에 의한 습관적인 처리로서 전의식적이거나 후의식적일 수 있다. 개인〔역할, 성격, 문화, 훈련 등—절차화(proceduralization)라고 부르는 과정이다〕에 의존적이다.
목표 의존적 자동성	의도적 제어가 처리과정을 시작하게 만들지만, 그 이후에는 자각이나 처리의 완결을 모니터링하려는 욕구 또는 모든 세부적 결과에 대한 의도가 없다.
	목표 의존적 자동성에 의도하지 않은 효과에는 사고를 억압하지 못하는 것과 원하지 않는 반추 등이 포함된다.
의도	선택지가 있어야 하는데, 특히 어려운 선택을 하면서 의도한 반응에 주의를 기울일 때 명백하게 나타난다.
의식적 의지	하나의 사고가 후속하는 행위에 선행하면서 그 행위와 맞아떨어지고 설명하게 될 때 경험한다.
의식	보고할 수 있는 다양한 사고로 정의된다. 행동과 일치하는 사고. 진행 중인 심적 과정과 무관한 부대 현상. 심적 과정을 지시하는 집행기. 의도에 필요한 조건. 접속 가능한 개념에 의해서 구성된다. 학습과 문제해결에 관여한다. 외부 세계에 성공적으로 대처할 수 있는 사고, 정서적 경험, 신체감각으로 구성된 자극장.
완전 통제성	**의식적 자각을 하는 의도적 반응**

지 홀수였는지를 판단하였다. 130회의 지겨운 시행 후에 컴퓨터에서 갑자기 소리가 나면서 화면에 데이터가 하나도 저장되지 않았으며 실험을 처음부터 다시 시작해야 한다는 오류 메시지가 나타났다. 말할 것도 없이 참가자들은 저항을 보였다. 사전에 아무것도 알려 주지 않은 채, 컴퓨터와 실험자가 나쁜 소식을 전할 때 그들의 얼굴을 비디오로 촬영하였다(물론 실험이 끝난 후에 참가자들의 양해를 구했다). 또한 참가자들에게는 알리지 않은 상태에서 매 시행마다 원들이 제시되기 직전에 역치하 속도

(13~26밀리초)로 아프리카계 흑인이나 유럽계 백인의 흑백사진이 제시되었다. 실험 참가자들은 모두 흑인이 아니었으며, 이들의 얼굴 표정은 백인 얼굴에 노출되었을 때보다 흑인 얼굴에 노출되었을 때 훨씬 험악하였다. 적대적 정서가 점화되어 특히 도발적인 상황에서 나타날 준비가 되었던 것이다.

정서의 역치하 점화는 신뢰롭게 나타난다. 다른 연구들은 빠르게 제시된 웃는 얼굴과 찌푸린 얼굴이 나중에 그 얼굴들과 함께 제시되었던 한자(漢字)에 대한 선호도에 미치는 효과를 보여 주어 왔다. 만일 그러한 얼굴의 점화 효과가 없었더라면 이 한자들은 참가자들에게 중립적이고 의미도 없는 것이었다(예컨대 Murphy, Monahan, & Zajonc, 1995). 마찬가지로 다른 많은 연구들도 자각되지 않을 정도로 제시함으로써 점화되는 언어 개념에 의해서 어떻게 감정이 전달될 수 있는지를 보여 준다. 예컨대, 적개심과 관련된 단어들을 점화시키는 것은 상대방에 대한 인상에 영향을 미친다〔Bargh & Pietromonaco(1982)가 가장 먼저 시범 보인 것 중의 하나다〕.

즉각적인 정서 점화의 신경기제에는 편도체(amygdala)가 포함되는데, 정서적으로 중요한 자극을 탐지하는 데 관여하는, 아몬드 모양을 하고 있는 한 쌍의 두뇌 영역이다(Phelps, 2005). 두려운 표정의 얼굴은 의식적 역치 이하로 제시할 경우조차도 편도체 반응을 유발한다(Whalen et al., 1998). 정서를 유발하는 단어는 중성적인 단어보다 빠르게 제시할 때에도 탐지하기가 쉬우며, 여기서도 편도체가 핵심이다. 편도체가 손상된 환자들은 이러한 단어를 탐지하는 능력이 손상되어 있다(A. K. Anderson & Phelps, 2001). 편도체는 부정적 단서를 자동적으로 탐지하는 것에 초점을 맞추고 있는 반면에, 기저신경절(basal ganglia)은 보상과 관련된 자동처리에 더 초점을 맞추고 있는 것으로 보인다(Lieberman, Gaunt, Gilbert, & Trope, 2002). 편도체와 기저신경절 이외에, 보다 반사적이며 자동적인 형태의 사회인지에는 (a) 외측 측두피질〔후측 상측두고랑(posterior superior temporal sulcus, pSTS), 그리고 측두극(temporal pole, TP)〕, (b) 복내측 전전두피질(ventromedial prefrontal cortex, vmPFC), (c) 배측 전두대피질(dorsal anterior cingulate cortex, dACC)이 관여한다. **그림 2.1**은 두뇌 영상에서 잘 나타나는 영역들의 위치를 보여 준다. 요점은 전형적으로 활성화되는 신경 영역에서 비교적 자동적인 사회인지-감정과정이 상대적으로 통제된 과정과 분리되어 있다는 것이다(Lieberman, 2007).

역치하 점화는 정서적으로 중요한 단서들에만 제한된 것이 아니다. 정서적으로 중립적인 개념들도 자각되지 않은 채 점화될 수 있다(개관을 보려면 Dijksterhuis,

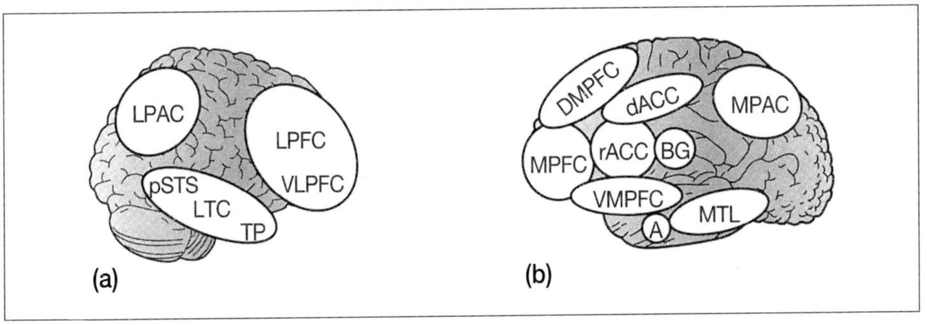

X 시스템(자동성)		C 시스템(통제)	
VPFC[BA11]	복내측 전전두피질	LPFC	외측 전전두피질
BG	기저신경절	MTL	내측 측두엽
A	편도체	MPAC	내측 두정피질
LTC	외측두피질	LPAC	외측 두정피질
pSTS	후측 상측두고랑	rACC	문측 전두대피질
TP	측두극	MPFC[BA10]	내측 전전두피질
dACC	배측 전두대피질	DMPFC[BA8/9]	배내측 전전두피질

그림 2.1 두뇌를 측면에서 바라볼 때(a)와 중앙에서 바라볼 때(b), 사색적 사회인지(통제처리와 유사한)를 지원하는 C 시스템과 반사적 사회인지(자동처리와 유사한)를 지원하는 X 시스템의 가상적 신경상관체

출처: Lieberman, M. D. (2007). Social cognitive neuroscience: A review of core processes. *Annual Review of Psychology, 58,* p. 262.

Aarts, & Smith, 2005 참조). 일차적으로 감정과 무관한 개념적 점화는 특히 패턴 대응과 범주화 그리고 확인과정에 관여하는 두뇌 시스템, 즉 두뇌 표면에서 아래쪽 바깥 영역이며, 귀 바로 위쪽에 위치한 하부 측두피질(inferior-temporal cortex)을 활성화시킬 가능성이 크다(Lieberman et al., 2002). 점화자극의 범주적 패턴 대응은 그 점화자극과 관련된 후속 자극의 지각에 영향을 미치는데, 특히 모호한 자극에 대해서 그렇다. 신경학적 설명은 인지적 활성화 데이터와 일치하고 있다.

역치하 점화는 정서와 중성적 인지를 점화하는 것에 덧붙여 행동에도 영향을 미칠 수 있다(최근의 개관을 보려면 Ferguson & Bargh, 2004 참조). 이 절의 도입부에서 소개한 바르, 첸, 그리고 버로우즈(Bargh, Chen, & Burrows, 1996)의 연구에서는 참가자들에게 상이한 인종의 얼굴을 역치하로 제시하고 뒤이어서 도발적 상황에 노출시킨 후에, 실험자가 이들과의 상호작용에 근거하여 성마름, 적개심, 분노, 비협조성에 관한 참가자의 행동을 은밀하게 평정하였다. 흑인 얼굴로 점화한 비흑인 참가자들은 도발 상황에서 더욱 적대적으로 행동하였다.

역치하 점화 연구는 수행하기가 쉽지 않다. 점화자극이 지극히 짧은 시간 동안 정확하고도 신뢰롭게 제시되어야 하며, 제시된 직후에 지각적으로는 관련되어 있지만 개념적으로는 중성적인 자극으로 차폐시켜야 할 때가 많다. 예컨대, 역치하로 점화된 단어 다음에는 즉각적으로 길이가 동일한 무선적 문자열이 그 단어 위치에 뒤따르게 되며, 역치하로 점화된 얼굴은 동일한 시각 영역을 덮을 수 있는 무선적 색조각 패턴으로 즉각적으로 차폐시킬 수 있다. 역치하 점화자극은 감각에 등록되는 객관적 기준을 통과해야 하지만 자각할 수 있는 주관적 기준을 넘어서서는 안 된다. 지각적 효과는 있지만 의식적 영향을 주지 않는 미묘하기 짝이 없는 역치는 점화자극, 실험 참가자, 현재의 목표, 맥락, 그리고 자극을 제시하는 스크린의 공학적 특성 등에 달려 있다(Dijksterhuis et al., 2005). 각 요인은 점화자극이 지각 이상이나 이하로 활성화되는 경향성을 변화시킬 수 있으며, 마찬가지로 의식 이상이나 이하로 활성화되는 경향성도 변화시킬 수 있다. 이 모든 것이 의미하는 것은 광고업자들이 역치하 메시지를 전달한다는 것이 생각만큼 쉽지 않다는 것이다. 물론 이론적으로는 얼마든지 가능하지만 말이다(Cooper & Cooper, 2002).

지금까지 예시한 실험들은 모두 대표적인 역치하적이며 전의식적인 형태의 자동처리를 보여 주고 있는데, 이러한 처리에서는 사람들이 점화단서를 자각하지 못하며 관련 자극에 대한 반응에 미치는 효과도 자각하지 못한다. 비록 이것은 가장 극적인 형태의 자동적 반응이지만 완벽하게 자동적인 처리는 지극히 드물다. 이러한 유형의 경험적 시범은 무의식적으로 활성화된 개념조차도 관련된 개념을 점화할 수 있으며, 자각하지 않은 채 후속 자극의 해석을 만들어 간다는 이론적 견해를 매우 유용한 것으로 만들어 준다. 이러한 형태는 순수한 자동성(pure automaticity)에 대한 가장 엄격한 정의와 잘 들어맞으며, 앞에서 언급한 바와 같이 비의도적이고, 제어 불가능하며, 효율적이고, 자율적이며, 자각을 넘어서는 것이다(Bargh, 1997).

의식적 점화

일상적 삶에 근거해서 볼 때, 덜 극적이기는 하지만 보다 현저하게 나타나는 후의식적 자동성(postconscious automaticity)은 점화자극을 의식적으로 지각하지만 후속 반응에 대한 그 효과를 자각하지 못하는 것이다(**표 2.1** 참조). 한 연구에서는 참가자들이 우선 전형적인 교수의 삶에서 어느 하루를 상상하면서 그의 행위와 라이프스타일을 기술하였다. 그런 다음에 지식 퀴즈 게임인 〈트리비얼 퍼슈트(Trivial Pursuit)〉[1]에 참가하였다. 점화된 참가자들은 실제로 그 과제를 수행하지 않았던 참가자들을 압도하였다(Dijksterhuis & van Knippenberg, 1998). 비록 그 기제가 명확하게 밝혀지지는 않았지만, 더 열심히 노력하거나 보다 우수한 전략을 사용하거나 아니면 자신의 추측을 신뢰하도록 점화되었을 가능성이 있다. 축구 훌리건[2]이나 우둔함이라는 특질을 점화하는 것은 지식 검사에 도움이 되지 않았지만, 지능이라는 특질을 점화하는 것은 도움이 되었다. 또 다른 예로, 대학생 실험참가자들이 목록에 들어 있는 단어들을 적절하게 재배열하여 '노년'(따라서 느림) 범주를 점화하는 문장을 만들었다. 이들은 실험이 끝난 후에 엘리베이터로 훨씬 느리게 걸어 갔다(Bargh, Chen, & Burrows, 1996). 그 연구에 포함된 또 다른 실험에서는 암묵적이지만 의식적으로 '무례'라는 특질로 점화된 학생들이 다른 사람들을 더 신속하게 방해하였다.

바르, 첸, 그리고 버로우즈(1996)가 수행한 일련의 실험에서 보는 바와 같이, 이러한 점화 연구 대부분은 후의식적 점화나 전의식적 점화를 가지고 반복 연구된다. 또 다른 예로, 노년과 관련된 단어로 의식적이거나 전의식적으로 점화된 학생들은 보다 보수적인 태도를 표명하였다. 스킨헤드 범주로 점화된 다른 학생들은 보다 편견적 태도를 나타냈다(Kawakami, Dovidio, & Dijksterhuis, 2003). 전의식적 효과와 후의식적 효과는 모두 유사하게 작동한다. 부분적인 이유는 사람들이 점화 효과에 대한 지식을 가지고 있지 않기 때문에, 심지어는 의식적 점화조차도—미묘하고 암묵적인 것인 경우에는—상쇄시키려고 노력하지 않는 것이 일반적이다.

---

1) 역자 주: 1979년 「The Canadian Press」의 스포츠 편집자인 스콧 애보트(Scott Abbot)와 「Montreal's The Gazette」의 사진 편집자인 크리스 해니(Chris Haney)가 개발한, 일반 지식과 대중문화에 대한 질문에 답하는 능력을 평가하는 일종의 보드게임이다. 1980년대에 미국과 캐나다에서 선풍적인 인기를 끌었다.

2) 역자 주: Soccer Hooligan. 축구팀 서포터와 팬들 중에서 축구 시합 전후에 서로 폭력을 휘두르거나 시설물을 파괴하거나 상대를 위협하는 등 불법적으로 파괴하고 폭력을 일삼는 폭도를 일컫는 말이다. 영국의 훌리건이 세계적으로 가장 유명하며, 월드컵 등에 원정을 나서기도 하여 개최국에서는 이들의 폭력을 차단하기 위해 고심하기도 한다.

만성적 접속 가능성

전의식적 자동성과 후의식적 자동성 사이 어딘가에 만성적으로 접속 가능한 개념에 개인차가 존재한다. 사람들은 자신이 다른 사람을, 예컨대 친밀감이나 지능 또는 독립성에 따라서 습관적으로 부호화한다는 사실을 자각할 수도 있고 못할 수도 있다 (Higgins, King, & Maven, 1982). 그렇지만 특정한 특질 차원은 서로 다른 사람들에게 있어서 주의를 끌어 상대방에 대한 기술과 인상에서 반복적으로 수면 위로 떠오르는 경향이 있다. 이것은 일련의 친숙한 타인들을 기술하는 데 사용하는 특질의 빈도를 세어 봄으로써 간단하게 측정해 볼 수 있다. 만성적으로 사용하는 특질은 좋든 나쁘든 간에 친숙하고 잘 형성되어 있는 상궤를 따라서 사람들의 인상형성 과정을 용이하게 해 준다. 또한 이렇게 습관적인 방식을 사용하지 않는 경우에 비해서 확실히 효율적이다.

사람들은 어떻게 특정한 특질 차원에 대한 선호도를 발달시키는가? 특정한 특질은 집안의 선호 내력이거나('나의 똘똘한 녀석, 나의 착한 녀석'), 문화적 선호이거나 (미국인은 정직과 친밀감에 초점을 맞추는 경향이 있다), 생존 기술을 반영하거나(예컨대 특정한 동네에서의 공격성), 아니면 직업 요건일 수 있다(신뢰성을 판단하는 보호관찰관). 만일 한 사람(예컨대 보호관찰관)이 오랜 세월 동안 수많은 행동 사례들을 정직하거나 부정직한 것으로 판단해 왔다면, 그렇게 반복된 몇몇 추론(예컨대 절도는 부정직한 것이다)은 '특수한' 연습 효과를 보일 것이며, 시간이 지나면서 더욱 빠르고 용이하게 촉발된다. 자동성의 발달은 연습, 즉 절차화(proceduralization)라고 부르는 과정을 통해 이루어진다. 절차화는 수십 차례의 시행에서 비교적 신속하게 발생할 수 있으며, 하루 정도의 지연 후에도 작동할 수 있다.

절차화 과정은 몇몇 점화 효과에 대한 한 가지 이론적 설명을 제공한다(E. R. Smith & Branscombe, 1987, 1988; E. R. Smith, Branscombe, & Bormann, 1988). 사람들은 특정한 장면과는 독립적인 보편 규칙(행동은 특질을 반영한다)을 애써서 사용하는 것으로 시작하지만, 연습을 통해서 빈번하게 접하는 자극에 대하여 자동적 추론을 할 수 있게 된다(E. R. Smith, 1984). 절차화에는 두 가지 유형의 연습 효과가 수반된다. 연습을 하게 되면 특정한 행동에 관계없이 정직성에 대한 판단은 어느 것이든 빨라지게 되는 특질특수적 연습 효과를 나타낸다. 두 번째 유형의 연습 효과는 특질에 대한 판단을 보편적으로 촉진시킨다(E. R. Smith, 1990; E. R. Smith et al.,

1988). 즉, 절차화는 예컨대 특질추론을 하는 것과 같은 동일한 과정의 반복적 수행을 필요로 한다. 정직성만을 판단하는 것과 같이 동일한 내용의 판단이 수반될 수 있다(E. R. Smith & Lerner, 1986). 그러나 어느 특질이든 신속하게 판단하는 보편적인 과정을 수반할 수도 있다. 일관된 연습을 통해서 두 가지 유형의 판단(특정적 판단과 보편적 판단) 모두가 절차화됨으로써 적합한 자극(예컨대 정직성 또는 다른 어떤 특질)에의 노출은 자동적으로 추론 속도를 증진시킨다. 제4장에서 이러한 두 가지 효과를 설명하려는 상이한 기억 시스템들을 논의하겠지만(E. R. Smith, 1984), 여기서의 핵심은 연습이 판단과정을 자동화시킬 수 있다는 점이다.

절차적(자동적) 판단은 사람들의 반응을 신속하게 해 주는데, 그렇다면 이것은 사회적 상호작용에서 얼마나 중요한가? 잘 훈련된 판단은 똑같이 합리적이지만 훈련되지 않은 판단을 능가하기 때문에 이것은 중요하다(E. R. Smith, 1990). 예컨대 교사가 지능을 판단하는 데 익숙하다면, 우선적으로 지능에 따라서 판단하기 때문에 지적이지만 비사교적인 사람을 긍정적인 사람으로 간주하게 된다. 반면에 판매관리자는 지능보다는 비사교성을 강조하기 때문에 부정적인 판단을 하게 된다. 절차화된 판단의 신속성은 고정관념에도 함의를 가질 수 있다. 사람들은 여러 가지 사회적 범주의 일원이다. 예컨대, 인종에 근거한 판단에 대한 훈련은 지각자로 하여금 연령, 성별, 사회계급, 또는 개별 특질과 같은 차원에 비해서 인종 차원을 강조하게 만들 수 있다(Zárate & Smith, 1990). 판단의 절차화가 중요할 수 있는 또 다른 방법은 몇몇 감정적 반응의 속도와 무의식적 자질을 설명하는 데 있다(Branscombe, 1988).

결론

지금까지 정도에 차이를 보이는 다양한 유형의 자동화 반응을 보았다. 다양한 유형의 부호화가 의식 아래에 있는 역치하 또는 전의식적 지각에서 자동적으로 일어날 수 있다. 후의식적 과정이 의식적 점화자극에 의해서 촉발되며, 노력이나 의도 또는 자각 없이 신속하게 진행될 수 있다. 절차화 과정에 관한 연구가 시사하는 바와 같이, 자동적 반응이 발달하는 데는 연습이 핵심 요소인 것으로 보인다.

특정한 유형의 판단이 특히 자동화될 가능성이 높아 보인다. 타인에 대한 정보를 부호화하는 데는 특질추론이 필요한 첫 단계인 것으로 보인다(제6장 참조). 특질추론은 사람들로 하여금 상대방이 다음에 만났을 때 어떻게 행동할 것인가를 예언할 수 있게 해 준다는 점에서 이 사실이 이해될 수 있다. 게다가 많은 경우에 사람들의 행동은 나중에 그들이 어떻게 행동할 것인지를 반영하는데, 적어도 우리가 관례적으로 접하게 되는 상황에서는 그렇다. 누적된 증거가 적기는 하지만 다른 유형의 부호화도 자동적일 가능성이 크다. 즉, 자기와 관련된 지식은 자동적으로 부호화될 가능성이 크다(제5장 참조). 특정한 사람들은(예컨대 우울증 환자) 자신에 대한 특정한 내용(예컨대 부정적 특질)을 자동적으로 부호화한다(Bargh & Tota, 1988). 사람 일반에 있어서는 위협과 관련된 자극이 자동적 부호화에서 가능성이 큰 후보다. 예컨대, 행복한 얼굴의 군중 속에 있는 화난 얼굴은 현저하게 나타나는데(그 반대의 경우보다 훨씬 현저하다), 이 사실은 위협단서에 대한 전주의적 탐색을 시사하며(Hansen & Hansen, 1988a), 부정적 단서는 전의식적으로 특정한 가중치를 가지고 있을 수 있다(Erdley & D'Agostino, 1988). 현재의 욕구와 목표에 부합하는 자극도 자동적으로 부호화될 수 있다(Bruner, 1957). 마지막으로 관심사와 부합할 가능성이 큰 자극은 주목을 받기 때문에 사람들은 특히 자기 연배의 사람들에 주목하며, 남자들은 특히 매력적인 여성에게 주목하는데(M. Rodin, 1987), 이것은 자동적 부호화를 나타내는 과정이다. 모든 유형의 자동성, 특히 자동적 행동에 관한 연구는 제1장에서 언급한 활성화된 행위자(activated actor)라는 용어를 만들어 내도록 이끌어 왔다. 많은 사회적 반응은 비교적 자동적인 것이다.

그토록 많은 사회인지 반응이 자동적인 이유는 무엇인가? 물론 일차적 이유는 효율성에 있다. 많은 경우에 사람들은 인지적 절약자인 만큼 오랫동안 몸에 밴 지름길을 택한다. 복잡하기 그지없는 타인들과 항상 있는 그대로 교류할 수는 없기 때문이다. 단순히 처리용량의 문제를 떠나서, 사람들은 과거에 성공적으로 작동하였던 결정을 동원함으로써 장래의 유사한 결정이 적절한 결과를 초래할 것이라고 예측할 수 있다. 마지막으로 무의식적 사고는 보다 복잡한 정보를 보다 신속하게 처리함으로써 더욱 일관성 있고 명료한 선택으로 이끌어 갈 수 있다(Dijksterhuis, 2004).

심적 표상의 자동적 활성화는 역치 이하로(전의식적으로) 이루어지든 역치 이상으로(의식적으로) 이루어지든 유사한 효과를 갖는다. 둘은 모두 평가와 정서, 연합된 인지와 전략, 그리고 행동에 영향을 미칠 수 있다. 주요한 차이는 점화자극이 반응에 영향을 미칠 수 있다는 사실을 자각할 때 그 자각된 활성화가 통제 전략을 촉발시킬 수 있다는 점이다. 바로 이러한 통제처리가 다음 주제다.

2. 통제처리

자동성에 정도의 차이가 있는 것처럼 통제도 마찬가지다. 통제처리(controlled process)란 지각자의 의식적 의도가 처리가 진행되는 방식을 상당 부분 결정하는 모든 처리를 일컫는다. 앞 절의 자동처리에서부터 이번 절의 통제처리에 걸친 범위 사이에 목표 주도적 자동처리가 존재한다. 목표 주도적 자동처리는 양극단 사이의 경계에 위치하기 때문에 앞 절의 마지막에 제시할 수도 있었다.

목표 주도적 자동처리

목표 의존적 자동성은 경계 영역에 위치하는데, 처리 자체에 대한 자각이 없으며, 처리가 완결되는지를 모니터링할 필요가 없고, 특정한 결과를 의도하지 않는다는 등의 몇 가지 기준에 따르면 자동적인 것이 된다. 예컨대, 피로가 풀리지 않아 몽롱한 어느 토요일 아침에 정신을 다른 데 팔고 있던 많은 부모들이 강아지에게는 시리얼을 주고 자식에게는 강아지밥을 주었다는 이야기가 있다(A. P. Fiske, Haslam, & Fiske, 1991). 이 예에서는 두 가지 목표 의존적 자동처리가 서로 간섭을 하는 것이다. 유사한 다른 예는 파티에서 어떤 사람이 당신의 연구에 대해서 물었는데, 그 질문에 대해서 당신이 장차 연인 관계로 발전할 수도 있는 사람보다는 학위논문 심사위원들에게나 적합할 방식으로 자동적으로 설명을 시작하는 경우다.

그렇지만 정의상 목표 의존적 자동성도 지각자의 목표에 따라서 변하기 때문에 부분적으로는 의도적 제어에 민감하다. 따라서 목표 의존적 자동성은 의도적 처리가 필요하며 수행하는 과제에 달려 있다는 점에서 완전히 자동적인 것은 아니다. 의식적 의도가 전의식적 자동성을 일으킨다.

한 가지 예는 빈번하게 반복하는 행동인 습관이다. 적절한 목표가 활성화될 때, 습관적 행동에 대한 사고가 그 행동 자체와 함께 촉발된다. 습관적으로 자전거를 즐겨 타는 사람이 자기 마을의 다른 곳에 가는 것을 생각할 때는 자전거와 관련된 사고가 활성화될 수 있다(Aarts & Dijksterhuis, 2000). 자전거를 자주 타지 않는 사람에게는 이러한 일이 일어나지 않는다. 목표-습관 연계는 우리가 인정하는 것보다도 더 많이 우리의 행동을 주도한다.

목표 의존적 자동성의 다른 사례는 파티에서 한 사람이 어떤 사람에게는 접근하고 다른 사람은 기피할 때 일어나는 일에서 볼 수 있다. 파티에 간다는 것은 사교를 한다는 목표를 전제로 하며, 다양한 자동처리가 이 목표를 지원해 준다. 즉, 행동 정보(제6장 참조)나 얼굴 표정 단서(제3장 참조)에 근거하여 자발적으로 특질을 추론한다. 예컨대, 사람들은 파티에서 첫인상을 형성하면서 누가 재미있어 보이고 누가 지루해 보이는지를 신속하지만 피상적으로 결정한다. 이 처리에는 자동적 성분과 통제적 성분이 모두 들어 있다. 자발적 특질추론은 특정한 목표(예컨대 사교)하에서 더 많이 발생하기 때문에 목표 의존적이며 완전히 자동적이지 않다. 그렇지만 일단 시작되면 그러한 특질추론(누가 재미있거나 지루해 보이는지를 판단하는 것)은 의도하지도 않고 별로 자각되지도 않은 채 발생하는 것처럼 보이기 때문에, 일단 적절한 목표가 처리를 촉발하기만 하면 자동적인 것이 된다.

많은 사회인지 처리과정은 목표 주도적 자동성의 특성을 갖는다. 다음 절에서 상세하게 기술하겠지만, 인상을 형성하는 것은 어떤 목표를 가지고 있는가에 달려 있지만, 목표를 가지고 있지 않다면 처리과정 자체는 자각하지 않거나 노력을 기울이지 않은 채 일어날 수 있다. 마찬가지로 누군가의 특성을 기억하는 것은 가지고 있는 목표에 달려 있지만, 그렇지 않다면 자동적으로 발생하게 된다(제4장 참조). 사회적 사건들 간의 관계나 공변성에 주목하는 것(제7장 참조)도 또 다른 사례일 수 있다. 상당 부분 자동적 성분을 가지고 있는 다양한 목표 주도적 처리과정도—예컨대 타이핑, 운전, 아니면 사회관계에서 구태의연한 주제를 다시 꺼내는 것 등—이 범주의 사례가 된다.

목표 불일치 자동성

때때로 사람들의 목표는 자신의 의식적 선호와 일치하는 자동적 사고를 촉발시키지만, 애를 쓴다고 해도 항상 자신이 원하는 것을 생각할 수는 없다(Wenzlaff & Wegner, 2000). 지금부터 북극곰에 대해서 생각하지 않으면서 60초를 보내도록 시도해 보면서 실패한 경우에 주목해 보라. (시도해 본다면 생각보다 어렵다는 사실을 발견하게 될 것이다.) 한 쌍의 연구에서는(Wegner, Schneider, Carter, & White, 1987) 실험참가자들에게 5분 동안 북극곰에 대한 생각을 억압하면서 자신이 생각하는 것을 큰 소리로 말하도록 요구하였다. 그렇지만 북극곰에 대한 생각이 들 때마다 벨을 누르도록 하였다. 참가자들은 북극곰 생각을 억누를 수가 없었다. 더군다나 나중에 북극곰에 대해서 생각하도록 요청하였을 때 반동 효과가 나타나서 북극곰에 대해서 상당히 많은 생각을 하게 되었다. 중요한 사실은 계속해서 북극곰을 생각하고 있었던 사람보다 더 많은 생각을 하였다는 점이다. 이 현상은 다이어트를 하는 사람, 짝사랑에 빠진 사람, 꾸물거리는 버릇이 있는 사람에게는 친숙한 것이다. (특히 다이어트하는 사람은 다이어트 후에 음식을 게걸스럽게 먹는 생각과 보상적으로 먹어 댈 가능성에 대해서 너무나 잘 알고 있다.) 다이어트에 성공한 사람과 유능한 명상가들이 알고 있는 것처럼 유일한 탈출구는 대안적 사고를 찾는 것이다. 대안적 사고로 빨간 폭스바겐 자동차에 대해서 생각하였던 실험참가자들도 북극곰 사고를 억누르는 데 더 성공적이지는 않았지만, 나중에 반동 효과를 나타내지는 않았다. 이 결과는 대안적 사고가 없을 때 나타나는 것과 동일한 유형의 심적 정체를 생성하지는 않았다는 사실을 시사한다.

이 처리과정은 역설적이다(Wegner, 1994). 즉, 특정한 사고를 억누르려는 목표를 가지고 있기 때문에 자동탐지 모니터링 시스템을 가동시키는데, 이 시스템이 금지된 사고를 활성화 상태로 유지시켜서는 마음에 쉽게 떠오르도록 만들어 버린다. 이러한 유형의 목표 의존적 자동성은 목표가 어떻게 자동처리, 즉 그 자동처리가 달성하려고 의도하였던 바로 그 목표를 궤멸시켜 버리는 자동처리를 점화할 수 있는지를 보여 준다. 예컨대, 자신의 고정관념을 억누르려고 애쓰는 사람은 자신에게 초점을 맞춤으로써(자신의 내적 기준에 주의를 기울임으로써) 그렇게 할 수 있지만, 고정관념에 대한 이러한 자발적 억압이 반동 효과를 초래해서는 앙갚음이라도 하듯이 연합된 생각들이 되살아난다(Macrae, Bodenhausen, & Milne, 1998).

앞으로 신경과학은 이러한 목표 주도적인 자동적 불일치의 신경상관체를 확인해 낼 것이다. 다양한 불일치를 모니터링하는 전두대피질(Botvinick, Cohen, & Carter, 2004)은 원하지 않는 사고를 억제하려는 시도도 모니터링한다(Wyland, Kelley, Macrae, Gordon, & Heatherton, 2003). 이 구조는 역설적 처리과정의 신경 지표일 수 있으며, 이 처리과정이 근원적인 목표 유지 시스템 속에 얼마나 깊이 내재되어 있는지를 보여 준다.

사고 억압의 어려움은 우울한 사람들이 긍정적 사고는 정상인 못지않게 억압할 수 있으면서도 부정적 사고는 회피하지 못하는 것과 연관되어 있다(Wenzlaff, Wegner, & Roper, 1988). 제5장에서 보게 되겠지만, 우울은 부정적 사고를 보다 접속 가능한 것으로 만들어 버린다. 예컨대, 우울한 사람은 그렇지 않은 사람보다 실패에 더 오랫동안 매달린다(즉, 끊임없이 반추한다)(Carver, La Voie, Kuhl, & Ganellen, 1988). 우울한 사람들에게 긍정적인 생각을 제공하는 것이 부정적인 사건을 억압하도록 하는 데 도움이 될 수 있겠다(Wenzlaff et al., 1988).

성공적으로 억압하지 못하게 되면 단 하나의 방해적 사고라도 병적으로 반추하도록 이끌어 갈 수 있다. 즉, 특정한 대상에 대해서 오랫동안 원하지 않는 사고에 빠져 있을 수 있다. 반복적이고 비생산적인 사고는 이미 언급한 바와 같이 목표 주도적 사고에 의해 촉발되는 인지적 연합뿐만 아니라 완결하지 못한 과제를 회상하려는 동기에 의해서도 초래될 수 있다(Zeigarnik, 1927). 반추에는 여러 단계가 수반된다고 할 수 있는데, 그 단계들은 짝사랑하는 사람이 생각하지 않으려고 애쓰는 문제를 가지고 예시할 수 있다—(a) 차단된 행동에 대한 강력한 반복 시도(퇴짜를 맞는데도 사랑하는 사람을 만나려는 끊임없는 시도), (b) 점차적으로 낮은 수준에서의 문제해결(성공적인 만남을 극대화시키기 위해서 상대방의 스케줄과 습관의 상세한 내용을 파악하려는 시도), (c) 막다른 사고(함께 있게 된다는 희망적 결과에 대한 공상), (d) 목표를 포기하려는 시도(그 사람을 포기하려는 시도), (e) 방향을 돌린 사고(포기하기로 결심한 후에도 그 사람에 대한 생각으로 이끌어 가는 진부한 연합 통로를 따라 계속해서 사고하기), (f) 끊임없는 무력감에 의한 우울(만일 사로잡혀 있는 생각에서 벗어날 수 없다면 잃어버린 이상형을 한탄할 수밖에 없다)(Martin & Tesser, 1989). 차단된 목표라는 측면의 반추에 대한 예증은 갓 입학한 여대생들에게 두고 온 절친한 사람들에 대해서 얼마나 많은 생각을 하는지를 알아본 연구에서 볼 수 있다. 이 연구를 보면, 반추는 헤어짐으로써 그 사람과 더 이상 같이 할 수 없게 된 활동의 수와 정적 관계를 가지고 있다(Millar, Tesser, & Millar, 1988).

목표 주도적 자동성에 관한 가장 흥미진진한 몇몇 연구는 사람들의 실패를 강조해 왔지만, 많은 경우에 목표는 습관적 행동을 수행하는 데 도움을 줄 수 있다. 습관의 예측자로서 이 결과는 그렇게 놀라운 것이 아니겠으나, 적응적 형태의 자동성은 우리의 삶을 이끌어 가는 것이기 때문에 여전히 중요성을 갖는다.

의도

자동성의 비의도적 결과뿐만 아니라 전의식적, 후의식적, 만성적, 목표 의존적 자동성을 거쳐서 이제 제어의 결정적 자질인 의도에 도착하였다. 언제 특정한 사고의 흐름을 완벽하게 의도하였다고 당당하게 말할 수 있을까? 이 물음이 중요한 이유는 사람들이 의도하였던 결과에 법적으로나 도덕적으로 책임져야 할 경우가 많기 때문이다. 편견, 공격성, 편향된 판단 등과 같이 광범위한 사회적 문제에서는 인지적 설명이 중요하다. 예컨대, 편견을 생각해 보자(제11, 12장에서 상세하게 설명한다). 만일 사람들의 편견이 엄격하게 의도된 것이 아니라면, 그 결과에 대해서 책임이 없을 수 있다. 마찬가지로 정당방위나 질투심에 불타서 나타낸 공격은 의도로 정의되는 계획적인 공격보다 덜 나쁜 것으로 간주된다.

일반인, 심리학자, 그리고 법은 의도를 어떻게 정의하는가? 만일 사람들이 자신의 사고와 그 결과로 초래되는 해석에 대해서 다른 방식으로도 사고할 수 있는 대안을 가지고 있는 것으로 스스로를 지각한다면 의도가 있었다고 말할 수 있다(S. T. Fiske, 1989). 따라서 돌이켜 보건대 다른 해석도 가능하였다는 사실을 이해한다면 그 사람의 사고는 의도적인 것으로 간주할 수 있다. 예컨대, 누군가가 가족 중의 한 사람이 "네가 정말 미워!"라고 말하는 것을 살해 위협으로 해석한다면, 합리적인 사람들은 그가 다른 방식으로도 사고할 수 있는 대안을 가지고 있었다고 주장할 것이다. 마찬가지로, 정장을 차려입은 흑인을 노상강도일 수도 있다고 범주화한다면, 합리적인 사람들은 다른 해석을 할 수 있는 대안을 가지고 있었다는 사실을 지적할 것이다.

대안을 가지고 있을 때, 특정한 선택은 용이하고 다른 선택은 어려울 가능성이 있다. 다시 말해서 익숙한 사고방식이 용이한 방법이라고 할 때, 어려운 선택을 하는 것은 일반인과 심리학자는 물론이고 법 전문가에게도 특히 의도적인 것으로 보일 가능성이 크다. 따라서 가족의 적대감을 위협으로 해석해야 한다고 끈질기게 고집하는 편집증 환자는 용이한 방식으로 반응하는 성향을 극복한 것으로 간주될 것이며, 이렇게 어려운 반응은 특히 통제적이고 의도적인 것으로 간주될 것이다. 마찬가지로, 만일 어떤 사람이 길거리의 거친 젊은이를 필연적으로 노상강도로 보는 사회적 고정관념을 극복한다면, 관찰자들은 그가 널리 퍼져 있는 고정관념에 따라서 행동할 때보다도 그것을 의도에 의한 행위로 판단할 것이다. 주어진 것을 거부하고 어려운 선택을 하는 것은 특히 의도적인 것으로 보인다. 그렇기는 하지만, 만일 어느 방식으로든 사고할 능력을 가지고 있다면, 어려운 선택과 쉬운 선택은 모두 첫 번째 기준에 따라서 의도적인 것이 된다.

마지막으로, 사람들은 주의를 기울임으로써 자신의 의도적인 사고방식을 보완한다. 따라서 어떤 사람이 절친한 친구의 적대감을 폭력의 도발로 해석하고자 하면서 보복의 세부 내용에 주의를 기울였다면, 관찰자들은 이것을 의도적인 것으로 해석할 것이다. 마찬가지로, 다른 사람에게 적용된 습관적 고정관념을 극복하기 위해서는 비고정관념적 속성에 주의를 기울이는 것이 가장 효과적인 방법이다(S. T. Fiske & Neuberg, 1990). 의도적 사고는 대안을 가지고 있으며, 어려운 선택을 함으로써 아주 명백하게 나타나고, 그 의도를 구현하는 데 주의를 기울임으로써 작동한다는 특징을 갖는다.

사회는 의도에 근거하여 책임에 대한 즉각적인 조치를 취한다. 예컨대, 철저하게 비의도적인 차별은 불법적인 것이 아니며, 우발적 살인은 고의적 살인보다 덜 부정적인 것으로 간주된다. 어찌 되었든 간에, 어떤 생각을 하였다고 해서 사회적으로 책임을 지는 것은 아니며 행위에 대해서만 책임을 진다. 의도의 문제는 특히 특정한 행위를 도발시킨 사고를 분석할 때 문제가 된다. 그러나 이 분석은 사회에서 흔히 그렇듯이, 사람들이 자유의지를 가지고 있다는 것을 전제로 하는 것이다.

의식적 의지

몇몇 사회심리학자들은 자유의지의 정도에 물음을 던진다. 사회인지의 자동성은 차단시킬 수 없는 '인지적 괴물'인가(Bargh, 1999)? 아마도 상황이 특정한 동기를 자동적으로 촉발시키는 것으로 보이는데, 바르(Bargh, 1997)는 이것을 '자동 동기(auto-motive)'라고 부른다. 이 견해에서는 상황이 행동을 꽤나 직접적으로 결정한다. 상황이 목표를 촉발하며, 목표가 행위를 촉발한다. 모든 것이 자동적이며 의식 밖에서 이루어진다. 바르는 도발적이라고 할 만큼 자신을 스키너의 자극-반응 행동주의 계열에 위치시키고 있는데, 행동주의는 20세기 중반 인지혁명에 의해서 축출되었다. 사회인지는 사회적 사고자에 대한 활성화된 행위자 은유를 통해서 제자리로 돌아왔다.

관련된 맥락에서 웨그너는 의식적 의지(conscious will)란 행위를 나타내기 이전에 그 행위에 대해서 생각하는 사람들이 만들어 내는 착각이라고 주장한다(Wegner, 2003; Wegner & Wheately, 1999). 만일 사고가 행위에 선행하며 그 행위에 적합하고 그 행위를 설명해 준다면, 사람들은 그 사고가 행위를 야기한 것이라고 추론한다. 사람들은 행위를 나타내기 전에 그 행위에 대해서 생각하는 경우가 많기 때문에 사고가 행위를 야기한다고 추론하는 것이다. 그렇지만 또 다른 무엇(예컨대 상황)이 사고를 촉발하였으며, 행위가 독립적인 것이라면 어떻게 되겠는가?

이것을 검증하기 위해서 연구자들은 처음에 결과를 야기한다고 믿을 만한 사고를 만들어 내야만 하였다. 이들은 컴퓨터 스크린에 그려진 격자판에서 움직이는 정사각형 하나가 도달하기를 기대하는 끝점을 역치 이하로 점화하였다(Aarts, Custers, & Wegner, 2005). 실험참가자와 컴퓨터가 모두 격자판에서 반대 방향으로 움직이는 자신의 정사각형을 제어하였다. 참가자가 키를 누르면 두 개의 정사각형이 모두 움직이기 시작하며, 참가자가 중단하면 한 정사각형의 끝점이 나타나는데, 이것이 컴퓨터가 제어하는 정사각형의 것인지 아니면 참가자가 제어하는 것인지 명확하지 않았다. 참가자들은 자신이 그 결과를 야기하였다고 느끼는지의 여부(즉, 그것이 자신의 사각형인지 아니면 컴퓨터의 것인지 여부)를 평정하였다. 끝점에 대한 사전 역치하 점화는 자신이 그 결과를 초래하였다는 쪽으로 참가자의 신념을 편향시켰다. 실제로는 참가자들이 반응하는 데(즉, 키 누르기의 타이밍) 아무런 영향도 미치지 않았는 데도 말이다. 참가자들은 사전에 결과를 생각하도록 역치 이하로 점화되었을 때 자신의 역할(자신이 결과를 만들어 냄)을 경험할 가능성이 더 컸다. 사람들은 자신의 행위가 자신이 제어하지 않은 것이 명백한 결과를 야기하였다고 잘못 생각할 수 있다.

극단적으로 사람들은 다른 사람의 결과와 행동조차도 제어할 수 있다고 생각한다. 한 실험(Pronin, Wegner, McCarthy, & Rodriguez, 2006)에서는 참가자들이 다른 사람의 결과를 마법을 부린 것처럼 자신이 야기하였다고 착각하기도 하였다. 처음에 짐짓 불쾌하게 행동하는(중립적인 행동과 비교할 때) 실험협조자에 대해서 사악한 생각을 품도록 몇몇 참가자들을 유도한 다음에, 다른 사람을 대신하는 것으로 생각할 수 있는 '주술용 인형'에다가 바늘을 꽂음으로써 '주술사' 역할놀이를 하도록 하였다. 희생자(실험협조자)가 약간의 두통을 느낀다고 보고하였을 때, 참가자들은 자신에게 책임이 있다고 느낀다고 보고하였다. 유사한 효과는 자기 팀 선수가 슈팅에 성공하기를 마음속으로 간절히 빌었고 뒤이어서 슈팅에 성공하였던 농구장 관중에서도 일어났다. 이들은 마음속의 소망이 슈팅이 성공하는 데 도움을 주었다고 느꼈던 것이다.

이러한 사례들은 우리가 스스로 사고를 제어할 수 없을 뿐만 아니라 제어할 수 있다고 생각하는 것만큼 자신(또는 다른 사람)의 행위를 제어하지 못한다는 핵심적 사실을 보여 준다. 이것은 행동주의로의 회귀인가? 상황이 전적으로 행동을 제어하며, 사람들의 의도는 단지 무관한 부대 현상으로서 상관관계만을 갖는 것인가? 최근 연구는 행동주의자들에게 금기 사항이었던 인지적 개념들을 동원하고 있지만, 사회심리학이 의식하는 개인을 결정론적 상황과 대립시킬 필요는 없다(Mischel, 1997).

둘 모두가 중요하다. 그렇지만 일상생활에서의 자동성 그리고 의식적 제어라는 착각은 많은 처리과정들이 의식적 의도를 통해서 진행되는 것이 아니라는 사실을 상기시켜 준다.

의식

만일 우리의 의식적 제어가 생각하는 것만큼 우리의 행위에 영향을 미치지 않는다면, 우리의 마음을 거쳐 가는 것은 무엇이며, 그 이유는 무엇인가? 우리의 마음을 지배하는 것은 무엇인가? 우리는 무엇에 대해서 사고하는가? 의식에는 무엇이 있으며, 그 이유는 무엇인가? 사회심리학자들은 의식에 관하여 관심을 기울이지 않았으며, 전통적으로 의식은 철학자, 정신분석학자, 그리고 (최근에는) 인지과학자들의 주제가 되어 왔다. 따라서 우리는 종합적 개관을 시도하기보다는 단지 사회인지 연구에 도움이 되는 주제를 제공해 줄 수 있을 뿐이며, 사회인지 연구자들이 이 문제에 도전함으로서 점차적으로 중요성이 배가되고 있는 몇 가지 흥미 있는 사실을 지적하고자 한다.

윌리엄 제임스(William James, 1890/1983)는 의식을 사고의 흐름으로 다음과 같이 유려하게 기술하고 있다.

> 따라서 의식은 의식 자체에는 조각으로 쪼개진 것으로 나타나지 않는다. '연쇄'나 '대열'과 같은 단어들은 의식이 처음 그 모습을 드러내는 것을 적절하게 기술하지 못한다. 의식은 끊어진 마디를 접합하는 것이 아니라 흘러가는 것이다. '강물'이나 '흐름'이라는 표현이 아주 자연스럽게 의식을 기술하는 은유인 것이다. (p. 233)

제임스에게 있어서 의식은 단순한 하나의 흐름이기보다는 다른 사람에게 속해 있는 인접 흐름과는 영원히 분리된 채 '대상과 관계로 충만한'(219쪽) 사적인 흐름이다.

뒤이어서 의식은 내성주의자들의 실험으로 인해서 오명을 얻게 되었다(제1장에서 특별하게 훈련받은 연구자들이 기억 인출과 같은 기본 과정을 밝혀내려는 노력의 일환으로 자신의 심적 과정을 회고해 내려고 하였다는 사실을 회상해 보라). 그렇지만 본질적으로 그러한 내성 데이터를 공개적으로 재생할 수 없었으며, 반심성적 행동주의가 부상함에 따라서 의식은 자취를 감추게 되었다. 인지심리학의 초기 연구를 통해서 의식은 '주의'로 슬며시 재등장한 후에 현재의 자각에 들어 있는 것으로 해석되었다(제3장 참조). 뒤이어서 몇몇 인지심리학자들은 의식을 (a) 단지 무엇인가를 자각하고 있는 것(그것에 대해서 말할 수 있는 것), 또는 (b) 언어적으로 보고할 수는 없다고 하더라도, 단지 행동에 반영되어 있다는 의미에서 무엇인가를 자각하고 있는 것이라고 협의적으로 정의하였다(Bower, 1990). 첫 번째 정의에서, 사람은 배고픔을 느끼고 음식에 대해서 생각하고 있다고 보고할 수 있다. 두 번째 정의에서는 배고프다거나 먹고자 하는 의도가 있다는 의식적 자각 없이 입에서 무엇인가를 우물거리고 있는 자신을 발견하는 것이다.

많은 인지심리학자들은 의식을 보다 광의적인 것으로 간주해 왔다(Mandler & Nakamura, 1987). 그렇지만 이러한 견해들은 상호간에 잘 통합되지 않는다. 일반적으로 이 견해들은 의식이라는 개념을 사용하여 이론적 문제를 해결하는 독특한 시도이기 때문이다. 한 견해는 의식을 진행 중인 심적 과정과는 무관한 부대 현상으로 간주한다. 이 견해는 앞서 언급한 바와 같이 행동주의 견해의 잔재다. 물론 위에서 기술한 연구들이 사용하였던 것처럼, 연구 방법과 가정하는 처리과정은 인지 기제에 크게 의존하고 있기 때문에 행동주의 견해와 구분이 되기는 한다.

또 다른 견해는 의식이 심적 구조를 주도하는 집행자라는 것이다. 기억 내용이 역치 이상으로 충분하게 활성화될 때, 그 내용은 의식되며 단기기억이나 작업기억으로 넘어오게 된다(제3~4장 참조; D. A. Norman & Shallice, 1986; Shallice, 1972, 1978). 이 시점에서 심적 표상은 의식적 제어상태에서 활용될 수 있다. 집행자로서의 의식은 자동적 연합을 억제함으로써 제어할 수 있으며, 그렇기 때문에 자신의 현재 의도에 책임을 진다(Posner & Rothbart, 1989). 이에 상응하는 사회인지에서의 설명은 의식에다가 단순히 '실행자(Executor)'라는 명칭을 붙이고 있다(Wyer & Srull, 1986).

또 다른 조망은 앞에서 지적한 바와 같이, 의식을 인간의 이해와 의도의 필요조건으로 간주한다. 의도의 필요조건으로서 의식은 사람들이 어떻게 비난을 할당하고 (K. G. Shaver, 1985) 의도를 부여하는지(S. T. Fiske, 1989; Uleman, 1989)에 대해서 논쟁을 벌인다. 즉, 사람들이 자신의 의도에 대해서 적어도 몇 가지 측면을 의식하고 있다고 가정하지 않고는 무엇을 하려는 의도를 가지고 있는지에 대해서 논의할 수 없다.

마지막으로 새롭고도 도발적인 견해는 의식을 구성적 도구로 간주한다. 구성체로서의 의식은 다른 견해보다 덜 명확해 보이기 때문에 약간의 설명이 요구된다. 이 견해에서 의식은 현재 활성화된 무의식적 내용을 여러 가지 가용한 개념을 사용하여 이해하는 상태를 말한다. 의식은 접속 가능한 개념들로부터 구축된다. 의식은 용량이 제한된 시스템이라는 제약하에서 그 순간의 욕구와 목표를 확장시키도록 작동한다(Mandler & Nakamura, 1987; Marcel, 1983a, 1983b).

의식은 학습에 관여하는데, (운전하는 방법을 학습할 때 보는 것처럼) 흔히 의식적인 것에서 자동적이고 무의식적인 것으로 진행된다. 학습에서 의식은 과거에 분리되어 있던 대상들이 함께 자각되도록 만들어 주는 새로운 연합을 형성하게 해 준다. 나중에 과학습되어 자동화된 연합이 실패하는 상황에 처하게 되면 의식이 다시 동원되어 문제를 해결한다. 그리고 의식은 동시에 자각하고 있는 두 가지 대안을 비교하는 선택에 필요하다. 이 견해에 따르면, 생성된 의식은 진행 중인 목표 주도적 행동에서 다양하고도 중요한 기능을 수행한다. 인지심리학자들은 일반적으로 의식의 그러한 기능에 관심을 기울여 왔다.

의식의 내용

사회심리학자와 성격심리학자들은 의식의 내용 자체에 초점을 맞추어 왔다. 이들은 작동중인 의식을 외부 세계에 성공적으로 대처하는 사고, 정서 경험, 신체감각(즉, 백일몽) 등으로 구성된 자극장으로 기술한다(Singer, 1978, 1984). 이러한 내적 조망은(Csikszentmihalyi, 1978; Csikszentmihalyi & Larson, 1984) 흔히 마무리되지 않은 과제나 현재의 관심사로 구성된다(Klinger, 1978; Klinger, Barta, & Maxeiner, 1980; Srull & Wyer, 1986 참조). 여기에는 사소한 낮은 수준의 과제든(운동하러 체육관에 가는 것), 중요한 관계에서의 문제든(내가 진정으로 사랑하는 사람이 나하고 결혼할 것인가?), 아니면 가치의 딜레마든(친구의 탈세를 도와야만 할 것인가?) 충족되지 않은 목표들이 포함된다. 한 연구는 대학생들의 사고를 표집하였다. 사고에서 매우 특별하고 상세하며 시각적이고 비공상적이며 제어 가능하고 그들을 둘러싸고 있는 환경과 관련된 것들을 찾아본 결과, 보고된 사고 중에서 단지 20% 정도만이 유별나고 왜곡된 것이었다(Klinger, 1978).

사고의 유형

진행 중인 사고는 자극 의존적일 수도 있고 자극 독립적일 수도 있다(Antrobus, Singer, Goldstein, & Fortgang, 1970; Klinger, 1978; Singer, 1966). 즉, 우리는 때때

로 환경 단서에 대하여 자극 의존적 사고(stimulus-dependent thought)를 한다. 그렇지만 우리가 환경에 주의를 기울이도록 상당히 동기화되어 있을 때조차도 끊임없이 자극 독립적 사고(stimulus-independent thought)를 경험한다(즉, 마음이 꽤나 방황한다). 이 원리를 예증하는 몇몇 연구에서는 실험참가자들에게 외부 신호를 정확하게 모니터링하는 것에 대해서는 보상을 주고 실패에 대해서는 처벌을 가하며 계속해서 빠르게 반응하도록 강제하였다. 그렇게 할 경우에 혼란스러운 사고가 55% 정도 발생하였다(Antrobus et al., 1970; Antrobus, Fein, Goldstein, & Singer, 1989). 그렇지만 과제의 본질이 자극 의존적 사고와 자극 독립적 사고의 상대적 비율에 영향을 미칠 수 있다.

외부 세계와의 관계만이 의식의 내용을 분할하는 유일한 방법은 아니다. 별개의 일련의 차원들이 조작적 사고과정과 반응적 사고과정을 분할한다(Klinger, 1977a, 1977b, 1978). 이름이 함축하는 바와 같이, 조작적 사고(operant thought)는 본질적으로 도구적이며 문제해결이다. 자발적이며 목표를 향한 진전을 모니터링하고, 사람들은 이 사고를 내부와 외부의 방해물로부터 보호하려고 시도한다. 반응적 사고(respondent thought)는 자발적이거나 노력을 들이지는 않지만 수용적이다. 저절로 발생하는 것처럼 보이는, 요청하지 않은 심상(Horowitz, 1970)이나 선점하고 있는 사고(Klein, 1967)라는 모든 일상적 방해물로 구성된다. 한 연구에 따르면 대부분의 일상적 사고는 조작적인데 반응적 성분도 포함하고 있다(Klinger, 1978). 즉, 당신이 이 책을 읽고 있는 동안의 사고는 조작적이다. 잠시 멈추고 학기말 과제물의 주제를 어떻게 선택할 것인지를 생각할 때의 사고도 조작적이다. 그렇지만 어젯밤의 파티에 대해서 백일몽을 꾼다면 그것은 반응적 사고다. 사람들의 과제와 그 과제를 수행하는 단계가 조작적 사고의 비율에 영향을 미친다는 것에는 의심의 여지가 없다(예컨대 Heckhausen & Gollwitzer, 1987). 과제에 집중하는 데 있어서도 개인차가 존재한다(예컨대 Jolly & Reardon, 1985).

사고의 이러한 두 차원이—자극 의존적 대 자극 독립적 차원, 조작적 대 반응적 차원—완전히 군더더기같이 보일 수도 있지만, 전혀 그렇지 않다. 개인은 외부 자극에 의존적인 조작적(목표 주도적) 사고를 하거나, 자극 독립적이며 전적으로 내부적인 사고(결정을 하려고 집중하고 있을 때처럼)를 할 수 있다. 마찬가지로 외부 자극에 의존하거나 그렇지 않은 반응적(자발적) 사고를 할 수 있다(원고의 첫 문장을 타이핑하려는 순간에 컴퓨터 키보드가 갑자기 청소할 것을 요구할 수 있다는 것이 웃기

지 않는가).[3]

사람들의 사고 표집하기

우리는 얼마나 자주 상대방의 사고를 읽을 수 있기를 원해 왔는가? 실제로 문외한들은 새롭게 소개받은 심리학자나 심리학도들이 사람들의 마음을 읽을 수 있다고(아니면 적어도 분석할 수 있다고) 생각하는 경우가 많다. 다행이든 불행이든, 심리학자들은 사람의 내부 세계에 간접적으로만 접속할 수 있다. 몇몇 사고 표집 연구들은 사람들이 지각 과제에 집중하고자 시도하고 있을 때의 내부 세계를 고찰해 왔다(Antrobus et al., 1970). 다른 연구들은 사람들에게 하루 중 무선적인 시점에 소리를 내는 전자장치를 부착하고는 소리가 나기 직전에 하고 있던 사고를 적어 보도록 요청하였다(Klinger, 1978). 실험참가자에게 무선적인 시점에서 심리적 상태를 보고하도록 해주는 경험표집 기법은 협력학습, 부모의 입장, 기분, 웰빙, 외로움, 그리고 일상의 정신병적 지각 등에 관한 의식적 경험을 탐색해 왔다(각각 Delle Fave & Massimini, 2004; Peterson & Miller, 2004; Oishi, Diener, Napa Scollon, & Biswas-Diener, 2004; Updegraff, Gable, & Taylor, 2004; Hawkley, Burleson, Berntson, & Cacioppo, 2003; Verdoux, Husky, Tournier, Sorbara, & Swendsen, 2003).

사고표집의 다른 기법들은 참가자들에게 타인에 대한 정보를 받아들일 때의 사고를 소리 내어 말하도록 요구한다(Erber & Fiske, 1984; S. T. Fiske, Neuberg, Beattie, & Milberg, 1987; Ruscher & Fiske, 1990). 참가자들이 어떤 사람에 대해 기술하는 내용을 녹음기에 대고 말함으로써 자발적이고 비교적 걸러지지 않은 반응을 제공해 주게 되는데, 이 자료는 연구자들이 부호화 과정을 상세하게 관찰할 수 있도록 해 준다. 방법론적으로 조심해야 할 여러 가지 문제점이 없는 것은 아니지만, 이 기법은 사회인지에서 유용한 것으로 입증되어 왔다(S. T. Fiske & Ruscher, 1989; S. E. Taylor & Fiske, 1981). 예컨대, 상대방의 숨어 있는 동기에 대한 의심 그리고 그에 따른 부정적 인상이 점진적으로 발달해 가는 것을 추적해 볼 수 있다.

일련의 연구들은 사회적 상호작용이 진행되고 있는 동안에 사람들의 사고를 들여다보겠다는 도전거리를 시도해 왔다. 자연스러운 사회인지에 관한 이러한 연구들

3) 너무나 많아서 여기에 일일이 다룰 수 없는 다른 차원들도 의식적 사고를 구분하고 있다—통합 대 퇴보 차원, 현실 대 공상 차원, 자기관여 대 관찰 지향적 차원, 활기 대 비활기 차원, 언어 대 감각 차원, 그리고 특정한 감각을 수반하는 차원들(J. L. Singer, 1984; Klinger, 1978 참조).

에서는(Ickes, Robertson, Tooke, & Teng, 1986; Ickes & Tooke, 1988; Ickes, Tooke, Stinson, Baker, & Bissonnette, 1988), 실험자가 돌아오기를 기다리면서 시간을 보내고 있는 참가자를 방해하지 않은 채 비디오로 촬영한다. 몰래카메라로 촬영하였다는 사실을 알리면서 그 테이프 사용에 동의를 받은 후에, 참가자들은 특정한 사고나 감정이 회상될 때마다 테이프를 정지시키면서 개별적으로 그 테이프를 시청한다. 이러한 연구는 사회적 상호작용을 하는 상대방의 사고와 감정을 대상(자기, 상대방, 타인들, 환경), 유인가(긍정적 또는 부정적), 조망(자신 또는 타인의 조망)과 같은 차원에서 고찰한다. 그 결과는, 예컨대 상대방에 대한 사람들의 긍정적 사고는 상호작용에 관여하는 정도(언어적 행동과 비언어적 행동 모두를 가지고 측정하였을 때)에 달려 있다는 것이다. 나아가서 동성의 관계에서는 남성이 여성에 비해서 자신의 사고/감정 내용에 더 많이 몰두한다. 아마도 남성들은 상호작용에서 관여하는 폭이 상대적으로 좁기 때문에 자신의 상호작용을 보다 면밀하게 모니터링해야 하기 때문일 것이다. 즉, 미국 백인 문화에서 남성들은 자신이 표현하는 친밀감의 정도를 신중하게 조절하며, 대안이 상대적으로 제한적이기 때문에 사고와 감정에서 유사한 결과가 초래된다. 반면에 여성들의 상호작용 관여는 덜 제한적이지만, 이들의 사고/감정 내용은 상대방의 관점을 받아들이고 제삼자에게 초점을 맞추는 데 더 많이 몰두한다(Ickes et al., 1988). 이 실험 패러다임에서는 상대방이 경험하는 것을 어떻게 생각하는지와 상대방이 실제로 경험하는 것을 비교함으로써 공감의 정확도를 탐색할 수 있다. 부부 사이에서는 한 사람의 사고가 관계를 위협하는 경우를 제외하고는 공감의 정확도가 정서적 친밀감을 지원해 준다. 이렇게 예외적인 경우에는 공감의 정확도가 자연스럽게 지각자가 느끼는 결속감을 감소시키게 된다(Simpson, Oriña, & Ickes, 2003).

관련된 또 다른 실험 패러다임도 비교적 생생한 사회 장면 속에서 사람들의 사고를 표집한다. 참가자들은 녹음된 대인관계 만남에서 한 사람의 역할놀이에 참여한다. 즉, 녹음에는 상호작용의 절반(즉, 다른 한 사람이 말하는 것)만이 들어 있으며, 참가자가 나머지 절반을 채우는 것이다. 다른 방법은 두 사람이 제삼자에 대해서 언급하는 대화를 어깨너머로 듣는 상황을 묘사하며, 참가자는 그 제삼자의 역할놀이를 하는 것이다. 사전에 정해진 시점에 녹음기를 중지시키고, 참가자는 자신의 사고를 진술한다. 사람들은 스트레스가 주어지며 평가적인 사회 장면에서 더욱 비합리적인 사고(즉, 경직되고 엄격한 요구)를 보고하며, 사회적으로 불안한 사람일수록 특히 그렇다(Davison, Feldman, & Osborn, 1984; Davison, Robins, & Johnson, 1983; Davison

& Zighelboim, 1987; Kashima & Davison, 1989). 이렇게 다양한 실험 패러다임의 독창성은 사회적 상호작용 중에 사람들의 사고를 온라인(실시간)으로 얻어 내는 것이 얼마나 어려운지를 예증해 준다.

의식에 대한 결론

사람들의 사고에 접속하려는 시도는 참가자들의 협조를 받아서 그리고 무엇보다도 중요한 것은 참가자들이 동조해 주는 능력 내에서 연구를 수행할 수밖에 없다. 앞으로 보게 되겠지만(제8장), 자신의 사고과정에 접속하는 능력에 대해서는 논란이 있다. 사람들은 무엇이 자신의 행동에 영향을 미치는지를 정확하게 보고할 수 없는 경우가 많다(Nisbett & Wilson, 1977). 이 사실은 사고과정의 몇몇 측면에는 완벽하게 접속할 수 없다는 것을 시사한다. 그렇기는 하지만, 어느 정도의 한계를 가지고 사람들은 특정한 조건에서 자신의 사고 내용을 효과적으로 보고할 수 있다. 즉, 사고하고 있는 바로 그 시점에서 보고한다거나, 관련된 사고가 이미 언어적 형태를 취하고 있다거나, 사고과정이 아니라 내용을 보고하라고 요구하는 조건에서는 가능하다(Ericsson & Simon, 1980; S. T. Fiske & Ruscher, 1989; S. E. Taylor & Fiske, 1981).

인지 연구자와 사회인지 연구자들은 의식에 대해서 윌리엄 제임스의 충만한 흐름을 넘어서는 방식으로 생각하고 있다. 의식은 집행자나 의도를 위한 필요조건 또는 무의식적으로 활성화된 자료로부터 추론된 구성체로 간주될 수 있다. 마무리 짓지 못한 과제에 사로잡혀 있는 경향이 있지만, 상당 부분 도구적이며 외부 자극에 의존적일 수 있다. 상호작용 중에 사고를 표집하는 연구들은 이렇게 독특한 도전거리에 대처하기 위하여 수많은 기법을 계속해서 만들어 내고 있다. 그렇지만 의식에 관한 모든 연구는 내성적 접속 문제에 주의하지 않으면 안 된다.

3. 처리모드 선택에 영향을 미치는 동기

만일 사회인지의 일차적 처리모드가 자동적이고 무의식적인 사고와 통제적이고 의식적인 사고의 대립에서 그 사이를 왔다 갔다 하는 것이라면, 사람들이 어떻게 두 처리모드 사이를 이동하는지는 중요한 문제가 된다. 동기화된 전술가 은유가 함축하는 것처럼, 사람들의 전술(사용하는 처리모드)은 동기에 달려 있다. 사회인지에서 다양한

표 2.2 사회인지의 처리모드에 영향을 미치는 동기

동기	목표
소속	다른 사람이나 자신의 집단에서 인정받고자 함
이해	사회적으로 공유하는 인지, 자신의 견해가 자기 집단의 견해에 상응한다는 신념
제어	다른 사람에 의존적인 자신의 결과에 영향을 미침
자기고양	자기를 긍정적으로 또는 적어도 호의적으로 바라보기
내집단 신뢰	적어도 자기 집단의 사람들을 긍정적으로 바라보기

동기들이 지난 수십 년에 걸쳐 중요하게 다루어져 왔다. 다양한 이름으로 부르지만, 다음의 다섯 용어는 가장 빈번하게 출현하는 동기를 반영한다—소속(belonging) 동기, 이해(understanding) 동기, 제어(controlling) 동기, 자기고양(self-enhancement) 동기, 내집단 신뢰(trust of ingroup) 동기(**표 2.2** 참조).

소속 동기

사회인지는 제1장에서 지적한 바와 같이, 누가 뭐래도 사회적 현상이다. 사람들이 사회인지에 열중하는 이유는 우리의 사회적 생존이 그것에 달려 있기 때문이다. 만일 적어도 소수의 타인들과 잘 어울려 지내려는 동기가 없다면 제대로 생활할 수 없다. 연령을 감안할 때 사회적 고립이 초래하는 사망 위험성은 흡연에 비견할 만하다. 즉, 사회적 고립은 심혈관계와 면역계 모두를 손상시킨다(House, Landis, & Umberson, 1988). 사람들은 추방당하는 것에 대해서 서투르게 반응한다. 기분이 나빠지고 제어력이 떨어진다고 보고하며, 소속감을 상실한다(Williams, Cheung, & Choi, 2000). 사회적 고통에 대한 신경신호는 신체적 고통의 신경신호와 닮았다. 두 가지 모두 전두대피질을 활성화시키며(Eisenberger et al., 2003), 이 영역은 일반적으로 와해와 불일치에 많은 반응을 보인다(Botvinick et al., 2004). 소속 욕구는 사람들의 건강과 웰빙에 핵심적인 것이 확실하다(Baumeister & Leary, 1995; Leary, 1990).

그렇다면 놀랄 것도 없이, 사람들의 사회인지는 타인의 인정을 받으려는 동기에 의해서 만들어진다. 이것은 사회적으로 공유하는 이해와 사회적 제어라는 소속감과 관련된 동기(다음 절에서 다룬다)에서 더욱 명백해지는데, 소속감 자체는 사람들이 사고하는 방식과 내용을 변화시키기도 한다. 첫째, 사람들의 사고에서 초점은 무엇보다도 사회적인 것에 맞추어진다. 의식을 논의할 때 지적한 바와 같이, 사람들은 사회

적 관계에서 현재의 관심사에 대해 사고하는 데 많은 시간을 할애하며, 제1장에서 지적한 바와 같이 사람들의 안정된 상태란 사회적 사고라고 할 수 있다.

소속의 욕구는 사회적 상호작용을 용이하게 만들어 주도록 설계된 인상형성의 자동적 처리모드를 동기화시킬 수 있다. 예컨대, 자극을 '우리', '그들'과 관련된 것으로 자동적으로 범주화한다(Perdue, Dovidio, Gurtman, & Tyler, 1990). 보다 일반적으로는 자신을 기꺼이 한 집단의 구성원으로 간주하며(예컨대 Tajfel, 1981; Turner, 1985), 그 집단의 신념, 규범, 역할 등에 자동적으로 동조한다. 이러한 소속감은 사회적 자극의 해석에 영향을 미친다. 고전이 되어 버린 한 연구에서는 프린스턴대학교와 다트마우스대학교 학생들이 양교 간의 미식축구 경기를 관람하고는 반칙한 횟수를 평정하였다.[4] 어느 대학 소속이냐에 따라서 자신의 팀과 상대 팀이 저지른 반칙의 횟수를 평정하는 것이 편향되었다(Hastorf & Cantril, 1954). 아마도 이 경우에는 소속감이 꽤나 자동적으로 작동한 것일 게다. 소속 동기는 사람들이 비교적 자동적인 방식으로 다수에 동조한다는 사실로도 예증된다(Wood, 2000).

총체적인 소속 요구는 소속감이 사회적 이해와 사회적 제어를 포함한 보다 세부적인 인지적 동기에 기저한다는 점에서 사회인지 연구를 위한 개념틀을 제공해 준다.

이해 동기

사회인지를 상당히 확실하게 이끌어 가는 사회적 동기는 이해, 즉 사회적으로 공유하는 인지에 대한 욕구다. 사람들은 타인과 상호작용하기 위해서 그들에 대해 사고한다. 미국 심리학의 창시자 중 한 사람인 윌리엄 제임스는 "나의 사고는 처음부터 끝까지 항상 나의 행위를 위한 것이다."(1890/1983, 960쪽)라고 지적하였으며, 사람들이 나타내는 대부분의 사고와 행위는 사회적인 것이다(S. T. Fiske, 1992, 1993). 사회적으로 공유하는 이해란 자신의 견해가 집단의 것과 일치한다고 믿으려는 욕구다(Turner, 1991, 제10장). 이해는 대부분의 사회인지를 이끌어 가는 주도적 동기다.

앞에서 보았던 것처럼, 자동성은 사회적으로 공유하는 이해에 상당한 도움이 되기 십상이다. 그렇지만 때때로 사람들은 타인에 대해서 특히 정확하거나 설명할 수 있도록 사회적으로 동기화된다(예컨대 각각 Fiske & Neuberg, 1990; Tetlock, 1992

---

4) 역자 주: 두 대학 간의 운동 시합은 우리나라의 연고전(고연전)을 능가할 만큼 난리법석을 떠는 앙숙 간의 대결이다.

참조). 때로는 사람들의 정보 수준이 받아들일 만한 수준 이하로 떨어져서(Kelley, 1972a) 정보 수집에 나서기도 한다. 또한 때로는 새로운 장소(예컨대 대학에 입학한 첫 주)나 새로운 문화(여행이나 이민 등으로 인한)에 도착하여 자신의 지각이 일반적인 조망과 일치할 것이라고 가정할 수 없을 때도 있다(Guinote, 2001). 사회적으로 공유하는 이해의 필요성이 극대화될 때는 자신의 판단이 다시 자동화될 때까지 상대적으로 통제처리로 전환하여 많은 정보를 추구하고 사용하게 된다. 사회적으로 공유하는 이해는 세상을 보다 예측 가능한 것으로 만들고자 하며, 이러한 욕구가 충족되지 않을 때는 이해가 회복될 때까지 정보 추구와 분석에 의도적으로 관여하게 된다.

제어 동기

사회적 관계에서 사람들은 상호의존적이다. 즉, 자신에게 주어지는 결과가 상호의존적이다(Thibaut & Kelley, 1959). 중요하면서도 원하는 자원을 다른 사람이 제어하고 있을 때, 사람들은 자신의 행위와 결과(자신이 얻는 것) 간의 수반성에 영향을 가하기 위해서 그 사람에게 신중한 주의를 기울인다(S. T. Fiske & Neuberg, 1990). 자신의 결과가 상대방에게 의존적이게 되면, 사람들은 제어감을 느끼기 위해서 보다 통제적이고 의도적인 처리과정으로 전환하기 십상이다. 제어 욕구는, 예컨대 자신의 성과에 대해서 기계로부터 임의적 피드백을 받을 때처럼 비사회적 상황에서도 나타나는데, 이렇게 손상된 제어감은 사람들이 타인에 대한 부가적 정보를 추구하는 사회적 상황에 전이된다(Pittman, 1998). 일반적으로 높아진 제어 욕구는 사람들로 하여금 실수를 피하고 유능감을 느끼기 위해서 의도적으로 부가적 정보를 추구하게 만든다. 제어가 위협받는다는 것은 잘못되었을 가능성이 증가된 것이기 때문에 융통성 있는 동기화된 전술가인 사람들은 의도적 처리모드로 전환한다.

때때로 제어 손실의 징조는 자원이 부족한 상황(시간의 압력, 심적 피로 등)에서 일어나는데, 이러한 경우에는 어떤 결정이든 결정에 대한 압력이 증가하게 된다. 긴급성의 압력(신속한 결정)과 지속성의 압력(효과가 오래가는 결정)은 다양한 상황 요인(Kruglanski & Webster, 1996)과 개인차(Neuberg & Newsom, 1993)에 의해서 초래된다. 이 모든 처리과정은 정확성을 느끼려는 특정한 욕구가 촉발하는 정보 추구과정에 비해서 자동적으로 작동할 가능성이 훨씬 더 크다. 신중한 의도적 처리에 관해 앞에서 진술하였던 대부분은 위협받는 제어와 관련된 것이며, 이 상황에서는 동기가 상당히 명백하다는 사실에 주목하기 바란다. 만족스러운 제어 상황에서는 단호한 결정이 보편적이다.

제어 동기와 앞서 언급한 이해 동기는 어느 정도 중복되지만, 사람들이 영향(제어)을 미칠 수 없을 때조차도 예측(이해)하고자 한다는 점에서 차이를 보인다. 제어 동기는 결과를 예상할 수만 있을 뿐이지 변화시킬 수 없는 경우에도 조정하는 데는 도움을 주기 때문이다. 이해 동기와 제어 동기는 모두 비교적 인지 지향적이며 정보 지향적인 것으로 보인다. 다음의 두 동기는 오히려 감정 지향적이며, 사회적 동기의 핵심인 소속 동기로 거슬러 올라갈 수 있다.

자기고양 동기

자신을 긍정적으로 바라보려는 경향성은 잘 알려져 있으며, 특히 미국과 유럽 상황에서 그렇다(제5장 참조). 여기서 자동처리와 통제처리가 모두 작동하지만, 먼저 발생하는 즉각적이고 자동적인 반응은 긍정적 자기존중감을 선호한다. 예컨대, 상대적으로 자동적인 반응은 긍정적 피드백을 선호한다(Swann, Hixon, Stein-Seroussi, & Gilbert, 1990). 그렇지만 뒤이은 사고(보다 통제된 사고)에서는 비록 부정적인 것이라 하더라도 자기 견해와 맞아떨어지는 피드백을 선호한다.

보다 일반적으로 표현하면, 대부분의 사회인지는 자동적으로 긍정적인 자기 견해를 지향한다. 특히 사람들은 고양된 자기감을 갖는다. 즉, 미래에 대해서 지나치게 낙관적이고 과장된 개인적 제어감을 가지며, 실제보다 훨씬 긍정적인 자기개념을 가지고 있다. 아무튼 이러한 착각은 정신건강과 신체건강에 도움을 준다는 점에서 적응적이다(Taylor, Kemeny, Reed, Bower, & Gruenewald, 2000; Taylor, Lerner, Sherman, Sage, & McDowell, 2003a, 2003b). 적절하게 높은 자기 견해는 사람들로 하여금 사회생활에 참여하도록 부추기기 때문에, (적절한 범위 내에서의) 자기고양은 집단에 적응하는 데 도움을 준다. 따라서 자기고양 동기는 사회인지를 이끌어 가는 것이다(제5장 참조).

내집단 신뢰 동기

사회인지는 다른 모든 것이 동일하다고 할 때 일반적으로 대부분의 사회적 자극에 대한 명백하고도 지속적인 긍정성 편향하에서 작동한다(Matlin & Stang, 1978; Rothbart & Park, 1986; Sears, 1983). 즉, 사람들은 근본적으로 타인으로부터 (단지 그들 자신으로부터뿐만 아니라) 어떤 좋은 것을 기대한다. 예컨대, 사람들은 타인을 평정할 때 관례적으로 평정척도의 상위 절반만을 사용하며, 평균 이하로 평정하는 경우는 거의 없다. 따라서 심리적 평균점은 기대와 반응 모두에서 긍정적인 곳에 위치하며, 부정적 평가는 두드러지게 된다(S. T. Fiske, 1980). 부정적 사건이 발생할 때 사람들은 신속하게(그리고 자동적으로) 경계상태로 돌입해서는 손상을 최소화하고자 하며(상당히 통제적 반응이기 십상이다), 긍정적 기저선으로 되돌아가고자 한다(S. E. Taylor, 1991). 부정성은 믿기지 않을 정도로 일찍 0.1초보다 훨씬 짧은 시간에 튀어 오르듯 나타나는데(Ito, Larsen, Smith, & Cacioppo, 1998), 긍정적 기저선과 대비하여 현저하기 때문이다(Skowronski & Carlston, 1989).

모든 사회적 동기들이 개인차를 보이는 것과 마찬가지로 신뢰 동기도 개인차를 나타내기 때문에 이 동기를 미심쩍게 생각할 수도 있다. 다른 사람들을 신뢰하려는 동기와 신뢰로운 행동을 받아들이는 것은 모두 신경 활동에 영향을 미치는 호르몬인 옥시토신과 상관되어 있다(Zak, Kurzban, & Matzner, 2005). 옥시토신은 특히 여성에서 활동적인데, 위협을 받는 상황에서 보호해 주는 행동과 같은 편이 되어 주는 행동에 관여한다(S. E. Taylor, 2006). 내집단의 사람들을 신뢰하는 것은 사회인지 전반에 걸쳐서 관찰되는 강력한 긍정성 편향과 연계되어 있다. 이러한 기본적 편향성은 일차적으로 자신이 속한 집단의 구성원들에게로 확장된다. 이러한 의미에서 사람들은 내집단 사람들이 하는 행위를 신뢰하고 선의로 대하는 것이다.

결론

사회인지는 소속 동기로 거슬러 올라갈 수 있는 다양한 사회적 동기에 의해서 활기를 갖게 되는데, 여기에는 이해, 제어, 자기고양, 타인의 신뢰 등이 포함된다. 이러한 개념들은 시회심리학 일반의 현재 연구들(S. T. Fiske, 2004)과 특히 사회인지에 대한 현재 연구들(S. T. Fiske, 2002)뿐만 아니라 심리학에서 동기 연구의 역사(S. T. Fiske, 출판 중)와도 잘 맞아떨어진다. 비록 이러한 개념틀은 저자 중의 한 사람으로부터 유래한 것이지는 하지만(물론 다른 개념틀도 가능하다), 사람들이 언제 어떻게 보다 자동적이거나 통제적인 처리모드에서 작동할 것인지를 결정하는 여러 동기들을 밝히는 데에도 기여하고 있다.

자동처리와 통제처리 간의 구분은 사회인지 원리로서 잘 확립되어 있다. 동기화된 전술가라는 은유는 상이한 처리모드 사용의 융통성을 잘 포착하고 있다. 앞으로의 연구 방향은 어떠한가? 스펙트럼의 한 극단에 위치하고 있는 사회신경과학은 아직 걸음마 단계에 있다(Lieberman, 2007). 앞에서 우리는 자동처리에 관여하는 두뇌 영역을 언급하였다(**그림 2.1** 참조). 즉, 방금 위에서 언급한 유형의 통제처리는 전전두피질의 앞쪽 영역(외측 PFC, 내측 PFC) 그리고 머리 상층부(외측과 내측 두정피질)가 관여한다. 여기서 지적하고자 하는 것은 그 스펙트럼이 현재 속속 밝혀지고 있는 신경 패턴에 반영되어 있다는 사실이다. 우리는 후속 장들에서 미래 연구의 한 흐름으로 특히 적절하다고 판단될 때마다 이러한 사회신경과학을 언급할 것이다. 스펙트럼의 다른 한 극단에서는 핵심 동기들의 문화적 변이 그리고 사회인지에 대한 그 변이의 효과도 점차적으로 중요한 문제가 되어 가고 있다.

4. 자동처리와 통제처리 모형

다양하고 변화무쌍한 사회인지를 통해서 사람들은 상황에 의존하여 꽤나 사려 깊은 방식으로 자신과 상대방을 이해한다. 사람들이 언제 어떤 처리를 하는가의 문제, 즉 자동처리나 통제처리로 이끌어 가는 상황의 문제는 사회인지에서 수많은 이론들의 관심사다(Chaiken & Trope, 1999). 여기서는 대인지각부터 귀인과 태도 등에 걸쳐서 몇 가지 모형들을 살펴본다.

대인지각의 사례

몇몇 모형들은 타인을 자동적인 방식으로 지각하는 상황에 초점을 맞추고 있다. 사람들이 타인에 대해서 자동적 기대성을 사용하는 것과 신중한 주의를 기울이는 것을 개념화하는 한 가지 방법은 상황이 요구하는 바에 따라서 두 처리모드가 상이한 전략으로 가지를 친다고 간주하는 것이다. 이러한 '이중처리과정' 조망에 따르면(M. B. Brewer, 1988; M. M. Brewer & Harasty Feinstein, 1999), 사람들은 처음에 자동적으로 상대방을 확인하며, 만일 그 사람이 자신의 목표와 맞아떨어지지 않으면 거기서 멈추게 된다. 주유소 종업원을 제복을 갖추어 입은 젊은 남자로 알아보는 것은 이러한 자동적 처리과정을 예시해 준다.

만일 그 사람이 당면 문제와 관련이 있으며 지각자가 상당히 몰입하고 있다면, 기억망에서 그 사람에게 적합한 개념들을 사용하여 그를 개별화한다. 만일 충분히 몰입하고 있지 않다면, 지각자는 우선 지각되는 사람에게 어울리는 (총체적이고 비언어적인 패턴의) 심상을 사용하여 범주화하는데, 그 범주의 적합도가 형편없는 것일 때 그렇게 한다. 그 경우에 사람들은 하위 유형(시내 주유소 종업원 대 고속도로 주유소 종업원과 같이 보다 세부적 범주)이나 본보기(자기 동네 주유소에 근무하는 젊은이와 같이 친숙한 본보기)를 사용하여 개인을 개별화한다. 이렇게 차별적인 형태의 심적 표상은 제4장에서 상세하게 다룰 것인데, 여기서의 요점은 이중 처리모드 모형을 조망하는 한 가지 방법이 일련의 선택 지점에서 가지를 쳐 나가는 과정으로 간주하는 것이며, 이 가지치기 과정이 사람들로 하여금 타인에 대해서 다양한 자동적 형태의 사고와 통제적 형태의 사고로 이끌어 간다는 사실이다.

대안적 견해에서는 인상형성을 독특한 유형의 처리로 가지를 쳐 나가는 것이 아니라 계속해서 전개되는 연속체로 간주한다. 이 견해에 따르면 사람들은 가장 자동적인 범주 기반 처리(예컨대 연령, 성별, 인종 등에 기반한 처리)에서부터 가장 의도적이고 점진적인 인상형성 과정(각 개인에 대해서 가용한 데이터에 의존하는)에 걸쳐 있는 처리과정의 연속선상에서 처리를 수행한다. 이러한 '인상형성의 연속선'을 따라서 사람들을 연속선의 한쪽 끝에서 다른 쪽 끝으로 이끌어 가는 정보와 동기를 모두 상세화할 수 있다는 것이다(예컨대 S. T. Fiske et al., 1987; 개관을 보려면 S. T. Fiske & Neuberg, 1990; S. T. Fiske, Lin, & Neuberg, 1999 참조).

사람들은 자동처리의 극단에서 시작하여 연속선상에 있는 단계들을 밟아 갈 수도 있고 그렇지 않을 수도 있다. 이 견해에서는 사람들이 우선적으로 눈에 띄는 신체적 단서와 언어 표현에 근거하여 자동적으로 상대방을 범주화한다. 예컨대, 보도를 따라서 다가오고 있는 사람은 대학생 정도의 백인 여성이다. 사람들은 자동적으로 이러한 초기 범주를 사용하는데, 특히 그것이 가지고 있는 모든 정보일 때 그렇다. 만일 상대방에게 주의를 기울이려는 동기가 상당히 크다면, 이러한 초기 범주를 보다 의도적인 방식으로 확증하려고 시도하게 된다. 보다 자세하게 들여다봄으로써 그녀의 얼굴이 연령대를 확증시켜 준다. 데이터가 충분히 적절한 것이라면 일반적으로 범주 확증은 성공적으로 이루어진다.

만일 범주 확증이 실패하면(예컨대, 그 여성의 얼굴에 수염이 있는 것과 같이 데이터가 범주와 상치되는 것) 재범주화한다. 보다 적합한 새로운 범주('그 여자'는 여성적인 '남자'다), 하위 범주(그녀가 무대 화장을 하고 넥타이를 매고 있다), 본보기(사촌처럼 그 여자도 밝은 곳에서 볼 수 있는 털이 얼굴에 나 있다), 또는 자기참조(자기 자신이 양성적일 수 있다)를 생성한다. 마지막으로, 재범주화하기가 쉽지 않을 때에는 데이터의 속성들을 하나씩 처리해 나간다. 지하철에서 그녀와 마주 보고 앉아 있다면, 눈에 띄지는 않지만 세밀하게 관찰함으로써 그 여자가 어떤 사람인지를 확인하고자 시도하게 된다. 연속선 모형이 지적하는 바와 같이, 사람들은 결코 바보가 아니다. 자동처리로 충분할 때는 그것에 의존하기 십상이지만, 언제 중지하고 통제처리로 이동해야 할 것인지도 잘 알고 있다.

이중처리과정 접근과 연속선 모형 접근 사이에는 몇 가지 중요한 차이점이 있다. 예컨대, 이중처리과정 모형은 인상형성의 특정한 분지에 독특한 유형의 인지표상(심상, 범주, 본보기 등)이 존재한다고 제안한다. 반면에 연속성 모형은 계속해서 전개되는 단계에 걸쳐 존재하며 선행 단계가 후속 단계에 전달해 주는 안정된 유형의 정보를 내세운다. 또한 이중처리과정 모형은 각 처리 분지를 따라 정보가 전달되는 특정한 규칙을 상정하는 반면, 연속선 모형은 항상적 규칙을 제안한다. 즉, 범주화의 용이성은 정보와 동기에 달려 있다는 것이다. 다른 차이점도 있지만(Bodenhausen, Macrae, & Sherman, 1999; M. B. Brewer, 1988; S. T. Fiske, 1988), 두 접근방법은 모두 가능성 있는 통합적 개념틀 속에 자동처리와 통제처리를 통합하고 있다.

현재까지의 지식에 근거할 때, 자동적 인상형성에서부터 통제적 인상형성으로 이동하는 것은 비교적 자동적인 신경 시스템에 의해서 촉발될 수 있는데, 이 시스템은 정서적 경계상태(예컨대 편도체, 기저신경절), 친숙한 타인(외측 측두피질의 측두극, TP), 생물학적 운동(외측 측두피질의 상측두고랑, STS)에 대한 단서를 제공하는 외부 자질에 반응한다. 인상형성에서의 모순은 전두대피질(ACC)에 등록되며, 그에 따라서 특정한 심적 상태(내측 전전두피질, mPFC)와 의도를 가지고 있는 인간으로서 상대방을 보다 통제적으로 처리하게 된다(Amodio & Frith, 2006; Botvinick et al., 2004; Lieberman, 2007). 사회신경과학 연구가 발전함에 따라서 이러한 패턴들이 새로운 데이터에 의해서 명확하게 밝혀질 것이 틀림없다.

귀인의 사례

사람들은 꽤나 자동적인 형태의 다양한 인과 추리에 관여한다(제6장 참조). 예컨대, 손톱을 물어뜯으면서 더듬거리고 말하며 눈맞춤을 회피하는 사람을 관찰하고 있다고 가정해 보자. 이 사람을 신경증적이라고 판단하거나, 텔레비전 프로그램에 출연하여 삶에서 가장 당황스러운 순간을 말하고 있다고 판단할 수 있다. 한 통합 모형(Trope, 1986; Trope & Gaunt, 1999)에서는 사람들이 우선 맥락의 도움을 받아서(손톱 물어뜯기는 불안이나 욕구 좌절을 나타낼 수 있지만, 텔레비전 프로그램에서라면 아마도 불안을 반영하는 것이겠다) 행동을 확인한다. 많은 행동들이 모호하기 때문에 확인은 필수적인 첫 단계가 된다. 사람들은 다음 단계에서 불안한 행동을 설명하는데, 이제는 상황(누구나 텔레비전 프로그램에 출연하면 불안하다)과 개인의 성향(그렇게 신경증적 유형은 아닐 것이다)을 배제한다. 첫 번째 과정인 확인은 비교적 자동적이며 노력이 들지 않는 반면, 두 번째 과정인 설명은 보다 의도적이고 통제적이다.

관련된 다른 모형은 첫 번째 과정을 행동의 범주화와 그 행동을 성향적 용어로 규정짓는 과정으로 분할하는데, 두 과정 모두 자동적이며, 지각자가 그렇게 할 능력과 동기를 가지고 있다면 상황적 요인을 가지고 통제적으로 수정하는 과정이 뒤따르게 된다(Gilbert, 1991; Gilbert, Pelham, & Krull, 1988). 이러한 처리과정에서의 자동성과 제어는 실험참가자들이 상대방에 대한 인과적 귀인을 하면서 동시에 실험자의 전화번호를 기억해야만 하는(인지적 부하를 높이려는 것이다) 연구에서 예증할 수 있다. 인지적 부하가 초기의 자동적 성향추론(범주화와 성향으로 규정짓기)을 간섭하지는 않지만, 뒤이어 진행되는 상황적 압력에 근거한 통제적 수정은 방해하게 된다.

세 번째 모형은 적절한 것이든 아니든 간에 개인과 연계되어 마음에 쉽게 떠오르는 개념들이 주도하는 자발적 특질추론을 의도적이고 목표 주도적인 처리과정과 대비시킨다(Uleman, 1999; Winter & Uleman, 1984).

이러한 모형들은 중요한 차이점을 가지고 있지만(Gilbert, 1998), 세 모형 모두 행동에 대한 자동적인 인과 귀인과 통제적인 인과 귀인을 대비시키고 있다. 제6장에서 인과 귀인을 보다 자세하게 다룰 때 이 문제를 다시 보게 될 것이다.

태도의 사례

몇 가지 잘 알려진 이중처리과정 모형들은 태도, 즉 세상에 존재하는 대상에 대한 사람들의 평가 영역에서 제안된다. 정교화 가능성 모형(elaboration likelihood model; Petty & Cacioppo, 1981; Petty & Wegener, 1999)은 설득의 두 경로, 즉 (자동적이고 피상적인) 말초적 경로(peripheral route)와 (의도적이고 통제적인) 중추적 경로(central route)를 제시한다. 노력을 거의 들이지 않는 처리과정은, 예컨대 메시지가 많은 논증을 가지고 있거나 내집단에서 나온 것이라는(그렇기 때문에 타당한 것일 수밖에 없다는) 점에 주목하는 것과 같이 말초적 단서를 사용하며, 사람들은 이러한 메시지를 피상적으로만 읽게 된다. 노력이 많이 드는 처리과정에서는 사람들이 모든 논증을 세심하게 살펴보고 정교화한다. 즉, 찬반에 관계없이 자신의 개인적 반응을 첨가시킨다. 대부분의 변인은 상황에 따라서 말초적 단서나 중추적 처리를 위한 정보로 기능할 수 있다.

관련된 맥락에서 발견법적·체계적 모형(heuristic-systematic model; Chaiken, 1980; Chen & Chaiken, 1999)은 체계적 처리모드(비교적 분석적이며 종합적인 모드)를 발견법적 처리모드(기저장된 주먹구구식 규칙)와 대비시킨다. 발견법적 모드가 신속하게 진행될 가능성이 크기는 하지만, 두 모드는 상호간에 영향을 미치면서 병행적으로 작동할 수 있다. 지각자는 자신의 확신도가 현재의 목적에 충분하면 중지하기 때문에, 두 모드가 미치는 영향력의 정도는 의사결정을 하는 시점에 달려 있다.

설득과정뿐만 아니라 태도를 행동과 연계시키는 과정은 자발적이고 신속한 방식으로 발생하거나(Fazio, Powell, & Herr, 1983; Fazio & Towles-Schwen, 1999) 아니면 의도적이고 노력이 많이 드는 방식으로 발생할 수도 있다(Ajzen & Fishbein, 1980; Ajzen & Sexton, 1999). 이 모형들은 제10장과 15장에서 상세하게 다룰 것인데, 지금은 설득적 의사소통 과정에서 자동처리와 통제처리의 통합에 초점을 맞춘다.

다른 영역: 자기, 편견, 추론

자기(self)에 관한 사고 영역(제5장)에서 사람들은 때때로 자기 스키마(자동적 자기개념)에 근거하여 신속하게 반응하며, 다른 경우에는 자기 관련 증거들을 꼼꼼하게 살펴보기도 한다(Markus, 1977). 그리고 우리는 앞에서 사람들이 때때로 긍정적 피드백에 즉각적이고 긍정적으로 반응하지만 일관성을 위해서 의도적으로 보다 신중하게 반응하기도 한다는 사실을 보았다(Swann et al., 1990).

외집단 사람들에 대해서 생각할 때도 사람들은 양극단, 즉 상대적으로 자동적이며 문화적으로 조건형성된 편견, 그리고 보다 통제적이며 개인적으로 지지하는 견지 사이를 오락가락한다(제11~12장 참조; Devine, 1989; Devine & Monteith, 1999; Dovidio & Gaertner, 1986; Greenwald et al., 2002).

실제로 모든 유형의 추론에서 직관체계(시스템 1)와 추리체계(시스템 2)를 대비시킬 수 있다(Epstein, 1990a; Kahneman, 2003; Smith & DeCoster, 2000). 직관체계는 총체적이고 신속하며 노력이 들지 않고 병행적이며 감정적이고 연합적이며 정제되지 않고 느리게 학습된다. 합리적인 추리체계는 분석적이고 느리며 노력이 많이 들고 계열적이며 중립적이고 논리적이며 정제되고 융통적이다. 직관적이고 연합적인 처리모드는 학습은 느리지만 신속한 반응을 나타내는 기억 내용에 의존하며 일관성에 초점을 맞추는 반면, 합리적이고 정보를 신속하게 결합하며 규칙 기반적인 추리체계는 상세하고도 새로운 기억을 신속하게 획득하며, 뒤따르는 의도적 처리에서 따져보아야 하는 새롭고 비일관적인 단서들에 초점을 맞춘다. 이중체계 대비는 각각이 독특한 형태의 학습과 반응에 적합하다는 사실을 시사한다(요약을 보려면 **표 2.3**을 참조하라). 이와 같이 강력한 주제가 사람들이 사회적 세상을 이해하는 방식에 대해서

표 2.3 자동처리와 통제처리의 특징

자동처리	통제처리
직관적	합리적
범주적	개별적
총체적	분석적
신속	느림
노력 없음	노력이 듦
병행적	계열적
감정적	중립적
연합적	논리적
비정제적	분화적
반사적	회고적
느린 학습	빠른 학습
경직성	융통성
일관성	신기성

모든 영역의 심리학자들이 언급할 만큼 대부분의 사회인지 연구를 이끌어 가고 있다.

반대 견해: 단일모드 대안 모형

이중 처리모드의 수월성이 유일무이하게 사회인지에 대한 이해를 나타내는 것은 아니며, 몇 가지 대안이 출현하고 있다. 단일모드 모형은 일상적 지식에 대한 일반인의 인식 이론에 기초한다(Kruglanski, 1980; Kruglanski, Thompson, & Spiegel, 1999). 이 모형은 사람들의 주관적 이해가 본질적으로 자신의 일상적 가설을 검증한다고 제안한다. 모든 유형의 일상적 가설 검증과정은 증거와 능력 그리고 동기에 근거하기 때문에, 이 견해에서는 다양한 처리과정들이 차이 나기보다는 유사하다. 단일모드 접근에 따르면 이론적으로 이 모든 처리과정들이 관련된 '만약-그렇다면(if-then)' 규칙을 따른다. '만약' 조건에 주어지는 증거가 단순하든 복잡하든 간에, 증거가 관련된 것이라는 가정하에 특정한 반응이 그 증거에 뒤따르게 된다. 다시 말해서, 모든 것을 아우르는 '만약-그렇다면' 구조는 영역에 관계없이 유사하다("만약 피곤하면 커피를 마셔라.", "만약 사랑에 빠진다면 결혼해라."). 이 견해에서는 능력과 동기가 모드에 관계없이 유사한 방식으로 작동한다.

또 다른 단일모드 대안은 인상형성 과정이 모두 병행적으로 작동하면서 동시적으로 활성화되는 많은 속성들을 융합시킨다고 주장한다(Kunda, 1999; Kunda & Thagard, 1996). 모든 유형의 정보를 등가적으로 취급하며, 특정한 유형의 정보(예컨대 인종, 성별)를 다른 정보(예컨대 성격 특질)보다 우위에 두지 않는다. 이 견해에서는 한 개인의 인종, 성별, 연령이 그 사람의 성격, 능력, 선호도와 등가적인 비중을 갖는다. 이러한 융합은 모든 단서를 동시에 병행적으로 결합하여 변화시키는 방식으로 작동한다. 인상은 정보의 모든 원천으로부터 동시에 형성되는데, 정보의 원천은 내적 일관성이라는 제약하에 즉각적이고 계속적으로 응집적인 인상으로 결합된다. 이 모형은 일차적으로 동기화되지 않은 처리에서 이중처리과정 모형들과 차이를 보인다. 이 경우에 대부분의 이중처리과정 모형들은 단지 소수의 단서에만 의존하면서 정보를 피상적으로 사용한다고 가정한다. 동기화된 처리에서는 이 모형과 이중처리과정 모형 모두가 사람들이 보다 많은 정보를 사용한다고 가정한다.

이러한 단일모드 모형들은 중요한 반론을 제공하고 있기는 하지만, 논쟁에서 흔히 일어나는 것처럼 반대편 입장을 희화화하는 경향이 있다. 실제로 모든 이중모드 이론가들은 자신들이 제시하는 처리과정이 연속선상의 양극단을 나타내는 것이며, 실제로 일어나는 대부분의 처리과정은 양극단의 중간 어디에선가 일어나는 것이라는 사실을 보여 주고자 애를 쓴다.

요약

이 장에서는 특히 지난 25년에 걸쳐 사회인지에서 다룬 중요한 주제 중의 하나를 개관하였다. 그렇지만 이 주제는 훨씬 이전부터 예견되었던 것이다. 즉, 사람들의 사고과정은 자동적이거나 통제된 방식으로 또는 양극단의 중간 위치에서 작동할 수 있다는 것이다. 가장 자동적인 처리과정은 노력, 자각, 제어, 의도, 또는 심적 자원의 사용 없이 일어난다. 사회적 단서(얼굴, 개념 등)의 역치하의 전의식적 처리는 인지적 연합, 감정적 반응, 행동에 영향을 미친다. 개념에 대한 의식적 점화(개념에의 노출)는 무의식적이고 자동적인 처리를 촉발시킬 수 있다. 어떤 사람에게 있어서 몇몇 단서는 만성적으로 접속 가능할 수 있지만, 상황도 특정한 개념 그리고 심지어는 동기조차도 점화한다.

사람들은 의도적으로 목표를 설정함으로써 몇몇 유형의 자동처리를 제어한다. 의도적인 목표 설정은 자동처리를 촉발시킨다. 습관이 한 가지 예다. 또한 사람들은 특정한 행위에 의식적으로 주의를 기울이며, 그 행위를 계획하고 수행하기도 한다. 그렇지만 자신의 사고가 행위를 제어하는 정도 그리고 심지어는 자기의 사고를 제어할 수 있는 정도를 과대평가하는 경향이 있다. 의식은 내외적으로 주도되는 다중 기능을 담당하며, 마무리 짓지 못한 과제와 사회적 관심이 의식을 차지하고 있기가 십상이다.

다양한 유형의 동기는 사람들이 자동처리를 할 것인지 아니면 통제처리를 할 것인지를 결정한다. 각각의 동기는 상황에 따라서 자동성이나 통제로 이끌어 간다. 소속 동기는 사람들로 하여금 다른 사람들과 어울리고 그들에게 의지하도록 강력하게 동기화시킨다. 사회적으로 공유하는 이해는 대부분의 사회인지를 동기화시키는데, 양자는 모두 합의에 의존하며 예측을 위한 정보를 추구한다. 자신이 행동하는 것과 자신에게 일어나는 것 간의 수반성을 제어하는 것은 웰빙에 중요하다. 감정적인 측면에서 사람들은 자기를 고양하며 내집단의 구성원들을 낙관적으로 신뢰한다. 이러한 동기들과 가용한 정보 간의 상호작용은 사람들이 언제 익숙한 자동처리에 의존하고, 언제 의도적인 통제처리에 의존할 것인지를 결정한다.

이중처리과정 모형의 사례들은 대인지각, 귀인, 태도, 자기, 추론, 편견 등에서 볼 수 있다. 이 모형들은 정보와 동기에 관계없이 유사한 처리과정을 주장하는 단일모드 대안 모형들의 반론에 직면하고 있다. 앞으로 보게 되겠지만, 사회인지 연구자들은 이러한 문제들에 대해서 끊임없이 논쟁을 벌이고 있다.

제 3 장

주의와 부호화

- 현저성: 맥락에 들어 있는 자극의 특성
- 생동감: 자극의 내재적 특성
- 접속 가능성: 마음에 들어 있는 범주의 특성
- 직접 지각: 마음에 들어 있는 것이 아니다
- 얼굴: 사회적 주의의 초점

우리 친구 한 명이 복잡한 쇼핑몰 벤치에 앉아 있는데 뒤에서 달려오는 발소리를 들었다. 뒤돌아보니 두 명의 흑인이 한 명의 백인 보안요원에게 쫓기고 있었다. 앞서 달리던 흑인은 순식간에 지나쳤지만, 그는 순간적으로 일어나서 두 번째 흑인을 덮쳐 쓰러뜨렸다. 바닥에 뒹굴면서 헐떡이던 흑인은 화가 나서는 자신이 가게 주인이라고 소리쳤다. 그 와중에 도둑은 사라지고 말았다. 백인이면서 억압받는 사람을 돕는 데 자신의 삶을 헌신하고 있는 우리 친구는 굴욕감을 느꼈다.

우리의 목적에서 볼 때, 잘못된 확인이라는 이 사례는 해석에 근거하여 즉각적으로 이루어지는 사회적 부호화가 때때로 초래하는 비극적 결말을 예증하고 있다. 사람들은 타인을 자극으로 신속하게 받아들이고 반응을 보이기 때문에, 일상의 만남 과정에서 사람들이 즉각적으로 반응할 때 이루어지는 부호화가 대부분의 사회적 상호작용을 결정한다. 그렇다면 도대체 우리는 처음에 무엇을 알아차리게 되는 것인가?

예술가인 프랭크 스텔라(Frank Stella)가 지적하듯이, "당신이 보는 것이 당신이 이해하는 것이다(What you see is what you see)." 주의와 부호화는 심적 표상에서 일어나는 첫 번째 단계다. 내적 정보처리가 일어나기 위해서는 우선 외부 자극이 마음에 표상되어야만 한다. 이러한 보편적 과정의 이름이 **부호화**(encoding)다. 부호화는 지각된 외부 자극을 내적 표상으로 변환시킨다. 부호화 과정은 상당한 인지적 작업을 수반하는데, 그럼에도 불구하고 거의 노력을 들이지 않은 채 수행될 수 있다. 자극이 감각에 등록되는 순간 해석과정이 시작된다. 즉각적으로 어떤 세부사항은 상실되고, 다른 것은 변형되며, 심지어 또 다른 것은 오지각되기도 한다. 추론의 결과가 원데이터와 함께 기억에 저장되며, 둘은 구분되지 않을 수 있다.

부호화는 사회인지에 유용한 여러 단계로 분할된다(예컨대 Bargh, 1984; Burnstein & Schul, 1982). 대부분의 이론가들은 우리가 환경자극에 대한 몇몇 유형의 무의식적인 '전주의적 분석(preattentive analysis)'을 수행하면서 자질을 우리가 의식적으로 주목하게 되는 대상과 사건으로 결합시킨다는 데 동의하고 있다. 일단 주목하게 되면 자극은 의식적 '초점 주의(focal attention)'로 들어와서 확인되고 범주화된다. '이해'가 일어남에 따라서 그 자극에 의미가 부여된다. 마지막으로 '정교화 추리(elaborative reasoning)'가 특정한 자극을 다른 지식과 연계시켜 복잡한 추론이 가능하게 만든다.

주의는 부호화의 필수불가결한 성분이다. 주의가 부호화되고 있는 대상에 초점을 맞추기 십상이기 때문이다. 만일 당신이 외부의 어떤 것에 대해서 생각하고 있다면, 적어도 일시적으로나마 그 대상은 마음에 표상된다. 그렇지만 주의가 외부 자극의 부호화에만 국한되는 것은 아니다. 제2장에서 지적한 바와 같이, 의식을 차지하고 있는 것이라면 어떤 것이든 주의의 초점이 된다.

기억에서 인출된 정보도 주의를 끌 수 있다. 만일 당신이 기억하고 있는 무엇인가를 생각하고 있다면 그 기억이 주의의 초점이 된다. 마음을 차지하고 있는 현재 내용도 주의를 끌 수 있다(능동적인 작업기억과 단기기억에 대한 제4장의 논의를 참조하라). 사람들은 의식적 초점 자각상태에 있는 내적 자극이나 외적 자극에 주의를 기울인다.

주의가 외부 대상을 부호화하기 위해서 외부를 향하고 있든 내부 기억을 향하고 있든 간에, 일반적으로 주의는 방향(선택성)과 강도(노력)라고 하는 두 가지 성분을 가지고 있는 것으로 간주된다. 당신이 이 책을 읽고 있을 때는 아마도 책의 내용에 초점을 맞출 것이지, 라디오나 복도에서의 대화 소리 또는 다리의 가려움이나 당신의 성생활 등에 대해서 주의를 기울이지는 않을 것이다. 이 책에 선택적으로 초점을 맞추고 있는 경우에도 심적 자원을 많거나 적게 할당할 수 있다. 주의는 선택적 인지 작업의 양을 일컫는다(Kahneman, 1973; Norman, 1976; Posner, 1982).

사람들이 외부 자극을 부호화할 때는 환경의 모든 측면에 똑같이 주의를 기울이지 않는다. 어떤 대상을 면밀하게 관찰하고 다른 것들은 모두 무시한다. 주의는 어떤 것이 사고와 기억 속으로 들어오게 될 것인지에 영향을 미치지만, 기억으로 부호화하는 데 의식적 주의가 반드시 필요한 것은 아니다. 인지심리학자들은 주의의 초기 선택과 후기 선택, 즉 초점 주의를 벗어나서 일어나는 초보적인 지각 처리의 시점을 구분하고 있다(Broadbent, 1958, 1982; Deutsch & Deutsch, 1963). 인지신경과학은 주의를 기울이지 않은 자극도 두뇌에 등록된다는 사실을 보여 주며(Kanwisher & Wojciulik, 2000), 이 사실은 의식적 주의를 위한 선택이 후기에 일어난다는 것을 시사한다. 나아가 사회인지의 측면에서 볼 때, 두뇌는 두드러진 사회적 자극, 즉 얼굴에 민감하게 반응하도록 조율되어 있다.

이 장에서는 사회적 장면에서 무엇이 주의를 끌어당기는지를 다룬다. 이것이야말로 사회적 상호작용에서 뒤따르는 모든 것에 영향을 미치기 때문이다. 우리는 현저성(salience), 즉 환경 속에서 특정한 자극이 다른 자극들에 비해서 두드러지는 정도, 그리고 생동감(vividness), 즉 환경에 관계없이 자극이 본질적으로 주의를 끌어당기게 만드는 자질을 고찰한다. 제2장에서 접속 가능성을 소개하였는데, 이것은 사람들이 최근에 또는 빈번하게 생각해 왔던 것과 맞아떨어지는 범주(또는 자극에 대한 특정한 해석)를 위해 주의가 점화되는 방식을 말한다. 이 장에서는 대표적인 사회적 자극인 얼굴이 어떻게 주의에 영향을 미치는지를 다룬다.

1. 현저성: 맥락에 들어 있는 자극의 특성

무엇이 우리의 주의를 끌어당기는가? 논리적으로는 대부분의 사회적 판단과 무관하며 주의를 끌어당기는 사소한 요인인 것처럼 보이는 현저성이 중요한 효과를 발휘할 수 있다. 많은 사람들로 가득 찬 방에서 당신만이 유일하게 전혀 다른 인물이었던 최근의 경험을 회상해 보라. 현저한 사회적 자극이 된다는 놀라운 경험도 마찬가지다. 모든 시선이 하나의 표적을 향하고 일거수일투족이 과잉 해석되어 눈에 두드러진다고 느낀다. 그 결과로 불안을 느끼고 상호작용이 어떻게 진행될 것인가에 대해서 염려하게 될 수 있다(Ickes, 1984). 게다가 자기 혼자라는 생각이 다른 사람의 말을 받아들이고 기억하는 것을 손상시키며(Lord & Saenz, 1985; Lord, Saenz, & Godfrey, 1987; Saenz & Lord, 1989) 자신의 수행도 손상시킬 수 있다(Sekaquaptewa & Thompson, 2003). 보다 일반적으로 말해서 혼자라는 것은 자기조절 능력을 상당히 고갈시키게 되는데, 그 증상에는 지나치게 말을 많이 하거나, 너무 많이 또는 너무 적게 자신을 노출하거나, 성마르게 되는 것 등이 포함된다(Vohs, Baumeister, & Ciarocco, 2005). 현저성에 관한 연구는 혼자라는 것이 주의의 중심이 되고, 실제보다 무시무시할 정도로 크게 부각되며, 극단적 반응의 수혜자가 된다는 불편한 경험이라는 사실을 지지하고 있다(S. E. Taylor, 1981a).

사회적 현저성의 선행사건

사회적 현저성의 모든 원인은 즉각적이거나 보다 큰 맥락에 달려 있다(McArthur, 1981; S. E. Taylor & Fiske, 1978). 혼자라는 위치는 즉각적으로 지각적이거나 사회적인 진기함, 즉 전혀 다른 성별이나 인종에 속하거나, 파란 셔츠를 입은 사람들로 가득 찬 방에서 유일하게 빨간 셔츠를 입고 있는 것과 같이 시각적으로 차별되는 것에서 초래된다(예컨대 Crocker & McGraw, 1984; Heilman, 1980; Higgins & King, 1981, 연구 1; McArthur & Post, 1977; Nesdale, Dharmalingam, & Kerr, 1987; Spangler, Gordon, & Pipkin, 1978).

또 다른 형태의 현저성은 맥락에서 자극을 두드러진 어떤 형상으로 만들어 주는 그 자극의 지각적 자질에 달려 있다. 게슈탈트 심리학은 자극이 밝거나 복잡하거나 변화하거나 움직이거나, 아니면 단조로운 배경에서 두드러질 때(McArthur & Post, 1977), 그리고 보다 오랫동안 응시하게 만들 때(McArthur & Ginsberg, 1981) 현저하게 된다고 예언한다. 또한 사람들은 집단에서 한 사람이 제외되었을 때보다 보태졌을 때를 더 잘 알아차린다. 즉, 첨가가 제외보다 더 현저한 것이다. 우리들 대부분은 모임에 빠지는 것이 참석하는 것만큼 현저하지 않다는 사실을 인식하지 못한다(Savitsky, Gilovich, Berger, & Medvec, 2003).

보다 큰 사회적 맥락에서는 사람들이 기대 불일치(expectancy-inconsistent) 정보에 주의를 기울인다. 한 사람이 개인으로서나 사회적 범주의 구성원으로서나 아니면 사람 일반으로서 그 사람에 대한 기존 지식과 위배될 때 현저하게 된다(E. E. Jones & McGillis, 1976). 신체적 장애자들이 주의를 끄는 부분적인 이유는 그들이 보통 사람들과 비교해서 색다르기 때문이다(Langer, Taylor, Fiske, & Chanowitz, 1976).

사람 일반에 대한 기대에 근거한 후자의 현저성 원리는 두 가지 방식으로 확장되어 왔다(S. T. Fiske, 1980). 첫째, 극단적인 사회적 자극, 즉 이례적인 자극은 중간 정도의 자극보다 현저하다. 예컨대, 사람들은 영화배우와 같이 극단적으로 긍정적인 사회적 자극 그리고 교통사고와 같이 극단적으로 부정적인 자극을 응시하게 된다. 둘째, 대부분의 사람들은 약간 긍정적인 입력을 기대한다. 즉, 사람들은 삶의 결과에 대해서 낙관적이며(Parducci, 1968) 다른 사람들을 긍정적으로 평가한다(Nilsson & Ekehammar, 1987; Sears, 1983; Sears & Whitney, 1973). 따라서 부정적인 사회적 자극은 상대적으로 기대하지 않는 것이기 때문에 긍정적인 자극보다 더 현저한 것이 된다.[1)] 부정적 사건은 전주의적 처리를 끌어당긴다(Pratto & John, 1991). 나아가서 부정적 사건은 사람들이 정상으로 되돌아오기 위한 즉각적인 대처를 요구한다(S. E. Taylor, 1991).

현저성은 부분적으로 지각자의 목표에도 달려 있다. 사람들은 자신의 결과에 영향을 미치는 중요한 타인(significant others)에 주의를 기울인다. 만일 두 사람이 대화를 나누고 있는데, 한 사람이 당신의 새로운 상사이거나 장차 데이트 상대이거나 새로운 팀 동료라면 그 사람을 더 자세하게 관찰하게 될 것이다(Berscheid, Graziano, Monson, & Dermer, 1976; Erber & Fiske, 1984; Neuberg & Fiske, 1987; Ruscher & Fiske, 1990; S. E. Taylor, 1975).

현저성은 집단에서 앉아 있는 위치와 같이 단순한 물리적 위치에 달려 있을 수도 있다. 바로 맞은편에 앉아 있는 사람은 당신의 시야를 차지하고 있기 때문에 특별히 현저할 수밖에 없다(S. E. Taylor & Fiske, 1975). 강의실에서 사람들은 교수의 시선이 꽂히는 위치에—많은 사람들의 중앙에—앉아 있는 사람이 리더가 될 것이라고 기대한다(Raghubir & Valenzuela, 2006). 따라서 모임에서 영향력을 극대화하려면 긴

---

1) 호감에 대한 인상형성에서 전형적으로 부정적 정보의 가중치가 큰 이유에 대한 다른 설명들이 있을 뿐만 아니라 몇 가지 예외도 존재한다. 개관을 보려면 스코우론스키와 칼스턴(Skowronski & Carlston, 1989)을 참조하라.

테이블의 맨 앞이나 끝자리에 앉거나 교실에서 중앙, 특히 정면 중앙에 앉는다. 배경에 숨어 버리려면 측면에 앉으면 된다.

비디오테이프로 촬영할 때 카메라에 잡히는 시간의 증가나 감소도 유사한 효과를 갖는데(Eisen & McArthur, 1979; Storms & Nisbett, 1970), 심지어는 혐의자의 자백을 촬영할 때조차 그렇다(Lassiter, 2002). 단순노출의 효과는 정치적 논제의 경우에도 적용된다. 즉, 논란거리가 저녁 뉴스 시간에 방송된 시간의 양은 사람들이 뒤따르는 결정에 가중치를 부여하는 정도에 영향을 미친다(Iyengar & Kinder, 1987).

개인은 즉각적인 맥락에 따라서, 지각자의 사전 지식이나 기대에 따라서, 또는 다른 주의집중 과제에 따라서 현저한 대상이 될 수 있다(**표 3.1** 참조). 현저성을 만들어 내는 이 모든 방법에 공통적인 핵심 단어가 상대성(relative)이라는 사실에 주목하기 바란다. 즉, 자극의 진기함은 즉각적인 맥락이나 아니면 광의적 맥락에서 상대적으로 발생하며, 한 자극은 존재하는 다른 자극에 상대적으로 제 모습을 갖추게 되고, 지각자의 조망은 맥락에 상대적으로 만들어지게 된다. 이 모든 형태의 현저성에 공통적인 요소는 자극이 지각자의 맥락에서 다른 요인들과의 관계에 따라서 독특한 것이 된다는 점이다.

표 3.1 사회적 현저성의 원인

한 개인은 지각자의 다음과 같은 특성에 상대적으로 현저한 대상이 될 수 있다.

즉각적 맥락

- 진기한 것이 된다(인종, 성별, 머리 색깔, 셔츠 색깔에서 혼자인 사람).
- 형태를 갖춘 것이 된다(밝고, 복잡하며, 움직인다).

사전 지식이나 기대

- 그 사람에게 이례적인 것(예컨대 예상하지 않은 방식으로 행동함)
- 그 사람의 사회적 범주에서 이례적인 것(예컨대 역할을 벗어난 행동)
- 사람 일반에서 이례적인 것(예컨대 부정적이거나 극단적으로 행동함)

다른 주의 과제

- 목표 관련적으로 되는 것(예컨대 상사가 되거나, 데이트 상대가 되는 것)
- 시야를 차지하는 것(예컨대 테이블의 중앙에 앉는 것, 다른 사람보다 카메라에 많이 잡히는 것)
- 그 사람을 관찰하라고 지시받은 지각자가 되는 것

사회적 현저성의 결과

현저성이 만들어지는 방법과는 관계없이 그 효과는 편재적(遍在的)이며 범위가 넓다(McArthur, 1981; S. E. Taylor & Fiske, 1978). 혼자일 때의 경험이 시사하는 바와 같이, 현저성은 다양한 판단 상황에서 자극을 실재보다 크게 만들어 버린다. 현저성은 인과성 지각에서 두드러지게 나타난다. 현저한 인물은 집단에서 특히 영향력이 있는 것으로 간주된다.

이 원리는 지각자 자신의 행동에 대한 인과적 분석에도 확장된다. 지각적으로 현저한 행동은 특히 그 개인의 기저 성향의 지표로 간주되며, 상황의 제어를 덜 받는 것으로 보이게 된다. 두 경우 모두 인과적 귀인이 초점 주의에 뒤따른다. 혐의자에게 초점을 맞추고 비디오로 촬영한 자백은 행동을 보다 자발적인 것으로 만들어 버리며, 그렇기 때문에 그 사람에게 더욱 혐의가 가게 된다(Lassiter, 2002).[2)]

현저성은 어느 방향이든 처음에 지향하였던 쪽으로 평가를 과장시키기도 한다. 만일 기분이 나쁜 상태면 혼자인 것이 이례적으로 비난을 야기하게 된다. 마찬가지로 즐거운 상태에서 혼자인 것은 허풍을 떨 정도로 즐거운 것이 된다(S. E. Taylor, Fiske, Close, Anderson, & Ruderman, 1977). 평가도 사전 기대에 의해서 한 방향이나 다른 방향을 지향할 수 있다. 예컨대, 형사재판에서 피고가 부정적으로 보인다면 현저성은 그 사람이 특히 부정적으로 평가되도록 만들어 버린다. 반면에 동일한 사람이 단지 한 개인으로 간주된다면(보다 긍정적인 기대) 현저성이 특히 긍정적인 평가를 초래하게 된다(Eisen & McArthur, 1979; McArthur & Solomon, 1978 참조). 현저성은 평가에서 장단점을 모두 가지고 있는 것이다.

만일 현저한 자극이 주의와 지각된 특출성 그리고 극단적 평가를 유발한다면 기억도 고양시킬 것이라고 추론할 충분한 이유가 된다. 불행하게도 데이터는 놀라울 정도로 일관성이 결여되어 있다. 현저성에 대한 사회인지 연구에 국한해 보면, 기억에 대한 일차 측정치는 사람들의 자유회상이었다. 때로는 회상이 증진되기도 하고 때로

---

2) 일반적으로 사람들은 타인을 인과적 행위자로 간주하기 때문에(Heider, 1958; E. E. Jones & Nisbett, 1972; L. Ross, 1977), 주의가 이러한 경향성을 과장시킨다(S. T. Fiske, Kenny, & Taylor, 1982). 그렇지만 만일 수동성이 강조되면 주의는 영향력에 대한 감수성 지각도 과장시킬 수 있다(Strack, Erber, & Wicklund, 1982). 현저성은 인과적 판단을 사전 지식이 함축하는 방향으로 과장시키게 된다.

는 그렇지 않기도 하다(McArthur, 1981; S. E. Taylor & Fiske, 1978).

비록 현저성이 회상을 신뢰롭게 증진시키지는 않지만, 인상의 체제화와 일관성은 여러 가지 방법으로 증가시킨다. 다른 사람에게 주의를 더 많이 기울일수록 인상은 더욱 응집적이게 된다. 주의는 인상을 구조화시키며, 인상과 맞아떨어지는 자질을 강조하고 그렇지 않은 자질을 조절한다. 예컨대, 교수회의에 홀로 참석한 학생은 실제로 동료 학생들을 대표하느냐의 여부에 관계없이 전형적인 학생으로 간주되고 '학생들의 의견'을 대표하는 것으로 보일 가능성이 크다(S. E. Taylor, 1981a). 현저성이 고정관념에 영향을 미친다는 사실은 사전 지식과 결합하여 극단적인 평가를 초래한다는 것을 의미한다(Nesdale et al., 1987 참조). 따라서 혼자인 남자는 눈에 두드러지고 따라서 훌륭한 리더로 지각되지만, 모두가 남자인 집단에서 혼자인 여자는 침입자로 지각되며 스스로도 침입자라고 느끼게 된다(Crocker & McGraw, 1984). 주의(단순한 사고)는 인상의 평가적 성분들과 일치하게 되는데, 그렇게 되면 인상은 적어도 특정한 조건에서는 더욱 극단적인 것이 되어 버린다(Chaiken & Yates, 1985; Millar & Tesser, 1986b; Tesser, 1978).

지금까지 현저성과 주의가 판단에 다양한 효과를 갖는다는 사실을 보았다. 주의는 처음에 어느 방향을 취했든지 간에 평가와 인과적 두드러짐을 과장한다. 때때로 주의는 회상을 증가시키며 고정관념적 해석을 촉진시킬 수 있다. 일시적 현저성이 중요한 사회적 판단에 미치는 효과는 얼마나 강력하고 중요한가? 실제로 자극 자료의 중요성을 증가시키고 그 자료를 풍요롭게 만들려는 노력은 현저성 효과를 고양시키며(Eisen & McArthur, 1979; McArthur, 1981; McArthur & Solomon, 1978; Strack, Erber, & Wicklund, 1982; S. E. Taylor, Crocker, Fiske, Sprinzen, & Winkler, 1979), 상당한 현저성 효과가 실세계 조직에서(Kanter, 1977; Wolman & Frank, 1975) 그리고 심지어는 텔레비전 프로그램에서도 일어난다(Raghubir & Valenzuela, 2006).

만일 현저성 효과가 중차대한 결정에 그토록 영향을 미친다면, 이 효과는 얼마나 제어 가능한지를 아는 것이 특히 중요하게 된다. 현저성 효과가 자동적일 것이라는 초기의 추측(S. E. Taylor & Fiske, 1978)에도 불구하고, 사람들이 때로는 그 효과를 제어할 수 있기 때문에 완전하게 자동적인 것으로는 보이지 않는다. 다시 말해서, 현저성 효과가 비록 과제를 보다 중요하게 만드는 것(S. E. Taylor et al., 1979)으로는 제한될 수 없다 하더라도, 자기 이익(self-interest)과 같이 어떤 형태의 관여(Borgida & Howard-Pitney, 1983)에 의해서 제한될 수는 있다. 그리고 현저성 효과는 '자극

집단의 각 구성원들을 기술하도록' 기대하는 것과 같이 지시를 통해서 제한될 수 있으며, 이것은 개인별로 정확성이라는 목표를 고양시켜 준다.

현저성의 면밀한 고찰: 무엇이 현저성의 효과를 매개하는가?

눈에 띈다는(또는 귀를 기울이게 한다는) 사소해 보이는 요인에 의해서 주도되는 지각과 행동의 범위를 감안할 때, 주의가 사회적 판단에 그토록 막강한 효과를 갖는 이유는 무엇이겠는가? 심리학자들은 차별적 주의와 차별적 판단을 연계시키는 여러 가지 처리과정을 제안해 왔다. 매개(즉, 연계)의 몇몇 후보자는 축출되었으며 몇몇은 지지되어 왔다. 단순한 회상량과 감각 양상 특수적 회상은 귀인에 대한 현저성의 효과를 설명해 주지 못하는 것으로 보인다(회상량: S. T. Fiske, Kenny, & Taylor, 1982; S. E. Taylor & Fiske, 1975; 그렇지만 Harvey, Yarkin, Lightner, & Town, 1980; E. R. Smith & Miller, 1979도 참조; 감각 양상 특수적 회상: S. T. Fiske et al., 1982; McArthur & Ginsberg, 1981; Robinson & McArthur, 1982; S. E. Taylor et al., 1979, 연구 1). 회상 용이성 또는 접속 가능성이 한 가지 가능성 있는 매개자다(Pryor & Kriss, 1977; Rholes & Pryor, 1982; Higgins & King, 1981도 참조). 이에 덧붙여 인과적으로 관련된 회상, 특히 주도적인 행동과 외모에 대한 기억은 주의에 의해서 고양되는 것으로 보이며, 이것이 다시 과장된 귀인으로 이끌어 간다. 따라서 판단은 실제로 현저성이 배가되는 정보에 근거하여 부호화할 때 만들어진다. 현저하게 되는 이유는 그 사람이 현저하고 주도적 행동 자체가 현저하기 때문이다(S. T. Fiske et al., 1982).

결론

현저성은 특정 맥락에서 한 자극을 다른 자극들보다 상대적으로 두드러지게 만든다. 현저한 자극은 진기하거나, 형상을 갖추고 있거나, 기대성과 일치하거나, 극단적이거나, 부정적이거나, 드물거나, 물리적으로 눈에 띄거나, 오래 지속되는 것일 수 있다. 현저성은 주의, 지각된 두드러짐, 평가, 응집성을 과장시키지만, 단순히 기억량을 증가시키지는 않는다. 현저성 효과는 전형적으로 자각을 벗어나서 일어난다는 점에서 목표 의존적 자동성을 보여 주지만, 지각자의 목표에 따라서 그 효과가 가감될 수 있다. 현저성 효과는 인과적으로 관련된 회상이나 기억의 접속 가능성에 의해서 매개될 수 있다.

2. 생동감: 자극의 내재적 특성

현저성은 잘 알려진 효과를 가지고 있기 때문에, 이것과 사촌관계라고 할 수 있는 생동감도 명백한 것처럼 보인다. 그렇지만 현저성은 대상과 맥락 간의 관계에 의해서 결정되는 반면, 생동감은 자극 자체에 내재하는 것이다. 예컨대, 비행기의 추락은 전쟁의 아수라장이라는 맥락보다는 평화 시에 더욱 현저한 것이 된다. 이 논리에 따르면 비행기 추락은 정상적인 비행보다 본질적으로 생동적인 것일 수 있다. 특정한 사건 사고에 대한 상세한 설명은 사고의 통계치보다 훨씬 생동적이며, 근처 공항에서의 사고는 먼 나라의 사고보다 훨씬 생동적이다. 자극은 "(a) 정서적으로 흥미를 끌고, (b) 구체적이고 심상을 초래하며, (c) 감각적·시간적·공간적으로 근접한" 정도에 따라서 생동적인 것으로 정의된다(Nisbett & Ross, 1980, 45쪽). 생동적 자극은 현저한 자극의 효과와 유사한 효과를 갖는가? 이론과 상식은 생동적 자극이 특히 강력한 영향을 행사할 것임을 시사하지만, 연구 결과들은 그렇지 않다는 사실을 보여 준다.

생동감 효과의 사례

생동감 효과는 일상생활에서 흔한 것처럼 보인다. 동일한 '한 아동 후원하기(sponsor-a-child)' 공익광고의 두 버전, 즉 마음을 뒤흔드는 사진과 사례 연구로 구성된 버전과 밋밋한 통계치로 구성된 버전을 생각해 보라. 두 경우 모두 당신의 양심이 동일한 결심을 하도록 만들겠지만, 첫 번째 광고가 우선적으로 당신의 주의를 끌고, 태도를 변화시키며, 기대하는 행동을 유발할 가능성이 더 커 보인다. 이 모든 것은 명백하며, 당신이 이 광고의 아이디어를 만드는 사람이라면 생동감 있는 광고를 생각하였을 것이다.

심리학 이론가들은 여러 가지 개념적 토대에 근거하여 바로 그러한 생동감 효과를 상정해 왔다. 생동감 있는 정보는 동일하거나 더 큰 타당성을 갖는 밋밋한 정보보다 더 설득적일 것으로 예상된다. 그 이유는 첫째, 생동적 정보가 보다 쉽게 마음에 와 닿기 때문이다(Nisbett & Ross, 1980; Tversky & Kahneman, 1973). 둘째, 생동적 정보는 정의상 시각적 표상을 쉽게 야기시켜 특히 잘 기억될 수 있기 때문이다. 셋째, 생동적 정보는 지각자에게 정서적 영향을 더 많이 미치는 것으로 보이는데, 이것이 판단에 영향을 미치기 때문이다. 요컨대, 사람들의 판단, 특히 설득에 대한 생동적 정보의 효과는 자명한 것으로 보인다.

그렇지만 불행하게도 생동감 효과를 지지하는 경험적 증거는 미미하다(S. E. Taylor & Thompson, 1982). 연구 결과에 따르면 구체적이고 현란한 표현으로 작성한 메시지가 추상적이고 무미건조한 메시지보다 태도를 더 많이 변화시키는 것은 아니다. 연구들은 일반적으로 사진이 수반된 메시지가 더 큰 호소력을 가지고 있지 않다는 사실을 보여 준다. 마찬가지로 비디오로 촬영한 메시지가 더 큰 효과를 갖는 경우도 매우 드물다. 마지막으로, 생동감이 극대화되는 것으로 보이는 직접 경험도 간접 경험보다 반드시 더 효과적으로 태도를 변화시키는 것은 아니다.[3] 요컨대, 직관적으로 볼 때는 생동감이 큰 영향력을 미쳐야만 할 것처럼 보이지만, 경험적으로 볼 때는 그렇지가 않다.

이러한 부정적 결과 패턴에 대한 중요한 예외는 설득에 있어서 개인의 사례사가 집단의 통계치보다 효과적이라는 사실이다. 전 세계적인 기아 통계치보다는 가슴을 뭉클하게 만드는 이야기가 더 큰 영향력을 갖는다. 예컨대, 개별적으로 확인된 범법자가 유사한 불법을 저질렀지만 확인되지 않은 범법자보다 더 많은 분노를 유발하며, 그렇기 때문에 더 많은 처벌을 초래하게 된다(Small & Lowenstein, 2005). 그렇지만 이 결과는 생동감 효과를 다루고 있는 것이 아닐 가능성이 있다. 부분적으로 생동감 자체가 아니라 확인 가능성을 다루고 있기 때문이다.

이에 덧붙여, 다른 생동감 연구들—구체적(대 진부한) 언어 표현, 사진(대 사진 없음), 비디오테이프(대 단순한 진술)에 처치를 가한 연구들—은 대부분의 다른 정보들을 일정하게 통제하였다. 그런데 정보를 일정하게 통제하는 것은 사례사와 통계적 정보를 대비시킬 때 더 큰 문제를 불러일으킨다. 너무나 많은 측면에서 차이가 있기 때문에, 설득적 영향력의 차이를 초래하는 것은 단지 생동감에서의 차이뿐이라고 가정할 수 없는 것이다. 예컨대, 사례사는 주어진 사건이 발생할 수 있는 한 가지 특정

3) 직접 경험이 반드시 태도를 변화시키는 것은 아니라고 말한다고 해서 태도의 획득에 직접 경험이 영향을 미칠 수 있다거나 행동에 대한 태도의 영향력에 효과가 있다는 사실을 부정하는 것이 아니다. 실제로 직접 경험은 이 두 가지에 명백한 영향을 미친다(제10장과 15장 참조).

한 시나리오를—예컨대, 기아에 허덕이는 한 아이가 장작을 팔아서 연명하는 시나리오—전달한다. 통계치는 많은 사례들의 평균적 기대수명과 같이 전혀 다른 유형의 정보를 전달한다. 따라서 정보의 비등가성이 생동감에 혼입되어 있다(즉, 둘을 분리할 수 없다). 다른 유형의 생동감에서 그 효과를 찾아내지 못한 것과 함께, 이러한 문제는 생동감 자체가 아니라 정보의 차이가 사례사는 설득적이라는 사실을 설명해 준다는 점을 시사한다(S. E. Taylor & Thompson, 1982).[4]

생동감 효과가 그토록 그럴듯해 보이는 이유는 무엇인가?

생동감 효과를 지지하는 증거는 거의 없는 것이 확실하다. 그렇다면 어째서 사람들은 생동감 효과가 있다는 직관적 결론에 매달리는 것인가? 생동감은 우리에게 어느 정도 효과가 있을 수 있는데, 그것을 설득에 대한 것이라고 잘못 판단하는 것일 수 있다. 예컨대, 우리는 흥미진진하며 주의를 끄는 메시지가 일반적으로 다른 사람들에게 설득적이라고 믿지만, 생동적 메시지를 개인적으로 더 설득적인 것이라고는 평가하지 않는다(R. L. Collins, Taylor, Wood, & Thompson, 1988). 또한 사람들은 평범한 정보보다는 생생한 정보를 보다 용이하게 회상해 낸다(Lynn, Shavitt, & Ostrom, 1985). 그렇지만 기억 가능성이 생동감 연구에서 간혹 얻어지는 설득 효과를 설명하는 것은 아니다(Shedler & Manis, 1986; Sherer & Rogers, 1984). 이에 덧붙여, 생동적 정보는 실제 판단을 변화시키지 않은 채 자신의 의견을 더욱 확신하게 만들어 줄 수 있다(N. K. Clark & Rutter, 1985).

마지막으로, 생동적 정보는 시각적으로 현란한 록뮤직 비디오처럼 재미있고 각성적이며 정서적이다(Zillmann & Mundorf, 1987). 설득력과 재미성 간의 독립성은 칼 세이건(Carl Sagan)의 동료 중 한 사람이 세이건의 '생동성 재능'을 다음과 같이 기술한 것에 잘 나타나 있다—"칼은 거의 항상 옳으며 흥미진진하다. 이것이 대부분의

---

4) 한 가지 남아 있는 가능성은 생동적 정보가 시간이 경과한 후에 가장 큰 영향력을 발휘하게 된다는 것이다. 이 논리에 따르면, 모든 정보는 부호화된 직후에 회상하기가 비교적 용이하지만, 시간이 지난 후에는 무미건조한 정보가 상대적 허약함으로 인해서 소멸되고 생동적 정보만이 온전하게 남아 있게 된다. 한 연구가 이 가설에 대한 증거를 찾아내기는 하였지만(Reyes, Thompson, & Bower, 1980), 다른 여러 연구들은 그러한 결과를 얻지 못하였으며, 한 연구는 그 반대 결과를 발견하였다(P. Wright & Rip, 1981).

학자들과 대비되는 것인데, 이들은 항상 옳지만 그렇게 흥미진진하지는 않다"〔생동성 재능(A Gift for Vividness), 1980, 68쪽〕. 판단에 대한 생동감의 효과를 계속해서 찾아내지 못하고 있는 바로 그 연구들에서 보면, 생동적 의사소통은 그렇지 않은 의사소통에 비해서 더 사실적이거나 생생하거나 흥미진진한 것으로 지각되는 경우가 많다. 따라서 생동감의 오락적 가치가 설득 영향성과는 기능적으로 다른 것으로 보인다(S. E. Taylor & Wood, 1983). 사람들은 자신이 단지 재미있었거나 정서적으로 각성되었을 때 태도가 변하였다고 잘못 추론할 수가 있는 것이다(R. L. Collins et al., 1988).

생동감 연구의 향후 방향

잠시 실세계에 대한 우리의 직관은 정확한 것이고 생동감 효과는 존재하는 것이라고 가정하면, 실험적으로 이 사실을 밝히려는 시도들이 어떤 중요한 측면에서 오류를 범해 왔거나, 아니면 발생하기는 하지만 대부분의 실험이 지금까지 반복하는 데 실패하였던 특수한 상황에서만 일어나는 것이라는 추론이 뒤따르게 된다. 여러 가지 원리들이 생동감 효과의 경계를 정의한다(S. E. Taylor & Thompson, 1982). 첫째, 생동감을 조작적으로 정의하려는 많은 시도들은 생동적 메시지를 생동적 제시와 혼동하고 있다. 메시지의 맥락이 지나치게 생동적이면 그 맥락의 현란함이 사람들의 주의를 메시지로부터 다른 곳으로 빼앗아 갈 수 있다(Eagly & Himmelfarb, 1978; Isen & Noonberg, 1979). 최근 증거는 메시지에 적합한—불합치와 반대되는 것으로서—생동감이 처리와 설득을 증진시키는 반면, 불합치되고 현란한 생동감은 오히려 방해가 된다는 사실을 시사한다(S. M. Smith & Shaffer, 2000).

둘째, 몇몇 경험적 증거들을 보면, 무미건조하게 쓰인 언어 자료가 보다 많은 정보를 제공하지만 사람들이 상대적으로 관여하고 있는 정도가 낮을 때는 생생한 비디오나 생동적인 자료가 사람들의 주의를 끌어들이는 데 도움을 준다는 것을 알 수 있다(Chaiken & Eagly, 1976). 비디오 광고는 사람들의 주의를 끌지만, 화자가 잘생겼는지의 여부 등과 같이 대체로 피상적인 정보를 처리하도록 촉발시키기도 한다(Chaiken & Eagly, 1983). 생동적 정보는 주의 단계에서 작동하는 것으로 보이는데, 특히 관여하고 있지 않은 사람들에게서 그렇다.

만일 메시지를 받아들이는 사람이 이미 깊이 관여하고 있다면 주의를 끄는 데 생동감은 필요하지 않다. 이들은 이미 주의를 몰입시키고 있는 것이다. 이들에게 필요한 것은 납득할 만한 주장과 그 메시지 내용에 대해서 생각할 시간이다. 언어 메시지는 관여하고 있는 사람들에게 메시지의 주장을 상세하게 고려할 시간을 부여해 주며, 이것은 그러한 사람들을 설득하는 데 핵심이 된다(Petty & Cacioppo, 1979; 제10장도 참조). 이 견해에 따르면, 생동적 자료가 적절한 것일 때 생동적 광고는 주로 관여하고 있지 않은 사람들을 각성시키는 역할을 하며, 언어적 정보는 관여하고 있는 사람들을 설득시킨다.

마지막으로, 사람들은 생동적 심상에 만성적으로 의존하는 정도에서 차이를 보인다(Pham, Meyvis, & Zhou, 2001). 생동적 심상에 유능한 사람에게는 생동성의 효과를 과장시키거나 감소시킬 수 있다. 앞에 놓여 있는 정보에는 덜 의존하고 본론에서 벗어난 명료한 단서에 더 많이 의존하기 때문이다.

결론

생동감은 자극의 내재적 특성이다. 이론과 상식 모두에 따르면 생동감 효과는 그럴듯한 것으로 보인다. 그렇기는 하지만 그 효과는 대체로 사례사와 통계치를 대비시킬 때 나타나게 되는데, 여기에는 전형적으로 다른 유형의 정보가 정보 제시의 단순한 생동감과 혼입되어 있다. 사람들은 생동감에 의해서 정서적으로 각성되거나 재미를 느낄 수 있는데, 이것이 그 효과가 그럴듯한 것으로 보이게 되는 한 가지 이유다. 그러나 아무 관계도 없는 생동적 제시와 현란함은 실제로 설득을 간섭할 수 있다. 향후 연구는 관련성, 처리 단계, 관여, 그리고 심상 생동감의 개인차 등에 초점을 맞출 수 있겠다.

3. 접속 가능성: 마음에 들어 있는 범주의 특성

지금까지 맥락적 현저성과 내재적으로 생생한 자극에 대해서 논의하였다. 주의의 세 번째 예언자는 범주의 접속 가능성이며, 주로 점화에 의존한다. 제2장에서 자동성을 논의할 때 지적한 바와 같이, 점화는 새로운 정보를 해석하는 데 있어서 선행 맥락의 효과를 나타낸다. 점화가 인지와 감정 그리고 행동에 영향을 미친다는 사실도 보았다. 이 절은 점화의 인지적 기제—즉, 접속 가능성—와 접속 가능성이 주의와 부호화 그리고 궁극적으로는 심적 표상을 결정하는 방식에 초점을 맞춘다. 접속 가능성(accessibility)이란 최근에 그리고 빈번하게 활성화된 개념이 그렇지 않은 개념보다 쉽게 마음에 떠오른다는 사실을 지칭한다. 오래전에 제롬 브루너(Jerome Bruner, 1957, 1958)는 대부분의 사회적 정보가 본질적으로 모호하기 때문에 대인지각은 관련된 범주, 즉 지각자의 현재 목표와 욕구 그리고 기대에 의해서 용이하게 활성화되는 범주의 접속 가능성에 크게 영향을 받는다는 사실을 지적하였다.[5] 점화는 지식이 활성화될 때(접속 가능한 것이 될 때) 일어나며, 현재 주의를 기울이고 있는 자극에 적용할 수 있다.

상황적 접속 가능성 효과

모든 자선 행위는 뉴스거리를 만든다. 아니면 그런 것처럼 보이게 만든다. 그 이유는 무엇인가? 아마도 자선을 행하는 사람들은 당신의 마음에 무엇인가를 남겨 놓기를 원할 것이다. 공해, 질병, 폭력, 또는 지역의 예술위원회를 끊임없이 생각나게 만드는 것은 사건들을 해석하기 위한 맥락을 만들어 준다. 실제로 뉴스거리는 사회적 문제를 점화하여 당신의 마음속에서 그 문제를 접속 가능하게 유지시키며 다양한 자선 행위를 긴급한 것으로 해석하도록 이끌어 간다.

접속 가능성은 사람을 해석하는 데에도 적용된다. 사람들을 긍정적이거나 부정적인 특질 용어(예컨대 도전적 대 무모한)에 노출시키면, 점화되었던 의미로 인해서 뒤따르는 모호한 행동(예컨대 카누를 타고 급류를 내려가기)을 긍정적이거나 부정적으로 해석하게 된다(예컨대 Bargh, Bond, Lombardi, & Tota, 1986; Higgins, Rholes, & Jones, 1977; Srull & Wyer, 1979; 개관을 보려면 Higgins, 1996 참조).

앞의 예에서 보듯이, 접속 가능성 효과는 긍정적이거나 부정적인 유인가뿐만 아

---

5) 접속 가능성(accessibility)과 가용성(availability)이라는 두 용어는 상호 대립되는 방식으로 사용되어 왔다. 회상의 용이성을 의미할 때 접속 가능성을 사용하며, 정보가 기억에 저장되었는지 여부를 지칭하는 데 가용성을 사용한다(Higgins & Bargh, 1987, 각주 1; Tulving & Pearlstone, 1966). 그렇지만 이러한 구분은 트버스키와 카네만이 마음속에 들어 있는 정보를 끄집어내는 용이성을 의미하는 데 가용성이라는 용어를 사용한 것과는 불합치된다는 사실에 주목하기 바란다(제7장 참조). 이 장에서 접속 가능성은 저장된 정보가 사용될 수 있는 준비성을 지칭한다.

니라 적절한 의미가 점화될 때 매우 강력하다. 다시 말해서, 적절한 부정적 개념이 점화되었을 때 모호한 행동은 무모한 것으로 간주될 가능성이 높아진다. 실험자들은 실험참가자들이 점화자극과 표적자극을 의식적으로 연계시키지 못하도록 둘을 구성한다. 점화 연구에서 참가자들이 사전에 그 점화가 주어졌기 때문에(즉, 점화로 인해서 접속 가능하게 되었기 때문에) 점화된 해석이 마음에 떠오르는 것이라고 생각할 수 있어서는 안 된다. 오히려 표적자극 자체로 인해서 점화된 대상이 마음에 떠오르는 것이라고 생각해야만 한다. 점화자극과 표적자극을 의식적으로 연계시키는 것이 아니기 때문에, 점화된 참가자들은 실험자가 자신들에게 원하는 행동이 무엇인지를 생각하여(즉, 실험의 '요구 특성'에 따라서) 반응할 수 없다. 또한 점화자극과 표적자극의 외현적 독립성은 참가자들이 표적자극을 해석하는 데 있어서 점화자극을 사용하고 있다는 특정한 합리적 추론을 하지 않는다는 것도 의미한다. 이 개념을 처음에 소개할 때 보았던 것처럼, 점화는 처음에 제시한 점화자극을 의식적으로 자각하지 않은 채 자동적으로 작동할 수 있다(Bargh et al., 1986; Bargh & Pietromonaco, 1982).

접속 가능성은 성격 특질 개념에만 국한되지 않는다. 사회적으로 중요한 다른 개념들도 점화될 수 있다. 예컨대, 여러 연구들은 인종범주가 명백히 자발적인 방식으로 점화될 수 있다는 사실을 시사한다(Devine, 1989; Dovidio, Evans, & Tyler, 1986; Gaertner & McLaughlin, 1983). 백인 참가자들이 의식적으로 재인할 수 없도록 역치 이하로 제시된 흑인 관련 단어들을 보게 되면, 나중에 고정관념 관련 단어들에 더 신속하게 반응하며 모호한(인종이 알려지지 않은) 사람을 더 적대적으로 평가한다. 이 사실은 참가자들의 인종범주가 점화되었다는 생각과 일치하는 것이다. 보다 명시적 수준에서는 종족을 멸시하는 이야기를 어깨너머 듣게 되면 흑인의 형편없는 수행에 대한 백인의 부정적 평가를 과장시킬 수 있는데(Greenberg & Pyszczynski, 1985), 이것도 점화를 통한 것일 수 있다. 흑인에 대해서 인종 관련 단어로 역치하로 점화된 경찰관과 보호관찰관은 인종이 명시되지 않은 가상적인 젊은이를 나쁜 성격을 가지고 있으며 범죄를 저지를 가능성이 높은 상습범으로 예상하며, 더 엄격한 처벌을 받아야 할 인물로 해석하였다(Graham & Lowery, 2004).

유사한 맥락에서 또 다른 연구들은 다양한 성역할 고정관념이 점화될 수 있음을 암시하고 있다. 예컨대, 바로 직전에 포르노 영화를 시청한 남성은 명백하게 무관한 맥락에서 자신이 접한 여성들에 대해서 더욱 고정관념적으로 반응하였다. 즉, 이들의 행동을 성적으로 동기화된 것으로 판단하였으며, 나중에는 인터뷰한 내용보다 주로 그녀의 신체적 자질을 기억해 냈다. 그렇지만 이 결과는 성역할의 접속 가능성이 특별히 컸던 성도식적인 남성들에게만 해당하는 것이었다(McKenzie-Mohr & Zanna, 1990). 이와 관련해서, 가족을 나타내는 용어로 점화된 여성은 부인/어머니라는 표적인물의 목표를 직업여성의 목표보다 더 정확하게 기억하고 확실하게 판단하며, 동일한 표적인물의 목표를 중립적으로 점화된 참가자들보다 더 정확하게 기억하고 확실하게 판단한다(Trzebinski & Richards, 1986; Trzebinski, 1985 참조). 그리고 성역할 고정관념을 나타내는 록뮤직 비디오는 남성과 여성의 상호작용에 대한 고정관념적 해석을 점화하는 것으로 보인다(Hansen & Hansen, 1988b).

다른 자극들에 대한 다양한 해석도 접속 가능성에서 초래된다. 예컨대, 무의식적인 감정적 점화에 따른 사람 범주(Niedenthal & Cantor, 1986), 무의식적 위협과 폭력적 점화에 따른 불안(Robles, Smith, Carver, & Wellens, 1987), 표준에서의 자기일탈에 따른 각성과 보고된 기분(Higgins, Bond, Klein, & Strauman, 1986; Strauman & Higgins, 1987), 무의식적이며 평가에서 극단으로 치닫는 점화에 따른 감정적 단어의 선악 판단(Greenwald, Klinger, & Liu, 1989), 실종 아동 포스터에의 사전 노출에 따른 모호한 성인-아동 상호작용이 유괴인지의 여부에 관한 지각(K. James, 1986), 적절한 사전 질문에 따른 보고된 삶의 만족도(Strack, Martin, & Schwarz, 1988), 마찬가지로 적절한 사전 질문에 따른 국가 정책에 대한 원망도(Tourangeau, Rasinski, Bradburn, & D'Andrade, 1989), 날씨의 열기에 따른 이야기의 공격적 내용(Rule, Taylor, & Dobbs, 1987) 등의 해석이 접속 가능성의 영향을 받는다. 초기 판단에 대한 일시적 상태에서부터 잘 확립된 견해인 것처럼 보이는 것에 이르기까지, 모든 유형의 반응은 상황적 점화에 따른 접속 가능성에 따라서 변하게 된다.

따라서 점화는 단기적 영향뿐만 아니라 장기적 영향도 가지고 있다. 한 자극의 최초 점화는 그 자극이 그 맥락에 더 이상 존재하지 않을 때까지, 심지어는 일주일 후까지 평가에 영향을 미칠 수 있다(Higgins & King, 1981; Higgins et al., 1977; Sinclair, Mark, & Shotland, 1987; Srull & Wyer, 1980). 이것은 중요한 시사점을 갖는다. 즉, 점화자극과 표적자극을 잠시 그리고 임의적으로 병치하는 것은 그 자극을 부호화하는 방식에 영구적인 영향을 미칠 수 있다. 만일 한 자극이 여러 가지 대안적 범주들의 하나와 맞아떨어지는 것으로 부호화될 수 있다면, 그 단기적 점화는 궁극적으로 어떤 범주가 적용될 것인지를 결정할 수 있는 것이다.

이에 덧붙여, 접속 가능성은 중요한 사회적 행동에 영향을 미친다. 제2장에서 교수-지능과 운송수단-자전거 타기뿐만 아니라(Aarts & Dijksterhuis, 2000) 인종-적대감과 노년-느림을 점화하는 연구(Bargh, Chen, & Burrows, 1996)를 기술한 바 있다. 이 연구 사례들에는 당시 유명한 인물들(록스타 앨리스 쿠퍼, 인디애나대학교 농구 감독 바비 나이트 등)이 포함된, 어느 정도 적대감을 유발하는 범주로 점화된 참가자들이 포함되어 있다. 뒤이어서 이 참가자들은 점화되었던 범주와 일치하는 방향으로, 실험에 함께 참가한 모호한 상대방을 보다 적대적으로 평가하고 보다 적대적이고 경쟁적인 방식으로 행동하였다(Herr, 1986). 또 다른 연구에서는 참가자들이 의식적 재인이 불가능한 역치하 수준에서 경쟁 관련 단어들을 경험하였다. 그런 다음에 애초에 비교적 경쟁적이었던 사람들은 점화된 후에 더욱 경쟁적으로 행동하였다. 실제로 점화가 이들의 경쟁적 성격을 활성화시킨 것이다(Neuberg, 1988). 고전이 되어 버린 일련의 연구도 공격성에 대한 점화 효과와 일치하는 것으로 해석될 수 있다. 누군가에게 화가 났을 때 공격단서가 주어지게 되면, 그 사람에게 해코지하려는 충동이 행동으로 이어질 가능성이 보다 커진다. 가까운 탁자 위에 놓여 있는 총은 다른 단서에 의해서도 공격 행동을 촉발시킬 수 있는데(Berkowitz, 1974), 점화가 이 현상을 설명할 수 있다.

또한 접속 가능성은 문제해결과 창의성에도 영향을 미친다. 한 연구에서 참가자들은 다음과 같은 문제를 해결하고자 시도하였다. 즉, 양초, 성냥, 압핀이 들어 있는 상자가 주어졌을 때, 어떻게 초를 벽에 부착하여 정상적으로 불을 붙이고 바닥에 촛농이 떨어지지 않게 할 수 있겠는가? 용기를 그 내용물과 분리된 것으로(예컨대 바구니와 토마토 대 토마토가 들어 있는 바구니) 생각하도록 점화되었던 몇몇 참가자들은 이 문제를 신속하게 해결할 수 있었다. 배열(분리 가능한 실체로서 용기와 내용물)이 관련된 배열을 점화하였으며 문제해결을 촉진시킨 것이다(Higgins & Chaires, 1980). 문제의 해결책은 압핀 상자를 비워서 상자와 압핀으로 별도로 취급한 후에 상자를 벽에 부착하여 양초의 받침대로 사용하는 것이다.[6)]

동화와 대비

대부분의 점화 연구는 자극이 접속 가능한 범주에 동화되는 것을 보여 준다. 예컨대

---

6) 이 연구는 오늘날 '절차적' 점화의 예로 해석되고 있다(Higgins, 1989a).

참가자들을 긍정적 특질이나 부정적 특질로 점화하면, 방금 앞에서 보았던 것처럼 모호한 행동을 그 특질 범주로 동화시키는 방식으로 해석하기 십상이다. 그렇지만 대비효과도 때때로 일어난다. 다시 말해서, 뻔뻔할 정도로 명백한 특질(예컨대 무모함)로 점화하게 되면, 오히려 사람들은 모호한 표적자극에 대해서 상반되는 판단을 하면서, 철수가 돛단배를 타고 태평양을 횡단하고 싶다는 사실을 특별히 무모한 것이 아니며 심지어는 모험심이 강한 것으로 판단할 수 있다. 만일 점화자극이 상당히 명백한 것이라면, 사람들은 그것의 사용을 기피하고 표적인물을 반대되거나 대비되는 방향으로 평가할 수 있다. 특정한 조건들이 일반적인 동화(assimilation)를 약화시키고 대비(contrast)를 부추기는 것으로 보인다.

대비는 특히 점화 과제가 일반적인 수준보다 더 크게 의식될 때 일어나게 된다(Martin, 1986). 의식적 점화는 무의식적 점화보다 융통성을 갖기 때문에 점화를 의식하는 것(consciousness of the prime)은 중요할 수 있다. 사람들이 명백한 점화자극 그리고 표적자극과의 잠재적 연계를 자각할 때는 너무도 명백해 보이는 영향을 거부하거나 아니면 단지 모호한 표적자극과 비교할 때 지나치게 극단적인 것으로 간주할 수 있다. 적어도 몇몇 상황에서는 점화자극의 무의식적 지각만이 표적자극을 접속 가능한 범주로 동화하도록 만든다. 반면에 점화자극의 의식적 지각은 접속 가능한 범주와 대비시키거나 동화시킬 수 있다(Lombardi, Higgins, & Bargh, 1987; L. S. Newman & Uleman, 1990). 의식적으로 사용할 수 있는 자원은 사람들로 하여금 극단적 유사성을 동화하도록 만드는 반면, 중간 수준의 유사성은 대비시키며 전혀 다른 비교는 무시하게 만든다. 인지적 부하가 가해지는 상황에서는 의식적인 점화가 극단적 유사성과 중간 수준의 유사성을 모두 등가적인 것으로 다루며, 전혀 유사하지 않은 것만을 대비시킨다(Stapel & Marx, 2006).

동화와 대비는 자극이 가지고 있는 자질에도 의존한다. 앞선 사례가 함축하는 것처럼, 점화자극과 표적자극 간의 중복 정도가 중요하다. 유사한 점화자극은 중복 정도를 증가시키는 경향이 있으며, 의식적 점화나 무의식적 점화 어느 것에서든 동화를 보여 줄 가능성이 매우 크다. 대비 효과는 극단적 점화자극을 사용할 때처럼 표적자극이 점화된 범주와 많이 중복되지 않을 때 획득된다(Herr, 1986; Herr, Sherman, & Fazio, 1983).

자극 모호성(ambiguity)이 중요한 또 다른 이유는 모호한 자극은 점화자극에 쉽게 동화되기 때문이다. 명확한 자극은 대비 효과를 초래할 수 있다(Herr et al., 1983).

아마도 명확한 자극의 경우에는 점화자극과 표적자극 간의 적합성이 완전히 결여된 것이 명백하게 나타나며, 지각자가 지나치게 보완을 해서 둘을 대비시키게 되는 것으로 보인다.

마지막으로, 무의식적 점화의 경우도 지각자의 목표가 중요하다. 예상한 자극을 보지 못하면 무의식 수준에서조차 대비가 초래된다(Stapel & Koomen, 2006). 자기보호 동기도 중요하다(Spencer, Fein, Wolfe, Fong, & Dunn, 1998).

이러한 요인들과 또 다른 요인들이 동화와 대비의 선택적 접속 가능성 모형에 함께 존재한다(Mussweiler, 2003). 자동적 비교보다는 의식적 비교를 다루고 있기 때문에, 이 모형은 접속 가능성이 융통적이며(통제 가능하며) 주어진 판단에만 국한된다고(보편적 의미점화라기보다는) 가정한다. 그럼에도 불구하고 이 모형은 접속 가능성에 의존하고 있으며, 동화와 대비가 일어날 가능성이 매우 큰 상황과 관련된 여러 가지 유용한 원리들을 받아들여, 의식적 접속 가능성과 무의식적 접속 가능성 모두로 확장하고 있다. 만일 유사성 검증이 사용할 수 있는 전략이라면, 사람들은 유사성을 탐색하고 동화가 초래된다. 만일 차이점 검증이 사용 가능하다면, 사람들은 차이점을 탐색하고 대비가 초래된다. 대부분의 경우에는 유사성 검증이 일어난다. 유사성에 초점을 맞추는 경향이 있는 이유는 사람들이 자발적으로 표적자극을 기저선 준거와 총체적으로 비교하기 때문이다. 예컨대 파인애플과 아보카도를 비교할 때, 사람들은 우선 동일한 범주(과일)에 속하는지를 결정한 다음에 동화한다. 그렇지만 만일 서로 다른 범주(달콤한 맛 대 톡 쏘는 맛)에 속하는 것으로 보인다면 대비시키게 된다. 말쑥하고 단정한 사람에 대해서 생각할 때는 그 사람과 동일한 성별의 사람에 동화하며 다른 성별의 사람과 대비시킨다. 여기서 작동하는 기제는 준거의 접속 가능성이다(Mussweiler & Bodenhausen, 2002). 따라서 무의식적 점화와 의식적 점화 모두가 유사성 대 차이점의 접속 가능성에 의존한다는 점에서 무의식적 점화에 적용되는 중복, 모호성, 그리고 목표의 원리들은 의식적 점화에도 적용된다.

부호화에서의 점화

점화는 일차적으로 부호화에서의 접속 가능성을 통해서 작동한다. 연구자들은 부호화의 역할에 대한 여러 가지 이유를 제안한다. 첫째, 점화 효과는 점화자극과 표적자극 간의 간격이 증가함에 따라서 감소한다. 간격의 증가는 점화자극에 근거하여 표적

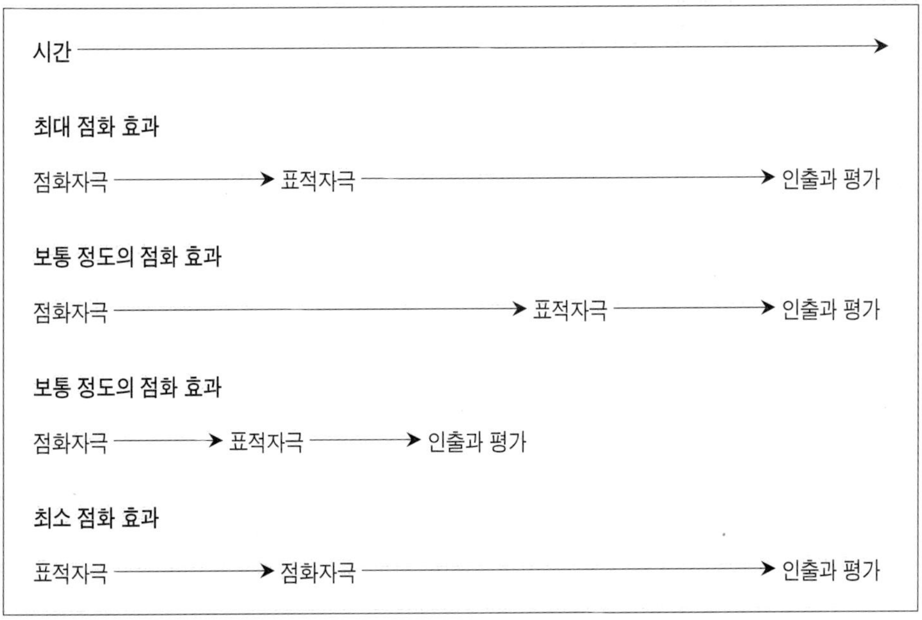

그림 3.1 시간 경과의 함수로서의 점화

자극을 부호화하는 것을 간섭할 수 있다(Srull & Wyer, 1979, 1980). 점화자극과 표적자극이 시간적으로 근접해서 일어날 때는 그 효과가 점화자극과 함께 부호화되는 표적자극에 달려 있다(**그림 3.1** 참조).

점화에서 부호화의 중요성에 대한 두 번째 주장은 평가를 지연시키는 연구에서 나온다. 점화 효과는 이미 점화된 자극과 평가 사이에 시간적 간격이 증가함에 따라서 증가한다. 시간이 경과하면서 효과가 증가함에 따라 원래 자극의 상세한 부분들이 상실되며 점화된 표상이 상대적으로 보다 중요하게 된다.

부호화에 대한 세 번째 주장은 보다 단순하다. 즉, 표적자극 후에 점화자극을 제시하는 것은 거의 효과가 없는 반면에, 점화자극이 부호화에 영향을 미칠 수 있도록 표적자극에 앞서 점화자극을 제시하는 것은 효과를 나타낸다. 이 사실은 점화자극의 맥락에서 표적자극을 부호화하는 것이 인출하는 것보다 더 중요하다는 결론을 지지해 준다(Srull & Wyer, 1980).

마지막으로, 점화자극과 관련된 정보는 차별화된 주의를 유발하는 것으로 보인다(S. J. Sherman, Mackie, & Driscoll, 1988). 즉, 참가자들이 의사결정에서 점화된 차원을 더 중요한 것으로 평가하지는 않지만, 보다 잘 회상한다. 이 결과는 점화된 차원이 주의를 유발할 수 있다는 사실을 시사한다.

만성적 접속 가능성

접속 가능성은 최근에 점화되거나 빈번하게 점화된 범주로 인해서 나타날 수 있다(예컨대 Bargh & Pietromonaco, 1982; Bargh et al., 1986; Higgins et al., 1977, 1982; Srull & Wyer, 1989; Wyer & Srull, 1986). 이 현상을 설명하기 위한 다양한 모형들이 제안되어 왔으며, 만성적으로 점화된 개념에 관한 연구들이 보여 주는 것처럼 실험들은 최신성과 빈도를 상호간에 경쟁상태에 놓음으로써 모형들의 차이점을 밝혀내고 있다(Higgins, 1989a).

사람에 따라서 특정한 상황이 점화하는 것이 일관성 있게 차이를 보이는 것은 만성적으로 접속 가능한 내용에서 개인차를 초래할 수 있다. 제2장에서 지적한 바와 같이, 충분하게 훈련된 판단은 자동적 또는 절차적(proceduralized)인 것이 된다. 우리 모두는 상대방을 얼마나 똑똑한가에 따라서, 얼마나 신뢰할 수 있는가에 따라서, 또는 얼마나 용모가 수려한가에 따라서 지각하는 것으로 보이는 사람들을 알고 있다. 특정한 성격 차원이 용이하고 전형적으로 접속 가능한 구성체가 되는 사람들은 상대방을 그러한 용어들로 기억하고 기술할 가능성이 더욱 크다(Higgins & King, 1981). 예컨대, 히긴스와 킹 그리고 마빈(Higgins, King, & Mavin, 1982)은 자신과 친구를 묘사하는 데 있어서 우선적이면서도 매우 빈번하게 출현하는 차원(예컨대 지적이다, 재미있다, 멋지다)을 기록함으로써 사람들의 가장 전형적인 접속 가능한 성격 차원을 확인해 냈다. 사람들이 자발적으로 언급하는 차원은 상황이 그러한 방식으로 해석될 수 있는 단서들을 제공할 때 가장 용이하게 마음에 떠오르는 것이다. 빈번하게 접속되거나 지속적으로 점화되는 차원은 한 개인의 성격에서 핵심적 측면이 될 수 있으며, 그 차원에 대해서 만성성(chronicity)을 발달시키게 된다.

이에 덧붙여, 만성성이 이론적으로 한 범주에 빈번하게 노출된 내력에서 초래된다고 할 때, 적어도 어떤 특정한 장면에서는 상황적 점화에서 단순한 빈도가 작동하는 것처럼 만성성도 작동해야만 한다. 빈도 원리와 최신성 원리를 비교해 볼 때, 비록 최근에 점화된 개념이 단기적으로는 우위를 점한다고 하더라도 궁극적으로는 빈번하게 점화된 개념이 이점을 갖게 된다(Higgins, Bargh, & Lombardi, 1985). 만성성에서의 개인차 그리고 최근 점화에 있어서도 이에 상응하는 결과가 얻어진다. 즉, 최근에 점화된 범주가 단기적으로는 우위를 점하지만, 빈번하게 점화되어 만성적으로 점화된 범주가 시간이 경과한 후에는 우선권을 갖게 된다(Bargh, Lombardi, & Higgins, 1988).

만성적으로 접속 가능한 범주는 관련된 정보를 보다 빠르게 부호화하도록 해 줌으로써 효율적으로 사용된다(Bargh & Thein, 1985). 이에 덧붙여, 의도하지 않은 채 사용될 수 있으며(Bargh et al., 1986; Higgins et al., 1982), 심지어는 통제를 벗어난 상태에서도 사용될 수 있다(Bargh & Pratto, 1986). 앞에서 보았던 것처럼, 이러한 특징들이 만성성을 진정으로 자동적인 것으로 만들어 준다(Bargh, 1984, 1988).

만성적으로 접속 가능한 범주를 새로운 정보에 자동적으로 적용하는 것은 중차대한 사회적 효과를 갖는다. 예컨대, 사람 일반에 대한 것이 아니라 자기 자신에 대한 부정적인 사회적 범주의 자동적이고 만성적인 처리는 우울의 중요한 성분인 것으로 보인다(Bargh & Tota, 1988). 메타분석을 한 결과를 보면, 상관 연구 그리고 자기초점과 사고의 유인가에 처치를 가하는 실험 연구 모두에 걸쳐서 부정적 자기초점은 부정적 감정과 강력한 관계가 있으며, 긍정적 자기초점은 부정적 감정을 감소시킨다. 이러한 결과는 단지 일시적으로 나쁜 기분뿐만 아니라 우울증에도 적용된다. 즉, 우울은 사적 자기초점(private self-focus, 자신의 목표, 사고, 감정에 관한 부정성)과 특히 관련된 반면에, 불안은 공개적 자기초점(public self-focus, 타인에 대해서 형성한 인상의 부정성)과 관련된다(Mor & Winquist, 2002). 좋은 소식은 이러한 효과가 만성적 접속 가능성에서의 개인차에만 달려 있는 것이 아니라는 점이다. 맥락의 함수로서도 변하기 때문에 항상 변화할 수 있는 잠재력을 가지고 있다.

다른 유형의 만성성에서의 개인차도 사회적 상호작용에서 중요하다. 예컨대, 성별 접속 가능성은 성별 고정관념적 부호화 편향을 크게 만든다(Stangor, 1988). 다시 말해서 여성과 남성이 똑같이 수행한 일련의 남성 고정관념적 행동과 여성 고정관념적 행동을 관찰한 후에, 참가자들은 (a) 고정관념과 일치하는 행동을 보고하고(예컨대 여성적인 일을 하고 있는 여성), (b) 여성들을 하나로 묶고 남성들을 하나로 묶을 가능성이 있다. 만성적 성별 접속 가능성은 여성 정치인의 홍보에 대한 반응에 영향을 미치는데, 특히 그 홍보가 긍정적이거나 비정보적인 것일 때(부정적인 홍보와 비교해서) 그렇다(Chang & Hitchon, 2004). 만성성은 고정관념의 긍정적 부대 효과도 설명한다. 고정관념에 예속되는 데 익숙한 사람들(예컨대 아프리카계 미국인, 즉 흑인)은 때때로 고정관념에 예속될 가능성이 있는 또 다른 사람에 대해서 보다 큰 관용을 보여 주는데, 적어도 자신의 펍박이 점화될 때에는 그 사람과 공유하는 경험의 유사성을 볼 수 있기 때문일 것이다(Galanis & Jones, 1986). 고정관념에 대한 만성성은 이 현상을 설명하는 데 도움이 될 수 있다.

결론

주의와 부호화에서 접속 가능성의 역할을 다룬 이 절에서는 접속 가능성이 점화가 작동하는 기제임을 보았다. 상황적 점화는 특질, 사회적 범주, 유인가(긍정성·부정성), 절차, 행동 등과 같이 광범위한 자극들의 접속 가능성에 영향을 미친다. 일반적으로 접속 가능성은 표적자극을 점화자극에 동화하도록 만들지만, 점화자극의 의식, 표적자극과 점화자극의 중첩, 자극 모호성, 지각자의 목표 등에 따라서 대비도 초래한다. 접속 가능성은 무엇보다도 부호화 효과이며, 표적자극을 알아차리고 저장할 때 그 해석에 영향을 미친다. 만성적 접속 가능성은 맥락적 접속 가능성과 유사한 방식으로 부호화에 영향을 미친다. 둘은 모두 중요한 사회적 행동에 영향을 미친다.

4. 직접 지각: 마음에 들어 있는 것이 아니다

이 장은 뛰어가는 세 사람 중에서 누가 누구를 쫓고 있는지를 잘못 지각한 불행한 사회적 지각자의 사례로부터 시작하였다. 사람들은 이 사례가 고정관념적 범주화 과정(세 사람을 한 명의 백인 경찰이 두 명의 흑인 혐의자를 쫓고 있는 것으로 해석하는 것)의 자동적 활성화를 반영하는 것이라고 주장하고, 지각자가 그렇게 잘못된 방식으로 반응하기에 앞서 1초도 안 되는 짧은 시간에 일어나는 추론과정의 복잡성에 놀라움을 금치 못할 수 있다. 아니면 지각자에게 있어서 특정한 자극 형상이 즉각적으로 그의 반응을 마련해 준 것이라고 주장할 수 있다. 이러한 조망에 따르면, 지각은 직접적인 것으로서, 보고 듣는 것이 곧바로 내재적인 행동 가능성으로 넘어가는 것이다.

사물지각에 관한 제임스 깁슨(J. J. Gibson, 1966, 1979)의 연구에 고무된 여러 이론가들은 사회적 이해에서 대부분의 중요한 행위는 지각을 하고 있는 도중에 즉각적으로 일어나는 것이라고 제안해 왔다(Baron, 1980; Kassin & Baron, 1986; Lowe & Kassin, 1980; McArthur, 1980; McArthur & Baron, 1983; Neisser, 1976, 1980;

Weary, Swanson, Harvey, & Yarkin, 1980; Zebrowitz, 1990). 이 견해는 아무리 자동화된 것이라고 할지라도 지각이 복잡한 추론 행위의 결과라는 주장을 거부한다. 특히 생태학적 접근(ecological approach)은 지각자가 구성하거나 부여하는 체제화보다는 외부 자극 정보 그리고 그 정보에 내재하는 체제화를 강조한다(Zebrowitz, 1990). 특정한 지각자에게 있어서 체제화는 '자극에 내재'하는데, 그 사람의 지각 경험 내력에 근거하는 것이다. 특정한 자극은 지각자에게 특정한 행동을 유도(afford)하거나 제안하며, 이에 대해서 지각자는 상보적으로 특정한 자극 속성에 조율하거나 민감해진다. 깁슨 식의 접근을 생태학적 지각(ecological perception)이라고 부르는 이유는 환경과 상호작용하며 자신의 독특한 생태환경에 내포되어 있는 지각자를 강조하기 때문이다. 지각은 지각자에게 적응적인 것으로 이해된다. 즉, 이 견해에 따르면 '지각은 행위를 위한 것이다.' 따라서 지각자에게 충분한 정보와 맥락이 주어지면 지각은 전형적으로 정확하게 된다.

인과적 지각의 생태학적 사례

깁슨 식의 조망은, 예컨대 사회적 해석이 지각장(perceptual field)을 분할함으로써 초래되며 추론과 기억은 무관하다고 제안한다(McArthur, 1980). 예시를 위해서 이웃에서 다투고 있는 소리를 어깨너머로 듣는다고 가정해 보자. 여자가 남자에게 날카로운 고함을 지르고 남자가 중얼중얼 응답한다. 이렇게 주고받는 과정이 몇 분 동안 지속된다. 그 사건을 기숙사 룸메이트에게 설명하면서 당신은 여성이 논쟁을 초래한 것으로 기술한다. 상호작용의 각 분절단위가 그녀의 현저한 말소리로부터 시작되기 때문이다. 여자의 큰 소리 각각이 남자의 낮은 응답 소리로 종료되는 새로운 지각단위를 표지한다. 여자는 고함을 지르고 남자는 웅얼거린다. 원인은 시간적으로 선행하는 것이기 때문에, 여자가 각 단위를 시작한다는 사실이 어쩔 수 없이 말다툼에 대해서 여자를 비난하게 만든다(**그림 3.2** 참조).

이제 말다툼을 재연하는데, 당신이 싸우는 소리를 들을 뿐만 아니라 그 장면을 목격하고 있다고 가정해 보자. (덧붙여 두 사람 모두 당신이 엿보고 있는 것에 대해서 신경 쓰지 않으며, 당신은 객관적으로 공평무사하고자 노력한다고 가정하자.) 실제로 말다툼은 남자가 방으로 들어와서 여자에게 거친 제스처를 나타내는 것으로 시작된다. 여자가 응수하면서 뒤로 물러선다. 남자가 다시 여자를 위협하면서 낮은 목소

이웃의 말다툼에서 첫 번째 분절

여자가	남자가	여자가	남자가	여자가	남자가
큰 소리로 ⇨	**부드럽게**	큰 소리로 ⇨	**부드럽게**	큰 소리로 ⇨	**부드럽게**
고함친다 ⇨	웅얼거린다	고함친다 ⇨	웅얼거린다	고함친다 ⇨	웅얼거린다

이웃의 말다툼에서 두 번째 분절

남자가	여자가	남자가	여자가	남자가	여자가
강력하게 ⇨	**약하게**	강력하게 ⇨	**약하게**	강력하게 ⇨	**약하게**
위협한다 ⇨	물러선다	위협한다 ⇨	물러선다	위협한다 ⇨	물러선다

그림 3.2 연속하는 행동에서 서로 다른 인과적 판단을 초래하는 지각적 분절

주: 각 수직선은 두 지각적 단위의 분할점을 나타낸다.

리로 기분 나쁘게 말하며, 여자가 방어적으로 항의하면서 뒤로 물러선다. 남자는 위협하고 여자는 물러선다. 이제 각 분절단위는 매번 남자의 위협적 제스처와 여자의 물러섬으로 진행된다. 남자의 위협적 제스처는 여자의 물러섬보다 큰 것으로 지각되는데, 이것은 여자의 고성이 남자의 낮은 중얼거림과 비교할 때 컸던 것과 마찬가지다. 이제 분절단위는 남자로부터 시작된다. 즉, 남자가 강력한 신체적 위협을 나타내고 여자는 약간 물러서는 행위를 한다. 이제 남자가 말다툼의 원인으로 기술될 수 있다. 책임에 대한 지각적 분석은 인지 행위의 중요성을 강조하지 않는다. 비난 판단은 처음부터 지각에 숨어 있는 것이다(McArthur, 1980).

해석의 측면에서 볼 때, 깁슨 식의 견해는 그 이해가 이웃의 말다툼 예에서 보는 것처럼, 시간적 연속이나 크고 작은 자극 간의 대비와 같은 지각 체제화에서 초래된다고 주장한다. 즉, 비난의 추론은 사건을 지각하는 동안에 자동적으로 일어나는 것이라고 주장하며, 다른 많은 연구자들도 이에 동의하고 있다(R. C. Sherman & Titus, 1982; E. R. Smith & Miller, 1979).

지각단위

직접 지각 분석이 더욱 흥미진진한 이유는 지각단위가 사회적 판단에 상당한 영향을 미친다는 많은 증거들이 있기 때문이다. 이 사실은 지각적 분절을 직접적으로 측정하는 연구자들이 보여 주어 왔다(개관을 보려면 Newtson, Hairfield, Bloomingdale, &

Cutino, 1987 참조; 비판적 견해를 보려면 Ebbesen, 1980 참조). 지각적 분절 또는 단위를 측정하는 기법은 실험참가자들에게 동영상을 보면서 각 분절이 종료되고 새로운 분절이 시작될 때 버튼을 누르도록 하는 것이다. 버튼 누르기는 분절 간의 분할점을 나타내는 것으로 간주된다. 분절은 어떤 방식으로든지 각 개인에게 자연스럽게 보이는 것으로 정의된다(Newtson & Enquist, 1976; Newtson, Enquist, & Bois, 1977). 이러한 단위화 방법(unitizing method)은 신뢰롭고 타당하며, 놀라울 정도로 참가자들이 편안하게 생각하는 방법이다. 대체로 사람들은 주어진 장면에서 지각단위에 동의를 나타낸다. 예컨대, 소리는 들려주지 않은 채 이웃의 말다툼 장면을 보여 주면 일반적으로 사람들의 분할점은 동일하다.

단위화 연구들은 지각단위 간의 분할점이 특별한 속성을 갖는다는 것을 시사한다. 동영상의 분할점 순간들만을 모아서 일련의 정지된 장면의 연속으로 보여 주어도 응집력 있는 이야기를 만들어 낼 수 있다. 그렇지만 분할점이 아닌 장면의 연속으로는 같은 수의 장면을 보여 준다고 해도 이야기를 적절하게 요약할 수 없다. 분할점에 대한 재인기억도 비분할점보다 우수하다(Newtson, 1976 참조). 이러한 결과의 함의는 행동이 최대 정보를 갖는 곳에서 분할된다는 것이다(Newtson, 1980; 그러나 반대 견해를 보려면 C. E. Cohen & Ebbesen, 1979 참조). 신체의 여러 부위가 동시에 운동을 할 때 분할점은 행동의 복잡성이 최고조에 달할 때 일어난다(Newtson et al., 1977). 즉, 행위가 매우 현저하게 변화할 때 그 행위의 핵심을 지각할 수 있기 때문에 분할점으로 지각하게 되는 것이다. 만일 행위가 느려지면서 중지하면 분할점이 되지 않는다. 행위 복잡성의 증감은 파형을 이룬다. 즉, 두 사람이 상호작용하고 있을 때 그들의 행위는 함께 협응된 파형을 생성한다(Newtson et al., 1987). 이 사실은 기본적인 지각-운동 형상은 복잡한 인지 행위와 독립적으로 작용할 수 있다는 것을 시사한다.

사람들은 지시나 목표에 따라서 정밀하거나 개략적인 지각단위를 사용할 수 있다. 예컨대, 사람들의 목표가 비언어적 행위를 관찰하거나(Strenta & Kleck, 1984), 과제 행동을 기억하거나(C. E. Cohen & Ebbesen, 1979), 군중 속에서 특정 개인을 관찰하는 것일 때(Wilder, 1986), 정밀한 단위를 사용한다. 또한 예기치 않은 행위를 접하거나(Newtson, 1973; Wilder, 1978a, 1986), 사전 정보를 가지고 있지 않은 사람을 만날 때도(Graziano, Moore, & Collins, 1988) 정밀한 단위를 사용한다. 지각의 정밀도는 획득하는 정보가 많다는 것을 나타내는 측정치와 관련되어 있다. 즉, 보다 확실하고 분화된 특질추론을 하고, 성향적 귀인을 많이 하며(Deaux & Major, 1977; Newtson, 1973; Wilder, 1978a), 관찰하는 사람을 더 잘 기억해야 할 때(Lassiter, 1988; Lassiter, Stone, & Rogers, 1988), 지각의 정밀도가 높아진다. 심지어 정밀한 단위화는 만일 정밀하게 지각하지 않는다면 중립적이었을 사람에 대한 호감도가 증가하는 것과도 관련되는데, 아마도 정밀하게 단위화함으로써 기억이 증진되는 것과는 무관하게 친숙감이 증가하기 때문인 것으로 보인다(Lassiter, 1988; Lassiter & Stone, 1984). 전체적으로 볼 때, 단위화 연구는 진행되고 있는 상호작용에서 이루어지는 기본 지각과정을 다루고 있으며, 시간 경과에 따라 정보가 획득되어 즉각적으로 행위에 유용하게 사용되는 방법을 제안하고 있다.

사회인지 연구에 대한 함의

직접 지각 또는 생태학적 견해를 지지하는 연구자들은 자신들의 견해가 추론은 복잡한 인지과정에 달려 있다는 생각과 직접적으로 상충하는 것이라고 주장한다. 이 견해에 따르면, 인지적 구성체(예컨대 관찰의 목표나 범주 기반 기대)들은 그러한 요인들이 사건을 직접 관찰하는 초기 지각에 영향을 주는 정도로만 추론과정에 관여한다(Enquist, Newtson, & LaCross, 1979; Massad, Hubbard, & Newston, 1979). 몇몇 반대 증거도 있기는 하지만(Vinokur & Ajzen, 1982), 깁슨 식의 견해는 사회적 판단의 유일한 토대로 복잡한 인지과정을 내세우는 표준적 설명에 대한 유용한 대안이라고 할 수 있다.

깁슨 식의 조망은 부호화에 관한 대다수 연구들이 가지고 있는 몇몇 편향에 대한 유용한 해독제로 작용한다. 생태학적 지각은 자극이 내재적으로 풍부한 정보를 가지고 있다는 점을 내세우며 자극은 생태학적으로 타당한 것이라고 주장한다. 다시 말해서 자극은 다양한 감각 양상으로 주어지고, 고정된 것이 아니라 변화하며, 단독으로 제시되기보다는 어떤 형상을 이루면서 제시되고, 짧은 순간 출현하였다가 사라지기보다는 오랫동안 주어진다는 것이다. 깁슨의 주장을 따르는 연구자들이 자연스럽게 촬영한 자극을 자주 사용하는 것은 이러한 생각을 반영한다. 또한 생태학적 접근은 지각의 적응적 기능, 특히 지각과 행위 간의 연계를 강조한다. 그렇기 때문에 앞으로 보게 되겠지만, 이 접근은 얼굴이 아기 모습인 사람들은 보살핌과 보호가 필요하다는 지각이 어째서 이루어지는지 그 이유를 다룬다(다시 말해서 가장 아기다운 사람은 실제로 아기들이며, 어른들이 아기를 다치기 쉽다고 지각하게 되는 것은 유용한 것이다). 이에 덧붙여, 이 접근은 특정한 지각자의 목표, 능력, 개인사와 환경 간의 관계를 명시적으로 인정하고 있다. 사회인지 문헌들도 인정하고 있기는 하지만, 깁슨 식의 견해는 행위 잠재성〔행위 유도성(affordance)〕으로 가득 차 있는 환경을 특히 강조한다. 그리고 비교를 위한 목적에서 비교문화적 연구, 동물 연구, 발달 연구의 필요성을 지적한다.

마무리를 짓자면, 생태학적 접근을 인지적 접근과 직접적으로 대비시키는 것은 여러 가지 이유로 적절하지 않다. 첫째, 각 접근은 그 자체로 메타 이론이기 때문에 본질적으로 반증 가능하지 않다. 가장 광의적인 수준에서는 각 접근이 다른 접근의 데이터를 지각적 용어나 인지적 용어로 항상 설명할 수 있다. 둘째, 지각과 인지를 구분하는 것은 실제로 쉽지 않다. 지각은 환경에 반응하기 위하여 자극 자질을 받아들이는 것을 수반하는 반면, 인지는 즉각적이고 자동적인 추론 행위를 수반할 수 있다. 그러한 과정을 처리의 신속성이나 자각 가능성에 따라서 '인지적'이라고 이름 붙이겠는가, 아니면 때로는 '지각적'이고 때로는 '인지적'이라고 부를 것인지의 여부는 이론적 선호도의 문제이며, 그러한 구분은 점차 소멸되고 있다. 셋째, 어떤 실험에서 지각 행위와 인지 행위의 상대적 영향력은 각각에 처치를 가하는 상대적 강도에 달려 있기 때문에, 하나가 다른 것에 비해서 갖게 되는 경험적 '우위성'이란 지각과정이나 인지과정에 대해서 특정 실험이 가하는 처치의 함수인 것이지, 두 유형의 처리과정이 가지고 있는 내재적 힘을 반영하는 것이 아닐 수 있다. 마지막으로, 혹자는 자극의 변이(특정한 자극이 내재적으로 행동을 유도하는 것)가 생태학적 접근의 표지이며 지각자의 변이(지각자가 가지고 있는 인지 구조)가 인지적 접근의 표지라고 주장할 수 있다. 만일 그렇다면, 현상들을 전혀 다른 척도에 올려놓고 비교하는 꼴이 된다. 즉, 자극이 얼마만큼 영향을 미치고 지각자가 얼마만큼 영향을 미치는지를 평가할 수는 있겠지만, 전혀 다른 전집(모든 사회적 지각자라는 전집 또는 모든 가능한 자극이라는 전집)에서 나온 것이기 때문에 둘을 직접적으로 비교할 수 없는 것이다.

요컨대, 두 접근은 각각 자체적인 강점을 가지고 있는 상호보완적인 접근이다(R. M. Baron, 1988). 생태학적 지각을 내세우는 접근은 사람들이 특정한 자극 형상에서 학습하는 것에 초점을 맞춘다. 인과적 지각과 행동의 단위화 연구 흐름(앞으로 논의할 물리적 단서에 근거한 특질추론 연구를 포함한)은 지각자가 적응적으로 기능하기 위해서 사용하는 사회적 자극의 중요한 패턴들을 예증한다. 사회인지는 사람들이 해석하고, 정교화하며, 기억과 판단을 구축하는 데 사용하는 인지 구조와 관례적 처리 과정에 보다 초점을 맞춘다. 이러한 유형의 생태학적 지각은 지각자를 맥락이 유도하는 행위로 이끌어 간다.

5. 얼굴: 사회적 주의의 초점

지금까지 맥락에서 현저한 사람, 추상적 통계치보다는 생생한 사례사, 최근에 또는 빈번하게 활성화되었던 차원, 그리고 사회적 환경에서 행위와 부합하는 자질 등이 사회적 주의를 끌어당긴다는 사실을 보았다. 이 모든 주의 현상들은 사람뿐만 아니라 사물의 지각에도 적용되지만, 비사회적 인지보다는 사회인지에서 보다 철저하게 연구되어 왔다. 사회적 주의를 더욱 극적으로 끌어당기는 것은 다른 사람의 얼굴이다. 얼굴은 어떤 사회적 상호작용에서든 내재적으로 주의의 초점이 된다. 이 절에서는 얼굴이 사람들의 주의를 특정 방향으로 이끌어 가는 방식, 얼굴지각에 대한 신경과학 연구, 그리고 얼굴에 근거한 특질의 신속한 추론을 다룬다.

응시: 타인으로부터의 단서

사람들은 타인의 응시 방향에 예민하게 조율되어 있다. 누군가 당신을 응시하고 있는데 그 사람이 당신의 주변 시야를 벗어나 있다고 하더라도 그 응시를 얼마나 재빠르게 알아차리는지를 생각해 보라. 다른 사람의 응시는 주의 그리고 때로는 어떤 의도를 전달해 주기 때문에, 그 응시에 경계상태를 유지하는 것은 생존에 필수적이다.

눈을 다른 곳으로 돌리는 것과 달리 응시가 한 방향(자신을 바라보는 방향)으로 고정된 얼굴은 주의를 끈다. 사람들은 그 얼굴을 성별로 매우 신속하게 범주화하며 고정관념적 정보와 연계시킨다(Macrae, Hood, Milne, Rowe, & Mason, 2002). 어른과 아동 모두가 그 얼굴을 아주 용이하게 회상한다(Hood, Macrae, Cole-Davies, & Dias, 2003; Mason, Hood, & Macrae, 2004). 응시는 일차적으로 부호화 현상으로 나타난다(Hood et al., 2003). 다른 모든 것들이 일정하다면, 사람들은 직접적인 응시를 호의적이고 매력적인 것으로 받아들인다(Mason, Tatkow, & Macrae, 2005). 왕년의 영화배우 험프리 보가트가 표현하였던 것처럼, “Here's looking at you, kid.”[7]는 칭찬이 될 수 있지만 "뭘 쳐다봐?"는 원치 않는 그리고 특히 도발적인 주의에 대한 반응일 수 있다.

사람들은 자신을 쳐다보는 사람을 알아차릴 뿐만 아니라 그 사람의 응시가 이동하는 것을 자신의 주의를 이동시키는 데 사용하기도 한다. 누군가 시선을 다른 곳으로 이동하면, 대부분의 사람들은 무엇인가 흥미를 끄는 것을 보려고 그 사람의 응시를 좇아가는 것을 거부하기가 매우 어렵다. 우리는 다른 사람이 보고 있는 것뿐만 아니라 동물이 보는 것이나 화살이 향하는 곳 등도 응시하게 된다. 그렇지만 이렇게 반사적인 주의 이동은 눈으로부터 단서를 포착할 때 매우 효과적이다(신속하다)(Quadflieg, Mason, & Macrae, 2004). 이 사실은 눈이 영혼을 향한 창문은 아니더라도 의도의 창문이라는 생각과 일치한다. 응시 탐지는 상측두고랑(superior temporal sulcus)을 포함한 신경체계를 수반하며(Hoffman & Haxby, 2000), 생물학적 운동을 추적하는 데도 관여한다.

얼굴지각

인지신경과학에서는 고도로 발달된 시각 기술인 얼굴지각에 많은 신경체계들이 관여하며, 어떤 체계는 얼굴의 고정된 자질을 확인하고 다른 체계는 변화 가능한 얼굴 표정을 확인하는 데 관여한다고 주장한다(Haxby, Hoffman, & Gobbini, 2000). 때로는 방추상 얼굴 영역(fusiform face area)이라고 부르는 영역이 얼굴의 불변적 자질을 재인한다(Kanwisher, McDermott, & Chun, 1997; Kanwisher & Wojciuluk, 2000). 상측두고랑의 또 다른 얼굴 반응 영역은 얼굴의 가변적 측면(앞서 언급한 응시, 표정, 운동 등)에 반응한다. 그리고 지각하는 사람에 대한 지식이 처리과정의 세 번째 성분이다(Bruce & Young, 1986). 얼굴지각은 두뇌 전반에 걸쳐 그리고 지각하는 시간 전반에 분산되어 있다(Haxby, Gobbini, & Montgomery, 2004). 혹자는 얼굴에 대한 반응성은 단지 연습 효과나 전문성을 반영하는 것이라고 주장하기도 하지만, 많은 증거들은 얼굴이 신경 민감도에서 독특한 영역이라는 사실을 지지한다(McKone, Kanwisher, & Duchaine, 2007). 이제 막 사회적 판단 연구자들은 이 모든 연구들을 사용

---

7) 역자 주: 영화 〈카사블랑카(Casablanca)〉에서 주인공 험프리 보가트가 맥주잔을 들면서 내뱉는 말. "당신의 눈동자에 건배." 또는 줄여서 "자! 건배."라는 뜻으로 통용되고 있다. 직역하면 아무 의미가 없기에 본문에는 그대로 적었다.

하기 시작하였다.

얼굴 재인은 얼굴 전체에 걸쳐서 지각적으로 통합된 전체적이고 형상적인 처리과정이지, 국재적이고 자질 지향적인 처리과정이 아닌 것으로 보인다. 실제로 얼굴을 자질 지향적으로 처리하는 것(눈, 코, 입, 뺨 등에 개별적으로 초점을 두는 것)은 재인을 방해한다. 역설적으로 은행 강도범을 언어로 기술하는 것은 나중에 혐의자 라인업[8]에서 그 범인의 재인을 방해한다(Schooler & Engstler-Schooler, 1990). 아마도 이러한 '언어적 뒤덮기(verbal overshadowing)'가 국재적인 자질별로 얼굴을 처리하기 때문일 것이다(Tanaka & Farah, 1993). 총체적 처리와 국재적(자질) 처리에 직접적으로 처치를 가하는 것은 나중의 얼굴 재인을 증진시키거나 손상시키게 된다(Macrae & Lewis, 2002).

사람들이 서로 다른 개인들을 구분하고 있을 때는 얼굴을 총체적으로 처리한다. 단지 사람들을 범주화하여 개개인을 상호교환적인 대상으로 취급하고 있을 때는 단 하나의 현저한 단서(예컨대 머리 스타일)를 사용하여, 예컨대 성별, 인종, 연령 등을 결정한다. 총체적이고 형상적인 처리에 전문화되어 있는 우반구는 개인의 확인을 촉진한다. 좌반구의 자질 기반 처리는 범주화를 촉진한다(Mason & Macrae, 2004). 마찬가지로 우반구는 개인 기반 학습에 전문화되어 있는 반면에, 좌반구는 집단 기반 학습에 초점을 맞추고 있다(Sanders, McClure, & Zárate, 2004). 일반적으로 우반구는 기본적인 지각적·일화적 부호화에 관여하며, 좌반구는 범주화와 같이 개념적·추상적 처리에 관여한다(Zárate, Sanders, & Garza, 2000).

얼굴 선택적 신경 활성화에 따르면, 사람들은 100밀리초 이내에 얼굴을 얼굴로 확인하며 170밀리초 이내에 친숙한 얼굴로 재인한다(Liu, Harris, & Kanwisher, 2002). 다른 데이터는 얼굴과 비얼굴을 구분하는 데 170밀리초가 걸리고, 250밀리초에 자신과 동일한 인종의 구성원을 외집단 구성원과 구분하며, 520밀리초에 차별적 평가를 내놓는다는 것을 시사한다(Ito, Thompson, & Cacioppo, 2004). 또 다른 데이터는 인종 구분은 100밀리초 그리고 성별 구분은 150밀리초에 이루어진다는 것을 시사한다(Ito & Urland, 2003). 보다 많은 데이터가 누적되면 이러한 유형의 사회인지에 대한 모수치 그리고 이러한 처리과정을 촉진시키거나 늦추는 상황들이 명백하게

8) 역자 주: 복수의 혐의자들을 일렬로 세워 놓고는 일방향 거울 뒤에서 목격자가 진범을 확인해 내는 것.

밝혀질 것이다.

일반적으로 얼굴에서 개인 확인 정보보다 범주 정보를 추출해 내기가 용이하다. 얼굴이 희미하거나 위아래가 도치되었거나 아니면 얼핏 보이기만 할 때도 사람들은 여전히 범주적 지식을 손쉽게 추출해 낼 수 있으며(Cloutier, Mason, & Macrae, 2005), 의도하지도 않은 채 이 일을 해낸다(Macrae, Quinn, Mason, & Quadflieg, 2005). 사람들은 얼굴을 살펴볼 때 때때로 개별화 특질 정보를 추출하여 얼굴에다 직접적으로 연계시키기도 한다. 앞으로 보게 되겠지만, 얼굴-성격 특질 연계는 생태학적 지각 견해와 자발적 지각 견해에 근거하여 수행된 연구 모두에서 나타난다.

생태학적 현상으로서의 아기 얼굴

앞서 언급하였던 사회적 지각 연구뿐만 아니라 생태학적 조망에서 이루어진 연구들도 어떻게 사람들이 사회적 자극 형상에 내재하는 신체적 자질과 다른 자질들에 근거하여 성격에 관한 추론을 하는지를 다룬다. 이러한 외모 기반 지각은 사회적 지각에서 근본적인 요인이 된다. 예컨대, 왕년의 조폭 영화에는 '젖먹이 얼굴' 노튼(Baby-face Norton)과 같은 이름의 무자비한 범인이 종종 등장하였다. 그런 인물을 특히 사악하게 만드는 것은 사랑스러운 천진한 모습과 악랄한 행동 간의 대비였다. 어째서 우리는 동안(童顔)의 사람들이 똑같이 순수한 성격을 가지고 있을 것이라고 기대하는가? 생태학적 지각에서 수행한 일련의 연구들은 동안의 어른은 성숙한 얼굴의 어른보다 어린아이 같은 자질을 더 많이 가진 것으로 지각된다는 사실을 보여 준다. 모든 문화에 걸쳐서 눈이 크고 이마가 넓으며 짤막한 특질(예컨대 들창코, 작은 턱 등)을 가진 사람들은 약하고 비주도적이며 지적으로 명민하지 못한 사람으로 보이며, 지각된 연령 그리고 매력도와는 무관하게 더욱 순진하고 정직하며 친절하고 따뜻한 사람으로 간주된다(Berry & McArthur, 1985; McArthur & Apatow, 1983-84; McArthur & Berry, 1987; 개관을 보려면 Berry & McArthur, 1986 참조). 동안의 어른은 의도적인 범죄 행위에서 유죄 판결을 받을 가능성이 적지만(따라서 동안의 조폭은 혼란스럽다), 무지에 따른 범죄의 경우에는 유죄 판결을 받을 가능성이 커진다(Berry & Zebrowitz-McArthur, 1988). 많은 문화에 걸쳐서 아기 목소리를 가진 사람들도 약하고 유능성이 낮으며 따뜻한 사람으로 지각된다(Montepare & Zebrowitz-McArthur, 1987). 그리고 아기같이 걷는 사람은 지각된 연령과 성별에 관계없이 더 행복하고 활력적인 것으로 지각된다(Montepare & Zebrowitz-McArthur, 1988).

생태학적 접근은 이러한 지각이 아기 같은 자질과 실제 연령 간의 정상적인 공변에서 초래되는 것이라고 주장한다. 따라서 아주 아기 같은 사람이 보다 약하고 수동적이며 지적으로 덜 발달되고 순진하며 순수하게 지각되는 이유는 실제로 아기일 가능성이 매우 크기 때문이다. 아기 같은 자질에 근거한 지각은 일반적으로 한 종의 생존에 적응적이다. 어른이 살펴 주고 보호해 주는 것이 중요하기 때문이다. 따라서 어른은 아기 같은 자질을 보호가 필요한 것으로 지각할 가능성이 크며, 이 사실은 아기 같은 사람을 약자로 지각하는 것과 맞아떨어진다. 적절하게 조율된 유기체에게는 그러한 지각이 생물학적으로나 사회적으로 유용한 것이다. 따라서 생후 2년 6개월밖에 안 된 유아가 연령을 판단하는 데 아기 얼굴 단서를 사용할 수 있다고 해서 놀랄 것이 없다(Montepare & McArthur, 1986).

얼굴에 근거한 자발적 특질추론

주의를 끌어당기는 얼굴의 힘은 군중 속에 얼마나 많은 얼굴이 있느냐에 관계없이 화난 얼굴들이 툭 튀어나오며, 다른 불합치 얼굴보다 특히 화난 얼굴이 그렇다는 사실을 보여 주는 초기 연구에 나타난다(제2장 참조; Hansen & Hansen, 1988a). 그리고 화난 외집단 얼굴은 특히 잘 부호화된다(Ackerman et al., 2006). 물론 앞에서 지적한 바와 같이 부정적 정보가 주어졌을 때 화난 얼굴은 특히 현저해진다(S. T. Fiske, 1980; Pratto & John, 1991). 화난 얼굴이나 무서운 얼굴은 역치하로 제시되는 경우조차도 두뇌의 조기경보 체계인 편도체를 활성화시킨다(Morris, Ohman, & Dolan, 1998; Whalen et al., 1998). 그런데 사람들은 즉각적으로 표정을 읽는 것을 넘어서 성격 특질에 대한 추론을 즉각적으로 수행하는데, 아마도 얼굴 표정을 읽는 바로 그 시스템에 근거하는 것으로 보인다(화난 표정에서부터 적대적 성격으로의 추론). 믿을 수 없는 사람으로 판단되는 얼굴도 편도체를 활성화시키는데, 사람들에게 주어진 과제가 얼굴의 연령을 판단하는 것일 때조차 그렇다(Winston, Strange, O'Doherty, & Dolan, 2002).

사람들은 상대방의 행동에 근거하여 자발적으로 특질을 추론하고, 그 사람의 얼굴과 직접적으로 결합하여 기억하며(Carlston & Skowronski, 1994; Carlston, Skowronski, & Sparks, 1995; Todorov & Uleman, 2002, 2004), 신속하게 제시하여 인지적 부하가 많이 걸릴 때조차 그렇다(Todorov & Uleman, 2003). 단지 최소한의 상호 작용에 근거한 특질추론도 그 사람의 얼굴과 결합되며(Todorov, Gobbini, Evans, & Haxby, 2007), 추론하는 성격에 초점을 맞추지 않을 때조차 그렇다. 나아가 추론과 활성화되는 두뇌 영역이 명백하게 다르다(예컨대, 혐오적인 얼굴은 공격적인 얼굴과는 상이한 추론 그리고 상이한 두뇌 영역의 활성화를 초래한다). 마찬가지로 신뢰할 만한 얼굴과 믿을 수 없는 얼굴에 대해서 상이한 신경반응이 나타나며(Winston et al., 2002), 매력적인 얼굴과 그렇지 않은 얼굴에 대해서도 상이한 신경반응이 나타난다(Aharon et al., 2001). 단 100밀리초의 노출이면 사람들이 얼굴에 근거하여 특질추론을 하기에 충분한 시간이며(Willis & Todorov, 2006), 시간 제약이 없는 사람의 판단과 다르지 않다.

낯선 사람에게 적용되는 사실이 긴밀한 사람에 대한 평가에서는 더욱 잘 적용된다. 개인적으로 친숙한 얼굴은 두뇌 영역의 분산되어 있는 신경망을—쐐기전소엽(precuneus), 상측두고랑, 내측 전전두피질—활성화시키는데, 이 영역은 단순한 얼굴 기억을 넘어서는 것이다(Gobbini, Leibenluft, Santiago, & Haxby, 2004).

얼굴에 근거한 즉각적인 특질추론은 중요한 결과를 초래할 수 있다. 즉, 국회의원 입후보자를 단지 1초 동안만 보는 것도 선거 결과의 거의 70%를 예언하는 유능성 판단을 하게 해 주었다(Todorov, Mandisodza, Goren, & Hall, 2005). 또 다른 극단으로 가 보면, 고정관념에 맞아떨어지는 흑인의 얼굴은 사람들의 즉각적인 추론에서 범죄 가능성을 활성화시킬 가능성이 훨씬 크다(Eberhardt, Goff, Purdie, & Davies, 2004). 흑인 그리고 심지어 흑인 유형의 자질을 가지고 있는 백인들은 재판에서 보다 가혹한 형량을 선고받는다(Blair, Judd, & Chapleau, 2004; Eberhardt, Davies, Purdie-Vanghns, & Johnson, 2006). 얼굴은 삶과 죽음의 문제일 수가 있는 것이다.

요약

이제 우리는 무엇이 우리의 주의를 끌어당기는지에 대해서 어느 정도의 답을 가지고 있다. 현저한 것에 특히 주목한다. 맥락 속에서 새롭거나 지각적으로 형상을 갖춘 것, 이례적이거나 예상하지 않았던 사람 또는 행동, 극단적이고 때로는 부정적인 행동, 현재 목표에 부합하는 자극 등이다. 이러한 모든 현저성은 나중에 타인에 대한 우리의 반응에 영향을 미친다. 생생한 자극은 우리의 주의를 끌 수 있으며 우리를 즐겁게 만들기 십상이지만, 생생한 사례사의 경우를 제외하면 우리의 반응에 별로 영향을 미치지 않는다. 또한 주의는 상황적으로나 개인적으로 점화된 범주를 지향하게 만든다. 최근에 접한 범주, 빈번하게 접한 범주, 그리고 만성적으로 접한 범주의 접속 가능성이 높으며, 자극의 부호화에 상당한 영향을 미친다. 점화된 범주는 관련되는 모호한 자극에 적용되어 해석과 뒤따르는 표상에 영향을 미친다. 주의는 사회적 맥락에서 생태학적으로 부합하는 자질, 즉 행위를 유도하는 자질도 지향한다. 마지막으로, 사람들은 반사적으로 얼굴을 지향하는데, 특히 자신을 응시하는 얼굴을 지향한다. 또한 다른 사람이 시선을 옮겨서 다른 곳을 응시하는 방향을 주시한다. 그리고 얼굴로부터 그 사람의 성격을 즉각적으로 추론한다. 요약컨대, 우리는 다음 장의 주제인 기억 속에 부호화되는 것을 결정하는 사회적 주의에 대해서 많은 것을 알게 되었다.

제 4 장

기억표상

- 연합망: 기억의 체제화
- 절차기억과 서술기억: 기억의 기능
- 병행처리와 계열처리: 기억과정의 협응
- 체화된 기억: 신체적 표상의 수반
- 사회기억 구조: 사회기억이 중요한 이유

이 장은 기억의 사회적 모형과 비사회적 모형을 다루며 심적 표상, 즉 우리가 마음에 유지하는 사회적 범주와 개별 사례들로 마무리 짓는다. 여러 가지 기억 모형들이 소개된다. 우선 각 인지 모형을 개관한 후에 그 모형에서 유래하는 사회적 인지 모형을 기술한다. 사회인지 연구자들은 다른 어떤 영역보다도 이 영역에서 사회인지, 특히 사람들에 대한 기억에 특수한 모형을 개발하기 위해서 보편적 인지 모형을 채택해 왔다. 여기서는 연합망, 절차기억, 연결주의(병행적) 모형, 체화된 기억, 그리고 범주와 본보기 같은 기억 구조를 논의한다.

1. 연합망: 기억의 체제화

복잡한 교차로에서 신호등이 바뀌기를 기다리며 서 있다고 가정해 보자. 당신은 길

건너에서 젊은이가 할머니 한 분을 쓰러뜨리고 지갑을 낚아채고는 도망가는 것을 본다. 길을 건너갈 수 있을 시점에는 젊은이가 이미 멀리 사라질 것이기 때문에, 당신은 할머니에게 주의를 돌린다. 할머니가 화가 났지만 다친 곳이 없다는 사실을 확인하는 순간에 경찰관이 도착하여 무슨 일이 일어났는지에 대한 당신의 진술을 적는다. 이 사건은 어떻게 당신의 기억에 저장되는가? 그리고 심적 표상이 중요한 이유는 무엇인가? 여러 기억 모형들이 이 현상을 설명한다. 이 절에서는 가장 보편적이고 잘 개발된 유형의 기억 모형, 즉 연합망 접근을 상세하게 다룬다. 이 모형은 많은 사회인지 연구의 토대가 되며, 특히 초기 연구에서 그렇다. 이후 절에서는 초기 연구를 넘어서서 이루어진 진보를 논의한다.

기본적인 연합망 모형

이 접근에서 가장 중요한 보편적 원리는 기억에서 다른 개념들로부터 한 개념으로 연결된 연계 또는 연합이 많을수록 그 개념을 기억해 내기가 용이해진다는 것이다. 기억에서 많은 대안적 경로를 통해서 그 개념에 도달할 수 있기 때문이다. 사회인지 연구는 이 접근에서 출발하였기 때문에 후속 절들에서는 이 사실을 상세하게 기술한다. **표 4.1**은 몇 가지 핵심 자질을 첫 번째 열에 요약하고 있다.

표상의 정확한 포맷을 기억부호(memory code)라고 부른다. 다양한 가능한 부호는 나중에 논의하겠지만, 초기 인지심리학에서 가장 널리 알려진 것은 명제(proposition)였다(J. R. Anderson, 1976; Rumelhart, Lindsay, & Norman, 1972; Wickelgren, 1981). 예컨대, "여자가 모퉁이에 서 있다."는 명제다. "여자는 노인이다.", "남자가 여자를 쓰러뜨렸다." 등도 명제다. 각 명제는 마디(node)와 링크(link)로 구성된다. 각 마디는 개념(명사, 동사, 형용사)이며 각 링크는 개념들 간의 관계를 나타낸다.

이러한 기억 모형들의 한 가지 핵심적 자질은 연합적(associative)이라는 점이다. 다시 말해서 모든 모형은 마디가 다른 마디와 연결된 연합을 나타낸다. 명제적 부호의 연합적 자질은 중요한 대인관계적 사건에 대한 함의를 갖는다. 당신이 소매치기 사건에 대해서 증언을 요청받는다고 가정해 보자(**그림 4.1** 참조). 장기기억이 연합적 마디-링크 구조로 체제화되어 있다는 것은 사람들이 관련된 사실을 함께 회상하게 된다는 것을 의미한다. 즉, 그 여자에 대해서 생각하는 것으로 시작하게 되면, 남자의 속성(예컨대 젊다)보다는 그녀의 속성(예컨대 늙었다, 모퉁이에 서 있다)을 더 용이하게 회상하게 된다. 덧붙여 링크에는 표지가 붙어 있다. 만일 누가(행위자) 누구를 (대상) 소매치기하였는지 묻는다면, 당신은 기억에 저장된 적절한 관계에 근거하여 답을 하게 될 것이다. (이렇게 특정한 표지라는 자질은 사회인지 연구에 적용되지 않았다.)

명제적 기억 모형의 중요한 자질은 링크가 활성화될 때마다 강화된다는 점이다. 즉, 회상이 한 위치(예컨대 그 여자)에서 출발하고, 활성화가 마디들 간의 링크를 따라서 확산된다(Collins & Loftus, 1975). 예컨대, 그 여자가 늙었다는 사실을 회상하는 것은 기억의 두 마디('늙었다'와 '여자')를 모두 활성화하여 둘 간의 링크를 강화시킨다. 상호 활성화가 현실에서 갖는 함의는 목격 내용에 대한 반복적인 되뇌기(즉, 심적 반복)가 되뇌기하지 않은 사실보다 기억해 내기 쉽게 만들어 준다는 것이다. 증인의 증언을 준비시키는 변호사는 증언 내용을 사전에 여러 차례 연습하는 것이 증언 내용의 응집성을 강화시키며, 증언대에서 새로운 사실을 회상해 내는 것과 같이 당황스러운 장면을 피할 수 있게 해 준다는 사실을 잘 알고 있다.

개념들을 함께 활성화시킴으로써 개념 간의 연계를 강화시킬 뿐만 아니라, 한 개념에 보다 많은 링크가 연결되어 있을수록 회상될 가능성이 커지게 된다. 보다 많은 링크는 보다 많은 대안적 인출 경로(alternative retrieval route)를 만들어서 기억을 증진시킨다. 따라서 유능한 변호사는 증인이 결정적인 순간에 망각하는 것을 최소화하기 위해서 기억하고 있는 사건에 가능한 한 많은 인출 통로를 형성하도록 도와주는 것이다.

장기기억 대 단기기억

많은 연합망 기억 모형들의 중요한 자질 중의 하나는 장기기억과 단기기억(또는 작업기억) 간의 구분이다. 이 견해에서 장기기억(long-term memory)은 마음에 불러올 수 있는 정보의 거대한 저장소로 구성된다. 단기기억(short-term memory)은 어느 한 시점에서 다루고 있는 정보를 지칭하며, 그렇기 때문에 '작업기억(working memory)'이라고도 부른다. 많은 기억 모형에서는 장기기억의 활성화된 부분이 단기기억 또는 의식을 나타낸다. 즉, 현재 활동적인 장기기억 마디들이 초점 주의의 내용을 구성한다. 단기기억의 내용은 장기기억에 저장되기 위하여 응고화될 수 있다.

연합 모형에서 기억인출은 장기기억의 적절한 마디들을 활성화시키는 것인데,

표 4.1 인지기억 모형 그리고 관련된 사회인지기억 모형의 핵심 자질

연합기억 (내용에 대한 서술기억)	절차기억 (훈련된 인지과정에 대한 자동적 기억)	병행분산처리 (연결주의 모형)	체화된 기억 (지각적 상징체계)
장기기억(LTM) 저장(중간 단계의 최근 기억, 그리고 오래된 장기기억을 포함할 수 있음)			하향적 기대(들) 포함
(특정한 사건에 대한 **일화**기억, 사실과 단어 의미에 대한 **의미**기억, 그리고 일반적 백과사전적 지식을 포함할 수 있음)	(모든 유형의 정보 포함)	(모든 유형의 정보 포함)	상향적 감각 정보, 내성, 고유감각 포함
마디-링크 구조를 갖는 명제	만일-그렇다면(조건-행위) 산출	연결 패턴	관련된 지각적 상징을 체제화하는 시뮬레이터
표지가 붙은 링크(사회인지 모형에서는 사용되지 않음)		억제적 연결과 촉진적 연결	
처리과정: 활성화 확산	처리과정: 대응, 선택, 수행	처리과정: 연결강도 조정	처리과정: 대상이 존재할 때의 온라인 시뮬레이션, 대상이 존재하지 않을 때의 오프라인 시뮬레이션
대안적 인출 통로			
활성화 정보가 인출 결정	현재의 목표와 자극이 절차의 선택과 사용 결정	입력 패턴과 연결강도가 함께 인출 결정	행위를 위한 지각에 초점을 맞춤
즉각적으로는 해마가 그리고 장기적으로는 피질 응고화가 관여	산출에는 기저신경절 회로가 관여, 목표에는 배외측 전전두피질이 관여		

단기기억 또는 작업기억	
LTM에서 상당히 활성화된 부분 그리고 주의를 기울인 자극들이 LTM에 저장되기 위해서 응고화될 수 있음	
복외측 전전두피질이 관여	
빠르고 용이한 학습, STM 용량을 필요로 함	느린 학습, 연습이 필요
자동적 또는 통제적 수행	빠르고 자동적인 수행
광범위한 용도	특수한 용도
융통성	내구성

대인기억 모형	사회 절차 모형	사회 연결주의 모형	체화된 사회인지
Hastie: 대인기억-1	E. R. Smith: 절차화	Kunda & Thagard: 병행 제약 만족 모형	Niedenthal 등: 체화된 사회인지와 정서
Srull & Wyer: 대인기억과 판단	Lewicki: 암묵적 재인	Van Overwalle: 연결주의 모형	Feldman Barrett: 정서의 체화된 경험
Marques & Hamilton: 이중인출과 연합적 처리 모형		Kashima: 텐서-프로덕트 모형	E. R. Smith & Semin: 사회적 상황인지
		Read: 게슈탈트 연결주의	
Carlston: 연합 시스템 이론		Vallacher & Nowak: 역동적 시스템	
		Smith & DeCoster: 사회적 연결주의	

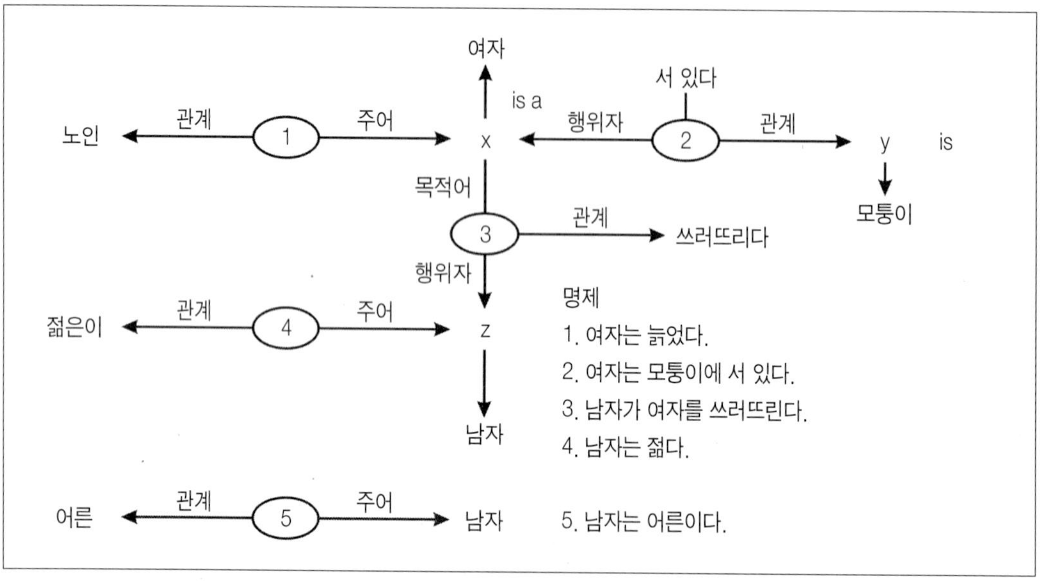

그림 4.1 "모퉁이에 서 있는 늙은 여자를 젊은 남자가 쓰러뜨렸다."는 사실에 대한 명제망 모형(J. R. Anderson, 1980a에서 인용). 각각 분리된 명제는 타원으로 나타낸다. 예컨대, 첫 번째 명제("여자는 늙었다.")는 그림의 좌상에 위치한 마디와 링크로 나타낸다. 타원 속의 번호는 다른 명제를 나타낸다. 타원 1에서 시작한다면, 그 타원에서 바깥으로 뻗은 화살표로 연결된 것들은 모두 특정 명제의 부분이 된다. 예컨대, '늙었다'와 '여자'는 모두 타원 1에서 시작하는 화살표로 연결된다. 그렇지만 '서 있다'는 첫 번째 명제의 부분이 아니다. 따라서 타원 1에서부터 '서 있다'로 진행되는 링크는 상이한 방향을 지향하는 화살표에 의해서 차단된다. 설명이 필요한 다른 표기는 x, y, z의 사용이다. x는 특정한 늙은 여자를 나타낸다. 만일 명제가 "여자는 늙었다."(즉, 여자라는 전체 범주가 늙었다)라면, 그림에서 x는 '여자'라는 단어로 대치된다. 예컨대, "남자는 어른이다."(모든 남자에게 있어서 참이다)라는 명제는 "이 특정한 남자는 젊다."와 다르게 표상된다(그림에서 명제 4와 5를 참조하라). 현재의 목적에서 볼 때, 표기는 의미의 세부사항이 명제망에서 표상되는 정확도를 예증하고 있는 것이다.

그 활성화가 특정한 역치를 넘어서면 의식으로 넘어오게 된다. 어느 마디가 가장 활성화되느냐는 신속하게 변하기 때문에, 장기기억의 의식적 부분(즉, 지금 바로 생각하고 있는 것들)은 단기적인 것으로 간주된다. 정보는 활성화되었다가 약화되곤 하기 때문에 의식 또는 단기기억을 들락날락하게 된다. 활성화의 용량이 제한적이라는 것은 단기기억의 범위가 상당히 제한적임을 의미한다. 다시 말해서 소수의 대상만을 마음에 동시적으로 유지할 수 있다.

단기기억이 심각하게 제한적인 것의 효과는 증언대의 증인에게 변호사가 질문하는 것으로 예시할 수 있다. 증인은 많은 세부사항들을 동시에 유념하고 있을 수 없기 때문에, 현재 의식을 벗어나 있는 앞선 증언과 상반되는 진술을 할 수 있다. 정상적이라면 단기기억은 대략 일곱 항목의 정보(고전적으로 표현하면 7±2; G. A. Miller, 1956)를 보유하는 것으로 생각된다. 정보의 '항목'은 단일 낱자나 숫자처럼 작을 수도 있고, 낱자들의 '집합'(소매치기가 입고 있는 셔츠에 적힌 단어)이나 숫자의 집합(예컨대 디지털시계의 시간 표시) 등이 될 수도 있다. 일상적인 표현으로 단기기억의 한계는 사람들이 단지 소수의 항목만을 동시에 유념할 수 있다는 것을 의미한다.

단기기억의 한계와 달리, 장기기억 저장소에 들어 있는 전체 망의 용량은 제한이 없는 것으로 보인다. 목격자에게 중요한 세부사항을 기억해 내도록 요구하는 변호사는 이 사실에 근거하는 것이다. 즉, 정보가 장기기억 속에 있으며 문제는 단지 그 정보를 찾아내는 것이다. 장기기억에 있어서 문제는 용량(또는 얼마나 많은 것을 알고 있는가)이 아니라 인출(그 정보를 찾아낼 수 있는가)이다. 숙달된 수행은 부분적으로 장기기억에 들어 있는 관련 자료에 대한 효과적인 인출 단서를 가지고 있느냐의 여부에 달려 있다(Ericsson & Kintsch, 1995). 대인기억에 관한 많은 모형들은 일차적으로 장기기억의 체제화, 항목들 간의 링크, 그리고 접속 가능성에 의해서 어떻게 인출이 영향을 받는지에 관심을 둔다.

장기기억과 단기기억 간의 깔끔한 구분은 사라져 가고 있다. 신경과학에서 유래한 최근의 통찰은 기억의 세 가지 보편적인 시간대 간의 구분을 지지한다. 방금 기술한 바와 같이 의식, 즉 단기기억에서 능동적으로 정보에 주의를 기울일 수 있다. 그렇지만 장기기억이라고 간주되어 왔던 것이 최근 사건의 기억과 보다 먼 과거 사건의 기억이라는 두 가지 형태의 기억으로 구분되는 것으로 나타나고 있는데, 이것을 때로는 중기기억(intermediate memory)과 장기기억이라고 부른다. 이렇게 상보적인 중기기억과 장기기억 시스템은 (a) 해마가 관여하는 특정 사건의 신속한 학습과 회상, (b) 신피질(내측 측두엽)이 관여하는 느린 학습과 신속한 재인 모두를 가능하게 해준다(예컨대 McClelland, McNaughton, & O'Reilly, 1995; Norman & O'Reilly, 2003). 이러한 상보적 학습 시스템은 최근 사건들에 대한 회상에서 해마의 역할 그리고 획득하고 수용하기 어렵지만 학습한 것을 해소시키기도 쉽지 않은 환경 규칙성의 탐지에서 신피질의 역할을 반영한다.

요컨대, 연합망 기억 모형들은 기억이 개념을 위한 마디들과 그 마디 간의 연합적 링크로 구성된다는 가정을 공유한다. 연합적 링크에는 표지가 붙어 있으며 마디에서 마디로 확산되는 활성화로 인해서 강화되는 것으로 가정한다. 한 개념에 연결된 링크의 수는 대안적 인출 경로의 수를 결정하며, 따라서 그 개념의 인출 용이성을 결정한다. 장기기억은 실제적으로 가용한 지식이 무한한 저장고이며, 단기기억 또는 작업기억은 한 시점에서 능동적으로 사용하고 있는 정보다. 최근의 연구들은 최근 장기기억(recent LTM)과 먼 과거의 장기기억(remote LTM)을 구분하고 있다.

사회기억의 연합망 모형

해스티의 대인기억 모형

이러한 기억 모형들이 사회인지에 대해서 알려 주는 것은 무엇인가? 한 예가 대인기억(사회기억)에 대한 연합망 모형, 즉 PM-1이다(Hastie, 1988b). 이 모형은 컴퓨터 시뮬레이션으로 작동하며, 충분성 기준의 중요한 시금석이 된다(Ostrom, 1988). 요컨대, PM-1은 인상 불일치 정보에 가외적 주의를 기울임으로써(놀라운 사건이기 때문이다), 그러한 항목들에 대해 가외적인 연합적 연계가 발생하여 대안적 인출 경로와 회상 확률을 증가시키게 된다고 예언한다. 이것을 불일치 이점(inconsistency advantage)이라고 부른다.

이 모형에 따르면, 부호화 과정은 용량이 제한된 작업기억에 의존하는데 이 작업기억이 항목들 간에 링크를 형성하도록 만들어 준다. 항목이 작업기억에 유지되는 시간은 현재의 인상 판단에 부합하는 정도에 달려 있다. 작업기억에 오래 머물수록 보다 많은 링크가 만들어진다. 현재의 인상에서 예상하지 않았던 항목들 간에 링크가 형성되는 이유는 사람들이 그 항목들을 이해하기 위해서 작업기억에 오래 머물기 때문이다. (또한 이 모형은 몇몇 링크가 확률적, 즉 무선적으로 형성된다고 가정한다.) 나중에 장기기억으로부터의 인출은 무선적인 지점에서 시작되며, 항목들 간의 링크에 의해서 만들어진 경로를 따라서 무선적으로 진행된다. 이 과정은 아직 인출되지 않은 항목을 인출하는 데 계속해서 실패하면 종료된다.

마지막으로 이 모형은 기억 부호화, 저장과 동시에 인상형성의 기제도 제안한다. 근본적으로 기준점과 조정 과정(제7장에서 보다 상세하게 설명한다)이 개정되는 인상에 새로운 정보를 제공하는데, 인상의 개정은 (a) 그 시점까지 항목들에 대한 누적 평가, (b) 새로운 항목을 포함하여 그 시점에 작업기억에 머물고 있는 항목들의 등가적 가산평균에 근거한다(N. H. Anderson, 1981; Lopes, 1982).

이 모형이 가지고 있는 강점 중의 하나는 온라인 인상형성 과정에다가 기억저장과 인출과정을 동시에 모델링한다는 것이다. 예컨대, 사람들이 주어진 정보에 근거하여 즉각적으로 인상을 형성할 때—즉, 정보를 받아들일 때—그 인상은 이러한 점진적 과정에서 초래된다. 그렇지만 주어진 정보에 근거하여 인상을 형성하지 않을 때는 인상을 만들어 내기 위해서 기억으로부터 정보를 인출해야만 한다. 이러한 사후 사례(post hoc case)에서는 인상이 기억에 기반하여 구축된 것이기 때문에 정보에 대한 기억이 형성된 인상과 정확하게 일치한다. 온라인의 동시적 인상형성의 사례에서는 기억이 자발적으로 형성된 인상과 무관하다. 어떤 정보가 인상에 중요하고 어떤 정보가 기억할 만한 것인지의 여부를 각기 다른 요인들이 결정하기 때문이다. 예컨대, 사람들은 사소한 것들을 기억할 수 있지만, 인상형성에서는 그것들을 절감시킨다.

스룰-와이어 대인기억 모형

대인기억과 판단의 또 다른 모형(Srull & Wyer, 1989)도 근본적으로는 유사한 가정을 하고 있다. 다음과 같은 기본 과정들이 표적인물의 행동으로부터 인상을 만들어 낸다. (a) 첫째, 사람들은 각 행동을 적용할 수 있고 접속 가능한 성격 특질에 따라서 해석하는데, 그 특질이 행동을 요약해 준다. 이러한 특질-행동 짝은 자체적인 단위가 되는데, 때로는 이것을 저장 용기(storage bin)라고 부른다. (b) 그런 다음에 표적인물을 기본적으로 호감이 가거나 그렇지 않은 사람으로 평가한다. (c) 다시 표적인물의 행동을 평가에 비추어 해석하면서 평가와 현저하게 불일치하는 행동을 재고찰한다. (d) 판단을 요청받을 때, 단계 (a)에서 이미 추론한 특질을 사용하고, 그 특질을 그저 저장소에서 인출해 내고자 한다. 이미 추론한 특질 중에 어느 것도 부합하지 않으면 기억하고 있는 행동을 재고찰하여 판단을 한다.

이 모형은 알려져 있는 사회인지과정들에 대한 상세한 분석을 제공한다. 예컨대, 초기 정보가 평가에 가장 많은 영향을 미친다. 다시 말해서 첫인상이 중요하다. 또 다른 예로, 처음에 긍정적인 특질을 학습하게 되면 긍정적 인상으로 편향되는데, 이것이 초두 효과라고 부르는 현상이다(Asch, 1946; E. E. Jones & Goethals, 1972 참조). 스룰-와이어 모형(Srull-Wyer model)에서는 정보가 명백하고도 일관성 있게 긍정적이거나 부정적이면 처음의 평가가 즉각적으로 형성되며, 후속 행동은 이러한 초기 정보에 비추어 해석된다.

앞에서 기술한 해스티 모형과 마찬가지로, 스룰-와이어 모형의 중요한 가정은 평가와 불일치하는 행동을 다른 행동과 비교하기 위하여 철저하게 고려한다는 것이다. 이러한 고려가 불일치 행동과 나머지 행동들 간의 링크를 강화시킨다(평가와 일치하거나 중립적인 행동 그리고 나머지 행동들 간의 링크와 비교할 때 그렇다). 불일치 이점은 불일치 행동을 상호간에 관련시키고 일치 행동과 관련시키며, 그것들 간에 연합적 링크를 형성하는 등, 사람들이 불일치에 대해서 생각함에 따라서 일어난다.

인상이 형성되어 가는 과정을 관찰함으로써 참가자들이 평가적 인상을 형성한 시점을 추론할 수 있다. 즉, 자극 행동 군집들에 걸쳐 기억에서 불일치 이점의 시작과 증가를 관찰할 수 있다. (기본적으로 연속되는 군집 각각에서 불일치 이점의 정도를 그래프로 그릴 수 있다.) 한 연구에서는 불일치 이점을 보여 주기 위해서 최소한 각각 다섯 개의 행동으로 구성된 다섯 군집이 필요하였다(Srull, Lichtenstein, & Rothbart, 1985). 즉, 상당한 정도의 평가적 인상을 형성시켜 사람들로 하여금 전반적인 평가적 인상과 일치하지 않는 새로운 정보를 알아차리게 하기 위해서 25가지 행동을 사용하였다. 이 사실은 평가적으로 혼입된 정보는 강력한 평가적 인상을 신속하게 형성하지 못하기 때문에 기억에서 불일치 이점을 용이하게 보여 주지 못한다는 사실을 시사한다. 불일치 이점은 이례적이라고 할 만큼 일관성 있는 정보를 바탕으로 극소수의 불일치 정보만 있을 때의 인상에만 적용되는 것일 수 있다.

마찬가지로 항목들 간의 링크 형성을 방해하는 것도 기억에서 불일치 이점을 제거시킨다. 즉, 참가자들이 경쟁적인 온라인 과제를 수행하는 연구들은 불일치 이점을 보여 주지 않는다(심지어 자극 항목들을 되뇔 때조차 그렇다!)(Srull, 1981; Srull et al., 1985). 온라인 링크를 형성할 능력과 시간이 없는 참가자들도 마찬가지다(Bargh & Thein, 1985; Barrett, Tugade, & Engle, 2004; Macrae, Bodenhausen, Schloerscheidt, & Milne, 1999). 마지막으로, 비록 참가자들이 전형적인 대인기억 패러다임에서는 불일치 이점을 보여 준다고 하더라도, 나중에 자신들이 형성한 인상에 대해서 생각해 볼 시간이 있을 때에는 일치하는 항목들을 우선적으로 회상하는데, 아마도 인상의 전반적인 평가 방향을 고무시키기 때문일 것이다(Wyer & Martin, 1986). 다시 말해서, 궁극적으로는 일치하는 정보들이 기억에서 우위를 점하게 된다.

이 모형의 한 가지 긍정적 측면은 스룰과 와이어 그리고 그의 동료들이 수행한 방대한 양의 연구 결과를 요약할 수 있는 능력이 있다는 점이다. 스룰-와이어 모형의 한 가지 단점은 모두 단일 인물에 관한 다중 표상(저장소)을 가정하였다는 것이다. 다른 대인기억 모형들은 이렇게 번거로운 가정을 받아들이지 않았으며, 이러한 가정은 모형을 반직관적인 것으로 만들었을 뿐만 아니라(기술적 단점이라기보다는 심미적인 문제점이다), 융통성이 지나쳐서 상반되는 결과들조차 거의 모두 설명할 수 있게 만들었다.

이러한 대인기억 모형들(해스티 모형과 스룰-와이어 모형 모두)이 가지고 있는 한 가지 두드러진 특징은 인상과 일치하지 않는 행동의 회상이 우수하다고 예언하는 것이다. 불일치 이점은 불일치 정보에 대한 주의와의 연계 그리고 인출 경로의 증가로 설명된다. 불일치 이점은 참가자들에게 특질 인상을 주입시키고 나서 일련의 일치 행동과 불일치 행동을 제시하고는 그 행동들을 회상하도록 요구하는 표준적 실험 패러다임에서 거의 항상 나타나는 효과였다(Srull & Wyer, 1989 참조). 그렇지만 실험 패러다임이 지각자의 과제를 복잡한 것으로 만드는 다음과 같은 여러 가지 방식으로 표준적인 것에서 벗어날 때는 불일치 이점이 얻어지지 않는다. 즉, 잘 형성된 기대(S. T. Fiske & Neuberg, 1990; Higgins & Bargh, 1987; Ruble & Stangor, 1986), 다중 특질 기대(D. L. Hamilton, Driscoll, & Worth, 1989), 기술적(記述的)으로는 불일치하지만 평가적으로는 그렇지 않은 행동(Wyer & Gorden, 1982), 대화에서 어깨너머로 듣는 특질과 행동(Wyer, Budesheim, & Lambert, 1990), 나중에 인상에 대해서 생각할 수 있는 시간(Wyer & Martin, 1986), 복잡한 판단을 해야만 하는 경우(Bodenhausen & Lichtenstein, 1987; Bodenhausen & Wyer, 1985), 특히 인지적 부하가 걸리거나 선택적 기억을 해야 하는 경우(Garcia-Marques, Hamilton, & Maddox, 2002)와 다중 과제 조건에서 복잡한 판단을 하는 경우(Macrae et al., 1999) 등이다. 또한 불일치 이점을 일어날 때는 응집적 성격을 가지고 있을 것이라고 기대하는 개인에 대한 인상에서 일어나는 것이며, 그렇게 응집적이지 않은 성격들로 구성된 것으로 간주되는 집단에 대해서는 그러한 이점이 별로 발생하지 않는다(Rothbart, Evans, & Fulero, 1979; Srull et al., 1985).

마르케스-해밀턴 대인기억 모형

해스티 모형과 스룰-와이어 모형이 많은 결과를 설명할 수 있기는 하지만, 사람들은 제2장에서 기술한 이중과정 모드에서와 같이 상황에 따라서 여러 가지 처리 전략을 사용하는 것으로 보인다. 실제로 마르케스와 해밀턴(Marques & Hamilton)의 새로운 모형은 사람들이 과제에 따라서 독특한 인출과정을 사용한다는 사실을 시사한다(Gàrcia-Marques & Hamilton, 1996). 정보를 회상하고자 시도할 때는 전체 전략(exhaustive strategy)을 사용하지만, 빈도 판단을 하기 위해서 사례를 기억해 내고자 할 때는 발견법적 인출 전략(heuristic retrieval strategy)을 사용한다. 전체 전략은 불일치 기억을 선호하는 반면, 발견법적 전략은 일치 기억을 선호한다. 다른 이중과정 모형들과 마찬가지로 이것을 연합 경로를 통한 이중 인출 모형(twofold retrieval by associative pathways, TRAP)이라고 부른다.

칼스턴의 연합 시스템 이론

연합 시스템 이론(associative systems theory, AST)에 따르면, 타인에 대한 표상은 다음과 같은 네 가지 일차적 심적 시스템을 사용함으로써 발달한다—(a) 시각 시스템, (b) 언어/의미 시스템, (c) 감정 시스템, (d) 행위 시스템(Carlston, 1994). 이러한 네 가지 양상은 즉각적 부호화와 관련된 하위 수준에서는 비교적 독립적이지만, 표상이 점차 추상화됨에 따라서 서로 얽히게 된다. 상호 관련성을 고려하지 않는다면 이러한 기제는 다른 연합기억 모형들과도 관련되는 것이다. 이 견해는 연합기억 모형들이 일차적으로 인지 양상에 초점을 맞추고 있는 것에다 다른 양상들, 특히 감정과 행위 양상을 명백하게 첨가시키고 있다.

결론

사회인지에서 가장 영향력 있는 기억 모형은 연합기억 모형들이 제안한 마디-링크 구조였다. 이 견해에서는 각 개념(특질, 행동, 개인의 이름 등)이 마디로 표상되며, 두 항목을 상호간에 관련시키는 링크로 연결된다. 인출은 기억망이 제공하는 경로를 따라서 진행된다. 상황에 따른 기대성 불일치 정보와 기대성 일치 정보의 회상 우위성은 이 모형들의 중요한 경험적 유산의 하나다. 절차기억, 병행처리, 그리고 사회신경과학에 기초한 새로운 접근은 이러한 초기 논쟁을 넘어선다.

2. 절차기억과 서술기억: 기억의 기능

절차기억과 서술기억에 대한 기본적 인지 모형

방금 기술한 바와 같이, 많은 모형들은 기억이 개념들의 연합망, 즉 내용지식의 장기 저장을 포함한다고 가정한다. 이러한 서술기억(declarative memory)은 때때로 앞에서 기술하였던 자동성의 한 형태인 절차지식(procedural knowledge)과 대비된다(Squire,

1987). 제2장에서는 자동처리의 한 형태를 절차화, 즉 연습을 통한 판단 속도의 증가로 설명한 바 있다. 그렇기는 하지만 절차적 과정을 기억 모형 속에 위치시키지는 않았다. 기억에 관한 몇 가지 부가적 배경을 가지게 되면 최근의 기억 모형들에 기초하여 그렇게 할 수 있게 된다(J. R. Anderson et al., 2004 참조). 대체로 이 모형들은 기억의 '내용'(서술적) 부분과 '방법'(절차적) 부분을 다루고 있다.

새로운 연합망 모형들은 서술기억의 활성화가 과거의 일반적 유용성과 현재 부합성의 결합함수라고 상정한다(Anderson et al., 2004). 서술기억에서의 인출에는 해마와 측두엽이 관여한다. (제1장에서 보았던 것처럼, 도로 정보를 위해서 택시 운전사들의 해마가 커진다는 사실을 회상해 보라.) 서술기억에는 특정한 사건에 대한 일화기억(episodic memory)(Tulving, 1983) 그리고 사실, 단어 의미, 백과사전적 지식에 대한 의미기억(semantic memory)이 포함된다. 단기기억에 대한 초기의 생각과 마찬가지로, 인출된 정보는 복외측 전전두피질과 연합된 제한된 공간의 버퍼에 위치한다(Buckner, Kelley, & Petersen, 1999; Wagner, Paré-Blagoev, Clark, & Poldrack, 2001). 관련된 지식들은 단기기억 또는 작업기억에 함께 활성화된다.

절차지식은 기술, 즉 무엇인가를 하는 방법에 관한 것이며, 지금까지 우리가 논의해 왔던 방식과는 다르게 표상되는 것으로 가정되고 있다. 절차지식은 조건-행위 쌍, 또는 산출(production)이라고 부르는 '만일-그렇다면' 진술로 표상된다. 입력 패턴이 산출의 '만일' 또는 조건 부분과 대응되면, '그렇다면' 또는 행위 부분이 즉각적으로 작동한다. 예컨대, 조건은 "만일 편지가 나의 주소로 되어 있고 엄청난 현금의 상금을 광고한다면"을 포함할 수 있다. 어떤 사람에게 있어서는 산출의 행위 부분에 "그렇다면 뜯어보지도 말고 버려라"가 들어 있는 반면에, 다른 사람에게는 "그렇다면 개봉하여 읽고 즉시 반응하라"가 들어 있을 수 있다. 다양한 공통적인 인지적 산출(대응, 선택, 수행 등과 같은)은 절차기억을 구성하는데, 여기에는 기저신경절을 수반한 회로가 관여한다(Anderson et al., 2004). 현재의 목표가 활성화되는 절차를 결정한다. 목표는 복외측 전전두피질과 연합되어 있는 것으로 보인다. 현재 목표는 그 목표를 달성해 가는 진행과정을 추적하는 버퍼에 들어 있을 수 있다.

절차적 사회기억 모형

앞에서 기술한 바와 같이, 내용지식은 처음에 사회인지 연구자들에게도 오래전부터 잘 알려져 있는 서술적 연합망에 표상된다. 서술적 표상의 장점에는 단지 개념들을 링크시키기만 하면 되기 때문에 학습이 용이하다는 것, 지식 구조의 어느 부분에 대한 것이든지 단서를 제공하는 모든 상황에서 사용할 수 있도록 가용성이 광범위하다는 것, 그리고 요구에 따라서 연합들 사이에서 다양한 방향으로 작업할 수 있게 해 준다는 것 등이 포함된다(E. R. Smith, 1998). 따라서 서술적 지식은 영역 보편적이고 독립적이며, 의식과 언어적 표현에 접속될 수 있다. 그렇기 때문에 사회인지 연구자들이 가장 공통적으로 사용하는 방법에서 다루어져 왔다.

서술적 지식의 단점은 처리 속도가 느리며 제한된 용량의 작업기억(단기기억)을 고갈시키는 경향이 있다는 점이다. 따라서 특정한 처리과정이 반복적으로 사용됨으로써 궁극적으로는 절차화되어 앞서 논의한 바와 같이 효율적인 처리가 이루어지게 된다.[1)]

스미스의 절차화

사회과정은 반복되지 않으면 쓸모가 없기 때문에, 자동화의 사례들에서 보았던 것처럼 어떤 사회과정들이 절차화된다는 사실은 이해될 수 있다. 특히 우리는 스미스(E. R. Smith)와 동료들의 연구를 기술하였는데, 이들은 특히 연습을 통하여 사회적 추론을 촉진시키는 데 절차기억의 원리를 적용해 왔다(E. R. Smith, 1990; E. R. Smith & DeCoster, 1998). 앞서 지적한 바와 같이, 이러한 연습 효과는 자동성에 대한 한 가지 설명을 제공한다.

이에 덧붙여, 스미스와 동료들은 절차기억이 기억 모형에 비추어 논의하였던 점

---

1) 절차화는 2단계 컴파일 과정(compilation process)의 두 번째 단계로 간주된다. 첫째, 항상 함께 수행되는 특정한 행위들은 합성(composition)을 통하여 단일 거대 단계로 결합될 수 있다. 연속적 단계들로 시작하는 것은("만일 편지가 나의 주소로 되어 있고 상금을 광고한다면 개봉하라." 다음에 "만일 편지가 나의 주소로 되어 있고 상금을 광고하고 그 편지를 개봉하였다면 적법성을 확인하라."가 뒤따른다) 하나의 복잡한 단계로 마무리될 수 있다("만일 편지가 나의 주소로 되어 있고 상금을 광고한다면 개봉하여 적법성을 확인하라."). 특정한 과정을 컴파일링 하는 두 번째 방법은 절차화를 통한 것이다. 자신에게 온 우편물을 보다 신속하게 분류하는 방법을 학습할 때, 일정하게 반복되는 경험에 보편적 절차를 적용하는 것이다. 특정한 발신지로부터 오는 모든 편지가 명확하고 무조건적인 상금을 제공하지 않는다면 다음과 같은 절차를 신속하게 학습하게 된다— "만일 편지가 '묻지 마 상금 회사'에서 온 것이라면 폐기처분하라." 여기서는 편의상 그리고 이러한 구분이 보편적인 것이 아니기 때문에 단지 절차화만을 논의한다.

화 효과에 대한 대안적 설명을 제공해 준다고 제안한다. 점화는 최근에 또는 빈번하게 활성화된 범주가 그 범주와 관련된 정보의 처리에 미치는 영향을 입증하는 것임을 회상해 보라. 점화 효과는 전형적으로 서술기억(연합망 기억)을 사용한 범주 접속 가능성에 근거한 것으로 해석된다. 즉, 모형들은 활성화가 연합망 경로를 따라서 점화 자극으로부터 관련된 개념으로 확산되는 것으로 기술한다. 점화가 단어나 얼굴 또는 상징에 근거한 것이든 간에, 연계된 개념은 다른 개념을 점화할 수 있다. 이 과정 자체는 보편적인 것이며, 연합망에서 링크된 내용은 어느 것이나 동일한 방식으로 작동한다.

그렇지만 연구들은 절차적 설명이 시사하는 바와 같이 어떤 점화 효과는 과정특수적일 수 있음을 시사한다(E. R. Smith & Branscombe, 1987, 1988; E. R. Smith, 1989; Higgins & Chaires, 1980 참조). 성격 특질을 점화할 수 있는 상이한 특수과정을 생각해 보자. 예컨대, 단어를 읽고 그 단어에 대해서 생각하거나 아니면 명백한 행동 사례로부터 그 단어를 생성해 낼 수 있다. 후속 과제가 동일한 과정을 반복한다면 (즉, 특질을 읽거나 행동으로부터 그 특질을 생성하는 것) 일종의 점화가 일어난다. 즉, 단어에 대한 후속 접속이 빨라진다. 이러한 촉진은 특정한 과정(읽기나 생성하기)에 의존하는 것이지, 그 개념에 대한 사전 노출에 의존하는 것이 아니다. 연습 과제가 검사 과제와는 상이한 점화과정을 사용할 때는(예컨대 연습 때는 생성하기, 검사 과제에서는 단어 읽기) 두 과제 모두 동일한 점화과정을 사용할 때(예컨대 모두 생성하기 또는 모두 단어 읽기) 못지않게 특질 개념이 접속 가능하다. 그렇기는 하지만 동일한 과제 절차가 반복될 때 더욱 큰 촉진이 일어난다. 따라서 어떤 점화 효과는 서술적 연합기억의 범주 접속 가능성 효과에 덧붙여 반복적 절차 자체로부터 나타난다. 이 절차가 접속 가능성을 변화시키지는 않지만, 본질적으로 특정한 처리과정도 점화될 수 있다는 사실을 시사하고 있다.

르위키의 암묵기억

절차기억의 또 다른 적용은 특정한 태도의 접속 가능성(제10장 참조), 많은 가능한 추론이나 범주 중에서 특정한 것을 선택하는 것(제11장 참조), 그리고 분절시킬 수 없는 복잡한 패턴의 학습을 설명할 수 있다(Lewicki, Czyzewska, & Hoffman, 1987; Musen & Squire, 1993; 개관을 보려면 Seger, 1994 참조). 특정한 절차를 보다 많이 연습할수록, 똑같이 적용 가능한 다른 절차들에 비해서 그 절차를 사용할 가능성이 커진다. 이 견해에서 그러한 절차 효과는 '암묵기억(implicit memory)'의 한 형태이며, 암묵기억이란 현재의 판단과 반응에 대한 과거 판단과정의 영향을 지칭하는 용어다(E. R. Smith & Branscombe, 1988; 무의식적 기억에 대한 또 다른 논의를 보려면 Jacoby & Kelley, 1987 참조). 절차기억이라는 생각이 사회인지에 느닷없이 출현한 것은 아니지만, 암묵적 연합에 관한 연구에서 상당한 영향을 미치고 있다(제11~12장 참조).

결론

절차기억은 연습을 통해서 형성되어 자동처리가 되는 '만약-그렇다면'이라는 자동적 절차라는 생각을 끌어들였다. 사회인지에서 절차기억의 적용은 주로 특정한 절차를 점화시키는 것 그리고 암묵기억의 다른 사례들에 초점을 맞추고 있다(**표 4.1** 참조).

3. 병행처리와 계열처리: 기억과정의 협응

서술기억(연합기억)과 절차기억의 논제를 가로지르는 것이 병행처리와 계열처리의 논제다. 전통적인 연합망 모형들은 활성화 확산을 여러 관련 경로들을 동시에 활성화시키는 병행처리(parallel process)로 간주하였지만, 부호화와 기억인출 그리고 반응이라는 전반적 과정은 일반적으로 계열적 단계의 연속으로 간주하였다. 흔히 사회적 범주는 개별적 정보의 활성화에 선행하여 활성화되는 것으로 간주된다(제2장에서 기술하였다). 이것은 계열처리(serial process)나 병행처리 어느 것을 통해서도 일어날 수 있다. 즉, 계열적으로는 첫 번째 것이 활성화된 후에 다른 것이 활성화된다. 만일 둘이 병행적으로 활성화된다면 범주 정보가 빠르게 처리되어 개별적 정보에 우선한다. 초기 정보처리 모형들에서는 계열처리라는 생각이 보다 보편적이기 때문에, 이 절에서 설명하는 바와 같이 새로운 모형들은 병행처리에 더욱 초점을 맞춘다.

기본적인 병행처리 인지 모형

병행분산처리(parallel distributed processing, PDP)는 인지 구조에 대한 접근으로, 기억 구조에 대한 전통적인 계열 모형의 대안으로 개발된 것이다. 무슨 이유 때문인지는 명확하지 않지만, 저자 중의 한 사람은 80세의 대고모에게 PDP를 설명해 드리게 되었는데, 대고모는 항상 명민하시고 대화에서도 지적 도전을 즐기시며, 인지 연구에서의 '미래 경향'에 관한 사례를 요구하셨던 것이다. 대고모가 저자보다 알고 계신 것이 적을 것이라고 확신할 수 있다는 점에서 PDP는 안전한 주제로 보였다. 어렵게 설명을 시작하면서 PDP에 대해서 머리에 떠오른 은유는 전구로 만들어진 구식 시계와 기온을 알려 주는 전광판이었다. 그러한 전광판은 격자로 배열한 전구들로 구성되어 있는데, 불이 들어오는 전구들의 조합은 표시하려는 숫자에 달려 있다. 각 전구는 전체 패턴 내에서 불이 들어오거나 나가는 방식으로 표시되는 시간과 기온에 기여한다. 절망감에서 출발한, 이토록 지나치게 단순화되고 심각한 단점을 가지고 있는 PDP 은유에서 개별 기억단위는 전구이며, 각 단위는 단지 전체 패턴의 한 자질로서 많은 상이한 기억 패턴에 참여한다. 동일한 전구는 숫자 '1'이나 '2'의 부분이 될 수 있다. 나아가 시간이 2:00인가, 7:32인가에 따라서 숫자 '2'는 전광판의 상이한 위치에 나타날 수 있다.

이러한 접근이 연합망 기억 모형들과 어떻게 다른지를 생각해 보자. 이 모형들에서 각 마디는 독특한 개념을 표상하며, 충분히 활성화되면 그 개념이 인출된다. PDP 모형에서는 각 단위가 많은 상이한 개념을 표상하는 데 도움을 주며, 모든 기본 단위에 걸쳐서 적절한 활성화 패턴이 발생할 때 개념이 인출된다. 따라서 시간과 기온 전광판으로 되돌아가 보면 특정한 숫자 '3'은 불이 들어온 전구들의 정확한 형상에만 의존하여 전광판의 오른쪽, 왼쪽, 또는 중앙에 나타날 수 있다. 어느 단일 전구도 '3'을 표상하지는 않으며 패턴만이 그렇게 하는데, 전구들의 어떤 집합이 그 일을 담당하느냐는 임의적인 것이다. 이것은 네온사인과는 상당히 다르다. 네온사인은 필요할 때는 언제나 특정한 숫자를 나타내도록 불이 들어오게 되어 있는 하나의 구조를 가지고 있다. 거칠게 표현해서 전통적 기억 모형들은 상호간에 연결된 네온사인 문자의 연속과 유사하다. (대고모는 미심쩍어하셨지만 아무튼 흥미로워하셨다.)

본질적으로 PDP 모형은 지각과 인지의 원자를 구성하는 하위 요소들을 다룬다. PDP 모형은 기억이 상호간에 촉진적 링크와 억제적 링크로 연결되어 있는 요소단위(앞의 은유에서 전구)로 구성된다고 가정한다. 연결은 어떤 단위들이 연합되어 있는지에 대한 제약(constraint)을 나타내며, 연결 강도(connection strength)는 연합의 유형과 강도를 나타낸다. 연결 강도만이 저장되기 때문에, 패턴의 부분들을 활성화시키고 나서 시스템 전반에 걸쳐 연결이 반향을 일으켜 전체 패턴이 활성화될 때까지 기다리면 패턴이 재생될 수 있다.

온전한 PDP 모형은 이 책의 범위를 넘어서는 것이다(찾아볼 만한 소개를 보려면 McClelland, Rumelhart, & Hinton, 1986 참조). 많은 경우에 이 모형은 운동 통제(타자 치기, 손을 뻗어 물건 잡기) 그리고 단어의 개별 낱자 수준에서의 지각 등의 논제에 적용되어 왔다. PDP 모형에 대한 한 가지 해석은 앞서 기술하였던 기억망 모형보다 낮은 수준에 초점을 맞추고 있다는 것이다. 다시 말해서 망 은유에서 마디는 단일 뉴런이 아니라 수많은 뉴런에 걸친 활성화 패턴이 된다. 만일 PDP를 망 모형에 대한 낮은 수준, 즉 뉴런 수준에서 작동하는 정교화로만 간주한다면, 사회인지라고 하는 거시적인 분석 수준에 대한 함의는 제한될 수밖에 없다.

그렇지만 PDP는 사회적 수준의 분석에 잠재적 효용성을 가지고 있다. 전통적인 연합 모형에서는 지식이 정적으로 표상되어 있다. 즉, 지식은 본질적으로 어느 정도 활성화되어 있는 것이기 때문에 장기기억과 작업기억 사이에서 그 형태를 변화시키지 않는다. 그렇지만 PDP 모형에서는 패턴 자체가 저장된 것이 아니라 기본 단위들 간의 연결 강도가 저장되어 있어서 패턴을 재생할 수 있게 해 준다. 실제적인 측면에서 볼 때, 지식은 시스템 속에 암묵적으로 들어 있는 것이지 저장된 규칙의 명시적 집합이 아니다.

PDP는 불완전한 자극 패턴도 재인할 수 있게 해 준다. 근사한 자극들이 연결패턴의 부분을 활성화시키고, 뒤이어서 패턴의 나머지 부분을 생성해 낼 수 있기 때문이다. PDP 모형은 여러 가지 정보원들을 동시에 고려하는 데 유능성을 발휘한다. 전통적인 계열처리 모형과는 달리 병행처리기다.

최근의 기억 모형들은 계열처리와 병행처리를 결합시킨다(예컨대 J. R. Anderson et al., 2004). 예컨대, 서술기억 인출은 관련된 많은 기억들을 병행적으로 동시에 탐색하지만, 마음에 떠오르는 내용은 계열적 병목 현상을 일으킬 수 있다. 한순간에는 오직 하나의 인출된 기억에만 주의를 기울일 수 있기 때문이다. 마찬가지로 절차기억에서는 여러 가지 잠재적 산출이 병행적으로 활성화될 수 있지만, 한순간에는 오직 하나의 산출만이 계열적으로 활동할 수 있다.

사회인지에서 병행 제약 만족

사회인지에서 PDP를 적용할 수 있는 한 가지 가능한 영역은 고정관념, 특히 고정관념들이 동시적으로 상호작용하는 방식에 관한 영역이다. 예컨대, 전통적 암만파[2] 신도인 농부와 몬테소리 교사[3]에 대한 지식을 결합하면, 이들이 공유하는 '기본으로 돌아가라'는 조망과 인내심의 강조를 고려함으로써 두 가지 역할을 모두 수행하는 사람을 상상할 수 있다. 나아가 새로운 논제(예컨대 교실에서의 휴대전화 사용)에 대하여 그 사람이 행할 가능성이 큰 반응을 상상할 수 있다. PDP 모형은 기존 지식에 근거한 출현 속성을 가능하게 해 준다.

쿤다-사가드의 병행 제약 만족 모형

사회인지에 부합하는 사례는 병행 제약 만족 이론(parallel constraint satisfaction theory)이다(Kunda & Thagard, 1996). 이중모드 모형에 대한 단일모드 대안으로 제2장에서 간략하게 소개하였던 이 이론은 인상형성을 글 이해와 유사한 것으로 간주한다. 지각자는 다양한 입력 정보를 관련된 지식 기반에 접속하면서 동시에 해석하고 통합할 필요가 있는데, 그 지식 기반에는 고정관념과 특질의 표상이 포함된다. 이 모형은 이러한 과정들의 동시성을 강조하며, 보다 구체적인 것(예컨대 특정한 행동의 해석)에서부터 보다 추상적인 것(예컨대 기대나 고정관념의 적용)에 걸쳐 있는 입력들의 상보적이고 즉각적인 영향의 균형을 유지한다. 한 순간에 고려하는 모든 정보들이 현재 접속하는 다른 정보를 제약한다. 예컨대, 친구가 나를 밀어 대는 것은 장난으로 받아들이는 반면, 낯선 이가 밀치는 것은 도발적인 것으로 받아들일 수 있다. 이 모형은 기대와 새로운 정보가 상호간의 해석을 제약하는데, 특히 정보가 모호한 것일 때 그렇다고 제안한다. 고정관념에 관한 제11장에서 이 논제들을 다시 다루게 되겠지만, 현재의 요점은 서로의 해석에 상호간에 영향을 미치는 다양한 정보와 함께 처리가 병행적으로 일어날 수 있다는 사실이다. 이 모형은 인상형성 과정에 대한 컴퓨터 시뮬레이션으로 작동한다.

---

2) 역자 주: 신교의 재세례파에 속하는 메노파 중에서도 엄격한 교리를 추구하는 원리주의 종파. 미국 펜실베이니아, 오하이오, 인디애나 주 그리고 캐나다에 몰려 있다.

3) 역자 주: 이탈리아의 의사이자 교육가인 몬테소리가 고안한 교육법으로 아동의 지능 향상과 독립성을 추구하고 있다. 아동의 연령에 따라 영아~2세 반, 2세 반~6세, 6~12세의 세 집단으로 나누어 각 집단에 필요한 특수한 환경을 만들어 교육한다.

반 오버월리의 연결주의 모형

인상형성의 연결주의 모형도 사회인지에 PDP 원리를 적용하고 있다(Van Overwalle & Labiouse, 2004). 이 모형에는 지각 성분뿐만 아니라 학습 성분도 포함되어 있기 때문에 쿤다-사가드의 병행 제약 만족 모형을 넘어선다. 또한 외부 입력(예컨대 자극)이 내부 입력(예컨대 기대성)과 균형을 이루는 초기 활성화 단계도 포함되어 있다. 이러한 초기 활성화 단계 후에 장기기억에 응고화(consolidation)를 첨가하고 있다. 응고화는 외부 입력이 내부의 연계와 정확하게 맞아떨어지지 않을 때 일어난다. 그런 다음에 단기 입력에서의 불일치에 근거하여 장기기억의 링크를 조정한다. 이것은 실제로 현실에 맞추어 가는 것이다. 이 모형에서는 대응되지 않는 기대가 오랜 시간에 걸쳐서 환경으로부터 들어오는 가장 전형적인 입력과 맞아떨어지도록 변할 수밖에 없다.

이 컴퓨터 시뮬레이션 모형으로부터 두 가지 원리가 도출된다. 첫째, 획득(acquisition)은 단지 확증하지 않는 정보보다 확증해 주는 정보가 더 많은 효과를 반영하며, 이것을 흔히 **집합 크기 효과**(set size effect)라고 부른다. 사람들은 자신의 지각을 지지해 주는 것을 더 많이 가지고 있을수록 보다 확신하게 된다. 다른 원리는 링크 간의 **경쟁**(competition)인데, 여기서 성공적인(정확한) 링크는 성공적이지 못한(부정확한) 링크를 희생시키면서 강화된다. 따라서 만일 시스템이 처음에 접한 고양이가 맹크스 고양이[4]이기 때문에 모든 고양이는 꼬리가 뭉툭하다는 신념을 갖는다면, 뒤이어서 긴 꼬리를 가지고 있는 고양이들을 접함으로써 뭉툭한 꼬리 신념을 버리는 대가로 긴 꼬리 신념이 강화된다.

컴퓨터 시뮬레이션은 동화와 대비 점화 효과, 특정한 유형의 회상에서 불일치 이점, 그리고 특정한 패턴의 초두 효과와 최신 효과(특정한 상황에서 초기 정보와 최근 정보에 더 큰 가중치를 주는 것) 등과 같은 전형적인 인상형성 효과들을 재생해 낸다. 동일한 연결주의 모형이 다음과 같은 광범위한 사회인지 주제들에도 적용된다—인과 귀인(Van Overwalle, 1998), 태도의 이중 처리 모형(Van Overwalle & Siebler, 2005), 인지 부조화(Van Overwalle & Jordens, 2002), 집단 편향(Van Rooy, Van Overwalle, Vanhoomissen, Labiouse, & French, 2003), 의사소통(Van Overwalle &

---

4) 역자 주: 영국 북잉글랜드 아이리시 해의 맨 섬이 원산지인 집고양이의 일종으로 꼬리가 없는 것이 특징이다.

Heylighen, 2006).

카시마의 텐서-프로덕트 모형

관련된 모형이 텐서-프로덕트 모형(tensor-product model; Kashima, Woolcock, & Kashima, 2000)인데, 이 모형은 반 오버윌리의 연결주의 모형이 사용하는 경쟁 접근 대신에 헤브(D. O. Hebb)의 학습 접근을 사용한다. 헤브의 접근은 연합학습을 신경세포 간의 링크 강도의 변화로 설명한다. 즉, 동시 활성화가 링크를 강화시키지만, 활성화되지 않은 링크가 억제되지는 않는다. 이 모형은 신경망을 곧이곧대로 표상한 것으로 보이지는 않지만, 집단에 대한 인상형성에서 일어나는 여러 가지 현상들을 매끄럽게 설명해 준다.

결론

PDP 연결주의 모형은 사회인지에 대한 다양한 형태의 컴퓨터 시뮬레이션 모형에 보편적인 것으로 입증되어 왔다. 다른 연결주의 모형은 인과 추리, 인지 일관성, 목표 지향적 행동에 적용되는 기본적인 게슈탈트 원리들을 다룬다(제1, 6, 9, 15장 참조; Read, Vanman, & Miller, 1997). 또 다른 모형들은 자기개념(Nowak, Vallacher, Tesser, & Borkowski, 2000), 태도 학습(Eiser, Fazio, Stafford, & Prescott, 2003), 외집단 지각(Read & Urada, 2003) 등을 다룬다. 이 접근은 역동적 조망(dynamical perspective)이라고도 불린다(Vallacher, Read, & Nowak, 2002).

4. 체화된 기억: 신체적 표상의 수반

지각적 상징 시스템에 관한 기본 인지 모형

애초에 PDP 접근은 친숙한 패턴, 예컨대 흐릿하거나 조각난 낱자 등의 지각적 재인을 이해하는 방법을 개발해 왔다. 일반적으로 지각적 접근은 녹음 시스템과 같은 것으로서, 탄탄한 개념 시스템으로 간주되지 못했다. 그렇지만 지식에 대한 새로운 지각 이론은 그러한 간극을 메우려는 목표를 가지고 있다(Barsalou, 1999b).

지각적 상징은 외적 경험과 내적 경험 모두를 부호화한다. 이러한 형태의 기억표상은 상향적 지각과정, 즉 직접적인 지각 경험 그리고 그 경험이 초래하는 두뇌의 감각운동 영역을 활성화시키는 연합에 의해서 작동하는 과정을 구체화한다. 지각 경험은 모든 감각에다가 내성과 고유감각(proprioception; 내적 피드백에 근거한 자신의 신체 위치 감각)까지를 포함할 수 있다. 선택적 주의는 환경의 자질을 추려 낸다. 즉, 모든 가용한 자극이 아니라 특정한 성분만을 선택한다. 이러한 지각적 측면은 모서리, 색깔, 움직임, 온도 등과 같은 성분에 대한 유용한 정보를 포착한다. 정보가 외적 자극(예컨대 기온)과 신체 경험(예컨대 통증)을 모두 포함한다는 의미에서 체화된(embodied) 것이다. 또한 지각자에게 적절한 행위(예컨대 회피행동)를 마련해 준다는 의미에서도 체화된다. 이러한 측면에서 이 모형은 제3장에서 기술한 "지각한다는 것은 행동하기 위한 것이다"에서 보는 것과 같은 깁슨 식의 생태학적 지각이 더욱 정교화된 21세기 버전이라고 할 수 있다.

지각적 측면에 덧붙여, 이러한 형태의 기억표상은 지각 경험 이후에 작동하는 하향식 기대도 포착하고 있다. 지각적 상징체계(perceptual symbol system, PSS)는 자극이 입력되는 동안 신경 활성화를 기록하지만, 나중에 개념적 처리를 위해서도 재활성화된다. PSS는 자극이 존재할 때나(지각) 존재하지 않을 때도(심상이나 개념화) 대상을 표상할 수 있다. 심상(imagery)은 눈을 감고 어렸을 적에 살았던 집을 떠올릴 때처럼 감각운동 표상에 대해서 보다 의식적이고 세부적이라는 점에서 개념화와 차이가 있다. 개념화(conception)는 시각적(또는 다른 감각운동 양상) 세부사항을 의식적으로 인출하지 않은 채 그 대상에 대해서 아는 것을 수반한다.

PSS의 핵심 성분에는 지각 경험을 처음에 등록하고 나중에 그 경험을 재생해 내는 시뮬레이터(simulator)가 포함된다. 이것은 본질적으로 지각 단계에서 선택적 주의에 의해 생성되는 두뇌 활성화 패턴이다. 관련된 지각적 상징이 PSS로 하여금 특정한 개체(예컨대 새로 이사한 집에 도착하면서 처음 보는 것)를 표상하도록 해 주는 시뮬레이터 속에 자리를 잡는다. 표상은 역동적이며, 보다 많은 정보를 경험함에 따라서(새로운 집에 들어가, 한동안 그곳에 사는 것) 변화한다. 시뮬레이터는 다음과 같은 두 가지 유형의 구조—경험을 그 범주(바로 그 집, 집 일반)와 통합하는 기저 틀걸이(frame), 그리고 틀걸이로부터 생성될 수 있는 시뮬레이션(simulation)—를 갖고 있다. 시뮬레이션은 특정한 시점에 특정한 사례의 경험을 생성한다.

이 견해에 따르면, 한 극단에서는 인지과정이 상향적 감각운동 지각을 수반한다. 다른 극단에는 개념화와 심상을 포함하는 하향식 감각운동 표상이 존재한다. 중간에 점화, 정보가 빠진 간극 메우기, 미래 사건 예측하기, 모호한 정보 해석하기 등과 같은 처리과정이 존재한다. 이 모든 것들에는 부분적으로는 지각적이며 부분적으로는 하향적인 상보적 처리과정이 수반된다. PSS 견해는 한 가지 중요한 면에서 연합망 모형들과 차이가 있다. 즉, 지각적 상징은 감각 양상을 표상하는 반면에, 연합망 모형들에서는 감각 입력이나 내적 입력의 원래 유형에 관계없이 기억이 추상적 구조를 표상한다는 의미에서 비양상적(amodal)이다. PSS는 세부적 경험에 걸쳐서 핵심 자질을 선택하는 통합적 틀걸이를 통해서 그리고 신체적 경험과 내성적 경험 모두를 병합함으로써 추상적 개념을 표상한다. PSS의 조망에서 보면, 작업기억은 지각적 시뮬레이션을 하는 것이다(예컨대 방금 경험한 정보를 담고 있는 버퍼로서 작동하는 것이다). 장기기억은 경험 그리고 이에 부합하는 시뮬레이션을 기록한다. 이 모형을 비교적 길게 기술한 이유는 몇몇 연구들이 시사하는 바와 같이 미래에 사회인지 연구자들에게 유용한 것이 될 수 있기 때문이다.

체화 사회인지 모형

PSS 견해가 사회인지 장면에서 호소력을 갖는 이유는 단지 기록된 정보에만 초점을 맞추는 것이 아니라 상황적 행위를 위한 준비에도 초점을 맞추기 때문이다(Barsalou, 1999b). 사회적 상호작용은 상황적 행위가 아니라면 아무 의미가 없는 것이다. 사회심리학의 주요 메시지는 사회적 상황이 사고와 감정 그리고 행위에 커다란 영향을 미친다는 것이다. 그렇기 때문에 사회심리학자들은 제이온스와 마커스(Zajonc & Markus, 1984)의 '하드 인터페이스(hard interface)'라는 표현이 예상하였던 것처럼 체화된 인지 견해를 채택하고 있는 것이다.

체화된 인지는 대인관계 맥락과 사회적 상황인지에서 행위자를 분명하게 위치시킨다(E. R. Smith & Semin, 2004). 체화는 직접 지각—상호작용 중의 온라인 인지—뿐만 아니라 고려하는 사회적 대상이 부재할 때도—오프라인 인지—사회적 정보처리의 토대가 된다(Niedenthal, Barsalou, Winkielman, Krauth-Gruber, & Ric, 2005). PSS는 사회인지에 대한 얼굴 위치나 신체 위치의 효과를 수반하는 여러 최근 결과들에 적용된다. 예컨대, 사람들이 설득적 정보를 받아들이는 동안 머리를 아래위로 끄덕이거나 좌우로 흔들도록 유도하면 그 정보에 동의하거나 반대할 가능성이 증가하게 된다(Wells & Petty, 1980). 연필을 아래위 치아 사이에 수평으로 물고 있게 하면—웃음

근육인 광대근을 수축시킨다—입술로 연필을 물고 있을 때보다 보여 주는 만화를 더 재미있는 것으로 판단한다(Strack, Martin, & Stepper, 1988). 사람들은 팔을 뻗어서 회피하는 행동을 흉내 낼 때보다 팔을 당겨서 접근하는 움직임을 흉내 낼 때 낯선 중국어 글자를 더 좋아한다(Cacioppo, Priester, & Berntson, 1993). 슬픔과 같은 정서의 특징적인 자세를 취하면 그 정서를 보다 많이 느낀다고 보고하며(Duclos et al., 1989), 주먹을 꼭 쥐는 것은 힘의 개념화와 관계가 있다(Schubert, 2004). 이 모든 사례들은 정서와 평가에 대한 체화의 영향을 시사한다.

제3장에서는 이와 반대되는 현상을 보았다. 즉, 단어를 통한 개념적 점화 또는 얼굴을 이용한 시각적 점화가 사람들로 하여금 부합하는 고정관념적 행동을 하게 만든다(Bargh, Chen, & Burrows, 1996). 그렇지만 상향식 감각운동 표상과 하향식 일반적 개념과 심상의 효과는 체화와 감정 경험 간에 상보적이다. 즉, 사람들은 상호작용 중에 상대방의 비언어적 행동을 흉내 낼 때 이해가 잘된다고 느낀다(Chartrand & Bargh, 1999). 공감은 부분적으로 신체라는 채널을 통해서 작동한다(Decéty & Chaminade, 2003). 정서 경험의 표상은 그 정서에 대한 체화된 지식을 통해서 일어날 가능성이 특히 크다(Barrett, 2006).

결론

일반적으로 기억 모형들은 연합망이 장기기억에서 개념을 체제화하며 현재 가장 활성화된 연합이 단기기억 또는 작업기억을 나타낸다는 생각에 토대를 둔다. 이러한 기본 틀이 대인기억에 관한 대부분 연구의 근간을 이룬다. 연구자들이 기억의 작동에 주의를 기울이게 되자, 서술기억(회상하는 것의 연합망)과 절차기억(회상이 다른 조작을 촉발시키는 방식을 결정하는 '만약-그렇다면' 쌍들의 집합)을 구분하고 있다. 기억 모형들은 기억과정을 설명하기 위하여 점차적으로 계열적인 연속적 처리뿐만 아니라 동시적인 병행적 절차에도 초점을 맞춘다. 그리고 체화된 인지에 관한 모형들은 상향식 지각과 하향식 개념적 표상 모두를 위한 감각운동 지각체계에 의존하고 있다.

5. 사회기억 구조: 사회기억이 중요한 이유

"제인, 사랑해… 정말이야, 샐리." 어떤 사람을 다른 사람의 이름으로 부른다면 무슨 일이 일어날까? 사람들은 전형적으로 다른 사람과 동일하게(또는 다른 사람보다 인지적 접속 가능성이 낮은 것으로) 취급되는 것에 화를 내게 마련이다. 자신의 아이들을 강아지와 혼동한 최악의 사례를 알고 있기도 하지만(A. P. Fiske et al., 1991), 아무튼 화를 내는 것은 당연하다. 누군가의 이름을 잊어버리거나 확신하지 못할 때 무슨 일이 일어나겠는가? 감정을 손상당하고 개인적 비극이 뒤따를 수 있다. 사람들은 타인에 대한 기억을 체제화하기 위하여 광범위한 기대와 범주를 사용한다. 대부분의 경우에는 잘 작동하지만 단점도 가지고 있다. 사회인지 연구는 오랫동안 보편성과 특수성 간의 이러한 긴장에 초점을 맞추어 왔다. 이 절에서 우리는 사회적 범주와 특정한 사회적 본보기에 대한 심적 표상을 논의한다. 이 구조들은 다양한 기억 이론에 걸쳐 있으며, 모두 사회생활에 필수적인 것이기 때문이다.

사회적 범주

범주는 예컨대 사람, 개체, 또는 사회적 집단에 대한 우리의 기대를 기술한다. 원하든 그렇지 않든 간에, 우리 모두는 타인, 우리 자신, 그리고 접하는 상황에 대한 가정을 한다. 때로는 그러한 기대로 인해서 극적이라고 할 만큼 엉뚱한 행동을 하기도 한다. 그렇기는 하지만 대부분의 경우에 그 기대는 잘 작동하며, 실제로 기대가 없이는 생활을 영위할 수 없다. 그러한 기대, 가정, 그리고 보편적 사전 지식은 우리에게 예언감과 제어감을 제공하며, 우리의 웰빙에 필수적인 것이다(제2장 참조).

범주 없이 살아갈 수 있겠는가? 낯선 상황 속에서 기대나 사전 지식을 거의 가지고 있지 않은 사람들과 상호작용하는 객관적인 방안을 생각해 보라. 새로운 대학 캠퍼스에 첫날 도착하는 것, 낯선 문화를 처음으로 접하는 것, 성별과 연령 그리고 직업이 신비에 싸여 있는 낯선 사람을 만나는 것 등, 이 모든 것들은 기대가 제공하는 정상 수준의 예측감과 제어감을 갖지 못함으로써 우리의 정상적인 행동을 어렵게 만드는 혼란스러운 만남이 된다. 캠퍼스에 대한 사전 지식(예컨대 안내용 지도), 문화 안내 책자, 또는 (양쪽을 모두 알고 있는 친구에 의한) 낯선 사람의 소개 등은 각각의 만남을 촉진시켜 준다. 이러한 사전 지식에 필연적으로 의존하는 것이 완벽하게 적응적인 것은 물론 아니다. 잘못된 가정에 의존할 수도 있고, 그 가정이 지나치게 경직된 것일 수 있다. 그렇기는 하지만 전반적으로 그러한 기대는 유용하다.

범주 주도적 처리과정 대 데이터 주도적 처리과정

범주는 개념에 대한 지식을 표상한다. 때로는 스키마(schema)라고 부르는 이러한 추상적 표상에는 개념의 속성과 속성 간의 관계가 포함된다(S. T. Fiske & Linville, 1980; Macrae & Bodenhausen, 2001; Rumelhart & Ortony, 1977; S. E. Taylor & Crocker, 1981). 범주적 대인지각은 하향(top-down) 처리, 개념 주도적(conceptually-driven) 처리, 또는 이론 주도적(theory-driven) 처리와 같이 다양한 용어로 불리는 처리과정을 촉진시킨다. 이것은 상향적(bottom-up)이고 자극 주도적(stimulus-driven)이며 데이터 주도적(data-driven)인 처리와 대비되는 것으로서, 단지 체제화된 사전 지식에 의해서 처리가 상당한 영향을 받음을 의미하는 것이다(Abelson, 1981; Bobrow & Norman, 1975; Rumelhart & Ortony, 1977). 범주적 지각은 세상에 대한 이론과 개념으로서, 많은 특정한 사례에 걸쳐 적용되는 보편적 사례, 즉 추상적인 보편적 지식과 관련된다. 이 연구들이 제공하는 기본 메시지는 사람들이 지식을 대상 전체의 포괄적 수준에 저장함으로써 실재를 단순화시킨다는 것이다. 실제의 개별 경험들을 원래의 형태를 유지한 채 하나하나 꼼꼼하게 저장하는 것이 아니다. 만일 그렇게 저장한다면, 그것은 순수한 데이터 주도적 처리가 된다.

그렇지만 최근에는 사회심리학자와 인지심리학자들이 데이터 주도적 처리가 범주 주도적 처리와 상호작용하는 측면에 초점을 맞춤으로써 전자를 면밀하게 들여다보아 왔다. 데이터 주도적 처리는 상대방이나 상황이 가지고 있는 세부적 자질에 대한 사람들의 민감도를 예증하고 있다. 순전히 범주적 이론은 극단적인 경우에 사람들이 앞에 전개되는 정보의 관찰을 고집스럽게 거부하고 어떤 경우에도 자신의 스키마를 유지하면서 중요한 세부사항들을 무분별하게 훑어보는 존재로 묘사하였다. 반면에 데이터 주도적 접근은 사람들이 실제로는 주어진 정보에 유념한다는 사실을 보여준다(Higgins & Bargh, 1987). 이 절에서는 두 유형의 현상을 모두 다룰 것인데, 우선 범주적 처리과정으로 시작한다.

앞서 지적한 바와 같이, 세상지각은 세상에 존재하는 것과 우리가 가져오는 것 간의 상호작용을 반영한다. 역설적으로 우리는 인지과정에 대한 우리 자신의 공헌보다는 외부 세상의 공헌을 더 많이 자각한다. 즉, 정보를 부호화하고 있다는 것을 알고 있지만, 선택적 주의와 해석 그리고 간극 채우기의 역할을 과소평가한다. 기대는 우리가 일상적 지각에 가져오는 구조화된 지식이기 때문에 실재에 대한 우리의 능동적 구성을 강조한다. 그렇다고 해서 자극 자체에 제약을 받지 않는다는 말은 아니다. 거트루드 스타인[5]의 표현과는 반대로, "그곳은 그곳에 있는 것이다(there is a there there)."

범주적 기대는 대부분 전의식적인 지각적 상호작용의 부분에서 우리 자신의 공헌을 강조한다. 우리는 세상에 아무것도 덧붙이지 않은 것처럼 그 세상을 경험하기 때문에, 상식 수준에서는 우리가 환경의 변하지 않는 곧이곧대로 복사품을 지각하는 것처럼 보인다. 마치 두뇌가 환경을 단순하게 비디오로 촬영하는 것처럼, 지각을 즉각적이고 직접적인 것으로 경험한다. 일반인들은 물론이고 몇몇 철학자들도 지각이 여과되지 않은 실제적인 것이라는 상식적 견해를 유지해 왔다(Aristotle, 1931; J. Mill, 1869). 여과되지 않은 경험의 중요성에 대한 강조는 오늘날의 본보기 연구에서 계속되고 있다(이 절의 뒷부분에서 다룬다).

반면에, 게슈탈트 심리학은 지각에 대한 상이한 견해를 강조하였다(Brunswik, 1956; Koffka, 1935). 제1장에서 지적한 바와 같이, 게슈탈트 심리학자들은 지각이 구성적이며 신경과 두뇌의 해석 능력에 의해서 매개된다고 주장하였다. 주어진 자극에서 우리가 보는 것은 맥락에 의존적이다. 예컨대, '1952'와 'life'에서 '1'은 객관적으로 매우 유사하지만 각각의 맥락으로 인해서 다르게 해석된다. 맥락은 개별 요소들의 의미를 변화시키는 게슈탈트 또는 형상을 제공한다. 따라서 전체는 부분들의 단순한 조합보다 크다. 게슈탈트 심리학이 맥락 속에서 형상의 지각을 강조한 것은 지각자가 적극적으로 공헌하는 맥락 속의 형상으로서의 사회적 범주와 기대를 예상하게 만들어 준다. 이렇게 체제화된 사전 지식이 맥락 기반 게슈탈트 형상과 거의 동일한 방식으로, 무엇을 지각하고 기억하는 것인지를 결정한다. 그렇지만 일반적으로 사람과 상황을 수반하는 보다 복잡한 유형의 형상으로 지각하고 기억한다. 게슈탈트 자극 형상은 오늘날 범주적 이론들로 직접적으로 이끌어 온 두 가지 이론적 발달을 주도하였

---

5) 역자 주: Gertrude Stein(1874-1946). 미국의 여류 전위작가이며 시인으로, 소위 '로스트 제너레이션'이라는 이름을 붙인 장본인. 그녀의 문체는 일반 독자들에게 너무 복잡하고 애매해서, "A rose is a rose is a rose is a rose(장미는 장미이다는 장미는 장미이다)" 같은 시구의 작가로 알려져 있다. 위의 표현은 이러한 문체를 흉내 낸 것으로 판단된다.

다. 즉, 솔로몬 애쉬(Solomon Asch, 1946)의 인상형성에 대한 형상 모형(configural model; 제1장) 그리고 프리츠 하이더(Fritz Heider, 1958)의 심리적 균형을 생성하는 사회형상 이론(social configuration theory; 제9장)이 그것이다.

범주적 지각

상식적 견해와 고전적 견해는 사람들이 일상 범주의 경계를 명확하게 정의할 수 있다는 것이었다(E. E. Smith & Medin, 1981). 이것은 과학이나 수학에서 그렇게 할 수 있는 것으로 생각하는 것과 같다(그렇지만 이 분야에서도 고전적 가정은 의문시된다). 자세하게 살펴보면 이것은 가능하지 않다는 것이 분명해진다. 비트겐슈타인(Wittgenstein, 1953)이 처음으로 지적한 원리에 근거하여 인지심리학(Mervis & Rosch, 1981; Rosch, 1978, 1987)과 사회·성격심리학(Cantor & Mischel, 1979)에서 도출한 여러 가지 원리들은 사람들이 사물과 상황 그리고 타인을 범주화하는 방법을 기술한다.

한 가지 핵심적 주장은 자연범주가 필요충분 속성을 가지고 있지 않다는 것이다. 오히려 범주 구성원들은 모호한 경계 내에 위치하기 때문에 어느 사례들이 그 범주에 속하는 것인지 항상 명확한 것이 아니다. 예컨대 모노폴리 보드게임, 야구, 셔레이드 게임[6]은 모두 '게임' 범주의 좋은 예인데, 그렇다면 소꿉장난, 개미 못살게 굴기, 슈퍼볼에 내기 걸기 등은 어떤가? 어떤 사례는 다른 것보다 더 전형적이라는 지각은 사례가 전형적인 것에서부터 비전형적인 것에 걸쳐 있으며 전형적인 사례가 범주를 대표한다는 생각으로 이끌어 갔다. 원형(prototype)은 범주 구성원들의 '집중경향' 또는 평균이다.[7]

사람들이 실생활에서 원형을 실제로 경험하는 것은 아니다. 원형은 본보기의 경험으로부터 추상화되는 것이기 때문이다. 어떤 사례도 자체적으로 완벽한 원형이 될 수는 없지만, 사람들은 가장 전형적인 자질을 추출해 낸다(Hayes-Roth & Hayes-Roth, 1977; Posner & Keele, 1968, 1970; Reed, 1972). 그런 다음에 새로운 사례가

---

6) 역자 주: 일종의 제스처 게임이다. 두 편으로 나누어 한쪽 편 사람이 한 낱말이나 구를 몸짓이나 손짓으로 표현하여 그 낱말이나 구를 알아맞히는 게임으로 TV의 주말 오락 프로그램에서 자주 볼 수 있다.

7) 이러한 집중경향은 특정한 차원이 연속적(예컨대 키)이냐 분절적(예컨대 색채)이냐에 따라서 산술평균이나 최빈치에서 나올 수 있다.

범주에 적합한 것인지를 원형과의 유사성을 평가하여 결정한다.

이 견해에서 범주 구성원들은 가족 유사성(family resemblance) 기준에 의해서 관계를 갖는다. 범주 구성원의 어떤 쌍이든지 상호간에 몇몇 자질을 공유하며, 다른 자질들은 다른 구성원들과 공유한다. 예컨대, 스무고개와 야구는 모두 특정한 수의 순서(20개의 질문 또는 9회)를 포함하는 반면에, 술래잡기와 모노폴리 보드게임은 그렇지 않다. 한편 스무고개와 술래잡기는 모두 특별한 장비 없이 노는 것인 반면, 야구와 모노폴리는 모두 특별한 장비를 필요로 한다. 한 사례가 다른 구성원들과 보다 많은 자질을 공유할수록 보다 일관성 있고 합의를 이루면서 신속하게 그 범주의 구성원으로 확인된다(McCloskey & Glucksberg, 1978; Rosch, 1978; E. E. Smith, Shoben, & Rips, 1974). 따라서 어떤 자질이 반드시 모든 구성원들에게 존재할 필요는 없으며, 단지 몇몇 구성원들만이 공유할 수 있다. 범주의 내적 구조는 고전적 견해가 가정하였던 것보다 훨씬 유동적이며, 원형을 중심으로 이루어진 퍼지집합(fuzzy set)으로 기술할 수 있다는 것이 요점이다.

범주 내 구조에서 범주 간 구조로 넘어가 보면, 범주들은 흔히 다양한 포괄 수준에서 위계적으로 체제화된 것으로 간주된다. 즉, '오락(entertainment)'이라는 광범위한 범주 밑에는 (최소한으로 잡아도) 게임, 파티, TV, 책, 영화 등이 포함될 수 있다. 각각의 하위 범주 밑에는 자동차 게임, 보드게임, 야외 게임 등과 같은 여러 가지 하위 범주들이 위치한다. 상이한 수준의 범주화는 각기 다른 목적에 유용하다(Rosch, Mervis, Gray, Johnson, & Boyes-Braem, 1976). 예컨대, 사람들은 "오락을 하자."는 상위 수준 표현이나 "자동차 게임을 하자."는 하위 수준 표현보다는 "게임을 하자."나 "영화 보러 가자."(중간 수준)라고 제안하는 경우가 훨씬 많다. 이 견해에 따르면, 그러한 기본 수준(basic level) 또는 중간 수준 사물범주는 사람들이 그 범주와 연합시키고 있는 속성이 풍부하고, 다른 관련된 범주들과 용이하게 구분되며, 잘 숙달된 일상적 행위를 수반한다.

범주적 대인지각

상이한 유형의 대상과 행위를 범주화하는 것과 마찬가지로, 우리는 상이한 유형의 사람들도 흔히 성격에 따라서 범주화한다. 다른 사람의 전형적인 외향적 특질, 예컨대 에너지가 넘치고, 남을 즐겁게 하며, 다정하다는 등의 목록을 본다고 가정해 보자. 나중에 당신은 사교적이고 활기차다와 같은 다른 전형적인 특질도 보았었는지에 대해서 확신하지 못할 수가 있다(Cantor & Mischel, 1979; Tsujimoto, 1978). 어떤 속성의 활성화는 관련된 속성들을 활성화시키기 때문에, 어느 것을 보았고 어느 것을 원형으로부터 추론한 것인지를 기억해 내기 어렵게 된다. 이러한 사실은 범주와 일치하는 정보로부터 원형 특질을 추출한다는 견해와 잘 맞아떨어진다. 따라서 사회적 범주는 원형을 중심으로 한 퍼지집합(엄격한 경계가 없다)으로 간주될 수 있다.

이 견해의 한 가지 함의는 범주 기반 사고가 거짓기억(false memory)을 만들어 낼 수 있다는 것이다. 사람들은 보편적 원형을 저장하고 새로운 정보의 요점을 원형에 짜맞춘다. 따라서 실제로 일어나지 않았던 범주일치 정보를 기억해 낼 수 있다. 한 연구(Macrae, Schloerscheidt, Bodenhausen, & Milne, 2002)에서는 참가자들이 절반은 남자 이름이고 절반은 여자 이름인 60개의 이름을 보았는데, 기술자와 미용사라는 성별 유형에 따른 직업과 동일한 횟수로 짝지었다. 즉, 절반은 성별과 일치하는 것이고 나머지 절반은 불일치하는 것이었다. 나중에 참가자들은 120개의 이름 목록에서 앞서 보았던 이름을 재인하였다. 만일 한 이름을 앞에서 보았다고 말하면 그/그녀의 직업도 말해야만 하였다. 단순한 실험 자료에서 전형적으로 얻어지며 앞에서 기술하였던 여러 대인기억 모형이 설명하는 바와 같이, 사람들은 기대불일치 이름을 보다 용이하게 회상하였다(예컨대 남성 미용사와 여성 기술자).

범주적 조망에서 보다 흥미를 끄는 것은 거짓기억이었다. 허위경보는 검사 단계에서 방해 항목을 원래의 목록에 들어 있던 것으로 잘못 재인하는 것이다. 이러한 허위경보가 기대불일치보다 기대일치에서 두 배나 높았다. 즉, 한 이름을 친숙한 것으로 잘못 확인하였을 때, 그 이름이 성별일치 직업을 가진 것으로 확인하는 경우가 많았다. 게다가 이러한 거짓기억에는 알고 있다는 느낌이 수반되기 때문에, 사람들이 이름을 잘못 재인하고 성별일치 직업을 부여하였을 때 성별불일치 사례보다는 성별일치 사례에 대해서 친숙감을 더 많이 가질 가능성이 크다. 이 모든 현상은 사람들이 혼란스럽거나 노년일 때 특히 많이 발생하였다.

이러한 결과가 함축하는 것은 기억이 완전히 거짓일 때도 사람들은 알고 있다는 느낌을 경험하며, 범주 기반 일치성이 이 현상의 토대가 된다는 것이다. 이 장의 서두에서 보았던 소매치기 증언을 회상해 보라. 늙은 여자, 혼잡한 교차로, 주차된 자동차, 신호등을 기억하는가? 나중에 언급하였던 소매치기의 셔츠는 어떤가? 그의 모자는? 그는 무엇을 훔쳤는가? 여자의 지갑이라고 당신이 말한다면 옳은 것이다. 그의 모자 색깔은 무엇이었는가? 자동차들은 어디에 주차되었는가? 사실 우리는 모자나 주차된 자동차에 대해서는 전혀 언급한 적이 없지만, 잘 통제된 수십 개의 실험에서 참가자들은 결코 일어나지 않았던 사건에 대한 명확하고도 끈질긴 기억을 경험하도록 유도되었다(Loftus, 2004). 변호사는 유도질문(자동차가 없었음에도 "주차된 자동차들은 어디에 있었나요?")을 던짐으로써 거짓기억을 심어 줄 수 있다. 이 사실은, 예컨대 다른 사람의 암시에서 초래될 수 있다고 주장하는 소위 억압기억(repressed memory)과 회복된 기억(recovered memory)에 의문을 던진다(Loftus & Davis, 2006). 중요한 것은 그 암시가 돌이켜 볼 때 그럴듯한 경험범주들과 맞아떨어져야 한다는 것이다. 다양한 형태의 범주적 처리가 이러한 효과를 설명할 수 있다.[8)]

범주와 원형 견해에 대한 비판

사회적 범주는 잘 확립된 효과를 가지고 있지만, 모형들은 이 분야가 진보함에 따라서 변화하고 있다. 첫째, 기본적 접근의 한 가지 수정은 사회적 범주가 이상적(理想的)인 값이나 극단적인 값으로 표상되기 십상이라고 제안한다(Barsalou, 1985; Chaplin, John, & Goldberg, 1988). 즉, 수녀의 원형은 실제로 수녀들의 평균이기보다는 이상적인 수녀일 수 있다. 이 견해에서 이상적인 것은 목표 지향적 범주에서 사용될 가능성이 특히 크며, 이 범주는 특정한 목적을 내재적으로 가지고 있는데 최선의 사례(즉, 이상적인 것 또는 원형)가 그 범주의 목표를 완벽하게 만족시켜 준다. 또한 사람들은 최선의 범주 구성원과 평균적인 범주 구성원에 대한 별도의 표상을 가지고 있을 수도 있다. 만일 당신이 "이 지역에서 대표적인 식당 하나를 소개해 주십시오."라고 요청한다면, 그 요청에 대한 나의 해석이 최고의 식당이거나 가장 전형적인 식당을 추천하도록 만든다(둘은 결코 똑같은 것이 아니다!).

원형에 대한 보다 급진적인 비판은 요약표상(이상이든 원형이든 간에)이라는 생각을 모두 거부하면서, 범주는 과거에 경험하였던 본보기들의 집합으로 표상된다고 주장한다. 이것은 상당히 강력한 비판이기 때문에 이 조망을 나중에 논의하기로 한다. 지금으로서는 원형이 범주를 저장하는 유일한 방법이 아닐 수도 있다는 것이 핵심이다.

---

8) 출처 모니터링(source monitoring, 기억의 출처를 기억해 내는 것; Johnson, 2006)에 실패하는 것도 다른 방식으로 이 효과에 기여한다. 변호사가 암시하는 생각이 사건에 대한 기대와 맞아떨어지면 그 생각이 어디에서 유래한 것인지를 망각할 수 있다. 출처 모니터링의 실패는 몇몇 형태의 의도하지 않은 표절을 설명해 준다(Macrae, Bodenhausen, & Guglielmo, 1999).

둘째, 사회적 범주는 사례를 지각함에 따라서 자동적으로 활성화되는 것으로도 간주되어 왔다. 원래의 견해는 범주화가 본질적으로 자동적이고 불가피한 것이라고 주장하였지만, 뒤이은 견해는 목표를 포함한 다양한 요인들에 따라 범주 활성화가 조건부로만 활성화되는 것으로 해석하였다(Macrae & Bodenhausen, 2000; 제2장도 참조).

셋째, 비사회적 범주에서 기본 수준 또는 중간 수준이 사람들의 일상적 용도를 주도하는 것으로 보인다는 사실을 회상해 보라. 사회적 범주에서는 그렇지 않을 수 있다(Holyoak & Gordon, 1984). 사회적 범주를 사용할 때, 사람들의 특정한 목표와 전문성이 사용할 수준을 결정할 가능성이 매우 높다(Cantor & Kihlstrom, 1987; Hampson, John, & Goldberg, 1986). 이 사실은 목표와 전문성이 비사회적 범주에서 수준을 선택하는 것도 결정할 가능성을 더욱 증가시킨다. 그렇지만 사회적 범주와 비사회적 범주 모두에서 다른 모든 것들이 동일하다면 어떤 수준은 지정된 선택지로 기능할 수 있다.

네 번째 논제는 사회적 범주가 상위 수준이 하위 수준을 내포하는 방식으로 명백한 위계를 형성하는 정도다. 사회적 범주는 위계적으로 체제화되어 있어서 범주가 광의적일수록 보다 포괄적인 것이 된다고 간주되어 왔다(Cantor & Mischel, 1979). 즉, 사람들은 보다 광의적 범주일수록 더 많은 사례와 속성을 기술할 수 있다(Goldberg, 1986; Hampson, Goldberg, & John, 1987). 이러한 전반적 접근은 처음에는 유용한 것으로 입증되었으나 여러 가지 비판을 촉발시켰다.

많은 사회적 범주들은 그렇게 매끈하지 않으며, 범주 포함관계가 엄격하게 작동하지 않는 퍼지 위계를 나타낸다. 예컨대, 몇몇 데이터는 공유하기를 거부하는 것(행동 수준)은 인색한 것(낮은 수준)의 하위 집합이며, 이것은 명백하게 불친절한 것의 한 가지 특정한 방법(높은 수준)임을 보여 준다. 이 모든 것은 위계에 적합하지만, 모든 특질들이 이렇게 깔끔하게 구조화된 것은 아니다. 예컨대, 사람들은 수동적인 것(구체적이고 낮은 수준)이 반드시 내성적인 것(추상적이고 높은 수준)이 되는 특정한 방법일 필요는 없다고 말한다. 따라서 상위 수준과 하위 수준 간의 수직적 연계는 항상 명확한 것이 아니다(Hampson et al., 1986). 나아가 성별과 같은 몇몇 범주에서는 위계적 예언과 달리 상위 수준(예컨대 남성)이 낮은 수준(고정관념적 사업가)보다 풍부한 연합을 제공해 주지 않는다(Deaux, Winton, Crowley, & Lewis, 1985).

위계라는 생각은 모두 폐기할 필요가 있을지도 모른다. 사람들은 심리학자들이 위계적으로 생각하도록 제약을 가하는 경우를 제외하면 전혀 그렇게 생각하지 않을 수가 있다. 실제로 위계보다는 헝클어진 거미줄을 닮은 복잡한 망에서 연합을 만들어 낸다(Cantor & Kihlstrom, 1987). 가장 높은 수준의 외향적인 사람에서부터 중간 수준의 정치가와 코미디언 그리고 깡패 등을 거쳐서 가장 낮은 수준의 특정한 속성(사회적 유능성, 자기확신)에 이르는 매끈한 위계를 상상해 보라. 엄격한 위계에서는 몇몇 속성들이 상위 수준에 적용되며, 이 속성들은 낮은 수준으로 상속된다. 그렇지만 사람들의 연합은 항상 그렇게 매끈한 것이 아니다(Anderson & Klatzky, 1987). 최상위 수준 범주에 들어 있는 것으로 지각되는 속성(예컨대 외향적인 사람은 자기확신적이다)이 항상 모든 중간 수준 범주에 적용되는 것은 아니다(정치가는 자기확신적이지만 코미디언과 깡패는 그렇지 않다). 게다가 몇몇 중간 수준 범주(예컨대 깡패)는 다른 중간 수준 범주(예컨대 정치가)와는 연합되지만, 상위 수준 범주(외향적인 사람)와는 연합되지 않는다. 사회적 범주의 중복성은 그 범주를 사물범주와 구분시켜 준다(Lingle, Altom, & Medin, 1984). 적어도 지금까지 연구되어 온 비사회적 범주들에서 그렇다는 말이다.

요컨대, 원형 접근은 여러 가지 아이디어를 제안해 왔다. 즉, 사회적 범주는 엄격한 경계를 가지고 있는 것이 아니라 범주의 원형이나 평균적 구성원을 중심으로 체제화되어 있으며, 다른 구성원들의 전형성은 그 원형에 비추어 판단하는 퍼지집합으로 작동한다. 따라서 범주 구성원들은 필요충분 규칙이 아니라 가족 유사성으로 서로 관련된다. 그렇지만 몇몇 사회적 범주는 원형보다는 이상적인 것이나 극단적인 사례를 중심으로 체제화될 수 있다. 애초에 원형 접근은 사회적 범주가 위계적으로 배열되어 있으며 중간 수준이 기본 수준으로 가장 유용하게 사용된다고 제안하였다. 그렇지만 위계와 기본 수준에 따른 체제화는 의심을 받아 왔으며, 사회적 범주는 보다 융통적이고 복잡한 방식으로 관련되어 있다는 사실을 제안해 왔다.[9)]

---

9) 지금까지 논의한 사회인지에 대한 특수한 비판 이외에도, 원형 접근은 다음과 같은 세 가지 점에서 비판을 받아 왔다. (1) 사람들은 개념에 대해서 단순한 자질 이상의 것을 알고 있으며, 어느 자질들이 함께 출현하는 경향이 있는지도 알고 있다. 예컨대, 지저귀는 새는 작고 날아다니는 경향이 있는 반면, 큰 새는 지저귀거나 날아다니지 않는 경향이 있다. (2) 사람들은 어떤 자질을 상정할 것인지에 대해서 제약이 있다는 사실도 알고 있다. 예컨대, 새가 얼마나 많은 총을 가지고 있는지를 상정하지 않는다. (3) 맥락이 중요하다. 예컨대, 숲 속의 '새'는 유치원 교실에 있는 '새'와는 다른 종류임을 시사한다(Lingle et al., 1984; Murphy & Medin, 1985; E. E. Smith & Medin, 1981).

사회적 범주의 용도

오늘날 연구는 사회적 범주가 조건부로 활성화되고 적용되는 것으로 간주한다. 그런데 일상생활에서는 제2장에서 지적한 바와 같이 범주를 활성화시키는 조건들을 접하게 된다. 범주는 사회적 조건에 따라서 활성화되고 적용되며 심지어는 억제될 수 있는 것이다(Macrae & Bodenhausen, 2000).

범주 활성화는 주의자원에 의존적이다(Gilbert & Hixon, 1991). 즉, 몇몇 드문 경우에 사람들은 상대방의 인종, 성별, 또는 연령을 알아차리지 못할 수 있다. 극단적인 인지 과부하 상태에서는 지각자가 상대방의 범주를 확인하지만 연합된 고정관념을 활성화시키지 않을 수 있다. 그렇지만 만일 고정관념이 활성화된다면 인지 부하가 그 고정관념을 적용할 가능성을 증가시킨다.

사람들은 다중범주에 소속되어 있으며, 하나가 활성화되면 다른 것들은 억제된다(Bodenhausen & Macrae, 1998). 범주의 현저성, 만성적 접속 가능성(제3장), 그리고 처리목표(제2장)는 어느 범주가 활성화되고 어느 범주가 억제될 것인지를 결정한다. 때때로 사람들은 범주 부합 정보를 의도적으로 억제할 수 있지만, 이것은 주의자원을 많이 필요로 한다(Macrae, Bodenhausen, Milne, & Ford, 1997). 부합 정보는 부지불식간에도 억제될 수 있다. 한 유형의 정보를 반복적으로 인출하면 관련되지만 인출되지 않은 정보가 억제된다. 이것은 마음이 현재 목표에 적합한 것에 초점을 맞출 수 있게 해 주는 일종의 적응적 망각이다(MacLeod & Macrae, 2001).

범주는 활성화되더라도 상이한 방식으로 적용되거나 전혀 적용되지 않을 수가 있다. 나중에 이 논제로 되돌아올 것인데, 지금의 요점은 범주 활성화와 적용은 다양한 조건에 달려 있다는 것이다.

본보기

본보기 모형

범주에 대한 원형 견해가 고전적 견해의 단점에 대한 반작용으로 개발되었듯이, 본보기 견해도 원래는 원형 견해의 단점에 대한 반작용으로 개발되었으며(E. E. Smith & Medin, 1981 참조), 원형 견해에 비추어 가장 잘 이해될 수 있다. 원형 조망에 대한 반론으로서 본보기 접근은 경험으로부터 어떤 평균적 원형을 추상화하는 것이라기보다는 실제로 접하였던 개별적 사례나 본보기들을 기억하고 있는 것이라고 제안한다.

이 견해에서는 사람들이 한 범주에 대해서 여러 가지 본보기를 가지고 있으며, 새로운 사례를 범주에 들어 있는 수많은 본보기들과 유사한 정도를 판단하여 범주화한다. 나중에 원형 견해와 본보기 견해가 많은 연구자들, 특히 사회인지 연구자들에 의해서 통합되어 왔지만, 우선은 순수한 본보기 견해를 이해하는 것이 도움이 되겠다.

본보기 견해는 여러 가지 장점을 가지고 있다. 첫째, 범주의 이해를 주도하는 특정한 사례들에 대한 사람들의 지식을 매우 직접적으로 설명한다. 예를 들어, 식당들이 전형적으로 이인용 식탁이나 다인용 식탁을 비슷한 숫자만큼 가지고 있는지 여부를 누군가 묻는다면, 사람들은 그 질문에 답하기 위하여 기억하고 있는 여러 특정한 식당의 사례를 참조할 수 있다. 또는 누군가 모든 식당이 회계 전담 직원을 두고 있다고 주장한다면, 특정한 반례를 인출하여 그 진술을 반박할 수 있다. 이렇게 구체적 사례에 의존하는 것이 본보기라는 아이디어를 제안하기는 하지만 그렇다고 해서 필수조건으로 요구하는 것은 물론 아니다. (원형 견해는 사람들이 특정한 사례들을 기억해 낼 수 있다는 사실을 반박하지는 않지만, 사례가 원형 견해의 핵심은 아니다.)

보다 중요한 것은 사람들이 범주 구성원들 간에 가능한 변산성에 대해서 많은 것을 알고 있다는 점이다. 중국음식점의 커다란 변산성과 특정한 간이음식 체인점들의 동질성을 생각해 보라. 원형 이론은 가변성에 대한 정보를 표상할 수 없다. 순수한 원형 모형은 오직 범주의 평균만을 표상하는 것이지 가변성을 표상하는 것이 아니다. 본보기는 범주 구성원 간의 가변성을 모형화하는 간단한 방법을 제공한다. 원형 접근에서는 등가성이 가능할 수 있는 반면에, 본보기들을 상정함으로써 그러한 가변성에 대한 사람들의 지식을 용이하게 기술할 수 있다.

본보기 견해의 또 다른 중요한 장점이며 이 견해를 지지하는 최선의 주장은 한 범주 내에서 속성들의 상관관계를 설명하는 능력이다. 예컨대, 사람들은 식당 범주에서 식탁보가 덮여 있지 않은 맨 식탁은 음식값을 회계 담당 직원에게 직접 지불하는 것과 관련되고, 식탁보가 덮여 있는 식탁은 웨이터나 웨이트리스를 통해서 지불하는 것과 관련되는 경향이 있다는 사실을 알고 있다. 사람들은 값싸고 편의 지향적인 사업과 그렇지 않은 사업에 대한 자신의 이론을 통하여 이 사실을 아는 것이다(Murphy & Medin, 1985). 단일 요약표상인 원형은 이 지식을 쉽게 다루지 못한다. 사회지각에서는 범주 구성원 간에 어떤 속성들이 상관되는 경향이 있는지에 대한 지식이 특히 중요하다. 사람들은 어떤 특질들이 함께 출현하며(예컨대 야망이 있고 열심히 일하는 여러 친구들을 기억해 낸 것에 근거하여) 어떤 특질들이 그렇지 않은지(예컨대 야망이 있으면서 동시에 친절한 사람의 예를 인출할 수 없다)에 대한 암묵적 이론을 가지고 있기 때문이다(Schneider, 1973).

마지막으로 본보기 견해는 새로운 사례들로 기존의 범주를 쉽게 수정할 수 있게 해 준다. 본보기 접근에서 새로운 사례들은 또 다른 본보기로 첨가되는데, 이것이 나중의 범주 판단에 기여하게 된다(Lingle et al., 1984). 비교하자면, 원형이 어떻게 수정될 수 있는지는 명확하지 않다. 아무튼 우리는 이 논제를 다시 다루게 될 것이다.

사회인지에 대한 본보기 모형

본보기에 대한 사회적 증거가 증가하고 있다. 예컨대, 본보기로 해석되지는 않았지만 일련의 연구들은(Gilovich, 1981) 사람들의 판단이 그 판단과 무관한 특정 과거 사례와의 유사성에 의해서 영향을 받는다는 것을 보여 주었다. 유명한 미식축구 선수와 동일한 고향 출신의 신참 미식축구 선수는 고향이 운동 능력에 전혀 진단적이지 않음에도 불구하고 유망한 선수로 간주될 수 있다. 정치적 판단도 역사에서 교훈을 이끌어 내는 지지자에 의해서 조성되는데, 심지어는 과거의 사례가 전혀 진단적이지 않은 방식으로만 현재의 논제와 유사할 때조차 그렇다. 또 다른 예를 들면, 이국적 문화의 구성원에 대한 사람들의 판단은 그 문화에 대해서 학습하였던 보편적 규칙보다는 과거에 접하였던 본보기와의 유사성에 의해서 상당히 영향을 받는다(Read, 1983, 1984, 1987). 만일 사람들이 인과적 이론(예컨대 본보기가 어떻게든 새로운 사례에 영향을 미친다는 이론)을 가지고 있다면 그 본보기를 사용할 가능성이 더 커진다. 그리고 많은 일상 장면에서 두 명의 낯선 사람 중에서 누가 더 호의적일지를 결정하는 사람들은 최근에 자기에게 친절하였던 낯선 사람과 외현적으로 유사한 사람(역으로 최근에 무례하였던 사람과 덜 유사한 사람)을 선택할 것인데, 자신의 선택에 대한 이유를 자각하지 못하기 십상이다(Lewicki, 1985).

'의식적으로 지각하든 안 하든 간에, 친숙성 그리고 이미 알고 있는 사람과의 유사성은 태도, 매력, 예측 가능성, 안전성을 공유한다는 느낌을 만들어 낼 수 있다(S. T. Fiske, 1982, 62-66쪽; Genaro & Cantor, 1987; White & Shapiro, 1987). 친숙성은 본보기가 작동하기 위해 필요한 기제인 것으로 보인다. 사람들은 친숙하지 않은 복합범주(예컨대 초등학교 남자 선생님)를 접하게 되면 특정한 사례에 대한 기억에 의존하는 반면에, 친숙한 복합범주(예컨대 초등학교 여자 선생님)를 접할 때는 추상화된 원형에 근거한다. 판단 전략을 변화시키는 것이 바로 친숙성이다(Groom, Sherman, Lu, Conrey, & Keijzer, 2005).

몇몇 연구들은 확실하게 인지심리학의 본보기 모형에 근거하고 다른 연구들은 그렇지 않지만, 모든 연구들은 후속 판단과 행동에 대한 단일 사례의 구체적인 사전 경험의 효과를 입증하고 있다. 이 연구들은 보다 전체적이고 추상적인 범주의 영향에 대한 반례를 제공하고 있는 것이다.

본보기에 대한 보다 직접적인 몇몇 증거들은 사회적 범주의 지각된 변산성에 관한 연구에서 유래한다. 예컨대, 사람들은 인상이 더욱 분화됨에 따라서 집단의 변산성이 증가하는 것으로 지각한다(Linville, Salovey, & Fischer, 1986). 교환 프로그램을 통해 특정한 외국인 집단에 대해서 보다 많은 것을 학습함으로써 과거에 비해서 이들을 보다 다양한 모습으로 지각하게 된다(그리고 그들도 상대국 사람들을 보다 다양한 존재로 지각하게 된다). 린빌, 살로비, 그리고 피셔(Linville, Salovey, & Fischer, 1989)는 이 효과가 본보기 모형으로 가장 잘 설명될 수 있다고 명시적으로 주장한다. 추상적인 범주 수준 정보의 몇몇 효과들이 순수한 본보기 모형으로 설명될 수 있다는 사실은 추상적 표상이 관여할 수 있다고 하더라도 반드시 필요한 것은 아님을 보여주는 것이다(E. R. Smith, 1988).[10] 사람들은 추상적 정보와 본보기 정보가 모두 주어지면 둘을 모두 사용하는 것으로 보인다. 즉, 자신이 알고 있는 특정 인물뿐만 아니라 집단에 대한 일반화를 모두 고려한다. 이에 덧붙여 처음에 추상적 정보가 주어지고 나서 특정한 사례에 대한 정보가 뒤따르게 되면, 제시 순서가 반대이거나 추상적 정보가 주어지지 않을 때보다 변산성을 적게 지각하며 원형에 근거하여 판단할 가능성이 증가하게 된다(Medin, Altom, & Murphy, 1984; Park & Hastie, 1987; E. R. Smith & Zarate, 1992).

문제점

본보기에 대한 증거가 그렇게 명백한 것은 아니다. 즉, 사람들은 어떤 집단이 다른 집단보다 더 변산성이 크다는 사실을 이해하고 있으며, 한 개인으로부터 집단으로 일반화시킬 것인지를 결정할 때 그리고 새로운 사람들을 범주화할 때 이 정보를 사용한다. 이것이 본보기를 지지하는 것처럼 보일 수도 있지만, 변산성 지식은 본보기에 대

10) 혹자는 구체적 행동 사례 대 추상적 특질의 인출에 대한 초기 연구도 이 견해(본보기 모형)와 모순되지 않는 것으로 재해석하기도 한다(예컨대 Lingle, Geva, Ostrom, Lieppe, & Baumgardner, 1979의 제4장 참조).

한 기억에 근거한 것이 아닐 수도 있다(Park & Hastie, 1987). 마찬가지로 사람들은 외집단(즉, 자신이 속하지 않은 집단)의 변산성은 거의 지각하지 않기 십상이더라도, 본보기 빈도에서의 차이에는 반응을 보일 수도(Linville et al., 1986, 1989; Ostrom & Sedikides, 1992) 그렇지 않을 수도 있다(Judd & Park, 1988). 연구자들은 본보기의 역할을 명확하게 밝히고자 시도하고 있다.

한 가지 흥미를 끄는 가능성은 사람들이 정상에서 벗어난 것을 설명하고자 시도할 때 본보기를 사용할 가능성이 매우 크다는 것이다. 때때로 우리는 방금 일어난 사건이 정상인지 아닌지를 알아야 할 필요가 있다. 즉, (적절한 스키마를 이미 가지고 있지 않다고 가정할 때) 그 사건이 얼마나 놀라운 것인지를 즉각적으로 확인할 필요가 있다. 예컨대, 사건에 연루되었을 때, 사람들은 그 사건이 얼마나 놀라운 것이거나 회피할 수 있는 것인지 그리고 심지어는 얼마나 황당무계한 것인지를 판단하기 위하여, 과거에 일어났던 이와 유사한 사건들과 그 사건을 초래하게 만든 원인을 생각하게 된다. 사람들의 이러한 사후 정상성 판단을 기술하기 위한 깔끔하고도 명시적인 본보기 모형들이 개발되었다(Kahneman & Miller, 1986). 추상화된 사전 경험이 주어졌을 때 미래에 전형적이거나 가능성이 큰 것에 근거한 기대와 예측에 초점을 맞추는 범주 모형과 달리, 규범 이론(norm theory)은 특정한 맥락에서 특정한 자극의 경험에 근거한 사후 해석에 초점을 맞추면서 그 자극이 정상적인지 아니면 놀라운 것인지를 판단하려는 목표를 갖는다. 범주 이론과 스키마 이론은 진행성 추리를 기술하는 반면, 규범 이론은 역행성 추리를 기술한다. 규범 이론에 따르면, 사람들은 특정한 자극이 마음에 초래하는 본보기들에 비추어 그 자극을 따져 보게 된다. 이러한 본보기들은 주어진 사례를 과거 경험의 총합과 비교함으로써 그 사례가 정상적이거나 놀라운 정도를 판단할 수 있게 해 준다. 사람들은 총합을 즉각적으로 계산하기 때문에 명시적 사전 지식이라기보다는 사후적인 지식이 되는 것이다. 제7장에서 이 모형을 다시 보게 되겠지만, 현재로서는 규범 이론이 적극적 판단과정에서 본보기들의 사용을 예증한다는 것만을 언급하고 넘어간다.

원형과 본보기: 갈등의 해소책

본보기 모형이 자체적으로 충분치 않은 것은 원형 모형이 자체적으로 충분치 못한 것과 마찬가지다. 사람들은 두 표상의 결합에 의존한다(M. B. Brewer, 1988; Cantor & Kihlstrom, 1987; J. B. Cohen & Basu, 1987; Groom et al., 2005; Lingle et al., 1984;

Linville et al., 1989; Messick & Mackie, 1989; E. E. Smith & Medin, 1981). 특정한 사례들을 명확하게 회상하며 새로운 사례를 범주화하는 데 사용하지만, 특정한 사례들은 범주 일반화도 초래하여 이것이 다시 새로운 사례들의 범주화를 촉진한다. 따라서 사람들은 두 가지를 모두 사용하고 있는 것이다(Elio & Anderson, 1981). 과제와 가용한 정보가 무엇이냐에 따라서 새로운 사례를 범주화하는 데 본보기에 대한 직접적 경험에 의존하거나 사전에 마련된 원형에 의존할 수 있다(Medin et al., 1984).

이에 덧붙여, 추상적 표상의 사용이나 발달은 과제의 요구에 달려 있기 때문에 원형 추상화는 자동적인 것이 아니다(Whittlesea, 1987). 실제로 본보기가 더 기본적인 것일 수 있다(따라서 자동적일 가능성이 더 크다). 본보기는 (a) 사람들의 인지 용량이 제약될 때, (b) 개념들이 보다 복잡한 것일 때, (c) 특히 어린 아동일수록 더 많이 사용되기 때문이다(Kossan, 1981; Kemler Nelson, 1984 참조).

본보기는 범주와 같은 추상적 일반화에 대한 기본 구성단위일 수 있지만, 일단 범주가 확립된 후에는 예외적 사례들이 범주를 포기하고 보다 구체적인 개별 본보기 수준으로 되돌아갈 것을 요구하게 된다. 즉, 인지적 일반화는 본보기로부터 시작하며 문제가 발생할 때 그 본보기로 다시 되돌아간다. 앞에서 보았던 것처럼, 친숙한 집단은 추상화를 촉진하는 반면에 친숙하지 않은 집단은 본보기 사용을 촉진한다(Groom et al., 2005). 한 요약 예외 모형(summary-plus-exception model)은 개인의 인상형성에 이 생각을 반영하고 있다(Babey, Queller, & Klein, 1998). 사람들은 개별적 행동 사례들에 걸쳐 일반화하며 요약과 사례를 모두 저장한다. 특질 판단은 요약과 특정한 예외적 일화 모두에 근거한다(Klein, Cosmides, Tooby, & Chance, 2001).

규칙에 대한 예외 이외에도 여러 가지 이유로 요약표상이 불충분할 때 본보기가 유용해진다. 사람들이 처리를 정교화하려는 동기를 가지고 있거나 아니면 단지 보다 많은 정보를 가지고 있을 때, 본보기는 그러한 정교화 처리를 제공해 준다. 사람들은 자신이 속한 집단을 표상하는 데는 본보기와 원형을 모두 사용하는 반면, 자신이 속하지 않아서 잘 알지 못하는 집단을 표상할 때는 원형만을 사용한다(Judd & Park, 1988). 또한 자신의 집단뿐만 아니라 다른 집단을 표상하는 데도 본보기를 사용할 수 있지만, 자신의 집단에 대해서는 보다 많은 본보기가 가용해진다(Linville et al., 1989).

사람들이 범주 판단을 하는 데 있어서 원형과 같이 추상적인 범주 수준의 정보나 사례들에 대한 기억, 즉 본보기를 사용할 수 있는 것은 확실하다. 언제 어느 정보를 사용하게 되는가는 흥미 있는 물음이다(M. B. Brewer, 1988; Park & Hastie, 1987; S. J. Sherman & Corty, 1984, 237-245쪽; E. R. Smith & Zárate, 1992). 어느 정보를 사용할지는 과제의 요구와 개인차에 달려 있다는 사실에 의심의 여지가 없다. 예컨대, 능력 그리고 정확한 판단을 하고자 하거나 개인에게 초점을 맞추려는 동기는 원형 기반 처리보다 본보기 기반 처리를 부추기게 된다(S. T. Fiske & Neuberg, 1990; Kruglanski, 1990; Messick & Mackie, 1989).

상황이 이렇다면, 헝클어진 거미줄과 같이 느슨한 위계에 들어 있는 퍼지 개념과 구체적 사례의 궁극적 용도는 무엇인가? 캔터와 킬스트롬(Cantor & Kihlstrom, 1987)은 이러한 틀걸이는 (a) 범주의 핵심내용과 변산성 모두를 표상함으로써 그 변산성을 인정할 뿐만 아니라 경제적이고 기능적인 핵심표상을 가능하게 하려는 사회적 지각자의 욕구를 포착하고 있으며, (b) 사회적 상호작용의 유동성에 융통성 있게 반응할 때 사람들이 사용하는 다중 경로를 설명해 준다고 주장한다.

요약

심적 표상에 관한 이 장은 기억, 즉 우리의 머리에 저장된 것에 초점을 맞추었다. 우리는 기본 인지 모형에서 기억을 장기기억과 단기기억으로 구분하면서 체제화하고 있는 연합망으로 시작하였다. 사회기억에 대한 연합망 모형은 이러한 구분에 토대를 두고 있다. 이에 덧붙여 절차기억이 몇몇 사회기억 모형에 정보를 제공해 준다. 마지막으로 기억과정을 조정하기 위한 병행처리와 계열처리 모형들은 사회인지에서 병행 제약 만족에 관한 아이디어를 제공해 준다.

범주적 대인지각의 독특한 자질과 사회범주의 용도를 논의할 때 보았던 것처럼 사회기억 구조는 사회인지에서 중요하다. 고전적 범주 견해와 원형 견해에 대한 비판적 반작용으로 출현한 본보기 견해는 자체적인 장점과 단점을 가지고 있으며, 대안적이고 종합적인 해결책을 제안하고 있다.

이 장에서 우리는 자기, 인과성, 태도, 고정관념의 표상에 접할 때 유용하게 될 심적 표상의 보편 원리들에 초점을 맞추어 왔다. 이중모드 모형을 다루었던 제2장에서와 마찬가지로 심적 표상에 대한 이러한 아이디어들은 광범위한 사회인지 영역에 유용한 것이라는 합의에 수렴하고 있다.

제 2 부

자기로부터 사회에 이르는 사회인지의 다양한 주제

제 5 장

사회인지에서의 자기

- 자기의 심적 표상
- 자기조절
- 동기와 자기조절
- 참조점으로서의 자기

자기(self)의 이해는 심리학에서 가장 열정적으로 추구해 온 목표 중의 하나다. 윌리엄 제임스(William James, 1907)의 분석은 끊임없이 이어지고 있는 여러 관심사의 초석이 되었으며, 사회학자 찰스 쿨리(Charles Cooley, 1902)와 조지 허버트 미드(George Herbert Mead, 1934)는 사회적 상호작용에서 자기 이해에 대한 틀을 마련해 주었다.

이 장은 자기의 심적 표상, 즉 대부분의 사람들이 주관적으로 경험하는 자기감을 구성하는 것으로부터 시작한다. 그런 다음에 자기조절을 탐구하고, 어떻게 자기가 자기부합 정보의 처리를 주도하여 사람들로 하여금 스스로 상황의 의미를 이해하고, 동시에 자신의 관심사와 목표 그리고 가치를 증진시킬 수 있도록 만드는지를 다룬다. 또한 어떻게 자기부합 목표가 사람들로 하여금 자신의 자기개념과 사회적 상호작용을 변경하거나 유지하도록 이끌어 가는 것인지를 살펴본다. 자기조절을 주도하는 포괄적 동기에는 정확한 자기 지식에 대한 욕구, 일관성 있는 자기감, 자기증진, 자기고양 등이 포함되는데, 이것은 호의적인 자기개념을 추구하고 유지하려는 경향성이다.

마지막으로 우리는 자기 지식이 어떻게 자각하지도 않은 채 타인의 행동을 해석하는 방식에 영향을 미치는 것인지를 살펴본다.

1. 자기의 심적 표상

자기개념

사람들이 자신에 대해서 가지고 있는 지식은 광범위하고 복잡하다. 아동기에는 부모, 교사, 친구들이 우리를 특정한 방식으로 대하며, 우리 자신의 중요한 측면이 되는 종교, 인종, 또는 문화적 행사에 참여한다. 이에 덧붙여 우리의 개인적 특징에 관한 감각 그리고 우리 자신의 기대와 타인의 기대를 충족시키기 위해서 자신이 할 것이며 해야만 할 것이 무엇인가에 대해서 자신을 둘러싸고 있는 사람들이 생각하고 있는 것에 대한 감각을 발달시킨다. 우리는 타인에게 보여 주는 자기뿐만 아니라 사적인 자기감도 가지고 있다. 우리 자신이 사회환경에서 진행되고 있는 활동에 적극적으로 참여하며, 많은 사건과 관계를 이미 경험하고 숙고해 온 사람이라는 사실을 알고 있다. 학생 또는 배우자와 같은 역할에 근거한 자기를 알고 있으며, 개인적 자질과 속성에 관한 인상을 가지고 있다. 자신이 외향적인지 아니면 수줍어하는지, 모험적인지 아니면 관습적인지, 운동에 소질이 있는지 아니면 서투른지를 신속하고도 확실하게 말할 수 있다. 우리 자신에 대해서 견지하고 있는 신념들의 집합을 자기개념(self-concept)이라고 부른다.

자기의 심적 표상은 복잡하다. 때때로 우리는 자존심을 유지하는 것에 관심을 갖는다. 즉, 어떤 때는 일관성 있는 자기감을 유지하고자 하며, 다른 때는 우리의 사고와 정서 그리고 행동이 소속 욕구 또는 효능감 욕구에 의해 주도되기도 한다(Vignoles, Regalia, Manzi, Golledge, & Scabini, 2006). 부분적으로는 이러한 융통성의 결과로 대부분의 자기부호화가 개인-상황 상호작용 용어들로 이루어진다(Mendoza-Denton, Ayduk, Mischel, Shoda, & Testa, 2001). 즉, 우리는 특정한 상황에 따라서 상이한 자기감을 갖는다. 그렇기 때문에 서로 다른 상황적 규범이나 압력에 의해서 자기의 상이한 측면들을 촉발시킨다. 학업 상황에서는 자신이 똑똑하고 사려 깊으며 공부에 관심이 있다는 지각, 그리고 사회적 장면에서는 다소 수줍어하지만 다정하고 일반적으로 상대에게 호감을 준다는 등의 상이한 집합의 자기신념을 수반하는 자기개념을 가질 수 있다. 이 견지에 따르면 기억의 자기표상은 다른 구성체의 표상과 유사하며 의미 있는 활동을 수행하는 자기를 수반한다. 자기의 어떤 측면이 진행 중인 사고와 행동에 영향을 미칠 것인가는 대체로 자기의 어느 측면이 접속되느냐에 달려 있다. 자기의 이러한 측면을 작동 자기개념(working self-concept)이라고 부른다(Markus & Kunda, 1986). 따라서 예컨대 학업 상황에서의 작동 자기개념은 사회적 상황에서 갖는 것과는 내용에서 상당히 다른 것이기 십상이다.

자기의 상황적 가변성에 덧붙여, 중요한 타인과의 관계에 의존적인 자기의 가변성도 존재한다. 중요한 측면에서 자기의 개념화에는 중요한 타인에 대한 지식이 포함된다(Andersen & Chen, 2002). 부모, 형제, 절친한 친구, 그리고 과거와 현재의 배우자 등, 자기에 영향을 끼쳐 왔거나 정서적 유대감을 가지고 있는 사람들은 이렇게 중요한 타인들과의 관계에서 자기의 독특한 측면을 유지시켜 주는 지식을 통해서 자기와 연계되어 있다. 한 개인이 가지고 있는 관계적 자기의 레퍼토리는 사회적 상황에서 행동에 영향을 끼치는 중요한 원천이 될 수 있다. 중요한 타인에 대한 심적 표상의 활성화는 그 사람과의 관계적 자기를 촉발시키는데, 이 과정을 (감정) 전이(transference)라고 불러 왔다(Andersen & Chen, 2002). 예컨대, 당신은 휴가를 얻어 고향집으로 갈 때까지는 완전히 자율적인 성숙한 인물처럼 행동하다가도, 집에 도착한 시점부터는 자식이나 동생으로서의 관계적 자기가 활성화되어 일반적인 자기개념과 상충되는 행동을 하도록 상당한 영향을 미칠 수 있다.

우리는 전형적으로 타인과의 관계에서 상호보완적인 방식으로 자신을 구축해 간다(Tiedens & Jimenez, 2003). 예컨대, 우리는 따뜻한(성마른) 행동을 주고받음으로써 원만성-투쟁성 차원에서 동화하는 반면에, 통제에 있어서는 관계 파트너가 주도적일 때는 양보하지만 파트너가 양보할 때는 주도권을 쥐어서 자신의 행동을 상대방과 대비시킨다. 두 경우 모두 상보적인 자기구성이 행동을 주도하며 우리가 잘 알고 있는 사람과 관련될 가능성이 크다(Tiedens & Jimenez, 2003). 관계적 자기는 자기개념의 안정성(중요한 타인에 대한 안정적 표상과 관련된)과 변산성(상이한 관계적 자기가 상이한 상황에서 활성화되는 것) 모두에 있어서 중요한 원천이 된다.

자기 스키마

자신에 대해서 가지고 있는 정보의 배열에서 대부분의 사람들은 어떤 속성에서는 명백한 개념을 가지고 있고 다른 속성에서는 애매한 개념을 가지고 있다. 사람들이 확신하고 있는 자질들을 자기 스키마(self-schema)라고 부른다. 즉, 주어진 영역에서 자기의 자질을 대표하는 인지적·감정적 구조다. 사람들은 자신에게 중요한 차원에서는 자기 스키마적인 특성을 보인다. 그러한 차원에서는 자신이 극단에 위치한다고 생각하며, 다른 편 극단은 적용되지 않는다고 확신한다(Markus, 1977). 자기 스키마는 그 영역에 부합하는 정보의 처리를 체제화하고 방향 짓게 만든다. 영숙이는 자신이 근면하고 성실의 화신이라고 느끼지만, 소심한 사람인지의 여부에 대해서는 확신하지 못할 수 있다. 철수는 자신이 소심하지 않다고 확신하지만, 근면한 사람이라고 할 수 있을지에 대해서는 확신하지 못할 수 있다. 이 경우에 영숙이는 근면성과 성실성 차원에서 스키마적이지만 소심성에서는 그렇지 않은 반면에, 철수는 소심성 차원에서는 스키마적이지만 근면성에서는 그렇지가 않은 것이다.

가능성 자기(possible self)와 공포성 자기(feared self)도—즉, 우리가 되고 싶어 하는 자기와 그렇게 될까 봐 두려운 자기—우리 자신에 대해서 어떻게 생각할 것인지 그리고 사회적 상황과 역할을 어떻게 선택할 것인지를 주도한다(Markus & Nurius, 1986; Markus & Wurf, 1987). 예컨대, 교수가 될 것이라는 가능성 자기는 학생들의 연구 프로젝트를 지도할 수 있는 기회를 찾도록 이끌어 가는 반면에, 실업자가 될 것이라는 공포성 자기는 연구 논문을 발표하려는 노력을 배가시키도록 이끌어 갈 수 있다. 가능성 자기는 환경으로부터의 입력에 의해서 변화하여 후속 행동에 영향을 미칠 수 있다. 예컨대, 한 연구에서는 수입이 적은 가정의 중학교 2학년생들이 자신의 가능성 자기에는 학업 성공이 포함된다고 믿도록 유도하는 짤막한 개입 프로그램에 참여하였다. 이 개입 프로그램은 향후 2년에 걸쳐 검사 점수, 성적, 자발적 학업 수행을 증가시켰으며, 우울, 결석, 비행을 감소시켰다. 이러한 변화는 그 학생들이 자신의 정체성에 포함시킨 가능성 자기에서의 변화가 매개한 것이다(Oyserman, Bybee, & Terry, 2006; **그림 5.1** 참조).

자기관의 신경적 토대

사람들은 이 세상에서 효율적으로 기능하려면 '나'와 '나 아닌 것'을 구분할 수 있어야

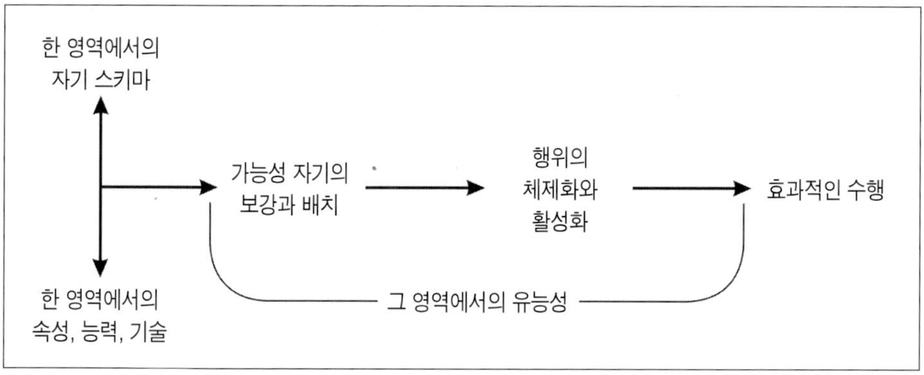

그림 5.1 자기 스키마, 능력, 가능성 자기가 상호작용하여 수행을 조절하는 방식

한다. 증거들은 이 기능이 좌반구 전전두엽의 한 영역과 관련된다는 사실을 시사한다(Kircher et al., 2002; Turk et al., 2002). 즉, 우리들 대부분이 주관적으로 경험하는 자기감은 좌반구 '해석기'가 기능함으로써 출현하는 것으로 보이는데(Gazzaniga, 2000), 이 해석기는 두뇌의 여러 영역에서 수행되는 다양한 자기부합 정보처리를 통합한다(Turk, Heatherton, Macrae, Kelley, & Gazzaniga, 2003). 사람들이 장기기억에 자신에 대해서 저장하고 있는 표상은 다른 개념에 대해서 저장하고 있는 표상과 유사하지만, 접속 가능한 다른 개념들에 비해서 더욱 복잡하고 다양하며 상황과 타인 행위의 의미를 해석하는 데 사용될 가능성이 매우 크다.

최근 연구들은 사람들이 자기관을 돌이켜 볼 때 발생하는 두뇌 활동의 패턴을 확인해 왔으며, 자신에 대한 다른 사람의 견해를 지각할 때의 패턴과 비교해 왔다. 예컨대, 한 연구(Ochsner et al., 2005)에서는 참가자들이 형용사를 자신을 기술하는 것, 친구를 기술하는 것, 자신에 대한 친구의 견해를 기술하는 것, 또는 자신과 가깝지 않은 사람을 기술하는 것으로 평정할 때, 그 참가자의 두뇌 영상을 기록하였다. 사람과 관련되지 않은 지각 과제가 비교조건으로 사용되었다. 모든 사람 평가 과제에 있어서는 비교 지각 과제에 비해서 내측 전전두피질(mPFC)이 활성화되는 것이 관찰되었다. 이 결과는 사회적 판단 일반에서 mPFC 활성화의 중요성을 시사하는 다른 많은 연구들과 일치한다(제1장 참조). 이에 덧붙여 후대상회/쐐기전소엽(posterior cingulate/precuneus)과 측두엽의 여러 영역을 수반한 커다란 회로망이 모든 자기와 타인 평가에서 활성화되었다. 흥미 있는 사실은 자기에 대한 직접적 평가에 수반된 신경 시스템이 긴밀한 타인을 평가할 때 수반되는 부위와 매우 유사하다는 사실이 발견된 것이며, 자기와 긴밀한 타인은 긴밀하지 않은 사람의 평가에 비해서 신경회로라는 측면에서 상당히 많은 것을 공유하는 것으로 보인다.

이와 같은 연구는 타인에 대한 신경표상이 자기개념에 얼마나 많이 포함되어 있으며, 또한 얼마나 많은 차이점을 보이느냐는 물음을 제기한다. 외측 전전두피질의 활성화는 자기평가와 긴밀한 타인의 평가를 구분시킨다. 타인과 비교할 때 자기에 대한 직접적 평가는 mPFC와 우반구 문외측 PFC에서 보다 큰 활성화를 초래한다. 자신에 대한 판단은 브로드만 뇌지도 10번 영역[1]도 선택적으로 활성화시키는 것으로 나타난다(Heatherton et al., 2006). 따라서 긴밀한 타인과 달리 자기에 대해서는 내측 전전두피질의 특정한 영역들이 활성화된다는 것은 자기 지식이 긴밀한 타인에 대한 정보와는 적어도 준독립적으로 표상된다는 사실을 나타내는 것이다.

자기관의 측면에서 볼 때, 두뇌 신경영상 연구들은 신경 수준에서 자기 스키마 정보가 비자기 스키마 정보와는 다르게 처리된다는 사실을 보여 준다(Lieberman, Jarcho, & Satpute, 2004). 제2장에서 통제처리와 자동처리를 구분하였던 것과 마찬가지로, 비자기 스키마 정보의 처리(예컨대 운동선수가 행위와 관련된 단어를 처리하는 것)는 노력이 들고 의도적인 처리와 일화기억 인출에 수반되는 두뇌 영역을 활성화시킨다. 즉, 수반되는 두뇌 영역에는 외측 전전두피질, 해마, 후두정피질이 포함된다. 반면에 자기 스키마 정보의 처리(예컨대 운동선수가 자신의 운동을 나타내는 단어에 반응하는 것)는 자동적이고 동기적이며 감정적 처리에 수반되는 두뇌 영역을 활성화시키는데, 특히 복내측 전전두피질, 중격의지핵(nucleus accumbens), 편도체가 관여한다. 이러한 활성화 패턴은 한 영역에서 강력한 자기 스키마가 발달함에 따라서 신경표상이 보다 감정적이고 동기적이며 자동적인 두뇌 영역으로 이동하게 된다는 사실을 시사한다.

자존감

자기에 대한 심적 표상에 수반된 또 다른 중요한 개념은 자존감(self-esteem)이며, 이것은 자신에 대한 평가다. 사람들은 자신이 어떤 사람인지에 대해서뿐만 아니라 그러

1) 역자 주: 브로드만 10번 영역(Brodmann area 10)은 전두엽의 한 부분이다. 전두엽의 전두극 영역(frontopolar region)이라고 알려진 가장 앞쪽 부분에 해당한다. 이 영역은 기억인출과 집행 기능에 수반된 통제처리에 관여하는 것으로 생각된다.

한 특성에 스스로 어떤 가치를 부여하느냐에도 관심을 갖는다. 자존감이 중요한 자원인 이유는 사람들로 하여금 웰빙을 유지시키고, 적절한 목표를 설정하며, 긍정적 경험을 음미하고, 어려운 난관에 성공적으로 대처하도록 도와주기 때문이다(Christensen, Wood, & Barrett, 2003; Creswell et al., 2005; Sommer & Baumeister, 2002; Wood, Heimpel, & Michela, 2003).

자존감에는 중요한 사회적 성분이 들어 있다. 사람은 본질적으로 사회적 존재이며, 자존감 요구는 부분적으로 타인과 관계를 맺고 인정을 받고자 하는 이러한 욕구에 의해 주도된다(Leary & Baumeister, 2000). 그렇기 때문에 한 개인의 자존감은 '사회척도(sociometer)', 즉 다른 사람들이 볼 때 그가 어떻게 해 나가고 있는지를 알려주는 보편적 지표로 생각할 수 있다.

자존감은 "나는 수많은 좋은 자질을 가지고 있다고 느낀다."와 같은 말에 사람들이 반응할 때처럼 명시적으로 평가할 수 있다(**표 5.1** 참조). 암묵적으로도 평가할 수 있는데, 예컨대 사람들이 자기 이름에 들어 있는 문자에 가치를 부여하는지를 평가하거나, 아니면 자기에 대해서 긍정적 형용사를 얼마나 신속하게 연계시키는지를 평가하는 것이다(예컨대 Koole, Dijksterhuis, & van Knippenberg, 2001). 때로는 자존감의 명시적 평가와 암묵적 평가 간에 불일치가 일어나기도 한다. 이러한 경우가 발생할 때 사람들은 자신의 자기개념을 이해하는 데 더 많은 처리 시간을 할애할 수밖에 없다(Briñol, Petty, & Wheeler, 2006). 높은 명시적 자존감을 가지고 있지만 암묵적 자존감이 낮은 사람은 방어적으로 행동할 가능성이 높다(Jordan, Spencer, & Zanna,

표 5.1 자존감 척도

다음 각 문항이 당신에게 참(T)인지 아니면 거짓(F)인지를 표시하시오.

__1. 나는 좋은 자질을 많이 가지고 있다고 느낀다.
__2. 나는 자랑할 만한 것이 별로 없다고 느낀다.
__3. 때때로 나는 전혀 신통치 않다고 생각한다.
__4. 나는 적어도 다른 사람과 동등한 기준에서 볼 때 가치 있는 사람이라고 느낀다.
__5. 총체적으로 나는 실패자라고 느낀다.
__6. 전반적으로 나는 나 자신에게 만족한다.

문항 1, 4, 6에 참이라고 답하였다면 자존감 점수가 높은 것이다. 반면에 문항 2, 3, 5에 참이라고 답하였다면 자존감이 낮은 것이다. 전체 척도에는 10개의 문항이 들어 있다.

출처: Rosenberg, M. (1965). *Society and the adolescent self-image*. Princeton University Press.

2003). 예컨대, 자신의 자존감을 유지하기 위한 방편으로 상대방을 낮추기도 하는데, 이는 자신의 자기관이 깨지기 쉬워서 계속적인 강화가 필요하기 때문이다(Jordan, Spencer, & Zanna, 2005; Kernis, 2003).

암묵적 자존감과 명시적 자존감 간의 구분은 사람들이 자신에 대해서 기분 좋게 느끼도록 명시적으로 추구할 뿐만 아니라, 암묵적 또는 무의식적 자기평가도 자신의 판단과 행동에 영향을 미친다는 사실을 시사한다. 사람들은 자기를 닮은 사람, 장소, 대상을 선호하는 경향이 있으며, 이러한 경향성을 암묵적 이기주의(implicit egotism)라고 불러 왔다(Pelham, Carvallo, & Jones, 2005). 예컨대, 미국에서 조지아(Georgia), 루이스(Louise), 버지니아(Virginia)라는 이름을 가지고 있는 여성들은 이례적이라고 할 만큼 자신의 이름을 닮은 주에 거주할 가능성이 크다(Pelham, Mirenberg, & Jones, 2002). 언급하였던 바와 같이, 사람들은 자신의 이름에 들어 있지 않은 문자보다 들어 있는 문자를 선호한다(J. T. Jones, Pelham, Mirenberg, & Hetts, 2002). 오늘날 상당한 증거들은 무의식적 자기평가가 일상의 사소한 결정뿐 아니라 어디에 거주할지를 선택하는 것과 같이 중차대한 결정에도 영향을 미친다는 사실을 시사한다(Pelham et al., 2005).

자존감이 중요한 이유는 한 인간으로서 가치를 갖기 위해서는 무엇이 되거나 무슨 일을 해야 할 필요가 있다고 사람들이 믿고 있는 것인지를 반영하기 때문이다(Crocker & Knight, 2005). 사람들은 전반적인 자존감에 덧붙여 자신의 전반적인 자기가치감에 영향을 미치는 특정한 삶의 영역에서 자신에 대한 특정한 평가도 견지하고 있다. 이것을 자기가치감의 유관성(contingency of self-worth)이라고 불러 왔다. 즉, 사람들은 자신의 자기가치감이 근거하는 영역을 선택한다. 예컨대, 한 사람에게 있어서는 성적이 형편없는 학생이라는 것이 별로 문제가 되지 않으며 자존감과 별 관계가 없을 수 있지만, 지적 성취가 매우 중요한 가정 출신이라면 성적이 형편없다는 것이 자존감에 부정적으로 반영될 수 있다. 유관적 자기가치감 영역에서는 자신의 능력과 자질 그리고 그러한 영역에서 자기가치감을 유지하려고 애씀으로써 정신건강과 신체건강에 부담을 줄 수 있는 활동의 정당성을 입증하고자 시도하는 것으로 자존감을 추구하게 된다(Crocker & Knight, 2005). 따라서 자신을 긍정적으로 생각하는 것은 중요한 이점을 갖지만, 자존감의 추구는 상당한 비용을 지불하게 될 수 있다.

문화와 자기

자기의 개념화는 문화적 배경에 따라서 변한다(Rhee, Uleman, Lee, & Roman, 1995; Triandis, McCusker, & Hui, 1990). 마커스와 기타야마(Markus & Kitayama, 1991)는 서양과 극동의 문화 간에 존재하는 자기개념화의 중대한 차이를 예증하기 위하여 미국 문화와 일본 문화를 대비시켰다. 유럽계 미국인들은 개성(individuality)을 상당히 강조하며, 자신의 독특한 재능을 강조하고 이용하여 타인으로부터 자신을 어떻게 차별화시킬 것인가에 초점을 맞춘다. 이러한 **독립적 자기**(independent self)는 "경계가 있고, 독특하며, 상당히 통합된 동기적 우주이자 인지적 우주이며, 자각과 정서와 판단과 행위의 역동적 중추로서 차별화된 전체로 체제화되어 있으며, 다른 그러한 전체들 그리고 사회적 배경, 자연적 배경 모두와 대비적으로 존재하는 것이다"(Geertz, 1975, 48쪽). 반면에 대부분의 동아시아와 남유럽, 남아메리카 문화에 존재하는 **상호의존적 자기**(interdependent self)는 자신을 사회적 관계의 부분으로 간주하며, 그 관계에서 지각하는 타인의 사고와 감정, 행위에 맞추어 자신의 행동을 조절한다(Markus & Kitayama, 1991). 상호의존성의 견지에서 볼 때, 자기는 독립적이고 자율적인 행위를 통해서가 아니라 사회적 관계라는 맥락 속에서 의미를 갖게 되고 완전해지는 것이다. 이러한 두 개념을 평가하는 항목들이 **표 5.2**에 예시되어 있다.

독립적 문화와 상호의존적 문화 모두에서 사람들은 능력이나 의견과 같은 일련의 내적 자질의 집합을 보유하고 있다. 그렇지만 독립적 문화에서는 이러한 속성들을 고정되어 있으며 상대적으로 상황에 관계없이 안정된 것으로 경험하는 반면에, 상호의존적 문화에서는 이러한 자질들이 자기의 정의적 특성이라기보다는 상황특수적이며 불안정한 것으로 간주된다(Bochner, 1994; Cousins, 1989). 상호의존적 자기는 자율적이고 경계가 분명한 전체가 아니라 사회적 맥락에 따라서 그 본질이 변한다(Kanagawa, Cross, & Markus, 2001). 상호의존적 문화에서는 화합을 강조하는 것이 근본적이기 때문에, 한 사람을 다른 사람들과 독특하게 차별화시키는 속성들은 자기를 대표하는 것으로 간주되지 않는다. 예컨대, 독립적 문화의 가정에서 자란 아동은 자신만의 재능을 발달시켜야 한다는 압력을 경험할 수 있다. 자신의 능력에 근거하여 차별적으로 무엇인가를 달성하는 것이 문화적으로 가치를 인정받는 결과이기 때문이다. 반면에 상호의존적 문화 맥락에서 성장하는 아동은 가정 그리고 보다 큰 사회 집단에 복종해야 한다는 압력을 경험할 수 있다.

표 5.2 독립적 자기와 상호의존적 자기구성의 측정

아래의 항목 각각에 대해서 다음 척도에 근거하여 당신이 동의하거나 동의하지 않는 정도를 나타내시오.

1	2	3	4	5	6	7
전혀 아니다						매우 그렇다

__1. 나는 내가 상호작용하는 권위 있는 사람을 존경한다.
__2. 나는 혼자만 칭찬을 듣거나 보상을 받아도 편안하게 느낀다.
__3. 나의 행복은 주위 다른 사람들의 행복에 달려 있다.
__4. 교실에서 큰 소리로 말하는 것이 나에게는 문제가 되지 않는다.
__5. 나는 진학이나 직업 계획을 세울 때 부모님의 충고를 고려해야만 한다.
__6. 다른 사람과는 독립적인 나의 개인적 정체감이 나에게는 매우 중요하다.

문항 1, 3, 5에 동의한다고 답하였다면 상호의존성 점수가 높은 것이다. 반면에 문항 2, 4, 6에 동의한다고 답하였다면 독립성이 높은 것이다. 전체 척도는 여기에 제시한 문항보다 훨씬 길다.

출처: Singelis, T. M. (1994). *Personality and Social Psychology Bulletin, 20*(5), 580-591. Sage Publication, Inc.

독립적인 것은 상당히 잘 정의되어 있는 반면에, 상호의존성은 문화와 성별에 따라서 상이한 형태를 상정하게 된다는 사실에 주목하기 바란다. 예컨대, 여성이 남성보다 상호의존적이지만, 동아시아인들이 상호의존적인 것으로 간주되는 방식과는 다르다(Cross, Bacon, & Morris, 2000; Cross & Vick, 2001). 여성의 상호의존성은 관계적 상호의존성으로 지칭되어 왔다(Cross et al., 2000; Guimond, Chatard, Martinot, Crisp, & Redersdorff, 2006). 예컨대, 유럽계 미국인 어머니는 상호의존성을 자녀들이 성공할 수 있도록 이들의 목표와 재능을 증진시켜야 한다는 의무감으로 경험할 수 있으며, 이러한 성과를 달성하기 위하여 자신의 개인적 목표라는 측면에서 많은 희생을 감수할 수 있다. 이것은 동아시아인들의 연대감과는 같은 것이 아니다. 이들의 연대감이란 사회 집단과의 조화로운 상호의존감에서 유래하는 것이다. 이러한 두 가지 유형의 상호의존성은 많은 라틴 문화에서 경험하는 것과도 다르다. 라틴 문화에서는 가족과 친구에 대한 의무를 수행하는 것과 같은 사회적 목표가 개인적 목표에 우선하기 십상이다. 우리가 이 문제를 제기하는 이유는 다음 절에서 소개할 상호의존성 연구들이 주로 유럽계 미국 문화와 동아시아 문화 간의 차이를 다루었기 때문이다. 다중 형태의 상호의존성이 지적되어 오기는 하였지만, 인지적 정보처리와 정서적 정보처리 그리고 행동적 자기조절에 대한 함의라는 측면에서 거의 주의를 받지 못해 왔다.

문화, 인지, 정서

인지에는 근본적으로 문화적 차이가 있다. 즉, 유럽계 미국인들은 맥락으로부터 중심적이거나 차별적인 요소들을 추출해 내는 경향이 있는 반면, 동아시아인들은 세상을 보다 총체적인 방식으로 바라볼 가능성이 크다(Masuda & Nisbett, 2001). 이러한 구분은 자기지각에도 적용된다. 독립적 자기감을 견지하는 사람들은 자신을 차별적으로 조망하며 개인적 목표의 달성을 극대화하고자 애쓴다. 예컨대, 한 연구에서는 수행할 과제를 개인적으로 선택하는 것이 유럽계 미국인들에게는 동기를 고양시킨 반면에, 아시아 학생들의 내재적 동기에는 그 효과가 미약하였다. 아시아 학생들의 동기는 자신과 밀접한 누군가가 자신을 위해서 그 과제를 선택한 것이라고 말해 줄 때 더 높았다(Iyengar & Lepper, 1999). 유럽계 미국인들은 자신이 잘할 수 있는 과제와 과거에 잘했던 과제를 선택하는 반면에, 동아시아인들의 과제 선택은 그러한 기대와 과거 수행에 덜 의존적이다(Oishi & Diener, 2003). 이러한 차이로부터 동기적 차이가 신뢰롭게 뒤따르게 된다. 유럽계 미국인들은 개인적 성취를 추구하는 경향이 있는 반면에, 동아시아인들은 집단 목표의 달성을 추구하거나 자신이 설정한 목표가 집단 규범을 대표하는 것으로 간주한다. **표 5.3**은 독립적 자기감과 상호의존적 자기감 간의 몇 가지 핵심적 차이를 요약한 것이다.

이러한 목표의 차이는 기억에도 영향을 미친다(Woike, Gershkovich, Piorkowski, & Polo, 1999). 예컨대, 유럽계 미국인들은 사건을 특정한 행위자와 그 사람의 개인적 자질에 따라서 재구성할 가능성이 큰 반면, 동아시아인들은 그 행위자가 소속된 사회적 집단을 지칭할 가능성이 더 크다(Menon, Morris, Chiu, & Hong, 1999). 유럽계 미국인들은 사회적 환경에 대해 자신이 도출한 추론에서 맥락을 무시할 가능성이 높은 반면, 상호의존적 자기구성을 하는 사람들은 사회적 맥락에 대한 자신이나 타인들의 관계에 주목함으로써 사회적 정보를 처리한다(Kühnen, Hannover, & Schubert, 2001).

이러한 차이는 정서 경험에도 적용된다. 독립적 자기감을 가지고 있는 사람들은, 예컨대 잘한 것에 대해서 자부심을 경험하고 개인적 목표가 좌절되었다는 느낌에 대해서 좌절감을 경험하는 것과 같이 자아중심적 정서를 자주 경험한다(Mesquita,

표 5.3 독립적 자기지각과 상호의존적 자기지각 간의 핵심적 차이

비교한 자질	독립적 자기감	상호의존적 자기감
정의	• 사회적 맥락과 분리됨	• 사회적 맥락과 연계됨
구조	• 경계가 있고 통합적이며 안정적임	• 융통적이고 가변적임
중요한 자질	• 내적, 개인적(능력, 사고, 감정)	• 외적, 공개적(지위, 역할, 관계)
과제	• 독특함 • 자기를 표출함 • 내적 속성을 구현함 • 자신의 목표를 추구함 • 직접적임: 자신의 속내를 표현함	• 집단에 소속되고 맞추어 감 • 자신의 적절한 위치를 차지함 • 적절한 행위를 수행함 • 타인의 목표를 추구함 • 간접적임: 타인의 마음을 읽음
타인의 역할	• 자기평가적: 사회비교, 상대를 반영한 평가에 중요한 타인들	• 자기정의적: 특정한 맥락에서 타인과의 관계에서 정의되는 자기
자존감[a]의 토대	• 자기를 표현하는 능력, 내적 속성을 실증함	• 사회적 맥락에 따라서 조절하고 자기를 억제하며 조화를 유지하는 능력

[a]자기를 존중한다는 것은 근본적으로 서양의 현상일 수 있으며, 자존감의 개념은 "자기만족감" 또는 문화적으로 위임받은 과제의 성취 실현을 반영하는 용어로 대치되어야만 한다.

출처: Markus, H. R. & Kitayama, S. (1991). Culture and the self: Implications for cognition, emotion, and motivation. *Psychological Review, 98*, 224–253.

2001). 반면에 상호의존적 자기개념을 가지고 있는 문화는, 예컨대 사랑스럽게 보호받고 있으며 타인의 관대함에 의존하고 있다는 느낌인 일본인들의 '아마에'2) 경험과 같이 타인중심적 정서를 경험하는 경향이 있다(Markus & Kitayama, 1991).

자존감의 토대는 자기감의 영향을 상당히 받는다. 독립적 자기감을 가지고 있는 사람은 상호의존적 자기감을 가지고 있는 사람에 비해서 자존감 척도에 들어 있는 "나는 가치 있는 사람이라고 느낀다."와 같은 문항에 동의할 가능성이 훨씬 크다(Markus & Kitayama, 1991; Yik, Bond, & Paulhus, 1998). 이에 덧붙여 자존감의 중요성과 삶의 만족도에 대한 함의가 독립적 문화와 상호의존적 문화 간에 차이를 보인

2) 역자 주: '아마에(甘え)'는 일본인의 감성 밑바탕에 흐르고 있는 감정으로, 우리말로는 '어리광, 응석' 정도에 해당된다. 상대방의 호의를 믿고 행동하는 '아마에'는 일본인뿐만 아니라 동아시아인의 정서 기저에도 있다.

다. 디너와 디너(Diener & Diener, 1995)는 31개 문화를 대상으로 수행한 연구에서 자존감과 삶의 만족도 간의 관계가 상호의존적 문화에서는 낮은 반면에, 독립적 문화에서는 자존감이 높은 사람이 삶의 만족도도 높다고 보고한다는 결과를 얻었다. 상호의존적인 사회 맥락에서는 타인으로부터 사회적 규범을 잘 지킨다고 인정받는 것이 삶의 만족도에 대해 보다 나은 예언자가 된다.

자기를 구축하는 데 있어서 개인주의적 과정과 집단주의적 과정은 상이한 문화가 구성원들에게 제공하는 상황의 유형에 의해서 지지된다. 미국의 상황은 상대적으로 자기고양(self-enhancement, 자기를 긍정적으로 간주하고 촉진하는 것)을 부추기기 때문에, 미국인들은 자기고양에 몰입한다. 반면에 일본의 상황은 상대적으로 자기비난(self-criticism)을 부추기며, 일본인들은 자기비난에 몰입할 가능성이 크다. 예컨대 일본에 유학 중인 한 미국 학생이 보고한 바에 따르면, 미국에서는 여가를 즐기는 스포츠이며 응원과 야유 속에서 자신의 실력이든 무능력이든 마음껏 보여 줄 수 있는 기회를 제공해 주는 배구 경기가 일본에서는 이기거나 지는 상황으로 체제화되어 훨씬 경쟁적이고 심각한 경기이기 때문에, 사람들로 하여금 자기비난이나 제대로 경기하지 못하는 사람에 대한 암묵적 비난을 경험하도록 부추긴다(Kitayama, Markus, Matsumoto, & Norasakkunkit, 1997).

이러한 결과들은 많은 연구자들로 하여금 자존감의 본질, 특히 이것이 무엇이든 범문화적 함의를 가지고 있는지를 묻도록 이끌어 왔다. 아무튼 상호의존적 문화에 속하면서 서양의 자존감 척도에서 높은 점수를 받는 사람들은 자존감이 높은 서양인들과 일치하는 반응, 예컨대 부정적 피드백에 대해서 자기방어적인 반응을 나타낸다. 이에 덧붙여 상호의존적 문화에서도 자기를 간접적으로, 예컨대 자신의 이름에 들어 있는 문자를 과대평가하는 방식으로 고양하려는 경향성이 존재한다(Kitayama & Karasawa, 1997).

지금까지 보아서 알겠지만, 독립적 자기감과 상호의존적 자기감에 관한 많은 연구들은 미국에 거주하는 유럽계 미국인을 일본인들과 대비시켜 왔다. 어떤 측면에서는 각 문화가 이러한 차원들에서 극단에 위치한 사례일 수 있다. 유럽계 미국인은 독립적 자기감 그리고 인지와 정서에 대한 함의에서 한 극단에 위치하며, 일본인들은 상호의존적 자기감 그리고 인지와 정서에 대한 함의에서 다른 한 극단에 위치하는 것일 수 있다. 극단적 사례들은 강력한 대비를 촉진시키는 경향이 있다. 언급하였던 바와 같이, 상호의존적 자기 그리고 인지와 정서와 행동의 함의에 관한 우리의 지식에 간극이 존재하는 이유는 상호의존적 문화 일반에 대한 연구가 결여되어 있으며, 한 유형의 상호의존성만을 집중적으로 살펴보았기 때문이다.

2. 자기조절

자기조절(self-regulation)은 사람들이 자신의 행위, 정서, 사고를 통제하고 방향 짓는 방법을 지칭한다. 특히 목표를 설정하고 그 목표를 추구하는 방식에 초점을 맞춘다. 대부분의 자기조절은 자각이나 의식적 사고 없이 거의 자동적으로 일어난다. 환경에서 현저하며 지속적인 관심사와 목표에 부합하는 단서들에 반응하며, 이러한 요인들이 자동적으로 우리의 행동을 이끌어 간다(Lieberman et al., 2004). 그렇지만 다른 경우에는 의식적이고 적극적으로 우리의 사고와 정서, 행동을 통제하도록 개입한다(Brandstätter & Frank, 2002).

자기조절에 영향을 미치는 출처

자기조절 행위에 영향을 미치는 여러 가지 중요한 출처가 있다. 그중 한 가지는 자기조절의 내용, 즉 작동하고 있는 자기개념에 들어 있는 것이다. 상황 단서, 사회적 역할, 가치, 그리고 강력하게 견지하고 있는 자기개념화가 작동하고 있는 자기개념에서 자기의 어떤 측면이 우세할 것인지에 영향을 미친다(예컨대 Verplanken & Holland, 2002). 예컨대, 강의실 상황에서 우리 행동에 대한 맥락의 영향은 성취 관련적일 가능성이 크지만, 그 행동은 성취에 대한 관심이 개인적 목표의 지속적인 부분인 정도에도 영향을 받는다. 작동 자기개념은 다시 상황에서 일어나고 있는 사건들에 의해서 수정된다. 예컨대, 강의실에서 공개적으로 발언하였지만 틀린 답을 내놓았다면, 낮은 성취 목표를 가진 사람은 그 상황을 재미있는 것으로 받아들이는 반면, 성취 목표에 가치를 두고 있는 사람은 동일한 사건을 당황스러운 것으로 받아들이며 다음번에는 정확한 답을 내놓기 위하여 갑절의 노력을 기울이게 될 수 있다(Crocker & Knight, 2005; Ehrlinger & Dunning, 2003).

또한 이 사례가 보여 주는 바와 같이, 작동 자기개념은 때때로 안정적인 자기개념과 반목되기도 한다(Arndt, Schimel, Greenberg, & Pyszczynski, 2002). 강의실 상황에서 질문에 엉터리 답을 내놓게 되면 스스로 어리석고 당황스럽게 느끼며, 그로 인해서 작동 자기개념에 영향을 미칠 수 있지만, 그러한 사건이 정기적으로 반복되는 것이 아니라고 가정하면 그 충격은 단기적일 뿐이고 지속적인 자기개념에는 영향을 미치지 않을 수 있다. 그렇지만 만일 이러한 유형의 사건이 규칙적으로 반복된다면 지속적인 자기개념도 변할 수 있다. 예컨대, 만일 밤늦도록 나이트클럽을 쏘다니면서 파티를 즐기는 것이 자기개념의 한 부분이라도, 일단 자녀가 생기면 그러한 측면의 자기개념은 변할 가능성이 커진다. 작동 자기개념이 중요한 개념인 이유는 자기의 상이한 측면들이 어떻게 상이한 상황에서의 사회적 행동을 주도하고, 그러한 상황이 제공하는 피드백에 의해서 수정되며, 궁극적으로 지속적인 자기개념에 영향을 미치는지를 설명해 주기 때문이다.

행동적 접근과 회피

자기조절에는 어떤 사람과 상황에는 접근하고 어떤 것은 회피할지에 대한 기본적인 결정이 수반된다. 연구들이 시사하는 바는 사람들이 이러한 상황에서 행동을 조절하도록 도와주는 두 가지 준독립적 동기 시스템을 가지고 있다는 것이다. 즉, 행동 활성화 시스템(behavioral activation system, BAS)이라고 부르는 욕구적 체계와 행동 억제 시스템(behavioral inhibition system, BIS)이라고 부르는 혐오적 체계가 그것이다. 긍정적이거나 접근적인 동기적 관심사의 표현은 좌반구 전두엽의 활성화와 연합되어 있으며, 이 사실은 목표 추구에서 좌반구 전두엽의 활성화가 수반된다는 연구와 맥을 같이하고 있다(Harmon-Jones, Lueck, Fearn, & Harmon-Jones, 2006). BAS가 활성화될 때는 다른 사람이나 환경에서 벌어지고 있는 활동에 접근하는 경향이 있다. BIS가 활성화될 때는 타인이나 활동을 기피할 가능성이 크다(Carver & White, 1994; Gray, 1990 참조). 부정적 또는 철회 동기는 우반구 전두엽의 활성화와 연합되어 있다(Harmon-Jones et al., 2006).

주어진 시점에 BAS와 BIS 중에서 어느 것이 주도적인 힘이 되어 행동에 영향을 미칠지는 수많은 요인들에 의해서 결정된다. 예컨대, 일상적 경험이 이러한 시스템의 활성화에 영향을 미친다. 만일 좋은 일이 당신에게 일어나고 있다면 억제 상태(BIS)보다는 활성화 상태(BAS)에 있을 가능성이 훨씬 크다(Gable, Reis, & Elliot, 2000). 일이 제대로 풀리지 않을 때에는 행동 억제(BIS)가 당신을 재조직시킬 수 있다.

BAS와 BIS는 개인차도 신뢰롭게 반영한다. 어떤 사람들은 보다 강력한 행동 활성화 시스템을 가지고 있는 반면, 다른 사람들은 보다 강력한 행동 억제 시스템을 가지고 있다(Carver & White, 1994). BAS 지향적인 사람은 자신의 삶에서 보다 긍정적인 사건과 감정을 경험하는 반면, BIS 지향적인 사람은 부정적인 감정을 더 많이 경험하는 경향이 있다(Updegraff et al., 2004). BIS와 BAS는 자기의 행동을 주도하는 데 중요한 역할을 담당한다.

자기불일치 이론

히긴스(Higgins, 1987, 1989b)는 위와 같은 구분과 관련된 이론에서 자기불일치(self-discrepancy)가 어떻게 그러한 불일치를 해소하는 방향으로 정서와 행동을 주도하는지를 고찰하였다. 그는 두 가지 유형의 자기안내자(self-guide)를 구분하였다. 즉, 현재의 자기와 이상적 자기 간의 간극에서 유래하는 것과 현재의 자기와 마땅한 자기 간의 불일치에서 유래하는 것이다.

사람들은 일차적으로 이상적 자기(ideal self)에 의해 주도되는가 아니면 마땅한 자기(ought self)에 의해 주도되는가에 있어서 차이를 보인다(Strauman, 1996). 이상적 자기는 되고 싶어 하는 자기인 반면, 마땅한 자기는 마땅히 되어야만 한다고 생각하는 자기로서 자기에게 적절한 행동에 대한 신념(의무와 책무) 그리고 다른 사람들이 자기에 대해서 가지고 있는 기대의 영향을 크게 받는 견지다. 히긴스와 클라인 그리고 스트라우만(Higgins, Klein, & Strauman, 1985)이 수행한 핵심적 연구에서는 대학생들에게 자신의 자기지각에 관한 질문지에 답하도록 하였는데, 여기에는 이상적 자기와 마땅한 자기에 대한 문항이 포함되었다. 나중에 이들은 어머니와 아버지 그리고 절친한 친구의 견지에서 동일한 질문지에 답을 하고, 자신이 평가한 개인적 속성 각각이 자신에게 부합하거나 의미 있는 정도를 평가하였다. 실제 자기와 이상적 자기 간의 불일치는 낙담 관련 정서와 자존감의 상실을 초래하였다(Higgins, Shah, & Friedman, 1997; Moretti & Higgins, 1990 참조). 예컨대, 대학원 시험에 낙방하는 것이 실망감과 슬픔을 초래하였다. 자신의 실제 자기와 친구나 부모가 바라보는 마땅한 자기 간의 지각된 불일치는 불안을 초래하였다. 예컨대, 아버지가 꿈꾸는 성공적인 의사가 되지 못하는 것이 불안을 초래하였지만 슬픔을 초래하지는 않았다. 개인적 속성이 자신에게 더욱 중요한 것일수록 더 강력한 정서를 경험하였으며(Higgins,

1999), 자기초점적일 때에도 강력한 정서를 경험하였다(Higgins et al., 1997; Phillips & Silvia, 2005).

이상적 자기와의 불일치는 그 이상을 달성하려는 노력을 촉진시키는 반면(행동적 활성화에 도움을 주는 증진 지향성), 다른 사람의 기대를 충족시키려는 노력은 저지나 억제에 초점을 맞춘다(Förster, Higgins, & Idson, 1998). 아마도 억제에 초점을 맞추는 것은 불안에 의해서 증폭되기 때문에, 사람들은 증진 관련 목표보다는 억제 관련 목표를 충족시키기 위해서 신속하게 궤도를 수정하게 된다(Freitas, Liberman, Salovey, & Higgins, 2002). 이와 같이 보편적인 접근(증진 목표) 지향성 대 회피(억제 목표) 지향성은 어느 정도 안정된 성격 특질을 반영하며, 외향성은 접근의 사례이고 신경증은 회피의 사례가 된다(Carver, Sutton, & Scheier, 2000)(**그림 5.2** 참조).

사람들은 자신이 추구하고 있는 목표와 조절 지향성이 잘 맞아떨어질 때 상당한 웰빙감을 경험한다(Higgins, 2005). 즉, 자신의 이상적 자기를 달성하려는 동기를 가지고 있는 사람은 그러한 자기의 기준에 근접하고 있다고 느낄 때 웰빙을 경험하는 반면, 부정적 결과를 회피하고 다른 사람의 기대를 충족시키려는 원망에 의해서 주도되는 사람은 그러한 사회적 기대를 유지하고 있다고 믿을 때 상당한 웰빙을 경험한다(Higgins, Idson, Freitas, Spiegel, & Molden, 2003).

앞서 언급한 바와 같이, 우리의 자기개념화에 영향을 미치는 주요한 원천 중의 하나가 사회화(socialization)다. 사회화와 문화는 어느 자기가 주도할 것인지에 영향을 미친다. 어떤 사람들은 다른 사람들의 견해가 자기개념화에 영향을 미치는 강력한 원천이 되는 가정에서 성장한다. 여기에는 비판이나 거부로 특징지을 수 있는 양육

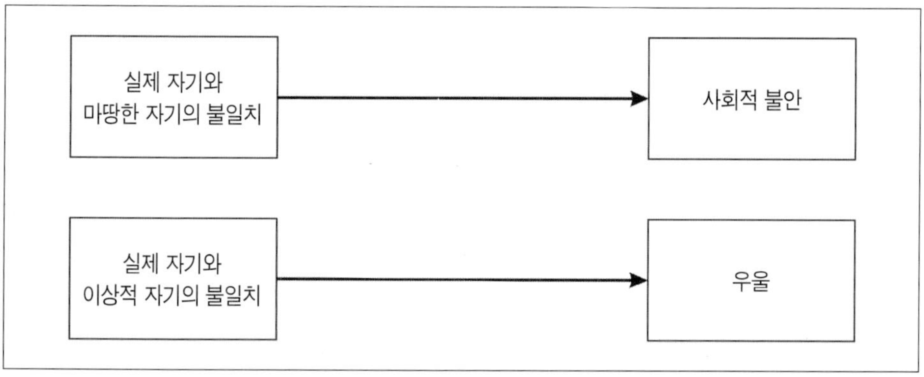

그림 5.2 자기불일치의 정서적 효과

스타일이 수반되기 십상이다. 다른 사람들은 이상적 자기를 달성하도록 부추기는 가정에서 성장하는데, 따뜻하고 지지적인 환경에서 발달할 가능성이 큰 지향성이다. 이러한 차이는 자기에 대해서 그리고 자기를 평가하는 데 있어서 상이한 기준이 발달하도록 이끌어 간다. 마찬가지로 문화적 차이도 자기의 어떤 측면이 자기조절적 행동을 주도할 것인지에 영향을 미친다. 독립적이고 자율적인 개인이라는 자기감을 가지고 성장하는 사람들은 실제의 자기와 이상적 자기 간의 불일치에 의해서 동기화될 가능성이 큰 반면(증진 초점), 상호의존적 자기감을 가지고 성장하는 사람들은 사회적 환경에서 다른 사람들의 관심이나 요구에 더욱 주의를 기울인다(Lee, Aaker, & Gardner, 2000).

증진 지향성과 억제 지향성에는 상이한 두뇌 활성화 패턴이 특징적으로 나타난다. 증진 초점적 조절은 좌반구 전두엽의 활성화와 연합되는 경향이 있는 반면, 억제 초점적 조절은 우반구 전두엽의 활성화와 연합된다. 증진 초점적 목표가 원하는 결과에 접근하는 것과 연합되는 반면, 억제 초점적 목표는 원하지 않는 결과를 회피하는 것과 연합되는 한에 있어서 이러한 비대칭성은 별로 놀라운 것이 아니다(Amodio, Shah, Sigelman, Brazy, & Harmon-Jones, 2004). 예컨대, 한 연구(Johnson et al., 2006)에서는 사람들에게 자신의 희망과 포부를 돌이켜 보도록 요청하였을 때 내측 전전두엽과 전측 대상피질의 활성화가 주도적인 반면(자기와 부합하지 않는 사고와 비교할 때), 자신의 의무와 책무를 돌이켜 보도록 요청하였을 때는(억제 초점) 후측 대상피질과 쐐기전소엽의 활성화가 상대적으로 컸다. 아마도 내측 전전두피질이 주도적 자기회고를 반영하며, 후내측 전전두피질이 경험적 자기회고와 연합된 것으로 보인다. 아니면 내측 전전두피질이 자신의 내부에 초점을 맞추는 것과 연합된 반면, 후측 대상피질이 외부를 향한 사회적 초점과 연합된 것일 수 있다(Johnson et al., 2006).

자기효능감과 개인적 통제

자기조절에 영향을 미치는 또 다른 중요한 원천에는 자기효능감(self-efficacy)과 개인적 통제감(sense of personal control)이 포함된다. 자기효능감은 특정한 과제를 달성할 수 있는 능력에 대하여 사람들이 견지하는 특정한 기대를 지칭한다(Bandura, 2006). 특정한 목표를 달성하기 위한 행위를 시도할 것인지의 여부는 자신이 그러한 행위를 수행할 만큼 유능하다고 믿는지의 여부에 의해서 크게 좌우된다. 예컨대, 당신에게 네덜란드에서 명성이 자자한 교수직 제안이 들어 왔는데, 3년 내에 네덜란드어로 강의를 할 수 있어야만 한다는 조건이 붙어 있다고 가정해 보라. 당신이 그 제안을 받아들이기를 간절히 원한다고 하더라도, 네덜란드어 학습에 대한 자기효능감이 낮다면 그 제안을 받아들이지 않는다는 결정을 내릴 수 있다.

특정한 행동을 수행하는 능력에 대한 고도로 세분화된 통제 관련 지각(자기효능감 신념)에 덧붙여, 사람들은 자기조절 행위를 계획하고 장애물에 대처하며 수행하게 만들어 주는 보편적인 개인적 통제감 또는 숙달감도 가지고 있다. 강력한 통제감이나 개인적 숙달감을 가지고 있는 사람은 자신의 목표를 달성하기 위한 행위에 착수할 가능성이 높은 반면, 낮은 숙달감이나 통제감을 가지고 있는 사람은 그렇게 할 가능성이 낮아진다.

팜, 테일러, 그리고 시만(Pham, Taylor, & Seeman, 2001)은 이 사실을 예증하는 한 연구에서 숙달감이 높거나 낮은 대학생들에게 대학 생활에서 예측할 수 없는 측면이나 예측할 수 있는 측면 또는 중립적 자질을 현저한 것으로 만들어 주는 실험적 처치를 가하였다. 예측 불가능 조건에 할당된 학생들에게는 자신이 원하는 강의를 선택하는 것이 때로는 얼마나 어려운지를 생각나게 한 반면, 예측 가능 조건의 학생들에게는 시험 시간과 과제물 제출 일자가 항상 학기 초에 공지된다는 사실을 생각나게 하였다. 이러한 처치 지시문을 읽은 후에 학생들은 대학에 대한 자신의 사고와 감정을 기술하였으며, 심장박동과 혈압을 측정하였다. 예측 가능한 대학 생활에 노출된 학생들은 자신의 사고 목록에서 미래와 개인적 목표에 대하여 더 많이 언급하였다. 또한 대학 환경의 중립적 자질에 대해서 읽었던 학생들과 비교할 때 혈압과 맥박이 낮았으며, 특히 예측 불가능한 측면에 대해서 읽었던 학생들에 비해서는 현저하게 낮았다. 개인적 숙달감이 만성적으로 높은 학생들은 낮은 학생들에 비해서 훨씬 낙관적이며 미래 지향적이었다. 이 연구는 특정한 상황에서 통제감 또는 통제감의 상실을 현저하게 만드는 요인뿐만 아니라 지속적인 통제 기대감도 인지적 수준과 동기적 수준, 생리적 수준에서 자기조절 행위에 영향을 미친다는 사실을 보여 주고 있다.

자기초점

자기조절은 주의의 방향에 의해서도 영향을 받는다. 즉, 주의가 자기를 향하여 내부로 방향을 잡느냐 아니면 환경을 향하여 외부로 방향을 잡느냐가 자기조절에 영향을 미친다(Duval & Wicklund, 1972; Silvia & Duval, 2001). 우리 자신에 초점을 맞출 때는 자기자각(self-awareness)이라고 부르는 상태가 되는데(Wicklund & Frey, 1980), 이때에는 우리의 행동을 어떤 기준에 비추어 평가하고, 뒤이어서 그 기준을 충족시키기 위하여 조정 과정을 작동시킬 가능성이 커지게 된다. 예컨대, 상점 진열창을 지나치다가 그곳에 비친 자신의 모습에서 구부정한 자세와 허름한 옷차림을 발견하고는 앞으로 두 가지 모두를 고치겠다고 결심할 수 있다.

이 사례가 시사하는 바와 같이, 자기주의(self-attention)는 사람들로 하여금 자신을 지적 성취, 신체적 외모, 운동 역량, 도덕적 통합성 등의 기준과 비교하도록 만든다(Macrae, Bodenhausen, & Milne, 1998). 우리는 기준에 동조하고 그 기준에 비추어 자신의 행동을 평가하며 우리의 행동이 그 기준과 대응되는지 결정하고자 시도하면서, 그 기준을 충족시키거나 아니면 포기할 때까지 계속해서 조정하고 비교한다. 이 과정을 피드백이라고 부르며, 이에 관한 이론을 **자기조절의 사이버네틱스 이론**(cybernetic theory of self-regulation)이라고 부른다(Carver & Scheier, 1998)(**그림 5.3** 참조).

이러한 이론적 논쟁에 암묵적으로 들어 있는 생각은 자기초점이 혐오적인 것으로 경험되기 십상이며, 사람들은 자신의 행동이나 개인적 자질을 조정하는 방법뿐만 아니라 자기 자신으로부터 주의를 다른 곳으로 돌리는 방법을 찾는다는 것이다(Flory, Räikkönen, Matthews, & Owens, 2000). 예컨대, 일진이 나빴던 하루를 마감하면서 사람들은 주의의 초점을 개인적 문제나 직장의 갈등에서 다른 것으로 돌릴 필요가 있기 때문에, 자기초점을 감소시키기 위하여 술을 마신다거나 텔레비전을 시청하는 것과 같은 행위로 전환하게 된다(Moskalenko & Heine, 2003).

자기조절의 위협

자기조절 능력이 위태롭게 되는 확실한 상황이 존재한다. 그러한 한 가지 조건이 사회적 배척(social exclusion)이다. 사회 집단으로부터 배척당하거나 거부당했을 때, 주어진 과제를 수행하는 데 더욱 어려움을 겪는다. 그렇게 되면 좌절을 초래하는 과제를 곧바로 중단하게 되고, 주의가 손상되며, 자기통제력을 상실하게 된다(Baumeister, DeWall, Ciarocco, & Twenge, 2005). 예컨대, 한 실험에서는 자신의 집단에 속

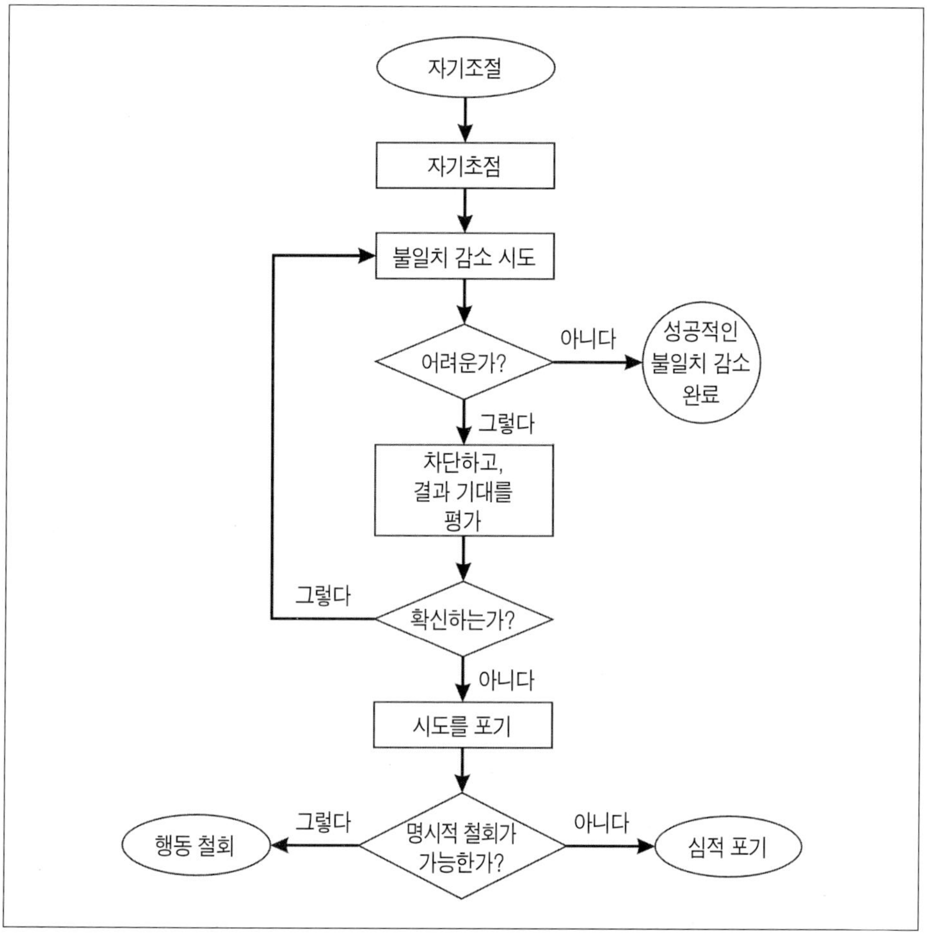

그림 5.3 자기주의와 자기조절의 사이버네틱스 이론(Carver, 1979)

출처: Carver, C. S. (1979). A cybernetic model of self-attention processes. *Journal of Personality and Social Psychology*, *37*, 1251-1281.

한 어느 누구도 자신과 함께 작업하고 싶어 하지 않는다는 이야기를 들은 실험참가자들이 그러한 거부를 경험하지 않았던 참가자들보다 마련해 놓은 과자를 더 많이 먹었다(Baumeister et al., 2005, 연구 2). 축출당했던 사람은 방어적 마음갖춤새 상태가 되는데, 이 상태는 무기력, 시간감의 상실, 그리고 의미 있는 사고와 정서와 자각의 회피라는 특징을 갖는다(Twenge, Catanese, & Baumeister, 2003).

일반적으로 자기조절을 수반하는 많은 상황들은 자기통제 딜레마를 야기하는데, 이 딜레마에서 사람들은 간절하게 원하는 두 가지 목표 중에서 선택을 해야 하거나 장기적 이득을 위하여 단기적 손해를 감수해야만 한다. 예컨대, 심각할 수도 있는 상태를 제거하기 위하여 불편하기 짝이 없는 치료를 받아야만 할 수 있다. 이와 같이 예상되는 단기적 손해는 단기적 손해를 최소화하려는 자기통제 노력을 유발시킨다(Trope & Fishbach, 2000). 예컨대, 단기적 노력의 이득에 관한 생각을 흩뜨리거나 그 이득에 초점을 맞출 수 있다. 자기통제는 이러한 방식으로 사람들로 하여금 단기적 유혹에 굴복하지 않고 장기적 이득에 따라서 행동하도록 도와준다.

자기통제 딜레마는 이성과 정서를 맞붙게 만드는가, 아니면 정서가 통제 노력을 지원해 주는가? 연구 결과들은 비록 쾌락적 정서가 단기적 조망과 연합되기는 하지만 자기의식적 정서가 장기적 조망과 연합되어 자기통제 딜레마를 해소하는 데 도움을 줄 수 있다는 사실을 시사한다(Giner-Sorolla, 2001). 비어와 동료들(Beer, Heerey, Keltner, Scabini, & Knight, 2003)은 자기통제라는 측면에서 조절 장애를 보이는, 안와전두피질이 제거된 환자에서 얻어진 증거를 사용하여, 자기의식적 정서(낭패감이나 죄책감 등)가 사회행동을 조절하는 데 중요하며, 부적절한 자기의식적 정서(뇌 절제 환자에서와 같이)는 자기조절의 행동적 손상과 연합된다는 것을 보여 주었다. 이와 같은 증거가 시사하는 바는 자기조절이 자기의식적 정서반응뿐만 아니라 상황에 대한 이성적 반응에도 의존한다는 것이다.

적극적 자기조절은 노력이 드는 통제처리일 수 있으며, 특히 다른 행위도 함께 수행할 때 그렇다. 이러한 인지적 부하는 적극적 자기조절을 요구하는 행위를 손상시키지만, 자동적 자기조절에는 거의 영향을 미치지 않는다. 자기조절 자원이 고갈되면 복잡한 사고가 손상되지만 단순한 과제의 수행은 손상되지 않는다(Schmeichel, Vohs, & Baumeister, 2003; Vohs & Schmeichel, 2003 참조).

자기조절의 신경적 기초

사회인지 연구자들은 자기조절의 신경적 기초를 이해하기 시작하였으며, 제2장에서 지적한 바와 같은 이중처리과정의 구분이 이러한 패턴들을 다루는 데 도움이 된다. 사려 깊은 자기조절에는 자동적 자기조절과는 상이한 두뇌 영역이 관여한다(Banfield, Wyland, Macrae, Münte, & Heatherton, 2004). 의식적 자기조절, 즉 계획을 수립하고 행위를 집행하기 위하여 하위 수준의 처리에 대한 상위 수준의 집행자적 통제에는 전전두피질이 관여한다. 특히 공간적 추리와 개념적 추리과정에 보편적으로 관여하는 배외측 전전두피질(dlPFC)이 계획 세우기, 새로운 정보 처리하기, 선택 결정하기, 장기기억과 작업기억 통제하기, 언어 사용하기 등과 연관되어 왔다(개관을 보려면 Banfield et al., 2004 참조). dlPFC는 행동적 자기조절에도 관여하는데, 특히 행위를 선택하고 시작하는 데 중요한 역할을 담당한다(예컨대 Spence & Frith, 1999). dlPFC에 관한 이러한 견해의 수렴적 증거는 이 영역의 손상이 계획 세우기와 판단 그리고 통찰의 손상뿐만 아니라 무감동과 주의력의 감소를 초래할 수 있다는 사실을 보고하는 연구들이 제공하는데(Dimitrov, Grafman, Soares, & Clark, 1999), 이러한 연구 결과들은 다른 무엇보다도 형편없는 집행 기능을 시사한다.

복내측 전전두피질(vmPFC)은 정서처리에 수반된 변연계와 연결되어 있으며(Pandya & Barnes, 1987), 우리의 행동 출력과 정서적 출력을 통제하는 방식 그리고 타인과 상호작용하는 방식에 관여한다(Dolan, 1999). vmPFC의 한 부분인 안와전두피질(OFC)은 정서처리, 보상, 억제, 의사결정, 자기자각, 전략적 조절이 수반되는 상황에서 활성화된다(개관을 보려면 Banfield et al., 2004 참조). 이 영역의 손상은 놀랄 만한 행동적 변화 그리고 자신의 행동이 초래할 수도 있는 미래 결과의 무시와 연관되어 왔다(Bechara, Damasio, Damasio, & Anderson, 1994). OFC의 손상은 자신의 행동이 타인에 의해서 용인되거나 도덕적인 것으로 지각될지의 여부에 근거하여 행동을 조절하는 능력의 상실을 초래한다(E. Goldberg, 2001).

전측 대상피질(ACC)은 행동을 모니터링하고 주도하는 데 있어서 PFC와 상호작용한다. ACC는 인지 정보의 처리(전측 영역) 그리고 감정적 처리와 평가적 처리 모두에 관여한다(개관을 보려면 Bush, Luu, & Posner, 2000 참조). ACC의 기능 그리고 운동 시스템과 인지 시스템의 연계는 의도를 행위로 전환시키는 능력에서 결정적인 것으로 보인다(Banfield et al., 2004). 또한 갈등적 정보를 처리하는 데도 중요한 역할을 담당하며, 자동처리에서 통제처리로의 전이를 촉발하는 영역으로 개념화되어 왔다(Botvinick et al., 2004). 따라서 만일 운동에 대해서 자기 스키마적이라면, 자신의 일상적 운동 기량이 갑작스럽게 떨어지는 것은 ACC의 활동과 PFC에서의 통제처리의 시작을 촉발시켜, 이 결과가 자기에 대해 갖는 함의를 이해하고 적극적으로 후속 행동을 조절하게 만든다(Lieberman et al., 2002).

3. 동기와 자기조절

자기조절은 지속적인 자기부합 관심사에 의해서 상당 부분 주도된다. 이 관심사에는 정확한 자기감, 일관성 있는 자기감, 자기의 증진, 긍정적 자기감에 대한 욕구가 포함된다. 제1장과 2장에서 기술한 사회적 동기의 측면에서 정확성과 일관성은 사회적 이해 동기의 다른 표현인 반면, 긍정적 자기감의 증진과 유지는 자기고양의 두 가지 다른 방법이 된다.

정확성 욕구

미래 결과를 예측 가능하고 통제 가능한 것으로 만들기 위해서는 우리의 능력, 의견, 신념, 정서에 대해 상당히 정확한 평가가 필요하다는 사실은 거의 수학의 공리와 같은 것이다(Trope, 1975, 1983). 정확한 자기평가는 상황을 예측하고 우리의 미래 행동을 통제할 수 있게 해 준다(Trope & Bassok, 1982).

트로프(Trope)는 과제를 수행하는 능력을 알아야 할 필요가 있는 상황이 발생할 때, 자신의 능력에 가장 정보적(즉, 진단적)인 과제를 선택한다고 제안한다. 만일 당신이 자신의 수학 능력에 대한 정확한 피드백을 원한다면, GRE(Graduate Records Examination) 수학 검사가 아동용 산술 검사 또는 수학자들이 수십 년간 씨름해 오고 있는 수학문제에서의 성과보다 더 진단적일 것이다.

사회비교(social comparison)라고 부르는 타인과의 비교에서 주어지는 피드백도 객관적인 과제가 가용하지 않을 때에는 정확한 자기평가 욕구를 충족시킬 수 있다(Festinger, 1954). 예컨대, 당신이 공식 무도회에 초청받았는데 자신이 얼마나 춤을 잘 추는지 확신할 수 없다고 해서 아동용 댄스 교습반이나 댄스 경연대회에 나가려고 할 가능성은 거의 없다. 대신에 나이트클럽과 같이 자신과 타인을 비교할 수 있는 기회를 제공하는 장소에서 자신의 춤 실력을 시도해 보고는, 무도회에서 멋지게 보이려면 교습을 받아야 할 필요가 있는지를 결정할 수 있다. 자신의 능력에 대한 지식이 확실하지 않을 때는 정확한 자기감을 갖는 것이 중요하다(Sorrentino & Roney, 1986).

흥미 있는 사실은, 사람들이 좋은 소식을 기대할 때 정확한 자기부합 정보를 추구할 가능성이 특히 크지만, 좋지 않은 소식을 기대할 때조차도 자기평가의 욕구를 자주 나타낸다는 점이다(Brown, 1990). 만일 자신의 춤 실력이 형편없다고 생각한다면 자기평가 시도가 그 신념을 확증시킬 것이며, 그렇게 되면 무도회가 있는 날에 부상을 당한 척하는 것이 현명한 방법일 수 있다.

일관성 욕구

정확한 자기개념의 욕구에는 상황에 따라 변하지 않는 일관적인 자기개념이 필요하다는 생각이 뒤따르게 된다. 우리는 시간이 경과하여도 비교적 안정적으로 남아 있는 내재적 자질과 목표를 가지고 있다고 믿을 필요가 있다(Swann, 1983). 흔히 사람들은 상황을 찾아 나선 후에 자신의 자기개념화를 확증하는 방식으로 자신의 행동을 해석하며, 자기개념화와 상충하는 상황과 피드백을 회피하거나 거부한다. 이 과정을 자기확증(self-verification)이라고 부른다.

예컨대, 당신이 이제 막 대학원 생활을 시작하였다고 가정해 보자. 첫 번째 사교 모임에서 당신은 비교적 조용히 혼자만 있다. 만일 다른 대학원생이 당신에게 다가와서 "수줍어할 필요 없어. 아무도 널 잡아먹지 않아."라고 말한다면, 당신은 기분이 상할 수 있다. 당신이 말을 많이 하지 않은 것은 분위기를 파악하고 있기 때문이거나 몸 상태가 좋지 않기 때문일 수 있지만, 당신은 스스로 상당히 사교적인 사람이라고 생각할 수 있다. 다음번 사교 모임에서는 자신이 사교적인 사람이라는 사실을 자신과 다른 사람들 모두에게 확신시키기 위해서 보통 때보다도 더 사교적으로 행동할 수 있다(Swann & Read, 1981).

사람들은 자신의 긍정적 속성을 확증하고자 하지만, 때로는 부정적 자질조차도 확증하고자 한다. 만일 당신이 통계학 강의에서 좋은 성적을 받았지만 수학이 자신의 강점이 아니라는 사실을 알고 있다면, 고급 통계학 강의를 수강하라는 동료들의 권유를 받아들이지 않음으로써 자신의 수학 능력에 대한 기존 신념을 유지할 수 있다.

자신을 정확하고 일관성 있게 바라보고자 하는 욕구는 행동에 영향을 미친다. 우리는 스스로 생각하는 것과 동일하게 우리를 바라보는 사람들과 선택적으로 상호작용을 한다(예컨대 Swann, Stein-Seroussi, & Giesler, 1992). 예컨대, 당신의 장점과 단점을 모두 알고 있으면서 당신을 여전히 사랑하는 사람 앞에서 편하게 쉴 수 있다는 것이 얼마나 큰 위안이 되는지를 생각해 보라. 일반적으로 말해서 우리를 긍정적으로 바라보며, 우리 스스로 가치를 부여하는 자질에 똑같이 가치를 부여해 주는 사람을 좋아한다.

대부분의 경우에 사람들은 어떤 적극적이거나 의식적 노력 없이도 자신에 대한 견해를 유지할 수 있다. 일관적인 자기감을 유지하는 것은 친숙한 과제를 수행하는 친숙한 상황에서 가족이나 친구 또는 동료들과 상호작용하는 과정의 한 부분이다. 우리가 일관적 자기개념화에 대한 위협에 주의를 집중하면서 잘못된 견해를 제거하고자 시도하거나, 아니면 자신의 자기개념화를 변화시켜야 할 것인지를 물어보게 되는 경우는 주로 불일치하는 피드백을 받을 때이며(Madon et al., 2001), 이때는 자동처리에서 통제처리로 전이가 일어난다(제2장 참조).

사회인지의 다른 측면들과 마찬가지로, 일관적 자기 욕구는 문화에 따라 차이가 있다. 독립적 문화에서는 사람들이 자신의 독특한 개인적 자질을 표현하는 방법을 추구한다. 상황이나 사회 규범이 행동을 주도하는 상호의존적 맥락에서는 사람들이 맥락에 따라서 자신에 대하여 일관적이지 않은 신념을 표현한다(Choi & Choi, 2002). 예컨대, 유럽계 미국인들은 자신을 여러 맥락에 걸쳐서 어느 정도는 성취 지향적이라고 간주하는 반면, 동아시아인들은 자신을 어떤 맥락에서는 꽤나 성취 지향적이지만 다른 맥락에서는 그렇지 않은 것으로 간주한다. 전반적으로 동아시아인들은 자신을 상황에 따라 융통적인 사람으로 간주하는 반면, 유럽계 미국인들은 상황에 관계없이 꽤나 일관적인 사람으로 간주한다(Suh, 2002).

증진 욕구

정확하고 일관적인 자기감 욕구에 덧붙여, 사람들은 증진하려는 욕구도 가지고 있다. 많은 자기조절 행위들이 이 욕구를 충족시키기 위한 것이다(Kasser & Ryan, 1996). 자기조절 행위를 자기증진을 위해 사용하고자 하는 사람에게는 자신이 추구할 수 있는 목표가 필요하다. 그러한 목표는 여러 가지 원천이 제공해 준다. 예컨대, 마커스의 가능성 자기개념에는 사람들이 자신의 미래에 대한 비전이 포함되어 있다(Markus & Nurius, 1986). 미래의 가능성 자기를 개발하고 마음속에 그려 봄으로써 적절한 목표를 설정하고, 그 목표의 달성을 향하여 진보하며, 얼마나 많은 진보가 이루어졌는지를 확인해 볼 수 있다.

자기증진은 **상향적 사회비교**(upward social comparison)에 의해서도 도움을 받을 수 있다(Taylor & Lobel, 1989; J. V. Wood, 1989). 많은 사람들은 이것이 스승이 그토록 중요한 주요 이유 중의 하나라고 믿고 있다. 우리가 얻고자 하거나 소유하고 싶어 하는 속성이나 재능을 구현하고 있는 사람들은 우리를 동기화시키며 증진에 도움이 되는 세부적 정보의 원천이 될 수도 있다.

자기증진은 타인으로부터의 명시적인 것이든 아니면 자신의 형편없는 성과에 대한 피드백에 암묵적으로 들어 있는 것이든, 비판에 의해서도 동기화될 수 있다. 자신의 목표 또는 중요한 타인의 기대에 미치지 못했다는 지각은 자존감을 감소시킬 수도 있지만 증진하려는 노력에도 도움을 줄 수 있다. 자기증진 욕구는 동아시아인에게 특히 중요한 동기인 것으로 보인다(Heine et al., 2001).

자기증진을 향한 모든 노력이 성공적인 것은 아니다. 성공적으로 변화하는 것 그리고 그 변화를 유지하는 것은 어려운 과정이다. 때때로 사람들은 개선되지 않았을 때도 자신이 증진하였다고 지각하기도 한다(A. E. Wilson & Ross, 2001). 예컨대, 한 학생이 학습 기술을 개선하기 위하여 학습 기술 프로그램을 이수한다면, 이수 후에 진보가 이루어졌는지의 여부와 관계없이 자신의 학습 기술이 증진되었다고 믿을 가능성이 크다. 이러한 일이 일어나는 이유는, 사람들은 안정성과 변화에 대한 암묵적 이론을 가지고 있는데, 그 이론이 자신의 현재 위상뿐만 아니라 과거 위상에 대한 자기평가를 왜곡시킬 수 있기 때문이다(Conway & Ross, 1984; Ross, 1989). 과거의 기술 수준을 실제보다 더 형편없었던 것으로 왜곡시킴으로써 현재의 기술 수준이 증진을 나타낸다고 생각할 수 있다(Libby, Eibach, & Gilovich, 2005 참조). 또한 이러한 통찰은 자기고양에 관한 많은 연구 문헌으로 이끌어 가는데 이제 그 내용을 보도록 하자.

자기고양

자신에 대한 정확하고 일관적인 정보의 욕구에 덧붙여, 우리는 자신에 대해서 좋은 감정을 가지고 자존감을 유지할 필요가 있다. 적어도 서양 문화에서는 높은 자존감을 갖는 것이 인지적 이득과 동기적 이점이 있는 것으로 보인다. 자존감이 높은 사람은 자신의 개인적 자질에 대한 명확한 신념을 가지고 있다. 자신을 호의적으로 생각하며, 적절한 목표를 설정하고, 피드백을 자신의 자존감을 유지하는 방식으로 사용하며, 긍정적 경험을 음미하고, 어려운 상황에 잘 대처한다(예컨대 K. L. Sommer & Baumeister, 2002; Wood et al., 2003).

총체적으로 긍정적 자기감을 유지하거나 생성하려는 욕구와 노력을 자기고양

(self-enhancement)이라고 부른다. 적어도 서양 문화에서는 많은 경우에 자기고양 욕구가 중요하며, 심지어는 발군의 중요성을 가지고 있는 것으로 보인다(Sedikides, 1993). 자기고양 욕구는 위협이나 실패 또는 자존감에 타격을 받은 후에 특히 중요해진다(예컨대 Beauregard & Dunning, 1998; Krueger, 1998). 리어리와 바우마이스터(Leary & Baumeister, 2000)가 제안한 사회척도 개념과 관련하여 앞에서 지적했던 것처럼, 긍정적 자기감 욕구는 적어도 부분적으로는 다른 사람들과 관계를 맺고 그들의 인정을 받으려는 욕구에 의해서 주도된다. 사회적 위협은 자존감의 위협이 되며, 이것은 다시 용인과 인정을 재획득하려는 욕구를 활성화시킨다. 이러한 관점에서 볼 때, 자기고양 욕구는 다른 사람의 눈에 어떻게 비춰지는가에 대한 자신의 평가에 의해서 사회적으로 주도된다.

자기고양 욕구를 충족시키는 한 가지 방법은 자신의 실제 능력과 재능 그리고 사회적 기술이라는 측면에서 엉터리지만 긍정적이고 다소 과장된 자기지각을 견지하는 것이다. 테일러와 브라운(Taylor & Brown, 1988)은 이것을 **긍정적 착각**(positive illusion)이라고 불러 왔다. 긍정적 착각에는 적어도 세 가지 유형이 있다—사람들은 실제보다 자신을 보다 긍정적으로 바라보는 경향이 있다. 사람들은 실제보다 주변에서 일어나는 사건을 잘 통제하고 있다고 믿는다. 그리고 미래에 대해서 비현실적으로 낙관적이다. 예컨대, 대학생들에게 긍정적 성격과 부정적 성격을 나타내는 형용사들이 자신과 타인을 얼마나 정확하게 묘사하는지를 기술해 보도록 요청하면, 대부분의 학생들은 타인보다 자신을 더욱 호의적으로 평가한다(예컨대 Suls, Lemos, & Stewart, 2002). 자신에 대한 긍정적 정보는 기억하지만, 부정적 정보는 마음에서 빠져나가기 십상이다(Sedikides & Green, 2000). 시간적 압력을 받는 상황에서 우리들 대부분은 성공적이었던 상황보다는 실패하였던 과거 상황을 재구성하는 데 더 많은 어려움을 겪는다(Story, 1998). 다른 사람들보다 이기적이지 않고 친절하며 자애로운 행위를 더 많이 할 가능성이 크다고 믿는다(Epley & Dunning, 2000). 우리의 성과가 실제보다 더 긍정적이라고 기억하기 십상이다(Crary, 1966). 대부분의 다른 사람들보다 더 행복하다고 믿는다(Klar & Giladi, 1999). 자신에게 아첨하는 사람이 믿을 만하고 사려 깊다고 믿는다(Vonk, 2002). 위협에 대해서는 삶의 다른 영역에서의 자기지각을 강화시킴으로써(Boney-McCoy, Gibbons, & Gerrard, 1999), 다른 사람이 자신보다 더 불운하다는 **하향식 사회비교**(downward social comparison)를 함으로써(Wills, 1981) 대처한다. 그리고 아마도 가장 통렬한 사실은 다른 사람들이 편향적이라고 생각하는 것보다 우리 자신은 덜 편향적이라고 생각한다는 점이다(Ehrlinger, Gilovich, & Ross, 2005; Pronin, Lin, & Ross, 2002). 모든 경우에 사람들은 자신을 다른 사람보다 낫다고 간주하거나 다른 사람들이 생각하는 것보다 자신은 더 우수한 사람이라고 간주함으로써 자기를 증진시킬 수 있다(Kwan, John, Kenny, Bond, & Robins, 2004).

만일 긍정적 착각이 시야를 흐리게 만든다면, 어떻게 사람들은 현실을 성공적으로 검증하며 자신과 세상에 대한 정확한 지각을 유지하는 것인가? 비록 절대적 정확성은 뻥튀기될 수 있다고 하더라도, 상대적 정확성은 상당히 높은 것으로 보인다. 예컨대, 자신이 수행한 광범위한 영역의 성격 특질에 대한 자기평가를 친구의 평가와 비교해 보면, 비록 자신이 친구보다 자신을 더 긍정적으로 간주하기는 하지만 두 평가 간의 상관관계는 상당히 높다(Taylor, Lerner, Sherman, Sage, & McDowell, 2003a).

그렇지만 자기와 세상 그리고 미래에 대한 평가가 보다 현실적인 것이 되는 예측 가능한 상황도 존재한다. 다른 사람으로부터 피드백을 받게 될 때는 보다 현실적이 되며, 심지어는 받게 될 피드백에 대해서 비관적이 될 수도 있다(K. M. Taylor & Shepperd, 1998). 여러 가지 행위들 중에서 하나를 선택하는 중이거나 개인적 목표를 설정하는 중에는 자신에 대해서 보다 정확하고 솔직하게 된다(S. E. Taylor & Gollwitzer, 1995). 다른 사람들이 자신에 대해서 정확한 정보를 갖게 될 것이라고 믿을 때, 자신의 자기기술이 쉽게 검증될 수 있을 때, 자기 관련 피드백을 받을 것이라고 기대할 때(Armor & Taylor, 1998), 또는 자신의 능력을 확증하거나 부정할 수 있는 과제를 수행할 것이라고 기대할 때(Armor & Sackett, 2006), 자기평가가 부정될 가능성이 있을 때(예컨대 Dunning, Meyerowitz, & Holzberg, 1989), 자기평가에서 보다 겸허해진다. 자기고양은 평가받는 개인적 자질이 구체적일 때보다 모호한 것일 때 더욱 명백해진다. 따라서 책임감이 높아짐으로써 절대적인 의미에서 자기지각이 더욱 정확해진다. 프로젝트를 시작하는데 그 프로젝트를 마무리할 시점에 성과가 그저 그렇고 희망하였던 결과를 도출하지 못해 낙담하게 될 때보다, 그 프로젝트가 개인적 목표를 달성하기 위하여 노력을 경주하도록 동기화하는 힘을 가지고 있을 때 자기고양이 더 커진다(Shepperd, Ouellette, & Fernandez, 1996).

대부분의 사람들이 자기지각에서 그토록 자기고양적인 이유는 무엇인가? 이에 덧붙여 자기고양 지각이 현실과 일치하지 않을 때도 지속되는 이유는 무엇인가? 테일러와 브라운(Taylor & Brown, 1988)은 자기고양적인 긍정적 착각은 정신건강에 적응적이라고 주장하였다(S. E. Taylor et al., 2003a; S. E. Taylor, Lerner, Sherman, Sage, & McDowell, 2003b). 긍정적 자기지각, 미래에 대한 비현실적 낙관주의, 허위적인 자기통제감은 자신을 더 좋게 느끼도록 도와주며(Regan, Snyder, & Kassin, 1995), 목표를 추구하려는 동기를 발달시키고(S. E. Taylor & Gollwitzer, 1995), 그 목표를 달성하고자 더 오랫동안 시도하게 만들어 준다(Armor & Taylor, 2003). 자기고양적 지각은 삶의 성공적 적응, 즉 개인적 웰빙감, 목표를 향한 끈기, 창의적이고 생산적인 일에 몰두하는 능력에 대한 증거로 간주되는 많은 과제를 조장하게 된다(Brown & Dutton, 1995 참조). 긍정적 자기지각은 좋은 사회적 관계도 조장하는 것으로 생각된다(Taylor et al., 2003a). 그렇지만 이러한 결과는 한계가 있는 것으로 보인다. 공개적 장면에서 특히 자기고양적인 사람은 다른 사람들을 멀어지게 만들 수 있다(예컨대 Bonano, Field, Kovacevic, & Kaltman, 2002; Robins & Beer, 2001).

이에 덧붙여 자존감이 높은 사람은 자신의 개인적 속성이 도전받거나 목표가 위협받을 때와 같은 위기 상황에서 비열하고 악의적이며 자기중심적이 될 수 있다(Baumeister, Smart, & Boden, 1996). 이것은 고정관념의 증가, 타인의 비난, 하향식 사회비교와 같은 행동을 통해서 입증된다(예컨대 Heatherton & Vohs, 2000; Vohs & Heatherton, 2004; Baumeister, Campbell, Krueger, & Vohs, 2003 참조). 이러한 자기조절 실패는 안정적인 높은 자존감을 가진 사람보다는 방어적으로 높은 자존감을 가진 사람들 사이에서 더 보편적으로 나타나는 것으로 보인다(Lambird & Mann, 2006).

아무튼 자기고양은 또 다른 예상치 않은 이득을 제공해 줄 수 있다. 자신에 대해서 기분이 좋고 자기가치를 부정하는 질문으로 위협받지 않을 때, 사람들은 자신에 대한 부정적 정보에 더 수용적이 되기 십상이다(예컨대 Trope & Neter, 1994). 연구결과는 천성적으로 미래에 대해 낙관적인 사람이 그렇지 않은 사람에 비해서 개인적으로 관련된 위험 관련 정보도 덜 방어적으로 처리한다는 사실을 시사한다(Aspinwall & Brunhart, 1996). 자신에 대해서 기분이 좋으면 타인에 대해서도 보다 긍정적이다(Ybarra, 1999). 사회적 확증, 즉 자신이 인정받는 것도 방어성을 감소시키며, 자신의 내재적 측면이 호감을 받아 왔다고 생각해 온 사람들은 위협적일 수 있는 정보에 더 수용적이다(Schimel, Arndt, Pyszczynski, & Greenberg, 2001).

긍정적 자기감의 이점에 관한 부가적 증거는 만성적으로 자존감이 낮은 사람들에게서 나온다. 자존감이 낮은 사람은 명확하지 않은 자기개념화를 가지고 있으며, 자신을 호의적이지 않은 용어로 표현하고, 비현실적 목표를 선택하거나 목표로부터 꽁무니를 빼기 십상이며, 미래에 대해서 비관적인 경향이 있고, 자신의 과거 경험을 부정적으로 기억하며, 긍정적 기분을 회복하도록 기분조절 기법을 채택하기보다는 부정적 기분에 매몰되고, 부정적 피드백에 적대적인 정서적 반응과 행동적 반응을 보이며, 스스로 긍정적 피드백을 생성하는 능력이 떨어지고, 부정적 자기평가를 초래하는 상향식 사회비교를 하며(Vohs & Heatherton, 2004), 다른 사람에 대한 자신의 영향에 대해서 걱정하고, 난관이나 스트레스에 직면할 때 우울이나 반추에 빠질 가능성이 더 크다(Brown & Marshall, 2001; Di Paula & Campbell, 2002; Heatherton & Vohs, 2000; Josephs, Bosson, & Jacobs, 2003; Kernis, Paradise, Whitaker, Wheatman, & Goldman, 2000; Leary, Tambor, Terdal, & Downs, 1995; Setterlund & Niedenthal, 1993; Sommer & Baumeister, 2002).

자기고양은 스트레스를 받을 때 생물학적 이점도 제공하는 것으로 보인다. 우리는 모두 스트레스에 익숙하다. 심장이 빠르게 뛰고, 혈압이 올라가며, 불안을 느낀다. 자신을 다른 사람이 지각하는 것보다 더 긍정적으로 지각하는 사람은 실험실에서 주어진 스트레스 과제에 대해서 낮은 코티솔 수준을 보이며, 맥박과 혈압 반응도 낮다(Creswell et al., 2005; Taylor et al., 2003b). 이러한 패턴이 시사하는 바는 자기고양이 개인적으로 위협적일 수도 있으며, 건강에 해로운 효과를 초래할 수도 있는 스트레스 상황에서 보호막이 될 수도 있다는 사실이다. 보다 보편적으로 표현하면, 자존감과 내적 통제소재는 심리적 스트레스에 대한 낮은 코티솔 반응과 젊은 사람의 해마 크기 증가, 연령에 따른 인지적 저하가 덜 일어나는 것, 보다 우수한 코티솔 조절, 노년에 두뇌의 전반적 크기의 감소가 느려지는 것 등과 관련되어 왔다(Pruessner et al., 2005).

자기가치 확인

자기가치 확인 이론(self-affirmation theory; Steele, 1988)은 자기고양 욕구를 다루며, 사람들은 자기가치감에 대한 위협에 대해서 그 위협과 무관한 측면들을 내세우는 것으로 대처한다고 주장한다(예컨대 Aronson, Blanton, & Cooper, 1995; Blanton, Cooper, Skurnik, & Aronson, 1997; Koole, Smeets, van Knippenberg, & Dijksterhuis, 1999; 개관을 보려면 Sherman & Cohen, 2006 참조). 상당한 연구 결과

들은 사람들이 자신의 가치 있는 측면을 확인할 수 있는 기회가 주어졌을 때 위협에 대해서 방어적으로 반응할 가능성이 줄어든다는 생각을 지지한다. 예컨대, 셔먼과 넬슨 그리고 스틸(Sherman, Nelson, & Steele, 2000)은 한 실험 연구에서 대학생 참가자들의 절반에게는 개인적으로 중요한 가치를 회고하도록 지시하였다. 또한 나머지 절반은 덜 중요한 개인적 가치에 대해서 회고하였다. 그런 다음에 참가자들은 에이즈 예방교육 비디오를 시청하였다. 가치 확인 과제를 마친 참가자들은 상대적으로 중요하지 않은 가치를 회고하였던 참가자들과 비교할 때, 자신들이 HIV의 위험에 더 많이 노출된 것으로 간주하고 보다 긍정적인 건강 행동을 하였다(즉, 콘돔을 구입하거나 교육용 책자를 읽는 등). 이러한 결과가 시사하는 바는 자기확인 경험이 위협적인 건강 정보에 대한 방어적 반응을 감소시킨다는 것이다. 이 결과는 사람들이 자신에 대해서 기분이 좋을 때 부정적일 수 있는 정보에 보다 수용적이 된다는 사실을 보여 주는 앞서 개관한 증거들과 일치한다. 연구들은 개인적 가치의 확인은 위협의 지각을 약화시키며(Sherman & Cohen, 2002), 실패 후에 되새김질에 빠져드는 경향성을 감소시킨다는 것을 보여 준다(Koole et al., 1999).

광의적인 측면에서 볼 때, 자기가치 확인은 건강에도 이점을 가질 수 있는데, 이것은 자기고양 연구의 결과들과 일치하는 것이다. 참가자들이 가치 확인 과제나 통제 과제를 수행하는 실험 연구에서, 자신의 가치를 확인한 참가자들은 실험실에서 주어진 스트레스 자극에 대해 유의하게 낮은 코티솔 반응을 나타냈다. 자존감과 낙관성도 높으면서 자신의 개인적 가치를 확인하였던 참가자들은 실험실 스트레스 자극에 대한 반응에서 낮은 스트레스를 경험했다고 보고하였다. 따라서 개인적 가치를 회고하는 것(자기가치 확인 행위)은 스트레스에 대한 신경내분비선 반응과 심리적 반응을 낮은 수준으로 유지시킬 수 있다(Creswell et al., 2005).

자기가치 이론에서 얻어진 결과들이 가지고 있는 한 가지 중요한 함의는 자기고양이 유지동기(maintenance motive)라는 것이다. 사람들은 가능한 한 가장 긍정적인 자기평가를 갖겠다고 애쓰는 것이 아니라 적절한 수준의 자기존중을 유지하고자 노력한다. 실제로 특정한 수준의 자존감에 도달하게 되면, 사람들은 자존감을 그 이상으로 증진시킬 수 있는 행위를 회피할 수 있다(Tesser, Crepaz, Collins, Cornell, & Beach, 2000; Zuckerman & O'Loughlin, 2006).

자기평가 유지

테서(Tesser, 1988)는 사람들이 자신의 긍정적 자기존중을 촉진하고 유지하는 또 다른 사회적 기제, 즉 자신을 비교하고자 하는 주위 사람들의 수행 정도에 대처하는 방식을 제안하였다. 예컨대, 철수의 절친한 친구인 영철이가 최근에 백일장에서 대단한 상을 수상하였다. 철수는 친구의 성공이 즐겁고 다른 사람들에게 그 사실을 열심히 이야기하겠는가, 아니면 영철이의 성공에 시샘을 하고 자신은 글쓰기 재능이 없다는 생각에 불행하다고 느끼겠는가? 테서의 자기평가 유지 이론(self-evaluation maintenance theory)은 이러한 물음에 답하고자 하며, 자기에 대한 인지가 어떻게 감정과 행동 일반에 영향을 미치는지를 다룬다.

심리학적으로 표현해서, 나와 절친한 사람의 행동은 그렇지 않은 사람의 행동보다 나에게 더 큰 영향을 미친다. 따라서 나와 절친한 사람이 좋은 성과를 보일 때 결정적 상황이 발생한다. 철수가 영철이로 인해서 즐거울지 아니면 시기심을 느낄지의 여부는 글쓰기가 철수의 자기개념화에서 얼마나 중심적인 것인지에 결정적으로 달려 있다. 만일 철수도 자신의 작품을 출판하고자 애써 온 작가라면, 영철이의 대단한 성과는 개인적으로 위협적이며 앞으로 영철이를 회피하려는 부정적 정서와 노력으로 이끌어 갈 가능성이 있다(비교 효과). 그렇지만 만일 철수는 변호사이고 글을 쓰지 않는다면, 영철이의 성공이 즐겁고 그의 수상을 자랑스럽게 생각할 수 있다(반성 효과). 따라서 동일한 요인들이—표적인물과의 개인적 절친함 그리고 표적인물의 뛰어난 성과—표적인물의 성과가 본인의 자기정의와 부합하는가, 부합하지 않는가에 따라서 정서와 행동에 상반된 효과를 초래할 수 있다(**그림 5.4** 참조).

공포관리 이론

위협은 자기고양에 중요한 자극이며, 아마도 죽음만큼 강력한 위협은 없을 것이다(Gailliot, Schmeichel, & Baumeister, 2006). 공포관리 이론(terror management theory)은 이러한 통찰에 근거하고 있다(Greenberg, Pyszczynski, & Solomon, 1986). 이 이론에 따르면 사람들은 생물학적으로 자기보전 여부에 의해서 주도되며, 문화적 수준에서는 의미와 목적을 제공하는 세계관을 개발함으로써 그리고 개인 수준에서는 자존감을 통해서 죽음의 위협에 대처한다. 이 이론은 사람들이 자신의 삶과 살고 있는 세상에 지속적인 의미감을 부여해 주는 사고와 신념 시스템을 형성한다고 주장한다. 이러한 견해는 사람들이 죽을 운명 그리고 그 운명이 초래하는 불안에 대처하는

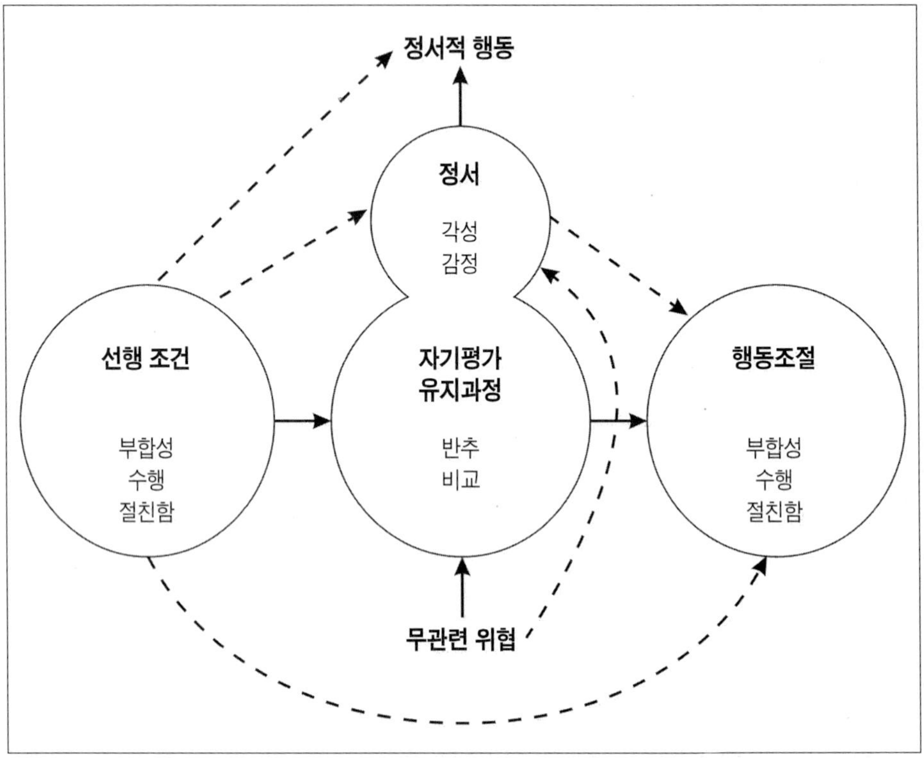

그림 5.4 자기평가 유지 모형의 도식적 표현

출처: Tesser, A. (1988). Toward a self-evaluation maintenance model of social behavior. In L. Berkowitz (Ed.), *Advances in experimental social psychology* (Vol. 21, 181-227). New York: Acedemic Press.

데 도움을 준다(Greenberg, Pyszczynski, & Solomon, 1986). 개인 수준에서는 긍정적 자기감을 유지하고자 애를 쓰는데, 이것도 마찬가지로 죽음 운명과 연합된 불안을 감소시켜 준다.

이 이론은 문화적 세계관과 자존감이 어떻게 죽음의 위협을 헤쳐 나가는 데 도움이 되는지에 관하여 수많은 상세한 예언을 생성해 낸다. 한 가지 예언은 죽음을 현저한 것으로 만들면 사람들이 죽음 관련 사고를 억압할 것이라는 것이며, 상당한 증거가 존재하는 예언이다(Greenberg, Arndt, Schimel, Pyszczynski, & Solomon, 2001; Schmeichel & Martens, 2005). 죽음의 공포에 대처하는 데 있어서 문화적 세계관의 중요성은 또한 죽음이 현저해질 때 사람들이 특히 문화적으로 용인된 행동 기준에 기대어 살아가려고 시도한다고 예언한다. 이러한 행동은 죽음의 운명이 만들어 낼 수 있는 불안으로부터 사람들을 보호하는 데 도움이 된다(Greenberg, Porteus, Simon, Pyszczynski, & Solomon, 1995). 따라서 사회 규범이나 문화 규범에 귀의하는 행위는 본질적으로 진정시키고 안심시키는 효과가 있다. 죽음의 위협이 없는 경우와 비교할 때 죽음이 현저한 것이 된다면 도전거리에 직면하여 자신의 신념에 따라서 행동하고 자신의 가치를 확신할 가능성이 커지는데, 이것은 이론의 예언과 일치하는 것이다(McGregor et al., 1998).

그렇지만 죽음의 공포 그리고 그 공포가 사람들로 하여금 사회 규범에 보다 충실하게 귀의하도록 이끌어 간다는 사실은 규범을 위반하는 타인에 대한 사람들의 평가가 더욱 엄격해진다는 사실도 의미한다. 예컨대, 한 연구에서 얻은 결과는 죽음을 현저한 것으로 만드는 실험 처치가 가해진 후에 사람들이 위협적인 환경에 대해 질서감을 회복하려는 절박한 심정에서 심하게 부상당한 무고한 희생자를 심하게 비난할 가능성이 커진다는 것이다(Hirschberger, 2006). 마찬가지로 자존감을 증진시키거나 회복시키는 행위는 사람들로 하여금 자신의 내재적 가치와 중요성을 재확인할 수 있도록 해 줌으로써 죽음의 공포에 대처하는 데 도움을 준다. 죽음의 위협은 죽을 운명에 대한 혼란스러운 생각을 완화시키는 적극적 자기조절을 요구한다(Gailliot et al., 2006).

문화와 자기고양

자기고양의 존재 그리고 이것이 충족시키는 욕구는 모두 문화적 경계 속에 들어 있는 자기에 대한 통찰을 나타낸다. 앞에서 기술한 자기고양의 특징과 경험적 연구에 근거한 결론은 동아시아인들보다는 서양인, 특히 미국인들을 보다 잘 특징짓는다. 동아시아인들은 서구 문화의 사람들보다 더 자기비판적이며, 인과적 귀인을 다루는 제6장에서 보게 되겠지만, 동아시아 문화에서는 자기위주 귀인이 그다지 보편적이지 않다(Heine & Renshaw, 2002). 동아시아 문화에서는 자기고양 편향보다는 자기효능감 편향이 더욱 자주 나타난다. 일본 대학생들을 대상으로 한 집단의 학생들이 다른 집단의 학생들보다 뛰어난 성과를 보이도록 처치를 가한 연구를 보면, 자신의 성공을 상황이 초래한 것으로 간주하는 반면, 상대 집단의 성과가 뛰어난 경우에는 그 성과를 개인적 자질에 귀인할 가능성이 컸다(Takata, 1987). 동아시아인들 사이에 존재하는 이러한 겸손한 자기지각은 상당히 일관적인 것으로 보인다(Heine, Takata, & Lehman, 2000; Oishi, Wyre, & Colcombe, 2000).

그렇지만 서구 문화에서 자기고양이 충족시키는 욕구가 동양 문화에서는 다른 형태로 충족되는 것일 수 있다. 예컨대, 사회 집단의 위상을 높이며 집단이라는 측면에서 자신의 위상을 높이는 것은 상호의존적 문화에서 고양 욕구를 충족시킬 수 있는 것이다(Sedikides, Gaertner, & Toguchi, 2003). 커먼(Kurman, 2001)은 집단주의 문화(싱가포르와 중국)와 개인주의 문화(이스라엘 유태인)의 참가자들을 비교하여, 개인적 주체감을 반영하는 특질의 자기고양이 독립적 자기구성과 연합되어 있다는 사실을 발견하였다. 특질의 자기고양은 상호의존적 자기구성과 연합되었다. 이러한 결과가 함축하고 있는 것은 자기 또는 자신이 속한 사회 집단의 고양은 어떤 보편성을 가지고 있지만, 그 고양이 표현되는 문화의 가치에 따라서 상이한 형태를 취할 수 있다는 점이다(Sedikides et al., 2003).

자기조절을 주도하는 동기들의 융합

지금까지 기술한 모든 동기—정확성 욕구, 일관성 욕구, 자기증진, 자기고양—는 다소 상이한 상황에서 행동을 주도한다. 자기에 대한 정확한 피드백의 추구는 어떤 한 차원에서 자신의 위상이 불안정하거나 모호한 조건에서 주도적으로 나타난다(예컨대 Sorrentino & Roney, 1986; Trope, 1979). 일관성 있는 정보의 요구는 특정 차원에서 자신의 위상을 확신하고 있지만 피드백이나 상황이 자신의 자기지각에 도전장을 내밀 때 가장 강력해진다(Pelham, 1990). 확신하고 있는 일관적인 자기감도 자신의 삶에서 예방에 초점을 맞추고 있는 사람들의 특징이다(Leonardelli, Lakin, & Arkin, 출판 중). 개인적 자기가 활성화될 때, 사람들은 바람직하지 않은 표적인물로부터 멀어지고 바람직한 표적인물로 동화하는 방식으로 자기고양을 나타낸다. 그러나 관계적 자기가 활성화될 때는 상보적 행동이 나타난다(즉, 주도성-복종성 차원에서의 대비행동과 원만성-투쟁성 차원에서의 동화행동)(Stapel & Van der Zee, 2006).

자기고양 욕구는 적어도 서구 문화에서는 위협상태에서 주도적인 것으로 나타난다. 자기보존 욕구도 자기고양 행동을 촉발할 수 있다(Baumeister, Tice, & Hutton, 1989). 자기에 대한 인지는 일관성의 방향으로 진행되는 반면, 자기에 대한 감정적 반응은 고양의 방향으로 진행된다. 즉, 우리는 긍정적이든 부정적이든 자신의 속성에 확신감을 갖고자 하지만 긍정적 피드백을 받을 때 가장 행복해진다(Swann, Pelham, & Krull, 1989). 증진에 일차적으로 초점을 맞추고 있는 사람(성장과 후원에 대한 관심)은 예방에 초점을 맞추고 있는 사람과 비교해서 자존감에 더 많은 신경을 쓴다(Leonardelli et al., 출판 중).

자기고양을 충족시키는(적어도 서구 문화에서) 그리고 자기증진도 충족시킬 수 있는 많은 자기조절적 행위는 자각 없이 자동적으로 일어날 수 있다. 그렇지만 정확하거나 일관적인 피드백의 추구는 통제처리를 함축할 가능성이 더 크다. 자동처리는 자기지각에 대한 도전거리나 모호성에 의해서 차단될 가능성이 크기 때문이다. 이 모든 동기들이 동시에 충족될 수 있는 마지막 방법은 인간의 마음이 매우 융통적이며 다양한 동기와 일치하는 방식으로 정보를 구성할 수 있다는 사실에 근거한 것이다. 사람들은 자신이 일관적이라고 믿고 싶어 하며, 이것이 사실이 되도록 왜곡할 수 있다(Wells & Iyengar, 2005). 사람들은 긍정적 자기감을 유지하고자 하며, 먼 과거의 자기에 비판적이 되어 자신이 증진되었다는 착각을 형성함으로써 그렇게 할 수 있는 것이다(A. E. Wilson & Ross, 2001).

4. 참조점으로서의 자기

자기의 개념은 사람들이 자신을 지각하고 행동을 조절하는 방법을 이해하는 데 중요할 뿐만 아니라 다른 사람의 자질과 행동을 해석하는 렌즈를 제공한다는 점에서도 중요하다.

자기참조하기

사회인지 연구자들은 자기를 참조하여 학습한 정보는 다른 유형의 정보보다 기억에서 이점을 갖는다는 사실을 오랫동안 관찰해 왔다. 초기 연구는 이 현상에 대한 '처리 깊이(depth of processing)'(Rogers, Kuiper, & Kirker, 1977) 설명을 지지하였는데, 자기에 부합하도록 만든 정보는 풍부하고 보다 상호연계적이며 지속적인 기억 흔적을 남긴다고 주장한다. 사회인지 신경과학의 발달은 두뇌에서 그러한 효과의 신경적 기초를 이해할 수 있게 만들어 왔다(Heatherton, Macrae, & Kelley, 2004). 예컨대, 켈리(W. M. Kelley)와 동료들(2002)은 참가자들에게 성격 특질 형용사들에 대해 자기기술적이거나, 조지 부시 전 미국 대통령을 기술하는 것으로 판단하거나, 아니면 그 특질 형용사가 대문자로 제시되었는지를 판단하도록 요구하였다. 의미처리 과제는 전형적으로 좌반구 전전두피질의 활성화를 초래하며, 이것은 세 가지 실험조건 모두에서 그렇다. 자기참조를 수반하는 시행에서는 내측 전전두피질(mPFC)도 수반되었다. 이에 덧붙여 mPFC의 활성화 수준은 참가자들이 기억 과제에서 항목을 얼마나 잘 기억하는지와 상관되었는데, 이 사실은 mPFC가 자기부합 기억의 형성에 기여한다는 사실을 시사하는 것이다(Macrae, Moran, Heatherton, Banfield, & Kelley, 2004).

이러한 자기참조 효과는 '시뮬레이션 이론(simulation theory)'이라고 불려 왔다. 이 이론에 따르면, 사람들이 상대방의 심적 상태를 추론하는 한 가지 방법은 유사한 장면에서 자신의 사고나 감정 또는 행동을 상상해 보는 것이다. 자기참조 과제에 관여하는 것으로 알려진 복내측 전전두피질의 특정한 영역은 유사한 타인을 평가할 때 활성화되는 반면, 유사하지 않은 타인을 평가할 때는 덜 활성화된다(Mitchell, Banaji, & Macrae, 2005).

이 사실에 대한 수렴적 증거는 전전두피질의 영역이 손상된 사람들을 대상으로 수행한 연구에서 얻어진다(Stuss & Levine, 2002). 그러한 손상은 자기에 대해서 회고하는 능력, 내성하는 능력의 손상과 연계되어 왔다. 이러한 결과들이 시사하는 바는 기억에서 자기참조 효과가 자기에 대해서 회고할 수 있는 능력에 달려 있으며 mPFC의 신경 활동이 자기회고의 근거일 수 있다는 것이다(Heatherton et al., 2004).

사회적 투사

자기는 자체적인 이미지를 사용하여 상당한 정도로 사회적 세상을 적극적으로 구성한다. 우리는 타인을 평가하기 위하여 자신의 신념과 개인적 자질을 사용한다. 사회적 투사(social projection)란 사람들이 자신의 선호성, 특질, 문제점, 행위, 태도 등을 타인의 특성으로 추정한다는 사실, 나아가서 증거가 보장하는 것 이상으로 자신의 특성을 타인의 특성으로 추정한다는 사실을 지칭한다(Mullen & Goethals, 1990). 우리는 타인이 우리의 특성, 정서, 동기를 공유한다고 가정하며(Holmes, 1978), 우리 자신을 기술할 때와 동일한 특질을 사용하여 지인들을 기술한다(Shrauger & Patterson, 1974). 사회적 투사 효과는 상당히 강력한 것일 수 있다. 타인의 특성에 대한 자신의 평가를 돌이켜 볼 시간이 있을 때(Krueger & Stanke, 2001), 그 평가의 정확성에 대한 피드백을 받을 때(Krueger & Clement, 1994), 그리고 타인에 대한 적절한 정보가 주어질 때조차도(Alicke & Largo, 1995; Kenny & Acitelli, 2001) 이 효과가 일어난다.

우리가 자신의 태도와 특성 그리고 가치를 타인에게 투사하는 이유는 우리 자신의 특성을 좋은 것으로 보려는 동기를 가지고 있기 때문인가, 아니면 사람들이 신속하고도 자신 있게 추론을 할 수 있는, 유용한 일련의 인지적 발견법을 자기가 제공하기 때문인가? 둘 모두가 참인 것으로 보인다. 인지적 설명과 동기적 설명을 대비시켜 온 수십 년에 걸친 연구들은 이러한 두 가지 요인을 분리해 내기 어렵다는 사실을 시사한다. 동기적 요인들은 인지처리에 효과를 미쳐서 판단에 영향을 줄 가능성이 크다(Dunning, 1999; Gollwitzer & Moskowitz, 1996; Kunda, 1990).

자기를 긍정적 용어로 표현하려는 욕구는 사회적 투사과정에 기여한다. 타인을 판단하기 위하여 사용하는 사회적 개념들을 우리는 자기위주로 정의한다(Dunning, Perie, & Story, 1991). 타인을 평가하는 데 있어서 우리 자신의 자기개념화에서 중심적인 특질들을 사용한다(Alicke, 1985). 타인과의 비교에 있어서 자기위주 사회비교를 사용한다(Dunning & Hayes, 1996). 타인을 우리와 비교함으로써 자발적으로 그 타인을 판단하는 것이다(Mussweiler & Bodenhausen, 2002). 우리는 타인이 우리의 약점을 공유하지만 우리의 장점은 독특한 것이라고 가정한다〔허위 독특성 편향(false uniqueness bias)〕(J. D. Campbell, 1986; Mullen & Goethals, 1990; Suls & Wan, 1987). 우리의 약점을 공유한다고 믿는 사람들과는 거리를 둔다(Schimel, Pyszczynski, Greenberg, O'Mahen, & Arndt, 2000).

우리가 긍정적 자질을 투사하는 표적인물이 무선적으로 선택되는 것은 결코 아니다. 매력적인 표적인물에 우리 자신의 태도와 자질을 부여하는 경향이 있으며(Granberg & Brent, 1980; Marks & Miller, 1982), 자신의 바람직하지 않은 자질을 매력적이지 않고 호감이 가지 않는 표적인물에 투사한다(예컨대 Bramel, 1963; Sherwood, 1979). 두 가지 유형의 투사는 부정적 피드백이나 형편없는 성과와 같이 자존감의 위협을 경험할 때 일어날 가능성이 커진다. 반면에 자기를 확인하였거나 긍정적 피드백을 받았을 때는 사회적 투사의 경향성과 방어적인 사회적 투사가 약화된다(Dunning, 2003; Kunda, 1990). 예컨대 셔먼, 프레슨, 그리고 쉐신(S. J. Sherman, Presson, & Chassin, 1984)은 참가자들에게 한 과제의 성과에 대하여 엉터리 피드백을 준 다음에, 그 과제에서 우수하거나 열등한 수행을 보인 다른 학생의 숫자를 추정하도록 요구하였다. 과제를 실제로 수행하지 않았거나 피드백을 받지 않았던 참가자

집단에게도 동일하게 추정하도록 요구하였다. 과제에서 실패하였다는 피드백을 받았던 참가자들은 다른 사람이 실패하였다는 정보만을 받았던 참가자들과 비교할 때, 더 많은 사람들이 실패하였을 것이라고 추정하였다. 흥미를 끄는 사실은 우울한 사람들이 사회적 투사를 적게 나타낸다는 것인데, 이 사실은 자기에 대한 위협을 복구하는 능력이 손상되었다는 것을 시사한다(예컨대 Agostinelli, Sherman, Presson, & Chassin, 1992; Tabachnik, Crocker, & Alloy, 1983). 이렇게 수렴적인 증거들은 사회적 세상에서 자질을 추론하는 기준으로 자기를 사용하는 경향성이 적어도 부분적으로는 자기고양 욕구에 의해서 주도된다는 사실을 확실하게 보여 준다.

투사가 판단을 주도하는 경향성은 고정관념 과정에서도 명백하다. 자기상에 대한 위협은 고정관념 집단의 구성원에게 부정적 고정관념을 적용할 가능성을 확실하게 증가시킨다. 한 연구(Fein & Spencer, 1997)에서 참가자들은 지능검사에서의 성과에 대해 긍정적이거나 부정적인 피드백을 받은 후에, 짐짓 무관한 연구에서 취업을 원하는 지원자를 지원 서류와 인터뷰에 근거하여 평가하도록 요구받았다. 지원자는 유태인이거나 아닌 것으로 묘사되었다. 부정적 피드백을 받았던 참가자들은 지원자가 유태인으로 묘사되었을 때 덜 호의적으로 평가한 반면, 긍정적 피드백을 받았던 참가자들은 두 지원자를 배경에 관계없이 동등하게 평가하였다. 공포관리 이론에 근거한 연구들도 유사한 사실을 지적한다. 즉, 자신의 죽을 운명을 생각나게 만들면 자기가치를 확인하려는 욕구를 증가시키며, 이것은 다시 타인을 특징짓는 데 고정관념의 사용을 증가시킨다(Greenberg et al., 1990; Schimel et al., 1999).

고정관념은 우리를 부정적으로 바라보는 사람들의 전문성을 무효화하는 데도 일조한다. 예컨대, 비난을 받으면 그 비난의 자기비하적 측면을 최소화하기 위하여 평가자를 불신하는 데 부정적 고정관념을 사용할 수 있다. 교수에 대한 학생의 평가는 자신이 그 교수로부터 받을 것이라고 예상하는 성적에 크게 달려 있다(Sinclair & Kunda, 2000). 고정관념을 가질 수도 있는 사람으로부터 아첨하는 소리를 듣게 되면, 사람들은 고정관념을 접어 두고 긍정적인 방식으로 평가자를 판단한다(Sinclair & Kunda, 1999). 따라서 고정관념은 자기고양 목적으로 작동할 수 있는 것이다.

요약

자기는 사회인지의 중요한 원천이다. 사람들은 자기에 대해서 복잡하고도 다양한 표상을 견지하는데, 여기에는 현재의 속성 그리고 미래의 자신을 특징지을 수 있는 속성이 모두 포함된다. 자기개념은 자신이 포함된 상황에 따라서 변하게 되며, 작동 자기개념에서 순간순간 변화를 초래한다. 그리고 자기개념에는 중요한 타인에 대한 표상도 포함된다. 현재의 자질과 미래의 자질에 대한 신념은 목표를 설정하고 그 목표를 향한 행동을 주도하는 참조점으로 작용한다. 자존감은 자기에 대한 평가이며, 암묵적 자기평가뿐만 아니라 명시적 평가도 포함한다.

자기개념화 그리고 그 개념화에 수반되는 인지와 정서, 목표는 문화적 맥락에 따라 달라진다. 서구 문화의 특징인 독립적 자기는 자율적이고 자기위주의 자기개념화를 반영하는 반면, 상호의존적 자기는 사회 집단과 상호연결되어 있으며 집단의 기준과 지침의 영향을 상당히 받는 자기개념화를 반영한다. 이러한 차이는 자기조절을 주도하는 동기와 처리과정에 커다란 영향을 미친다.

자기조절은 사람들이 자신의 행위를 통제하고 방향 짓는 방식을 지칭한다. 안정적인 자기개념화와 상황적 압력의 표상으로 구성되어 있는 작동 자기개념은 사람들로 하여금 상황과 타협할 수 있게 만들어 준다. 자기조절은 개인적 목표라는 측면에서 증진에 초점을 맞추고 있는지 아니면 예방에 초점을 맞추고 있는지의 여부에 의해서, 그리고 주의가 자기를 향하여 내부를 지향하는지 아니면 환경을 향하여 외부를 지향하는지의 여부에 의해서도 영향을 받는다. 일반적으로 자기초점은 행동과 현저한 기준 간의 대응성을 증가시키는 기능을 한다. 자기조절 행동은 자기의식적으로 활성화되거나 아니면 자동적으로 나타날 수 있으며, 심리학자들은 어떤 두뇌 영역이 상이한 유형의 처리에 관여하는지를 이해하기 시작하였다.

자기조절은 기저하는 동기과정에 의해서 주도되며, 대표적인 것에는 정확성 욕구, 일관적 자기감 욕구, 증진 욕구, 그리고 호의적 자기개념화를 견지하고 유지하려는 경향성인 자기고양 욕구 등을 포괄하는 목표들이 있다. 상황적 맥락의 영향을 받는 이러한 포괄적 목표들은 사람들이 자기에 대한 정보를 받아들여서 기억에 표상하는 방식에 영향을 미치며, 사람들이 어떤 상황을 참여하고자 선택할 것인지, 그리고 사회적 상호작용을 하기 위해서 어떤 사람을 선택할 것인지에도 영향을 미친다. 이러한 동기들은 모두 상이한 상황에서 나타내는 행동에 강력한 효과를 갖는다.

자기에 대한 신념은 타인을 판단하기 위해서 사용하는 인지적 구성체의 접속 가능성에 영향을 미친다. 중립적 상황에서는 타인의 자질을 추론하는 근거로 개인적 신념과 특성을 사용할 수 있다. 그러나 개인적 위협 상황은 자신의 약점을 다른 사람들도 광범위하게 공유한다고 가정하는 것에서부터 취약한 사회 집단에 고정관념을 적용하는 것에 이르기까지 광범위한 영역의 사회적 투사과정을 강화시키는 것으로 보인다.

제 6 장

귀인과정

- 귀인이란 무엇인가?
- 귀인 이론에 대한 초기 공헌
- 귀인에 기저하는 처리과정
- 귀인 편향

내 친구가 나에게 그토록 소원하게 행동하는 이유는 무엇일까? 왜 교수는 수업 시간에 내 발언을 무시한 것일까? 우리는 매일같이 설명이 필요한 사건을 접한다. 귀인, 즉 어떤 요인이 어떤 결과를 초래하는 것인지를 확인하려는 시도는 사건을 설명하는 데 중요하며, 그렇기 때문에 사회인지 일반에서도 중요하다.

1. 귀인이란 무엇인가?

귀인(attribution)은 근본적으로 사람들이 인과적 관계 그리고 환경에 존재하는 타인의 특성을 추론하는 방식과 관련된다. 이 둘은 중복되기도 하지만 어느 정도는 구분되는 과정이기도 하다.

인과 귀인

귀인과정은 대체로 사건의 원인을 추론하려는 목적을 가지고 있다. 설날을 기념하기 위하여 아이스하키 경기를 보러 갈 것인지, 농구 경기를 보러 갈 것인지를 놓고 두 친구가 싸우고 있는 가상적 예를 들어 보자. 피상적으로 볼 때 그러한 갈등은 사소한 것일 수밖에 없지만, 우리 대부분이 알고 있는 것처럼 그러한 논쟁은 눈싸움을 하는 것 이상을 의미하며, 감정을 다치게 하거나 심지어는 관계가 소원해지는 것으로 발전하기 십상이다. 이 상황에서 무슨 일이 일어나고 있는지를 어떻게 추론하게 되는가? 두 친구 모두에 대해서 알고 있는 것을 생각해 볼 수 있는데, 이렇게 하는 것은 그들이 늘 투쟁적인지 아니면 매사를 통제하려는 지속적인 욕구를 가지고 있는지의 여부와 같이 두 친구 각각의 성향에 대한 정보를 제공해 준다. 두 친구 간의 관계에 대해서 생각해 보고는 상황을 주도하려는 욕구가 한 친구에게만 있는지, 두 친구 모두에게 있는지를 따져 볼 수 있다. 논쟁이 벌어진 상황에 대해 생각하면서 두 사람이 모두 맥주를 꽤나 마셨다는 사실에 주목하고 술이 투쟁적 행동을 촉발하기 십상이라는 사실을 깨달을 수 있다. 따라서 인과 추리는 사건의 원인을 추론하기 위해서 타인의 자질에 대한 지식과 상황적 역동성에 관한 지식을 동원한다.

인과 추리에 관한 연구가 1970년대에 시작되었을 때, 여러 가지 잘 발달된 모형들이 인과성 추론, 특히 모호한 상황에서의 인과성 추론에 관여한다고 생각되는 복잡하기 일쑤인 추리과정을 개념화하였다. 이러한 분석은 명시적 인과추론이 시간을 필요로 하며 어디에서나 보편적으로 나타나고, 다른 추론과정과 행동에서 핵심적이라는 인상을 만들어 냈다. 그렇지만 사람들이 인과추론을 위해서 많은 시간과 인지용량을 사용한다는 생각이 참일 가능성은 크지 않다. 제1장과 2장에서 지적한 바와 같이, 인지용량은 시간과 주의자원에서 상당히 제한되어 있으며, 한 시점에서는 단지 소량의 정보에만 주의를 할당할 수 있다. 반면에 장기기억의 용량은 거의 무한하기 때문에, 특정한 인물이나 상황 또는 사건과 관련된 원인에 대한 정보를 위해서 단지 장기기억에 접속함으로써 많은 인과적 딜레마를 해결할 가능성이 크다. 다시 말해서 원인에 대한 우리 이해의 대부분은 특정한 삶의 영역에 대해서 견지하고 있는 심적 표상에 내포되어 있다. 친구인 철수와 영숙이가 결별했다는 이야기를 듣고, 그 이유를 이해하기 위하여 애를 써 가면서 인과 규칙을 사용할 필요는 없다. 우리는 둘이 헤어진 이유를 안다. 즉, 서로에게 싫증이 났거나, 성장 배경이 다르거나, 항상 논쟁을 벌였거나, 한 사람이 다른 사람을 배반하였거나, 아니면 여러 가지 복합적 원인이 있을 수 있다. 이 경우에 인과 추리의 과제는 제한된 수의 영역특수적 원인들 중에서 어느 것이 특정한 사례에 적용되는지를 알아내는 것이다.

수십 년에 걸친 연구들은 인과 추리에 대한 부가적 통찰을 내놓았다. 제2장에서 소개하였던 이중 처리의 구분은 다른 유형의 사회인지에 적용되는 것과 마찬가지로 인과 추리에도 적용된다. 많은 인과 추리는 매우 신속하고 거의 자동적으로 일어난다. 귀인 연구에서 도출된 초기 통찰의 하나는 한 사건에 대한 가장 가능성 있는 인과적 설명을 찾기 위하여 광범위한 증거들을 찾아보지 않는다는 사실이다. 오히려 주어진 상황을 설명해 주는 단 하나의 충분한 설명에 매달리기 십상이다.

인과 추리에 관한 수십 년의 연구들은 사람들이 자동적 정보처리를 중단하고 통제처리로 전이하며, "무슨 일이 일어났어?"라고 명시적으로 묻고 답을 하는 데 주의의 초점을 맞추는 상황들도 밝혀 왔다. 명시적 인과 추리는 예상치 않았거나 부정적인 사건이 발생할 때 일어날 가능성이 가장 크다(Kanazawa, 1992; Wong & Weiner, 1981). 선택과목 하나를 임의로 수강하였는데 흥미를 끄는 것으로 판명된다면 그 이유를 물으려고 하지 않는다. 내친걸음에 자신의 탁월한 선택에 즐거워할 수도 있다. 결과가 긍정적이고 기대하였던 것이기 때문에 원인을 찾으려는 특별한 이유가 없어지게 된다. 대신에 우리는 명백한 실패 상황, 특히 예상치 않았던 실패를 위해서 그 능력을 유보시켜 둔다. 재미있을 것이라고 선택하였지만 터무니없을 정도로 지루한 선택과목에 인과적 주의를 쏟아붓는다. 그 결과가 예상치 못한데다 부정적인 것이기 때문이다.

인과 추리를 이해하는 데 있어서 중요한 또 다른 주제는 제1장에서의 요점, 즉 사회인지는 사회적인 것이라는 사실로 되돌아간다. 다른 유형의 문제에서도 마찬가지지만, 우리는 사회적 진공상태에서 인과 추리를 하지 않는다. 앞으로 보게 되겠지만, 몇몇 주도적인 귀인 이론은 암묵적으로 사회적 지각자를 혼자서 인과적 딜레마를 해결하려고 시도하면서 생각에 잠겨 있는 사람으로 나타내는데, 이것은 마치 알베르 까뮈[1]가 사회적 지각자를 묘사하는 것과 같다. 세상은 결코 비사회적인 것이 아니다. 인과적 딜레마를 해결하고자 할 때, 우리는 그저 다른 사람에게 묻기 십상이다. 예상

---

1) 역자 주: Albert Camus(1913~1960). 노벨상 수상작 『이방인(L'Etranger)』(1942)에서 주인공 뫼르소를 통해 고독하게 살아가는 인간의 반항을 표현하여 많은 반향과 공감을 불러일으켰다.

치 않았던 친구의 이혼 소식을 접하게 되면 알 만한 위치에 있는 사람에게 “왜?”라고 묻는다. 예컨대, 힐튼과 슬루고스키(Hilton & Slugoski, 1986)는 결과가 기대한 것과 다를 때 설명을 찾는다고 제안하면서, 이러한 상황을 ‘이상조건(abnormal condition)’이라고 불렀다. 한 사람이 다른 사람에게 정보를 전달하는데, 그 정보는 듣는 사람의 지식에 들어 있는 간극을 메워 주게 된다.

인과성의 기본 원리

아동의 귀인과정에 관한 연구는 사람들이 원인-결과 관계를 이해하려고 노력하는 과정에서 처음에 학습하게 되는 몇 가지 기본 인과성 원리를 밝혀 준다(예컨대 Kassin & Pryor, 1985). 이러한 원리를 살펴보는 것이 가치 있는 이유는 어른들이 인과성을 추론할 때, 특히 모호한 상황에서 또는 엉터리 정보를 받거나 정보가 거의 없는 장면에서 인과성을 추론할 경우 이 원리를 자주 사용하기 때문이다.

원인-결과 관계의 근본 원리의 하나는 **원인이 결과에 선행한다**(causes precede effects)는 것이다(Kassin & Pryor, 1985). 이 원리는 아동이 3세가 될 무렵에 잘 확립되는 것으로 보이며 자발적인 인과 귀인과 결코 상충되지 않는다. 두 번째 기본 원리는 사람들이 결과와 시간적 **근접성**(temporal contiguity)을 보이는 요인들을 원인으로 지각한다는 것이다. 우리는 결과가 발생하기 직전에 일어난 요인을 원인으로 간주하며 꽤나 오래전에 일어난 것은 원인으로 간주하지 않는 경향이 크다. 또한 사람들은 원인-결과 관계를 추론하는 데 **공간적 근접성**(spatial contiguity)도 동원한다. 따라서 예컨대 절도 혐의자가 만일 범죄 발생 시점에 다른 도시에 있었다는 사실이 확인되면 방면된다. **지각적으로 현저한 자극**(perceptually salient stimulus)은 시각 배경에 들어 있는 자극보다 원인으로 지각될 가능성이 훨씬 크다(S. E. Taylor & Fiske, 1975, 1978). **원인은 결과와 유사하다**(causes resemble effects). 예컨대, 사람들은 일반적으로 중대한 결과는 중대한 원인에 의해서 초래되며 사소한 결과는 사소한 원인에 의해서 초래된다고 가정한다(Kelley & Michela, 1980 참조). 따라서 악성 종양의 발생은 이혼과 같이 주요 스트레스원의 탓으로 돌린다. **대표성 원인**(representative cause)이 결과를 초래한다(Tversky & Kahneman, 1982). 따라서, 예컨대 암의 원인에 무지한 환자가 악성 종양을 부상 탓으로 돌리는 이유는 다른 유형의 종기들이 부상에 의해서 야기되기 때문이다.

적어도 몇몇 상황에서는 어른들도 이러한 기본 원리를 사용한다(Einhorn & Hogarth, 1986; S. E. Taylor, 1982). 예컨대, 특정한 원인 영역에 대해서 지식이 없는 사람들은 그 영역에서의 인과관계를 이해하기 위하여 이러한 기본 원리에 의존하게 된다. 반면에 그 영역에서 지식이 해박한 사람들은 영역 부합적인 인과적 정보를 일차적으로 고려하게 된다. 예컨대, 테일러와 리히트만 그리고 우드(Taylor, Lichtman, & Wood, 1984)는 암환자들을 인터뷰한 결과, 암환자들이 생성한 인과적 설명이 암에 대해서 얼마나 많은 지식을 가지고 있느냐에 따라서 달라진다는 사실을 발견하였다. 암에 대해서 무지한 사람들은 시공간적 근접성과 같은 개념을 동원한다. 예컨대, 자신의 유방암이 가슴에 충격을 받아서 초래되었다고 추론한다. 반면에 암의 원인에 대한 지식을 가지고 있는 사람은 자신의 암을 섭식이나 유전적 기질과 같이 암 관련 원인의 탓으로 돌릴 가능성이 훨씬 크다.

매우 불확실하거나 지식이 결여된 상황에서는 사람들이 기본 원리에 매달릴 수 있다(예컨대, "이 질병을 설명할 최근에 일어난 주요 사건은 무엇인가?"). 반면에 특정 영역에 대하여 상당한 지식을 가지고 있는 상황에서는 보편적인 인과추론 모형을 채택하기보다는 영역특수한 인과적 지식을 동원하여 인과성을 추론하게 된다. 따라서 만일 세탁기가 작동을 멈추었다면, 수리 전문가는 매우 잘 정의된 원인들의 제한된 집합 그리고 각 원인들이 문제를 설명해 줄 가능성의 추정치를 염두에 둘 가능성이 커진다.

성향적 귀인

앞으로 보게 되겠지만, 인과적 귀인추리의 대부분은 상대방이 어떤 특성을 가지고 있는지 그리고 어째서 그러한 행동을 나타내는지 등에 초점을 맞춘다. 이러한 유형의 추리는 마음 이론(theory of mind)에 근거한다. 아동은 다른 사람의 마음에서 무슨 일이 일어나고 있는지를 이해하는 능력을 생애 초기에 발달시킨다. 아동은 2세만 되면 다른 사람의 목표, 지각, 정서에 대한 추리 시스템이 발달한다. 4세경에는 다른 사람의 신념 내용을 표상하는 시스템이 발달한다(Saxe, Carey, & Kanwisher, 2004).

성인기에 도달한 사회적 지각자는 때때로 정서와 의도, 원망과 같은 행위를 설명할 수 있는 상대방의 한시적 자질에 관심을 갖기도 하지만, 일반적으로는 신념, 특질, 자질과 같은 지속적인 성향을 추론하는 데 더 많은 관심을 기울인다(Gilbert, 1998).

다른 사람에게 성향적 자질을 귀인하는 과정은 놀라울 정도로 빠르며, 미묘하기 짝이 없는 단서들에 근거하기 십상이다. 예컨대, 사람들은 얼굴 모습, 성별, 인종, 연령 등과 같은 신체적 속성으로부터 특질을 추론해 낸다. 실제로 판단은 사람 얼굴을 100밀리초(0.1초)만 노출시켜도 이루어질 수 있다(Willis & Todorov, 2006). 더욱 놀라운 사실은 이러한 판단이 시간 제약이 없는 상태에서 이루어진 판단과 높은 상관관계를 보인다는 점이다. 요컨대, 얼굴로부터 특정한 특질을 추론해 내는 데 0.1초면 충분하며, 이 사실은 빠르고 직관적이며 노력이 들지 않는 처리를 반영한다.

그렇다면 이러한 판단이 중요한 의미를 갖기는 하는가? 그 답은 '그렇다'이다. 한 연구에서는 참가자들이 미국 국회의원 후보자들의 얼굴을 본 후에 오직 얼굴 모습에만 근거하여 그들의 능력을 추론하도록 요청받았다. 능력에 대한 이렇게 신속한 평가는 실제로 국회의원 선거 결과를 우연 수준 이상으로 잘 예측하였다. 이에 덧붙여 그 판단은 득표의 편차와 유의한 상관을 보였다. 즉, 얼굴이 특별히 유능한 것으로 지각된 후보자는 훨씬 큰 득표차로 상원의원에 당선되었다(Todorov et al., 2005). 따라서 국회의원 선거에서 투표하는 것과 같이 많은 사람들이 행하는 추론의 특징이라고 일반적으로 간주되는 합리적이고 의도적인 판단보다는 신속하고 노력을 들이지 않는 특질추론이 투표 선택에 영향을 미치는 것으로 보인다. 이 연구가 시사하는 바와 같이, 성향적 귀인(dispositional attribution)은 신속하며 거의 자동적인 처리과정이기 십상이다.

타인에 대한 추론의 신경적 기초

사람들이 타인에 대하여 추론할 때 여러 두뇌 영역이 신뢰롭게 관여한다. 마음 이론 연구는 전측 부대상피질(paracingulate cortex), 측두두정부 경계(temporoparietal junction, TPJ)에 위치한 후측 상측두고랑(posterior superior temporal sulcus, pSTS), 그리고 측두극(temporal pole)을 포함한 신경망을 관련시켜 왔다(Gallagher & Frith, 2003). 사회인지의 많은 측면에서 그러한 것처럼, 자신의 경험을 처리할 때와 타인의 심적 상태를 추론할 때 모두 내측 전전두피질(mPFC)이 활성화된다. 타인의 심적 상태를 이해하는 것이 필수적인 다양한 영역의 과제에서는 배측 mPFC가 관여한다. 타인의 심적 상태를 귀인할 때는 우반구 TPJ가 선택적으로 동원되지만, 그 사람에 대한 다른 사회적 정보를 처리할 때는 그렇지 않다(Rilling, Sanfey, Aronson, Nystrom, & Cohen, 2004)(**그림 6.1** 참조).

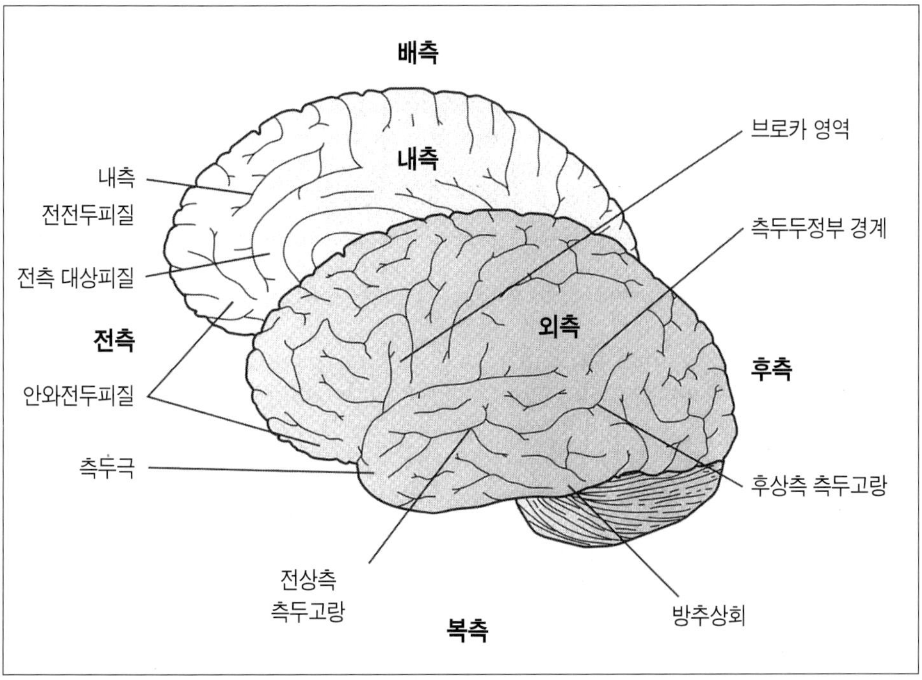

그림 6.1 신념, 원망, 지각, 정서 등의 심적 상태에 대한 귀인과 관련된 두뇌 영역의 도식적 그림

출처: Saxe, R., Carey, S., & Kanwisher, N. (2004). Understanding other minds: Linking developmental psychology and functional neuroimaging. *Annual Review of Psychology*, *55*, 87-124.

사람들이 실제로 사회적 상호작용을 하고 있을 때 마음 이론의 신경적 상관체를 고찰해 온 연구들도 때로는 mPFC로 기술되기도 하는 전측 부대상피질을 관련시킨다(Gallagher, Jack, Roepstorff, & Frith, 2002; McCabe, Houser, Ryan, Smith, & Trouard, 2001). 전측 부대상피질(또는 pACC)과 pSTS의 활성화는 상호작용하는 상대방을 머리에 그릴 때보다는 실제로 상대방이 존재할 때 더 강력한 것으로 나타날 수 있다(Rilling et al., 2004). 즉, 타인의 마음에 대한 추리에 관여하는 것으로 보이는 몇몇 두뇌 영역이 실제의 사회적 상호작용 중에는 차별적으로 관여하는 것으로 보인다.

2. 귀인 이론에 대한 초기 공헌

후속되는 절들에서는 귀인 이론과 연구에 대한 고전적 공헌을 다룬다. 귀인에 관한 연구를 읽는 데는 이러한 초기의 요점들을 염두에 두고 있는 것이 도움이 된다. 즉, 대부분의 귀인추리는 타인의 성향적 자질을 추론하는 데 초점을 두며, 노력이 들지 않고 거의 자동적이다. 대부분의 인과추론은 영역특수적이며, 대체로 그 영역에 적용될 가능성이 큰 원인들에 의해서 결정되는 것이지 추상적인 보편적 인과과정에 의해서 결정되는 것이 아니다. 명시적 귀인추리는 특별한 상황을 위해서 남겨 두게 되는데, 특히 예상치 않은 부정적 사건이 일어날 때 적용된다. 그리고 모든 사회적 추리와 마찬가지로 귀인추리는 본질적으로 사회적인 것이다. 즉, 한 사건을 어떻게 설명해야 할지 모를 때는 다른 사람에게 묻는다.

초기 귀인 모형들은 사회적 지각자가 왜 그리고 어떻게 정보를 사용하여 사건의 설명에 이르게 되는지를 다룬다. 어떤 정보를 수집하고 어떻게 결합하여 판단하게 되는지를 고찰한다. 따라서 귀인 이론은 광범위하게 다양한 영역에 걸쳐 행동과 사건을 설명하기 위하여 사람들이 적용하는 보편적 원리들에 관심을 갖는다.

사람들이 귀인을 하는 이유는 무엇인가? 귀인 이론과 연구는 일반적으로 귀인 분석이 미래를 예측하고 사건을 통제하려는 사람들의 욕구에 의해서 시작된다고 암묵적으로 또는 명시적으로 가정해 왔다(Heider, 1958; Jones & Davis, 1965; Kelley, 1967). 특정한 결과를 초래하는 요인을 이해하는 것은 그 결과의 가능성을 통제하거나 아니면 적어도 언제 발생할 것인지를 예측할 수 있게 해 준다는 것이 기본 가정이다. 이러한 가정에 뒤따르는 것은 인과적 귀인이 목표의 추구에서 중요하다는 사실의 관찰이다. 어떤 사건이 일어나게 만들려면 그 사건이 일어나는 이유를 알아야만 한다.

여섯 가지 상이한 이론적 전통이 초기 귀인 이론의 근간을 형성한다. 첫 번째 것은 하이더(Heider, 1958)의 상식심리학 분석이다. 그의 통찰은 타인의 성향을 추론하는 방식에 관한 이론인 존스와 데이비스(E. E. Jones & Davis, 1965)의 대응추론 분석과 인과적 추론의 규범 모형인 해롤드 켈리(Harold Kelley, 1967)의 ANOVA 모형에 상당한 영향을 미쳤다. 다른 귀인 접근들은 일차적으로 자기귀인에 관심을 기울여 왔다. 섹터(Schachter, 1964)의 정서가변성 이론과 벰(Bem, 1967, 1972)의 자기지각 이론은 귀인 원리를 각각 정서와 태도의 자기지각으로 확장시켰다. 주로 성취 행동과 도움 행동의 영역에서 연구가 수행된 버나드 와이너(Bernard Weiner, 1979, 1985)의 귀인 이론은 인과추론의 이해를 위한 차원 구조를 체계화하였으며, 귀인추리를 기대와 정서, 행동으로 확장하는 데 도움을 주었다.

이렇게 다양한 기원이 함축하는 바와 같이, 귀인 이론은 특정한 기본 원리나 가정들을 공유하는 일련의 이론이다. 이미 지적하였듯이 이러한 모형들이 공유하는 첫 번째 특징은 모형들이 보편적이라는 점, 다시 말해서 비교적 내용 보편적이라는 것이다. 사람들은 인과추론을 시도하고 있는 특정 영역에 관계없이 대체로 동일한 방식으로 인과성을 추론한다고 가정한다. 따라서 자신이 병이 나게 된 이유를 이해하려고 노력하는 과정에서 따르게 되는 규칙은 집 안의 식물들이 죽어 가는 이유를 이해하기 위해서 따르는 규칙과 대체로 동일하다. 두 번째 가정은 최소 결정론이다. 즉, 사람들이 인과성을 추론하는 방식을 설명하는 비교적 간단한 집합의 규칙들을 찾아낼 수 있다는 것이다. 귀인 이론가들이 내세우는 세 번째 가정은 귀인에 동기적 출발점이 있다는 것이다. 다른 사람의 행동에 대한 원인 또는 여러 원인들을 탐색하는 데는 이유가 있게 마련이다. 또한 대부분의 경우에 초기 이론가들은 일단 동기적 출발점이 인과적 귀인과정을 시작하게 만들었다면 인과적 설명의 탐색은 비교적 냉담하고 비동기적인 방식으로 진행된다고 가정한다. 이와 같이, 귀인 이론들은 사람들이 본질적으로 소수의 편향만을 가지고 있는 이성적 문제해결자이지만, 세상에 대한 정보를 '순진한 과학자'처럼 처리하는 경향이 있다는 규범적 가정을 하는 경향이 있다(Kelley, 1967).

하이더의 소박한 심리학 이론

귀인 이론의 역사적 기원은 하이더의 1958년 저서, 『인간관계 심리학(The Psychology of Interpersonal Relations)』이다. 하이더는 사람들이 사회적 세계를 이해하는 방식, 즉 주변에서 일어나는 사건에 대해서 생각하고 그 사건으로부터 의미를 추론하는 방식에 대한 체계적 이해는 상식심리학을 통해 밝힐 수 있다고 주장하였다. 대인지각에 관한 초기 연구는 타인의 자질을 정확하게 지각하게 되는 조건들을 강조해 왔다. 반면에 사회적 지각자에 대한 하이더의 생각은 임마누엘 칸트의 철학에 크게 영향을 받았기 때문에, 지각자가 지각과정에 기여하는 것에 관심을 기울였다. 이러한 상식심리학 또는 소박한 심리학은 사람들이 자신의 경험을 기술하는 데 적용하는 언어 표현으로부터 추론할 수 있다. 그렇다고 해서 사람들이 사용하는 모든 추리과정에 대한 통찰을 가지고 있다는 말은 아니며, 단지 상식심리학이 암묵적 귀인과정을 이해하는 경험적 토대를 마련해 준다는 것이다.

특히 하이더는 사람들이 관찰하는 행동들에서 어떻게 성향적 자질, 즉 불변소를 추출해 내는지에 관심을 가졌다. 하이더에 따르면, 어떤 사람이 왜 그렇게 행동하는지를 묻는 질문의 근본은 그 행동의 원인이 그 사람 내부에 있는 것인지(개인적 인과성), 개인 바깥에 있는 것인지(비개인적 인과성), 아니면 둘 모두에 있는 것인지에 관한 것이다. 귀인과 관련된 개인적 요인은 그 행위를 수행할 수 있는 능력(ability)과 동기(motivation)로 구성된다. **그림 6.2**에서 보는 바와 같이, 능력은 환경 요인들과 결합하여 행위를 위한 역량(capacity)에 영향을 미친다. 따라서 역량은 개인의 능력(예컨대 재능과 장점)과 환경의 촉진적이거나 억제적인 영향(예컨대 과제의 난이도나 우연)의 결합함수다. 동기는 행위자의 의도(목표와 계획)와 능력 발휘(노력)의 결합함수다. 예컨대, 나는 대수학 숙제를 해결할 능력이 있으며 그렇게 할 충분한 시간도 있지만, 숙제를 하지 않기로 결정하거나 노력을 기울이지 않는다면 숙제는 그대로 남아 있게 된다. 행위는 한 사람이 행동을 수행할 역량과 동기를 모두 가지고 있다는 사실을 함축한다. 행위를 성공적으로 수행할 수 있는지의 여부는 환경의 힘과 능력의 결합함수다. 행위에 성공하느냐의 여부는 부가적으로 의도와 노력이라는 동기적 요

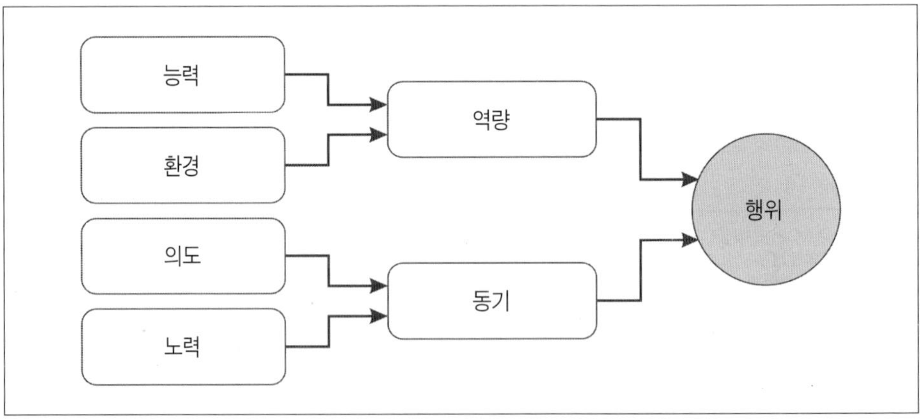

그림 6.2 하이더의 귀인 이론

출처: Gilbert, D. T. (1998). Ordinary personology. *The handbook of social psychology*, 4th edition, p. 97.

인에 의해서 결정된다.

『인간관계 심리학』에서 하이더의 목표는 귀인 이론을 제시하는 것보다 더 광의적인 것이었기 때문에, 인과성에 대한 이론적 진술은 상대적으로 미완성의 수준에 머물렀다. 귀인 이론에 대한 그의 일차적 공헌은 나중에 다른 이론들에 의해서 더욱 체계적으로 연구된 많은 기본적 문제점들을 정의한 것이다. 특히 그는 사회적 지각자가 환경에서 불변소, 즉 환경의 안정성과 변화를 모두 신뢰롭게 설명하는 요인을 탐색한다는 사실을 지적하였다. 후속 절에서 보겠지만, 이 가정은 존스와 데이비스의 대응추론 이론과 켈리의 귀인 이론의 발달에서 중요한 역할을 하였다.

존스와 데이비스의 대응추론 이론

존스와 데이비스(Jones & Davis, 1965)의 대응추론 이론(correspondent inference theory)은 본질적으로 대인지각 이론이다. 이 이론은 사회적 지각자의 목표가 여러 상황에 걸쳐 불변적으로 나타나는 성향을 추론하려는 목적으로 행동에 기저하는 의도를 확인하려는 것이라고 주장한다. 사람들이 어떻게 타인의 의도를 추론해 가는지에 초점을 맞춘다. 우리는 타인의 행동에 대해서 안정적이면서 동시에 정보적인 설명을 추구한다. 이 이론에 따르면, 타인의 행동은 의도적인 것으로 판단될 수 있을 때 그리고 상황에 따라 변하는 것이 아니라 일관적인 기저 의도에 의해서 초래된 것이라고 판단될 수 있을 때 가장 정보적이다.

타인의 성향을 추론하는 데 사용하는 몇몇 단서들은 매우 신속한 인과적 추론으로 이끌어 갈 수 있다. 예컨대, 결과에 대한 사회적 원망(social desirability)은 사회적 지각자에게 중요하고도 가치 있는 단서다. 사회적 원망이 낮은 행동은 사회적으로 바람직한 행동에 비해서 개인의 성향에 귀인시킬 가능성이 더 크다(그 행동이 우발적인 것이 아니라고 가정할 때 그렇다). 사회적으로 바람직한 행동은 특정한 행위자의 독특한 자질에 대해 비정보적이다. 동일한 상황에서 대부분의 사람들이 행동하는 방식을 기술하고 있기 때문이다.

행위 의미의 모호성을 해소하는 데 도움을 주는 다른 조건에는 행동이 사회적 역할(social role)의 한 부분인지의 여부 그리고 행동이 사전 기대(prior expectation)를 충족시키는지의 여부가 포함된다. 사회적 역할에 의해서 제약을 받거나 기대를 충족시키는 행동은 행위자의 기저 성향에 대해서도 특별히 정보적이지 않다. 그렇지만 행위가 일어난 이유에 대해서 인과적인 정보를 제공해 주기는 한다. 예컨대, 소방관이 화재를 진압할 때 우리는 그/그녀가 친절한 사람이라고 생각하지 않는다. 단지 그의 직무라고 생각한다.

존스와 데이비스는 사회적 지각자가 비공통 효과 분석(analysis of noncommon effect)을 통하여 타인의 성향을 추론할 때 그 행동의 독특한 결과를 사용한다는 가설을 세웠다(**그림 6.3** 참조). 즉, 사회적 지각자는 "다른 행위라면 초래하지 않았을 결과를 이 행위가 생성하고 있는 것은 무엇인가?"라는 물음을 던진다고 제안하였다. 실제로 취한 행위의 결과를 취하지 않은 행위의 결과와 비교하여 독특한 결과를 들여다봄으로써 기저 의도의 강도를 추론할 수 있다. 만일 한 회사가 스포츠센터를 가지고 있다는 점을 제외하고는 매우 유사한 두 회사로부터 입사 제안을 받았는데 내가 전자를 선택한다면, 당신은 스포츠센터가 나에게 중요하다고 추론할 수 있다. 게다가 선택한 회사가 상대적으로 많은 부정적 요소(예컨대 낮은 봉급이나 작은 사무실)를 많이 가

그림 6.3 대학원 선택에서 비공통 효과 분석

출처: Jones, E. E. & Davis, K. E. (1965). From acts to dispositions: The attribution process in person perception. In L. Berkowitz (Ed.), *Advances in experimental social psychology*, Vol. 2. pp. 220-266. New York: Academic Press.

지고 있다면, 당신은 내 선택의 차별적 요소(즉, 스포츠센터)가 유별나게 중요한 것이라고 추론할 수 있다. 선택한 대안과 선택하지 않은 대안 사이에 비공통 효과가 적을 때 더욱 확신을 가지고 성향을 추론하게 된다.

그림 6.3이 시사하는 바와 같이, 비공통 효과 분석은 시간이 많이 들고 복잡한 과정일 수 있다. 많은 복잡성 중에는 인과적 설명을 찾기 위하여 주어진 정보를 넘어서는 자질을 추론할 필요가 있다는 사실이 포함된다. 사람들이 그러한 집중적인 추리에 언제 몰입하며 그리고 몰입하는지의 여부는 비공통 효과 분석에서 중요한 잠재적 능력이 된다.

사람들이 타인의 행동을 성향에 근거한 것으로 간주하는 정도는 **쾌락적 적합성**(hedonic relevance, 행위가 지각자 자신의 목표와 관심사를 차단하는가 아니면 촉진하는가의 여부)과 **인격주의**(personalism, 행위자가 지각자를 도우려는 의도가 있는지 아니면 해치려는 의도가 있는지에 대한 지각자의 지각)의 지각에 따라 증가한다. 앞으로 보게 되겠지만, 정보를 차별적으로 처리하는 경향성이 자기의 목표와 결과에 어떤 함의를 가지고 있을 때, 그러한 경향성은 귀인추론에 한결같은 영향을 미친다.

행위자의 성향을 추론하는 데 사용하는 또 다른 잠재적 기반은 행위자의 행동이 **상황적으로 제약되어 있는가**(situationally constrained) 아니면 행위자의 선택에 의해서 나타낸 것인가의 여부다. 예컨대, 당신이 수업 토론에 참여할 것을 요구받고, 교수가 사형 제도를 찬성하는 편에 당신을 할당한다고 가정해 보자. 급우들은 당신이 찬성 측에 할당된 사실을 알고 있기 때문에, 당신의 발언이 진정한 신념을 반영한다고 추론하는 것은 현명하지 못하다. 그렇지만 당신이 스스로 사형 제도를 찬성하는 발언을 선택하였다면, 급우들은 그 진술이 당신의 기저 신념을 반영하는 것이라고 결론지을 수 있다.

대응추론 이론의 이러한 예언, 즉 성향적 귀인은 부합하는 상황 정보에 의해서 적격한 것이 된다는 예언이 경험적으로는 지극히 일부분만 지지되었지만, 궁극적으로는 경험적 연구들이 인과적 귀인에 대해서 밝혀낸 가장 중요한 통찰 중의 하나를 초래하게 되었다. 즉, 사람들은 행위자의 행동을 제한하는 상황에 대한 맥락 정보를 무시하며, 대신에 그 행동으로부터 행위자의 성향을 추론하기 십상이다. 사람들에게는 행위자가 사형 제도에 반대하는 주장을 하는 것과 같은 어떤 행위를 나타낼 때, 그 행위는 그 사람의 기저 신념을 나타내는 것이라고 가정하는 강력한 경향성이 있다. 그 행동을 설명할 수 있거나 적어도 그 행동에 영향을 미칠 수 있는 그럴듯한 상황 요인이 있을 때조차도 그렇다(Jones & Harris, 1967). 수많은 경험적 연구들은 서양인들이 상황적 정보가 상당히 현저한 것일 때조차도 상황의 힘이 타인의 행동에 미치는 영향을 과소평가한다는 사실을 증명해 주고 있다(예컨대 Gilbert & Malone, 1995).

요약컨대, 존스와 데이비스는 사람들이 타인의 성향을 추론하는 이유와 방식에 대한 이론을 개발하였다. 이 이론은 이후 수십 년에 걸친 대인지각 연구를 주도한 매우 강력한 이론이었다. 경험적 연구들에서 도출된 많은 중요한 통찰 중에는 사람들이 타인의 성향을 추론하고자 원할 뿐만 아니라 그렇게 하려는 편향을 가지고 있으며, 흔히 적절한 상황 정보를 무시한다는 사실이 포함된다. 이 이론과 이 이론에 근거한 연구들은 사람들이 언제 그리고 왜 인과성을 추론하려고 인지적 노력을 투입하는지 그리고 인과추론의 토대로 단순한 단서에 매달리는 것인지에 관한 논제에 초점을 맞추기 시작하였다.

켈리의 귀인 이론

켈리(H. H. Kelley)의 귀인 이론은 사람들이 인과 귀인의 타당성을 추구하는 조건에 관심을 가졌다. 세상, 특히 사회적 세상에 대한 지식은 파악하기 어렵거나 모호하기 십상이다. 사람들은 일반적으로 사회적 수준에서 효과적으로 기능하기에 충분한 정보를 가지고 있지만(Thibaut & Kelley, 1959 참조), 몇몇 상황에서는 그 정보가 부적합하다. 이러한 상황은 자신의 신념이 타인으로부터 지지를 받지 못할 때, 자신의 역량을 넘어서는 문제가 존재할 때, 상황에 대한 정보가 열악하거나 모호할 때, 자신의 견해가 참이 아니거나 부적합하다고 낙인찍혔을 때, 또는 낮은 자존감을 초래하는 경험에 직면할 때 일어날 수 있다(Kelley, 1967). 이러한 상황에서는 사람들이 잠정적인 인상을 확신하거나 설명을 개발하기 위하여 추가적인 정보를 탐색한다. 요컨대, 불확실성이 인과적 분석을 촉진시킨다. 예컨대, 학부에서는 성적이 괜찮았는데 대학원에서는 그렇지 못한 상황은 기저의 원인을 이해하려는 노력을 촉발시키게 된다.

공변 모형

정보가 적정 수준 이하로 떨어지면 다음과 같은 세 차원에서 정보를 추구하게 된다. 특이성, 대상이 존재하지 않을 때와는 달리 그 대상이 존재할 때(대상은 타인일 수도 사물일 수도 있다는 점에 주목하라) 인상이 형성되는가? 시간과 양상에 걸친 일관성, 대상이 존재할 때마다 동일한 방식으로 인상이 형성되는가? 합의성, 다른 사람들도 동일한 방식으로 인상을 경험하는가? 예컨대, 젊은 여성(대상)과 파티에 함께 갔는데 그 여자가 다른 여러 사람들하고만 시시덕거리면서 자신이 무시당하는 모습을 발견한 젊은 남성을 생각해 보자. 그는 우선 왜 그 여성이 일부러 자신과 함께 가자고 했는지를 궁리해 보고, 어째서 이런 일이 일어났는지에 대해서 (최소한) 궁금해할 가능성이 크다. 그가 자신의 귀인을 검증하는 세 가지 차원은 다음과 같다.

- 특이성(distinctiveness): 그 결과는 대상(젊은 여성)이 존재할 때 그리고 존재하지 않을 때 모두 일어나는가? (예컨대, 그녀가 그에 대해서 이렇게 행동하였던 유일한 여성인가, 아니면 다른 여성들도 과거에 똑같이 행동하였는가?)
- 시간과 양상에 걸친 일관성(consistency over time/modality): 그 결과는 대상이 존재할 때 그리고 상호작용의 형태와는 무관하게 항상 일어나는가? (예컨대, 그녀는 과거에도 파티뿐만 아니라 다른 사건에서도 그에게 이렇게 행동하였는가?)
- 합의성(consensus): 이 대상과의 관계에서 다른 사람들도 동일한 결과를 경험하는가? (예컨대, 그녀는 다른 사람들에게도 이렇게 행동해 왔는가?)

켈리에 따르면 높은 특이성, 높은 일관성, 높은 합의성의 정보를 조합함으로써 확실한 대상 귀인을 할 수 있게 된다. 위의 경우에 만일 대상인 젊은 여성이 별 볼일 없는 젊은 남성을 이러한 방식으로 취급하는 유일한 사람이라면(높은 특이성), 만일 그가 멍청하게도 과거에 그녀에게 데이트 신청을 하였다고 가정할 때도 그녀가 항상 그렇게 행동하였다면(높은 일관성), 그리고 만일 다른 사람들도 그녀에게서 유사한 경험을 해 왔다면(높은 합의성), 그녀는 못 말리는 뻔뻔한 여자라고 결론 내릴 수 있다.

정보의 다른 조합들도 의미 있는 인과적 추론을 내놓을 수 있다. 예컨대, 그 젊은 여성이 과거에 다른 데이트 상대들을 결코 무시한 적이 없고(낮은 합의성), 과거에 이 젊은 남성을 항상 무시해 왔으며(높은 일관성), 대부분의 다른 여성들도 이 젊은 남성을 무시해 왔다고(낮은 특이성) 가정해 보라. 이 젊은 남성에게는 거친 매너나 나쁜 입냄새와 같이 무엇인가 짜증 나게 하는 것이 있다고 생각할 가능성이 있다. 낮은 특이성, 높은 일관성, 낮은 합의성의 조합은 이러한 유형의 귀인을 신뢰롭게 유발한다(McArthur, 1972).

공변 원리는 인과성의 결합 귀인을 형성하는 데에도 적용할 수 있다. 젊은 남성이 다른 데이트 상대로부터 결코 무시당한 적이 없으며(높은 특이성), 젊은 여성은 다른 데이트 상대를 결코 무시한 적이 없지만(낮은 합의성), 이 남자와 데이트할 때는 항상 무시해 왔다는 사실을(높은 일관성) 알게 되었다고 가정해 보라. 이러한 상황에서는 두 사람이 최악의 조합으로 모두 비난받아 마땅하다고 결론 내리면서 두 사람 모두에게 책임을 돌리는 경향이 있다(McArthur, 1972). **표 6.1**은 상이한 인과적 귀인에 도달하는 데 공변 모형이 어떻게 사용될 수 있는지를 보여 준다.

켈리는 사회적 지각자가 다른 차원들은 일정하게 유지하면서 한 차원에서만 정보를 수집하는 과정을 모든 차원에서 순차적으로 수행한 다음에, 분자에서의 높은 변량과 분모에서의 낮은 변량을 찾으려고 하는 변량분석(ANOVA)이라는 통계 기법에 유추할 수 있는 F비를 계산한다고 제안하였다. 다시 말해서 사람들은 시간과 양상 그리고 사람들에 걸쳐서 작은 변량을 갖는 매우 특이한 조건을 찾는다. 만일 내가 친구를 집으로 데리고 올 때마다 룸메이트가 냉담하고 거리를 둔다면, 이것은 공변량이 큰 것이다. 친구를 데리고 올 때 가끔씩만 냉담하고 거리를 둔다면 공변량이 작은 것이다.

켈리 모형은 규범적 추론 모형이라는 사실을 인식하는 것이 중요하다. 즉, 귀인을 확증하기 위한 형식적이고 이상적인 규칙 집합이다. 켈리는 사람들이 일상생활에서 F비를 습관적으로 계산한다고 믿지는 않았다. 그렇기는 하지만 이러한 규범 모형이 인과적 추론을 얼마나 잘 설명하는지를 묻는 것은 가치 있는 일이다. 경험적 증거들이 시사하는 바는 사회적 지각자가 많은 측면에서 켈리가 상세화한 인과추론 모형과는 거리가 있다는 것이다. 경험적 증거와의 몇몇 괴리는 합의성과 일관성, 특이성 정보의 특정한 조합들은 사람들에게 가용하지 않기 십상이라는 사실에서 초래된다(Hewstone & Jaspers, 1987; Jaspers, Hewstone, & Fincham, 1983). 사람들은 이러한 세 차원에 걸쳐 정보를 체계적으로 사용하며 정보가 이러한 형태로 주어질 때 대체로 켈리가 제시한 방식으로 사용할 수 있지만(예컨대 McArthur, 1972), 스스로는 이러한 차원에 따라서 정보를 체계적으로 수집하지 않는다(Fiedler, Walther, & Nickel, 1999). 흔히 사람들은 결과의 출현에 필요하고도 충분한 조건들을 확인하기 위하여 어떤 것이든 가용한 공변 정보에 의존한다(Hewstone & Jaspers, 1987). 켈리 모형을 사용한 연구들은 존스와 데이비스에서 얻은 중요한 통찰에 호응하여, 사람들이 표적인물에 대한 정보를 추구하고 사용하는 강력한 경향성을 보인다는 사실을 밝혀왔다. 다시 말해서 존스와 데이비스가 가정하였던 것처럼, 사람들은 성향적 귀인을 하는 경향이 있다.

연구 결과들은 또한 사회적 지각자들이 인과적 판단을 할 때 합의성 정보를 가장 적게 사용한다는 사실도 시사하였다. 즉, 다른 사람이 어떻게 생각하고 있는지를 우리가 생각하는 것에 비해서 다른 사람들이 생각하고 있는 것 자체는 귀인에 덜 중요한 경향이 있다. 부분적인 이유는 우리의 개인적 견해가 널리 공유된다고 가정하기 때문이다(Olson, Ellis, & Zanna, 1983). 이 현상은 허위적 합의 효과(false consensus effect)로 알려져 있다. 우리는 자신의 행동을 전형적이거나 기대되는 것으로 간주하기 때문에 동일한 상황에서는 다른 사람들도 동일한 방식으로 행동할 것이라고 가정한다. 우리는 자신의 행동이 전형적인 정도를 과대추정하는 것이다. 감정과 신념 그리고 견해의 전형성도 과대추정하며, 많은 사람들도 우리와 똑같이 느낀다고 가정한다. 따라서 인과적 추론을 할 때 다른 사람들이 우리와 같은 신념을 가지고 있는지의 여부를 알 필요가 없다. 그저 그들도 우리와 똑같은 신념을 가지고 있다고 믿는다(Mullen & Goethals, 1990).

신경영상 기법은 귀인 연구자들로 하여금 상이한 유형의 인과 귀인에 관여하는 두뇌의 특정 영역을 확인할 수 있게 해 주었으며, 켈리 모형에 대한 지지 증거도 제공해 주었다. 언급한 바와 같이 세 신경 영역, 즉 내측 전전두피질(mPFC), 상측두이랑(STS), 전측 측두극은 타인의 성향을 추론하는 데 일관성 있게 관여한다(예컨대 Frith & Frith, 2001; Leslie, 1994). 해리스, 토도로프, 그리고 피스키(Harris, Todorov, & Fiske, 2005)는 뇌영상에서 맥아서(McArthur)의 실험 패러다임을 사용하여 참가자들에게 행위자 행동에 대한 합의성, 특이성, 일관성 정보의 조합을 제시하고, 정보의 상이한 조합의 함수로써 두뇌의 활성화 패턴을 살펴보았다(**표 6.1** 참조). 낮은 합의성, 낮은 특이성, 높은 일관성의 조합은 예언한 것과 같은 귀인으로 이끌어 갔으며 독특하게 상측두고랑의 활성화를 유발하였다. 높은 일관성과 결합된 낮은 특이성(합의성과는 무관하게)은 다른 조건들과 비교할 때 높은 mPFC 활성화를 촉발하였다. 이 패턴은 사람들이 특이성과 일관성을 선호하며 합의성 정보를 무시하기 십상이라는 증거와 일치하는 것이다. 이러한 결과가 중요한 이유는 마음 이론에 관한 연구에서 얻어진 결과들과 수렴할 뿐만 아니라 특정한 유형의 귀인과 연합된 신경 활성화 패턴을 확인해 냄으로써 경험적 연구를 넘어설 수 있기 때문이다.

표 6.1 "춤을 출 때 랄프(개인)가 조앤(대상)의 발을 밟는 이유는 무엇인가?"라는 질문에 대한 켈리 공변 모형의 반응

	높은 특이성				**낮은 특이성**			
특이성	랄프는 파트너의 발을 거의 밟지 않는다.				랄프는 파트너의 발을 자주 밟는다.			
	높은 일관성		**낮은 일관성**		**높은 일관성**		**낮은 일관성**	
일관성	과거에 랄프는 거의 항상 조앤의 발을 밟았다.		과거에 랄프는 조앤의 발을 밟은 적이 거의 없다.		과거에 랄프는 거의 항상 조앤의 발을 밟았다.		과거에 랄프는 조앤의 발을 밟은 적이 거의 없다.	
	높은 합의성	**낮은 합의성**	**높은 합의성**	**낮은 합의성**	**높은 합의성**	**낮은 합의성**	**높은 합의성**	**낮은 합의성**
합의성	조앤과 춤추는 다른 사람들도 대부분 그녀의 발을 밟는다.	조앤과 춤추는 다른 사람들은 그녀의 발을 거의 밟지 않는다.	조앤과 춤추는 다른 사람들도 대부분 그녀의 발을 밟는다.	조앤과 춤추는 다른 사람들은 그녀의 발을 거의 밟지 않는다.	조앤과 춤추는 다른 사람들도 대부분 그녀의 발을 밟는다.	조앤과 춤추는 다른 사람들은 그녀의 발을 거의 밟지 않는다.	조앤과 춤추는 다른 사람들도 대부분 그녀의 발을 밟는다.	조앤과 춤추는 다른 사람들은 그녀의 발을 거의 밟지 않는다.
귀인	조앤이 협조적이지 않다. 그녀가 잘못이다. 대상 귀인이 이루어진다.	랄프와 조앤의 공동책임이다. 결과가 초래되는 데는 둘이 모두 요구된다. 사람-대상 귀인이 이루어진다.	일반적으로 랄프는 조앤의 비협조를 극복할 수 있지만, 오늘은 아니다. 상황 귀인이 이루어진다.	일진이 나쁘다. 상황 귀인이 이루어진다.	랄프와 조앤의 공통책임이다. 결과를 초래하는 데는 둘 중 한 명이면 충분하다. 개인-대상 귀인이 이루어진다.	랄프가 비협조적이며 잘못이다. 개인 귀인이 이루어진다.	랄프와 조앤 모두가 비협조적이다. 일반적으로 둘이 문제를 극복하나, 오늘은 아니다. 귀인이 모호해진다.	랄프가 비협조적이다. 일반적으로 조앤은 이 문제를 극복할 수 있지만, 오늘은 아니다. 귀인이 모호해진다.

발생 대 행위

인과 귀인과정은 설명을 필요로 하는 사건의 특성에 따라 달라진다. 크루글란스키(Kruglanski, 1975)는 발생(occurrence, 절대적으로 자발적인 것이 아니다)과 행위(action, 자발적인 것이다)를 구분하였다. 발생은 내적(개인적) 요인이나 외적(상황적) 요인 모두에 의해서 야기될 수 있지만, 행위는 항상 내적으로 촉발된다. 나아가서 그는 행위가 두 가지 하위 유형, 즉 내인성 행위(endogenous act, 그 자체가 목적으로 수행하는 행위)와 외인성 행위(exogenous act, 다른 목표를 달성하도록 도와주기 위한 행위)로 구성된다고 주장하였다. 만일 내가 주제에 관심이 있어서 당신이 쓴 논문을 읽는다면 나의 행위는 내인성에 기반한 것인 반면, 당신이 나의 강의를 수강하는 학생이기 때문에 그 글을 읽는다면 외인성에 기반한 것이 된다. 크루글란스키의 이론은 외인적으로 귀인한 행위는 자유롭게 선택한 것이 아니며 즐거움을 덜 초래하는 것으로 간주된다고 예언한다.

행위와 발생 간의 구분은 단순히 직관적으로만 의미를 갖는 것이 아니다. 이 구분은 상이한 유형의 정보가 상이한 유형의 행동을 해석하는 데 유용할 것임을 함축한다. 예컨대, 주커먼과 펠드먼(Zuckerman & Feldman, 1984)은 발생의 원인을 추론하기 위해서는 합의성 정보를 찾는 반면, 자발적 행동(행위)에 기저하는 이유를 이해하기 위해서는 특이성 정보를 추구한다는 사실을 발견하였다. 정서반응은 발생으로 간주되며 자발적 통제를 받지 않는다. 따라서 철수가 영철이를 보았을 때 자제력을 잃었던 이유를 이해하기 위해서 지각자는 다른 사람들도 철수와 동일한 방식으로 반응하였는지(합의성 정보) 알아보게 된다. 반면에 '영철이가 방으로 들어올 때 철수가 한 방 날렸다'(자발적 행위)는 사실을 아는 것은 철수가 다른 사람들에게도 한 방 날렸는지의 여부(특이성 정보)를 찾게 만든다.

인과 스키마

켈리의 인과 스키마 모형도 이 분야에서 영향력이 컸다. 특히 그는 다중 필요 인과 스키마(multiple necessary causal schemas)의 개념과 다중 충분 인과 스키마(multiple sufficient causal schemas)의 개념을 상세하게 기술하였는데, 전자는 결과를 초래하는 데 기여하는 여러 가지 원인이 존재할 필요성이라는 특징을 가지며, 후자는 행동이 여러 가지 원인들 중의 어느 것에 의해서도 일어날 수 있는 조건이라는 특징을 갖는다. 따라서 매우 어려운 과제에서 성공하는 것은 노력과 능력 모두를 필요로 하는 반면(다중 필요 원인), 매우 단순한 과제에서 성공하는 것은 단지 약간의 능력이나 노력만을 요구한다(다중 충분 원인). 예컨대, 마라톤에서 우승하려면 능력, 노력, 좋은 훈련, 알맞은 코스 조건 등을 포함한 다중 원인이 존재할 필요가 있다. 그렇지만 내가 네 살짜리 조카와 장기를 두어 이기는 것에 대해서는 나의 능력이나 노력 또는 그 과제가 나에게 훨씬 친숙하다는 사실, 아니면 내가 속임수를 써도 조카가 알아채지 못할 것이라는 사실 등 어느 것에도 귀인시킬 수 있다. 어떠한 원인도 가능한 것이다.

켈리는 인과 귀인 연구에 또 다른 중요한 공헌을 하였다. 그는 절감 원리(discounting principle)와 이것의 거울상인 확장 원리(augmenting principle)를 명시하였는데, 전자는 또 다른 충분 원인이 존재하는 정도에 따라서 한 원인의 중요성을 절감한다고 주장하며, 후자는 대안적 원인이 존재하지 않는 정도에 따라서 한 원인의 가치를 확장시킨다고 주장한다. 전반적으로 연구 증거들은 절감 원리를 지지한다(예컨대 Van Overwalle & Van Rooy, 2001). 존재하지 않는 정보를 생성할 것을 요구하는 확장 원리는 전형적으로 귀인과정에서의 역할이 덜하다.

켈리의 귀인 이론은 상당한 양의 연구를 생성하였으며, 오늘날까지 인과 추리에 대한 연구에 계속해서 영향을 미치고 있다. 그의 중요한 공헌 중에는 인과적 신념을 확신하려는 노력을 조장하는 조건을 확인한 것, 그리고 자신의 귀인이 타당한 것인지의 여부를 추론하는 데 사람들이 사용하는 많은 차원과 방법을 명시한 것이 있다.

이제 자기에 대한 귀인을 다루는 두 가지 이론으로 주의를 돌려 보자. 쉑터의 이론은 정서상태에 대한 귀인을 다루며, 벰의 이론은 자신의 행동으로부터 태도를 추론하는 과정을 다룬다.

쉑터의 정서 가변성 이론

각성상태의 명명에 관한 귀인 이론인 쉑터의 정서 가변성 이론(theory of emotional lability)은 처음에 사회비교 과정에 대한 그의 연구에서 출발하였다. 쉑터(1959)는 스트레스 조건에서 사람들이 때때로 자신의 정서상태를 비교하려는 명백한 목적으로 타인과 함께 있는 것을 선택한다는 사실에 주목하였다. 그는 만일 사람들이 그렇게 행동한다면, 그들이 정서상태는 어느 정도 불확실하며 다양하게 해석될 가능성이 있다고 추론하였다.

각성의 해석이 정말로 융통적인지를 알아보기 위하여 쉑터와 싱어(Schachter &

Singer, 1962)는 이제 고전이 된 실험을 수행하였다. 한 집단의 대학생 참가자들에게 에피네프린을 주사하였다. 그중 절반에게는 실제의 부작용(호흡이 가빠지며, 얼굴이 홍조를 띠고, 심장박동이 증가한다)을 알려 주었으며, 나머지 절반에게는 에피네프린이 초래하지 않는 효과를 기대하도록 말해 주었다(예컨대 어지러움과 약간의 두통). 통제집단에는 어떤 약물도 투여하지 않았다. 그런 다음에 참가자들은 실험협조자와 같은 방에 있으면서 몇 가지 질문지에 답하도록 지시받았다. 일정한 시간(주사를 맞은 참가자들이 에피네프린의 효과를 나타낼 정도의 시간)이 지난 후에 실험협조자는 우스꽝스럽게 행동하거나(익살스러운 광대짓) 화난 행동을 시작하였다(종이를 박박 찢으면서 방을 이리저리 헤맨다).

쉑터와 싱어는 만일 생리적 경험이 실제로 다양하게 해석될 수 있다면, 어떤 각성상태에 있으면서 그에 대한 설명을 찾을 수 없는 참가자들은 자신의 상태에 대한 설명을 탐색하게 될 것이라고 추리하였다. 이러한 참가자들에게는 실험협조자의 행동이 자신의 각성을 설명하는 현저한 단서로 작용할 수 있다. 반면에 에피네프린의 부작용에 대한 정보를 가지고 있는 참가자들은 자신의 각성상태에 관한 적절한 설명을 이미 가지고 있기 때문에, 실험협조자의 행동으로 인해서 새로운 기분을 획득할 필요 없이 그냥 즐기거나 성가신 것으로 받아들일 수 있다. 통제조건의 참가자들은 설명해야 할 각성상태가 없었기 때문에 실험협조자의 기분을 받아들일 이유가 없다. 일반적으로 표현해서 결과가 상당히 약한 것이기는 하였지만 쉑터와 싱어가 얻은 결과가 바로 이것이다. 아무튼 이들의 논문은 정서상태의 본질과 각성의 오귀인에 대한 연구를 생성하는 데 엄청난 발견법적 가치를 지니고 있다.

쉑터의 연구가 제공하는 가장 중요한 통찰의 하나는 각성에 대한 귀인이 상당한 정도로 융통성을 갖는다는 생각이다. 이 사실이 중요한 이유는 위협적인 경험이 초래하는 정서반응은 중립적이거나 덜 위협적인 출처로 재귀인될 잠재력을 가지고 있음으로써 불안이나 스트레스를 감소시킬 수 있다는 점을 시사하고 있기 때문이다. 이러한 오귀인 효과(misattribution effect)를 설명하기 위하여 엄청난 노력을 기울여 왔다 (Valins, 1966). 연구자들은 만일 사람들로 하여금 자신의 각성을 불활성 약제(예컨대 생리적 식염수)와 같은 중립적 출처로 재귀인하도록 유도할 수 있다면, 말더듬과 발기불능, 불면증과 같이 불안에 의해서 야기되거나 악화된 특정 질병들을 개선시킬 수 있을지의 여부를 물음하였다.

실험실 연구에서는 오귀인 예언에 대해서 어느 정도의 경험적 지지 증거를 찾기는 하였지만(예컨대 Ross, Rodin, & Zimbardo, 1969; Storms & Nisbett, 1970), 처음에 예상하였던 것만큼 유의한 임상적 적용 효과를 초래할 만큼 신뢰롭거나 강력하지는 못했다. 예컨대, 사람들이 높은 불안이나 각성상태에 있을 때는 이 상태를 야기하는 것이 무엇인지를 철저하게 탐색하고자 동기화되기 십상이다(Maslach, 1979). 또한 각성을 긍정적이거나 중립적 출처보다는 불편감이나 불안감과 같은 부정적 출처에 귀인할 가능성이 더 크다(Marshall & Zimbardo, 1979). 오귀인 효과가 일어나기 위해서는 각성을 귀인시킬 수 있는 대안적 출처가 그럴듯하고 분명하며 현저한 것이어야만 한다. 각성의 실제 원인이 분명하지 않아야 하며, 오귀인 출처가 각성에 미치는 영향이 실제보다 더 큰 것이라고 믿어야만 한다(Olson & Ross, 1988). 오귀인 효과는 제한된 범위의 정서 유발 자극에 국한되며(Parkinson, 1985), 전형적으로 일시적으로만 나타난다(Nisbett & Valins, 1972).

이에 덧붙여 정서상태에 관한 보다 최근의 연구들은 각성이 섁터와 싱어가 주장하는 것처럼 그렇게 미분화된 것이 아니며, 상이한 정서 경험들이 독특한 생리적 징표와 신경학적 징표를 초래한다는 것을 시사한다. 정서상태에 기저하는 생리학적 차이를 들여다보는 것이 때로는 제한적일 수 있다고 하더라도, 상이한 정서와 연합된 독특한 각성 패턴은 섁터와 싱어의 이론이 가정한 것보다 각성상태에 대해서 보다 많은 지식을 제공해 줄 수 있다. 사람들은 각성을 한 자극에서 다른 자극으로 재귀인시킬 수 있으며, 특히 무관한 출처에서 초래된 각성이 지속되는 기간을 과소추정할 때(Zillmann, 1978), 또는 오귀인을 수반하는 상황이 일시적이고 연관되지 않은 것일 때 그렇다. 그렇지만 사람들이 자신의 정서 경험을 이해하기 위한 강력한 동기와 다양한 방법을 가지고 있을 때는 지식의 출처가 오귀인을 압도하게 된다.

벰의 자기지각 이론

1967년 다릴 벰(Daryl Bem)은 사람들이 자신의 행동에 기저하는 태도를 추론하는 방법에 대하여 극단적인 행동주의 견해를 제안하였다. 그는 사람들이 타인의 태도를 추론하는 것 못지않게 자신의 행동을 관찰함으로써 자신의 태도도 자주 추론한다고 주장하였다. 사람들의 선호도와 신념에 대한 내적 단서들은 직접적으로 접속 가능하지 않으며 생각처럼 명확하지도 않다고 주장하였다. 따라서 우리는 스스로 나타내는 행동을 관찰하고("나는 재즈 음악을 많이 듣는다."), 그러한 선호도에 근거하여 추론한다("따라서 나는 재즈를 좋아하는 것이 틀림없다.").

그 이래로 수행된 연구들은 우리의 기존 태도나 내적 단서가 약할 때는 기본적으로 자기지각에 관한 벰의 생각이 타당하지만, 우리가 잘 정의되고 용이하게 접속할 수 있는 신념이나 강력한 감정적 선호도를 가지고 있을 때는 그렇지 않다는 사실을 시사하였다(Bem, 1972). 또한 자기지각 효과는 우리의 태도와 상반되는 행위와 비교할 때 기존 태도와 일치하는 행위에 대해서 더욱 강력하다(Fazio, Zanna, & Cooper, 1977).

벰의 자기지각 이론의 가장 생산적인 측면의 하나는 동기의 추론에 관한 것이다. 벰의 이론은 사람들이 스스로 특정한 과제를 수행하는 이유를 이해하고자 시도하고 있을 때 그 행동이 외부 힘의 통제를 받고 있는지 아니면 내적 원망의 통제를 받고 있는지를 고려하게 된다고 예언한다. 외부 힘에 귀인하는 행동("이 일을 함으로써 보수를 받는다.")은 외적 귀인을 초래하는 반면, 동일한 과제를 최소한의 보수를 위해 수행하는 것은 내재적 흥미를 가정하게 이끌어 간다("이 일을 한다고 많은 보수를 받는 것이 아니다. 나는 정말로 이 일을 즐기고 있는 것이 틀림없다."). 내재적 흥미를 어느 정도는 현저한 것으로 만들 수 있으며 외적 보상도 어느 정도는 현저한 것으로 만들 수 있기 때문에, 이러한 결과가 시사하는 바는 과제 수행에 대한 내재적 동기와 외재적 동기가 어느 정도는 융통적이며, 어떤 동기가 우선할 것인지는 주의의 초점과 그 시점에서 현저한 정보에 달려 있다는 것이다(예컨대 Lepper, Greene, & Nisbett, 1973; Sansone & Harackiewicz, 2000).

벰의 자기지각 이론은 여러 가지 이유로 귀인 이론에서 중요하다. 첫째, 사람들이 자신의 행동 원인을 추론하는 방식을 명시한 최초의 시도 중 하나다. 둘째, 간단한 자기지각 모형을 상정하였는데, 이 모형은 비록 온전한 것은 아니라고 하더라도 사람들이 자신의 신념을 추론하는 한 가지 방법이 된다. 사회적 지각자의 사고과정에 관한 벰 모형의 단순성은 외현적으로 복잡해 보이는 많은 추론 작업이 실제로는 최소한의 인지적 계산만을 수반한 채 매우 신속하게 수행된다는 통찰을 예견하고 있다. 사회적 지각자의 인지 능력이 제한되어 있으며 문제를 신속하게 해결하기 위하여 간편법을 사용한다는 것에 대한 이 이론의 암묵적 강조는 중요한 주제가 된다.

와이너의 귀인 이론

와이너(B. Weiner)의 귀인 모형은 처음에 하이더의 이론에서 유래한 것이지만, 중요한 측면에서 다른 이론가들이 제안한 귀인 모형들과는 상당한 차이를 보인다. 귀인과정에 대한 다른 모형들이 내용 보편적 규칙을 정립하고 시도하였던 것에 반해, 와이너의 모형은 특정한 행동, 즉 성취 행동이라는 맥락에서 개발된 것이다.

거의 알려진 바가 없으며 대부분의 학생이 히스패닉계인 캘리포니아 동부 로스앤젤레스에 위치한 어떤 고등학교가 표준화된 수학 검사에서 과거의 성적을 현격하게 뛰어넘었으며, 전국적으로 대부분의 다른 학교의 성적을 압도하여 교육계를 놀라게 하였을 때, 모든 사람들은 그 이유를 알고 싶어 했다. 궁극적으로 성적의 극적인 상승은 한 명의 유능한 교사의 교수법에 그 공적이 돌아갔지만, 검사를 실시할 당시에 담당 공무원들은 결과에 너무나 충격을 받아서 부정행위가 일어난 것이 틀림없다고 판단하고는 학생들에게 강제로 재검사를 받도록 하였다. 이 사례는 성취 장면에서 인과 귀인에 관한 여러 가지 중요한 사실을 예증하고 있다. 첫째, 예상치 못했던 결과는 인과 귀인을 촉발한다. 만일 학생들이 예상한 점수를 받았다면, 어느 누구도 결과를 설명할 필요가 있다고 생각하지 않았을 것이다.

둘째, 소재, 안정성, 통제 가능성 차원은 행동의 지각된 원인을 이해하는 데 도움을 준다. 우선 소재(locus)와 행동의 이해를 위해서 이것이 생성하는 잠재적인 내적 원인을 생각해 보자. 적성(aptitude)이 안정적이며 동시에 통제 불가능한 이유는 아마도 지능에 의해서 결정되기 때문일 것이다. 기분(mood)도 통제 불가능하지만 불안정적이기도 하다. 즉, 기분은 상황에 따라 변하지만 일반적으로 그 기분을 통제하려는 시도에 달려 있는 것이 아니다. 노력(effort)은 통제 가능하지만 안정적이거나 불안정적일 수 있다. 과제에 투여하는 전형적인 노력(예컨대 매일 밤 3시간씩 공부하는 것)은 안정적이지만, 특정한 과제를 위해 쏟는 노력(예컨대 시험 준비를 위해서 가외의 노력을 기울여 공부하는 것)은 불안정하다. 외적 원인을 고려해 보면, 객관적 과제 난이도(objective task difficulty)는 안정적이고 통제 불가능하다. 과제는 변할 수 있는 것이 아니다. 행운(luck)은 불안정하며 동시에 통제 불가능하다. 그렇지만 몇몇 외적 요인은 통제 가능하다. 예컨대, 당신의 본질적 능력에 대한 교사의 신념은 안정적이며 개인적 통제가 가능하다. 마지막으로 타인의 이례적 도움은 통제 가능하지만 불안정하다. 예컨대, 특정한 시험을 위해 공부하는 것을 친구가 도와줄 수 있지만, 나중에 또다시 도와주지는 않을 수 있다.

와이너의 모형을 간략하게 요약하면, 세 차원이 성공과 실패라는 성취 결과에 대한 인과 귀인의 토대가 된다. 안정성(stability) 차원은 원인이 변하는지 그리고 성공과 실패에 대한 후속 기대와 강력하게 연합되어 있는지의 여부를 나타낸다. 소재(locus) 차원은 사람들이 성과를 내적 요인에 귀인하는지 아니면 외적 요인에 귀인하는지에 관한 것이며, 자부심과 수치심 같은 자존감 관련 정서의 변화와 연계되어 있다. 통제 가능성(controllability) 차원은 결과를 통제할 수 있는지의 여부와 관련되어 있다(**그림 6.4** 참조).

이 이론은 기대와 귀인의 정서적 효과에 관한 예언도 상세하게 기술한다. 전형적인 성취 상황에서 사람들은 우선 자신이 성공하였는지 실패하였는지 여부를 결정하

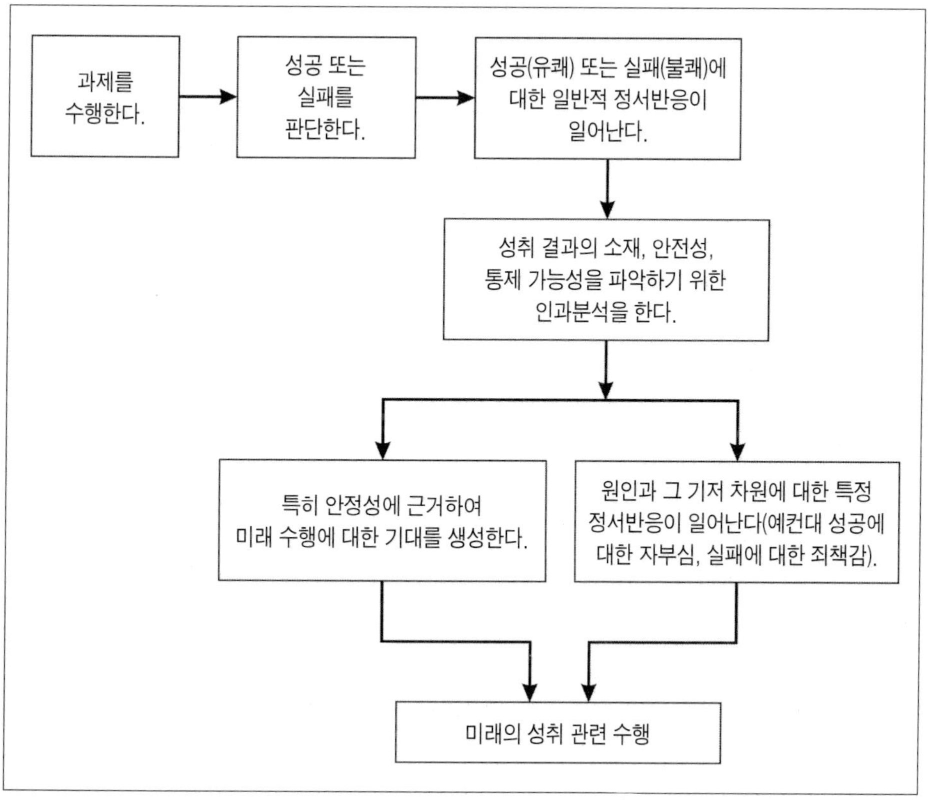

그림 6.4 성취 행동의 인과적 분석

출처: Weiner, B. (1979). A theory of motivation for some classroom experiences. *Journal of Educational Psychology*, *71*, 3-25.

며, 그에 따라서 행복이나 불행을 느낀다. 그런 다음에 그 결과에 대한 인과 귀인을 하게 되는데, 그 귀인은 보다 상세한 정서반응으로 이끌어 간다. 예컨대, 실패에 대한 노력 귀인에 따른 자책감이나 성공에 대한 능력 귀인에 따른 자부심 등이 그것이다. 그런 후에 후속 성공의 확률에 대한 기대를 생성하며, 이 기대에는 다시 예측 가능한 정서반응이 뒤따른다. 예컨대, 실패를 낮은 능력에 귀인하는 것은 절망감뿐만 아니라 후속되는 성공에 대한 낮은 기대를 초래한다. 기대와 정서반응은 함께 후속 성과를 결정한다. 따라서 와이너의 모형은 시간이 경과함에 따라서 귀인이 기대와 정서 그리고 행동을 조절하는 방식에 초점을 맞추고 있는 역동적 모형이다.

이러한 통찰은 나중에 도움 행동으로 확장되었다. 와이너(1980)에 따르면, 잠재적 도움 제공자는 타인 욕구의 원인에 대해서 추론을 한다. 그러한 추론에서는 개인적 통제가 중요한 변인이다. 우리는 문제의 원인이 통제 가능할 때보다는 개인의 통제를 벗어났다고 믿을 때 누군가를 도와줄 가능성이 더 커진다. 예컨대, 학생들은 숙취로 인해서 결석하는 것과 같이 통제 가능한 사건 때문이 아니라 가족의 사망으로 인해서 결석하는 것처럼 통제 불가능한 일로 인해서 도움이 필요한 급우에게 자신의 강의 노트를 빌려 줄 가능성이 더 크다(Weiner, 1980). 귀인은 타인의 욕구에 대한 정서적 반응에도 영향을 미친다. 우리는 자신의 잘못이 아님에도 고통을 받고 있는 사람들에게 공감하고 관심을 갖는다. 자신의 문제에 책임이 있는 사람에게는 분노나 경멸감을 느낀다(Schmidt & Weiner, 1988).

3. 귀인에 기저하는 처리과정

초기 귀인 이론들은 일차적으로 귀인과정을 특징짓는 논리적 원리에 관심을 가졌던 반면에, 후속 연구들은 귀인이 이루어지는 심적 조작에 일차적으로 초점을 맞추어 왔다. 새로운 룸메이트에 대해서 성향추론을 할 때 또는 두 친구 간의 끊임없는 언쟁의 출처를 이해하고자 시도할 때, 그 사람의 마음에서 실제로 일어나는 일은 무엇인가(Gilbert, 1998)?

다른 영역의 사회인지 연구에 상당한 영향을 미쳤던 1970년대의 인지혁명은 귀인과정에 대한 연구에도 영향을 미쳤다. 귀인 연구자들은 정보처리 틀걸이를 사용하여 귀인과정의 조작적 단계를 연구해 왔다.

귀인과정의 단계 모형

많은 연구들은 귀인과정에 대한 트로프(Trope)의 2단계 모형으로부터 시작되었다. 트로프는 타인의 성향 판단은 자발적 확인과정(spontaneous identification process)과 의도적 추론과정(deliberate inferential process) 모두의 최종 산물이라는 중요한 사실을 지적하였다. 즉, 행위의 확인은 거의 즉각적으로 발생하는 자동적 처리과정인 반면, 많은 상황에서는 보다 통제적인 귀인추론 단계가 뒤따르게 된다(**그림 6.5** 참조). 확인 단계에서는 행위자의 즉각적 행동, 행동이 일어나는 상황, 행위자에 대한 사전 정보가 성향 부합 범주에 따라서 확인된다. 예컨대, 지각자는 행위를 공격적이거나 비공격적인 것으로, 상황을 공격 촉진적이거나 억제적인 것으로, 행위자를 과거에 공격적이었거나 비공격적인 인물로 범주화할 수 있다. 이러한 정보 단서들 각각의 확인은 다른 단서들이 생성한 기대의 영향을 받을 수 있다. 행위자에 대한 사전 정보와 즉각적 상황에 대한 정보는 행동을 확인하는 방식에 영향을 미칠 수 있다. 예컨대, 행위자가 과거에 공격적이었으며 상황이 공격성을 촉진시켰다는 사실을 나타내는 정보는 행동을 공격적인 것으로 확인하는 쪽으로 지각자를 편향시킬 수 있다.

확인은, 편향되었거나 그렇지 않거나 간에 행위자의 진정한 성향에 관한 후속 추론을 위한 데이터로 사용된다. 두 번째 단계에서는 확인된 행동이 함축하는 성향으로

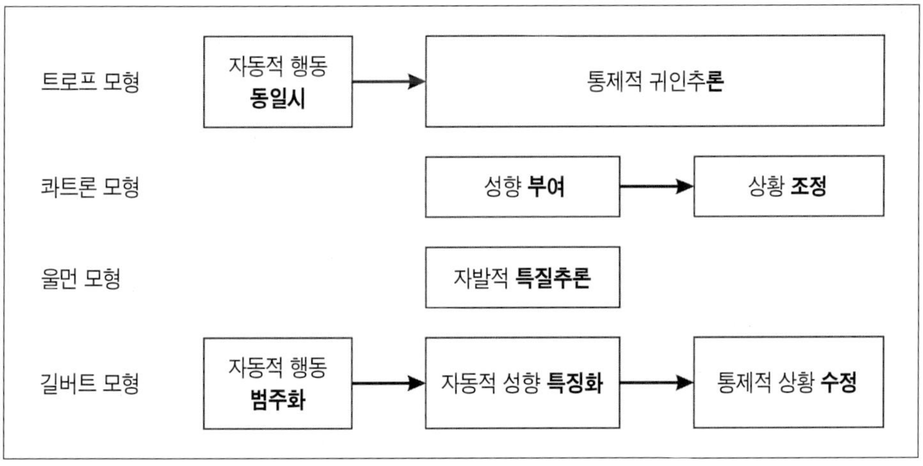

그림 6.5 귀인과정의 단계 모형

출처: Gilbert, D. T. (1998). Ordinary personology. In D. T. Gilbert, S. T. Fiske, & G. Lindzey (Eds.), *The handbook of social psychology*, 4th ed., Vol. 2, 89-150. New York: McGraw-Hill.

부터 상황적 기대가 차감된다. 감산 규칙(subtractive rule)에 따라서, 억제적 상황 유도는 대응하는 성향과 관련된 것으로 확인된 행동의 진단적 가치를 증가시키고, 촉진적 상황 유도는 그 가치를 약화시킨다. 예컨대, 지각자는 상황이 공격성을 억제할 때보다 촉진할 때 성향적 공격성을 진단하는 공격적 행동의 힘이 낮아진다고 간주하게 된다. 즉각적 행동의 진단가가 행위자에 대한 사전 정보와 결합되어 행위자의 성향에 대한 실제 판단을 내리게 된다.

2단계 모형은 상황 정보와 행동 정보, 사전 정보가 확인 단계에서 어떻게 사용되는지에 따라서 성향 판단에 미치는 효과가 추론 단계에서의 사용을 반영하거나 반영하는 데 실패할 수 있다고 제안한다. 상황 정보가 이러한 논리를 예증한다. 상황 정보는 확인 단계와 추론 단계에서의 성향 판단에 상반된 효과를 갖는다. 확인 단계에서는 상황 정보가 행동을 성향범주에 따라서 범주화하도록 이끌어 간다. 따라서 공격을 촉진하는 것으로 간주되는 상황은 행동이 공격적인 것이라는 지각을 촉진시킨다. 나중에 이러한 확인을 대응하는 성향에 대한 증거로 삼는 것은 추론 단계에서 상황의 효과를 차감하는 것을 상쇄할 수도 있고 그렇지 않을 수도 있다. 따라서 상황의 영향력이 추론 단계에서의 공격을 성향적인 것으로 지각하는 것을 약화시킬 수 있다고 하더라도, 동일시 단계에서의 공격성 지각에 대한 상황의 촉진적 영향력을 완전히 상쇄시키지 못할 수 있다.

상황 정보가 행동의 확인에 미치는 효과가 강할수록, 그 상황 정보는 아무런 효과를 초래하지 않거나 아니면 성향 판단에 대한 차감 효과보다는 가산 효과가 있을 가능성이 커지게 된다. 트로프와 동료들이 수행한 일련의 연구들은 행동의 확인에 대한 상황 정보의 효과를 결정하는 한 가지 결정인, 즉 행동의 모호성을 변화시켰다(Trope, 1986; Trope, Cohen, & Maoz, 1988). 한 연구에서는 실험참가자들이 긍정적이거나 부정적인 정서 상황에 대한 모호하거나 모호하지 않은 얼굴 표정을 본 다음에, 그 얼굴이 표현하는 것을 확인하거나 표적인물의 정서적 성향을 추론하도록 요청받았다(Trope, 1986). 그 결과, 확인 데이터와 성향추론 데이터는 모형을 지지하였다. 예컨대, 분명한 얼굴 표정의 확인은 상황의 영향을 유도하는 처치의 영향을 받지 않았으며, 감산 규칙이 요구하는 바와 같이 그러한 얼굴로부터 이루어진 성향적 분노의 추론은 그 처치에 의해서 약화되었다. 반면에 상황의 영향을 유도하는 처치는 그 처치가 보장하는 것보다도 모호한 얼굴이 더 많은 분노를 나타내는 것으로 확인하도록 편향시켰다. 상황 유도 처치는 성향적 분노의 추론을 약화시키기보다는 그러한 추론을 고양시킬 뿐이었다. 이러한 결과가 시사하는 바는 모호성이 상황으로 하여금 행동 확인을 편향시키도록 만들며, 이것이 다시 추론 단계에서 상황의 영향을 차감하는 것을 차단시킨다는 것이다.

이러한 통찰은 귀인과정에 대한 여러 단계 모형들에서 구현되었다. 예컨대, 콰트론(Quattrone, 1982)은 성향에 매달리는 것이 귀인과정의 단계 모형에서 근본적인 것이며, 상황에 근거한 조정은 나중에야 일어나는 것이라고 주장하였다. 마찬가지로 울먼(Uleman)과 동료들은 특질추론이 자발적이고 신속한 과정이라는 가설을 세웠다. 예컨대, 윈터와 울먼 그리고 커니프(Winter, Uleman, & Cunniff, 1985)는 실험참가자들에게 수학문제를 풀도록 요구하면서 중간 중간에 특질을 함축하는 방해 문장을 들려주었다. 특질 용어가 명시적으로 언급되지는 않았지만 참가자들은 자신이 들은 문장이 과제와는 무관한 것이라고 믿었으며, 나중에 특질 용어가 참가자들에게 제시되었을 때 들었던 문장의 인출 단서가 되었다. 참가자들은 자신이 그렇게 하였다는 것을 자각하지도 않은 채 특질 용어를 자발적으로 분명하게 생성하였다. 자동적 행동 확인에 관한 증거는 꽤나 풍부하며, 오늘날 대부분의 연구자들은 행동에 대한 성향 귀인이 그 행동을 지각하는 아주 초기 단계에서 일어나며, 적어도 자발적이고 자동적일 것이라는 생각에 동의하고 있다(Todorov & Uleman, 2002, 2003, 2004).

성향 귀인과정은 여러 단계를 거치며, 최근에 하나의 종합 모형으로 통합되어 왔다(Gilbert, 1998). 이 모형은 심리적 수준과 신경적 수준 모두에서 경험적 지지를 받고 있다. 특히 길버트(Gilbert)와 동료들은 귀인과정이 세 단계로 구성된다고 주장한다. 즉, 범주화 단계에서는 사람들이 "무엇이 자극인가?"라고 물으며, 특징화 단계에서는 성향 자질이 행위에 귀인되고, 수정 단계에서는 상황 정보와 기타 다른 정보들이 처음의 성향 귀인을 절감하거나 증가시키는 데 사용된다(**그림 6.5** 참조).

이러한 통합 모형에 대한 길버트와 동료들의 검증은 사람들의 주의용량이 제한되어 있으며 쉽게 방해받는다는 가정에 토대를 둔다. 그렇기 때문에 다른 과제를 동시에 수행하거나 다른 자극에 주의를 돌리는 것과 같은 인지적 부하 또는 '분망함(busyness)'은 추론과정을 위한 주의자원을 감소시킨다. 인지적 부하가 자동처리에는 거의 영향을 미치지 않을 것이라고 생각할 수 있다 하더라도, 통제처리는 방해하기 때문에 상황에 대한 정보를 사용하여 자동적 성향 귀인을 수정하는 능력을 손상시킬 수밖에 없다. 길버트와 펠햄 그리고 크룰(Gilbert, Pelham, & Krull, 1988)이 이 가설을 검증하였다. 참가자들은 한 사람이 자신에게 할당된 낙태를 반대하거나 찬성하는 글을 읽는 것을 들었다. 인지적 부하가 없는 참가자들은 단순히 그 이야기를 듣는 반면, 인지적 부하 참가자들은 자신도 나중에 글을 쓰고 읽도록 요청받을 것이라는 사실을 알고 있으면서 그 이야기를 들었다. 후자의 참가자들은 한 사람이 글을 낭송하는 것을 들음으로써 자신의 글은 어떨지에 대해서 생각하고 있었을 것이기 때문에 인지적으로 분망하였을 것이라고 추론할 수 있다. 인지적으로 분망하지 않은 전자의 참가자들은 상황 정보, 즉 글을 읽는 사람에게 찬성이나 반대의 글이 할당된 것이라는 사실을 사용하여 그러한 행동을 나타내는 데 있어서 태도의 중요성을 절감하였다. 반면에 분망한 참가자들은 이러한 상황 정보를 사용하여 적절하게 절감할 수 없었으며, 이들의 귀인은 주어진 상황 정보보다는 표적인물의 행동에 크게 의존하였다.

이 연구 그리고 관련 연구들의 결과는 성향 귀인이 비교적 자발적이며 단순한 과정인 반면에, 성향 요인의 역할을 증가시키거나 절감하도록 맥락 정보를 사용하는 것은 상당한 인지적 자원의 투자를 요구하는 꽤나 복합한 과정이라는 생각을 지지한다. 길버트와 크룰 그리고 펠햄(1988)은 이 효과를 검증한 정교한 반복연구에서 사람들이 자기조절을 하고 있을 때는(즉, 자신의 행동을 모니터링하고 있을 때는) 인지적으로 분망한 사람처럼 행동한다는 사실을 입증하였다. 다시 말해서 인지적으로 분망한 사람은 표적인물에 대한 성향 귀인을 수정하는 데 있어서 자기조절하지 않고 있는 사람만큼 상황 정보를 이용할 수가 없다. 따라서 일반적으로 상대방의 인상을 형성하며 자기를 조절하고 있게 마련인 사회적 상호작용은 대체로 사람들이 상황 정보에 근거한 귀인을 거의 하지 않으면서 성향 귀인만을 하며 진행된다.

성향 귀인의 신경적 기초

뇌과학의 최근 발달은 통합적 단계 모형을 신경 수준에서 설명해 왔다. 리버먼(Lieberman)과 동료들(2002)은 각각 자동처리와 통제처리를 특징짓는 다음과 같은 두 가지 신경망을 기술하고 있다. (1) 반사적인 X 시스템에는 편도체, 배측 전대상회, 기저신경절, 복내측 전전두피질, 외측 측두피질이 포함되는데, 이 영역들은 자동처리에 관여한다. (2) 반추적인 C 시스템에는 외측 전전두피질, 내측 전전두피질, 미측 전대상회, 후측 두정피질, 내측 측두피질 영역이 포함되며, 통제처리에 관여한다. 매사가 자연스럽게 진행되고 행동의 원인을 성향 요인에 비교적 자동적으로 귀인하게 될 때는 X 시스템 처리과정이 사고와 행동을 주도한다. X 시스템은 질문에 주어진 자질이나 답하고자 시도하는 가설로 편향된다. 선호하는 원인은 성향적인 것이기 때문에 이론이 예언하는 것처럼 처리의 초기 단계에서는 성향 귀인이 이루어질 가능성이 크다.

반추 시스템인 C 시스템은 전대상회로부터의 신호에 의해 작동하는데, 갈등이 발생하거나 목표가 위축되거나 행동의 의미를 해석하기 위하여 보다 많은 통제처리가 요구될 때 기동한다. 통제처리는 맥락 정보나 상황 정보를 동반하는 복잡하며 적절하게 가감된 귀인에 수반된다. 자신의 추론에 대하여 설명을 해야 하거나 결과의 의존성이 높은 조건은 C 시스템 처리로 전환하도록 만든다. 또는 X 시스템 처리가 행동의 의미를 명확하게 만들지 못하면 C 시스템이 동원된다. 철저한 처리를 위한 동기나 주의자원이 결여되어 있을 때, 사람들은 단순한 원인에 초점을 맞추고 그 원인을 가지고 확인된 행동의 일관성을 평가하며 대안적 원인을 무시하게 된다.

4. 귀인 편향

인과적 귀인은 수많은 오류와 편향의 특징을 나타낸다. 이제 그중에서 가장 보편적이고 중요한 것들을 보도록 한다.

근본적 귀인오류

사회지각에서 가장 보편적으로 다루어진 편향인 **근본적 귀인오류**(fundamental attribution error; Heider, 1958; Ross, 1977) 또는 **대응 편향**(correspondence bias; Jones & Davis, 1965)은 다른 사람의 행동을 성향적 원인에 지나치게 과귀인하는 것이다. 사회적 지각자들은 사회적 규범이나 압력과 같은 힘이 사람들의 특정한 행동으로 이끌어 간다는 사실을 깨닫는 대신에, 그 행동이 그 사람의 안정적인 특질을 나타내는 것이라고 가정하기 십상이다.

무엇이 근본적 귀인오류로 이끌어 가는가? 한 가지 요인은 행동이 지각장(場)을 압도하는 것일 수 있다(Heider, 1958). 즉, 다른 사람을 관찰할 때 주도적인 것은 그 사람의 행동이다. 사람은 움직이고 말을 하고 주의를 끄는 다른 행위들을 한다. 배경 요인은 덜 현저하다. 따라서 지각적 편향으로 인해서 특정 측면이 인과적으로 중요하다고 과대평가될 수 있다(S. E. Taylor & Fiske, 1975, 1978). 그렇지만 성향 귀인으로의 편향이 단지 지각 경험의 산물인 것은 아니다. 예컨대, 근본적 귀인오류는 다른 사람의 행동을 종이에 적어서 기술할 때도 강력하며, 이 상황은 행동이 지각장을 압도하는 것이 아니다(예컨대 Winter & Uleman, 1984). 지각적 설명과 일치하지 않는 다른 증거에는 행동을 성향에 귀인하는 경향성이 아동기에 연령이 증가함에 따라서 증가한다는 사실(Rholes, Jones, & Wade, 1988), 그리고 먼 미래의 행동에 대한 예측이 현재 행동에 대한 예측보다 더 많은 근본적 귀인오류를 초래한다는 사실이 포함된다(Nussbaum, Trope, & Lieberman, 2003). 따라서 근본적 귀인오류는 강력한 것이다.

그렇기는 하지만 근본적 귀인오류가 발생하는 데에는 여러 가지 단서가 붙는다. 몇몇 오류는 연구 대상이 되는 특정 영역에 달려 있다. 즉, 상이한 영역의 행동은 상이한 방식으로 성향에 대응된다. 예컨대, 우호적 행동은 우호성의 성향과 직선적인 방식으로 대응되는 반면(우호적일수록 그 사람은 원래 우호적인 사람이라고 추론할 가능성이 증가한다), 도덕적 행동과 같은 다른 행동들은 그렇지 않다. 단 한 번의 비정직한 행위조차도 명백하게 비정직성 성향을 나타낼 수 있는 반면, 정직한 행동은 그렇게 현저하게 눈에 띄지 않는다. 대부분의 사람, 심지어는 부정직한 사람들조차도 대부분의 경우에 정직하게 행동한다(Reeder, 1993; Reeder & Brewer, 1979). 사람들은 경험을 통해서 어떻게 상이한 영역에서의 행동이 기저 성향과 대응되는지를 학습한다.

특정한 요인들이 근본적 귀인오류의 강도를 신뢰롭게 증가시키거나 감소시킨다. 사회적 지각자에게 행위자 행동의 기저 의미를 되새겨 볼 시간이 있을 때는 상황정보를 참조하여 성향추론을 따져 볼 가능성이 커진다(Weary, Reich, & Tobin, 2001). 그렇지만 언급한 바와 같이, 인지적으로 분망한 상태는 사람들로 하여금 상황의 가장 현저하거나 의미 충만한 측면에 초점을 맞추고 덜 현저한 맥락 요인에는 주의를 덜 기울이도록 만들어 버려(Chun, Spiegel, & Kruglanski, 2002) 더욱 강력한 성향 귀인을 하려는 경향성으로 이끌어 간다. 사회적 세상은 분망하기 때문에 성향 귀인이 대세이기 십상이다.

타인 행동에 대해 성향 귀인을 하는 경향성은 사람들이 기분 좋을 때 증가하지만(Forgas, 1998), 자신의 판단을 타인에게 해명해야 할 때(예컨대 Tetlock, 1985) 또는 그 사람이 행위를 수행하려는 강력한 동기를 가지고 있다고 믿을 때는(Fein, Hilton, & Miller, 1990) 감소하게 된다. 예컨대, 당신이 특정한 제품을 선전하는 유명 배우를 볼 때는 광고의 대가로 많은 돈을 받는다고 생각해서 성향 귀인을 하지 않는다. 만일 당신의 결과가 부분적으로라도 타인의 행동에 달려 있다면, 그렇지 않을 때에 비해서 보다 정확하려는 동기가 생기고 노력을 많이 기울이는 통제처리를 하게 된다. 따라서 결과 의존성의 상황에서는 범주 기반 추론으로부터 한 단계 낮은 수준인 사람 기반 처리로 전환하여 그 특정한 사람에게 걸맞은 특정한 성향 귀인을 추구하게 된다 (Neuberg & Fiske, 1987).

우리는 잘 알지 못하는 사람보다는 잘 아는 사람의 행동에 대해서 성향 귀인을 제한하거나 약화시킬 가능성이 더 크다. 상대방에 대해서 보다 친숙해짐에 따라서 그/그녀의 목표나 세계관과 같은 광범위한 유형의 정보를 고려하며, 그 사람의 인상을 형성하는 데 추상적 특질을 덜 동원하게 된다(Idson & Mischel, 2001). 상대방에 대한 정보가 미약하거나 동기를 추론하기 위한 근거가 불충분함에 따라 사람들은 행동을 설명하기 위하여 상황을 더 많이 들여다보기 시작한다(Reeder, Vonk, Ronk, Ham, & Lawrence, 2004; Wellbourne, 2001). 또한 장차 그 사람과 접촉하게 될 것이라고 기대할 때 상황추론을 더 많이 할 가능성이 있다.

근본적 귀인오류는 얼마나 중요한가? 표면적으로 볼 때, 사람들은 타인의 성향적 특성에 대해서 추론할 때 중요한 상황 정보를 무시하는 것으로 보인다. 그렇지만 근본적 귀인오류에는 적응적인 측면이 있다. 성향 귀인을 할 때 사람들이 의도하는 성향 귀인은 특질추론을 연구하는 연구자들이 생각하는 것과 똑같은 것이 아닐 수 있다. 예컨대, 사람들은 행동을 특정 특질에 귀인할 때 광범위하게 다양한 상황에 걸쳐서 바로 그 특질과 일치하는 행동을 반드시 명백하게 나타낸다고 생각하지 않을 수 있다. 이러한 생각은 성향에 대한 심리학자의 의미이지 일반인의 의미는 아니다. 오히려 일반인은 제한적인 정확성을 추구하면서(Swann, 1984), "만일 이 사람이 동일한 상황에 다시 처하게 되면 동일한 행동을 하겠는가?"와 같은 질문을 던질 수 있다. 성향 귀인은 그 사람에 대한 예언을 생성하도록 이끌어 가는 반면에, 상황 귀인은 그렇지가 않다. 만일 지각자가 던지는 귀인 질문의 목적이 제한적인 예언 가능성이라면, 행동에 대한 성향 귀인은 꽤나 정확한 귀인을 초래하게 된다. 과거에 낙태에 반대하는 발언을 한 번 하였던 사람에게 나중에 동일한 발언을 하도록 재차 요구하면 아마도 그렇게 할 가능성이 크다. 그렇게 되면 성향 귀인은 총체적 정확성보다는 제한적 정확성이라는 목표를 지원하여 지각자로 하여금 유사한 상황에 대해서 자신 있는 예언을 할 수 있도록 해 주게 된다.

근본적 귀인오류의 문화적 제약

근본적 귀인오류는 다른 어떤 문화보다도 서구 문화에서 더욱 강력하다. 동아시아 국가에서는 행동의 원인으로서 맥락과 상황의 역할이 보다 일반적으로 인정된다(예컨대 Miyamoto & Kitayama, 2002; Morris & Peng, 1994). 서구인들은 시간과 주의의 여유가 있거나 그렇게 해야 할 이유가 있을 때 일차적으로 상황 정보를 고려하여 성향 귀인을 수정하는 반면에, 동아시아인들은 상황 정보의 효과를 자동적으로 고려하여 수정하는 것으로 보인다(Knowles, Morris, Chiu, & Hong, 2001; Norenzayan, Choi, & Nisbett, 2002). 이러한 차이의 한 가지 이유는 동아시아 문화가 보다 상호의존적이며, 서구인들에 비해서 이 문화의 사람들이 자신의 행동을 상황적 규범에 맞추어 조정하는 경향이 있기 때문이다. 따라서 동아시아의 사회적 지각자들이 맥락 정보를 고려하는 것은 행동 원인의 실재를 반영하는 것일 수 있다(예컨대 Ishii, Reyes, & Kitayama, 2003; Kitayama, Duffy, Kawamura, & Larsen, 2003; Masuda & Nisbett, 2001). 이와는 반대로 서구인들은 독립적이라고 할 수 있으며, 그렇기 때문에 자신의 성향을 나타내는 행동을 보편적으로 나타내고 상황 압력에 동조하지 않는 것에 대해서 가책을 느끼는 정도도 약하다. 따라서 서구의 사회적 지각자는 성향 귀인을 하는 것이 어느 정도는 정당한 것일 수 있다.

그렇지만 서구인과 동아시아인의 인과 귀인에서의 차이는 위와 같은 구분이 시사하는 것보다 더 근본적인 인지적 차이를 반영하는 것일 수 있다. 동아시아인들이 세상사에 대해서 견지하고 있는 생각은 일반적으로 표현해서 서양인들의 생각보다 더 총체적이고 복잡하기 때문에, 동아시아인들이 귀인을 하기 전에 고려하는 정보의 양도 서구인들보다 많다는 사실이 동아시아인들의 전형적인 상황 귀인 또는 맥락 귀인에 영향을 미치는 것이다(Choi, Dalal, Kim-Prieto, & Park, 2003; A. P. Fiske, Kitayama, Markus, & Nisbett, 1998).

행위자-관찰자 효과

귀인 이론의 연구 전통은 강력한 자기 관련 편향을 밝혀 왔다. 즉, 우리는 정보가 다른 사람들보다는 자기 자신에 관한 것일 때 다소 상이하게 그 정보를 처리하는 경향이 있다. 가장 최근에 거칠게 운전하는 버스 운전사나 퉁명스러운 은행원을 만났던 때를 회상해 보라. 당신은 '돼먹지 않은 사람이네.'라고 생각하였을지 모르겠다. 이제 당신이 누군가의 뺨을 때렸던 적을 생각해 보라. 당신이 돼먹지 않은 사람이라고 스스로 추론하였는가? 그렇지 않았을 것이다. 당신은 그저 기분이 좋지 않았거나 형편없는 서비스에 좌절감을 느꼈을 뿐일 것이 분명하다.

행위자-관찰자 효과(actor-observer effect)는 사람들이 다른 사람의 행동을 성향적 요인에 따라서 설명하는 반면, 자신의 행동은 상황적 요인에 따라서 설명한다고 주장한다(Jones & Nisbett, 1972). 행위자-관찰자 효과는 자기가 관여되어 있을 때 근본적 귀인을 잠재적으로 제한한다. 그렇지만 172개의 발표된 연구들을 대상으로 수행된 최근의 메타분석은 행위자-관찰자 비대칭이 처음에 가정하였던 것만큼 신뢰롭지 않다는 사실을 시사한다(Malle, 2006). 이 효과는 주로 행위자가 어떤 면에서든 특이하거나 이례적인 인물로 주어질 때, 설명을 평정척도가 아니라 자유반응을 사용해서 측정할 때, 그리고 설명해야 할 사건이 실제적인 것이 아니라 가상적인 것일 때 나타난다. 행위자와 관찰자는 다른 유형의 행동을 설명하고자 시도하지만, 모형이 가정하는 방식대로 시도하는 것은 아니다. 행위자는 자신의 비의도적이며 관찰 불가능한 행동에 더 관심을 갖는 반면에, 관찰자는 의도적이고 관찰 가능한 행동에 더 자주 관심을 표명한다(Malle & Knobe, 1997). 게다가 사람들은 때때로 마치 자신이 자기 행동의 관찰자인 것처럼 자신을 바라보기도 한다. 예컨대, 사람들은 자신의 현재 행동보다는 과거 행동이나 가능성 있는 미래 행동을 고려할 때 특질에 근거한 자기기술을 더 많이 한다. 소위 말하는 행위자-관찰자 효과는 주의가 내부를 향할 때 반전된다(Pronin & Ross, 2006).

수십 년에 걸친 연구들은 개인-상황 구분 자체가 문제점을 가지고 있다는 점도 제안해 왔다. 참가자들은 이 구분을 사용하는 데 어려움을 겪으며, 연구자들은 그 구분에 따라서 결과를 코딩하는 데 어려움을 겪는다. "철수가 의심이 많은 사람인 이유는 어렸을 적에 다른 사람들에게 배신을 자주 당했기 때문이다."라는 진술을 생각해 보자. 이러한 귀인은 인과 추리의 몇몇 복잡성을 반영하고 있지만, 개인-상황 구분에 꼭 들어맞는 방식에서 그런 것은 아니다(Fiske & Taylor, 1991; Malle, Knobe, O'Laughlin, Pearce, & Nelson, 2000). 예컨대, 지각자들은 성향과 상황을 상호작용적인 것으로 간주하는 데 어려움이 거의 없으며, 예컨대 한 사람이 주중에는 착실한 학생이며 주말에는 정렬적인 파티 추종자라고 추론할 수 있다(Kammrath, Mendoza-Denton, & Mischel, 2005).

가장 중요한 사실은 사건의 유인가가 긍정적일 때보다 부정적일 때 행위자-관찰자 효과가 일어날 가능성이 더 크다는 점이다(Malle, 2006). 따라서 무뚝뚝한 은행원 사례는 부정적 행동을 수반하기 때문에 행동을 설명하는 데 있어서 행위자-관찰자 차이가 나타날 수 있는 사례가 된다. 그렇지만 그 효과가 존재하는 한 행위자-관찰자 효과는 자신의 행동을 상황적 요인에 과귀인하는 경향성보다는 자기위주 귀인 편향에 더 가까운 것으로 보인다.

자기위주 귀인 편향

당신은 테니스 코트에서 상대방을 완벽하게 제압한 후에, "야, 네가 정말로 나보다 훨씬 잘한다. 그렇지?"와 같이 칭찬하는 말을 얼마나 자주 듣는가? 일반적으로는 일진이 나빴다거나, 서브가 잘 들어가지 않았다거나, 백핸드를 연습하고 있는 중이라거나, 햇빛에 눈이 부셔서 그렇게 되었다는 등의 이야기를 듣게 된다. 반면에 당신이 완패하였을 때, 상대방이 거드럭거리며 짐짓 겸손한 척하면서 "너 오늘 운이 없었어."라고 말하는 것은 특히 기분 나쁘게 들린다. 정말로 운이 없었다고 상대방이 믿고 있지 않다는 것을 알고 있기 때문이다. 상대방은 단지 자신이 우월하다고 생각하는 것이다. 성공을 자신의 공헌으로 받아들이고 실패의 책임을 부정하는 경향성은 자기위주 귀인 편향(self-serving attributional bias)으로 알려져 있다(D. T. Miller & Ross, 1975).

메타분석은 대체로 자기위주 편향의 예언을 확증해 준다. 실제로 사람들은 실패보다는 성공에 대한 책임을 더 잘 받아들인다(Arkin, Cooper, & Kolditz, 1980). 자신의 성공은 대체로 내적 요인에 귀인하고 실패는 과제의 어려움이나 불운 등(Whitley & Frieze, 1986)과 같은 외적 요인에 귀인한다(Mullen & Riordan, 1988). 전반적으로 사람들이 성공을 자신의 공으로 돌린다는 증거가 실패의 책임을 부정한다는 증거보다 강력하다. 때때로 사람들은 실패를 노력과 같이 장차 자신이 통제할 수 있는 어떤 요인에 귀인시킬 수 있을 때에는 실패의 책임을 기꺼이 받아들이기도 한다. 만일 내가 형편없는 테니스 경기를 눈부신 태양 탓으로 돌린다면 테니스 실력을 증진시키는 데 별 도움이 되지 않겠지만, 거의 모든 첫 서브가 성공하지 못했다는 사실을 깨닫는다면 다음 연습 시간에 해야 할 일이 생긴 것이다.

자기위주 편향은 자신의 행동을 설명하는 것을 넘어서서 자신의 친구 그리고 자신이 소속된 집단의 지각도 포함하도록 확장된다. 집단 수준에서의 이러한 편향을 집단위주 편향(group serving bias)이라고 불러 왔으며, 자기 집단이 수행한 긍정적 행위를 긍정적 내집단 자질에 귀인시키고 부정적 행위를 외부 원인에 귀인시키는 경향성을 지칭한다(Brewer & Brown, 1998).

자기위주 귀인 편향은 외견상 사실을 무분별하게 사용하는 경향이 있어 보이기는 하지만 꽤나 기능적일 수 있다. 성공을 자신의 노력, 특히 자신의 영속적인 자질에 귀인하는 것은 동기적 효과를 가질 수 있다. 예컨대, 셔펠리(Schaufeli, 1988)는 실직자들의 자기위주 동기적 편향이 직장을 구하는 데 있어서 더 많은 성공을 초래하였다는 사실을 발견하였다. 그 이유는 자신의 처지에 대해서 자기위주 귀인을 하는 실직자가 재고용될 가능성에 대해서 보다 낙관적이었으며, 직장을 찾으려는 동기도 더 높았기 때문이었다. 자기위주 편향에 기저하는 몇몇 이유는 사람들이 자신이 수행하는 대부분의 과제에서 성공할 것이라고 기대한다는 사실과 같은 인지적 요인으로 설명할 수 있다. 그렇지만 자아를 보전하고 자신을 가장 잘 보이게 하려는 동기적 욕구는 자기위주 편향도 꽤나 잘 설명해 주고 있다(예컨대 Reiss, Rosenfeld, Melburg, & Tedeschi, 1981).

사람들이 자기위주 귀인을 할 때는 여러 두뇌 영역들이 활성화된다. 양반구의 전운동피질(premotor cortex)과 소뇌(cerebellum)가 전형적으로 활성화되는데, 이 사실은 목표 지향적 행위에 대한 일반 모형이 자기위주 귀인에 동원된다는 것을 시사한다(Blackwood et al., 2003). 이 영역들은 상상하는 행위 일반에 관여한다. 배측 전운동피질은 다른 사람의 의도적 행위를 시뮬레이션할 때보다 자신의 의도적 행위를 시뮬레이션할 때 더욱 활동적인 경향이 있으며, 따라서 행위의 책임을 자기에게 귀인할 때 특히 관여하는 것으로 보인다. 배측 선조체(striatum)는 자기위주 편향에 특징적으로 관여하는 것으로 보인다. 이 영역은 동기적 행위 일반에 관여한다. 따라서 자신의 긍정적 행위를 내적 요인에, 부정적 행위를 외적 요인에 귀인하는 것은 보상에 관여하는 두뇌 영역과 연계된 것으로 보인다. 자기위주 편향은 그 자체가 보상으로 경험된다(Blackwood et al., 2003).

자기중심적 편향

만일 두 룸메이트에게 각자가 청소와 같은 집안일을 얼마나 많이 하는지를 추정해 보도록 요구하면, 자기 몫이 더 많다고 생각하기 십상이다. 자기중심적 편향(self-centered bias)은 함께 만들어 낸 결과에 대해서 공헌이든 책임이든 간에 자신의 몫이 더 크다고 받아들이는 것이다. 이 편향에는 여러 가지 가능한 이유가 있다(Ross & Sicoly, 1979). 첫째, 다른 사람의 공헌보다 자신의 공헌에 주목하고 회상하기가 용이하다. 예컨대, 내가 집안일을 하고 있을 때는 알고 있지만, 룸메이트가 자신의 몫을 하고 있을 때는 자각하지 못할 수 있다. 둘째, 자신의 공헌이 더 크다고 믿는 데에는 자존감의 이점이 있을 수 있다. 모든 사람은 자신을 많은 활동을 하는 사람으로 생각하여 보다 큰 책임감을 갖는다고 추론할 수 있다.

소박한 현실주의

이러한 자기 관련 편향을 내포하고 있는 한 가지 편향이 소박한 현실주의(naive realism)다. 즉, 일반적으로 사람들, 특히 자신과 의견을 달리하는 사람들은 자신보다 편향에 빠질 가능성이 더 크다고 생각하는 것이다(Pronin et al., 2002). 타인의 생각보다 자신의 생각에 더 큰 공헌을 부여함으로써 자신의 신념을 지지하는 허위적 정보 기반으로 무장하는 것이다. 본질적으로 소박한 현실주의는 자신이 세상을 제대로 바라보고 있다는 신념이다. 만일 다른 사람이 자신과 동일한 방식으로 세상을 보지 않는다면, 그들은 편향되었거나 엉터리 정보에 의해서 오도된 것이 틀림없다고 생각한다. 소박한 현실주의가 시사하는 많은 함의 중에는 다른 사람이 우리를 알고 있는 것보다는 우리가 그 사람을 더 잘 알고 있다고 믿음으로써 비대칭적 통찰의 착각을 초래하게 된다는 것이 포함된다(Pronin, Kruger, Savitsky, & Ross, 2001).

소박한 현실주의는 전쟁을 치르고 있는 집단이나 국가들이 상호간에 유리한 입장을 이해하고자 시도할 때의 문제점을 따져 보는 데 도움이 된다. 자신의 입장이 명백하고 논리적인 것처럼 보이면, 다른 집단이 자신과 전혀 다르게 세상을 바라보는 방식으로 세상을 바라보기가 어렵게 된다(Robinson, Keltner, Ward, & Ross, 1995). 나아가서 대립하고 있는 쌍방은 견해의 차이를 과대추정하기 십상이어서, 실제보다 자신의 입장은 보다 개방적인 반면 상대의 입장은 보다 보수적인 것으로 간주하게 된다(Sherman, Nelson, & Ross, 2003). 중재자가 논쟁에 개입해야만 한다면 쌍방은 모두 중재자가 자기들처럼 세상을 바라볼 것이라고 기대한다. 상황이 기대한 대로 진척되지 않으면 중재자도 똑같이 편향되었다고 생각하여 거부하게 된다. **그림 6.6**은 제3의 중재자가 포함된 갈등 상황에서 소박한 현실주의가 작동하는 과정을 보여 주고 있다.

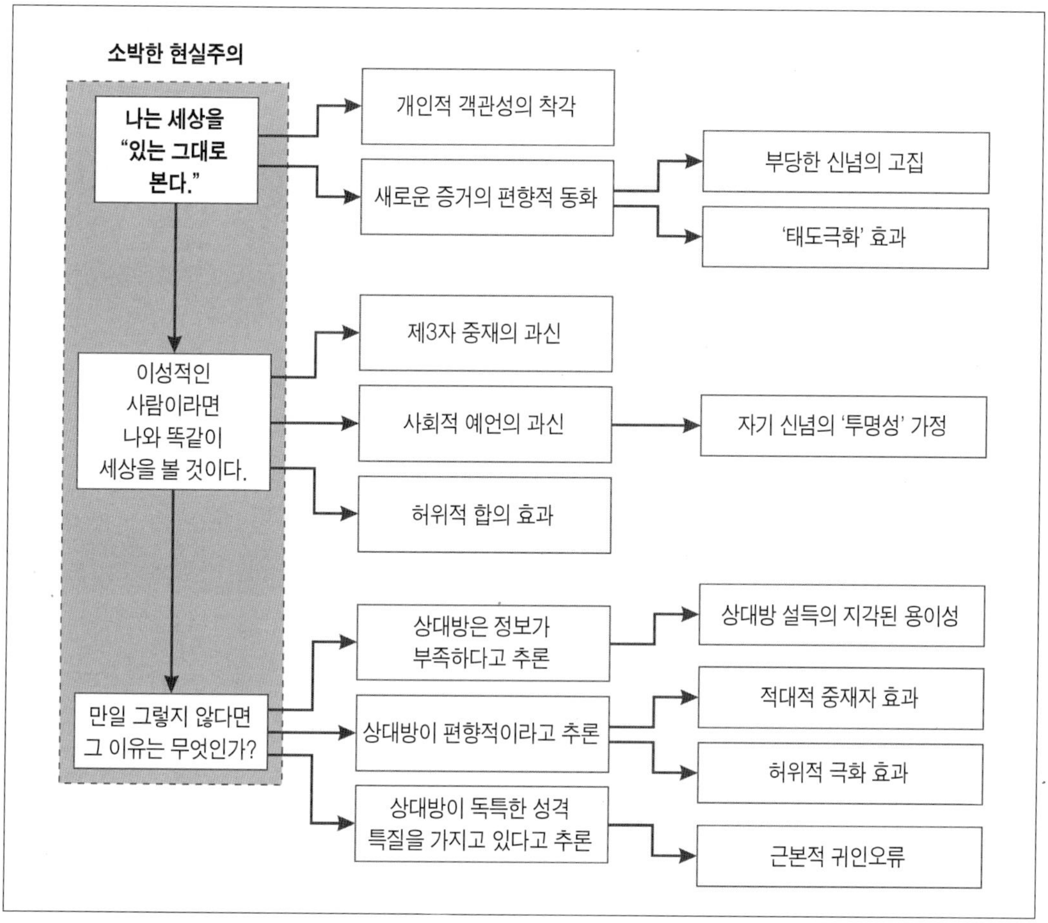

그림 6.6 갈등, 오해와 관련된 소박한 현실주의의 신념과 초래되는 결과 그리고 제반 현상

책임과 비난의 귀인

책임의 귀인은 사건에 책임을 질 수 있는 사람이나 대상과 관련된 것이며, 일반적으로는 부정적 유인가를 갖는 사람이나 대상이 된다(Shaver, 1975, 1985). 불리한 사건에 대한 책임은 특정 인물과 같이 확인할 수 있는 대상이 있을 때 귀인을 생성하는 경향이 있는데, 그 사람이 상황을 예견할 수 있어야만 했다는 신념, 그 사람의 행위는 상황으로 정당화될 수 없다는 지각, 그리고 그 사람은 자유롭게 선택할 수 있는 조건에서 행동하였다는 지각 등이 뒤따른다. 예컨대, 허리케인 카트리나의 재해가 발생하였을 때, 많은 사람들은 그 당시 부시 대통령이 뉴올리언스의 홍수 피해자들에 대해

서 굼뜨고 엉성하게 대처했다고 비난하였는데, 그 이유는 그가 책임과 권한을 가지고 있다고 느꼈기 때문이다. 대통령과 정부 관리들이 상황을 예견했어야만 하고, 그 상황은 명백한 조치를 필요로 하였으며, 다양하게 가능한 선택을 하였더라면 상황을 보다 신속하게 복구시켰거나 아니면 적어도 상황을 그토록 비참하게 만들지는 않았을 것이라고 생각하였던 것이다.

관련된 현상인 방어적 귀인(defensive attribution)은 사람들이 심각한 결과를 초래하는 행위에 대해서 더 많은 책임을 귀인시킨다는 생각을 지칭한다. 예컨대, 홍수가 미미한 것이었더라면 대통령에게 그토록 격렬한 비난을 귀인하지 않았을 테지만, 재앙이 엄청난 것이었고 온 세계에 중계되었다는 사실이 책임의 귀인을 더 많이 하도록 이끌어 갔다.

여러 연구들의 메타분석은 방어적 귀인 편향을 확증해 주며(Burger, 1981), 사람들이 방어적 귀인을 하는 정도는 역경에 책임이 있다고 간주되는 사람과의 지각된 유사성에 달려 있다는 사실을 보여 준다. 사람들이 한 범죄자가 개인적으로나 상황적으로나 자신과 유사하다고 지각할 때는, 그 범죄의 심각성이 증가하는 것만큼 그 사람에게 책임을 귀인하지 않는다. 아마도 방어적 귀인이 자기가 연루되어 있다는 위협을 회피하게 만드는 것일 것이다. 그렇지만 범죄자와 상황적으로나 개인적으로나 유사하지 않을 때는, 범죄의 심각성이 증가함에 따라서 보다 많은 책임을 귀인하게 된다. 대부분의 사람들은 자신이 대통령과 유사하지 않다고 지각하기 때문에 사건 심각성의 강력한 책임 귀인을 한 것이라고 설명할 수 있다. 그렇지만 엄청난 재앙에 대해서 자신도 책임이 있다고 생각할 수 있는 정부 관리들 사이에서는 사소한 결과와 비교할 때 엄청난 결과에 대하여 그 책임을 대통령에게 귀인하는 정도가 낮아지게 된다. 언젠가는 자신도 그 자리에 앉을 수 있기 때문이다.

요약

귀인 이론은 사람들이 인과관계와 타인의 성향적 특성을 추론하는 방식에 관심을 갖는다. 이중 처리 구분이 시사하는 바와 같이, 어떤 귀인추론은 엄청나게 빠르게 이루어지는 반면에 다른 추론은 상당한 사고를 필요로 한다. 사람들은 흔히 원인은 결과에 선행하며 시공간적으로 근접한 요인이 결과를 초래한다는 생각과 같이, 아동기에 처음으로 획득하는 기본적 인과 원리에 의존한다.

인과적 귀인 분야에 기념비적인 이론적 공헌을 한 것에는 하이더의 상식심리학 분석, 존스와 데이비스의 대응추론 이론, 켈리의 귀인 이론, 벰의 자기지각 이론, 와이너의 성취와 도움 행동의 귀인 이론 등이 포함된다. 이 이론들, 특히 존스와 데이비스(1965) 그리고 켈리(1967)의 이론은 통제적 귀인과정을 특징짓는 논리적 원리에 초점을 맞추며, 사회적 지각자가 귀인을 하는 이상적인 방법들을 상세하게 기술하고 있다. 이러한 이론들을 규범적이라고 부르는 이유는 어떻게 귀인과정이 진행되어야 하는가에 관한 적절한 규범 또는 가이드라인을 적시하고 있기 때문이다.

귀인과정에 관한 최근 이론과 연구는 일차적으로 타인의 자질을 추론할 때 사람들이 수행하는 심적 조작에 초점을 맞춘다. 타인에 대한 성향 귀인은 타인의 행동을 관찰하거나 그 행동에 대해서 들을 때 자발적이고 자각되지 않은 채 진행되며, 심지어는 자동적으로도 이루어지는 것으로 보인다. 성향추론을 제한하기 위하여 상황 요인에 관한 정보를 사용하는 것은 처음의 성향추론을 수정하는 덜 자발적이고 더 많은 사고를 요하는 두 번째 과정의 한 부분인 것으로 보인다. 상황 정보가 매우 강력하거나 현저한 것이 아니면, 사회적 지각자는 두 번째의 수정 단계로 결코 넘어가지 않을 수도 있다. 이에 덧붙여 만일 성향 귀인을 수정할 처리 시간이나 용량이 충분하지 않으면 상황 정보 또는 맥락 정보가 인상에 포함될 가능성이 낮아지게 된다.

귀인과정은 또한 끈질긴 편향이라는 특징도 가지고 있는데, 가장 주목할 만한 것으로는 타인 행동에 성향 귀인을 하는 경향성, 자기와 관련된 결과에 대해 자기위주 귀인과 자기중심적 귀인을 하는 경향성, 자신의 해석이 정확하다는 신념에서 유래하는 소박한 현실주의, 그리고 심각한 부정적 결과에 대해서 타인에게 책임이나 비난을 전가하는 방어적 귀인 등이 있다.

제 7 장

발견법과 간편법: 추론과 의사결정의 효율성

- 발견법이란 무엇인가?
- 발견법은 언제 사용되며, 언제 엉터리 답으로 이끌어 가는가?
- 시간 경과에 따른 판단

흔히 사회적 지각자는 정확성이나 철저함에서 최선이 아닌 조건에서 복잡한 판단을 하게 된다. 수업 과제로 제출할 논문의 가능한 주제를 하나 선정한 학생은, 개관해야 할 문헌의 분량이 감당할 수 있을지, 아니면 문헌이 너무 빈약하여 참고할 것이 거의 없거나 감당하기 어려울 정도로 너무나 많을지를 추측해야만 한다. 사람들은 새롭고 흥미진진한 모험을 위해서 안정적이고 나름대로 만족스러운 연인 관계를 포기할 것인지를 결정해야 한다.

합리적인 사람은 찬성과 반대에 경중을 매김으로써 결정을 한다고 경제학자들은 가정해 왔다. 기대효용 이론은 추론 행동을 각각 명시적 가치와 출현 확률을 가지고 있는 여러 가지 대안들 중에서 선택하는 것으로 개념화할 수 있다고 주장한다. 이 이론에 따르면, 사람들은 가용한 대안들에 대해 그 가능성 그리고 각 대안이 약속하는 결과의 가치(즉, 확률과 가치)를 평가하고 각 결과의 효용성(각 결과의 가치와 확률의 곱)을 계산하며 효용성이 극대화되는 대안을 선택한다. 따라서 사람들은 추구하는 이득을 제공할 가능성이 가장 크다고 생각하는 결정을 하게 된다.

삶의 결정에는 무제한적으로 보이는 엄청난 양의 정보를 도입할 수 있지만, 대부분의 정보는 불확실한 가치를 가지고 있다. 이에 덧붙여, 만일 철저하게 평가하고자 한다면 이러한 모든 결정이 삶의 대부분을 차지할 수밖에 없어서 아무것도 할 수 없게 될 것이다. 이러한 이유로 인해서—시간의 제약, 관련 정보의 복잡성과 엄청난 양, 증거의 자질에 대한 불확실성 등—사회적 지각자가 의사결정에서 모든 정보를 고려하는 전체적 전략을 사용한다는 것은 현실적이지 못하다. 따라서 사회적 지각자는 많은 상황에서 최선의 가능한 추론과 결정에 도달하는 '최적자(optimizer)'이기보다는 적절한 추론과 결정을 하는 '만족자(satisficer)'가 된다(March & Simon, 1958).

1. 발견법이란 무엇인가?

트버스키와 카네만(Tversky & Kahneman, 1974)은 선구자적이고 상당한 영향력을 갖는 논문에서 사람들이 불확실한 상황에서 의사결정하는 데 사용하는 발견법들을 상세하게 제시하였다. 카네만과 트버스키(1972)는 사람들이 흔히 복잡한 문제해결을 단순한 판단 조작으로 축소시켜 환경의 압력에 대처하는 발견법(heuristic) 또는 간편법(shortcut)을 사용한다고 주장하였다. 이들의 중요한 공헌을 살펴보기 전에 몇 가지 확실하게 밝혀 둘 것이 있다. 카네만과 트버스키(1972)의 원논문은 추론 문제를 해결하는 데 일반적으로 사용하는 몇 가지 특수한 발견법을 기술하였다. 후속된 몇몇 논문은 사람들이 사용하는 일차적인 발견법들이 바로 이것들이라는 사실을 함축해 왔다. 이것은 잘못된 결론이다. 카네만과 트버스키가 선택한 발견법들의 면면은 이 발견법들이 보편적으로 사용된다는 사실뿐만 아니라 발견법적 처리과정 일반에 대한 좋은 사례라는 사실에 의해서 주도된 것이다.

사람들은 다양한 발견법을 사용하는데, 심적 시뮬레이션과 같은 몇몇 발견법들은 보편적으로 사용되며, 짧은 시간에 길고도 사려 깊게 보이는 추천서를 작성하는 교수의 발견법과 같은 것들은 특이한 것이다. 사람들은 일상생활에서 바쁜 날 신문의 헤드라인만을 읽으며, 제한된 정보에 근거하여 읽을 논문을 결정하는 것과 같이 복잡한 심적 조작을 단순한 것으로 축소하기 위하여 발견법을 발달시킨다. 작업자들은 시간이 많이 걸리는 행위를 비교적 노력이 적게 들고 시간도 적게 드는 것으로 축소시키기 위하여 발견법을 사용한다. 요컨대, 일상생활에는 많은 발견법이 존재하며(예컨대 Monin, 2003), 카네만과 트버스키가 기술한 것과 같이 어떤 것들은 보편적이며

표 7.1 불확실한 상황에서 판단하는 데 사용하는 몇몇 발견법적 전략

발견법	판단의 유형	설명	사례
대표성	확률 판단	A가 B에 얼마나 부합하는지의 판단. 높은 적합성은 A가 B에서 유래한다고 높게 추정한다.	철수(A)는 엔지니어에 관한 당신의 고정관념에 맞게 생겼으며 행동하기 때문에 엔지니어임에 틀림없다고 판단한다.
가용성	빈도 또는 확률 판단	연합이나 사례가 얼마나 용이하게 또는 신속하게 마음에 떠오르는가에 근거하여 주어진 사례나 사건의 빈도나 가능성을 추정한다.	이혼한 친구의 사례들을 얼마나 신속하게 생각할 수 있는가에 근거하여 이혼율을 추정한다.
시뮬레이션	기대, 인과 귀인, 인상, 감정적 경험	가상적 시나리오가 구성되는 용이성	좌절을 초래하는 사건이 발생하지 않을 수 있는 상황을 얼마나 용이하게 상상할 수 있느냐에 따라서 그 사건에 대해 화가 나는 정도가 달라진다.
기준점과 조정	한 차원에서 위치 추정	처음에 특정 값으로부터 출발한 다음에 새로운 사례에 그 값을 조정하는 방식으로 추정하는 과정	자신의 생산성 수준에 근거하여 다른 사람의 생산성을 판단한다.

다른 많은 것들은 특이한 것이다.

발견법에 관한 연구의 두 번째 보편적인 오해는 발견법이 필연적으로 오류에 빠지기 쉽다는 생각과 관련된 것이다. 결코 그렇지가 않다. 사회적 지각자가 발견법을 사용하는 이유는 일반적으로 정확하지 않고 편향된 답을 내놓기 때문이 아니라 전형적으로 올바른 답을 내놓기 때문이다. 카네만과 트버스키(1972)는 발견법적 처리가 오류를 범할 수 있는 경우들을 집중 조명함으로써 사람들에게 발견법이 어떻게 작동하는지를 각인시키려는 예시적 전략을 사용하고 있었던 것이다. 이들의 의도는 발견법이 전형적으로 틀린 답을 내놓는다는 결론으로 과학계를 이끌어 가려는 것이 아니었다. **표 7.1**은 사람들이 사용하는 몇몇 발견법을 보여 준다.

대표성 발견법

대표성(representativeness)이라고 부르는 발견법은 확률을 추론하는 데 사용된다

(Kahneman & Tversky, 1973; Tversky & Kahneman, 1982). 본질적으로 사회적 지각자는 특정한 사례에 대한 정보를 받아들여서 이것을 일반 범주와 대응시켜 보고 그 대응이 적절할 가능성을 결정한다. 대표성 발견법은 다음과 같은 물음에 답을 하는데 도움을 줄 수 있다. 사람 또는 사건 A가 범주 B의 구성원일 가능성은 얼마나 되는가? (예컨대, 철수는 축구 선수인가?) 사건 A는 처리 B에서 유래한 것인가? (예컨대, 동전 던지기에서 앞-앞-뒤-뒤의 순서가 무선적으로 일어날 수 있는가?) 다음 진술을 생각해 보자.

> 철수는 매우 수줍어하고 내성적이며 한결같이 도움을 주는 사람이지만 사람이나 현실 세계에는 도통 관심이 없다. 온화하고 깔끔한 정신의 소유자로 질서와 체계에 대한 욕구 그리고 상세함에 대한 열정을 가지고 있다(Tversky & Kahneman, 1974, 1124쪽).

이제 당신에게 철수의 직업을 묻는다고 가정해 보자. 그는 농부인가, 공중 곡예사인가, 사서인가, 구난 잠수부인가, 아니면 외과 의사인가?

이렇게 상이한 직업을 가지고 있는 사람들의 빈도와 개인적 특성에 대해 적절한 정보를 가지고 있다면 온화한 외과 의사, 수줍음 타는 공중 곡예사 등의 확률을 따져 보고는 철수가 각각의 직업을 가지고 있을 가능성을 계산할 수 있다. 그렇지만 이 작업은 시간이 오래 걸리며, 계산의 토대가 되는 좋은 정보가 모자랄 것이 명백하다. 이러한 경우에 대표성 발견법이 신속한 해결책을 제공한다. 철수가 각 범주의 평균적인 사람을 대표하는 정도를 추정하여 그에 따라서 직업을 판단한다. 위의 사례에서는 철수가 도서관 사서라고 추측할 가능성이 크다. 철수에 대한 기술이 사서와 전형적으로 연합된 속성들을 대표하고 있기 때문이다.

대표성 발견법은 기본적으로 적합성 판단(A의 이러한 속성은 범주 B와 얼마나 잘 맞아떨어지는가?)이며, 확률 추정치(A가 범주 B의 사례일 가능성은 얼마나 되는가?)를 내놓는다. 이 발견법의 사용이 일반적으로 상당히 우수한 답을 내놓는—과제에 가용한 정보를 총체적으로 분석하여 얻는 답에 못지않을 정도로 우수하기 십상이다—이유는 적합성이 일반적으로 확률 판단을 하는 좋은 기준이 되기 때문이다. 그렇지만 대표성 발견법을 사용할 때는 사람들이 판단한 적합성과는 독립적으로 실제 출현 확률에 영향을 미치는 다른 요인들에 둔감해질 수 있다(Kahneman & Tversky, 1973).

그러한 한 가지 요인은 결과의 사전 확률〔기저율(base rate)〕이다. 만일 철수가 한 마을에서 수많은 양계농과 소수의 사서들과 함께 살고 있다면, 이 사실로 인해서 그가 사서일 것이라는 판단이 약화된다. 사서이기보다는 양계농일 가능성이 커지는 것이다. 그렇기는 하지만 사람들을 때때로 사전 확률을 무시하고 유사성에만 근거한 판단을 한다. 예컨대, 철수가 사서를 닮았다는 사실에만 근거한다.

대표성의 판단에서 사람들이 무시하기 십상인 또 다른 요인은 표본의 크기다. 당신이 박람회에서 부스를 운영하면서 25센트 동전을 희사하는 사람들의 직업을 추측하고 있다고 가정해 보자. 처음 다섯 사람 중의 네 사람이 사서였는데, 그 직후 당신은 사서들의 학술 행사가 그 도시에서 열리고 있다는 사실을 발견하였다고 가정하자. 당신은 다음 사람도 사서일 것이라고 얼마나 확신하겠는가? 당신이 관찰한 처음 20명 중에서 12명이 사서로 판명 났다면 당신은 더 확신하겠는가 아니면 덜 확신하겠는가? 이러한 판단을 하는 대부분의 사람들은 처음 20명 중에서 12명이 사서일 때보다는 처음 5명 중에서 4명이 사서일 때 다음 사람도 사서일 것이라고 더 확신한다. 실제로 이러한 확신은 틀린 것이다. 표집 이론은 큰 표본에서 도출한 추정치가 작은 표본에서 도출한 추정치보다 신뢰롭다는 사실을 보여 준다. 따라서 5명 중 4명이 20명 중 12명보다 더 가능성이 큰 것처럼 보인다고 하더라도, 후자가 더 우수한 지표인 것이다.

대표성에 근거한 판단은 예언가(predictive value), 즉 결과에 대한 예언자로서 정보의 적합성이나 자질에 대해서도 둔감성을 나타낼 수 있다. 만일 철수가 온화하고 깔끔한 성격의 소유자라는 설명을 철수의 유치원 선생님이 단지 몇 주 동안 관찰한 후에 작성한 것이라면, 철수의 직업 선택에 대한 적합성은 미약할 수밖에 없다. 만일 대학 4년 동안 담당하였던 철수의 지도교수가 작성한 것이라면, 더 큰 가중치를 부여하고자 할 수 있다. 그럼에도 불구하고, 사람들은 마치 출처에 관계없이 정보를 신뢰해야만 한다는 듯이 행동하기 십상이며, 정보의 예언가와는 무관하게 똑같이 강력하거나 확신하는 추론을 할 가능성이 있다. 이러한 타당성의 착각은 정보가 판단에 유별날 정도로 잘 맞아떨어질 때 특히 잘 나타난다. 예컨대, 철수에 대한 설명에 "그는 자신의 돋보기 너머로 뚫어져라 응시하는 책벌레 타입이다."라는 부가적 문장이 첨가된다면, 철수가 사서라는 사실에 대한 확신도가 급격하게 증가한다. 반면에 "그는 여가 시간에 스쿠버 다이빙을 즐기며, 한때는 심각한 코카인 중독자였다."라는 사실을 알게 되면 강력한 예언으로부터 뒷걸음치기 시작한다. 정보가 정확하고 확실하게 신뢰할 수 있는 것인지 아니면 시효가 지났고 부정확하며 소문에 근거한 것인지의 여부는 추론과 충분하게 관련되지 않을 수 있다. 외견상 잘 들어맞는지 아닌지의 여부가 추론을 받아들일 것인지 아니면 거부할 것인지의 토대가 될 수 있다.

마지막으로 우연에 대한 오해도 대표성 판단을 편향시킬 수 있다. 사람들은 우연 사건이 어떤 모습을 갖출 것인지에 대하여 꽤나 잘 발달된 생각을 가지고 있다. 예컨대, 동전 하나를 여러 차례 던질 때 앞-뒤-앞-뒤-뒤-앞과 같은 순서를 보게 될 것이라고 기대하지, 뒤-뒤-뒤-앞-앞-앞과 같이 질서정연한 듯이 보이는 순서를 기대하지 않는다. 어떤 순서가 일어날 가능성이 더 큰지 판단해 보도록 요청하면 많은 사람들은 주저 없이 전자를 선택한다. 전자가 더 무선적인 것처럼 보이기 때문이다. 그렇지만 실제에 있어서는 두 번째 순서도 통계적으로는 일어날 가능성이 똑같다.

대표성 발견법은 때때로 오류를 범하기는 하지만 적합성 판단을 통하여 확률을 추정하는 신속한 방법이다. 또한 가장 기본적인 발견법이기도 하다. 사람을 범주의 구성원으로 확인하는 행위 또는 행위에 의미를 부여하는 행위는 제2장과 3장에서 지적한 바와 같이 모든 사회적 추론과 행동에서 근본적인 것이다. 어떤 인지적 과제든 그것을 수행할 수 있기 위해서는 우선 "그것이 무엇인가?"라는 물음에 답해야만 한다.

가용성 발견법

가용성(availability)은 한 사건의 사례나 연합된 것들이 얼마나 빨리 마음에 떠오르는지에 근거하여 그 사건의 가능성을 평가하는 데 사용할 수 있는 발견법이다(Tversky & Kahneman, 1973). 사례나 연합된 것들이 즉각 접속 가능하고 쉽게 마음에 떠오른다는 사실은 가능성의 추정치를 부풀리게 만든다. 예컨대, 사람들이 직업을 자주 바꾸는 것처럼 보이는지를 물어보면, 아는 사람들 중에서 직업을 바꾼 사람들의 숫자를 생각해 보고, 사례의 상대적 빈도나 사례가 마음에 떠오르는 용이성에 근거하여 반응하게 된다. 대표성 발견법의 경우와 마찬가지로, 이 과제를 달성하는 데 별다른 인지적 작업이 요구되지 않는다. 사례나 연합된 것들이 얼마나 신속하게 또는 용이하게 인출될 수 있는지에 근거하여 빈도 추정치를 내놓을 수 있다. 직업을 바꾼 사람들의 사례를 마음에 떠올리는 데 별 문제가 없다면 수많은 사람들이 직업을 바꾼다고 추정하는 반면, 직업을 바꾼 어떤 사람을 떠올리는 데 시간이 많이 걸린다면 그 추정치를 낮추게 된다.

많은 상황에서 가용성 발견법은 정확한 답을 내놓는다. 결국 어떤 것의 사례가 마음에 쉽게 떠오르게 될 때는 일반적으로 그 사례가 많기 때문이다. 그렇기는 하지만 편향 요인들이 실제의 숫자를 변화시키지 않은 채 어떤 현상이나 사건 유목의 가용성을 증가시킬 수도 있으며 감소시킬 수도 있다. 예컨대, 최근에 직업을 바꾸었다면 자신과 같이 직업을 바꾸었던 사람들에 주목할 가능성이 증가할 수 있다. 한 유목이 쉽게 인출되는 사례들을 가지고 있을 때는 빈도가 동일하더라도 쉽게 인출되지 않는 사례들을 가지고 있는 범주보다 사례의 숫자가 더 많은 것처럼 보이게 된다(Gabrielcik & Fazio, 1984). 인출 편향뿐만 아니라 탐색 편향도 가용한 사례의 숫자를 편향시킴으로써 빈도 추정치를 왜곡시킬 수 있다. 예컨대, 어떤 사건 범주의 경우에는 다른 범주에 비해서 사례를 쉽게 탐색할 수 있다. 취업 설명회에서 얼마나 많은 사람들이 직업을 바꾸는지를 추정하는 것은 직장 회식 자리에서 직업을 바꾸는 사람들의 숫자를 추정하는 것보다 더 높은 추정치를 내놓게 된다. 사례가 머리에 떠오를 수 있는 용이성이 두 장면 사이에서 극적으로 변한다.

특정한 사건을 상상할 수 있는 용이성은 특정한 편향의 영향을 받는다. 예컨대, 미국에서 사망의 일차 원인을 추측해 보도록 요구하면 사람들은 재난, 화재, 익사, 총기 사고 등과 같이 극적인 사건들이 실제보다 더 많은 사망을 초래한다고 생각한다. 동시에 뇌출혈이나 심장병과 같이 보다 보편적인 원인에 의한 사망을 과소추정한다. 신문과 텔레비전 프로그램이 전자의 사건들에 대하여 윤색되고 쉽게 상상할 수 있는 사례를 만들어 왔기 때문에 그러한 이미지나 연상을 마음에 쉽게 떠올릴 수 있는 반면에, 질병에 의한 사망이 부고난에 게재되는 경우는 드물다(Slovic, Fischhoff, & Lichtenstein, 1976 참조).

대부분의 연구자들은 판단에 대한 가용성의 영향을 설명해 주는 기제가 회상 용이성이라고 가정해 온 반면에, 다른 연구자들은 회상의 내용이 그 기제라고 제안해 왔다. 사례를 용이하게 상상할 수 있다면 마음에 더 많은 사례를 가지고 있을 가능성이 크며, 이 사실이 가용성과 관련된 오류로 이끌어 간다는 것이다. 슈워츠, 블레스 등(Schwarz, Bless et al., 1991)은 한 사례와 관련된 회상의 양에 처치를 가하는 방법으로 이렇게 제안된 두 기제를 해결하고자 하였다. 어떤 실험참가자들은 독단적(또는 비독단적) 행동의 열두 사례를 회상하는 어려운 과제를 수행한 반면에, 다른 실험참가자들은 그러한 행동의 여섯 사례만을 회상하는 쉬운 과제를 수행하였다. 열두 사례를 회상해 내야 하는 어려운 과제를 수행한 참가자들은 자신을 각 실험조건에 따라서 덜 독단적이거나 비독단적인 사람으로 평가한 반면에(아마도 열두 사례를 모두 회상해 내기가 어려웠기 때문일 것이다), 여섯 사례만을 회상하는 쉬운 과제를 수행한 참가자들은 각 실험조건에 따라서 자신을 더 독단적이거나 비독단적이라고 판단하였다. 따라서 자기평가는 회상이 용이할 때에만 회상된 내용의 함의를 반영하였으며, 회상이 어려울 때는 그렇지 않았다. 회상 용이성이나 어려움이 판단에 대한 정보의 효과에 영향을 미치는 것은 가용성 발견법을 통한 것이지 회상의 전반적 내용에 의한 것은 아닌 것으로 보인다. 또한 여러 연구들은 회상 용이성이 어떤 임의적인 맥락 요인에 의해서 영향을 받는다고 믿을 때는, 사람들이 자신의 추론에 대한 근거로 회상 용이성을 고려하지 않는다는 사실도 밝혀 왔다(Schwarz, Bless et al., 1991; Wänke, Schwarz, & Bless, 1995). 요컨대 회상 용이성을 이례적으로 경험하는 것은 추론에 대한 진단가를 갖는 것으로 간주되어야 하는데, 이 사실이 시사하는 바는 사람들이 자신의 판단을 가용성에 근거하고자 할 때 회상 용이성을 평가할 뿐만 아니라 특정 상황에서는 회상 용이성을 인위적으로 증폭시키거나 축소시킬 수도 있는 요인들을 고려한다는 것이다.

사례의 인출 용이성은 가용성 발견법을 통해서 빈도를 추정하는 한 가지 방법이며, 또 다른 방법은 연합의 강도를 통하는 것이다. 연합 강도는 반복적인 사례들에 의해서 강화되기 때문에 어떤 두 대상 간의 연합 강도는 사건 유목의 빈도에 대해 상당히 좋은 지표가 될 가능성이 있다. 그렇지만 사례의 인출 용이성과 마찬가지로 연합 강도도 실제 수치와 무관한 요인들에 의해서 편향될 수 있다. 예컨대, 은퇴한 사람들에게 인기 있는 지방인 미국 애리조나 주에 살고 있는 사람은 로스앤젤레스와 같은 도시에 살고 있는 사람보다 전국에 노인이 더 많다고 추론할 수 있는데, 이러한 대도시에는 나이를 쉽게 감출 수 있게 해 주는 성형외과 병원이 훨씬 더 많다.

가용성 발견법의 사용은 기억 접속 가능성(accessibility)이 큰 조건에서 증가한다(MacLeod & Campbell, 1992). 특정한 유형의 사건들을 기억에서 보다 접속 가능하게 만들어 놓으면, 미래에 유사한 사건이 일어날 가능성에 대한 추정치가 높아진다. 예컨대, 치명적인 테러 행위는 유사한 테러 사건이 일어날 가능성에 대한 지각을 엄청나게 증폭시킨다. 또한 가용성 발견법의 사용은 여러 가지 사건을 동시에 생각하고 있을 때와 같이 기억에 대한 부담이 매우 높은 조건에서도 증가한다. 이 세상에는 정보가 넘쳐나기 때문에 일반적으로 기억 부담이 낮기보다는 매우 높은 조건을 수반하기 십상이다. 따라서 가용성과 같은 발견법을 사용할 가능성을 촉진시키게 된다(Manis, Shedler, Jonides, & Nelson, 1993; Rothman & Hardin, 1997).

가용성 발견법은 사회심리학에서 상당한 영향력을 미치는 아이디어로 자리매김해 왔다. 광범위한 사회현상에 대한 설명 기제를 제공해 줄 수 있는데, 여기에는 고정관념(D. L. Hamilton & Rose, 1980)과 신뢰할 수 없는 신념에 대한 집착이 포함된다(L. Ross, Lepper, & Hubbard, 1975; L. Ross, Lepper, Strack, & Steinmetz, 1977; 개관을 보려면 S. E. Taylor, 1982 참조). 또한 현저성(S. E. Taylor & Fiske, 1978), 책임의 판단(M. Ross & Sicoly, 1979), 예측(Carroll, 1978; Slovic et al., 1976), 인과 귀인(Pryor & Kriss, 1977) 등과 같은 현상의 설명으로도 제안되어 왔다. 그렇지만 가용성 발견법이 설명으로 지나치게 과용되어 온 점이 없지 않다. 많은 과제들이 가용성 발견법을 사용함으로써 최소한의 인지적 작업마저도 요구하지 않게 되며, 빈도 판단은 다른 과정을 통해서도 수행할 수 있다(Manis et al., 1993). 잘 알고 있는 유형의 사회적 사건이나 사람에 대한 심적 표상에서와 같이 우리가 이미 기억에 저장하고 있는 정보가 의미하는 것은, 만일 우리가 정확한 심적 표상에 접속할 수만 있다면 많은 추론의 답이 이미 주어져 있는 것이라는 사실이다. 이러한 가정의 한 가지 함의는 일반적으로 사람들이 판단을 하기 위하여 가용성 발견법에 의존하기보다는 어떤 스키마나 범주가 정보를 인출하는 데 적절한지를 확인하기 위해서 대표성 발견법에 더 많이 의존한다는 것이다.

시뮬레이션 발견법

흔히 사람들은 문제를 해결하기 위해서 어떤 일이 얼마나 발생할 것인지를 추정하기 위한 가상적 시나리오를 구축한다. 즉, 가능성 있는 결말을 평가하기 위해서 마음속에서 사건들을 시간에 따라 작동시켜 본다. 이러한 추론 기법이 시뮬레이션 발견법(simulation heuristic)이다(Kahneman & Tversky, 1982). "당신이 자동차를 심하게 망가뜨려 놓은 것을 알았을 때 당신의 아버지는 어떻게 생각하실까요?"라는 질문에 어떻게 대답할 것인지를 생각해 보라. 당신은 아버지에 대해서 그리고 자동차 사고에 대한 아버지의 반응에 대해서 알고 있는 것을 생각하고, 마음속에서 이러한 사건들을 작동시켜 보고는 여러 가지 가능성을 생성할 수 있다. 특정한 결말이 마음에 떠오르는 용이성을 사용하여 실제로 어떤 일이 일어날 가능성이 큰지를 판단하게 된다. 아버지는 다음 학기 등록금 대 주기를 거절하거나 모든 일을 무시해 버릴 수도 있겠지만, 당신의 판단으로는 아버지가 당신에게 아르바이트 자리를 구해서 자동차 구입비용에 보탤 것을 강력하게 권할 것이라고 상상해 보는 것이 가장 용이할 수 있다.

시뮬레이션 발견법은 예측(영숙이는 철수를 얼마나 좋아할 것인가?)과 인과성(마루에 널린 쓰레기는 개가 그런 것인가 아니면 애가 그런 것인가?)을 포함한 광범위하게 다양한 과제에 사용될 수 있다. 이 발견법은 특히 가능성이 매우 컸던 상황에 잘 부합한다. 예컨대, 다음의 시나리오를 보자.

> 철수와 영수는 같은 시간에 같은 공항에서 출발하는 다른 비행기 편으로 출장을 떠날 예정이었다. 둘은 시내에서 같은 리무진을 타고 출발하였는데 교통체증 때문에 예정된 비행기 출발 시각보다 30분 늦게 공항에 도착하였다.
>
> 철수는 자신의 비행기가 정시에 출발하였다는 이야기를 들었다.
>
> 영수는 비행기가 연발하였으며 방금 5분 전에 출발하였다고 들었다.
>
> 누가 더 흥분했겠는가?
>
> 철수 아니면 영수? (Kahneman & Tversky, 1982, 203쪽)

거의 대부분의 사람들은 "영수"라고 답한다. 그 이유는 무엇인가? 아마도 철수가 비행기를 탈 수 있었을 방법은 한 가지도 상상할 수 없는 반면에, 빨강 신호등이 그렇게 길지만 않았다거나, 수하물계원이 느려 터지지 않았다거나, 불법주차 차량이 없었다거나, 출발 게이트의 표시가 잘못되지만 않았더라면, 영수는 비행기를 탈 수도 있었다. 따라서 '만일 …만 했더라면'이라는 조건을 생성해 내는 시뮬레이션 발견법은 거의 가능하였던 사건에 대한 심리 그리고 그러한 심리가 초래하는 좌절, 후회, 비탄, 또는 분노를 이해하는 데 사용될 수 있다(예컨대 Kruger, Wirtz, & Miller, 2005; Miller, Visser, & Staub, 2005; Seta, McElroy, & Seta, 2001).

사후가정적 추리

이러한 유형의 사후가정적 추리(counterfactual reasoning), 즉 만일 이러저러하지만 않았더라면 일어났을 수도 있었던 사건에 대한 심적 시뮬레이션은 판단에 광범위한 효과를 나타낼 수 있다. 이것은 극적인 결말을 초래한 독특하거나 이례적 요인을 확인해 내고자 시도하는 것과 같이 인과성을 평가하는 데 사용될 수 있다(예컨대 G. L. Wells & Gavanski, 1989). 만일 이러저러하지만 않았더라면 사건이 어떻게 되었을 수도 있는지(예컨대 Seta et al., 2001), 잘못된 행위를 취한다면 사건이 어떻게 될 수 있는지(Kruger et al., 2005)에 대한 비전을 제공해 줌으로써, 특정한 사건의 결말에 대한 감정적 반응에 영향을 미친다.

특히 비정상적이거나 예외적인 사건은 사람들로 하여금 정상적이며 따라서 실제 결말과는 유사하지 않은 대안을 시뮬레이션해 보도록 이끌어 간다(Kahneman & Miller, 1986). 예외적 상황과 정상적 상황 간의 이러한 대비는 이례적 상황에 대한 정서적 반응을 증폭시킬 수 있다. 비정상적이거나 정상적인 결말을 경험한 희생자에 대한 보상이 수반된 역할놀이 상황에서 밀러와 맥팔랜드(Miller & McFarland, 1986)는 비정상적인 상황에서 희생자에 대한 보상이 더 크다는 사실을 발견하였다. 예컨대, 한 사람이 바로 이웃에 있어 자주 들르는 편의점에서 정상적으로 물건을 살 때보다 집에서 멀리 떨어져 있는 편의점에 물건을 사러 갔다가 강도에게 총을 맞아 부상당했을 때, 그 부상에 대한 참가자들의 보상이 더 컸다.

사후가정적 추리에서는 상향적 변화(upward change, 정상적 사건을 비정상적 사건으로 대치하는 것)보다는 하향적 변화(downhill change, 비정상적 사건을 기대한 사건으로 대치하는 것)를 시도하는 것이 더 용이하다(Kahneman & Miller, 1986). 이 사실은, 발생하지 않은 행위가 '만일 발생하였더라면'이라는 사후가정적 시나리오를 생성하는 것보다 발생한 행위가 '만일 발생하지 않았더라면'이라는 시나리오를 생성하는 것이 더 용이할 것이라는 예측으로 이끌어 간다(Gleicher et al., 1990; Landman, 1988). 예컨대, 사람들이 '만일 도로 공사가 차선을 막지만 않았더라면 영수는 비행기를 탈 수도 있었을 것'이라고 상상해 보는 것은 상대적으로 용이한 반면, '만일 시당국이 공항으로 가는 빠른 우회도로를 건설하였더라면 영수는 비행기 시간에 댈 수 있었을 것'이라는 시나리오를 생성할 가능성은 상대적으로 낮다.

사후가정적 시뮬레이션을 통해 대안을 상상하는 것은 상황에서 경험하는 기대, 인과 귀인, 인상, 감정에 광범위한 영향을 미칠 수 있다. 나아가서 그러한 상황은 예측 가능한 정황(예컨대 이러저러하지만 않았더라면 일어났을 수 있는 사건의 현저성)에 의해 야기되고 규칙을 따르는 것으로 보이기 때문에, 시뮬레이션에는 가능성이 별로 없는 요소보다는 가능성 있는 요소가 포함된다.

자신의 경험이나 행위의 시뮬레이션은 흔하게 나타난다. 예컨대, 잔디 깎는 기계를 밖에다 그대로 내버려 두어서 아이가 다치게 되는 것과 같은 실수나 오류를 범하였다면, 그렇게 하지 않았더라면 일어났을(또는 일어나지 않았을) 사건에 대한 시뮬레이션이 후회를 촉발시킨다. 특히 자신의 행위와 연관된 실수가 자신의 개인적 신념과 일치하지 않거나, 행위를 하지 않는 것과 연관된 실수가 개인적 신념과 일치하는 경우에 그렇다(Seta et al., 2001).

사람들이 사후가정적 추리에 매달리는 이유는 무엇인가? 예상치 못하였거나 부정적인 사건이 발생할 때, 만일 이러저러하지만 않았더라면 일이 어떻게 되었을까를 상상하는 것은 결코 상황을 변화시키지 못하는 데도 말이다. 연구들이 시사하는 바는 사후가정적 사고가 여러 가지 동기에 도움이 될 수 있다는 것이다(Sanna, Chang, & Meier, 2000) 어떤 경우에는 사후가정적 사고가 사람들의 기분을 좋게 만드는 데 도움이 될 수 있다. 예컨대 스트레스 사건을 겪은 후에 사람들은 그만했던 것이 다행이라고 상상하기 십상이다(S. E. Taylor, Wood, & Lichtman, 1983). 자동차 사고 희생자는 자기 차가 입은 손해에 초점을 맞추기보다는 상대방 차가 자신의 운전석 차문을 들이받았더라면 죽었을 수도 있다는 사실에 초점을 맞출 수 있다. 특정한 행위를 취한 후에 어떻게 느낄지를 예상하는 것은 행동에도 영향을 미친다. 예컨대, 많은 사람들은 선다형 시험에서 선택한 답을 수정하기를 회피한다. 그러한 수정이 점수를 올려 줄 수 있는 데도 그렇다. 이러한 일이 일어나는 이유는 잘못된 행위가 행위를 취하지 않고 틀린 답을 그대로 내버려 두는 것보다 큰 자기비난을 초래할 것이라고 예상하기 때문이다(Kruger et al., 2005).

미래에 대한 시뮬레이션으로 방향을 돌려 보면, 가상적 미래 사건을 상상해 보는 것은 그러한 사건이 실제보다 더 가능성 있는 것으로 보이게 만든다(S. E. Taylor, Pham, Rivkin, & Armor, 1998). 따라서 만일 시나리오의 내용이 상상하기 용이하다면, 상상하기 어려운 사건을 수반한 시나리오보다 일어날 가능성이 더 큰 것으로 지각하게 된다. 이 예측은 여러 연구에서 확증되어 왔다(예컨대 C. A. Anderson & Godfrey, 1987; C. A. Anderson, Lepper, & Ross, 1980). 마찬가지로 어떤 행동을 수행하도록 결정하거나 그 행동의 수행을 거부하는 자신을 상상하는 것만으로도 자신에 대한 기대에서 그러한 상상에 상응하는 변화가 초래되는 반면(C. A. Anderson & Godfrey, 1987), 다른 사람이 그 행동을 하는 것을 상상하는 것은 자신이 그 행동을 나타낼 것이라는 기대를 증가시키지 않는다(C. A. Anderson, 1983).

사후가정적 사고는 미래에 대한 준비 기능도 담당할 수 있다. 만일 당신이 자동차 실내등을 켜 두지 않았더라면 배터리가 방전되지 않았을 것이라는 사실을 깨달았다면, 다시는 그렇게 하지 않으려고 할 것이다. 얼마나 용이하게 문제를 피할 수도 있었는지를 상상하는 것이 부정적 감정을 유발할 때, 변화하고 개선하려는 동기, 즉 정서적 각성이 증가하게 된다(McMullen & Markman, 2000). 그리고 결과를 변화시키거나 미래를 준비하기 위해서 할 수 있는 일이 하나도 없을 때는 그나마 다행이었다고 생각하게 만드는 사후가정적 설명에 매달릴 수도 있다("나는 정말로 시험을 망칠 수도 있었어. 그나마 조금은 공부했잖아.")(Tetlock, 1998). 놀랄 것도 없이, 자기고양적인 사후가정적 사고에 매달리려는 이러한 경향성은 자존감이 높은 사람에게 있어서 특히 강하며, 기분이 나쁠 때 더욱 그렇다(Sanna, Turley-Ames, & Meier, 1999). 즉, 자신을 좋게 생각하는 사람들은 나쁜 기분을 보상하기 위하여 사후가정적 추리를 사용한다.

심적 시뮬레이션의 사용

사건이 어떻게 진행될 것인가를 시뮬레이션하는 것은 사람들로 하여금 가능성을 그려 보고 그러한 가능성을 초래하는 계획을 세우는 데 도움을 줌으로써 미래를 내다보는 창문을 제공해 준다(S. E. Taylor et al., 1998). 그러나 사람들은 미래의 또 다른 측면에 초점을 맞출 수도 있다. 미래를 장밋빛 가능성, 즉 '소망적 사고(wishful thinking)'나 '공상(fantasy)'으로 가득 찬 것으로 마음속에 그려 볼 수 있다(Oettingen & Mayer, 2002). 아니면 원하는 미래에 도달하기 위하여 취할 필요가 있는 단계들에 초점을 맞출 수 있다. 미래에 대하여 어떤 유형의 심적 시뮬레이션이 사람들의 목표를 달성하는 데 도움을 주는가?

만일 자조적(self-help) 서적에 탐닉하는 독자라면, 이렇게 충고로 가득 찬 책이 사람들로 하여금 미래에 달성하기를 희망하는 상태를 적극적으로 마음속에 그려 볼 것을 강력하게 권한다는 사실을 알고 있을 것이다. 그렇지만 연구들은 이러한 생각이 잘못된 것임을 시사한다. 팸과 테일러(Pham & Taylor, 1999)는 이것을 검증한 연구에서, 며칠 후에 있을 시험에 대비하여 공부하고 있는 대학생들에게 시험에서 좋은 성적을 받아서 만족하고 자축하는 모습을 그려 보거나 시험에서 좋은 성적을 받기 위하여 공부하고 있는 자신의 모습을 그려 보도록 요청하였다. 즉, 한 집단은 달성할 결과에 초점을 맞추었고, 다른 집단은 그 결과를 달성하는 과정에 초점을 맞추었다. 과정에 초점을 맞추었던 학생들은 아무런 심적 시뮬레이션을 수행하지 않은 통제집단에 비해서 좋은 성적을 받았지만, 달성하기를 원하는 결과에 초점을 맞추었던 학생들은 통제집단보다도 낮은 성적을 받았다. 만일 목표를 달성하기 위하여 심적 시뮬레이션을 사용하고자 원한다면, 소망적 사고와 공상에 몰입하기보다는 그 시뮬레이션을 목표에 도달하기 위하여 해야 할 필요가 있는 것에 명확하게 초점을 맞추는 것이 최선이라는 사실이 명백하다(Oettingen, Pak, & Schnetter, 2001; S. E. Taylor et al., 1998).

시뮬레이션은 잠재적 결과에 대한 주관적 가능성을 낮추기보다는〔심적 감산(mental subtraction)〕 증가시킬〔심적 가산(mental addition)〕 가능성이 더 크다. 이러한 비대칭성이 일어나는 이유는, 사람들이 특정한 심적 시뮬레이션에서 비교의 대상으로 기능하는 자질에 더 많은 가중치를 부여하며, 부합하는 결과를 억제하는 요인보다는 촉진하는 요인에 더 많은 가중치를 부여하기 때문이다. 예컨대, 시험공부를 하는 것과 같은 개인적 행위의 영향을 평가할 때, 사람들은 그 평가를 감산적 틀걸이("공부하지 않는다면 도대체 몇 개나 맞출 수 있겠는가?)보다는 가산적 틀걸이("공부한다면 얼마나 많은 문제에 정답을 내놓겠는가?")에 집어넣을 때 더 큰 효과를 지각하였다. 이러한 효과는 사건의 유인가 그리고 시뮬레이션하는 영역에서 개인적 경험이 있느냐의 여부와는 모두 무관한 것으로 보인다(Dunning & Parpal, 1989).

기준점 잡기

불확실한 상황에서 판단을 할 때, 사람들은 때때로 참조점·또는 기준점에서 시작하여 그것을 조절함으로써 최종 결론에 도달하는 방법으로 불확실성을 감소시킨다. 만일 당신이 가장 최근의 USC-UCLA[1] 미식축구 경기를 얼마나 많은 사람들이 관람하였는지를 추측해 보도록 요청받았는데 정말로 아무 생각이 없다면, 동일한 경기장에 있었던 지난주 경기에 23,000명의 관중이 몰렸었다는 사실을 아는 것이 도움이 된다. 그렇게 되면 당신은 USC-UCLA 경기에 더 많은 관중이 몰렸을 것이라고 가정하고는 30,000명이라고 추측할 수 있다. 이것도 사회적 판단이다.

우리는 이미 기준점 발견법(anchoring heuristic)의 사례가 되는 여러 가지 현상들을 논의하였다. 귀인 연구에서 허위적 합의 효과를 회상해 보라. 얼마나 많은 사람들이 어떤 행위(예컨대 캠퍼스 주변에서 광고판을 몸에 걸치고 서 있는 행위)를 나타낼 것인지를 추정하도록 요청받을 때, 사람들의 추정치는 자신에게 스스로 내린 결정

1) 역자 주: University of Southern California(USC)와 University of California at Los Angeles(UCLA). 두 대학 간의 미식축구 경기는 캘리포니아 주뿐만 아니라 전국적으로도 인기가 있다.

에 상당한 영향을 받는다. 우리는 모든 사람들이 우리와 같이 행동하지 않을 것이라는 사실을 이성적으로는 알고 있다고 하더라도, 타인의 행동에 대한 우리의 추정치는 우리 자신의 행동이 제공하는 기준점에서부터 충분하게 조정되지 않는다. 이 사례가 시사하는 바와 같이, 우리가 타인의 사회적 행동을 추정하거나 판단하게 되는 현저한 기준점은 자기(self) 그리고 자기를 둘러싸고 있는 사회적 환경이다(예컨대 Fong & Markus, 1982; Markus & Smith, 1981). 우리는 다른 사람이 얼마나 공격적이거나 수줍어하는지를 그러한 자질에 대한 자신의 평가로부터 조정된 추론을 가지고 판단하며, 우리 자신의 조망을 조정함으로써 타인의 조망을 받아들일 가능성이 있다(Epley, Keysar, Van Boven, & Gilovich, 2004).

그렇기는 해도, 상황이 초기의 참조점을 시사하지만 실제로는 아무 관련도 없는 세부사항에 의해서도 판단은 영향을 받는다. 예컨대, 배심원들에게 가장 엄한 평결부터 고려해 달라는 판사의 관례적인 언급이 뜻하지 않게 기준점으로 작동할 수 있다(Greenberg, Williams, & O'Brien, 1986). 모의재판에 참가한 실험참가자들을 가장 엄한 평결부터 먼저 고려해 보도록 유도하였을 때, 관대한 평결부터 고려하라고 알려주었던 참가자들에 비해서 유의하게 엄한 평결을 내렸다. 마찬가지로 타인에게 태도를 귀인할 때, 그 타인이 태도를 표명하는 데 제약이 있다는 사실을 자각할 수 있다(예컨대 기자는 편집장이 명령을 내렸기 때문에 전쟁에 찬성하는 기사를 작성할 수밖에 없었다). 그럼에도 불구하고 의사소통 자체가 기준점으로 작용하여 제약을 충분하게 고려하지 못할 수 있다(따라서 그 기자가 실제로 전쟁을 찬성한다고 추론한다). 이렇게 강력한 대응 편향(correspondence bias, 태도 귀인에서 상황적 제약을 고려하지 못하는 것)은 기준점과 불충분한 조절 효과로 이해할 수 있다(Quattrone, Finkel, & Andrus, 1982).

기준점 효과에 기저하는 기제에 대한 물음이 제기된다. 연구들은 두 가지 가능한 설명에 초점을 맞추어 왔다. 하나는 사람들이 초기의 기준점을 견지하면서 추론을 할 때 그 기준점으로부터 불충분하게 조정을 한다는 것이다(Epley & Gilovich, 2001). 다른 연구들은 기준점 효과가 발생하는 정도는 일차적으로 그 기준점의 그럴듯함 그리고 그 기준점과 목표점에 대해서 얼마나 많은 지식을 가지고 있는지에 의해서 결정된다고 제안해 왔다. 표적대상에 대해서 알고 있는 것이 없을수록 후속 추정치를 기준점에 동화시킬 가능성이 크며, 따라서 불충분하게 조정한다는 것이다(Mussweiler & Strack, 2000). 이 견해에 따르면 기준점 효과의 강도는 그 기준점에 대해서 활성화된 정보가 얼마나 적용 가능한가에 달려 있다(Mussweiler & Strack, 1999; Strack & Mussweiler, 1997). 그렇다면 기준점은 본질적으로 사람들이 새로운 판단을 할 필요가 있을 때 사용할 수 있는 지식을 현저한 것으로 만들 수가 있는 것이다.

기준점과 조정의 사례가 사회적 상황에서 편재(遍在)하는 이유는 사회적 행동이 지극히 모호하고 객관적 측정이 상대적으로 어렵기 때문이다(Mussweiler, Strack, & Pfeiffer, 2000). 가능하다면 우리는 우리 자신을 기준점으로 사용하지만(예컨대 Epley et al., 2004), 우리 자신의 참조점이 모호할 때는 타인의 행동과 태도를 사용하거나 아니면 상황의 부적절한 세부사항을 참조점으로 사용할 수 있다. 기준점 효과를 피할 수 있는 명명백백한 방법은 없지만, 반대의 입장에 서 보는 것(예컨대, "나하고 전혀 다른 사람은 어떻게 할까?)은 그 효과를 감소시킬 수 있는 한 가지 전략이다(Mussweiler et al., 2000).

의사결정 틀 만들기 효과: 전망 이론의 조망

판단과 결정은 그 판단과 결정을 위한 처음의 질문이 틀(frame)을 만들어 내는 방식, 즉 선택의 배경 맥락이 기술되는 방식에 의해 영향을 받는다. 카네만과 트버스키(1984; Tversky & Kahneman, 1981)는 문제들이 상호간에 유사한다는 사실을 사람들이 알아채지 못하고, 그 문제들이 제시되는 방식과 관련된 피상적 특성에 의해서 혼란에 빠지기 십상이라고 제안한다. 문제를 제시하는 방식을 결정틀(decision frame)이라고 부른다. 그러한 표상에서 외견상 사소해 보이는 변화가 결정에 강력한 효과를 발휘할 수 있다.

한 가지 보편적인 강력한 틀은 초래할 이득에 비추어서 결정을 제시하는가 아니면 일어날 수도 있는 손실에 근거하여 제시하는가의 여부다(Kahneman & Tversky, 1982). 예컨대, 연구들이 일반적으로 시사하는 바는 대안이 손실에 따라서 기술될 때는 사람들이 매우 신중해지는 반면, 이득에 따라서 틀이 만들어질 때는 운에 맡기고 결연히 해 보고자 할 가능성이 훨씬 커진다는 것이다(예컨대 Roney, Higgins, Shah, 1995). 다음의 예를 보자.

> 미국이 이례적인 질병의 출현에 대비하고 있는데, 이 질병은 600명을 사망하게 만들 것으로 예상된다고 상상해 보라. 이 질병에 대처하는 두 가지 대안 프로그램이 제안되었다. 프로그램의 결과에 대한 정확한 과학적 추정치는 다음과 같다

> 고 가정하라. A 프로그램을 채택하면 200명의 생명을 구할 수 있다. B 프로그램을 채택하면 600명 모두를 구할 수 있는 확률이 1/3이고, 한 명도 살릴 수 없을 확률이 2/3다. 당신은 어느 프로그램을 선택하겠는가?
>
> 이제 다음과 같은 두 대안이 있는 동일한 상황을 상상해 보라. C 프로그램을 채택하면 400명이 죽게 된다. D 프로그램을 선택하면 아무도 죽지 않을 확률이 1/3이고, 600명 모두가 사망할 확률이 2/3다(Tversky & Kahneman, 1981에 근거함).

트버스키와 카네만은 이 문제를 대학생들에게 제시하였다. 문제가 생명을 구할 수 있는 틀로 제시될 때는 72%의 참가자가 A 프로그램을 선택하였다. 그렇지만 문제가 사망의 틀로 표현되었을 때는 78%가 D 프로그램을 선택하였으며, 단지 28%만이 C 프로그램을 선호하였다.

이러한 초점의 변화는 의사결정에서 강력한 원리를 반영한다. 즉, 사람들은 가능한 이득(생명을 살리는 것)을 다루고 있을 때는 위험을 회피하지만, 가능한 손실(사망)을 다루고 있을 때는 위험을 추구하는 경향이 있다. 문제가 생명을 구하는 방식으로 표현되는 경우에는 200명을 확실하게 구할 수 있다는 사실을 선호하며, 어느 누구도 구할 수 없다는 위험을 시사하는 대안을 피하고자 한다. 반면에 문제가 사망의 측면에서 표현될 때는 아무도 사망하지 않을 가능성을 제공하는 대안을 선호한다. 중요한 사실은 두 문제가 동일한 것이며, 유일한 차이점은 대안들이 생명을 살리는 것이냐, 사망하는 것이냐에 따라서 표현된 것뿐이라는 점이다.

틀 만들기 효과(framing effect)는 광범위한 것이며(개관을 보려면 Levin, Schneider, & Gaeth, 1998 참조), 통계 초보자뿐만 아니라 상당한 수준의 통계학 지식을 가지고 있는 사람에게서도 나타난다. 틀 만들기 효과는 매우 다양한 장면에서 입증되어 왔으며, 여기에는 해고(Brockner, Wiesenfeld, & Martin, 1995), 상품의 구입(Levin & Gaeth, 1988), 의학적 치료(Levin, Schnittjer, & Thee, 1988; Rothman & Salovey, 1997), 콘돔의 사용(Linville, Fischer, & Fischhoff, 1993) 등이 포함된다.

틀 만들기는 개인적 성향과 상호작용하여 선택이나 결정에 영향을 미칠 수 있다. 제5장에서 어떤 사람은 증진에 초점을 맞추는 반면, 다른 사람은 억제에 초점을 맞춘다는 점을 지적한 바 있다. 증진에 초점을 맞춘 사람은 손실틀보다는 이득틀로 제시한 주장에 의해서 더 잘 설득되는 반면에, 억제에 초점을 맞춘 사람은 손실틀에 의해서 더 잘 설득된다(Lee & Aaker, 2004; Sherman, Mann, & Updegraff, 2006). 예컨대, 만성적으로 해로운 것을 회피하려는 동기를 가지고 있는 사람에게는 충돌한 후에도 생존 가능성이 매우 높다는 사실을 끈질기게 내세우는 자동차 광고가 현대적이고 매끈한 외모나 강력한 엔진을 선전하는 광고보다 설득적일 수 있다.

전망 이론

이러한 관찰에 근거하여 구성된 전망 이론(prospect theory; Kahneman & Tversky, 1979; Tversky & Kahneman, 1981)은 사람들이 선택지들을 비교할 때 수반되는 결정 과정을 기술하고 있다. 이 이론에는 다음과 같은 두 가지 중요한 성분이 들어 있다—참조틀(frame of reference)과 주관적 가치함수(subjective value function).

전망 이론은 참조점의 선택이 선택지 평가에서 결정적이라고 상정한다. 참조점(reference point)이란 사람들이 선택지의 객관적 가치를 비교하여 그 선택지들을 긍정적인 것(즉, 참조점보다 높은 것)이나 부정적인 것(즉, 참조점보다 낮은 것)으로 분류하게 만드는 내적 기준을 말한다. 앞에서 보았던 것처럼, 객관적으로 동일한 선택지들을 긍정적이거나 부정적인 것이 되도록 틀을 만들어 한 틀에서는 이득으로 지각되는 선택지가 다른 틀에서는 손실로 지각될 수 있다. 긍정적 틀의 선택지는 참조점을 낮추는 반면에, 동일한 정보라도 부정적 틀에 들어 있는 것은 참조점을 높이는 것으로 생각된다(Abelson & Levi, 1985; Highhouse & Paese, 1996). 따라서 앞에서 기술하였던 질병의 예에서 대안들을 긍정적인 방식으로 틀 만들기 하는 것은(200명을 구할 수 있다) 한 명도 구할 수 없다는 참조점을 촉발시킨다. 반면에 동일한 문제를 부정적으로 틀 만들기 하는 것은(400명이 죽는다) 아무도 죽지 않는다는 사실을 전제로 하는 참조점을 채택하게 만든다. 두 가지 틀 사이에서 참조점이 이동한다는 사실은 부정적 틀에 들어 있는 선택지보다 긍정적인 선택지를 보다 매력적으로 지각하게 만든다. 즉, 긍정적 틀은 모든 사람을 잃게 되는 것과 비교할 때 200명의 생명을 구한다는 생각으로 이끌어 가는 반면, 부정적 틀은 아무도 죽지 않는다는 참조점과 비교할 때 400명이나 잃게 된다는 생각으로 이끌어 간다. 참조점은 판단에 상당한 영향을 미친다.

그림 7.1은 중립적 참조점에 기초한 전형적인 주관적 가치함수를 나타낸다. 전망 이론의 주관적 가치함수는 원점으로부터 긍정적이거나 부정적인 편차(즉, 이득이나 손실)로 표현한다. 가치함수는 S자 형태를 취하며—이득은 볼록한 형태이며(위험

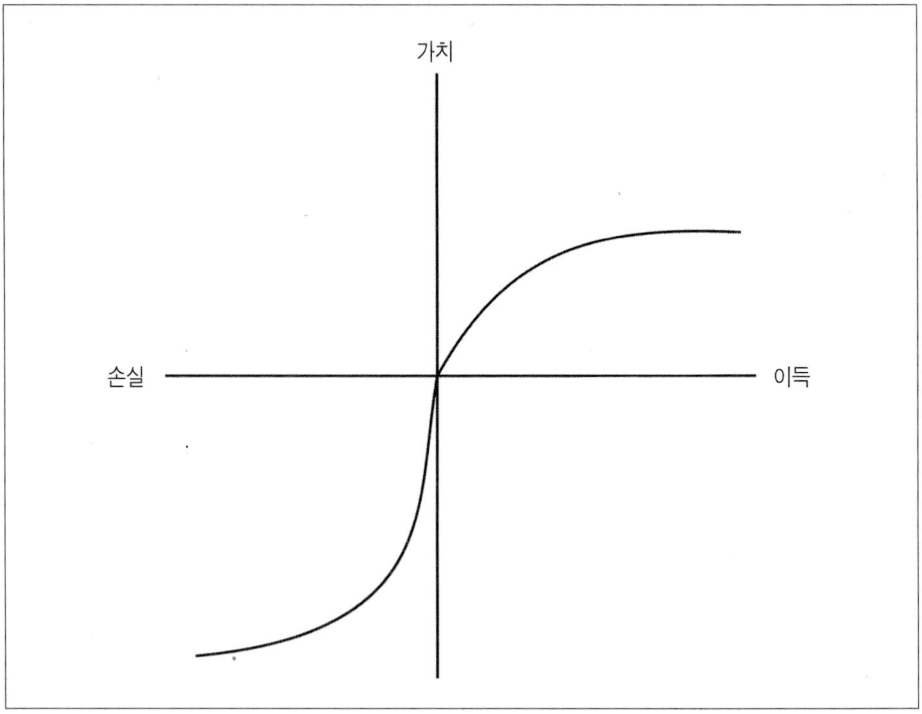

그림 7.1 전망 이론의 주관적 가치함수

출처: Kahneman, D., & Tversky, A. (1979). Prospect theory: An analysis of decision under risk. *Econometrica, 47*, 279.

혐오를 반영한다) 손실은 오목하다(위험 추구를 반영한다)—이득보다는 손실의 기울기가 가파르다(손실 혐오를 반영한다). 따라서 객관적인 가치에서 이득이 증가함에 따라 주관적 가치의 증가율이 줄어든다. 예컨대, 1만 원과 2만 원의 이득 간에 주관적 가치의 차이는 11만 원과 12만 원의 이득 간 차이보다 크다. 손실이 객관적으로 증가함에 따라서 주관적 가치에서의 하락률은 감소한다. 따라서 1만 원과 2만 원의 손실 간에 주관적 가치의 차이는 11만 원과 12만 원의 손실 간 차이보다 더 크다.

객관적으로 주어진 정보의 주관적 해석이 이득과 손실에 따라 달라지는 이유가 명확하지는 않지만, 아무튼 그 효과는 강력한 것이다. 참조점 효과가 함축하는 것이, 동일한 결과라도 그 틀이 긍정적인가 아니면 부정적인가에 따라서 상이한 주관적 가치를 초래한다는 사실에 주목하기 바란다. 따라서 동일한 수준의 객관적 성과도 부정적 틀보다는 긍정적 틀에서 더 우수한 것으로 지각된다. 대규모 파티에 초청한 사람들의 70%가 참석했다는 것은 30%가 오지 않았다고 생각하는 것보다 더 만족스러운 것이다.

결론

이 절에서는 대표성, 가용성, 시뮬레이션, 그리고 기준점과 조정을 포함한 발견법들을 보았다. 각 경우에 발견법은 간편법이며, 다음과 같은 공통 기제로 묶인다. 즉, 어려운 문제에 직면할 때 사람들은 보다 용이한 문제로 대치하고는 답을 하기 십상이다(Kahneman & Frederick, 2002). 대표성은 개별 사례를 고정관념적 유사성에 짜 맞춤으로써 확률을 판단하며, 가용성은 사례들의 회상 용이성에 근거하여 그렇게 한다. 시뮬레이션은 회상 용이성에 근거하여 기대와 감정을 형성한다. 기준점과 조정은 최초의 값을 수정함으로써 판단을 추정한다. 각각의 발견법은 사람들이 기억해 낸 정보를 사용하여 선호도와 판단을 구축하는 방법을 제안하고 있다(Weber & Johnson, 2006).

2. 발견법은 언제 사용되며, 언제 엉터리 답으로 이끌어 가는가?

우리는 언제 발견법을 사용하는가?

발견법은 추론의 토대이며 신속한 정보처리가 가능하도록 만들어 준다. 그렇지만 사회적 지각자가 생각을 보다 많이 하고 발견법에 덜 의존하게 되는 때가 있으며, 때때로 그러한 상황에서 보다 우수한 추론에 도달하게 된다. 그렇다면 사회적 지각자가 발견법을 사용할 가능성이 큰 때는 언제인가?

사람들은 경험이 많고 과거에 잘 작동하였던 간편법을 개발하였던 영역에서 발견법을 사용한다. 공포에 떨고 있거나 우울할 때보다는 기분이 좋을 때 발견법을 사용할 가능성이 더 크다(예컨대 Bodenhausen, Kramer, & Süsser, 1994; Forgas, 1998; Ruder & Bless, 2003). 그렇지만 화난 사람도 발견법을 사용한다(Tiedens, 2001). 수행해야만 하는 보다 중차대한 판단을 위해 심적 자원을 비축해야 할 때, 사람들은 비교적 중요하지 않은 과제를 해결하는 데 발견법을 사용할 가능성이 더 크다. 이해관계가 크게 걸려 있을 때, 고려하고 있는 정보를 신뢰할 수 없을 때(Schul, Mayo, & Burnstein, 2004), 자신의 추론에 책임을 져야 할 때, 또는 최근에 실수를 저질렀거나 자신의 지적 능력의 우수함이나 정확성이 의심스러울 때(예컨대 Tiedens & Linton, 2001), 발견법을 사용할 가능성이 줄어든다.

언제 발견법이 엉터리 답을 내놓는가?

발견법은 규범적 추론 모형이라기보다는 주먹구구식 방법이기 때문에, 사회적 지각자의 추론이 틀리게 되는 예측 가능한 상황이 존재한다. 이 절에서는 어떤 조건에서 그런 일이 벌어지는지를 개관한다. 앞으로 자명해지겠지만, 사회적 지각자가 채택하는 발견법적 과정은 전형적으로 기존의 이론이나 추측을 사용하여 정보를 고려하고 해석하게 된다. 선행 이론이 존재하지 않는 경우에는 하나의 이론을 시사하는 추론과정 초기에 접했던 데이터를 사용하며, 그 이후부터는 이론 주도적 추론 전략을 사용하게 된다. 간단하게 표현해서 사회적 지각자는 자신이 볼 것이라고 기대하는 것을 보도록 편향되기 십상이다(**그림 7.2** 참조).

정보 수집하기

아무리 사소한 추론이나 판단이라도 어떤 정보가 관련된 것인지를 결정하고 가용한 정보를 표집하는 과정으로부터 시작한다. 규범 모형에 따르면, 사회적 지각자는 모든 관련 정보를 받아들여야 하지만, 실제에서는 효율성 압력이 그렇게 철저한 정보 수집을 불가능하게 만들기 십상이다. 이 사실이 기존 이론에 따라서 정보를 수집하는 신뢰할 만한 간편법을 사용하도록 이끌어 간다.

기존의 기대나 이론에 따라서 데이터를 선택하는 것은 많은 상황에서 지극히 적절한 것이다(Nisbett & Ross, 1980 참조). 자신이 접하는 새로운 환자마다 매번 처음부터 새롭게 시작하는 의사가 있다면 별 볼일 없는 의사일 것이다. 증상을 특정한 질병의 빈도, 환자의 특성, 어떤 질병이 유행하고 있는지에 대한 지식 등에 근거하여 해석하는 것이 우수한 전략이다. 때때로 현기증을 일으키는 다소 땅딸막한 사춘기 소녀는 뇌종양을 가지고 있을 수도 있겠지만, 저혈압이거나 다이어트 중이어서 충분한 음식을 섭취하지 못했을 가능성이 더 크다.

그렇기는 하지만, 기존 이론에 근거하여 정보를 규정하는 것이 현명하지 못한 상

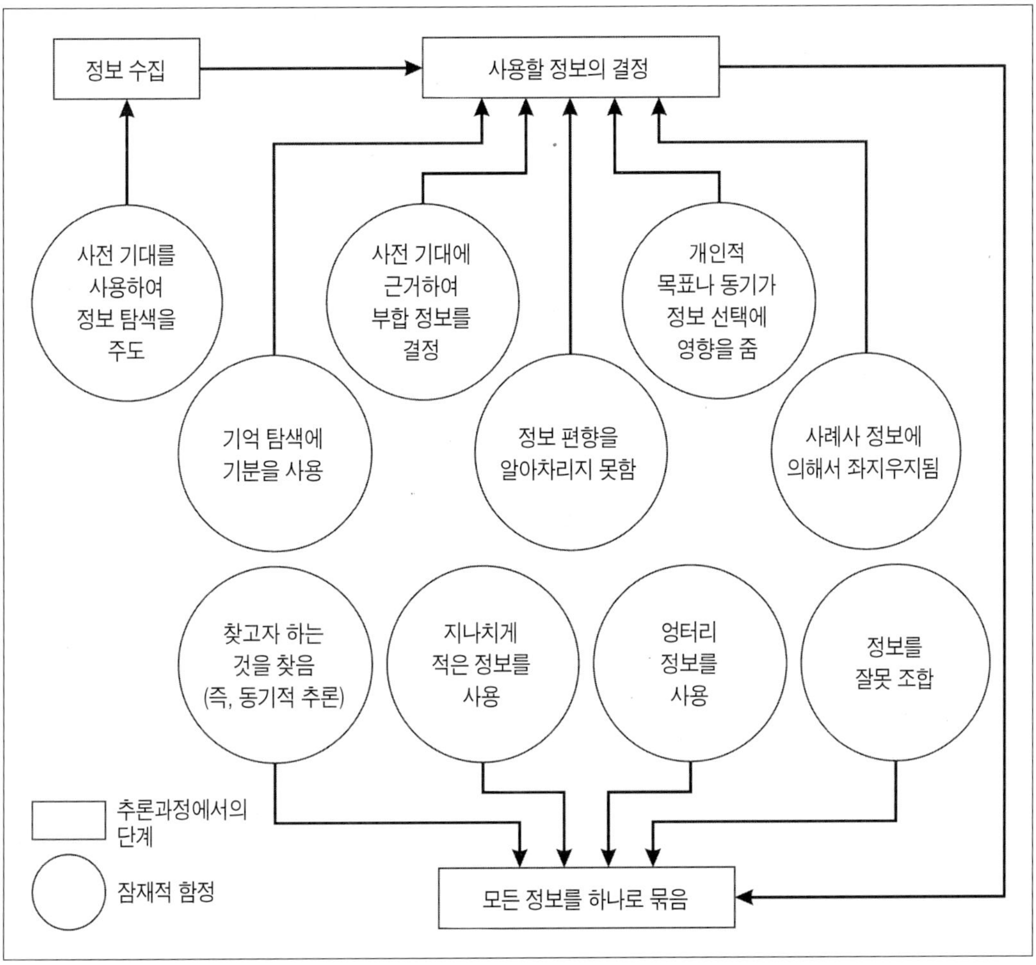

그림 7.2 사회적 추론과 그 함정

황이 많이 존재한다. 그러한 세 가지 조건은 다음과 같다(Nisbett & Ross, 1980). 첫째는 이론 자체가 엉터리거나 의심스러울 때다. 만일 의사가 현기증이 있는 소녀를 악마가 들린 것으로 결론 내린다면, 소녀의 부모는 다른 의사의 소견도 들어 보고 싶어 할 것이다. 둘째, 이론에 근거하여 데이터를 규정하고 있지만 자신의 추론이 객관적인 데이터에 근거한 것이라고 믿을 때 문제가 초래될 수 있다. 소녀를 대충 진찰한 후에 저녁식사를 많이 먹으라는 처방과 함께 집으로 돌려보낸 의사는 당뇨병이나 간질과 같이 현기증의 가능성이 낮은 원인들을 무시하였을 수 있지만, 그 의사는 철저한 진찰을 수행하였다고 믿을 수 있다. 셋째, 이론 주도적 추론은 그 이론이 모든 데이터를 함께 고려하는 것을 차단시킬 때 문제를 유발한다. 진찰하기도 전에 소녀를 지나치게 다이어트하는 아이로 치부하는 의사는 업무 태만뿐만 아니라 그 실수에도 책임을 져야 한다.

추론이라는 측면에서 이론에 따라 정보를 표집하면 너무나 적은 양의 정보만을 고려하게 되기 십상이다. 사회적 지각자가 자신이 고려하였던 사전 증거들이 데이터 표집을 주도하고 있는 이론과 일치한다는 사실을 일찍 발견하게 되면, 더 이상의 정보 표집은 폐기될 가능성이 있다. 그렇지만 지각자는 그 이론이 처음에 데이터를 고려하는 데 사용되었으며, 그런 다음에 그 이론의 확신도를 정당화하는 데 그 데이터가 사용되었다는 사실을 간과할 수가 있는 것이다.

정보 표집하기

일단 어떤 정보가 추론에 부합하는지를 결정하였다면 데이터를 표집해야만 하는데, 그 추론이란 것은 기존 이론에 의해서 편향될 수 있다. 예컨대 수강생들이 당신의 강의를 즐기고 있는지를 알고자 한다면, 누구에게 물어볼 것인지 그리고 얼마나 많은 학생들에게 물어볼 것인지를 결정해야만 한다. 사람들이 자신에게 주어진 표본으로부터 정보를 수집할 때는, 빈도나 비율 또는 평균을 추정하는 데 있어서 그러한 추정치에 영향을 미치는 사전 이론이나 기대가 없는 한 그 정확도가 상당히 높다. 따라서 만일 당신이 학생들의 강의 평가를 가지고 있다면 그들의 평균적 평가를 상당히 용이하게 추정할 수 있다. 그렇지만 사전 이론이나 기대가 존재한다면, 데이터를 기술하는 것이 기존 이론이나 표본의 특정한 특징에 의해서 영향을 받을 수 있다(Nisbett & Ross, 1980).

표본이 즉각적으로 가용하지 않을 때는 표집을 하고 표본으로부터 추론을 이끌어내는 과정이 잠재적 함정에 빠질 수 있다. 우선 표본 추정치는 그 표본 내의 극단적 사례에 의해 본질에서 벗어날 수 있다. 한 연구(Rothbart, Fulero, Jensen, Howard, & Birrell, 1978)에서는 실험참가자들에게 두 집단의 구성원들에 대한 정보를 주었는데, 여기에는 몇몇 구성원들이 범죄를 저질렀었다는 사실이 포함되었다. 한 표본에는 심각하지 않은 범죄만 포함되었으며, 다른 표본에는 가증스러운 범죄의 몇몇 사례가 포함되었다. 두 집단에서 범죄를 저지른 빈도는 동일하였지만, 참가자들은 기준점과 조정 발견법을 채택한 것으로 보이며, 두 번째 집단에 범죄를 저지른 사람이 더 많았다고 잘못 기억하였다. 아마도 극단적 사례가 집단과 범죄 간의 강력한 연합을 촉발시켰기 때문일 것이다.

표본으로부터 추론을 이끌어 낼 때는 표본 크기에 제대로 주의를 기울이지 못하기 십상이다. 작은 표본은 흔히 전집의 특성에 대해 형편없는 추정치를 내놓는 반면에 큰 표본은 보다 신뢰할 수 있다. 이 원리를 **큰 수의 법칙**(law of large numbers)이라고 부른다. 그렇지만 사람들은 이 원리를 명백하게 위반하면서 대표적이지 않은 작은 표본을 과잉 일반화하기 십상이다(Nisbett & Ross, 1980; Tversky & Kahneman, 1974). 예컨대, 사회적 지각자는 다른 사람의 단 한 가지 행동 사례를 목격하면 미래에 그 사람의 행동에 대해서 자신 있는 예측을 하게 마련이다. 이와 같은 맥락에서, 어린 시절의 거의 대부분을 맨해튼[1)]에서 보냈던 한 친구는 25세가 될 때까지 퀸스[2)]가 단지 뉴욕 시 영역의 공동묘지일 뿐이라고 믿고 있었다고 고백하였다. 그 나이가 될 때까지 그가 퀸스를 지나가 본 유일한 경험은 케네디 공항이나 라가디아 공항에 갈 때뿐이었는데, 그 길에서 본 것은 끝도 없이 펼쳐지는 공동묘지의 광경뿐이었다. 퀸스의 거리를 제대로 표집하였더라면 아마도 보다 풍요롭게 생활하고 있는 광경을 보았을 것이다.

사람들이 큰 수의 법칙의 몇몇 함의를 직관적으로 인식하기도 하지만 모든 함의를 인식하는 것은 아니다(Kunda & Nisbett, 1986). 사회적 지각자는 단일 사건을 사용하여 집단을 예언하는 것보다는 집단을 사용하여 단일 사건을 보다 확실하게 예언할 수 있다는 신념에서 비대칭성을 나타낸다. 예컨대, 사람들은 단축형 지능검사 점수를 가지고 전체 검사에서의 점수를 예언하는 것보다 전체 검사 점수를 가지고 단축형 검사 점수를 보다 잘 예측할 수 있다고 생각한다(Tversky & Kahneman, 1980). 이러한 생각이 잘못된 이유는 단일 사건(단축형 검사)으로부터 집단(전체 검사)을 예언하는 것은 집단으로부터 단일 사건을 예언하는 것과 동일하기 때문이다. 이러한 효과가 일어나는 이유는 사람들의 직관이 예언자인 사건의 표본 크기를 증가시키는 것은 예언력을 증가시키는 반면, 예언하려는 표본의 크기를 증가시키는 것은 그렇지 않다고 믿도록 만들기 때문이다(Kunda & Nisbett, 1988; Kunda & Nisbett, 1986 참조).

---

1) 역자 주: 정확하게는 Manhattan Island. 뉴욕 시에 위치한 섬으로 상업의 중심지역.

2) 역자 주: 미국 뉴욕 시 동부, 롱아일랜드에 있는 지역. 맨해튼에서 뉴욕의 두 공항인 케네디 공항이나 라가디아 공항으로 가는 도중에 위치한 지역.

사람들은 표본의 크기 이외에도 때때로 표본의 편향에도 불충분하게 주의를 기울인다. 스스로 자신의 표본을 수집할 때, 친구들을 표집하는 것은 결코 무선적이지 못하다는 사실을 망각한 채 소수의 친구나 지인에게만 의견을 물을 수 있다. 일반적으로 친구나 지인을 선택하는 이유는 이들이 적어도 몇몇 차원에서는 자신과 유사하며, 따라서 이들의 견해가 자신의 것과 어느 정도 유사할 가능성이 있기 때문이다.

표본의 전형성에 대한 정보가 주어질 때, 사람들은 때때로 그 정보를 사용하는 데 실패한다. 한 연구(Hamill, Wilson, & Nisbett, 1980)에서는 실험참가자들에게 전형적이거나 전형적이지 않은 어떤 한 교도소 간수와의 인터뷰를 녹화한 비디오테이프를 보게 될 것이라고 말해 주거나, 그 간수의 전형성 정보를 제공해 주지 않았다. 그런 다음에 참가자들은 간수가 매우 동정적이고 관심을 기울이는 사람으로 보이거나, 비인간적이고 지배적이며 잔인한 사람으로 보이는 테이프를 시청하였다. 나중에 참가자들은 교도소 간수에 관한 질문이 포함된 형사재판에 관한 일련의 질문을 받았다. 결과를 보면, 참가자들은 처음의 전형성 정보를 기억하고 있음에도 불구하고, 인간적인 간수와의 인터뷰를 보았던 참가자들은 비인간적인 간수와의 인터뷰를 보았던 참가자들에 비해 교도소 간수 일반에 대해서 보다 호의적인 태도를 나타냈다.

추론을 이끌어 내고자 시도할 때 사람들이 불충분하게 사용하는 정보가 단지 표집의 규칙과 표본의 특성만은 아니다. 데이터의 추론 부합성과 관련된 다른 특성들도 사회적 지각자의 인지처리에서 벗어나 있다. 한 예가 회귀 효과다.

회귀

회귀(regression)는 확률 정보에 근거한 예언과 관련된 현상으로, 대부분의 사람들은 이를 제대로 이해하지 못하고 있다. 회귀란 평균적으로 볼 때 극단적 사건은 다른 시점에 재평가해 보면 덜 극단적이게 된다는 사실을 지칭한다. 회귀가 주는 메시지는 제한적이고 신뢰롭지 않은 정보에 근거하여 추론을 해야만 할 때는, 그 추론이 근거하는 정보보다는 덜 극단적인 예언을 내놓는 것이 가장 정확하다는 사실이다. 당신이 어느 날 믿을 수 없을 정도로 훌륭했던 식당으로 뒷날 친구들을 끌고 가서는 그 식당의 요리에 대해서 끊임없이 열변을 토하며 칭찬을 늘어놓을 때는, 아마도 음식 맛이 그렇게 좋지 않을 가능성이 크다. 경험이 어떤 것이었든지 간에, 일반적인 관찰뿐만 아니라 실험적 증거들이 일관성 있게 보여 주는 것은, 사람들에게 예언변인의 극단적

표 7.2 평균으로의 회귀: GRE 시험 두 번 실시하기

시간 1			
실력이 동일한 네 학생(A, B, C, D)이 있을 때 모두 GRE에서 600점을 받아야 한다.	**그렇지만 무선 요인이 작동하여 점수를 높이거나 낮추게 된다.**	**시간 1에서의 실제 점수**	**결론**
A 600	−10(수면 부족)	590	B와 D는 우수하고,
B 600	+15(유사한 기출 문제를 공부하였음)	615	A와 C는 열등한
C 600	−17(껌 씹는 소리에 방해받았음)	583	것으로 보인다.
D 600	+12(좋은 자리를 배정받음)	612	
시간 2			
동일한 네 학생에게 재검사를 실시한다.	**상이한 무선 요인들이 작동하여 점수를 높이거나 낮춘다.**	**시간 2에서의 실제 점수**	**결론**
A 600	+12(아침식사를 잘했음)	612	시간 1에 비해서
B 600	−10(창가에 앉았음)	590	A와 C는 우수하고
C 600	−4(감기에 걸렸음)	596	B와 D는 열등한
D 600	+5(운이 좋았음)	605	것으로 보인다.

인 값을 제공해 주면 뒤따르는 행동에 대해서 극단적인 추론을 한다는 것이다(Jennings, Amabile, & Ross, 1982)(**표 7.2** 참조).

때때로 사람들은 회귀 현상을 이해하지 못할 때 부적절한 규칙을 '학습'할 수 있다. 대학생들을 대상으로 수행한 연구에서 샤프너(P. E. Schaffner, 1985)는 실험참가자들에게 두 초등학생을 정시에 등교하도록[3] 개선시키는 데 칭찬과 질책을 사용하도록 요청하였는데, 실제에 있어서는 두 학생의 등교 시간은 무선적으로 결정된 것이었다. 보상을 준 뒤에 정시 등교에서 심각한 '일탈'이 있었으며 질책 후에 '개선'이 나타났는데, 이 패턴은 회귀에 근거할 때 예상할 수 있는 것이었다. 실험참가자들은 학생의 행동을 수정하는 데 칭찬이 효과적이었다고 믿고 있었음에도 불구하고, 질책을 더 효과적인 것으로 지각하였던 것이다.

회귀 또는 회귀와 유사한 어떤 것을 알아차리게 되는 드문 사례들이 있다. 예컨

3) 역자 주: 미국의 초등학교는 우리나라와 달리 학생들이 지각하는 것 못지않게 일찍 등교하는 것도 허용하지 않는다. 학교에서 발생할 수도 있는 사건과 사고를 줄이기 위해서, 교사들이 출근한 후 가능한 한 정해진 시간에 맞추어 정확하게 등교할 것을 요구한다.

대, 한 작가의 매우 인상적인 첫 번째 소설에 대한 문학평론가의 반응은 형세를 관망하자는 것이기 십상이다. 칭찬이 북받쳐 오르지만, 그 칭찬은 독자들로 하여금 다음 작품을 기다려 보도록 촉구하는 신중한 표현에 넌지시 표현되기 십상이다. 과거의 경험으로 보면 두 번째 소설은 첫 번째만큼 훌륭한 것이 아닌 경우가 많다. 그렇기는 하지만 이러한 보수적 예측에 회귀의 인식이 기저하고 있는지를 물을 수는 있겠다. 드문 경우일 수도 있기는 하지만, 형편없는 두 번째 작품이 무선적 오류가 아니라 어떤 이론의 탓인 경우도 적지 않다. 어떤 저자들은 첫 번째 소설에 '혼신의 힘을 기울였거나' '원하는 모든 것을 다 털어놓아서' 두 번째 작품을 위한 자료가 하나도 남아 있지 않다고 말한다. 다른 저자들은 첫 번째 작품의 성공으로 인해서 활력을 상실하였거나 벽에 부닥친 것으로 생각된다. 실제로 몇몇 지적사항이 사실일 수도 있기는 하지만, 회귀만을 가지고도 두 번째 작품 효과를 충분하게 설명할 수 있다. 아무튼 형편없는 두 번째 작품은 우연에 근거할 때 예측할 수 있는 것이었다는 사실을 평론가가 지적한 평론을 몇 번이나 읽어 보았는가?

사람들이 불충분하게 회귀적 판단을 하는 것이 오류를 나타내는 것인지, 정상적이라면 효과적인 판단 전략을 잘못 적용한 것인지를 결정하기는 쉽지 않다. 세상이 안정적일 때는 사건에 대한 예언이 회귀의 이해를 나타내야 한다. 그렇지만 세상이 변하고 있을 때는 부합하는 정보에서 생성한 극단적 예언이 적절한 것일 수 있다. 극단적 반응은 무선적으로 일어날 수도 있고, 기저 데이터에서 변화가 있었다는 사실을 나타내는 것일 수도 있다. 한 예로 상당한 손실을 공지한 제조회사를 생각해 보자. 만일 이 손실은 무선적인 우연한 동요일 뿐이며, 그렇지만 않았더라면 그럭저럭 괜찮은 성과로 간주될 수 있는 것이라면, 이익이 곧 평균 수준으로 회귀할 것이라고 예측하게 된다. 그렇지만 만일 그 손실을 제조업이 해외로 빠져나가고 있다는 사실을 나타내는 것으로 간주한다면, 정보에 근거한 보다 극단적인 예언이 정당화될 수 있다. 따라서 사람들은 자신이 처한 환경에서부터 극단적인 동요가 변화하는 상황을 나타내기 십상이며, 회귀적 판단을 하지 않는 것이 변화하는 환경에서 적응적일 수 있다는 사실을 학습하기도 한다. 그렇지만 안정된 환경에서 무선적인 극단치가 발생할 때에도 변화에 대한 이러한 민감성은 사람들로 하여금 회귀적 판단을 불충분하게 만들도록 할 수 있다.

희석 효과

우리에게 주디스라는 이름의 친구가 한 명 있는데, 그녀는 35세이며 미혼이고, 얼마 전에 집을 사서 분가한 동성의 룸메이트와 5년을 같이 살았다고 당신에게 말한다고 가정해 보자. 아마도 당신은 그녀가 레즈비언이라고 결론 내릴지 모르겠다. 그렇지만 그녀가 변호사 사무장이고, 야간학교에서 소설 쓰기 강좌를 수강하며, 파란색 일제 자동차를 타고 다니고, 동생들과 매우 가깝게 지내고 있다는 사실도 알려 주면, 그녀가 정말로 레즈비언일까 망설이다가 즉시 레즈비언이 아닐 것이라고 생각할 가능성이 있다. 그 이유는 무엇인가? 처음에 주어진 정보는 주디스가 레즈비언인지의 여부에 관하여 진단적인 것이라고 생각할 수 있다. 동성의 친구와 지속적인 긴밀한 관계를 갖는 미혼 여성은 흔히 그렇다고 생각하기 때문이다. 그렇지만 그녀의 직업, 자동차, 여가 활동 등에 관한 많은 비진단적 추가 정보는 그 진단적 정보를 희석시키게 된다. 여기서 비진단적 정보란 그녀가 레즈비언인지의 여부를 결론 내리도록 이끌어 가지 않으며, 단지 그러한 추론의 측면에서 중립적인 정보를 말한다. 요컨대 우리가 그녀의 특성을 심화시키고 그녀를 한 명의 인격체로 다룸으로써 레즈비언의 고정관념에서 멀어지게 만들었기 때문에 그녀에 대한 극단적인 추론의 확신도가 감소할 수 있는 것이다. 진단적 정보가 비진단적 정보에 의해서 희석되면 추론은 덜 극단적인 것이 되는데, 이 현상을 희석 효과(dilution effect)라고 부른다(Nisbett, Zukier, & Lemley, 1981).

희석 효과에는 여러 가지 특성이 있다. 처음에 주어지는 정보의 의미에 대한 사전 이론이 나약한 것일 때는 이 효과가 나타나지 않는다(S. T. Fiske & Neuberg, 1990; Higgins & Bargh, 1987; Ruble & Stangor, 1986). 또한 이 효과는 새로운 비진단적 정보가 전형적이며 극단적이지 않을 때에만 적용되는 것으로 보인다(G. Zukier & Jennings, 1983-84).

최근에 심리학자들은 판단오류를 감소시키는 훈련 기법을 개발해 왔는데, 역설적이게도 몇몇 기법은 실제로 희석 효과를 증가시키는 것이다. 예컨대, 사람들로 하여금 사회적 정보를 보다 복잡한 방식으로 처리하여 판단에서 이론 주도적 추론과 과신의 가능성을 감소시키도록 유도하는 한 가지 방법은 책임감 있는 설명의 요구, 즉 타인에 대한 자신의 판단을 정당화할 필요성이다. 테틀락과 뵈트거(Tetlock & Boettger, 1989)의 연구를 보면, 판단 과제에서 자신의 예언을 정당화시켜야만 한다고 기대하였던 실험참가자들은 자신의 추론에 대해서 책임을 질 필요가 없었던 참가자들에 비해 비진단적 정보에 근거해서 자신의 예언을 더 많이 희석시켰다. 자신의 판단을 정당화시킬 의무가 있다는 사실이 사람들로 하여금 판단할 때 더욱 광범위한 영역의 정보를 사용하도록 유도할 수 있지만, 그렇다고 해서 반드시 그 정보가 얼마나 유용한지에 대해서 더 사려 깊은 판단을 하도록 만들어 주는 것은 아니다.

기저율 대 사례사

흔히 사람들은 제한된 데이터에 근거하여 미래 사건을 예측하도록 요구받는다. 예컨대, 과거에 지역 문화센터에서 관람하였던 몇몇 연극에 근거하여 금년에 정기 입장권을 구입할지의 여부를 결정할 필요가 있을 수 있다. 아니면 친구에서 새로운 상대를 소개해 주려고 할 때, 둘이 잘 어울리고 서로 잘 지낼 가능성을 따져 볼 수 있다. 베이스 정리(Bayes' theorem)라고 부르는 규범 모형은 이러한 과제가 어떻게 진행되어야 할 것인지를 규정하고 있다.[4] 그렇지만 표집이 이미 이루어진 후에는 전집의 특성에

---

4) 베이스 정리는 통계학적으로 최적의 예언을 도출하기 위한 규범 모형이다. 예컨대, 다음의 예를 생각해 보자. 포커 칩이 들어 있는 2개의 가방이 있는데, 각각에는 빨간 칩과 파란 칩들이 들어 있다. 가방 A에는 파란 칩 10개와 빨간 칩 20개가 들어 있으며, 가방 B에는 파란 칩 20개와 빨간 칩 10개가 들어 있다. 실험참가자의 과제는 가방에서 세 번에 걸쳐 칩을 하나씩 꺼내 무슨 색인지를 확인하고 다시 그 가방에 집어넣는 것이다. 또한 참가자에게 가방 A에서 칩을 꺼낼 가능성이 80%이고 가방 B는 20%에 불과하다고 알려 주었다. 이제 참가자는 꺼낸 칩에서 얻는 정보, 각 가방에 들어 있는 빨간 칩과 파란 칩의 숫자에 관한 지식, 그리고 가방 A에서 칩을 꺼낼 가능성이 80%이고 가방 B에서 꺼낼 가능성이 20%라는 정보를 사용하여, 3개의 칩을 꺼낸 가방이 어느 것인지를 결정해야만 한다. 참가자가 꺼낸 3개의 칩이 파랑-파랑-빨강이라고 해 보자. 이것들은 어느 가방에서 꺼낸 것인가? 대부분의 사람들은 칩들이 가방 B에서 나온 것일 가능성이 크다고 생각한다. 가방 B에 들어 있는 칩의 2/3가 파랑이기 때문이다. 실제로는 가방 A에서 나왔을 가능성이 두 배가 크다.

이 과제의 정확한 확률을 계산하는 방법은 베이스 정리를 사용하는 것이다. 베이스 정리는 두 가지 정보에 근거한다. 첫째는 가방이 B가 아니라 A일 사전 확률이다. 가방 A에서 칩을 꺼낼 가능성이 80%이기 때문에 A와 B의 가능성은 4 대 1이다. 두 번째 정보는 가능성, 즉 표본이 A에서 나왔을 확률과 B에서 나왔을 확률의 비(比)다.

가방 A에서 파란 칩을 꺼낼 확률은 1/3이고 빨간 칩을 꺼낼 확률은 2/3다. 따라서 파랑-파랑-빨강을 꺼낼 확률은 $\frac{1}{3} \times \frac{1}{3} \times \frac{2}{3}$ = 2/27다. 반면에 가방 B에서의 확률은 $\frac{2}{3} \times \frac{2}{3} \times \frac{1}{3}$ = 4/27다. 가능성 비(比)는 표본이 A에서 나왔을 확률(2/27)을 B에서 나왔을 확률(4/27)로 나눈 값이다.

관한 좋은 추정치(예컨대 평균, 사전 확률, 또는 비율 등)가 주어지더라도, 그러한 추정치들이 판단 과제에서 적절하게 사용되지 않을 수 있다.

사람들이 인과추론을 할 때 합의성 정보를 충분하게 사용하지 않는다는 사실을 제6장에서 지적한 바 있다. 합의성 정보를 사용하지 못하는 것은 보다 큰 문제점, 즉 전집 특성에 대한 보편적 정보(기저율 정보)를 무시하고, 구체적인 일화에 근거하지만 일반적으로는 타당성과 신뢰성이 떨어지는 정보를 선호하는 경향성의 한 부분으로 간주할 수 있다. 신뢰롭지만 추상적인 기저율 정보를 그저 생생한 사례들이 압도하고 있는 것이다(Bar-Hillel, 1980; S. E. Taylor & Thompson, 1982). 이렇게 확실한 편향이 일어날 가능성이 큰 이유는 생생한 사례들이 기저율 정보에 비해서 일어나고 있는 사건에 대한 이론이나 기대를 시사할 가능성이 크기 때문이며, 앞서 지적하였던 것처럼 사전 이론이나 기대가 자각되지도 않은 채 판단과정을 편향시키기 십상이기 때문이다.

한 연구(Hamill et al., 1980)에서 실험참가자들은 비교적 풍요로운 라이프스타일을 유지하면서 여러 해 동안 많은 자녀들과 영세민 사회복지 기금으로 살아가고 있는 한 여성에 대한 생생한 설명을 읽었다. 사회복지 남용의 고정관념에 잘 들어맞는 이러한 사례를 다음과 같은 두 가지 맥락에서 제시하였는데, 하나는 사회복지 수혜자들이 제도를 악용하여 오랫동안 사회복지에 의존하고 있다는 사실을 나타내는 기저율 통계치 맥락이며, 다른 하나는 보통의 사회복지 수혜자들이 단기적으로만 혜택을 받는다는 사실을 시사하는 통계치 맥락으로, 참가자들에게 주어진 특정 사례는 지극히 비전형적임을 시사하는 것이었다. 가용한 기저율 정보에도 불구하고 참가자들은 마치 주어진 사례가 두 조건 모두에서 사회복지 수혜자를 대표하는 것인 양 반응하였으며, 이들의 판단은 보다 타당한 기저율 정보보다는 생생한 사례의 영향을 더 많이 받았다(Hamill et al., 1980; S. E. Taylor & Thompson, 1982).

어째서 사람들은 보다 우수한 자질의 기저율 정보도 가용한 상황에서 생생한 사

따라서 표본이 가방 B가 아니라 가방 A에서 나왔을 가능성은 1 대 2인 것이다. 베이스 정리를 사용하여 사전 확률을 가능성 정보와 결합시키려면 사전 확률(4/27)에 가능성(1/2)을 곱하면 되는데, 이 결과는 세 칩이 실제로 가방 A에서 나왔다고 추측하는 것이 두 배나 적절한 것이 된다. 대부분의 사람들은 칩들이 가방 A에서 나온 것일 가능성이 더 크다는 사실에 놀란다(A. L. Glass & Holyoak, 1986). 이렇게 놀라는 이유는 가방 A가 선택될 가능성이 80%나 된다는 기저율 정보를 무시하기 때문이다.

례에 의해서 그토록 자주 좌지우지되는 것일까? 한 가지 가능성은 사람들이 특정한 판단 과제에서 기저율 정보의 부합성을 항상 알아차리지 못한다는 것이다. 로스앤젤레스의 한 건물에는 3년도 되지 않는 기간 동안에 네 개의 서로 다른 음식 전문식당이 문을 열었었다. 모두 실패하였으며, 그 정보는 예비 식당 창업자에게 다시 한 번 생각할 수 있는 기회를 제공해야만 하였다. 그럼에도 불구하고, 한 식당이 문을 닫게 되면 열성적인 새로운 인물이 등장하여 난국을 타개하고자 하지만 또다시 실패할 뿐이었다. 아마도 이상주의적인 경영자들은 모두 자신의 생각이 식당(아일랜드식 선술집, 파스타 전문점, 샐러드 전문점 등)을 성공시키게 만든다고 가정하는 것일 것이다. 어느 누구도 "이곳에서는 아무것도 안 돼!"라고 비명을 지르는 듯한 기저율 정보를 제대로 인식하지 못하는 것으로 보인다.

기저율 정보의 부합성이 명백할 때는 사람들이 그 정보를 사용한다. 예컨대, 기저율 정보가 가용한 유일한 정보일 때나(예컨대 Hamill et al., 1980) 판단 과제에 대한 인과적 부합성을 현저한 것으로 만들 때는(Ajzen, 1977; Hewstone, Benn, & Wilson, 1988; Tversky & Kahneman, 1980) 그 정보를 사용할 가능성이 더 커진다. 한 연구에서는 참가자들에게 택시가 관련된 야간 교통사고에 대한 이야기를 들려주었는데, 한 목격자는 파란색 택시였던 것 같다고 생각하였다. 그런 다음에 그 도시에는 택시의 85%가 녹색이며 15%만이 파란색이라는 사실을 알려 주었다. 참가자들은 기저율 정보에 근거하여 혐의 택시가 녹색일 가능성이 있다고 결론 내렸어야만 하는데도 불구하고, 그런 결론을 내린 참가자는 거의 없었다. 오히려 대부분은 목격자의 진술에 근거하여 그 택시는 아마도 파란색이었을 것이라고 결정하였다. 그런데 두 번째 참가자 집단에게는 그 도시에서 발생하는 사고의 85%가 파란색 택시에 의한 것이고 15%만이 녹색 택시에 의한 것이라는 사실을 알려 주었다. 이 참가자들은 자신의 추론을 정당화하는 데 기저율 정보를 사용하였다. 아마도 사람들은 교통사고율 통계치가 사고에 대한 판단과 인과적으로 부합하는 것으로 간주하는 반면(예컨대 Ajzen, 1977), 특정한 색깔의 택시가 얼마나 많은지에 관한 정보는 판단에 부합하다고 지각하지 않는 것으로 보인다. 실제로는 부합하는 정보임에도 말이다. 따라서 사람들은 기저율 정보가 판단에 부합하다고 지각할 때는 생생한 사례 정보보다 기저율 정보를 더 많이 사용한다.

기저율 오류(base rate fallacy)에 대한 여러 가지 이론적 설명이 제안되어 왔다. 기저율 정보의 사용 실패 중에서 적어도 몇몇은 실험 절차에 귀인할 수 있다. 대화에 관한 형식 규칙들은 사람들이 일차적으로 가치가 있는 정보를 전달하여 받아들이는 사람의 지식을 보완시킨다고 규정한다(Grice, 1975; Turnbull & Slugoski, 1988). 실험이 기저율 정보보다는 개별화된 사례 정보를 강조한다는 사실은 참가자들로 하여금 기저율 정보가 아니라 사례 정보가 판단 과제에 부합하는 것이라고 지각하도록 이끌어 갈 수 있다. 따라서 사례 정보를 과도하게 사용하는 것은 단지 이것이 의미를 전달하기 위해서 제시되는 것이라고 지각하는 조건에서 초래된 것일 수 있다(Schwarz, Strack et al., 1991). 기저율 정보가 간단한 것이거나 판단 과제 초기에 제시되거나 아니면 다른 방법으로 현저할 때, 사람들은 그 정보를 사용할 수 있는 것이다(Chun & Kruglanski, 2006).

사례사 정보는 기저율 정보보다 범주를 더 잘 대표하기 때문에 어떤 견지를 촉발할 가능성이 더 크다(Kahneman & Tversky, 1973). 사례사 정보를 읽을 때는 사람들이 그 정보가 포함되는 상위 범주와 즉각적으로 연합시키기 때문에 추론을 도출하는 데 있어서 사례사 정보를 남용하는 것으로 보인다. 기저율 정보의 진단적 가치가 강조되는 상황을 제외하고는, 사람들은 기저율 정보보다 사례사의 진단적 가치를 더 잘 파악할 수 있다(Ginossar & Trope, 1980).

요약컨대, 사람들은 추론 과제에서 기저율 정보와 기타 통계적 정보를 적절하게 활용하지 못하기 십상이다. 타당성은 떨어지지만 생생하고 부합적인 것처럼 보이는 일화적 증거가 주어질 때는 기저율을 무시할 수 있다(Bar-Hillel & Fischhoff, 1981; Manis, Avis, & Cardoze, 1981; Manis, Dovalina, Avis, & Cardoze, 1980). 교접오류가 예증하는 바와 같이, 기저율 정보를 사용하는 데 실패할 때의 결과는 심각한 것일 수 있다.

교접오류

코미디언들은 부분적으로 우리를 웃게 만드는 사람들의 매우 전형적인 모습을 묘사함으로써 돈을 번다. "얼간이들을 보세요. 형편없는 몰골로 골방에 처박혀 살면서 꾀죄죄한 옷을 입고 멍청한 자세를 하고 있지 않습니까? 이런 모습이잖아요?" [코미디언이 얼간이 흉내를 낸다.] 상세한 묘사를 함으로써 청중들의 알겠다는 웃음도 증폭된다. 그렇지만 잘 꾸며진 묘사의 패러독스는 상세할수록 재인 가능성은 증가하지만 실제로 일어날 가능성은 줄어든다는 것이다. 골방에 틀어박혀 있는 형편없는 몰골의 얼간이를 발견할 수는 있겠지만, 그가 새우등을 하고 꾀죄죄한 옷을 입고 있을 가능성은 낮다. 둘 이상의 사건이 함께 일어날 가능성〔즉, 결합확률(joint probability)〕은 개별 사건이 일어날 확률들의 곱이 된다. 따라서 결합확률은 가능성이 가장 낮은 단일 사건의 확률보다 클 수 없다. 그럼에도 불구하고 몇몇 상황에서는 사람들이 단일 사건보다도 둘 이상의 사건이 함께 일어날 가능성을 훨씬 높게 예언하기도 한다. 이러한 오류를 **교접오류**(conjunction error)라고 부른다(Abelson & Gross, 1987; Tversky & Kahneman, 1983).

한 연구(Slovic, Fischhoff, & Lichtenstein, 1977)에서는 참가자들에게 한 사람이 남과 어울리기를 좋아하고 문학에 조예가 깊다고 알려 주었다. 그 사람이 공학 전공자일 가능성이 얼마나 되겠는지를 물었을 때, 참가자들은 가능성이 거의 없다고 응답하였다. 그렇지만 처음에는 공학을 전공하였지만 저널리즘으로 전공을 바꾸었을 가능성이 얼마나 되겠는지를 물었을 때는, 단순히 공학을 전공하는 것보다 일어날 가능성이 훨씬 낮은 사건임에도 불구하고 참가자들은 이것에 매우 높은 점수를 부여하였다. 아마도 참가자들은 사교적이고 문학적인 사람이 저널리즘은 본인에게 맞고 공학은 그렇지 않다고 결정하는 것을 쉽게 상상할 수 있는 반면에, 그러한 사람이 공학도로 남아 있는 것은 쉽게 상상할 수 없었기 때문일 것이다.

교접오류는 강력한 효과다. 중요한 행위와 사소한 행위 모두에서 일어나며, 한 행위에 대해서 단 하나의 목표를 가지고 있든 여러 가지 목표를 가지고 있든 간에, 그리고 교접 설명에 수반된 정보가 그럴듯한 것이든 아니든 간에 일어난다(Leddo, Abelson, & Gross, 1984). 사람들에게 교접오류에 기저하는 통계학 원리를 가르치는 것이 교접오류를 감소시킬 수는 있지만 제거할 수는 없다(Crandall & Greenfield, 1986; Morier & Borgida, 1984).

교접오류 효과의 특성이 밝혀져 왔다. 참가자들에게 사건에 대한 해석을 추론하도록 요청할 때보다는 사건 자체를 설명하도록 요청할 때 교접 설명을 할 가능성이 커진다(Zuckerman, Eghrari, & Lambrecht, 1986). 행위자가 특정한 행위를 취하지 못할 때 교접 효과는 사라진다. 즉, 사람들은 행위 없음에 대해서 여러 가지 이유를 제안하는 설명을 선호하지 않는다(Leddo et al., 1984; Read, 1988 참조).

교접 효과에 대한 여러 가지 이유가 제안되어 왔다. 일반적으로 사람들은 다른 사람의 행위를 그 사람의 개인적 목표에 근거하여 이해하고자 시도한다(Leddo et al., 1984). 예컨대, 휴식을 취하고, 직장에서 벗어나며, 특별히 호기심을 불러일으키는 화가의 작품을 관람하고, 친구와의 우정을 즐기며, 생활의 변화를 모색하기 위하여 미술관을 찾아가기도 하는데, 이 모든 것들이 동시에 발생할 수 있다. 교접 설명은 특정한 목표에 대한 상세한 정보 또는 여러 가지 목표에 대한 정보를 제공해 주는데, 이 설명이 선호되는 이유는 사람들이 정보적이라고 지각하기 때문이다.

교접 설명이 단일 설명보다 가능성이 크다고 지각하는 이유는 행동에 대한 대안적 설명을 배제시키기 때문이다(Einhorn & Hogarth, 1986). 즉, 사람들이 대안적 설명을 고려해 보려는 동기가 없는 이유는 교접 설명이 그러한 대안들을 배제시키는 것으로 보이기 때문이다. 친구가 혼자서 값비싼 고급 식당에 간 이유가 애인과 헤어져서 우울하기 때문이라는 사실을 알게 되면, 그 친구가 직장에서 보너스를 받았는지 아니면 상품권을 선물로 받았는지의 여부를 따져 볼 필요가 없다.

기존 견해들에 의존하는 대표성 발견법도 교접 효과와 연루되어 있다(Tversky & Kahneman, 1983). 한 사람에 관한 묘사를 완전한 것으로 만드는 정보를 첨가하여 그 묘사를 보다 그럴듯한 것으로 만들면, 그 묘사가 참일 객관적 확률은 감소하지만 실제 사람과의 유사성은 증가하게 된다. 그 묘사가 우리의 일반적 지론과 보다 잘 맞아떨어지는 것이다. 요컨대, 여러 가지 관련된 것으로 보이는 사건들이 함께 일어날 가능성을 평가할 때, 사람들은 그 사건들의 객관적인 결합확률을 무시하고 여러 사건들의 결합확률을 그럴듯한 것으로 만들어 주는 견해를 선호하기 십상이다.

정보 통합하기

여러 정보들을 함께 동원하고 결합시켜 판단에 사용해야 하는 과제를 규범 모형에 비추어 평가하면 문제점이 드러난다. 다른 사회적 추론 과제에서와 마찬가지로, 사전 지식이나 기대에 정보를 동화시키는 일은 매우 흔하게 일어난다(Stapel & Koomen, 2000). 여기서는 여러 가지 정보의 통합 과제를 다룬다.

공변평가하기

공변(covariation)의 판단, 즉 두 사건이 얼마나 강력하게 관련되는지의 판단은 공식적이든 비공식적이든 간에 많은 추론 과제에서 필수적이다. "금발은 더 즐겁게 산다."[5]는 표현과 같이 많은 속설들은 상관관계를 언급하고 있다. 미키 길레이가 부른

5) 역자 주: Blondes have more fun. 실제로는 한 머리 염색약 광고가 유행시킨 표현으로 알려져 있다.

노래인 〈Don't the girls all get prettier at closing time?〉[6]은 시간과 지각된 매력 간의 상관관계를 상정하고 있다(Pennebaker et al., 1979). 공변은 또한 많은 형식적 추론 과제의 토대가 된다. 켈리의 귀인 공변 모형(제6장 참조)은 사회적 지각자들이 시간과 사람 그리고 대상에 걸쳐서 결과의 공변을 상당히 정확하게 관찰할 수 있기 때문에 귀인을 할 수 있게 된다고 가정한다.

판단 과제에서 공변의 중요성을 전제할 때, 지각자가 공변을 얼마나 잘 탐지할 수 있느냐는 물음은 중요한 것이 된다. 순진한 지각자의 추정치를 공변평가에 대한 규범적 통계 모형과 비교해 보면(Smedslund, 1963; 초기의 참고문헌을 보려면 Ward & Jenkins, 1965 참조), 이 물음에 대한 답은 그렇게 신통한 것이 아니다(Crocker, 1981 참조; 개관을 보려면 Nisbett & Ross, 1980 참조). 공변을 계산하는 규범 모형은 여러 가지 세부 단계들로 구성되어 있으며, 현재까지의 연구 결과는 각 단계마다 잠재적 편향의 원인이 있음을 시사한다. 이러한 단계는 **그림 7.3**에 예시되어 있다.

첫째, 지각자는 공변을 평가하는 데 어느 데이터가 부합되는지를 이해해야만 한다. 예컨대, "금발은 더 즐겁게 산다."는 주장을 검증하기 위해서는 즐겁게 사는 금발 남녀의 수, 그렇지 않은 금발 남녀의 수, 즐겁게 사는 검은 머리와 빨간 머리의 수, 그렇지 않은 검은 머리와 빨간 머리의 수를 알아야 할 필요가 있다. 대부분의 사람들은 공변 과제에서 네 가지 유형의 증거가 모두 부합한다는 사실을 깨닫지 못한다. 그럼에도 불구하고 이 주장을 지지하는 증거가 가장 부합하는 것이라고 믿으면서 즐거움을 추구하는 금발에만 초점을 맞추는 경향이 있다. 실제로 다른 맥락에서도 지적하였던 것처럼, 이것은 사회적 지각자들이 가지고 있는 보편적 경향성이다. 한 아이디어의 타당성을 검증할 때, 사람들은 관련된 모든 사례를 찾기보다는 그 아이디어를 확증해 주는 사례를 찾으려는 경향을 보인다(예컨대 Arkes & Harkness, 1980). 아무튼 본질적으로 "금발은 더 즐겁게 산다."와 같은 진술은 상대적인 것이기 때문에(모든 금발 아니면 대부분의 금발? 누구보다 더 즐거운 것인가?) 네 가지 유형의 정보가 모두 필요한 것이다.

공변평가의 두 번째 단계에서는 사례들을 표집한다. 앞에서 지적한 바와 같이,

---

6) 역자 주: Mickey Gilley. 미국 컨트리 음악 작곡가이자 가수. 그의 대표작 중 하나가 〈Don't the girls all get prettier at closing time?〉이다. 굳이 번역하자면 "소녀들은 모두 문을 닫을 시간에 더 예쁘지 않은가?" 정도가 되겠다.

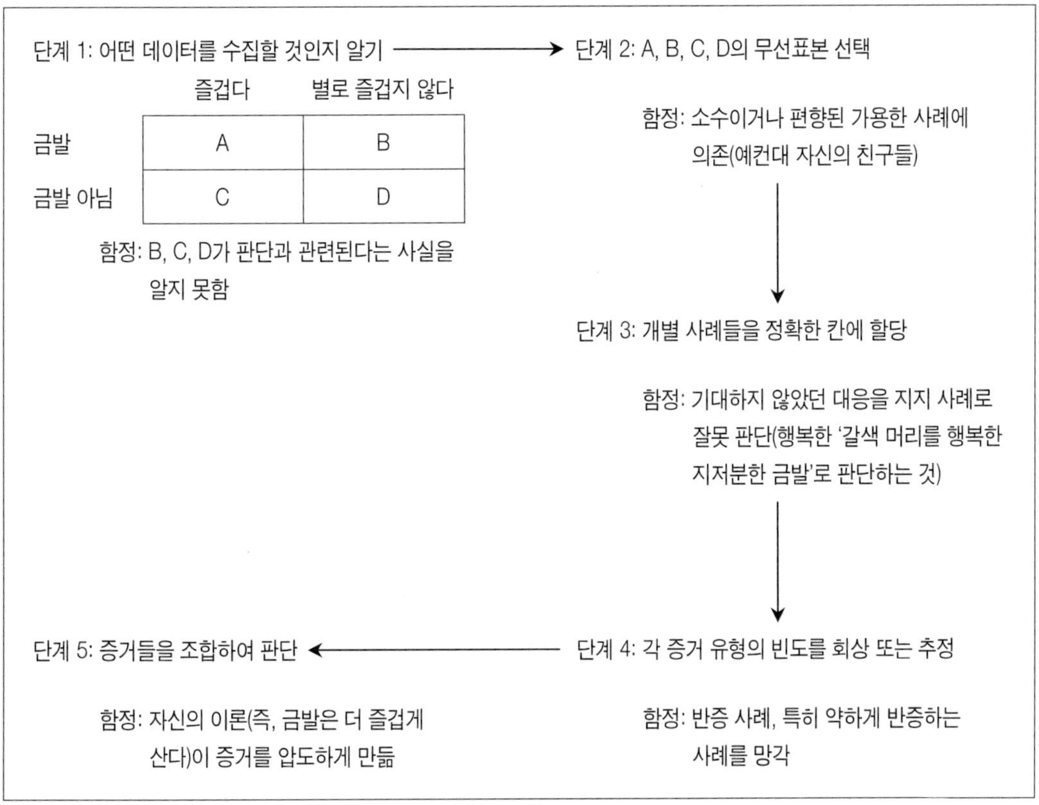

그림 7.3 공변과 그 함정의 평가: 금발은 더 즐겁게 사는가?

사람들의 표집 능력은 형편없다. 교제 범위가 자주 의존하는 사람들로만 확연하게 편향되어 있음에도 불구하고, 대부분의 사람들은 이 사실을 자각하지 못하는 것으로 보인다(Crocker, 1981). 작은 표본이 남용되며(Tversky & Kahneman, 1974), 표본의 결과가 자신의 추측과 일치하지 않을 때는 그 표본의 결과를 부정하거나 아니면 상반되는 것으로 무시하기도 한다(Arkes & Harkness, 1980; Crocker, 1981).

공변과정의 세 번째 단계에서는 사례들을 증거의 유형으로 분류한다. 여기서도 기존의 기대가 끼어들 수 있다. 부정적 사례, 즉 제안한 관계와 상충하는 사례가 모호한 것일 때는 긍정적인 것으로 잘못 분류하거나, 그렇지 않을 때는 오류나 표집의 실수로 치부하여 폐기해 버리기도 한다. 기대에 들어맞는 긍정적 사례는 보다 신속하고 용이하게 확인하며 추론 과제에 포함시킨다(예컨대 R. J. Harris, Teske, & Ginns, 1975; Owens, Bower, & Black, 1979). 사람들은 사건이 출현하지 않는 것을 처리하는 데 특히 어려움을 느낀다(Allison & Messick, 1988).

네 번째 단계에서는 지각자가 증거를 회상하고 각 유형의 증거들이 출현하는 빈도를 추정해야 한다. 기억은 결코 확실한 것이 아니다. 사례를 확증하는 데 특히 유용하며, 어떤 상황에서는 사례를 강력하게 반증하는 데에도 유용하다. 따라서 황홀한 금발과 열정적일 만큼 행복한 검은 머리의 인물은 기억해 내는 반면, 숫자가 더 많은 만족하고 있는 세 명의 회갈색 머리의 인물들은 망각할 수 있다.

앞선 네 단계가 완료된 후라야 비로소 사회적 지각자는 마지막 단계에서 증거들을 종합할 준비를 갖춘다. 이 과제를 얼마나 성공적으로 수행하겠는가? 실제로 일단 모든 데이터가 종합되면, 공변의 정도를 추정하는 사회적 지각자의 능력은 상당히 우수한 것으로 보인다. 과거의 연구자들은 자주 지각된 부합성, 표집, 분류, 증거 회상의 오류를 계산에서의 오류로 혼동하였기 때문에 사회적 지각자의 계산 능력을 과소평가해 왔다(Crocker, 1981). 그렇다고 해서 지각자가 상관계수를 머릿속에서 성공적으로 계산할 수 있다거나, 어떤 방식으로든 계산한 공변 추정치가 일반적으로 정확하다는 사실을 시사하는 것은 아니다. 두 변인 간에 존재하는 관계의 정도에 대한 강력한 사전 기대가 없는 한, 지각자의 공변 추정치는 일반적으로 실제 공변과 같은 방향으로 나타나지만 과소추정하기 십상이다(Jennings, Amabile, & Ross, 1982).

변인들 간의 관계에 대한 가설을 가지고 있을 때, 사람들은 보다 공정한 방식으로 증거를 평가하기보다는 그 가설을 확증하는 증거를 찾아보려는 경향이 있다(Klayman & Ha, 1987). 긍정적 사례의 탐색은 많은 영역과 많은 유형의 추론 과제에 걸쳐서 적용되는 보편적 전략인 것으로 보인다. 즉, 사람들은 (a) 주어진 특정 문제에만 적용할 수 있는 가용한 전략을 가지고 있지 않거나, (b) 과제가 보다 세부적인 전략의 사용을 차단할 때, 이 방식을 보편적인 문제해결 전략으로 사용한다. 긍정적 사례 전략은 관심사인 속성을 가지고 있지 않은 사례보다는 그러한 속성을 가지고 있을 것이라고 기대되는 사례를 검증하려는 경향성에서 초래될 수 있는데, 이것은 일반적으로 확증 편향을 초래하는 발견법이지만 확증 편향과 동등한 것은 아니다.

위의 논의는 사람들이 가설을 검증할 때 일반적으로 긍정적 사례를 검증하거나 확증 편향에 빠진다는 사실을 함축하고 있다. 그렇지만 공변을 탐지하는 능력을 증가시키거나 감소시키는 조건이 있다. 예컨대, 행복한 기분은 하향 정보처리를 촉진시키며 공변 정보에 기울이는 주의를 감소시키는 반면에, 슬픈 기분은 실제로 공변 탐지를 증진시키는 것으로 보인다(Braverman, 2005). 또한 사람들이 반증에 부합하는 정보를 사용하는 조건도 있다. 대안 가설을 가용한 것으로 만들면(Trope & Mackie, 1987) 그 대안들에 관한 정보를 사용하는데, 대안 가설이 상황 맥락에 의해서 제시되거나 다른 추론 과제에서 최근에 자주 활성화되었을 때를 말한다(예컨대 Ginossar & Trope, 1987).

공변평가의 정확성은 대부분 사전 기대와 세부 정보가 수렴하는지 아니면 확산하는지에 달려 있으며, 수렴 조건에서의 정확성이 더 크다. 이러한 관점에서 볼 때, 공변 판단의 오류는 일반적으로 성공적인 추론 전략에서 유래하는 것인데, 이 전략은 단 하나의 이례적인 사례가 있다고 하더라도 원천적으로 공변 추정치를 크게 변화시키지 않음으로써 장기적으로는 정확도를 유지하는 것이다.

착각상관

두 변인 간에 관계가 예상될 때는 사람들이 존재하는 관계의 정도를 과대추정하거나, 실제로 관계가 존재하지 않을 때에는 관계를 부과하기도 한다. 이러한 현상을 착각상관(illusory correlation)이라고 부른다. 채프먼(Chapman, 1967)은 착각상관 현상에 관한 초기 연구에서 대학생 참가자들에게 사자-호랑이, 사자-달걀, 베이컨-달걀 등과 같은 단어쌍 목록을 제시하였다. 그런 다음에 참가자들에게 각 단어가 다른 단어들과 얼마나 자주 짝을 이루었는지를 보고하도록 요청하였다. 실제로는 모든 단어가 다른 단어와 동일한 횟수만큼 짝지어졌다. 그럼에도 불구하고 참가자들은 베이컨-달걀과 같이 의미적으로 연합된 단어들이 그렇지 않은 단어들보다 더 자주 짝지어졌다고 보고하였다.

때로는 착각상관이 증거의 구조적 특성에 의해서 초래된다. 단어쌍 목록에는 다른 단어들보다 길이가 긴 두 단어가 들어 있었다. 참가자들은 이 두 단어가 더 자주 짝지어졌다고 추론하였는데, 아마도 둘이 길이에서 차별적인 자질을 공유하였기 때문인 것으로 보인다. 채프먼은 적어도 두 가지 요인이 착각상관을 초래할 수 있다고 추론하였다. 하나는 연합적 의미(associative meaning)로, 사전 기대에 근거할 때 함께 존재해야만 하기 때문에(예컨대 베이컨-달걀) 두 항목이 함께 존재한다고 보는 것이다. 다른 하나는 쌍의 차별성(paired distinctiveness)으로, 두 항목이 이례적 자질을 공유하기 때문에 함께 존재한다고 생각하는 것이다. 마찬가지로 두 가지 편향 효과가 함께 발생할 때도 사이비 공변이 지각될 수 있다(Fiedler & Freytag, 2004). 한 교사가 매우 공격적인 아이들의 학급 담임을 맡고 있는데 대부분의 아이들이 텔레비전을 많이 시청한다는 사실을 알고 있다면, 실제로는 아무런 관계가 없을 때에도 두 현상이 관련되어 있다고 추론할 수 있다.

쌍의 차별성은 고정관념의 근거로 다루어져 왔다(D. L. Hamilton, 1979). 해밀턴과 기포드(D. L. Hamilton & Gifford, 1976)는 쌍의 차별성이 소수집단 구성원에 대한 부정적 고정관념을 설명할 수 있다고 주장하였다. 특징적으로 다수집단 구성원들은 소수집단 구성원들과 접촉이 별로 없으며, 부정적 행동도 비교적 적게 나타난다. 그럼에도 불구하고 다수집단 구성원들은 두 가지 드문 사건 간에 착각상관을 만들고는 소수집단 구성원들이 부정적 행동을 나타낼 가능성이 크다고 추론하는 것이다.

한 메타분석 연구는 쌍의 차별성에 의한 착각상관이 매우 일관적이며 크기도 작지 않다는 사실을 시사한다(Mullen & Johnson, 1990). 연구들은 이 효과가 어느 정도 강력하게 나타나는 조건들을 집중적으로 확인해 왔다. 차별적 행동이 부정적인 것이고 기억부하가 클 때 쌍의 차별성에 의한 착각상관은 보다 강력하다(Mullen & Johnson, 1990). 각성상태에 빠진 사람들은 그렇지 않은 사람들보다 강력한 착각상관을 나타내는데, 각성이 기존의 기대에 더 의존적이게 만들며 정교한 문제해결 능력을 감소시키기 때문이다(Kim & Baron, 1988). 평가 차원에서의 착각상관이 다른 인지적 판단에서보다 더 강력한 것으로 보인다(Klauer & Meiser, 2000).

개인에 관한 착각상관과 집단에 관한 착각상관 간에는 몇 가지 차이가 있는 것으로 보인다(Sanbonmatsu, Shavitt, & Gibson, 1994). 개인 착각상관은 즉각적인 인상에 근거한 판단에서 초래되는 반면에, 집단 착각상관은 기억에 근거하는 것으로 보인다(Sanbonmatsu, Sherman, & Hamilton, 1987). 즉, 개인의 인상에 있어서는 편향이 판단 단계가 아니라 입력 단계에서 작동하는 반면에(D. L. Hamilton, Dugan, & Trolier, 1985), 집단 착각상관은 집단의 속성을 회상하고자 시도할 때 일어난다(Sanbonmatsu et al., 1987).

공변 추정과 착각상관이라는 두 가지 쌍둥이 주제는 여러 가지 이유로 중요하다. 첫째, 공변 추정은 복잡한 조작으로서, 부합하는 정보가 무엇인지를 탐지하는 것, 그 정보를 정확하게 표집하는 것, 정확하게 회상하는 것과 같이 사회적 지각자의 직관적 전략에서 일어나는 많은 오류와 편향의 연쇄를 나타낸다. 둘째, 공변 추정은 흔히 중간자적 추론으로서 뒤따르는 많은 복잡한 추론이 이것에 근거하기 때문에, 공변 추정의 결함은 사회적 지각자가 환경을 특징짓고 그 환경에 반응을 나타내는 근거가 되는 정확도라는 측면에서 더욱 큰 영향을 미칠 수 있다. 셋째, 공변 추정의 오류는 사람들이 참일 것이라고 기대하는 결론의 방향으로 어떻게 추론과정이 보수적으로 편향되는지 그리고 사회적 환경의 기능이라는 측면에서 사람들이 가지고 있는 지론이 어떻게 추론과정을 주도하게 되는지도 밝혀 준다. 마지막으로, 정확한 평가를 대체할 수 있는 공변 추정과 착각상관은 사회적 상호작용에 침투하여, 고정관념을 유지시키는 것과 같이 실재에 대한 잘못된 지각을 형성하게 만든다.

3. 시간 경과에 따른 판단

앞에서 우리는 기대효용(expected utility, EU) 이론을 기술하였는데, 이 이론은 선택이 선택지의 확률과 가치에 의해서 주도된다고 주장한다. 절감효용(discounted utility, DU) 모형은 주어진 선택의 효용성이 결과가 시간에 걸쳐 분산됨에 따라서 감소한다는 부가적 주장을 첨가하고 있다(Samuelson, 1937). 처음에는 이러한 절감률이 시간에 걸쳐 일정하다고 생각하였다. 그렇지만 수십 년에 걸친 연구들은 DU 예언의 오류가 EU 예언의 오류 못지않게 도처에서 일어나고 있다는 사실을 밝혀 왔다(Frederick, Loewenstein, & O'Donoghue, 2002). 사람들의 장기적 선택은 흔히 자신의 선호도에 관한 지식 그리고 그러한 선호도가 시간 경과에 따라서 어떻게 변할 가능성이 있는지에 의해서 결정된다. 예컨대, 지금 10달러를 받는 것과 1주일 후에 11달러를 받는 것 중에서 선택해야 할 때, 대부분의 사람들은 전자를 선택한다. 그렇지만 1년 후에 10달러를 받는 것과 1년 1주일 후에 11달러를 받는 것 중에서 선택할 때는 대부분의 사람들이 11달러를 선택한다(Frederick et al., 2002).

DU는 또한 절감률이 선택 유형에 걸쳐서 일정하다고 예언한다. 그렇지만 연구들은 미래에 대해서는 다양한 태도가 존재하기 때문에, 선택이 이루어지는 영역에 따라서 절감률에 상당한 가변성이 존재한다는 사실을 밝히고 있다(Frederick et al., 2002). 예컨대, 건강상의 이유로 운동을 선택하지만 동일한 목표를 하루에 서너 시간을 더 자도록 시도하는 것으로 타협할 수 있다. 사기꾼에게 속아 현명하지 못한 투자를 함으로써 수십 년 동안 애써 저금한 돈을 날려 버릴 수도 있다.

감정에 기반한 '열정적인(hot)' 결과는 인지에 기반한 '냉정한(cool)' 결과보다 절감이 시간 경과에 따라 더욱 가파르게 진행된다(Loewenstein, 1996). 다르게 표현하면, 한 사건이 먼 미래에 일어나는 것일수록 인지적 결과의 가중치는 커지고 감정적 결과의 가중치는 작아진다. 열정적이지만 교양이 없는 데이트 파트너가 단기적으로는 환상적으로 보일 수 있지만, 장기적 미래에 대해서 냉정하게 생각하면 그 파트너가 지적으로 도움을 주는 배우자가 되고 장기적 관계에서 자신에게 경제적으로 보탬이 될 수 있는지를 곰곰이 따져 보도록 만들 수 있다.

작은 보상은 큰 보상보다 더욱 가파르게 절감된다. 오늘의 10달러가 1주일 후의 11달러보다 좋아 보일 수 있지만, 그 액수가 1,000달러와 1,100달러가 되면 상황은 변한다. 이에 덧붙여 미래를 위한 결정은 추상적인 대표적 자질이 주도하는 반면에, 현재에 관한 판단에서는 구체적 세부사항의 고려가 더욱 강력한 역할을 담당한다.

시간적 연관해석

매일같이 우리는 미래 사건에 대해서 생각하고 계획을 세운다. 미래의 시간적 거리는 미래 결과의 가치에 영향을 미칠 뿐만 아니라 사건들을 마음에 표상하는 방식에도 영향을 미친다. 당신이 지금부터 4개월 후에 스페인으로 휴가를 떠난다고 상상해 보라. 그 사건에 대해서 어떻게 생각하는가? 이제 당신이 내일 스페인으로 출발한다고 상상해 보라. 당신의 지각은 어떻게 다르겠는가? 첫 번째 경우에는 매우 늦은 밤의 낭만적 만찬, 흥미진진한 예술작품을 들여다보는 짜릿한 느낌, 아니면 친숙하지 않은 음식의 맛 등을 상상할 수 있다. 만일 내일 떠나야 한다면, 집을 돌봐 줄 사람에게 건네줄 여분의 집열쇠가 어디에 있는지, 애완견의 사료는 충분히 비축되어 있는지, 마드리드에서 머물기로 예정되어 있는 호텔의 이름을 어디에 적어 놓았는지 등에 더 마음을 쓸 것이 명백하다.

이것이 시간적 연관해석 이론(temporal construal theory)의 요체다(Trope & Liberman, 2003). 즉, 사건이 시간적으로 멀리 떨어져 있을수록 그 사건의 요체를 전달하는 추상적 자질에 근거하여 사건을 생각할 가능성이 크다. 따라서 미래 사건에 대한 생각은 높은 수준의 연관해석을 촉발시킨다. 단순하고 구조화되어 있으며 응집적인 방식의 추상적 형식으로 그리고 개인적 목표에 근거하여 미래의 보상을 생각한다. 상당한 통찰과 창의적인 사고가 초래될 수 있다(Förster, Friedman, & Liberman, 2004). 그렇지만 사건이 점차 다가옴에 따라서 동일한 사건의 구체적이고 심지어 사소한 세부사항들에 초점을 맞출 가능성이 커진다. 즉각적인 결과와 연합된 낮은 수준의 연관해석은 세부적이고 복잡한 경향이 있다. 이러한 연관해석은 흔히 비구조적이고 비응집적이며 맥락에 크게 의존한다. 단기적으로는 추상적 목표가 부합적이지 않으며, 하위 목표를 위해 일단 옆으로 제쳐 놓게 되기 십상이다.

한 행위의 시간적 거리가 증가함에 따라 선호도를 결정하는 데 있어서 높은 수준의 연관해석의 가치는 영향력이 더욱 증가하고 낮은 수준의 연관해석은 영향력이 떨어지게 된다. 예컨대, 오늘 헌혈할지의 여부를 결정하는 것은 여유 시간이 있는지 그리고 다른 많은 행사가 계획되어 있는지에 의해서 주도될 가능성이 큰 반면에, 6개월 후에 헌혈하겠다는 결정은 다른 사람을 돕기 위한 기부가 좋은 생각인지의 여부라는 높은 수준의 연관해석에 의해서 주도될 가능성이 크다. 다른 방식으로 표현하면, 먼 미래의 행위에 대한 결정은 그 행위가 얼마나 바람직한 것인지에 근거하여 이루어질 가능성이 큰 반면에, 가까운 미래의 행위에 관한 결정은 얼마나 실행 가능한 것인지에 근거하여 이루어질 가능성이 크다.

미래에 일어날 것이라고 상상하는 사건들은 현재 일어난 사건보다 호의적인 것으로 간주된다. 예컨대, 스페인 여행을 떠나겠다고 마음먹게 한 최초의 힘은 배우자와 함께 멀리서 장기간의 낭만적인 휴가를 보내겠다는 상위 수준의 목표였던 반면에, 지금 당장의 하위 수준 목표는 단지 모든 일을 다 마무리해서 공항에 제시간에 도착하는 것일 수 있다. 혼란이 초래되면 왜 이것이 좋은 아이디어라고 생각했었는지 의아해할 수 있다.

공간적 거리도 시간적 거리와 동일한 방식으로 판단과 관련된다. 예컨대, 공간적으로 멀리 떨어진 장소에서 수행할 행위는 수단이기보다는 목표로 간주되는 경향이 있으며, 구체적이기보다는 추상적으로 기술되는 경향이 있다(Fujita, Henderson, Eng, Trope, & Liberman, 2006). 한 연구에서 사건이 공간적으로 멀리 떨어진 것으로 규정되었을 때, 지각자는 사건이 가까운 것으로 표현될 때에 비해서 광의적 행동 단위를 사용하고 성향적 귀인을 할 가능성이 증가하였다(Henderson, Fujita, Trope, & Liberman, 2006). 공간적으로 가까운 사건과 비교할 때, 멀리 떨어진 사건은 전형적일 때 가능성이 크고 비전형적일 때 가능성이 적은 것으로 지각되었다(Henderson et al., 2006). 이러한 결과를 보편적으로 특징짓는다면, 사람들은 멀리 떨어진 사건에 대한 추론을 도출할 때 공통적인 판단 편향을 나타낸다는 것이다(Eyal, Liberman, Trope, & Walther, 2004 참조). 요컨대, 시간적 거리나 공간적 거리가 판단과 결정을 변화시키는 이유는 멀리 떨어진 판단과 결정이 낮은 수준의 연관해석보다는 높은 수준의 연관해석을 반영하기 때문이다.

과거로부터 학습하기

"과거를 무시하는 사람은 운명적으로 그 과거를 다시 살게 된다."는 격언이 함축하는 것은, 우리가 미래가 아니라 과거에 주의를 용의주도하게 돌리면 중요한 교훈을 학습할 수 있다는 것이다. 이 격언이 진리의 단편을 포함하고 있다고 하더라도, 후견오류(hindsight illusion)에 관한 연구는 우리가 이것을 얼마나 심각하게 받아들여야 하는지에 의문을 제기한다. 현재나 미래와 마찬가지로 과거에 대한 해석도 견지에 의해 주도된다. 모든 사람들은 월요일 아침 쿼터백[7]에 친숙한데, 이 친구는 회고라는 이점을 가지고 주말 경기에서 승리하기 위해 무엇을 할 수 있었으며 해야만 하였는지를 알고 있다. 이 친구는 상대팀의 움직임을 예측했어야만 하며, 홈팀은 그것을 예상할 수 있었어야만 하고, 특정한 전략을 사용했더라면 틀림없이 승리하였을 것이라고 주장하는 것이다.

멀쩡한 후견오류는 강력한 현상인 것으로 보인다. 피쉬호프(Fischhoff)와 동료들의 연구는 실제 결과에 대한 지식을 무시하고, 무슨 일이 일어날 수 있었거나 일어났어야만 하는지에 대해서 편향되지 않은 추론을 도출하는 것은 정말로 힘들다는 사실을 보여 준다(Fischhoff, 1980; Fischhoff, Slovic, & Lichtenstein, 1977; Janoff-Bulman, Timko, & Carli, 1985). 사람들이 회고할 때는 무엇을 예상할 수 있었어야만 하는지를 과장하게 된다. 나아가서 미래 사건에 대한 예언을 이미 일어난 사건에 대한 설명과 비교할 때, 사람들은 실제로 일어났던 사건과 일치하도록 자신의 예언을 왜곡시키고 잘못 회상한다(Fischhoff & Beyth, 1975).

사회적 지각자가 언제 어디서나 자신의 논지를 생성해 낼 수 있는 능력이 과거를 재구성하는 일차적 토대다(예컨대 M. Ross, 1989). 심지어는 사건들의 무선적인 순서조차도 충분히 생각할 수 있는 기회를 주면 논리적인 인과적 연속으로 만들어 갈

---

7) 역자 주: Monday morning quarterback. 쿼터백은 미식축구에서 야구의 투수보다도 더 중요한 역할을 담당하는 포지션이다. 주로 주말에 벌어지는 시합에서 자신이 응원하는 팀이 패하였을 때, 월요일 아침 출근길에 동료들에게 이래저래 하였더라면 자기 팀이 이겼을 것이라고 후견오류를 범하는 것을 빗대서 표현한 것이다. 일반화된 의미는 사건이 일어난 후에 다른 사람의 결정에 관하여 조언을 하거나 비난을 하는 사람을 일컫는다.

수 있다. 일단 그러한 인과적 사슬이 만들어지면 사건들을 필연적인 것이 아니라고 보기 어렵게 된다. 나아가서 누군가 개입하여 어떤 인과적 연속이 작동하도록 만들면 꽤나 논리적으로 보이게 되기 때문에 특히 강력한 것이 될 수 있다. 실제로 일어난 사건에 상당한 영향을 미쳤을 수도 있는 우연 요인이나 상황 요인을 간과하게 되는 것이다. 예컨대, 돌이켜 보면 미식축구 경기에서 상대팀의 일련의 움직임은 총체적 계획의 한 부분으로 보일 수 있다. 실제로는 부상이나 실수와 같은 우연 사건에 근거한 것인 데도 말이다. 그럼에도 불구하고 일단 계획된 것이라고 이름 붙이게 되면 예측 가능한 것으로 간주하고("그들은 테네시와의 경기에서도 똑같은 플레이를 하였다"), 이것에 대한 해결책이 명백한 것처럼 보일 수 있다("우리는 러닝 게임으로 전환해야만 했었다."). 이러한 분석이 함축하는 사실은, 후견 편향이 회고할 때 올바른 것으로 보이려는 욕구와 같은 동기적 요인에 의한 것이기보다는 사건에 대한 인과적 설명을 구성하는 능력과 관련된 인지적 요인에 의해서 동기화된다는 것이다. 실제로 후견 편향의 분석은 인지적 요인이 동기적 요인보다 편향에서 더 많은 역할을 수행한다는 사실을 시사한다(Christensen-Szalanski & Willham, 1991).

후견 편향에 관한 122개의 연구를 대상으로 수행한 메타분석은 이 편향이 그렇게 크지는 않지만 신뢰롭게 나타나는 것임을 보여 주었다(Christensen-Szalanski & Willham, 1991). 후견 편향은 일어나지 않은 사건보다는 일어난 사건에서 더 강력하며, 관심을 기울이고 있는 영역에서는 감소한다(Christensen-Szalanski & Willham, 1991). 편향의 강도는 결과를 상상하기 힘들거나 대안을 용이하게 상상할 수 있을 때 감소한다(Sanna & Schwarz, 2006).

우리는 과거로부터 무엇을 학습해야 하는가? 역사의 교훈이 명백한 경우가 드문 이유는 그 교훈이 필연적으로 후견 편향으로 채색되기 때문이다. 사건에 연루된 사람들은 사건이 일어나기 전에는 그 사건의 온전한 의미를 알지 못한다("나의 일기에게. 백년전쟁이 오늘 시작되었어."; Fischer, 1970; Fischhoff, 1980, 84쪽에서 인용). 무엇을 예측해야만 했었는지를 추정하는 것은 어려우며, 이미 일어난 결과를 초래하는 데 있어서 환경 요인과 우연요인의 역할을 평가하는 것은 더욱 어렵기 때문에, 실제로 역사로부터 무엇을 학습해야만 하는지가 명확하지 않기 십상이다.

요컨대, 우리는 현재를 살고 있는 존재이며, 이미 알고 있는 것에 의한 추론에 속박을 받는다. 다른 추론 과제의 경우와 마찬가지로, 우리의 평가는 객관적 데이터보다는 사전에 손쉽게 구성한 견지에 의해서 주도될 수 있다. 마지막으로, 우리가 과거로부터 무엇을 학습해야만 하느냐는 물음의 답은 명백하지 않다. 이 절을 시작하였던 격언보다 더 좋은 격언은 아마도 다음과 같은 피시호프의 표현이겠다. "과거는 재미있고 가능성으로 충만하며 용이하게 확장될 수 있지만, 교묘한 속임수가 아니면 가르쳐 주는 것이 없다"(1980, 80쪽).

요약

불확실한 상황에서의 판단에 관한 연구는 사람들이 신속하게 추론하기 위해서 채택하는 발견법적 전략의 중요성을 밝혀 왔다. 그러한 한 가지 발견법이 대표성이다. 즉, 사회적 지각자는 한 대상이 어떤 범주의 구성원일 가능성이 얼마나 되는지를 그 대상의 자질이 범주의 핵심 자질과 얼마나 유사한지에 근거하여 결정한다. 또 다른 발견법은 가용성이며, 사례나 연상이 얼마나 신속하게 마음에 떠오르는지에 근거하여 빈도나 가능성을 추정하는 것이다. 시뮬레이션 발견법은 사건에 대한 심적 리허설을 사용하여 주어진 상황에서 어떤 결과가 가능성이 큰지를 결정하는 것이다. 기준점 발견법은 지각자로 하여금 이미 존재하는 참조점을 사용하고 그 참조점으로부터 조정을 함으로써 새로운 문제에 답하기 위한 추정치에 도달할 수 있게 해 준다. 의사결정의 틀 만들기가 추론에 영향을 미치는데, 특히 이득이나 손실에 따라서 결정의 틀이 만들어질 때 그렇다.

이러한 각각의 간편법들은 규범 모형이 제안하는 추론에 근사하게 접근하는 추론으로 이끌어 가기는 하지만, 모든 발견법은 잠재적 편향에 취약하다. 어떤 데이터가 판단에 부합하는지를 결정하는 것은 사전 기대나 논지의 영향을 받기 십상이며, 표집은 흔히 편향되고, 이미 존재하는 표본에 들어 있는 편향은 자주 무시된다. 작고 신뢰할 수 없는 표본에서 강력한 추론이 자주 도출된다. 전집의 특징을 기술하는 좋은 기저율 정보가 가용할 때도, 덜 신뢰롭지만 부합되는 것처럼 보이는 사례사나 일화적 정보로 인해서 자주 간과된다. 극단적 사건은 다시 일어날 때 평균적으로 덜 극단적인 것이 된다는 회귀도 제대로 이해되지 못하고 있다. 오히려 극단적 사건은 미래의 극단적 사건을 예언하는 데 자주 사용된다. 사람들은 확률적 정보를 사용하고 결합하는 데 특히 취약하며, 가능성이 미약한 사건에 상당한 확신감을 표출하기 십상이다. 기존의 기대나 논지가 사회적 추론을 주도할 때는 긍정적 사례를 검증하는 전략을 자주 채택하는데, 기대하고 있는 추론을 입증하는 사례들을 선택적으로 찾아보는 것이다.

정보를 결합시켜 판단하는 우리의 능력에 영향을 미치는 오류의 원천도 존재한다. 두 사건 간의 연합의 정도라는 공변의 추정은 앞에서 기술한 많은 기술(skill)의 연쇄가 요구된다(예컨대 부합성의 탐지, 표집하기, 정보 결합시키기 등). 데이터가 이미 수집되었으며, 명확하게 요약되었고, 지시가 명백하며, 통계적 모형과의 부합성이 명확하고, 공변의 정도에 대한 사전 논지가 존재하지 않는다면, 사회적 지각자는 공변을 상당히 잘 추정할 수 있다. 그렇지만 이러한 요인들이 존재하지 않는 경우에도 공변 추정치는 사전 기대에 의해서 크게 편향된다.

시간적 요인이 추론과정을 주도하는 것은 확실하다. 예컨대, 전형적으로 당장의 보상은 크지만 시간적으로 멀리 떨어진 보상보다 높은 가치를 부여받는다. 이에 덧붙여, 추상적인 대표적 자질이 미래를 위한 결정을 주도하는 반면, 현재에 관한 판단에서는 구체적 세부사항을 고려하는 것이 더욱 강력한 역할을 담당한다. 과거의 행동이나 오류로부터 학습할 때, 사람들은 일반적으로 예상할 수 있었어야만 하는 것을 과대추정한다.

제 8 장

사회적 추론의 정확성과 효율성

- 필연적 결과로서의 오류와 편향: 추론과정 증진시키기
- 사회적 추론의 오류와 편향: 문제가 되지 않을 수도 있지 않은가?
- 신속한 판단이 사려 깊은 판단보다 우수할 때도 있는가?
- 신경경제학: 백투더퓨처?

인간의 추론과정이 전형적으로 의식적이며 합리적이고 철저하며 논리적이고 정확하다는 생각이 사회인지 연구의 초기에는 널리 받아들여졌다. 이러한 가정이 틀린 것이라는 상당한 증거가 있음에도 불구하고, 이 생각은 몇몇 행동과학 분야에서 아직까지는 어느 정도 계속해서 유지되고 있다. 합리성의 가정이 그토록 사회인지 연구의 시금석이었던 이유는 무엇인가? 한 가지 이유는 암묵적으로든 명시적으로든 일반적으로 추론 연구가 추론을 목표 지향적인 것으로 가정하기 때문이다. 즉, 어떤 목표를 달성하기 위하여 추론을 한다는 것이다. 주어진 상황에서 어떤 행위를 나타내기 위해서는 의사결정을 하거나, 여러 가지 대안 중에서 선택을 하거나, 아니면 그 상황을 이해할 필요가 있다. 만일 목표가 추론과정을 주도한다면, 목표에 도달하는 어떤 방법은 다른 방법보다 확실히 우수하다. 보다 철저하고 오류를 범할 가능성이 적기 때문이다. 따라서 사회적 지각자는 그 방법을 사용해야만 할 것으로 보인다.

합리성을 가정하는 또 다른 이유는 화용적인 것이다. 사회적 지각자가 사용하는 전략을 이해하려면 비교를 위한 참조점을 갖는 것이 도움이 된다. 규범 모형, 즉 추론

을 도출하기 위해 정보를 사용하는 최적의 방법은 그러한 참조점을 제공해 준다. 연구자들이 사회적 추론은 규범 모형과 대응되지 않는다는 사실을 잘 자각하고 있는 경우에도, 소박한 추론을 규범 모형에 비추어 비교하는 것은 사회적 추론을 하는 데 전형적으로 사용하는 전략이라는 측면을 밝히는 데 유용하다. 판단과 의사결정에 대한 규범 모형을 총칭하여 행동결정 이론(behavioral decision theory)이라고 부르며, 전형적으로 사회적 추론을 비교해 온 것은 바로 행동결정 이론의 원리들이다(예컨대 Einhorn & Hogarth, 1981; Hastie & Dawes, 2001).

인간의 추론을 평가하는 데 참조점이 되어 온 일차적 모형은 제7장에서 기술한 기대효용(expected utility, EU) 모형이다. 사회적 추론을 자주 비교하는 다른 규범 모형들도 상관의 계산이나 큰 수의 법칙(즉, 큰 표본이 작은 표본보다 신뢰롭다)과 같은 통계학적 지식을 포함하고 있다. 이 모형들은 다음 절에서 다룰 것이다. 아무튼 보다 중요한 물음은 규범 이론이 인간의 추론과정을 이해하는 데 실제적 도움을 줄 수 있는지의 여부다.

제7장에서는 사회적 추론을 규범 모형에 비추어 개관하였으며, 그 결과를 보면 추론 전략은 흔히 규범 모형들이 제안하는 기준과 일치하지 않는 것이었다. 이러한 비교로부터 도출할 수 있는 한 가지 결론은 발견법과 간편법이 그렇게 잘 작동하지 않는다는 것이다. 증거들이 시사하는 바는 우리가 처음 성경험을 하는 젊은이처럼 빠르기는 하지만 그렇게 우수하지는 않다는 것이다. 그러나 이러한 결론은 잘못된 것일 수 있다.

추론이 규범 모형에서 벗어난 것은 대안적 목표를 달성하려는 것으로 이해할 수 있다. 예컨대, 이 장(章)의 뒷부분에서 다룰 것이고 자기에 대한 연구에서(제5장) 지적한 바와 같이, 사회적 지각자는 개인적으로 동기화되었거나 보상적인 추론을 도출할 수 있다. 따라서 다른 무엇보다도 감정적 고려가 사회적 추론과정을 주도하는 것은 명확하다.

사회적 추론이 자주 규범 모형과 대응되지 못하는 또 다른 이유는 사회적 지각자가 정확성의 압력뿐만 아니라 효율성의 압력도 받으면서 행동함으로써 다양한 요구가 존재하며 변화무쌍한 환경에서 신속하게 추론을 해야 하기 때문이다. 그렇기 때문에 주어진 데이터를 철저하게 고려하는 방법을 택하기보다는 기존의 기대나 논지를 참조하여 많은 추론 과제를 해결하게 된다. 자신의 상사를 위한 만찬을 준비하려고 장을 볼 때는 물건 하나하나를 구입하는 데 신중을 기하게 되지만, 전형적인 장보기는 다양한 물건들 중에서 필요한 것을 신속하게 선택하기 위하여 '싼 것이 좋은 것이다.'라는 생각이 주도하게 된다. 상당한 양의 정보를 신속하게 처리할 필요가 있을 때, 사람들의 정보처리 전략은 철저함보다는 효율성 쪽으로 기울어지게 된다. 효율성의 기준이 추론의 규범 모형에는 체계적으로 포함되어 있지 않으며, 규범 모형은 사회적 지각자에게 전형적으로 작동하는 가장 중요한 압력을 반영하지 않을 수 있다.

추론과정이 자주 규범 모형으로부터 벗어나는 한 가지 중요한 이유는 작업기억의 용량 제한에서 유래한다. 즉, 즉각적으로 정보를 처리하는 능력이 매우 제한적이다. 항상 철저한 것은 아니더라도 최소한도 정보를 신속하게 이동시키는 전략을 사용하려는 욕구가 추론과정을 특징짓는다. '인지적 구두쇠(cognitive miser)'라는 용어는 실세계에서 주의와 처리 시간을 자극에 할당하는 데 있어서 필요한 인색함을 설명하기 위하여 만들어졌다(S. E. Taylor, 1981b). 그렇지만 장기기억의 저장은 상당히 용이하며, 이 사실은 당신이 알고 있는 모든 노래나 보기만 하면 알아볼 수 있는 모든 사람들을 생각해 봄으로써 쉽게 예증할 수 있다. 그토록 광대한 저장공간의 장점은 사전 정보와 신념, 추론이 지식 구조로서 저장될 수 있다는 점이다. 새로운 추론을 도출해야만 할 때, 그 정보들에 접속할 수 있다. 제한된 온라인 용량과 엄청난 양의 저장된 지식으로 무장되어 있다고 할 때, 어떻게 이러한 요인들이 사회적 추론에 영향을 미치는가?

장기기억은 기대와 논지의 출처이며, 앞에서 보았던 것처럼 사회적 추론은 상당 부분 이론 주도적이다. 기존 논지를 사용하는 것이 후속 정보처리에 대한 과거 학습의 영향을 반영하는 한 판단과 결정을 하는 효과적인 전략이 될 가능성이 있다. 새로우면서도 과거의 것과 유사한 상황과 사건, 사람들을 해석하는 데 있어서 유사한 상황과 사건, 사람들에 관하여 저장하고 있는 표상을 사용하는 것은 효율적이고도 효과적인 방법이다. 그렇기 때문에 추론의 규범 모형에서 벗어나는 것은 이미 견지하고 있는 기대나 가설을 지지하고 데이터에서 편향이나 오류의 원천을 탐지하지 못하는 방향으로 일탈하는 경향이 있게 된다. 이러한 통찰에 뒤따르는 두 번째 결과는 추론과정이 보수적이기 십상이며 새롭거나 반직관적인 신념을 피하게 된다는 것이다.

기존 논지와 보수적 추론을 선호하는 이러한 편향과 관련되는 것이 가용한 모든 정보를 고려하기보다는 일차적으로 기존의 기대를 지지하는 증거만을 찾아보려고 하는 경향성이다. 앞에서 지적한 바와 같이, 주도적 기대를 검증하는 사례를 선호하는 것은 규범 모형에 비추어 비교할 때 직관적 추론이 보여 주는 수많은 일탈의 토대가 된다.

종합해 볼 때, 사회적 추론과정에서의 오류와 편향을 경계해야 할 것인가, 넋을 놓고 바라보아야 할 것인가, 아니면 존중해야 할 것인가? 이 물음에는 적어도 세 가지 조망이 존재한다. 첫 번째 입장은 사회적 추론과정에서 밝혀진 오류와 편향은 상당한 타당성을 가지고 있으며 판단과 정책 수립에서 중요한 오류로 이끌어 가기 쉽기 때문에, 추론과정을 증진시키려는 노력을 취해야만 한다는 것이다. 두 번째 조망은 추론과정에서의 오류와 편향은 실제보다 과장된 면이 있으며, 실세계에서는 사람들이 추론 과제를 상당히 잘 수행한다고 주장한다. 나아가서 사회적 지각자가 추론에서 어떤 체계적인 오류와 편향에 취약하다고 하더라도, 실세계에는 추론과정에 대한 안전장치로 작동하는 조건들이 존재하기 때문에 몇몇 편향은 하찮은 것이거나 자기교정적이라는 것이다. 가장 최근의 것인 세 번째 조망은 발견법에 근거하여 신속하게 내리는 판단이 신중하게 숙고하여 내린 판단보다 우월한 여러 사례가 있다고 주장한다. 이제 각각의 조망을 살펴보자.

1. 필연적 결과로서의 오류와 편향: 추론과정 증진시키기

몇몇 상황에서는 오류를 범하는 추론 전략이 심각한 결과를 초래한다. 추론오류가 경멸적인 고정관념을 만들어 내고 유지하는 데 미치는 영향이 한 가지 뚜렷한 사례다. 집단 의사결정은 정보를 수집하고 자신과 상대방의 입장을 지각하는 데 있어서 상당한 편향을 나타내는데, 이 사실은 심각한 오류가 자연스럽게 진행되는 사회적 추론 조건의 특성일 수 있음을 나타낸다(Janis, 1989). 판단오류는 정치(Jervis, 1976), 임상적 판단(Turk & Salovey, 1986), 교육(Simon, 1980)과 같이 다양한 영역에 당황스러운 함의를 갖는다. 요컨대, 추론과정에서의 편향은 문제가 되기 십상이며, 그렇기 때문에 편향적 추론을 탐지하고 교정하는 방법이 필요하다.

사회적 지각자의 추론과정을 증진시키고자 시도한다면, 그 노력은 지각자들이 문제를 인식하도록 환기시키고 미래에 발생할 수 있는 추론오류에 주의를 기울이도록 교육시키는 것으로부터 시작해야 할 것이다. 그러한 교육은 사람들이 적어도 자신이 행하는 추론과정을 어느 정도 자각하고 있으며, 그러한 자각에 근거하여 의지적으로 추론을 이끌어 낼 수 있다는 것을 전제로 한다.

니스벳과 윌슨(Nisbett & Wilson, 1977b)은 논쟁의 여지가 있는 한 논문에서 사람들이 자신의 인지과정에 거의 접속하지 못한다고 주장하였다. 실제로 심리학 연구에서는 비록 모두는 아니더라도 많은 실험참가자들이 실험에서 자신의 행동에 영향을 미치는 요인에 대해서 전혀 알지 못한다는 사실을 나타내는 상당한 양의 일화적 증거들이 있다. 니스벳과 윌슨은 이러한 관찰을 출발점으로 삼아 일련의 실험을 수행하였다(Nisbett & Wilson, 1977a; T. D. Wilson & Nisbett, 1978). 그 실험에서는 참가자들의 행동에 영향을 미치는 요인들에 체계적으로 처치를 가하고, 어떤 요인들이 그렇게 행동하도록 이끌어 갔는지를 보고하도록 요구하였다. 예컨대, 소비자 선호도를 연구하는 것이라고 광고한 연구에서는 참가자들에게 테이블 위에 전시한 네 가지 나이트가운을 살펴보고 무엇을 선택할 것인지를 물었다. 실제로 이러한 유형의 과제에서는 강력한 계열위치 효과(serial position effect)가 나타나며, 사람들은 전형적으로 가장 우측의 것을 선호한다. (이러한 위치 선호도가 존재하는 이유는 아직 완전하게 밝혀지지 않았다.) 이 실험의 참가자들도 계열위치 효과를 보였지만, 특정한 항목을 선택한 이유를 물었을 때는 선택한 나이트가운 자체의 품질에 초점을 맞춘 설명을 내놓았다. 계열위치가 자신의 결정에 영향을 미쳤을 수 있다고 설명해 주었을 때, 참가자들은 상당한 회의감을 표명하였다.

자기 행동의 원인에 대한 사람들의 신념("나는 핑크색을 좋아하는데 그 나이트가운이 핑크색이다.")과 자기 행동의 실제 원인(핑크색 나이트가운이 가장 오른쪽에 있었다) 간의 괴리는 대체로 자주 언급하였던 판단에 대한 견지의 효과에서 유래한다. 즉, 우리는 잘 알고 있는 원인으로 인해서 어떤 행동을 한다고 믿으며, 우리 행동에 영향을 미쳤지만 자신의 견지에 들어맞지 않는 원인을 자각하지 못하거나 믿으려고 하지 않기 십상이다.

앞의 논의로부터 사람들은 무엇이 자신의 행동을 야기하는지에 대한 견지에서 항상 그르다고 추론해서는 안 된다. 실제로 많은 경우에는 사람들이 옳다. 누군가 당신에게 왜 울고 있는지 묻고, "남자 친구가 떠나 버렸어."라고 당신이 말한다면, 그 분석은 아마도 옳은 것이겠다. 그런데 견지가 옳거나 특정한 사례에 올바르게 적용된다고 해서, 그러한 견지를 갖는 사람이 자신의 인지과정에 특별하게 접속하고 있다는 것을 함축하지는 않는다(T. D. Wilson, Hull, & Johnson, 1981).

추론을 컴퓨터에 넘겨주어야 하는가?

사람들의 추론 결함은 동일한 정보가 주어진 컴퓨터와 대응시켜 볼 때 특히 잘 예증된다. 컴퓨터는 항상 사람 못지않게 추론하거나 더 잘한다(Dawes, Faust, & Meehl, 1989). 이 사실을 어떻게 증명할 수 있는가? 첫째, 모든 사례에서 대체로 동일한 유형의 정보가 포함된 판단 과제를 찾을 필요가 있다. 둘째, 각 경우에 그 정보가 어떻게 결합되어서 결정에 도달하는지에 관한 결정 규칙이 있어야만 한다. 그러한 판단 과제는 비교적 흔하다. 회사는 수요와 현재의 재고를 고려한 후에 상품을 보충하여야 한다. 일단 임상적 관찰, 증상, 검사 결과가 가용한 후에 환자를 진단하고 치료하여야 한다. 시험 성적, 학점, 과거 업적, 추천장 등에 근거하여 학생이 대학원에 입학하거나 탈락하게 된다.

이러한 과제를 수행하는 규범적으로 적절한 방법은 각 사례(예컨대 지원한 학생)를 조사하고, 판단에 부합하는 각 정보를 파악하고(예컨대 평균평점, 추천장, GRE 점수 등), 각 정보에 가중치를 곱하고(예컨대 GRE 점수에 평균평점보다 두 배의 가중치를 주고, 다시 추천장에 평균평점 절반의 가중치를 준다), 모두 합하여 각 사례의 전체 점수를 계산하고, 각 사례의 점수를 다른 사례의 점수들과 비교하여 가장 높은 점수의 사례들을 뽑는다. 이 과정은 소위 선형 모형(linear model)을 채택하고 있다. 전체 점수가 가용한 정보의 가산적 결합이기 때문이다. 이것은 적절하게 프로그래밍된 컴퓨터가 효율적이고 효과적으로 수행할 수 있는 과제다. 다양한 비선형적 조합도 의사결정에 신뢰롭게 활용될 수 있다. 즉, "평균평점이 3.0보다 낮지 않다면 평균평점에 추천서보다 두 배의 가중치를 주며, 3.0 이하일 때는 똑같은 가중치를 준다." 이러한 규칙의 비선형적 본질이 컴퓨터 프로그램을 더 어렵게 만드는 것은 아니며, 오히려 컴퓨터가 인간 의사결정자보다 더 신뢰롭게 수행한다.

불행하게도 인간 의사결정자는 흔히 추론 과제를 수행하는 자신의 능력을 과장하기 쉽기 때문에, 의사결정을 컴퓨터에게 맡기자는 아이디어가 강력한 저항에 부딪히고 만다. 임상적 직관이 엄격한 수리적 공식으로 인해 희생되어서는 안 되며, 이례적이거나 특수한 사례가 끼어들 소지가 있다고 느끼는 것이다. 대학입학 면접시험이나 입회 위원회에 참석하여 '임상적 직관'이 작동하는 것을 보았던 사람들은 그 과정이 무선적이고 비일관적이며, 뻔뻔한 고정관념과 보장할 수 없는 편애 그리고 비합리적인 혐오감으로 충만해 있다는 사실을 알고 있을 것이다.

더스(Dawes, 1980)는 몇몇 유수 대학교의 입학 허가과정에 대해서 특별히 흥미로운 설명을 제시하고 있다. 입학 허가과정에 독특한 속어가 빠르게 만들어진다. 추천자로부터 성숙도나 독립심과 같은 한 가지 특성을 제외하고는 모든 면에서 높은 평가를 받은 지원자를 '피노키오'라고 부른다. 따라서 이들의 프로파일은 뾰족한 돌출부나 코를 갖는다. 이들을 탈락시켜야만 하는 이유는 특정한 속성에서 그토록 낮은 평가를 받아서 주의를 끄는 사람은 분명히 형편없을 것이기 때문이다. '조크 에세이'[1]는 지나치게 짧은 자기소개서를 말한다. '지오(geo)'는 미국 동부에 위치한 대학교에 지원하는 하와이 학생처럼 지역적 다양성을 첨가하는 학생을 말한다. 그리고 모든 사람들은 전설적인 '말끔한 시골 아이(neat small-town kid)'를 찾고 있는 것처럼 보인다. 이미 경험이 있는 학생과 외현적으로 유사한 학생을 비교하는 일이 너무나도 자주 일어난다. "아하. 스메들리 같은 학생이군. 똑똑하기는 하지만 틀에 박혔잖아. 창의성이라곤 찾아볼 수가 없어"(Abelson, 1976). 이러한 유추는, 예컨대 체육을 제외하고는 모든 과목에서 뛰어난 성적을 보였다는 것과 같은 최소한의 유사성에 근거하여 빈번하게 이루어진다.

이러한 문제점에도 불구하고, 이 과정은 집요하게 보호받고 있다. 주창자들은 의사결정자들이 일반적으로 적절한 알고리듬을 사용하며, 규범 모형에서의 이탈은 대기만성자나 회개하고 되돌아오는 탕아를 선발하려는 과정에서 나타나는 것이라고 주장한다. 그렇지만 집단적으로 이루어지는 결정은 독특한 유형의 오류를 내포하며(예컨대 Janis, 1972; Shaw, 1971), 훈련받은 통계학자와 다른 전문가들도 때로는 일반인과 마찬가지로 추론오류에 취약하다(Kahneman & Tversky, 1973; Tversky & Kahneman, 1974). **표 8.1**은 가상적인 두 대학원이 채택한 입학 허가과정에 대해서 선형적 결정 규칙과 비선형적 결정 규칙 그리고 직관적인 인간 의사결정자에 의한 가설적 설명을 보여 주고 있다(Burgess, 1941; L. R. Goldberg, 1968, 1970 참조).

선행 연구들을 대상으로 수행한 두 가지 집중적 분석에서는 임상적 판단을 컴퓨터나 다른 기계적 보조수단과 대비시켰다(Meehl, 1954; J. Sawyer, 1966). 두 분석은

---

1) 역자 주: Jock essay. 굳이 우리말로 표현하면 '운동선수의 자기소개서'가 되겠다. 만일 스포츠가 자기 삶에서 중요한 부분으로 자리 잡아 왔다면, 어떻게 그리고 왜 스포츠가 자신에게 영향을 미쳤는지를 기술해야 함에도 불구하고, 그저 "스포츠를 통해서 현재의 내가 있게 되었다." 식으로 알맹이 없는 짧은 글로 마무리하는 것을 말한다.

표 8.1 선형 모형, 비선형 모형과 인간 의사결정자 간의 비교: 스틴치와 크래블은 대학원에 입학하게 될까?

	사례 A: 제럴드 스틴치	사례 B: 아만다 크래블
GRE*	650 언어, 710 수학	620 언어, 590 수학
GPA**	3.8	2.9
추천서	열성적이고 부지런함	다소 몽상적, 자신을 제대로 보지 못함
선형 모형(컴퓨터에 적용됨)	점수 = 2(GRE) + 1(GPA) + .5(추천서)	
결정:	스틴치에게 입학 허가	크래블은 탈락
비선형 모형(컴퓨터에 적용됨)	점수 = 2(GRE) + 1(GPA) + .5(추천서): GPA 3.0 이상 점수 = 3(GRE) + .5(GPA) + 1(추천서): GPA 3.0 미만	
결정:	스틴치에게 입학 허가	크래블은 탈락
인간 의사결정자	아하. 스메들리 같은 친구군. 창의성이라곤 찾아볼 수 없어.	아하. 우들리 같은 친군가? 대단한 이론가였지. 조금 출발이 늦기는 하지만 말이야.
결정:	스틴치는 탈락	크래블에게 입학 허가
신뢰롭고 타당한 입학 허가 기준을 적용할 때 가능성이 큰 결과	스틴치는 잘 해낼 것이다.	크래블은 잘 못할 것이다.

*GRE: Graduate Record Examination(대학원 입학시험)

**GPA: Grade Point Average(평점평균)

모두 동일한 결론을 도출하였다. 즉, 컴퓨터나 다른 기계적 보조수단이 항상 임상적 판단에 못지않았거나 더 잘 판단한다. 컴퓨터가 하는 일은 무엇이며, 그렇게 잘할 수 있는 이유는 무엇인가? 컴퓨터는 단지 인간 판단자가 자신이 하고 있다고 믿는 것보다 일관성 있게 일을 해낸다. 컴퓨터는 사람들이 설정한 기준을 사용하지만 일관성 있게 사용하며, 신뢰로운 방식으로 가중치를 부여하고, 정보를 정확하게 조합하며 판단을 한다.

인간 의사결정자가 잘못하는 것은 무엇인가? 사람들은 일반적으로 자신이 보다 많은 단서를 사용하며, 실제보다 더 복잡한 판단을 하고 있다고 믿는다. 이 연구를 읽은 한 교수는 예비 학생들에 대한 자신의 순위와 여러 가지 입학 허가 기준 간의 상관관계를 계산한 후에, 당황스럽고도 놀랍게도 GRE 점수만이 자신의 결정에서 유일한 근거였다는 사실을 발견하고 말았다. 사람들은 자신이 사용하고 있다고 생각하는 것만큼 많은 단서를 사용하고 있지 않을 뿐만 아니라, 자신이 그렇게 하고 있다고 믿는 방식으로 그 단서들에 가중치를 부여하지도 않는다. 임상적 판단에 대한 지지 증거가 여전히 남아 있기는 하지만, 일정한 결정 규칙을 사용하여 내놓을 수 있는 결정에 있어서는 컴퓨터가 사람을 압도하는 것이 명백하다. 물론 임상적 판단은 결정에 어떤 변인을 집어넣을 필요가 있는지를 선택하는 데 중요하다. 그렇지만 정보를 통합하여 결정에 도달하는 데 있어서는 사람을 배제하는 것이 최선이기 십상이다(Dawes et al., 1989).

추리 가르치기

문제를 컴퓨터에게 넘겨주는 것이 항상 현실적인 것은 아니다. 추론과정을 증진시키는 두 번째 가능한 방법은 공식적인 교과과정에서 추리를 가르치는 것이다. 니스벳과 동료들은 특정한 문제에 적용 가능한 규칙을 학습하는 것이 다양한 문제로 일반화될 수 있는지 그리고 언제 그것이 가능한지를 알아보고자 추리 교육의 가치를 다루어 왔다. 한 연구에서 퐁, 크란츠, 그리고 니스벳(Fong, Krantz, & Nisbett, 1986)은 참가자들에게 큰 수의 법칙을 훈련시켰는데, 이 법칙은 큰 표본에서 얻은 정보가 작은 표본의 정보보다 신뢰롭다는 것이다. 한 집단의 참가자들에게는 이 법칙에 대한 공식적 훈련을 시켰으며, 두 번째 집단에게는 여러 가지 구체적인 사례 문제에 이 법칙을 적용하는 방법을 보여 주었고, 세 번째 집단은 두 가지 유형의 훈련을 모두 받았으며, 네 번째 집단은 아무런 훈련도 받지 않았다. 결과가 보여 주는 것은 규칙 훈련이나 사례 훈련을 받은 사람들은 그렇지 않은 사람보다 통계적으로 추리할 가능성이 더 크다는 것이었다. 두 가지 훈련을 모두 받은 사람들이 통계적 추리를 가장 많이 나타냈다. 보다 중요한 사실은 사례를 통한 학습을 사용하는 것〔유도적 귀납(guided induction)〕이 가장 높은 정도의 일반화 효과를 나타냈다는 점이다. 이 집단의 참가자들은 훈련을 받았던 영역 못지않게 명시적으로 훈련받지 않은 영역에서도 증진 효과를 나타냈다. 사람들이 추상적 추론규칙을 가지고 있는 것은 확실하며, 유도적 귀납을 통해서 이러한 규칙의 사용을 다양한 장면으로 확장시키고 증진시키도록 훈련시킬 수 있다(Cheng, Holyoak, Nisbett, & Oliver, 1986 참조).

대학원 교육도 추리 전략에 현저한 효과를 나타낼 수 있으며, 이 사실은 위의 결론과 일치하는 것이다. 레먼, 렘퍼트, 그리고 니스벳(Lehman, Lempert, & Nisbett,

1988)은 심리학, 의학, 법학, 화학 분야의 대학원생들을 비교하였는데, 대학원 훈련이 다양한 통계적 추리 과제와 방법론적 추리 과제에 어떤 효과가 있는지를 알아보기 위하여 입학할 당시와 2년 후의 추리 능력을 비교하였다. 일관성 있게 심리학과 대학원생 그리고 다소 떨어지지만 의대 대학원생들이 추리에서 증진 효과를 나타냈다. 아마도 이 두 학문 영역이 확률적 데이터의 해석을 수반하기 때문일 것이다. 거의 배타적으로 결정론적 원인을 다루는 과학인 화학과 대학원생들에게는 증진이 기대되지 않았으며, 실제로 증진 효과가 나타나지 않았다. 마찬가지로 법학 훈련도 법에서 자주 다루는 조건적 문제들을 제외하고는 통계적 추리와 방법론적 추리에 최소한의 효과만을 보였다.

그렇다면 내릴 수 있는 결론은 사람들이 추상적인 통계학적 개념을 사용할 수 있으며, 자발적으로 채택하기는 하지만 적절한 상황에서 항상 정확하게 사용하지는 못한다는 것이다. 형식적 훈련과 사례를 통한 훈련 모두가 광범위한 상황에 통계학적 원리의 적용 가능성을 파악할 능력을 증진시키며, 적절하게 사용할 수 있게 해 준다. 그렇지만 다른 상황에서는 컴퓨터가 더 잘 추론할 수도 있다.

2. 사회적 추론의 오류와 편향: 문제가 되지 않을 수도 있지 않은가?

사회적 추론의 오류와 편향에 대한 두 번째 조망은 이러한 오류가 실제보다 과장된 측면이 있다고 주장한다. 이러한 조망(Funder, 1987; McArthur & Baron, 1983; Swann, 1984)은 두 가지 주요 사안을 제기한다. 첫째, 오류와 편향을 입증하는 실험 연구들은 사람들이 실세계에서 정상적으로 판단을 하는 조건을 만들지 못하기 때문에 추론 과제에서 실제보다 더 무능한 것으로 보이게 만들 수가 있다. 이러한 입장에 따르면, 사회적 지각자의 소박한 추론 전략은 추론을 도출해야만 하는 생태학적 조건과 대인관계적 조건에 적응되어 있는 것이다. 규범 모형을 사용하도록 조장하는 실험 연구의 조건들은 실세계의 판단과 의사결정 상황에는 거의 존재하지 않는다.

둘째, 실험에서 사용하는 판단 과제는 직관적 추론 전략에 불리한 것이기 십상이다(Fischhoff, 1982; Funder, 1987; Kahneman & Tversky, 1982; McArthur & Baron, 1983). 예컨대, 과제는 참가자들에게 친숙하지 않거나 불공평한 것이거나(예컨대 머릿속에서 상관관계를 계산할 것을 기대한다), 참가자들이 오해할 소지가 있을 수 있다. 아니면 정보가 규범 모형을 사용하도록 조장하는 형식으로 제시되며, 효과적인 직관적 추론의 사용을 촉진시킬 수 있는 상세한 맥락 정보를 포함하지 않을 수 있다. 실험적 증거의 이러한 방법론적 편향이 실제로 사람들이 가지고 있는 추론 능력을 보다 부정적으로 바라보게 만들 수 있는 것이다.

따라서 규범 모형은 직관적 추론을 평가하는 부적절한 기준일 수 있다는 논리가 성립한다. 규범 모형을 사용 가능하게 만들어 주는 조건이 실세계에서 주어지는 경우는 거의 없다. 정보는 신뢰롭거나 편향적이지 않거나 완전한 것이 아니기 십상이다. 설령 그렇더라도 명확하고 사용 가능한 형식으로 제시되지 않을 수 있다. 때로는 정보가 가용하지도 않으며, 설령 가용하더라도 규범 모형을 사용하기에는 시간이 턱없이 모자랄 수가 있다.

대부분의 일상적 추론 상황에 규범 모형을 적용할 때 발생하는 또 다른 문제는 규범 모형이 내용을 무시하기 때문에 형식적 구조로 인해 의사결정의 맥락을 무시하게 된다는 점이다. 예컨대, 세 가지 브랜드의 달걀이 있고 세 명의 결혼 후보자가 있을 때, 만일 세 가지 선택지에 대한 정보가 상호간에 동일한 방식으로 체계적으로 차이가 있다면, 규범 모형에서는 이 두 가지 선택이 등가적인 결정으로 취급될 수 있는 것이다. 그렇지만 이러한 두 결정에 사용되는 직관적 과정은 아마도 차이가 있을 것이며, 또한 당연히 그래야만 한다. 규범 모형은 고정된 시간과 환경이 주어졌을 때의(즉, 다른 모든 것들이 동일하다고 가정할 때의) 추론기준을 내놓는다. 그렇지만 의사결정과 추론은 역동적 환경에서 수행되는 것이기 때문에, 고정된 환경을 전제로 하는 예언은 변화하는 조건에 적절하지 않을 수 있다.

또한 수행하려는 판단의 유형이 규범 모형이 아닌 다른 모형의 사용을 시사하는 상황이 존재한다. 점심을 함께 먹으면서 테이블에 물을 쏟고, 고깃덩어리를 옆에 앉은 사람 무릎으로 날려 보내며, 팔꿈치를 버터 그릇에 올려놓은 신출내기 구직자의 예를 들어 보자(Nisbett, Krantz, Jepson, & Fong, 1982). 이 친구는 불안한 것이 확실하며, 그의 불안은 성향적인 것이 아니라 명백하게 상황 요인에 의한 것이다. 나아가서 이것은 그의 행동 중에서 지극히 제한된 표본이며, 미래 행동에 대한 형편없는 예언자일 가능성이 크다. 규범적으로 볼 때는 이러한 우발적 사건을 절감해야만 한다. 그런데 신입사원의 고용 여부를 결정해야만 하는 사람의 실제적인 대안 모형을 생각해 보라. 이 사람은 일관성 있게 업무를 수행하며 중압감을 받는 상황에서도 잘 수행할 수 있는 후보자를 선택해야만 한다. 당신이라면 버터를 자신의 상의에 묻히지 않고 빵에 바르는 사람에게 영업 업무를 맡기지 않겠는가? 요컨대, 통계적 규범 모형은 단지 사회적 판단에 적용할 수 있는 한 유형의 모형일 뿐이다. 위의 사례는 사람들이 견지하고 있으면서 이러한 판단을 할 때 직접적으로 관여하는 대안적 모형이 유용한 기준을 생성하는 것의 예일 수 있는데, 그 기준은 규범 모형이 생성하는 기준과 본질적으로 상충하는 것이다.

나아가서 사람들의 추론이 정확한지의 여부 그리고 언제 정확한지를 평가하는 과제는 생각보다 훨씬 복잡하다. 판단이 어떤 기준에 상응하는지의 여부(예컨대 Hastie & Rasinski, 1988), 다른 사람들도 그 판단에 동의하는지의 여부(Funder, 1987), 또는 그 판단이 적응적이거나 실용적이거나 유용한지의 여부(Swann, 1984)를 결정할 수 있다. 그렇지만 많은 사회적 판단에서는 실제로 정확한지의 여부를 결정하기 위한 기준이 존재하지 않는다. 판단은 객관적 참조물을 가지고 있지 않기 때문이다(Hastie & Rasinski, 1988). 더군다나 곧 보게 되겠지만, 추론은 자기나 자신이 소속된 사회 집단을 보호하거나 고양시키려는 욕구와 같이 정확성이 아닌 다른 욕구를 충족시키기 위한 것이기 십상이다.

우리는 판단의 중요성, 개인적 관여와 같은 요인들이 더 많은 정보를 고려하게 만들며, 더 복잡한 판단 전략을 촉발시키고, 심지어는 특정한 상황에서는 정확성을 증가시키기도 한다는 사실을 알고 있다(예컨대 Harkness, DeBono, & Borgida, 1985). 책임감도 인지 활동을 증가시켜, 책임을 져야 하는 판단은 그렇지 않은 판단보다 더 복잡한 처리 전략을 사용하게 된다(Tetlock & Boettger, 1989). 이러한 관찰에 근거하여 사회적 관찰자가 실험실보다는 실세계에서 더 정확한지의 여부를 판단하기는 쉽지 않다. 게다가 무엇이 '자연스러운' 상황인지를 정의하는 엄격한 기준도 없으며, 많은 실세계 상황은 사회적 지각자들이 정상적으로 사용하는 추론 전략이라는 측면에서 볼 때 지극히 부자연스러운 것일 수 있다(Kruglanski, 1989).

추론오류는 대수롭지 않거나 자기교정적인가?

잘못된 추론과정이 초래하는 몇몇 오류는 문제가 되지 않을 수 있다. 예컨대, 딱 한 번 만난 사람에 대해서 부정확한 인상을 형성하는 것과 같이 편향된 인상이 자신의 미래 행동에 영향을 미치지 않는다면, 그러한 오류는 심각한 것이 아닐 것이다. 실제로 추론과 행동 간의 대응성에 대해서는 알려진 바가 거의 없다. 만일 둘 간의 대응성이 낮다면 추론오류는 별 문제가 되지 않을 수 있다. 편향이 시간 경과에 따라 일정할 때도 문제가 되지 않는다. 예컨대, 자신의 상사를 퉁명스러운 사람으로 간주하는데, 이 사람이 상사의 역할을 할 때에만 퉁명스러우며 상호작용도 상사의 역할을 할 때에만 이루어진다면 상사가 퉁명스러운 것은 문제가 되지 않을 수 있다.

추론은 일단 도출되었다고 하더라도 인지과정이나 행동에 돌이킬 수 없는 영향을 미치는 선택이 아니다. 오히려 많은 경우에 추론은 잠정적인 결론으로서 그 추론이 유발하는 반응에 근거하여 수정될 수 있다. 정상적인 대화는 자신의 추론을 현실적으로 검증할 수 있는 근거를 마련해 주며, 상당한 함의를 가지고 있는 뻔뻔스러울 정도로 잘못된 결론은 수정될 가능성이 크다. 예컨대, 자신이 집안일의 상당 몫을 하고 있다는 주장은 배우자의 강력한 항의에 부닥치게 될 때 수정될 가능성이 크다.

편향은 결정의 대안들이 거의 같은 가치를 가지고 있을 때도 문제가 되지 않을 수 있다. 프린스턴대학교와 예일대학교를 놓고 선택하려는 학생은 친구의 경험에 근거하여 최종결정을 할 수 있지만, 고정관념과 국수주의는 제쳐 놓더라도 두 대학 간에 교육의 질적 차이는 지극히 사소할 것이다. 마지막으로, 편향은 사람들이 사용하는 전략에 거의 영향을 미치지 않을 수 있다. 대학원 입학과정을 생각해 보자. 대단한 능력의 소유자로 판명되는 대학원생은 지극히 드물다. 만일 다섯 명의 학생을 받아들였는데 평범한 직업을 갖게 되고 불합격시킨 다섯 명의 학생도 평범한 직업을 갖게 된다면, 실제로 그러한 결정이 미흡한 방법에 의해서 이루어진 것이라고 할지라도 자신의 의사결정 과정에서 명백한 잘못을 거의 찾아낼 수 없다. 만일 불합격시킨 다섯 학생 중의 한 명이 뛰어난 성과를 보이게 된다면, 한 사례에서 실수가 있었으며 그 학생을 받아들였어야만 했다고 결론 내릴 수 있다. 그렇지만 여전히 열 명 중의 한 명은 그렇게 나쁜 오류율이 아니다. 이러한 추리가 착각인 것은 확실하지만, 많은 처리의 오류가 뻔뻔할 정도의 나쁜 결과를 초래하지 않기 때문에 처리과정은 완벽하게 적절하다는 사실을 강조하도록 만들어 준다.

몇몇 직관적 전략은 특정한 오류에 대한 저항력이 비교적 강하며, 다른 경우에는 하나의 단점이 다른 단점을 해소시킬 수도 있다(Nisbett & Ross, 1980). 예컨대, 희석효과(즉, 극단적인 예언이 무관한 정보의 출현으로 인해서 약화될 수 있다)는 평균으로의 회귀를 파악하지 못하는 것을 방비해 줄 수 있다.

오류의 몇몇 출처는 반복적인 접촉을 통해서 스스로 교정되기도 한다. 예컨대,

친구 몇몇이 최근에 이혼하였다면 이혼율에 대한 추정치가 가용성 발견법으로 인해서 잠정적으로 과장될 수 있지만, 친구들이 무한정 계속해서 이혼하지 않는다는 사실을 생각함으로써 이혼율의 추정치가 결국에는 객관적 데이터와 일치하게 된다.

요컨대, 실험실에서의 추론 과제는 사람들의 오류와 편향 경향성을 극적으로 묘사하기 십상이지만, 실세계에서는 오류와 편향이 그렇게 문제가 되지 않을 수 있다. 흔히 사람들의 발견법적 전략은 통계 모형이나 규범 모형에 근사하게 되며(Griffiths & Tenenbaum, 2006), 직관적 전략은 몇몇 연구가 집중 조명하는 것처럼 항상 극적인 실수로 이끌어 가는 것이 아닐 수 있다. 실세계에서는 사람들이 최적은 아니더라도 충분히 유능한 많은 상황들도 존재한다. 직관적 모형들은 해결하려는 문제의 내용을 받아들인다. 사람들이 중요하지 않은 문제에 대해서는 신속하지만 형편없는 선택과 결정을 내리기도 하지만, 중요한 결정에 대해서는 철저하고 사려 깊을 수 있다. 다시 말해서, 직관적 전략은 실용적 관심사를 수반하는 것이다. 특정한 조건에서는 잘못된 추론이 타인과의 대화를 통한 후속 증거로 교정된다. 요컨대, "만일 우리가 판단과제에서 정말로 형편없다면 어떻게 그토록 잘 판단할 수 있는 것인가?"라는 물음에 대한 한 가지 답변은, 규범적 전략을 사용하는 것이 대부분의 경우에 세상과 관계를 맺는 데 충분히 좋은 방법을 제공한다는 것이겠다.

3. 신속한 판단이 사려 깊은 판단보다 우수할 때도 있는가?

사회인지 연구가 시작되던 시점에는 발견법에 근거한 추론이 결함을 가지고 있다고 생각하였는데, 이 입장은 다음과 같은 관찰 결과에 굴복하고 말았다. 즉, 때로는 엉성하나마 규범 모형에 근사한 주먹구구식 방식이 충분한 정확성을 제공하며 효율성 요구를 만족시키는 데 있어서도 훨씬 우월할 수 있다. 오늘날에는 보다 극단적인 견해가 용인되고 있다. 즉, 적어도 몇몇 상황에서는 발견법에 근거한 신속한 판단이 심사숙고하는 의식적 노력에 비해서 우월한 추론으로 이끌어 가기도 한다.

엄청난 인기를 끌고 있는 말콤 글래드웰(Malcolm Gladwell, 2005)의 책 『블링크(Blink)』[2]는 사회심리학의 주목할 만한 사례들을 인용하여, 많은 복잡한 의사결정이

2) 역자 주: 정확한 제목은 『Blink: The Power of Thinking Without Thinking』으로, 사고하지 않는

나 선택에 있어서 두뇌가 일련의 신속한 계산을 수행하여 즉각적이지만 정확한 평가로 이끌어 가기 쉽다는 주장을 전개하고 있다. 예컨대, 기원전 6세기에 조각된 것으로 알려진 한 쿠로스[3]를 평가하던 매우 해박한 예술사가들은, 비록 어느 누구도 그 이유를 명확하게 제시하지는 못했지만 그 쿠로스가 모조품이라고 즉각적으로 결론지었다.

사회심리학자들은 다른 많은 사례들을 입증해 왔다. 예컨대, 사람들은 한 교수가 강의하는 장면을 찍은 비디오테이프를 몇 초 동안만 보고서도 학생들의 강의 평가 결과를 추론할 수 있는 능력이 있다(Ambady & Rosenthal, 1993). 이토록 작은 '행동의 단편'에 근거한 추론은 우리의 마음이 복잡한 자극으로부터 정보를 통합하거나 추출하여 몇 초 이내에 복잡한 판단에 도달할 수 있는 능력을 가지고 있다는 사실을 명백하게 보여 준다. 또 다른 예에서는 대학생이 사용하는 방을 관찰한 사람들이 그 방의 사용자가 수다스러운지, 철저한지, 과묵한지, 이타적인지를 판단하였다. 이들의 인상은 양심성과 정서적 안정성 그리고 경험에의 개방성을 평가하는 진단도구의 결과와 놀라울 정도로 높은 상관을 나타냈다. 이 모든 판단은 평가를 받는 사람을 한 번도 만난 적이 없는 상태에서 이루어진 것이다(Gosling, Ko, Mannarelli, & Morris, 2002).

물론 모든 즉각적 판단이 정확한 것은 아니며, 글래드웰의 저서 『블링크』도 어떤 판단이 정확한 것이고 어떤 판단이 핵심에서 완전히 빗나간 것인지를 결정하는 많은 지침을 제공하지 못하고 있다. 연구 결과는 신속하고 정확한 추론을 촉진시킬 수도 있는 몇 가지 조건을 시사한다. 한 영역에서 상당한 전문성을 가지고 있으며 과거에 수많은 사례들을 경험하였을 때, 쿠로스를 모조품으로 판단하는 경험 많은 미술관 큐레이터나 교수의 강의 평가를 추정하는 경험 많은 학생의 능력에서 보는 바와 같이, 매우 신속하고 정확한 판단을 내릴 가능성이 더 크다. 다양한 정보를 신속하게 통합하거나, 여러 가지 진단적 정보들을 동시에 사용하거나, 유별나게 속내를 드러내는 단서를 포착하는 능력이 이러한 전문성의 출처일 수 있다.

연구들은 이 논제를 다른 방식으로도 들여다보아 왔으며, 사람들이 자신의 선택이나 결정에 대해서 적극적으로 추리할 때 때때로 형편없는 선택과 결정을 내리기도 한다는 사실을 보여 주어 왔다. 예컨대, 만일 여름방학에 특정한 아르바이트를 할 것

사고의 위력이라는 부제를 달고 있다. 말 그대로 순간의 판단과 결정을 의미한다고 볼 수 있다.

3) 역자 주: kouros. 기원전 5세기 이전 고대 그리스 시대에 만들어진 젊은 남성의 조각상을 말한다.

인지를 결정하거나 아니면 특정한 전공을 선택할 것인지를 결정하고자 시도하고 있을 때, 한 가지 명백한 전략은 결정의 다양한 측면들 각각을 평가하고 각 대안의 장단점에 대한 증거를 분석하는 것이다. 직관적인 매력에도 불구하고, 이러한 전략은 실제로는 추론과 행동 간의 관계를 감소시킨다. 윌슨과 호지스(Wilson & Hodges, 1992)는 어떤 대상을 좋아하거나 싫어하는 이유를 따져 보는 것이 그 대상에 대한 인상을 붕괴시키는 효과가 있으며, 후속 결정에서 그 인상의 영향력을 감소시킨다는 결과를 얻었다. 요컨대, 자신의 추론에 기저하는 이유를 분석하는 것이 실제로는 추론 자체를 일시적으로 변화시키게 된다(Wilson, Hodges, & LaFleur, 1995; Wilson & LaFleur, 1995).

이러한 일이 일어나는 이유는 사람들이 일반적으로 자신의 추론에 대해서 별로 생각하지 않기 때문일 수 있다. 생각해 보도록 유도하게 되면 추론의 특정한 측면에 초점을 맞춤으로써 그 측면이 보다 현저한 것이 된다. 그렇게 되면 중요한 정보와 중요하지 않은 정보를 변별하지 못하게 되거나 특정 정보의 부합성을 제대로 지각하지 못하게 될 수 있다. 결과적으로 형편없는 자질의 결정이 이루어진다(Tordesillas & Chaiken, 1999). 따라서 생각은 추론이 다른 판단과 의사결정에 미치는 영향에 있어서 비일관성을 증가시킬 수도 있다.

딕스터휴이스(Dijksterhuis)와 동료들은 일련의 중요한 연구에서 선택을 하기에 앞서 철저하고 신중하게 생각하는 것이 항상 이로운 것이 아니라고 결론지었다(Dijksterhuis, 2004; Dijksterhuis, Bos, Nordgren, & van Baaren, 2006). 이들은 상이한 유형의 수건이나 오븐용 장갑을 선택하는 것과 같이 단순한 선택은 신중한 생각 후에 더 좋은 결과를 초래하지만, 상이한 집이나 자동차 중에서 선택하는 것과 같이 상당히 복잡한 과제는 무의식적 사고를 통해 더 잘 수행할 수도 있다는 사실을 발견하였다. 실험실 연구와 현장 연구 모두에서 소비자의 선택을 다룬 네 가지 연구를 보면, 복잡한 제품의 구입은 주의를 기울인 신중한 생각 없이 결정하였을 때 더 높은 만족감을 초래하였다. 반면에 단순한 결정은 신중한 판단에서 더 많은 이득을 얻는 것으로 나타났다.

무의식적인 발견법이 주도하는 처리과정이 복잡한 결정에 도움이 되는 이유는 무엇인가? 딕스터휴이스(2004)는 일련의 연구에서 참가자들에게 복잡한 결정 과제를 제시하였는데, 여기서 참가자들의 과제는 각각 여러 가지 속성을 가지고 있는 다양한 대안 중에서 선택해야만 하는 것이었다. 몇몇 참가자들에게는 자신의 결정에 대해서 몇 분 동안 생각하도록 요구하였다. 다른 참가자들은 그 시간 동안 방해 과제를 수행한 후에 결정을 내렸다. (방해 과제로 인해) 무의식적으로 결정을 내린 참가자들이 최선의 결정을 내렸다. 딕스터휴이스는 무의식적 사고가 주도할 때, 선택에 대해서 더 명확하고 양극화되며 통합적인 표상이 기억에 형성됨으로써 더 우수한 결정으로 이끌어 가는 것이라고 결론지었다.

이러한 결정은 무의식적으로 이루어진 것이 확실하기 때문에, 정확하게 어떤 간편법이나 발견법적 처리과정이 수반된 것인지를 결정하기는 불가능하다. 두뇌가 다양한 속성을 가지고 있는 대안을 무의식적으로 걸러 내도록 한다고 해서, 복잡한 결정이 항상 우수한 것인지도 명확하지 않다. 그렇기는 하지만 딕스터휴이스의 연구는 다음과 같은 중요한 결론을 지지해 준다. 즉, 합리적이고 의식적인 고려가 항상 우수한 선택으로 이끌어 가며 효율성의 압력이 있는 상황에서만 이러한 고려를 포기해야 한다는 아이디어는 명백하게 잘못된 것이다. 사람들은 복잡한 추론과 결정을 수반하는 많은 상황에서 잘 작동하는 발견법과 간편법을 진화시켜 온 것이다.

동기적 추론

인간의 추론과정에서 나타나는 외현적 오류가 적어도 몇몇 상황에서는 실제로 이득이 될 수 있는 또 다른 이유는 추론이 정확성과 효율성 이외의 다른 목적을 가지고 있다는 사실에서 유래한다. 추론은 동기적 욕구도 만족시키는 것이다. 제5장에서 보았던 바와 같이, 우리 자신의 개인적 특성, 세상의 통제 가능성과 질서, 그리고 희망적인 미래에 대한 추론은 불안을 감소시키거나, 자존감의 욕구를 충족시키거나, 아니면 보편적으로 표현해서 세상이 어떻게 돌아가는지에 대한 견지의 역할을 담당하게 된다(예컨대 S. E. Taylor & Brown, 1988). 그렇기 때문에 우리는 때때로 세상의 정보를 솜씨 좋게 다룸으로써 그 정보가 제대로 나타나게 되는 것이다.

사람들은 긍정적 사건과 부정적 사건이 자신 앞에 펼쳐지는 이유에 관한 논지를 적극적으로 구축하며, 자신에게 긍정적 사건이 일어날 주관적 가능성을 증가시킨다(Kunda, 1987). 예컨대, 첫 번째 결혼의 이혼율이 40%라는 사실을 알게 되면, 대부분의 사람들은 자신이 그 40%에 속하지 않을 것이며 현재의 배우자와 일생을 같이하게 될 것이라고 예언한다. 안정된 결혼과 연합될 수 있는 개인적 속성들을 집중조명하고, 이혼 가능성을 시사할 수 있는 정보의 중요성을 평가절하하거나 적극적으로 부정함으로써 자신의 예언을 확신하는 것이다. 예컨대, 자기 부모님의 50년간의 결혼생활, 어린 시절의 단란하였던 가정생활, 우정이 고등학교 학창 시절 내내 유지되었던 사실 등을 안정된 결혼의 가능성에 대한 증거로 지적하게 된다. 자기 남편이 이미 한 번 이혼했다는 사실은 또 다른 이혼을 예언하는 요인임에도 불구하고, 자신의 경우에는 이혼을 초래하는 요인이 아닐 뿐만 아니라 일종의 보호막 요인으로 해석할 수 있다("이번 결혼이 지난번 결혼과 마찬가지로 실패로 끝나기를 원치 않기 때문에 우리의 관계를 돈독하게 유지하기 위하여 특히 애를 쓰고 있다."). 우리 자신의 장점과 좋은 사건 간의 외관상 합리적 관계를 도출하는 능력 그리고 우리 자신의 속성과 부정적 사건 간의 연합을 반박하는 능력은 세상에서 우리가 보고자 하는 상관관계를 유지시키는 데 도움을 준다.

사람들이 뻔뻔할 정도의 엉터리 신념을 견지하는 또 다른 이유는 그러한 신념이 동기적인 것이기 때문이다. 많은 사람들은 매일같이 희망하는 과제의 실행 목록을 작성하고 그날 달성할 것을 기대한다. 그러한 목록은 한결같이 지나치게 낙관적인 것이며, 하루를 마감하는 시점에 많은 과제들이 수행되지 않은 채 다음 날로 넘어가게 된다. 규범적으로 표현하면, 자신이 달성할 수 있다고 합리적으로 예상할 수 있는 과제만을 목록에 포함시키는 방향으로 사람들의 행동이 변화되어야만 한다. 그러나 반복적인 반증에도 불구하고 지나치게 낙관적인 행동이 매일같이 지속되는 것이다 (Buehler, Griffin, & Ross, 1994).

이렇게 끈질긴 추론 편향이 지속되는 이유는, 자신이 달성할 것이라고 예상하는 성과에 대한 평가가 현실적일 때에 비해서 그 편향이 보다 많은 것을 달성할 수 있게 해 주기 때문일 가능성이 있다. 예컨대, 비현실적 낙관주의와 과장된 개인적 통제감 같은 편향은, 만일 그러한 편향이 없었더라면 도달할 수 없을 것만 같이 보였을 목표에 도달하려는 원망에 에너지를 공급해 주며, 장애물이 위협적인 것으로 보일 때조차도 버텨 낼 수 있게 도와주는 것이다(Armor & Taylor, 1998; Armor & Taylor, 2003; S. E. Taylor & Brown, 1988).

끈질긴 추론 편향이 지속되는 이유는 그 편향이 긍정적 정서와 자존감을 부추길 뿐만 아니라 지각된 위험을 최소화하기 때문이다. 한 친구가 회계사에게 자신의 경제생활을 예측 가능한 것으로 만들기 위해서 어떤 조치를 취해야만 할지를 자문하였다. 회계사의 반응은 "아무것도 하지 말고 아무 곳에도 가지 말라"는 것이었다. 만일 우리 모두가 취약한 위험을 객관적으로 인식한다면 이러한 인식은 위협적인 것일 수 있다.

사람들이 낮은 확률의 위험에 대한 자신의 취약성을 과대추정하는 경우가 많기는 하지만, 인간 추론의 특성은 공통적인 위험을 과소추정하는 것이며(S. E. Taylor & Gollwitzer, 1995), 특히 누적된 위험을 과소추정한다(Knäupner, Kornik, Atkinson, Guberman, & Aydin, 2005). 어떤 추론 편향은, 만일 그런 편향이 없었더라면 인식하지 못할 수도 있는 위험을 깨닫게 해 줄 수 있다. 많은 심리학자들은 사람들로 하여금, 예컨대 잘못된 건강 행동을 통해서 자신에게 일어나게 되는 위험을 정확하게 인식하도록 만드는 일에 관여하고 있기 때문에, 추론 전략의 잠재적 이득이 위험을 최소화시키는 것이라고 제안하는 것은 직관에 반하는 것처럼 보일 수 있다. 실제로 어떤 위험은 명확하게 인식하고 대처할 필요가 있다. 예컨대, 안전벨트와 콘돔의 사용과 건강검진 등의 필요성 등이 여기에 해당한다. 긍정적 감정을 유지시키거나 회복시키는 추론 편향은 일차적으로 정서에 작동하지만, 행동에 영향을 미친다는 측면에서 문제를 야기할 수 있다. 아무튼 제5장에서 사람들이 자신과 자신의 환경에 대해서 기분 좋게 느낄 때(즉, 위협을 덜 느낄 때), 역설적으로 개인적 위험과 관련된 정보가 행동에 갖는 함의에 더욱 수용적이라는 사실을 회상하기 바란다.

사회적 추론이 만족시키는 동기들을 철저하게 고려해 보면, 규범적으로는 잘못된 추론이 개인적 목표를 충족시키고, 동기와 끈기를 유지시키며, 자신과 자신의 미래를 호의적으로 생각하게 만드는 데 매우 유용하다는 사실이 드러난다.

4. 신경경제학: 백투더퓨처?

사람들이 어떻게 판단과 결정을 하며, 또한 해야만 하는지에 대한 물음은 사회인지 연구에서만 핵심적이었던 것이 아니라 인지심리학, 경제학, 신경과학에서도 중요한 위치를 차지해 왔다. 이 모든 공헌으로부터 최근에는 이렇게 분리되어 진행된 연구들을 통합할 잠재력을 가지고 있는 학제 간 분야가 출현하였다. 이 분야를 신경경제학(neuroeconomics)이라고 부르며, 추론에서 정확성-효율성 상보성과 동기의 역할을 명확하게 규정하는 방식으로 경제학과 신경과학, 심리학이라는 세 분야로부터의 통찰을 결집시키고 있다(Glimcher, 2003; Glimcher & Rustichini, 2004). 개략적으로 표현하면, 기본 아이디어는 경제학을 주도하는 기대효용(expected utility, EU) 모형을 사용하여, 추론이 어떻게 진행되어야 하는지 그리고 어느 두뇌 영역이 관여하는지에 대한 예언을 생성하려는 것이며, 그러한 통찰을 추론이 실제로 진행되는 방식에 관한 연구와 통합하여 관여할 가능성이 있는 하위 신경 시스템을 확인하고(예컨대 감정적 입력이나 자동처리에 관여하는 두뇌 영역), 통찰과 fMRI 같은 신경과학의 방법론을 사용하여 추론에 관여할 것으로 예상되는 두뇌 영역들이 실제로 활성화되는지를 관찰함으로써 이러한 통합적 예언을 검증한다는 것이다(Sanfey, Loewenstein, McClure, & Cohen, 2006). 기대효용 이론을 출발점으로 채택하는 것이 지금까지 개관한 모든 연구들을 놓고 볼 때 그렇게 현명해 보이지는 않지만, 신경경제학은 판단과 의사결정에 관한 사회인지 연구가 제공하는 기술적 이론(descriptive theory)의 통찰을 가지고 그러한 예언들을 검증하고 있다.

사회인지에서 신경경제학의 유용성은 두뇌가 다양한 신경 시스템들을 협응시켜 추론에 수반된 복잡한 과제를 수행하는 역동적 과정에 관한 통일된 이론적 조망을 제공할 잠재력에서 유래한다. 이러한 견지에서 볼 때, 인간의 행동은 단일과정(예컨대 효용성의 계산)에 의해서 초래되는 것이 아니라 수많은 하위 시스템의 상호작용에 의해서 초래되는 것이며, 이러한 상호작용은 동일한 정보에 대한 상이한 성향을 초래할 수 있다. 앞에서 보았던 것처럼, 추론은 흔히 효용성을 극대화시키기보다는 다른 목표를 위한 것이기 십상이다. 따라서 신경경제학의 조망에서 볼 때, 인간의 추론은 다양한 하위 시스템 간의 상호작용이라는 측면에서 규정지을 수 있으며, 그 하위 시스템들은 효용성의 극대화가 아닌 다른 목표에 근거한 의사결정을 하는 데 있어서 다른 처리과정을 선호할 수 있는 것이다. 이러한 대안적 목표는 효율성과 관련될 수 있기 때문에 자동처리에 관여하는 두뇌 영역을 수반할 수 있으며, 자기에 대해서 좋은 감정을 가지려는 욕망과 같이 동기적 관심을 수반함으로써 보상과 관련된 두뇌 영역이 수반될 수도 있다.

기대효용 이론의 유용성은 사회적 추론 과제를 수행하는 동안 일어나는 상이한 두뇌 영역의 활동을 예언하고 해석하는 지침도 생성하는 규범 모형을 제공해 준다는 사실에서 유래한다. 기대효용 이론은 가치함수에서 보상을 수반하며, 상당한 양의 연구들은 보상과 처벌에 관여하는 두뇌 영역들을 탐구해 왔다. 도파민 뉴런 그리고 안와피질(orbitocortex), 선조체(striatum), 후측 대상피질(posterior cingulate cortex)의 뉴런을 대상으로 하는 단일세포 기록법은 이 영역에서의 신경 활동과 보상 강도 간의 관계를 보여 준다(예컨대 McClure, Daw, & Montague, 2003; Padoa-Schioppa & Assad, 2006; 개관을 보려면 Sanfey et al., 2006 참조). 중뇌의 도파민 시스템은 가치

평가에서 중추적이며, 보상 예언에서의 오류를 신호해 주고, 학습 신호를 생성하며, 목표상태를 갱신시키고, 작업기억에서 주의의 초점을 갱신시키는 데 관여하는 것으로 보인다(Sanfey et al., 2006). 노르에피네프린 시스템도 이러한 규제 활동에 관여하며, 특히 특정한 보상으로부터 효용성을 극대화시키고 잠재적 보상의 새로운 출처를 탐색하는 것 사이에서 균형을 유지하는 데 관여한다.

EU 모형은 부정적 효용성에 관여하는 신경 활동을 확인하는 데도 도움이 된다. 예컨대, 전측 대상피질은 반응 갈등과 오류 그리고 부적 피드백과 같이 잠재적 수행 비용에 반응한다(Sanfey et al., 2006). 전망 이론 연구(제7장 참조)들은 이러한 두뇌 영역들이 보상이나 처벌의 절대적 수준보다는 상대적 이득과 손실에 더 반응적일 수 있다는 사실을 시사한다.

확률 추정(효용성 계산에 수반된 다른 성분)의 측면에서는 일반화에 대해서 밝혀진 것이 더욱 없다. 내측 전전두피질의 활동은 금전적 보상을 획득할 가능성과 부적 관계를 갖는 것으로 보인다(Knutson, Taylor, Kaufman, Peterson, & Glover, 2005).

외측 두정엽 내 영역과 전두엽 영역의 활동은 효용성의 계산, 즉 가치와 관련된 정보를 여러 선택지의 확률과 통합시키는 데 관여한다(Sanfey et al., 2006). 외측 두정엽 내 영역의 활동이 중요한 이유는 이 영역이 운동 준비에 관여하며, 사고와 행동 간의 잠재적 연계를 제공해 주기 때문이다. 선조체 보상 영역의 활동도 기대효용성과 상관된다.

지적한 바와 같이, 사람들이 내리는 결정은 탈락하였거나 불완전하거나 아니면 또 다른 이유로 혼란스러워진 정보로 인해서 상당히 불확실하고 모호한 것이 된다는 특징을 갖는다. 선택이 모호성의 특징을 보일 때는 편도체와 안와피질의 활동 증가가 관찰되며, 선조체 시스템 활동의 감소(기대 보상과 정적으로 상관된다)가 관찰된다. 따라서 불확실성의 정도에 반응하는 신경회로가 존재하는 것으로 보인다(Hsu, Bhatt, Adolphs, Tranel, & Camerer, 2005). 이러한 결과들이 중요한 이유는, 결정 대안들에 관한 계산이 불확실성이나 모호성의 영향을 받지 않는다고 규범 모형이 주장하는데 연구들은 영향을 받는다는 사실을 확실하게 보여 주고 있기 때문이다.

신경경제학은 어떻게 사회인지 연구의 예언들을 통합하는가? 사회인지 연구가 제공하는 한 가지 예는 자동처리와 통제처리 간의 핵심적 구분이다. 자동처리는 빠르고 효율적인 데 반해서, 통제처리는 융통성을 갖지만 느리며 용량제한적이다(제2장 참조). 표준 경제학 이론은 자동처리보다는 통제처리에 확실히 더 잘 들어맞는다. 따라서 이 이론에는 외측 전전두피질, 내측 전전두피질, 미측 전대상회, 후측 두정피질, 내측 측두엽이 관여한다. 제2장에서 지적한 바와 같이, 자동처리에는 편도체, 배측 전대상회, 기저신경절, 복내측 전전두피질, 외측 측두엽 등이 관여한다. 따라서 특정한 판단 과제에 수반된 추론 활동이 자동처리를 수반하는지 아니면 통제처리를 수반하는지를 예측할 수 있는 근거가 있다면, 활동을 보일 것이라고 예상되는 두뇌 영역들을 사전에 예언할 수 있는 토대가 되는 것이다.

사회인지 연구가 제안하였으며 EU 모형과는 괴리를 보이는 잘 입증된 또 다른 현상은 정서적 입력을 수반하는 것이다. 정서적 내용이 판단 행동에 결정적일 때는 변연계의 보상처리 구조의 활동을 예상할 수 있으며, 실제로도 그렇다(Camerer, 2003). 또한 중뇌 영역 그리고 중격의지핵(nucleus accumbens)과 복내측 전두엽, 안와전두엽, 전측 대상피질, 편도체와 뇌섬엽피질(insular cortex) 등과 같이 변연계가 투사하는 피질 영역들도 관여한다(Sanfey, Rilling, Aronson, Nystrom, & Cohen, 2003). 비선형적 확률 가중치 또는 손실 혐오와 같이 규범 모형에서 벗어난 현상들은 이러한 영역들이 제공하는 입력을 탐색함으로써 설명될 가능성이 있다.

커닝햄(Cunningham)과 동료들(2003)은 평가적 판단(좋다-나쁘다)과 비평가적 판단(예컨대 과거-현재)에서 자동처리와 통제처리에 수반된 두뇌 시스템을 밝히고자 하였다. 판단이 평가적이든 비평가적이든 간에, 부적 유인가를 갖는 정보가 정적 유인가 정보보다 편도체의 활동을 더 많이 유발하였다. 평가적 판단은 비평가적 판단에 비해서 내측 전전두피질과 복내측 전전두피질의 활동을 더 많이 유발하였다. 모호성을 수반한 판단은 복내측 전전두피질의 활동과 관련되었다. 자동처리는 유인가에 특히 민감한 반면에, 통제처리는 복잡한 판단 과제에 관여하였다. 이러한 연구들은 자동처리와 통제처리 그리고 평가를 탐구하는 사회인지 연구가 제안할 수 있는 신경활동에 관한 예언을 상세화하는 데 도움을 준다.

정서 조절에 관여하는 신경 시스템도 절감효용 모형(discounted utility model)의 괴리를 설명하는 데 도움을 준다. 사람들은 현재의 기회에 높은 가치를 부여하며 미래의 기회를 상당히 절감한다(제7장 참조). 즉각적 보상을 수반하는 선택에는 내측 전두엽과 안와전두엽 영역뿐만 아니라 복측 선조체가 적극적으로 관여하며, 이 영역에는 도파민 신경세포들의 연계가 많고 보상의 평가와 관련되어 있는데, 이러한 사실은 위의 견해와 일치하는 것이다. 반면에 전측 두정엽 영역의 활동은 지연된 큰 보상과 관련되어 있으며, 이 영역의 활동은 보상의 즉시성이라는 편향의 영향을 덜 받는다는 사실을 시사한다(Sanfey et al., 2006).

이와 같이 여러 수준의 분석을 통합하는 것은 오늘날 판단과 의사결정 연구를 주도하고 있는 경제학 모형들의 적용 범위를 넓혀 준다. 복잡한 의사결정과 사회적 추론이 EU와 같은 최적 전략을 따르지는 않는다고 하더라도, 발견법과 같은 단순 기제들이 주어진 입력의 심리학적 토대와 신경학적 토대에 근거하여 규범 모형으로부터의 괴리를 쉽게 이해하고 해석할 수 있는 방식으로 최적 전략에 근사하게 접근할 수가 있다(Sanfey et al., 2006). 의사결정에서 정서적 요인의 역할 그리고 통제처리와 자동처리를 통해 주어지는 다양한 입력은 사회인지 연구의 두 가지 사례를 대표하는데, 오늘날에는 가치와 예측 가능성에 수반된 것으로 알려진 신경회로를 탐색하는 맥락에서 독특하게 확인될 수 있는 신경회로가 상당히 잘 밝혀져 있다.

신경경제학 연구는 의사결정이 상이한 모수치와 원리의 지배를 받는 다양한 하위 시스템 간의 상호작용을 수반한다는 사실을 명백하게 보여 주고 있으며, 또한 그러한 여러 가지 하위 시스템이 무엇인지 그리고 어떤 모수치와 원리에 의해서 주도되는지를 이해하기 위한 방법론도 제공하고 있다. 신경영상과 같은 기법을 사용하여 효용성 계산을 추적해 보는 것이 복잡한 의사결정 과제에 일반화시킬 수 있는 통찰을 제공해 줄 것인지는 아직 밝혀지지 않은 문제로 남아 있다. 그렇기는 하지만, 규범 모형과 기술 모형이 제시하는 명백한 예언이 존재하고 그러한 예언을 검증하기 위한 방법론이 주어진다면 이것은 시도해 볼 만한 가치가 있다. 만일 이 모든 분야가 증거들을 공유하게 된다면, 사회인지에 대한 이해는 신경경제학을 참조하여 증진될 뿐만 아니라 신경과학자들과 경제학자들이 탐구하는 모형들에도 영향을 미칠 가능성이 있다.

요약

전형적으로 사회인지는 규범 모형에 비추어 평가되며, 이러한 평가는 인간의 추론이 다음과 같은 여러 가지 독특한 자질에 의해서 규정된다는 사실을 밝혀 준다—즉, 복잡하고 급속하게 변하기 십상인 환경에서 판단하고 의사결정하는 데 간편법이나 발견법을 사용하는 것, 추론과정과 결과에서 감정적 요인과 동기적 요인의 역할, 추론과정과 결과를 주도하는 사전 논지와 기대의 중요성.

사회적 판단과정은 얼마나 많은 결함을 가지고 있는가? 이 논제에 대해서는 세 가지 조망이 제안되어 왔다. 첫 번째 입장은 적어도 특정한 상황에서는 판단오류와 편향이 심각한 왜곡을 초래할 수 있으며, 그렇기 때문에 추론과정을 교정하는 방법을 찾는 것이 바람직하다고 제안한다. 보편적인 편향이나 오류를 수정할 수 있는 의사결정 방법에는 판단을 보조하는 통계학과 컴퓨터의 사용이 포함된다. 이에 덧붙여 훈련을 통한 추리 기술의 개발이 사람들의 추론 능력을 증진시킬 수 있다.

두 번째 조망은 실험 연구들이 사람들을 실제보다 더 형편없는 존재로 만들며, 직관적 추론 전략이 실세계에서는 상당히 효과적이라고 제안한다. 이 견지에 따르면, 직관적 추론 전략은 효율성 압력, 추론 문제의 특정한 내용과 맥락, 환경이 변화하고 있을 가능성 등을 고려하기 때문에 쓸모가 있는 것이다. 이에 덧붙여 어떤 오류들은 행동에 별 영향을 미치지 않으며, 어떤 것들은 상쇄되고, 또 다른 어떤 것들은 의사소통을 통해서 탐지될 수 있다.

인간의 추론에 관해서 비교적 새로운 입장은 적어도 어떤 상황에서는 발견법에 기반한 판단이 철저하게 따져 보는 판단보다 실제로 더 우수하다는 것이다. 예컨대, 전문가들은 광대한 양의 무의식적 지식을 신속하게 사용하여 의식적 고려를 통해 이루어진 판단보다 정확한 판단을 내놓을 수 있다. 많은 일상적 과제에서도 우리의 마음은 광범위한 자극이 제공하는 정보를 통합하고 추출하여 심지어는 1초도 되지 않는 짧은 시간에 복잡한 판단에 도달할 수 있다. 나아가 적어도 어떤 상황에서는 우리의 추론에 관여하는 신념을 의식적으로 돌이켜 보는 것이 추론과정에 해가 되기도 한다.

사회인지 연구는 어디를 향해서 나아가고 있는가? 점차적으로 사회인지에서 도출된 통찰은 경제학과 신경과학에서 도출된 통찰과 통합되고 있으며, 이러한 상호작용의 한 가지 결과가 신경경제학이라는 분야다. 신경경제학은 규범 모형인 기대효용성 모형, 사회인지의 기술적 연구(descriptive research) 그리고 신경과학의 통찰과 방법론에 근거하여 어떤 신경전도물질과 두뇌 영역이 특정한 유형의 추론 과제에 관여하고 있는지를 밝혀내고자 한다. 이러한 노력을 주도하는 가정에는, 비록 규범 모형이 인간의 추론을 기술하지는 못한다고 하더라도, 규범적 계산뿐만 아니라 사람들이 흔히 사용하는 자동적이고 이론 주도적이며 감정에 기반한 간편법에 수반된 신경기제를 확인해 내는 데 유용한 방식으로 규범 모형에 근사하게 접근할 수 있다는 사실이 포함된다. 이러한 통합적 노력의 잠재적 가치는, 신경과학의 방법론을 사용하여 규범 모형과 기술 모형에서 도출한 가설들을 검증함으로써 상이한 모수치와 원리의 지배를 받는 다양한 하위 시스템 간의 상호작용을 밝혀낼 수 있을 것이라는 데 있다.

제 9 장

태도의 인지적 구조

- 배경
- 두 가지 일관성 이론의 인지적 자질
- 일반인 이론과 태도 변화
- 태도의 기능적 차원

주말에 고등학교 시절의 친구가 방문할 예정이어서 작은 파티를 계획하고 있다고 가정해 보자. 그 친구는 공교롭게도 동성애자인 게이다. 당신은 현재의 친구들이(대부분은 정상적인 이성애자다) 그 사실을 알았을 때 초대손님에 대해서 어떤 반응을 보일까 걱정이 된다. 일어날지도 모르는 어색함을 피하기 위해서는 현재의 친구들을 초청하기 전에 이들의 태도를 알아보는 것이 좋을 것이다. 그렇다면 어떻게 알아보는 것이 최선인가? 대부분의 친구들과 있을 때 동성애라는 화제가 대화에 등장한 적은 한 번도 없었다. 직접 물어볼 수도 있겠지만 솔직한 답을 얻지 못할 수도 있다. 어떤 친구들은 게이에 대한 부정적 편견을 숨기려고 할 수도 있기 때문이다.

친구들의 태도가 문제가 되는 이유는 그 태도가 행동을 예언해 줄 수 있기 때문이지만, 태도는 직접적으로 관찰할 수가 없다. 어떤 자극에 대한 외현적 반응으로부터 추론해야만 하는 것이기 때문에 태도는 가설적 매개변인으로 간주된다. 즉, 심리학자들은 태도가 관찰 가능한 자극(S)과 관찰 가능한 반응(R) 간을 매개하며, 필요한 연계를 제공한다고 가정한다. 심지어는 S–R 행동주의가 심리학을 주도할 때조차도,

제1장에서 지적한 바와 같이 태도 개념은 사회심리학에 계속해서 필수불가결한 것이었다.

이러한 가설적 변인인 태도에 대한 핵심적 정의는 평가(evaluation)이지만, 그 정의는 상당히 다양하다(예컨대 Ajzen, 2001; Albarracín, Johnson, & Zanna, 2005; Crano & Prislin, 2006; Eagly & Chaiken, 2005; Fiske, 2004). 태도는 한 자극을 평가 차원에 따라서 범주화한다(Zanna & Rempel, 1988). 그렇기 때문에 사람들의 특정한 인지반응, 감정반응, 행동반응에서 추론해 볼 때, 태도는 사람들을 긍정적으로 반응하거나 부정적으로 반응하도록 광범위한 영역에 위치시키게 된다.

1. 배경

20세기 초엽에 고든 올포트(Gordon Allport, 1935)는 태도란 "오늘날 미국 사회심리학에서 가장 독특하고 필수불가결한 개념"(798쪽)이라고 주창하였다. 이 분야는 2차 세계대전에 의해서 촉발된 다음과 같이 다양한 태도 연구에서 출현하였다—즉, 선전 선동과 설득(Hovland, Janis, & Kelley, 1953; Hovland, Lumsdaine, & Sheffield, 1949), 반유태인 편견과 반민주주의 편견(Adorno, Frenkel-Brunswik, Levinson, & Sanford, 1950), 군생활의 만족도와 박탈감(Stouffer, Suchman, DeVinney, Star, & Williams, 1949). 이러한 초기 노력은 측정치로서의 태도와 중요한 이론적 변인으로서의 태도 모두에 크게 의존하였다. 사회심리학 초창기 수십 년은 대부분 태도를 측정하고 정의하는 방식에 집중되었다. 그 이후에는 사회심리학의 모든 주제로 스며들게 되었다. 이 책은 태도의 인지적 상관체에 초점을 맞추며, 제15장은 태도와 행동 간의 연계를 다룬다.

태도 연구는 사회심리학의 출발 시점으로 거슬러 올라가기 때문에, 얼핏 보기에 사회인지 연구는 전통적 사회심리학자들에게 불필요한 것으로 보일 수도 있다. 태도 연구에 대한 사회인지의 초기 공헌은 태도 형성과 변화에 수반된 매개과정(예컨대 주의, 기억)에 대한 정교한 분석이었다. 메시지 전달자나 메시지의 자질과 같은 전통적 변인들을 새로운 방식으로 다룰 수 있었으며, 이렇게 함으로써 인지적 접근의 진가를 확립하는 데 도움이 되었다. 이렇게 핵심적인 영역에 초점을 맞춤으로써 초기의 회의론자들에게 사회인지적 접근의 차별성을 예증하게 되었다. 오늘날 태도와 사회인지는 이 분야를 대표하는 「Journal of Personality and Social Psychology」의 앞부분을 공유하고 있으며, 태도 연구는 (a) 평가적 부담이 적은 인지(예컨대 발견법)와 평가적 부담이 많은 인지(예컨대 태도) 간의 공통적인 처리과정을 밝히고, (b) 여러 가지 핵심적인 사회인지 주제(예컨대 고정관념, 편견)에 대한 이론적 폭을 확장시켜 주며, (c) 감정(또는 적어도 평가)과 행동을 강조함으로써 사회인지적 조망을 철저하게 보완해 주고 있다.

사회인지 연구는 오늘날의 태도 연구를 풍요롭게 만들어 주고 있지만, 초기 이론에도 인지가 존재하였다. 태도에 대해서 영향력이 가장 큰 접근 중에는 인지 일관성(cognitive consistency) 이론들이 있었다(Abelson et al., 1968). 1960년대 사회심리학 전문잡지를 주도하던 이 이론들의 근본 가정은 불일치가—인지들 간에, 감정들 간에, 아니면 인지와 감정 간에—태도 변화를 야기한다는 것이었다. 앞으로 보게 되겠지만, 인지부조화 이론(cognitive dissonance theory; Festinger, 1957)과 균형 이론(balance theory; Heider, 1958)이 대표적이다. 다른 중요한 태도 이론들도 인지에 중요한 역할을 부여한다(Fishbein, 1963; Insko & Cialdini, 1969; Kiesler, 1971; Osgood & Tannenbaum, 1955; M. J. Rosenberg, 1956, 1960). 우리는 태도에 관한 엄청난 문헌을 넌지시 언급할 수밖에 없지만, 핵심은 다음과 같은 것이다. 실질적으로 모든 태도 이론에서 인지가 중요한 역할을 담당하며, 아마도 예외는 파블로프 식으로 조건형성된 태도(Staats & Staats, 1958)와 단순노출 효과(예컨대 Zajonc, 1980b; 제14장 참조) 정도겠다. 그렇기는 하지만 인지혁명이 일어나기까지는 태도 이론이 인지심리학과 사회인지 그리고 보다 최근의 인간 신경과학의 발전을 끌어들일 수 없었다.

특히 초기의 한 태도 이론은 명백하게 계열적 정보처리 모형이기 때문에 오늘날의 인지적 접근을 예시하였다. 제1장에서 심적 조작을 계열적 단계로 분할하는 것으로 초기 정보처리 모형들을 기술하였던 것을 회상해 보라. 맥과이어(McGuire, 1969, 1976, 1985)의 인지반응의 연쇄는 필요한 조건들을 개관하고 있으며, 대부분의 조건들은 인지적인 것으로서 행동에 영향을 미치는 설득적 의사소통을 위한 것이다. 그 단계로는 노출, 주의집중, 이해, 양보, 파지, 인출, 결정, 행동 등이 포함된다. 예를 들어서 정치 캠페인 홍보 문건을 생각해 보자. 이 문건이 효과를 발휘하기 위해서는 캠페인 관리자들이, 예컨대 자동차 앞 유리에 문건을 꽂아 놓는 등의 방식으로 유권자를 그 문건에 노출시켜야 할 뿐만 아니라, 그 팸플릿이 주의를 끌며 이해할 수 있으면서도 설득력 있는 메시지를 전달한다고 확신할 수 있어야만 한다. 사람들은 새로운 태도(긍정적인 것이어야 하겠다)를 파지하고, 인출하며, 결정적 행동, 예컨대 스마일리가 아니라 스메들리에게 투표하는 데 그 태도를 사용하겠다고 결정해야만 한다. 이론적으로는 신중하게 상세화된 인지적 단계들의 전체 순서가 행동을 초래하게 된다. 이와 같이, 그의 이론은 최근의 인지 지향적인 태도 연구를 예견하고 있는 것이다. 나아가서 맥과이어가 상세화한 여러 단계들은 오늘날의 연구에서도 계속해서 중요성을 가지고 있다(Eagly & Chaiken, 1984).

태도에 대한 과거 접근과 새로운 접근의 비교

이 장과 제10장에서 제시하는 보다 새로운 인지적 접근은 여러 가지 중요한 측면에서 과거의 태도 이론에 토대를 두고 있다. 많은 결정적 변인들이 동일하다. 몇몇 방법론적 절차는 오래전에 확립되었으며, 계속해서 연구 패러다임의 토대를 형성하고 있다. 예컨대, 오늘날의 연구자들은 때때로 과거의 실험설계를 재사용하면서 주로 매개과정에 대한 보다 상세한 분석을 첨가한다. 과거 연구에서 이월된 또 다른 것은 오늘날의 많은 이론적 논제들이 과거 문제의 변형이라는 점이다. 마지막으로 과거의 많은 접근들은 방금 기술한 바와 같이 지극히 인지적인 것이었다.

그렇지만 과거의 접근과 새로운 접근 간에는 차이도 존재한다. 첫째는 둘 간에 존재하는 소위 메타 이론적(metatheoretical) 차이이다. 즉, 중요한 개념적 차이가 대부분의 일관성 이론들에 공통적인 주도적 개념틀과 태도 연구에 대한 사회인지적 접근의 배경이 되는 지배적 개념틀을 분리시키고 있다. 대부분의 '인지적' 일관성 이론들은 일관성을 향한 강력한 동기적 기반을 상정하였다. 일관성 이론들의 배경이 되는 공통된 메타 이론은 내적 불일치(internal discrepancy)를 감소시키려는 추동이었다. 일관성 이론들은 비동기적 원리에 따라서 작동하는 인지 시스템에 대한 이론으로 설계된 것이 아니었다. 전통적인 일관성 이론은 사람들이 두 가지 갈등적인 신념을 견지함으로써 발생하는 불편한 감정을 회피하기 위하여 불일치를 해소한다고 상정한다. 반면에 인지적 접근은 인지 시스템에 대한 오늘날의 이해에 토대를 둔다. 예컨대, 불일치를 다루기 위해서 오늘날의 인지적 접근은 사람들이 불일치를 해소하려는 것은 무엇보다도 기억 저장의 효율성을 위한 것이라고 상정한다.

둘째, 세부적인 이론적 차이가 과거의 접근과 새로운 접근을 구분한다. 새로운 접근은 명백하게 과거에는 가용하지 않았던 인지 이론들에 근거한다. 이 이론들은 설득에서 정보의 체제화와 처리과정을 상세화하는 정확한 개념틀을 제공해 주며, 이 개념틀은 태도 변화와 관련된 인지과정에 대한 보다 세밀한 분석을 가능하게 해 준다.

셋째, 태도 변화를 연구하기 위한 많은 새로운 방법들을 인지심리학에서 차용함으로써 진화되어 왔다. 태도 이론들은 오래전부터 내적 구조를 상정해 왔지만(Zajonc, 1968b), 태도 연구에서 인지적 체제화와 역동성에 대한 정교한 분석(인지심리학에서 전형적으로 하는 작업이다)은 최근에 측정 기법이 발전함에 따라서 가능하게 되었다. 1970년대에 태도에 대한 정보처리적 접근은 메타 이론적 발달, 이론적 발달, 방법론적 발달에 근거하여 여러 방향으로 확장되었다.

새로운 연구의 방향을 개관하면서, 대부분의 설득 연구가 라스웰(Lasswell, 1948)이 기술하였으며 호블랜드, 재니스, 그리고 켈리(Hovland, Janis, & Kelley, 1953)가 정교화시킨 개념틀, 즉 누가 누구에게 어떤 통로로 어떤 효과를 갖는 무엇을 말하는가(who says what to whom in what channel with what effect)의 개념틀에 토대를 두고 있다는 사실을 보게 될 것이다. 따라서 연구는 메시지 발신자, 메시지, 수신자, 양상, 태도 변화의 지속적 효과라는 특징에 초점을 맞추는 경향이 있다. 비록 정보처리 관점을 명시적으로 나타내지는 않았지만, 호블랜드, 재니스, 켈리의 연구 프로그램은 주의와 이해 같은 내적 과정을 강조하는 맥과이어의 설득의 연쇄와 여러 이론들을 예견하게 만들었다. 나아가서 오늘날 대부분의 인지적 연구는 이들의 고전적 연구가 처음으로 밝힌 효과들을 설명하려는 시도다.

이 장에서는 우선 오늘날의 사회인지를 예견하였던 두 가지 전통적 태도 이론, 즉 부조화 이론과 균형 이론의 엄격한 인지적 자질을 다룬다. 그다음에 태도 변화에 대한 사람들의 소박한 이론에 근거한 세 가지 인지적 접근, 즉 메시지 전달자에 대한 수신자의 귀인반응, 집단에서 상호교환되는 정보에 대한 사람들의 생각, 그리고 자신의 태도 변화에 대한 사람들의 생각을 살펴본다. 앞으로 보게 되겠지만, 인지 지향적 태도 연구는 초기 태도 이론가들의 관심을 촉발시켰던 동기적 논제를 다루는 방향으로 되돌아오고 있다.

2. 두 일관성 이론의 인지적 자질

1950년대 후반에 제안된 태도에 관한 일관성 이론들은 태도와 인지과정 간의 상호작용을 예견하였다. 각각의 경우에 대해서 가장 부합하는 일관성 이론을 간략하게 개관하는 것으로 시작한 다음에 오늘날의 인지적 해석을 기술한다. 각각의 절은 부조화 이론과 선택적 지각, 부조화 이론과 선택적 학습, 그리고 균형 이론과 타인에 대한 정보의 선택적 회상에 초점을 맞춘다(Zajonc, 1968b 참조).

부조화 이론과 선택적 지각

부조화 이론(Festinger, 1957)은 인지 간의 불일치에 초점을 맞추고 신념과 행동이 어떻게 태도를 변화시키는지를 기술한다. 이 견해에서 불일치는 부조화(dissonance)라고 부르는 동기상태를 야기한다. 흡연이 암을 유발한다고 믿으면서도(인지) 어쨌든 담배를 피운다면(행동에 대한 갈등적 인지) 인지부조화에 노출된 것이다. 연구자들은 부조화가 혐오적인 각성상태를 야기한다고 가정하였으며, 후속 연구들은 실제로 그렇다는 사실을 보여 주었다(예컨대 Elliott & Devine, 1994; Losch & Cacioppo, 1990; 초기의 개관을 보려면 Fazio & Cooper, 1983 참조). 흡연하는 행동과 흡연이 암을 유발한다는 사실을 아는 것 간의 불일치에 대해서 생각하면 불편하고 긴장하게 된다. 이에 따라서 그 각성(불편함)을 감소시키려는 추동이 부조화를 감소시키도록 인지를 재배열시킨다. 이론적으로는 불일치를 감소시키기 위해서 행동을 변화시킬 수도 있지만, 대부분의 부조화 연구는 불일치하는 인지가 변화될 가능성이 큰 상황에 초점을 맞추어 왔다. 이렇게 인지적 변화에 초점을 맞추는 것은 부분적으로 인지과정 자체를 연구하려는 실험적 전략이었다. 또한 행동은 현실적 제약을 더 많이 받기 때문에(즉, 행동은 공개적인 것이기 십상이다) 인지나 태도보다 변화시키기가 더 어렵다.

일관성을 증진시키는 대부분의 방법은 인지적인 것이다. 당신이 흡연을 하며 그 행동에 부합하는 여러 가지 인지를 가지고 있다고 가정해 보자(아니면 무엇이든 건강에 해로운 습관을 선택하라). 당신은 흡연과 조화를 이루는 한두 가지 인지(맛이 좋다, 이완시킨다)와 부조화를 이루는 여러 가지 인지(암을 유발한다, 값이 비싸다, 냄새가 난다, 다른 사람이 싫어한다)를 가지고 있을 수 있다. 부조화 인지가 조화 인지보다 수적으로 압도적이기 때문에 인지적 불일치가 발생하는 것이며, 부조화를 경험하게 되는 것이다. 부조화를 감소시키기 위하여 당신은 다양한 방식으로 인지를 변화시킬 수 있다. 즉, 부조화 인지에 대한 조화 인지의 비율을 높이기 위하여 인지를 첨가시키거나 탈락시키거나(즉, 신념을 변화시킨다. 예컨대, 흡연은 체중을 감소시켜 준다는 아이디어를 첨가하고 냄새와 가격에 관한 인지를 제거한다) 아니면 부조화 조건들의 중요성을 감소시킨다(예컨대, 아무튼 다른 것 때문에도 죽을 수 있는데 왜 암을 걱정하는가). 이것이 모든 가능성을 나열한 것은 결코 아니다(Cooper, 1995; Petty & Wegener, 1998 참조).

요약컨대, 부조화 이론은 불일치 인지가 각성을 유발하며, 그 각성을 감소시키려는 추동이 태도와 부합되는 인지의 변화로 이끌어 간다고 상정한다. 따라서 앞으로 보게 되겠지만, 사람들은 태도나 행동과 불일치하는 인지를 회피하기 십상이다.

선택적 지각

대부분의 일관성 이론들은(Abelson et al., 1968) 사람들이 자신의 태도를 강화시켜 주는 데이터를 찾고 주목하며 해석한다고 상정한다. 특히 부조화 이론은 사람들이 부조화를 증가시키는 정보를 회피할 것이라고 예언한다. 즉, 사람들은 자신의 태도, 행동과 일치하는 정보를 선호한다. 여기서의 논의를 위해서 선택적 지각에 관한 연구들을 선택적 노출(아직 주어지지 않은 일관적인 정보를 추구한다), 선택적 주의(일단 주어지면 일관적 정보에 주목한다), 선택적 해석(모호한 정보를 일관적인 것으로 해석한다)으로 나눈다.

선택적 노출(selective exposure)은 참일 자격을 갖춘 원리이지만(McGuire, 1969), 불행하게도 초기의 증거 대부분은 혼란스러운 것이었다(Brehm & Cohen, 1962; Freedman & Sears, 1965; J. Mills, 1968; Wicklund & Brehm, 1976). 때로는 지적 정직함과 공정함이 사람들로 하여금 자신의 태도와 일치하지 않는 정보를 추구하도록 촉진시키기도 한다(Sears, 1965). 정보의 효용성과 신기성은 노출을 결정하는 데 있어서 부조화를 압도하기 십상이다(Brock, Albert, & Becker, 1970). 그렇지만 실질적인 선택적 노출(de facto selective exposure)은 명백하게 존재하다. 우리 대부분은 취향에 맞는 위상을 제공해 주는 쪽으로 편향된 환경에서 살아가고 있다(Sears, 1968; E. Katz, 1968 참조). 사람들은 자신의 태도를 강화시켜 주는 친구, 잡지, 영화, TV 프로그램을 선택하는 경향이 있으며, 이것은 다시 자신과 의기투합하는 타인에 의해서 강화를 받는다. 또한 사람들이 접촉하는 것이 우선적으로 태도를 형성시키기 때문에, 자신을 둘러싸고 있는 정보에 동의하는 경향이 있다.

따라서 태도에 근거한 선택적 노출에 대한 초기의 지지 결과는 주로 실질적인 선택적 노출을 가리키는 것이었다. 뒤이어서 정교화시킨 가설은 부조화를 증가시키는 다양한 조건들이 선택적 노출도 증가시킨다고 제안하였다. 즉, 명시적으로 선택을 하도록 만들거나 공개적으로 천명하도록 하는 것(Frey, 1986), 개인적으로 중요한 태도(Holbrook, Berent, Krosnick, Visser, & Boninger, 2005), 정보가 단계적으로 주어짐으로써 더 몰입하게 만드는 것(Jonas, Schulz-Hardt, Frey, & Thelen, 2001), 선택지 탐색을 제한하여 지지적 정보가 최선이라고 생각하게 만드는 것(Fischer, Jonas, Frey, & Schulz-Hardt, 2005), 마지막으로 인생은 짧다는 것을 상기시켜서 부합하면서도 중요한 태도에 초점을 맞추게 하는 것(Jonas, Greenberg, & Frey, 2003) 등을 들 수 있다. 따라서 특정한 조건에서는 태도와 조화를 이루는 정보에의 선택적 노출이 일어난다. 선택적 지각의 이러한 측면은 중요한 인지과정, 즉 정보 추구과정을 다루고 있으며, 선택적 지각의 다른 두 측면인 주의와 해석에 대한 바탕을 마련해 준다.

선택적 주의(selective attention)는 일관성 압력에 반응하는 것이다. 흔히 사람들은 불일치 증거보다는 일치 증거에 더 오랫동안 주목한다(Brock & Balloun, 1967; A. R. Cohen, Brehm, & Latané, 1959; Jecker, 1964). 예컨대, 한 연구(J. M. Olson & Zanna, 1979)는 참가자들을 억압자(전형적으로 위협적인 자극을 회피하는 사람)와 민감자(전형적으로 위협적인 자극을 탐색하는 사람)로 분류하였다. 두 집단은 모두 특정 그림들에 대한 태도를 보고하였다. 그런 다음에 실험자는 참가자들에게 한 쌍의 그림을 선택하여 가져갈 수 있게 하였는데, 모든 쌍에는 좋아하는 그림과 싫어하는 그림이 포함되어 있었다.

결정을 한 후에 참가자는 자신이 선택한 그림쌍을 보았다. 부조화 이론은 자신의 선택에서 긍정적인 측면, 즉 선택한 그림쌍에서 선호하는 그림에 초점을 맞출 것이라고 예언한다. 결과를 보면, 억압자들만이 예언한 대로 행동하였다. 선택일치 그림을 들여다보는 시간이 통제집단과 비교하여 길었으며, 자신의 선호와 일치하지 않는 그림을 회피하였다. 따라서 일관적인 정보는 억압자에게서만 선택적 주의를 유발하였다. 만성적 낙관론자들도 억압자와 마찬가지로 위협적인 자극을 회피한다(Isaacowitz, 2005). 그리고 스트레스가 선택적 주의를 증가시키는데(Chajut & Algom, 2003), 아마도 당장 사용할 수 있는 심적 자원이 제한되기 때문일 것이다. 따라서 선택적 주의는 특정한 경우에 특정한 자극에 대해서 특정한 사람에게 있어서만 작동한다. 예컨대, 사람들은 쉽게 반박할 수 있는 반론에 선택적으로 주의를 기울인다(Kleinhesselink & Edwards, 1975).

또한 사람들은 선택적 해석(selective interpretation)으로 자신의 태도를 보호한다(노출, 주의와는 별개의 것이다). 사람들의 태도는 자신이 관찰한 것에 대한 해석을 변화시킬 수 있다(예컨대 Vidmar & Rokeach, 1974). 몇 가지 사례를 생각해 보자. 대통령 후보들에 대한 태도는 토론 성과의 판단에 영향을 미친다(Fazio & Williams, 1986; Holbrook et al., 2005). 팔레스타인-이스라엘 갈등에 대한 태도는 새로운 보도의 공정성 판단에 영향을 미친다(Vallone, Ross, & Lepper, 1985). 외집단에 대한 태도는 그 집단의 행동에 대한 귀인에 영향을 미친다(Pettigrew, 1979). 그리고 유로화 도입에 대한 기대는 독일인들의 가격 상승 판단에 영향을 미친다(Traut-Mattausch, Schulz-Hardt, Greitemeyer, & Frey, 2004). 이러한 사례들이 비록 선택적 해석에 대한 부조화 이론의 예언과 항상 정확하게 일치하는 것은 아니지만, 그 이론과 잘 맞아떨어지며 사회인지에서 명시적으로 도출한 개념틀과도 일치한다.

결론

부조화와 선택적 지각에 대해서 한마디 덧붙이고자 한다. 비교문화 연구들은 인지부조화가 문화적 맥락에 따라서 서로 다르게 작동한다고 제안한다. 회고적 지각(retrospective perception)을 수반하는 부조화 감소의 사례를 보자. 전형적으로 유럽인들과 유럽계 미국인들은 일단 선택이 이루어진 후에는 자신이 선택한 대안이 명백하게 우월한 것이라고 재해석하며 장점을 강조하고 단점을 평가절하하는 반면에, 선택하지 않은 대안에 대해서는 정반대의 입장을 나타냄으로써 자신의 선택을 정당화한다. 이 과정은 선택하지 않은 대안의 장점과 선택한 대안의 문제점이 야기하는 부조화를 감소시킨다. 대안 늘어놓기(spreading the alternatives)라고 부르는 이 현상은 연구 초기부터 유럽계 전집에서 잘 입증되었다(Brehm, 1956). 그렇지만 동아시아인들은 자신의 결정을 반드시 정당화하지 않는다(Heine & Lehman, 1997). 상대적으로 상호의존적인 문화의 특성으로 인해서 단지 자기와 관련된 타인이 언급되거나(Kitayama, Snibbe, Markus, & Suzuki, 2004) 아니면 친구를 위해서 선택을 할 때에만(Hoshino-Browne et al., 2005) 그렇게 한다. 따라서 결정 후 부조화 감소 그리고 선택적 주의와 해석에 대한 부조화의 효과는 문화적 맥락에 달려 있을 수 있다.

요약컨대, 부조화 이론은 사람들이 자신의 태도나 선택과 불일치하는 정보를 회피하려는 동기를 가지고 있다고 예언한다. 선택적 노출에 대한 증거는 혼란스럽지만, 선택적 주의와 해석에 대한 증거는 강력하다. 사람들은 애초부터 적어도 주의와 오지각으로 인해서 자신의 신념을 강화시키는 데이터를 수집하도록 편향되어 있다. 일관성 개념틀에 의한 이러한 초기 통찰은 사회인지가 정보처리 단계들의 분석을 강조하는 것과 잘 들어맞기 때문에, 이러한 측면에서 사회인지 연구를 예기해 주는 것이다. 최근에는 이러한 연구가 사회인지적 접근으로부터 도움을 받아 왔다.

부조화 이론과 선택적 학습

부조화 이론과 다른 일관성 이론들의 지지자들은 태도일치 정보의 선택적 학습과 기억도 예언한다. 이 예언은 부조화 이론가들에게만 독특한 것은 아니었다. 태도 일관성의 선택적 기억은 태도 연구에서 제기된 최초의 물음 중 하나였다(J. M. Levine & Murphy, 1943; Watson & Hartmann, 1939). 초기 이론과 몇몇 후기 이론들은 모두, 만일 한 쌍의 부부가 동계 휴가를 버몬트에서 보낼 것인지 카리브 연안에서 보낼 것인지를 두고 말다툼을 벌이고 있다면, 스키 중독자는 저렴한 스킨스쿠버 관광의 세부사항을 절대로 알아보고자 하지 않을 것이며, 태양 숭배자는 스키 패키지 여행의 세부사항을 절대로 들여다보려고 하지 않을 것이라고 예언한다. 불행하게도 선택적 학습의 증거는 '명백하게도 불확정적'이다(Greaves, 1972). 그린월드(Greenwald, 1975)는 연구들을 개관하면서 선택적 학습의 증거를 내놓은 연구들이 모두 엉터리일 수밖에 없는 이유는 그에 못지않은 많은 수의 연구들이 그러한 증거를 찾는 데 실패하였기 때문이라고 결론지었다. 나아가서 증거들은 오류가 있기 십상이며, 최근 연구는 부분적으로 인지심리학에서 도출한 통찰에 근거하여 정확하게 어떤 오류를 범했는지를 보여 준다. 예컨대, 많은 연구들은 주장의 친숙성과 기분 좋음(agreeability)을 혼동해 왔다(Zanna & Olson, 1982). 스키 애호가는 스키를 찬성하는 주장에 대해서 자주 생각해 왔기 때문에 태양을 찬성하는 주장보다 스키를 찬성하는 주장을 더 잘 회상한다고 해서 놀랄 일은 아니다. 친숙한 주장은 기분 나쁜 주장을 망각하려는 부조화 기반 동기를 가정하지 않더라도 회상하기가 용이한 것이다(Schmidt & Sherman, 1984 참조).

태도에 의해서 호의적인 정보를 선택적으로 학습하고 파지하는 것은 특수한 조건에서 일어나는 것으로 보이는데, 그 특수한 조건이란 부분적으로 정보처리의 유관성에 의해서 정의된다. 의도학습보다는 우연학습이 선택적 학습 효과에 대한 명백한 지지 증거를 제공한다(Malpass, 1969). 즉, 사람들은 자신이 나중에 학습한 자료에 대해 검사받을 것이라는 사실을 모를 때 더욱 선택적일 가능성이 크다. 크루즈 여행과 스키 패키지 여행의 세부사항을 자주 설명해야만 하는 여행 에이전트는 자신이 그 여행에 대해서 개인적으로 어떻게 느끼느냐에 관계없이 두 유형의 주제를 모두 기억해 낼 것이다. 충분한 동기를 가지고 있는 것이 선택적 학습 효과를 압도할 수 있다(Zanna & Olson, 1982).

중요한 태도는 특별히 태도 관련 기억을 증진시킨다(Holbrook et al., 2005). 특히 강력한 태도는 사람들로 하여금 취향에 맞지 않는 메시지를 반박하도록 동기화시킴으로써 메시지의 논지를 기억해 내게 된다(Eagly, Kulesa, Brannon, Shaw-Barnes, & Huston-Comeux, 2000). 또한 강력한 태도는 취향에 맞는 논지도 기억하도록 동기화시키는데, 이 경우에는 그것이 즐거운 것이기 때문이다. 전반적으로 볼 때, 메타분석 결과는 태도가 반드시 취향에 맞지 않는 메시지를 적극적으로 반박하는 효과로 인해서 태도 일치 기억을 증진시키는 것은 아니라는 사실을 보여 준다(Eagly, Chen, Chaiken, & Shaw-Barnes, 1999; Eagly, Kulesa, Chen, & Chaiken, 2001).

선택적 학습을 촉진하는 다른 조건들은 관련된 사람의 유형에 달려 있다(Zanna & Olson, 1982). 자존감이 높은 사람은 태도에서 보다 편향되어 있으며, 내적 통제 소재를 가진 사람도 마찬가지다. 우리의 사례로 되돌아가서, 부부 중 한 사람의 자기 확신감이 보다 높고 일반적으로 자신이 주변 사건들에 영향을 미칠 수 있다고 생각한다고 가정해 보자. 그 사람은 상대방의 반대 주장을 망각할 것이 거의 틀림없다. 마지막으로 즐겁지 않은 사실을 억압하는 경향이 있는 사람도 마찬가지로 태도와 상치되는 정보를 망각하는 경향이 있다(Zanna & Olson, 1982). 취향에 맞는 주장의 선택적 학습에 대한 부조화 이론과 다른 이론들의 예언은 특정한 사람들에게 있어서 특정한 상황에서만 지지되는 것으로 보인다.

후속 연구는 일관성 과정이 자동적으로 작동할 수 있다는 것을 시사한다. 기억이 손상된 사람(기억상실증 환자)과 인지적 부하가 걸린 상태의 사람들조차도 부조화를 감소시키는 태도 변화를 보여 준다(Lieberman, Ochsner, Gilbert, & Schacter, 2001). 이 사실은 기억의 역할이 전적으로 명시적이고 의식적일 필요는 없다는 사실을 시사한다.

균형 이론과 선택적 회상

청소년들은 부모와 갈등을 겪으며, 이러한 갈등의 지각은 부모를 향한 애착의 본질에 의해서(예컨대 안정적 애착인가, 양가적 애착인가) 영향을 받는다. 시간이 경과함에 따라서 이들의 기억은 관계 스타일을 보다 많이 반영하는 방향으로 이동한다(Feeney & Cassidy, 2003). 또 다른 일관성 이론인 균형 이론(balance theory; Heider, 1958)은 이 현상을 설명하는 데 유용하다. 부조화 이론과 마찬가지로 이 이론은 일관성의 함수로서의 학습과 파지에 관한 연구를 고취시켰다(Cottrell, Ingraham, & Monfort, 1971; Picek, Sherman, & Shiffrin, 1975; Zajonc & Burnstein, 1965). 균형 이론이 부조화 이론과 차이 나는 점은 본질적으로 사람들 간의 관계에 관심을 둔다는 것이다. 이 이론에 따르면, 지각자의 마음에 들어 있는 구조는 지각자(P), 상대방(O), 공통의 대상(X)을 표상한다. **그림 9.1**은 이 패턴을 예시하고 있다. 비교적 단순한 사례로, 당신(P)이 룸메이트(O)와 그의 자동차(X)에 대한 태도를 가지고 있으며, 룸메이트가 자

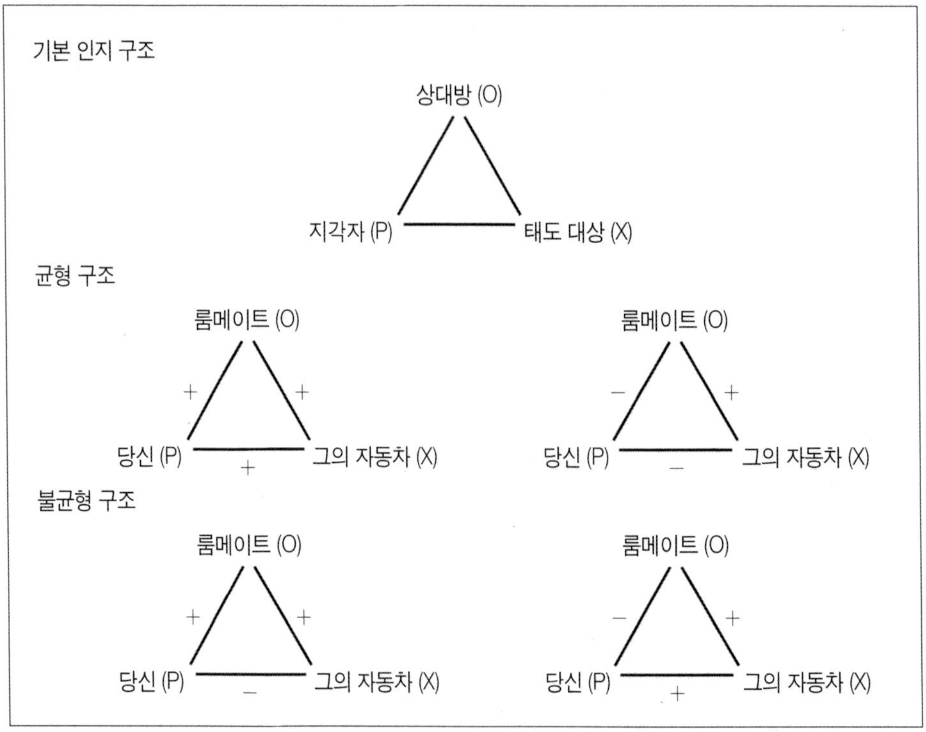

그림 9.1 균형 이론의 삼자관계

신의 자동차에 대해서 특정한 태도를 가지고 있는 것으로 지각한다고 가정해 보자. 두 사람과 낡은 자동차 간의 관계에 대한 당신의 지각은 긍정적이거나 부정적인 두 가지 유형이 된다. 어떤 대상을 좋아하거나 소유하거나 그것과 걸맞은 것은 긍정적 관계(+)다. 싫어하거나 걸맞지 않는 것은 부정적 관계(−)다.

삼자 간 관계의 조합은 균형이 잡혀 있거나 불균형적일 수 있다. 본질적으로 두 사람이 걸맞은 친구이거나 걸맞지 않은 적대관계에 있다면 균형을 이루는 것이다. 당신이 룸메이트를 좋아하고(P-O가 + 관계), 그가 자신의 자동차를 좋아한다고(O-X가 + 관계) 가정하고, 당신이 그 자동차에 대한 애정을 발달시킨다면(P-X가 + 관계) 삼자는 '균형'을 이룬다.

이제 당신이 룸메이트를 좋아하고(+), 그는 자신의 자동차를 마음에 들어 하며, 당신은 그 자동차를 참을 수 없이 싫어할 가능성을 고려해 보자. 이와 같은 불균형 관계에서는 골칫거리가 기다리고 있다. 불균형 관계는 균형으로 변화하려는 압력을 받으며, 이것이 바로 이 이론이 태도 변화를 예언하는 방식이다. 어느 것이든 세 가지 관계에 대한 당신의 지각은 균형을 만들 수 있도록 변화할 가능성이 있다. 예컨대, 사람들은 자신이 좋아하는 사람(P-O가 + 관계)이 자신이 좋아하는 대상을 좋아하고 (P-X가 + 관계이기 때문에 O-X도 + 관계) 싫어하는 대상을 싫어하는 것으로(P-X가 − 관계이기 때문에 O-X도 − 관계) 해석할 수 있다. 대부분의 사람들은 절친한 친구와 선호하는 정치 후보자들이 실제보다도 더 많이 자신과 태도를 공유한다고 해석하며(Ottati, Fishbein, & Middlestadt, 1988), 이것은 적응적일 수가 있다(Levinger & Breedlove, 1966). 예컨대, 사람들은 낭만적 사랑에 빠지게 되면 태도가 일치하는 경향이 있다(Davis & Rusbult, 2001). 사람들은 좋아하는 다른 사람과 일치하지 않는 태도를 가지고 있으면 불편해하며, 그 결과로 강력한 양가 감정을 경험할 수 있다 (Priester & Petty, 2001). 실제로 사회적 집단을 점화시키면 사람들의 태도는 그 집단과 보다 유사하게 변하게 된다. 마치 그 집단과 조화를 이루려고 준비되어 있는 것처럼 말이다(Kawakami, Dovidio, & Dijksterhuis, 2003).

균형 이론은 인지적 제약이 태도와 관련된 학습과 기억을 만들어 가는 방식을 보여 준다. 균형 관계를 회상하기가 용이하다는 예언은 일관성 이론에서 유도되며 스키마 이론을 통해서 발전하였다. 예컨대, 전통적 균형 연구는 사람들이 불균형 사회 구조보다는 균형 사회 구조를 보다 용이하게 학습하고 생성할 수 있다는 사실을 보여 준다(Feather, 1969; Zajonc & Burnstein, 1965). 사회적 스키마 연구는 균형 관계가 단일단위로 기억에 저장된다고 제안한다. 사람들은 두 친구가 동의하거나 두 적대자가 동의하지 않는 것을 보다 용이하게 기억한다. 어느 것이든 옹골찬 기억단위를 만들어 준다. 두 룸메이트 중의 한 사람은 초콜릿을 좋아하고 다른 사람은 싫어한다면 누가 어떻게 느끼는지를 회상하기가 어렵게 된다.

균형 연구자들은 균형 관계가 회상하기 용이한 이유를 설명하는 인지적 기제를 제안한다(Picek et al., 1975; Sentis & Burnstein, 1979). 균형 관계와 불균형 관계는 별도로 저장된다. 균형 관계는 단일 인지단위로 저장하는 반면, 불균형 관계는 낱개로 비효율적으로 저장하는 것으로 보인다. 이러한 연구에서는 실험참가자들이 우선 불균형 삼자관계를 학습하게 된다. 뒤이어서 어떤 단일 관계를 인출하는 데 걸리는 시간은 실험자가 회상 단서로 사용한 관계(P–O, O–X, X–P)의 수에 달려 있다. 삼자간의 불균형 관계에 관한 정보를 보다 많이 제공할수록 삼자관계는 더욱 신속하게 인출될 수 있다. 그렇지만 균형 관계에서는 실험자가 제공하는 관계의 수가 문제되지 않는다. 전체 균형 삼자관계를 인출하는 데 걸리는 시간은 회상 단서의 수에 관계없이 동일하다. 그렇다면 이 사실이 함축하는 바는 균형 삼자관계가 한 번에 인출될 수밖에 없는 단일 인지단위인 반면에, 불균형 삼자관계는 그렇지 않다는 것이다(Sentis & Burnstein, 1979).

요컨대, 사람들은 균형을 이루는 일련의 정보를 불균형 정보보다 용이하게 학습하고 회상한다. 동의하는 친구들, 상충하는 적대자들과 같은 정보는 불균형 조합과는 반대로 기억에서 단일한 옹골찬 인지단위를 형성한다.

태도는 기억을 체제화시킨다

애초에 일관성 이론에 의해서 고취된 연구들로부터 한 가지 보편적 원리가 도출된다. 즉, 태도는 많은 상황에서 기억을 체제화시키는 역할을 한다. 특히 태도에 기반한 판단을 하는 것은 태도 관련 증거의 회상을 증진시키며 태도 일관적인 추론을 만들어 낸다. 이 사실은 대인지각 연구들과도 잘 들어맞는다(Ostrom, Lingle, Pryor, & Geva, 1980). 따라서 만일 당신이 한 남자가 파일럿으로 얼마나 적합한지를 판단한다면, 그의 뛰어난 시력을 기억해 내고는 상당한 공간 능력을 가지고 있다고 추론하게 된다. 반면에 코미디언으로서의 적합성을 판단한다면, 전염성이 큰 그의 웃음을 회상하고는 무대 기질을 가지고 있다고 추론한다(Lingle et al., 1979). 이 효과는 모든 개별적인 증거들을 인출하고 재조합하는 것보다는 일단 형성된 태도 자체를 회상하는 것에 의해서 매개되는 것으로 보인다. 일단 당신이 어떤 사람에 대해서 코미디언이 아니라 파일럿으로서의 태도를 형성하였다면 그 태도가 후속 판단을 체제화하게 되는데, 여기에는 판단이 기초하는 데이터의 회상이 포함된다. 태도는 지지 증거보다 회상하기 용이한 것이다(Lingle & Ostrom, 1979; Loken, 1984).

최근 연구는 태도의 이러한 체제화 역할을 복잡하게 만든다. 태도가 변할 때 사람들은 이전 태도와 새로운 태도를 모두 기억에 파지하는데, 이전 태도는 잠행하는 것처럼 보인다. 이중 태도(dual attitude)는 과거의 자동적 태도와 새롭고 명시적으로 접속할 수 있는 태도로 구성된다(Wilson, Lindsey, & Schooler, 2000). 어떤 태도가 표출될 것인지는 표현의 방법에 달려 있다. 과거의 태도는 사람들이 자동적으로 반응하거나 인지적 부하상태에서 반응할 때 자각하지 않은 채 튀어나올 수 있다. 공존하는 태도들은 미묘한 형태의 양가성(ambivalence)을 생성할 수 있는데(Petty, Tormala, Briñol, & Jarvis, 2006), 확신감을 깎아내리며, 이해타산을 더욱 고려하게 만들고, 시간 압력에서는 자동적 중립성을 만들어 낸다.

결론

전통적 일관성 이론들은 선택적 지각, 학습, 기억에 대한 태도의 효과를 예언하는 가장 초기의 개념틀에 속하는 것이다. 이러한 작업은 사회인지적 접근을 예견하였을 뿐만 아니라 궁극적으로 그 접근에 의해서 상당히 발전하였다. 부조화 이론은 사람들을 자신의 태도와 일치하지 않는 정보를 회피하고자 동기화된 존재로 간주한다. 선택적 노출에 관한 증거는 불명확하지만, 선택적 주의와 해석에 관한 증거는 명확하다. 부조화 이론과 다른 이론들도 태도와 일치하는 주장의 선택적 학습을 가정하였는데, 그 예언은 특정한 태도 대상에 대해서, 특정한 사람에게 있어서, 그리고 특정한 상황에서만 지지되었다. 마찬가지로 균형 삼자관계(일관적인 대인관계를 갖는 두 사람과 공통적인 태도 대상 간의 관계)는 학습하고 기억하기 용이하다. 아마도 기억에 옹골찬 단일단위를 형성하기 때문일 것이다. 마지막으로 사람들의 태도는 일반적으로 기억을 체제화시킨다.

3. 일반인 이론과 태도 변화

지금까지 우리는 태도의 구조 그리고 태도 변화에 대한 이 구조의 영향을 살펴보았다. 이제 태도가 변하는(그리고 변하지 않는) 이유에 대한 사람들의 일상적인 이론을 보도록 한다. 한 가지 접근은 메시지 전달자의 사회적 맥락에 대하여 사람들이 지각하는 내용을 살펴보는 것인데, 이 맥락이 메시지의 타당성에 대한 지각에 영향을 미치기 때문이다. 또 다른 접근은 집단이 하나의 논제를 논의할 때 발생하는 주장을 살펴보는 것이다. 세 번째 접근은 사람들이 홀로 자신의 태도를 숙고하고 태도 변화에 대한 자신의 논지를 그 맥락에 적용하는 것을 살펴보는 것이다. 세 가지 접근은 모두 태도 변화에 대하여 사람들이 가지고 있는 신념의 중요성을 인정하고 있으며, 제공된 정보에 대한 사람들의 평가를 강조한다는 점에서 다른 인지적 접근들과 잘 맞아떨어진다.

의사소통과 메시지의 귀인 분석

텔레비전 광고 제작자들은 자신의 메시지를 멋진 모델이나 존경받는 뉴스 캐스터 또는 유명한 백만장자가 전달할 때 최대의 영향력을 갖는다는 사실을 잘 알고 있다. 메시지의 효과를 증가시키는 대안적 방법은 '몰래카메라'의 증언에서 하는 방법처럼 뻔뻔할 정도로 일반인을 닮은 메시지 발신자를 사용하는 것이다. 전달의 매력도, 신뢰성, 능력, 유사성의 중요성은 호블랜드와 재니스 그리고 켈리(Hovland, Janis, & Kelley, 1953)가 처음으로 증명하였으며, 그 이래로 이러한 변인들은 많은 연구를 촉발시켜 왔다. 몇몇 연구들을 제10장에서 개관할 것이다.

태도 연구에 영향을 미친 초기 사회인지 연구의 하나는 설득에 대한 귀인 접근에서 유래하였다(개관을 보려면 Eagly & Chaiken, 1984 참조). 특히 귀인 조망은 태도 이론가들이 메시지 발신자의 신뢰성 문제에 접근하는 데 도움을 주어 왔다(Eagly, Chaiken, & Wood, 1981). 예컨대, 설득은 부분적으로 발신자가 특정한 입장을 내세우는 이유에 대한 수신자의 분석에 달려 있다. 수신자는 발신자의 성향적 제약과 상황적 제약을 파악하여 설득적 메시지의 타당성을 결정하고자 시도한다(**그림 9.2** 참조). 그린피스의 회장이 지역 분회에서 연설하는 것을 들을 때, 당신은 그 자신의 견해(성향적 요인)와 청중의 견해(상황적 요인) 모두가 그로 하여금 자동차 배기가스를

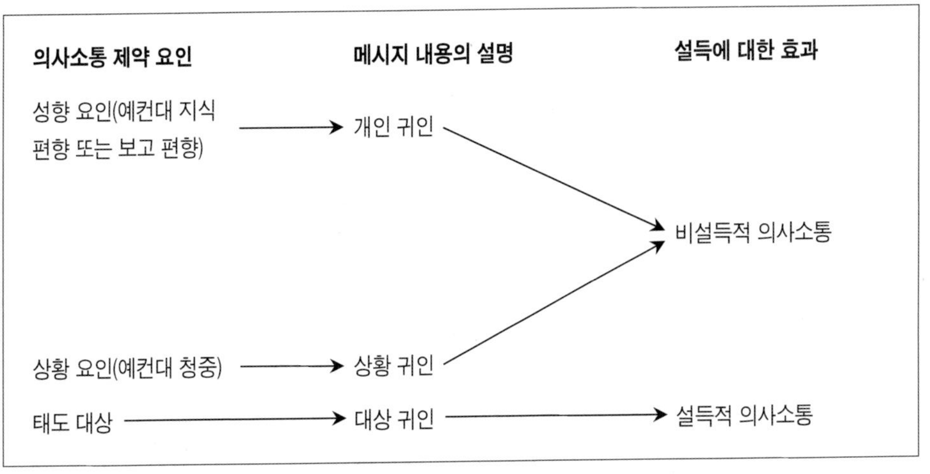

그림 9.2 설득에서 발신자 효과에 대한 귀인 분석

엄격하게 통제하는 것이 환경에 도움이 된다고 주장하도록 이끌어 간다는 사실을 알고 있다. 만일 실제로 메시지가 그런 내용이라면, 그 메시지는 성향적 압력과 상황적 압력에서 완전히 자유로운 것일 때보다 덜 타당하고 덜 설득적인 것으로 보이게 된다. 상황이나 발신자에 의해서 제약을 받는 메시지는 진실을 정당하게 나타낼 수도 있고 그렇지 않을 수도 있기 때문에 영향력이 떨어지게 되는 것이다. 연사의 열변을 (환경주의자인) 청중을 즐겁게 해 주려는 편향이나 연사 자신의 편향에 너무나 쉽게 귀인하게 된다. 연사는 자신이 공개적으로 말하고 싶어 하는 것에서나〔보고 편향(reporting bias)〕 자신이 알고 있는 것에서나〔지식 편향(knowledge bias)〕 편향될 수 있는 것이다(Eagly, Wood, & Chaiken, 1978). 반면에 제너럴모터스의 회장이 기업 CEO들의 모임에서 똑같은 환경주의적 발언을 한다면, 그의 발언은 정말로 믿을 만하고 설득적인 것이 된다.

발신자 신뢰성에 대한 이러한 예언은 켈리(1967, 1972a)의 다중 원인 분석에서 유래하는데, 만일 여러 가지 그럴듯한 원인이 존재한다면 약한 원인이 절감된다는 것이다(제6장 참조). 위의 사례에서 만일 성향(그는 개혁운동가다)과 상황(그린피스 청중) 모두가 공모하여 연설을 만들어 내는 것이라면, 대안적 원인과 사실들이 그 연설을 지지해 줄 이유가 없게 된다. 이 모형을 신중하게 단계적으로 검증해 보면, 발신자 배경에 대한 관찰자의 지각(예컨대 그는 강력한 의견을 가지고 있다)이 예언한 귀인(예컨대 그는 편향적이다)을 초래한다는 것을 입증하게 된다. 신뢰성을 의심하게 만드는 귀인은 태도 변화를 감소시킨다(Wood & Eagly, 1981). 따라서 이 접근은 발신자-메시지 상호작용에 초점을 맞춘다.

발신자 매력도 귀인 조망에서 이득을 볼 수 있다. 한 연구에서는 매력적인 발신자가 일반적으로 더 설득적일 뿐만 아니라(확고부동한 결과다) 자신에게 이득이 되지 않는 입장을 옹호할 때 특히 설득적일 것이라는 아이디어를 탐구하였다(Eagly & Chaiken, 1975). 매력적인 사람은 매력적인 입장을 옹호할 것이라고 기대되기 때문에, 바람직하지 않은 입장을 주창하는 매력적인 사람은 그 입장이 타당하기 때문에 그렇게 하는 것임에 틀림없다는 것이다. 이것을 검증하기 위하여 실험참가자들에게 대학생을 좋아하거나 싫어하며, 예컨대 대학 졸업자의 취업 기회 또는 성병의 미래 확산에 대해서 낙관적이거나 비관적인 진술을 하는 발신자를 제시하였다. 바람직하지 않은(비관적인) 입장을 옹호할 때는 매력적인 발신자가 매력적이지 않은 발신자보다 훨씬 더 설득적이었다(Wachtler & Counselman, 1981 참조). 발신자의 성향과 의사소통 상황이 주어져 있을 때는, 발신자에 근거하여 예상하기 어려운 메시지가 충분히 예상할 수 있는 메시지보다 훨씬 설득적이다(Eagly, Chaiken, & Wood, 1981; Goethals, 1976). 발신자의 이해관계를 알고 있는 상황에서 기대하지 않았던 주장은 신뢰성과 정확성의 지각을 고양시키기 때문에 메시지의 처리를 감소시켜 발견법적 동의를 초래하게 된다(Petty, Fleming, Priester, & Feinstein, 2001).

귀인 이론은 유사성 효과와 동의 효과도 설명해 준다. 우리에게 동의하는 사람은 객관적이며 사실에 근거하여 반응하는 것처럼 보이는 반면에, 동의하지 않는 사람은 자신의 가치에 의해서 편향된 것처럼 보인다. 두 가지 경향성은 모두 자기와 타인 간에 존재하는 다른 유형의 비유사성에 의해서 과장된다(Goethals, 1976). 이 효과에 대한 귀인 설명은 다음과 같이 귀인에 대한 켈리의 공변 모형(제6장)에 근거하고 있다. 비흡연자의 권리를 논의하고 있는 두 사람을 생각해 보자. 이들의 동의는 합의를 의미하며, 높은 합의는 태도 대상(즉, 논의하고 있는 주제)에 대한 대상 귀인을 촉진시킨다. 동의하고 있는 두 사람은 자신들이 공유하고 있는 태도를 비흡연자 권리의 정당성에 귀인한다. 그렇지만 유사하지 않은 사람의 동의는 특히 유익한 정보를 제공하는 합의 정보가 된다(Goethals, 1976). 합의가 명확한 것일수록 그 의견은 특정한 사람이나 상황에 의해서가 아니라 문제의 대상(주제)에 의해서 야기될 가능성이 더 커진다. 따라서 두 사람 중 한 사람은 흡연자이고 다른 사람은 비흡연자라면, 그리고 두 사람이 실제로 동의할 수 있다면, 각자는 특히 원인은 바로 그것, 즉 귀인한 대상에 있다고 설득될 것이다.

반면에, 낮은 합의 또는 상대방의 비동의는 사람이나 상황에 귀인할 수 있는 여지를 만든다. 두 사람이 동의하지 않을 때, 각자는 상대방이 사실에 대한 객관적인 판단자가 아니며 정서적 편견이 작동하고 있다고 생각한다. 상황은 일반적으로 양자에게 동일하다고 볼 때, 남은 원인은 상대방의 성향일 수밖에 없다. 그렇지만 만일 두 사람이 유사한 인물이 아니라 한 사람은 진퇴유곡에 빠진 흡연자이고 다른 사람은 분노한 비흡연자라면, 각자는 상대방이 편향적이라고 믿게 될(즉, 성향 귀인을 할) 가능성이 더욱 커진다. 따라서 상대방이 유사하지 않을수록 동의 효과뿐만 아니라 비동의 효과도 과장된다. 집단 간 문화적 분할은 이렇게 시작되는 것이다(D. T. Miller & Prentice, 1999).

사람들은 동의하는 출처를 신뢰롭다고 믿을 뿐만 아니라 동의할 수 있는 입장을 신뢰할 만한 출처라고 오귀인하기도 한다(Fragale & Heath, 2004). 이러한 발견법이 함축하는 것은 강력한 신념이 좋은 출처에서 유래한다는 것이다. 보편적으로 사람들은 설득적 메시지와 그 출처 그리고 타당성 간의 적합성을 만들어 낸다. 즉, 친숙한 타인은 설득적이며(Weisbuch, Mackie, & Garcia-Marques, 2003), 자신의 동기와 맞아떨어지는 합리적 메시지는 설득적이고(Cesario, Grant, & Higgins, 2004; Evans & Petty, 2003), 무관련한 정서가 파급되어 출처의 신뢰성을 형성한다(Dunn & Schweitzer, 2005). 이 모든 것은 설득의 요소들 간의 적합성을 시사하며, 귀인 분석과 균형 이론 모두와 일치한다.

요약컨대, 발신자-메시지 상호작용에 관한 귀인 이론은 사람들이 언제 발신자의 성향적 편향이나 상황 압력에 귀인함으로써 의사소통을 타당하지 않은 것으로 간주하며, 그렇기 때문에 설득적이지 않은 것으로 간주하게 되는지를 설명해 준다. 역으로 귀인 분석은 사람들이 언제 발신자나 상황에 귀인하지 않고 사실에 귀인함으로써 의사소통을 타당하고 설득적인 것으로 간주하게 되는지도 설명해 준다. 사람들이 대상 귀인을 할 때는(즉, 태도 대상에 귀인할 때는), 발신자가 객관적 사실을 제시하고 매우 설득적인 것처럼 보이게 된다. 요컨대, 귀인 분석은 메시지, 맥락 변인과 상호작용하는 다양한 전달자 변인을 명세화시킨다.

집단극화: 사회인지적 설명

태도에 대한 또 다른 인지적 분석은 집단 수준의 태도 변화를 다룬다. 이 분석은 사람들이 다른 집단 구성원들과 비교할 때 자신이 어디에 위치하고 있는지에 대한 자신의 논지에 근거하여, 사회적 상호작용이 제공하는 정보에 어떻게 반응하는지에 초점을 맞춘다.

집단 수준의 태도 연구의 배경은 집단 의사결정에 관한 1960년대 초기의 연구에서 유래한다. 많은 사람들은 집단이 합리적이고 절충적인 목소리를 대변한다고 생각한다. 위원회의 결정은 개인의 결정보다 더 안전한 것이라고 생각한다. 집단 의사결정을 보다 자세하게 들여다보면 전혀 그렇지 않다는 사실이 드러난다. 특히 한 연구 영역은 집단 의사결정과 개인 의사결정의 상대적 위험성에 초점을 맞추었다(Stoner, 1961; Wallach, Kogan, & Bem, 1962). 대학원생들이 다음과 같은 문항에 대해 집단 속에서 그리고 집단을 벗어나 혼자서 결정을 하였다. "대학원에서 화학을 전공하려는 한 학부 4학년생이 엄격한 기준을 적용하여 오직 소수의 대학원생들만이 박사학위를 받는 X 대학교에 진학하거나, 아니면 명성은 별 볼일 없지만 거의 모든 대학원생들이 박사학위를 받는 Y 대학교에 진학하려고 한다." 많은 경우에 이 사례(또는 이와 유사한 사례)를 논의한 학생들은 집단토의를 시작할 때보다는 토의가 끝난 후에 더 위험한 대안을 선호하는 것으로 나타났다. 따라서 집단결정은 평균적인 개인적 결정보다 위험한 것이었다.

이러한 반직관적 결과로 인해서 엄청난 연구들이 수행되었다(Rajecki, 1982). 어떤 설명은 규범과 가치 같은 전통적 변인들에 의존한 반면(규범적 영향), 다른 설명은 집단 상호작용에 대한 인지적 해석에 의존하였다(정보적 영향). 전통적 설명의 한 예로 집단 규범의 가능한 영향을 생각해 보자. 연구자들은 응집력 있는 집단의 사람들이 자신의 결정 결과로부터 보호받는다고 느끼는 것이라고 제안하였다. 실제로 집단 속에 숨어 버릴 수 있는 것이다. 이러한 '책임감 분산' 가설은 집단이 단지 응집적이라고 느낀다고 해서 집단 태도가 변하지는 않는다는 사실을 찾게 됨으로써 관심사에서 멀어지고 말았다. 오히려 다른 관련된 논의가 필요한 것으로 보인다(Pruitt & Teger, 1969).

또 다른 전통적 설명은 사람들이 신중함보다는 위험에 가치를 부여한다는 것이었다. 사람들을 모아서 집단을 형성하고 이들의 의견을 비교해 보면, 대부분의 사람들은 자신보다 더 위험한 입장을 견지하는 사람들이 존재한다는 사실을 발견하게 된다. 위험에 가치를 부여하기 때문에, 토의가 진행됨에 따라서 집단은 위험한 극단으로 끌려간다. 사회비교 그리고 '가치로서의 위험'에 따른 이러한 설명은 많은 집단이 토의 후에 보다 신중한 쪽의 극단으로 이동한다는 사실이 밝혀진 후에 휘청거리게 되었다(McCauley, Stitt, Woods, & Lipton, 1973). 신중함으로의 이동은 책임감 분산 가설도 기반을 상실하게 만들었다. 집단이 보다 신중한 결정을 하는 데 책임감을 분산시킬 필요가 있겠는가?

이러한 전통적 이론들은 지지 증거를 가지고 있는 몇 가지 가능한 인지적 설명과 대비된다. **설득적 주장 이론**(persuasive arguments theory; Burnstein & Vinokur, 1973; 개관을 보려면 Isenberg, 1986 참조)은 사람들에게 새로운 정보를 제시할 때는 집단 속에서의 태도가 상대적으로 극단적인(신중하거나 위험한) 대안으로 쏠리게 된다고 제안하였다. 어느 것이든 주어진 태도에 대해 가능한 주장들의 전집을 가정해 보라. 집단 구성원들이 각자 자신의 입장을 주장하면 지금까지 개인적으로 알지 못하고 있었던 다른 사람들의 주장에 직면하게 된다. 집단 태도 변화는 모든 사람이 유사한 주장들을 이미 알고 있는지의 여부에 달려 있는데, 이 경우에는 구성원들이 그렇게 많은 새로운 정보에 노출되지 않는다. 태도 변화는 얼마나 많은 주장들이 주어진 입장을 지지할 수 있는지 여부에도 달려 있다. 지지 발언이 적은 입장보다는 지지 발언이 많은 입장이 부각될 가능성이 높은 것이다.

설득적 주장 이론의 한 가지 결정적 검증은 학생들에게 (1) 다른 사람들의 의견을 제시하고 그 의견을 생각해 볼 시간을 주거나, (2) 다른 사람들의 의견을 제시하지만 생각해 볼 시간을 주지 않거나, (3) 다른 사람들의 의견은 제시하지 않고 주제에 대해서 생각해 볼 시간만을 주었던 연구에서 이루어졌다(Burnstein & Vinokur, 1975). 다른 사람들의 의견은 알고 있지만 그 의견을 지지하는 주장을 생성할 시간이 없었던 학생들의 태도만 변하였다. 또 다른 지지적 연구에서는 실제 토의과정에서 정보를 교환하였다(Burnstein & Sentis, 1981; Rajecki, 1982). 주장의 수와 설득력이 모두 집단극화에 영향을 미쳤다(Hinsz & Davis, 1984). 이 효과는 합리성과 신중한 논쟁을 강조하는 맥락에만 제한된 것으로 보인다(McLachlan, 1986).

집단극화 효과에 대한 또 다른 설명은 **사회비교 이론**(social comparison theory)에 근거한다(제5장 참조). 어떤 경우에는 선택의 변경이 단지 다른 사람들의 입장에 관한 정보에 의해서만 이루어질 수 있다(예컨대 Teger & Pruitt, 1967). 사람들은 다른 사람들의 의견에 비해서 자신의 의견이 상상하였던 것만큼 위험하지 않다는 사실을 알게 될 때 입장을 바꾼다. 이러한 비교과정은 다른 사람들의 위험 관련 성격 특질을 알게 될 때 매우 강력하게 작동하는데, 그러한 지식이 사회비교 과정의 토대를 형성하기 때문이다(Goethals & Zanna, 1979). (집단극화에서 사회비교 과정의 개관을 보려면 R. Brown, 1986; Isenberg, 1986 참조)

집단에서 태도의 극화 현상에 대한 변형된 사회비교 이론은 사회동일시 이론(social identification theory)과 자기범주화 이론(self-categorization theory)에서 유래한다(Turner, 1987). 제11장에서는 사람들이 자신과 타인을 상이한 사회 집단으로 범주화하는 현상을 설명할 것이다. 그 결과로 사람들은 내집단과 외집단 구성원 모두에 대해서 그리고 결국에는 자신들에 대해서도 고정관념을 형성하게 된다. 사람들이 타인들을 한 집단으로 범주화하고 자신이 그 집단에 가담하게 될 것이라고 기대하면, 그렇지 않을 때에 비해서 집단의 규범을 더 극단적인 것으로 지각한다는 사실은 이 이론과 일치하는 것이다(Mackie, 1986). 집단 구성원들은 집단의 차별적이고 합의를 이룬 입장을 사용하여 자신의 정체성을 나타낸다(Postmes, Spears, Lee, & Novak, 2005). 집단은 이상적인 입장의 원형을 발달시키는데, 그 원형은 평균적인 구성원들의 것보다 더 극단적일 수 있다(McGarty, Turner, Hogg, Davidson, & Wetherell, 1992; Turner, Wetherell, & Hogg, 1989). 집단 간 맥락이 현저할 때 개개인들은 자신의 태도를 극화시킨다(Hogg, Turner, & Davidson, 1990; Turner et al., 1989). 집단은 집단 규범의 방향으로 극화하게 되는데, 특히 구성원들이 '탈개인화(depersonalization)'되고(Turner, 1985) 개개인을 확인할 수 없을 때 그렇다(R. Brown, 1986; 개관을 보려면 Postmes, Haslam, & Swaab, 2005; Spears, Postmes, Lea, & Wolbert, 2002 참조). 공유하는 정체성을 중심으로 형성된 집단은 그 정체성으로부터 연역적인 방식으로 합의를 이루어 낸다. 독자적인 개인들 간의 관계를 중심으로 형성된 집단은 구성원들의 공헌으로부터 귀납적인 방식으로 합의를 이루어 낸다.

따라서 집단극화 효과는 자신을 집단의 구성원으로 범주화하는지의 여부에 달려 있다. 예컨대, 어깨너머로 들은 논의가 자신이 가담하려고 하는 집단으로 귀인되면, 사람들은 그 집단이 더 극단적인 태도를 가지고 있는 것으로 지각하며, 태도가 그러한 고정관념적 태도에 동조하는 방향으로 이동하게 된다(Mackie, 1986; Mackie & Cooper, 1984). 확실히 사람들은 집단범주화 과정에서 태도를 사용한다(Hymes, 1986).

집단에서 태도극화에 대한 이러한 인지 이론들은 설득적 주장에 노출되었기 때문이든, 사회비교 정보 때문이든, 아니면 전형적인 내집단 의견 때문이든 간에, 설득에 대한 정보적 토대를 제공해 준다. 이것들은 단지 몇몇 가능한 설명일 뿐이며, 집단에서 태도 변화의 한 유형일 뿐이다. 아무튼 집단의 몇몇 측면들을 이해하는 데 있어서 인지적 접근의 효용성을 예시하고 있다. 자기 태도의 사회적 맥락에 관한 사람들의 일상적 생각은 정보 기반 설득에 대한 반응에 영향을 미친다.

태도 안정성과 변화에 대한 암묵적 이론

태도와 관련된 사람들의 일상적 이론은 사회적 맥락의 또 다른 측면, 즉 자신을 심각하게 받아들인다. 원래 자기지각 이론(self-perception theory; D. J. Bem, 1972; 제6장 참조)은 사람들이 불확실할 때 자신의 행동으로부터 태도를 추론한다고 상정한다. 그 결과로 사람들은 자신의 과거 태도를 잘못 회상할 수 있다. 성공적인 설득이 이루어진 후에도 사람들은 자신의 태도가 결코 변한 적이 없다고 편의적으로 지각할 수 있다(D. J. Bem & McConnell, 1970). 만일 설득 전의 태도가 현저한 것이 아니라면, 사람들은 현재의 행동으로부터 새로운 태도를 추론한다. 따라서 자신의 행동과 일치하도록 태도를 잘못 회상하는 경향이 있다(예컨대 Fazio, Zanna, & Cooper, 1977; Wixon & Laird, 1976). 보다 최근의 접근은 자신의 태도 변화에 대한 사람들의 암묵적 이론에 근거하여 지각된 태도 안정성과 변화를 정교화하고 있다.

5년 전에 종교에 대한 당신의 태도는 어떠하였는가? 현재 가지고 있는 것과 상당히 유사하였는가? 대부분의 사람들은 자신의 태도가 상당히 안정적이며, 많은 경우에 실제로 그렇다고 생각한다. 그렇지만 당신이 전환(conversion) 경험을 겪은 적이 있었다면 종교에 대한 당신의 태도가 상당히 변하였다고 답할 것이다. 흔히 우리는 동일한 상태에 머물러 있지만 때로는 변하기도 한다. 때로는 안정성을 지각하지만 때로는 그렇지 않다. 때로는 변화를 지각하지만 때로는 그렇지 못하다.

한 이론(M. Ross, 1989; M. Ross & Conway, 1986)은 안정성과 변화에 대한 사람들의 지각은 그 지각이 언제 변하고 언제 변하지 않는지에 대한 암묵적 이론에 달려 있다고 주장한다. 이 이론은 2단계 과정을 제안하는데, 사람들이 현재의 태도를 출발점으로 사용한 다음에 자신이 과거에는 달랐었는지의 여부를 결정하는 데 자신의 이론을 적용한다는 것이다. 사람들은 자신이 변하였는데도 불구하고 그렇다고 지각하지 않기 십상이며, 이 사실은 안정성의 암묵적 이론과 일치하는 것이다. 미묘한 형태의 설득이 이러한 효과를 갖는다. 즉, 사람들은 처음의 태도가 현재의 (변화된) 태도와 유사하다고 지각하고, 변하지 않았다고 주장하는 것이다(D. J. Bem & McConnell, 1970; Goethals & Reckman, 1973; M. Ross & Shulman, 1973). 심지어는 시간이 경과하거나 관계의 과정에서 변화가 자발적으로 출현할 때조차도 자신의 태도가 변해 왔다는 사실을 지각하지 못한다(McFarland & Ross, 1987). 이에 덧붙여, 사람들은 전형적으로 일관성을 가정하기 때문에 현재의 태도에 근거하여 과거 행동을 회상하게 된다. 암묵적 이론은 다음과 같이 작동하는 것으로 보인다. (a) 자신의 태도와 일관되게 행동한다. (b) 자신의 태도는 안정적이다. (c) 현재의 태도는 과거 행동의 신뢰로운 안내자가 된다. 여기서도 미묘한 설득이 사람들의 태도를 변화시키고 과거 행동의 회상을 현재의 태도와 맞아떨어지도록 편향시킬 수 있다(M. Ross, McFarland, Conway, & Zanna, 1983; M. Ross, McFarland, & Fletcher, 1981). 태도가 변한 직후에 과거 행동을 회상할 때도 사람들은 새로운 태도에 더 많이 의존한다(Lydon, Zanna, & Ross, 1988; M. Ross et al., 1983). 다른 조건들이 동일하다면 사람들은 태도가 안정적일 것이라고 기대하고 그에 따라서 추론을 하는 것이다.

그렇지만 다른 조건들이 항상 동일하지는 않다. 즉, 전환 경험을 하며, 체중감소 프로그램에 참여하고, 치료를 받으며, 이혼을 하고, 새로운 집으로 이사하며, 승진하거나 해고되고, 전쟁에서 살아남으며, 희생양이 되고, 점차 늙어 간다. 어떤 사건들이 자신을 변화시킬 것인지에 관한 기대를 가지고 있기 때문에, 사람들은 변화를 초래하는 사건의 특성에 대한 암묵적 이론을 가지고 있는 것이다. 도대체 상당한 정도의 심리치료를 받았으면서도 자신의 지각이나 이해 또는 감정에서 아무런 변화도 지각하지 못했다는 사람의 이야기를 들어 본 적이 있는가? 학습 기술 프로그램에 참가한 사람들은 증진을 기대하기 때문에, 프로그램을 시작할 때는 자신이 실제보다 형편없었다고 잘못 지각하며 최종 성적은 실제보다 우수하였다고 잘못 기억하게 된다. 두 과정 모두 자신이 증진되었다고 간주하도록 만들었으며, 이것은 자신의 암묵적 이론과 일치하는 것이다(Conway & Ross, 1984). 그러한 사건은 변화를 촉진한다고 기대하는 것이다(그리고 실제로도 그렇기 십상이다). 마찬가지로 어떤 속성들도 변화할 것이라고 기대한다(M. Ross, 1989). 예컨대, 사회적 범주 일반에 대한 태도는 평생에 걸쳐 안정적일 것이라고 기대하지만, 자신의 연령대에 속한 집단과 그 집단의 전형적 행위에 대한 태도는 연령이 증가함에 따라 변할 것이라고 기대한다(스케이트보드에 대한 태도가 평생에 걸쳐 안정적일 것이라고 기대하지 않는다).

상당한 증거는 자신의 과거에 대한 재구성이 안정성과 변화의 암묵적 이론에 의해서 주도된다는 사실을 시사한다. 이러한 증거가 일차적으로는 태도의 안정성과 변화의 지각을 다루고 있지만, 그 이론은 자신의 과거 특질과 감정의 구성에도 적용된다(M. Ross, 1989). 시간적 자기평가 이론(temporal self-appraisal theory)에 따르면, 사람들은 자신과 과거의 부정적인 자기 간의 거리를 늘리고 긍정적인 자기와의 거리를 줄이는데, 특히 자존감이 높을 때 그렇다(M. Ross & Wilson, 2002). 일반적으로 사람들은 먼 과거의 속성을 평가절하하고 가까운 과거의 자기를 추켜세우면서 자신이 상당히 증진되었다고 믿는다(Wilson & Ross, 2001). 태도 영역에서 보면, 사람들은 자신의 현재 태도를 지지하며, 적어도 가까운 과거부터 안정적이었던 것으로 간주함으로써 자기확신을 고양시킨다.

결론

태도 변화에 대해서 사람들 자신의 아이디어에 의존하는 세 가지 접근을 보았다. 첫 번째 접근은 주어진 정보의 신뢰성을 추론하기 위하여 발신자의 동기를 다룬다. 두 번째 접근은 사람들이 집단에서 받는 정보, 즉 다른 사람들의 입장에 관한 정보와 주제에 관한 정보를 어떻게 생각하는지를 다룬다. 세 번째 접근은 자신의 태도 변화과정에 대한 사람들의 소박한 이론을 다룬다. 세 접근에는 모두 태도 변화의 사회적 상황을 반추하는 사람이 수반된다.

4. 태도의 기능적 차원

또 다른 접근은 자기와 태도의 관계를 상이한 방식으로 다룬다. 이 장을 시작할 때 우리는 부조화 이론과 균형 이론이라는 태도에 대한 두 가지 일관성 이론의 인지적 자질을 논의하였다. 이러한 전통적인 인지 일관성 이론들은 동기적 기반을 가지고 있다. 즉, 불일치는 혐오적인 것이어서 사람들로 하여금 태도 변화를 포함한 다양한 방법으로 불일치를 해소하도록 촉진시킨다는 것이다. 후속 태도 이론들은 귀인 분석, 집단에서의 설득적 주장 이론, 자기의 암묵적 이론 등과 같이 인지적 역동성에 초점을 맞추는 경향이 있었다.

최근의 접근도 적극적으로 동기를 중요 요인으로 간주하면서 태도가 사람들을 지원하는 기능을 강조한다. 특히 몇몇 기능적 접근은 확신, 강도, 중요성에 초점을 맞추고 있는데, 이것은 확실히 동기적 성분을 가지고 있다. 다른 접근은 특정한 태도의 기능을 명세화하고 있다.

확신, 강도, 중요성

몇몇 태도는 확신을 가지고 견지하는 것이기 때문에 핵심적으로 동기를 수반한다. 그러한 태도는 안정적인 경향이 있으며, 사람들은 그 태도가 안정적이라는 사실을 알고 있다. 확신(conviction)에는 정서적 몰입이 수반된다(Abelson, 1988). 확신을 가지고 견지하는 태도란 사람들이 절대적으로 옳다고 느끼며, 생각이 변할 것이라고는 상상할 수도 없고, 마땅히 그래야만 한다는 당위성에 근거하며, 이것을 위해서는 무엇이든지 기꺼이 할 수 있는 태도를 말한다. 확신에는 자아의 선입견도 수반된다. 논제에 대해서 생각하고, 강력한 견해를 유지하며, 관심을 갖기 십상이다. 마지막으로 신념은 인지적 정교화를 함축하는데, 이것이 의미하는 바는 오랫동안 그 견해를 유지해 왔으며, 다른 논제와 연결시키고, 그 견해의 광의적 함의를 이해하며, 그 견해에 대해서 많은 것을 알고 있고, 용이하게 설명할 수 있다는 것이다. 대부분의 사람들은 이러한 견해를 한두 가지만 가지고 있다. 그렇지만 확신을 가지고 견지하는 태도는 안정적이며 여러 가지 측면에서 자기에서 중심을 차지하고 있다.

관련된 개념인 태도 강도(strength)도 그러한 몇몇 측면을 예증한다(개관을 보려면 Eagly & Chaiken, 1998 참조). 태도 강도에는 다양한 상호관련된 성분들이 포함된다(Bassili & Krosnick, 2000). 예컨대, 중요성(importance)과 확실성(certainty)은 모두 다른 사람을 설득하려는 시도를 예언한다(Visser, Krosnick, & Simmons, 2003). 태도 강도는 중년기까지 증가하고 그 이후에 감소하는데, 이것이 의미하는 바는 젊은이와 노인들이 자신의 태도가 덜 중요하고 덜 확실하기 때문에 생각을 매우 쉽게 변화시킨다는 것이다(Visser & Krosnick, 1998).

태도 중요성, 즉 태도에 대한 흥미나 관심(Krosnick, 1988a) 자체는 정보 추구를 예언한다(Visser et al., 2003). 그렇기 때문에 태도 중요성은 태도 관여(attitude involvement)에 의존하지만, 이 장의 앞부분에서 기술하였던 것과 같은 결과 관련 유형이 아닌 다른 유형의 관여에 의존한다. 태도 중요성은 가치 관련 관여(value-relevant involvement)라고 불려 왔던 것과 매우 유사한데, 메타분석 연구에 따르면 일반적으로 이 관여는 설득을 억제한다(B. T. Johnson & Eagly, 1989). 마찬가지로 태도 중요성에 관한 연구들은 중요한 태도가 안정적이며(Krosnick, 1989), 접속 가능하고(Krosnick, 1989), 관련된 대상들을 구분할 수 있게 해 준다고 주장한다. 예컨대, 개인적으로 중요한 정책에 대한 태도(예컨대 사회복지, 낙태, 소수집단에 대한 태도)는 정치 후보자를 평가할 때 접속 가능하며, 그 태도가 중요하지 않은 사람보다 그 정책에 관하여 후보자들 간의 차이를 더 잘 변별할 수 있다. 따라서 중요한 태도는 중요하지 않은 태도보다 대통령 후보자들 사이에서 선호도를 잘 예언해 준다(Krosnick, 1988b). 다른 사람들도 태도 중요성의 영향을 식별한다. 누군가 한 논제가 중요하다고 말하면, 관찰자는 그 사람이 극단적 태도를 견지하고 있다고 추론한다(Mackie & Gastardo-Conaco, 1988).

중요한 태도들은 상호간에 상당한 일관성도 나타낸다. 따라서 만일 두 가지 중요한 태도를 가지고 있다면 둘 사이에 상충될 가능성이 별로 없다(Judd & Krosnick, 1982). 마찬가지로 관련된 태도들이 중요한 것일 가능성이 큰 전문가들도 태도 간에 상당한 일관성을 나타낸다. 정치에 대해서 많은 것을 알고 있거나, 자신이 정치에 관심이 있다고 보고하거나, 정치 뉴스에 충실한 사람은 특히 일관적이다(개관을 보려면 Judd & Krosnick, 2001 참조). 중요한 태도는 명백히 접속 가능하며(Bizer & Krosnick, 2001), 시간이 경과하여도 유지되고, 다른 선택을 예언해 주며, 다른 태도들과 연계된다(Judd & Krosnick, 1989).

이러한 태도는 사람들의 가치에서 중심적인 것이다. 따라서 사람들이 중요한 것으로 견지하고 있는 태도를 변화시키기는 어렵다. 한 가지 호기심을 불러일으키는 전략은 사람들이 상당히 확신하고 있는 태도(그렇기 때문에 중요한 태도)를 변화시킬 수 있는 것으로 보인다. 발신자는 사람들 자신의 태도보다 극단적인 진술을 내놓으며 그들로 하여금 그 진술에 동조하도록 부추긴다. 자신의 태도에 확신하고 있는 사람들은 이렇게 명백한 처치를 인식하고는 자신의 태도를 더욱 극단적인 것으로 만들려는 시도에 저항한다. 저항하는 과정에서 사람들이 원래의 입장에서 멀어지는 방향으로 태도를 변화시키는 것이다. 이러한 역설적 전략(Swann, Pelham, & Chidester, 1988)은 자신의 태도에 확신하고 있는 사람들에게만 작동한다. 스완(Swann)과 동료들은 확신하고 있는 태도는 경험을 체제화하는 데 중요하며 자기감에도 중요하다고 제안하였다. 따라서 사람들은 명백하게 극단적인 입장에서 한 걸음 물러서는 방법을 통해서 자신을 확신하고(제5장 참조) 그러한 입장을 거부하는 것이다.

태도의 기능

태도의 기능은 여러 가지 방식으로 분할될 수 있다. 여기서는 지식, 가치, 사회성으로 나누고자 한다. 이렇게 새로운 접근은 명백하게 동기를 도입하고 있으며, 태도의 동기적 기능에 대한 전통적 이론들(예컨대 D. Katz, 1960; M. B. Smith, Bruner, & White, 1956)을 새로운 인지적 접근의 방식으로 재고찰하고 있다.

지식 기능

태도의 가장 근본적인 기능은 **대상평가**(object-appraisal) 기능이며, 여기에는 무엇보다도 인지적 지식 기능 그리고 흔히 공리적·도구적 또는 목표 기능이 포함된다(Eagly & Chaiken, 1998; Greenwald, 1989; Pratkanis & Greenwald, 1989). 태도의 지식(knowledge) 기능은 근본적으로 인지적이고 적응적이다. 태도는 세상을 이해하고 체제화하는 데 도움을 준다. 이에 덧붙여 **도구적**(instrumental)이고 적응적이어서 처벌을 회피하고 보상을 받은 데 도움을 준다. 태도의 대상평가 기능은 발견법과 같이 작동할 수 있는데(Pratkanis, 1988), 문제해결을 위한 단순한 평가적 전략과 같은 것이다. 예컨대, 태도는 태도일관적 정보를 참인 것으로 규정하는 데 도움을 준다. 좋아하는 사람은 좋은 자질을 보유하고 싫어하는 사람은 나쁜 자질을 보유하는 것으로 생각한다. 태도는 다음과 같이 다양한 지식 관련 문제해결 행위에 영향을 미친다. 즉, 해석과 설명, 추리, 설득에 대한 반응, 판단, 지각된 합의, 사실과 오류의 확인, 예언 등이다(개관을 보려면 Pratkanis, 1989 참조).

태도의 지식 기능은 스키마의 기능도 담당하여 태도 관련 기억에도 도움을 줄 수 있다. 태도는 양극적 구조를 가질 수 있다. 어느 쪽이든 극단적인 정보는 아주 용이하게 판단하고 회상한다(Judd & Kulik, 1980). 또한 단극 구조를 가질 수도 있다. 한쪽 극단에는 잘 정교화된 지지 정보가 있지만 다른 쪽 극단에는 아무것도 없을 수 있다(개관을 보려면 Eagly & Chaiken, 1998; Pratkanis & Greenwald, 1989 참조).

지식 기능의 동기적 측면은 사람들의 인지적 명확성과 구조 욕구를 높이도록 설계된 일련의 인상적인 연구에서 다루어져 왔다(Jamieson & Zanna, 1989). 제2장에서 다루었던 바와 같이, 구조에 대한 욕구(Kruglanski, 1990)는 사람들로 하여금 성급하게 도중에 정보 추구를 중지하도록 유도하며, 이미 형성된 스키마와 태도에 지나치게 의존하도록 이끌어 간다는 사실을 회상해 보라. 구조에 대한 욕구는 사람들을 시간 압력이나 스트레스 또는 증가된 각성상태에 집어넣음으로써 증가될 수 있다. 이러한 조건에서는 사람들이 구조적으로 단순한 태도를 형성하며, 이미 형성된 태도에 크게 의존한다. 유사한 효과(압력하에서 단순한 태도를 갖는 효과)를 정치 지도자들의 실제 수사학에서 관찰할 수 있다(Tetlock, 1985). 태도의 지식 기능은 태도의 다양한 작동과 관련되어 있다.

가치 기능

태도의 가치표현(value-expressive) 기능은 사람들에게 있어서 장기적 기준과 지향성을 입증하고 유지하는 것의 중요성을 보여 준다. 이것은 존슨과 이글리(B. T. Johnson & Eagly, 1989)의 가치 관련 관여(value-relevant involvement)와 유사한데, 이것은 단지 주장의 강도에만 근거하여 설득을 억제하는 것이다. 또한 바로 위에서 개관하였던 태도 중요성, 확신과도 관련된다. 사람들은 가치표현 기능을 담당하는 태도에 특히 몰입하는 것으로 보이는데, 특히 그러한 태도를 견지함으로써 고통을 받거나 손해를 입을 때 그렇다(Lydon & Zanna, 1990).

사람들은 태도의 가치표현 기능에서 차이를 보인다. 예컨대, 자기 모니터링(self-monitoring)이 낮은 사람이란 사회적 상황의 측면에서는 자신을 감시하지 않으며, 대신에 내적 사고와 감정에 집중적으로 의존하여 자신의 행동을 주도하는 사람이다(M. Snyder, 1974; 제15장 참조). 따라서 자신의 태도가 상황의 규범이나 친구의 태도보다 더 중요하다. 이러한 사람들은 다른 사람보다 가치표현에 대한 동기가 강할 것이라고 예상된다(M. Snyder & DeBono, 1985). 실제로 자기 모니터링이 낮은 사람은 자신의 태도를 정당화하기 위하여 장기적 가치에 선택적으로 의존할 가능성이 특히 크며(Kristiansen & Zanna, 1988), 중요한 가치에 크게 의존한다(DeBono, 1987). 마찬가지로 전문가의 주장에 특히 주의를 기울이는데, 아마도 이들이 신뢰롭고 가치 관련된 정보를 제공하기 때문일 것이다(DeBono & Harnish, 1988).

사람들은 태도 대상에 대해서 갈등적 가치를 가지고 있을 수 있으며, 태도를 사용하여 가치를 표명하고자 할 때 이것이 문제를 야기할 수 있다. 예컨대 미국에서 백인들이 갖는 태도의 표적물로서 흑인들은 한편으로는 박애주의적 가치와 평등주의적 가치와 관련되고 다른 한편으로는 프로테스탄트적인 윤리적 노동관과 관련된 핵심 가치를 유발한다(I. Katz & Hass, 1988; I. Katz, Wackenhut, & Hass, 1986). 어느 가치가 점화되느냐에 따라서 백인의 인종적 태도는 긍정적이거나 부정적이게 된다(관련된 아이디어를 보려면 Dovidio & Gaertner, 1986 참조).

태도는 핵심적이면서 갈등적인 가치들과 관련될 때 인지적으로 더욱 복잡해질 가능성이 있다(Tetlock, 1986). 즉, 가치표현이 중요하다고 가정할 때, 사람들은 중요한 가치 갈등을 중재하기 위하여 특히 열심히 노력함으로써, 태도의 복잡성과 이념적 복잡성을 증가시키게 되는 상보성(trade-off)을 초래한다. 자유주의와 같은 특정한 이념적 입장은 핵심적인 갈등적 가치를 초래한다(적어도 피상적으로라도 그렇다). 갈등적 가치를 중재하려는 이러한 시도는 보다 복잡한 추리 스타일을 초래할 수 있는데(Tetlock, 1984, 1986), 이것은 단순히 수사적 스타일의 기능만은 아니다(Tetlock, Hannum, & Micheletti, 1984; Sidanius, 1988 참조). 일반적으로 미국과 구 소비에트 연합 간에는 주요한 합의에 앞서서 양자 모두 복잡성이 증가하였으며, 주요한 군사 정치적 중재에 앞서서는 복잡성이 감소하였다(Tetlock, 1988). 가치표현은 전 세계적 효과를 가질 수 있는 것이다.

사회적 기능

태도는 자기에 대한 중요한 사회적·적응적(social-adjustive) 기능도 담당한다. 때때로 태도는 대인관계에서의 우선순위, 타인에 대한 감수성, 타인 일반과의 교류 등을 알려 준다. 이 기능은 존슨과 이글리(1989)의 인상 관련 관여(impression-relevant involvement)와 유사한데, 이것이 주장의 강도에 근거하여 설득을 억제하는 경향이 있는 이유는 아마도 사회적·적응적 태도의 가장 중요한 결정인이 아니기 때문일 것이다. 사회적·적응적 태도는 친애 욕구(need for affiliation)가 높고 인정(approval)에 민감하며 다른 사람에게 자신을 표현하는 것을 잘 자각하는 사람에게서 매우 현저하게 나타난다(Herek, 1986). 예컨대, 동성애자에 대한 편견적이거나 평등주의적인 태도는 또래 집단에 의해서 용인을 촉진시키거나(사회적·적응적 기능) 아니면 개인의 핵심적인 도덕적 기준을 입증할 수 있다(가치표현적 기능). 자기 모니터링에서도 차이가 있다. 자기 모니터링이 높은 사람은 대인관계 장면에 더 많이 조율되어 있으며, 자기 모니터링이 낮은 사람보다 사회적으로 적응적인 태도를 가지고 있을 가능성이 더 크다. 전자는 대인관계에서 매력적인 출처의 메시지를 보다 신중하게 처리하며(DeBono & Harnish, 1988), 소비제품이 제공하는 이미지에 더욱 주의를 기울이고

(DeBono & Snyder, 1989; Snyder & DeBono, 1985), 합의 정보에 크게 의존한다(DeBono, 1987; 개관을 보려면 Snyder & DeBono, 1987, 1989 참조).

기능적 이론에서 중심적인 경험적 논제는 항상 특정 개인에게 있어서 특정 태도가 지원하는 기능을 연역적으로 확인해 내는 것이었다. 이미 보았던 것처럼, 한 가지 접근은 사람들이 견지하려는 태도의 유형에서 개인차(즉, 자기 모니터링)를 밝히는 것이다. 또 다른 흥미 있는 접근은 특정한 태도 대상들이 본질적으로 상이한 기능을 담당하는 태도를 유발할 가능성이 있다고 상정한다(Shavitt, 1989). 즉, 높은 지위를 반영하는 의상의 사회적·적응적 기능은 소유하고 있는 에어컨의 사회적·적응적 기능보다 쉽게 외현적으로 나타난다. 최근 연구는 어떤 대상의 현저한 기능을 지지하는 반면, 다른 대상들은 상황에 따라서 상이한 기능을 초래하는 것으로 보인다. 이에 덧붙여 사람들은 자신의 태도와 가치 그리고 심지어는 소유물의 기능에서 범영역적 일관성을 보여 준다(Abelson & Prentice, 1989; Prentice, 1987). 요컨대, 사람들은 특정 태도와 특정 상황에 맞추어서 상이한 기능적 이유에 걸맞은 태도를 견지한다(Snyder & DeBono, 1989).

요약

태도는 자극과 반응 간을 매개하는 것으로 간주되는 가설적 매개변인이다. 태도는 최소한 태도 대상의 평가를 수반하며, 많은 정의들도 인지적 경향성과 행동적 경향성을 포함하고 있다. 이 분야에 대한 사회인지의 공헌은 태도 형성과 변화에 수반된 인지과정에 대한 정교한 분석을 강조하는 메타 이론적 접근으로부터 시작되었다. 또한 태도 연구는 사회인지 연구로부터 특정한 이론과 방법론을 차용해 왔다. 특히 초기의 한 이론은 정보처리적 접근을 예견하였다. 맥과이어가 제시한 설득의 다단계 연쇄는 성공적인 태도 변화에 필요한 다양한 인지과정을 포함하고 있다.

두 가지 전통적인 인지 일관성 이론은 새로운 사회인지 통찰로부터 도움을 받아왔다. 자신의 태도를 지지하기 위하여 선택적으로 지각한다는 부조화 이론의 오래된 가설에는 선택적 노출(태도 일관적 정보의 추구), 선택적 주의(태도 일관적 정보의 유념), 선택적 해석(모호한 정보에 대한 태도 일관적 지각)이 포함되어 있다. 선택적 노출에 대한 증거는 대부분 의도적 노출보다는 실질적 노출을 수반하고 있지만, 선택적 주의와 해석에 대한 증거는 부조화 이론의 가정을 완벽하게 지지한다. 이에 덧붙여 부조화 이론은 선택적 학습과 태도 관련 정보의 파지에도 관심을 기울여 왔다. 태도 일치 정보의 우연학습이 선택성을 입증하고 있는 반면에, 의도학습과 높은 정도의 동기는 선택성을 제거한다. 자존감이 높거나, 내적 통제소재를 가지고 있거나, 불쾌한 경험을 억압하는 경향성이 있는 사람들은 모두 상당한 선택성 효과를 보여 주고 있으며, 이 사실은 부조화 이론과 일치하는 것이다.

또 다른 일관성 이론인 균형 이론도 사람들이 정보를 선택적으로 회상한다고 상정하는데, 이 경우에 정보는 자기와 타인에 관한 태도 정보다. 사람들은 친구가 동의한 것을(그리고 아마도 적대자가 동의하지 않은 것도) 아주 용이하게 기억해 낼 수 있다. 특정한 태도 대상에 대하여 동일한 방식으로 느끼는 두 친구의 균형 삼자관계는 용이하게 상상하고 이해하며 기억해 낼 수 있는 옹골찬 인지단위를 형성한다. 불균형 삼자관계는 기억하기가 상대적으로 어려우며 분리된 단위들로 저장되는 것으로 보인다. 일반적으로 태도는 관련된 정보에 대한 기억을 체제화함으로써 자신의 태도가 기반하고 있는 증거를 기억해 내는 데 어려움을 가질 수 있다.

몇몇 사회인지적 접근은 설득에 대한 사람들의 일상적 이론을 강조한다. 예컨대, 발신자가 특정한 메시지를 전달하고 있는 이유에 대한 귀인 분석은 설득에 영향을 미친다. 만일 발신자가 청중이나 다른 상황 요인 때문에 특정한 메시지를 전달한다면 의심의 소지가 있다. 마찬가지로, 만일 발신자가 지식 동기나 보고 동기에서 성향적으로 편향되어 있다면 메시지는 신뢰할 수 없는 것으로 지각된다. 또 다른 소박한 이론 접근은 집단 구성원들이 제기하는 설득적 주장이나 사회비교 정보 또는 집단 정체성의 함수로서 집단의 태도극화를 다룬다.

마지막으로, 안정성과 변화에 대한 암묵적 이론은 사람들로 하여금 자신의 태도와 성향에서 안정성과 변화를 지각하거나 오지각하도록 부추긴다. 전형적으로 사람들은 자신의 태도가 변할 것이라고 기대하지 않기 때문에, 자신의 태도가 미묘한 수단에 의해서 변화되었을 때조차도 안정성이 있다고 잘못 지각한다. 이에 덧붙여 사람들은 현재의 태도에 맞추어 자신의 과거 행동을 잘못 회상하는데, 이것도 태도가 안정적이며 그에 따라서 행동이 뒤따른다는 보편적 신념과 맥을 같이하는 것이다. 그렇지만 사람들의 이론이 변화를 시사할 때는 전환, 자조적 프로그램, 치료 등에 뒤따르는 변화를 지각하거나 오지각하기도 한다.

사람들의 태도는 사회인지에 중요한 몇몇 차원에서 차이를 보인다. 확신은 태도의 중요성과 관련된 여러 가지 성분, 예컨대 정서적 몰입, 자아 선입견, 인지적 정교화 등을 수반한다. 확신과 관련된 용어는 가치 관련 관여이며, 또 다른 관련 개념은 강도다. 어떤 용어를 사용하든지 간에, 그렇게 중요한 태도는 극소수이며(대부분의 사람에게서 그렇다) 변화를 거부한다. 그러한 태도는 안정적이며, 접속 가능하고, 태도 대상들을 구분해 주며, 다른 태도들과 일관적이다. 역설적 기법에 의해서만 변화의 소지가 있을 수 있다.

사람들의 태도는 지식, 가치, 사회성과 관련된 여러 가지 기능을 담당한다. 첫째, 사람들의 태도는 지식 기능을 담당하며, 신속한 반응과 지식을 체제화하는 스키마를 위한 발견법을 제공해 준다. 구조에 대한 욕구가 증가함에 따라서 기존에 만들어져 있는 태도나 신속하게 구성된 단순한 태도에 더 많이 의존하게 된다. 태도는 가치표현의 기능도 담당하여, 사람들로 하여금 자신의 가치 있는 기준과 지향성을 입증할 수 있게 해 준다. 자기 모니터링이 낮은 사람의 태도는 특히 가치표현적 기능을 담당할 가능성이 크다. 핵심적인 갈등적 가치를 견지하고 있을 때는 그것들을 통합하려는 필요성으로 인해서 관련된 태도가 더 복잡해진다. 마지막으로 태도는 사회적·적응적 기능도 담당할 수 있다. 다른 사람과 어울리고 대인관계를 조율하는 것을 도와준다. 자기 모니터링이 높은 사람은 사회적 환경을 지향하며, 사회적·적응적 태도를 견지할 가능성이 크다. 개인차와 관계없이 어떤 태도 대상들은 전형적으로 특정한 유형의 기능을 갖는 태도를 유발할 수 있다.

태도에 대한 다양한 인지적 접근은—전통적 이론을 정교화하는 접근, 전적으로 새로운 과정을 제안하는 접근, 신중하거나 자동적인 과정을 강조하는 접근, 전적으로 인지에 초점을 맞추거나 적극적으로 동기를 포함하는 접근—집단 간 고정관념과 편견, 감정, 그리고 인지와 행동 간의 관계에 대해 다양한 함의를 가지고 있다. 이 주제를 다음 장부터 다룬다.

제 10 장

태도의 인지적 처리

- 발견법 대 체계적 모형
- 설득에 대한 말초적 경로 대 중추적 경로: 정교화 가능성 모형
- 동기와 기회가 태도과정을 결정한다: MODE 모형
- 암묵적 연합
- 체화된 태도
- 태도의 신경상관체

제9장에서는 태도의 구조와 기능에 초점을 맞춘 여러 가지 전통적인 태도 이론의 인지적 측면들을 고찰하였다. 이제 근본적으로 인지적 지향성을 나타내는 보다 최근의 태도 이론들을 살펴보도록 한다. 이 장에서는 명백하게 사회인지 아이디어에 근거하는 인지 지향적 이론들을 다룬다. 각 이론은 태도 처리의 상이한 양상들을 인지 원리들에 근거하여 상세화하고 있다. 제2장에서 예견하였듯이, 처음의 세 이론은 태도 처리의 이중 양상에 초점을 맞추며, 특히 태도가 상대적으로 사려 깊거나 자동적인 방식으로 형성되고 변화하며 작동하는 정도에 초점을 맞춘다. 자동적 반응에 있어서는 암묵적 연합을 간략하게 다룬다. 나머지 두 이론은 태도와 생물학적 존재 간의 상호작용, 즉 체화된 태도와 태도의 신경학적 측면을 다룬다.

1. 발견법 대 체계적 모형

많은 고전적 태도 이론은 태도가 논제 관련 정보의 신중한 고려에 근거하여 형성되고 변화한다고 상정한다. 예컨대, 맥과이어(McGuire, 1969)의 설득 연쇄는 사람들이 제공된 주장을 처리하고 평가함으로써 설득적 의사소통에 동의하거나 반대한다고 가정한다. 마찬가지로 거의 20년에 걸친 태도 연구의 주도적 개념틀이었던 예일대학교의 설득적 의사소통 접근(Hovland et al., 1953)은 메시지 내용의 학습과 의식적 용인이나 거부를 강조하였다. 이에 덧붙여 태도와 행동에 대한 가장 포괄적인 최근 이론 중의 하나인 합리적 행위 이론(theory of reasoned action; Fishbein & Ajzen, 1974)은 태도가 일차적으로 태도 대상에 대한 사람들의 신념에 의존한다고 주장하였으며(제15장 참조), 나중에는 계획 행동 이론(theory of planned behavior)으로 정교화되었다(Ajzen, 1987). 특별히 인지과정 이론은 아니지만, 이 이론은 의도적인 사려 깊은 과정을 강조한다. 즉, 특정한 신념의 장점과 단점을 평가하고, 태도에 대한 체계적 함의를 평가하며, 궁극적으로는 지각된 규범과 통제에 따라서 행동의 함의를 평가하는 것을 강조한다. 본질적으로 이러한 전통적 이론은 태도의 형성과 변화의 비교적 통제적이거나 체계적인 형태에 초점을 맞춘다.

발견법적·체계적 모형(예컨대 Chaiken, 1980; Chen & Chaiken, 1999)은 사람들이 그렇게 하도록 충분히 동기화되었으며 능력도 있을 때에만 그러한 사려 깊은 처리에 몰입한다고 제안한다. 비교적 동기화되어 있을 때에는 사람들이 실제로 체계적 처리(systematic processing)라고 부르는 사려 깊고 노력을 기울이는 처리에 몰입할 수 있는데, 여기에는 메시지 주장의 장단점을 평가하는 것이 수반된다. 예컨대, 체계적 처리는 동기를 증가시키는 경향이 있는 다음과 같은 다양한 요인들에 의해서 증가한다. 즉, 개인적으로 상당히 관련된 주제에 관한 메시지를 받는 것, 중요한 결과를 초래하는 태도 판단을 하는 것, 메시지 평가에 대해서 혼자 책임을 지는 것, 자신이 대다수의 입장과 상반된다는 사실을 발견하는 것 등이다(개관을 보려면 Eagly & Chaiken, 1993 참조). 체계적 처리는 메시지의 유인가와 자질에 대한 감수성, 논제 관련 사고, 주장에 대한 증진된 회상, 비교적 지속적인 변화 등의 특징을 갖는다(예컨대 Axsom, Yates, & Chaiken, 1987; Mackie, 1987; McFarland, Ross, & Conway, 1984).

태도 관련 정보의 사려 깊은 처리를 강조하는 이러한 전략과는 달리, 사람들은 흔히 보다 신속하고 용이한 발견법적(heuristic) 형태의 처리에 몰입한다. 샤이켄(Chaiken)의 이론에 따르면, 사람들은 특정한 설득 발견법이나 규칙을 학습한다(주장은 길수록 강력한 것이라는 발견법이나 규칙, 발신자의 경우에는 멋진 사람을 믿으며 전문가를 신뢰한다는 발견법이나 규칙). 이러한 간편법들은 실제 메시지 내용을 공들여 처리하지 않는다. 경험을 통해서 학습한 이 규칙들은 충분히 정확하기 십상이다. 발견법적 처리는 비교적 적은 심적 용량을 요구한다는 사실도 중요하다. 사람들은 체계적인 유형의 처리를 할 여유가 없을 때 발견법적 전략을 사용하는 것으로 보인다. 인지용량이 감소할 때, 체계적 처리에 몰입할 가능성이 줄어들며 발견법적 처리에 몰입할 가능성이 커진다(예컨대 Mackie & Worth, 1989; W. Wood, Kallgren, & Preisler, 1985).

설득에서 발견법적 처리와 체계적 처리의 구분이 갖는 한 가지 함의는 사람들이 메시지의 주장을 신중하게 처리할 수도 있고 그렇지 않을 수도 있으며, 때로는 간편법에 의존하며 때로는 포괄적이고 분석적이며 체계적인 처리에 몰입한다는 것이다. 어떤 처리를 할 것인지는 다양한 동기에 달려 있다. 예컨대 정확성 동기, 방어적 동기, 인상 관리 동기는 모두 발견법적 처리나 체계적 처리의 정도에 영향력을 미칠 잠재력을 가지고 있다(Chaiken, Liberman, & Eagly, 1989). 이러한 유형의 동기들은 자동처리나 통제처리를 촉진하는 동기로 제2장에서 논의하였던 동기들과 비교된다. 예컨대, 동반자에게 인정받고자 동기화된 사람은 어울리고자 동조하기(go-along-to-get-along) 발견법을 사용하여 동반자의 견해와 일치하는 태도를 표명한다(Chen, Shechter, & Chaiken, 1996).

2. 설득에 대한 말초적 경로 대 중추적 경로: 정교화 가능성 모형

설득에 대한 또 다른 인지 지향적 모형도 태도 변화에 대한 두 가지 경로를 제안한다(Petty & Cacioppo, 1981, 1986; Petty & Wegener, 1998). 정교화 가능성 모형(elaboration likelihood model)에 따르면, 중추적 경로(cental route)는 메시지 주장의 진정한 이점에 대해서 적극적이고 신중한 사고를 동원하며(즉, 정교화), 이러한 의미에서 샤이켄의 발견법적·체계적 모형이 제안하는 체계적 경로와 닮았다. 설득의 **말초적 경로**(peripheral route)는 별다른 사고나 정교화 없이 발생하는 모든 유형의 태도 변화를 포함한다. 그렇기 때문에 이 경로에는 샤이켄의 발견법적 양상뿐만 아니라 다른 유형의 피상적 태도 변화도 포함된다. 예컨대, 평가에 대한 단순노출 효과(제14장 참조)는 설득의 피상적 양상이 될 수 있다(그렇지만 발견법적인 것은 아니다).

정교화 가능성 모형의 한 가지 기본적인 전제는 사람들이 정확한 태도를 견지하는 동기를 가지고 있다는 것이다. 메시지를 처리할 수 있는 충분한 동기와 능력을 가지고 있는 사람은 주장의 자질에 반응을 보인다. 그렇게 되면 호의적인 생각, 비호의적인 생각, 중립적 생각들의 경중이 중추적 경로에 의해서 긍정적이거나 부정적인 태도 변화를 결정하게 된다. 인지적 정교화(논제 관련 사고)의 양과 유형은 개인적 요인과 상황적 요인에 달려 있다. 정교화에는 관련된 연합을 형성하는 것, 주장을 꼼꼼하게 따져 보는 것, 가치를 추론하는 것, 전반적 메시지를 평가하는 것 등이 포함된다.

방법

정교화는 다양한 방식으로 평가된다(Petty & Cacioppo, 1986). 메시지를 처리하는 데 얼마나 많은 노력을 경주하였는지를 직접 물어볼 수도 있지만, 사람들이 항상 답을 정확하게 말할 수 없거나 그렇게 하려고 하지 않을 수 있다. 두 가지 기법이 인지적 정교화 정도를 평가하는 데 성공적인 것으로 판명되어 왔다. 하나는 인지반응 분석(cognitive response analysis)으로, 메시지를 받아들이는 수신자의 인지(특히 반론)를 살펴보는 것이다(Brock, 1967). 설득에 대한 수신자 인지반응의 호의성은 태도 변화의 정도와 직접적으로 관련된다(Greenwald, 1968). 정교화 가능성 이론은 초기의 인지반응에 근거하여 반론과 지지적 주장이 어떻게 태도 변화를 초래하는지를 정확하게 개념화한다.

인지반응 기법 자체는 인지적 매개를 측정하는 단순하면서도 세련된 방법이다. 일반적으로 인지적 매개란 어떤 자극이 인지 효과를 초래하는데, 이것이 다시 외현적 반응을 야기한다는 것을 의미한다. 설득적 의사소통의 경우에 인지적 매개는 인지적 매개자(약하거나 강한 반론)를 초래하는 자극(주장의 약하거나 강한 자질)을 수반하는데, 다시 이 매개자가 반응(태도 변화)을 초래하는 것이다. 인지반응 연구에서는

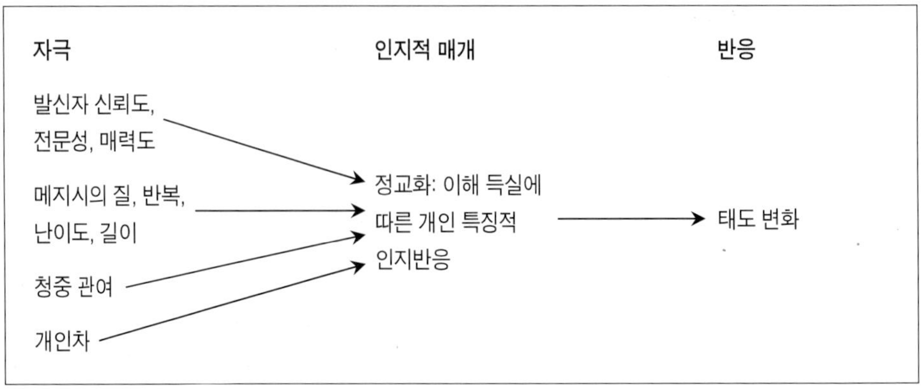

그림 10.1 인지반응 분석

참가자들이 주어진 주제에 대한 의견을 내놓을 뿐만 아니라 다른 사람의 주장을 받아들이고 있는 동안이나 바로 직후에 자신의 생각을 목록으로 만든다. 인지반응들은 찬반양론의 반응으로 채점되며, 이 반응이 태도 변화를 매개하는 것으로 보인다. 정교화 가능성 모형에 발맞추어 인지반응 방법을 사용한 연구자들은 태도 변화가 메시지에 대한 개인적 반응에 의해서 야기되기 쉽다는 사실을 보여 준다(**그림 10.1** 참조).

인지반응 분석은 하나의 방법이기는 하지만 이론은 아니다. 하나의 기법으로서 다양한 태도 이론들에 적용될 수 있다(Petty, Ostrom, & Brock, 1981 참조). 이것은 방법론적 기법이기 때문에 그 자체가 이론적 진보를 보장하지는 않는다. 인지반응 분석 기법은 발신자, 메시지, 청중 변인들에 적용되어 왔다(Petty, Ostrom, & Brock, 1981).

정교화를 평가하는 또 다른 방법은 매개자로서 인지적 정교화를 측정하기보다는 실험적 처치를 수반한다. 메시지 자체의 자질에 처치를 가함으로써, 실험참가자들이 강하거나 약한 주장에 상이하게 반응하는지를 알아볼 수 있다. 만일 주장의 자질에 민감하다면 자신이 받아들인 것에 대해서 생각을 할 것이며, 그렇기 때문에 중추적 경로를 통해서 그 주장을 정교화할 것이다. 주장의 자질에 민감하지 않다면 정교화를 별로 하지 않을 것이며 말초적 경로를 보다 많이 택할 것이다. 정교화 가능성 연구 프로그램들은 대부분 정교화에 영향을 미칠 것이라고 상정하는 상황 변인뿐만 아니라 주장의 자질에도 처치를 가한 후에 인지반응과 태도 변화를 모두 측정한다.

이러한 방법, 특히 인지반응 분석과 주장 강도의 처치로 무장한 정교화 가능성 모형은 설득에 수반된 많은 기본 과정을 제안한다(Petty & Cacioppo, 1981, 1986; Petty & Wegener, 1998). 태도 변화를 예언하기 위하여 사고의 정도(extent)와 유인가(valence)를 강조하며, 보다 최근에는 자신의 사고에 대한 확신도(confidence)가 중요한 예언자로 대두되어 왔다(Petty, Briñol, & Tormala, 2002). 후속하는 두 절에서는 발신자, 메시지, 청중에 대한 정교화 가능성 분석을 예시한다. 뒤에서 보게 되겠지만, 많은 표준적인 태도 변화 효과는 설득적 메시지에 대한 청중(즉, 실험참가자)의 관여에 달려 있다. 특히 결과에의 관여, 가치에의 관여, 인상에의 관여 모두가 차이를 보인다(Johnson & Eagly, 1989).

발신자 효과

발언하는 사람, 즉 메시지의 출처는 설득의 과정과 처리에 상당한 영향을 미친다. 말초적 경로는 발신자의 전문성과 매력에 관한 단순한 단서로부터 초래되기 십상이다. 예컨대, 고등학생들에게 모든 졸업반 학생들을 위한 필수 종합시험이 전문가 출처(카네기 고등교육위원회)나 비전문가 출처(한 고등학교 교실)에서 공표되었다고 알려주었다. 논제가 학생들과 관련되었을 때는—자신의 학교에서 내년부터 실시되기 때문에—정교화 가능성 모형이 예언하는 바와 같이 강하거나 약한 주장의 자질에 민감하였다. 이에 덧붙여 출처의 전문성은 아무런 차이도 초래하지 않았다. 그렇지만 논제가 무관한 것이어서(그 시험은 다른 지역에서 실시되거나 자신들이 졸업한 후에나 실시된다) 결과에 덜 관여할 때는 출처의 전문성이 주장의 자질에 관계없이 태도를 결정하였다(Petty, Cacioppo, & Goldman, 1981). 결과 관여가 낮을 때는 출처의 전문성이 설득에 대한 말초적 단서로 작용하여 메시지 주장을 처리할 필요성이 무시된다. 유사한 효과를 매력적이거나 유명한 메시지 출처에 대해서도 얻을 수 있다(Chaiken, 1979; Pallak, 1983; Petty, Cacioppo, & Schumann, 1983). 한 가지 주의할 사항은 모든 설득 변인들이 다중 효과를 가질 수 있다는 점이다. 적절한 조건에서만 출처의 전문성이 메시지에 신중하게 주의를 기울이고 처리하게 만들 수 있는 것이다(Petty & Wegener, 1998).

전형적으로 발신자 신뢰성 효과는 이해관계가 있는 결과에 관여하고 있지 않은 수신자에게 있어서 더 강력하다. 관여하지 않는 수신자는 전문성이라는 피상적 단서에 반응할 가능성이 매우 크다. 물론 알려진 전문성이 전적으로 누군가의 주장에 동의하게 만드는 이유는 아니지만 편리한 간편법인 것이다. 발신자 단서에 관한 많은 연구들은 상당히 피상적인 수준에서 작동하는 수신자들에게만 해당하는 것일 수 있다. 결과 관여 정도가 높은 참가자들이 메시지 지향적 사고를 더 많이 표명한다는 사실이 이 주장을 지지한다(Chaiken, 1980). 인지반응 분석은 메시지에 대해서 피상적으로 반응하는 사람들과 심사숙고하는 사람들을 구분해 주기 때문에, 결과 관여 참가자들과 비관여 참가자들이 발신자 단서를 사용하는지 여부를 구별할 수 있게 해 준다.

메시지 효과

발언한 내용, 즉 메시지도 설득에 영향을 미치지만 항상 명백하게 나타나는 것은 아니다. 정교화 가능성 모형은 메시지의 다양한 자질에 적용된다. 예컨대 반복 횟수, 난이도, 주장의 수, 수사적 질문의 사용, 출처의 수, 맥락에 들어 있는 방해의 정도 등이다. 각각의 경우에 이 모형은 수신자 사고의 역할을 강조해 왔다.

메시지 반복(message repetition)에 관한 연구는 두 가지 상이한 유형의 자극, 즉 비언어적 자극(예컨대 코카콜라의 로고)과 언어적 자극(예컨대 설득적 메시지)을 구분하는 것으로 이해할 수 있다. 인지반응 분석은 그 차이가 각각의 경우에 생성되는 사고의 양과 유인가(이해득실의 방향)에 의한 것이라고 제안한다(A. Sawyer, 1981).

연구자들은 오래전부터 비언어적 자극에의 반복적 노출이 소위 단순노출 효과로 인해서 전형적으로 호감을 증진시킨다는 사실을 알고 있었다(Stang, 1974; Zajonc, 1968a; 개관을 보려면 Bornstein, 1989 참조; 제14장 참조). 단순노출 효과의 두 가지 대표적인 특징은 자극이 처음에는 친숙하지 않으며, 자극에 대한 사람들의 초기 반응이 중립적이거나 긍정적이라는 것이다(Grush, 1976; Harrison, 1977). 자극이 처음에 부정적일 때는 노출 효과가 사라지거나 역전된다.

비언어적 자극의 단순노출 효과는 기본적으로 수신자가 생각을 하지 않을 때, 즉 자극에 대해서 개인적인 반응(이해득실 반응)을 생성할 수 없을 때 매우 확실하게 작동하는데, 이 사실은 정교화 가능성 모형의 말초적 경로와 일치하는 것이다. 따라서 코카콜라 로고에 대해서 별 생각을 하지 않는다고 가정할 때, 더 많이 볼수록 더 좋아하게 된다. 그 로고가 국기만큼 친숙해진 것이다. 동물들도 선호도에서 노출 효과를 보여 준다. 사람들은 인지적 처리를 거의 하지 않는 상황에서, 맥과이어(1969)의 표현을 빌리면 게으른 유기체처럼 행동할 때 명백하게 반복 효과를 보여 준다. 따라서 설득의 말초적 경로는 비언어적 자극의 반복 효과를 잘 기술해 준다.

비언어적 자극은 선호도에 대한 무의식적 단순노출 효과의 강력한 사례다. 이것이 설득에 대한 말초적 경로로서 정교화 가능성 모형의 중추적 경로와 확실하게 대비되는 것에 주목하라. 제14장에서는 무의식적 매개를 지지하는 몇 가지 단순노출 효과를 개관할 것이다(또한 제이온스의 감정과 인지에 대한 개별 시스템 견해도 보게 된다. Moreland & Zajonc, 1977; W. R. Wilson, 1979). 자극을 친숙한 것으로 재인하지 못하는 참가자들도 여전히 호감에 대한 노출 효과를 보여 준다(Zajonc, 1980b). 따라서 비언어적 자극의 단순노출 효과는 무의식적으로 매개된다. 사람들은 자극을 재인하지도 못하고, 자각하지도 못하며, 생각하지도 않은 채 이 효과를 나타낸다. 비언어적 자극에 대한 메시지 반복 효과는 의식적 인지반응에 의해서 매개되는 것으로 보이지 않기 때문에 말초적 경로를 예증하고 있는 것이다.

메시지 반복에 관한 연구에서 두 번째 유형의 자극은 언어적인 것, 즉 설득적 메시지 자체다. 이 유형의 자극은 사고를 유발하며, 정교화 가능성 모형이 예언하는 바와 같이 이해득실에 관한 사고의 양이 언어적 단순노출 효과가 일어날지의 여부를 결정하는 것으로 보인다(Petty & Cacioppo, 1981). 이 사실은 메시지 반복에 대한 초기 연구와 인지반응 분석을 사용한 후기 연구 간의 차이가 예증해 준다. 인지반응 분석에 앞서서 수행된 한 연구에서 윌슨과 밀러(W. Wilson & Miller, 1968)는 이야기 메시지를 가지고 설득에 대한 반복 효과를 처음으로 찾아냈다. 이야기는 손해배상 소송에 관한 것이었다. 대학생들이 배심원의 역할을 하였으며, 변호사의 주장에 한 번 또는 세 번 노출되었다. 보다 많은 노출이 보다 많은 동의로 이끌어 갔다. 또한 일주일의 지연 후에도 주장의 파지를 현저하게 증가시켰다. 파지와 태도 변화가 어느 정도 상관되었기 때문에, 윌슨과 밀러는 적어도 몇몇 반복 효과는 증진된 회상에 달려 있다고 결론지었다.

10년이 지난 후에 카시오포와 페티(Cacioppo & Petty, 1979)도 메시지 반복 효과를 매개하는 것이 무엇인지에 대한 물음에 도전하였다. 인지반응 분석으로 무장한 이들은 메시지를 들은 직후에 그 메시지에 대한 참가자들의 독특한 반응들을 뽑아냈다. 참가자들은 메시지를 듣고 있던 동안에 가졌던 생각을 기술하였으며, 각각의 생각에 이득(+)과 손해(−), 또는 중립(0) 여부를 표시하였다. 별도로 참가자들은 메시지의 주장을 회상하도록 요구받았다. 메시지에의 동의는 회상과 상관관계가 전혀 없었지만, 호의적 사고와는 정적으로 그리고 호의적이지 않은 사고와는 부적으로 높은 상관을 나타냈다. 무관련 사고의 수는 동의와 상관관계가 없었다. 따라서 회상이 아니라 이해득실의 인지반응이 설득에 대한 반복 효과를 매개하였다.

한 가지 중요한 사실은 정교화 가능성 모형이 회상을 매개과정으로 강조하는 모형보다 다른 유형의 인지과정 모형을 지지한다는 점이다. 인지반응 분석은 주어진 주장을 단순하게 기억해 내는 능력보다는 그 주장에 대한 개개인의 독특한 반응에 주목한다. 인지반응 분석은 노출과 동의 사이를 매개하는 처리과정을 성공적으로 밝혀 주며, 이것은 정교화 가능성 모형의 중추적 경로와 일치하는 것이다.

메시지 반복 효과에 관한 정교화 가능성 모형의 연구가 계속됨에 따라서 인지적 매개과정의 정확한 속내가 더욱 분명하게 드러나게 되었다. 반복적인 메시지에 대한 사람들의 인지반응은 불확실성의 감소와 지루함이 서로를 상쇄시킨다는 2단계 모형을 지지한다(Berlyne, 1970; Cacioppo & Petty, 1979). 다시 말해서, 한 친구가 당신에게 자신의 학위 논문을 몇 차례 설명한다면, 그 주장이 설득적이라고 가정할 때 반복적 설명이 이해를 도와주며 논문이 적절한 것이라고 확신시켜 준다. 그렇지만 그다음에는 지겨워지고, 당신은 그저 심술이 나서 반론을 제시하기 시작할 수 있다. 예컨대, 카시오포와 페티의 연구를 보면 노출이 증가함에 따라서 참가자들이 메시지를 이해하고 그것에 대해서 생각하기 때문에 처음에는 동의가 증가하게 된다. 그런 다음에 동의가 감소하는데, 아마도 지겨움이 자리 잡기 때문일 것이다. 이해득실적 인지반응도 동의와 동일한 패턴을 나타냈다. 즉, 처음에는 긍정적인 다음에 부정적이 되었다. 이 결과는 2요인 모형을 지지하는 것이다. 물론 이 모형은 참가자들이 중추적 경로를 따른다고(즉, 메시지에 대해서 생각하느라 애쓴다) 가정하는데, 이 가정은 어느 정도의 결과 관여를 전제로 한다. 관여하지 않는 참가자들이 항상 처음에 동의하고 나중에 동의하지 않는 패턴을 나타내는 것은 아니다(A. Sawyer, 1981).

개념적으로 메시지 반복 효과는 정교화 가능성 모형에 대해서 다음과 같은 여러 가지 중요 사안을 예시해 준다—즉, 수신자가 적극적으로 생각하고 있는지의 여부 그리고 생각하고 있다면 그 생각이 이해득실적인 것인지 여부의 중요성, 중추적 경로를 통한 의식적인 인지적 매개와 대비되는 것으로서 다양한 말초적 경로를 통한 무의식적 매개의 가능성, 오래된 수수께끼들을 새로운 방식으로 해결하는 이론으로서 정교화 가능성 모형의 역할(개관을 보려면 Crano & Prislin, 2006; Petty & Wegener, 1998 참조). 응용적인 측면에서 볼 때, 메시지 반복 효과는 늦은 밤에 진행되는 텔레비전 프로그램에 동일한 광고를 여러 차례 내보내는 광고주에게 알려 주는 바가 있다. 연구들은 광고를 반복하는 것이 올바르거나 그릇된 상황을 시사해 준다.

또 다른 유형의 메시지 효과는 **난이도**(difficulty)다. 정교화 가능성 모형 연구는 메시지의 난이도가 반복과 마찬가지로 결과 관여의 영향을 받는다는 사실을 보여 준다. 만일 메시지가 어려운 것이라면, 사람들이 생성하는 지지 주장과 반론 주장의 수는 그러한 관여의 함수가 된다. 어려운 통계학 강의를 이해하려 애쓰고 있다고 가정해 보자. 강의 내용을 싫어하고, 학점에 별 신경을 쓰지 않으며, 진작부터 공부하기를 포기한 학생은 강의를 무시하고 백일몽에 빠져든다. 관여하지 않고 게으른 유기체로 행동할 때는 이해 가능성과 관계없이 메시지 내용을 받아들이고자 애쓰지 않는다. 결과 관여의 정도가 중간 수준일 때는 메시지의 난이도가 최대의 영향력을 발휘하게 된다. 난이도가 조금 높아지는 것이 어떻게든 공부를 할 것인지 아니면 포기할 것인지 사이에서 결정적인 차이를 초래할 수 있기 때문이다. 통계학을 수강하는 대부분의 학생들은 아마도 이러한 중간 수준에 해당할 것이며, 메시지 난이도에 민감할 것이다. 결과 관여의 수준이 높을 때는 메시지 난이도가 이해에 별 차이를 초래하지 않는다. 메시지가 아무리 어렵더라도 그것을 극복하려는 동기를 가지고 있기 때문이다. (물론 능력도 도움이 된다.) 과거에 강의 내용을 한 번도 들어 보지 못했던 새로운 TA(강의조교)는 난이도에 관계없이 그 강의를 이해하고자 온갖 노력을 하게 될 것이다.

그렇다면 메시지 난이도는 어떻게 태도 변화를 초래하는가? 인지반응 분석은 인지반응의 양과 유인가가 매개변인이라는 사실을 나타낸다. 놀라울 것도 없이, 주장이 좋은 것일 때 이해가 설득을 부추긴다(예컨대 Eagly, 1974; 다른 주장을 보려면 Eagly & Himmelfarb, 1978 참조). 만일 메시지를 이해하지 못한다면 스스로 반복할 수도 없고 지지하는 주장을 불러일으킬 수도 없다. 사람들의 독특한 지지적 인지반응이 주장을 강화시킬 수 있지만, 이것은 무엇보다도 우선적으로 그 메시지를 이해하였을 때에만 가능하다. 메시지가 이해할 만한 것일수록 청중은 발언 내용에 대해서 긍정적으로 생각할 수 있다(그 주장이 좋은 것일 때 그렇다). 따라서 발언의 좋은 주장을 더 많이 이해할수록 발언자에 더 많이 동의하게 된다(W. Wood & Eagly, 1981). 요컨대, 메시지 난이도 효과는 인지반응 증거들이 지적해 온 바와 같이 인지적으로 매개될 수 있지만(중추적 경로), 항상 그래야 할 필요는 없다(말초적 경로).

메시지의 또 다른 중요한 자질은 **주장의 수**(number of arguments)이며, 이것은 설득의 피상적 단서로 작용할 수 있다. 발견법적 모형(Chaiken, Liberman, & Eagly,

1989)과 정교화 가능성 모형은 모두 이 아이디어를 지지한다(Tormala, Petty, & Briñol, 2002). 개인적 관련성이 낮을 때는(즉, 결과 관여가 낮을 때는) 주장의 수가 주장의 자질에 관계없이 설득에 대한 말초적 단서로 작동한다. 또한 관련성이 높을 때는 주장의 자질과 수가 결합하여 사려 깊은 중추적 경로를 통해서 설득을 결정한다 (Petty & Cacioppo, 1984).

인지반응은 반복, 난이도, 주장의 수에 덧붙여 메시지의 다음과 같은 많은 자질들을 설명해 준다(Petty & Cacioppo, 1981). 예컨대, 수사적 질문의 사용(Petty, Rennier, & Cacioppo, 1987), 다중 출처(Harkins & Petty, 1981), 환경의 방해 요인 (Petty, Wells, & Brock, 1976; 개관을 보려면 Petty & Wegener, 1998; Petty, Wegener, & Fabrigar, 1997 참조) 등이다. 각 경우에서 설득에 결정적인 요인은 수신자가 수행하는 이해득실에 관한 적극적인 인지적 정교화의 양이다. 호의적인 인지반응을 생성하고 최대한도로 설득적이기 위해서는 메시지가 좋은 주장을 가지고 있어야 하고, 몇 차례 반복해야 하지만 지나치게 반복해서는 안 되며, 이해 가능해야 하고, 주의를 분산시키지 않는 분위기에서 전달되어야 한다. 메시지가 약한 주장을 가지고 있는 경우에는(그래서 많은 반론을 초래하게 된다면) 주의분산과 단 한 번의 노출이 부정적 인지반응을 억압하기 때문에 설득이 증진될 수 있다.

전반적으로 메시지 효과는 결과 관여에 달려 있다. 주장이 합당한 것이라면 결과 관여는 적절하게 반복되고, 이해 가능한 메시지에 대해서 인지적 활동을 증가시키며, 후속적으로 태도 변화를 증가시킨다. 주장의 수, 수사적 질문, 출처의 수, 주의 분산에서도 이와 유사한 메시지 효과가 일어난다.

청중 관여

정교화 가능성 모형에서는 청중 관여(audience involvement)가 다른 많은 변인들의 효과, 특히 발신자 효과, 메시지 효과와 결합된다. 따라서 중추적 설득과정의 모든 단계에서 수신자가 나타내는 인지반응의 양과 유인가가 그 효과를 결정한다. 인지반응은 적극적으로 사고하는 수신자를 요구하기 때문에, 청중 관여는 각각의 효과에 상당한 영향을 미쳐 왔다.

그러나 상이한 유형의 관여는 상이한 효과를 나타낸다. 초기 연구들은 관여를 다양하게 조작적으로 정의하였는데, 별로 합의를 이루지는 못했다. 예컨대, 학생들에게 자기 학교나 다른 학교의 기숙사 방문 가능 시간을 변경한다는 메시지를 주었다(Petty & Cacioppo, 1979). 아니면 대학 정책의 변경이 1년 후에 또는 10년 후에 이루어질 것이라고 알려 주기도 하였다(Petty, Ostrom, & Brock, 1981). 일반적인 처치에는 개인적 관련성과 미래의 결과가 포함되었다. 또 다른 유형의 관여에서는 개인적 관련성이 아니라 개인적 책임감에 처치를 가하였다. 즉, 참가자들에게 메시지 평가에 대해서 전적인 책임이 있다고 알려 주었다(Brickner, Harkins, & Ostrom, 1985; Petty, Harkins, & Williams, 1980).

개인적 중요성이나 자기개념과의 관련성이 관여의 보편적인 개념적 의미를 포착하는 것으로 보이기는 하지만(Greenwald, 1981; Greenwald & Leavitt, 1984; B. T. Johnson & Eagly, 1989), 연구자들은 상이한 유형의 관여들을 확인해 왔다. 자아 관여(ego involvement; M. Sherif & Hovland, 1961), 논제 관여(issue involvement; C. A. Kiesler, Collins, & Miller, 1969), 개인적 관여(personal involvement; Apsler & Sears, 1968; C. W. Sherif, Kelly, Rodgers, Sarup, & Tittler, 1973), 기득권(vested interest; Sivacek & Crano, 1982) 등은 모두 논제가 개인적 관련성이나 의미를 가지고 있다는 사실을 함축하며, 특히 개인의 정체감에 핵심적인 신념에서 본질적 중요성을 갖는다는 사실을 함축한다. 이러한 용어들은 과제 관여(task involvement; M. Sherif & Hovland, 1961)와 대비될 수 있으며, 과제 관여에서는 사람들이 특정한 반응의 결과에만 관심을 갖는 것이다. 만일 주어진 상황에서 보상을 극대화시키는 데 관심이 있다면, 그것은 반응 관여(response involvement)가 된다(Zimbardo, 1960). 상이한 유형의 관여들은 개인적으로 중요한 설득 시도에 대해 어느 정도 신중하게 반응하도록 만드는 요인을 예시하고 있다(관여의 유형에 관한 논의를 보려면 Chaiken & Stangor, 1987 참조).

이러한 연구들의 메타분석(B. T. Johnson & Eagly, 1989)은 정교화 가능성에 대한 관여 효과가 대부분의 결과 관련 관여에 해당된다고 결론지었으며, 이 결론은 바람직한 결과를 얻는 사람들의 능력을 함축하고 있다. 관여의 정도가 높은 참가자들은 정교화 가능성 모형이 제안하는 바와 같이 강력한 주장에 의해서 더 많이 설득되지만, 약한 주장에 의해서 항상 덜 설득되는 것은 아닌데, 이것은 이 모형의 예언과 상반되는 것이다. 다른 두 가지 유형의 관여는 이러한 효과를 초래하지 않는다. 즉, 가치 관련 관여(지속적인 신조를 함축한다)는 일반적으로 설득을 억제하며, 인상 관련 관여(자기에 대한 사람들의 의견에 관심을 기울이는 것을 함축한다)도 상당 부분 그렇다. 정교화 가능성 모형의 주창자들은 결과와 가치에 근거한 이러한 두 가지 유형의 관여를 한 범주에 포함시킴으로써(Petty & Cacioppo, 1990), 가치 관여 참가자들이 자신의 사전 지식이나 강력한 태도 또는 확신감으로 인해서 편향된 방식으로 정보를 처리한다고 가정한다(Petty & Cacioppo, 1986; 반대 견해를 보려면 B. T. Johnson & Eagly, 1990 참조). 현재의 논의에서는 최소한 결과 관여, 가치 관여, 인상 관여 간의 구분이 중요하겠다.

결과 관여는 메시지를 처리하는 데 중요한 영향을 미친다. 특정한 처치에 관계없이 결과 관여는 사고를 촉진시키는데, 이러한 사고는 인지반응에 따라서 설득을 증가시키거나 감소시키게 되며, 인지반응은 주장의 강도와 수신자의 기존 태도에 달려 있다. 결과 관여의 수준은 상이한 유형의 처리로 이끌어 가며, 처리 유형이 의사소통의 피상적 특성에 크게 의존하거나 덜 의존하게 만든다.

인지반응과 설득에 대한 결과 관여 효과를 설명하는 한 가지 방법은 관여 정도가 적은 사람은 의식적 사고 없이 자동적으로 작동한다고 보는 것이다(Chaiken, 1980; Petty & Cacioppo, 1981; 제2장 참조). 결과 관여가 높은 사람은 상대적으로 인지적 작업을 많이 하는 통제 모드에서 작동하며, 접하는 메시지에 민감한 인지반응을 더 많이 생성한다. 결과 관여 수신자는 강력한 주장과 약한 주장을 신중하게 구분하며, 친태도적 주장과 반태도적 주장도 신중하게 구분한다(Petty & Cacioppo, 1979; Petty, Cacioppo, & Goldman, 1981). 결과 관여 수신자는 치밀하거나 친태도적 메시지가 주어질 때는 반론을 제기하고자 고민하지 않지만, 약하거나 반태도적 메시지가 주어질 때는 반론을 제기하는 경향이 있다. 결과에 덜 관여하는 사람이 메시지에 관계없이 인지적 처리를 거의 하지 않는 이유는 단지 피상적으로만 주의를 기울이기 때문이다. 결과에 관여하는 사람은 주장의 자질에 민감한 체계적이고 내용 기반적인 처리 전략을 사용한다. 관여하지 않는 사람은 출처의 호감도와 같은 말초적 전략에 의존한다. 결과 관여는 태도 변화의 지속성뿐만 아니라 (앞에서 보았던 것처럼) 발신자 효과와 메시지 효과도 매개한다(Cook & Flay, 1978; Hennigan, Cook, & Gruder, 1982).

그렇지만 결과 관여 수신자가 반드시 더 객관적이거나 정확하게 사고하지는 않는다는 사실에 주목하기 바란다. 단지 더 많이 사고하는 것이며, 때로는 더욱 편향적으로 사고하는 것이다(Howard-Pitney, Borgida, & Omoto, 1986). 관여로 인한 동기가 더욱 치열하게 사고하도록 만들기는 하지만, 그 동기도 자신이 처리하는 것에 관한 해석을 편향시키는 것이다(Chen, Reardon, Rea, & Moore, 1992; Liberman & Chaiken, 1992).

다른 유형의 관여는 다른 효과를 나타낸다. 메타분석(B. T. Johnson & Eagly, 1989)에 따르면, 가치를 핵심적으로 견지하는 관여는 일반적으로 설득을 억제한다. 확신과 중요성에 초점을 맞춘 다음 절에서는 가치 관여를 보다 상세하게 고찰한다. 자기표현의 관심사를 함축하는 또 다른 유형의 관여인 인상 관여도 함께 다룰 것이다.

인지반응과 설득의 개인차

지금까지 사람들이 설득적 의사소통에 부여하는 사고의 양을 결정하는 상황 요인들을 살펴보았다. 지적한 바와 같이, 대부분의 상황 변인은 인지반응에서 사고의 정도를 결정하는 데 있어서 수신자 변인인 관여와 상호작용한다. 이에 덧붙여 보편적인 성향 요인도 인지반응의 양을 결정한다. **표 10.1**은 척도에서 사용하는 몇몇 항목을 보여 준다. 인지 욕구(need for cognition)란 설득적 메시지와 같은 외부 자극에 대한 반응으로 나타내는 만성적 사고 수준을 지칭한다(Cacioppo & Petty, 1982; Cacioppo, Petty, & Morris, 1983). 인지 욕구가 높은 사람은 설득적 의사소통에 대해서 찬반 모두의 인지반응을 더 많이 내놓으며, 그 결과로 메시지에 근거하여 어느 정도 설득될

표 10.1 인지욕구 척도의 일부분

1. 나는 새로운 문제해결책을 수반하는 과제를 정말로 즐긴다.
2. 나는 다소 중요하기는 하지만 많은 사고를 요구하지 않는 과제보다는 지적이고 어려우면서도 중요한 과제를 선호한다.
3. 새로운 사고방식을 학습하는 것이 나에게는 별로 흥미진진하지 않다.*
4. 사고에 의존하여 세상에서 인정받는다는 생각이 나에게는 별로 매력적이지 않다.*
5. 나는 필요한 만큼만 생각한다.*
6. 나는 일단 학습한 후에는 사고를 거의 요구하지 않는 과제를 선호한다.*
7. 나는 장기적인 프로젝트보다는 일상적인 소규모의 프로젝트를 선호한다.*
8. 나는 나의 사고 능력에 도전거리가 되는 것보다는 사고를 거의 요구하지 않는 일을 하고 싶다.*
9. 나는 오랜 시간에 걸쳐 열심히 심사숙고하는 것에서 만족감을 거의 느끼지 못한다.*
10. 나는 상당한 사고를 요하는 상황에 대처하는 책임을 맡고 싶지 않다.*

* 이 항목들은 반대로 채점된다.

출처: Cacioppo, J. T. & Petty R. E. (1982). The need for cognition. *Journal of Personality and Social Psychology*, *42*, 116–131.

가능성이 크다. 인지 욕구가 낮은 사람은 의사소통을 발견법적으로 처리할 가능성이 더 크다(Chaiken, 1987). 인지 욕구는 외부 자극과 태도 변화 간을 매개하는 것으로 간주되는 처리과정(인지반응)을 지칭하는 개인차 변인이다.

또 다른 개인차 변인인 **불확실성 지향성**(uncertainty orientation)도 설득에 영향을 미친다(Sorrentino, Bobocel, Gitta, Olso, & Hewitt, 1988; Sorrentino & Hancock, 1987; Sorrentino & Short, 1986). 확실성 지향적인 사람은 친숙하고 예측 가능한 것을 견지하며 세상에 대한 현재의 이해를 위협하는 것을 회피하는 반면, 불확실성 지향적인 사람은 의미를 탐색하고, 환경을 이해하고자 시도하며, 새로운 상황을 추구한다. 개인적 관련성이나 결과 관여가 중추적 처리로 이끌어 간다는 표준적인 정교화 가능성 효과는 불확실성 지향적인 사람들에게만 해당되는 것으로 보인다. 반면에 확실성 지향적인 사람들은 관련성이 높을 때 발견법의 사용을 증가시키는 것으로 보이는데, 이것은 정교화 가능성 모형의 예측과 상반되는 것이다. 인지 욕구가 사고하려는 동기를 측정하는 반면에 불확실성 지향성은 확실성을 증가시키거나 불확실성에 대한 개방적 접근을 유지하기 위하여 언제 무엇을 생각할 것인지를 측정한다는 점에서 둘은 차이를 보인다.

세 번째 개인차 변인인 **평가 욕구**(need to evaluate)는 설득적 메시지에 대한 반응으로 태도를 더 많이 견지하고 더 많은 이해득실 사고를 할 것이라고 예언한다(Jarvis & Petty, 1996). 심지어는 정상적인 하루를 생각하는 데 있어서도 더 많은 이해득실 사고를 예언한다. 이 차원에서 높은 점수를 보이는 사람들은, 증거를 찾기 위하여 기억을 더듬는 사람들과 비교할 때, 자발적으로 평가하여 즉시 태도를 형성한다(Tormala & Petty, 2001). 평가 욕구는 심각한 정치적 효과를 예언한다. 즉, 후보자들에 대한 평가적 신념의 수, 후보자를 향한 정서적 반응의 강도, 후보자의 선호도를 결정하는 데 정당과의 동일시와 정책을 사용하는 것, 정보 수집을 위해 뉴스 미디어를 사용하는 것, 정치적 활동에 매진하는 것, 투표하거나 투표하려고 의도하는 것 등을 자발적으로 평가한다(Bizer et al., 2004). 평가 욕구는 보편적인 인지 욕구와 어느 정도 상관되어 있으며, 그렇기 때문에 둘은 어느 정도 중복된다.

결론

지금까지 정교화 가능성 모형에 상당한 지면을 할애하였기에 여기서는 이 모형의 제한점을 지적하고자 한다〔Eagly & Chaiken(1993), Petty, Cacioppo, Kasmer, & Haugtvedt(1987)와 Petty, Kasmer, Haugtvedt, & Cacioppo(1987) 그리고 Stiff(1986)와 Stiff & Boster(1987) 간의 논쟁을 참조하라〕. 첫째, 이 모형은 사람들의 사고가 태도 변화를 매개한다고 제안하지만, 경험하는 메시지를 지지하거나 반론을 개진하는 이유를 설명하지는 못한다. 이러한 의미에서 이 모형은 태도 변화를 설명하기 위하여 의사소통에 동의하거나 동의하지 않은 이유를 다루는 다른 이론들에 의존할 수밖에 없다. 가능성이 있는 제안에는, 예컨대 접속 가능성이 높은 태도에 반하는 메시지를 받아들일 때 사람들은 의도적으로든 비의도적으로든 그 메시지를 거부하게 된다는 주장이 포함된다.

둘째, 이 모형은 사람들이 자신의 태도를 정당화하려는 지향성을 실제보다 더 많이 가지고 있는 것으로 묘사한다. 불확실성 지향성 연구가 지적하는 바와 같이, 사람들은 정확하려는 동기뿐만 아니라 안전하려는 동기도 가지고 있다. 페티와 카시오포는 사람들이 합리적으로 정확하고자 원할 때조차도 단지 주관적으로만 정확하기 십상이라는 사실을 지적하였지만, 심지어 정확하려는 시도조차도 항상 나타나는 것이 아니다. (저자에게는 자신을 바보스럽게 느끼도록 만들 수도 있는 특정 자동차를 선호할 권리를 옹호하는 친구가 있다.) 사회인지의 다른 영역에서와 마찬가지로, 사람들은 정확하려는 동기를 어느 정도 가지고 있으며, 미래의 연구는 태도에서 정확성의 동기가 언제 어떻게 작동하는지를 설명해 줄 수 있을 것이다.

마찬가지로 사람들이 언제 어떻게 사전 태도, 지식, 가치 관여, 또는 인상 관련 관여에 의해서 편향되는지의 문제도 이 모형의 개념틀 속에서 계속해서 분명해지고 있다. 비록 이 모형은 편향된 정보처리를 인정하고 있기는 하지만, 사람들이 정확한 태도를 견지하려는 동기를 가지고 있다는 가정은 사람들이 폐쇄적인 마음을 갖게 되는 조건을 우선적으로 고려하지 못하게 하는 경향이 있다. 정확성 동기와 실제 편향 모두를 연구하려는 한 가지 선도적 입장이 편향에 대한 사람들의 소박한 이론이다. 사람과 상황은 지각된 편향을 확인하고 수정하는 능력에서 차이를 보인다. 융통적 수정 모형(flexible correction model; Wegener & Petty, 1995, 1997)은 편향에 굴복하기보다 그 편향을 극복하려면 더 많은 동기와 능력이 필요하다고 가정한다. 나아가서 수정의 방향은 편향의 방향을 특징짓는 사람들의 소박한 이론에 달려 있다.

셋째, 설득 변인은 모두 다중 역할을 담당하기 때문에 예언이 그렇게 단순하지가 않다. 어떤 변인들은 중추적이고 '객관적인' 처리로부터 중추적이지만 편향된 처리로 이동하도록 부추긴다. 관여의 다양한 효과는 그 수준(높은 수준이 더 많은 편향을 야기시킨다)이나 유형에 달려 있다(B. T. Johnson & Eagly, 1989). 마찬가지로 어떤 변인들은 말초적 단서와 중추적 정보처리의 보조수단 모두의 기능을 담당한다(Petty & Wegener, 1998; Petty et al., 1997). 주장의 수가 그러한 변인의 하나다(Petty & Cacioppo, 1986). 여기서 개관한 바와 같이, 다른 변인들의 특정한 효과를 결정하는 몇몇 매개변인이 확인되어 왔다. 그럼에도 불구하고, 다중 효과와 다중 기능을 가지고 있는 변인들이 모형을 반증하기 어렵게 만들며 그 예언력을 약화시킨다(Eagly & Chaiken, 1984). 향후 연구는 한 변인이 나타낼 수 있는 다중 효과 중에서 특정 효과를 결정짓는 매개변인을 계속해서 밝혀낼 것이다.

넷째, 연구자들은 인지반응이 실제로 태도 변화를 야기하는 것인지 아니면 단순히 그 변화와 상관된 것인지를 의문시해 왔다(Romer, 1979). 즉, 만일 태도가 강화 수반성과 같은 다른 이유로 변한다면 사람들은 이해득실 인지반응을 가지고 그 변화를 정당화할 수 있지만, 다만 사건이 발생한 후에만 가능하다. 이 견해에서는 인지반응이 태도 변화를 야기하지 않는다. 단지 그 변화에 수반되거나, 그 변화를 정당화하거나, 설득의 대안적 특성으로만 기능하는 것이다(Eagly & Chaiken, 1984). 같은 맥락에서 몇몇 연구자들은 주장의 자질(중추적 경로가 나타내는 반응성)에 대한 표준적 처치가 주장의 유인가에도 영향을 미친다고 주장해 왔다(Areni & Lutz, 1988).

마지막으로, 그 주창자들이 인정하고 있는 바와 같이, 정교화 가능성 모형과 인지반응 분석은 비인지적이거나 비의식적 처리과정이 매개하는 태도 변화의 분석에서는 적합하지 않다. 예컨대, 인지반응 분석은 비언어적 자극에의 단순노출이나 좌절할 만큼 어려운 메시지로 인한 부정적 감정의 파급 효과를 설명하지 못한다. 그리고 정교화 가능성 모형은 일반적으로 설득의 말초적 과정을 상세화하지 못하고 있다.

요약컨대, 정교화 가능성 모형과 인지반응 분석은 필연적인 제한점에도 불구하고 강력한 이론적 도구이며 방법론적 도구다. 방법론적으로 인지반응 분석은 사람들로 하여금 설득적 의사소통을 하는 중이거나 바로 직후에 이해득실적 사고를 기술하도록 만드는 기법을 제공해 준다. 그러한 인지반응은 태도 변화에 대한 전통적인 발신자 효과, 메시지 효과, 청중 효과를 매개하는 것으로 보인다. 이론적으로는 정교화 가능성 모형이 인지반응 분석에 근거하여, 사람들의 독특한 반응의 양과 방향이 중추적 경로나 말초적 경로를 통해서 태도 변화를 결정한다고 제안한다. 이 모형은 인지반응과 설득에 대한 발신자 효과, 메시지 효과, 청중 효과를 요약하고 있다. 이러한 상황 변인들에 덧붙여 인지 욕구, 불확실성 지향성, 평가 욕구에서의 개인차, 설득적 의사소통에 투입하는 사고의 양에 영향을 미친다. 전반적으로 인지반응 분석과 정교화 가능성 모형은 태도 연구에서 끊임없이 제기되는 논제를 소상하게 이해하는 데 일차적인 영향을 미쳐 왔다.

3. 동기와 기회가 태도과정을 결정한다: MODE 모형

지금까지 설득의 두 가지 상이한 처리과정, 즉 발견법적인 것과 체계적인 처리과정 또는 말초적인 것과 중추적인 처리과정에 초점을 맞춘 태도 처리 모형들을 살펴보았다. 세 번째 유형의 이중 처리 모형은 자동적인 처리 측면을 보다 상세하게 고찰하고 있다. 이러한 MODE 모형은 설득(즉, 태도가 형성되거나 변하는 방식)을 설명하는 것이 아니라, 오히려 일단 형성된 태도가 작동하는 방식을 설명한다. 태도의 자동적 활성화에 초점을 맞추고 있는 것이다.

이러한 태도 접속 가능성 모형은 태도를 주어진 대상과 그 대상에 대한 평가 간의 연합으로 간주한다(Fazio, 1990; Fazio & Towles-Schwen, 1999). 태도 대상과 그 평가 간의 연합은 강도에서 차이를 보인다. 연합이 강할수록 태도는 보다 접속 가능해진다. 사람들이 태도 대상에 평가적으로 반응할 수 있는 속도(잠재 시간)가 접속 가능성을 측정하는 가장 보편적인 방법이다. 예컨대, '암(cancer)'이라는 점화단어를 먼저 보면 사람들은 '범죄(crime)'라는 자극단어를 '사탕(candy)'보다 빨리 확인하게 되는데, 앞의 두 개념이 부정적 유인가를 공유하기 때문이다.

한 가지 전형적인 연구(Fazio, Jackson, Dunton, & Williams, 1995)에서는 대학생 참가자들이 다양한 인종의 다른 학생들의 천연색 사진을 보았는데, 이 사진들은 참가자들이 편견을 가지고 있는 정도에 따라서 긍정적이거나 부정적인 점화 효과를 나타냈다. 각 사진을 본 후에 참가자들은 (인종과 무관한) 긍정적이거나 부정적인 형용사를 보았으며, 그 유인가에 따라서 "좋다" 혹은 "나쁘다"라고 말해야 하였다. 이들은 유인가와 대응되는 사진으로 점화되었을 때 더 빠르게 반응하였다. 편견이 점화 직후에 평가적으로 대응되는 반응을 촉진시킨 것이다. 이러한 유형의 연구가 시사하는 바는 태도 대상을 단순히 관찰하여도 태도가 활성화된다는 것이다.

여러 가지 요인들이 태도의 접속 가능성에 기여하며, 여기에는 제3장에서 부호화를 다룰 때 개관하였던 여러 구성체의 접속 가능성에 기여하는 것과 동일한 요인들이 포함되는 것으로 보인다. 태도를 최근에 더욱 자주 표현했을수록 나중에 그 태도가 더 신속하게 활성화된다(Fazio, Chen, McDonel, & Sherman, 1982; Houston & Fazio, 1989; Powell & Fazio, 1984). 나아가서 자기지각 이론과 밀접하게 관련된 과정에서처럼, 과거의 태도 부합 행동을 돌이켜 보고 그에 상응하는 태도를 추론하는 것도 태도를 보다 접속 가능한 것으로 만들어 준다(Fazio, 1987; Fazio, Herr, & Olney, 1984). 접속 가능성을 촉진시키는 이러한 상황 요인에 덧붙여 개인차도 중요하다. 어떤 사람(즉, 자신의 태도에 조율을 맞추고 자기 모니터링을 적게 하는 사람, 제15장 참조)은 다른 사람들보다 만성적으로 더 많은 접속 가능한 태도를 가지고 있을 수 있다(Kardes, Sanbonmatsu, Voss, & Fazio, 1986).

태도 접속 가능성은 여러 가지 현실적 함의를 가지고 있다. 접속 가능한 태도는 태도 대상에 대한 지각에 영향을 미쳐서, 예컨대 좋아하는 후보가 토론에서 뛰어난 성과를 보였다거나(Fazio & Williams, 1986), 한 논제에 대한 과학적 증거를 자신의 입장에서 높게 평가하는 것과 같이(Houston & Fazio, 1989) 관련 정보에 대한 태도 일치 판단을 촉진시킨다. 접속 가능한 태도는 반박에 저항함으로써(Houston & Fazio, 1989; Wu & Shaffer, 1987 참조) 계속 유지된다. 이에 덧붙여 태도 대상에서의 사소한 변화를 감추어 버림으로써 대상 평가에서 태도를 기능적으로 강건한 것으로 만들어 버린다(Fazio, Ledbetter, & Towles-Schwen, 2000). 마지막으로 제15장에서 보게 되겠지만, 사람들은 자신의 접속 가능한 태도에 따라서 더 일관성 있게 행동한다.

접속 가능한 태도와 연계된 대상을 단순히 제시하는 것이 강력한 평가적 연합을 활성화시키는 자동처리를 촉발하는 것으로 보인다(Fazio, 1989). 예컨대, 일련의 연구들은 참가자들에게 평가적 형용사를 제시하기 직전에 긍정적이거나 부정적인 태도 대상으로 점화하였다. 참가자들의 과제는 “좋다” 혹은 “나쁘다” 버튼을 누름으로써 (사전에 명확하게 선택한) 형용사들의 평가적 내용에 반응하는 것이었다. 참가자들은 태도 점화자극과 형용사가 평가적으로 부합할 때 더 빠르게 반응하였다. 이 효과는 태도의 접속 가능성이 매우 높거나 아니면 직전에 반복해서 출현하였을 때 가장 컸다(Fazio, Sanbonmatsu, Powell, & Kardes, 1986).

이러한 연구에서 관찰된 반응 촉진은 비교적 자동적인 것으로 보인다. 첫째, 형용사에 대한 반응 속도(1초 미만)가 통제처리를 배제시키는 것으로 보인다. 즉, 형용사에 대한 반응에서 평가적으로 부합하고 접속 가능성이 매우 높은 태도 대상이 제공하는 촉진이 비교적 즉각적인 것이었다. 둘째, 태도 점화자극과 형용사가 (성공적인 점화조건이었던 300밀리초 간격과는 달리) 1초 이상 떨어져 있을 때는 촉진 효과가 사라진다. 따라서 점화자극이 출현하고 나서 1초 이내에 표적이 제시될 때에만 점화자극의 평가 부합성이 반응을 촉진시킨다. 효과가 짧은 시간 동안 지속된다는 사실은 자동처리를 시사한다. 셋째, 참가자들은 태도 대상에 초점을 맞추기보다는 형용사의 긍정적이거나 부정적인 유인가를 확인해 내는 데 초점을 맞추도록 지시받음으로써, 태도 대상에 초점을 맞추는 것은 자신들의 일차 목표와 무관한 것으로 간주되었다. 따라서 촉진은 의도 없이 일어나는 것이며, 자동처리의 또 다른 자질이다.

태도의 촉진 효과가 (초기 태도 대상에 대한 반응 속도로 측정하는) 단순한 접속 가능성의 정도에 의존한다는 생각에 반론이 제기되어 왔다(Bargh, Chaiken, Govender, & Pratto, 1992; Bargh, Chaiken, Raymond, & Hymes, 1996; 개관을 보려면 Fazio, 2001 참조). 오히려 그 효과가 다양한 상황에서 다양한 태도에 일반화될 수 있다는 것이다. 아무리 복잡하다고 하더라도, 적어도 몇몇 태도 대상들은—최소한도 대상과 평가 간에 강력한 연합이 존재하는 태도 대상들은—그에 상응하는 평가를 자동적으로 유발하는 것으로 보인다. 이러한 통찰은 자동적 범주 기반 반응에 관한 연구 결과들과 잘 들어맞으며(제2장과 11장 참조), 여기에는 스키마가 촉발하는 감정이 포함된다(S. T. Fiske, 1982; 제13장 참조; Sanbonmatsu & Fazio, 1990). 이 효과의 정확한 경계는 아직 밝혀내야 하겠지만, 연구들은 비교적 자동적인 형태의 태도 처리를 확인해 내고 있다.

4. 암묵적 연합

당신이 실험실에 들어가니 실험자가 다음과 같은 단순한 범주화 과제를 하도록 요구한다고 가정해 보자. 노인과 연합된 단어 또는 불쾌와 연합된 단어를 볼 때마다 왼쪽 버튼을 누르고, 젊은 사람이나 유쾌와 연합된 단어를 볼 때마다 오른쪽 버튼을 누른다. 이렇게 용이한 범주화를 수십 차례 한 다음에 실험자가 노인이거나 유쾌한 단어일 때는 왼쪽 버튼을 그리고 젊은 사람이거나 불쾌한 단어일 때는 오른쪽 버튼을 누르도록 요구한다. 갑자기 과제가 어려워진다. 그리고 과제의 순서(즉, 두 번째 과제를 먼저 실시하는 것)는 문제가 되지 않는다는 것을 알게 되었다고 가정해 보라. 〔인터넷에서 '암묵적(implicit)'이라는 용어를 찾아보면 이 과제를 온라인상에서 해 볼 수 있다.〕 처음에 수행하는 '부합적(congruent)' 과제가 더 쉽다는 사실은 노인과 젊은 사람에 대한 당신의 태도에 어떤 함의를 갖는가?

사람들의 동시적인 평가적 연합은 또 다른 이론이며 평가 방법인 암묵적 연합 검사(implicit association test, IAT)의 근거가 된다(Greenwald et al., 2002; Greenwald, McGhee, & Schwartz, 1998). 균형 이론의 아이디어와 마찬가지로, 만일 사람들이 자기 자신을 좋아하며 자신을 내집단과 연계시킨다면 자신이 속한 내집단을 좋아하게 된다는 것이다. IAT는 이러한 긍정적 연합이 명시적이고 의식적인 반응을 넘어서 작동하는 암묵적 측정에서 강력한 것이 된다고 상정한다. 대부분의 사람들은 성별, 인종, 연령, 종교, 국적 등과 같은 보편적인 사회적 범주에 근거한 비교적 자동적인 태도를 보여 주며(Rudman, Greenwald, Mellott, & Schwartz, 1999), 심지어는 최소한의 임의적 집단에서조차 그렇다(Ashburn-Nardo, Voils, & Monteith, 2001).

IAT는 놀라울 정도로 즉각적으로 많은 연구들을 촉발시켰으며 상당한 논쟁도 불러일으켰다. IAT에 상응하는 기법들이 과거에도 존재하였지만(예컨대 MODE 모형 등; 개관을 보려면 Fazio & Olson, 2003 참조), IAT 연구는 암묵적 연합이—평가적으로 연계된 항목들에 대하여 1초도 되지 않는 짧은 시간에 이루어지는 신속한 반응이—무의식적 편견을 드러낸다는 도발적인 주장을 내놓았다. IAT는 뛰어난 예언타당도를 가지고 있으며, 판단, 선택, 행동, 생리적 반응 등과 같은 합리적 기준들과 높은 상관관계를 나타낸다(Poehlman, Uhlmann, Greenwald, & Banaji, 2006). 이에 덧붙여, 고정관념과 편견 같은 사회적으로 민감한 영역에서도 특히 잘 작동한다. 명시적 자기보고는 논란의 여지가 없는 정치적 선택과 소비자로서의 선택을 예언해 주는데, 아마도 이 영역은 사람들이 숨길 것이 없는 주제이겠다. 그리고 사람들이 자신의 편견(예컨대 인종에 대한 편견)을 명시적으로 표명하고자 하는 경우에 암묵적 측정치는 편견에 관한 이러한 명시적 인정과 상관된다(Wittenbrink, Judd, & Park, 1997). 메타분석에 따르면(Hofmann, Gawronski, Gschwendner, Le, & Schmitt, 2005), 일반적으로 암묵적 측정치와 명시적 측정치는 낮은 상관관계를 나타낸다. 명시적 자기보고가 자발적이고 측정치들이 개념적으로 매우 유사할 때 상관관계가 증가한다. 전반적으로 IAT는 사람들이 명시적으로 보고하기를 주저하는 태도에서 특히 유용성을 가지고 있는 것으로 보인다.

명시적 행동에 대한 IAT의 예언은 특히 비판자들을 설득시키는 데 중요하다. 암묵적 측정치는 목소리의 톤과 같은 비언어적 행동을 잘 예언하는 반면(Dovidio, Kawakami, & Gaertner, 2002; Dovidio, Kawakami, Johnson, Johnson, & Howard, 1997; McConnell & Liebold, 2001), 명시적 측정치는 발언의 내용과 같이 보다 외현적인 반응을 예언해 준다. 예컨대, 유럽계 미국인들의 암묵적 태도는 흑인의 위협적인 얼굴 표정을 신속하게 탐지할 것이라고 예언하지만, 백인 얼굴에 대해서는 그렇지가 않다(Hugenberg & Bodenhausen, 2003). 또한 IAT는 경제적 차별도 예언한다(Rudman & Ashmore, 2007). IAT는 측정의 전통적인 일관성, 안정성, 그리고 수렴적 타당성을 보여 준다(Cunningham, Preacher, & Banaji, 2001).

논란의 핵심은 IAT를 태도의 측정으로 간주할 것이냐의 여부에 있다. 만일 명백히 평가적 연합의 측정치인 IAT가 관련된 감정과 인지, 행동을 예언해 준다면 태도와 같이 작용하는 것이다. 실제로 대인관계에서의 감정과 판단, 행동을 신뢰롭게 예언한다(Poehlman, Uhlmann, & Nosek, 2006). 그리고 사람들에게 특정한(예컨대 편견과 관련된) 연합쌍에 대해 명백한 안도감을 제공해 준다(Ashburn-Nardo et al., 2001). 적어도 IAT는 편견 없는 연합보다는 편견이 가미된 연합이 제공하는 안도감에 사람들이 더욱 민감해지도록 만들어 준다.

이에 대한 반론으로 많은 연구자들은 IAT가 단지 문화적 신념을 평가할 뿐이라고 주장해 왔다(Arkes & Tetlock, 2004; Karpinski & Hilton, 2001; Kihlstrom, 2004; Olson & Fazio, 2004a; Uhlmann, Brescoll, & Paluck, 2006). 그렇지만 사람들의 태도는 부분적으로 문화에서 유래한다. 사람들이 문화에 동의하지 않을 수도 있지만, 이 경우에는 IAT가 그 차이를 탐지할 수 있어야만 한다(Banaji, Nosek, & Greenwald, 2004; Lowery, Hardin, & Sinclair, 2001). 이렇게 문화적 연합과 개인적 연합이 본질적으로 뒤섞여 있다는 사실이 개인화된 IAT라는 아이디어를 촉발시켰으며, 이것은 태도의 외현적 측정치, 행동 의도와 상당한 상관관계를 나타낸다(Olson & Fazio, 2004a). 이 입장에서는 본질적으로 유쾌하거나 불쾌한 단어를 사용하는 대신에, "나는 좋아한다"와 "나는 좋아하지 않는다"라는 표현을 예컨대 두 개의 대비되는 사회 집단과 연합된 단어들과 짝지어서 사용한다.

또 다른 비판은 IAT의 가소성(malleability)에 관한 것이었다. 즉, 만일 사람들이 자신의 반응을 실제로 통제할 수 있거나 그 반응이 맥락에 따라 변한다면, 그 반응은 얼마나 암묵적인 것이겠는가? 예컨대, 사람들이 IAT가 민족주의를 평가하고 있다고 생각하는가, 비진단적 예비검사라고 생각하는가에 따라서 인종 IAT 결과는 달라진다 (Frantz, Cuddy, Burnett, Ray, & Hart, 2004). 이에 덧붙여 IAT로 평가한 편견은 그 편견을 완화시키는 다양한 자극에 노출된 후에 감소한다. 예컨대, 긍정적인 소수인종 역할모델과 부정적인 다수인종 역할모델(Dasgupta & Greenwald, 2001), 다양성 훈련(Rudman, Ashmore, & Gary, 2001), 반고정관념적 이미지(Blair, Ma, & Lenton, 2001; Wittenbrink, Judd, & Park, 2001b), 사회적 영향(Lowery et al., 2001), 반편견적 목표(Blair & Banaji, 1996) 등의 효과를 들 수 있다.

IAT는 얼마나 신선한 접근인가? 많은 표준적인 사회심리학 결과들과 잘 맞아떨어지지만 여러 가지 측면에서 차이를 보인다. IAT와 MODE 점화 방법 간의 한 가지 차이점은 IAT에서는 사람들이 관여된 태도를 자각할 수 있지만, 자신이 반응을 나타내는 타이밍을 쉽게 통제하지 못하는 반면(Dasgupta, McGhee, Greenwald, & Banaji, 2000), 점화 방법에서는 사람들이 후속 자극에 대한 반응을 촉진시키는 것은 접어 두더라도 점화자극 자체를 자각하지 못할 수가 있다. 또 다른 차이점은 IAT가 일련의 범주적 판단으로 간주되는 반면, 점화 방법은 개별적 본보기들에 근거하여 보다 용이하게 작동한다는 것이다(Fazio & Olson, 2003). 암묵적 태도도 일반적으로는 학습이 느린(그렇지만 영속적이고 쉽게 변하지 않는) 기억 시스템에서 초래될 수 있지만, 명시적 태도는 학습 속도가 빠른(그렇지만 가변적이고 맥락에 민감한) 기억 시스템에서 더 많이 초래된다(DeCoster, Banner, Smith, & Semin, 2006). 암묵적 태도는 일차적으로 연합인 반면에, 명시적 태도는 주관적으로 참이라고 판단한 명제들로 구성된다(Gawronski & Bodenhausen, 2006). 그리고 암묵적 태도는 많은 명시적 태도들에 비해서 비언어적 경험, 감정적 경험, 문화적 연합, 인지 일관성 원리로부터 유래한다(Rudman, 2004; Sinclair, Dunn, & Lowery, 2005). 어떤 특별한 자질을 가지고 있든지 간에, 암묵적인 평가적 연합의 영향은 개인에 있어서나 태도 연구 영역에서나 부정할 수 없는 것이다.

5. 체화된 태도

자동적 태도 또는 적어도 암묵적 태도의 발견은 언어적 자기보고가 가지고 있는 문제점을 제거하고자 시도하는 태도 연구가 취하는 또 다른 흥미진진한 접근들을 지지하고 있다. 언어적 자기보고는 자신이 어떻게 보일 것인가에 대한 걱정으로 인해서 오염될 가능성이 있다(사회적 원망). 앞에서 간략하게 언급하였던 것처럼(제4장 참조), 체화된 태도 표현(embodied expression of attitude)이 한 가지 가능성을 제공해 준다. 이미 수십 년 전에 실험참가자들에게 팔을 움직여서 긍정적 자극과 부정적 자극(예컨대 '똑똑한'과 '어리석은', '맛있는'과 '부패한')을 끌어당기거나 밀쳐 내도록 한 연구가 있었다(Solarz, 1960). 참가자들은 긍정적 자극을 끌어당기고 부정적 자극을 밀쳐 내는 움직임을 더 빠르게 시작하였다. 후속 결과들은 이 결과를 확증하고 확장시켰다. 즉, 새로운 대상들이 팔을 당기거나 뻗음에 따라서 점진적으로 긍정적인 것이 되거나 부정적인 것이 되었다(Cacioppo et al., 1993). 이렇게 체화된 유인가는 친숙한 태도 대상보다는 새로운 대상에 더 많은 영향을 미친다(Priester, Cacioppo, & Petty, 1996). 체화된 표현은 평가하려는 의식적 목표가 없이도 일어나며(Chen & Bargh, 1999), 새로운(그렇지만 유인가를 가지고 있는) 자극에 단순노출시키는 것도 상응하는 움직임을 촉진시킨다(Duckworth, Bargh, Garcia, & Chaiken, 2002). 긍정적 자극과 부정적 자극은 각각 접근반응(끌어당기기)과 회피반응(밀쳐 내기)을 유발하며(예컨대 Neumann & Strack, 2000), 역으로 행동 자체가 상응하는 평가를 촉진시킨다(Centerbar & Clore, 2006).

다른 유형의 신체 운동도 유인가를 반영하고 강화시킬 수 있다. 제4장에서 지적한 바와 같이, 강력한 설득적 메시지를 경청하는 동안 고개를 끄덕이는 사람들은 고개를 가로젓는 사람들보다 그 메시지에 더 많이 동의한다(Briñol & Petty, 2003). 그렇지만 메시지가 약한 것이라면 끄덕이는 사람들이 반작용으로 더 많이 반대하게 된다. 이러한 체화된 인지의 사례에서 보면, 신체 운동은 자신의 사고에 대한 확신도를 높이고 자신의 태도를 스스로 타당한 것으로 만든다. 팔 끌어당기기/밀쳐 내기 연구로 되돌아가 보면, 신체 운동은 단지 태도(평가)에만 영향을 미치며 다른 유형의 판단에는 영향을 미치지 않는데(Cacioppo et al., 1993), 이는 기억에 들어 있는 연합에 의한 것으로 보인다(Förster & Strack, 1997, 1998).

얼굴 표정도 평가에 영향을 미칠 수 있다(Laird, 1984). 전형적인 실험 패러다임에서는 표정의 이름을 사용하지 않은 채, 참가자들에게 특정한 얼굴 표정(예컨대 미소, 찡그리기)을 짓도록 유도한다. 예컨대, 한 실험에서는 마치 근전도(EMG)를 기록하는 것과 같은 상황에서 관련된 근육들을 하나씩 수축하도록 지시를 하여 결국에는 본인도 자각하지 않은 채 특정한 정서 표현을 하도록 하였다(Laird, 1974; 제4장에서 기술한 Strack, Martin, & Stepper, 1988 참조). 다른 연구자들도 유사한 효과를 얻어 왔다(예컨대 Coan, Allen, & Harmon-Jones, 2001; Cupchik & Leventhal, 1974; Duncan & Laird, 1977; Lanzetta, Cartwright-Smith, & Kleck, 1976; Rhodewalt & Comer, 1979; Zuckerman, Klorman, Larrance, & Spiegel, 1981). 체화된 태도는 이렇게 나타난다.

6. 태도의 신경상관체

만일 태도가 체화되는 것이라면, 어떻게 태도가 두뇌에 흔적을 남길 수 있는지도 쉽게 이해할 수 있다(개관을 보려면 Lieberman, 2007 참조). 두뇌의 활동 패턴으로부터 사람들의 평가적 반응을 읽어 낼 수 있는 시점이 멀지 않았다. 자신의 태도를 명시적으로 표명할 때, 사람들이 말하는 것은 두뇌가 시사하는 것과 항상 일치하지 않는다. 신경 패턴은 태도의 명시적 표현보다는 암묵적 반응을 반영하는 것일 수 있다. 예컨대, 뇌파의 즉각적인 태도반응은 심사숙고한 반응과 차이를 보인다(Crites, Cacioppo, Gardner, & Berntson, 1995). 또 다른 예를 보면, 주의 연구들은 긍정적 정보보다 부정적 정보에 더 많은 주의를 기울인다는 사실을 보여 줌에도 불구하고(제3장 참조), 사람들은 그렇지 않다고 보고한다. 마찬가지로, 두뇌의 사건 관련 전위(ERP)도 상응하는 긍정적 자극보다 부정적 자극의 즉각적 영향이 크다는 사실을 보여 준다(Ito et al., 1998). 뇌전도(EEG)는 신경 활동의 시간적 순서를 민감하게 측정한다. EEG 데이터가 보여 주는 바와 같이, 사람들은 사람의 얼굴에 믿을 수 없을 만큼 신속하게 반응한다(제3장 참조).

두뇌 영상 기법은 EEG보다 위치를 더욱 민감하게 확인해 준다. 암묵적 반응을 생각해 보자. 흔히 암묵적 신경반응은 부정적 태도 대상에 대한 편도체 활성화를 수반한다(W. A. Cunningham et al., 2003; Hart et al., 2000; Wheeler & Fiske, 2005). 예컨대, 흑인 얼굴에 대한 백인의 편도체 활성화는 IAT로 측정한 편견 점수와 상관관계가 있다(Phelps et al., 2000; Phelps, Cannistraci, & Cunningham, 2003). 인종 편도체 효과는 얼굴이 역치하로 제시될 때 더 강력하다(Cunningham, Johnson et al., 2004). 그렇지만 암묵적 태도와 명시적 태도는 상반된 신경반응을 보여 주는 것으로 보인다. 예컨대, 흑인들은 흑인 얼굴에 대해서 더 높은 편도체 활성화를 보여 주는데,

부정성을 시사하는 것으로 보이지만(Lieberman, Hariri, Jarcho, Eisenberger, & Bookheimer, 2005), 흑인 얼굴에 대한 긍정적인 명시적 태도도 보여 주고 있다(Nosek, Banaji, & Greenwald, 2002a).

편도체 반응이라는 생각을 확장할 필요가 있겠다. 편도체는 자신의 사진이나 어린 아동의 사진과 같이 극단적으로 긍정적인 정서적 중요성을 갖는 단서에 반응한다(Leibenluft, Gobbini, Harrison, & Haxby, 2004; 개관을 보려면 Zald, 2003 참조). 따라서 편도체 반응은 부정적 태도나 정서 그 자체를 나타내는 것이 아니라 일반적인 정서적 중요성을 나타냄으로써 경계(vigilance) 상태를 함축하는 것일 수 있다. 물론 경계는 부정적 자극에 대한 반응에서 흔히 필요하며, 때로는 매우 긍정적인 자극(예컨대 자신의 아기)에 대한 반응에서도 필요하다. 정서 강도의 명시적 평정이 낙태, 복지, 행복 등과 같이 어떤 것은 부정적이고 어떤 것은 긍정적인, 사회적으로 관련된 개념에 대한 편도체 반응과 상관관계를 갖는다는 사실은 이러한 해석과 일치하는 것이다(Cunningham, Raye, & Johnson, 2004).

두뇌의 한 시스템은 단순한 평가적/정서적 강도가 아닌 유인가에 대한 명확한 지표를 제공해 준다. 이 시스템의 한 부분이 섬엽(insula)이다. 암묵적 태도에서는 우측 섬엽이 부정적 유인가 평정과 상관관계를 갖는다(Cunningham, Raye, & Johnson, 2004). 태도 연구와 신경경제학 연구를 보면, 유인가(예컨대 보상과 손실)는 또 다른 영역, 즉 안와전두피질(orbitofrontal cortex)과 관계된다(O'Doherty, Kringelbach, Rolls, Hornack, & Andrews, 2001). 이 시스템의 세 번째 영역은 태도의 암묵적 활성화에 수반되는데, 이 활성화는 복내측 전전두피질을 함축하고 있다(Knutson et al., 2005; McClure et al., 2004; Milne & Grafman, 2001).

명시적 태도는 통제처리의 특징적인 신경 시스템을 함축하며, 내측과 외측의 전전두피질과 두정피질이 포함된다. 사회적으로 민감하지 않은 주제에 대해 태도를 표명하는 사람들은 신경 활성화를 통해 밝혀진 암묵적 태도와도 맞아떨어지는 명시적 태도를 표명할 가능성이 더 크다. 이러한 활성화 패턴은 사회적으로 부합하지만 민감하지는 않은 주제에 대해서 나타난다. 예컨대 복지(Cunningham, Raye, & Johnson, 2004), 정치가와 도시(Zysset, Huber, Ferstl, & von Cramon, 2002), 존경하거나 증오하는 유명인사의 이름(Cunningham et al., 2003), 새로운 추상적인 그래픽(Jacobsen, Schubotz, Hofel, & Cramon, 2006), 구상화와 추상화(Vartanian & Goel, 2004) 등을 들 수 있다.

사회적으로 민감한 태도(예컨대 인종에 대한 태도)를 조절하는 더 명확한 통제적 반응은 우선 배전측 대상피질을 수반하는데(Amodio, Harmon-Jones et al., 2004), 이 영역은 흔히 불일치 탐지에 관여한다(Botvinick et al., 2004). 그런 다음에 사람들이 태도 표명을 통제하고자 시도함에 따라서 우반구의 외측 전전두피질이 활성화되는데(Cunningham, Johnson et al., 2004; Cunningham, Raye, & Johnson, 2004; Richeson et al., 2003), 이것은 선행 연구들과 일치하는 것이다. 우반구 외측 전전두피질의 활성화는 편도체 반응을 약화시키는 것으로 보인다(Cunningham, Johnson et al., 2004).

노력을 들이는 통제는 자동적인 것으로 보이는 편도체 반응도 약화시킬 수 있다. 부정적 정서자극에 대한 편도체 반응이 태도에 필연적이거나 내장된 것은 아니다. 예컨대, 어떤 사람의 인종범주를 말해야 하거나(Lieberman et al., 2005) 그 사람의 음식 선호를 추론해야만 할 때는(Wheeler & Fiske, 2005) 인종 편도체 효과가 사라진다. 게다가 편도체 효과는 우반구 복외측 전전두피질의 활성화와 부적 상관관계를 나타내는데, 이 결과는 편도체가 통제적 정서반응에 관여한다는 생각과 일치하는 것이다.

결론

태도 처리에 관한 조망들은—발견법적·체계적 모형, 정교화 가능성 모형, MODE 모형, IAT, 체화된 태도, 신경과학적 태도 등—전통적인 태도 연구 그리고 사회인지와 사회 신경과학의 새로운 통찰을 통합한다. 그렇기 때문에 이 조망들은 적어도 '제2세대' 접근을 대표한다고 할 수 있다(S. J. Sherman, 1987). 이들은 태도의 형성과 변화 그리고 작동이 전적으로 합리적인 것이 아니라고 주장하는데, 이러한 주장은 만일 설득이 성공적이었다면 필연적으로 메시지의 주장을 학습하고 고려하게 되며, 그 주장의 영향을 받을 때 필연적으로 자신의 태도를 의식적으로 고려하는 수신자를 상정하는 전통적 접근과 대비되는 것이다. 이러한 고전적인 합리적 견해는 적어도 세 가지 측면에서 실패하였다. 첫째, 사람들은 설득하려는 메시지를 학습하고 회상할 필요가 없다. 오히려 즉각적으로 그 메시지에 반응하여, 주어진 그대로의 메시지 주장에 근거하는 것이 아니라 자신의 반응에 근거한 태도를 초래한다. 둘째, 사람들은 설득의 발견법이든 다른 말초적 경로이든 간에, 인지적으로 보다 경제적인 방법으로 설득될 수 있다. 셋째, 인지적 데이터(반응 잠재 시간), 신체적 데이터(움직임), 신경적 데이터(활성화)가 보여 주는 것처럼, 사람들은 비교적 자동적인 방식으로 자신의 태도에 접속할 수 있다.

요약

보다 최근의 태도 이론들은 사회인지 이론과 방법론에 크게 의존해 왔다. 몇몇 새로운 이론들은 상이한 유형의 태도 처리, 즉 비교적 사려 깊고 분석적인 처리와 비교적 신속하고 자동적인 처리를 밝히고자 한다. 발견법적·체계적 모형은 태도가 메시지 내용을 처리할 필요를 제거해 주는 단순한 설득 규칙의 형태를 취하는 인지적 간편법이나 발견법에 의해서 자주 변화한다고 상정한다. 또한 태도는 메시지 주장에 대한 보다 체계적인 처리에 의해서도 변화할 수 있다. 상당한 연구들이 이러한 아이디어를 지지하고 있다.

정교화 가능성 모형도 태도가 두 가지 경로를 통해서 변화할 수 있다고 제안하지만, 자동적인 말초적 경로에는 다양한 피상적 전략이 포함되며, 이 모든 전략은 메시지 자질에 대해서 비교적 주의를 기울이지 않는다는 자질을 공유한다. 반면에 보다 동기화된 수신자가 전형적으로 사용하는 설득의 중추적 경로에는 주어진 자질의 장점에 관한 철저한 고려가 수반된다. 메시지 주장에 대해 반응할 때, 사람들은 어느 정도의 인지적 정교화, 즉 이해득실에 관한 독특한 반응을 수행한다. 인지반응 분석으로 측정하는 이러한 정교화는 중추적 경로를 통한 태도 변화를 예언한다. 발신자 특성(신뢰도, 전문성, 매력), 메시지(자질, 반복성, 난이도, 길이), 청중(결과 관여, 인지 욕구, 불확실성 지향성, 평가 욕구) 등과 같은 전통적 변인들은 모두 인지적 정교화의 정도와 방향뿐만 아니라 그 결과로 나타나는 태도 변화에도 영향을 미친다. 이 접근은 새로운 지식을 가지고 오래된 문제들을 밝혀 주는 많은 양의 데이터를 축적해 왔다.

MODE 접근은 태도 대상과의 단순한 접촉에 근거한 태도의 자동적 활성화에 초점을 맞춘다. 태도는 최근에 또는 빈번하게 활성화되었거나 태도 관련 행동을 방금 돌이켜 보았을 때 더 쉽게 활성화된다. 자기 모니터링을 적게 함으로써 자신의 태도를 지향하는 사람은 접속 가능한 태도를 더 많이 가지고 있는 것으로 보인다. 용이하게 활성화되는 태도는 태도 관련 정보에 대한 판단에 더욱 극적인 영향을 미치며, 상치된 주장에 저항하고, 오랫동안 유지되며, 보다 직접적으로 행동에 영향을 미친다. 그 과정은 비교적 자동적인 것으로 보인다. 어떤 태도는 적절한 태도 대상을 지각하는 즉시 활성화될 수 있는 것이 확실하다.

암묵적 연합은 태도의 많은 자질을 공유하며 행동을 예언해 준다. 태도 대상의 범주와 긍정적이거나 부정적인 단어들 간의 연합은 신뢰도와 타당도를 보여 준다. 암묵적 연합은 논란이 있거나 민감한 영역에서의 태도를 잘 예언해 주는 반면, 보다 전통적인 자기보고는 보다 일반적인 영역에서의 태도를 잘 예언해 준다.

비교적 자발적이거나 암묵적인 태도에 대한 새로운 접근에는 체화된 태도가 있으며, 이 태도는 팔 끌어당기기나 밀기, 고개 끄덕이기나 좌우로 흔들기, 얼굴 근육의 조작 등과 상관관계를 갖는다. 그리고 신경의 활성화 패턴은 태도 강도에서 편도체 그리고 유인가에서 다른 두뇌 영역들이 관여한다는 사실을 함축하고 있다.

제 11 장

고정관념화: 인지와 편향

◆ 뻔뻔한 고정관념

◆ 미묘한 고정관념

◆ 편향 효과

일상적 모습의 편향은 어느 곳에든 존재한다. 다음의 사례들이 예증하는 바와 같이 금세기가 밝아 오는 시점에서도, 뛰어난 고등교육기관에도 존재한다.

- 최근에 대학을 졸업한 동남아시아 출신의 여성이 자신의 멋진 새 차를 몰고 출근을 하다가 교통경찰의 정지 명령을 받았는데, 경찰은 그 차가 정말로 그녀의 것인지를 물었다. 운전면허증과 차량등록증 조사가 끝난 후에 정지시킨 이유를 물었다. 경찰은 그녀가 과속하지 않았다는 사실을 인정하면서도, 기분 나쁜 말투로 "계속 지켜보겠소."라고 말했다. 그녀는 심한 충격을 받은 채 차를 몰고 갔다.
- 최근에 대학을 졸업한 한 흑인 여성이 대학원에 도착하였다. 그녀가 집담회에서 자리에 찾기 위하여 몇몇 사람들을 비집고 들어가고 있을 때, 그중의 한 사람이 "소수자 차별 철폐 조치가…."라고 혼잣말로 중얼거렸다.
- 임신한 대학원생 한 명이 모두가 탐을 내던 특별 연구비를 수상하였다. 한 남자 교수는 그녀가 연구비를 제대로 사용할 수 있을지를 물었다.

- 백인 신입생이 자신의 기숙사 방으로 이사를 하고 있었는데, 그 방은 예기치 않게 손잡이가 떨어져 나가고 없었다. 문제를 해결해 주기 위해서 도착한 백인 관리인은 지원이 미약한 공립학교 학생들이 참석하였던 종전에 끝난 하계 프로그램을 넌지시 언급하면서, "그 녀석들 짓임에 틀림없어."라고 말했다.

이러한 일상적 사건들이 누적됨에 따라서 사람들의 경험을 잡치게 만들며, 장기적으로는 일상적 편향이 표적인물의 신체적 웰빙과 정신적 웰빙을 갉아먹는다(Major & O'Brien, 2005; Schnittker & McLeod, 2005). 궁극적으로 편향은 가증스러운 범죄보다는 천천히 그리고 간접적인 방식으로 살인을 저지를 수도 있는 것이다.

사회인지는 매일같이 일어나는 집단 간 갈등이 예증하는 일상적 편향, 그리고 가증스러운 범죄가 예증하는 예외적 형태의 편향에 대해서 할 말이 참으로 많다. 이 장과 다음 장은 집단 간 편향의 인지적 측면(즉, 고정관념)과 감정적 측면(즉, 편견)을 구분한다. 이 장은 고정관념을 논의하고, 다음 장은 인지와 연계된 것으로 편견을 논의한다. 앞으로 보게 되겠지만, 둘은 흔히 상관되지만 각각에는 독특한 과정들이 기저하고 있다.

오늘날 미국에서 가장 빈번한 집단 간 구분은 성별, 인종, 연령에 따른 구분이다. 사회심리학에서 대부분의 편향 연구는 그 과정이 다른 사회적 범주에도 일반화될 수 있다는 가정하에 인종과 성별에 초점을 맞추어 왔다. 앞으로 두 장에 걸쳐서 보게 되듯이, 이것은 참이기도 하고 그렇지 않기도 하다. 사회인지 연구는 흔히 사회적 집단을 넘어서는 고정관념 과정에 초점을 맞추어 왔다. 물론 고정관념의 내용과 정서반응의 세부사항들은 각 집단을 향한 편향의 독특한 상황에 따라 다르지만 말이다.

편향 연구는 풍부하며, 오늘날 이 분야의 주도적 문제와 많은 사실들이 알려져 있다(예컨대 R. J. Brown & Gaertner, 2001; S. T. Fiske, 1998, 2002; Quinn, Macrae, & Bodenhausen, 2003). 집단 간 편향은 자동적 형태와 통제적 형태를 모두 취한다. 과거 30년에 걸친 편향 연구에서 가장 중요한 통찰은 일상적 편향이 명시적 고집과 같은 것이라는 사람들의 상식적인 직관과 달리, 미묘하고 자동적이며 비의도적이기 십상이라는 사실이다. 그렇지만 오늘날 존재하는 미묘한 편향이 지난 세기의 뻔뻔한 편향과 같은 것은 아니다. 이 장에서는 우선 뻔뻔한 편향의 인지적 측면을 논의할 텐데, 주로 지각된 집단 간 경제적 위협과 가치 위협 모두에서 유래한다. 그런 다음에 자동적이고 모호하며 양가적인 미묘한 편향을 다룬다. 이 편향은 내적 갈등에서 유래한다. 마지막으로 편향의 효과, 특히 표적인물에 대한 효과를 살펴보는 것으로 이 장을 마무리한다.

사전에 한마디 덧붙인다면, 뻔뻔한 의도적인 편향과 미묘하고 비의도적인 편향 간의 차이는 이론적인 용어로서뿐만 아니라 현실적인 용어로서도 상당히 중요한 의미를 갖는다. 일상적 지각자와 법정 모두 의도적 차별이 비의도적 차별보다 훨씬 심각하고 벌을 받을 만한 것으로 간주하며(S. T. Fiske, 1989; Swim, Scott, Sechrist, Campbell, & Stangor, 2003), 심지어는 비의도적 차별에 법적 책임을 물을 수 있는지 그리고 도대체 이것을 피할 수 있는지를 의심하기까지 한다(Krieger & Fiske, 2006). 이 논제와 관련된 증거들을 살펴볼 것이다. 그렇지만 극단적으로 편협한 신념이라는 비교적 드문 사례로부터 시작하도록 하자.

1. 뻔뻔한 고정관념

어떤 추정치에 따르면, 서양 민주주의 국가 국민의 단 10%만이 극단적인 뻔뻔한 고정관념(blatant stereotype)을 가지고 있다. 그렇다고 하더라도 이들은 위험한 10%이며, 집단 간 편향에 대한 보편적 지식을 만들어 낸다. 대부분의 사람들은 뻔뻔한 편향이 불충분한 자원을 놓고 다투는 현실적 갈등에서 초래된다고 생각하며, 확실히 그럴 수 있다. 실제로 집단 간 갈등 연구 분야는 이러한 기본적 아이디어로부터 시작되었다. 한 고전적 연구에서는 하계 캠프 프로그램에 참가한 학생들을 여러 통나무집에 무선적으로 배정한 다음에, 통나무집들 간에 대접받는 것과 특권을 놓고 경쟁을 벌이도록 한 결과, 즉각적으로 갈등과 편향이 발생하였다(Sherif & Sherif, 1953). 다른 연구는 경제적 침체와 린치 가하기를 연계시켰다(Hovland & Sears, 1940). 실제적인 집단 갈등에는 특권, 금전, 또는 군사적 힘과 같은 모든 유형의 실제 자원이 포함된다(D. T. Campbell, 1965). 실제 자원에 대한 경쟁은 실세계에서도(Blake & Mouton, 1961, 1962; Bobo, 1983; Rabbie & Horowitz, 1969) 그리고 실험실에서도(Worchel, Axsom, Ferris, Samaha, & Schweitzer, 1978) 모두 문제가 된다. 아무튼 사람들은 자원에 대한 갈등을 지각해야만 하는데, 그러한 지각은 외부 관찰자가 정의한 실제보다도 더 심각한 문제가 된다(Green, Glaser, & Rich, 1998; Green, Strolovitch, & Wong, 1998; Kinder & Sears, 1981; Sears & Kinder, 1985). 주관적 지각은 실험실과 현장 모두에서 갈등의 토대가 되는 것이 명백하며(R. J. Brown, Maras, Masser, Vivian, & Hewstone, 2001; Duckitt & Mphuthing, 1998; Hennessy & West, 1999; Huddy & Sears, 1995), 사회인지의 본령이다.

사회적 정체감, 자기범주화, 그리고 다른 정체성 이론

집단 간 갈등이 일어나기 위해서는 사람들이 자신과 다른 사람들을 서로 다른 집단의 구성원으로 지각해야만 한다. 그 지각이 상황에 의존하는 주관적 판단이기는 하지만, 사람들은 흔히 그렇게 한다. 이 절에서는 네 가지 집단 정체성 이론, 그리고 집단 간 오해에서 초래되는 사회적 정체감의 중요한 결과를 기술한다.

이론

집단은 개인보다 더 많이 경쟁하며(Schopler et al., 2001), 두 사람만 있으면 경쟁이 일어난다. 즉, 한 쌍의 개인들은 개인으로서 경쟁하거나 상반된 집단의 구성원으로서 경쟁할 수 있다. 두 사람이 개인으로 상호작용하는지 아니면 자신이 속한 집단의 구성원으로 상호작용하는지에 대한 지각은 **사회 정체성 이론**(social identity theory, SIT)의 핵심적 통찰이며, 이 이론은 심지어 두 사람 간의 상호작용조차도 개인 간 상호작용에서부터 집단 간 상호작용에 걸쳐 있는 것이라고 주장한다(Tajfel, 1981; Tajfel & Turner, 1979). 사회적 정체성 이론은 사람들이 자신의 자존심을 유지하기 위하여 긍정적인 사회적 정체감을 추구한다고 주장한다. 사회적 정체감은 비교 집단(외집단)과 대비하여 자신이 주관적으로 중요하게 생각하는 차원에서 긍정적으로 간주하는 특정한 집단(내집단)의 구성원 자격을 작동시킨다. 이 견해에서는 심지어 사회적으로 가치를 인정받지 못하는 집단의 구성원들조차도 자기정체감의 특정 차원이 상대적으로 장점을 가지고 있다는 사실을 강조함으로써 긍정적인 사회적 정체감을 만들어 낸다.

자존심 가정을 넘어서서, SIT가 가지고 있는 대부분의 인지적 자질은 사회적 정체감이 개인과 사회 그리고 현재의 맥락에 의해서 정의되는 것으로 규정하며, 그렇기 때문에 그 정체감은 신념에 의존하고, 그 신념이 바로 인지이다. 이에 덧붙여, 내집단과 외집단으로의 범주화는 범주 내의 지각된 변산성을 감소시키는 반면, 범주 간의 지각된 변산성을 증가시킨다. 즉, 어떤 유형의 범주화든지 범주 간 차이(우리는 그들과 다르다)와 범주 내 유사성(그들은 모두 똑같고, 몇몇 중요한 측면에서 우리도 똑같

표 11.1 타지펠 행렬표

두 집단의 공동 결과를 극대화하는 것과 내집단 보상을 극대화하는 것을 대비시키는 집단 간 차별에 근거한 내집단/외집단 보상													
내집단	7	8	9	10	11	12	13	14	15	16	17	18	19
외집단	1	3	5	7	9	11	13	15	17	19	21	23	25

참가자는 동일 열에 있는 숫자쌍을 선택하여 내집단과 외집단에 주어지는 보상을 결정해야 한다.[1)]

다) 모두를 과장시킨다.

이 이론이 집단 갈등의 아이디어에서 벗어나 단지 집단으로의 범주화라는 인지 과정만을 강조한다는 사실을 명심하라. 원래의 목표는 한 집단에의 소속감을 경험하게 되는 최소한의 조건을 찾은 다음에 편향이 일어날 때까지 점진적으로 실제적 조건을 첨가하는 것이었다. 심지어 실험적으로 만들어졌으며 명백하게 임의적인 집단에서조차도, 제한된 자원을 할당할 때 사람들이 외집단보다 내집단을 선호한다는 사실이 타지펠(Tajfel)에게는 놀라운 것이었다(**표 11.1** 참조). 단순한 범주화가 편향을 만들어 냈으며, 이 결과에 근거하여 30년에 걸친 연구가 수행되었다(개관을 보려면 Brewer & Brown, 1998; Hogg & Abrams, 2003 참조).

이러한 연구가 진행됨에 따라서 자존심 가설은 쇠퇴하게 되었다. 일반 상식적 가정은 사람들이 우월하게 느끼기 위해서 차별을 한다는 것이지만 전혀 그렇지가 않다. 차별은 **상태 자존심**(state self-esteem), 즉 일시적인 감정적 자기평가는 고양시키지만 **특질 자존심**(trait self-esteem), 즉 자신에 대한 장기적 견지를 변화시키지는 않는다(Oakes & Turner, 1980; Rubin & Hewstone, 1998). 이에 덧붙여 낮은 자존심은 직접적으로 차별을 동기화시키지 않으며, 이는 상식과 상반되는 것이다(Aberson, Healy, & Romero, 2000; Hewstone, Rubin, & Willis, 2002). 자신의 집단과 동일시하는 경향이 높은 사람들 사이에서 자존심이 일시적으로 떨어지는 것이 사회를 변화시키려

---

1) 역자 주: 두 집단의 공동 이득을 극대화하고 내집단의 보상을 극대화하려면 내집단 구성원에게 19를, 외집단 구성원에게 25를 주는 마지막 열을 선택해야 한다. 그러나 내집단의 보상을 극대화하고 내집단과 외집단의 차이도 극대화하려면, 예컨대 내집단 구성원에게 12를, 외집단 구성원에게 11을 주는 중간의 열을 선택해야 한다. 결과를 보면, 대부분의 참가자들(14~15세의 남학생)은 외집단보다 내집단 구성원에게 더 많은 보상을 주는 열을 선택하였다. 본문에서 이와 관련된 내용은 다음 절 '내집단 편애'에서 간략하게 제시된다.

는 목적으로 차별을 초래할 수도 있겠지만(Turner & Raynolds, 2001), 전반적인 자존심 가설은 지지되지 못하고 있다.

자기범주화 이론(self-categorization theory, SCT)은 사회 정체성 이론에서 자존심 예언을 제외하고 인지적 측면과 집단 간 측면을 그대로 받아들이고 있다(Turner, 1985). 지각된 차이뿐만 아니라 실제 행동도 예언하려는 목적으로, SCT는 사회적 정체감이 집단 간 행동을 결정한다고 주장한다. 이 견해에 따르면, 집단과 동일시하는 사람들은 실제로 집단의 다른 구성원과 더욱 유사한 행동을 한다. 인지적 조망에서 볼 때, SCT는 자기가 고정된 것이 아니라 현저한 집단 간 맥락에 달려 있다는 중요한 입장을 표명하고 있다. 자신을 학생(교수와 대비되는), 여성(남성과 대비되는), 백인(소수인종과 대비되는), 심리학 전공자(다른 전공자와 대비되는) 등으로 생각할 수 있다는 것이다. 어떤 집단으로의 범주화가 작동할 것인지는 맥락에의 부합성에 달려 있다. 소위 상대적 적합도(comparative fit)는 집단 간 차이를 집단 내 차이에 대비시켜 메타대비율(metacontrast ratio)을 만들어 낸다. (통계학적 용어를 사용하면 이것은 F 검증이나 t 검증과 등가적인 것이며, 평균 간 차이를 집단 내 변량에 대비시키는 것이다.) SCT에 따르면, 실제 관찰에 근거한 최선의 비교가 적절한 범주화를 결정한다. 만일 당신이 경찰과 대치하고 있는 데모대에 참여하고 있다면, 그 시점에는 다른 범주의 구성원 여부가 덜 중요해진다.

자기범주화는 소위 규범적 적합도(normative fit), 즉 두 범주를 정의하는 사회적으로 공유된 의미에도 의존한다. 현재의 맥락과 관련된 특징적인 집단 차이에 대한 합의가 관련된 내집단·외집단 범주를 정의한다. 예컨대, 양로원을 방문한 학생들은 자신을 연령으로 범주화할 가능성이 있는 반면, 경쟁 대학을 방문하는 것은 학교로 자신을 범주화하는 것을 촉진시킬 것이다. 따라서 자기범주화 이론은 심리적인 집단 구성원 자격을 강조한다(Turner & Reynolds, 2001).

거의 같은 맥락에서 **최적 특이성 이론**(optimal distinctiveness theory, ODT; Brewer, 1991)은 사람들이 개인적 자율성 및 특이성과 적절한 집단에 소속하는 것 간에 균형을 이루어서 자기확신적이고 만족스러운 정체감에 도달하게 된다고 주장한다. 즉, 사람들은 자신의 집단 구성원 자격에 가치를 부여하지만, 자신의 개인성 그리고 온전한 균형에 이르려는 욕구에도 가치를 부여한다. 이러한 현상은 서구 문화와 비서구 문화에 걸쳐서 일어나며(Vignoles, Chryssochoou, & Breakwell, 2000), 대학생과 성인뿐만 아니라(Hornsey & Jetten, 2004) 청소년에게서도 발생한다(Eckes, Trautner, &

Behrendt, 2005). 사람들은 개인으로서의 정체감을 달성하는 동시에 자신의 집단 정체감의 특이성을 극대화함으로써 내집단 소속감도 성취할 수 있는 것이다.

집단 특이성은 모호함이 초래하는 긴장도 완화시킨다. **주관적 불확실성 감소 이론**(subjective uncertainty reduction theory; Hogg & Abrams, 1993)은 내집단 규범이 불안을 감소시키며, 특히 사람들이 자기 관련 영역을 확신할 수 없을 때 그렇다고 제안한다. 사람들이 집단의 원형을 동화하고 자신을 탈개인화시키며 불확실성을 제거하면서 내집단의 가치와 규범을 받아들이는 것은 확실성을 초래한다. SIT, SCT, ODT와 마찬가지로, 이 이론도 정상적 범주화 과정에 들어 있는 핵심적인 인지적 토대를 가지고 있기는 하지만, 결정적인 차이는 자기(self)가 두 범주의 하나를 차지한다는 점이다.

내집단 편애

SIT의 최소 집단 패러다임이 입증하는 바와 같이, 집단의 구성원 여부에 대한 정보만을 가지고 있을 때 사람들은 내집단을 좋아한다. '그들'을 명시적으로 싫어하기보다는 '우리'를 더 좋아한다. 그렇지 않은 경우에는 물론 배제를 통해서 외집단 불이익이 일어나게 된다(Brewer, 1999; Hewstone et al., 2002; Mullen, Brown, & Smith, 1992). 실제로 내집단 편애(ingroup favoritism)는 외집단과 비교해서 내집단의 상대적 이득을 선호하는데, 심지어는 자기와 자기 집단의 절대적 결과에 손해가 초래되는 경우에도 그렇다. 예컨대, **표 11.1**에서 참가자들은 내외집단 구성원 모두에게 13점을 주거나(공동 이득의 극대화) 내집단 구성원에게 19점을 주고, 외집단 구성원에게 25점을 주는 것(내집단 이득의 극대화)보다는 전자에게 7점을 그리고 후자에게 1점을 주는 것(차이의 극대화)을 선호한다(Tajfel, Billig, Bundy, & Flament, 1971). 또 다른 예를 들면, 사람들은 자신이 모두 상대적으로 가진 것이 없어서 개인적으로 구성원들끼리 상호간에 보상을 줄 수 없는 경우조차도 내집단에 가치를 부여한다(Rabbie & Horowitz, 1969). 내집단 편애(집단 간 차별)는 특히 내집단에 호의적인 차원에서 일어나며, 갈등이 있거나 사회적 붕괴가 일어나거나 내집단이 중요할 때 증가하게 된다. 이 모든 사실은 내집단 편애가 매우 중요해질 때 주관적 불확실성을 감소시키는 방법으로서 이러한 편애의 역할을 보여 주는 것이다(Hogg, 1995).

내집단을 좋아하는 이유는 사람들이 내집단에 끌리며, 그러한 매력이 집단을 하나로 묶어 주는 힘이기 때문이다(Hogg, 1992, 1993). 앞으로 보게 되겠지만, 내집단 편애는 자동적으로 일어나며, 자신들의 정체감이 위협을 받아서 내집단 동일시가 강해질 때 증가한다(Branscombe & Wann, 1994; Perreault & Bourhis, 1999). 예컨대, 전열을 가다듬고 있는 소수집단(Mullen et al., 1992; Otten, Mummendey, & Blanz, 1996), 독특한 집단(Jetten, Spears, & Manstead, 1998), 불안감을 느끼는 상류 집단(Bettencourt, Charlton, Dorr, & Hume, 2001) 등이 그렇다. 내집단 규범에 동조함으로써 얻게 되는 안정감은 SIT와 SCT 그리고 관련 이론들의 또 다른 인지적 자질, 즉 지각된 집단 동질성에 영향을 미치게 된다.

집단 동질성

지적한 바와 같이, 범주화는 집단 내에서 변산성의 지각을 감소시킨다. '그들'은 모두 똑같은 것이다(Linville et al., 1989; Messick & Mackie, 1989; Mullen & Hu, 1989). 집단 동질성에는 고정관념뿐만 아니라 분산(속성이 퍼져 있는 정도의 지각)과 유사성도 포함되어 있다(Ostrom & Sedikides, 1992; Park & Judd, 1990). 외집단 동질성은 지금까지 한 번도 경험하지 못하였던 국가나 인종 집단같이, 실제로 존재하기는 하지만 친숙하지 않으며 추상적인 것으로 간주되는 집단에 특히 잘 적용된다(Brewer & Brown, 1998; R. J. Brown, 2000; Devos, Comby, & Deschamps, 1996; Linville et al., 1989; Ostrom & Sedikides, 1992; Park, Ryan, & Judd, 1992). 이에 덧붙여 사람들은 자신보다 다른 사람들이 외집단에 대해서 특히 편향적이라고 생각한다(Judd, Park, Yzerbyt, Gordijn, & Muller, 2005). 따라서 사람들은 집단 간 지각이 편향적일 것이라고 기대하며, 집단들은 서로 상대 집단을 동질적인 것으로 간주하게 된다.

그렇지만 때로는 '우리'도 모두 똑같을 수가 있다. 많은 소수집단은 자신들이 상대적으로 동질적이라고 간주하며, 특히 정체감 관련 차원에서 그렇다(Kelly, 1989; Mullen & Hu, 1989; Simon, 1992). 내집단과의 동일시가 특히 강한 사람들은 보다 큰 내집단 동질성을 지각한다(Castano & Yzerbyt, 1998). 이 원리를 요약하면, 집단 간 차별성이 현저할 때(위협이나 갈등으로 인해서) 내집단과 외집단 모두 더욱 동질적인 것으로 보이게 된다. 그리고 내집단 정체감이 상당히 중요할 때 사람들은 특히 동조할 가능성이 크기 때문에, 지각된 동질성이 때로는 참일 수도 있다.

결론

범주화 접근이 뻔뻔한 편향에 대한 우리의 이해에 도움을 준 것은 무엇인가? 이들은 단순한 범주화가 명백한 편향을 초래하는 데 충분하다는 사실을 보여 준다. 내집단 편애는 자동적 성분을 가지고 있지만, 적어도 많은 연구에서 측정한 바에 따르면 전반적으로는 의식적이고 명시적이다. 사회인지의 입장에서 중요한 사실은 집단 간 편향이 중요한 인지적 토대를 가지고 있다는 점이다. 나아가서 위협은 범주 기반 편향을 과장하게 만들며, 위협 자체가 인지에 의해서 결정된다. 후속 이론들은 두 가지 대표적인 위협, 즉 지각된 경제적 위협과 가치 위협을 다룬다.

집단 간 이념

또 다른 형태의 뻔뻔한 편향은 동기화된 사회인지에 근거한다. 다양한 정치적 이념들은 내집단에 대한 지각된 위협과 상관관계를 가지고 있다. 이 모든 이념들은 사회의 집단 간 관계를 필연적이고 합리적이며 합법적인 것으로 설명하는 형식을 취하는데, 여기서는 사회적 지배 이론, 우파 권위주의, 공포 관리 이론, 시스템 정당화 이론, 본질주의 이론 등을 다룬다.

사회적 지배 이론

집단은 자원을 놓고 경쟁을 벌이며, 그 결과 집단 위계가 초래된다. 사회적 지배 이론(social dominance theory, SDT)은 집단 위계가 보편적이며, 수렵채취 시대를 벗어난 사회에서조차도 진화적으로 적응적인 것이라고 주장한다. 필연적으로 어떤 집단은 다른 집단을 지배하며, 안정된 위계가 무모한 갈등을 조절한다(그렇지만 대부분의 억압받는 집단들은 그렇지 않기를 소망할 것이다). 사회와 집단 그리고 개인들은 사회적 지배를 인정하는 정도에서 차이를 보인다(Sidanius & Pratto, 1999). 사회적 지배를 인정하게 되면 합법적임을 내세우는 일련의 사회적 통념, 즉 현 상태를 지지하는 복잡한 인지(신념과 이념)가 출현한다. 이러한 인지의 대표적인 것이 집단들을 현재의 위상에 묶어 두려는 고정관념이다.

사회적 지배 지향성(social dominance orientation, SDO)에서의 개인차는 광범위한 뻔뻔한 편향과 상관관계를 가지고 있다(예컨대 Amiot & Bourhis, 2005; Pratto, Sidanius, Stallworth, & Malle, 1994; Sidanius, Pratto, & Bobo, 1996; 최근의 연구 목록을 보려면 Sidanius & Pratto, 2003 참조). 지배는 집단 간에 존재하는 맥락과 상호작용하여 다양한 방식으로 전체 사회 시스템을 강화시켜 준다. 높은 SDO는 내집단 편애를 예언하는데, 힘 있는 집단에서는 말할 것도 없고, 심지어 힘없는 집단에서도 그러한 위계를 합법적인 것으로 간주할 때는 내집단 편애가 나타난다(Levin, Federico, Sidanius, & Rabinowitz, 2002). SDO가 높은 사람은 기존의 사회적 지배 위계를 강화시키는 직업(예컨대 정치, 사업, 검찰 등)을 선택하려는 경향이 있는 반면, SDO가 낮은 사람은 위계를 약화시키는 분야(사회사업, 교육, 재야 변호사 등)로 뛰어드는 경향이 있다. 일단 그 분야에 종사하며 적성과 맞아떨어지면 각자의 분야에서 수월성을 나타내게 된다(Kemmelmeier, Danielson, & Basten, 2005; Pratto, Stallworth, Sidanius, & Siers, 1997; van Laar, Sidanius, Rabinowitz, & Sinclair, 1999).

SDT에 대한 논쟁은 필연성의 주장에 집중되어 있다. 예컨대, 남성이 여성보다 SDO 점수에서 평균적으로 항상 높다는 불변적인 가정을 가지고 모든 선진 사회에서 남성의 정치적 권력이 클 수밖에 없는 보편성을 설명하려는 것을 들 수 있다. SIT(사회 정체성 이론)는 성별 동일시의 정도가 SDO 차이를 초래한다고 주장한다(Dambrun, Duarte, & Guimond, 2004; Wilson & Liu, 2003). 즉, 성별 동일시는 SDO에 영향을 미치며, 그 역이 성립하지 않을 수 있다. 다시 말해서 자신의 성별 집단에 더 많이 동일시할수록 위계에서 자신의 위치를 고정된 것으로 합법화할 필요가 있다는 것이다. 마찬가지로 SDO가 불평등을 초래하는 것이 아니라, SDO 점수는 주어진 맥락 그리고 심지어는 한시적 특권을 부여받은 지위에서조차 현저한 불평등을 반영하는 것일 수 있다(Schmitt, Branscombe, & Kappen, 2003). 총체적으로 집단 사회화 모형은 지배적(특권적) 지위가 SDO 태도를 동기화시키며, 이것이 다시 편견을 증가시킨다고 주장한다(Guimond, Dambrun, Michinov, & Duarte, 2003).

SDT는 만성적인 권력의 차이가—성별이든 사회계급이든 아니면 인종에 근거한 것이든 간에—사회 집단 사이에서 상이한 집단 간 지향성을 야기한다는 데 동의한다(예컨대 Pratto, 1999; Sidanius & Pratto, 1999). 사회적 지배 이념은 현재 사회의 권력 위계에서 최상위를 규정하는 가장 현저한 집단을 표적으로 삼는다. 이 사실은 SDO가 기존의 집단 간 관계를 합법화하고 유지시킨다는 것을 시사한다.

편향에 관한 인지적 조망에서 볼 때, SDO는 자신이 속한 집단의 위상에 유리한 위계에 대해서 사람들의 신념이 갖는 역할을 강조하는 것이다. 높은 SDO는 세상을 이전투구의 경쟁 사회로 간주하는 세속적인 견해와 상관관계를 갖는다(Duckitt, 2001). 이러한 세계관이 냉담한 자녀 양육에서 유래한다는 사실은 자신을 스스로 보호해야만 하며, 강한 집단이 약한 집단을 필연적으로 지배해야만 한다는 세계관을 시사한다.

SDO를 다음 절에서 논의할 우파 권위주의 이론과 구분하기 위하여, 우리는

SDO가 제5장에서 증진 초점(promotion focus)으로 소개한 것의 집단 간 버전에 해당하는 것이라고 제안한다(Higgins, 1997). 즉, 높은 SDO는 내집단 이득을 적극적으로 추구하는데, 이것은 내집단 불이익을 회피하려는 억제 초점과 대비되는 것이다. 아무튼 개인차로 간주하든 아니든 간에, SDT는 자원에 대한 지각된 위협에 초점을 맞춘다. 즉, 경쟁적 사회에서 집단의 경제적 위협 그리고 내집단 이득의 증진에 대한 지각에 초점을 맞춘다.

우파 권위주의

또 다른 유형의 지각된 위협은 권위주의적 신념이라는 또 다른 차원의 토대를 이룬다. 애지중지하는 가치에 대한 지각된 위협에 특별히 초점을 맞춘 것이 우파 권위주의(right-wing authoritarianism, RWA)다. 좌파는 그 자체가 권위주의적인 것으로 받아들여지지 않지만, 좌파와 우파 모두 독선적일 수 있다(Rokeach, 1960). RWA가 높은 사람은 전통적 가치(관습)에 동조하며, 강력한 리더에 복종하고(권위주의적 복종), 비동조자에게 제재를 가하며(권위주의적 공격성), 외집단을 비난한다(편견)(Altemeyer, 1981, 1988; Duckitt, 1993; Meloen, Van der Linden, & De Witte, 1996).

지각된 위협과 짝지어진 강력한 내집단 동일시는 이러한 신념 집합을 특징짓는다. 적대적인 외집단에 의해서 위협을 받게 되면 내집단은 결속해야만 하며, 세상의 위험으로부터 방어하기 위하여 응집성과 동조를 요구하게 된다. 높은 RWA는 사회적 일탈자로 간주되는 여성주의자(양성 평등주의자)와 동성애자들에 대한 편향을 예언한다(Haddock & Zanna, 1994; Haddock, Zanna, & Esses, 1993). 높은 RWA는 개인적 의무를 강조하고 일탈을 처벌하는 다양한 사회적 태도(에이즈, 낙태, 아동 학대, 마약, 노숙, 무역 적자, 고등교육 등과 관련된 사례에서의 태도)와 상관관계를 갖는다(Peterson, Doty, & Winter, 1993). RWA가 높은 사람들은 사회 문제에 대한 지식을 추구하지 않으며(Peterson, Duncan, & Pang, 2002), 유태인 대량 학살을 부정하는데(Yelland & Stone, 1996), 아마도 자신들의 가치가 요지부동이기 때문일 것이다. 관용은 사회 집단의 다양성에 대한 보다 상대적인 견해를 요구하기 때문에, 협상의 여지가 없는 신념은 편견을 예언해 주는 경향이 있다.

만일 우리가 제안한 것처럼 SDO가 내집단 증진 초점에 대응된다면, RWA는 외집단 억제 초점에 대응된다. RWA는 처벌적 양육 방식, 사회 동조, 그리고 세상을 위험한 것으로 간주하는 세계관과 상관관계를 갖는다(Duckitt, 2001). 신념체계는 광범위하고 인지적으로 응집성을 나타내는 이념을 나타낸다. RWA와 SDO 모두에서 가장 높은 수준을 나타내는 사람들은 사회에서 가장 편견이 심하며(Altemeyer, 2004), 자신을 사회적 위협이 될 수 있는 정치 집단 주변에 위치한 극단주의 지도자로 간주함으로써, 권력에 굶주리고 남을 조정하고자 하며, 비도덕적이고 교조적이며 인종중심적이고 반평등주의적인 사람으로 묘사된다.

공포 관리 이론

사람들은 위협에—중요한 부정적 가능성에 대한 상당한 불확실성에—직면하면 RWA가 암시하는 것과 같은 확실성에서 안식처를 찾는 경향이 있다. 인지와 동기의 이러한 혼합은 자신의 죽음에 직면할 때도 나타난다. 자신의 죽음 자체는 확실한 것이지만, 그것이 언제인지는 불확실하다. 죽음이라는 현저한 사실에 들어 있는 이러한 불확실성이 핵심이다(van den Bos, Poortvliet, Maas, Miedema, & van den Ham, 2005). 필연적 죽음의 현저성은 사람들로 하여금 자신을 더 오래 살게 해 주는 세계관에 매달리게 만든다(일종의 대리적 영생이다)(Greenberg, Solomon, & Pyszczynski, 1997). 자신의 죽음이라는 위협에 처한 사람은 자신의 현저한 집단 정체감을 나타내는 세계관을 받아들인다(Halloran & Kashima, 2004). 위협을 받을 때 보수주의자는 더 보수적이 되고, 진보주의자는 더 진보적이 되고자 한다(Greenberg, Simon, Pyszczynski, Solomon, & Chatel, 1992). 필연적 죽음이 현저할 때 사람들은 불확실성을 감소시켜 주는 것처럼 보이는 강력한 리더를 추종한다(Landau et al., 2004).

공포 관리 이론(terror management theory, TMT)이라는 이름은 죽음의 공포가 마음에 떠올랐을 때 사람들이 그 공포에 대처하는 방식을 다루기 때문에 붙여진 것이다. 고정관념과 마찬가지로, 사람들은 자신의 내집단과 동일시함으로써 죽음을 초월하고자 하는데, 이렇게 함으로써 더 오래 살게 되는 것이다(Castano & Dechesne, 2005). 자기에 대한 위협에 처하면 사람들은 친숙한 것을 유지하고자 하는데, 여기에는 외집단을 거부하는 것이 포함된다(Burris & Rempel, 2004). 필연적 죽음이 현저해지면 사람들은 일탈적인 외집단에 모진 반응을 보이게 되는데(Castano, 2004; Greenberg et al., 1990; McGregor, Zanna, Holmes, & Spencer, 2001; Schimel et al., 1999), 특히 RWA가 높은 사람이 그렇다. 세상이 위험하고 위협적일 때는 단단한 가치에 동조하는 것이 더욱 중요해지며, 이러한 지향성은 외집단을 비난하게 만들기 십상이다.

시스템 정당화 이론

지금까지는 네 가지 이론(SIT/SCT, SDT, RWA, TMT)에서 뻔뻔한 집단 간 인지에 대한 자기보호적 동기의 영향을 살펴보았다. 또 다른 이론도 이와 유사하게 이념이 부정적 반작용(불안, 불확실성, 불편함)을 완화시켜 준다고 상정하고는 있지만, 다른 이론들에서 암묵적으로 포함시키고 있는 자기보호 동기를 직접적으로 거부한다. 시스템 정당화 이론(system justification theory)은 사람들이 현 상태를 유지하고 정당한 것으로 인정하고자 한다고 주장한다(예컨대 Jost & Banaji, 1994; Jost & Hunyady, 2002). SDT와 달리, 혜택을 받는 사람들뿐만 아니라 피해를 보는 사람들도 그렇게 한다고 강력하게 주장한다. 이 견해에 따르면, 자기 정당화 그리고 심지어는 집단 정당화가 시스템 정당화에 굴복하는 이유는 그 시스템이 가지고 있는 경감 효과 때문이다. 시스템의 안정성을 유지하는 것이 개인과 집단의 이익보다 중요하다는 생각은 다양한 지지를 받고 있다. 불리한 집단도 때로는 자신의 지위를 인정하고 정당한 것으로 받아들이며, 힘이 약하다고 느끼고, 높은 지위의 집단을 좋아하며, 자신의 이해관계에 반하더라도 시스템을 지지한다(예컨대 Jost, Pelham, Sheldon, & Sullivan, 2003; 개관을 보려면 Jost, Banaji, & Nosek, 2004; Jost & Hunyady, 2002 참조). 어떤 상황에서 이렇게 반응하는 것인지는 앞으로 밝혀내야 할 과제다. 예컨대, 낮은 지위의 집단도 때로는 자신의 지위를 불쾌하게 생각하거나 부정한다.

높은 지위의 집단에게는 현 상태를 정당화하는 것이 명백한 이점을 가지고 있다. 그렇지만 모든 사람들에게 있어서 지각된 지위와 지각된 이점 간의 관계는 모든 문화에 걸쳐 놀라우리 만치 강력하다(Cuddy, Fiske, Kwan et al., 출판 중). 일반적으로 고정관념은 현 상태를 더욱 지지한다. 예컨대, 사람들은 자신이 속한 대학이 비교 대상이 되는 다른 대학에 비해서 높은(또는 낮은) 성취를 보이고 있다는 사실을 알았을 때조차도 자기 대학이 보다 더(또는 덜) 유능하다고 간주한다(Haines & Jost, 2000; Jost & Burgess, 2000). 사람들은 높은 지위의 집단이 그럴 만한 자격이 있다고 간주함으로써 시스템을 정당화하려는 동기를 가지고 있는 것으로 보이지만, 개인적으로 그 상황을 변화시킬 수 없다고 느낄 때 주로 그렇다(Dépret & Fiske, 1999; Pepitone, 1950; Stevens & Fiske, 2000). 자신의 집단이 그 벽을 허물 수 없을 때(집단을 벗어날 수 없을 때), 만성적이거나 극단적인 그러한 상황에서 사람들은 열등감을 내면화시킬 수 있다(Ellemers, Spears, & Doosje, 2002).

정의상 현 상태를 지지하는 정치적 보수주의는 동기화된 사회인지의 한 형태, 즉 다양한 욕구에 상응하는 일련의 신념과 맞아떨어진다. (자유주의도 그렇기는 하지만 어느 정도는 이 분석과 반비례한다.) 여든여덟 가지 연구를 대상으로 수행된 메타분석을 보면(Jost, Glaser, Kruglanski, & Sulloway, 2003), 보수적 이념과 상관관계를 나타내는 것으로는 죽음의 불안(공포 관리 이론을 지지한다), 손실의 두려움(사회적 지배 이론을 지지한다), 지각된 시스템 불안정성(시스템 정당화 이론을 지지한다), 모호함을 견디지 못함(우파 권위주의)뿐만 아니라 경험에 대한 낮은 개방성, 불확실성을 참지 못함, 질서와 구조, 폐쇄성의 욕구 등이 있다. 마지막에 제시한 여러 동기들은 모든 이론을 지지하고 있으며, 위협에 직면하였을 때 그리고 집단 간 정치 현안을 해결하고자 할 때 모호함을 제거해 주는 보수적 인지 구조를 강조하고 있다.

실체성과 그 계승자

집단에 대해 가장 확실한 인지적 표상, 즉 모호함과 불확실성 그리고 불안정성과 불안을 가장 많이 해소시키는 표상은 범주를 객관적으로 실재인 것처럼 만들어 주는 표상이다. 사회적 범주는 무엇보다도 실체, 즉 게슈탈트적 의미에서의 단위로 지각될 때 실재인 것으로 보인다(제3장 참조). 집단은 일단 범주화되면 실체성(entitativity), 즉 실존하는 대상의 특성을 보유한 것으로 보인다(D. T. Campbell, 1958). 예컨대, 실체적 내집단은 응집적인 것으로 보이며, 효능감이 있는 것으로 느껴지고, 자신의 욕구를 만족시키며, 그 집단과 동일시하려는 동기를 촉발시킨다(Yzerbyt, Castano, Leyens, & Paladino, 2000). 지각된 실체성은 집단 간 관계를 양극화시키는 경향이 있다(Castano, Sacchi, & Gries, 2003). 또한 다음과 같이 다양한 인지적 신념 시스템으로 이끌어 간다—본질주의, 다문화주의, 탈인간화와 비인간화.

본질주의

집단이 실체로 간주되면 이차적 특성, 즉 본질(essence)이 부여되기 십상이며(Rothbart & Taylor, 1992; Yzerbyt, Corneille, & Estrada, 2001), 여기에는 공유하는 유전자, 혈통, 또는 천성 등으로 표현되는 근본적인 핵심이 포함된다. 따라서 지각된 본질은 생물학적 특성에 대한 해석에 근거한다. 사람들은 생물학적 특성이 고정된 것으로 간주한다(반면에 생물학자들은 환경과의 상호작용을 이해하고 있다). 집단범주를 역사와 문화에 따라서 변하는 사회적 구성체가 아니라 실재하는 생물학적 현상으로 간주하기 십상이다.

본질주의(essentialism)는 많은 함의를 갖는다. 사회적 범주에 본질을 부과하는 사람들은 그 범주에 대한 고정관념도 인정한다(Bastian & Haslam, 2006; Keller, 2005). 고정관념은 사람들이 본질화된 집단의 특성을 분명한 게슈탈트로 설명할 수 있게 해 준다(Yzerbyt, Rocher, & Schadron, 1997).

물론 집단 본질주의는 맥락 속에서 바라볼 필요가 있다. 기본적인 대인지각 원리가 시사하는 바와 같이, 서양 문화와 동아시아 문화는 모두 집단보다는 개인에게 본질과 실체성을 부과한다(Kashima et al., 2005). 그렇지만 (예컨대 동아시아에서와 같이) 집단이 유별나게 본질주의적인 것으로 보일 때는 사람들이 이러한 본질주의적 집단에 더 많은 힘을 부여한다. 즉, 집단이 행위를 취할 능력이 더 많은 것으로 간주한다. 우리는 국가에 권한을 부여하는 해외 뉴스 보도들을 회상할 수 있는데(예컨대, "중국은 …을 하고자 시도한다."), 이것은 정부의 특정 개인에게 권한을 부여하는 뉴스 보도와 대비된다(예컨대, "대통령은 자신이 …을 하고자 한다고 언급하였다.") (Menon et al., 1999 참조).

소수집단들에 대해 불안을 느끼는 다수집단의 구성원들에게 있어서는 이러한 유형의 집단 힘이 자신의 지위에 위협이 될 수 있다. 소수집단의 구성원들에게 있어서는 내집단의 지각된 본질과 힘이 자신의 청렴성을 보호해 준다. 실제로 네덜란드에서 다수집단에 속한 청소년들에게 있어 본질주의적 신념은 다문화주의를 거부하는 것과 관련이 있다(Verkuyten & Brug, 2004). 반면에 소수집단에 속한 청소년에게 있어서는 집단 본질에 대한 신념이 다문화적 신념을 인정하는 것과 관련되었는데, 아마도 자신의 집단 정체감이 자부심의 근원이기 때문인 것으로 보인다.

다문화주의

다문화주의적 신념은 집단들이 본질적으로 다르며, 조직은 이러한 본질적 차이를 존중해야만 한다는 생각을 지지한다. 극단적인 다문화주의(multiculturalism)는 생물학적 본질을 함축하는 반면, 중도적 다문화주의는 단지 만성적인 사회적 차이만을 함축한다. 이에 대비되는 무차별적 입장은 모든 차이를 부정하며 모든 사람은 배경에 관계없이 똑같이 취급되어야 한다고 주장한다. 다문화주의는 사회인지가 집단 간 지각에서 범주화의 중요성을 강조하는 것과 맞아떨어진다. 실제로 다문화적 조망으로 점화시킨 학생들은 개인에 대해서 더욱 강한 고정관념과 범주 기반 판단을 나타냈다(Wolsko, Park, Judd, & Wittenbrink, 2000). 그렇지만 집단 간에 존재하는 통계적 차이에 대해서도 더욱 정확하였다. 이러한 결과들은 집단차를 지각하는 것이 문화 간 차이를 인식하고 가치를 부여하는 대신에, 필연적으로 편향을 초래하는지에 관한 물음으로 이끌어 간다(Park & Judd, 2005).

탈인간화와 비인간화

생물학적 본질이 궁극적으로는 인간으로 존재하는 것임은 말할 것도 없다. 사람들은 인간의 본질을 외집단보다는 내집단에 귀속시킨다(Demoulin et al., 2004; Leyens et al., 2003). 인간 집단은 동물과 차별화되는 지능과 언어 그리고 미묘한 정서를 보유하고 있다고 말한다. 정서에 초점을 맞추어 보면, 사람들은 일차적 정서(예컨대 분노와 행복)를 동물은 말할 것도 없이 자신의 집단과 다른 집단 모두에 귀속시키는 경향이 있다. 그렇지만 미묘한 정조(sentiment, 예컨대 후회와 자부심)는 내집단용으로 제쳐 놓는다. 주관적 본질주의가 외집단 정서에 대한 탈인간적(infrahuman, 인간 이하의) 지각의 토대를 이루며, 탈인간적 집단에 덜 공감하는 것은 당연지사다. 예컨대, 참담한 태풍이나 지진으로 고통 받을 때, 외집단이 집과 가족을 잃은 비탄감은 내집단이 겪는 것만큼 통렬하지 않은 것처럼 보이기 때문에 그들을 덜 돕게 된다는 것이다(Cuddy, Rock, & Norton, 2007).

일반적으로 사람들은 타인의 인간성을 다음과 같은 두 가지 대표적인 방식으로 최소화시킨다(Haslam, 2006). 첫째, 타인을 동물로 취급함으로써 문화, 도덕성, 논리, 성숙성, 고상함 등과 같은 인간에게 독특한 속성을 부정한다. 이러한 형태의 동물적 비인간화(dehumanization)는 민족성, 이민 여부, 장애 등에 근거한 외집단 고정관념에 많이 적용된다. 또는 타인을 기계와 같은 대상으로 취급함으로써 온화함, 정서적 반응성, 행동성, 호기심, 심오함 등과 같이 전형적인 인간의 본성을 부정한다. 이러한 형태의 기계적 비인간화는 몇몇 의학적 치료와 여성의 객관적 대상화에 많이 적용된다(Haslam, Bain, Douge, Lee, & Bastian, 2005). 동물과 인조인간이라는 두 가지 유형에 주목한 연구를 보면, 예술가들은 호기심이 많고 재미를 추구하며 정서적인 존재로 간주되는 반면(동물과 더 많이 연합된 특성이다), 기업가들은 체계적이고 강심장이며 피상적인 존재로 간주되었다(자동기계와 더 많이 연합된 특성들이다)(Loughnan & Haslam, 2007).

집단 간 맥락만이 인간성을 귀인하는 유일한 상황은 아니다. 사람들은 타인보다는 자신에게 더 많은 인간성을 귀인시킨다(Haslam et al., 2005). 그렇기는 하지만 집단 간 비인간화는 인간성에 반한 최악의 집단 범죄의 토대를 이룬다. 비인간화는 집단 간 폭력을 촉진시킬 뿐만 아니라(동물이나 기계로 간주하는 사람을 죽이는 것이 더 용이하다), 외집단에 대한 내집단의 폭력도 탈인간화(infrahumanization)를 조장한다(Castano & Giner-Sorolla, 2006).

뻔뻔한 고정관념에 대한 결론

비인간화를 통해서 우리는 이미 미묘한 형태의 고정관념화로 들어섰다. 뻔뻔한 고정관념화에서 사람들이 의식적이고 통제적이며 의도적인 방식으로 기꺼이 표명하는 신념들을 보았다. 이러한 신념의 대부분은 지각된 집단 간 위협과 상관관계를 가지고 있다. 사람들은 사회 정체성 이론(SIT), 자기범주화 이론(SCT)과 부합하는 방식으로 내집단과 동일시하고 내집단을 보호하며, 내집단에 이득이 되도록 외집단과 대비시킨다. 사회적 지배 이론(SDT)이 주장하는 것처럼, 다양한 사회와 장면 그리고 개인들은 집단 위계를 인정하는 정도에서 차이를 보이며, 집단 간 지배 지향성은 지각된 경쟁적 위협에 따른 집단 간 편향을 예언하고 있다. 우파 권위주의(RWA)도 지각된 위협을 반영하지만, 이 경우에는 관습적 가치에 대한 위협을 반영하는 것이며, 외집단의 갈등적 가치관에 적대감을 나타내는 것이다. 공포 관리 이론(TMT)은 자신의 죽음이라는 위협에 직면할 때 사람들이 내집단의 변함없는 가치에 악착같이 매달리는 것을 기술하고 있으며, 이것도 집단 간 편향과 상관관계를 갖는다. 시스템 정당화 이론은 시스템 불안정성에 의해서 위협받는 사람들이 사회 집단들의 현 상태를 정당화하고자 하며, (이 견해에 따르면) 심지어 자신의 집단에 불이익이 초래되는 경우에도 그렇다고 주장한다. 실체성은 복합적 효과를 나타낸다. 본질주의는 다문화 간 차이에 초점을 맞추며, 극단적인 경우에는 인간·비인간 시스템, 즉 진정으로 인간적인 우리들과 덜 인간적인 타인 간의 구분을 만들어 낸다. 모든 형태의 뻔뻔한 편향 중에서 이것은 언급되지 않고 간접적이며 비의도적인 형태의 편향으로 파급되기 십상이다. 이제 이 주제로 넘어가도록 하자.

2. 미묘한 고정관념

미묘한 형태의 고정관념은 20세기가 끝날 무렵 용인할 수 있는 신념에 대한 규범에서 극적인 변화가 일어난 후에 출현하였다. 비간섭적 측정치들을 보면 외현적 행동이 개선된 후에도 편견이 지속된다는 것을 알 수 있다(Crosby, Bromley, & Saxe, 1980; Saucier, Miller, & Doucet, 2005). 사람들이 더 이상 남의 면전에 대고 담배 연기를 내뿜지 않게 된 것과 마찬가지로, 고상한 모임에서는 모욕적인 고정관념을 더 이상 표출하지 않는다. 이렇게 규범이 변하였고 새로운 정교한 형태의 측정 방법을 갖춤에 따라서, 연구자들은 이제 현대적 형태의 고정관념이 실제로 얼마나 자동적이고 모호하며 양가적인 것인지를 보여 줄 수 있게 되었다.

자동적 고정관념화

다양한 인지적 연합이 사람들의 집단 간 표상에 연계되어 있다. 이러한 고정관념적 신념들, 그리고 그 신념의 유인가에 대한 체제화는 사회인지 처리과정이 고정관념을 접속할 수 있도록 만들어 주는 자동처리를 드러내 준다. 제12장은 보다 명시적인 정서적 편견에 초점을 맞출 것이지만, 여기서 다루는 인지적 신념도 유인가를 포함하고 있다. 그렇기 때문에 편견과도 관련되기는 하지만, 명시적인 정서적 차원보다는 평가적 차원에서 관련된다. 여기서 살펴볼 자동적 인지과정에는 범주 혼동, 혐오적 인종주의적 연합, 간접적인 인종 점화, 암묵적 연합, 인지적 부하 등이 포함된다. 이러한 과정들에 대한 동기적 제어를 살펴보는 것으로 마무리할 것이다.

범주 혼동

사람들은 상대방의 성별, 인종, 연령을 재빠르게 확인하며, 이 범주들을 사용하여 상대방을 분류한다. 따라서 동일한 범주에 할당된 사람들을 혼동함으로써 어느 여자, 어느 라틴계 사람, 또는 어느 노인이 제안하였던 것인지를 망각하는 경향이 있다. '누가 무엇을 말하였나(who-said-what)' 실험 패러다임을 보면, 사람들은 범주 간보다는 범주 내에서 사람들을 더 자주 혼동하는 자발적인 기억오류를 범한다(Taylor, Fiske, Etcoff, & Ruderman, 1978). 20여 개의 연구는 성별, 인종, 연령, 성적 지향, 태도, 매력도, 피부의 농도, 관계 유형 등에 근거한 범주 내에서 일어나는 이러한 혼동을 입증해 왔다(예컨대 Maddox & Chase, 2004; Maddox & Gray, 2002; S. T. Fiske, 1998, 371-372쪽 참조). 범주 혼동(category confusion)은 추측하기와 같은 관련된 인지과정을 통제하였을 때도 일어나며, 특히 사람들이 신속하게 반응할 때(Klauer & Wegener, 1998) 그리고 다양한 소수집단을 고려할 때(Klauer, Wegener, & Ehrenberg, 2002) 일어난다. 우리가 알고 있는 한 역치하에서 검증되지는 않았지만, 이러한 기억 오류는 명백한 의도나 노력 또는 통제가 없는 상태에서 일어나며 비교적 자동적인 것이다. 이에 덧붙여 이러한 혼동은 범주 기반 고정관념화를 부추긴다(Taylor et al., 1978).

혐오적 인종주의

진정한 자동적 형태의 편향을 확인해 낸 초기 연구의 하나인 점화 실험은 사회 정체성 이론이 기술하는 바와 같은 내집단·외집단 형태의 범주화가 즉각적으로 작동할 수 있다는 사실을 보여 주었다. 백인은 '흑인'으로 점화되었을 때보다 '백인'으로 점화되었을 때 긍정적 특질(예컨대 '똑똑한')을 더 신속하게 확인해 낸다(Dovidio, Evans, & Tyler, 1986; Gaertner & McLaughlin, 1983; Perdue et al., 1990). 인종에 대한 표지를 '우리' 대 '그들'로 대치하여도 동일한 결과 패턴이 일어난다. 긍정적인 내집단 연합이 자동적으로 일어나는 현상은 시간이 경과하여도 신뢰롭게 발생하며(Kawakami & Dovidio, 2001), 인종 간 상호작용에서 나타나는 비언어적 행동을 예언해 준다(Dovidio, Kawakami, & Gaertner, 2002). (명시적 태도는 명시적 언어 행동을 예언한다.) 사람들은 특정한 외집단에게 알맞은 집중훈련을 통해서 고정관념적 연합을 제어할 수 있지만, 이 훈련이 다른 외집단에게 일반화되지는 않는다(Kawakami, Dovidio, Moll, Hermsen, & Russin, 2000). 이러한 효과 대부분은 내집단의 긍정적인 측면을 강조하는 것이지 외집단의 부정적인 측면을 비난하는 것이 아님에 주목하라.

물론 내집단 긍정성은 배척의 방법을 통해서 외집단을 무시한다. 누군가를 고용해야 하는 것과 같은 제로섬(zero-sum) 상황에서 명시적 편향은 개선되더라도 미묘한 편향은 계속 남아 있게 되는데, 특히 모호한 경우에 그러하며(Dovidio & Gaertner, 2000) 예외를 찾아보기가 매우 힘들다(Kawakami, Dovidio, & van Kamp, 2005). 내집단에 대한 이렇게 즉각적인 긍정적 연합이 안도감을 생성하기 때문에 내집단 구성원이 더 적합한 것처럼 보이게 된다.

최근의 메타분석에 따르면, 백인이 흑인을 도와주지 않을 때는 자신의 결정이 인종과 관련된 것이 아니라고 합리화할 수 있을 때다. 예컨대, 도움 행동이 위험하거나, 오래 걸리거나, 어렵거나, 노력이 많이 들거나, 아니면 거리가 멀다고 판단할 때다(Saucier et al., 2005). 혐오적 인종주의(aversive racism)라고 부르는 이유는 대부분의 사람들이 좋은 의도를 가지고 있으며, 자신이 인종차별적 신념이나 의도를 가지고 있을 수 있다는 생각을 부정하기 때문이다(Gaertner & Dovidio, 1986). 사람들이 내집단에 호의적인 연합을 피력하는 것은 오직 정보가 모호할 때처럼 확실하게 비인종차별적 이유(변명)를 가지고 있을 때뿐이다. 따라서 그러한 연합을 극복하는 한 가지 방법은 모호함을 제거하는 것이다. 불행하게도 삶은 본질적으로 모호하기 짝이 없다.

보다 현실적인 대안은 우리·그들 효과를 이용하는 것이며, '우리'를 확장시켜 과거의 '그들'을 포함시키는 것이다. 예컨대, 2001년 9·11 테러가 발생한 후에 많은 미국인들은 국가적 정체성이 인종 정체성을 압도함으로써 인종 간 관계가 개선된 것을 목격하였다. 이 현상을 다룬 한 연구에서는 테러가 모든 미국인을 표적으로 삼았음을 생각나게 하는 것이 흑인에 대한 백인의 편견을 감소시키는 데 도움이 되었다(Dovidio et al., 2004). 이 접근, 즉 공동 내집단 정체성 모형(common ingroup identity model; Gaertner & Dovidio, 2005)은 잘 작동하며, 아마도 조망 수용(perspective-taking)과 불의감이 증가하였고(Dovidio et al., 2004), 여기에 상호작용과 공동 운명의 공유 정도가 증가하였기 때문인 것으로 보인다(Gaertner, Sedikides, & Graetz, 1999).

간접적 인종 태도

고정관념화에 대한 인지적 접근에서 또 다른 초기 기법이 간접적 점화 기법이다(Fazio et al., 1986, 1995). 혐오적 인종주의 측정치와 마찬가지로, 이 기법은 점화자극과 표적자극의 평가가 잘 들어맞을 때 사람들의 반응 속도가 촉진되는 것을 평가한다(제10장 참조).

그렇지만 두 과제는 점화자극에 뒤따르는 표적자극과 요구하는 반응에서 차이를 보인다. 혐오적 인종주의의 경우에는 내집단이나 외집단 점화자극이 긍정적이거나 부정적인 인종 관련 단어 또는 무의미 단어에 선행한다. 실험참가자는 어휘 판단(즉, 이것은 단어인가 아니면 무의미 철자인가?)을 하게 되는데, 인종적 점화자극과 고정관념 관련 단어의 유인가 간의 대응에 의해서 그 반응이 촉진된다. 간접적 점화의 경우에는 처음의 인종적 점화자극(단어거나 사진일 수 있다)이 인종과 무관련한 긍정적이거나 부정적인 단어에 선행하며, 참가자는 좋다-나쁘다(단어-비단어 대신에)로 반응한다. 혐오적 인종주의 기법은 단어 의미가 중요하기 때문에 개념적 처리과정을 더 많이 사용하는 반면에, 간접적 점화 기법은 유인가도 중요하기 때문에 평가적 내용을 분리해 낸다. 개념적 점화와 평가적 점화는 다른 것이다(Wittenbrink, Judd, & Park, 2001a). 예컨대, 개념적 처리과정은 고정관념화, 판단, 인상과 연계되는 반면에, 평가적 처리과정은 감정, 선호도, 사회적 거리와 더 많이 연계된다(Amodio & Devine, 2006). 그렇기는 하지만 두 경우 모두 외집단 점화자극에 뒤이은 부정적이고 고정관념적 단어에 대한 반응이 촉진된다는(빨라진다는) 사실은 인종 태도에 대한 간접적 지표를 제공해 준다. 이 측정치가 이러한 인지적 촉진을 보여 주기 때문에 미묘한 편향에 대한 다른 측정치들과 함께 사용되는 것이다.

간접적 점화 측정치는 인종 간 상호작용에서의 비언어적 행동, 외집단 구성원이 작성한 글에 대한 평가, 외집단 구성원에 대한 정서적 반응, 그리고 다른 관련 태도 등을 예언해 준다(Fazio & Olson, 2003). 이러한 방식으로 측정하는 고정관념과 평가가 '진정한' 태도인지의 여부보다는 이러한 자동적 지표들이 보다 명시적인 태도, 행동과 상관관계를 갖는다는 관찰이 더 중요한 것이다.

자동적으로 활성화된 인종 태도가 흑인에 대한 백인의 특질추론과 관련된다는 사실은 이 장(章)이 고정관념화 자체에 초점을 맞추고 있는 것과 잘 맞아떨어진다(예컨대 Graham & Lowery, 2004). 그렇다고 해서 모든 노력이 헛수고는 아니다. 이렇게 자동적인 반응조차도 편견을 피하려는 개인의 동기에 따라서 감소될 수 있는 것이다(Dunton & Fazio, 1997; Olson & Fazio, 2002, 2004a; Towles-Schwen & Fazio, 2003).

암묵적 연합 검사

제10장에서 암묵적 연합 검사(implicit association test, IAT)를 어느 정도 소상하게 소개하였다. 위에서 논의하였던 혐오적 인종주의, 간접적 점화 측정치와 마찬가지로, 이 검사도 평가적 측면과 보다 세부적인 고정관념적 측면을 모두 가지고 있다. 여기서는 평가적 연합(태도)과 복잡한 감정적 반응(정서)보다는 고정관념 자체를 측정하는 방법에 초점을 맞춘다. 기본적인 IAT는 내집단(흔히 지배적이다)과 긍정적 태도 대상 간의 연합을 이용할 뿐만 아니라 외집단(흔히 소수집단이다)과 부정적 태도 대상 간의 연합도 이용한다.

인종 편향에서 암묵적 고정관념화와 암묵적 평가의 분리는 의미기억과 감정기억에 차별적으로 관여하는 신경 시스템에서 유래한다(Amodio & Devine, 2006). 흑인 수필가를 평가하는 백인 참가자들은 IAT의 평가적 편향 정도에 따라서 애정과 편들어 주는 경향성을 덜 표명하였다. 반면에 이들의 IAT 고정관념화 편향(근육질이고, 리듬 감각이 있으며, 지적이지 못하다는 진부한 이미지에 대한 편향)은 다른 고정관념적 평가(게으르고, 정직하지 못하며, 신뢰할 수 없다)를 예언해 주었다. 두 번째 연구에서 장래의 흑인 파트너에 대한 백인의 평가도 유사한 대응성을 보여 주었다. 평가적 IAT는 그들이 얼마나 가깝게 앉을지를 예언하였는데, 이것은 감정적 측면을 반영하는 것이다. 반면에 고정관념적 IAT는 파트너의 과제 수행에 대한 기대를 예언하였는데, 이는 보다 인지적 측면을 반영하는 것이다(Neumann & Seibt, 2001 참조).

암묵적 연합 검사는 대체로 평가적 태도에 초점을 맞추어 왔지만, 이 검사는 성별 고정관념적 외모(예컨대 작은 몸집), 활동(예컨대 축구), 대상(예컨대 꽃), 전문 직업(예컨대 기술자), 역할(예컨대 고용주) 등과 같은 특정한 고정관념을 목표로 삼아왔다(Blair & Banaji, 1996). 마찬가지로 성별과 강력한 성 정체성은 수학이 남성적인 것이라는 고정관념과 결합함으로써, 수학에 대한 암묵적 선호로부터 여성은 멀어지지만 남성은 다가가도록 이끌어 간다. 또 다른 예를 들면, 여성과 남성은 자신의 성별을 호의적인 특질 고정관념과 암묵적으로 연계시킨다(Rudman, Greenwald, & McGhee, 2001).

고정관념화와 인지적 부하

기억표상을 다루었던 제4장에서 범주 활성화와 적용을 구분하였으며, 각각은 인지부하에 달려 있다(Gilbert & Hixon, 1991). 활성화와 적용을 위해서는 나중에 판단을 첨가하여야 하는데, 이것도 인지부하에 의존적이다. 전체 처리과정이 복잡하기는 하지만 효율적이며, 인지부하는 각 단계에서 상이한 역할을 담당한다.

부호화에 관하여 제3장에서 지적한 바와 같이, 범주 활성화는 개인의 정체성보다는 얼굴에서 더욱 신속하고 의도하지 않은 채 발생한다(Cloutier, Mason, & Macrae, 2005; Macrae et al., 2005). 즉, 사람들은 타인의 이름을 말하기보다는 인종이나 성별과 같은 보편적인 특징을 보다 신속하게 알아차린다. 비교적 자동적이기는 하지만, 범주 활성화는 인지부하, 처리 과제, 맥락에 따라서 차이를 보인다. 표적에 대한 단순 노출이 항상 범주화를 촉발시키는 것은 아니다(Macrae, Bodenhausen, Milne, Thorn,

& Castelli, 1997). 사람들은 다양한 대안적 범주와 관련된 단서에 주의를 기울이는 것으로 보이지만(예컨대 성별과 연령 모두에), 현재 가장 관련된 범주만을 활성화시킨다(Quinn & Macrae, 2005). 또한 다양한 대안적 범주가 주어졌을 때, 접속 가능성이 더 큰 범주들을 활성화시킨다(Castelli, Macrae, Zogmaister, & Arcuri, 2004). 범주 활성화는 맥락에도 의존적이다. 예컨대, 한 흑인이 가족 바비큐 모임이나 교회에 나타날 때는 도시 길거리 모퉁이에 서 있거나 조폭들과 함께 있을 때와는 상이한 자동적 반응을 촉발한다(Wittenbrink, Judd, & Park, 2001b). 제2장에서 소개한 용어를 빌리면, 범주 활성화는 조건적으로 자동적인 것이다.

일단 범주가 활성화되면 고정관념과 일치하는 의미를 받아들이기가 용이하기 때문에 처리하는 데 적은 인지용량을 요구하게 된다. 따라서 인지자원이 부족할 때는 고정관념과 불일치하는 정보에 선택적으로 주의를 할당한다. 특히 편견을 가지고 있을 때 고정관념 불일치에 주의를 기울이는데, 그 이유는 불일치를 설명해 버리고자 애를 쓰기 때문이다(Sherman, Conrey, & Groom, 2004; Sherman, Lee, Bessenoff, & Frost, 1998; Sherman, Stroessner, Conrey, & Azam, 2005). 고정관념 적용의 초기 단계에서는 사람들이 응집성 있는 인상에 우선권을 두기 때문에 불일치에 매달린다. 그런 다음에 동화시키는 데 인지적 노력을 필요로 하였던 불일치 정보를 기억해 내게 된다. 그렇지만 설명을 하였거나 아니면 동화를 시켰기 때문에 불일치는 고정관념을 별로 훼손시키지 못한다.

고정관념 적용의 후기 단계에서 특히 인지부하가 클 때는 판단을 할 때 저장된 고정관념에 더욱 의존하게 된다(예컨대 Bodenhausen & Lichtenstein, 1987; Bodenhausen & Wyer, 1985; Macrae, Hewstone, & Griffiths, 1993; van Knippenberg, Dijksterhuis, & Vermeulen, 1999). 고정관념의 사용은 심적 용량을 해방시켜 준다(Macrae, Milne, & Bodenhausen, 1994). 그리고 인지경제성의 욕구가 강한 사람들은 특히 집단 간 범주화를 채택할 가능성이 크다(Stangor & Thompson, 2002). 따라서 고정관념의 활성화와 적용 그리고 판단에서 인지부하의 역할이 아무리 복잡한 것이라고 하더라도, 일반적으로는 그 고정관념의 효율적인 사용과 유지를 선호하는 것이다.

고정관념화와 동기적 제어

만일 고정관념화 과정이 그토록 자동적인 경우가 많다면, 도대체 사람들은 이것으로부터 벗어날 수 있겠는가? 만일 고정관념화가 조건적으로만 자동적인 것이라면, 충분한 동기와 처리용량 그리고 정보를 가지고 그 영향을 무력화시킬 수 있을 것이다. 사람들이 충분한 동기와 시간을 가지고 있을 때는 자동적인 고정관념 연합을 보다 용이하게 회피한다(Blair & Banaji, 1996; Macrae, Bodenhausen, Milne, & Ford, 1997). 훈련은 자동적 고정관념 연합을 약화시키는 데 도움이 된다(Kawakami et al., 2000). 조망 수용(Galinsky & Moscowitz, 2000), 죄책감(Hing, Li, & Zanna, 2002), 자기초점(Dijksterhuis & van Knippenberg, 2000; Macrae, Bodenhausen, & Milne, 1998)도 마찬가지다. 소수집단에 속한 실험자의 사회적 영향이 변화를 초래할 수 있으며(Lowery et al., 2001), 친애 동기(affiliative motive)가 해법이 될 수도 있다(Sinclair, Lowery, Hardin, & Colangelo, 2005). 용이하게 사용할 수 있는 범주 정보에 덧붙여 동기와 처리용량이 함께 작동하여 초점을 보다 개별화시킬 수 있다(개관을 보려면 Fiske, Lin, & Neuberg, 1999 참조). 가능성이 반반일 때는 목표가 중요하다.

그렇지만 대안 정보를 보태지도 않으면서 단순히 고정관념을 억압하려는 목표는 역효과를 초래할 수 있다. 고정관념을 회피하고자 단순히 노력하다가 나중에 억제하는 힘이 약화되면 반동 효과(rebound effect)를 경험하게 되면서 고정관념적 연합이 배가된다(Macrae, Bodenhausen, & Milne, 1998; Macrae, Bodenhausen, Milne, & Jetten, 1994; Wegner, 1994). 동기와 처리용량도 반동 효과에 영향을 미친다(Monteith, Sherman, & Devine, 1998; N. A. Wyer, Sherman, & Stroessner, 2000). 편견과 목표가 결합하여 억압 후 반동을 예언해 준다(Monteith, Spicer, & Tooman, 1998).

고정관념을 제어하는 것은 집행적 통제를 무용지물로 만들게 되는데, 이것이 반동 효과를 설명할 수도 있다. 인종 간 상호작용에서 백인이 편견적인 사람으로 보이는 것을 특별히 염려할 때, 흑인 파트너에게 좋은 인상을 주기 위하여 자신의 행동을 억제한다. 불행하게도 백인들 자신은 상호작용을 별로 즐기지 않으며(Shelton, 2003), 이들의 집행적 통제용량은 고갈된다(Richeson et al., 2003; Richeson & Shelton, 2003). 백인 파트너의 편견에 맞서고자 시도하는 흑인에게 있어서도 상호작용하는 과정에서 상응하는 손상이 발생하며, 집행적 통제에도 손상이 뒤따르게 된다(Richeson, Trawalter, & Shelton, 2005; 개관을 보려면 Shelton & Richeson, 2006 참조).

자동적 고정관념화에 관한 결론

미묘한 고정관념화(subtle stereotyping)의 첫 번째 특성인 자동성은 기본 범주화와 신속한 연합과정에 달려 있다. 사람들은 타인에게 인종, 성별, 연령 등과 같은 표지를 붙임으로써 범주 내에서 사람들을 혼동하고, 그에 따라서 고정관념을 부과하게 된다. 사람들 자신의 편견은 타인에게 혐오적인 것이기 십상이며, 그렇기 때문에 내집단을 좋아하는 비의도적인 연합에서 출현하는 경향이 있다. 사람들은 간접적으로 긍정성을 내집단과 연합하며, 정도는 약하지만 부정성을 외집단과 연합시킨다. 긍정적이거나 부정적인 고정관념적 연합은 고정관념 관련 어휘 판단 과제, 유인가가 있는 단서의 촉진 효과, 신속한 연합에서 나타난다. 이러한 효과는 인지부하와 동기에 따라 변하며, 그렇게 단순한 것은 아닐지라도 전반적으로는 고정관념의 효율성과 유지에 도움이 된다.

모호한 고정관념화

현대적 형태의 고정관념화가 미묘한 이유는 그 과정이 신속하기 때문이 아니라 불안정하기 때문이다. 많은 고정관념화는 해석에 달려 있다. 앞에서 보았던 것처럼, 사람들은 명백하게 고정관념적이거나 반고정관념적인 정보를 자동적으로 처리한다. 그렇지만 모호한 정보를 자신의 기대와 일치하는 방식으로 해석하기도 한다. 예컨대, 초기의 고전적 연구를 보면, 역치하 상태에서 흑인의 고정관념적 용어로 점화된 백인들은 모호하고 인종을 규정하지 않은 행동을 호전적인 것으로 해석하였다(Devine, 1989). 역치하 상태에서 흑인 고정관념적 단어로 점화된 경찰과 보호관찰관들은 인종이 명세화되지 않은 절도와 폭행에 관한 짧은 글을 읽었다. 뒤이어서 범죄자의 적대감과 미성숙성, 불찰의 책임, 상습 범죄성, 그리고 받아야 할 처벌 등을 더욱 부정적으로 평가하였다(Graham & Lowery, 2004). 고정관념적 해석이 인종에 국한되는 것은 아니다. 강간 관련 용어로 역치하로 점화된 사람들은 남성과 여성 간의 모호한 공격적 대립에 관한 글을 읽은 다음에 여자를 더욱 부정적으로 판단하였는데, 특히 공평한 세상이라는 신념을 받아들일 때 더욱 그러하였다. 아마도 모호한 대립에서 여자를 비난할 가능성이 컸기 때문일 것이다(Murray, Spadafore, & McIntosh, 2005).

정보를 고정관념적으로 해석하는 것만이 전의식적인 것은 아니다. 참가자들에게 머리 스타일과 의상으로 성별이 바뀔 수 있는 분노·슬픔이 모호한 얼굴 표정을 보여 주었더니, 동일한 얼굴 표정을 남성일 때는 분노로, 여성일 때는 슬픔으로 해석하였다. 이것은 정서에 관한 성별 고정관념과 일치하는 것이다(Plant, Kling, & Smith,

2004). 공사장 인부가 누군가를 때리는 것은 펀치를 날리는 것으로 해석하지만, 주부의 동일한 행위는 토닥거리는 것으로 해석한다(Kunda & Sherman-Williams, 1993). 이러한 현상은 사람들에게 해석하도록 요청하지 않고 단지 나중에 자신의 추론을 친숙한 것으로 오재인할 때도 발생한다(예컨대, 파티에서 제공하는 술의 양에 대한 수녀와 록스타의 반응; Dunning & Sherman, 1997). 이러한 해석은 부호화할 때 일어나기 때문에, 타인에 대한 이해의 통합적 부분이 되어 버리는 것이다.

사람들은 모호한 정보의 내용뿐만 아니라 인과적 의미도 해석을 한다. 즉, 내집단이 무엇인가 좋은 일을 할 때는 내재적 능력이나 선의임에 틀림없는 반면에, 외집단이 동일한 일을 할 때는 우연이거나 상황 때문임에 틀림없다고 해석한다. 부정적 행위에 대해서는 반대 결과가 나타난다. 궁극적 귀인오류(ultimate attribution error; Pettigrew, 1979)라고 부르는 이 효과는 인종 간 귀인(Hewstone, 1990) 그리고 성별 간 귀인(Deaux & Emswiller, 1974; Swim & Sanna, 1996)에서 나타난다. 이 효과가 미묘하고 모호한 이유는 집단 행동에 기저하는 원인을 해석하는 방식에 달려 있기 때문이다. 이것은 현실적 효과를 갖는다. 예컨대, 흑인을 범인으로 간주하는 배심원은 인종 간 논쟁을 흑인의 잘못으로 해석할 가능성이 큰 반면에, 희생자로 간주하면 백인에게 잘못이 있다고 해석하게 된다(Wittenbrink, Gist, & Hilton, 1997). 성향 귀인은 부정적인 외집단 고정관념과 긍정적인 내집단 고정관념을 안정적인 것으로 만들어 주는 반면에, 상황 귀인은 상반되는 경우의 안정성을 감소시킨다(Sherman, Klein, Laskey, & Wyer, 1998). 특히 어떤 사람들은 부정적 고정관념에 대해 고정된 실체 귀인을 선호한다(Levy, Plaks, Hong, Chiu, & Dweck, 2001).

모호한 정보에 대한 주관적 판단이 항상 지배적 집단에 호의적인 것은 아니다. 예컨대, 기준이 변함에 따라서 여성이 (여성으로서) 일을 잘 수행하는 것으로 간주되고 칭찬받을 수 있다. 남성이 동일한 칭찬을 받으려면 기준이 더 높기 때문에 더 우수한 성과를 보여야 한다. 그렇지만 칭찬은 대단한 것이 아니다. 부족한 자원을 할당하는 문제에 봉착하고 남성과 여성이 경쟁해야만 할 때는 고정관념이 친남성적 편향을 초래하게 된다(Biernat & Vescio, 2002). 기준 이동이라는 이렇게 복잡한 아이디어를 이해하는 한 가지 방법은 주관적 판단(사람을 '똑똑하다'고 평가하는 것)과 객관적이라고 알려진 판단(가장 똑똑한 사람들의 순위를 매기는 것)을 대비시키는 것이다. 이러한 효과는 스포츠(Biernat & Vescio, 2002), 군대에서의 진급(Biernat, Crandall, Young, Kobrynowicz, & Halpin, 1998), 고용 결정(Biernat & Fuegen, 2001)과 같이 다양한 맥락에서 나타난다.

이 모든 방식의 고정관념화는 암암리에 이루어지며 주어진 정보의 모호성을 이용하기 때문에 고정관념 자체의 영향이 모호하고 탐지하기 어려워진다. 사람들은 자신의 고정관념적 해석을 타인뿐만 아니라 자기 자신에게도 숨긴다. 예컨대, 취업 지원자를 평가할 때, 사람들은 어떤 결정을 내리고자 원하는가에 따라서 지원자의 신용 증명서에 상이한 가중치를 부여한다(Norton, Vandello, & Darley, 2003). 그렇게 되면 한 결정에서 가치를 부여한 것이 후속 결정에도 파급된다.

상황이 모호함을 초래하는 경우에도 고정관념화가 모호한 것이 될 수 있다. 다시 말해서, 만일 편견이 결정에 있어서 단지 하나의 가능한 원인일 뿐이고, 비편견적 추리가 자신의 행위를 해명해 줄 수 있다면, 편견이라는 측면에서 결정 자체가 모호한 것이 되어 버린다. 예컨대 혐오적 인종주의 연구를 보면, 미묘한 인종주의 측정치(**표 11.2** 참조)에서 높은 점수를 받은 백인들은 불이익을 당하는 소수집단에게 모두 적용되는 다양한 정치적 의견을 가지고 있다. 또한 이들은 흑인에게 도움을 줄 가능성도 적지만, 단지 다른 사람들도 존재하여 도움의 책임감이 분산될 때에만 그렇다(Gaertner & Dovidio, 1986). 인종차별적이지 않은 해명이 가능할 때는 공격성도 이와 유사하게 작동한다. 즉, 백인 참가자들은 백인 표적인물보다 흑인 표적인물에 대해서 덜 공격적이다. 그렇지만 표적인물의 무례한 짓에 대해 핑계거리를 가지고 있다면 백인보다는 흑인에게 더 공격적이다(Rogers & Prentice-Dunn, 1981). 유사한 맥락에서 자신의 도덕성이 비편견적인 것임을 입증해 온 사람은 더 자유롭게 고정관념과 편견을 표명하게 된다(Monin & Miller, 2001).

모호한 고정관념화에 대한 결론

이 모든 연구들이 공유하는 것은 범주 기반 인지적 편향을 표명하는 것의 모호성이다. 사람들은 모호한 정보를 자신의 고정관념에 맞아떨어지도록 해석하며, 이 현상은 전의식적으로도 일어나고 후의식적으로도 일어난다. 집단 행동에 대한 인과적 귀인은 고정관념을 강화시키며 판단에 영향을 미친다. 고정관념 집단에 대해서는 기준이 낮기 때문에("그 집단으로서는 괜찮은 것이다.") 주관적 판단이 실제로 외집단에 호의적일 수 있지만, 부족한 자원의 할당(예컨대 순위 매김)은 그렇지가 않다. 사람들은 고정관념적 판단에 대해서 자신과 타인들에게 해명을 함으로써 고정관념의 사용 자체를 모호한 것으로 만드는 것이다.

표 11.2 현대판 인종차별 척도(2000)

지속적인 인종차별의 부정

1. 여러 세대에 걸친 노예 제도와 차별 정책이 흑인으로 하여금 낮은 사회계급에서 벗어나도록 일하기가 어렵게 만드는 조건들을 만들어 왔다. (R)
2. 당신은 오늘날 미국에는 흑인들이 신분 상승을 할 수 있는 기회를 제약하는 차별이 얼마나 많이 존재한다고 느끼는가?
3. 미국에서 흑인에 대한 차별은 더 이상 문제가 되지 않는다.
4. 지난 몇 년 동안 흑인의 지위에 얼마나 많은 실질적인 변화가 있어 왔는가?

흑인들은 더 열심히 일해야만 한다

1. 어떤 사람들은 열심히 일을 하지 않는다는 것이 정말로 문제다. 만일 흑인들이 열심히 노력한다면 백인 못지않게 잘살 수 있을 것이다.
2. 흑인들은 다른 대부분의 미국인들 못지않게 열심히 노력한다. (R)
3. 아일랜드인, 이탈리아인, 유태인 그리고 많은 다른 소수인종들은 편견을 극복하였으며 자신들의 길을 개척하였다. 흑인들도 어떤 특별한 도움 없이 그렇게 해야만 한다.

특별한 도움의 요구

1. 혹자는 시민단체들이 지나치게 성급하게 밀어붙여 왔다고 말한다. 다른 사람들은 이들이 느려 터졌다고 느낀다. 당신은 어떤가? 당신이 생각하기에 시민운동 지도자들이 지나치게 재촉하는가, 지나치게 느린가, 아니면 적절한 속도로 행동하고 있는가?
2. 흑인 지도자들은 지나치게 재촉해 왔다.
3. 흑인들은 동등한 권리를 추구하는 과정에서 지나친 요구를 하고 있다.
4. 흑인들은 사회에 너무나 많은 것을 요구하고 있다.
5. 일반적으로 흑인들은 자신의 상황에 대해서 응당 해야 할 만큼의 불평을 하지 않고 있다. (R)
6. 당신은 오늘날 미국에 존재하는 인종 간 갈등에서 흑인들이 책임져야 할 부분이 얼마나 된다고 생각하는가? 모두인가, 대부분인가, 아니면 그렇게 많지 않은가?

정당하지 못한 결과

1. 지난 몇 년 동안, 흑인들은 마땅히 받아야 할 만큼을 얻지 못해 왔다. (R)
2. 지난 몇 년 동안, 흑인들은 경제적으로 마땅히 받을 만큼보다 더 많은 것을 얻어 왔다.
3. 흑인들은 정부로부터 얼마나 많은 관심을 받고 있는가? 지나치게 많은가, 다소 많은가, 적절한 정도인가, 다소 적은가, 아니면 매우 적은가?

R은 반대로 채점되는 항목을 나타낸다.

출처: Sears, D. O. & Henry, P. J. (2003). The origins of symbolic racism. *Journal of Personality and Social Psychology, 85*, 259–275.

양가적 고정관념화

고정관념화는 양가적이라는 점에서 미묘한 것일 수 있다. 보다 뻔뻔한 유형의 편향이 약화됨에 따라서 명백해지는 자동성이나 자신과 타인에게 혐오적인 것이기 때문에 자신의 고정관념화를 해명하거나 위장하기 위하여 사용하는 모호성과는 달리, 양가성(ambivalence)은 전혀 새로운 것이 아니다. 고정관념을 체계적으로 측정하기 시작하였을 때부터 어떤 집단은 노골적인 부정적 고정관념을 유발하였으며(예컨대, 투르크족은 잔인하고 배신을 잘한다), 어떤 집단은 철저하게 긍정적인 고정관념을 유발하였다(예컨대, 영국인들은 지적이고 좋은 스포츠맨 정신을 가지고 있다). 그렇지만 많은 다른 집단들은 혼합된 고정관념을 가지고 있다. 예컨대, 흑인은 게으르지만 음악적이며, 유태인은 근면하지만 돈만 밝힌다고 알려져 있다(Katz & Braly, 1933). 흑인과 유태인의 고정관념은 유능성과 온화함에서 하나는 높지만 다른 하나는 낮은 정반대되는 특징을 나타낸다(Allport, 1954). 이러한 양가성은 고정관념 내용의 보편적 원리인 것으로 판명되었다.

친숙하지 않은 집단을 접할 때 사람들은 다음과 같은 두 가지 질문에 답하고자 한다. 첫째, 보초가 수하하는 것처럼, "아군인가, 적군인가?" 이 물음은 집단의 선의적이거나 악의적인 의도에 답하는 것이다(상대가 경쟁을 하고 착취를 하는가, 아니면 해롭지 않으며 심지어 협조적인가?). 경쟁적 의도는 비사교적이고 냉담하며 신뢰할 수 없다는 고정관념을 예언한다. 둘째, 사람들은 "능력이 있는가, 없는가?"를 알고자 한다. 이 물음은 집단이 자신들의 의도를 가능하게 만들어 줄 수 있는지의 여부에 답하는 것이다(그들은 필요한 자원을 가지고 있는가?). 높은 지위는 유능성과 능력의 고정관념을 예언한다(개관을 보려면 Cuddy, Fiske, & Glick, 출판 중 참조).

이러한 유능성·온화함 공간(competency-by-warmth space)은 두 가지 양가적 조합과 두 가지 비양가적 조합을 기술해 준다. 즉, 오늘날 미국에서는 중산층이고 기독교인이며 이성애적인 사람들이 온화하고 유능하다고 간주된다. 반대로 노숙을 하거나 마약에 중독되거나 가난한 사람은 (인종에 관계없이) 온화하지도 않고 유능하지도 않은 것으로 정형화되어 있다. 양가적 조합은 온화해서 좋아하지만 무능해서 인정을 받지 못하는 집단(노인 집단, 장애인 집단)이나 온화하지 않아서 싫어하지만 유능한 것으로 인정받는 집단(유태인, 아시아인, 부자, 인종이나 성별에 관계없이 전문직 종사자)을 반영한다(Fiske, Cuddy, Glick, & Xu, 2002; Fiske, Xu, Cuddy, &

Glick, 1999). 이러한 네 가지 조합은 미국인, 유럽인, 아시아인의 표본 모두에서 나타난다(그렇지만 아시아에서는 온화하고 유능한 집단이 상대적으로 많지 않을 것으로 보인다)(Cuddy, Fiske, & Glick, 2007; Cuddy, Fiske, Kwan et al., 출판 중; Eckes, 2002). 네 가지 군집은 또한 각 군집 내에서 다양한 하위 유형들을 가지고 있다. 예컨대, 남성과 여성이라는 하위 집단(Clausell & Fiske, 2005), 게이 남성이라는 하위 집단(Eckes, 2002), 차별적인 정신질환이라는 하위 집단(Fiske, Moore, & Russell, 2006), 흑인 지역사회 내의 흑인이라는 하위 집단(Williams, 2006) 등이다. 뒤에서 보게 되겠지만, 이러한 고정관념들은 특정한 정서적 편견과 차별 행동을 예언해 준다(Cuddy et al., 2007; Fiske et al., 2002).

이러한 유능성·온화함 공간은 개인과 집단 모두에 대한 광범위한 사회적 지각에서 작동한다(개관을 보려면 Fiske, Cuddy, & Glick, 2007 참조). 관련된 개념틀들도 두 가지 유사한 고정관념 차원, 즉 자기에게 이로운 것으로서의 유능성 차원 그리고 타인에게 이로운 것으로서의 도덕성/사회성 차원을 기술하고 있다(Peeters, 1983). 다시 말해서, 유능하다는 것은 적어도 자기에서 우선적으로 초점을 맞추는 것을 필요로 하는 반면에, 온화하고 신뢰롭다는 것은 타인을 향한 지향성을 필요로 한다. 이러한 자기이익적 개념틀과 타인이익적 개념틀은 국가 집단(Phalet & Poppe, 1997)과 가치(Wojciszke, 1997)에 적용된다. 세 번째 접근인 적대자 이미지 이론(enemy image theory; Alexander, Brewer, & Hermann, 1999)은 이러한 유능성과 온화함 차원에 권력 차원을 첨가한 개념틀에서 국가적 고정관념을 기술한다. 여기서 요점은 고정관념이 적어도 두 개의 차원을 가지고 있으며, 집단은 한 차원에서는 긍정적이고 다른 차원에서는 부정적으로 간주되어 인지적 평가를 양가적인 것으로 만들 수 있다는 것이다.

고정관념은 호감과 존경 사이에서 이러한 긴장을 촉발시키기 십상이다. 인종차별의 양가성(Katz & Hass, 1988; Katz, Wackenhut, & Hass, 1986)은 백인 자유주의자들을 인종 간 대립에서 찬성과 반대 입장이 혼합되어 있는 사람들로 나타내는데, 이들은 인종차별과 같은 외적 장애물 때문이거나 아니면 가치와 동기 같은 내적 장애물 때문에 흑인들이 불이익을 당한다고 간주한다. 양가적 성차별(Glick & Fiske, 1996, 2001)은 두 가지 요인을 반영한다. 첫째, 적대적 성차별로서, 비전통적인 역할을 추구하여 존경을 받지만 애정을 상실한 여성을 향한 분노다. 둘째, 주어진 성역할에 머물러 있으면서 보호는 받지만 존경은 상실한 여성을 향한 주관적으로 자애로운 성차별이다(Glick, Diebold, Bailey-Warner, & Zhu, 1997). 이러한 패턴도 새로운 것은 아니며 여러 문화에 걸쳐 드러나고 있다(Glick et al., 2000; 개관을 보려면 Glick & Fiske, 2001 참조).

또 다른 보완적인 양가적 고정관념은 부자를 부정직한 사람으로, 가난한 사람을 정직한 사람으로 묘사한다(Kay & Jost, 2003). 사람들을 이러한 고정관념에 노출시키는 것은 이들의 시스템 정당화를 증가시킨다. 관련된 차원(부자는 열심히 일하며 지적이다)에서 승자를 칭찬하는 것은 시스템을 정당화시키며, 관련 없는 차원(정직, 행복 등)에서 패자를 칭찬하는 것은 시스템을 붕괴시키지 않으면서 그 패자에게 보상을 주는 것이 된다(Kay, Jost, & Young, 2005). 이러한 견해에서 볼 때, 모든 사람들은 적어도 몇몇 측면에서는 시스템으로부터 이득을 얻는 것이다(Jost & Kay, 2005).

미묘한 편향에 대한 결론

뻔뻔한 편향을 제외한 형태의 편향은 자동적이고 모호하며 양가적이다. 비교적 무의식적이며 비의도적이고 애매하며 혼합적인 신호는 지각자가 알아차리기 어렵고 표적이 되는 사람도 해석하기가 어렵다. 아무튼 이러한 편향은 섬뜩할 정도로 영향을 미친다. 이제 집단 간 만남에서 양측에 미치는 영향을 보도록 하자.

3. 편향 효과

뻔뻔한 것이든 미묘한 것이든 간에, 고정관념화는 사람들 간의 상호작용에서 가장 잘 연구될 수 있다. 고정관념화 연구는 흑인들의 인종에 대한 태도, 그리고 그 태도가 인종 간 접촉에 영향을 미치는 방식을 배제한 채 흑인에 대한 백인들의 지각만을 강조해 왔다(Hebl & Dovidio, 2005; Shelton, 2000; Vorauer, 2006). 기대의 상호작용이 사회적 상호작용의 핵심이다. 행동에 관한 많은 연구들은 제15장에서 다룰 것이지만, 여기서는 고정관념적 기대 그리고 그 기대가 양측에 미치는 효과를 살펴본다. 고정관념의 표적이 되는 사람들은 다양한 대처 방안을 가지고 있으며(Miller & Kaiser, 2001), 고정관념을 휘두르는 사람들도 마찬가지다.

귀인 모호성

대부분의 고정관념화는 미묘한 것이기 때문에, 표적대상들은 부정적 반응이 독특한 개인으로서의 자신을 향한 것인지 아니면 자신이 속한 집단의 구성원으로서의 자신을 향한 것인지를 확신하지 못하기 십상이다. 이러한 귀인 모호성(attributional ambiguity)은 표적대상이 직면하는 딜레마를 반영한다(Crocker & Major, 1989). 모든 부정적 사건에서 그렇듯이, 편향의 경험은 전형적으로 위협의 평가와 후속적인 대처 방안을 촉발시킨다. 집단 간 상호작용이 악화되면 표적대상은 자신의 행동 대신에 편견을 비난하는 것으로 대처함으로써 자신의 자존감을 보호할 수 있다(Major, Quinton, & McCoy, 2002).

그렇지만 표적대상은 치러야 할 개인적 대가뿐만 아니라 사회적 대가로 인해서 부정적 결과를 편견에 귀인하는 것을 망설이게 된다. 사회적인 측면에서 차별에 귀인하는 사람은 불평불만자, 사고뭉치, 또는 더 나쁜 인물로 낙인찍히는 위험을 감수해야 하며(Kaiser & Miller, 2001b, 2003; J. K. Swim & Hyers, 1999), 특히 편견이 심한 사람들에 의해서 그러한 낙인이 찍히기 쉽다(Czopp & Monteith, 2003). 한 사람이 편견의 문제를 제기하면 상호작용은 돌이킬 수 없게 변하고 만다. 사람들은 자신의 집단(직장에서든 사회에서든)에 소속되고자 하며, 차별의 주장은 소속감을 붕괴시킨다. 따라서 소속 욕구가 높은 사람은 차별에 귀인하려고 하지 않는다(Carvallo & Pelham, 2006).

또한 개인적으로도 차별에의 귀인은 표적대상의 통제감을 와해시킬 수 있다. 부정적 결과를 차별에 귀인하는 것이 자존감을 보호해 줄 수 있다고 하더라도, 긍정적 결과(최선을 다하여 달성한 긍정적 결과)를 차별에 귀인하는 것은 그 성공을 자신의 공헌으로 받아들일 수 없기 때문에 자존감을 와해시킬 수 있다(Crocker, Voelkl, Testa, & Major, 1991). 차별에의 상습적 귀인은 자존감을 손상시킨다(Major, Testa, & Blysma, 1991). 그리고 자신의 개인적 경험을 왜곡된 차별의 사례로 지각하는 것은 우울을 초래한다(Schmitt, Branscombe, & Postmes, 2003).

과장된 낙인 의식은—외집단 구성원과의 상호작용에서 높은 경계상태를 유지하는 것은—부정성의 피드백 루프에 휩싸일 수 있다. 즉, 편견은 부정적으로 반응하도록 이끌어 가고, 이것이 다시 예상된 부정적 경험을 유발한다(Pinel, 1999, 2002). 이러한 유형의 편집증적 조망은 자의식, 사악한 귀인, 타인 태도에 대한 부정적 지각을 증가시키는데(Santuzzi & Ruscher, 2002), 어느 것도 성공적인 상호작용의 처방이 될 수 없다. 그렇지만 낙인 의식은 상당한 개인차를 보인다.

다른 한편으로는 차별의 기대가 때로는 실제를 반영하기도 하는데, 표적대상이 처한 곤경이 바로 이것이다. 사람과 상황은 차별이라는 카드놀이를 통해서 귀인의 모호성을 해소시키는 정도에서 차이를 보이며, 그 패턴이 상식과 모순된다. 개인적 노력과 청교도 윤리를 받아들이는 지위가 낮은 사람들(여성, 소수집단)은 차별에 귀인할 가능성이 낮다(Major, Grazmow, McCoy, Levin, Schmader, & Sidanius, 2002). 한편 동일한 신념을 견지하는 지위가 높은 사람들(남성, 백인)은 부정적 결과를 자신에 대한 역차별에 귀인할 가능성이 크다. 여성과 소수집단이 남성과 다수집단에 비해서 차별에 귀인할 가능성이 실제로 낮으며, 아마도 그 이유는 이들의 지위가 정당하게 인정받지 못하여 좌절과 실망이 친숙한 것이기 때문이겠다. 또한 명칭 부여와 비난에 관한 문화적 이데올로기로 인해서, 과체중인 사람은 차별에 귀인할 가능성이 적다. 아마도 사람들은 자신의 체중을 조절할 수 있고 조절해야만 한다는 문화적 윤리 때문일 것이다(Crocker, Cornwell, & Major, 1993). 차별에의 귀인은 부정적 결과로 누구를 비난할 것인지 그리고 긍정적 결과를 누구의 공헌으로 돌릴 것인지에 관한 기대와 상호작용한다.

고정관념 위협

사람들이 나타내는 성과의 성공과 실패에 대한 기대는 고정관념이 가지고 있는 효과의 또 다른 측면을 작동시킨다. 보편적으로 집단 고정관념에는 앞에서 지적한 바와 같이 지각된 유능성이나 무능성의 차원이 포함된다. 고정관념은 특정한 집단의 특정한 영역을 표적으로 삼는다. 예컨대, 수학에서 여성(Spencer, Steele, & Quinn, 1999), 표준화 검사에서 흑인(Steele & Aronson, 1995), 스포츠에서 유럽계 미국인(Stone, Lynch, Sjomeling, & Darley, 1999), 정서적 민감도에서 남성(Koenig & Eagly, 2005; Leyens, Désert, Croizet, & Darcis, 2000), 수학에서 라틴계(Gónzales, Blanton, & Williams, 2002), 기억에서 노인(Chasteen, Bhattacharyya, Horhota, Tam, & Hasher, 2005), 지적 성취에서 과거 정신병력자(Quinn, Kahng, & Crocker, 2004), 능력 검사에서 저수입자(Croizet & Clare, 1998) 등이다. 관련된 영역에서 만일 성과가 개인의 능력을 진단해 주는 것으로 나타난다면, 고정관념은 정상적인 위협을 넘어서는 커다란 위협으로 다가오게 된다(예컨대 Steele, 1997; 개관을 보려면 Major & O'Brien, 2005; Steele, Spencer, & Aronson, 2002 참조). 만일 성과를 제대로 내놓지 못하여 실패하면, 실패로 인한 개인적 망신뿐만 아니라 내집단의 본질적 능력에 대한 고정관념을 확인시켜 주는 수모도 함께 당하게 된다. 고정관념 위협(stereotype threat)은 관련된 범주가 현저할 때, 영역이 관련된 것일 때, 검사가 진단적인 것으로 알려져 있을 때, 그리고 그 위협을 걱정할 때 일어난다(Steele et al., 2002).

사람들은 때때로 그 영역에서 벗어나는 것으로 고정관념 위협에 대처한다. 예컨대, 많은 흑인들은 지능검사가 편향적이며 중요한 유형의 지능을 평가하는 데 적절하지 않다고 간주함으로써, 장기적으로든 단기적으로든 자존감이 검사 수행에 수반되지 않는다(Major, Spencer, Schmader, Wolfe, & Crocker, 1998). 노인들은 특정한 형태의 무능성의 관련성을 부정하기도 한다(von Hippel, von Hippel, Conway, Preacher, Schooler, & Radvansky, 2005). 이와 같이 성과를 자신과 동일시하지 않는 것은 어떤 집단 구성원에게 있어 자신이 뛰어난 성과를 나타낼 것이라고 다른 사람들이 기대하지 않는 영역에서 수행하는 것 자체를 포기하는 이유를 설명해 준다. 이것은 엄밀하게 자기충족적 예언(self-fulfilling prophecy)이 아니다. 왜냐하면 (a) 영역 자체를 부정하거나 회피함으로써 실제로 수행이 저조한 것이 아니라 수행 자체를 거부하는 것이며, (b) 실제로 편견을 가진 사람을 만날 필요가 없기 때문이다. 고정관념 위협은 시중에서 회자되는 고정관념, 즉 편견을 가진 사람과의 접촉에서 나타나는 필연적인 고정관념이 아닌 '유포되어 있는' 고정관념의 효과를 설명해 준다.

사람들은 어떤 진단적 영역에서 현저하고 중요한 부정적 비교로 공격받기 쉬울 때 고정관념 위협의 고통을 받는다. 누구나 이것의 희생물이 될 수 있으며, 심지어 한 비교 맥락에서는 성과가 낮고 다른 맥락에서는 성과가 우수한 동일 집단에서조차 그렇다. 아시아계 여성은 자신을 아시아인으로 동일시하는 비교 맥락에서는 수학에서 우수한 성과를 보이지만, 여성으로 동일시하는 맥락에서는 성과가 떨어진다(Shih, Pittinsky, & Ambady, 1999). 백인 남성은 아시아인들과의 비교 맥락에서는 성과가 떨어지지만, 백인 여성과의 비교 맥락에서는 성과가 우수하다(Aronson, Lustina, Good, Keough, Steele, & Brown, 1999). 대학 운동선수는 어떤 정체성이 관련되는가에 따라서 성과의 차이를 보인다(Yopyk & Prentice, 2005).

고정관념 위협의 과정에는 방금 언급한 차원들에서의 특정한 맥락이 수반된다

(성과 고정관념, 정체성의 현저성, 검사 진단성, 영역 중요성). 이러한 맥락은 부지불식간에 경계심과 스트레스를 증폭시키도록 구성된다(Steele et al., 2002). 이러한 상황에서는 인지와 동기가 결합하여 성과를 손상시킨다(Wheeler & Petty, 2001). 예컨대, 각성은 그 각성에 대한 귀인과 결합하여 성과를 손상시킨다(Ben-Zeev, Fein, & Inzlicht, 2005). 불안은 생리적이거나 비언어적 지표로 측정하든 자기보고의 방식으로 측정하든지 간에 미묘한 것이다(Bosson, Haymovitz, & Pinel, 2004; Croizet, Després, Gauzins, Huguet, Leyens, & Méot, 2004). 부정적 사고와 활성화된 고정관념은 동기와 상호작용하는 한 가지 인지적 기제일 수 있다(Cadinu, Maass, Rosabianca, & Kiesner, 2005; Kray, Galinsky, & Thompson, 2002; Seibt & Förster, 2004; Stangor, Carr, & Kiang, 1998; Wheeler, Jarvis, & Petty, 2001). 따라서 고정관념을 억압하려고 시도하는 것이 제대로 작동하지 않는 이유는 억압이 고정관념을 활성화된 상태로 유지시키기 때문이다(Steele et al., 2002). 인지적 측면에서는 작업기억 용량이 감소하지만(Schmader & Johns, 2003), 동기적 측면에서는 낙담까지도 스며들게 된다(Keller & Dauenheimer, 2003). 고정관념 위협이란 잠재적 손상이 무시무시할 정도로 뒤섞여 있는 것이다.

다행스럽게도 여러 가지 해독제가 작동한다. 예컨대, 지능은 고정된 것이 아니라 가변적인 것이며, 그렇기 때문에 맥락 의존적이며 개선 가능하다는 사실을 각자가 깨닫는 것이다(Aronson, Fried, & Good, 2002). 다른 치료법에는 내집단의 상대적 강점에 초점을 맞추는 것(Marx, Stapel, & Muller, 2005), 자신을 개별화시키는 것(Ambady, Paik, Steele, Owen-Smith, & Mitchell, 2004), 독특한 가치를 갖는 속성을 확인하는 것(Martens, Johns, Greenberg, & Schimel, 2006), 또는 자신의 정체성을 분화시키는 것(Pronin, Steele, & Ross, 2004) 등이 포함된다. 고정관념 위협을 알고 자신의 불안을 고정관념에 귀인하는 것도 성과를 증진시킨다(Johns, Schmader, & Martens, 2005).

구조화된 치료에는 검사를 실시하기 전에 인구학적 정보를 묻지 않는 것, 검사를 공정하게 또는 집단차에 민감하지 않게 실시하는 것, 조직은 다양성을 인정한다는 사실을 강조하는 것, 집단의 경계를 불명확하게 만드는 것, 정체감 안전을 도모하는 것 등이 포함된다(Davies, Spencer, & Steele, 2005; O'Brien & Crandall, 2003; Rosenthal & Crisp, 2006; Steele et al., 2002). 개인적 치료와 구조화 치료에 있어서 고정관념이 사람들의 성과를 위협할 필요는 없겠지만, 사람들이 그 현상을 알고 있을 때에는 그렇게 해야 한다.

소수집단 정체성과 웰빙

고정관념 위협과 귀인 모호성은 정도의 차이가 있다 하더라도 고정관념의 표적대상들이 압도당하는 것을 회피하는 방법을 설명하는 데 도움을 준다. 사람들은 공개적 피드백의 관련성을 재해석하거나 무시할 수 있다. 실제로 흑인 집단에 대한 공개적 관심은 흑인들의 자존감에 대해서 아무것도 예언하지 못하며(Rowley, Sellers, Chavous, & Smith, 1998), 자기 집단에 대한 흑인들의 개인적 관심도 예언하지 못하지만, 아시아인에 있어서는 예언력을 갖는다(Crocker, Luhtanen, Blaine, & Broadnax, 1994). 집단적 자존감의 몇몇 측면들은—즉, 자신의 집단에 대한 개인적 관심, 집단 구성원으로서의 개인적 가치감(집단의 이미지로 살아가는 것)—심리적 웰빙(예컨대 삶의 만족도, 우울 등)을 예언해 준다. 따라서 웰빙은 집단적 자존감의 사적인 측면과 밀접하게 연계된다(Crocker & Luhtanen, 1990).

제5장에서 자기(self)에 대해 보았던 것처럼, 자기를 정당화시키기 위하여 타인에 매달리는 감정은 일반적으로 건강하지 못하다(예컨대 Crocker & Park, 2004). 예컨대, 자기가치를 위해서 과외공부를 받는 것은 자존감을 학업 성취에 의존하도록 만들 수 있지만, 조금이라도 실패하는 것에 매우 취약하게 만들며, 특히 지능이 고정된 것이라고 믿을 때 더욱 그렇게 된다(Niiya, Crocker, & Bartmess, 2004). 이 모든 것은 자신의 전공을 포기하게 만들 뿐만 아니라(Crocker, Karpinski, Quinn, & Chase, 2003) 학업 문제 그리고 심지어는 재정적 문제까지 초래할 수 있다(Crocker & Luhtanen, 2003). 성적 만족과 같이 전혀 다른 영역에서도 자신의 자존감을 성 동조성에 대한 타인의 인정에 의존하는 것은 관련된 경험을 손상시킨다(Sanchez, Crocker, & Boike, 2005). 일반적으로 자기 성별의 이상향이 되고자 자기를 투자하는 것은 남성과 여성에게 똑같이 해로운 생각이 된다(Sanchez & Crocker, 2005). 자신의 외모에 대한 타인의 인정에 자존감을 투자하는 것도 건강에 해로우며, 지나치게 술을 마시는 것과 상관관계를 갖는다(Luhtanen & Crocker, 2005). 과체중인 사람과 가난한 사람들은 아마도 사회가 자신의 처지를 비난할 것이라고 생각하기 때문에 자존감이 손상된다(Miller & Downey, 1999; Rudman, Feinberg, & Fairchild, 2002).

다양한 정체성 영역에서 자신의 정체감에 대한 사적 관심은 공개적 관심에 의존하는 것보다 더 적응적인 것으로 보인다. 예컨대, 성적 불량으로 퇴학 위기에 처한 흑인 고등학생들 사이에서 흑인에 대한 사적 관심은 아버지의 지원과 결합될 때 술 소비량을 감소시켰다(Caldwell, Sellers, Bernat, & Zimmerman, 2004). 일반적으로 흑인 대학생과 고등학생 사이에서 흑인에 대한 사적 관심은 자신의 인종적 정체성의 중요성과 결합될 때 자존감을 유지시켰다(Rowley et al., 1998). 사적 관심은 물질적 지원과 상관관계를 갖는다. 둘이 결합됨으로써 지각된 스트레스를 완화시키며, 불안과 우울을 경감시킨다(Caldwell, Zimmerman, Bernat, Sellers, & Notaro, 2002).

정체성은 지각된 차별도 조성한다. 소수집단의 어떤 사람들은 다른 사람들보다 차별에 더 예민하다. 예컨대, 자신의 인종이 중요하며, 국수주의적 이데올로기를 가지고 있고, 내집단에 대한 공적인 관심을 일반적으로 부정적인 것으로 간주하는 흑인들은 차별을 지각할 가능성이 훨씬 클 뿐만 아니라 부정적인 정신건강 문제를 초래할 가능성도 낮다(Sellers, Caldwell, Schmeelk-Cone, & Zimmerman, 2003; Sellers, Rowley, Chavous, Shelton, & Smith, 1997). 인종적 정체성은 사람들로 하여금 차별에 민감하게 만들지만(Operario & Fiske, 2001; Sellers & Shelton, 2003; Shelton & Sellers, 2000), 정체성의 유형, 차별의 유형, 결과의 유형이 중요한 것이다.

그렇지만 흑인들이 백인들의 암묵적 편견과 명시적 편견을 정확하게 판단한다는 사실이 보여 주는 바와 같이, 평균적으로는 흑인들이 백인들보다 편견의 미묘한 비언어적 지표를 탐지할 가능성이 훨씬 크다(Richeson & Shelton, 2005). 인종 간 상호작용에서 편견의 존재 여부를 모니터링하며 긍정적 결과를 만들어 내도록 그 편견을 처리하는 것은 소모적인 일이 될 수 있다. 흑인들은 (내집단에 대한 사적 관심에 상응하는) 내집단 편애를 더 많이 보일수록, 인종 간 상호작용 후에 주의자원의 고갈을 더 많이 경험하게 된다(Richeson, Trawalter, & Shelton, 2005). 즉, 자신의 내집단에 우선권을 부여하는 흑인이 인종 간 상호작용을 특히 많이 모니터링할 가능성이 크며, 이것은 매우 소모적이다. 상대방이 편견을 가지고 있을 것이라고 기대하는 것은 상호작용에 악영향을 미칠 수 있다(Shelton, Richeson, & Salvatore, 2005). 그렇지만 편견이 그렇게 심하지 않으면서 자신의 편견을 모니터링하고자 시도하는 다수집단의 사람이 이 문제를 보완해 줄 수 있다. 즉, 이들은 상호작용에 더욱 몰입하는 것이다. 따라서 이 경우에는 역설적으로 편견을 가지고 있는 사람을 적어도 단기적으로는 더 좋아하게 될 수 있다(Shelton, Richeson, Salvatore, & Trawalter, 2005).

차별을 지각하는 것은 질문하고-답하며-공표하기(ask-answer-announce) 과정으로 알려진 다단계 과정이다(Stangor, Swim, Secrist, DeCoster, Van Allen, & Ottenbreit, 2003). 첫째, 표적인물에게 차별이 관련되어 있을지도 모른다는 생각이 떠올라 스스로에게 자문해 보아야만 한다. 지배적 집단의 직관과 달리, 차별받는 모든 사람들이 항상 차별에 대해서 생각하고 있는 것은 아니다. 맥락과 개인차 모두가 차별을 보다 접속 가능한 것으로 만들 수 있다. 둘째, 물음이 제기되면 답을 해야만 하며, 한 행동을 차별적인 것으로 판단하는 것도 상황적 요인(예컨대 위해의 양과 의도), 감정의 역할, 통제 욕구, 자존감의 보호 등에 달려 있다(예컨대 Sechrist, Swim, & Stangor, 2004; Swim et al., 2003). 셋째, 차별이 존재한다고 결론 내릴 때조차 그 사실을 공표할 수도 있고 안 할 수도 있다. 앞에서 지적한 바와 같이 그 대가가 크기 때문에 흔히 그러한 결론의 공개적 공표를 회피한다.

낮은 지위의 집단(소수집단이기 십상이다) 구성원들은 자신의 결과가 높은 지위의 사람에 달려 있을 때 자기에 대한 평가에 관심을 보일 가능성이 매우 크다(Vorauer, 2006). 이들은 부정적 행동을 개인화하여 불편함을 경험하게 된다(Vorauer & Kumhyr, 2001). 낮은 지위의 집단 구성원들은 상호작용으로부터 자신을 격리시킴으로써 자신의 인상을 손상시키는 방식으로 대처하거나(Kaiser & Miller, 2001a), 아니면 상호작용에 지나치게 몰입함으로써 자신의 인상을 개선시키는 방식으로 대처할 수 있다(Shelton, Richeson, & Salvatore, 2005).

다수집단의 염려

집단 간 상호작용은 두 가지 측면을 가지고 있으며, 높은 지위의 집단(일반적으로 다수집단)도 자신들이 보여 주는 인상에 염려를 나타낸다(Shelton & Richeson, 2006; Vorauer, 2006). 실제로 백인 학생들은 흑인 친구들과 더 많은 상호작용을 원한다고 보고하지만 거부당할 것을 염려하여 접촉을 주도하지 못한다. 또한 흑인 친구들의 무관심을 거부로 받아들인다. 역설적으로 흑인 학생들에 있어서도 백인 친구들에 관하여 동일한 과정이 발생한다(Shelton & Richeson, 2005). 어느 쪽도 상대방을 이해하지 못하며, 이러한 양자의 무지가 의사소통을 방해하는 것이다. 집단 간 상호작용이 일어날 때는 편견이 낮은 다수집단의 사람들이 자신의 제안을 강조하여 관심이 있다는 사실을 명백하게 보여 주는 반면에, 편견이 심한 사람(실제로 관심이 적은 사람이다)은 자신의 관심을 경시하는 경향이 있다(Vorauer, 2005). 지배적 집단의 구성원들은 편견적으로 보이는 것을 특히 염려할 때, 편견이 적다면 자신의 감정을 억제하려는 압박감을 받는다. 반대로 만일 편견이 심하다면, 높은 평가적 염려로 인해서 따뜻하고 다정한 사람으로 보이도록 눈에 띄게 행동한다(Vorauer & Turpie, 2004). 역설적으로 소수집단 구성원들은 앞서 지적한 바와 같이, 최소한도 그럴 의사가 있다면 단기적으로는 편견이 심한 다수집단 구성원들과 상호작용하는 것을 선호할 수 있다.

좋은 의도를 가지고 있으면서 편견이 낮은 사람들에 있어서 골치 아픈 문제의 하나는 자아도취(self-absorption)다. 자기에 대한 타인의 고정관념을 염려하는 것은 (메타고정관념이라고 부른다) 다수집단 구성원들로 하여금 자신이 어떻게 보일 것인가에 초점을 맞추도록 만든다(Vorauer, Hunter, Main, & Roy, 2000; Vorauer & Kumhyr, 2001). 앞서 지적한 바와 같이, 이러한 공적 자의식은 상호작용 전후에 다수집단 구성원들의 집행 기능을 고갈시키기 때문에(Richeson et al., 2003; Richeson & Shelton, 2003; Richeson & Trawalter, 2005), 인종 간 상호작용은 모든 사람들에 있어서 소모적인 일이 될 수 있는 것이다.

요약

고정관념화는 편견의 인지적 측면이고—흔히 대부분은 성별, 인종, 연령에 근거한다—뻔뻔한 형태와 미묘한 형태로 나타나며, 이 차이는 현실적으로나 이론적으로나 중요하다.

뻔뻔한 편견은 유형의 자원을 놓고 벌이는 실제 집단 간 갈등에서 시작될 수 있지만, 이 상황에서도 지각이 중요하다. 사람들이 갈등을 지각해야 하며, 우선 자기들이 서로 다른 집단에 속해 있다고 지각해야만 한다. 사회적 정체감 이론은 어떻게 사람들이 자기를 내집단으로 범주화하고 상대를 외집단으로 범주화함으로써 집단 간의 차이를 극대화시키고 집단 내의 차이를 극소화시키는지를 기술한다. 차별이 단기적인 자존감(상태 자존감)은 고양시키지만, 장기적인 자존감(특질 자존감)을 고양시키는 것은 아니다. 자기범주화 이론은 자존감 가설을 버리고 상대적 적합성에 초점을 맞추어 집단 간 행동의 차이와 집단 내 행동의 유사성을 기술한다. 규범적 적합성은 집단의 이미지를 끌어들인다. 최적 특이성 이론은 자율성과 소속감 간의 균형을 내세운다. 주관적 불확실성 감소 이론은 집단 규범이 제공하는 확신감을 내세운다. 이러한 이론들에 있어서 가장 인지적인 자질은 내집단 편애(외집단에 비해서 내집단에게 보상을 주는 것)와 지각된 동질성(대부분의 경우 외집단의 동질성, 위협 상황에서 내집단의 동질성)이다.

위협은 이데올로기, 고정관념화, 그리고 편향에 대한 여러 이론들에 포함되어 있다. 사회적 지배 이론은 내집단에 대한 경제적 위협을 지각할 때 집단 위계를 지지하는 것을 내세운다. 우파 권위주의는 전통적 가치에 대한 위협을 지각할 때 현 상태의 집단 경계를 지지하는 것을 내세운다. 공포 관리 이론은 자신의 죽음이 현저한 것으로 드러날 때 자신의 삶을 연장시켜 줄 문화적 견해에 매달리는 것을 내세운다. 시스템 정당화 이론은 안정성이 더욱 중요한 것이기 때문에 자신의 이해에 반하는 경우조차도 위계를 유지하려는 사람들의 욕구를 내세운다. 본질주의는 사회적으로 구축된 집단에 생물학적 기반을 귀속시킴으로써 우리의 인간성을 유지시키고 타인의 인간성을 약화시킨다. 이 모든 이론들은 집단 간 정치적 역학의 맥락에서 위협을 받을 때 모호성을 해소시키는 인지를 강조하고 있다.

뻔뻔한 형태의 편향이 금기 사항이 되고 연구자들이 인지심리학에 근거하여 보다 정교한 측정 기법을 개발함에 따라서 미묘한 형태의 고정관념화가 출현하였다. 미묘한 고정관념은 자동적이며 모호하고 양가적이다. 자동성이라는 측면에서 볼 때, 사람들은 의도하지 않은 채 범주 내의 사람들을 혼동하며, 이러한 혼동은 고정관념화를 예언한다. 혐오적 인종주의는—자기와는 상극인 편향이다—반응시간 데이터에 나타나는데, 외집단에 비해서 내집단에게 호의적 반응을 더 신속하게 나타낸다. 편견을 가진 사람이 비인종적 해명을 할 때 드러나는 차별에도 혐오적 인종주의가 나타난다. 간접적 점화도 반응시간을 사용하지만, 이 기법은 외집단과 명백하게 긍정적이거나 부정적인 단어 간의 유인가 대응에 초점을 맞춘다. 암묵적 연합 검사는 평가적 성분(제10장에서 소개하였다)과 개념적(고정관념적) 성분을 가지고 있는데, 후자가 다른 고정관념화와 상관관계를 갖는다. 이 모든 반응시간 기법들은 특히 비언어적이고 미묘하며 모니터링을 덜 하는 행동과 상관관계를 갖는다.

미묘한 형태의 고정관념화는 사람들이 정보를 자신의 기대에 맞추어 해석하며 그 해석을 자신과 타인 모두에게 숨긴다는 점에서 모호하기도 하다. 마지막으로 미묘한 고정관념화는 양가적이다. 즉, 많은 집단들이 좋아하는 대상이지만 존경하지는 않거나, 존경하지만 좋아하지는 않는 대상이 된다. 이 모든 형태의 미묘한 고정관념화는 고정관념을 사용하려는 충동과 고정관념을 금하는 개인적 구속과 사회적 구속 간의 내적인 갈등에서 유래한다.

편향은 지배집단과 소수집단 구성원에게 똑같이 영향을 미친다. 귀인 모호성은 피드백이 언제 자기 자신에게만 영향을 미치는지, 그리고 언제 자신의 집단에 관한 편향에 영향을 미치게 되는지를 이해하는 데 겪는 어려움을 기술한다. 고정관념 위협은 자신이 속한 집단이 열등하다는 고정관념의 어려움을 겪는 영역에서 수행의 이중 위험을 기술한다. 잠재적 실패는 자신에게만 영향을 미치는 것이 아니라 자신의 집단에도 영향을 미치는 것이다. 따라서 사람들은 그 영역과 동일시하지 않거나, 과제가 진단적이고 중요하며 자신의 사회적 범주가 현저할 때는 수행을 거부하기도 한다. 고정관념적 편향으로 인해서 소수집단 구성원들의 자존감은 자신의 내집단에 대한 공적 관심과 분리되어 있기 십상이며, 대신에 사적인 관심에 초점을 맞춤으로써 끈질긴 편향의 부정적 효과를 완화시킨다. 지위가 낮은 집단은 비록 편향에 민감하기는 하지만 치러야 할 사회적 대가와 개인적 대가로 인해서 그러한 편향을 거의 보고하지 않는다.

지배적 집단의 구성원들은 자신들이 소수집단에 의해서 어떻게 평가될 것인지를 염려하여 상호작용에서 자의식적이고 자아도취적이 된다. 다수집단과 소수집단 구성원들이 모두 편견을 극복하기 위한 노력을 경주할 때, 그러한 노력이 상호작용 전후에 집행 통제 능력을 고갈시킬 수 있다. 그렇기는 하지만 상호작용은 흔히 개선될 수 있다.

제 12 장

편견: 인지적 편향과 감정적 편향의 상호작용

◆ 집단 간 인지와 정서
◆ 인종 편견
◆ 성별 편견
◆ 연령 편견
◆ 성적 편견

직감(gut feeling)은 행동을 주도하지만, 직감과 행동은 모두 인지와 상호작용한다. 감정과 인지 연구들이 보여 주는 바와 같이, 두뇌의 감정적 부분이 먼저 진화하였으며 오늘날에도 우선적으로 반응하는 경우가 많다. 집단 간 관계는 특히 정서적 편견의 위력을 예증해 준다. 사람들이 극단적 차별을 가할 때는—가증스러운 범죄, 수감자 학대, 집단 학살, 테러 등—강력한 정서가 그 행동의 기반에 깔려 있다(Glaser, Dixit, & Green, 2002; Pettigrew & Meertens, 1995). 일상적 사례에서조차도 감정적 편견이 인지적 고정관념보다 더 많은 차별로 이끌어 간다(Dovidio, Brigham, Johnson, & Gaertner, 1996; Talaska, Fiske, & Chaiken, 출판 중; Tropp & Pettigrew, 2005a). 고정관념화는 사소한 것이 아니며, 집단 간 연구의 대부분을 차지하고 있다. 고정관념화는 정서적 편견과 상관관계가 있으며 집단 간 행동을 예언해 주지만, 정서적 편견이 더욱 강력한 예언자다. 따라서 이 장(章)은 인지적 편향에서 유래하며 그 편향과 상호작용하는 정서적 편견을 다룬다.

정서적 편견은 제9장과 10장에서 다루었던 긍정적·부정적 평가를 넘어선다. 여기에는 공포, 혐오, 선망, 연민, 불안, 분개심 등과 같이 분화된 정서가 포함되며, 정성적으로 모두 차이를 보인다. 이렇게 특정한 정서는 특정한 집단을 표적으로 삼으며 특정한 행동을 동기화하기 때문에 현실적으로 중요하다. 그렇지만 이론적으로도 중요하다. 분화된 정서적 편견은 세상을 기술해 줄 뿐만 아니라 예언도 하고 설명도 해준다. 앞으로 보게 되겠지만, 여러 이론들은 분화된 정서적 편견 그리고 특정한 사회적 집단에 대한 인지적 상관체들을 확인해 내고 있다(이론을 보려면 Mackie & Smith, 2002 참조; 연구를 보려면 Giner-Sorolla, Mackie, & Smith, 2007 참조). 집단 간 정서는 편견에 대한 전통적 견해가 아니라는 사실에 주목하라. 전통적 견해는 항상 태도에 초점을 맞추어 왔다. 따라서 이 장은 감정과 행동에서 인지의 역할을 다루는 나머지 장들을 위한 초석을 놓으려는 것이다.

사회인지에서 이러한 감정적 편향을 바라보는 시각은 인지와의 상호작용이다. 첫 번째 절은 집단 간 인지와 정서에 대한 여러 이론들을 다룬다. 각 경우에 인지 패턴은 정서와 행동의 패턴으로 이끌어 간다. 이 장의 나머지 부분에서는 특정한 정서적 편견이 각기 다른 외집단에 대한 반응의 토대를 이룬다는 아이디어를 자세하게 다룬다. 네 개의 절이 사회심리학자들의 관심을 가장 많이 받아 온 범주들, 즉 인종과 민족성, 성별, 연령, 성적 지향성을 순서대로 다룬다.

1. 집단 간 인지와 정서

당신이 가는 차선을 막아서는 짜증나는 운전자는 항상 당신과 같은 집단이 아닌 외집단의 구성원인 이유는 무엇인가? 우연한 만남에서의 감정, 즉 우연 감정은 집단과 무관한 것임에도 그 만남에 영향을 미칠 수 있다. 기분이 나쁜 사람들이 더 고정관념적이라고 가정할 수 있을지라도 이것은 지나치게 유인가에 근거한 가정이며, 오히려 상이한 기분이 상이한 효과를 나타낸다(Bodenhausen, Mussweiler, Gabriel, & Moreno, 2001). 화난 기분은 사람들을 더욱 고정관념적으로 만들며, 이것은 상식과 맞아떨어지는 것이다. 그렇지만 슬픈 기분도 부정적인 것이기는 하지만 열심히 생각하게 만들기 때문에 덜 고정관념적으로 만든다. 그리고 중립적 기분일 때보다는 행복한 기분일 때 열심히 생각하지 않기 때문에 더 고정관념적이 된다. 제14장에서 인지에 대한 기분의 보편적 효과로 되돌아갈 것이다.

전반적으로 집단은 자신들이 누구인지에 근거하여 그리고 자신들이 처한 환경에 근거하여 감정을 유발하기 십상이다(Bodenhausen, 1993; Bodenhausen et al., 2001). 여러 이론에 따르면 우연 감정과는 대조적으로, 각기 다른 집단들이 각기 다른 감정적 형상을 촉발한다.

고정관념 내용 모형

두 가지 근본적인 차원, 즉 사회성과 능력이 사회적 지각을 나타낸다(Asch, 1946; Rosenberg & Sedlak, 1972; Wojciszke, 2005; 개관을 보려면 Fiske, Cuddy, & Glick, 2007 참조). 집단 간 지각도 예외가 아니다. 제11장에서 지적한 바와 같이, 온화함과 능력이 사회적 집단들을 구분하는 양대 차원을 형성한다. 고정관념 내용 모형(stereotype content model, SCM)에 따르면, 두 차원에 걸친 고정관념은 집단 간의 구조적 관계에서 초래된다(Fiske, Cuddy, Glick, & Xu, 2002; **표 12.1** 참조). 첫 번째 판단은 상대가 내 편인가 아닌가를 나타낸다(친구인가, 적인가?). 사회적 자원에 대한 경쟁의 지각은 온화함(warmth) 고정관념을 예언한다. 즉, 협조적인 내부자와 동맹자는 온화하고 성실한 반면, 착취적이라고 알려진 외부자는 냉담하고 신뢰할 수 없다. 두 번째 판단은 상대방이 그러한 의도를 행동으로 옮길 수 있는지의 여부를 나타낸다. 지각된 지위(status)는 유능성(competence) 고정관념을 예언한다. 즉, 부자는 유능한 반면 빈자는 무능하다고들 말한다.

따라서 사회 구조적 변인들을 가지고 예언한다면, 고정관념은 이민과 역사 그리고 지리적 요인의 부산물이다. 사회에서 집단의 위상은 시대와 조건에 따라서 변할 수 있으며, 고정관념이 뒤따르게 된다. 지적한 바와 같이, 이러한 차원들은 연구 대상이 되는 모든 문화에서 나타난다(Cuddy, Fiske, Kwan et al., 출판 중). 예컨대, 많은 문화에는 일련의 기업가 외집단이 존재하는데, 이들은 유능하지만 특별히 온화하지 않은 사람들로 간주된다(전 세계에 퍼져 있는 유태인과 중국인들이 흔히 이렇게 지각되어 왔다). 또 다른 예로, 다양한 문화에서 노인들은 무능하지만 따뜻한 사람으로 간주된다. 그리고 지금까지 연구된 모든 문화에서 가난한 사람들은(노숙자, 사회복지 수혜자, 불법 이민자, 마약 중독자 등) 똑똑하지도 않고 세련되지도 않은 것으로 간주된다.

표 12.1 고정관념 내용 모형의 사례

		구조적 변인: 지위 ↓(+) **고정관념: 능력**	
		낮다	**높다**
구조적 변인: 경쟁 ↓(−) **고정관념: 온화함**			
높다	집단	장애자, 노인	중산층, 내집단
	편견	연민	자부심
	차별	적극적 도움, 수동적 위해	적극적 도움, 수동적 지원
낮다	집단	빈자, 노숙자, 마약 중독자	부자, 아시아인, 유태인
	편견	혐오	선망
	차별	적극적 위해(危害), 수동적 위해	적극적 위해, 수동적 지원

출처: Cuddy, A. J. C., Fiske, S. T., & Glick, P. (2007). The BIAS map: Behaviors from intergroup affect and stereotypes. *Journal of Personality and Social Psychology*, *92*, 631–648; Fiske, S. T., Cuddy, A. J. C., Glick, P., & Xu, J. (2002). A model of (often mixed) stereotype content: Competence and warmth respectively follow from perceived status and competition. *Journal of Personality and Social Psychology*, *82*, 878–902.

이러한 SCM 고정관념이 중요한 이유는 이것이 집단 간 정서와 상관되어 있으며(Fiske et al., 2002), 집단 간 행동과도 상관되어 있기 때문이다(Cuddy, Fiske, & Glick, 2007). 이러한 BIAS 지도(Behaviors from Intergroup Affect and Stereotypes, 집단 간 감정과 고정관념에서 유래하는 행동)는 집단 간 행동을 직접적으로 예언해 주는 고정관념 기반 정서 군집을 기술하고 있다. 기업가 외집단(일반적으로 대도시에 살며, 부유하거나 아니면 적어도 금전을 추구하는 사람으로 간주되는 집단)을 생각해 보자. 이들은 선망과 질투심이라는 혼합된 정서를 유발하는데, 이 정서는 "당신은 우리가 원하는 것 그리고 우리가 가져야만 하는 것을 가지고 있다. 우리도 할 수만 있다면 그렇게 할 것이다."라고 외친다(Salovey, 1991; R. Smith, 2000). 선망은 당장 폭발할 것만 같은 격정적인 혼합적 행동을 잉태하고 있다. 즉, (a) 사회 질서가 안정되어 있을 때는 사이좋게 지내기 위해서 동조하는 마지못한 연대가 (b) 궁지에 몰렸을 때는 격렬하게 공격하는 것과 결합되어 있다(Staub, 1999). 여기서도 사회 구조에 대한 인지(경쟁, 높은 지위 등)가 고정관념(따뜻하지는 않지만 능력이 있다)의 기저를 이루며, 이 고정관념은 다시 정서(선망과 분개)와 행동(수동적으로 동조하지만 언제든지 해를 끼칠 수 있는 행동)을 유발한다.

또 다른 불안정한 정서적 조합은 노인과 정신적이거나 신체적인 장애가 있는 사람들을 표적으로 삼는데, 모두 무능하지만 따뜻하고 신뢰할 수 있는 사람들로 간주된다. 이들은 "당신은 우리보다 못하지만, 그것이 당신의 잘못이 아니기에 미안하게 생각한다."고 말하는 혼합된 정서인 동정의 대상이 된다. 동정은 도움과 무관심이라는 혼란스러운 뒤범벅의 상태를 야기한다. 누군가를 동정한다는 것은 위에서 내려다보는 것이기 때문에 동정을 받는다는 것은 품위를 손상시키는 것이다. 동정에는 불평등한 위상이 수반되며, 표적대상의 자제력을 손상시킨다(R. Smith, 2000; Weiner, 2005 참조). 이 범주에 속한 많은 집단들은 시설에 수용되어 있다. 이러한 집단을 향한 전형적인 행동은 도움을 준다는 것뿐만 아니라 포기한다는 것이 결합되어 있으며, 이 행동은 다시 정서적으로 혼합된 메시지를 전달한다. 앞에서와 마찬가지로, 사회 구조에 관한 인지는 이러한 연쇄의 출발점이다. 즉, 지각된 비경쟁과 낮은 위상이 무능력과 온화함을 알려 주고, 이것이 정서(동정, 공감)와 그에 상응하는 행동(적극적으로 돕기도 하지만 사회적으로 무관심한 것)을 유발한다.

마지막으로, SCM에서 세 번째 유형의 외집단 군집은 가장 극단적인 조합으로서, 정서적으로는 덜 혼란스럽지만 꽤나 끔찍한 것이다. 지적한 바와 같이, 가난한 사람들은 결점을 보완할 만한 자질을 가지고 있지 않다는 고정관념이 있는데(따뜻하지도 않고 유능하지도 않다), 노숙자일 때 특히 그렇다. 마약 중독자에게도 똑같이 적용된다. 이 집단들은 경멸과 심지어는 혐오의 대상이 되는데, 이 정서는 비사회적 대상도 표적으로 삼을 수 있다. 신경영상 데이터는 이와 같은 극단적 외집단에 대한 혐오반응과 비인간화 모두를 지지한다. 노숙자나 중독자의 사진을 볼 때, 사회적 자극에 대한 정상적인 신경반응(내측 전전두엽의 활성화)은 기저 수준 이하로 유의하게 떨어지며, 대신에 혐오와 연합되어 있는 뇌섬(insula)이 활성화된다(Harris & Fiske, 2006). 이러한 결과는 극단적 외집단을 비인간적인 대상으로 간주한다는 아이디어와 일치한다. 경멸과 혐오에는 모두 동정과 마찬가지로 얕잡아 보는 것이 수반되지만, 긍정적 감정은 물론 전혀 없다. 혐오는 회피, 배척, 오염의 두려움을 촉발시키며(Rozin & Fallon, 1987), 경멸은 거리를 두려는 정서이기도 하다. 이러한 정서는 격렬한 공격과 수동적인 무관심 모두를 초래한다. 이 모형에 따르면, 그리고 사람들이 이 집단에 대한 사회적 반응을 기술한 데이터가 지지하는 바에 따르면, 극단적으로 가난한 사람들은 사회로부터 자원을 갈취해 가는(즉, 협조보다는 경쟁을 하는) 것으로 간주되며, 물론 지위도 낮은 것으로 간주된다. 이에 근거한 고정관념은 따뜻하지도 않고 유능하지도 않다는 지각을 포함하며, 이것은 다시 적극적이고 수동적인 위해(危害)뿐만 아니라 다른 집단보다 더 많은 경멸과 혐오를 유발하는 것으로 알려져 있다.

자부심과 칭찬이라는 내집단(동맹자) 정서는 선망, 동정, 혐오라는 외집단 정서와 대비된다. 자부심(pride)은 타인을 자기에게 동화시키며, 칭찬(admiration)은 타인을 자기 위에 위치시키지만 여전히 동화시킨다(자기와 타인을 대비시키는 선망이나 경멸과는 다르다)(R. Smith, 2000). 자부심과 칭찬은 수동적 연합(사이좋게 지내기 위해서 동조하는 것)과 적극적 도움 행동을 동기화시킨다. 자부심과 칭찬의 대상이 된다는 것은 물론 좋은 일이고, 사회 구조(높은 지위, 비경쟁성)와 특질(유능성, 온화함)에 대한 인지에서 유래하며, 적극적이고 수동적인 촉진 모두를 초래한다.

SCM 그리고 이것의 행동적 확장인 BIAS 지도는 모두 특정한 집단 간 정서를 나타낸다. 이러한 정서적 편견은 궁극적으로, 예컨대 누가 누구와 경쟁하며 누가 누구보다 상위에 위치하는지와 같은 사회의 구조적 자질에 대한 인지를 초래한다. 그리고 고정관념은 지각된 사회 구조를 기대하는 정서와 행동에 연계시킨다. 이러한 모형들은 사회 구조를 강조한다는 점에서 '우리에게 좋은 것'과 '우리에게 나쁜 것'에 대한 평가에 초점을 맞추는 다음 이론과 잘 맞아떨어진다.

집단 간 정서 이론

제5장과 11장에서 지적한 바와 같이, 사람들의 자기감은 집단 구성원 자격으로 확장된다. 집단 간 정서 이론(intergroup emotions theory, IET)은 한 걸음 더 나아가서 사람들이 자기표상에 집단을 포함시킨다고 상정한다(E. Smith, 1993). 사회적으로 확장된 자기표상이란 사람들이 자기개념과 내집단 개념에 대응되는 특질에 더 신속하고 정확하게 반응한다는 것을 의미한다. 외집단 대응과 비대응은 이러한 효과를 보이지 않는다(E. Smith, Coats, & Walling, 1999; E. Smith & Henry, 1996). 사람들이 자기를 대하는 방식으로 내집단을 대함으로써 정서적 반응도 유사할 수밖에 없다고 IET는 주장한다.

정서 평가 이론들은 사람들이 처음에 자극을 '나에게 좋은 것' 대 '나에게 나쁜 것'으로 평가함으로써 원초적인 긍정적·부정적 반응을 초래한다고 상정한다. 이러한 원초적 평가 후에 원인과 확실성 등을 파악하기 위하여 상황을 분석함으로써 더욱 복잡한 정서가 초래된다(정서의 평가 이론 일반에 관한 상세한 내용은 제13장 참조). 집단 간의 경우에는 그 평가가 고정관념이며, 지각된 책임감과 공정성 그리고 확실성을 수반한다. 예컨대, 사람들은 사회복지 수혜자라는 외집단이 내집단으로부터 자원(세금)을 요구한다는 고정관념을 갖는다. 집단 간 평가는 외집단 요구를 내집단 동기와 불일치하는 것, 즉 불공평하고 확실하며 의도적이지만 권한은 약한 것으로 간주한다. 그 결과로 초래되는 정서적 편견은 사회복지의 경우에는 분노가 될 수 있으며, 이와 연합된 행동경향성(차별)은 외집단에 대한 적극적인 반대 운동을 수반한다. 또 다른 예를 들면, 유사한 평가(동기 불일치, 불공평, 확실성, 의도)가 이루어지지만, 어떤 기관이 불공평하게 당신의 자산을 멋대로 빼앗아 갈 만큼 외집단이 강력하다고 가정해 보자. 그렇게 되면, 집단 간 공포를 느낄 수 있다. IET는 집단 간 혐오와 경멸(싫어함) 그리고 질투에 대한 예언도 내놓는다(**표 12.2** 참조).

표 12.2 집단 간 정서 이론: 평가-정서-행위 연계의 예

	평가 (모두 동기 불일치)	정서	행동경향성	대상
확실성 원인 추가 요소	낮다 타인 또는 환경 지각자가 약하다	공포	회피	높은 지위의 사람을 향한 낮은 지위의 사람
확실성 원인 추가 요소	높다 타인 또는 환경 규범 위반	혐오	회피	낮은 지위의 사람을 향한 높은 지위의 사람
확실성 원인 추가 요소	높다 타인의 의도 지각자가 약하다 불공평	경멸	반대 운동	누구든 가능
확실성 원인 추가 요소	높다 타인의 의도 지각자가 강하다 불공평	분노	반대 운동	요구하는 낮은 지위의 사람을 향한 높은 지위의 사람

출처: Smith, E. R. (1993). Social identity and social emotions: Toward new conceptualizations of prejudice. In D. M. Mackie & D. L. Hamilton (Eds.), *Affect, cognition, and stereotyping: Interactive processes in group perception* (297-315). San Diego, CA: Academic Press.

IET는 편견을 특정한 평가(고정관념)에서 유래하며 특정한 정서적 행동경향성(차별)을 초래하는 특정한 집단 간 정서로 개념화한다. 추상적인 것보다는 집단 간에 나타나는 세부사항에 초점을 맞춘다. 즉, 보편적인 사회적 차원보다는 세부적인 집단 간 경험을 분석한다. 그렇기 때문에 집단 간 표상에 대한 본보기 기반 접근과 잘 들어맞는다(Mackie & Smith, 1998; E. Smith & DeCoster, 1998; 본보기에 관한 제4장의 논의를 회상해 보라). 이 접근에 따르면, 사람들은 서로를 특정한 상황에서 접하는 다양한 집단을 대표하는 것으로 간주한다.

한 연구에서는 사람들이 스스로를 동성애자 결혼에 찬성하거나 반대하는 것으로 범주화한 다음에, 자신과 태도를 같이하는 내집단이 여러 신문 사설에서 강력하거나 미약한 지지를 받았다는 사실을 알게 되었다. 그런 다음에 외집단을 공격하거나 회피하려는 경향성뿐만 아니라 분노와 공포를 측정하였다. 이러한 상황에서 내집단의 허약함은 공포와 회피를 초래하였지만, 내집단의 강력한 힘은 분노와 반대를 초래하였다(Mackie, Devos, & Smith, 2000). 집단 간 정서는 과거의 집단 간 경험과 집단 간 이데올로기에서 유래한다. 그리고 집단 간 정서는 집단 간 평가를 초래한다(Miller, Smith, & Mackie, 2004). 따라서 집단 간 정서는 인지적 평가를 매개한다.

집단 간 정서는 특정한 집단 간 맥락에서 방어적 행동경향성과 공격적 행동경향성도 촉발한다(Devos, Silver, Mackie, & Smith, 2002). 집단 간 정서는 행동을 조절하는 기능을 갖는다. 행동이 차단될 때는 증폭되지만 행동이 실행되면 완화된다(Maitner, Mackie, & Smith, 2006).

이미지 이론

적대자 이미지 이론(enemy image theory)은 국제적 맥락과 행동 의도의 지각에서 유래하는 국가 이미지를 다룬다(Alexander et al., 1999; Alexander, Brewer, & Livingston, 2005; Brewer & Alexander, 2002). 이미지는 다른 국가 집단을 향한 감정적 지향성과 행동적 지향성에서 초래되며, 그 지향성을 설명하고 정당화한다. 상대 국가를 목표 부합적이거나 비부합적인 존재로 평가하는 것은 위상과 힘의 지각과 결합된다. 많은 가능한 조합 중에서 핵심적이고 반복적으로 출현하는 다섯 가지 이미지에는 서로가 상대방을 대칭적으로 간주하는—동맹자(목표 부합적이고 대등한), 적대자(목표 비부합적이고 대등한)—두 가지 이미지 그리고 세 가지 비대칭적인 이미지가—의존

표 12.3 이미지 이론의 사례

	상대의 지위		
목표	동등	낮다	높다
대칭적으로 부합	동맹자		
대칭적으로 비부합	적대자		
상대는 의존적, 지각자는 독립적		의존적(힘이 약함)	
상대는 독립적, 지각자는 의존적			제국주의적
상대가 목표 비부합적		야만적(힘이 강함)	

출처: Alexander, M. G., Brewer, M. B., & Hermann, R. K. (1999). "Images and affect: A functional analysis of out-group stereotypes." *Journal of Personality and Social Psychology*, *77*, 78-93.

적(지각자가 목표 독립적이고 지위가 낮으며 힘도 약하다), 제국주의적(상대가 목표 독립적이고 지위가 높으며 힘도 강하다), 야만적(목표 비부합적이고 지위가 낮지만 힘은 강하다)—포함된다(**표 12.3** 참조).

이 이론에서는 정서가 두 가지 측면에서 관여한다. 첫째, 적절한 유발조건이 주어졌을 때 높은 각성이 각성 관련 이미지(예컨대 야만적 이미지)를 촉발한다(Alexander et al., 1999). 둘째, IET, SCM과 마찬가지로 특정한 관계 패턴이 특정한 집단 간 정서를 부추긴다. 동맹자는 칭찬과 신뢰를 유발하여 협력을 부추긴다. 적대자는 분노를 유발하여 봉쇄나 공격을 부추긴다. 의존자는 혐오와 경멸을 유발하여 착취나 온정주의를 촉진시킨다. 제국주의자는 질투와 분노를 유발하여 저항이나 반란을 촉진시킨다. 그리고 야만인은 공포와 위협을 유발하여 방어적 보호를 촉진시킨다(Alexander et al., 1999; Brewer & Alexander, 2002).

집단 간 정서의 예언에 대한 최근의 연구를 보면(Alexander et al., 2005), 도시 지역에 거주하는 백인 고등학생들은 백인에 대해서는 칭찬(신뢰와 존경)을 더 많이 느끼고 흑인에 대해서는 공포와 위협을 더 많이 느낀다고 보고하였는데, 이 결과는 백인이 동맹자이고 흑인이 적대자이며 야만인이라는 이미지와 일치하는 것이다. 한편, 흑인 학생들은 흑인에 대해서 칭찬을 더 많이 느끼며 백인에 대해서 분개심(분노와 혐오)을 더 많이 느낀다고 보고하였는데, 이 결과는 흑인이 동맹자이고 백인이 적대자이며 제국주의자라는 이미지와 일치한다. 전반적으로 이미지 이론은 SCM과 IET의 조망을 보완하고 있으며, 이 이론들은 모두 구조적 관계, 고정관념, 정서, 행동경향성을 다루고 있다.

생문화적 접근

생문화적 접근(biocultural approach)은 앞서 소개한 이론들과 마찬가지로, 특정한 집단 간 정서가 특정한 집단 간 관계에서 초래되며, 특정한 집단 간 행동을 예언한다고 주장한다(Neuberg & Cottrell, 2002; Neuberg, Smith, & Asher, 2000). 그 출발점은 사회적 정체감(IET에서와 같은)도 아니고 사회적인 구조적 관계(SCM, 이미지 이론에서와 같은)도 아니며, 사회 기능적인 진화적 조망에서 바라보는 집단 간 위협이다. 생문화적 접근은 인간의 상호의존성, 효과적인 집단의 기능, 그리고 집단생활의 이득과 위협에 대한 개인적 적응을 강조한다.

집단 통합성에 대한 위협은 다양한 형태를 취한다. 위협은 예측 가능한 정서와 동기를 생성한다. 예컨대, 장애물(내집단 특성, 자유, 협력에 대한 위협)은 분노 그리고 그 장애물을 제거하려는 노력을 초래하며, 오염(건강이나 가치에 대한 위협)은 혐오와 예방을 초래하고, 위험은 공포와 보호를 초래하는 식이다. 이러한 예측에 따라서, 서로 다른 외집단들은 질적으로 차별되는 위협과 정서의 프로파일을 촉발하기 때문에(Cottrell & Neuberg, 2005), 서로 다른 인종 집단(흑인, 아시아계 미국인, 인디언)과 사회 집단(게이, 적극적 여성주의자, 기독교 원리주의자)에 대한 반응이 다르게 된다.

다른 사회 진화적 접근들도 이러한 근본 주장을 지지한다. 예컨대, 사회적 장면에서 자기이득을 강조한다. 적응적이고 자기발전적인 전략에는 사회적 교환을 위한 신뢰할 만한 동반자를 추구하는 양자 간 협력, 타인을 내집단에서 배제시키고 외집단을 착취하는 동맹적 착취, 질병 유발 인자를 보유하고 있는 잠재적 기생 집단을 회피하는 것 등이 포함된다(Kurzban & Leary, 2001). 낙인의 진화적 기원에 관한 연구들은 모두 한편으로는 사회성을 위해서 적응하여 적절한 동반자를 선택하는 것과 다른 한편으로는 자신의 이득을 위해 사회성을 제한하는 것 사이의 균형을 이루고 있다.

불안: 통합적 위협 이론

내집단에 대한 위협은 통합적 위협 이론(integrated threat theory, ITT)에서도 중요하다(Stephan & Renfro, 2002). ITT는 선행 이론들로부터 많은 변인을 받아들이고 있

표 12.4 통합적 위협 이론

선행 조건	매개적 위협	결말
집단 간 관계	현실적 위협	심리적 반응(인지적이고 감정적인 반응)
개인차	상징적 위협	행동적 반작용
문화적 차원		
주변 상황		

출처: Stephan, W. G. & Renfro, C. L. (2002). The role of threat in intergroup relations. In D. M. Mackie & E. R. Smith (Eds.), *From prejudice to intergroup emotions* (1191–1207). New York: Psychology Press.

지만, 한 가지 대표적인 정서, 즉 불안에 초점을 맞추고 있다. ITT는 태도를 예언하는 데 초점을 맞춘 광의적이고 보편적이며 통합적인 모형이다(**표 12.4** 참조). 선행 조건에는 집단 간 관계(예컨대 갈등, 지위 불평등), 개인차(내집단 정체성, 접촉 경험), 문화적 차원(집단주의), 상황(예컨대 소수·다수의 맥락) 등이 포함된다.

위협은 이러한 선행 조건과 태도 사이를 매개한다. 근본적으로 위협은 현실적인 것과 상징적인 것 간에 차이를 보인다. 현실적 위협은 내집단 자원에 대한 실제적 위해의 지각이며, 특히 경제적 위협(직업 경쟁, 세금 비용 등)을 말한다. 상징적 위협은 내집단 이상(가치, 종교, 정체성, 언어 등)에 대한 추상적 위해다. 이에 덧붙여, 불안과 부정적 고정관념은 초기 모형과 후기 모형에서 위협과 상이한 관계를 갖는다(Stephan & Renfro, 2002; Stephan & Stephan, 2000). 본질적으로 위협은 인지적 평가이며(IET에서와 같은), 고정관념은 인지적 반응이다(SCM에서와 같은). 불안은 이 모든 이론들에 공통적인 정서반응이다.

이 이론의 주요 주장에는 여러 가지가 있다. 첫째, 불안, 즉 불확실한 위협에 대한 부정적 정서에 초점을 맞춘다. 불안은 고정관념의 사용을 촉진시킨다(Wilder, 1993). 각성과 자기초점을 불러일으킴으로써 외집단 구성원들을 구분하는 능력을 약화시킨다. 혼란은 불안의 효과를 더욱 악화시키고, 사람들이 외집단 내에서의 차이를 동화하여 불안이 증가함에 따라서 지각된 동질성이 증가하게 된다. ITT는 이러한 가정을 집단 간 선행 조건과 결말이라는 광범위한 맥락에 적용한다.

둘째, ITT는 놀랄 만큼 다양한 집단 간 장면에 적용된다. 예컨대, 이민자를 향한 태도(Stephan, Renfro, Esses, Stephan, & Martin, 2005; Stephan, Ybarra, & Bachman, 1999; Stephan, Ybarra, Martínez, Schwarzwald, & Tur-Kaspa, 1998), 암 환자와 에이즈 환자(Berrenberg, Finlay, Stephan, & Stephan, 2002), 흑인과 백인(Stephan et al., 2002), 캐나다 원주민(Corenblum & Stephan, 2001), 멕시코인과 미국인(Stephan, Diaz-Loving, & Rolando, 2000), 여성이 바라본 남성(C. Stephan, Stephan, Demitrakis, Yamada, & Clason, 2000)에 대한 태도 등을 들 수 있다.

셋째, ITT의 초기 버전은 다음과 같은 단순한 인과적 연쇄를 제안하였다. 선행 조건 → 위협(상징적 위협, 현실적 위협, 불안, 고정관념) → 편견적 태도. 사회조사 데이터에 대한 여러 가지 경로 분석 결과는 위협이 태도에 대한 선행 조건의 영향을 매개한다는 사실을 지지하며(Corenblum & Stephan, 2001; Stephan et al., 2002; Stephan, Diaz-Loving, & Duran, 2000), 실험들도 위협의 인과적 중요성을 더욱 지지해 준다(Stephan et al., 2005).

마지막으로, ITT는 비록 단순하게 들릴지는 모르지만, 불안과 지각된 집단 간 위협을 극복하는 개입으로 공감(empathy)을 제안한다. 물론 외집단과의 공감이 생각처럼 쉬운 것은 아니지만, 공감이야말로 흑인과 백인 간의 관계를 개선시켜 왔다(Finlay & Stephan, 2000). 공감은 인지적으로 작동하거나(조망 수용) 또는 정서적으로 작동하여(연쇄적으로 작동하거나 병행적으로 작동할 수 있다) 위협과 불안을 감소시킬 수 있다(Stephan & Finlay, 1999).

죄책감: 다양한 이론

죄책감(guilt)이 유용한 정서인 이유는 하지 않았더라면 좋았을 것이라고 생각하는 행동을 언제 하였는지를 알려 줌으로써, 미래의 행동을 변경하고 가능한 한 수정하도록 북돋아 주기 때문이다. 죄책감은 핵심적인 집단 간 정서로서 중요하며, 적어도 힘없는 소수집단을 억압하는 것으로 보이는 힘 있는 다수집단에게 있어서 그렇다. 제11장에서 고정관념을 억제하려는 동기와 능력을 가지고 있는 경우조차도 그렇게 하기가 어렵다는 사실을 보았다(예컨대 Monteith, Sherman, & Devine, 1998). 따라서 죄책감이 집단 간 반응을 그렇게 용이하게 개선시키지는 못한다.

양심의 가책을 받는 죄책감은 편견의 수준에 달려 있다(Monteith, 1993, 1996). 편견이 적은 사람은 인종 간 행동에 대한 내면화된 높은 기준을 가지고 있으며, 그 기준에 위배될 때 죄책감을 느끼게 된다. 편견이 심한 사람은 외현적으로 보다 낮은 기준을 가지고 있으며, 그 기준을 위배하게 되면 분노를 느낀다(Zuwerink, Devine, Monteith, & Cook, 1996). 해야만 하는 일과 하고 싶은 일 사이의 불일치는 연령에 관계없이 편견이 적은 사람으로 하여금 죄책감을 느끼게 만든다(Voils, Ashbrun-Nardo, & Monteith, 2002). 따라서 이러한 죄책감은, 예컨대 인종차별적 농담에 반응을 보이는 것을 억제시킨다(Monteith & Voils, 1998). 편견 관련 갈등을 경험하는 사람에게 있어서는 죄책감이 인종적 양가성과 연계된다(제11장 참조).

그렇기는 하지만 편견이 심한 사람들의 기준은 평등한 기회를 지지해야 한다는 도덕적 의무감에 달려 있다(Monteith & Walters, 1998). 어느 경우든 불일치의 자각은 행동을 억제하고, 죄책감을 촉발시키며, 지난 일을 돌이켜 보도록 촉매 역할을 한다. 시간이 경과함에 따라서 불일치 관련 자극과 반응이 죄책감과 연합되어 행동의 억제와 배려 같은 통제의 단서를 형성하게 된다(Monteith, Ashburn-Nardo, Voils, & Czopp, 2002). 죄책감은 비록 단순한 것은 아닐지라도 매우 유용한 것이다.

모든 기준이 내면화되어 있는 것은 아니다. 편견에 반하는 사회적 규범의 활성화는 외적 유인가에 의한 편견적 반응을 약화시킬 수 있다(Monteith, Deneen, & Tooman, 1996). 사회적 규범과 교육은 죄책감을 유도함으로써 사람들을 변화시킨다. 예컨대, 백인의 특권과 반흑인 차별이 만연해 있는 것을 깨닫는 것은 죄책감으로 이끌어 가며, 이것은 다시 구제책으로 차별 철폐 정책을 받아들이도록 이끌어 간다(Swim & Miller, 1999). 많은 백인들이 백인의 특권을 경시하는 이유는 자신이 개인적 장점을 가지고 있다는 느낌을 갉아먹기 때문이다(Lowery, Knowles, & Unzueta, 2007). 지배적 집단의 이득(소수집단의 불이익이 아니라)이라는 측면에서 불평등의 틀을 만드는 것은 백인들로 하여금 더 많은 죄책감을 느끼게 만들며, 차별 철폐 정책과 같은 구제책에 더욱 수용적이게 만들어 준다(Iyer, Leach, & Crosby, 2003). 역으로 차별 철폐 정책에 반대하는 사람들은 외집단을 향한 직접적인 적개심보다는 내집단을 보호하려는 관심사로 인해서 그렇게 행동하기 쉽다(Lowery, Unzueta, Knowles, & Goff, 2006).

그렇지만 내집단 보호가 차별 철폐 정책에 대한 태도를 모두 설명할 수 있는 것은 아니다. 이러한 태도에서 백인 내집단에 대한 인종적 위협이 남성 내집단에 대한 성별 위협보다 명백하게 우선시된다. 만일 내집단 보호만이 작동하는 것이라면, 단순한 숫자의 측면에서 볼 때, 국민의 50%(여성)에게 도움이 되도록 하기 위해서 차별 철폐 정책에 반대하는 것보다 국민의 13%를 차지하는 소수집단(흑인)에게 도움이 되기 위해서 더욱 반대하는 것은 이해가 되지 않는다. 따라서 내집단 보호 이상의 무엇인가가 진행되고 있는 것이다. 아마도 사람들은 자신들에게 보다 직접적으로 책임이 있다고 느끼기 때문에 여성 불이익에 더 많은 죄책감을 느끼고 있을지도 모른다.

결론

집단 간 정서에 관한 여러 이론(고정관념 내용 모형, 집단 간 정서 이론, 이미지 이론, 생문화적 접근)에 따르면, 특정한 사회 집단은 특정한 정서반응을 유발한다. 불안과 죄책감 같은 특정한 정서는 비록 둘 이상의 집단에 적용될 수 있다손 치더라도, 태도와 연합된 단순한 긍정적·부정적 평가를 넘어서는 특정한 반응을 동기화시킨다. 따라서 인지와 행동의 상호작용이라는 측면에서 정서 그 자체로서의 편견이라는 아이디어를 심각하게 받아들여야만 한다.

편견의 유형은 집단마다 다르기 때문에 편견을 이해하기 위해서는 특정한 집단 그리고 사회 구조에 대한 신념을 살펴보아야만 한다. 이러한 결론은 이 장에서 다룬 편견에 대한 보편 모형(집단을 여러 가지 인지적 차원에 따라서 군집화하는 모형)뿐만 아니라 고정관념화의 보편 모형(제11장에서 개관하였다) 그리고 태도의 보편 모형(제9장과 10장에서 개관하였다)에 근거한 것이다. 이를 예시하기 위해서 다음 절부터는 몇 가지 특정한 편견들을 살펴본다. 사회심리학은 몇몇 집단에 초점을 맞추어 왔기 때문에, 정서적 편견에 관한 많은 연구를 생성해 왔던 주제들, 즉 인종, 성별, 연령, 성적 지향성에 초점을 맞추기로 한다.

2. 인종 편견

미국의 사회심리학자들은 흑인에 대한 백인의 인종 편견을 아주 빈번하게 연구해 왔다. 아마도 인종과 관련된 미국인들의 독특한 역사 때문일 것이다. 아프리카계 미국인, 즉 흑인들은 한 사람당 단지 3/5명으로만 계산되었던[1] 지난 두 세기에 걸친 노예

1) 역자 주: 미국에서는 1790년에 최초로 인구조사가 실시되었는데, 그 당시 무슨 근거에 의한 것인지는 알 수 없으나 노예는 한 사람당 3/5명으로 계산되었다. 아메리칸 인디언들은 사람으로 취급

제도, 노예 해방과 국가 재편성을 둘러싼 정치적 소용돌이, 짐 크로우(Jim Crow)로 알려진 한 세기에 걸쳐 합법화된 흑인 차별법, 지난 세대의 시민권 운동, 계속되고 있는 인종 분열, 그리고 계속되는 인종차별과 집단 불이익 속에서도 지금까지 전무후무하게 살아남았다. (보다 자세한 논의는 이 책의 범위를 넘어서는 것이지만, 예컨대 Fredrickson, 2002; Jones, 1997; Sears, 1998을 참조하라.)[2)]

인종 편견의 중요성을 감안하여 최초의 사회심리학 연구는 인종에 대한 태도를 직접적으로 측정하였다(Bogardus, 1933; Katz & Braly, 1933; Thurstone, 1928; 초기의 개관을 보려면 Allport, 1935 참조). 그 이래로 흑백 인종의 논제는 편견 연구에서 지속되어 왔는데, 아마도 인종 편견은 다음과 같이 여러 가지 심리적 측면에서 예외적인 것이기 때문일 것이다. (a) 이렇게 특별한 인종의 조합은 계속해서 강력한 정서를 수반하고 있다. (b) 이러한 유형의 편견은 그 편견을 가지고 있는 대부분의 사람에게 혐오적인 것이다. (c) 이 편견은 스스로 진화된 편향이 아니며, 많은 증거들은 사회적으로 구성된 것임을 나타낸다. (d) 인종 집단은 지나치게 과분리된 상태로 남아 있으며, 일상적인 집단 간 상호작용에서 계속해서 나누어지고 있다. 앞으로 보겠지만, 이러한 자질은 어느 것도 다른 형태의 편견을 특징짓지 못하나, 각 자질에는 인지적 과정이 들어 있다.

인종주의는 정서적 부담을 가지고 있다

앞 절에서는 인종주의에 관한 백인의 죄책감을 살펴보았다. 이제 인종주의의 강력한 정서적 부담 그리고 이것이 어떻게 죄책감과 관련된 것인지를 살펴보도록 하자. 죄책감은 타인 지향적인 도덕적 정서이며, 자신의 행동이 타인에게 해를 끼치는지에 대한 염려를 나타낸다(Tangney, Stuewig, & Mashek, 2007). 인종주의에 관한 한 백인의

되지도 않아서 인구조사에서 아예 제외되었다.

2) 논쟁의 여지가 있지만, 아프리카계 미국인은 미국 역사에서 가장 부당한 대우를 받는 인종 집단의 하나다. 그렇다고 해서 아시아인, 라틴계, 유태인, 또는 아메리칸 인디언들에 대한 편견의 중요성을 손상하려는 것은 아니다. 이러한 편견은 감금, 배타적 이민 정책, 고용 차별, 대량 학살 등을 초래해 왔다. 사회심리학자들 그리고 특히 사회인지 연구자들은 이러한 형태의 인종적 편견을 그렇게 많이 연구해 오지 않았다(그렇지만 최근의 예외를 보려면, 예컨대 Echebarria-Echabe & Fernández-Guede, 2006; Lin, Kwan, Cheung, & Fiske, 2005; Van Laar, Levin, Sinclair, & Sidanius, 2005를 참조하라).

죄책감은 자신의 집단이 다른 집단에게 해를 끼쳐 왔다는 신념을 반영하며, 이 사실에 대해서 백인들은 전형적으로 의심을 하지 않고, 적어도 과거의 경우는 확실하다. 대부분의 백인 학생들이 스스로를 자신의 인종과 강력하게 동일시하지 않는 한 가지 이유는 인종적 죄책감일 수 있다(다수집단에 속해 있다는 것도 백인 정체성의 결여에서 중요하겠지만 말이다).

대부분의 백인들이 정서적 부담을 갖고 나타내는 반응은 죄책감이라기보다는 수치심(shame)이라고 표현하는 것이 더 적절할 수 있다. 수치심은 자기 지향적인 도덕적 정서이며, 타인의 평가를 염려하는 것이다(Tangney et al., 2007). 많은 다수집단 구성원들은 인종 간 상호작용에서 자기에게 관심을 가지며, 이것은 죄책감보다는 잠재적 수치심과 잘 맞아떨어진다. 반면에 많은 소수집단 구성원들은 자기와 타인 모두에게 관심을 갖는다(Shelton & Richeson, 2006; Vorauer et al., 2000; Vorauer & Kumhyr, 2001). 많은 백인들은 자신이 어떻게 평가될 것인지를 걱정한다. 흑인들이 자신을 인종주의자라고 기대할 것이라고 생각하기 때문이다. 인종주의가 정서적 부담을 갖는 부분적인 이유는 흑인들이 자신을 어떻게 생각할 것인지에 대해서 많은 백인들이 걱정을 하기 때문이다. 수치심을 회피하려는 것은 오늘날 인종 관계에 대한 인지적·정서적 행렬의 한 부분이 되어 있다.

이미 보았던 것처럼, 백인들은 흑인에 대한 부정적인 문화적 고정관념에 매우 익숙하며, 이러한 고정관념의 요소들은 정서적으로 위협적인 것이다. 흑인에 대한 미국 문화의 고정관념에는 적개심과 범죄성의 요소가 포함되어 있다(Devine, 1989; Devine & Elliot, 1995). 이러한 문화적 고정관념은 백인들로 하여금 조심하게 만들며, 정서적 부담을 갖는 상호작용에 영향을 끼치고 있는 것이다.

그런데 더욱 심각한 문제는 인종 고정관념과 이에 수반되는 정서적 편견이 흑인에게는 생사가 달려 있는 결과를 초래한다는 것이다. 예컨대, 인종은 경찰관이 총을 쏠 것인가 말 것인가를 순간적으로 결정하는 데 영향을 미친다. 인종적 편향은 무장하지 않은 흑인 남성에게 사격을 가하는 역치를 낮추어 버린다(Correll, Park, Judd, & Wittenbrink, 2002). 문화적 고정관념과 정서적 편견은 200밀리초의 신경반응에 영향을 미치며, 이것이 다시 사격을 가하는 사람의 편향을 매개한다(Correll, Urland, & Ito, 2006). 보다 세부적으로는 흑인의 얼굴이 범죄 관련 연합을 활성화시키는데, 여기에는 실험에 참가한 학생과 경찰관 모두가 무기를 신속하게 탐지하는 것이 포함된다. 역으로 고정관념 연합은 흑인 얼굴의 탐지도 촉진하며, 특히 전형적인 아프리카 흑인 얼굴의 경우에 그렇다(Eberhardt et al., 2004). 문화적 고정관념과 시각처리 간의 상호작용이 초래하는 생사의 문제는 순간적인 결정의 문제를 넘어서서 사형 선고에까지 확장된다. 백인 희생자를 살해한 이유로 사형을 언도받을 가능성이 높은 것은 본의 아니게 흑인의 고정관념적인 자질을 보유한 흑인 피고를 부당하게 처벌하는 것이다(범죄의 심각성을 포함한 다양한 특성들을 통제하였을 때 그렇다는 말이다)(Eberhardt et al., 2006). 인종-범죄 연합은 사회계급, 성별, 연령이라는 단서에 의해서 명백하게 약화되는 것이 확실하지만, 그 연계는 여전히 남아 있다. 대부분의 흑인 가정은 경찰관을 만났을 때 취해야 할 행동(그리고 하지 말아야 할 행동)에 대해서 10대의 아들과 '진지한 대화'를 나눈다. 이러한 이슈는 범죄와 무관한 인종 간 상호작용에서조차 정서적 긴장을 높인다. 부분적인 이유는 문화적 연합이 자동적으로 활성화되기 때문이다.

자동적인 인종 간 반응은 흔히 정서적 부담이 있는 문화적 연합을 반영하며, 사람들이 개인적으로는 그러한 연합을 인정하지 않는 경우에도 그렇다. 드바인(Devine, 1989)의 해리 모형(제11장)과 암묵적 연합 검사(제10장과 11장)에서 사람들이 통제하기 어려운 자동적인 고정관념적 사고를 한다는 사실을 보았다. 평등주의자가 되려는 백인들의 노력은 널리 공유되고 있기 때문에 대부분의 백인들은 자신의 자동적인 연합을 전달하지 않으려고 노력한다. 물론 사람들은 편견을 회피하려는 동기에서 차이를 보이며, 이러한 동기는 아동기 경험과 부모의 가치관으로 거슬러 올라간다(Towles-Schwen & Fazio, 2001). 아무튼 현저한 사회적 규범은 백인들로 하여금 편견을 억제하고 차별을 인정하며 적대적 농담을 거부하도록 동기화한다(Crandall, Eshleman, & O'Brien, 2002). 실제로 인종주의자로 보일지도 모른다는 압력을 받는 상황에서는 좋은 의도를 가지고 있는 사람이 실제로 그렇지 않은 사람보다 더 나쁘게 보일 수 있으며(Frantz et al., 2004; Vorauer & Turpie, 2004), 그 사실로 인해 더욱 기분이 나빠진다(Fazio & Hilden, 2001). 많은 백인들이 불확실하고 불안하게 느끼며, 특히 비구조화된 인종 간 상호작용에서 그렇다는 사실은 전혀 이상한 것이 아니다(Towles-Schwen & Fazio, 2003).

이러한 정서적 불편감의 속도는 놀랄 정도로 빠르다. 일반적으로 사람들은 상대방의 신뢰감을 100밀리초 이내에 신속하게 평가하며(Willis & Todorov, 2006), 편도체와 우반구 뇌섬이 신뢰롭지 못한 것으로 지각된 사람에게 반응을 나타낸다(Winston et al., 2002). 태도 연구들이 지적하는 바와 같이(제10장), 편도체 반응은 정서적으로 중요하지만 특히 부정적인 자극을 반영하는 반면, 우반구 뇌섬 반응은 혐오적이기 십상인 부정적 자극을 반영한다. 상대방의 인종도 100밀리초 이내에 재빠르게 저장한다(Ito & Urland, 2003). 이렇게 신속한 반응과 마찬가지로, 즉각적인 신경반응은 인종에 근거한 정서 부담이 있는 반응과 잘 맞아떨어진다(개관을 보려면 Eberhardt, 2005 참조).

인종 간 반응의 신경과학적 기제에 대한 가장 도발적인 몇몇 초기 연구들은 부정적인 암묵적 연합(IAT)뿐만 아니라 경계와 각성의 지표들과도 상관관계를 가지고 있는 편도체 반응을 밝혀 왔는데, 특히 흑인에게 반응하는 백인에게서 그렇다. 이러한 결과는 인종 간 상호작용에서 나타나는 현저한 정서적 부담을 더욱 지지해 준다(Cunningham, Johnson et al., 2004; Hart et al., 2000; Lieberman et al., 2005; Phelps et al., 2000; Wheeler & Fiske, 2005). 내재적으로 편견을 염려하는 백인들(자신의 편견을 통제하려는 내재적 동기는 높고 외재적 동기는 낮은 사람들) 사이에서는 흑인 얼굴에 대한 즉각적인 놀람-눈 깜빡임 반응(각성의 지표다)이 적으며, 이것은 각성과 경계가 낮다는 사실을 나타낸다. 또한 지연된 놀람-눈 깜빡임 반응도 낮은데, 이것은 부정적 감정이 적다는 사실을 나타낸다(Amodio, Harmon-Jones, & Devine, 2003). 사람들은 0.5초도 되지 않는 짧은 시간에 내집단과 외집단을 구분하고 그에 따라서 평가를 하는 것이다(Ito, Thompson, & Cacioppo, 2004).

그렇지만 의도하지 않은 채 인종 기반적 반응을 보이는 백인들에게서 활성화된 통제 시스템과 일치하는 신경 활동도 일어나며, 특히 그러한 반응을 성공적으로 통제할 수 있는 사람에게서 일어난다(Amodio, Harmon-Jones et al., 2004; Cunningham, Johnson et al., 2004; Lieberman et al., 2005; Richeson et al., 2003). 따라서 백인들은 흑인에게 정서적으로 중요한 부정적인 반응을 보일 수 있지만, 통제 처리과정도 상당히 신속하게 촉발시킨다. 요컨대, 신경 지표들은 즉각적인 정서적 중요성을 갖는 인종 단서를 함축하고 있다.

다른 생리적 증거들도 인종 간 상호작용의 즉각적인 정서적 부담(특히 백인에게 있어서)에 대한 수렴적 증거를 제공한다. 얼굴 근육의 운동(눈에 보이지는 않지만 근전도로 확인할 수 있는 미묘한 표현적 운동)은 미묘한 인종적 편향을 나타낸다(Vanman, Paul, Ito, & Miller, 1997). 흑인과 상호작용하는 백인은 위협과 일치하는 심근 반응을 보여 주는데, 특히 인종 간 상호작용의 경험이 많지 않을 때 그렇다(Blascovich, Mendes, Hunter, Lickel, & Kowai-Bell, 2001; Mendes, Blascovich, Lickel, &

Hunter, 2002). 이들은 또한 후속하는 인지 과제에서의 수행도 저조하며, 이것은 편견적 반응에 대한 집행적 통제가 심적 부담을 갖는다는 다른 증거들과 일치한다(Richeson & Shelton, 2003). 그 반대도 참이다. 즉, 자신의 내집단을 유별나게 선호하는 흑인도 인종 간 상호작용 후에 인지적 부담을 갖는다(Richeson, Trawalter, & Shelton, 2005).

이러한 모든 정서적 복잡성을 감안할 때, 사람들이 주의를 기울이는 순간부터 인종 간 상호작용을 회피한다는 사실은 놀라울 것이 없다. 사람 얼굴에 민감한 방추이랑(fusiform gyrus)은 같은 인종의 얼굴보다 다른 인종의 얼굴을 볼 때 덜 활성화되며, 그 얼굴을 기억해 내는지의 여부와 상관관계를 갖는다(Golby, Gabrieli, Chiao, & Eberhardt, 2001). 실제로 이것은 지각적 회피의 한 형태다. 그리고 인종 간 상호작용을 의도적으로도 회피하며, 상대 집단이 자신을 거부할 것이라고 생각한다(Shelton & Richeson, 2005). 요약컨대, 인종 관계의 정서적 부담은 백인에게 수치심과 불안이라는 심각한 성분을 가지고 있으며, 인지적 증거와 사회적 증거 그리고 신경적 증거가 보여 주는 바와 같이 자동적인 반응과 의도적인 반응에 근거하여 생사가 달린 중차대한 결말을 초래하기도 한다.

대부분의 인종주의는 혐오적이다

의도적 통제의 역할은 무엇이며, 이러한 측면에서 인종은 어떻게 예외적인 것인가? 누군가 이미 논쟁이 벌어지고 있는 맥락에 금기시되어 있는 주제를 끌어들임으로써 분위기를 불쾌하고 곤란하게 증폭시키는 발언을 할 때, 사람들은 조심할 필요가 있다는 생각이 들게 된다. 백인들이 조심하는 이유는 인종주의자로 치부되는 것이 대부분의 백인들에게 강력한 대인관계적 위협이 되기 때문이다. 소수집단이 뻔뻔한 인종주의자인 경우에는 이것이 그렇게 큰 문제가 되지 않는다. 제11장에서 보았던 것처럼, 이렇게 뻔뻔하게 편협한 사람들은 단순하지만 증오에 가득한 멸시와 혐오를 경험하며 치명적일 수도 있지만, 다행스럽게도 오늘날 평등주의적 민주주의에서는 비교적 드물다. 이들에게 있어서 인종적 태도에 대한 의도적 통제는 그렇게 중요한 논제가 아니다.

인종주의의 또 다른 측면은 내적 통제와 외적 통제, 그리고 '혐오적'이라고 부르는 회피와 관계가 있다. 혐오적 인종주의는 온정적 공감과 부정성의 부정(denial of negativity)과 결합된 부정적 감정과 신념을 포함한 양가성에서 초래된다(Gaertner & Dovidio, 1986). 혐오적 인종주의자인 백인은 흑인에 대해서 다양한 부정적 정서, 예컨대 회피를 예언하는 불편함과 거북함, 불안 등을 경험하는 반면에, 백인 내집단에 대해서는 공감과 칭찬 같은 긍정적 정서를 경험한다(Dovidio, Esses, Beach, & Gaertner, 2002). 이렇게 미묘한 형태의 차별은 새로운 이민자라는 측면에서 유럽에서도 일어나고 있다(Pettigrew & Meertens, 1995). 인종주의는 두 가지 의미에서 혐오적이다. (a) 혐오적 인종주의자는 인종주의 자체의 존재를 부정하며, (b) 인종주의가 인종 간 상호작용을 혐오적인 것으로 만들기 때문에 상호작용을 회피한다.

정서적 편견의 측면에서 혐오적 인종주의자는 이론적으로 불안, 불편감, 혐오, 공포를 보이게 된다. 이러한 정서는 내집단과 연합된 긍정적 평가와 외집단과 연합된 부정적 평가에 뒤따른다(제10장과 11장에서 개관하였다)(Gaertner & Dovidio, 1986). 불편함의 비언어적 지표가 이러한 예언을 확증해 주는 것과 마찬가지로(예컨대 Dovidio et al., 1997; Word, Zanna, & Cooper, 1974), 방금 앞에서 언급하였던 불안에 관한 스테판(Stephan)의 연구도 이러한 예언을 확증해 준다.

백인의 인종 태도에서 감정적·평가적이며 비교적 자동적인 성분은 백인의 행동을 예언해 주는데, 특히 자발적인 인종 간 상호작용(Dovidio, Kawakami, & Gaertner, 2002; Esses & Dovidio, 2002)과 비언어적 행동에서 그렇다(제10장과 11장에서 지적한 바 있다)(Dovidio et al., 1997; Dovidio, Kawakami, & Gaertner, 2002). 반면에 인지적 성분은 정책 선호도를 예언해 준다. 예컨대, 보수적 이데올로기는 마땅히 받을 만한 자격에 대한 고정관념을 예언하며, 이것은 다시 흑인을 위한 차별 철폐 정책에는 반대하지만 여성과 같은 다른 집단을 위해서는 반대하지 않는다고 예언한다(Reyna, Henry, Korfmacher, & Tucker, 2006).

혐오적 인종주의의 이면을 들여다보면, 흑인들이 인종주의적으로 취급당할 것에 대한 걱정을 가지고 인종 간 상호작용에 접근할 수 있다. 물론 이러한 걱정의 우선순위가 얼마나 되는지는 개인마다 차이가 있으며 맥락마다 차이가 있다(Hyers & Swim, 1998; Operario & Fiske, 2001; Sellers & Shelton, 2003; Shelton, 2000). 어떤 불신이든 역사적 조건과 현재의 조건뿐만 아니라 차별의 실재에 대한 흑인들의 신념에서 유래한다(개관을 보려면 Dovidio, Gaertner, Kawakami, & Hodson, 2002 참조).

전반적으로 볼 때, 인종주의의 정서적 부담 이외에도 백인의 혐오적 인종주의와 흑인의 불신은 인종 기반 정서적 편견의 예외적 자질을 더해 주는데, 이것은 인지적·

감정적 상호작용을 반영하는 것이다. 이제 생물학적 특성과 인종의 지각 문제에 도달하였다.

인종 편견은 진화되는 것이 아니다

고정관념화를 다루었던 제11장에서 지각된 생물학적 바탕을 본질주의적 고정관념에서의 논제로 다루었던 사실을 회상해 보라. 많은 형태의 편견과 비교할 때, 인종 편견은 생물학에 관한 끈질긴 신념을 특히 과장하고 있다. 사람들은 인종의 생물학적 차이를 지나치게 부풀린다. 오늘날 인종 집단화가 사회적으로 정의되는 것만큼 그 집단화의 유전적 특징을 지지하는 생물학적 증거가 부족하며, 인종을 자동적으로 부호화하는 진화적 성향에 관한 증거가 결여되어 있음에도 불구하고, 이러한 본질주의가 끈질기게 계속되고 있는 것이다. 다른 사회적 범주들(성별, 연령)은 확실히 생물학적 토대를 가지고 있으며, 신속한 탐지에 대한 진화적 설명과 잘 들어맞는다. 그렇다면 인종의 생물학에 대해서 사람들의 견해가 그토록 나누어져 있는 이유는 무엇인가?

인종의 유전학이 사람들에게 명백한 것처럼 보이므로 우선 그 유전학에 대한 생물학적 증거에서 시작하기로 하자. 차이는 놀라울 정도로 미미하다. 한 인종 내에서의 유전적 차이는 인종 간의 차이보다 대략 10배는 크다(Lewontin, 1972; Nei & Roychoudhury, 1993). 이에 덧붙여, 인종 간의 차이를 조사해 보아도 사람들을 사회가 구성한 인종범주로 신뢰롭게 분할해 주는 기저의 유전적 패턴을 찾을 수 없다(Graves, 2001; Hirschfeld, 1996; Marks, 1995). 심지어 피부색조차 공유하는 유전적 유산을 확인할 수 없다(Parra, Amado, Lambertucci, Rocha, Antunes, & Pena, 2003). 요컨대, 인종에 대한 유전적 표지는 인종에 관한 상식적 견해를 지지하지 않는다.

우리는 사회적으로 정의된 단서들의 군집에 근거하여 사람들을 인종으로 분할한다. 인종에 관한 미국인들의 정의는 노예 제도에서 유래하였으며, 그 제도를 정당화시켰다. 부모 중 한 사람은 백인이고 다른 한 사람은 흑인인 사람을 흑인으로 정의하는 것이 노예 제도가 시행되던 시대의 백인들에게 사회적으로나 경제적으로 편리하였던 이유를 생각해 보라. 미국의 각기 다른 주들은 인종을 상이하게 정의하였으며, 한 사람의 인종은 때때로 터무니없는 법적 소송의 근거가 되기도 하였다. 예컨대, 증조부의 머릿결을 가지고 후속 세대의 결혼이 인종 간에 이루어진 것이어서 불법적인지의 여부를 결정할 수 있다는 것이다(Banks & Eberhardt, 1998). 법에서부터 일상의 행동에 이르기까지 사람들은 인종범주가 (동물종과 같이) 천부적인 것이 아니라는 생각을 거부한다.

인종이 사회적으로 구성된 것이며 인종의 생물학은 과장된 것이라는 사실이 어떻게 인종과 건강 간의 상관관계와 맞아떨어지는지를 질문할 수 있다. 첫째, 건강의 불평등 대부분은 부의 불평등에 의한 것이다(Wong, Shapiro, Boscardin, & Ettner, 2002). 인종과 수입은 상관되어 있기 때문에 하나에 의한 효과를 다른 것에 잘못 귀인시킬 수 있다. 상세한 분석은 인종범주보다는 사회계급의 효과가 더 크다는 사실을 나타낸다. 사회계급과는 관계없이 건강에 대한 몇몇 인종 효과는 차별 그리고 그러한 차별이 스트레스에 미치는 부수적 효과에서 유래한다(Mays, Cochran, & Barnes, 2007). 보다 구체적으로 인종-건강 상관관계에 관하여 잘 알려진 사례에는 아프리카인들의 겸상 적혈구성 빈혈(sickle-cell anemia), 유럽인들의 낭포성 섬유증(cystic fibrosis), 그리고 중동부 유럽에 거주하는 유태인의 테이삭스병(Tay-Sachs disease) 등이 포함된다. 그렇지만 이러한 질병은 지극히 희귀하며(각 전집에 포함된 대부분의 사람들이 그러한 질병을 앓지 않는다), 같은 질병을 앓는 모든 사람들이 동일한 전집에 들어 있지도 않다(Kittles & Weiss, 2003). 발병률은 생물학적 특성과 행동 그리고 환경과 상관관계를 가지며, 이 모든 것들은 사회적으로 정의한 인종과도 상관관계를 갖는다. 따라서 사회적으로 정의된 인종이 원인은 아닐지라도, 습관이나 환경과 같은 다른 요인들과 함께 특정한 질병의 상대적 위험도에 대한 한 가지 단서가 될 수 있다. 그렇지만 사람들은 다른 원인들보다 인종에 더 많이 의존하고 있다.

인종과 생물학의 두 번째 측면은 진화적인 것이다. 즉, 흔히 상식은 인종 편견을 낯선 사회 집단에 대한 단단하게 배선된 적응으로 간주한다. 그렇지만 자세하게 들여다보면, 다른 사람들을 인종적 내집단이나 외집단으로 분화하는 것이 적절한 진화적 설명에 들어맞지 않는다(Cosmides, Tooby, & Kurzban, 2003). 우리의 먼 조상들이 살던 시대에는 사람들이 인종적으로 동질적인 집단을 이루면서 걸어 다닐 수 있는 제한된 지역에 살았으며, 적대적 집단과의 우연한 만남조차도 인종의 경계를 넘어서지는 않았을 것이다. 이와는 반대로 성별과 삶의 단계(연령)는 자동적으로 탐지해야 할 중요한 생물학적 범주였을 것이다.

인종 탐지가 진화적 모듈의 부분이 아니라면 또 다른 적응, 예컨대 자연범주들의 본질주의적 부호화의 부산물일 수 있다. 식물종과 동물종의 본질주의적 부호화는 진화적으로 의미가 있는 것이며, 부호화 시스템은 지각적으로나 공유하는 기저 특성에서 차이를 보이는 자연범주들을 탐지하도록 쉽게 적응할 수 있었을 것이다. 이러한 부호화 시스템을 동원하여 인종 차이라고 사회적으로 정의된 인간의 신체적 차이점들에 대해서 마치 자연범주인 것처럼 반응할 수 있는 것이다(Cosmides et al., 2003).

인종 탐지는 특정한 사회 집단 그리고 그 집단들의 연합체에 대한 민감도의 부산물일 수도 있다(Kurzban & Leary, 2001; Kurzban, Tooby, & Cosmides, 2001). 작은 무리를 짓고 살아가던 수렵채취인들은 다른 무리들과 갈등을 자주 겪었기 때문에, 누가 누구와 한 패거리인지를 추적하는 기제가 중요하였을 것이다. 내집단은 협력 작업을 하기 때문에, 그러한 집단에서 한 개인의 소속을 예언하는 단서도 중요하였을 것이다. 그러한 단서에는 의복이나 치장 또는 방언과 같은 어찌 보면 임의적인 자질이 포함될 수 있다. 이러한 자질들에 사회적 의미를 부여하는 기제는 피부색이나 머릿결과 같은 다른 임의적 자질에 전이될 수 있었다. 따라서 기제는 적응적이고 자동적이지만, 특정한 역사적 맥락과 사회적 맥락에서 의미를 갖는 자질들에 적용된다. 예컨대, 오랜 분파적 갈등의 역사 속에서 종교 단서는 인종 단서와 대등한 특성을 가지고 있어야만 하였다. 인종 부호화가 필수적인 것은 아니지만, 연합체(내집단과 외집단)에 대하여 사회적으로 구축된 단서들은 비록 맥락에 따라서 변하기는 하더라도 강제적인 것일 수 있다.

일반적으로 이해하고 있는 것처럼 인종에 대한 생물학적 설명과 진화적 설명이 미약한 것에 반하여 사회적 구성체라는 증거는 강력하다. 대부분의 증거는 얼굴 재인 연구에서 유래하며, 이 연구들은 인종범주화가 사회적 맥락에 의해서 형성되는 것이지 고정된 자질에 의한 것이 아니라는 사실을 보여 준다. 예컨대, 유럽계 미국인들은 흑인 얼굴보다 백인 얼굴을 더 정확하게 재인하며(Malpass & Kravitz, 1969), 앞서 지적한 바와 같이 방추이랑은 다른 인종의 얼굴에 덜 활성화된다(Golby et al., 2001). 아프리카계 미국인, 즉 흑인들은 이러한 결과를 덜 나타내는데, 아마도 소수집단으로서 백인의 얼굴을 더 자주 구분해야만 하기 때문일 것이다. 그렇지만 접촉의 정도만이 이러한 효과를 초래하는 것은 아니다. 사람들은 관련된 단서들에 주목하여 외집단 얼굴을 인종범주로 처리하는 반면, 내집단 얼굴은 인종으로 부호화하는 대신에 그 얼굴이 가지고 있는 개별화된 단서에 주목한다(Levin, 2000). 백인들이 다른 인종의 얼굴을 잘 부호화하지 못하는 것이 필연적인 것은 아니다. 예컨대, 스포츠팬들은 인종보다 팀을 우선시하여 자기가 응원하는 팀의 선수들을 인종에 관계없이 개인화할 수 있다(Cosmides et al., 2003). 아프리카계 미국인과 아프리카 국민들이 흑인과 백인 얼굴을 부호화하는 데 있어서 차이를 보인다는 결과에서도 사회적 맥락의 중요성이 나타난다.

사회적 구성의 증거는 인종을 판단하는 기준의 변화 그리고 인종 자질의 전형성과 상관관계를 갖는 편향에서도 나타난다. 인종 판단은 다양한 경로를 통해서 작동하는데 모든 경로는 사회적으로 구성된 것이다(Maddox, 2004). 첫째, 사람의 외모(표현형)는 범주적 경로를 통해서 인종범주를 결정한다. 이 과정은 이름 붙이기를 통해서 일어날 수 있다. 예컨대, 절반씩 합성하여 만든 인종적으로 모호한 얼굴은 붙여진 이름에 따라서 '흑인'이나 '백인'처럼 보이게 되며, 고정된 특질을 신봉하는 사람들에게서 특히 많이 나타난다(Eberhardt, Dasgupta, & Banaszynski, 2003). 범주화는 피부색과 같은 단일 자질을 통해서 우선적으로 작동할 수도 있으며, 인종 관련 토론과 같이 관련된 단서들과 결합될 수 있다(Maddox & Chase, 2004; Maddox & Gray, 2002). 범주화는 고정된 집합의 정의 자질이 아니라 인종 관련 자질들의 집합을 통해서 작동할 수 있다(Blair, Judd, Sadler, & Jenkins, 2002; Livingston & Brewer, 2002). 따라서 생물학적 표지는 없는 것이다.

또한 인종범주화는 고정관념적 특질(Blair et al., 2002)이나 평가(Livingston & Brewer, 2002)와 연합된 개별적인 인종 관련 자질로부터 직접적으로 작동할 수도 있다. 예컨대, 텔레비전 뉴스를 많이 시청하는 사람들은 동일한 범죄를 저질렀다고 하더라도 옅은 피부색의 흑인보다 짙은 피부색의 흑인이 범죄자로 보도되는 뉴스를 본 후에 더 심한 정서적 불편감을 보고한다(Dixon & Maddox, 2005). 개별적 자질의 중요성을 감안할 때, 전형적으로 백인으로 간주되는 사람조차도 전형적인 흑인의 얼굴 자질을 가지고 있을 수 있으며, 이 자질은 인종과 무관하게 고정관념적이거나 감정적 연합을 수반할 수 있다(Blair et al., 2002). 앞서 지적한 바와 같이, 전형적인 흑인의 자질을 보유한 흑인 피고가 그러한 자질을 가지고 있지 않은 사람보다 교수대에 서게 될 가능성이 더 크다(Eberhardt et al., 2006). 이 결과는 특정한 자질이 심각한 결과를 초래할 수 있다는 아이디어와 일치한다.

인종범주화의 여러 경로들은 개념적 정보와 상호작용한다. 이 정보에는 밝은 피부와 어두운 피부에 대한 의미적 연합, 일반인의 소박한 논지, 문화적 신념, 개인적 경험 등이 포함되며, 이 모든 것들은 사회적 맥락을 설정하는 데 기여한다(Maddox, 2004). 예컨대, 인종 편견이 있는 사람은 인종이 모호한 사람을 정확하게 범주화하는 데 더 많은 신경을 쓴다(Blascovich, Wyer, Swart, & Kibler, 1997). 인종적으로 모호한 사람들은 "도대체 당신은 어디 사람이냐?"는 질문을 얼마나 많이 들었겠는가? (우리는 자신이 입은 티셔츠에 자신의 인적 정보를 적어 놓고 다녔던 사람을 알고 있다.)

인종차에 대한 명백한 생물학적 증거나 인종지각에 대한 진화적 설명이 결여되어 있으며 인종이 사회인지적 구성물이라는 명백한 증거가 있음에도 불구하고, 사람들은 인종이 자연범주라는 생각에 매달려 있다. 시간이 경과하면서 자신과 타인들을 다인종적으로 정의하는 사람들이 많아짐에 따라서 이것은 감소할 것이다. 그 과정에서 인종에 대한 생물학적 토대의 지각과 반대 증거 간의 갈등은 인종 편견에서 여전히 현저한 특징이 될 것이다. 생물학은 많은 사람들의 마음에서 결정론을 함축하기 때문에 대인지각에서 중요한 논제인 것이다.

인종 분리

지금까지 인종 편견은 그 자체가 독특한 정서적 부담을 가지며, 혐오적 특성이 있고, 사회적 구성체(부정되고 있지만)이기 때문에, 그리고 오늘날에는 인지적 편향과 감정적 편향에 공헌하는 현대 사회의 구조적 자질 때문에 심리적으로 예외적인 것임을 보았다. 미국 사회는 남아프리카가 유색인종 분리 정책(Apartheid)을 법제화하고 있었을 때보다도 더 인종적으로 분리되어 있다(Massey & Denton, 1993). 이러한 인종 분리는 모든 소득 수준에서 일어나고 있으며, 비록 중산층 흑인은 덜 심하다고 하더라도 이들의 주거비용은 흑인이기 때문에 덜 들게 된다.[3] 분리는 인종에 대한 것이지 사회계급에 대한 것이 아니다. 피부색에서 유래하는 것이지 소수집단의 지위에서 유래하는 것이 아니다. 피부색 편향의 한 예를 들면, 흑인 라틴계 사람은 백인 라틴계보다 더 많은 차별을 받는다. 미국의 흑인들은 더 차별을 받으며 어떤 이민 집단보다도 더 오랫동안 분리된 채로 남아 있다. 이민 집단은 첫 세대에서는 어느 정도 분리되었지만, 세대를 거침에 따라서 점진적으로 차별의 정도가 줄어든다. 인종의 사회인지에서 이것이 중요한 이유는 무엇인가?

분리는 아프리카계 미국인들이 선호하는 것이 아니다. 이들은 보통의 유럽계 미국인들보다 인종적으로 균형 잡힌 이웃을 더 선호한다. 이웃의 분리는 임대업자와 부

---

3) 역자 주: 미국에서는 경제적으로 여유가 있더라도 흑인이 백인 동네에 거주하는 것은 앞서 언급하였던 여러 가지 이유로 인해서 매우 어려운 일이다. 따라서 흑인 동네에 살면 동일한 주택이라고 하더라도 집값이 싸기 때문에 이러한 표현을 한 것이다.

동산업자를 통해서 작동하는데, 이들은 이웃으로 적합한 사람과 적합하지 않은 사람을 끌어들이거나 배제시키는 역할을 한다. 이러한 분리와 흑인 지역사회의 부당한 가난으로 인해서 빈곤과 모든 재난이 집중된다(Massey & Denton, 1993). 공교육이 부실하고, 고용 전망이 낮으며, 건강관리가 취약하고, 사회적 혼란에 노출되며, 사회 안전망이 제한되는 등 모든 문제가 뒤따름으로써 흑인 전집 수준의 심각한 손실이 초래된다.

이러한 사실이 사회인지와 인종 편견에 주는 함의는 다양하다. 사회심리학적 수준에서 중요한 효과 중의 하나는 인종 간 접촉이 제한적이라는 점이다. 제한적 접촉의 결과는 다수집단과 소수집단에서 다르다. 일반적으로 동등한 위상의 집단 간 접촉은 성적 지향성, 신체장애, 인종, 심리장애, 연령 등 다양한 집단에 걸쳐서 편견을 상당히 감소시킨다(Pettigrew & Tropp, 2006). 인과적 방향은 접촉에서부터 편견의 감소로 진행되는 것이지, 편견이 적은 사람들이 접촉에 개방적인 것이 아니다. 접촉 상황이 올포트(Allport, 1954)의 최적 조건(동등한 위상, 공통의 목표, 집단 간 협력, 그리고 당국의 승인)에 잘 맞아떨어질수록 보다 효과적으로 편견을 감소시킨다. 지금 논의하고 있는 것과 같이 감정적 편견을 강조하는 맥락에서는 접촉이 일차적으로 외집단 우정과 집단 간 친밀성을 증가시킨다. 이러한 역동성이 고정관념이나 신념과 같은 인지적 편향보다는 감정적 편견을 더 많이 감소시킨다(Tropp & Pettigrew, 2005a).

백인과 흑인의 다수·소수 위상을 감안할 때, 특히 편견에 대한 접촉의 효과는 백인들을 흑인에 노출시킬 때 더 잘 작동한다(Tropp & Pettigrew, 2005b). 소수집단 구성원들은 집단 간 상황, 양자의 관심사, 편견의 가능성 등을 잘 자각하고 있다. 다수집단 구성원들은 자신의 위상이나 집단 정체성 또는 편견의 문제 등을 잘 생각해 보지 않는다. 또한 구성원 수의 상대적인 차이로 인해서, 소수집단이 다수집단과 과거에 접촉하였던 경험이 그 반대의 경우보다 더 많을 가능성이 크다. 따라서 집단 간 접촉은 소수집단보다 다수집단에서 더 새로운 경험이 되며, 정서 시스템과 인지 시스템에 더 많은 영향을 미치게 된다. 이에 덧붙여, 과거에 편견을 경험하였던 소수집단은 접촉조건이 정말로 충족되었는지에 대한 판단(예컨대 동등한 위상)을 유보할 가능성이 크다. 소수집단과 다수집단은 집단 구성원 자격에 대한 명시적 언급에 대해서 다르게 반응한다. 다수집단은 불편함을 느끼며, 특히 외집단 구성원이 이러한 진술을 할 때 그렇다. 그 결과로 접촉 경험에 대해서 부정적으로 느끼게 된다(Tropp & Bianchi, 2006). 소수집단에 있어서는 집단 구성원 자격을 언급하는 것이 어떤 금기 사항을 깨뜨리지는 않지만, 누가 어떤 상황에서 발언을 하였는지에 따라서 그 발언을 긍정적으로나 부정적으로 해석할 수 있다. 특히 그 발언이 소수집단으로 하여금 편견을 예상하도록 유도할 때는 신뢰와 수용을 와해시키게 된다(Tropp, Stout, Boatswain, Wright, & Pettigrew, 2006). 상대의 편견에 대한 각 집단의 기대는 집단 구성원 자격의 현저성 그리고 그 사람이 전형적인 인물로 간주될 것인지의 여부에 달려 있다(Tropp, 2006).

편견에의 노출이 사람들을 불안하고 적대적으로 만든다는 것은 이해할 수 있다(Branscombe, Schmitt, & Harvey, 1999; Dion & Earn, 1975; Tropp, 2003). 아무튼 접촉이 성차별이나 연령 차별보다는 인종 편견에서 더욱 극적인 효과를 나타내는 논제인 이유는 사람들이 성별이나 연령보다는 인종에 의해서 분리되고 차별되기 때문이다. 다음 절에서는 이러한 차별을 다룬다.

결론

인종에 관한 인지와 편견의 상호작용은 인종 편견이 여러 가지 측면에서 예외적이라는 사실을 보여 준다. 첫째, 인종은 다른 사회적 범주들보다 정서적으로 더 부담스러운 것이며, 다양한 인지적 결과를 초래한다. 둘째, 인종 편견은 특히 혐오적이기 때문에 현대 사회에서 인지적으로 감추어져 있다. 셋째, 유전적 증거와 진화적 증거를 비교할 때, 생물학적 특성의 역할은 인종에 관한 상식 이론에서 지나치게 과대평가되어 있다. 마지막으로 사람들은 다른 사회적 범주보다는 인종에 의해서 더욱 분리되기 때문에 접촉의 경험이 특히 중요하게 된다. 이 모든 것들이 인종 편견의 주목할 만한 자질에 기여한다.

3. 성별 편견

인종차별과 달리 성차별은 비교적 최근에 들어서야 사회심리학자들의 관심을 끌어왔다(Deaux & LaFrance, 1998; Spence, Deaux, & Helmreich, 1985). 최근 몇십 년에 걸친 성별 연구는 미국 문화(그리고 대부분 선진국의 문화)의 세 가지 특징적인 측면을 반영한다. 성별극화(gender polarization), 즉 중복되는 부분이 있는 연속체가 아닌 범주적 분할, 남성중심성(androcentrism), 즉 중립적 규범으로서의 남성성, 그리고 사회화보다는 유전적 성향에 초점을 맞추는 생물학적 본질주의(biological essentialism)이다(Bem, 1993). 이 모든 자질들은 인종에서도 나타나기는 하지만 성별 편견에서는 상이한 모양을 취한다. 이 절의 논의가 (a) 이성애적 상호의존성에서 남성과 여성의 독특한 구조적 관계 그리고 사회에서 남성의 권한으로부터, (b) 그 결과로 초래되는 처방적 고정관념과 양가적 편견의 혼합, (c) 성별 편견의 생물학적 근거와 사회적 근거로 이동함에 따라서, 성별 편견의 여러 가지 주목할 만한 자질들 그리고 그 자질과 인지의 상호작용을 보게 될 것이다.

친밀한 상호의존성과 남성의 위상

인종 간 접촉이 상당히 분리되어 있는 것과 비교할 때, 남성과 여성은 상당한 접촉을 하며 그것도 가장 친밀한 유형의 접촉을 한다. 우리가 알고 있는 한, 어느 누구도 집단 간 접촉을 증가시키는 방법으로 성차별을 극복하자고 제안하지 않는다. 물론 편견을 줄이는 것이라고 생각하는 것이 바로 동등한 위상의 집단 간 접촉이지만, 성별은 그러한 접촉을 가지지 못하기 십상이다. 집단 간 경계로서 성별이 가지고 있는 예외적 자질 중의 하나는 각 내집단이 외집단을 얼마나 필요로 하느냐는 것이다. 다른 어떤 사회 집단보다도 남성과 여성은 가장 친밀한 관계를 가지고 있다. 보가더스(Bogardus, 1933)의 고전적인 사회적 거리척도를 가지고는 이렇게 예외적인 내집단·외집단 관계를 제대로 측정할 수 없다. 이 척도에서는 집단을 자신의 국가에 포함시키는 것이 피상적인 수용을 반영하며, 결혼을 통하여 집단의 구성원을 자신의 가족으로 받아들이는 것은 친밀한 수용을 반영한다. 확실히 남성과 여성 모두는 모든 수준의 사회적 상호작용을 받아들인다. 이러한 견지에서 남성과 여성은 상대방을 완전하게 수용하는 것이다. 남성·여성 상호의존성은 삶에서 경이로운 사실이다.

동시에 거의 모든 문화에서 남성이 높은 위상을 차지한다. 대부분의 사회에서 남성이 여성을 지배하며, 경영과 정부 권력의 자리를 더 많이 차지하고, 교육과 건강, 문맹률 등과 같은 발달적 지표에서 더 높은 점수를 받고 있다(United Nations Development Fund for Women, 2005). 미국에서도 여성들은 상응하는 남성들보다 수입이 적으며(U.S. Department of Labor, 2005), 맞벌이 부부의 경우 여성이 낮에는 직장에서 근무하고 집에서는 남성보다 가사를 더 많이 돌본다(Business and Professional Women's Foundation, 2005; Crosby, 1991; Deutsch, 1999). 여성이 세대주인 가정은 남성이 세대주인 가정보다 가난할 가능성이 훨씬 크다(자녀가 없는 경우에도 그렇다). 여성이 남성에 의해서 부상을 당하거나 살해될 가능성은 그 반대의 경우보다 훨씬 크다. 여아는 임신 중에 더 많이 낙태되고, 출생 시에 살해된다.[4] 사회인지의 측면에서 주목할 사항은 성차별의 인지적 배경을 만들어 내는 친밀감과 사회적 지위의 조합이다.

전통적으로 남성의 것으로 간주되는 영역에서 여성이 주도권을 쥐게 될 때처럼 전형적인 위계가 역전될 때, 남성 권위와 이성애적 친밀감의 기대가 충돌하게 된다. 여성 지도자들은 인지적이며 동시에 감정적으로 표출되는 성역할 긴장의 사례를 보여 준다. 리더와 여성에게서 기대되는 역할 간의 지각된 불합치가 시사하는 바는 (a) 여성은 정치 지도자로서 부정적으로 간주될 가능성이 더 크기 때문에 리더가 되기 어려우며, (b) 여성이 리더일 때, 똑같은 리더다운 행동도 남성보다 여성에게 있어서 부정적으로 평가될 것이라는 점이다(Eagly & Karau, 2002).

주목할 만한 일련의 메타분석은 이러한 역할 합치 이론(role-congruity theory)을 지지해 준다. 리더십은 남성의 영역이며, 역할은 행동으로 표출된다. 리더의 출현이라는 관점에서 볼 때, 실험실과 현장에서 애초에 리더가 없는 집단을 남자가 더 자주 주도하며(Eagly & Karau, 1991), 특히 복잡한 사회적 상호작용을 요구하지 않는 과제에서 그렇다. 그렇지만 여성은 성역할과 일치하는 사회 지도자로 더 많이 부각된다. 여성이 조직을 주도할 때, 고정관념과는 달리 과제와 대인관계 지향성에서 남성과 차이를 보이지 않는다. 그렇지만 남성보다는 더 민주적이고 참여적이며, 덜 독재적이거나 지시적인 스타일을 나타낸다(Eagly & Johnson, 1990). 이에 덧붙여, 남성적 힘을 사용하는 역할 그리고 대부분이 남성인 장면에서는 그렇지 않다고 하더라도, 여성은 남성 못지않은 유능성을 발휘한다(Eagly, Karau, & Makahijani, 1995). 이러한 유능성 데이터가 보여 주는 것과 마찬가지로, 여성은 고정관념적으로 남성적 스타일(특히 지시적이거나 독재적인 스타일)을 보이거나 남성이 주도하는 역할에서 리더

4) 만일 이러한 기술을 다른 사회 집단 쌍에 적용한다면 폭동이 초래될 것이다. 그리고 때로는 어떤 집단이 다른 집단을 지배하는 또 다른 사례로, 특히 여성을 피지배적 집단으로 간주하는 사례로 그러한 폭동이 일어나기도 한다. 그렇지만 여기서는 그러한 사실을 지적하려는 것이 아니다.

가 될 때 부정적 평가를 받는데, 특히 남성 평가자들로부터 평가를 받을 때 그렇다(Eagly, Makhijani, & Klonsky, 1992). 이러한 장애물에도 불구하고, 여성들은 남성 못지않은 동기를 가지고 있다(Eagly, Karau, Miner, & Johnson, 1994). 한 연구를 보면, 암묵적 성 신념과 명시적 성 신념(남성을 높은 권위와 연합하며 여성을 낮은 권위와 연합하는 신념)은 각각 여성 권위에 반대하는 암묵적 편견이나 명시적 편견과 상관관계를 나타냈다(Rudman & Kiliansky, 2000). 따라서 성별에 대한 사람들의 기대는 부분적으로 통계적 평균치를 반영하지만, 그러한 기대는 평균을 중심으로 나타나는 변산성을 고려하고 있지 않으며, 리더십 스타일의 미묘한 효과 그리고 성별과 행동과 역할 불합치 행동의 부정적 평가 간의 상호작용도 인정하지 않는다.

성별과 직업 역할에 대한 기대 간의 불합치는 리더십에 국한되는 것이 아니다. 여성과 남성은 전업주부와 직장인 역할에서 상당한 차이를 보이고 있으며, 이것이 남성과 여성에 대한 고정관념을 주도하며(Eagly & Steffan, 1984), 친밀한 상호의존성과 남성의 권위 모두를 유지시킨다. 일자리의 측면에서도 직업에 대한 고정관념이 성별과 특권이라는 두 차원과 잘 들어맞으며(Glick, Wilk, & Perreault, 1995), 이러한 이미지는 실제 고용에서 남녀 차별을 반영한다(Cejka & Eagly, 1999). 전통에서 벗어난 직업을 갖는 여성들은 여성 지도자가 직면하는 것과 유사한 편견에 직면한다. 즉, 그 직업에 발을 들여놓기가 어려우며 공정한 평가를 받기가 어렵다. 전체적으로 볼 때, 연구들은 역할 기대, 고정관념, 불합치와 같은 인지적 요인들이 태도(평가)에 영향을 미칠 뿐만 아니라 보다 복잡한 감정적 반응에도 영향을 미친다는 사실을 확인해 내고 있다.

정서적으로 혼합된 처방적 고정관념과 양가적 편견

성별 기대와 고정관념에 동조하지 않는 남성과 여성을 향한 반발은 사람들이 자신의 성별 편견을 개인적인 것으로 받아들인다는 사실을 시사한다. 즉, 이러한 편견은 독특한 개인적 신념과 정서를 유발한다. 예컨대, 여성이 제힘으로 승진을 할 때 유능성은 인정받을 수 있지만 사회적 매력(그리고 고용 가능성)의 인정은 상실하게 되는데, 이것은 명백한 반발이다(Rudman, 1998). 남성이든 여성이든 성별에 전형적이지 않은 방식으로 성공하게 되면, 경쟁자들은 자신의 손상된 자아를 회복하기 위해서 성공한 사람을 거부한다(Rudman & Fairchild, 2004). 그러한 처리과정이 개인적 가치뿐만 아니라 문화적 고정관념도 유지시키는 것이다.

따라서 여성은 자신의 '남성적인' 측면을 '여성적인' 온화함으로 완화시켜야만 한다(Rudman & Glick, 1999, 2001). 앤 홉킨스(Ann Hopkins)[5]는 경쟁이 치열한 회계법인에서 이 사실을 힘겹게 알아차리게 되었으며, 사회심리학은 대법원에서 그 이유를 설명하였다(Fiske, Bersoff, Borgida, Deaux, & Heilman, 1991). 아마도 여성들은 지나치게 남성적인 방식으로 행동하는 것이 이성애적 사랑을 앗아 간다고 제대로 생각하고 있는 것으로 보인다(Rudman & Heppen, 2003). 여성계를 위한 처방적 조치가 현 상태를 강화시킨다는 주장이 있다(Jackman, 1994; Ridgeway, 2001). 여성적 온화함을 강조하는 것은 성적 관계와 가사를 여성에게 의존하며, 그렇기 때문에 사랑스럽고 도덕적인 배우자를 필요로 하는 남성에게서 유래한다(Glick & Fiske, 2001). 고정관념은 전형적인 여성을 감상적이고 미신을 좋아하며 정서적인 존재로 기술한다. 온화함 측면은 처방적 이상향과 맞아떨어지는 반면에, 감상적 측면은 단순히 기술적 고정관념일 뿐이다(Ruble & Ruble, 1982). 여성 고정관념적 특질은 경제적 가치를 덜 가지고 있지만 친밀한 상호의존성의 중요한 부분을 차지한다. 이러한 계열의 연구에 따르면, 성별 고정관념에서 벗어난 여성은 이성애적 상호의존성에서 위험을 겪게 된다.

이와는 반대로, 고정관념적 남성 특질은 경제적 가치(행위주체, 유능성)를 더 많이 가지고 있으며 남성 권위를 강화시켜 준다. 전통적으로 여성은 경제적 안정과 사회적 특권에서 남성에 의존적이기 때문이다. 여러 문화에 걸쳐 전형적인 남성은 모험적이고 독자적이며 강하고 적극적이라는 고정관념이 있다. 이러한 기술적 고정관념은 처방적 이상향과도 잘 맞아떨어진다(Ruble & Ruble, 1982). 처방적 고정관념은 남성의 사회적 지배력과 함께 이성애적 상호의존성을 강화시켜 준다(Rudman & Glick, 출판 중).

친밀한 상호의존성과 남성 권위는 함께 양가적 성차별을 초래하는데, 이 양가적 성차별은 처방적 고정관념을 위배하는 여성을 향한 적개심 그리고 그 처방을 견지하

---

5) 역자 주: 앤 홉킨스는 큰 회계법인의 야망 있는 여성 매니저였는데, 많은 전통적 기준, 즉 고액을 지불하는 의뢰인을 발굴하고 보수를 청구할 수 있는 장시간의 노동을 하며 의뢰인으로부터 인정받는 등, 남성 매니저들보다 더 능력을 인정받았다. 그런데 남성들은 그녀가 사회적 우아함이 결여되었고 스타일이 비여성적이라는 이유로 그녀와 파트너 되기를 거부하였다. 그녀는 성차별이라고 소송을 제기하여, 여성에게 여성스러울 것을 요구하는 것과 남성에게 전통적인 남성적 모습을 요구하는 것은 불법이라는 이유로 승소하였다.

는 여성을 향한 자애심을 포함하고 있다(Glick & Fiske, 2001). 한 가지 은유는 자애로운 성차별(benevolent sexism, BS)이라는 문화적 당근과 적대적 성차별(hostile sexism, HS)이라는 문화적 채찍이다. BS는 전통적 성역할을 하는 여성에 대한 정답지만 온정주의적 고정관념을 처방하여 좋아하지만 존경하지는 않게 되는 반면에, HS는 탈전통적인 역할을 받아들이는 여성을 표적으로 삼아서 존경하지만 좋아하지는 않게 된다. 19개국에서 평균적으로 여성보다는 남성이 적대적 성차별을 더 많이 수용한다는 사실은 양가적 성차별에 관한 이러한 분석과 일치한다(Glick et al., 2000). 또한 평균적으로 남성은 자애로운 성차별도 더 많이 수용하지만 그 차이가 줄어들고 있다. 그리고 성차별이 가장 심한 몇몇 국가에서는 여성이 자애로운 성차별을 더 많이 수용한다(최악의 상황에서는 제한적이기는 하지만 자애로운 성차별이 좋은 것으로 간주되기도 한다).

이 모든 패턴은 여성의 탈전통적 역할을 법적으로 금지시킴으로써 여성보다 남성이 더 많은 것을 얻을 수 있다는 아이디어(적대적 성차별)와 잘 맞아떨어진다. 전통적으로 남성이 강력한 역할을 유지하는 데 도움을 주어 왔기 때문이다. 역으로 여성은 적대적 성차별을 인정할 때 잃는 것보다 전통적 역할의 처방(자애로운 성차별)을 인정함으로써 잃는 것이 줄어든다. BS는 몇몇 장점(예컨대 기사도 정신)을 가지고 있으며, 여성은 이것을 항상 성차별로 간주하지 않는다(Kilianski & Rudman, 1998). 적대적 성차별과 자애로운 성차별은 상관되어 있지만 차별적인 의미를 갖는다. BS는 전통적인 여성에 대한 긍정적인(좋아하고 도덕적인) 고정관념을 예언하며, HS는 탈전통적 여성에 대한 부정적인(냉담하고 신뢰롭지 못한) 고정관념을 예언하는데, 이것은 근본적인 양가성을 반영하는 것이다.

양가적 성차별은 인지적 신념 시스템으로서 중요성을 가지고 있다. 남성뿐만 아니라 여성도 어느 정도는 두 가지 형태의 성차별을 모두 인정하고 있으며, 이 사실은 여러 국가에 걸친 성 불평등에 관한 UN의 보고를 예측할 수 있게 해 준다. 남성에 관한 편견도 여러 국가에 걸쳐 성 불평등을 예언하고 있는데(Glick et al., 2004), 아마도 남성이 여성보다 상냥하지는 않지만 권한이 더 많다는 고정관념 때문일 것이다. 실제로 남성이 지배를 하게 되어 있다는 고정관념이 존재한다. 표적에 관계없이 성 편견은 단순한 형태의 반감이 아니라 근본적으로 양가적인 혼합적 정서다.

성 편견은 국가적 차원에서 성 불평등(앞서 지적하였던 바와 같이 임금, 교육, 건강 등)과의 연계를 넘어서서 대인관계에서의 중요성을 가지고 있다. 예컨대, 성 편견은 일상적 다툼을 초래한다. 일기 연구를 보면, 여대생들은 일주일에 한두 번씩 성차별 사건(고정관념, 편견, 비하 발언, 성적 대상화 등으로 정의된)을 경험하였다고 보고하였으며, 이러한 사건은 이들의 심리적 웰빙을 약화시켰다(Swim, Hyers, Cohen, & Ferguson, 2001). 대부분의 여성들은 직접적으로 반응하지는 않지만 홀로 속을 끓인다(Swim & Hyers, 1999). 이러한 집착은 정신건강뿐 아니라 신체건강에 스트레스를 가할 수 있다.

성 편견의 생물학적 근거와 사회적 근거

성별 신념과 감정의 상호작용에 대해서, 이성애적 상호의존성과 남성의 권위에 대한 사회 구조적 지각 그리고 그 결과로 초래되는 양가적 편견에 덧붙여 생물학적·진화적 설명과 문화적 설명도 제안되어 왔다. 특히 행동과 배우자 선호도에서의 성별 차이는 그러한 차이가 일어나는 이유 그리고 고정관념과 편견으로 전환되는 방식에 관한 사회인지적 이론을 끌어들여 왔다. 여기서 메타분석이 지지해 주는 상식적이지만 도발적인 사실 몇 가지를 제시한다. 여자 아이는 자기통제(억제와 지각적 예민성)에 더 많은 노력을 기울이는 반면, 남자 아이는 보다 적극적이고 강하다(Else-Quest, Hyde, Goldsmith, & Van Hulle, 2006). 남성은 신체적으로 여성보다 공격적이며, 여성은 사회적으로 더 공격적이다(Eagly & Steffen, 1986). 남성은 여성보다 과감한 도움을 주는 반면, 여성은 장기적이고 보살펴 주는 방식으로 도움을 준다(Eagly & Crowley, 1986). 앞서 지적한 바와 같이, 남성은 과제 지향적 집단에서 리더로 부각될 가능성이 큰 반면, 여성은 사회적 리더가 될 가능성이 더 크다(Eagly & Karau, 1991). 여성은 자신보다 지위가 높고 수입이 많은 연상의 배우자를 더 많이 찾는 반면, 남성은 신체적으로 매력적이면서 음식을 잘 만드는 좋은 가정주부가 될 연하의 배우자를 더 많이 원한다(Buss, 1989; Buss et al., 1990). 연구자들도 다른 사람들과 마찬가지로 양성을 대비시키기를 좋아한다(예들을 보려면 Eagly & Wood, 1991 참조).

혹자는 이러한 성별 차이를 진화적 용어로 설명하는 것을 선호한다. 특히 부모 투자 모형(parental investment model)들은 여성이 임신과 육아 때문에 항상 후손의 생산에 더 많이 투자해 왔을 수밖에 없는 반면에, 남성에게 요구되는 생물학적 투자는 미미하다고 주장한다(Trivers, 1985). 이러한 이유로 인해서 남성은 상대를 가리지 않고, 여성은 선택이 까다롭다는 것이다. 남성은 자신의 후손 전파 능력을 극대화하기 위하여 가임 배우자를 추구하며, 여성은 자신의 성공적인 후손 생산을 보장받기 위하여 자원이 풍부한 배우자를 추구한다(Buss, 1989; Buss & Schmitt, 1993). 그리고 여성은 남성보다 사회계급과 야망에 비중을 두며, 남성은 여성보다 매력성에 더 높은 가중치를 부여한다(Feingold, 1992). 진화적 설명은 단순하다는 점 그리고 생물학에 확실하게 의존한다는 점에서 호소력을 가지고 있지만, 검증 결과는 그렇게 단순하지가 않다(Buss & Kenrick, 1998). 또한 인종과는 달리 성별의 자동적 지각을 적응적인 것으로 만들어 주었던 것처럼 보이는 선조들의 조건을 용이하게 주장할 수 있다(Cosmides et al., 2003).

다른 연구자들은 동일한 차이를 사회문화적 용어로 설명하는 것을 선호한다. 사회적 역할 이론(social role theory)도 성별 차이를 사회적 행동으로 다룬다. 남녀 간의 분업으로부터 출발하는데 이것은 성역할 기대와 성 유형화된 기술과 신념 모두를 주도하며, 이는 다시 행동에서의 성별 차이를 초래한다는 것이다(Eagly, 1987; Eagly & Wood, 1999). 예컨대, 배우자 선호도에서의 문화 간 차이는 사회 구조, 즉 성 불평등에서의 문화 간 차이와 상관관계를 갖는다. 생사회적 접근(biosocial approach)은 평균 신체 크기와 부모의 투자에서의 생물학적 차이를 인정할 뿐만 아니라, 거의 보편적이면서 문화적으로 조정이 이루어진 분업을 인정한다. 진화적 이론과 대비되는 점은 생사회적 접근이 대부분의 변산에 대한 설명으로 사회적 힘을 내세운다는 것이다. 이 접근은 남성과 여성이 자녀 양육과 수입에서 나타내는 공동의 기여도 강조한다(Wood & Eagly, 2002).

성별에 관한 인지와 편견에 대하여 가장 포괄적인 설명은 생물학적 실재와 사회적 실재를 결합시키는 통합적 접근을 요구한다. 결국, 성별 차이보다는 유사성이 더 크며, 대부분의 차이는 미미한 것이다(Hyde, 2005). 예컨대, 배우자 선호도에 있어서 37개 문화에 걸쳐 모든 사람들은 장래 배우자의 친절함, 지능, 사회적 기술을 우선적으로 내세우고 있다(Buss, 1989). 생물학적 요인과 문화적 요인은 모두 행동의 성별 차이에서 중요하며, 두 가지 모두가 성 고정관념과 편견의 기저를 이룬다.

결론

성별에 있어서 인지와 정서적 편견의 상호작용은 이성애적 상호의존성이라는 남성과 여성의 독특한 구조적 관계 그리고 사회에서 남성의 주도권을 집중 조명한다. 결과적으로 처방적 고정관념과 양가적 편견의 혼합이 나타난다. 이 모든 편견은 성 편견의 생물학적·진화적 토대와 생사회적 토대라는 맥락에서 작동한다.

4. 연령 편견

이 절에서는 노인에 대한 편견을 살펴본다.[6] 수많은 형용사들은 노인에 대한 고정관념을 나타내지만(메타분석을 보려면 Kite & Johnson, 1988 참조), 연령의 낙인은 성별과 마찬가지로 혼합적이다(Richeson & Shelton, 2006). 널리 퍼져 있는 고정관념에 따르면, 여성은 약하지만 멋지고 남성은 나쁘지만 용감한 반면, 노인은 허우적거리지만 존경스럽다. 노인에게 일반적으로 부여되는 편견은 주로 연민과 공감이다(Cuddy, Norton, & Fiske, 2005). 이러한 온정주의는 자신의 잘못이 아닌 부정적 결과를 수반한 집단을 위한 것이다(Fiske et al., 2002). 일반적으로 노인은 겸손과 동정이라는 모순적 조합으로 간주된다. 노인이 존경을 받는 문화도 있겠지만, 여러 동서양의 문화에서는 노인이 연민의 영역에 자리 잡고 있다(Cuddy, Fiske, Kwan et al., 출판 중).

그렇기는 하지만 노인은 상당한 스펙트럼에 걸친 여러 이미지를 가지고 있다. 한 가지 중요한 차이는 초로 집단(55~75세)과 고령 집단(75세 이상)을 구분하는 것이다. 편견은 후자로부터 전자로 파급된다(Neugarten, 1974). 인종, 성별범주와 마찬가지로, 의미 있는 하위 범주들은 상대적으로 존경받는 집단, 싫어하는 집단, 무해한 집단 등을 나타낸다(Brewer, Dull, & Lui, 1981; Hummert, Garstka, Shaner, & Strahm, 1994, 1995). 유인가, 활력, 원숙성의 차이가 상이한 이미지에 걸쳐 나타나는데(Hummert et al., 1994; Knox, Gekoski, & Kelly, 1995), 얼굴의 인상이 단서를 제공하며(Hummert, 1994), 비교적 자동적으로 나타난다(Hummert, Garstka, O'Brien, Greenwald, & Mellott, 2002). 성별, 인종과 함께 연령은 타인에게서 가장 신속하게 지각되는 세 가지 중의 하나다(Fiske, 1998).

연령 차별은 여러 가지 측면에서 독특하다. 성별과 마찬가지로 연령은 가족 내에서 사람들을 구분하지만, 인종과 마찬가지로 각기 다른 연령 집단들은 분리된 환경에

6) 연령 편견에는 아동에 대한 편견도 포함되지만, 이 주제를 다룬 연구는 거의 없다.

서 살아간다. 인종이나 성별과 달리, 연령 차별은 대부분의 사람들이 살아가는 동안 건너가기를 희망하지만 동시에 죽음의 함의를 무서워하게 되는 가소성이 큰 집단 간 경계를 다룬다.

융통성 있는 경계

성별, 인종과 달리, 사람들은 자신이 노인이라는 정체성을 거부한다. 물론 그 차이는 성별과 인종이 출생 시부터 주어진 것인 반면, 연령은 점진적으로 획득한다는 데 있다. 연령이 증가한다고 해서 사람들이 반드시 부정적 고정관념을 내면화하는 것은 아니다(두 가지 상반되는 견해를 보려면 Levy & Langer, 1994; Zebrowitz, 2003 참조). 노인은 사회적으로나 인지적으로나 신체적으로 무능한 것으로 간주되기 때문에(예컨대 Pasupathi, Carstensen, & Tsai, 1995; 개관을 보려면 Nelson, 2002; Richeson & Shelton, 2006 참조), 사람들은 서둘러서 자신을 '늙었다'고 믿으려 하지 않는다. 실제로 자신의 생활연령은 인정하더라도, 자신이 그 경계에 접근함에 따라서 '노년'을 뒤로 물러서는 움직이는 표적으로 바라본다(Seccombe & Ishii-Kuntz, 1991). 융통성 있는 경계는 사람들이 노인 외집단 구성원 자격을 거부함에 따라서 한시적으로 재조정된다. 노인들은 자신을 노인 고정관념 용어보다는 젊은이 고정관념 용어와 더 신속하게 연합시킨다(Hummert et al., 2002).

노인들은 현명하게 융통성 있는 연령 경계를 재조정하고 거부한다. 젊은이 정체성은 좋은 정신건강, 신체건강과 상관되며, 심지어 장수와도 상관되기 때문이다(Hummert et al., 2002; Levy, Slade, Kunkel, & Kasl, 2002; Tuckman & Lavell, 1957). 긍정성-건강 상관관계의 인과성은 어느 방향으로든 진행되는 것일 수 있지만, 점화 연구들은 고정관념 자체가 건강과 수행을 손상시킬 수 있다는 사실을 시사한다. 예컨대, 연령 고정관념에 역치하로 노출되는 것조차도 수학과 언어 문제가 제공하는 단기적 스트레스에 대해서 노인의 심근반응과 피부전도반응을 증가시킨다(Levy, Hausdorff, Hencke, & Wei, 2000). 노화에 대한 부정적 고정관념은 노인의 기억 수행, 자기효능감, 그리고 심지어는 살고자 하는 의지마저도 손상시킨다(Levy, Ashman, & Dror, 1999-2000). 해로운 효과는 단지 노인 행동 자체만을 점화시키는 것이 아니다. 젊은이에게는 영향을 미치지 않으며, 노화의 긍정적 고정관념도 노인을 손상시키지 않기 때문이다.

문화적으로 획득된 신념은 연령 고정관념의 획득과 그 고정관념에 따른 손상에 영향을 미친다. 예컨대, 중국의 노인 실험참가자들과 미국의 귀머거리 노인 참가자들은—부정적 연령 고정관념에 덜 노출되었을 가능성이 크다—청력이 정상인 미국 노인들보다 수행이 우수하다(Levy & Langer, 1994). 상응하는 젊은이 표본은 문화에 기반한 수행 차이를 보이지 않았다. 미국의 주류 문화에서는 정치적 정당성이 성차별, 그리고 특히 인종차별과 달리 연령 차별에 적용되지 않기 때문에(Levy & Banaji, 2002), 사람들은 다른 유형의 고정관념만큼 연령 고정관념을 억제하지 않는다. 따라서 사람들은 결국에 가서 불명예스러운 범주에 들어가게 될 때 그 손상을 완화시키는 인지적 방어를 적게 한다.

죽음과 공포 관리

노화 고정관념은 특징적으로 죽음과 관련되기 때문에 노인들에게는 완충장치가 필요하다. 젊은이들은 노인에 대한 부정적 고정관념을 받아들여 자신과 거리를 두고 스스로를 보호할 수 있다(Snyder & Meine, 1994). 공포 관리 이론(terror management theory, TMT; 제11장 참조)은 사람들이 자신의 궁극적 죽음에 대처하는 방법에 초점을 맞추기 때문에 연령 고정관념과 죽음의 현저성에도 잘 적용된다(Greenberg, Schimel, & Mertens, 2002). TMT가 자신은 오래 살 것이라는 문화적 세계관을 믿음으로써 필연적인 자신의 죽음이 초래하는 위협을 완화시키는 사람들의 신념을 기술하고 있다는 사실을 회상해 보라. 사람들은 자신의 내집단 가치가 지속되기를 염원한다. 외집단은 상이하고 도발적인 견해를 견지하기 때문에 이러한 완충장치를 손상시킨다. 따라서 TMT에 따르면, 자신의 죽음이 생각난 사람들은 외집단을 평가절하 한다. 노인은 이러한 경향에서 예외일 것이라고 기대할 수 있는 이유는 외집단들 중에서 노인 집단이 독특하게 대부분의 문화에서 편안하고 친숙하며 전통적인 세계관을 대표하기 때문이다. 그렇지만 노인의 전통적 세계관도 낡았고 장애물인 것처럼 보이게 되면 위협에 직면할 수 있다. 아무튼 노인들이 제기하는 보다 근원적인 위협은 이들이 그저 존재한다는 사실, 즉 자신의 남아 있는 미래가 감소하고 있다는 사실이다.

TMT는 노인들이 보여 주는 죽음의 현저성에 대처하는 다양한 방어를 제안한다. 요양기관에 들어가는 것처럼 신체적 격리는 고령자들이 있을 곳을 규정하며, 심리적 격리는 별칭과 고정관념을 통해서 발생한다. 이러한 거리 두기 시도가 실패로 돌아갈 때 노인들과의 접촉은 TMT가 예언하는 다음과 같은 과정을 초래할 수 있다—보상적인 자존감 구축 노력, 자신의 지속적인 세계관의 인정, 외집단 비하, 내집단 선호. TMT의 기제는 본질적으로 정서적 편견이지만, 이 측면은 연령 차별이라는 측면에서 경험적으로 보다 명확하게 입증되어야 할 문제로 남아 있다.

결론

연령 차별은 독특하게 융통성 있는 경계를 가지고 있는 외집단을 수반한다. 이 경계는 가변적이지만 결국에는 자신을 포함하게 된다. 이러한 인지적 이동은 자신의 필연적 죽음을 떠올리는 것에 대처하는 방어를 촉발시키며, 사람들은 필연적인 죽음을 노인과 다른 외집단에 대한 편견으로 보상할 수 있다.

5. 성적 편견

동성애 차별(heterosexism), 동성애 공포증(homophobia), 성적 편견(sexual prejudice)이라는 이름으로 통하는 게이와 레즈비언에 대한 편견은 적어도 다음과 같은 세 가지 중요한 측면에서 다른 편견과 차이를 보인다. 첫째, 성적 지향성은 인종과 성별 그리고 연령과 같이 공개적으로 표명하는 것이 아니기 때문에, 표적인물이 자신의 정체성을 밝히는 정도를 통제하는 경우가 많다. 둘째, 지금까지 기술한 편견들 중에서 이것이 가장 널리 퍼져 있는 것 중의 하나다. 마지막으로, 동성애 차별은 성차별 이상으로 논란을 초래한다. 모든 사람들이 이것을 문제라고 간주하는 데 동의하는 것은 아니다. 부분적으로는 이러한 이유 때문에 그리고 이 주제에 관한 사회심리학 연구가 이제 막 시작되었기 때문에(Herek, 2000), 이 논제에 관한 우리의 논의는 상대적으로 짧을 수밖에 없다.

게이에 반대하는 편견에 관한 몇몇 최초 연구들은 그 정체성을 숨길 수 있다는 자질에 관심을 기울였다. 초기 연구들은 한 실험참가자에게 다른 참가자가 게이라고 알려 주고는 자기보고와 비언어적 반응을 기록하였다(예컨대 Farina, Allen, & Saul, 1968). 반응은 한결같이 부정적인 것이었다. 따라서 많은 초기 연구들은 자신의 정체성에 대처하는 게이와 레즈비언의 전략을 제시하였다(Goffman, 1963). 두 가지 가정, 즉 자신의 외현적인 성적 정체성을 자유롭게 조작할 수 있다는 가정 그리고 동성애는 일차적으로 표적인물의 낙인 관리의 주제와 관련된다는 가정은 윤리적 문제를 제기한다. (이성애자를 게이인 것처럼 가장하는 것이 실제로 가능한가? 연구에서 이성애자에게 게이란 명칭을 붙이거나 게이에게 이성애자라는 명칭을 붙이는 것은 문제가 없는가? 성적 편견은 일차적 표적인물의 낙인 관리에 관한 것인가, 아니면 그러한 편견을 가지고 있는 사람의 눈에 비친 편향에 관한 것인가?) 보다 최근의 연구들은 사람들의 태도를 밝히기 위하여 사회조사 방법을 사용함으로써 이러한 윤리적 문제를 비껴가고 있다.

게이에 반대하는 태도는 가장 부정적인 편견의 하나이며(Yang, 1997), 대부분의 미국 성인들은 그러한 태도를 보고한다(Herek & Capitanio, 1997). 남성보다 여성에 대해서 덜 편견적이며, 레즈비언이 게이보다 덜 표적의 대상이 된다(Herek, 2002). 중요한 편견 중에서 성적 편견이 유별나게 혐오감을 수반하는데, 이것은 인간이 아닌 사물뿐만 아니라 인간을 향한 정서의 하나다(Herek & Capitanio, 1999).

혐오감에 의한 범죄는 레즈비언의 1/5, 그리고 게이의 1/4을 표적으로 삼으며, 상응하는 범죄의 다른 희생자들보다 더 많은 우울, 분노, 불안, 스트레스를 초래한다(Herek, Gillis, & Cogan, 1999). 성적 편견은 이성애적 여성과 노인을 향한 범죄에 비해서 게이와 레즈비언을 향한 명확한 혐오감 범죄를 더 많이 야기한다. 이러한 집단은 학대와 폭력에도 직면하지만, 그 학대와 폭력이 이들의 사회적 범주 자체에 근거한 것인지는 확실하지 않다. 복잡한 원인에 의한 지인들 간의 폭력일 가능성이 더 크다. 모든 일반적인 외집단과 마찬가지로 게이와 레즈비언도 편견에 의한 일상의 마찰을 경험하며, 이것이 이들의 정신건강과 신체건강에 해를 끼칠 수 있다(Swim, Pearson, & Johnston, 2006).

요약

이 장에서는 정서적 편견 그리고 그 편견이 기초하고 있는 인지와의 상호작용을 다루었다. 최근의 여러 이론들은 특정한 외집단에 대한 지각자의 신념에 기초한 특정한 정서를 기술하고 있다. 고정관념 내용 모형은 지위와 경쟁이라는 측면에서 집단 간 관계로부터 초래되는 고정관념으로부터 특정한 정서적 편견을 예언한다. 집단 간 정서 이론은 각 외집단이 제기하는 위협에 대한 지각자의 평가로부터 특정한 정서적 편견을 예언한다. 이미지 이론은 집단 간의 구조적 관계를 고찰하고, 외집단 이미지의 유형 그리고 이와 연합된 정서를 상정한다. 생문화적 접근은 집단 통합성에 대한 다양한 위협 그리고 집단을 보존하기 위하여 진화된 정서반응을 예언한다. 이 모든 이론들은 외집단 정서적 편견에서 유래하는 집단 간 행동을 상정한다. 다른 이론들은 집단 간 만남에서 발생하는 불안과 죄책감이라는 특정한 정서에 초점을 맞춘다.

특정한 내집단·외집단 편견이 상이한 집단들의 독특한 상황을 반영한다는 아이디어에 근거하여, 이 장에서는 네 가지 특정한 유형의 편견을 살펴보았다. 첫째, 흑인에 반대하는 인종 편견이 예외적인 이유는 현대 사회에서 성차별이나 연령 차별보다 정서적으로 더 부담스러운 것이기 때문이다. 또한 인종차별은 다른 유형의 편견보다 더 혐오적이다. 사람들은 자신이 그러한 태도를 견지한다는 사실을 자신에게조차 부정한다. 인종 문제를 설명하기 위해서 사람들은 생물학적 설명에 성급하게 매달리지만, 많은 증거들은 사회인지적 구성이 이 편견에 기저한다는 사실을 지지한다. 마지막으로, 미국의 흑인들은 다른 어떤 외집단보다도 사회로부터 분리된 채로 남아 있으며, 그렇기 때문에 인종 편견을 극복할 것이라는 전망은 밝지 않다.

성별 편견은 독특하게 한 집단의 높은 지위를 두 집단 간의 상호의존성과 결합시킨다. 그 결과로 긍정적 정서와 부정적 정서가 혼합된 양가적인 처방적 고정관념이 초래되고, 두 가지 정서가 함께 현 상태를 유지시킨다. 생진화적 설명과 사회적 역할 이론은 모두 기존 질서를 강화시키는 편견을 설명할 수 있다.

연령 차별은 특징적으로 움직이는 표적을 수반하는데, 사람들은 그 외집단범주에 가입하기를 희망하는 동시에 두려워한다. 이 차별은 죽음과 정서적 거리 두기의 논제를 야기한다. 마지막으로 성적 편견은 숨길 수 있는 낙인을 표적으로 삼지만, 널리 퍼져 있는 동시에 논란거리이며 양측의 강력한 반발을 촉발시킨다. 이제 감정·인지 상호작용에 대한 보다 보편적인 이론으로 넘어가도록 한다.

제 13 장

감정에 대한 사회인지의 영향

- 감정, 선호, 평가, 기분, 정서의 분화
- 초기 이론
- 생리학적 정서 이론
- 감정의 사회인지적 토대

한 인지사회심리학자가 한 번은 "You do affect, don't you?"[1]라는 다소 당황스러운 인사말을 듣게 되었다. 이 표현은 여러 가지 이유로 이상해 보인다. 초보자는 어느 누구도 감정(affect)에 포함되어 있는 주제들을 '행하는 것'으로 가정할 수 있는 능력을 가지고 있지 못하다. 연구 문헌들이 심리학의 모든 영역에 걸쳐 제멋대로 확산되어 나가기 때문이다. 그렇지만 사회심리학의 전통에서조차 자신을 인지사회심리학자로 동일시하는 경우에, 일반적으로 감정은 사람들이 일차적으로 행하는 것에 포함되지 않기 때문에, 위의 황당한 질문은 인지를 언급하지 않은 감정을 전제로 한다는 점에서 다소 초점에서 빗나간 것이기도 하다. 그런데 인지가 이미 주어진

1) 역자 주: 이 표현은 아무리 애를 써도 적절한 우리말로 표현할 수가 없다. 아마도 벤저민 워프(Benjamin Whorf)가 주장하듯이, 영어와 한국어의 문장 구조가 전혀 다르기 때문일지 모르겠다. 굳이 직역하자면, "당신 감정을 행하지요, 안 그래요?" 정도가 될 터인데, 여기서 감정은 鑑定이 아니라 感情이다. 일반적으로 감정은 느끼는 것이지 행하는 것이 아니라고 생각하는데, 여기서는 감정을 행하는 것으로 표현한 것이다.

것이며, 위의 사람이 실제로 '감정을 행하는 인지사회심리학자(cognitive-social-psychologist-who-does-affect)'라고 가정해 보자. 이것은 거꾸로 거슬러 올라가면서 교배를 시킴으로써 원래 야생상태의 종으로 존재하던 유기체를 얻으려고 하는 것과 같기 때문에 이상한 잡종이 된다. 다시 말해서, 인지사회심리학은 특정한 가치 있는 특징들을 의도적으로 분리하고 선택함으로써(예컨대, 사회적 맥락에서 사고와 정보의 중요성을 수용하는 것) 만들어지는 인위적인 피조물이 되는 것이다. 이러한 교배과정에서—혹자는 순수교배(inbreeding)라고 부를는지 모르겠다—감정이란 선택된 특성 중의 하나다. 따라서 심적 표상과 발견법을 다루었던 장(章)들의 내용이 예증하는 것과 같은 인지사회심리학이라는 순수교배 품종을 개발하였음에도 불구하고, 이 분야에 종사하는 사람에게 '감정을 행한다'는 식으로 표현할 수 있을 정도로 인지사회심리학이 야생의 상태로 되돌아간다는 것은 역설적이기만 하다.

이 장과 다음 장은 사회인지와 연계된 연구에 국한할 것이지만, 우리는 여러 가지 측면에서 감정을 행할 것이다. 그 배경으로 오늘날 인지와 정서 논쟁의 선구자라고 할 수 있는 초기 정서 이론을 다룬다. 그다음에 정서에 대한 생리학 이론과 신경과학 이론을 논의하여 인지 이론에 광범위한 맥락을 제공한다. 마지막에서는 어떻게 인지가 정서에 기저하는지를 기술하는 사회인지 이론을 살펴본다. 제14장에서는 어떻게 정서가 인지에 영향을 미치는지를 기술하는 사회인지 이론을 다루며, 감정과 인지가 분리된 것이고 상호간에 아무 관계가 없다는 전제를 비판적으로 살펴본다. 따라서 이 장에서는 이론적 배경과 감정에 영향을 미치는 사회인지에 초점을 맞추는 반면에, 다음 장에서는 감정이 사회인지에 미치는 영향에 집중한 후에 분리된 시스템과 대비되는 주장으로 마무리한다.

감정과 인지를 통합하고자 시도할 때 근본적인 물음들이 제기된다. 정서 연구의 역사는 감정에서 인지과정의 역할에 관한 오랜 논쟁을 보여 준다. (정서에 대한 인지 이론과 다른 이론들을 보려면 Cacioppo & Gardner, 1999; M. S. Clark & Fiske, 1982; V. Hamilton, Bower, & Frijda, 1988; P. Shaver, 1984; Zajonc, 1998을 참조하라.) 두 가지 의문—감정에 대한 인지의 영향과 인지에 대한 감정의 영향—이 특히 우리의 관심을 끈다. 감정과 인지의 심리학을 이러한 방식으로 분할하는 것은 물론 둘이 효과적으로 분리될 수 있다는 것을 전제로 한다. 그렇지만 동시적 혼합체로 발생하는 감정과 인지의 생생한 경험으로는 이러한 분리가 드러나지 않는다. 분석의 편의상 이 장과 다음 장에서는 감정과 인지를 분리하여 상보적 영향을 살펴볼 것이지만,

이러한 분리가 허구적이라는 점을 명심하는 것이 중요하다.

마지막으로 충고할 사항은 감정 분야 그리고 마찬가지로 감정과 인지 분야는 수많은 이론으로 제멋대로 퍼져 나갔으며, 어떤 이론들은 데이터를 가지고 검증되고 어떤 이론들은 검증되지 않은 채 남아 있다는 점이다. 이러한 사실은 필연적으로 다양한 이론들의 과학적 위상에서 상당한 불균형을 초래하지만, 연구자들에게는 기회도 제공하는 것이다. 이에 덧붙여 엄청난 양의 관련되지 않은 이론들이 초심자(심지어는 경험이 풍부한 감정 전문가조차)의 능력을 위협한다. 우리는 가능한 한 이론들을 체제화하고 비교하겠지만, 연구 문헌들이 관련도 없고 검증되지도 않은 다양한 설명을 만들어 왔다는 점에서 이론들의 개관이 필연적으로 빨랫감 목록을 닮았다는 사실을 독자들이 유념하기 바란다.

1. 감정, 선호, 평가, 기분, 정서의 분화

감정과 관련 용어

용어들을 정의하려면 일상 언어에서 느슨하게 사용되는 감정 용어들이 무엇을 의미하는지에 대해서 심사숙고해 보아야 한다(J. D. Mayer, 1986; H. A. Simon, 1982 참조). 감정(affect)은 선호, 평가, 기분, 정서의 전 범위에 걸친 보편적 용어다. 선호(preference)는 본질적으로 즐겁거나 불쾌한 비교적 부드러운 주관적 반응을 포함한다. 사회심리학자들이 가장 많이 연구한 선호는 대인 평가, 즉 매력, 호감, 편견 등과 같이 타인에 대해 단순히 긍정적이거나 부정적인 반응이다. 이러한 긍정적 평가와 부정적 평가는 사회적 상호작용에서 확실히 중요하며, 누구에게 다가가고 누구를 회피할 것인지를 알려 준다. 이러한 평가(evaluation)는 사물에게도 적용될 수 있으며, 우리는 이미 이것을 태도로 논의한 바 있다.

선호와 평가는 표적이 명확하지 않은 감정, 즉 기분(mood)과 구분될 수 있다. 한 사람을 향한 평가적 반응을 보일 수 있지만, 일반적으로 특정인을 향한 기분을 갖지는 않는다. 기분은 광범위한 사회인지와 행동에 영향을 미친다. 선호나 평가와 마찬가지로, 적어도 오늘날 관련 문헌에서는 기분도 일차적으로 단순히 긍정적이거나 부정적인 것으로 간주된다. 일반적으로 선호, 평가, 기분은 순간적으로 경험하는 것이 아니라 어느 정도 지속되는 감정이다.

단순한 긍정적 반응과 부정적 반응이 감정의 모든 강도와 복잡성을 포착하고 있는 것은 아니다. 만일 우리가 나타낼 수 있는 표현이 고작 "나는 지금 기분이 좋아요(나빠요)."이거나 "나는 당신을 긍정적(부정적)으로 느낍니다."라면 세상이 얼마나 좁아질 것인지를 생각해 보라. 의기양양과 흡족함, 슬픔과 분노 등을 구분하기 위해서는 보다 흥미진진하고 민감한 용어들이 필요하다. 예컨대, 우리가 알고 있는 어떤 사람은 정서적으로 고갈된 상태에는 다음과 같이 10여 가지가 넘는 특정한 상태가 존재한다고 주장한다—지친(tired), 피로한(fatigued), 졸린(sleepy), 기진맥진한(exhausted), 쇠약한(run down), 녹초가 된(wiped out), 소진한(depleted), 지쳐 빠진(spent), 허약한(weak), 나약한(limp), 얼빠진(blank), 마비된(numb), 몽롱한(spaced out), 허무한(empty). 모든 사람들이 그토록 미묘하게 조율되어 있는 것은 아니지만, 자신의 감정적 반응을 기술하기 위해서는 서너 개 이상의 용어가 필요하다. **정서**(emotion)는 단순히 좋고 나쁜 느낌을 넘어서 환희, 평온, 분노, 슬픔 등을 포함한 감정의 복잡한 유형들을 지칭한다. 또한 정서는 신체적으로 발현된 강력한 감정을 함축할 수도 있으며, 여기에는 생리적 각성이 포함된다. 정서는 그 지속 시간이 짧을 수도 있고 길 수도 있지만, 일반적으로는 선호나 평가만큼 오랫동안 지속되지 않는다.

긍정적 반응과 부정적 반응의 구분

엄청날 정도로 다양한 감정적 반응들을 어떻게 규정할 것인지는 심리학에서 오랫동안 제기되고 있는 문제다(Cacioppo & Gardner, 1999; Davitz, 1970; Ekman, 1984; Plutchik, 1980; Schlosberg, 1954; Wundt, 1897). 감정은 정서 구조에 대한 많은 분석에 걸쳐 일관성 있게 나타나는 두 가지 방식으로 규정할 수 있다. 첫 번째 구조는 각성의 정도에 걸쳐 있는 양극적 평가를 강조한다. 양극 구조는 접근반응(예컨대 먹이를 먹기 위한 행동)이나 철회반응(예컨대 위협을 회피하는 행동)과 가장 잘 들어맞는다(Cacioppo & Gardner, 1999). 대체로 행동반응은 긍정적이거나 부정적인 것으로 제한되어 있다.

때때로 양극 구조는 정서에 대한 언어적 보고와 분류에 나타난다. **그림 13.1**의 실선이 나타내고 있는 것처럼, 두 가지 공통 차원은 쾌/불쾌와 각성의 고/저다(예컨대 Barrett & Russell, 1999; Russell, 2003). 사람들이 현재의 느낌을 기술하거나 정서 단어들을 유사성에 따라서 분류할 때, 이러한 두 차원이 신뢰롭게 출현한다. 따라서 흡족하고, 행복하며, 즐겁다고 보고하면서 동시에 우울하고, 언짢으며, 외롭다고 보고할 가능성은 거의 없다. 그러한 용어들은 동일 차원의 양극단에 위치하기 때문이다. 이에 덧붙여 위의 표현과는 별개로 각성되고, 어리둥절하며, 놀랐다고 보고하거나, 아니면 반대로 차분하고, 평온하며, 적막하다고 보고할 수 있다. 정서에 대한 사람들의 상식 이론은 어느 한 시점에서 자신이 느끼고 있는 것에 근거한다. 이렇게 단기적인 틀에서는 기분이 좋을수록 덜 기분 나쁜 것이 되며, 정서가 강력한 것일 때 (Diener & Iran-Nejad, 1986) 또는 단순한 것일 때 특히 그렇다. 그렇지만 자신이 각성되었다고 느끼는 정도는 별개의 문제다. 행복하거나 불행하게 각성될 수도 있고, 행복하거나 불행하게 차분할 수도 있는 것이다. 지적하였던 바와 같이, 행동반응은 특히 이러한 긍정·부정 양극성을 반영하고 있다(Cacioppo & Gardner, 1999).

이와 반대로, 사람들에게 긴 시간에 걸친 정서 경험에 대해서 묻는다고 가정해 보자. 예컨대, 전반적인 삶의 만족도를 고려하면서 작년 한 해에 걸친 감정, 오랜 시간에 걸친 친밀한 관계에서의 느낌, 그리고 심지어는 선거 유세가 진행되는 동안 대통령 후보들에 대한 정서적 반응 등을 물을 수 있다(예컨대 Abelson, Kinder, Peters, & Fiske, 1982; Bradburn & Caplovitz, 1965; Marcus & Mackuen, 1999; 개관을 보려면 Cacioppo & Gardner, 1999; Diener, 1984; Watson & Tellegen, 1985 참조). 장기적 틀의 경우에는 긍정적 감정과 부정적 감정에 대한 사람들의 보고가 독립적이라는 사실이 흥미를 끈다. 즉, 긴 시간에 걸쳐서는 자신이 고통스러웠거나 두려웠거나 아니면 적개심에 불탔는지의 여부가 다른 시점에서 의기양양하고 열정적이며 흥분하였는지의 여부와 관계가 없다(Diener & Emmons, 1984). 강도가 덜하거나 보다 복잡한 정서가 수반되는 긴 시간에 걸쳐서는, **그림 13.1**을 시계 방향으로 45° 회전시켜 '높은 긍정적 감정'을 상단에 위치시킴으로써 또 다른 명백한 감정의 구조를 관찰할 수 있다. 어떤 경우에는 '순수한' 긍정적 감정을 많거나 적게 느낄 수도 있으며, 이것은 '순수한' 부정적 감정을 많거나 적게 느끼는지의 여부와 무관하다. 요컨대, 어떤 상황에서는 행복하게 느끼면서 동시에 슬픔을 느낄 수도 있으며, 특히 복합적인 경험을 돌이켜 볼 때 그렇다(Larsen, McGraw, & Cacioppo, 2001). 이것을 양가적(bivalent, 두 가지 독립적인 유인가) 구조라고 부른다.

나아가 양가적 구조(독립적으로 작동하는, 분리되고 무관한 긍정적 차원과 부정적 차원)는 장기적 경험에 대한 자기보고를 넘어선다. 기저의 심리생리적 기제가 이

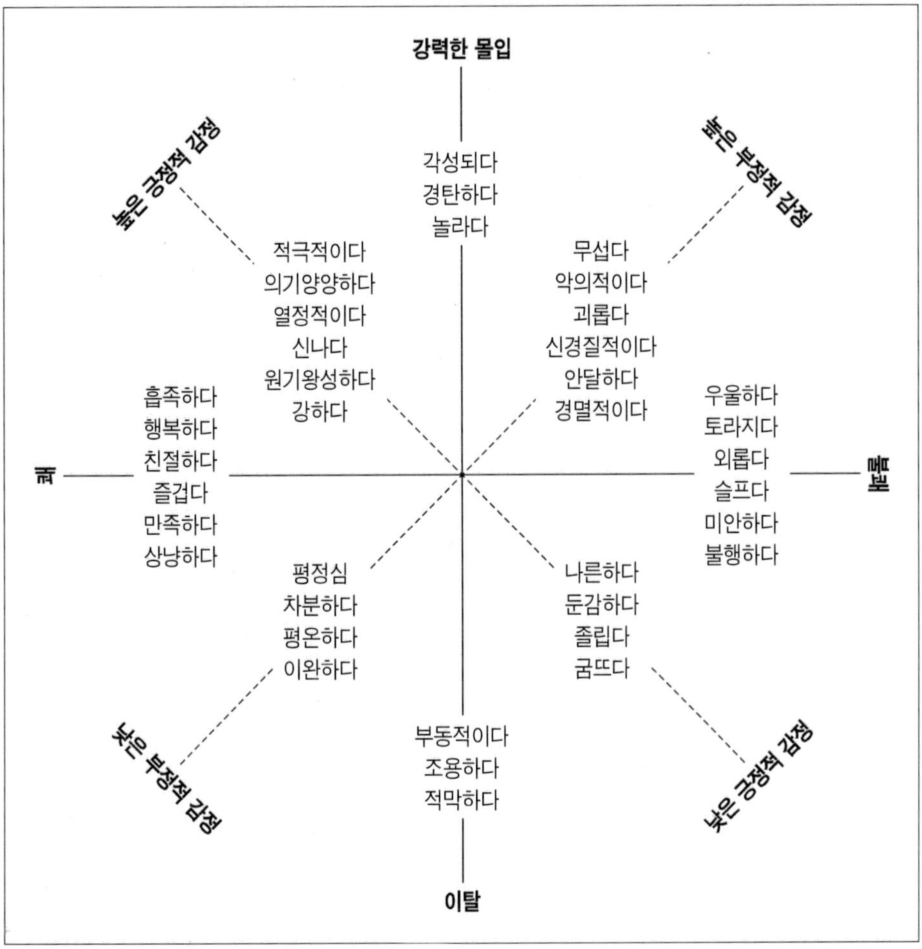

그림 13.1 감정 구조에 대한 2요인 분석

출처: Watson, D. & Tellegen, A. (1985). Toward a consensual structure of mood. *Psychological Bulletin*, *98*, 219–235.

러한 독립적인 긍정적 시스템과 부정적 시스템을 반영한다(Cacioppo & Berntson, 1999; 이 절에서 이 이론들을 개관할 것이다). 긍정적 상태와 부정적 상태가 무관한지의 여부(따라서 동시에 발생할 수 있는 것인지의 여부)에 대한 논쟁은 계속되고 있다(Green, Salovey, & Truax, 1999).

시간, 강도, 복잡성이 함께 작동하여 두 구조 중 어느 것이 사람들의 정서 경험을 가장 잘 포착하는지를 결정하는 것으로 보인다. 강력하며 단순한 단기적 정서는 유쾌한 감정과 불쾌한 감정 간에 부적 상관(즉, 역상관)을 보이며, 따라서 양극적 긍정·부정 구조를 나타낸다. 그렇지만 장기간에 걸친 복잡하면서 강도가 덜한 정서 경험은 긍정적 정서와 부정적 정서 간에 상관을 보이지 않으며, 따라서 양가적이며 독립적인 변인 구조를 나타낸다. 그렇기는 하지만, 두 경우 모두 이차원 구조가 정서 구조에 대해 합의가 가장 잘 이루어진 이해를 반영하고 있다.

긍정적 정서와 부정적 정서는 작동 방식에서 차이를 보인다. 긍정적 정서가 비교적 제한적이기는 하지만 주도적이다. 부정적 정보가 특히 주의를 끄는 부분적인 이유가 희귀하기 때문이라는 사실을 제3장에서 논의하였던 것을 회상해 보라. 사람들은 대체로 약간 긍정적인 결과를 기대하고 경험하기 때문에 이들의 기저선도 약간은 긍정적이다. 심리적 원점은 영점(zero point)이 아니라 영점보다 약간 오른쪽으로 치우쳐 있다. 이것은 긍정성 벌충(positivity offset), 즉 폴리아나 효과(Pollyanna effect) 또는 긍정성 편향(positivity bias)을 나타낸다(각각 Cacioppo & Gardner, 1999; Matlin & Stang, 1978; Sears, 1983). 부정적 결과는 주의와 위협에 대처하기 위한 자원을 더 많이 끌어들인다. 이것은 부정적 편향을 나타내며, 도전거리에 대처하기 위하여 자원을 동원하여 편향을 최소화함으로써 다시 긍정적 평형상태를 회복하게 된다(Cacioppo & Gardner, 1999; Fiske, 1980; Taylor, 1991).

두 가지 유인가는 작동 원리에서도 차이가 있을 뿐만 아니라 복잡성에서도 차이를 보인다. 개별적으로 분석해 볼 때, 부정적 정서는 긍정적 정서보다 복잡한 차원 구조를 갖는 것으로 보인다(Averill, 1980; Ellsworth & Smith, 1988a, 1988b). 분노, 슬픔, 공포, 혐오, 불안, 수치, 증오 간의 차이를 고려해 보라. 반대로 사랑, 평온, 자부심, 즐거움은 보다 유사해 보인다. 부정적 정서들은 인간의 행위와 상황 통제의 정도에서 차이를 보인다. 예컨대, 행위자가 다른 사람이 아닌 자기일 때 죄책감을 더 많이 느끼는 반면(책임감을 더 많이 느낄수록 죄책감도 커진다), 분노에 있어서는 그 역이 참이다(책임감을 더 많이 느낄수록 타인에 대한 분노는 약해진다)(Ellsworth & Smith, 1988a). 또한 부정적 정서는 확실성, 주의, 그리고 예상하는 노력의 정도에 있어서도 긍정적 정서보다 더 가변적이다. 긍정적 정서도 차원 구조를 가지고 있지만 보다 단순한 경향이 있다(Argyle & Crossland, 1987; Ellsworth & Smith, 1988b).

지금까지 양가 모형과 더 잘 맞아떨어지는 단기적 정서반응(특히 행동적 반응)과 양극 모형과 더 잘 맞아떨어지는 장기적 정서반응(특히 자기보고식 반응) 간의 차이를 보았다. 사람들은 정서 보고를 위한 많은 정보 출처를 가지고 있다는 사실에 주목하라. 예컨대 경험적 지식, 일화기억, 상황특수적 신념, 정체성 관련 신념 등이 있다(Robinson & Clore, 2002a). 사람들은 이러한 정보 출처들에 우선순위를 매기며, 가장 세부적인 출처를 선호한다. 또한 현재나 최근의 정서를 보고할 때와 전반적인 과거의 정서 패턴을 보고할 때 서로 다른 처리과정을 사용한다(Robinson & Clore, 2002b).

기본 정서는 존재하는가?

정서의 차원 분석이 지극히 유용하다고 하더라도, 무엇이 정서이고 무엇이 정서가 아닌지를 어떻게 결정하는가? 통증은 정서인가? 소외, 경외, 도전, 또는 놀람은 어떤가? 기본 정서가 실제로 존재한다고 하더라도, 어떤 단순한 공식도 기본 정서를 결정하지 못한다(Ortony & Turner, 1990; Russell, 2003). 따라서 연구자들은 정서 개념을 규정하는 대안적 방법에 초점을 맞추어 왔다. 정서가 필요충분 정의 자질을 갖는 고전적 개념일 것을 요구하지 않을 때, 무엇이 정서이고 무엇이 정서가 아닌지를 결정하는 것이 훨씬 용이해진다. 제4장에서 기술하였던 것처럼, 범주 원형 견해에 따르면 범주 구성원 자격은 정도의 문제지 실무율적인 것이 아니다. 어떤 상태는 보다 확실하게 정서다(예컨대 행복, 분노, 슬픔, 사랑, 공포, 증오). 정서를 나열할 때 용이하게 떠오르는 것들이며, 정서라고 부를 가능성이 크다. 그리고 다른 정서들과 함께 동일한 맥락에 잘 맞아떨어진다(예컨대, "그는 ___에 압도되었다."의 빈칸에 무엇이든 들어갈 수 있다). 이에 덧붙여, 전형적인 정서 사례들은 다른 전형적인 사례들과 많은 자질을 공유한다(심장박동이 증가하고, 땀이 나며, 강박적으로 걱정하고, 눈물이 난다)(Fehr & Russell, 1984).

또한 연구자들은 특정 정서의 의미를 정의하는 데 원형을 적용해 왔다. 엄격한 정의는 특정한 정서의 특징을 온전하게 포착하지 못한다. 사랑, 분노, 또는 공포는 정확하게 무엇인가? 이 견해에 따르면, 예컨대 분노나 공포와 같은 특정한 정서적 얼굴 표정의 범주화가 적합성의 정도를 반영하는 것이지 실무율적인 결정이 아니다(Russell & Bullock, 1985, 1986; Russell & Fehr, 1987; 그러나 Ekman & O'Sullivan, 1988 대 Russell & Fehr, 1988을 참조하라). 아무튼 정서를 확인하는 데는 이러한 원형과정이 우선적으로 작동하는 반면, 정서 개념에 관한 일반인의 이론은 정서를 설명하고 정서에 대해서 추론하는 데 도움이 될 수 있다(Clore & Ortony, 1991).

핵심 정서의 몇몇 후보자들을 취함으로써(사랑, 즐거움, 분노, 슬픔, 공포) 사람들은 정서를 유발하는 사건의 평가로 시작하는 스크립트로 규정될 수 있는 전형적인 정서 일화를 규정할 수 있으며, 그 정서는 표정, 행동경향성, 주관적 감정, 생리적 상태 등으로 구성된다(P. Shaver, Schwartz, Kirson, & O'Connor, 1987). 예컨대, 전형적인 즐거움은 원하는 결과를 성취하거나 존경과 칭찬을 받는 것으로 시작한다. 그런 다음에 즐거운 사람은 타인과 의사소통하며 함께 있고자 하고, 긍정적 조망을 가지며, 원기왕성하고 활기차며 흥이 솟는다. 미소를 지으며 긍정적이고 열정적인 표현을 한다. 여기서 핵심은 사람들이 전형적인 즐거운 경험은 이 모든 요소들을 다 포함하는 반면, 덜 전형적인 경험은 적은 수의 요소를 포함하지만 여전히 즐거움으로 범주화되는 방식으로 전형적 경험을 생각하고 있다는 것이다. 심층 분석도 사랑과 몰입(Fehr, 1988), 외로움(Horowitz, de Sales French, & Anderson, 1982)의 원형에 초점을 맞추어 왔다.

보다 보편적으로 표현하면, 사람들은 특정한 정서를 경험하는 동안 일어나는 전형적인 생리적 변화에 대한 스키마를 가지고 있으며, 이러한 스키마는 여러 문화에 걸쳐 유사하다(Rimé, Philippot, & Cisamolo, 1990). 또한 사람들은 다른 사람의 감정반응을 추측하는 규칙들도 가지고 있다(Karniol, 1986). 이 모든 연구에서 공통적인 개별 경험이 원형을 초래하는 것인지, 아니면 문화가 특정한 경험을 특정한 정서로 정의하고 사람들이 그 경험을 정서로 받아들이는 것인지의 여부를 확정 지을 수는 없다. 즉, 개별 정서 원형과 문화적 기대 간에 인과성의 방향은 명확하지가 않다.

한 가지 조망은 정서의 문화적 결정을 받아들여 정서가 본질적으로 문화에 의해서 정의된다는 견지를 유지한다. 이러한 사회 구성주의적 견해는 정서를 문화의 구성원들이 인지적으로 표상하는 일시적인 사회적 역할로 간주한다. 따라서 정서는 사람들이 상정하는 확인 가능한 역할을 수행하며, 각각은 중추적(또는 전형적) 주제에서 차이를 보이는 것이다(예컨대 Averill, 1983). 이 견해에 따르면, 정서는 (a) 문화적 스크립트가 처방하는 사회적 규칙들로 구성되고, (b) 대규모 '연극'의 부분으로서 다른 연기자들과 얽혀 있는 중요한 대인관계적 현상이며(de Rivera & Grinkis, 1986 참조), (c) 정서에 의미를 부여하는 문화적 이야기나 '플롯'의 부분이고, (d) 연기자로 참여할 것인지의 여부에 관한 선택을 수반하며, (e) 능숙하게 수행하기 위해서는 훈련이 요구되고, (f) 강도를 경험하기 위해서는 역할과의 동일시가 요구되며, (g) 커다란 사회적 맥락과 맞아떨어짐으로써 그 역할의 해석이 뒤따르는 것이다(Averill, 1990c). 이와 같이 정서는 관련된 반응들의 특정한 모호집합 내에서 그 정서를 확인시켜 주는 응집적이고 체제화된 반응 징후를 수반하며(Averill, 1990b; de Rivera, 1984 참조), 이것은 전형적 자질들이 특정한 정서나 정서 일반을 확인해 주는 것과 마찬가지다. 심리적 수준에서는 사람들이 정서적 메타경험으로부터 자신의 정서를 구축한다(Russell, 2003). 다시 말해서, 사람들은 감각, 즐거움, 각성, 행동, 인지, 그리고 자기 정서의 표적에 대한 평가 등에 대한 의식적 경험의 자질들을 결합시킨다. 그 결과가 이름을 붙인 정서이지만, 그 정서는 유동적이며 어떤 한 정서(예컨대 분노)의 순수한 사례는 거의 발생하지 않는다. 어떤 자질은 존재하며 어떤 자질은 존재하지 않는다. 그리고 사람들은 누적되고 응집성을 보이는 자질에 따라서 정서에 이름을 붙이는 것이다.

결론

요약컨대, 감정은 선호, 평가, 기분, 정서를 포괄한다. 선호와 평가는 표적에 대한 단순하고 장기적인 긍정적이거나 부정적인 반응인 반면에, 기분은 특정한 표적이 없는 단순하고 장기적인 긍정적이거나 부정적인 감정이다. 정서는 광범위한 유형의 감정 상태를 지칭하는데, 이 상태들은 강력하고 단기적인 것일 수 있다. 정서의 다양성을 반영하려는 여러 노력은 차원 분석, 원형 모형, 사회적 역할 접근, 메타경험으로부터의 구성 등이 관련되어 있다고 생각하는 다양한 입력을 사용해 왔다.

이 장의 나머지 부분에서 개관할 연구들에 감정의 정의를 적용할 때 유념해야 할 한 가지 사항이 있다. 대부분의 이러한 구분이 이 분야의 연구에서 일정하게 유지되는 것은 아니다. 실제로 이율배반적이기는 하지만, 감정에 관한 가장 우수한 몇몇 경험적 연구들은 감정에 관한 최선의 분류 연구들과 거의 아무런 관계가 없다.

2. 초기 이론

역사적 맥락을 간략하게 기술하는 것은 우리의 기본 과제, 즉 감정과 정서 간의 관계라는 케케묵은 물음의 틀을 제공해 준다. 120여 년 전에 윌리엄 제임스(William James, 1890/1983)는 자율신경계 피드백(맥박, 복부 긴장)과 근육 피드백(자세, 얼굴 표정) 자체가 정서를 구성한다고 제안하였다. 콘라드 랑게(Conrad Lange, 1885/

1922)는 제임스와 같은 시기에 유사한 이론을 구성하였다. 이러한 제임스-랑게 견해에서는 각 정서에 독특한 생리적 패턴이 우리가 느끼고 있는 것이 무엇인지를 드러내준다. 제임스는 숲 속에서 곰을 만났을 때 무서운 이유는 우리가 떨면서 도망가기 때문이라고 주장하였다. 신체반응이 정서를 야기한다는 것이다. 제임스-랑게 정서 이론은 정서의 유일한 기반으로 인지나 심적 활동의 역할을 경시하였다. 마찬가지로 찰스 다윈(Charles Darwin, 1872)도 관련된 근육 활동이 정서를 강화시키거나 억제할 수 있다고 제안하였다.

수십 년이 지난 후에, 내장 감각은 너무나 산만한 것이어서 제임스-랑게 이론으로는 상이한 모든 정서를 설명할 수 없으며 자율신경계는 너무 느리게 반응하기 때문에 이 이론이 정서반응의 속도를 설명할 수 없다는 월터 캐논(Walter Cannon, 1927)의 주장에 의해서 공격을 받게 되었다. 이러한 비판에 뒤이어서, 많은 심리학자들은 정서에 대한 생리적 반응의 공헌은 산만한 각성에만 국한되는 것이며 신체감각의 상세한 패턴을 포함하지 못한다고 가정하게 되었다. 나중에 이 논쟁을 다시 다룰 테지만, 잠시 미분화된 각성이라는 견해를 상정하더라도 기본적인 문제는 여전히 남는다. 만일 각성이 산만한 것이고 단지 정도의 높고 낮음을 나타낼 뿐이라면 정서 경험의 다양한 측면들을 어떻게 설명할 수 있는가? 일련의 답은 생리적인 것이며, 다른 답들은 인지적인 것이다.

3. 생리학적 정서 이론

다음 네 절에서 다루겠지만, 생리적 기제는 풍부한 정서 경험을 마련해 줄 수 있다. 첫 번째 절은 정서의 분화를 살펴볼 것인데, 특히 다양한 국면을 가지고 있으며 매우 예민한 기관인 얼굴을 통한 정서의 분화를 다룬다. 두 번째 절은 각성이 기존의 긍정적이거나 부정적인 감정을 강화시키고 실제로 정서의 또 다른 차원을 제공해 줄 가능성을 기술한다. 세 번째 절에서 다룰 가능성은 캐논의 비판과는 달리 각성 자체가 분화되어 있다는 것이다. 네 번째 절은 신경영상과 같이 두뇌의 내면을 들여다보는 새로운 기법에 숨어 있는 가능성을 탐색한다. 앞으로 보게 되겠지만 이러한 가능성들은 독립적인 것이 아니라 서로 연계되어 있다. 어느 경우든 다음 네 절은 인지적 이론에 대한 배경으로 비인지적 정서 이론들을 간략하게 개관한다.

얼굴 피드백 이론

초기의 얼굴 피드백 가설은 정서 사건이 얼굴 근육의 생득적인 배열을 직접적으로 촉발시키며, 얼굴로부터의 피드백에 의해서만 감정을 자각하게 되는 것이라고 주장하였다(Tomkins, 1962; Gelhorn, 1964 참조). 이 견해가 제임스-랑게 이론과 얼마나 상응하고 있는지에 주목하기 바란다. 그렇지만 각성이 신속하고 분화되었다고는 가정하지 않으며, 단지 얼굴 반응만이 분화되어 있다고 가정하였다. 얼굴 피드백 이론(facial feedback theory)에 따르면, 발달과 양육이 얼굴 표정의 범위를 제한하기 때문에 느낄 수 있는 정서의 범위도 제한을 받게 된다(Izard, 1972, 1977). 시간이 경과하면서 사람들은 사회가 자신의 정서를 표현하는 데 사용하도록 허용해 주는 얼굴 근육에 근거하여 정서의 레퍼토리를 구축한다. 변형된 주장들이 존재하기는 하지만, 핵심 가설은 얼굴 표정으로부터의 피드백이 정서 경험과 행동에 영향을 미친다는 것이다(Buck, 1980; Winton, 1986).

불행하게도 이렇게 흥미진진한 아이디어를 지지하는 증거는 유쾌 대 불쾌 경험 그리고 대체로 각성에만 제한된다. 얼굴 표정은 정서의 두 가지 기본 차원인 즐거움과 강도를 반영한다(Schlosberg, 1954). 이에 덧붙여, 얼굴 표정은 정서의 다른 생리적 반응들과 관련된다. 얼굴 표정의 즐거움(즐거움을 불러일으키는 사진을 보고 있는 동안 관찰자가 평가한 것이다)은 심장박동과 직접적으로 관련될 수 있다(극단적 유쾌는 박동을 촉진하고, 극단적인 불쾌는 억제한다)(Winton, Putnam, & Krauss, 1984). 그리고 표정 강도의 평가는 피부전도(즉, 땀 분비량의 미세한 차이)와 관련될 수 있다. 얼굴 표정, 심장박동, 피부전도에서의 내장반응은 정서의 기본 차원과 상관관계를 가지며(Winton et al., 1984), 전체 생리적 반응의 한 부분이 된다(Cacioppo, Petty, & Geen, 1989; Ekman, Levenson, & Friesen, 1983; McCaul, Holmes, & Solomon, 1982; Zuckerman et al., 1981). 실제로 얼굴은 정서의 즐거움 차원과 강도 차원을 신뢰롭게 반영하며, 심지어는 명시적 표정이 관찰자에게 드러나지 않을 때조차 그렇다. 즉, 얼굴에 부착한 전극은 너무나 미묘하거나 순간적이어서 관찰하기 어려운 미세한 근육 활동을 탐지할 수 있으며(근전도, EMG), 이러한 근육 활동은 정서의 두 가지 기본 차원을 반영하는 명시적 얼굴 표정에서 사용되는 근육과 동일한 것이다(Cacioppo, Petty, & Geen, 1989; Cacioppo, Petty, Losch, & Kim, 1986). 예컨대, 웃을 때 수축하는 아래 뺨 근육〔대관골근(zygomaticus major)〕과 찡그릴 때 수축하는 미간 근육〔눈썹 주름근(corrugator supercilii)〕은 각각 감정이 내재된 그림과 소리 그리고 단어에 대한 긍정적 반응과 부정적 반응의 지표가 된다(Larsen, Norris, & Cacioppo, 2003).

또한 얼굴 표정이 보고하는 기분과 정서 그리고 평가에 직접적인 영향력을 행사한다는 기본 아이디어를 지지하는 증거들도 있다(Laird, 1984). 한 가지 전형적인 실험 패러다임에서는 얼굴 표정에 아무런 이름도 붙이지 않은 채, 실험참가자들에게 긍정적이거나 부정적인 얼굴 표정(예컨대 미소, 찡그리기)을 짓도록 유도하였다. 예컨대, 한 실험에서는 참가자들에게 EMG 측정을 위한 것인 양 관련된 근육들을 하나씩 수축한 채 그대로 있도록 지시하여 결국에는 본인도 모르게 정서 표정을 짓게 만들었다(Laird, 1974). 또 다른 실험에서는 장애인들의 신체적 대처 전략을 연구하려는 것이라고 알려 주면서, 참가자들에게 입술을 사용하지 않은 채 치아로 연필을 물고 있도록 요구함으로써 미소를 흉내 내도록 하였다(Strack, Martin, & Stepper, 1988). 그런 다음에 참가자들에게 만화의 재미를 평정시킨 결과, 미소를 억제하였을 때보다 인위적으로 미소 짓는 얼굴 표정을 유지하였을 때 유머를 더 많이 찾아냈다. 다른 연구자들도 유사한 효과를 얻어 왔다(예컨대 Flack, 2006; Ito, Chiao, Devine, Lorig, & Cacioppo, 2006; Lanzetta et al., 1976; Rhodewalt & Corner, 1979; Zuckerman et al., 1981).

순수한 형태의 얼굴 피드백 가설은 논란의 여지가 있다. 여러 연구들에 걸쳐서 얻어진 효과는 미미한 것이었다(Matsumoto, 1987). 게다가 몇몇 연구자들은 얼굴 표정이 정서를 변화시킨다는 결과를 반복하지 못했다(Buck, 1980; Ellsworth & Tourangeau, 1981; Tourangeau & Ellsworth, 1979; 그러나 Hager & Ekman, 1981; Izard, 1981; Tomkins, 1981도 참조하라). 상반된 결과에 대한 한 가지 가능성 있는 설명은 사람들에게 자발적인 얼굴 표정을 단순히 과장해 보라고 말하는 것은 정서의 변화를 초래하지만, 엄격하게 자세를 취하도록 요구한 표정은 가끔씩만 정서의 변화를 초래한다는 것이다. 후자가 정서를 초래하는 조건이 무엇인지는 아직 명확하게 밝혀져 있지 않다.

또 다른 논쟁은 얼굴 피드백 효과가 인지적으로 매개되는 것인지의 여부를 둘러싼 것이다. 몇몇 연구자들은 정서에 대한 얼굴 피드백의 효과가 태도의 자기귀인에서와 마찬가지로 인지적으로 매개되는 것이라고 주장한다(예컨대 Laird, 1974). 다른 연구자들은 그 효과가 직접적인 것이며 인지적으로 매개되는 것이 아니라고 주장한다(Gellhorn, 1964; Izard, 1972, 1977; Plutchik, 1962; Tomkins, 1962). 마지막으로, 모든 얼굴 피드백 연구에 걸쳐서 아무리 신중하게 설계된 연구라고 하더라도 참가자들이 자신의 얼굴 표정에 처치를 가하는 것이라는 사실을 알아차리고는 실험 요구에 근거하여 반응하는 것이라고 주장하는 비판자들을 완벽하게 침묵시킬 수가 없다. 그렇기는 하지만 얼굴 피드백 가설은—그리고 다른 비언어적 채널로부터의 피드백에 관한 관련 증거들도(Kellerman, Lewis, & Laird, 1989)—복잡하게 분화된 정서라는 퍼즐을 맞추기 위한 생리학적 조각을 제공해 주는데, 아마도 구성주의적 설명과 가장 일치하는 것으로 보이며, 이 설명에서는 얼굴 피드백이 주로 유인가 단서를 제공해 주고 있다.

흥분성 전이

지금까지는 각성이 분화되어야 하는 것인지를 고려하지 않은 채, 감정을 분절적 정서로 분할하기 위한 예비적 단서들을 보았다. 즉, 얼굴 표정이 정서 경험 패턴에 대한 단서들을 제공하는 반면, 각성은 단지 산만한 증폭기로 간주되었다. 각성이 어떻게 유래하는 것이며 정서에 어떤 영향을 미치는지를 아는 것이 중요하며, 다음에 논의할 생리학적 이론은 각성에 초점을 맞추고 있다.

질만(Zillmann, 1983, 1988)은 각성(즉, 자율신경계의 정서적 흥분)이 자동성과 학습 모두에 기원하고 있다고 제안하였다. 예컨대, 놀람반응은 무조건적인 것이지만 비행기 여행의 공포는 조건반응이다. 각성의 학습된 자질과 학습되지 않은 자질 모두를 설명하기 위하여 질만(1983)은 정서가 처음에 세 가지 독립적 요인에 의존한다고 주장한다. 먼저 다음과 같은 두 성분이 즉각적인 정서 행위를 만들어 낸다. (a) 성향적 성분은 학습되거나 학습되지 않은 근골격계 반응(예컨대 놀람반응, 통제되지 않은 얼굴반응, 비자발적인 정서 제스처 등)으로 구성되며, (b) 흥분적 성분은 학습되거나 학습되지 않은 각성반응을 통해서 유기체를 활성화시킨다. 마지막으로 (c) 경험적 측면에는 자신의 처음 반응에 대한 평가와 상황의 해석이 수반되는데, 이것들이 후속 반응을 수정시킬 수 있다.

우리의 논의에서 볼 때, 이 이론의 핵심은 각성이 불특정한 것이고 소멸 속도가 느리며, 사람들은 자신의 각성자원을 분할하는 데 서투르고, 자신의 각성을 인지적으로 해석한다는 것이다. 따라서 선행 장면에서 전이된 각성이 새로운 상황에서의 각성과 결합되어 정서반응을 증폭시킬 수 있다. 이 아이디어는 현실적 중요성을 갖는다. 데이트 상대에게 술을 자꾸 권하는 것이 전통적인 유혹 방식이기는 하지만, 이 이론에 따르면 커피를 권하거나 농구 경기를 관람하면서 목청을 높이게 하는 것이 더 좋은 효과를 가질 수 있다. 춤을 추는 것도 이러한 성분을 가지고 있다.

많은 증거들은 엉뚱한 출처에서 비롯된 각성이 시야에 들어오는 무관한 사람과 대상을 향한 감정을 증폭시킬 수 있다는 사실을 지적한다. 더튼과 아론(Dutton & Aron, 1974)의 고전적 연구는 어떻게 흥분성이 전이될 수 있는지를 보여 주었다. 이들은 매력적인 여성으로 하여금 아슬아슬한 현수교를 용감하게 건너왔거나 아니면 나무로 만들어서 상대적으로 튼튼한 다리를 막 건너온 남자들을 인터뷰하도록 하였다. 남자들에게는 의도적으로 모호하게 만든 젊은 여성의 사진에 대해서 이야기를 꾸며 보도록 요구하였다. 예언한 바와 같이, 아슬아슬한 현수교를 건너와서 각성되어 있을 것이라고 기대되는 남자들이 안전한 다리를 건너온 남자들보다 이야기 속에 성적 내용을 더 많이 포함시켰다. 이에 덧붙여, 나중에 매력적인 여성 실험자에게 전화를 걸 가능성도 더 컸다(유사한 결과를 보려면 Jacobs, Berscheid, & Walster, 1971; Stephan, Berscheid, & Walster, 1971 참조). 따라서 애초에 공포가 촉발시킨 각성이 낭만적이거나 성적 매력에 전이된 것이다.[2)]

공포와 낭만적 매력만이 이러한 방식으로 작동하는 정서는 아니다. 분노를 유발시킨 후에 성적 이야기나 나체 사진 또는 매력적인 이성 실험협조자에 노출시키면 성적 각성이 높아졌다고 보고하기 십상이다(예컨대 Barclay, 1970; Barclay & Haber, 1965). 역으로, 성적 각성도 공격성의 가능성을 증가시킬 수 있다(예컨대 Zillmann, 1971). 남성에게 있어서는 무시무시한 공포 영화를 보면서 여자 친구가 고통을 받는 것이 영화의 즐거움을 배가시키게 된다(Zillmann, Weaver, Mundorf, & Aust, 1986). 혐오감은 유머의 즐거움(J. R. Cantor, Bryant, & Zillmann, 1974)이나 음악의 즐거움(J. R. Cantor & Zillmann, 1973)을 촉진시킬 수 있다. 후자의 결과는 특정한 뮤직 비디오의 매력을 설명해 준다. 이러한 결과가 시사하는 도발적인 사실은 과거 경험의 유인가는 무관하며 오직 각성의 전이만이 문제가 된다는 것이다(반대 견해를 보려면 R. A. Baron, 1977; Branscombe, 1985 참조).

---

2) 이 현상에 관한 초기 연구들은 자주 이 현상을 이성애적 행동의 분석이라고 칭하고 있지만, 동성애적 매력이 다를 것이라고 생각할 근거는 없다.

단순한 신체적 각성 자체가 분노나 성적 매력을 증폭시킬 수 있다. 예컨대, 자극을 주었을 때, 방금 운동을 마친 사람들은 각성되지 않은 사람들보다 더 공격적으로 반응하거나 화를 더 많이 낸다(Zillmann, 1978; Zillmann & Bryant, 1974; Zillmann, Katcher, & Milavsky, 1972). 각성은 낭만적 매력을 고양시킨다(G. L. White, Fishbein, & Rutstein, 1981; G. L. White & Kight, 1984). 심지어 각성은 자기 모교에 대한 평가도 증폭시킬 뿐만 아니라(M. S. Clark, 1982), 자신을 만족시키는 이기적 귀인(Gollwitzer, Earle, & Stephan, 1982) 그리고 설득적 메시지에 반론을 제기할 가능성(Cacioppo, 1979)도 증가시킨다. 이 모든 연구들은 흥분성이 한곳에서 다른 곳으로 전이되어 뒤따르는 감정반응을 증폭시킨다는 아이디어와 일치한다. 전이된 흥분성 상태에서는 즉각적인 행위를 취할 수 없다고 하더라도, 흥분하고 있는 동안에 미래 행위(예컨대 복수)를 언급함으로써 흥분성 전이 효과는 실제 각성이 진작 사라진 후까지 지속될 수 있다는 연구 결과들에 의해서 그 함의가 확장되고 있다(Bryant & Zillmann, 1979). 따라서 각성은 긍정적 반응과 부정적 반응을 양극화시키는 것이다(Stangor, 1990).

사회인지 연구에서 특히 관심을 끄는 물음은 각성 효과가 그 각성을 인지적으로 자각하는 것에 달려 있는지의 여부이다. 사람들은 정서 수반 자극을 충분히 자각하지 않은 채 그 자극에 의해서 정서적으로 반응한다(또한 각성될 수도 있을 것이다)(Corteen & Wood, 1972; Niedenthal & Cantor, 1986; Robles et al., 1987; Spielman, Pratto, & Bargh, 1988). 흥분성 전이(excitation transfer) 이론은 사람들이 각성되었다고 의식적으로 느끼지는 못하지만 생리적 측정치가 실제로 각성되어 있다는 사실을 나타낼 때조차도 각성이 정서에 영향을 미친다고 주장한다.

이러한 주장은 중요한 측면에서 섹터와 싱어(Schachter & Singer, 1962)의 정서 이론(제6장에서 다루었으며 다음 절에서도 다룰 것이다) 그리고 그 이론에서 파생된 이론들과 차이를 보인다는 사실을 명심하라. 후자의 이론들은 사람들이 즉각적으로 설명할 수 없는 생리적 각성에 이름을 붙이고 해석하며 확인할 때 정서가 초래된다고 상정한다. 섹터 이론의 함의는 각성이 의식적으로 지각되었기 때문에 설명을 요구한다는 것이다. 척수장애 환자들에게서 얻은 증거는 섹터 이론이 가정하는 것과는 달리, 각성의 지각이 정서 경험에 반드시 필요한 것이 아닐 수 있다는 사실을 보여 준다(Chwalisz, Diener, & Gallagher, 1988). 두 이론 간의 또 다른 중요한 차이점은 섹터 이론이 애초에 각성의 원천이 모호할 때에만 적용된 반면에(Kenrick & Cialdini,

1977), 질만 이론에서는 그렇지 않다는 것이다. 그렇기는 하지만, 두 이론 모두 그 출처가 모호할 때 각성의 역할을 기술하고 있다는 사실에 유념하기 바란다.

감정 신경과학

지금까지 긍정성과 부정성 그리고 강도/각성을 포함한 정서 차원을 지지하는 다양한 증거들을 보았다. 앞으로 보게 되겠지만, 비록 여기서 제시할 증거가 예비적인 수준의 것이기는 하지만, 신경과학이 이러한 기본 자질들을 뒷받침하며 더욱 세분화된 감정 분화에 대한 실마리를 과감하게 제안하고 있다.

초기에 수행된 몇몇 감정 신경과학 연구들은 EEG를 사용하여 긍정적/부정적 감정반응의 출현 시간과 두뇌에서의 위치를 확인해 내고자 하였다. 좌우반구 중전두엽의 활성화는 각각 긍정적 정서반응, 부정적 정서반응과 대응된다. 대부분의 경우에 이러한 활성화는 접근 행동과 회피 행동 경향성과 맞아떨어진다(Coan & Allen, 2004; Davidson, 1993; Davidson & Irwin, 1999). 오늘날의 감정 신경과학보다 20년 이상 앞서서 처음으로 확인된 것이기는 하지만, 정서과정의 복잡성을 감안할 때 감정의 비대칭성이라는 단순한 아이디어는 잘못된 것이다. 그렇지만 두 가지 광의적인 동기 시스템—긍정적(접근, 보상, 섭식) 시스템과 부정적(회피, 처벌, 위협) 시스템—간의 대비는 여전히 설득력을 갖는다. 물론 전반적인 신경 패턴 속에는 엄청난 복잡성이 숨어 있으며, 데이터가 누적됨에 따라서 수정될 것임에는 의심의 여지가 없다. 예컨대, 분노는 부정적인 것이지만 접근 관련 정서다.

보다 최근의 신경과학은 신경영상 기법을 사용하는데, 앞서 지적한 바와 같이 시간 경과를 측정하는 데는 좋지 않지만 특정 영역을 확인하는 데는 우수하다. 몇몇 관련 연구들을 제9장과 10장에서 소개하였으며, 정서적으로 강력한 태도, 특히 부정적 태도에서 편도체의 역할 그리고 부정적 유인가에서 뇌섬의 역할을 논의하였다.

또한 정서 연구자들은 정서적으로 강력한 경험(단지 태도가 아닌)에서 편도체의 중요성도 강조해 왔다. 안와전두피질(orbitofrontal cortex)을 포함한 거대 시스템의 한 부분으로서 편도체는 특히 공포의 표현과 다른 정서의 강력한 표현을 재인하는 데 관여한다(Adolphs, 2002). 편도체는 공포 조건형성에 신뢰롭게 관여하며, 다양한 강력한 정서 경험에도 관여한다(Phelps, 2006). 메타분석도 편도체가 적어도 공포에 수반된다는 사실에 동의하고 있다(Murphy, Nimmo-Smith, & Lawrence, 2003; Phan,

Wager, Taylor, & Liberzon, 2002).

위의 메타분석들은 뇌섬이 적어도 혐오에 수반된다는 사실에도 동의한다. 태도 연구들이 지적한 바와 같이, 이 결과는 부정적 유인가가 뇌섬을 수반한다는 아이디어와 확실히 잘 들어맞는다. 편도체와 뇌섬 이외에서는 두 메타분석이 동의하지 않지만, 다음과 같은 사실에 대한 실마리를 제공하고 있다. 슬픔에는 전대상피질이 관여하며, 이 구조는 제3장에서 지적한 바와 같이 주의, 불일치 탐지와도 관련된다.

다른 기본 유형의 정서들은 지금까지 그렇게 신뢰로운 결과를 보여 주지 않고 있다. 합의가 결여되어 있다는 사실이 몇몇 연구자들로 하여금 정서의 본질을 탐지하는 데 있어서 신경영상 데이터의 적절성을 부정하도록 만들기도 하지만(Barrett & Wager, 2006), 이러한 불일치는 부분적으로 자기보고식 정서 경험에 초점을 맞추는 연구와 정서 유발 자극을 사용하는 대부분의 감정 신경과학 연구 간의 차이에 의한 것일 수 있다.

사회인지와 감정에 초점을 맞추고 있는 우리의 논의에 신경영상 연구가 제공해 주는 메시지는 분화된 '정서 영역들'이 가능한 것이라고 하더라도 아직은 그것들을 결코 확인해 내지 못하고 있다는 사실이다. 실제로 한 연구자는 감정 인지과학의 '일곱 가지 죄악' 중에서 이 물음을 확인하고 있다(Davidson, 2003). 오히려 연구자들이 해야만 할 일은 (1) 감정 신경회로와 인지 신경회로의 혼재를 인정하고(Phelps, 2006 참조), (2) 감정은 피질하 구조뿐만 아니라 사고를 담당하는 피질도 수반한다는 사실을 받아들이며, (3) 정서는 단지 심리적 구성체가 아니라 측정 가능한 신체 반응들과 대응된다는 사실을 인정하고, (4) 정서심리학에서 신경회로에 관한 지식을 통합하며, (5) 정서는 연령에 따라 차이가 있다는 사실을 깨닫고, (6) 두뇌의 제한된 영역에서 정서를 찾으려고 하지 않으며, (7) 정서 시스템의 한 부분으로 무의식적 반응을 포함시키는 것이다. 쉴 새 없이 진행되는 정서 신경과학 연구는 계속해서 사회인지 연구에 피드백을 제공해 줄 것이다(Cacioppo et al., 출판 중 참조).

결론

정서의 초기 이론들은 감정반응에서 인지와 생리학적 기제의 역할에 관한 지속적인 논쟁의 장을 마련해 주었다. 윌리엄 제임스는 독특한 생리적 패턴이 정서자극에 대한 직접적인 반응에서 인지적 매개 없이 출현한다고 가정하였다. 그의 견해는 월터 캐논에 의해서 약화되었으며, 캐논은 내장반응이 너무나 느리고 산만해서 많은 분리된 정서들을 구분할 수 없다고 주장하였다. 얼굴 피드백 이론가들은 제임스와 마찬가지로, 생리적 감각으로부터 서로 다른 정서들이 직접 초래된다고 주장하였다. 그러나 이들은 각성 시스템에 의존하는 대신에 예민한 안면근육이 다양한 정서를 위한 서로 다른 패턴을 제공한다고 제안하였다. 증거들은 주로 긍정성·부정성 차원을 지지한다. 즉, 생리적 증거는 긍정적 감정 시스템과 부정적 감정 시스템을 가장 잘 분화시켜 준다는 것이다.

상이한 입장을 취하는 각성 이론가들은 어떻게 각성이 학습되거나 학습되지 않은 반응에 기원을 두고 있는 정서반응을 증폭시키는지를 고찰해 왔다. 인간을 대상으로 한 신경과학은 정서처리 일반에 수반되는 두뇌 영역들뿐만 아니라 긍정적(접근) 반응과 부정적(회피) 반응 간의 전반적인 대뇌 비대칭성을 확인해 왔으며, 특히 강력한 정서에 관여하는 영역(편도체)과 부정적 정서에 관여하는 영역(뇌섬)을 확인해 왔다. 이 모든 이론들은 이후에 다룰 이론들과 비교할 때 정서반응에서 인지의 역할을 도외시하고 있지만, 점차적으로 정서에는 의식적 성분, 무의식적 성분, 인지적 성분, 감정적 성분, 사회적 성분, 말초적 성분, 피질하 성분, 그리고 피질 영역이 포함된다는 사실을 인식하고 있다. 두뇌는 대학의 심리학과가 사회심리학, 인지심리학, 정서심리학 영역 등으로 분리된 것처럼 분할되어 있는 것이 아니다. 오히려 모든 것들이 형태와 기능에서 혼재되어 있는 것이다.

계속 진행하기에 앞서, 한 가지 명백하게 잘못된 가정이 지금까지 다루어 온 몇몇 이론들과 앞으로 소개한 이론들을 오도하였다는 점을 지적하고자 한다. 즉, 정서가 얼굴에서 기원한다는 생각, 흥분성 전이라는 아이디어, 그리고 각성+인지 이론들은 모두 각성이 산만하여 정서 분화를 설명할 수 없다는 캐논의 전제에 근거한 것이다. 보다 최근의 증거들은 이러한 결론이 미숙한 것일 수 있다는 사실을 보여 주어 왔다. 실제로는 특정한 각성 패턴이 각기 다른 정서에서 일어날 수 있다(예컨대 Ax, 1953; Derryberry & Rothbart, 1988; Lacey, 1959, 1967; Lacey & Lacey, 1958, 1970; G. E. Schwartz, Davidson, & Pugash, 1976; G. E. Schwartz, Weinberger, & Singer, 1981; Tourangeau & Ellsworth, 1979; Winton et al., 1984). 그렇기는 하지만, 캐논(1927)과 섹터(1964)는 이러한 패턴들을 경험 수준에서는 용이하게 구분되지 않는 것으로 기술하였다는 점에서 타당한 것일 수 있다. 이 물음은 여전히 답을 기다리고 있는 중이다. 역설적이지만, 궁극적으로 해결을 요구하지 않을 수도 있는 문제를 해결하는 것이 부분적으로는 정서 이론에 대해서 가장 결정적인 공헌을 하게 만들 수 있다.

4. 감정의 사회인지적 토대

앞에서 우리는 생리적 각성이 분화되지 않는 것이라면 어떻게 정서가 분화될 수 있는지를 물음하였다. 그 이래로 생리적 시스템과 신경반응 시스템의 결합이 다양한 정서에 기여한다는 사실이 명백해져 왔다. 그렇지만 생리적 기제가 정서의 모든 것은 결코 아니다. 사회심리학에서 각성을 미분화되어 있으며 다양한 정서를 설명하기에 부적합한 것으로 간주하는 견해는 어떻게 인지가 정서의 복잡성을 설명할 수 있는지를 밝히려는 노력을 경주하도록 이끌어 갔다. 이러한 아이디어들은 근본적으로 생리적 기제에 관한 아이디어를 참조하지 않는다.

인지가 정서에 이르게 되는 방식에 관한 이러한 아이디어들을 고려함에 있어서, 많은 사회심리학자들이 인지가 감정반응의 일차적 토대라고 가정해 왔다는 사실을 명심하는 것이 유용하다. 예컨대, 편견의 원천으로서 고정관념을 연구하고(Allport, 1954), 태도 변화를 촉발시키는 각성을 초래하는 것으로서 인지 불일치를 제안하며(Cooper, Zanna, & Taves, 1978) 감정을 생성하는 것으로서 자기개념 모순을 고찰하는 데 있어서(Higgins, 1987) 이러한 가정을 해 왔다. 사회심리학의 전통 속에서 감정과 정서를 이렇게 광의적으로 취급해 왔기 때문에, 앞으로 제시하는 내용은 필연적으로 선택적일 수밖에 없다. **표 13.1**은 네 가지 유형의 이론들을 체제화하는 데 도움을 주려는 것이다.

인지에 각성이 첨가된 것으로서의 정서: 차단 이론

우리가 사람들에게 끌리는 이유는 운명적인 것은 아니더라도 중요한 방식으로 그들의 독특한 성격이 우리 자신의 독특한 성격과 잘 맞아떨어지기 때문이라고 우리들 대부분은 생각하려고 한다. 근접성(같은 동네에 살고 있다), 타이밍(이혼한 지 오래되어서 새로운 관계를 맺을 준비가 되어 있다), 편의성(일과 스케줄이 동일하다), 또는 각성이라는 무관한 원인(집중적으로 일을 한 후에 만난다) 등과 같이 우연한 것처럼

표 13.1 인지 구조를 감정과 관련시키는 이론

이론과 이론가	인지적 구조	감정에의 영향
차단(interruption)		
쉑터(Schachter)	설명되지 않는 각성 + 인지적 해석	이름이 붙은 정서
맨들러(Mandler)	(지각적) 스키마 또는 목표 지향적 행위 적용의 차단	촉진되고 용이하게 맞아떨어지면 긍정적, 차단되고 잘 맞아떨어지지 않으면 부정적
버샤이드(Berscheid)	차단된 상호의존적 목표 순서	촉진되고 용이하게 맞아떨어지면 긍정적, 차단되고 잘 맞아떨어지지 않으면 부정적
대응(matching)		
켈트너(Keltner)	권한 관계에 관한 기대	높은 권한의 자기이면 긍정적, 낮은 권한의 자기이면 부정적
피스키(Fiske)	스키마 또는 범주의 적용	연합된 감정[1]
린빌(Linville)	표상의 복잡성	감정의 완화[2]
테서(Tesser)	사고를 통한 스키마의 정교화	감정의 극단성[2]
결말(outcomes)		
와이너(Weiner)	결말의 귀인(소재, 안정성)	분화된 정서
카네만과 밀러 (Kahneman & Miller)	현재의 결말을 규범과 비교하기	비정상적일 때 정서 증폭
대처(managing)		
사이몬(H. Simon)	환경에 따른 목표 우선권 변화	경계 기제로서의 정서
오틀리와 존슨-레어드 (Oatley & Johnson-Laird)	성공 확률에 따른 목표 우선권 변화	경계 기제로서의 정서
카버와 샤이어 (Carver & Scheier)	현재 상태와 기준 간의 불일치	정서가 노력이나 철회의 단서로 작용

주: 1. 스키마가 촉발하는 감정에 대한 태도의 보완을 보려면 제10장에서 다루었던 파지오의 MODE 모형과 그린왈드 등의 IAT를 참조하라.

2. 이렇게 모순적으로 보이는 이론들을 융합시키려면 본문을 참조하라.

보이는 요인들의 중요성을 경시하는 경향이 있다. 그렇지만 이 모든 요인들은 두 사람 간에 친밀한 관계를 형성하는 데 도움을 줄 수 있다. 이에 덧붙여 섁터의 정서 이론이 제안하는 바와 같이(제6장 참조), 사람들은 각성될 때 사전 경험과 사회화 그리고 맥락에 의존하여 상이한 방식으로 자신의 각성을 설명한다(Schachter & Singer, 1962). 따라서 각성된 사람이 성적 매력으로 해석하는 것(Dutton & Aron, 1974)을 다른 사람은 즉각적으로 사랑이라고 이름 붙일 수 있다(Berscheid & Walster, 1978; Walster, 1971). 이러한 오해가 많은 사람들에게 개인적 비극의 원인이었음은 의심의 여지가 없다.

섁터의 2요인 이론(two-component theory)은 산만한 생리적 각성이 인지적 해석의 촉매 작용을 하기 때문에 정서가 인지 행위에 의해서 매개된다고 제안한다. 매개되지 않은 생리적 반응에 직접적으로 초점을 맞추는 앞선 견해(예컨대 얼굴 피드백 이론의 몇몇 버전)들과 이러한 주장이 어떻게 다른지에 주목하라. 많은 논란에도 불구하고(Reisenzein, 1983), 우리가 이미 보았던 것처럼(제6장 참조) 섁터의 이론은 정서에 관한 사회심리학 연구에 상당한 영향을 미쳐 왔다. 이에 덧붙여 최근 이론들은 각성+인지 견해를 여러 단계 진보시키고 있다.

정서에서 마음과 각성

생리적 각성이 평가적 인지와 결합하여 정서를 유발한다는 점에서 이 이론의 몇 가지 기본 자질은 섁터 이론과 닮았다. 내장 활동은 경험의 강도와 특정한 정서적 '느낌'을 제공하는 반면에, 평가적 인지는 분화된 정서 경험의 질을 제공한다.

조지 맨들러(George Mandler, 1975, 1990)의 이론은 섁터 이론과는 달리, 각성의 심적 기원, 즉 모순(discrepancy)과 차단(interruption)을 내세운다. 이 견해에 따르면, 대부분의 각성은 지각적 또는 인지적 모순이나 진행 중인 행위의 차단에 뒤따른다. 모순은 정의상 기대에 위배되는 것으로서, 스키마의 용이한 적용이나 목표 지향적 행위의 원활한 진행을 차단하는 것이다. 지각적·인지적 차단에는 예상하지 못하였던 뒤틀림이나 농담 등에 의해서 예상하였던 진로에서 벗어나는 음악이나 시각 패턴 등이 포함된다. 마찬가지로, 목표 지향적 행위의 차단도 복잡한 순서로 진행되는 의도된 행위를 방해할 수 있다. (최근에 마감 시간에 맞추기 위해서 열심히 작업하고 있는데 쓰레기를 버려 달라고 요구받았던 때를 회상해 보라.) 차단된 행위의 복잡성은 당신이 느끼는 각성의 양과 대응된다. 문을 열고 들어가려는 순간에 열쇠를 떨어뜨리는 것은 비교적 단순한 목표가 차단되는 것이기 때문에 소량의 각성만을 초래할 것이다. 데이트 상대에게 당신의 미래 꿈을 펼쳐 보이려고 할 때 열쇠를 떨어뜨린다면 보다 복잡한 목표가 차단되는 것이기 때문에 더 많은 각성이 초래된다. 다른 이론에서와 마찬가지로 각성이 정서를 증폭시키는 것이다.

또한 각성은 인지적 해석도 촉발시킨다. 차단은 와해된 기대의 유형과 그 해석에 근거하여 긍정적으로나 부정적으로 해석될 수 있다. 복잡한 행위의 연속에서는 차단을 목표를 방해하는 것으로나 아니면 예상치 않게 목표에 다가서게 하는 것으로 해석할 수 있으며, 그 해석은 정서를 부정적이거나 긍정적인 것으로 만든다. 즉, 만일 열쇠를 떨어뜨리는 에피소드에서 해석이 당신은 절망적으로 서투른 얼간이라는 것이라면 수치심과 짜증을 느낄 수 있다. 반면에, 데이트 상대가 당신의 긴장이 귀엽게 보인다고 말한다면 예상치 않게 목표를 향해 한 걸음 다가선 것으로 해석하고 기분 좋게 느낄 수 있다. (직관적으로는 차단으로 초래되는 부정적 정서가 긍정적 정서보다 더 강력한 것이 사실이다.) 인지적 해석은 어떤 것이든 간에 즉각적 감정의 질뿐만 아니라 그 사건에 대한 지속적인 심적 표상도 조성한다.

지각적·인지적 스키마에 있어서는 차단의 효과가 목표 지향적 행위보다 미묘한 것이다. 차단의 정도(따라서 각성의 정도)는 반응의 긍정성을 보다 직접적으로 결정하며, 복잡한 해석의 필요성이 적다(Gaver & Mandler, 1987). 지각적 스키마의 반증(예컨대 음악, 미술, 음식 등에서의 반증)은 전혀 없는 것(완전한 친숙성)에서부터 극단적인 것(완전한 혼동과 부조화)에 걸쳐 있다. 전반적으로 볼 때, 이 견해에 따르면 (a) 친숙성은 즐거운 것이지만 강력한 것은 아니며, (b) 약간의 새로움이 좋은 이유는 약간의 동화를 필요로 하며 친숙한 것에 대한 즐거운 인식에 약간의 강도를 첨가해 주기 때문이고, (c) 상당한 새로움은 친숙한 용어들로 재해석될 수 있어서 요구되는 동화가 상당한 강도를 첨가해 줄 수 있을 때 더욱 좋은 것이 되며, (d) 동화할 수 없는 완벽한 불합치는 강력한 부정적 감정으로 이끌어 간다. 최근에 저자는 음악회에서 현악 4중주단이 예정되어 있던 고전음악을 재즈와 융합함으로써 중간 휴식 시간에 상당한 수의 청중들이 자리에서 빠져나가도록 만들었을 때, 이것이 어떻게 작동하는지를 목격하게 되었다. 아마도 융합의 결과가 청중들이 익숙하고 편안함을 느끼는 지각적·인지적 스키마에 들어맞지 않았기 때문일 것이다. 만일 물어보았더라면 그 음악을 싫어한다고 간단하게 답하였을 것이 틀림없다. 맨들러는 차단과 그 해소가 모두 의식적이어야 한다고 주장하지 않는다. 어느 경우든 약간의 새로움은 좋은 것이지만

(Berlyne, 1970; D. W. Fiske & Maddi, 1961; Leventhal, 1984), 너무나 많은 새로움은 받아들이기 어렵다.

친밀한 관계에서 기대, 목표, 정서

버샤이드(Berscheid, 1982, 1983)는 친밀한 관계에서 맨들러 이론을 정서에 적용하는 강력한 사례를 제시하였다. 관계가 친밀할수록 두 사람의 목표는 서로에게 더 많이 의존한다(Kelley et al., 1983). 상호의존성의 빈도, 강도, 다양성, 지속성은 관계의 친밀성을 정의해 준다. 즉, 두 사람의 일상적 목표와 장기적 목표가 얽혀 있을수록 파트너를 차단하는 것이 심각한 결과를 초래하게 된다. 차단에는 실망과 좌절, 분노를 초래하는 예상치 않았던 방해뿐만 아니라 안도와 기쁨, 흥분을 야기하는 예상치 않았던 촉진도 포함될 수 있다. 상호의존적 목표는 함께 빨래를 하는 것과 같이 단순한 행동의 연속에서부터 자녀 돌보기를 완벽하게 공유하거나 직장에서 협력하는 것과 같이 복잡한 행동의 연속에까지 걸쳐 있다. 행동의 연속이 복잡할수록 차단되었을 때 정서는 더욱 강력한 것이 된다. 상호의존성이 클수록 상대방이 떠나거나 철회하거나 사망할 때 강력한 부정적 정서가 초래될 잠재성이 커진다. 마찬가지로, 한 파트너가 갑자기 다른 파트너에게 그리고 함께 공유하는 목표에 적응성을 보이고 신중해지며 도움을 줄 때 긍정적 정서의 잠재력이 커지게 된다. 한편 뒤얽혀 있는 행동의 연속이 계속해서 정상적으로 작동하게 되면 차단도 없고 정서도 거의 유발되지 않는다. 따라서 가장 친밀하고 몰두적이며 상호의존적인 관계는 소원하고 대치적이며 무덤덤한 관계 못지않게 정서를 나타내지 않는 패러독스가 존재한다고 버샤이드는 지적한다. 그 이유는 친밀한 관계가 꽤나 부드럽게 진행되기 때문이다. 친밀한 관계는 정서 강도의 잠재성으로 정의되며—그렇지만 반드시 그 정서 강도를 경험할 필요는 없다—정서 강도는 높은 상호의존적 목표에서 초래된다.

이 이론은 관계에서 경험하는 정서의 단순한 양이 장수(長壽)와 부적으로 상관되어 있다는 재미있는 예언을 한다. 즉, 장기적 관계는 긍정적이든 부정적이든지 간에 많은 정서를 나타낼 가능성이 적어진다는 것이다. 이 예언은 확증되어 왔다(Berscheid, Snyder, & Omoto, 1989). 장기적 친밀감의 정상적인 진행과정을 생각해 보라. 처음에 두 사람은 자신들이 공유하는 모든 것과 차이 나는 모든 것을 알게 됨에 따라서 높은 정서(긍정적인 것과 부정적인 것 모두)가 나타난다. 점점 더 친숙해짐에 따라서 유쾌한 것이든 불쾌한 것이든 간에 놀랄 일(분열될 일)이 적어지게 된다. 새로움이 사그라짐에 따라서 정서가 극단적으로 치닫는 경우가 줄어들며, 만족감이나 권태감이 자리 잡게 된다. 초기의 강도가 약화된다는 것은 정서의 잠재력이 덜하다는 것을 의미하는가? 전혀 그렇지 않다. 관계가 깨진다면 정서적 강도가 극단적으로 치닫게 된다. 정서가 밋밋하고 안정되는 것은 오직 장기적 관계가 부드럽게 기능할 때뿐이다. 역설적인 사실은 장기적 관계가 종료되거나 차단될 때에라야 비로소 그 관계의 강도를 알아차리기 쉽다는 점이다.

요약컨대, 맨들러와 버샤이드는 모두 정서를 차단에서 초래되는 것으로 분석한다. 교향악단의 연주에서나 대인관계에서나 기대의 와해는 각성과 인지적 해석을 초래한다. 해석은 감정의 질을 결정하는 반면, 차단 그리고 뒤따르는 각성의 정도는 감정의 강도를 결정한다. 기대(스키마 또는 목표)는 인지 구조이기 때문에 모형들은 인지가 정서의 필수적인 선행 조건이라고 가정하는 것이다.

인지 구조와 감정: 대응 이론

지금까지 인지 구조의—스키마, 목표, 관계에 대한 기대—차단이 감정의 단서가 된다는 사실을 보았다. 이 절에서 소개하는 이론들은 세상 지식과의 대응을 더욱 강조한다. 연구들은 사회적 스키마, 획득한 결과의 해석, 그리고 발생하였으면 하고 상상하는 결과 등과 같은 인지 구조를 고찰한다. 몇몇 연구들은 정서와 목표 간의 광의적 상호작용도 들여다보지만, 앞 절에서 소개하였던 이론들의 핵심 요소였던 차단에 대해서는 관심을 두지 않는다. 이 절의 이론들에 대해서 마지막으로 지적할 사항이 있다. 스키마(schema)라는 용어를 사용할 때는 개념(제4장에서 정의한 바와 같은)에 관한 지식을 지칭한다는 점이다. 이 장에서는 이미 정서 일반의 개념에 대한 스키마 또는 특정 정서에 대한 스키마를 다루었다. 그렇지만 이 절에서 스키마는 다양한 과정에 의해서 감정과 연계되어 있는 다른 유형의 내용으로부터 시작하고자 한다(**표 13.1** 참조).

권한 관계에서 기대, 동기, 정서

한 이론은 사회적 관계, 특히 권한 비대칭 관계에서 정서와 인지 간의 상호작용을 다룬다(Keltner, Gruenfeld, & Anderson, 2003). 권한이 있는 사람들은 자신이 자원을 통제하는 세상을 경험하며(S. T. Fiske, 1993), 그렇기 때문에 보상과 행위의 자유 모두를 기대한다. 권한이 없는 사람들은 타인이 자원을 통제하는 세상을 경험하기 때문에 긍정적 결과를 덜 기대하며 부정적 결과를 두려워한다.

이러한 인지(경험과 기대)는 권한 관계의 양측에 위치하는 사람들의 정서에 영향을 미친다. 높은 권한은 접근 정서와 행동 그리고 긍정적 감정과 연합되며, 좌반구 전두엽의 활성화와 보상 관련 신경전도물질인 도파민의 분비와 연합되어 있다. 높은 권한과 관련된 특정 정서에는 욕망, 열정, 자부심 등이 포함된다. 이러한 정서가 극단적으로 합쳐진 것이 조증(mania)이다. 주의의 초점은 융통성을 보이며, 정보처리는 자동적이다. 행동은 비교적 외향적이고, 덜 신중하며, 보다 충동적이다(Kettner et al., 2003).

반대로, 낮은 권한은 회피적이고 억제적인 정서와 행동 그리고 부정적 감정과 연합되며, 우반구 전두엽의 활성화와 신경내분비 시스템에서 스트레스 관련 반응이 코디솔의 분비와 연합되어 있다. 낮은 권한의 특정 정서에는 공포, 수치심, 죄책감, 당혹감뿐만 아니라 경외감과 감사하는 마음도 포함된다. 극단적인 경우는 불안과 우울이 된다. 주의의 초점은 경계를 게을리 하지 않으며, 정보처리는 협소한 것에 초점을 맞춘다. 행동은 비교적 억제되고 조절된다. 낮은 권력과 높은 권력의 인지, 정서, 행동 간의 이러한 대비는 물론 이론적으로 양극화시킨 것이다. 실제 반응은 훨씬 미묘하다.

연구 결과들은 감정과 인지 그리고 행동 간의 예언된 연합을 지지해 준다. 예컨대 상관 연구를 보면, 기숙사에서 권한이 많은 인물로 지목된 사람은 기분의 기저선 자체가 높다고 보고하였다(Keltner et al., 2003). 마찬가지로 자기보고한 사회적 역능감, 지배성, 주장, 리더십은 긍정적 기분과 상관관계를 갖는다(Watson & Clark, 1997). 실험 연구들도 권한이 예언한 효과를 갖는다는 사실을 보여 준다(Keltner et al., 2003 참조). 이에 덧붙여, 이 이론은 정서에 대한 사회적 기대(인지)의 효과를 보여 주는 다른 연구들과 잘 맞아떨어진다. 예컨대, 지위가 높은 사람은 관계를 통제하려고 하기 때문에 분노를 더 많이 표출하는 반면에, 지위가 낮은 사람은 죄책감과 슬픔을 더 많이 표출할 것으로 예상된다(Tiedens, Ellsworth, & Mesquita, 2000).

스키마 촉발 감정

또 다른 대응 접근은 정서가 감정 수반 스키마를 성공적으로 적용함으로써 초래될 수 있다는 관찰에서 유래한다. 즉, 어떤 사람(예컨대 자신의 유치원 선생님, 무서운 상사, 심판을 내리는 성직자, 간섭하는 외집단 구성원)과 상황(대중 앞에서 연설하기,

오랜 친구에게서 전화 받기)은 어떤 목표도 차단시키지 않은 채 정서를 불러일으킨다. 처음에 스키마 촉발 감정(schema-triggered affect; S. T. Fiske, 1981, 1982)이라고 불렀던 이 아이디어는 나중에 제2장에서 논의하였던 범주 기반 반응과 속성 기반 반응 간의 광의적 구분으로 합병되었다(예컨대 S. T. Fiske & Neuberg, 1990). 여기서의 요점은 과거 경험에 기초하는 스키마가 즉각적인 감정 표지를 보유할 수 있다는 사실이다. 새로운 사례가 스키마에 잘 맞아떨어질 때, 사전 지식뿐만 아니라 사전 감정도 적용될 수 있다. 이러한 대응 효과는 다양한 인물 스키마에서 입증되어 왔다. 예컨대 옛 애인, 정치가, 캠퍼스 고정관념(jock, nerd, artist, gay[3] 등), 대학의 전공(의예과, 공학, 연극영화 등), 직업(의사, 호텔 잡역부, 예술가, 고리대금업자 등), 그리고 낙인이 찍힐 가능성이 있는 사람(정신분열병 환자, 하반신 마비 환자) 등이다(S. T. Fiske, 1982; S. T. Fiske et al., 1987; S. T. Fiske & Pavelchak, 1986; Neuberg & Fiske, 1987; Pavelchak, 1989). 보다 최근에는 고정관념 내용 모형(제11장 참조)이 특정한 외집단이 촉발하는 정서적 편견을 기술하고 있다(노인이 동정을, 부자가 선망을, 가난한 자가 경멸을, 내집단이 자부심을 촉발한다).

과거의 패턴이 새로운 사람과 상황에 대응되어서 본질적으로 과거 경험에 남아 있는 감정을 불러일으킨다는 아이디어도 심리치료에서의 감정 전이에 관한 문헌들과 잘 맞아떨어진다(Singer, 1988; Westen, 1988). 감정 전이는 새로운 사람이 과거에 중요한 타인을 닮은 긴밀한 관계에서 발생한다(Andersen & Chen, 2002). 과거에 좋아하던 파트너와 대응되는 새로운 사람과 짝을 이룬 사람은 과거에 싫어하던 파트너와 대응되는 사람과 짝을 이룰 때보다 긍정적 감정을 더 많이 표출한다(Berk & Andersen, 2000). 다른 사람이 과거에 좋아하거나 싫어하던 파트너와 무선적으로 짝을 이룬 통제집단의 참가자들은 이러한 차이를 보이지 않기 때문에, 중요한 것은 바로 독특한 대응이다(Andersen, Reznik, & Manzella, 1996). 이에 덧붙여, 이러한 전이는 역치하에서도 일어난다(Glassman & Andersen, 1999).

스키마 촉발 감정은 심지어 친숙한 모양의 상품(Sujan, 1985), 감정이 수반된 정치적 문제(Sears, Huddie, & Schaffer, 1986)에 대한 사람들의 감정적 반응도 기술하

3) 역자 주: 미국 대학생들이 특정 부류의 동료를 지칭할 때 쓰는 속어들로 차례대로 대학 운동선수, 세상 물정 모르고 한 가지에만 몰두하는 친구, 책략가나 사기꾼, 몸가짐이 헤픈 친구를 나타내는 용어다. 우리말로 표현하는 것이 오히려 어색하겠기에 그대로 적는다.

고 있으며, 어느 것이든 감정을 수반한 범주에 적용되는 것으로 생각된다. 실제로 감정과 연합된 원형은 그렇지 않은 원형보다 용이하게 학습된다(J. D. Mayer & Bower, 1986).

스키마 복잡성과 극단적 감정

또 다른 일련의 접근들은 스키마의 자질 자체 그리고 감정반응에 대한 자질의 함의에 초점을 맞춘다. 린빌과 동료들의 연구들(제4장과 11장에서 언급하였음; Linville, 1982a, 1982b; Linville, Fischer, & Salovey, 1989; Linville & Jones, 1980; Linville, Salovey, & Fischer, 1986)은 정보 복잡성의 감정적 결과에 초점을 맞춘다. 다른 모든 것들이 동일하다면, 사람들은 내집단 구성원보다(복잡성이 높다) 외집단 구성원들을(복잡성이 낮다) 더 극단적으로 평가하는 경향이 있다. 보다 일반적으로 표현해서, 이 이론은 스키마의 복잡성이 클수록 그 스키마가 전형적으로 유발하는 감정이 순화되어 있다고 예언한다. 만일 축구팀이 얼마나 우수한지를 결정하는 10여 가지의 차원을 알고 있다면, 어떤 팀의 평가에 많은 플러스 요인과 마이너스 요인이 포함될 것이다. 나는 즉각적으로는 단지 두세 차원만을 생각할 수 있기 때문에, 한 팀에 대한 약간의 정보도 내 의견을 한쪽 극단에서 다른 쪽 극단으로 이동시킬 수 있다. 제5장에서 보았던 것처럼, 이 분석은 단순한 자기개념을 가지고 있는 사람에게도 적용된다. 이러한 사람은 복잡한 자기개념을 가진 사람과 비교할 때 기분이 크게 흔들릴 수 있다(Linville, 1985). 사람들은 각기 다른 영역의 지식에서 복잡성이 상당히 다르며(de Vries & Walker, 1987), 사람 일반에 대한 지식도 복잡성이 상당히 다르기 때문에(Sommers, 1981) 유사한 결과가 나타난다.

지식 구조와 평가 간의 연계에 대한 또 다른 견해는 사고가 감정을 극화시킨다는 것인데, 그 이유는 주어진 자극에 대해서 생각할 수 있는 스키마를 가진 사람들에게 있어서 사고가 그 자극 속성들이 더욱 견고하게 체제화된 것으로 지각하도록 만들기 때문이라는 것이다(Tesser, 1978). 일반적으로 인지적 일관성을 선호하기 때문에, 예컨대 당신의 팀이 리그 챔피언이 될 가능성을 더 많이 생각할수록 당신 팀의 모든 속성을 일관성 있게 강점이나 약점으로 유목화할 가능성이 더 커진다. 시간이 경과하면서 사람들은 사례를 스키마에 맞아떨어지도록 만들 수 있기 때문에, 속성들이 체제화될수록 평가는 보다 극단적인 것이 되어 버린다. 나의 입장에서 단순히 상대팀에 대해서 생각하는 정도가 상대팀에 대한 나의 평가를 극화시키지는 않는다. 테서에 따르면 사전 지식이 불충분하여 정보를 재배열시킬 수 없기 때문이며, 린빌에 따르면 나의 견해가 이미 상당히 극단적인 것이기 때문이다(무선적 요인들에 의해서 보다 용이하게 좌지우지될 수 있다는 의미에서 그렇다).

린빌의 복잡성·극단성 가설(complexity-extremity hypothesis)과 테서의 사고극화 가설(thought polarization hypothesis)은 상반된 예언을 하는 것처럼 보일 수 있다. 린빌은 복잡성이 평가를 완화시킨다고 주장하는 반면, 테서는 사고가 평가를 극화시킨다고 주장한다(혹자는 사고가 스키마를 더욱 복잡하게 만든다고 생각할 수 있다). 그렇지만 이들의 이론을 적용하는 데에는 여러 가지 차이점이 존재한다. 첫째, 테서 이론은 사고가 스키마를 더욱 체제화되고 내적 일관성을 가지며 평가적으로 균일한 것으로 만들기 때문에, 사고가 실제로는 스키마를 (평가적으로) 보다 단순하고 극단적인 것으로 만든다고 주장하며, 이러한 주장은 린빌의 예언과 일치한다. 둘째, 복잡성·극단성 가설은 어느 한 시점에서의 최초 평가를 지칭하는 데 반해서, 사고극화 가설은 시간 경과에 따른 변화를 지칭한다(Linville, 1982b). 셋째, 사고극화 효과는 사람들이 처음에 자신의 평가를 공개적으로 언급할 때 일어나는 반면(아마도 일관적이고자 하는 압력으로 인해서 동기가 더욱 커지기 때문일 것이다), 복잡성·극단성 효과는 그러한 언질이 없을 때 나타난다(M. G. Millar & Tesser, 1986b). 마지막으로, 사고극화 효과는 스키마의 차원들이 상당히 상관적일 때(즉, 한 차원에서의 평가가 다른 차원의 평가를 예언할 때) 일어난다. 왜냐하면 스키마 구조는 내재적으로 더욱 응집적이기 때문이다(M. G. Millar & Tesser, 1986b). 지각된 상관관계는 집단과의 친숙성에 달려 있다(Linville, Fischer, & Yoon, 1996). 따라서 이러한 사고극화와 극단성 효과는 친숙하지 않은 외집단에서 일어날 가능성이 더 크다.

요컨대, 네 가지 주요 이론은 스키마와 감정을 연계시킨다. 켈트너 이론은 권한의 기대와 정서를 연계시킨다. 피스키의 스키마 촉발 감정 이론은 지식 구조에 부착되는 감정 표지를 상정한다. 린빌의 스키마 복잡성 이론은 단순한 스키마에 대한 극단적 반응을 상정하며, 테서 이론은 시간이 경과하면서 스키마가 단순해짐에 따르는 극단적 반응을 상정한다.

달성한 결과와 감정

스키마 이론이 사건에 관한 사전 기대를 강조하는 것에 반해, 다른 이론들은 사건에 관한 사후 설명에 초점을 맞춘다(표 13.1 참조). 자신의 결과에 관한 인지가 많은 공통적인 정서 경험의 토대를 이룬다.

달성한 결과의 귀인

제6장에서는 와이너(Weiner, 1985, 1986)의 성취 동기에 관한 귀인 이론을 기술하였다. 이 이론은 사람들이 자신의 성공과 실패를 이해하기 위해서 사용하는 기본 차원, 즉 내적 또는 외적 소재, 시간 경과에 따른 안정성, 통제 가능성 차원을 기술한다. 이 차원들은 다시 미래 결과에 관한 기대뿐만 아니라 기본 정서도 불러일으킨다. 정서와 기대가 함께 행동을 유도하는 것이다.

특정한 정서가 특정한 인과 귀인에 뒤따른다는 사실을 증명할 수 있다(Benesh & Weiner, 1982; Weiner, 1982, 1985). 예컨대, 자부심은 열심히 일해서 성공할 때처럼 자기 자신에게 귀인하고(즉, 내적 귀인) 통제 가능한 것으로 간주하는 긍정적 결과에 뒤따르는 반면에, 죄책감은 게을러서 실패할 때처럼 내적이고 통제 가능한 요인에 귀인하는 부정적 결과에 뒤따른다. 분노는 상대방에게 기대하였던 도움을 받지 못하여 실패할 때처럼 타인에게 귀인하고(즉, 외적 귀인) 통제 가능한 것으로 간주되는 부정적 결과에 뒤따르는 반면에, 감사하는 마음은 상대방이 실제로 도움을 주어서 성공할 때처럼 외적이고 통제 가능한 요인에 귀인하는 긍정적 결과에 뒤따른다. 마지막으로 동정은 통제 불가능한 것으로 간주되는 외적 요인(타인이나 환경)에 귀인하는 타인의 부정적 결과에서 초래된다. 예컨대, 연속적인 불운으로 성공하지 못하는 사람에게 동정심을 갖는다. 소재 요인과 통제 가능성 요인은 정서의 질을 결정하며, 안정성 요인은 정서를 과장하는 경향이 있다. 이러한 개념들은 성취 장면에서 정서와 인지에 적용되어 왔으며, 상당한 성공을 거두었다(개관을 보려면 Weiner, 1985 참조). 64개 연구의 메타분석에 따르면, 한 사람의 나쁜 결과에 책임이 있느냐 없느냐 하는 단순한 구분, 즉 책임의 판단이 분노나 공감을 결정하며, 이것은 다시 공격성이나 도움 행동을 결정하게 된다(Rudolph, Roesch, Greitemeyer, & Weiner, 2004).

사람들은 암묵적으로 귀인과 정서에 관한 이러한 규칙을 이해하고 있기 때문에 타인의 정서를 통제하는 데 그 규칙들을 사용한다. 대인관계 실패에 관한 변명을 할 때, 사람들은 자신의 행동을 외적이고 통제 불가능하며 의도하지 않은 요인들에 귀인한다("개가 내 원고를 삼켜 버렸다.", "내 자동차가 망가졌다."). 실제 이유가 내적이고 통제 가능하며 의도적이거나("나는 그것을 하고 싶지 않았다.") 비의도적인 것일 때("내가 깜빡했다."), 사람들은 자신의 태만에 관한 실제 이유를 내놓지 않는다. 사람들은 어떤 변명이 분노를 촉발하고 어느 변명이 누그러뜨릴지를 암묵적으로 알고 있으며, 변명의 인과적 차원들의 실험 처치는 사람들의 생각이 옳다는 사실을 보여준다(Folkes, 1982; Weiner, Amirkhan, Folkes, & Verette, 1987). 또한 상대방의 도움을 이끌어 내기를 희망할 때 상대의 정서를 통제하고자 시도하기도 한다. 한 사람이 곤경에 처한 원인이 통제 가능한 것일 때는 단지 분노의 대상이 될 가능성이 있지만, 그 원인이 통제 불가능한 것으로 지각된다면 동정과 도움 모두를 받을 가능성이 있다(Meyer & Mulherin, 1980; Reisenzein, 1986; G. Schmidt & Weiner, 1988; Weiner, 1980). 귀인-정서-행위 관계에 관한 보편 원리들은 5세 아동의 소박한 심리학에서도 발달한다(Graham & Weiner, 1986; Weiner & Handel, 1985).

이 분석은 에이즈, 정신질환, 알코올 중독, 신체장애와 같은 낙인조건에까지 확장될 수 있다. 신체적 낙인은 안정적이고 통제 불가능한 원인에 의한 것으로 지각되기 때문에 동정과 도움 행동을 유발하지만, 정신적 낙인과 행동적 낙인은 불안정하고(즉, 되돌릴 수 있다) 통제 가능한 원인에 의한 것으로 지각되기 때문에 분노와 무관심을 유발한다(Weiner, Perry, & Magnusson, 1988; Brickman et al., 1982 참조). 낙인에 대한 사람들의 암묵적 귀인에서의 갈등이 많은 비탄감을 야기한다는 사실에는 의심의 여지가 없다. 예컨대, 우울한 사람은 때때로 자신의 상태를 통제 불가능한 것으로 간주하고 동정을 기대하는 반면에, 주변 사람들은 통제 가능한 것으로 간주하여 분노를 느끼기 십상이다(Weiner, 1987). HIV 양성 반응자나 에이즈가 발병한 사람들을 보살피는 데 있어서 중요한 논제는 그 질병에 걸리는 것을 스스로 통제할 수 있었던 정도에 대한 다른 사람들의 지각이다(Weiner, 1988). 질병을 앓고 있는 사람의 책임을 어떻게 지각하느냐는 도움을 줄 것인지에 영향을 미치는 한 가지 요인이다. 와이너의 귀인-정서-행동 이론의 경험적 검증 그리고 이 이론의 확실한 적용 가능성은 정서에 관한 인지 기반 조망으로서의 유용성을 지지하고 있다.

와이너의 연구는 이미 획득한 결과에 관한 인지(귀인)에 초점을 맞추고 있다. 다른 이론(Ortony, Clore, & Collins, 1988)도 마찬가지로 획득한 결과를 강조하지만, 대안적 가능성도 함께 다루고 있다(즉, 충족되거나 충족될 수 없었던 개인적 목표나 사회적 기준). 다음 절에서는 상상하였던 대안적 결과에 보다 명시적인 초점을 맞추는 두 이론을 기술한다.

대안적 결과와 감정

몇몇 정서심리학자들은 달성하였으면 좋았거나 여전히 달성하기를 희망하는 결과에 관한 인지에 초점을 맞추어 왔다. 이 절은 이러한 두 가지 이론을 다룰 것이며, 두 이론은 모두 현실의 대안을 상상하는 사람에게 미치는 감정의 영향에 관심을 기울인다.

개념적으로나 경험적으로 잘 정립되어 있는 한 이론은 시뮬레이션 발견법에 의존한다. 제7장에서 기술한 바와 같이, 시뮬레이션 발견법은 대안적 결과를 상상하는 용이성 그리고 사후 확률 추론에 미치는 효과를 기술한다(예컨대 Kahneman & Tversky, 1982). 사건이 다른 방식으로 진행되었더라면 하고 용이하게 상상할 수 있을 때, 실제 상황이 더 우연한 요행인 것처럼 보이게 된다. 이와 반대로, 사건이 다른 방식으로 진행될 수 있었던 상황을 상상하기 어려울 때는 현재의 상황이 필연적인 것처럼 보이게 된다. 예컨대, 간발의 차이로 옛 친구를 만나지 못하거나 예정된 비행기를 놓치게 되었을 때는 운명의 장난인 것처럼 보이지만, 여러 시간의 차이로 그러한 사건이 발생한다면 사건이 다른 방식으로 전개되는 것을 상상하기 어렵게 된다. 이러한 사후 추론의 정서적 함의는 명백하다. 친구나 비행기를 간발의 차이로 못 만나거나 놓칠 때와 현저한 시간 차이로 그런 일이 발생할 때 중에서 언제 더 좌절이 초래되겠는가? 마음속으로 돌이켜 볼 때, 상황을 용이하게 되돌릴 수 있는 사건이 보다 강력한 정서를 야기한다. 고위험 직업이나 라이프스타일의 정상적인 과정에서 사람이 사망할 때보다 변칙적인 이례적 사건으로 사망할 때 더 비극적인 것으로 보이게 된다.

규범 이론에 관한 연구들은 그 이론과 관련된 아이디어를 사람들이 정상적인 사건과 놀랍고 정서를 초래하는 사건을 결정하는 방식에 관한 이론으로 확장시킨다(제7장; Kahneman & Miller, 1986). 비정상적 사건이란 대안적 결과를 용이하게 상상할 수 있었던 사건이다. 그 대안은 구성되거나 기억해 낸 대안적 결과일 수 있다. 어느 경우든, 만일 가능한 대안이 많이 있는 것처럼 보이면 실제 사건은 놀라운 것이 된다. 이러한 아이디어와 기대 효과에 관한 아이디어 간에는 흥미를 끄는 대응점이 존재한다. 즉, 자신의 암묵적 규범과 일치하지 않는 사건은 돌이켜 보건대 가능성이 별로 없었던 것으로 지각되며, 자신의 기대와 일치하지 않는 사건은 미래에 일어날 가능성이 없는 것으로 지각된다. 스키마와 기대 이론이 사건 발생에 앞서 사람들의 추리를 다루는 반면, 이 이론은 사건 발생 후의 추리를 다룬다. 전자를 예기적 사고(anticipatory thinking), 후자를 역행적 사고(backward thinking)라고 부를 수 있겠다.

규범 이론의 감정 부합성은 본질적으로 정서 증폭 가설(emotional amplification

hypothesis)에 들어 있다. 즉, 사건의 원인이 비정상적일 때 강력한 정서를 유발한다는 것이다. 이 가설은 앞에서 제시하였던 간발의 차이로 놓친 비행기, 변칙적인 이례적 사건의 예에서 보았던 것과 같은 불행에서 특히 명확하다. 마찬가지로, 진작 로또를 구입하였던 사람과 비교할 때 판매 마감 직전에 구입한 로또가 당첨된 사람이 특히 운이 좋고 행복하다고 느끼며(D. T. Miller, Turnbull, & McFarland, 1990), 더욱 선망의 대상이 될 것이다. 비정상성은 타인에 대한 정서반응에 영향을 미친다. 사람들은 우연한 사건으로 희생된 사람에게 더 공감한다(D. T. Miller & McFarland, 1986). 실제와 다른 시나리오를 더 용이하게 상상할 수 있을수록 경험하는 정서는 강력한 것이 된다. 요컨대, 이 이론은 일어났었더라면 좋았을 결과에 대한 사람들의 정서반응을 다루며(카네만과 밀러의 규범 이론), 상상한 대안들의 정서적 효과에 초점을 맞추고 있다.

목표관리자로서의 정서

또 다른 일련의 접근은 정서가 본질적으로 사람들의 우선순위를 관리한다고 상정한다(**표 13.1** 참조). 이러한 조망은 맨들러 이론과 버샤이드 이론이 지적한 것처럼 계획된 행동이 차단될 때 또는 카네만과 밀러 이론에서처럼 차단되었을 수도 있었을 때 많은 정서가 발생한다는 관찰에서 출발한다. 그렇지만 이러한 이론들이 상정하는 것처럼, 어떻게 차단이 정서를 초래하는지뿐만 아니라 어떻게 정서가 차단을 초래하는지도 고찰해 볼 수 있다.

정서는 인지의 통제자로 작용하여 사람들로 하여금 중요한 목표에 경계를 늦추지 않도록 만들 수 있다. 이 견해에 따르면, 정서는 차단과 각성으로 구성된 경계신호이며, 사람들로 하여금 한 목표를 추구하는 것에서 벗어나 도중에 중요성이 증가한 또 다른 목표를 추구하도록 이끌어 간다(Simon, 1967, 1982). 이 견해는 사람들이 용량 제한적 정보처리자라는 전제에서 유래한다. 즉, 사람들은 강의를 수강하는 것이든, 멋진 질문을 생각하는 것이든, 저녁식사를 계획하는 것이든, 옆에 앉아 있는 매력적인 사람과 눈맞춤을 하는 것이든 간에 기본적으로 한 번에 하나의 목표만을 추구할 수 있다. 정보처리자는 상대적 중요성에 따라 순위를 매기고 여유 있게 하나씩 달성해 감으로써 이러한 여러 가지 목표들에 대처할 잠재력을 가지고 있다. 불행하게도 이렇게 강박적인 인조인간 같은 사람이 직장에 정시 출근한다는 목표에만 주의를 기울이고 안전의 목표에는 주의를 기울이지 않는다면 트럭에 치일 수도 있다. 즉, 생존은 유기체가 진행 중인 목표를 달성하기 전에 환경이 그 목표의 차단을 요구할 때 그 목표를 차단할 수 있는 능력에 달려 있다. 무섭게 달려오는 자동차를 무서워하는 것과 같은 정서는 급박한 목표에 주의를 불러일으킬 수 있다. 이렇게 우선권이 높은 항목의 사례에는 잠재적 위험을 경고하는 환경자극(예컨대 공포를 유발하는 자극), 재충전을 요구하는 생리적 자극(예컨대 배고픔이나 졸림을 유발하는 자극), 충족되지 않은 심리적 욕구를 촉발하는 인지적 자극(예컨대 공통적인 부정적 정서를 유발하는 자극) 등이 포함된다. 이 견해에서는 정서에 수반되는 생리적 각성이 차단 자체에 의해서 초래된다. 정서의 차단 효과는 반응을 와해시키는 것이 아니라 목표를 변경시키는 것이라는 사실에 주목하라. 정서는 단지 서로 다른 목표의 중요성이 변하는 것만을 나타내는 것이다.

관련된 또 다른 견해에서는 계획의 성공 가능성에 대한 평가에 변화가 있을 때, 정서가 또 다른 방식으로 목표를 관리하게 된다. 즉, 정서가 계획 간의 이동을 주도한다. 목표를 향한 진전 가능성의 지각이 변함에 따라서 목표들의 우선순위가 변한다. 따라서 불가능하거나 달성한 목표는 버리고 관리 가능한 목표를 추구한다. 사람들이 여러 가지 목표를 가지고 있다고 할 때, 정서는 그 목표들 간에 조화를 이룰 수 있는 방법을 마련해 준다(Oatley & Johnson-Laird, 1987). 정서란 성공 가능성을 어떻게 지각하느냐에 따른 목표들의 상대적 우선순위에서의 변화를 내부적으로 의사소통하는 한 형태이며, 그러한 우선순위를 유지하는 한 가지 방법이다. 또한 이 이론은 목표를 타인과 조정하는 외부적 의사소통에서도 정서가 유사한 기능을 수행한다고 주장한다. 따라서 행복은 하위 목표들이 달성되었으며 그 계획을 계속 추진해야 한다는 사실을 내부적으로나 외부적으로 전달하는 것이다. 슬픔은 주요 계획의 실패를 전달하며, 포기하거나 대안을 찾을 것을 제안하는 것이다. 분노는 추구하던 목표가 좌절되었으므로 장애물을 제거하거나 공격적이어야 한다는 사실을 전달한다. 불안은 자기보전의 위협을 전달하며, 환경과 가능한 돌파구에 대한 주의를 기울이게 만든다. (이 이론에 관한 코멘트를 보려면 Frijda, 1987a 참조).

차단 또는 변화하는 우선순위의 관리자로서의 정서라는 두 가지 그럴듯한 아이디어는 여전히 직접적인 경험적 검증을 기다리고 있다. 그렇기는 하지만, 몇몇 연구는 강력한 정서가 계획에 따라 진행 중인 인지 행위를 차단한다는 기본 전제를 지지하고 있다. 예컨대, 자각되지 않은 채 주어진 정서적으로 현저한 자극은 즉각적으로

의식적 주의를 끌어들인다(Nielsen & Sarason, 1981). 정서가 수반된 사건은 특히 기억이 잘되며(R. Brown & Kulik, 1977) 사람들의 일상적 사고에서 상당 부분을 차지한다(Klinger et al., 1980). 따라서 정서는 주의와 기억 모두를 상당히 차단시킨다.

차단으로서의 정서와 관련된 개념은 자기주의에 대한 사이버네틱스 이론과 이 이론의 전제를 검증하려는 연구 프로그램에서 출현하고 있다(Carver & Scheier, 1982; 제5장 참조). 이 이론은 자기초점적인 사람들을 현재의 상태와 어떤 목표나 기준의 달성 간의 괴리를 포착하는 존재로 기술한다는 사실을 회상해 보라. 괴리를 깨닫게 되면 사람들은 행동을 조정하여 괴리를 제거하고자 시도한다. 제거에 성공하면 또 다른 목표로 이동한다. 실패하게 되면 사람들은 계속해서 시도할 것이라고 이 이론은 주장한다. 반복적으로 시도하고도 실패할 수 있다. 따라서 이 이론에는 사람들이 포기하고 목표를 바꾸게 되는 단서조건이 있어야만 한다. 만일 그렇지 않다면, 이 이론은 유기체를 언제 공격당할지도 모른 채 막다른 골목으로 돌진해 들어가는 것으로 묘사하는 것이 된다(Scheier & Carver, 1982; Scheier, Carver, & Gibbons, 1981). 유기체가 목표를 향해 진전을 보이는 정도를 느끼고 조절하도록 만들어 주는 감정 피드백 시스템을 상정한다(Carver & Scheier, 1990). 정서는 진행 중인 행동을 차단하여 성공의 확률을 재평가하도록 하며, 그에 따라서 노력을 배가하거나 철회하게 된다. 따라서 정서 일반은 자기초점 주의로 이끌어 갈 수 있다(Salovey & Rodin, 1985). 그렇기는 하지만 즐거움의 느낌은 목표를 향한 예상치 않은 진보를 나타내며, 안전하게 다른 것에 주의를 기울일 수 있도록 해 준다(Carver, 2003).

결론

초보자나 심지어는 숙달된 전문가들도 인지·감정 이론을 나열하는 것은 상당히 혼란스러운 일이기 때문에 잠시 돌이켜 보는 것이 유용하겠다. 지금까지 우리는 인지 구조를 감정에 관련시키는 세 가지 유형의 이론들을 보았다(**표 13.1** 참조). 맨들러와 버샤이드는 차단된 스키마와 관계 목표의 정서적 영향을 탐구한다. 켈트너, 피스키, 린빌, 테서는 각각 성공적으로 대응하는 스키마와 데이터의 감정적 영향을 탐구한다. 세 번째 집합의 이론들은 모두 적응적이고 목표 지향적인 조망을 공유한다. 이론들 간에 중요한 차이점이 존재하기는 하지만, 모든 이론들은 정서와 목표 간의 관계를 다루고 있다. 몇몇 연구자들(와이너, 카네만과 밀러)은 과거나 현재의 결과를 목표와 부합하는 상상한 대안들과 비교함으로써 초래되는 정서의 질과 강도를 고찰한다. 다른 연구자들(사이몬, 오틀리와 존슨-레어드, 카버와 샤이어)은 우선순위가 매우 높은(상당히 중요하고 획득 가능성이 높은) 목표를 추구하도록 도와주는 정서의 차단 기능을 고찰한다.

초보자와 전문가들이 이 연구 문헌들을 섭렵할 때 겪는 어려움은 이론들이 다루는 범위가 일정하지 않다는 사실로 인해 증가하게 된다. 어떤 이론은 종합적인 것이어서 수많은 선행 연구와 이론들을 개관하여 통합하고자 시도한다. 다른 이론들은 좁은 범위의 감정 현상에 초점을 맞추고 설명하고자 시도한다. 어떤 이론들은 집중적인 경험 연구로부터 출발하였거나 경험 연구의 대상이 되어 온 반면에, 다른 이론들은 본질적으로 검증되지 않은 채 남아 있다. 여기서 우리의 목표는 다양한 인지 구조(스키마, 목표, 귀인, 지각된 결과)가 감정과 관련되어 온 다양한 방법에 대한 이해를 제공하려는 것이다. 여기서의 소개는 어쩔 수 없이 짧을 수밖에 없기 때문에, 관심 있는 독자는 개별 이론들의 보다 상세한 내용을 찾아볼 것을 권한다.

평가 이론

다음에 제시하는 일련의 이론들도 인지와 정서를 연계시키고 있지만, 이 이론들은 정보처리의 세부사항에 초점을 맞추지 않는다. 대신에 자신에게 주어지는 함의의 해석을 강조한다. 어떤 모임 장소에 들어설 때 우리들 대부분은 방을 훑어보면서 그곳에 누가 있는지(만나서 반가운 사람, 별로 반갑지 않은 사람, 또는 모르는 사람) 그리고 참석자들을 위해 무엇을 마련하였는지(좌석, 음료, 장식품 등) 보게 된다. 실제로 우리는 우리에게 중요한 것들을 보기 위해서 상황을 평가한다. 인지적으로 지향된 고전적 정서 이론들은 그러한 환경 평가의 개념을 중심으로 전개된다. 공유하는 전제는 우리에게 미칠 수 있는 영향이라는 측면에서 환경을 평가한다는 것이다. 평가(appraisal)라는 용어를 처음으로 개발한 사람은 마그다 아놀드(Magda Arnold, 1945, 1970)이며, 그녀의 이론이 주장하는 바는 우리가 접하는 모든 것들을 근본적인 지각 행위로서 즉각적이고 자동적으로 평가하며, 행동경향성을 만들어 낸다는 것이다. 평가의 한 가지 중요한 토대는 유사한 과거 경험의 기억과 이에 수반되는 감정이며, 우리의 행위 계획에서 중요한 요소는 행위 결과에 관한 기대다. 이 모든 평가과정은 매우 신속하고 직관적이며 생득적으로 일어난다. 인지에 관한 최근 견해를 참고하지 않은 채 개발된 것이기는 하지만, 아놀드의 이론은 오늘날의 접근을 예견하고 있다.

개인적 의미

평가 접근의 후속 주창자는 리처드 라자루스(예컨대 Lazarus, 1966; Lazarus, Averill, & Opton, 1970; Lazarus & Smith, 1988)였다. 그의 견해에 따르면, 평가는 자신의 웰빙에 있어서 주어진 자극의 개인적 중요성에 따른 평가로 구성된다. 개인적 의미의 부여는 일종의 인지로 간주되지만, 그 인지가 반드시 의식적이거나 언어적이거나 의도적이거나 아니면 합리적인 것을 함축하지는 않는다. 평가는 개인의 목표와 환경에 대한 신념과 관련된다.

처리과정은 일차적 평가로 시작되며, 여기서 사람들은 개인적 부합성을 평가한다(예컨대, 무엇이 나를 위태롭게 하는가?). 일차적 평가는 동기적 부합성(즉, 자신의 목표와 관심사의 측면)과 동기적 합치성(즉, 자극이 자신의 목표를 촉진시키는가 아니면 약화시키는가의 여부 측면) 모두를 결정한다. 일차적 평가에 뒤따르는 정서는 비교적 원초적인 것으로서, 잠재적 위해나 이득에 대한 단순한 회피나 접근이 된다.

이차적 평가의 결과는 보다 특수한 정서가 된다. 이차적 평가에서 사람들은 어떻게 대처할 것인지를 고려한다(무엇을 할 수 있는가? 내가 선택할 수 있는 대안은 무엇인가?). 두 가지 중요한 유형의 이차 평가에는 개인과 환경 간의 관계를 변화시키고자 시도하는 문제 초점적 대처(problem-focused coping) 그리고 이 대처 방법이 실패할 때 나타나는 감정 초점적 대처(emotion-focused coping)가 포함된다. 후자는 회피적 주의 전략이나 위협의 의미 변화를 통해서 자신의 반응을 조정하고자 시도하는 것이다. 적절한 이차적 평가과정의 사례로는 과거 설명 가능성에 대한 귀인(칭찬 또는 비난) 그리고 미래의 동기 합치성의 지각(이 먹구름 뒤에는 밝은 빛이 빛나고 있겠지)이 포함된다. 가장 효과적인 이차적 평가 대처 전략은 자신이 가지고 있는 현실적 통제 정도 그리고 수반된 위협의 단계(즉, 정보 수집이 여전히 유용한 것인지의 여부, 현실적으로 상황을 바꿀 수 있는지의 여부, 또는 조치를 취하기에는 너무 늦었는지의 여부 등)에 달려 있다. 요점은 평가가 대처로 이끌어 가며(주의와 의미 그리고 실제 상황의 변화를 통해서), 대처는 사람·환경 관계를 변화시키고, 이것이 다시 상이한 정서로 이끌어 간다는 점이다(Folkman & Lazarus, 1988a, 1988b). 라자루스의 평가 이론은 일차적으로 스트레스와 대처에 관한 건강심리학 연구에 시사점을 제공해 왔다(Lazarus, 2000). 그렇지만 제12장에서 보았던 것처럼, 이 이론은 스미스와 맥키(Smith & Mackie)의 집단 간 정서 이론에도 출현한다.

인지적 평가

다른 평가 이론들은 상황에 대한 사람들의 지식 그리고 이러한 인지적 평가가 정서로 이끌어 가는 방식에 명시적으로 초점을 맞춘다(Ellsworth & Smith, 1988a, 1988b; C. A. Smith & Ellsworth, 1985, 1987). 이 접근과 앞서 제시하였던 접근 간의 한 가지 차이점은 이 이론이 보다 명시적으로 인지적인 반면에, 라자루스는 개인 동기적 의미에 더 초점을 맞춘다는 점이다(Lazarus & Smith, 1988). 인지적 평가 접근의 핵심 아이디어는 사람들이 상황의 여러 차원을 평가하며, 이러한 차원들이 특정한 정서반응을 결정한다는 것이다. 특히 상황의 즐거움을 일단 평가하면 보다 세부적인 정서가 평가로부터 초래되는데, 예를 들면 행위주체(즉, 자기, 타인, 또는 상황의 책임이나 통제, 상황의 공평성 정도), 불확실성(확신하는 정도, 이해하는 정도), 주의(주의 기울이기, 생각하기) 등이다.

이렇게 명시적인 인지적 접근의 지지 증거는 사람들이 특정한 정서를 경험한 것을 기억해 내고 그에 상응하는 평가를 기술하거나, 그 반대로 특정한 평가를 기억해 내고 정서를 기술하는 연구뿐만 아니라 현재의 정서와 그에 상응하는 평가를 보고하는 연구에서 얻어진다(**표 13.2** 참조). 부정적 정서 중에서는, 예컨대 자기 행위주체가 수치심과 죄책감과 어울리며, 타인 행위주체는 분노, 경멸, 혐오의 특성을 갖는다. 그리고 상황 행위주체는 전형적으로 슬픔을 나타낸다(앞에서 다루었던 와이너 이론을 참조하라). 따라서 경솔한 행동으로 부지불식간에 만찬 파티를 망쳐 버리는 것과 같이, 불쾌한 상황에 대한 책임이 있을 때 수치심이나 죄책감을 느낀다. 그렇지만 다른 사람에게 그러한 책임이 있을 때는 분노와 경멸, 혐오감을 느낀다. 마지막으로 날씨가 공들인 야외 파티를 망칠 때처럼 상황에 책임이 있을 때는 슬픔을 느낀다. 다른 차원들도 중요하다. 예컨대, 불확실성은 공포를 특징짓는데, 예측 불가능하며 개인적으로 통제 불가능한 상황(예컨대 여러 사람이 술에 취해서 폭력을 휘두르는 파티)에서는 상당히 강력한 공포를 느낀다. 그리고 주의와 사고의 차원도 중요하다. 낮은 수준의 주의는 지루함과 혐오감을 나타내며, 높은 수준의 주의는 좌절을 특징짓는다. (파티에서 그칠 줄 모르고 떠드는 이야기꾼에게 주의를 기울이는 것의 차이를 생각해 보라. 그 사람이 단지 지겹거나 혐오적이라면 독백처럼 지껄이는 것을 무시하게 되지만, 당신이 이야기하려는 시도를 그 사람이 방해하고 있다면 주의 깊게 들으면서 중

표 13.2 평가 성분에서 정서의 위치

	성분					
정서	**즐거움**[a]	**책임/통제**[b]	**확실성**[c]	**주의**[d]	**노력**[e]	**상황 통제**[f]
행복감	1.46		0.46			
슬픔	−0.87					1.15
분노	−0.85	−0.94			0.53	−0.96
지루함				−1.27	−1.19	
도전감		0.44		0.52	1.19	
희망	0.50		−0.46			
공포	−0.44		−0.73		0.63	0.59
흥미	1.05			0.70		0.41
경멸	−0.89	−0.50		0.80		−0.63
혐오		−0.50		−0.96		
좌절	−0.88			0.60	0.48	
놀람	1.35	−0.94	−0.73	0.40	−0.66	0.15
자부심	1.25	0.81				−0.46
수치심	−0.73	1.31				
죄책감	−0.60	1.31				

주: 점수는 표준점수이며 −1.40 이하의 점수는 생략하였다.
[a] 즐거움: 높은 점수가 증가된 즐거움을 나타낸다.
[b] 책임/통제: 높은 점수가 증가된 자기책임/통제를 나타낸다.
[c] 확실성: 높은 점수가 증가된 확실성을 나타낸다.
[d] 주의: 높은 점수가 증가된 주의 활동을 나타낸다.
[e] 노력: 높은 점수가 증가된 예산 노력을 나타낸다.
[f] 상황 통제: 높은 점수가 증가된 상황 통제를 나타낸다.
출처: C. A. Smith & Ellsworth (1985).

간에 끼어들 기회를 엿보게 될 것이다.)

사람들은 긍정적 정서를 명확하게 구분하지 않는다. 이 장을 시작할 때 제시한 분류에서 지적한 바와 같이, 한 상황은 유쾌할 때보다는 더 다양한 방식으로 불쾌한 것일 수 있다. 유쾌한 상황은 그저 사람들을 기쁘게 만든다. 그렇기는 하지만, 몇몇 특성 차원을 구분할 수는 있다. 놀람은 불확실성, 외부 행위주체와 연합된다. 흥미는 주의와 맞아떨어지며, 희망은 지각된 장애물, 예상되는 노력과 상관된다. 평안감은 확실성, 장애물의 부재, 그리고 노력을 들이지 않는 것과 어울린다. 사랑은 중요성,

외부 행위주체 그리고 노력이나 장애물이 부재하는 것과 연합된다.

이에 덧붙여, 몇 가지 예비적 증거는 특정한 평가가 정서에 따른 생리적 변화에 영향을 미치며, 특히 예상되는 노력이 심장박동에 그리고 지각된 장애물이 눈 찌푸리기에 영향을 미친다는 사실을 시사한다(C. A. Smith, 1989). 다양한 유형의 생리적 측정치와 자기보고식 측정치에 근거할 때, 특정한 인지 평가 차원은 특정한 정서에서 핵심적인 것으로 보인다.

이러한 경험적 연구와 개념적 연구들은 인지적 평가를 강조하는 다른 이론들과도 상응하지만, 여기서의 논의는 엘스워스와 스미스(Ellsworth & Smith)가 평가 차원에 관하여 누적해 온 경험적 연구들을 감안하여 이들의 접근을 강조해 왔다. 모든 인지평가 이론들은 공통적인 처리과정, 즉 환경에 직면하여 그 환경을 해석하는 사람을 다루고 있다. 불행하게도 여러 평가 이론들을 상세하게 들여다보면 감당하기 어려울 만큼의 다양성을 나타내고 있지만, 이들은 몇 가지 공통 주제를 공유하고 있다(다른 통합적 접근을 보려면 Frijda, 1988; Scherer, 1988 참조). 특히 특정한 정서에 대한 평가의 이론적 분류는 정서를 구분하는 데 중요한 것으로 간주되는 차원에서 상당히 중복되고 있으며, 특히 즐거움, 행위주체, 확실성, 주의에서 그렇다.

이러한 공통 차원은 평가 차원의 본질에 기여한 세 가지 중요한 공헌에서 나타나고 있다. 로즈먼(Roseman, 1984)의 평가 이론은 동기상태(식욕과 보상/혐오와 처벌), 동기 일관성(일관적이고 긍정적/비일관적이고 부정적), 확률(확실/불확실), 행위주체(환경/타인/자기), 권한(강/약)을 포함하는 해석 차원을 제안한다. 이러한 구조적 차원은 일련의 연구에서 정서 귀인에 일관성 있게 영향을 미쳤다. 즐거움, 확실성, 행위주체에서 엘스워스와 스미스의 차원이 로즈먼의 차원과 중복되는 것에 주목하라.

또 다른 분류적 접근은 다양한 정서의 평가 프로파일을 만들어 내고 있다(Frijda, 1987b). 즉, 이 접근은 유인가, 영향력, 흥미, 총체성, 불확실성, 책임, 부합성 등과 같은 차원에 따라서 정서를 구조화하고 있는데, 이 모든 차원은 다양한 감정상태의 직관적 유사성 그리고 각 감정상태가 함축하는 행위 준비성의 토대를 이루고 있다. 여기서도 몇몇 결정적 차원이 중복되어 있다.

세 번째 사례는 특정한 정서 경험, 선행사건, 신체반응에 대한 사람들의 개방형 기술에서 비교문화적 합의를 비교하고 있다는 점에서 특기할 만하다(예컨대 Scherer, 1984, 1988; Scherer, Wallbott, & Summerfield, 1986; Wallbott & Scherer, 1988). 자극 평가를 체크한다는 측면에서 중요한 차원에는 신기성, 내재적 즐거움, 목표와 욕구에 대한 중요성, 그리고 대처 잠재력 또는 통제 정도 등이 포함된다. 이 차원들은 사회적 기능과 생리적 기능을 모두 담당한다.

이러한 인지평가 이론들에 걸쳐서 몇 가지 중심적인 차원이 출현한다—(a) 즐거움, 동기 일관성, 유인가, (b) 행위주체와 책임, (c) 확실성, 확률, 통제, (d) 주의, 흥미, 신기성. 따라서 이렇게 상응적인 인지평가 이론들은 모두 각각에 대해서 개념적(그리고 때로는 경험적) 지지를 제공하며, 평가 이론가들은 사람들이 상황을 평가할 때 사용함으로써 특정한 정서를 초래하게 되는 중요한 인지적 차원에 수렴하고 있다는 사실을 시사한다.[4]

감정 예측하기

한 가지 관련된 이론은 감정의 하향식 결정인의 한 유형을 제안하고 있다. 사람들은 (예컨대 영화에 대해서) 자신이 어떻게 느낄 것인지에 대한 기대를 가지고 있으며, 실제 경험이 기대와 맞아떨어지면 감정반응이 빨라진다. 경험이 약간 불일치하게 되면 기대에 동화시킨다. 경험이 상당히 어긋나고 그 사실을 알아차리게 될 때는 선호도를 형성하는 데 많은 어려움을 겪는다(T. D. Wilson, Dunn, Kraft, & Lisle, 1989). 이러한 유형의 감정적 기대는 감정 수반 스키마와 인지적 평가에 관한 선행 연구들을 보완해 준다.

감정 기대를 더욱 확대시킨 연구 프로그램은 사람들이 자신이 경험하게 될 개인적 정서에 대해서 엉뚱한 방향으로 극단적인 예언을 한다는 사실을 보여 준다(Wilson & Gilbert, 2005). 일반적으로 사람들은 부정적 피드백, 마음에 안 드는 방 배정, 애인과 헤어짐, 마땅치 않은 선거 결과, 취직의 실패, 또는 정년 보장을 받지 못한 것 등과 같은 미래의 부정적 사건의 충격을 과대추정한다(Dunn, Wilson, & Gilbert,

4) 인지적 정보에 근거한 다른 이론들은 보다 세부적 유형의 평가에 초점을 맞춘다. 예컨대, 정서의 원인으로서의 지각된 자기효능감(Bandura, 1982), 질병에 대한 인지와 정서적 대처(예컨대 경험적 연구를 보려면 Ward, Leventhal, & Love, 1988 참조; 정서에 관한 광의적인 지각 운동 이론을 보려면 Leventhal, 1982, 1984 참조), 또는 자신의 실제 자기와 '이상적인' 또는 '마땅한' 자기 간의 불일치(Higgins, 1987; 제6장 참조) 등을 들 수 있다. 유관한 맥락에서 엡스타인(Epstein, 1984)의 인지적·경험적 자기 이론은 특정한 정서를 초래하는 잠재적 반응 선택지들의 전의식적 구성을 제안하는데, 특히 일상생활에서의 공포, 분노, 슬픔, 기쁨, 애정을 강조하고 있다.

2003; Gilbert, Pinel, Wilson, Blumberg, & Wheatley, 1998; Wilson, Wheatly, Meyers, Gilbert, & Axsom, 2000). 특히 예상되는 사건이 정서적으로 강력한 것일 때 이러한 유혹에 사로잡힌다(Gilbert, Lieberman, Morewedge, & Wilson, 2004).

여러 가지 인지 기제가 여기에 기여한다. 사람들은 삶이 초래하는 충격을 피해 갈 수 있게 해 주는 자신의 심리적 면역 시스템(즉, 자기보호 기제)을 고려하지 못한다. 그리고 일어날 수 있는 부정적 사건에 지나치게 초점을 맞춤으로써, 그 효과를 완화시켜 줄 다른 미래 사건을 고려하지 못하게 된다. 정서를 수반하지만 전형적이지 않은 과거의 사건들을 회상하려는 경향성으로 인해서 오도될 수도 있다(Morewedge, Gilbert, & Wilson, 2005). 또한 과거 사건들이 자신에게 미쳤던 영향의 정도도 과대 추정한다(Wilson, Meyers, & Gilbert, 2003). 따라서 부정적 사건이 실제보다 더 오랫동안 자신에게 영향을 미쳤다고 생각하는 지속성 편향(durability bias)에 빠지게 된다.

사람들은 확실히 경험을 통해 학습하는 것이 거의 없는 것으로 보인다(Wilson, Meyers, & Gilbert, 2001). 이에 덧붙여, 잘 대처하고 있을 때도 자신의 심리적 면역 시스템의 공헌으로 돌리기보다는 자신의 대처를 높은 권한과 같은 막강한 외적 행위 주체에 귀인하는 경향이 있다(Gilbert, Brown, Pinel, & Wilson, 2000).

결론

이 절에서는 감정에 영향을 미치는 사회인지에 관한 문헌들을 고찰하였다. 어떤 이론들은 각성과 인지, 특히 각성과 감정을 초래하는 스키마와 목표의 차단에 초점을 맞춘다. 다른 이론들은 자극에 성공적으로 적용되는 인지 구조를 다루며, 감정을 스키마, 귀인, 기준, 목표에 연계시킨다. 마지막 이론은 개인적 중요성의 평가 그리고 그 평가가 정서에 미치는 영향을 다룬다. 사람들은 과거 사건이나 미래 사건에 관한 자신의 평가를 부정확하게 내놓기 십상이다. 다양한 유형의 인지가 감정반응에 광범위하고도 구분될 수 있는 영향을 미치는 것이 확실하며, 어느 설명도 모든 유형의 감정을 포괄하지 못하고 있다.

요약

감정과 인지에 관한 연구들은 다양한 방향으로 동시다발적으로 진행되고 있으며, 어떤 연구들은 생리적 반응에 초점을 맞추고 다른 연구들은 인지 구조가 감정에 영향을 미치는 방식에—차단에 의해서든 성공적으로 적용되든 간에—초점을 맞추고 있다. 몇몇 이론들은 다른 이론들보다 상당히 많은 경험적 증거에 의해서 지지되고 있다. 그렇지만 몇 가지 중추적 주제가 출현하여 연구와 이론의 방향을 제시하고 있다.

감정은 모든 유형의 평가, 기분, 정서를 포괄하는 보편적 용어다. 선호는 본질적으로 즐겁거나 즐겁지 않은 비교적 약한 주관적 반응을 포함한다. 사회심리학자들이 가장 많이 연구한 선호는 대인관계 평가다. 기분은 전형적으로 특정한 표적을 갖지 않으며, 단순히 긍정적이거나 부정적인 것으로 간주되고, 어느 정도의 지속시간을 갖는다. 정서는 보다 복잡하고 분화된 감정이며, 흔히 생리적 반응을 수반하고 비교적 지속 기간이 짧다. 정서를 구분하는 가장 보편적인 두 가지 방법은 즐거움과 각성이라는 두 차원 또는 긍정적 정서와 부정적 정서라는 두 가지 독립적인 차원에 따르는 것이다. 개별적으로 분석해 보면, 긍정적 정서는 부정적 정서보다 단순한 구조를 가지고 있다. 또한 특정 정서에 대하여 사람들이 문화적으로 공유하는 범주화 그리고 정서 일반의 개념에 원형 접근이 적용되어 왔다. 정서는 문화적 규칙에 따라서 작동하는 사회적 역할로 간주되기도 하였다.

초기 정서 이론들은 생리적 반응이 분화된 정서의 경험에 선행하는지(제임스, 랑게) 아니면 뒤따르는지(캐논)에 관한 물음을 제기하였다. 이러한 논쟁에 뒤이어 많은 생리학적 정서 이론들은 자율신경계의 각성이 특별히 분화되어 있지 않으며, 다른 기제들이 정서 경험의 복잡성을 설명해야만 한다고 가정하였다. 네 가지 이론이 핵심적인 기여를 하였다. 얼굴 피드백 이론은 복잡하고 미묘한 얼굴 근육이 상이한 정서의 토대가 되는 상세한 피드백 패턴을 제공한다고 상정한다. 얼굴은 정서의 기본 차원, 특히 유인가와 강도를 신뢰롭게 표현한다. 얼굴 표정에 가하는 처치가 감정 경험에 영향을 준다는 증거들도 있지만, 이 증거는 상당한 논쟁을 불러일으켜 왔다.

홍분성 전이 이론은 정서나 운동에서 유래하는 각성이 서서히 소멸하며, 사람들은 흔히 그 각성의 출처를 구분할 수 없다고 제안한다. 따라서 앞선 홍분성이 전이되거나 파급되어 새로운 감정반응을 증폭시킬 수 있다. 심지어는 상이한 유인가를 갖는 감정반응도 증폭시킨다. 상당한 연구들이 이러한 가정을 지지한다. 오늘날의 모든 생리학적 이론들은 정서를 생성하는 데 있어서 인지의 역할을 평가절하하고 있다.

이와는 반대로, 사회인지 연구는 인지가 감정에 기여하는 방식을 고찰해 왔다. 일련의 접근은 섁터의 2요인 정서 이론에 바탕을 두고 각성과 인지 간의 상호작용을 다루고 있다. 섁터 이론은 설명되지 않은 각성이 사람들로 하여금 정서에 인지적 표지를 붙이기 위하여 환경을 탐색하게 만든다고 주장한다. 맨들러의 마음과 정서 이론은 여러 가지 측면에서 이 분석을 확장시킨다. 이 이론은 생리적 각성의 출처를 지각적 스키마나 복잡한 목표의 차단으로 설명한다. 지각적 스키마가 반증되는 정도가 경험하는 즐거움을 결정한다는 것이다. 목표의 차단도 경험한 정서의 본질을 결정하는 인지적 해석을 촉발시킨다. 친밀한 관계에서의 정서를 다룬 버샤이드의 이론은 이 분석을 사람들이 상호의존적인 복잡한 목표의 연속으로 확장시킨다. 즉, 관계가 친밀할수록 더 상호의존적이고 차단의 가능성이 커지며, 그렇기 때문에 정서의 가능성도 증가한다. 이 이론은 관계에서 나타나는 다양한 현상들을 설명하고 있으며, 지지 증거를 찾기 위한 연구가 진행되고 있다.

다른 사회인지 이론들은 특히 인지 구조 그리고 감정에 대한 그 구조의 영향에 초점을 맞춘다. 다양한 연구들이 사회적 스키마와 감정을 다루어 왔다. 켐트너 이론은 높은 권한이 긍정적 기대와 감정으로 이끌어 간다고 상정한다. 피스키의 스키마 촉발 감정 이론은 감정적 가치가 스키마의 최상위 수준에 저장되며, 어떤 사례를 감정 수반 스키마와 대응되는 것으로 범주화할 때 즉각적으로 접속 가능하다고 상정한다. 상당한 연구들이 정보 복잡성이 감정에 영향을 미치는 방식에 관한 린빌의 분석을 다루어 왔다. 즉, 복잡한 지식 구조는 흔히 조정된 감정으로 이끌어 가는 반면에, 단순한 지식 구조는 보다 극단적인 감정을 허용한다. 테서의 분석에서는 시간이 경과함에 따라서 사고가 감정을 극화시킨다. 즉, 사고가 관련된 스키마를 체제화하는 정도에 따라서 그 스키마가 상관된 차원을 보유하게 되며, 처음의 감정반응을 공개적으로 언급하였을 때 극화 현상이 일어난다. 연구들은 이러한 주장도 지지하고 있다.

또 다른 일련의 이론들은 자신이나 타인이 획득한 결과에 대한 사람들의 정서반응을 다룬다. 와이너의 귀인 차원 이론은 귀인의 상이한 조합이—내적 소재와 외적 소재, 시간 경과에 따른 안정성, 통제 가능성의 조합—자기와 타인에 대한 특정한 정서반응과 행동반응을 초래한다고 제안한다. 이러한 조망은 상당한 양의 경험적 지지를 받아 왔다.

몇몇 사회인지 정서 이론들은 이미 획득한 결과 이외에 대안적 결과, 즉 달성되었기를 희망하거나 여전히 달성하기를 희망하는 결과들을 강조해 왔다. 카네만과 밀러의 규범 이론은 대안들과 비교할 때 결과가 얼마나 놀라운 것인지를 결정하는 과정을 기술한다. 대안 상상의 용이성은 놀라움의 정도와 정서반응의 강도를 결정한다. 연구들은 이러한 아이디어를 지지하고 있다. 획득한 결과와 대안적 결과에 관한 이 이론들뿐만 아니라 각성의 토대로서의 차단에 관한 이론들은 모두 차단이 정서를 야기한다고 상정한다.

그렇지만 정서도 차단을 초래한다. 여러 이론들은 정서를 목표 우선순위의 관리자로 기술한다. 이 견해에서는 정서가 목표를 차단하고 우선순위의 변화를 요구한다. 사이몬의 견해에서는 정서가 경고 신호로 작용하며, 유기체가 다른 목표를 추구하고 있는 동안에 긴급성을 변화시키는 만족되지 않은 욕구에 주의를 기울이도록 만드는 각성과 차단을 제공한다. 오틀리와 존슨-레어드의 견해에서는 정서가 계획의 추정된 성공 가능성에 따라 계획들 사이에서 이동하도록 만든다. 아직 직접적으로 검증된 것은 아니지만, 몇몇 데이터는 이러한 견해와 일치하고 있다. 카버와 샤이어의 사이버네틱스 모형에 근거한 세 번째 접근은 유기체가 목표를 추구하는 속도를 감지하고 조절하는 감정적 피드백 시스템을 상정한다. 많은 연구들이 이 아이디어를 지지하고 있다.

마지막으로 일련의 이론들은 인지가 감정을 생성하는 방법을 다룬다. 아놀드와 라자루스의 연구에 근거한 평가 이론은 사람들이 자신의 관심사에 대한 환경의 중요성을 확신하기 위하여 환경을 평가하는 방식을 기술한다. 개인적 의미의 평가는 첫째, 개인적 부합성, 둘째, 대처 선택지의 전의식적이거나 의식적인 인지적 평가를 수반한다. 스트레스와 대처에 관한 연구는 이 견해와 일관성을 이룬다. 인지적 평가는 현재 상황의 특정한 차원을 평가하여 특정한 정서반응을 결정한다. 평가와 정서에 관한 여러 연구들은 이 이론을 지지한다. 다른 이론들은 정서로 이끌어 가는 평가의 유사한 차원, 특히 즐거움, 행위주체, 확실성, 주의의 차원을 확인해 왔다.

제 14 장

사회인지에 대한 감정의 영향

- ◆ 인지에 대한 감정의 영향
- ◆ 감정 대 인지

경제학자(적어도 고전적 유형의 경제학자)들은 사람들이 비용과 이익을 저울질한 후에 합리적 선택을 한다고 믿고 싶어 한다. 발견법에 관한 최근 연구들은 이러한 결정이 인지적으로 비편중적이라는 아이디어를 여지없이 무너뜨렸다(제7장 참조). 정서에 관한 최근 연구는 이러한 결정이 일차적으로 인지적이라는 아이디어를 와해시킨다. 이 장에서는 감정이 모든 방식의 사고, 기억, 신념, 선택에 영향을 미친다는 사실을 보게 될 것이다. 그렇지만 사람들이 정서의 영향에 대한 민감도에서 차이를 보인다는 사실도 보게 될 것이다. 마지막에는, 앞으로 기술하겠지만, 몇몇 연구자들은 감정과 인지를 전적으로 분리된 시스템으로 간주해야만 한다고 주장한다. 둘은 몇 가지 특징적인 작동 방식을 가지고 있는 것이 확실하다.

1. 인지에 대한 감정의 영향

한 여성은 자신의 체중이 감소한 것을 발견하고는 갑자기 강아지에게 친절해지기 시작한다. 또 다른 사람은 피곤할 때면 거의 모든 일에 "싫어요."라고 말한다. 또 다른 사람은 단순히 청소부가 불시에 자신의 커피 잔을 씻어 놓았다는 이유 때문에 하루 종일 미칠 것만 같았다. 그리고 우리 모두는 즐거울 때 아이디어가 풍부하고 신속하게 떠오른다는 사실을 알고 있다. 이러한 현상들은 행동, 기억, 판단, 의사결정, 설득에 미치는 감정의 영향을 예증해 준다.

연구들을 상세하게 기술하기에 앞서 약간의 배경을 제시하는 것이 도움이 되겠다. 첫째, 대부분의 연구들은 인지와 사회행동에 대한 기분의 효과를 검증해 왔다. 그러나 이 연구들에서는 강력한 정서가 큰 역할을 하지 못해 왔다. 둘째, 이러한 효과를 검증한 실험들은 로또 1등에 당첨되는 것과 같은 중차대한 삶의 사건보다는 전형적으로 길에서 동전을 줍는 것과 같이 비교적 사소한 기분 처치를 사용하였다. 우리가 행동하고 생각하며 결정하고 창조하는 것에 영향을 미치는 데는 삶을 요동치게 만드는 감정이 수반된 사건이 요구되는 것이 아니다.

셋째, 제3장과 5장에서 지적한 바와 같이, 사람들의 지각과 기대는 긍정적 편향을 만들며, 일반적으로 타인의 삶과 자신의 삶 모두를 어느 정도는 긍정적인 것으로 평가한다(Parducci, 1968; Sears, 1983). 정보처리는 긍정적 자극으로 편향되어 있으며, 이 현상을 폴리아나 효과(Pollyanna effect)라고 부른다(Matlin & Stang, 1978). 사람들은 긍정적 자극을 보다 용이하게 기억해 내고 판단하며(예컨대 Hampson & Dawson, 1985), 긍정적으로 편향된 판단을 한다. 따라서 다른 모든 것이 동일하다면 대부분의 사람들은 어느 정도 낙관적이다. 이 사실이 의미하는 바는 긍정적 기분과 부정적 기분이 단순히 상반되는 것이 아니며, 긍정적 기분은 사람들이 보다 자주 느끼고 선호하는 것과 잘 맞아떨어진다는 것이다. 이러한 비대칭성은 중요한 함의를 가지고 있다.

긍정적 기분의 효과는 부정적 기분의 효과보다 훨씬 명확하다. 많은 연구에 걸쳐서 긍정적 기분의 효과는 부정적 기분의 효과보다 예언 가능하고 일관적이며 해석 가능하다. 여러 가지 이유가 부정적 기분의 불규칙한 효과를 설명할 수 있겠다. 방금 지적한 바와 같이, 긍정적 감정이 부정적인 것보다 흔하기 때문에 부정적 감정은 상대적으로 기저선으로부터의 큰 변화로 간주되며, 보다 차단적이고 방해적인 것이 된다. 이에 덧붙여, 부정적 기분은 웰빙을 위협하는 상황을 신호해 주기 때문에 또한 방해적인 것이 된다. 부정적 감정과 긍정적 감정의 구조에 관한 연구들이 입증한 바와 같이, 일반적으로 말해서 부정적 정서는 긍정적인 것보다 가변성이 크다. 따라서 화난 기분과 슬픈 기분의 효과는 즐거운 기분과 홍미진진한 기분의 효과보다 덜 유사하다.

게다가 부정적 기분은 혐오적이기 때문에 사람들은 긍정적 기분보다 부정적 기분을 관리하고자 시도한다. 이 모든 사실들이 긍정적 기분보다 가변적 효과를 갖는 부정적 기분을 초래하는 것이다.

기분과 도움 행동

좋은 기분은 사람들로 하여금 타인을 돕도록 이끌어 간다(단지 자신이 날씬해졌다고 느끼기 때문에 강아지를 다정하게 껴안는 우리 친구가 보여 주는 것처럼 말이다). 즐거움을 초래하는 다양한 사소한 경험들이 검증되어 왔다. 예컨대, 사소한 과제에서의 성공, 공중전화 부스에서 동전 줍기, 공짜 샘플 받기, 과자나 사탕 받기, 일련의 즐거운 슬라이드 보기, 부드러운 음악 듣기, 도움이 되었다는 말을 듣기, 좋은 날씨 경험하기, 과거에 긍정적 사건 기억해 내기 등이다(개관을 보려면 Penner, Dovidio, Piliavin, & Schroeder, 2005 참조). 심지어는 커피를 볶거나 과자를 굽는 향기조차도 쇼핑몰에서 낯선 사람에게 잔돈을 바꾸어 주거나 펜을 빌려 주도록 만들 가능성이 커진다(Baron, 1997). 이렇게 사소한 사건들은 모두 이 세상을 더 좋은 곳으로 만드는 유익한 효과를 가지고 있다. 잘못 배달된 편지를 다시 보내 주고, 떨어뜨린 서류나 책을 집어 올리는 것을 도와주며, 자선 행위에 기부하거나 그 행위를 요청하고, 기꺼이 자신의 시간을 내주며, 헌혈에 동의하고, 보다 긍정적인 충고를 해 주며, 낯선 이를 위해서 전화를 걸어 준다(개관을 보려면 Forgas, 1995; Isen, 1987; J. D. Mayer & Salovey, 1988 참조). 게다가 이러한 효과들은 연령, 사회계급, 인종을 넘어서 일반화된다(Penner et al., 2005).

이 효과를 설명하기 위해서 여러 가지 가설들이 제안되어 왔다. 칼슨과 샬린 그리고 밀러(Carlson, Charlin, & Miller, 1988)는 연구 결과들을 분석하면서 네 가지 기제에 관한 강력한 증거를 발견하였는데, 이 모든 기제는 기분 좋은 사람들이 정적 강화에 관하여 특히 민감해진다는 원리에 근거한 것이다. 기분 좋은 사람은 상황이 보상에 대한 욕구를 현저한 것으로 만들고 도움 행동의 보상을 강조할 때 도움 행동을 나타낸다.

- 기분은 주의 초점(focus of attention)을 변화시켜 자신이나 타인에게 초점을 맞추게 한다. 자신의 행운에 초점을 맞춤으로써 유도된 좋은 기분은 타인을 향한 자비로운 행동을 촉진시키지만, 타인의 행운에 맞춘 초점은 도움 행동을

증가시키는 대신에 선망을 촉발할 수 있다(예컨대 Rosenhan, Salovey, & Hargis, 1981).

- 개별 처리 견해(separate process view)에 따르면, 기분이 좋은 사람은 도움 요청이 죄책감을 유도하는 강요라기보다는 도움의 보상을 강조하는 것일 때 주로 도움 행동을 한다(예컨대 M. R. Cunningham, Steinberg, & Grey, 1980; Gueguen & DeGail, 2003; Perlow & Weeks, 2002).
- 세 번째 가설은 자신의 사회적 전망(social outlook)이 개선됨으로써 사람들이 기분 좋은 상태가 될 수 있다는 것이다(예컨대 Holloway, Tucker, & Hornstein, 1977). 대인관계 사건에 의해서 흥이 나면 인간의 선한 측면이나 사회의 자애로움에 초점을 맞춤으로써 도움 행동을 할 가능성이 커진다. 개선된 사회적 전망이 친사회적 가치를 증진시키는 것이다.
- 마지막으로, 사람들은 기분 유지(mood maintenance)에 관심을 갖기 때문에, 만일 도움 행동이 자신의 기분을 망치는 것이라면 도와줄 가능성이 줄어들게 된다(예컨대 Forest, Clark, Mills, & Isen, 1979; Isen & Simmonds, 1978). 그렇다고 해서 사람들이 단지 자신의 기분을 고양시키거나 유지하기 위해서 도움 행동을 한다는 말은 아니다. 다양한 이유로 도움 행동을 하며, 흥이 난 사람은 단지 부정적 감정에 예민하고 그 감정을 회피하려고 할 따름이다(Isen, 1987). 즐거운 사람은 보상에 관한 현저한 관심을 가지고 있으며, 도움 행동의 보상이 명확할 때 도움을 준다.[1)]

이러한 맥락에서 기분 좋은 사람은 보다 사교적이다. 상호작용을 먼저 시작하고 호감을 표명하며 자신을 더 많이 노출시키고 충고를 하며 덜 공격적이고 더 많이 협력하는데, 기분이 좋으면 그저 남의 요구를 들어주게 되기 때문에 이러한 행동이 나타나는 것 같지는 않다(예컨대 M. R. Cunningham, 1988; 개관을 보려면 Isen, 1987 참조). 심지어 보다 협조적인 중재자가 되기도 하는데, 논쟁을 불러일으키는 책략을

1) 수반 가설(concomitance hypothesis)은 행복한 사람이 도움 행동을 하는 것은 자신의 기분을 유지하기 위한 것이 아니라 행복한 것의 부수 효과일 뿐이라고 주장한다. 예컨대, 상대방에 대한 호감도가 증가하거나 낙관성이 증가한 때문이라는 것이다(Manucia, Baumann, & Cialdini, 1984). 이 가설은 사회적 전망 가설과 상당 부분 중첩되기 때문에 분리해서 평가하기가 어려우며, 특히 기분을 유지하려는 관심이 명백할 때 그렇다(Carlson, Charlin, & Miller, 1988).

덜 사용하며 쌍방의 이득을 모두 증가시켜 준다(Carnevale & Isen, 1986; Forgas, 1998). 기분이 좋을 때는 타인에게만 친절한 것이 아니라 자신에게도 친절하게 된다. 스스로에게 보상을 주고 긍정적 피드백을 추구하는데, 이것이 단지 자제력을 상실한 때문은 아니다(Isen, 1987). 기분의 유익한 효과는 직장에서 다양한 선행으로 나타난다(Brief & Weiss, 2002; Forgas & George, 2001). 정서가 촉진시키는 행위를 나타냄으로써 감사하는 마음과 같은 특정한 긍정적 정서에 점진적으로 초점을 맞추게 된다(Bartlett & DeSteno, 2006).

일시적으로 우울해진 사람의 경우는 어떤가? 기분이 나쁜 사람도 때로는 기분이 중립적인 사람보다 더 도움을 주기도 하지만, 특정한 조건에 처해 있을 때에만 그렇다(개관을 보려면 Carlson & Miller, 1987 참조). 실제로 도움 행동을 부추기는 부정적 기분조건은 분노가 아니라 죄책감이 작동하고 있을 때다. 즉, 책임/객관적 자기자각 견해에 따르면, 자신이 부정적 사건(예컨대 실험 장비를 망가뜨리거나, 나쁜 기분의 원인이 자기 자신이라는 말을 듣는 것)의 원인이라고 지각하는 불행한 사람은 친사회적 규범을 현저한 것으로 받아들임으로써 도움 행동을 한다(예컨대 M. Rogers, Miller, Mayer, & Dural, 1982). 이와 반대로, 주의 초점 설명에 따르면 부정적 사건(예컨대 암으로 죽어 가는 친구에 대한 자신의 개인적 반응을 상상하는 것)을 자기초점적 각도에서 지각하고 있는 기분 나쁜 사람은 타인에게 도움을 덜 준다(예컨대 W. Thompson, Cowan, & Rosenhan, 1980). 주의 설명은 긍정적 기분과 부정적 기분 모두가 야기하는 도움 행동에 적용된다. 도움 행동이 주의를 자신의 기분으로부터 멀어지게 만들 때는 기분이 약화되지만, 자신의 기분을 초래하는 조건에 초점을 맞추게 할 때는 기분이 고양된다(M. G. Millar, Millar, & Tesser, 1988).

나쁜 기분이 도움 행동에 미치는 효과에 관한 또 다른 설명은 상당한 논쟁거리다. 부정적 상태 안도 가설(negative state-relief hypothesis)에 따르면, 불행한 사람은 도움 행동이 부정적 기분을 몰아낼 수 있을 때 도움을 주며(예컨대 Cialdini, Darby, & Vincent, 1973; Schaller & Cialdini, 1988), 심지어 아동들도 도움 행동의 이로운 효과를 자각하고 있다(Cialdini & Kenrick, 1976; Perry, Perry, & Weiss, 1986). 사람들은 자신의 기분을 조절하려는 것이 확실하기 때문에(Baumgardner & Arkin, 1988; J. D. Mayer & Gaschke, 1988), 이 가설의 몇몇 버전은 지지될 가능성이 있다. 그렇기는 하지만, 연구자들은 그러한 결과의 해석에서 견해가 엇갈린다(Carlson & Miller, 1987; Schroeder, Davidio, Sibicky, Mathews, & Allen, 1988 참조).

기분과 기억

좋은 소식을 듣고는 스스로 유능하고 기분이 좋으며 사랑스러웠던 여러 가지 과거 경험을 떠올렸던 적이 있는가? 현재의 기분은 과거 경험의 기억에 중요한 영향을 미친다. 두 가지 근본적인 현상—기분 합치 기억(mood-congruent memory)과 기분상태 의존 기억(mood state-dependent memory)—이 기분과 기억에 관한 연구의 핵심을 이루어 왔다.

기분 합치성

많은 상황에서 사람들은 유인가가 현재의 기분상태와 맞아떨어지는 사건을 보다 용이하게 기억해 낸다(개관을 보려면 Blaney, 1986; Forgas, 1995; Isen, 1987; J. D. Mayer, 1986 참조). 수많은 연구들이 참가자들에게 최면을 걸거나, 성공과 실패를 경험하게 하거나, 기분 부합 문장을 읽게 하거나('벨텐' 절차), 기분 수반적 음악을 듣게 하거나, 적절한 과거 경험을 생각하게 하거나, 긍정적이고 부정적인 얼굴 표정을 떠올리게 함으로써, 실험적으로 기분을 유도해 왔다(Blaney, 1986). 한 연구에서는 기분 좋은 냄새(예컨대 아몬드 추출물)와 기분 나쁜 냄새(예컨대 콜타르)로 기분을 유도하였다(Ehrlichman & Halpern, 1988). 다양한 장면과 절차에 걸쳐서 사람들은 긍정적 기분상태에서 긍정적 사건을 회상하며, 때로는 부정적 기분상태에서 부정적 사건을 회상해 낸다(예컨대 G. H. Bower, Gilligan, & Monteiro, 1981; Isen, Shalker, Clark, & Karp, 1978; Salovey & Singer, 1988; Teasdale & Russell, 1983).

혹자는 그 효과가 주로 인출에서 나타난다고 주장하지만(Blaney, 1986; Isen, 1987), 대부분은 학습에서 그 효과가 더 강력한 것이라고 주장한다(G. H. Bower, 1987; J. D. Brown & Taylor, 1986; Fiedler, Nickel, Muehlfriedel, & Unkelbach, 2001; J. D. Mayer & Salovey, 1988; Nasby & Yando, 1982; J. A. Singer & Salovey, 1988). 사람들이 정서 합치 자극을 보다 용이하게 지각한다는 사실은 이러한 조망과 일치한다(Neidenthal & Setterlund, 1994). 대부분의 설명은 기분 합치 효과가 상당히 자동적인 것이지만 몇몇 기분 합치 효과는 통제적이고 동기가 수반된 처리과정이라고 가정한다(Blaney, 1986).

통합적인 감정 주입 모형(affect infusion model, AIM)은 감정의 효과가 처리 양식에 따라서 상대적으로 자동적이거나 통제적이거나 아니면 전혀 없을 수가 있다고 제안한다(Forgas, 1995). 즉, 발견법적(heuristic) 처리에서는 감정이 신속한 판단을 제공한다(내가 기분이 좋은 것을 보니 이것을 좋아하는 것임에 틀림없다). 이것은 정보로서의 기분(mood-as-information) 조망에 근거한 것이다(예컨대 Schwarz & Bless, 1991). 보다 통제적인 처리에서는 감정이 선택적 주의, 부호화, 인출, 연합을 통해서 판단을 점화시킨다. 이것은 전통적인 기억 모형에 근거한 것이다(예컨대 Bower, 1991). 그렇지만 다음과 같은 두 경우에는 감정이 영향을 미치지 않을 수도 있다. 즉, 과거 판단에 직접적으로 접속하거나 기존의 목표를 더욱 추구하기 위해서 동기화된 처리에 몰두할 때는 정서가 영향을 미치지 않을 수 있다. 이러한 경우에는 기억과 판단 그리고 행동의 진로가 이미 만들어져 있기 때문에 감정적 편향의 영향을 덜 받는다. 이 절에서 다루는 기억의 맥락에서 볼 때, AIM은 요청에 대한 반응이 어떻게 기분 합치적 편향을 보여 주는지를 기술하는 것이다. 도서관에서 수행된 한 연구에서 학생들은 긍정적 기분을 야기하거나(재미있는 만화) 부정적 기분을 야기하는(자동차 사고) 그림이나 이야기를 보거나 들었다. 그런 다음에 다른 학생으로부터 종이를 좀 빌려 달라는 정중하거나 무례한 요청을 받았다. 부정적 기분은 사람들로 하여금 요청에 비판적이고 덜 응하도록 만들었으며, 특히 무례한 요청의 경우에 그러하였다. 또한 무례한 요청이 나중에 더 잘 기억되었다는 사실은 통제처리 경로와 일치하는 것이다(Forgas, 1998).

대부분의 기분 합치 연구들은 부정적 기분의 불규칙한 효과를 얻었으며, 동기화된 통제처리가 유도된 부정적 기분의 강력한 효과를 얻지 못한 사실을 설명해 줄 수 있다. 즉, 사람들은 부정적 기분을 제거하고자 하기 때문에 실험 처치가 잘 작동하지 않는다(M. S. Clark & Isen, 1982; J. A. Singer & Salovey, 1988). 아니면 부정적 기분의 효과가 약한 것은 부정적 정보를 기억에 덜 포괄적이고 통합적으로 저장함으로써 부정적 기분이 합치하는 정보의 효과적인 단서가 되지 못하기 때문에 초래되는 것일 수 있다(Isen, 1984, 1987). 그리고 만일 부정적 정보가 덜 체제화되어 있다면 본질적으로 학습하기가 어려울 수 있기 때문에, 부정적 자극과 긍정적 자극을 등가적인 것으로 보기 어려워진다. 부정적 기분의 효과가 약한 것은 긍정적 기분(행동)보다 부정적 기분(슬픔, 분노, 공포)이 더 많이 분화되어 있기 때문일 가능성도 있다. 만일 기분 합치성이 단순히 전반적 유인가보다 특정한 정서와 대응되는 것에 의존하는 것이라면, 부정적 기분상태는 용이하게 대응되지 않을 수 있다. 또한 부정적 기분상태는 무엇이든 전반적으로 행복한 상태보다 더 적은 연합을 가지고 있는 경향도 가지고 있을 수 있다(Laird et al., 1989).

한 가지 중요한 경우에는 부정적 기분 합치성이 신뢰롭게 일어난다. 즉, 우울한 사람, 부정적 사건이 기분과 합치됨으로써 기억이 잘되는 사람들에게서 그렇다(Blaney, 1986; M. H. Johnson & Magaro, 1987). 예컨대, 우울한 사람과 그렇지 않은 사람들이 실험자가 통제하는 일련의 성공과 실패를 경험할 때, 우울한 사람은 통제집단에 비해서 성공을 과소추정한다(예컨대 Craighead, Hickey, & DeMonbreun, 1979). 그 효과는 부호화의 결손이기보다는 인출 편향일 가능성이 큰 것으로 보인다. 즉, 성공을 알아차리기는 하지만 용이하게 회상하지는 못한다. 또 다른 예를 들어 보면, 우울한 사람은 (통제집단과 비교할 때) 긍정적 단어와 구절을 적게 기억해 내거나 부정적인 것을 과도하게 회상해 낸다(예컨대 Ingram, Smith, & Brehm, 1983). 이러한 부정적 기분 합치 효과는 사람들이 자신에게 초점을 맞추어 그 사건의 가능성을 바라볼 때에만 일어날 수 있지만(예컨대 Bargh & Tota, 1988), 그 이외의 경우에는 이 효과를 얻는 조건이 다양하고 가변적이다. 우울한 사람은 부정적 사건을 반박하거나 자신의 기분을 개선하거나 아니면 자기 이미지를 확신하기 위하여 의도적으로 그 사건에 초점을 맞추기도 하기 때문에, 그 효과는 자동적일 수도 있고 아닐 수도 있다(즉, 비의도적이고 무의식적이며 신속할 수 있다. 제2장 참조). 우울의 개인차 이외에도, 신경증이 높은 사람들도 과장된 부정적 기분 효과를 보여 준다(Rusting, 1999). 외향적인 사람은 고양된 긍정적 기분 기억 효과를 나타낸다. 두 처리과정이 기분과 성격의 상호작용을 설명할 수 있다(Rusting, 1998). 기분은 성격을 조절하여(또는 성격과 상호작용하여) 공동으로 인지에 영향을 미칠 수 있다. 또는 기분은 성격 처리 관계를 매개하여 특정한 성격 특질이 사람들로 하여금 특정한 기분에 빠질 소인을 부여함으로써 인지에 영향을 미치게 되기도 한다. 다양한 연구들은 이러한 두 과정 모두를 지지해 준다.

종합적으로 상당한 양의 증거들은 기분과 기억할 정보 간의 합치성이 나타내는 촉진 효과를 지지한다. 그렇기는 하지만, 상당한 기분 불합치 기억에 관한 몇 가지 독립적 사례들이 일반적인 기분 합치 효과를 복잡하게 만들고 있다(Fiedler, Pampe, & Scherf, 1986; Forgas, Burnham, & Trimboli, 1988; Mackie et al., 1989; Parrott & Sabini, 1990; Rusting & DeHart, 2000). 지적한 바와 같이, 사람들은 흔히 과거 부정적 사건에 관한 틀을 변경하거나 나쁜 기분을 상쇄하기 위하여 긍정적 기억을 인출하여 부정적 기분을 조절함으로써 부정적 기분의 기분 불합치 효과를 초래하게 된다. 또한 자신의 기분을 돌이켜 볼 때 기분 불합치 사건을 회상할 가능성이 더 커진다

(McFarland & Buehler, 1998).

기분 기억 연구들도 문제가 없는 것은 아니다. 참가자 내 설계는 참가자들로 하여금 실험자 요구에 따라서 반응하도록 부추길 수 있으며, 몇몇 연구들은 중립적 기분의 통제집단을 포함시키지 않고 있다(M. S. Clark & Williamson, 1989; J. A. Singer & Salovey, 1988). 그렇지만 몇몇 연구들은 명시적으로 기분을 유도하기보다는 부지불식간에 얼굴 표정에 처치를 가하는 방법으로 실험자 요구 특성의 문제를 비껴가며, 이 연구들도 기분 합치 기억을 보여 준다(Laird et al., 1982, 1989). 나아가 실세계의 효과는 특히 강력한 것이다. 우울증 환자들은 기분 합치성 효과를 신뢰롭게 보여 주며, 실험자가 제공하는 사건보다 실세계의 사건이 더욱 강력한 기분 합치성 효과를 보여 준다(예컨대 Mayer, McCormick, & Strong, 1995; 메타분석을 보려면 Ucros, 1989 참조). 전반적으로 기분 합치성을 보여 주는 결과가 그러한 효과를 발견하는 데 실패한 결과보다 압도적으로 많다.

기분상태 의존 기억

또 다른 기분 기억 현상은 정보를 학습할 때의 기분 맥락과 그 정보를 인출할 때의 기분 맥락 간의 합치성에 관한 것이다. 만일 슬픈 기분상태에서 공부를 한다면, 슬픈 상태에서 검사를 받을 때 가장 잘 회상할 수 있다. 기분 의존 기억(mood-dependent memory)은 정보의 유인가 자체를 무시하고, 단지 두 맥락 간의 적합성에만 초점을 맞춘다.

상태 의존 기억(state-dependent memory)은 약물로 유도된 상태에서도 나타난다. 예컨대, 술 취한 상태에서 학습한 것은 깨어 있을 때보다 술 취해 있을 때 더 용이하게 기억해 낸다. (술 취했을 때 자신이 한 행동을 기억해 내지 못하는 사람은 단지 그것을 알아보기 위하여 그 상태로 되돌아가야만 한다고 권장하는 것으로 이 사실을 해석해서는 안 된다!) 약물로 유도한 상태 의존 기억이 신뢰롭게 나타난다는 사실은 연구자들로 하여금 기분상태에서의 유사한 현상을 찾아보게 만들었다. 아마도 내용에 상관없이 행복할 때 학습한 것은 행복할 때 가장 잘 기억해 낼 것이다.

이 효과는 실재하는 것으로 받아들일 만한 것이기는 하지만 그 증거는 상당히 약하다(Blaney, 1986; G. H. Bower & Mayer, 1989; Isen, 1987). 기억할 자료의 절반을 한 기분(예컨대 행복)과 연합시키고, 나머지 절반을 다른 기분(예컨대 슬픔)과 연합시킨 연구들은 매우 빈번하게 이 효과를 보여 주어 왔다. 이러한 참가자 내 설계는 검사 단계에서 상이한 유형의 항목들 간의 간섭에 근거한다. 그렇지만 간섭의 체계적 처치는 그 효과를 신뢰롭게 내놓고 있지 않다(G. H. Bower & Mayer, 1989). 모든 참가자들은 두 가지 기분을 모두 경험하기 때문에, 가설이 너무나 명백해지고 실험자 요구 특성이 작동할 가능성이 증가하는 것이다(Blaney, 1986; J. D. Mayer & Salovey, 1988; J. A. Singer & Salovey, 1988; Ucros, 1989). 따라서 실험자 요구 특성의 문제를 최소화하기 위해서는 실험자가 유도한 기분보다는 자연스럽게 발생한 기분을 검증해야 한다고 생각할 수 있다. 그러나 기분 의존성은 자연스럽게 발생한 기분에서 얻어지지 않는다(Hasher, Rose, Zacks, Sanft, & Doren, 1985; J. D. Mayer & Bremer, 1985; J. D. Mayer & Bower, 1985).

한 가지 남아 있는 문제거리가 분명해질 수 있다. 처음에 지적한 바와 같이 기분은 상태 의존 효과를 신뢰롭게 초래하지 않음에도 불구하고, 약물은 그 효과를 신뢰롭게 만들어 낸다. 한 가지 가능성 있는 설명은 약물의 상태 의존 효과가 신뢰롭게 나타나는 각성 의존 기억 효과와 같이 작동한다는 것이다(M. S. Clark, Milberg, & Erber, 1988; M. S. Clark, Milberg, & Ross, 1983). 즉, 특정한 형태의 기분 합치를 초래하는 것은 유인가의 대응(예컨대 학습과 검사 단계에서의 행복한 기분)이 아니라 각성의 대응(예컨대 학습과 검사 단계에서의 흥분성)일 수 있다.

기분과 기억의 망 모형

기억에 대한 기분의 다양한 효과를 설명하기 위해서 처음에 제안되었던 이론은 망 모형(network model)이다(개관을 보려면 J. A. Singer & Salovey, 1988 참조; 기억의 망 모형에 대한 제4장의 기술을 참조하라). 이 이론은 정서가 단순히 인출 단서일 뿐이라고 제안한다. 이것이 의미하는 바는 어떤 정서와 동시에 마음에 떠오른 기억이나 사건이 그 정서와 연계되고, 그렇기 때문에 (간접적인 방식으로) 다른 정서 합치 기억이나 사건들과도 연계되는 것이라고 제안한다. 따라서 기분 합치 기억은 정서가 기억에 들어 있는 항목으로 연결되는 부가적 경로를 제공하기 때문에 이점을 갖는다는 것이다. 이 견해는 기분 합치 기억이 기분에 부착된 유사한 감정 그리고 회상할 항목이 내재적으로 가지고 있는 유인가라는 인출 이점에 근거한다. 그리고 기분상태 의존 기억은 학습하고 인출하는 항목과 연합된 유사한 감정에 의존한다.

그렇지만 후속 연구들은 유사한 기분을 수반하는 항목의 지각(G. H. Bower, 1987) 그리고 앞서 지적하였던 것과 같은 기분상태 의존 인출에 대한 기분의 촉진 효과를 지지하려는 시도에서 실망감을 감추지 못하고 있다. 게다가 기억망에서 개념적 관련성과 정서적 관련성의 결합 효과는 별로 지지받지 못하고 있다(E. J. Johnson & Tversky, 1983). 전반적으로 기분과 기억의 망 모형은 "별로 성공을 거두지 못하였다. … 소수의 성공과 수많은 현저한 실패가 있었다."(G. H. Bower, 1987, 454쪽) 이 사실은 새로운 개념틀의 필요성을 시사한다.

일반적으로 기분상태 의존 기억 효과는 실험자 요구 특성의 가능성이 컸을 때, 즉 실험참가자들이 연구자의 가설을 정확하게 지각하고 그에 따라서 반응할 가능성이 클 때 더 강력한 것이었다. 효과는 다음과 같은 경우에 더 컸다—(a) 엄격하지 않은 실험 절차를 사용하고 열정적인 실험자가 관여한 초기 연구, (b) 실험을 실시하는 시간이 길었던 연구, (c) 나이가 들어서 생각을 많이 하는 참가자들을 사용한 연구, (d) 참가자들이 수강생의 의무로 참여하거나 자원한 것이 아니라 돈을 주고 모집한 참가자들을 사용한 연구, (e) 참가자 수가 적고 강력한 기분 유도 절차를 사용한 연구(Ucros, 1989). 기분과 기억 결과의 전반적 패턴에 관한 한 가지 해석은 유도된 기분이 강력한 것일 때 좋은 결과가 얻어진다는 것이다(J. D. Mayer & Salovey, 1988; Ucros, 1989). 기분 유도에 대한 반응성에 따라서 참가자들을 선택하거나 자연스럽게 발생한 기분과 실생활 사건을 사용할 때 결과가 더욱 강력하게 나타난다.

결론

앞에서 본 바와 같이 기분 합치 기억의 증거는 강력한 반면, 기분상태 의존 기억의 증거는 미약하다. 기분 합치성과 기분 의존성 간의 관례적인 구분에도 불구하고, 실생활에서는 그 부분이 항상 명확한 것은 아니다(Blaney, 1986; Ucros, 1989). 긍정적 기분상태에 있거나 긍정적 맥락에 의해서 긍정적 해석을 취할 때 긍정적 정보가 종종 획득되기 때문에, 학습 시의 기분이 학습할 자료의 유인가와 혼재하게 된다. 그렇기는 하지만 둘은 적어도 개념적으로는 구분이 되며, 기분 합치 효과는 기분 의존 효과보다 훨씬 신뢰로운 것이다.

기분과 판단

미소를 짓는 정치가는 자신을 바라보는 사람들을 기분 좋게 만들 수 있으며, 이것은 현직자나 후보자에 대한 긍정적 감정으로 전환된다. 울거나 비명을 지르거나 얼굴을 찌푸리는 정치가는 부정적 기분 합치 반응을 초래할 위험이 있다(개관을 보려면

Glaser & Salovey, 1998 참조). 법적 의사결정도 정서의 영향을 받는다(예컨대 Bornstein & Wiener, 2006 참조). 기분 연구 문헌에서 가장 명백한 효과 중의 하나는 기분 좋은 사람이 거의 모든 것들, 예컨대 자기 자신, 자신의 건강, 자동차, 타인, 미래, 그리고 심지어는 정치와 범죄자조차도 더 좋게 생각한다는 것이다(개관을 보려면 Bodenhausen, Mussweiler, Gabriel, & Moreno, 2001; Clore, Schwarz, & Conway, 1994; Crano & Prislin, 2006; Forgas, 1995; Petty, Wegener, & Fabrigar, 1997; Schwarz & Clore, 1996; Zajonc, 1998 참조). 대인관계 사례를 생각해 보자. 사회적 상호작용에서 자신의 행동을 녹화한 것을 보는 사람들은 행복할 때 자신을 보다 긍정적으로 평가한다(Forgas, Bower, & Krantz, 1984). 이 효과는 파티가 끝난 후에 자신의 행동을 머릿속으로 돌이켜 볼 때 새로운 조망을 제공해 준다. 그 행동의 해석은 확실히 자기평가에 몰두하는 시간대와 조건에 달려 있다.

좋은 기분에 근거한 자비 효과는 사람들이 현재의 기분에 따라서 다중 성격을 갖게 된다고 제안하게 만들어 왔다(G. H. Bower, 1990; Epstein, 1990b 참조). 그렇지만 이 현상에는 몇 가지 제한이 있다. 예컨대, 기분 좋은 사람도 범죄자와 매력적이지 않은 사람을 과대평가하지 않으며(Forgas & Moylan, 1987; G. L. White, Fishbein, & Rutstein, 1981), 높은 수준의 개인적 관여가 기분 합치 효과를 조절하기도 한다(Branscombe & Cohen, 1990).

그 역도 참인가? 불행한 사람은 모든 것을 싫어하는가? 때로는 그렇기도 하지만, 부정적 기분과 기억에 관한 연구에서 증거가 혼재하는 것과 동일한 이유로 인해서 증거들은 명확하지 않다(M. S. Clark & Williamson, 1989; J. D. Mayer & Salovey, 1988). 따라서 중립적 통제조건을 포함하는 연구들이 긍정적 기분과 부정적 기분을 대비시키기만 하는 연구들보다 알려 주는 것이 많다. 즉, 긍정적 기분과 부정적 기분만을 비교하여 차이를 얻게 된다면 어떤 기분이 효과를 나타내는지를 알지 못한다. 흔히 부정적 기분 효과는 중립적 기분 효과와 다르지 않으며, 사람들이 부정적 기분을 만회하려고 시도하기 때문에 때로는 긍정적 기분 효과와 등가적이기도 하다. 따라서 부정적 기분 효과를 찾아내기 위해서는 중립적 통제집단을 포함시키는 것이 특히 중요하다. 몇몇 효과가 부정적 기분 연구에서 나타났다. 예컨대, 부정적 기분은 미래의 부정적 사건을 지각할 가능성을 증가시킨다(Johnson & Tversky, 1983). 사람들은 중립적 기분일 때보다 일시적으로 우울해졌을 때 부정적으로 적용할 수 있는 특질에 따라서 타인을 판단한다(Erber, 1991). 마찬가지로 일시적 우울과 만성적인 부정적 전망은 모두 자신들이 사회적 지지를 덜 받고 있다고 지각하게 만든다(L. H. Cohen, Towbes, & Flocco, 1988; Vinokur, Schul, & Caplan, 1987). 다른 연구 사례들도 부정적 기분 합치 판단을 보여 주고 있다.

이러한 연구의 흐름에서 몇 가지 흥미를 끄는 문제거리들이 남아 있다. 예컨대, 긍정적 기분만이(그리고 때로는 부정적 기분도) 판단에서의 합치성을 보여 주는 것이 아니라, 각성된 기분도 판단 합치성 효과를 보여 준다(M. S. Clark, Milberg, & Erber, 1984; Stangor, 1990). 즉, 생리적으로 각성되었을 때(예컨대 운동을 하였기 때문에), 사람들은 각성 합치 판단을 하여 다른 사람의 모호한 긍정적인 얼굴 표정을 차분하기보다는 즐거운 것으로 간주하며, 모호한 진술("저 석양 좀 봐.")을 평온감의 신호보다는 감탄으로 해석한다.

기분 연구자들은 유인가와 각성을 넘어서 복잡한 정서로 이동하고 있다. 예컨대, 두 가지 부정적이며 각성이 수반될 가능성이 있는 정서, 즉 분노와 공포는 판단에서 상이한 효과를 나타낸다(Lerner & Gonzalez, 2005; Lerner & Keltner, 2001). 공포는 테러리스트 공격의 위험도를 지각할 가능성을 증가시키는 반면, 분노는 그 가능성을 감소시킨다(Fischhoff, Gonzalez, Lerner, & Small, 2005). 스스로 선택을 해야 할 때, 공포에 휩싸인 사람은 비관적이며 위험이 증가하는 것으로 본다. 공포는 예방 지향성이나 회피 지향성을 고취시킨다. 이와 반대로, 화가 난 사람은 접근 지향성에 따라서 낙관적이며 지각된 위험도를 최소화한다. 분노는 사람들이 과거가 아니라 미래를 평가할 때에만 상대적으로 기분 좋은 것으로 경험된다(Lerner & Tiedens, 2006).

다른 사람에게 적용할 때는 화난 사람이 위협적일 수 있으며, 슬픈 사람은 보다 신중하고 사려 깊을 수 있다. 분노는 자동적 편견을 촉진하는 반면에, 슬픔은 집단 간 편견을 중성화시킨다(DeSteno, Dasgupta, Bartlett, & Cajdric, 2004). 분노는 집단 간 경쟁과 맞아떨어지기 때문에 편견을 부추긴다. 마찬가지로 분노와 슬픔의 메시지는 각각 수신자를 화나고 슬프게 만든다(DeSteno, Petty, Rucker, Wegener, & Braverman, 2004). 슬픔과 분노는 슬프게 만들거나 화나게 만드는 사건의 지각 가능성을 서로 다르게 편향시킨다(DeSteno, Petty, Wegener, & Rucker, 2000). 일반적으로 기분이 메시지나 사건 또는 수신자와 대응될 때 감정·인지 효과가 강력하게 나타난다.

특정한 유형의 판단에서는 특정한 정서가 중요해진다. 예컨대, 많은 도덕적 판단은 혐오감에 반응을 보인다. 한 연구는 한 집단의 참가자들을 녹이 슬고 끈적끈적한 책상 앞에 있는 더럽고 찢어진 쿠션이 놓인 낡은 의자에 앉힘으로써 혐오감을 유도하였는데, 책상에는 질겅질겅 씹은 펜과 말라비틀어진 먹다 남은 음식 부스러기가 놓여 있었으며, 그 옆에는 기름 범벅인 피자 상자와 사용한 휴지로 넘쳐흐르는 쓰레기통이 있었다. 다른 참가자들은 깨끗한 환경에 자리 잡게 하였다. 그런 다음에 모든 참가자들이 도덕적 판단을 하였으며, 다양한 정서를 보고하고 사적 신체의식(private body consciousness, PBC; 예컨대 배고픔, 질병, 기분과 같은 자신의 신체감각에 민감하게 반응하는 것) 척도에 반응을 하였다. PBC가 높은 사람들에게서는 혐오감이 보다 엄격한 도덕 판단으로 이끌어 갔다(Schnall, Haidt, Clore, & Jordan, 2007). 최면으로 혐오감을 유도하는 것도 동일한 효과를 갖는다(Wheatley & Haidt, 2005). 사람들은 음식, 해충, 신체 배설물, 죽음 등과 같은 영역에 걸쳐서 혐오감의 예민도에 차이를 보인다(Haidt, McCauley, & Rozin, 1994). 그리고 문화도 도덕적 판단을 할 때 혐오감의 역할에서 차이를 나타낸다. 예컨대, 국기를 가지고 변기를 청소하는 것이 미국의 엘리트 대학생들에게는 임의적인 관습으로 간주될 수 있지만, 다른 미국인들과 브라질 성인들에게는 내재적으로 혐오적인 것이며 비도덕적인 것으로 간주될 수 있다(Haidt, Koller, & Dias, 1993). 정치적으로 보수주의자들은 혐오감이 예언하는 여러 가지 국면의 도덕적 관점을 가지고 있다(예컨대 동성애를 비도덕적인 것으로 간주하는 것). 자유주의자들은 지역사회나 신성함에 대한 위협과 대비된 자율성 위협의 지각(예컨대 타인에게 해를 끼치는 정도)을 강조하는 상대적으로 좁은 도덕적 관점을 가지고 있다(Haidt & Hersh, 2001). 이 모든 도덕 판단은 직관에 의존하며, 그 직관에는 느닷없고 의식적인 정서반응이 포함되고, 사전에 어떤 계산을 수행하였다는 자각이 존재하지 않는다(Haidt, 2001).

정서 일반은 전통적인 의사결정 연구가 인정해 온 것보다도 광범위한 영역의 판단에 영향을 미친다. 한 도덕 판단 이론가의 말을 빌리면, “도덕적 정서와 직관은 도덕적 추리를 주도하는데, 마치 강아지가 꼬리를 흔드는 것과 같다”(Haidt, 2001, 830쪽).

몇 가지 의문이 남아 있다. 이상하게도 아동들은 어른들이 보여 주는 것과 같은 긍정적 기분과 부정적 기분의 효과를 항상 보여 주지 않는다(Forgas, Burnham, & Trimboli, 1988; Masters & Furman, 1976; Barden, Garber, Leiman, Ford, & Masters, 1985 참조). 그 이유가 무엇인지는 아직 명확하지 않다. 기분의 각성 성분이 유인가를 압도하기 때문인가? 연합망을 충분히 발달시키지 못했기 때문인가? 문화적으로 공유하는 기분의 효과를 나타낼 만큼 사회화가 덜 되었기 때문인가? 앞으로 밝혀내야 할 문제로 남아 있다.

기분과 판단에 관한 연구에서 또 다른 도전거리는 기분 불합치 자극의 효과를 명세화하는 것이다. 예컨대, 기분 불합치 자극은 정보처리를 간섭하여 사람들로 하여금 착각상관과 같은 간편법을 통해서 타인을 평가하도록 만들 수 있다(Mackie et al., 1989). 마찬가지로 기분 자체가 정교화 처리를 방해할 수 있다(Asuncion & Lam, 1995). 확실히 정서를 차단으로 간주하는 몇몇 이론들은(제13장에서 논의하였다) 감정이 합치성 여부와 무관하게 혼란을 초래할 수 있다고 제안한다. 합치하든 불합치하든 간에 판단을 간섭하는 기분의 역할은 제대로 이해되지 않고 있다. 이에 덧붙여, 판단하는 대상과 대비를 이루게 되는 기분과 같이 기분 불합치 판단 효과의 몇몇 사례를 예상해 보는 것도 합리적이겠다. 비록 이러한 사례를 아직 명확하게 입증하지는 못하였지만 말이다.

미래 연구가 나아갈 또 다른 방향은 의사결정에서 정서의 신경과학적 기제를 규명하는 것이다. 한 모형(Naqvi, Shiv, & Bechara, 2006)에서는 보상과 처벌의 감각 경험에 편도체가 동원되는데, 정서적으로 중요한 사건을 경계할 때 편도체가 하는 역할과 일치한다. 긍정적 경험과 부정적 경험을 초래하는 행동 선택의 내적 표상에는 복내측 전전두피질(vmPFC)이 관여한다. 뒤따르는 의사결정에서 vmPFC와 배외측 전전두피질(dlPFC)이 이 표상들을 활성화시킨다. 의사결정을 하는 동안에 이러한 정서상태·신체상태의 대응은 뇌섬 영역을 활성화시킨다. 예컨대, 참가자들이 다른 참가자들의 제안이 공정한지를 평가할 때 이 영역이 활성화된다(Sanfey et al., 2003; 제8장 참조). 이러한 유형의 뇌섬 활성화는 선택에 대한 내장반응 또는 '육감(gut feeling)'의 기저를 이룬다. 중변연계 영역(mesolimbic area)은 의사결정에서 선택의 무의식적인 정서적 편향에 관여한다.

신경영상 데이터가 시사하는 바와 같이, 도덕 판단은 특히 정서적 영향에 취약할 수 있다(Greene, Somerville, Nystrom, Darley, & Cohen, 2001; Valdesolo & DeSteno, 2006). 그리고 어떤 사람들은 다른 사람들보다 정서적 반응성이 크다. 예컨대, 스트레스가 많은 아동기 가족 환경(예컨대 엄격한 양육 방식)은 전이되어 무서운 얼굴과 화난 얼굴에 대한 전형적인 편도체 반응을 약화시킬 수 있다(Taylor, Eisenberger, Saxbe, Lehman, & Lieberman, 2006). 나아가서 편도체는 일반적으로 사람들이 자신의 정서에 이름을 붙일 때 나타나는 우반구 복외측 전전두피질(rvlPFC)의 활성화를 통해서 조절되지만, 이러한 조절이 엄격한 가정에서 성장한 성인들에게서는 일어나지 않는다. 따라서 초기 아동기 경험이 정서자극에 대한 신경반응을 만들며, 인지과정(이름 붙이기)이 이러한 반응을 조절할 수 있다(아니면 조절에 실패할 수도 있다). 이러한 가상적 기제는 아직 더 개발되어야 하며, 정서 결정 상호작용을 명백하게 밝혀 줄 적극적인 연구의 관심을 끌고 있다.

요컨대, 판단에 대한 긍정적 기분의 효과는 판단할 자극이 부과하는 범위 내에서는 널리 퍼져 있다. 부정적 기분의 효과는 상당히 혼재되어 있으며, 그 이유는 미스터리로 남아 있어 추가적인 연구를 필요로 한다. 기분과 기억에 관한 앞 절에서 논의하였던 몇 가지 가능한 이유가 여기에도 적용된다. 현재 진행 중인 연구들은 보다 세부적인 정서들을 다루고 있을 뿐만 아니라 유인가를 제외한 다른 기분 차원, 즉 각성도 다루고 있다. 추가적 연구를 수행할 만한 다른 주제에는 아동의 판단에서 기분의 효과, 기분 불합치 판단이 일어나는 조건, 의사결정에서 정서의 다중 역할을 이해하는 데 있어서 신경과학의 역할 등이 있다.

기분과 의사결정 스타일

기분은 우리가 기억해 내는 것 그리고 세상을 긍정적으로 평가하는 것에 영향을 미칠 뿐만 아니라 우리가 판단하는 방식에도 영향을 미친다(개관을 보려면 Bodenhausen et al., 2001; Fiedler, 1988; Forgas, 1995; Isen, 1993 참조). 초기 연구들이 지적하는 바와 같이, 고양된 사람들은 자유분방하고 대범하며 어느 정도는 충동적이기도 하다. 신속하게 의사결정하고(Isen & Means, 1983), 단순한 과제를 신속하게 수행하며(J. D. Mayer & Bremer, 1985), 다양한 대상들을 동일한 범주로 묶고(Isen & Daubman, 1984), 대상들 간에서 이례적 연계를 더 많이 찾아내며(Isen, Johnson, Mertz, & Robinson, 1985), 느슨하고 덜 체제화된 연합을 가지고 있고(Fiedler, 1988), 긍정적 단어에 더 많은 연합을 가지고 있으며(J. D. Mayer, Mamberg, & Volanth, 1988), 가능한 손실이 적다면 더 많은 위험을 추구하고자 하지만(Isen & Geva, 1987), 그 손실이 점점 크게 다가올 때도 그렇다(Isen, Nygren, & Ashby, 1988). 종합적으로 볼 때, 긍정적 기분은 창의성으로 이끌어 가는 요인들과 연합된 것으로 보이며, 사람들은 실패에 대한 변명으로 나쁜 기분을 주장하기도 한다(Baumgardner, Lake, & Arkin, 1985).

이러한 연구들이 진행됨에 따라서 행복한 사람들이 특히 유연한 의사결정자로 부각되었다(Bodenhausen et al., 2001). 아마도 행복한 사람들은 자신의 기분을 모든 것이 괜찮다는 사실을 나타내는 정보로 해석할 가능성이 있는 것이지, 동기가 없다거나 신중하게 처리할 능력이 없다는 것은 아닐 것이며(Isbell, 2004), 이것은 정보로서의 감정(affect-as-information) 접근과 일치하는 것이다(Schwarz, Bless, & Bohner, 1991). 행복한 사람들이 흔히 (고정관념을 포함한) 신속한 발견법적 판단에 만족하는 것은 사실이지만, 동기가 발생할 때는 보다 상세하고 통제된 처리를 완벽하게 수행할 능력을 가지고 있다. 그렇지만 신속한 결정을 하려는 이들의 경향성이 스스로를 혼란에 빠뜨려서 오정보에 더 쉽게 의존하고(Forgas, Laham, & Vargas, 2005), 근본적 귀인오류에 더 용이하게 빠져들며(Forgas, 1998), 재인에서 추측오류를 더 많이 범하게 된다(Bless et al., 1996). 개인적으로 관여하지 않을 때는 행복한 사람들이 충동적으로 변별할 가능성이 더 크지만, 관여하고 있을 때는 사려 깊은 판단을 할 수 있다(Forgas & Fiedler, 1996).

한편, 슬픈 사람들은 신중하고 자신의 결정을 곱씹을 가능성이 더 크다. 예컨대, 무엇인가 잘못되었을 것에 경계심을 나타냄으로써 자신의 고정관념을 수정한다(Lambert, Khan, Lickel, & Fricke, 1997). 제11장에서 보았던 것처럼, 죄책감도 고정관념적 판단을 다시 들여다보게 만든다. 그렇지만 슬픈 사람들은 특히 세부사항에 초점을 맞추어 큰 그림을 간과하게 된다(Gasper & Clore, 2002). 슬픈 사람들은 예의 바른 것과 같은 세부사항에 주의를 기울이지만(Forgas, 1999), 사려 깊은 처리가 세부 정보에 대한 기분 합치 처리에 개방적이게 만들기 때문에 변별도 할 수 있다(Forgas & Fiedler, 1996).

기분과 설득

즐거운 사람은 자유분방하고 대범하며 일반적으로 타인에게 상냥한 것과 아울러 설득적 메시지에 보다 동조적인 반면에, 화가 났거나 심기가 불편한 사람은 일반적으로 덜 동조적이다(개관을 보려면 McGuire, 1985; Petty, Cacioppo, & Kasmer, 1988 참조). 긍정적 기분의 결과는 공짜 샘플, 안정시키는 음악, 마케팅에서 친근한 농담 등의 효과를 설명해 줄 수 있는데, 이 모든 것들은 긍정적 기분을 증가시키기 때문에 설득도 증가시키게 된다. (그런데 이상하게도 비동조에 대한 분노 효과는 전화를 이용해서 무자비하게 자선을 호소하는 프로그램을 포기하도록 만들지는 않는 것으로 보인다.)

기분과 설득에 관한 많은 연구들은 애초에 파블로프 식 조건형성 패러다임에서 수행되었지만, 후속 연구들은 인지과정의 역할을 제안해 왔다. 예컨대, 모든 설득이 긍정적 기분에 의해서 자동적으로 고양되는 것은 아니다. 아마도 관여의 정도가 낮고 인지 행위가 적은 조건에서만 긍정적 기분이 설득을 고양시키는 것으로 보인다(Petty, Cacioppo, & Kasmer, 1988; Petty, Cacioppo, Sedikides, & Strathman, 1988; Petty, Gleicher, & Baker, 1991). 긍정적 기분 자체는 방해적인 것이고 인지용량을 감소시킴으로써, 참가자들로 하여금 메시지를 피상적이지만 인지가 매개하는 처리를 하도록 이끌어 갈 수 있다(Mackie & Worth, 1989; Worth & Mackie, 1987). 그러나 보통 정도로만 관여하는 조건에서는 감정의 각성 효과와 주의 효과로 인해서 사고를 고양시킬 수 있다. 관여의 정도가 높은 조건에서는 기분이 행위에 부합하는 정보적 기능을 수행하거나 관련된 지지 정보의 인출을 편향시킬 수 있다(Petty et al., 1988). 자신의 상태와 환경에 대한 정보로서의 감정은 메시지를 처리할 수 있는 능력과 동기에 달려 있다(Albarracín, 2002; Albarracín & Kumkale, 2003; Albarracín & Wyer, 2001). 낮은 수준의 처리는 감정을 알아차리지 못하게 만들고 높은 수준의 처리는 그 감정을 재인은 하되 무관한 것으로 만들기 때문에 그 효과는 비선형적인 것이 된다. 중간 수준의 감정은 알아차리게 되지만 무관한 것으로 재인되지는 않는다.

연구가 진행됨에 따라서 단순히 일반적인 기분이 아니라 개별적인 정서에 초점을 맞추게 된다. 특정한 정서상태는 그 정서와 대응되는 사건에 대한 기대를 촉발시킨다. 따라서 정서와 대응되는 설득이 가장 효과적이게 된다(DeSteno et al., 2004). 그렇지만 지금까지 대부분의 연구들은 긍정적 기분이나 부정적 기분에 초점을 맞추고 있다.

기분은 다양한 과정을 통해서 태도에 영향을 미친다(Petty, Wegener, & Fabrigar, 1997 참조). 기분은 우연한 말초적인 단서로 작용할 수 있지만 주장의 세부적 처리도 편향시킬 수 있으며, 심지어 처리의 양까지도 편향시킬 수 있다. 따라서 기분의 다양한 역할은 기억, 판단, 의사결정 스타일, 설득에 대한 다양한 기분 효과를 적절하게 요약해 준다.

기분과 웰빙

앞에서 보았던 것처럼, 즐거운 사람은 다양한 이점을 갖는다. 이 이점들은 광범위한 삶의 결과에서 절정에 도달하게 된다. 행복감은 건강, 우정, 결혼, 수입, 그리고 수행 성과를 증진시킨다(Lyubomirsky, King, & Diener, 2005). 그 증거에는 성공이 행복을 초래할 대안적 가능성도 염두에 둔 횡단적 연구 설계가 포함되어 있다. 그렇지만 수많은 종단적 연구(행복이 성공에 선행한다)와 실험 연구(처치를 가한 행복이 성공을 초래한다)도 포함되어 있다. 긍정적 감정은 유전적 기질과 삶의 상황 그리고 특정한 활동에서 유래한다(Lyubomirsky, Sheldon, & Schkade, 2005). 사람들은 자신의 활동, 습관, 연습 등을 가장 잘 통제한다고 볼 수 있기 때문에 이것들이 개입할 소지가 가장 크다. 특히 긍정적 감정은 긍정적이고 적극적인 행동목표를 추구하려는 노력을 배가시키기 때문에(Custers & Aarts, 2005), 이러한 인지-감정 기제는 행복의 이로운 효과를 잘 설명해 준다.

결론

좋은 기분은 흔히 사람들로 하여금 도움 행동을 많이 나타내고, 사교적이며, 타인에게 친절하고, 즐거운 일들을 회상하며, 매사를 긍정적으로 판단하고, 신속하고 느슨한 결정을 하며, 동조적이고, 일반적으로 자기 삶의 목표를 달성하도록 이끌어 간다. 나쁜 기분은 보다 다양한 효과를 초래하며, 사람들로 하여금 어느 정도는 도움 행동을 하도록 이끌어 가고, 정말로 우울할 때 부정적 사건을 기억해 내며, 때때로 부정적 판단을 하고, 흔히 덜 동조적이게 되며, 보편적으로 덜 성공적이게 만든다. 기분은 다양한 자동처리와 통제처리 경로를 통해서 인지에 작동한다.

2. 감정 대 인지

정서반응의 인지적 토대를 다룬 연구(제13장)와 인지에 대한 감정(기분)의 영향(제14장)을 살펴보았다. 이 장의 마지막 절에서는 감정과 인지 간의 관계를 보다 명시적으로 살펴볼 것인데, 우선 둘이 대체로 독립적일 가능성으로부터 시작한다.

개별 시스템 견해

우리가 어떻게 느끼고 있는지를 알기 위해서 사건이나 대상을 생각하게 된다는 과학적 아이디어와 상식적 아이디어에도 불구하고, 인지가 감정에 선행하기보다는 감정이 인지에 선행하는 사례가 있다(Zajonc, 1980b). 실제로 우리는 명시적으로 적절한 인지적 데이터의 도움을 받지 않은 채 정서적 선호도에 근거하여 삶의 중차대한 결정을 내리는 것을 보고 스스로 놀라기도 한다. (당신이 어떻게 첫사랑에 빠져들게 되었는지를 생각해 보거나 당신 삶의 궤적에 관한 어린 시절의 이미지를 생각해 보라. 그러한 선택에 있어서 어떤 합리적인 인지 분석의 흔적조차 찾아내기가 쉽지 않을 것이다.) 이 견해에서는 감정적 처리가 인지적 처리와는 비교적 독립적으로 작동한다. 이것은 논란의 여지가 있는 입장이라는 사실에 주목하라. 그리고 그 논란은 근본적으로 감정(affect)과 인지(cognition)라는 용어를 어떻게 정의하느냐에 달려 있다. 반론을 상세하게 제시하기에 앞서, 제이온스(Zajonc)의 주장과 그 증거를 제시하는 것이 유용하겠다.

개별 시스템 견해는 적어도 몇몇 상황에서는 감정적 처리와 인지적 처리가 상호간에 별 영향을 미치지 않은 채 병행적으로 진행된다고 제안한다. 감정적 처리는 다음과 같은 여러 가지 측면에서 인지적 처리보다 기본적인 수준에서 출현한다고 주장한다(Zajonc, 1980b).

- 감정반응은 일차적인 것이다. 평가가 이루어진 후에 정당화된다. 결정은 계산이 아니라 선호에 근거한다. (사랑에 빠지는 것이 찬반에 관한 인지적 목록에 근거한 선택이 아니라는 것이 대표적인 사례다.)
- 감정은 기본적인 것이다. 평가는 거의 모든 지각과 의미에서 일차적이고 보편적인 성분이다. 어떤 것이든 평가를 하지 않고는 이해하기 어렵다. (배우자를 찾아 나서지만, 어떤 맥락에서든 상대방의 잠재적 가용성을 평가하지 않고는 어느 누구도 만날 수 없는 외로운 사람을 생각해 보라.)
- 감정반응은 피할 수 없는 것이다. 감정반응은 단순한 지식과 달리 터무니없을 정도로 나타난다. (상대방의 경력 계획을 무시하는 것처럼 매력에 끌리는 것을 무시하기는 어렵다.)
- 감정반응은 인지적 판단과 달리 돌이키기가 어렵다. 신념은 틀릴 수 있지만, 감정은 옳고 그른 것일 수 없다. 따라서 감정은 인지보다 설득에 덜 취약하다.

(청소년 자식을 둔 부모라면 항상 겪는 것처럼, 자식이 갖고 있는 사랑과 분노의 감정은 부모의 반론에 잘 반응하지 않는다.)

- 감정은 자기와 연루된다. 인지적 판단은 대상에 내재된 자질에 의존하는 반면, 감정적 판단은 대상에 대한 자신의 반응을 나타내는 것이다. (상대방에 대한 감정반응은 그 사람과의 모든 관계와 관련되어 있지만, 상대방에 대한 지식이 그 관계에 의존적일 필요는 없다.)
- 감정적 판단은 말로 표현하기가 어렵다. 많은 정서반응은 비언어적으로 전달된다. 감정반응을 나타내는 표현들은 항상 그 경험을 나타내기에 부족한 것으로 보인다. (사랑하는 사람의 피상적 자질을 기술하는 것은 용이하지만, 진정한 사랑의 느낌을 전달하는 것은 시인에게조차도 도전거리다.)
- 감정반응은 인지에 의존하지 않을 수 있다. 한 자극을 변별하는 데 사용하는 자질은 그 자극을 좋아하는지의 여부를 결정하는 데 사용하는 자질과 동일한 것이 아닐 수 있다. (연인의 장단점을 모두 합한 것이 반드시 그에 대한 감정을 예언해 주는 것은 아니다.)
- 감정반응은 내용지식과 분리될 수 있다. 상대방에 대해서 어떻게 느끼는지를 기억해 낼 수는 있지만, 과거에 언제 어떻게 만났었는지에 관한 세부사항은 기억해 내지 못할 수 있다. (이유는 전혀 기억해 내지 못한 채 상대방에 대해서 강력한 감정을 가지고 있을 수 있다.)

전반적으로 이렇게 자극적인 주장들은 논란의 여지가 있는 것으로 판명되어 왔기 때문에, 여기서는 몇몇 관련된 증거들을 살펴본 후에 반대 주장을 보도록 한다.

단순노출 효과 연구의 증거

감정은 인지에 의존하지 않을 수 있으며 내용지식과 분리될 수 있다는 앞 절의 두 주장은 사람들이 재인하기에 앞서 대상에 대해 어떤 느낌을 갖는지를 알 수 있다는 사실을 증명하는 연구 프로그램의 토대를 이룬다. 라디오에서 흘러나오는 노래의 전주곡만 들어도 이것이 우리가 좋아하는 예전의 명곡인지를 알아차리기에 충분하지만, 그 제목이 무엇인지 곧바로 알아차리지 못하거나 심지어는 과거에 들어 보았던 노래인지도 확신하지 못할 수 있다. 많은 연구들은 전혀 재인하지 못한 채 친숙한 감정이 상기되는 느낌의 이 현상을 입증하고 있다. 보다 보편적으로 표현하면, 사람들은 애초에 못마땅하게 생각하지 않았던 자극을 보다 자주 경험할수록 점차적으로 좋아하게 된다. 이것을 단순노출 효과(mere exposure effect)라고 부른다(Zajonc, 1968a; 제 10장 참조).

단순노출 효과 연구에서 사람들이 일련의 무의미 철자나 한자 또는 졸업 앨범 사진 등을 빈도를 달리하면서 보게 된다는 사실을 회상해 보라. 자극에 더 많이 노출될수록 더 좋아하게 되며, 이 효과는 일관성 있게 반복된다(Kunst-Wilson & Zajonc, 1980; 개관을 보려면 Bornstein, 1989 참조). 사람들은 자주 대하는 자극을 그렇지 않은 자극보다 선호하는데, 심지어는 추측에 해당하는 우연 수준에서만 재인할 수 있을 때조차도 그렇다. 한 연구는 일본어 상표에 단순노출시키는 것도 재인과 무관하게 감정에 영향을 미친다는 사실을 발견하였다(Moreland & Zajonc, 1977; 논쟁을 보려면 Birnbaum & Mellers, 1979a, 1979b; Moreland & Zajonc, 1979 참조). 자주 들었던 소리의 연속을 좋아하는 결과도 일관성 있게 얻어졌으며, 심지어는 그 소리들이 거의 우연 수준에서만 친숙한 것으로 재인될 때에도 그러하였다(W. R. Wilson, 1979). 추가적인 증거를 두 귀 따로 듣기(dichotic listening) 과제를 사용한 연구에서 얻었다. 이 과제에서는 한쪽 귀에 소리를 제시하는데, 참가자들은 다른 쪽 귀에 제시하는 이야기에 주의를 집중하였다. 이 과제를 사용하면 감정반응만 온전하게 남겨 둔 채 소리의 연속에 대한 재인을 거의 완벽하게 제거할 수 있다(**그림 14.1** 참조). 유사한 결과를 동료 학생들의 사진과 관심사같이 보다 주의를 끄는 자극들에서도 얻었다(Moreland & Zajonc, 1982). 일반적으로 이 효과는 의미 있는 단어(이름을 포함한), 다각형, 사진에서 가장 강력하며, 그림과 스케치, 행렬표에서는 신뢰롭게 나타나지 않는다(Bornstein, 1989). 이에 덧붙여, 자극을 역치 이상으로 제시할 때보다는 역치 이하로 제시할 때 효과가 더 크다(Bornstein & D'Agostino, 1992; Janiszewski, 1993; Murphy et al., 1995 참조).

확실히 인지적 처리보다는 감정적 처리가 단순노출 효과의 기저를 이룬다. 그렇지만 의견을 달리하는 견해는 짧고 반복적인 노출이 단순한 스키마를 활성화시키며, 활성화된 스키마가 친숙성과 호감뿐만 아니라 밝기나 어둠 또는 다른 자극 부합적 판단에도 영향을 미치는 것이라고 제안해 왔다(G. Mandler, Nakamura, & Van Zandt, 1987). 이 견해는 단순노출 효과가 비인지적이라는 아이디어를 거부한다. 이 아이디어와 관련된 것이 지각 유창성(perceptual fluency)이다. 즉, 자극은 일단 노출된 후에 보다 용이하게 처리되며, 사람들은 때때로 그러한 처리 용이성을 사전에 보았던

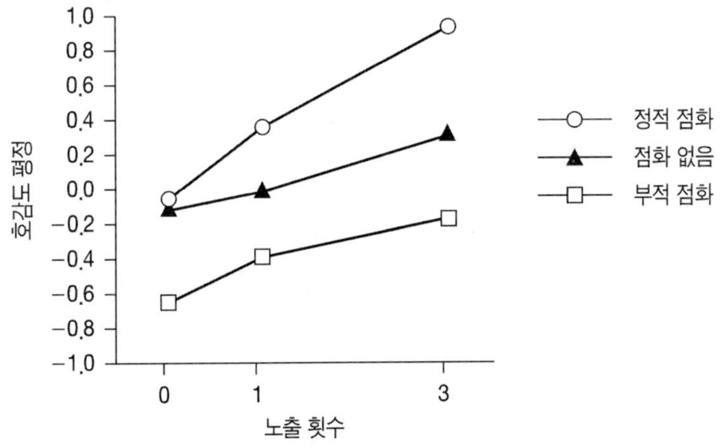

그림 14.1 감정 점화와 노출 빈도의 함수로서의 호감

출처: Murphy, S. T., Monahan, J. L., & Zajonc, R. B. (1995). Additivity of nonconscious affect: Combined effects of priming and exposure. *Journal of Personality and Social Psychology, 69*, 589-602.

것으로 정확하게 귀인시키기도 한다(개관을 보려면 Koriat, Goldsmith, & Pansky, 2000 참조). 그렇지만 때로는 과거에 보았다는 사실을 명시적으로 자각하지 않은 채 지각 유창성으로 인해서 친숙감을 갖기도 한다. 이 경우에 유창성 기제는 엄격하게 인지적이거나 감정적인 것이 아니며, 단지 단순노출로 인해서 증가한 부호화의 용이성일 뿐이다. 지각 유창성이 감정적으로 긍정적인 것으로 경험된다는 사실은 이 기제를 지지하는 것이다(Winkielman & Cacioppo, 2001). 실제로 지각 유창성은 단순노출 효과를 증가시키는데, 단지 처리의 용이성을 사전 노출에 귀인시키지 않을 때에만 그렇다(Bornstein & D'Agostino, 1994). 호감(그리고 아마도 다른 판단도 마찬가지일 것이다)에 대한 단순노출 효과는 자극의 의식적 재인에 의존하지 않으며, 그 자체로 인상적인 효과인 것이 확실하다.

대인지각, 귀인, 태도 연구의 증거

광범위한 영역의 감정 변인들은 그에 상응하는 것으로 보이는 인지 변인들과 독립적이다. 예컨대, 평가적 인상(일종의 감정이다)은 그 인상이 근거한 세부사항에 대한 기억(일종의 인지다)과는 무관한 것일 수 있다. 이 현상은 인상이 처음 만나는 순간 즉각적으로 형성될 때 발생한다(N. H. Anderson & Hubert, 1963; Bargh & Thein, 1985; Dreben, Fiske, & Hastie, 1979; Riskey, 1979; 개관을 보려면 Hastie & Park, 1986 참조). 따라서 파티에서 누군가의 인상을 형성할 때, 감정반응은 나중에 그 사람에 관한 세부사항을 기억해 내는 능력과는 무관하게 발생할 가능성이 있다. 감정반응과 기억 간의 이러한 독립성에는 만나는 시점에 사람들이 과부화되어서 평가적 인상을 형성할 동기나 용량을 가지고 있지 않을 때 예외가 존재한다. 이 경우에는 인상이 기억에 기반한다(Bargh & Thein, 1985). 그렇지만 보편적으로는 제4장에서 보았던 것과 같이 다른 사회적 판단과 회상은 상관적이지 않기 십상이다(S. T. Fiske, Kenny, & Taylor, 1982; S. T. Fiske, Taylor, Etcoff, & Laufer, 1979).

감정적 판단이 반드시 회상 가능한 인지에 기반할 필요는 없다. 오히려 즉각적으로 형성된 평가에 기반하기 십상이다. 이것은 몇몇 감정반응을 즉각적 반응으로 규정하는 것이 더 낫다는 사실을 함축한다. 그렇다면 감정반응이 비교적 직접적이며 비인지적이기도 할 또 다른 가능성도 고려해야만 한다. 평가적 내용과 인지적 내용은 분리되어 저장된다는 아이디어(N. H. Anderson & Hubert, 1963)가 이 처리과정에 대한 한 가지 설명이다. 감정반응은 최초 범주화의 직접적 결과라는 생각(S. T. Fiske & Neuberg, 1990; S. T. Fiske, 1982)이 또 다른 설명이다. 태도 대상이 직접적으로 관련된 태도를 촉발할 수 있다는 아이디어도 관련된다(Fazio, 1986; Fazio, Powell, & Herr, 1983). 감정은 평가적 판단에서 우선권을 가질 수 있지만(Cervellon & Dubé, 2002; Huskinson & Haddock, 2004), 이것은 극단적 태도에서 특히 참일 수 있다(Giner-Sorolla, 1999, 2001). 관련된 다른 많은 연구들은 감정반응에서 온라인 처리의 중요성을 입증하고 있으며(제2장과 3장 참조), 적어도 몇몇 감정반응(놀람과 동공확장)은 자극을 확인하고 판단하는 것에 선행한다(Schmidt-Atzert, 1988).

반대 입장

소수의 이론가들만이 정서가 인지와 분리된 시스템이라는 제이온스(Zajonc, 1980b)의 견해에 반응을 보였다. 반대 견해는 비의식적 인지처리의 존재, 감정을 다른 형태의 인지 속에 포함시킬 수 있는 가능성, 인지와 감정 모두의 정의, 그리고 경험적으로 둘을 대비시키는 문제 등을 중심으로 진행되어 왔다.

제이온스(Zajonc)에 반응을 보인 최초의 심리학자 중에는 라자루스(Lazarus,

1982, 1984, 1990)가 있으며, 제13장에서 기술한 바와 같이 그의 정서 이론은 개인적 의미의 평가에 의존하고 있다. 라자루스는 평가로 정의되는 인지가 정서에 필수적이라고 주장하였다. 평가가 의미 있는 자극을 개인적 웰빙에서의 중요성에 따라서 해석한다는 것이다. 이 견해에서는 평가가 의도적이거나 합리적이거나 의식적인 것으로 간주되지 않는다. 평가는 환경 입력을 지각하기 시작하는 시점에 일어나는 것이지, 계열적이고 완벽하며 철저한 정보처리의 긴 연쇄가 끝나는 시점에 일어나는 것이 아니기 때문이다. 마찬가지로 엡스타인(Epstein, 1983, 1984)은 전의식적 인지가 일반적으로 정서에 선행하며, 제이온스의 접근은 암묵적으로 그럴 필요가 없는 경우조차도 인지를 의식적인 것으로 정의하고 있다고 주장하였다. 따라서 몇몇 형태의 직관적이고 전의식적이며 비의도적인 인지적 평가를 모든 정서의 통합적 부분으로 간주한다. 제이온스(1984)는 인지적 평가의 이러한 정의가 지각과 인지 간의 구분을 불투명하게 만들며, 라자루스의 정서 개념은 정의상 임의적으로 인지적 평가를 요구한다고 주장하였다. 확실히 두 견해는 정서와 인지의 정의적 자질에서 차이를 보이고 있으며, 그렇기 때문에 둘 간의 분리에서도 차이를 보이고 있다.

인지와 감정에 관한 제이온스의 정의에 대한 다른 두 비판은 감정과 마찬가지로 인지도 신속하고 무의식적이고 자동적일 수 있으며, 나아가서 인지는 감정과 마찬가지로 비합리적이고 신체 운동과 연계될 수 있다는 관찰로부터 출발한다(Holyoak & Gordon, 1984). 이 견해에서는 인지와 감정 모두가 하나의 심적 시스템에 포함될 가능성이 둘 간의 구분보다 중요하다. 이와 관련된 다른 제안은 특히 제4장에서 개관하였던 기억에 관한 절차적 견해에 근거한다. 기억의 절차적 견해는 반복함에 따라서 점차적으로 신속해지는 심적 활동의 충분한 연습에 의존한다는 사실을 회상해 보라. 이 견해에서는 정서가 의식적으로 접속 가능한 비절차적 지식에서 유래할 수 있을 뿐만 아니라, 정서적 절차와의 무의식적인 패턴 대응에서도 유래할 수 있다(Branscombe, 1988). 이러한 두 가지 시도는 정서를 전통적인 인지적 개념틀 속에 포함시킨다. 다른 사람들도 감정은 다른 모든 유형의 정보와 마찬가지로 취급되어야 한다는 유사한 주장을 해 왔다(N. H. Anderson, 1989).

또 다른 가능한 해결책은 인지의 두 가지 의미를 인식하는 데에서 유래한다(Averill, 1990a). 첫 번째 의미는 인지가 지적 지식(intellective knowledge)의 획득으로서, 인지의 일상적(사전적) 의미에 해당한다. 지적 인지에 대비되는 것은 가치 수반적, 직관적, 또는 비이성적 사고다. 인지의 다른 의미는 행동과 대비되는 것으로서의 모든 심적 활동을 포함한다. 인지의 두 번째 의미, 즉 모든 비행동적 심적 활동은, 예컨대 라자루스가 평가를 인지 활동의 한 형태로 정의할 때 논의하였던 인지의 의미에 가깝다. 정서는 첫 번째 의미에서만 비인지적이며, 비지적인 인지, 즉 가치 수반적이고 직관적이며 비이성적인 것이다. 그렇지만 정서는 보편적 심적 처리라는 의미에서 두 번째 의미의 인지이기도 하다.

가장 실질적인 지적사항은 심적 처리로서의 정서가 다음과 같은 전형적인 방식에서 지적 인지와 구분되는 경향이 있다는 점이다.

- 정서는 환경에 주어진 대상 자체에 초점을 맞추기보다는 원인이나 출처로서의 자신의 경험에 관심을 둔다.
- 정서는 지각된 '실재'에 영향을 주는 반면에, 사고는 상당한 정도로 실재에 순응하는 경향이 있다.
- 정서는 대상을 자신과의 관계에서 중요한 것으로 간주하는 반면에, 지적 인지는 그 대상과 다른 대상 간의 관계를 강조한다.
- 정서는 생리적 경험을 수반하며, 단지 환경 입력만을 수반하는 것이 아니다.
- 정서는 행동의 강도와 스타일을 조절하는 것이지, 그 행동의 목표 지향적 효율성을 조절하는 것이 아니다.
- 정서는 수동적으로 경험되거나 자극에 대한 반응으로 경험되는 것이지만, 사람들은 자신을 지적 인지의 원천으로 경험한다.
- 정서는 지적 인지의 이해득실 계산보다 사람들로 하여금 행동을 더 많이 나타내도록 만든다.
- 정서 규범은 도덕적이고 심미적인 데 반해서 지적 규범은 이성적이다.
- 정서는 세상을 정의 내리기보다는 자기를 정의 내리는 데 도움을 준다.

그렇다고 해서 지적 인지가 반드시 이성적인 것이라고 주장하는 것은 아니며, 단지 정서보다 위와 같은 자질들을 덜 자주 나타낸다는 사실을 나타내는 것뿐이다(Epstein, 1990a 참조).

지금까지는 인지와 정서 또는 인지 그 자체에 관한 정의적 논제에 초점을 맞추어 왔다. 물론 이 논쟁의 해결책은 정서를 정의하는 방식에도 달려 있다. 예컨대, 제이온스의 원래 논문은 기분이나 진정한 정서적 일화보다는 선호(평가, 감정 판단, 호감 등)에 초점을 맞추었다(J. A. Russell & Woudzia, 1986). 많은 사람이 주장하듯이, 기분과 정서는 본질적으로 인지 주도적인 평가과정에 의존적이다(제13장에서 다루었던 라자루스, 엘스워스와 스미스의 이론 참조). 선호는 비교적 단순한 감정반응으로 주로 유인가에 의해서 구분되기 때문에, 제이온스가 얻은 몇몇 결과는 일차적으로 단순한 선호에 해당하는 것이며, 진정한 복잡한 정서와 관련된 것이 아닐 수 있다.

다른 연구자들은 그 구분이 전적으로 정의적인 것이기 때문에 건설적인 연구가 수행되지 않는다고 제안한다(Leventhal, 1984; Leventhal & Scherer, 1987). 대신에 이들은 정서를 감각 운동 과정으로부터 복잡한 인지 정서 패턴으로 발달하는 것으로 간주할 것을 제안한다. 이러한 연속선에서의 각 수준은 특정한 수준의 기억과 정보처리를 수반한다는 것이다. 또한 각 수준은 연속적인 평가(유기체-환경 관계의 검증)도 수반한다.

이 모든 주장에 대해서 우리가 첨부할 수 있는 것은 단지 인지와 감정을 비교하는 데 내재적인 문제가 있다는 점뿐이다. 지금까지의 논의에 암묵적으로 포함되어 있는 아이디어는 감정과 인지를 어떻게든 비교할 수 있다는 것이었다. 감정을 대표하는 판단에는 평가, 선호, 분화된 감정 등이 포함된 반면에, 인지를 대표하는 반응에는 주의, 추론, 기억이 포함되었다. 어느 것이 관련된 인지이고 어느 것이 이에 상응하는 감정반응인지를 도대체 어떻게 결정하겠는가?

한 연구는 이 문제의 복잡성을 예시하고 있다. 단순노출 실험에서 참가자들이 빈도가 다르게 제시되었던 무선 다각형의 재인과 호감을 평가하였다. 비록 재인 정확성은 우연 수준에 머물렀지만, 참가자들은 친숙하지 않은 다각형보다 친숙한 것들을 더 좋아하였다. 이 결과는 표준적인 단순노출 효과 그리고 호감은 정확한 기억에 의존할 필요가 없다는 사실을 확증하고 있다(Kunst-Wilson & Zajonc, 1980). 그런데 도대체 어떤 의미에서 재인 정확도가 호감과 대응될 수 있는 것인가? 이 연구는 이 물음에 답하는 데 도움이 되는 다른 두 가지 변인을 평가하였다. 재인 판단보다 감정적 판단에 대한 확신도가 더 높았으며 반응시간도 빨랐다.

그렇다고 하더라도 반응 속도와 확신도는 감정과 인지를 비교하는 적절한 차원이 아닐 수 있다. 적절한 경험적 검증은 감정과 인지의 개념적 정의에 달려 있는데, 앞서 지적한 바와 같이 이것은 논란의 여지가 있는 문제다. 예컨대, 감정과 인지는 각각 감각적 대 추론적, 생리적 대 심리적, 운동 대 지각, 생득적 대 학습, 선호 대 지식, 호감 대 변별로 구분되어 왔다. 감정과 인지를 어떻게 정의 내리고 비교할 것인가는 어떤 차원을 강조할 것인가에 달려 있다.

사람들이 재인 판단에서는 오류를 범하지만 감정 판단에서는 그렇지 않기 때문에 이것이 공정한 검증인지의 여부도 물음할 수 있다. 또한 재인 판단이 보다 복잡하다고 주장할 수도 있다. 아무튼 두 가지 유형의 판단은 내재적으로 여러 가지 면에서 다르며, 각 유형의 실제 판단을 무너뜨리지 않고는 유사하게 만들 수가 없다. 감정적 판단은 본질상 주관적이고 단순하며 직접적이다. 주어진 감정반응에 진정으로 등가적인 인지반응을 규정하고자 애쓰는 것은 실패할 수밖에 없는 제안이 된다.

감정과 인지의 독립성을 정립하고자 시도하는 것은 본질적으로 영가설을 설정하려는 것이기도 한다. 둘이 독립적이라고 주장하는 것은 관계의 부재를 정립하고자 시도하는 것이다. 이것은 마치 누군가가 관계가 없다는 영가설을 증명하려고 시도할 때 통계학 교수가 지적하는 것과 마찬가지로, 아무 쓸모 없는 작업이 된다. 만일 상호간의 의존성을 보여 주는 것이 아니라면, 각각이 무엇에 근거한 것인지를 보여 주는 것이 보다 의미 있는 과제일 것이다(Zajonc, Pietromonaco, & Bargh, 1982). 그리고 분리는 완벽한 것이 아니기 때문에 또 다른 과제는 그들이 관련되어 있는 방식을 보여 주는 것이다. 이 장과 앞 장에서 개관한 연구들이 바로 이런 것이다.

요약

감정에 대한 인지의 다양한 영향(제13장)을 다루는 것에 덧붙여, 상당한 양의 연구들은 인지에 대한 감정의 영향, 특히 기분의 영향을 다루어 왔다. 연구들은 사소한 기분 처치조차 다양한 인지과정에 명백한 효과를 나타낸다는 사실을 밝혀 준다. 일반적으로 긍정적 기분의 효과는 부정적 기분의 효과보다 명백하다. 긍정적 기분은 친사회적 행동으로 이끌어 간다. 이렇게 강건한 효과는 정적 강화에 대한 즐거운 사람의 민감성으로 설명될 수 있다. 좋은 기분에서의 도움 행동은 자기 자신에 대한 주의집중, 도움 행동의 보상을 강조하는 요청, 긍정적인 사회적 조망의 강조, 자신의 긍정적 기분을 유지할 수 있는 기회 등에 의해서 고양된다. 부정적 기분상태의 사람들은 상황에 따라서 도움 행동을 할 수도 있고 안 할 수도 있다.

기분은 자동처리와 통제처리 모두를 통해서 기분 부합적 정보에 대한 기억을 신뢰롭게 증가시킨다. 만성적으로 우울한 사람을 제외하고는 긍정적 기분의 효과가 부정적 기분의 효과보다 강력하며, 우울한 사람도 강력한 기분 부합적 기억을 나타낸다. 또 다른 기분 기억 현상인 기분상태 의존 기억은 사람들이 동일한 기분상태에서 학습하고 인출하는 정보를 가장 잘 회상한다고 제안하였는데, 이 가설은 지지받지 못하고 있다.

일반적으로 기분은 기분 부합적 방향으로 판단하는 데도 영향을 미친다. 각성도 마찬가지로 각성 부합적 판단을 초래한다. 여기서도 긍정적 기분의 효과가 부정적 기분의 효과보다 신뢰롭게 나타난다. 나아가서 성인에서의 효과는 아동에서의 효과보다 신뢰롭다. 이 효과에 관한 다양한 설명이 제안되어 왔지만 대부분은 검증되지 않은 채 남아 있다. 기분은 의사결정 스타일에도 영향을 미친다. 긍정적 기분은 사람들을 보다 자유분방하고 대범하며 충동적이고 창의적이게 만들어 준다. 긍정적 기분은 적어도 관여의 정도가 낮을 때에는 사람들을 설득 시도에 동조하게도 만든다.

감정과 인지 간의 대비는 뜨거운 논쟁거리가 되어 왔으며, 감정이 일차적인 분리된 시스템이라고 제안하게 만들었다. 단순노출과 대인지각 연구의 증거들은 이러한 조망을 지지하는 것으로 인용된다. 즉, 사람들은 친숙한 것으로 변별할 수는 없지만 자주 접했던 자극을 좋아한다고 보고하며, 평가적 판단은 그 판단이 근거하는 데이터를 회상하지도 않은 채 즉각적으로 이루어진다. 이 조망에 대한 반대 견해는 비의식적 인지과정의 가능성, 광의적인 (인지적) 표상 시스템에서 감정의 역할, 감정과 인지를 정의하는 문제, 차이에 대한 경험적 검증 등에 초점을 맞추어 왔다. 가장 건설적인 연구 방향은 이 책에서 개관한 바와 같이 각각의 토대를 밝히고 둘이 관련되는 다양한 방식들을 들여다보는 것으로 보인다.

제 15 장

행동과 인지

- ◆ 목표 지향적 행동
- ◆ 언제 인지와 행동이 관련되는가?
- ◆ 인상 관리에 행동 사용하기
- ◆ 타인에 관한 가설을 검증하는 데 행동 사용하기

사회인지에서 대부분의 연구는 인지가 발달함으로써 적어도 부분적으로는 어떻게 행동해야 하는지를 알게 된다고 가정한다. 사고는 행동하기 위한 것이다 (Fiske, 1992). 만일 상사가 동료에게 무례하다면, 그 상사가 원만하지 않은 사람인지, 일진이 좋지 않았던 것인지, 아니면 그 동료가 그렇게 취급받을 만한 행위를 하였는지를 추론하고자 시도한다. 이러한 유형의 분석을 통해서 상사의 눈에 드러나지 않을 것인지의 여부를 추론한다. 이러한 의미에서 인지는 행동을 초래한다. 타인과의 일상적 상호작용도 진부한 것이든 새로운 것이든 간에 인지적 표상에 합병시켜야만 하는 끊임없는 정보원을 제공해 준다. 따라서 행동도 인지를 초래한다. 이 장에서는 인지와 행동 간의 관계를 다룬다.

1. 목표 지향적 행동

제5장에서 자기조절의 개념, 즉 자신의 행동을 통제하고 방향 짓는 방법을 소개한 바 있다. 목표는 이 과정에서 확실히 중심적인 것이다. 한 상황에서 어떻게 행동할 것인지는 개인적 관심사와 목표의 측면에서 그 상황을 어떻게 정의 내리는지에 달려 있다. 예컨대, 두 사람은 상이한 목표를 염두에 두고 회식 자리에 참석할 수 있다. 한 사람은 상사에게 좋은 인상을 남기려는 목표를 가지고 있고, 다른 사람은 동일한 상황을 귀가하기 전에 친구들과 한잔하면서 대화를 나눌 수 있는 기회로 간주할 수 있다. 두 사람의 행동은 이러한 개인적 목표에 의해서 근본적으로 달라진다.

첫 번째 사람은 의심의 여지도 없이 상사가 이미 도착하였는지를 알아보기 위해서 회식 장소를 신속하게 둘러본 다음에, 상사를 발견하고는 가능한 한 그쪽에 자리를 잡으려고 한다. 상사의 농담에 웃음을 터뜨리고 대화 중에 상사의 업적을 찬양할 기회를 포착하려고 애씀으로써, 다른 사람들을 무시하게 되며 자신의 술잔이 비어 있다는 사실에도 주의를 기울이지 않고, 자신의 목표를 추구하는 과정에서 시간 개념도 상실하게 될 수 있다. 이와 반대로 다른 사람은 친근한 얼굴을 찾아서 회식 장소를 둘러보고, 한 집단에 끼어들어 잠시 대화를 나누고는 다른 집단으로 이동하면서 잔이 비었을 때는 다시 채우고 두 번째 잔을 비웠을 때는 귀가하기 위해서 자리를 뜬다. 두 사람의 차이 나는 행동은 그들이 설정한 목표 그리고 그 목표를 충족시키기 위한 전략과 계획에 달려 있는 것이다.

주어진 사회적 상황에서 개인적 목표와 행동 간에 밀접한 관계가 있음에도 불구하고, 사람들은 출현하는 요인들에 따라서 상황에 대한 지각을 조절하는 능력에서 상당한 융통성을 나타낸다. 자신의 사고와 계획을 적극적으로 통제할 수 있으며, 특히 변화에 대처할 때 그렇다. 동일한 사건을 해석하는 데 있어서 여러 가지 대안들을 따져 볼 수 있으며, 새로운 경험을 통해서 획득하는 피드백으로 자신의 지식을 변화시켜 기존의 신념과 가치, 목표를 조정한다(Showers & Cantor, 1985). 예컨대, 상사에게 좋은 인상을 남기고자 하였던 사람은 상사가 회의 때문에 회식 자리를 이미 떠났다는 사실을 알게 되면 자신의 목표를 동료들에게 좋은 인상을 주는 것으로 변경할 수 있다. 마찬가지로 친구들과 한두 잔 마시겠다고 계획하였던 사람은 자기와 친한 친구들이 아무도 참석하지 않았다는 사실을 알고는 회식 자리를 일찍 뜰 수도 있다.

행동의 유연성이라는 이러한 속성은 중요하며, 행동이 기존 개념에 근거하여 자동적으로 발현되는 것이라고 암묵적으로 제안하는 인지표상에 관한 몇몇 연구에 해독제를 제공해 준다.

제13장과 14장에서 보았던 것처럼, 감정상태와 상황에 대한 정서반응도 행동에 강력한 영향을 미친다. 기분이 좋은 사람은 그 기분을 더욱 고양시키는 방식으로 행동하는 반면, 기분이 나쁜 사람은 예컨대 다른 사람과의 교류를 즐김으로써 자신의 기분을 개선시키고자 노력하기 십상이다. 보다 보편적으로 표현하면, 기분이 긍정적인 사람은 보다 융통적이며 상황에 대처하는 다양한 방식을 자각하는 반면에, 부정적 기분은 보다 경직된 사회적 상호작용 전략과 연계된다(Showers & Cantor, 1985 참조). 이러한 방식으로 인지와 감정은 행동에 대해서 강력한 공동의 조절 효과를 발휘할 수 있다(Ickes, Robertson, Tooke, Teng, 1986; Norem & Cantor, 1990; Showers & Cantor, 1985). 행동에 대한 인지와 감정의 영향은 기능적으로 분리할 수 없고 구분하기가 어렵기 십상이며, 상호영향을 미치면서 행동 피드백에 따라 변한다(Norem & Cantor, 1990).

계획 세우기와 행동

사회적 상황에서 사람들은 "무슨 일인가? 누구인가? 무엇을 하는 것인가? 나에게 무엇을 원하는 것인가? 나 자신의 목표는 무엇인가? 내 목표가 저들의 목표와 갈등적인가? 만일 그렇다면 어떤 선택을 해야 하는가? 내가 선택한 목표를 어떻게 달성할 수 있는가? 가용한 전략 중에서 어떤 것을 선택해야 하는가? 일이 틀어졌을 때 결과는 어떠한가? 실수를 어떻게 만회할 수 있는가? 나의 선택은 다른 사람에게 어떤 결과를 초래하는가? 그들의 반응에 어떻게 대처해야 하는가?" 등등의 물음을 암묵적으로 던진다(Cantor & Kihlstrom, 1985). 사회적 상호작용에서 이러한 물음에 답하기 위해 사람들이 동원하는 지식과 계획 그리고 전략을 총칭하여 사회적 지능(social intelligence)이라 부른다. 사회적 지능은 상황과 사람들에 관해서 알고 있는 사실과 같은 개념지식(concept knowledge) 그리고 사람들을 범주화하고, 판단하고 추론하며, 문제를 해결하고, 다양한 행위를 나타내는 방법을 포함하고 있는 규칙지식(rule knowledge)으로 구성된다(Cantor & Kihlstrom, 1985; S. J. Read & Miller, 1989 참조).[1)]

사람들이 자신의 행동을 스스로 조절하는 데 사용하는 특정한 인지는 대부분 개인특수적인 것이다. 자신에 대해서 그리고 사회적 상황과 타인들에 대해서 가지고 있는 기억, 즉 사회적 상황과 타인들에 대해서 견지하고 있는 개념 그리고 사회적 상황에서 행동을 조절하는 규칙이 과거 경험에 따라서 상당한 개인차를 나타내기 때문이다. 상황에 대해서 생각해 보는 방식이란 이러한 구분을 절단하여 들여다보는 것인데, 여기에는 위계적인 것(주도성, 복종성과 관련된), 세력권(통제, 유능감, 성취와 관련된), 정체성(자기개념화, 대인 간 친애와 관련된) 등이 포함된다. 따라서, 예컨대 회식에 참석한 첫 번째 사람은 상사와의 관계에서 위계 개념을 사용하고, 상사와의 관계를 지배하고 있는 주도성/복종성 역할에 따라서 생각할 수 있다. 두 번째 논제는 세력권에 관한 것으로서, 긍정적 인상을 남기고자 원하는 직원은 자신의 목표를 달성하기 위해서는 자신과 똑같은 야망을 가지고 있는 동료들을 옆으로 밀어낼 필요가 있다는 사실을 발견할 수 있다. 회식 자리의 두 번째 사람은 이와 반대로 긍정적인 사회적 상황을 통해서 우정을 돈독하게 만들고, 자기개념과 일치하는 방식으로 자신의 정체감을 표출할 수 있는 기회를 포착하는 데 더 관심을 가지고 있을 수 있다.

지금까지의 논의는 사람들이 자신이 포함되어 있는 상황을 정의하고 어떤 목표든지 그 상황 속에서 달성할 수 있는 적절한 계획과 전략을 개발하는 방식으로 자신의 행동을 관리한다는 사실을 함축해 왔다. 그렇지만 사람들이 적극적으로 상황을 선택하고 구축하기도 한다는 사실을 명심할 필요가 있다. 예컨대, 상사에게 좋은 인상을 남기고자 원하는 직원은 회식이 마련될 때까지 기다릴 필요가 없다. 상사를 초대할 만찬 파티를 준비하거나, 점심식사를 함께 하자고 요청하거나, 상사가 나타날 때까지 화장실 주변에서 어슬렁거리거나, 아니면 자신의 목표를 달성하는 데 도움이 되는 상황을 적극적으로 만들어 낼 수 있는 다른 행위에 몰두할 수 있다(Showers & Cantor, 1985; M. Snyder, 1982). 이러한 사례들이 시사하는 바와 같이, 흔히 개인적 목표의 달성은 의식적 계획을 통해서 이루어진다.

사람들이 개인적 목표를 충족시키는 상황을 선택하고 구축하는 방식을 이해하기 위해서는 그 과정을 적어도 두 단계, 즉 동기적 과정(motivational process)과 의지적

1) 캔터와 킬스트롬이 사용한 사회적 지능이라는 용어는 사람들을 사회적 상황으로 이끌어 가는 대인관계 기술뿐만 아니라 다양한 지식, 재능, 계획, 전략을 포함한다는 사실에 주목하라. 다른 연구자들(예컨대 Allport, 1935; S. J. Read & Miller, 1989)은 동일한 용어를 사회적이고 표현적이며 의사소통 기술에만 국한하여 매우 제한적으로 사용한다.

과정(volitional process)으로 분할하는 것이 유용하다(Gollwitzer, 1990; Heckhausen & Gollwitzer, 1987). 첫 번째 동기적 과정에는 여러 가지 목표와 이에 수반되는 행위과정 중에서 어느 하나를 선택하기 위하여 유인가와 기대에 관한 심사숙고가 수반된다. 예컨대, 회식 자리에 참석한 직원은 그 자리를 상사에게 좋은 인상을 남겨 동료들보다 앞설 수 있는 기회로 간주하거나, 아니면 동료들과 문제를 해결하기 위해 협력할 수 있는 기회로 간주할 수 있다. 이러한 목표 각각은 상이한 유인가를 제공하며 회식 중에 전혀 다른 행위가 나타날 것을 함축한다.

일단 의식적인 결정을 하여 동기상태가 종료되면 의지적 상태에 접어들게 된다. 의지에는 의도한 행위를 구현하기 위해서 언제 어떤 행동을 할 것인가를 따져 보는 것이 포함된다. 여러 가지 목표 중에서 무엇을 선택하느냐는 의지력에 달려 있으며, 여기에는 특정한 목표가 얼마나 실현 가능하고 바람직하며 긴박한 것인지, 그리고 그 목표를 달성하는 데 상황이 얼마나 호의적인 것인지 등이 포함된다. 상사가 이미 대화를 시작하였으며, 자신이 좋아하는 동료가 자리를 뜰 준비가 되어 있는 것처럼 시계를 자꾸 들여다보고 있다는 사실을 알아차렸다면, 그 직원은 회식 자리를 팀 동료들과 브레인스토밍하는 기회로 사용하자고 결정할 수 있다. 이러한 결정을 하고난 후에는 상사나 좋아하는 동료의 이후 행동에 무관심해지는 대신에 자신이 선택한 목표를 추구하고자 노력을 경주하게 된다. 이러한 관찰이 함축하는 바와 같이, 초점목표를 선택하는 것은 목표 보호(goal-shielding) 과정, 즉 초점목표의 활성화가 대안적 목표들의 접속 가능성을 억제시키는 과정으로 이끌어 간다. 초점목표에 관여하는 정도가 높으면, 그 목표를 추구하고 달성하려는 노력도 증가하게 된다. 따라서 목표 보호는 그 목표의 추구와 달성에 도움이 되는 것이다(Shah, Friedman, & Kruglanski, 2002). 그렇지만 만일 대안적 목표(예컨대 동료들에게 좋은 인상을 남기는 것)가 보다 큰 목표(예컨대 직장에서 자신의 위상을 높이는 것)의 하위 목표로 간주된다면 목표 보호는 일어나지 않으며, 대신에 이차적 목표가 보완적인 것이 되어 동시에 추구될 가능성이 있다(Fishbach, Dhar, & Zhang, 2006).

각각 동기와 의지를 특징짓는 마음의 심사숙고 상태와 구현 상태는 전혀 다른 인지를 촉발시킨다. 예컨대, 심사숙고 상태일 때는 비교적 공정한 방식으로 대안적 행위들을 따져 보고, 특정한 행위에 도움이 되거나 방해가 되는 요인들을 고려할 가능성이 크다(예컨대 Taylor & Gollwitzer, 1995). 어느 한쪽으로 치우치지 않고 우발적인 것이든 가능성이 있는 것이든 모든 진단적 정보에 주의를 기울인다(Fujita,

Gollwitzer, & Oettingen, 2007). 그렇지만 일단 행위 하나를 선택한 후에는 마음의 구현 상태가 선택한 행위에 호의적인 상황 수반성을 평가하게 된다. 예컨대, 한 연구에서는 참가자들에게 스카벤저 헌트(scavenger hunt) 게임[2]에 참여하는 이점을 심사숙고하거나 아니면 그 과제를 달성하는 계획을 구현하는 것을 상상하도록 유도하였다(Armor & Taylor, 2003). 그런 다음에 참가자들은 그 게임에 참여하였다. 처음에 심사숙고하는 마음 상태로 유도되었던 참가자들은 자신이 찾아낼 물건의 개수에서 비관적인 기대를 형성하였으며, 자신의 수행에 대해서 지나치게 낙관적인 기대를 형성하였지만, 실제로 수행도 좋았던 구현조건의 참가자들에 비해서 더 적은 수의 물건을 찾아냈다.

무엇이 활성화된 목표를 향한 집념을 설명해 주는가? 목표 자체인가? 목표를 구현하는 과정에서 예상된 목표 달성과 연합된 감정이 그 목표를 달성하기 위해서는 사용해야만 하는 수단에 전이될 수 있다. 따라서 만일 당신이 특정한 목표에 상당히 몰두하고 있으며, 특정한 수단이 그 목표를 달성하는 데 필수적이라는 사실을 알게 되었다면, 그 목표와 연합된 감정이 수단으로 전이될 가능성이 크며 목표 관련 행위를 추구하는 데 더 많은 노력을 기울이게 만든다(예컨대 Fishbach, Shah, & Kruglanski, 2004). 심사숙고와 구현은 앞으로 수행할 행동에 대한 인지뿐만 아니라 행동에도 영향을 미친다.

때로는 목표에 대한 의도만으로는 충분하지 못한 경우가 있다. 목표를 견지하고 있더라도 행동이 그 목표에 대응되지 못하는 경우다. 수많은 요인들이 행동을 개인적 목표와 일치하게 만들 수 있다. 한 가지가 구현 의도(implementation intention)를 명시적으로 형성하는 것이다. 즉, 사람들은 목표를 설정할 뿐만 아니라 구현 의도라고 부르며 그 목표를 어떻게 실현시킬 것인지를 상세화하는 명시적 계획도 세운다. 구현 의도를 명시적인 것으로 만들 때, 그 목표를 향한 진전을 이룰 가능성도 증가한다. 예컨대, 당신이 "크리스마스 휴가가 끝난 후에 논문 작성을 시작하자."라고 스스로 다짐한다면, "12월 27일에 논문 작성을 시작하자."고 말하는 것보다 실현 가능성이 낮아지게 된다. 의도적으로 상황 단서에 목표 지향적 사고를 부여하였기 때문에 이러한 계획은 자동적인 행위 통제를 초래할 수 있는 것이다. 상황 수반성으로 인해서 당신

---

2) 역자 주: 개인 또는 팀이 미리 정해진 몇 개의 색다르거나 우스꽝스러운 물건들을 사지 않고 찾아내서 먼저 가져오면 이기는 게임.

의 목표 지향적 행위가 의식적이고 노력을 기울이는 통제로부터 자동적 통제로 전환되었기 때문에, 12월 27일 아침에 당신은 자동적으로 논문 작성을 시작하게 된다. 94편 이상의 연구 논문들은 구현 의도를 설정하는 것이 목표 달성을 촉진시킨다는 사실을 지적하고 있다(Gollwitzer & Sheeran, 2006).

구현 의도는 바람직한 습관을 형성하는 데도 도움을 줄 수 있다. 논문 작성 능력을 증진시키고자 하지만 지금까지는 크게 성공적이지 못하였던 대학원생을 생각해 보자. 개선을 위한 한 가지 가능성은 자동적 행위 통제를 초래하는 구현 의도를 만드는 것이다. 만일 논문 쓰기를 매일 오전에 수행할 첫 번째 과제로 상정하고 다른 과제(예컨대 강의하기, 학부생 면담하기, 수강하기 등)를 수행하기에 앞서 두 시간씩 시도한다면, 글을 쓰기 위한 의식적 계획에 더 이상 의존할 필요가 없어진다. 매일 오전의 글쓰기는 자동적으로 상황 단서의 통제를 받게 된다. 따라서 구현 의도는 중요한 목표를 촉진시키는 데 사용할 수 있는 것이다(Sheeran, Webb, & Gollwitzer, 2005).

목표 달성을 위한 계획 세우기에도 위험이 도사리고 있다. 전형적으로 사람들은 자신의 목표를 얼마나 신속하고 용이하게 달성할 수 있을 것인지에 대해서 지나치게 낙관적이다. 많은 사람들은 하루를 시작하면서 비현실적인 낙관주의에 맞추어 하루 동안 할 일의 목록을 작성하지만, 그날 하루를 마무리할 시점에는 대부분의 과제가 그대로 남아 있다는 사실을 발견하게 된다. 예컨대, 습관적으로 주말에 할 일들로 가득 찬 가방을 들고 집에 가지만 월요일에는 대부분을 그대로 가지고 출근하게 된다. 뷜러, 그리핀, 그리고 로스(Buehler, Griffin, & Ross, 1994)는 학교에서 과제로 주어진 프로젝트를 완성하고자 시도하는 학생들을 대상으로 이러한 계획 세우기 착각을 살펴보았다. 예컨대, 한 연구에서는 자신의 졸업 논문을 완성하려는 4학년 졸업생들에게 언제까지 논문을 완성할 것인지, 그리고 만일 최악의 문제가 발생한다면 언제까지 완성할 수 있을 것인지를 추정해 보도록 요청하였다. 단지 1/3만이 자신이 예상하였던 날짜에 논문을 마무리하였으며, 대부분의 나머지 학생들은 최악의 마감 날짜도 훨씬 넘기고 말았다. 어찌 되었든 모든 학생들이 논문 작성을 완료하였으며, 만일 처음에 지나치게 낙관적인 기대를 만들지 않았더라면 이렇게 바람직한 결과가 결코 일어나지 못했을 가능성이 있다. 비록 몇몇 연구자들은 보다 현실적인 기대를 설정하는 것이 유용하다고 주장해 왔지만, 과도하더라도 낙관적인 기대가 그렇지 않은 경우에 비해서 주어진 기간에 목표를 달성하게 해 준다는 강력한 증거가 존재한다(Armor & Taylor, 1998).

목표를 추구한 후에는 그 목표를 달성하려는 노력이 성공적이었는지 그리고 결과가 기대하였던 것과 대응되는지를 평가하게 된다. 행위 이후의 이러한 평가는 미래의 목표 설정과 계획 세우기에 도움을 준다. 이러한 분석을 통해서, 목표가 행동과 관련되는 것이며, 동기-행위-평가 연속의 각기 다른 시점에 서로 다른 인지 활동이 행위를 주도하고 이끌어 가게 된다.

목표의 자동적 추구

앞 절의 분석은 목표 지향적 자기조절이 전형적으로 의식적인 선택과 결정을 수반한다는 사실을 함축하고 있지만, 실제에 있어서는 많은 자기조절적 행위가 자각되지 않은 채 진행된다(Bargh, 1997; Bargh, Gollwitzer, Lee-Chai, Barndollar, & Trötschel, 2001; Dijksterhuis & Bargh, 2001). 다른 사람들로부터 호감을 받고 싶어 하는 것과 같이 행동에 영향을 미치는 몇몇 목표들은 만성적인 관심사이며, 자동적으로 미소와 공손한 행동을 유발할 수 있다(Levesque & Pelletier, 2003). 실제로 습관은 부분적으로 목표와 행위 간의 연합으로 간주할 수 있기 때문에, 목표가 점화되면 행위는 자동적으로 일어나게 된다. 학교에서 해야 할 무엇인가를 생각하다가 목적지가 아닌 학교 방향으로 차를 몰고 있는 자신을 발견하였던 경험이 있었을지 모르겠다. 아니면 친구와 늦은 저녁식사 약속을 해 놓고도 늘 하던 시간에 음식을 만들고 있던 자신을 발견하였을 수도 있다. 많은 습관들은 실제로 목표 의존적인 자동 행동의 결과인 것으로 보이며(Aarts & Dijksterhuis, 2000; Wood, Quinn, & Kashy, 2002), 여기에는 복잡한 것처럼 보이는 타인과의 사회적 상호작용과 관련된 행위들도 포함된다(Bargh & Williams, 2006). 우리의 행동이 흔히 환경 단서에 대한 자동적 반응이며, 신속하고 노력이 들지 않으며 무의식적인 과정이라는 사실은 사회인지 연구에서 얻은 중요한 통찰이다. 사람들이 어떻게 별 생각 없이 일상의 과제를 수행하는지를 설명하는 데 도움을 주며, 어째서 우리가 그토록 습관의 노예인지를 이해하는 데도 도움을 준다.

본질적으로 환경 속에 들어 있는 단서들에 반응하는, 오랜 세월에 걸친 반복 훈련은 많은 상황에 대한 정서적·인지적·행동적 반응을 자동적인 것으로 만들어 왔다(Aarts & Dijksterhuis, 2003). 환경에 들어 있는 평가적 단서들에 주의를 기울이거나 생각을 하지 않은 채 그 단서들에 반응을 한다(Roser & Gazzaniga, 2004). 예컨대, 우리들 대부분은 자신의 목표라는 측면에서 행동을 무의식적으로 조절할 수 있을 만큼 사회적 상황을 많이 경험해 왔으며, 이 사실이 한 상황에서의 개인적 목표 그리고 그 목표를 달성하기 위한 전략 모두를 현저하고 의식적인 것으로 만들려는 계획에 차질을 빚게 만들기도 한다. 친숙한 상황은 유념하지 않는 행동을 촉발시키는 반면, 친숙하지 않은 상황은 의식적이고 자기조절적인 노력을 촉발시킬 가능성이 더 크다(Cantor & Kihlstrom, 1985). 예컨대, 미국인이 일본에서 새로운 사람을 만나는 과정은 사회적 상황의 역동성을 상당히 자각하게 만드는데, 대부분의 서양인들은 일본의 사회적 상황의 규범과 적절한 행동에 관한 충분한 지식을 가지고 있지 못하기 때문이다.

전문성도 사람들이 얼마나 자의식적으로 그리고 얼마나 성공적으로 자기조절할 것인지를 결정한다. 사회적 상황에서 불확실한 혼란감을 느끼는 사람은 주어진 상황에서 요구하는 행위를 더 많이 자각하고 있는 사람들과 비교할 때, 그 상황에서 성공적인 전형적 행위를 확인해 내고자 더욱 노력하게 된다(Cantor, Mackie, & Lord, 1983-1984; Wicklund & Braun, 1987; 전문성의 논의를 보려면 Showers & Cantor, 1985 참조). 또한 불확실하고 혼란스러운 사람은 성향 귀인을 통해서 타인들을 규정하고 특정한 유형의 사람으로 분류하고자 시도하게 된다. 자신의 인지와 행동의 레퍼토리와 환경 간에 융통성을 견지할 수 있는 사람들과 비교할 때, 이렇게 지각이 경직된 사람은 단조롭고 밋밋한 행동을 하게 된다(Wicklund, 1986).

앞서 지적한 바와 같이, 비언어적 행동도 자동적으로 사회적 목표를 반영할 수 있다. 사람들은 흔히 자신이 상호작용하고 있는 사람의 자세와 매너, 얼굴 표정을 무의식적으로 흉내 낸다. 이 사실은 용이하게 증명할 수 있다. 당신이 대화를 나누고 있는 사람에게 미소를 짓고 상대방도 보답으로 미소를 짓는지 보라. 그런 다음에 당신의 손을 엉덩이에 대고 상대방이 그 행동을 따라 하는지를 보라. 사회적 상호작용에서는 무의식적 따라 하기가 매우 보편적이며, 이것은 우리 스스로 자각하거나 의도하지 않은 채 환경 단서를 행동의 근거로 사용한다는 사실을 보여 주는 한 예다(Chartrand & Bargh, 1999).

이러한 사례들은 한 가지 중차대한 사실, 즉 지각과 행위 간의 연계는 자동적이고 생득적으로 구축된 것이며, 사회적 이해뿐만 아니라 사회적 상호작용의 중요한 토대가 된다는 사실을 예증하고 있다(Knoblich & Sebanz, 2006). 전운동피질에 존재하는 거울뉴런(mirror neuron; 예컨대 Rizzolatti, Fogassi, & Gallese, 2001)은 타인이 어떤 행위를 수행하고 있는 것을 볼 때 그리고 자신이 그 행위를 수행할 때 모두 활성화된다. 예컨대, 사람들은 타인이 나타내고 있는 연속적 행위를 관찰하고 있다는 사실을 반영하는 거울뉴런 활성화(근육의 긴장뿐만 아니라)를 보여 주며, 자신이 그 행위에 숙달되어 있을수록 그 활성화는 강력해진다(예컨대 Calvo-Merino, Glaser, Grezes, Passingham, & Haggard, 2005). 이 활성화는 자신의 과거 행동을 관찰할 때 가장 강력하다. 거울뉴런은 사회적 상호작용 장면에서 상황 단서들을 행동의 자동적 수행에 연계시키는 역할을 담당하는 것으로 보인다.

자동적 평가는 밀리초로 측정해야 할 만큼 짧은 시간에 신속하게 일어난다(제10장 참조). 예컨대, 한 연구에서는 참가자들에게 점화단어·표적단어 쌍을 연속적으로 제시하면서 표적단어인 형용사가 부정적인지 긍정적인지를 판단하도록 요구하였다(Fazio, Sanbonmatsu, Powell, & Kardes, 1986). 점화자극인 첫 번째 단어가 200밀리초 동안 제시되고 사라진 후에 두 번째 표적단어가 100밀리초 동안 제시되었다. 과제를 수행하기에는 지나치게 빠른 속도임에도 불구하고, 표적단어에 대한 부정성/긍정성 평가는 점화단어와 표적단어가 평가적 내용에서 부합하지 않을 때보다 부합할 때(즉, 두 단어가 모두 긍정적인 것이거나 부정적인 것일 때) 훨씬 빨랐다.

자동적 평가는 복잡해 보이는 행동의 연속에도 영향을 미칠 수 있다. 한 연구에서는 참가자들에게 무례함이나 예의 바름을 시사하는 단어들을 포함한 단어 퍼즐을 풀도록 하였다(Bargh, Chen, & Burrows, 1996). 과제를 수행한 후에 참가자들로 하여금 실험 참가 확인을 받기 위해 복도를 따라서 다른 방으로 가게 하였다. 그렇지만 실험 참가를 확인해 줄 사람은 친구와 기나긴 개인적 전화에만 몰두하면 참가자에게 반응을 보이지 않았다. 연구자들은 참가자들이 진행되고 있는 전화 대화를 중지시킬 때까지 얼마나 오래 기다리는지를 평가하였다. '무례한' 단어로 점화시킨 집단의 63%는 즉각적으로 중지시킨 반면에, '예의 바른' 집단은 17%만이 그렇게 하였다.

이러한 연구는 환경 단서가 행동을 자동적으로 점화시킬 수 있을 뿐만 아니라 평가적 단서가 뒤따르는 정보처리와 행동에 영향을 미치는 가장 강력한 단서일 수 있다는 사실을 입증하고 있다. 명확한 목표를 염두에 두고 있을 때는 목표 부합 정보나 대상의 평가가 긍정적인 것이 되는데, 이 사실은 자동적 평가가 목표 추구를 유지하는데 도움을 줄 수 있다는 사실을 시사한다(Forguson & Bargh, 2004; Custers & Aarts, 2005 참조). 평가적 자질이 잠재되어 있는 자극은 용이하고도 신속하게 알아차리게 되며, 행동의 접근 경향성이나 회피 경향성을 촉진시킨다(Chen & Bargh, 1999; Wentura, Rothermund, & Bak, 2000). 예컨대, 한 연구에서는 참가자들이 태도 진술에 대해서 레버를 자신의 방향으로 움직이거나 반대쪽으로 움직임으로써 반응하도록 하였다(Chen & Bargh, 1999). 부정적 유인가를 가진 단어에 대해서 레버를 자기 쪽으로 움직일 때보다(접근반응) 반대쪽으로 움직일 때(회피반응) 더 빠르게 반응하였다. 긍정적 유인가를 갖는 단어에 있어서는 그 반대 결과가 나타났다(Neumann & Strack, 2000 참조). 흥미롭게도 회피하고자 하는 유혹에 직면할 때 사람들은 신속하게 유혹 관련 자극을 밀쳐 내며, 접근하려는 목표 쪽으로 더 빠르게 잡아당긴다(Fishbach & Shah, 2006).(제4장도 참조)

마찬가지로, 고정관념을 부지불식간에 점화하면 후속 행동에 영향을 미칠 수 있다(Mussweiler, 2006). 예컨대, 한 연구에서는 참가자들로 하여금 은연중에 과체중인 사람들의 고정관념에 해당하는 뒤뚱거리는 자세로 움직이도록 유도하였다. 그런 다음에 모호한 표적인물을 평가하도록 제시하였을 때, 통제집단의 참가자들보다 그 표적인물에게 과체중 고정관념적인 특성을 더 많이 부여하였다. 따라서 부지불식간에 주어지는 점화만이 행동에 영향을 미치는 것이 아니라, 자기 행동의 피드백도 은연중에 후속 인지에 영향을 미칠 수 있다.

동화와 대비

지금까지 다루었던 연구들이 시사하는 바는 자동적 행동이 환경 단서에 동화된다는 것이다. 예컨대, 노인 고정관념을 점화하면 천천히 걸으며, 과체중인 사람처럼 걷도록 유도하면 모호한 표적인물에 과체중 고정관념적 속성을 부여한다. 그렇지만 어떤 상황에서는 보는 것이 전혀 다른 행동으로 이끌어 가기도 한다. 즉, 자동적 행동에는 대비 효과가 있다(Dijksterhuis et al., 1998). 예컨대, 한 연구에서는 노인에 대해 긍정적 태도를 가지고 있는 참가자들이 노인 고정관념으로 점화된 후에 보다 천천히 걷지만, 노인에 대해 부정적인 태도를 가지고 있는 참가자들은 실제로 더 빨리 걸었다(예컨대 Cesario, Plaks, & Higgins, 2006). 이 결과는 자동적 행동에서 대비 효과도 일어날 수 있으며, 이러한 대비 효과는 행위를 준비하면서 진행하는 인지과정에 의한 것일 수 있다는 사실을 입증하는 것이다.

성격 특질과 고정관념은 동화를 유발하는 경향이 있는 반면에, 본보기(즉, 전형적인 사례)는 사회비교를 촉발시킴으로써 판단의 대비를 유발하는 것으로 보인다. 예컨대, 한 연구에서는 참가자들을 교수나 슈퍼모델의 고정관념으로 점화시키거나 그러한 범주의 본보기들로(각각 앨버트 아인슈타인과 클라우디아 쉬퍼) 점화시켰다.

표 15.1 고정관념과 본보기의 점화가 행동에 영향을 미치는 방식(정확하게 답한 질문의 평균 백분율

	점화의 방향	
	지적인 방향	우둔한 방향
점화 유형		
고정관념	50	41
본보기	42	54

지적이거나 우둔한 고정관념의 점화는 그 고정관념과 일치하는 행동을 촉발하는 반면, 지적이거나 우둔함과 연합된 본보기의 점화는 대비 행동으로 이끌어 간다. 자세한 내용은 본문 참조.

출처: Dijksterhuis et al. (1998). Seeing one thing and doing another: Contrast effects in automatic behavior. *Journal of Personality and Social Psychology, 75,* 865.

고정관념으로 점화시키는 것은 행동 동화로 이끌어 갔다. 즉, 참가자들은 '교수' 고정관념으로 점화되었을 때는 후속된 지식 검사에서 더 많은 정답을 내놓았으며, '슈퍼모델' 고정관념으로 점화되었을 때는 정답을 적게 내놓았다(**표 15.1** 참조). 그렇지만 본보기로 점화된 참가자들은 대비 효과를 나타냈다. 즉, 앨버트 아인슈타인으로 점화된 참가자들은 열등한 성과를 나타냈으며, 클라우디아 쉬퍼로 점화된 참가자들이 더 우수하였다. 특정한 본보기를 제시할 때는 참가자들이 사회비교에 몰입해서는 "나는 결코 아인슈타인만큼 잘할 수 없다."거나 "나는 클라우디아 쉬퍼보다는 확실히 잘할 수 있다."고 결론 내리는 것이다. 고정관념만이 점화되었을 때는 사회비교가 촉발되지 않으며, 자신의 수행을 고정관념에 동화시키는 것만이 일어났다. 이 결과가 **표 15.1**에 제시되어 있다(Dijksterhuis & van Knippenberg, 1998 참조).

개인차와 목표

사람들은 상황 단서를 자신의 상황에 상이한 방식으로 관련시키기 때문에, 동일한 점화가 사람에 따라서 지각과 행동에 전혀 다른 효과를 초래할 수 있다. 예컨대, 무스와일러와 푀스터(Mussweiler & Förster, 2000)는 참가자들을 한 단어로 점화하고 그 단어가 행동에 미치는 효과를 관찰하는 순서적 점화 패러다임을 사용하였다. 우선 공격 관련 단어(예컨대 폭력)로 점화시키고 다시 성 관련 단어로 점화시킨 남자들은 보다 공격적으로 반응하였지만(얼굴에 다트를 던지는 반응), 표적 얼굴이 여성일 때에만 그러하였다. 반면에 이에 상응하는 효과가 여성에게서는 나타나지 않았다.

어떤 목표는 증진에 초점을 맞추며 성취와 포부를 수반하고 그 목표를 달성하면 성취감이 초래된다는 제5장의 논의를 회상해 보라(예컨대 수강한 과목에서 좋은 성적을 받는 것). 이와 반대로, 다른 목표는 예방에 초점을 맞추며(예컨대 수강한 과목에서 낙제하지 않는 것) 이 목표는 책임감을 수반하고 그 목표를 달성하면 안도감이 초래된다. 증진에 초점을 맞추느냐 아니면 예방에 초점을 맞추느냐는 목표를 향한 행동에 영향을 미친다. 목표 달성에 몰입하는 것은 그 목표를 달성하고자 노력하는 과정에서 높은 수준의 성과를 나타내는 특징을 갖는 반면에, 안전목표에 몰입하는 것은 필요한 것만을 행하는 특징을 나타낸다(Shah, Higgins, & Friedman, 1998). 증진이나 예방에 초점을 맞추는 것은 목표에 대한 정서반응에도 영향을 미친다. 증진에 강력하게 초점을 맞출 때는 목표 달성이 커다란 즐거움과 낮은 우울을 초래하는 반면에, 예방목표가 강력할 때는 목표 달성이 상당한 안정감과 낮은 동요감을 초래한다(Higgins, Shah, & Friedman, 1997).

목표는 중요한 타인의 표상이 활성화됨으로써 점화될 수 있다. 어떤 목표가 활성화될 것인지는 자신의 개인적 목표라는 측면에서 그 타인이 어떤 기대를 가지고 있다고 지각하는지에도 영향을 받는다. 예컨대, 당신의 아버지는 당신이 선택한 분야에서 가능한 한 많은 것을 성취하는 것이 중요한 사회적 목표라고 믿고 있는 반면에, 어머니는 다른 사람을 밉상으로 만들지 않는 것이 중요한 사회적 목표라고 믿고 있다고 가정해 보라. 어머니나 아버지 중에서 어느 분의 표상이 점화되느냐에 따라서 당신의 성취 관련 행동이 영향을 받을 수 있다. 만일 당신이 동료와 논쟁을 벌이고 있고 아버지가 현저한 타인이라면, 당신은 그 논쟁에서 이기기 위하여 모진 애를 쓸 것인 데 반해서, 만일 어머니가 앞에 앉아 있다면 행동을 자제하여 상대방을 밉상이 되지 않게 만들 것이다(Shah, 2003a, 2003b). 중요한 타인의 점화는 목표의 평가, 과제 난이도의 평가, 그리고 자신의 수행반응에 영향을 미칠 수 있다(Shah, 2003b). 목표 달성의 지각된 가치, 목표를 향한 끈기, 그리고 실제 수행에 영향을 미칠 수 있는 것이다. 예컨대, 애인과 같이 중요한 타인이 당신의 수행에 높은 기대를 가지고 있다면, 당신은 목표를 달성할 수 있다고 믿을 가능성이 커지고 끝까지 목표를 추구하며 좋은 수행을 보일 것이다(Shah, 2003b).

몇몇 상황에서는 사람들이 타인의 행동이 함축하는 목표를 자동적으로 선택하고 추구하게 된다. 특히 목표가 매력적인 것으로 지각될 때는 그 목표를 지향하는 타인의 행동이 동일한 목표를 추구하는 단서로 작용할 수 있다(Aarts, Gollwitzer, &

Hassin, 2004; Shah, 2003a).

목표 지향적 행동의 신경적 기초

세부적으로 목표는 어떻게 행동에 영향을 미치는가? 목표 그리고 그 목표를 달성하는 수단을 표상하는 전전두피질이 활동 패턴을 적극적으로 유지하는 것으로부터 행동의 인지적 통제가 유래한다(E. K. Miller & Cohen, 2001). 이러한 표상은 뇌간의 신경 조절 시스템으로부터의 피드백을 통해서 정기적으로 개선된다. 전전두피질 영역의 활동은 신경 활동이 신경통로를 따라서 전달되는 것을 주도하는 다른 신경 구조들에게 신호를 보내며, 내적 상태의 입력과 특정한 과제를 수행하는 데 필요한 출력 간의 대응을 형성한다(E. K. Miller & Cohen, 2001).

전전두피질이 갑작스러운 소리나 움직임에 반응하는 것과 같이 단순한 자동적 행동에는 관여하지 않는다 하더라도, 행동이 의도나 목표 또는 다른 내적 상태에 의해서 주도되어야만 할 때 관여하게 된다. 따라서 전전두피질의 일차적 과제는 목표 그리고 대뇌 활동을 하향적으로 조절함으로써 그 목표를 달성하는 수단을 표상하는 것으로 보인다. 특히 자극에 대한 개인적 관련성과 접근 동기의 강도가 증가하면 좌반구 전두엽의 활동이 증가하게 되는데, 이 영역은 긍정적 감정, 접근 동기와 일관성 있게 연계되어 왔던 반면에, 부정적 감정과 철회 동기는 우반구 전두엽 활성화와 연합되어 왔다(Harmon-Jones et al., 2006).

목표에 관한 앞선 논의는 인지와 행동 간에 상당한 일관성을 가정하고 있다. 그렇지만 어떤 상황에서는 행동이 주도적인 인지에 근거하여 기대할 수 있는 것과 대응되지 않는다는 행동의 놀라운 또 다른 측면도 존재한다. 예컨대, 대부분의 사람들은 핵전쟁 가능성에 의해서 공포에 휩싸이지만, 그 가능성을 낮추려는 행위를 취하는 사람은 거의 없다(S. T. Fiske, 1987). 다음 절에서 이 문제를 다룬다.

2. 언제 인지와 행동이 관련되는가?

"언제 인지와 행동이 관련되는가?"라는 질문은 답하기 용이한 것이 아니며, 그렇게 단순한 것도 아니다. 첫째, 사회인지 연구 영역에서는 행동 종속변인을 포함시키는 연구가 거의 없기 때문에 그 관계를 살펴볼 기회가 제한되어 왔다. 인지·행동 관계를 살펴보면, 때로는 둘이 평행선을 달리지만 때로는 그렇지가 않다.

인지·행동 관계를 다루기 위해서 유사한 문제가 존재하는 관련 문헌들을 살펴볼 수 있다. 예컨대, 사회심리학의 역사를 잘 알고 있는 사람들은 인지·행동 문제가 너무나 친숙한 것이라는 사실을 발견할 수밖에 없다. 1950년대와 1960년대의 태도 변화 연구들이 유사한 상황을 초래하였다. 처음에 연구자들은 태도·행동 관계를 다루지 않았으며, 그 관계를 다루었을 때에도 증거는 일관성이 없었다. 혹자는 인지와 행동 간에 비교적 낮은 관계를 보고한 반면에(예컨대 Nisbett & Wilson, 1977b; Wicker, 1969), 다른 연구자들은 매개 요인들을 고려하면 상당한 일관성이 있다고 주장하였다(Quattrone, 1985; Schuman & Johnson, 1976). 성격 특질과 행동 간의 대응성을 다룬 문헌들도 비록 그 출발은 인지적인 것이 아니었다고 하더라도 가설의 유용한 출처다. 성격 특질(중요한 인지적 성분을 담고 있다)과 이론적으로 그 성격 특질에 뒤따를 것이라고 기대할 수 있는 행동 간의 관계는 때때로 미약하고 신뢰롭지 않은 것으로 판명되었다(Mischel, 1968).

이러한 연구 문헌들에 근거할 때, 언제 인지와 행동이 대응되는지를 밝히려는 시도는 여러 가지 경로를 취할 수 있다. 즉, 어느 행동이 특정한 인지와 관련될 가능성이 높은지를 밝히는 경로, 측정 절차를 개선하여 인지와 행동의 평가를 보다 비교 가능한 것으로 만드는 경로, 인지의 어떤 자질이 행동이라는 결과를 초래할 가능성이 큰지를 결정하는 경로, 사람들이 행동을 개념화하는 다양한 방식을 이해하는 경로, 인지·행동 관계를 매개하는 상황 요인들을 확인하는 경로, 인지·행동 일관성에서 개인차를 찾아보는 경로 등이 가능하다.

어떤 행동이 인지와 관련되는가?

우리는 너무나 많고 다양한 행동들이 무엇이든 주어진 인지와 관련될 것이라고 기대할 수 있다. 예컨대, 우호성의 자기지각을 생각해 보라. 어떤 사람은 자신을 우호적이라고 생각하는 반면, 다른 사람은 그렇지 않다. 자신을 우호적이라고 생각하는 사람들만을 생각해 볼 때, 그 사람들이 모든 상황에서 우호적일 것이라고 기대할 수 있겠는가? 물론 자신을 우호적이지 않다고 생각하는 사람들보다 이들이 더 우호적일 것이라고 기대할 수 있겠지만, 이들이 하루 내내 우호적일 것이라고 기대할 근거는 없다. 심적 표상에 관한 논의에서 전형적인 사람이나 활동은 특정한 범주를 가장 잘 대표하는 사람이나 활동이라는 사실을 회상해 보라. 예컨대, 전형적으로 우호적인 행위는 캠퍼스에서 사람들과 인사를 나눈다거나 새로운 사람을 기꺼운 마음으로 맞아들이는 것일 수 있다. 자신을 우호적인 사람이라고 간주하려면 이렇게 전형적인 행동에서 상당한 정도의 일관성만을 보이면 되는 것이지, 우호성과 긴밀하게 관련되지 않은 행동에서도 그래야만 하는 것은 아니다.

실제로 연구들은 이러한 주장을 지지한다(Mischel, 1984; Mischel & Peake, 1982). 성실성을 자기평가시킨 연구에서는 성실성을 평가할 수 있는 다양한 상황에서 자신을 성실하다고(또는 그렇지 않다고) 간주하는 대학생들을 관찰하였다. 또 다른 독립적인 판단자 집단이 각 상황이 성실성에서 얼마나 전형적인지를 판단하였다. 그런 다음에 연구자들은 상황 간 일관성을 계산하였다. 자신을 성실성에서 높다고 평가하거나 낮다고 평가한 사람들은 성실성의 전형성이 낮은 상황에서는 다르게 행동하지 않았다. 그러나 전형적인 성실성 상황에서는 성실성이 높은 사람들이 그렇지 않은 사람들에 비해서 자신의 행동에서 유의하게 높은 일관성을 보여 주었다(Mischel & Peake, 1982). 슈티, 켄릭, 그리고 사달라(Schutte, Kenrick, & Sadalla, 1985)는 어떤 한 사람이 수행할 행동에 관하여 사람들 간에 동의하는 정도는 그 행동에 있어서 상황이 전형적인 것일수록 그리고 그 상황이 행동을 보다 제한할수록 증가한다는 결과를 얻었다.

태도 연구에서도 유사한 주장을 해 왔다. 태도는 흔히 사람이나 대상 또는 사건의 특정 범주에 관한 신념의 지극히 보편적인 표상이다. 태도가 한 범주의 특정 구성원의 행동을 예언하는지의 여부는 그 구성원과 범주 원형 간의 대응 정도에 달려 있다. 로드, 레퍼, 그리고 맥키(Lord, Lepper, & Mackie, 1984)는 사람들이 특정한 집단에 관한 고정관념을 견지하고 있으며 그 집단의 특정한 구성원과 특정한 상호작용을 할 때 그 태도를 표출하고, 특히 그 구성원이 집단의 추상적 원형과 맞아떨어질 때 그렇다는 결과를 얻었다.

이러한 결과들이 인지·행동 관계 일반에 대해서 갖는 함의는 무엇인가? 이 결과들이 시사하는 바는 특정한 인지와 전형적으로 관련된 행동을 살펴볼 때는 일관성이 최고조에 달하지만, 문제의 인지와 전형적으로 관련되지 않은 행동을 살펴볼 때는 인지·행동 일관성이 낮아지게 된다는 것이다.

인지와 행동 측정하기

인지·행동 관계를 평가할 때의 또 다른 문제점은 인지와 행동을 동일한 명세 수준에서 측정하고 있는지의 여부에 관한 것이다. 만일 자선기금으로 어려운 사람들을 도와주어야만 한다고 느끼는지를 묻는다면, 당신은 그렇다고 답할 것이다. 그런데 천 원짜리 한 장을 적선해 달라고 끈질기게 달라붙는 거지는 거절할 수 있다. 당신의 태도와 행동이 불일치하는 것처럼 보일 수 있겠지만, 당신은 태도를 위배한 것인가? 반드시 그렇지는 않다. 예컨대, 자선은 개인이 아니라 기관에서 관리해야 하는 것이라고 생각하거나 아니면 구걸을 받아들여서는 안 된다고 생각할 수 있다. 태도와 행동의 외현적인 불일치는 당신의 태도를 지나치게 보편적으로 평가하는 반면, 행동을 매우 세부적인 상황에서 측정한다는 사실에 의해서 야기된다. 태도와 행동을 상이한 명세 수준에서 평가하면 낮은 대응성이 나타날 수 있다. 그렇다면 어떻게 태도와 행동의 평가를 보다 비교 가능한 것으로 만들 수 있겠는가?

한 가지 해결책은 중다 행위 기준(multiple-act criterion)을 채택하여 보편적인 행동 경향성을 통해서 행동을 측정하는 것이다(예컨대 Epstein, 1979; Fishbein & Ajzen, 1974). 즉, 보편적 태도(즉, 자선에 대한 추상적 태도)와 단일 행위(즉, 특정한 거지에게 돈을 주는 행위) 간의 관계를 살펴보는 대신에, 여러 가지 특정한 행위를 측정하여 보편적인 행동 측정치를 얻는 것이다. 예컨대, 다양한 목적을 위해서 희사하는 돈의 액수, 어려운 사람을 돕기 위해서 자원한 시간 등을 측정할 수 있다. 비록 자선에 관한 당신의 보편적 신념이 특정한 걸인에 대한 당신의 특정한 반응을 예언할 수는 없다고 하더라도, 여러 목적 각각에 대해서 당신이 얼마나 많은 돈이나 시간 또는 노력을 자원해서 투자하고 있는지를 살펴보면 당신의 자선 행동을 보다 보편적으로 예언할 수 있게 된다.

중다 행위 기준이 태도·행동 일관성을 성공적으로 입증하는 이유는 다음과 같은 것이겠다. (1) 중다 행위는 한 개인의 전형적 행동에 관한 보다 좋은 추정치를 제공해 준다. (2) 중다 행위를 채택하게 되면 태도가 상당히 잘 예언할 수 있는 상황을 적어도 하나 이상 포함할 수 있다(Monson, Hesley, & Chernick, 1982 참조). (3) 중다 행위는 그 개인이 서로 유사하며 자신의 태도와 부합하는 것으로 간주함으로써 유사한 행동이 나타날 것을 보장해 주는 상황을 적어도 둘 이상 포함한다(Lord, 1982 참조). 그 이유가 어떤 것이든지 간에, 행동의 중다 행위 측정치를 보편적 태도와 비교할 때 대응성이 높아지게 된다.

태도·행동 연구에서 중다 행위 기준과 유사한 논의가 성격 연구 문헌에서도 나타났다. 버스와 크레이크(Buss & Craik, 1980, 1981)는 성격 특질의 평가를 보조하기 위해서 기저 성향을 반영하는 행동의 빈도를 평가해야만 한다고 제안하였다. 이 입장에 따르면, 특정한 행동은 다루고 있는 성향에서의 중심성 여부에 근거해서도 평가되어야만 한다. 이 개념틀은 일반적으로 단일 행위가 (중다 행위에 비해서) 다루고 있는 성향의 성격 측정치와 낮은 상관관계를 갖는다고 예언한다. 이에 덧붙여, 성향에 핵심적인 행위에 대한 반응은 성향에 핵심적이지 않은 행위에 대한 반응에 비해서 성향 측정치와 높은 상관관계를 보여야만 하는데, 이 주장은 앞에서 기술하였던 전형성에 관한 연구와 일맥상통한다.

인지·행동 대응성 평가에 관한 두 번째 해결책은 인지를 보다 세부적으로 측정하는 것이다. 예컨대, 자선 일반에 대해서 어떻게 생각하느냐고 묻는 대신에 거지에게 돈을 주는 것에 대해서 어떻게 생각하느냐고 묻는다면, 태도와 행동 간의 높은 대응성을 찾을 수 있을 것이다. 태도·행동 관계를 밝히려는 많은 시도들은 태도를 특정한 방식으로 행동하려는 의도로 평가함으로써 이러한 접근을 채택해 왔다(Ajzen & Fishbein, 1977; Fishbein & Ajzen, 1974, 1975). 피시바인과 아이젠의 합리적 행위 이론(theory of reasoned action)은 한 개인의 행동이 그/그녀의 의도를 통해서 직접적으로 예언될 수 있으며, 의도는 행동을 향한 태도, 자신이 무엇을 해야만 한다고 타인들이 생각하고 있을 것이라고 스스로 생각하는 주관적 규범, 그리고 태도의 고려와 규범의 고려의 상대적 중요성의 함수라고 주장한다. 합리적 행위 이론은 광범위한 행동 유형을 예언하는 데 사용되어 왔으며, 특히 건강 영역에 성공적으로 적용되었다(Taylor, 2006). 의도가 안정적일 때는 행동을 예언하지만, 그 의도가 약하거나 불안정할 때는 오히려 과거 행동이 현재 행동의 보다 좋은 예언자가 된다(Conner & Abraham, 2001; Sheeran, Orbell, & Trafimow, 1999).

나타낸 행동과 관련해서 그 사람의 태도, 주관적 규범, 행동 의도를 아는 것에 덧붙여, 그 행동에 대해서 그 사람이 지각하는 통제력도 알 필요가 있다(Ajzen, 1988). 이러한 주장에 대한 검증을 보면, 참가자들은 특정한 태도 대상에 대한 행동 의도를 견지할 필요가 있을 뿐만 아니라 자신이 그 행동을 수행할 능력도 있다고 느낄 필요가 있다는 사실을 알 수 있다. 따라서 태도에 근거한 명백한 행동 의도가 있는 경우조차 통제감이나 자기효능감이 태도·행동 일관성을 입증하는 데 중요한 것으로 보인다.

어떤 인지가 행동을 예언하는가?

태도·행동 관계에서 가장 혼란스러운 측면의 하나는 행동과 밀접하게 관련된 것으로 보이는 인지를 그 인지와 대응되는 행동을 반드시 변화시키지 않고도 변화시킬 수 있다는 사실이다. 예컨대, 직장에서 여성에 관한 신념을 다룬 연구들은 여성과 고용에 관하여 남성과 여성 모두가 점차적으로 평등주의적 태도를 가지고 있다는 사실을 시사한다. 그렇지만 차별과 성희롱에 관한 많은 지표들은 여성이 남성보다 여전히 더 많은 고통을 경험하고 있다는 점을 시사한다(Kahn & Crosby, 1987). 행동이 태도와 대응되지 않는 데는 여러 가지 이유가 있다. 위의 예에서 칸과 크로스비는 태도가 집단에 반응하는 이상적이거나 사회적으로 바람직한 방식을 반영하지만, 행동은 다른 태도(예컨대 연공서열은 유지되어야 한다), 상황 요인(예컨대 특정한 지위에 배치하고자 고려하고 있는 특정 여성의 개인적 특성), 태도를 행동의 안내자로 사용하려는 경향성에서의 개인차, 성희롱과 차별을 제거할 수 있는 가능성 등과 같은 다른 요인들에 의해서 영향을 받을 수 있다고 제안한다(Crosby, Bromley, & Saxe, 1980 참조). 이 절에서는 어떤 인지가 행동을 예언할 가능성이 가장 큰지를 결정하는 다양한 요인들을 살펴본다.

인지와 행동 간의 강력한 관계를 보게 될 한 가지 중요한 조건은 인지를 강력하게 견지하고 그 인지가 확실한 것이어야 한다는 것이다. 이것은 태도 연구에서 아주 명백하다. 강력한 태도는 전형적으로 안정적이다. 즉, 개인적 함의를 가지고 있으며, 극단적이리 만치 확신하고 있는 개인적으로 중요한 논제에 관해 견지하는 태도다. 태도와 행동 간에 불일치가 존재할 때는 흔히 태도가 미약한 것이거나 양가적인 것이기 때문이다(Armitage & Conner, 2000). 강력하게 견지하고 있는 태도는 접속 가능성이 크기 때문에 행동에 영향을 미친다(Bizer & Krosnick, 2001; Posavac, Sanbonmatsu, & Fazio, 1997 참조).

인지는 되뇌기하고 반복 연습하였을 때 행동에 영향을 미칠 가능성이 커진다. 자신이 견지하고 있는 다른 신념들과 밀접하게 연계된 태도는 그렇지 않은 태도에 비해서 행동과 더욱 강력하게 관련된다(Prislin & Oullette, 1996).

인지가 상당한 지식을 가지고 있는 영역에 관한 것일 때 사람들의 행동에 영향을 미칠 가능성이 더 커진다. 예컨대, 친환경적 태도를 견지할 뿐만 아니라 환경 보존에 수반된 논제에 관하여 많이 알고 있는 사람들은 환경을 보호하자는 청원서에 서명해 달라고 요청받을 가능성이 더 크다(Armitage & Conner, 2000; Kallgren & Wood, 1986).

태도가 행동을 예언할 것인지의 여부를 결정하는 또 다른 요인은 태도를 형성하는 방식에 있다. 적절한 경험을 통해서 형성된 태도는 간접 경험에 기초한 태도보다 행동을 더 잘 예언한다(Fazio & Zanna, 1981). 한 연구에서는 대학생들에게 학교의 기숙사 부족에 관한 태도를 물었다. 관련된 경험(예컨대, 방이 모자라서 여러 주 동안 기숙사 라운지의 간이침대에서 생활한 경험)을 통해서 태도가 형성된 참가자들만이 강력한 태도·행동 관계를 보여 주었다. 신념을 형성하게 되는 논제에 관해서 적절한 개인적 경험을 하는 것은 사람들로 하여금 그 논제에 대해서 더 많이 생각하고 이야기하게 만드는 것이다. 태도와 관련된 이러한 유형의 적절한 경험을 할 때가 그 논제에 대한 이야기를 듣거나 읽었을 때보다 행동에 영향을 미칠 가능성이 더 크다. 이에 덧붙여, 자신의 태도에 관하여 심사숙고할 시간과 동기가 있을 때는 그 태도에 근거한 행동을 결정하기에 앞서 그 행동에 대한 태도의 적합성을 고려해 볼 가능성이 커진다(Fabrigar, Petty, Smith, & Crites, 2006). 전반적으로 볼 때, 적절한 경험을 통해서 형성되는 태도가 그렇지 않은 태도에 비해서 더 세부적이며, 확신을 가지고 견지하고, 안정적이며, 반론에 더 잘 대처한다(Fazio & Zanna, 1978; Zanna & Fazio, 1982). 따라서 행동을 예언하게 되는 것이다.

적절한 경험을 통해서 형성한 태도가 행동에 대해 보다 예언적인 이유는 무엇인가? 여러 가지 가능한 이유들이 있다. 첫째, 관련 경험은 상당한 양의 정보를 제공하기 때문에 그 결과로 형성된 태도는 알려 주는 것이 많으며 강건한 것이 된다. 둘째, 행동은 태도 형성의 최초 기반을 제공하였기 때문에, 적절한 경험을 통해 형성된 태도가 행동에 주는 함의가 보다 명확한 것일 수 있다. 셋째, 태도와 실제 경험 간의 연계는 태도를 기억에서 보다 접속 가능한 것으로 만들어 주기 때문에, 행동을 해야만 할 때 마음에 떠오를 가능성이 더 크다(Fazio & Zanna, 1981). 마지막으로, 직접 경험을 통해 형성된 태도가 매우 세부적인 것이기 십상이라는 사실은 특정한 행동에 주는 함의를 명확한 것으로 만들어 주는 데 반해, 모호한 보편적 태도에 있어서는 그렇지가 못하다(Borgida, Swann, & Campbell, 1977).

태도·행동 일관성에 영향을 미치는 또 다른 요인은 기득권이다. 자신의 태도가 자기이해를 수반하는 한에 있어서 사람들은 그 태도에 근거하여 행동할 가능성이 높다. 예컨대, 음주 연령을 21세로 상향 조정하려는 일반 투표에서 22세인 사람들보다는 18세인 사람들이 반대 유세를 펼칠 가능성이 더 크다(Sivacek & Crano, 1982). 기득권은 개인적 중요성이 낮은 태도보다는 자신에게 개인적으로 중요한 태도에 걸맞은 행동을 더 잘 예언한다(Young, Borgida, Sullivan, & Aldrich, 1987). 원하는 행동 변화와 부합하는 가치를 현저한 것으로 만들 때도 행동 변화가 발생한다(Schwartz & Inbar-Saban, 1988; Homer & Kahle, 1988 참조).

용이하게 기억해 내는 안정된 인지는 불안정하며 기억에서 접속 가능하지 않은 인지보다 행동을 더 잘 예언해 준다(Kraus, 1995). 태도가 불안정할 때는 오히려 현저한 환경 단서나 경쟁하다가 우연히 견지하게 된 신념이 행동을 더 잘 예언할 수 있다. 시간적으로 근접해서 접속되는 인지는 행동과 지속적인 관계를 갖게 된다. 예컨대, 20세 여성이 자신은 자식을 원치 않는다고 말한다면 이는 30세 때의 그녀 행동을 반드시 반영하는 것은 아니다. 기억에서 접속 가능한 태도는 그렇지 않은 태도보다 행동에 더 강력한 영향을 미친다(Kraus, 1995). 인지의 접속 가능성을 결정하는 일차적 요인은 그 인지를 표명하는 빈도다. 예컨대, 당신이 정기적으로 미국의 외교 정책을 토론하는 친구들의 집단에 속해 있다면 태도가 당신의 행동에 영향을 미칠 가능성이 더 크다. 이에 덧붙여, 보다 자주 표현할수록 태도는 더욱 극단적인 것이 되기 십상이다(Downing, Judd, & Brauer, 1992). 따라서 전쟁에 대한 태도를 표명할 기회가 많다면 그 과정에서 자기 태도에 대해 강력하게 느끼게 된다. 용이하게 접속할 수 있는 태도를 중요한 것으로 간주하게 되는 것이다(Roese & Olson, 1994).

지금까지 제시한 요인들은 태도가 행동에 영향을 미칠 것인지의 여부에 대한 강력한 결정 인자가 중요성(importance)임을 시사한다. 중요한 태도는 근본적인 가치, 자기이해, 또는 자신이 가치를 부여하고 있는 개인이나 집단과의 동일시 등을 반영하는 태도다(Boninger, Krosnick, & Berent, 1995). 이러한 태도는 설득에 대한 저항력이 크며 행동의 강력한 예언자가 된다. 또한 태도는 접속 용이성의 정도에 따라서 행동에 영향을 미친다(예컨대 Aldrich, Sullivan, & Borgida, 1989; Fazio & Williams, 1986; Kallgren & Wood, 1986; Kiesler, Nisbett, & Zanna, 1969). 때때로 우리는 일반적 가치로서 태도를 견지하지만, 행동에 영향을 미칠 수 있도록 접속할 수 없기도 하다. 예컨대, 환경을 보호할 필요가 있다고 믿고 있지만 그 태도를 너무나 보편적인 수준에서 견지하기 때문에 특정한 상황에서는 접속이 안 될 수 있다. 칼그렌과 우드(Kallgren & Wood, 1986)는 환경 보전에 대한 참가자들의 태도를 평가하였으며, 동시에 태도와 부합하는 사실들을 얼마나 많이 기억해 낼 수 있는지 그리고 태도와 일치하는 과거 행동을 얼마나 많이 기억해 낼 수 있는지에 근거하여 그러한 태도의 접속 가능성도 평가하였다. 두 주가 지난 후에 참가자들에게 청원서를 배포하며 쓰레기 재활용 프로젝트에 참여하도록 요청하였다. 자신의 과거 태도에 접속할 수 있었던 참가자들은 자신의 태도와 행동 간의 상당한 합치성을 보여 준 반면에, 태도에 접속할 수 없었던 참가자들은 태도·행동 일관성을 거의 보여 주지 않았다.

태도·행동 일관성은 태도 대상에 대해 가용한 정보의 양도 증가시킨다. 종단적 연구 데이터를 사용한 데이비슨, 얀티스, 노우드, 그리고 몬태노(A. R. Davison, Yantis, Norwood, & Montano, 1985)는 태도 대상에 관한 정보가 많을수록 태도와 행동 간의 합치성이 컸으며, 태도에 관한 선행 경험과 태도 확실성 요인을 통제한 후에도 그렇다는 결과를 얻었다.

자기 스키마도 태도·행동 관계를 결정한다. 태도가 강력하게 견지하고 있는 신념을 대표하는 사람들은 자기 스키마에서 중심을 이루지 못하는 태도를 견지하는 사람들보다 자신의 태도와 일치하는 행동을 나타낼 가능성이 더 크다(Milburn, 1987).

전반적으로 볼 때, 자신에게 중요하며 개인적 경험이나 가치에 근거하고, 확신을 가지고 견지하며, 접속 가능하고, 자신에게 정보를 되돌려주며, 자신의 미래에 대한 함의를 가지고 있는 태도는 행동과 더욱 강력한 관계를 나타낸다. 보편적으로 표현해서, 인지·행동 관계의 함의는 간접 경험보다는 개인적 경험에서 유래하는 인지 그리고 자신의 삶에 함의를 갖는 인지가 단순한 호기심이나 일시적 관심 또는 이차적 출처에서 출발한 인지보다 행동을 더 잘 예언해 준다는 것이다.

태도의 기저 원인

자기 태도의 기저 원인에 대해서 생각해 보도록 유도하면 태도·행동 일관성이 감소한다(T. D. Wilson, Dunn, Kraft, & Lisle, 1989; Wilson & Hodges, 1992). 본질적으로 태도에 기저하는 원인을 분석하면 일시적으로 그 태도를 변화시키게 되며(Wilson, Hodges, & LaFleur, 1995; Wilson & LaFleur, 1995), 특히 그 태도가 태도의 밑바탕이 되는 다른 신념들로부터 인지적 지지를 받지 못할 때 그렇다(Maio & Olson, 1998). 이러한 일이 일어나는 이유는 사람들이 자신의 태도에 대해서 많은 생각을 하지 않기 때문이며, 생각을 해 보도록 유도할 때는 태도의 특정한 측면에만 초점을 맞추어서 그 측면만이 현저한 것이 된다. 그 과정에서 중요한 정보를 중요하지 않은 정보와 구분하지 못하거나 특정한 정보의 부합성을 적절하게 지각하지 못할 수 있다(Tordesillas & Chaiken, 1999). 자기 태도의 원인을 드러내고자 시도할 때, 사람들은 기억에서 가용한 생각을 마음에 떠올리지만 그것이 자기 태도를 대표하지 못할 수 있다. 마음에 떠오르는 이유는 현저한 상황 요인이나 새로운 태도를 함축하는 최근 경험에서 유래한 것일 수 있으며, 적어도 일시적으로는 태도 변화로 이끌어 간다.

태도에 대한 원인을 평가하는 것이 행동에 미치는 효과는 무엇인가? 새로운 태도를 표명한 직후에 행동을 측정하면 그 행동은 새로운 태도와 일치한다. 태도 원인에 대한 분석이 이루어지고 어느 정도 시간이 지난 후에 행동을 측정하면 그 행동은 원래의 태도로 재빠르게 되돌아가는 것으로 보이며, 그렇기 때문에 원인 분석 후에 보고한 태도와 일치하지 않게 된다(T. D. Wilson, Kraft, & Dunn, 1989). 또한 행동은 태도의 인지적 측면보다는 감정적 측면의 통제를 더 많이 받는 것으로 보인다. 태도의 자기보고가 인지적으로 주도되며 행동은 감정적으로 주도되기 때문에, 자신의 태도에 기저하는 원인에 초점을 맞추는 조건에서는 태도와 행동의 자기보고가 불일치할 수 있다.

선행 분석이 함축하는 바와 같이, 어떤 태도는 다른 태도보다 원인에 초점을 맞추는 것이 초래하는 분열에 더 취약하다. 접속하기 어렵거나 미약하게 견지하고 있거나 근거하는 지식이 거의 없거나 감정에 토대를 둔 태도는, 접속이 용이하고 강력하게 견지하며 상당한 지식에 근거하고 인지에 근거한 태도에 비해서 원인 분석에 따른 와해에 더 취약하다(T. D. Wilson, Kraft, & Dunn, 1989; 개관을 보려면 T. D. Wilson, Dunn et al., 1989 참조).

자기 태도의 원인을 자발적으로 떠올리게 만드는 조건은 무엇인가? 만일 그러한 조건이 없다면 그 효과란 실생활에서 유추할 것이 없는 순전히 실험실에서만 얻어질 수 있는 것이기 때문에 이 질문은 중요하다. 윌슨과 동료들은 사람들이 타인의 예상치 못한 반응에 직면하거나 태도 대상에 대하여 예상치 못한 감정을 느끼게 될 때 원인 분석에 몰입하려는 동기가 발생한다고 예언하였으며, 실제로도 그러한 결과를 얻었다(T. D. Wilson, Dunn et al., 1989).

태도에 대한 감정의 영향 대 인지의 영향

테서(Tesser)와 동료들은 개인이 몰입하고 있는 행동의 유형에 따라서 감정이나 인지에 초점을 맞추는 것이 인지·행동 관계에 미치는 영향을 달라지게 한다고 주장한다(M. G. Millar & Tesser, 1986a). 가장 단순하게 표현하면, 그 행동 자체를 위하여 몰입하는 행동(욕구 완료 행동)은 감정에 의해 주도되지만, 목표를 달성하려는 행동(도구적 행동)은 인지에 의해 주도된다고 주장하였다. 따라서 이들은 태도의 인지적 성분에 초점을 맞추면 행동이 도구적인 것일 때 태도·행동 합치성이 증가해야 한다는 가설을 세웠다. 그러나 태도와 연합된 정서나 감정에 초점을 맞추는 것은 태도와 도구적 행동 간의 합치성을 증가시키지 않는다. 반면에, 행동 자체를 위하여 몰입하는 행동(완료 행동)을 할 때는 태도의 정서적 성분에 초점을 맞추는 것이 태도·행동 관계를 증진시키는 반면, 인지적 성분에 초점을 맞추는 것은 태도·행동 관계에 아무런 효과도 미치지 않는다.

이 가설을 검증하기 위하여 밀라와 테서(Millar & Tesser, 1986b)는 참가자들에게 어려운 퍼즐을 풀게 하여 태도의 인지적 성분(참가자들이 퍼즐에 대해서 그렇게 느끼는 이유)에 초점을 맞추게 하거나 아니면 감정적 측면(참가자들이 퍼즐에 대해서 느끼는 내용)에 초점을 맞추도록 유도하였다. 이에 덧붙여 참가자들에게는 나중에 분석력 검사를 실시한다고 말해 주거나(퍼즐 해결 행위를 도구적인 것으로 만들기 위한 것이다) 아니면 사회적 예민성 검사를 실시한다고 말해 주었다(그냥 수행한 퍼즐 해결 행위를 완료 행위로 만들기 위한 것이다). 예언한 바와 같이, 도구적 행동으로서의 퍼즐 활동에 몰입하였던 참가자들은 인지에 초점을 맞춘 조건에서만 퍼즐의 평가와 퍼즐에 소비한 시간 간에 일관성을 보여 주었다. 그냥 퍼즐을 가지고 놀았던 참가자들은 감정에 초점을 맞춘 조건에서만 상당한 태도·행동 합치성을 보여 주었다.

또한 밀라와 테서(1989)의 주장은 만일 태도의 감정적 성분과 인지적 성분이 평가에서 일치하면, 어느 성분에 초점을 맞추든지 간에 행동의 유형에 관계없이 유사한 평가를 초래해야 한다고 제안하였다. 그러나 만일 두 성분이 일치하지 않으면, 그 행동이 도구적인지 완료적인지에 따라서 태도의 인지적 측면과 감정적 측면에 초점을 맞추는 것이 상이한 평가로 이끌어 가게 된다. 연구 결과들은 이 예언도 지지해 주고 있다(M. G. Millar & Tesser, 1989). **표 15.2**는 태도·행동 관계에 영향을 미치는 요인들을 요약한 것이다. 이 요인들은 인지·행동 관계를 보다 보편적으로 밝혀 주고 있다.

표 15.2 높은 태도·행동 일관성에 기여하는 조건

강력한 태도
갈등이 없는 태도
일관성 있는 감정적 성분과 인지적 성분
태도 대상에 관한 정보
태도 대상과의 개인적인 직접 경험
시간이 경과하여도 안정적인 태도
행동에 부합하는 태도
현저한 태도
가치와 일치하는 태도
미래에 부합하는 태도
갈등적인 상황의 압력이 존재하지 않음

행위 동일시

사람들은 자신의 행위에 이름을 붙여 후속 행동에 영향을 미치기도 한다. 특히 행동을 낮은 수준에서 동일시하거나(잡담을 나누는 것) 어떤 목표를 달성하기 위한 높은 수준에서 동일시하기도 한다(긍정적 인상을 남기려는 것). 이러한 현상에 심리적 의미를 부여하는 이론이 행위 동일시 이론(action identification theory; Vallacher & Wegner, 1987)이다. 이 이론은 행위 정체성, 즉 특정한 행위에 대한 상이한 사고방식이 행위 정체성 구조(action identity structure)라고 부르는 체제화된 인지표상에서 상호간에 체계적 관계를 가지고 있다고 가정한다. 정체성 구조란 주어진 행위에 부착될 수 있는 다양한 정체성의 위계적 배열을 말한다. 낮은 수준은 행위의 세부사항들을 규정하는 반면에, 높은 수준은 행위에 대한 추상적 이해, 즉 그 행위를 수행한 이유와 목적을 나타낸다. 두 다리를 하나씩 연속적으로 앞으로 내딛는 것은 아주 낮은 수준의 행위 정체성을 나타내며, 산보를 가는 것은 중간 수준의 행위 정체성을 나타내고, 살 만한 곳인지를 알아보기 위해서 동네 주변을 돌아보는 것은 높은 수준의 행위 정체성이며, 미래를 계획하는 것은 더 높은 수준의 행위 정체성이 된다. 이 모든 것들은 동일한 행위에 적용할 수 있는 다양한 수준의 동일시를 나타낸다.

이 이론은 사람들이 자신이 행하고 있거나 행하고자 하는 행동에 대해서 특정한 아이디어를 가지고 있고, 이러한 동일시를 행동 구현의 참조틀로 사용하며, 행동의 출현을 모니터링하고, 그 행동이 지속되고 있는지의 여부를 숙고한다고 주장한다. 특

정한 행위가 낮은 수준이나 높은 수준에서 동일시될 수 있을 때, 높은 수준의 정체성이 우선하는 경향이 있다. 즉, 행위의 발현과 평가를 주도한다. 실제로 연구 결과들을 보면, 자신이 나타내고 있는 행동을 오직 낮은 수준에서만 이해하고 있을 때는 그 행위를 둘러싸고 있는 맥락이 시사하는 높은 수준의 정체성을 어느 것이든 받아들이는 경향이 있다(예컨대 Wegner, Vallacher, Kiersted, & Dizadji, 1986; Wegner, Vallacher, Macomber, Wood, & Arps, 1984). 예컨대, 한 연구에는 참가자들로 하여금 괴상하게 생긴 컵에다 커피를 마시도록 유도함으로써 주의를 매우 낮은 수준의 행위 측면에 초점을 맞추게 하였다(실제로 커피를 그 컵으로 마시게 하였다). 다른 참가자들은 정상적인 컵으로 커피를 마셨다. 괴상한 컵으로 마신 참가자들은 자신이 자기자극(self-stimulation)을 추구하고 있다는(아니면 회피하고 있다는) 암시에 보다 수용적이었는데, 이것은 단순히 '커피 마시기'보다는 더 높은 수준의 동일시다. 이에 덧붙여 이들은 자기자극 행위 동일시를 일반화하여 듣고 있었던 음악의 볼륨을 높이기도(아니면 낮추기도) 하였다(Wegner et al., 1984).

행위가 높은 수준으로 유지될 수 없을 때에는 우선순위가 낮은 수준으로 떨어지는 경향이 있다. 예컨대, 젓가락을 잘 사용하는 참가자들은 중국음식을 먹는 것이 즐겁고 맛있는 경험이라고 생각할 수 있는 반면에, 젓가락 사용이 미숙한 참가자들은 그 경험을 일차적으로 접시에 놓인 음식을 입으로 가져가는 과제로 간주할 수 있다. 한 행위의 높은 수준 정체성이 자동적으로 작동할 수 없을 때에는 그 행위가 높은 수준에서 동일시한 상태로 남아 있으려는 경향성이 약화되며, 낮은 수준의 행위 동일시로 이동하게 된다. 보편적으로 표현하면, 성공적인 행위는 상대적으로 높은 수준에서 동일시되고 유지되는 경향이 있는 반면에, 성공적이지 못한 행위는 낮은 수준에서 동일시되는 경향이 있다(Vallacher, Wegner, & Frederick, 1987).

행위가 동일시되는 수준은 여러 가지 요인에 달려 있으며, 여기에는 행위가 일어나는 맥락, 그 행위를 수행하면서 경험하는 어려움, 그 행위의 과거 경험 등이 포함된다. 맥락의 측면에서 볼 때, 상황 단서는 흔히 사람들이 행위를 특별히 높거나 낮은 수준에서 동일시하게 만드는 토대를 제공해 준다. 예컨대, 사교 모임에 자신의 상사가 나타나는 것은 회사가 미래에 나아갈 방향에 대한 직원의 언급을 그 상사에게 좋은 인상을 남기려는 기회로 정의하는 반면, 상사가 나타나지 않았다면 회사의 미래에 관한 전망은 단순히 쓸데없는 언급이 될 수 있다.

행위 어려움의 측면에서는 유지 지표(maintenance indicator)라고 부르는 다섯 가지 요인이 행위 정체성의 와해를 결정한다. 이것들은 행위를 나타내는 데 있어서의 어려움, 행위와의 친숙성, 행위의 복잡성, 행위를 수행하는 데 필요한 시간의 양, 그리고 그 행위를 제대로 학습하는 데 걸리는 시간의 양이다. 예컨대, 버스를 기다리는 행위는 어렵지 않다. 대부분의 사람들에게 친숙하며 매우 간단하고 시간이 많이 걸리지 않으며 학습하는 데 어려움도 없다. 따라서 버스를 기다리는 행위가 낮은 수준의 행위 동일시로 떨어질 가능성은 적다. 그렇지만 손을 들어 택시를 세우는 것은 조금 더 어려우며, 덜 친숙하고 더 복잡하며 어떤 상황에서는 시간이 많이 걸리고, 특히 특정한 도시에서는 학습하는 데 터무니없이 많은 시간을 요하기도 한다. 예컨대, 뉴욕시에서 택시를 잡는데 초보자는 과제의 동일시를 손을 들어 택시를 멈추게 하는 것에서부터 다른 사람들에 앞서서 손을 높이 쳐든 채 찻길로 뛰어들어 주의를 끄는 것으로 전이시킬 수 있다. 행하기 용이해 보이고 친숙하며 시간이 짧게 걸리고 학습 시간을 거의 요구하지 않는 행위는 이러한 기준을 만족하지 못하는 행위와 비교해서 최초의 수준을 유지하는 경향이 있다.

높은 수준에서 분할되어 있는 행위들은 흔히 자동적으로 나타날 수 있다. 자동적으로 일어나는 한 이 행위들은 낮은 수준보다는 높은 수준에서 유지되는 경향이 있다. 이에 덧붙여, 특정한 행위의 연속을 더 많이 경험하게 될수록 그 행위를 높은 수준에서 동일시하게 된다(Vallacher, Wegner, & Frederick, 1987).

행위가 높은 수준에서 동일시되느냐 아니면 낮은 수준에서 동일시되느냐는 여러 가지 함의를 갖는다. 이미 지적한 바와 같이, 높은 수준의 행위 동일시에서 작동한 행동은 낮은 수준에서 작동한 행동보다 안정적인 경향이 있다. 행위 동일시는 그 행위의 융통성에도 영향을 미친다. 운동을 하는 것과 같이 높은 수준에서 동일시되는 행위는 조깅을 한다든가 자전거를 탄다든가 아니면 수영을 하는 것과 같이 여러 가지 방식으로 일어날 수 있는 반면에, 그저 자전거를 타는 것과 같이 낮은 수준에서 동일시된 행위는 융통성을 적게 나타낸다. 엉뚱한 수준에서 수행된 행위는 수행의 손상을 초래하게 된다. 구체적으로 말해서, 어려운 과제는 낮은 수준의 용어로 동일시할 때 수행이 매우 좋은 반면에, 용이한 과제는 높은 수준의 용어로 동일시할 때 수행이 매우 좋다. 전형적으로 높은 수준에서 수행되는 행위를 낮은 수준으로 이동시키면 그 행위가 와해된다. 예컨대, 한 멀리뛰기 선수가 주장하는 바와 같이, 상대 선수에게 오른쪽 다리를 특정한 방식으로 내딛는 이유가 무엇인지를 물어봄으로써 그 선수의 기록을 60센티미터가량 줄어들게 할 수 있다. 반대로, 비교적 낮은 수준의 행위 동일시에서 자동적으로 수행할 수 있는 행동의 경우에는 높은 수준의 행위 동일시를 시사하는 맥락이 행동의 수행을 와해시킬 수 있다. 왜냐하면 높은 수준의 동일시가 낮은 수준의 동일시에서는 적용되지 않은 방식으로 성분들에 주의를 기울이게 만들기 때문이다. 예컨대, 별 불편함을 느끼지 않으면서 새로운 사람과 비교적 용이하게 사교를 하는 사람도 그의 파트너가 좋은 인상을 남기는 것의 중요성을 강조하면 그 행동이 와해될 수 있다. 타인의 행위에 대한 동일시도 우리의 지각에 상당한 영향을 미친다. 예컨대, 타인의 행위를 높은 수준의 행위 정체성으로 동일시할 때는 의도성에의 귀인이 강력한 반면에, 동일한 행위를 낮은 수준에서 동일시할 때는 그러한 귀인이 약화된다(Kozak, Marsh, & Wegner, 2006).

어떤 상황에서는 행위 정체성이 창발적 행위(emergent action)를 초래한다. 창발적 행위란 자신이 그렇게 하려고 시작한 것이 아닌 행위를 하고 있는 자신을 발견하게 되는 행동으로 정의된다. 낮은 수준의 행위 정체성이 높은 수준의 행위 정체성을 시사하는 맥락의 영향을 받는 경향이 있다는 사실을 감안할 때, 창발적 행위는 낮은 수준의 행위 동일시의 결과일 가능성이 매우 높다. 예컨대, 한 연구에서는 참가자들에게 세부사항에 관한 실험이거나 아니면 상당히 보편적인 실험에 참가하고 있다고 생각하도록 만들었다(Wegner et al., 1986). 세부사항에 집중하는 참가자들은 자신이 이타적으로 행동함으로써 실험자를 돕고 있는 것이라거나 아니면 가외 점수를 받기 위해서 이기적으로 행동하는 것이라는 다른 참가자의 제안을 더 쉽게 받아들였다. 처음에 상대적으로 낮은 수준에서 자신의 참여를 생각하였던 참가자들은 이러한 행위 동일시를 받아들이게 되었으며, 나아가서 창발적 행위 정체성과 일치하는 후속 행위에 참여하는 것을 선택함으로써 창발적 행위를 계속하였다. 행위 동일시의 몇몇 효과가 **표 15.3**에 제시되어 있다.

행위 동일시 이론이 사회인지의 다른 주제들에 제공하는 여러 가지 함의가 있다. 행위 동일시는 수행에 대한 귀인에 영향을 미칠 수 있다. 예컨대, 상대적으로 낮은 수준의 행위 동일시에서 행동을 시작할 때 사람들은 행동의 의미를 변화시킬 수도 있는 상황 맥락 효과에 주의를 기울인다. 그 결과로 만일 그러한 맥락 효과가 일어난다면, 행동을 상황에 귀인할 가능성이 더 커진다. 반대로, 행위를 높은 수준에서 동일시할 때는 성향에 근거한 것으로 지각한다. 상황적 제약보다는 개인적 목표라는 상위 수준에 의해서 시작되고 유지되는 것으로 지각하기 때문이다(Vallacher & Wegner, 1987).

표 15.3 행위 동일시의 효과

	낮은 수준의 동일시	높은 수준의 동일시
사례	자전거 타기	운동하기
융통성	낮다(자전거 타기는 단 한 가지 방법만이 있다).	높다(운동에는 여러 가지 방법이 있다).
안정성	낮다(행위 동일시가 맥락 효과에 취약하다).	높다.
맥락의 영향	맥락이 동일시를 높은 수준으로 이동시킬 수 있다(예컨대, 자전거 타기에 운동하기라는 이름을 붙일 수 있다).	동일시 수준에 맥락의 영향이 거의 없다.
행동의 와해	와해가 일어날 가능성이 낮다. 와해가 일어나면 행위 동일시가 낮은 수준으로 이동할 수 있다.	행위 동일시가 낮은 수준으로 전이된다.
창발적 행위의 가능성	높다. 낮은 수준의 행동은 맥락 효과에 민감하기 때문이다.	낮다.

출처: Vallacher, R. R. & Wegner, D. M. (1987). What do people think they're doing? Action identification and human behavior. *Psychological Review*, *94*, 3-15.

이 이론은 또한 행동이 상황에 걸쳐 나타내는 불일치가 반드시 상황 귀인으로 이끌어 가는 것은 아니라고 예언한다. 만일 행위를 높은 수준에서 동일시하였다면, 목표를 달성하는 데 있어서 상황에 따른 상당한 정도의 융통성이 있음에도 불구하고 그 행동을 성향적인 것으로 간주할 가능성이 크다.

행위 동일시 이론은 자기개념의 외현적 일관성과 가소성(제5장 참조)에 관한 유용한 조망도 제공해 준다. 특히 사람들이 자기개념에서 안정성을 유지하지만 행동에서는 상당한 정도의 변산성을 나타낸다고 주장하는 이론들을 위한 해결책을 제안하고 있다. 행위 동일시 이론은 높은 수준에서 설정된 행동만이 자기개념과 일치하거나 관련된 것으로 지각되며, 자기개념과 외현적으로 일치하지 않는 수많은 행동들이 그렇게 지각되지 않는 이유는 낮은 수준의 행위 동일시에서 설정됨으로써 사람들이 자기개념에 아무런 함의도 갖지 않는다고 판단하기 때문이다. 웨그너 등(Wegner et al., 1986)의 연구에서는 자신의 행동을 기술하는 다섯 개의 문장을 생성하되, 상대적으로 낮은 수준의 용어나 높은 수준의 용어로 기술하도록 참가자들을 유도하였다. 그련 다음에 자신들이 협조적이거나 경쟁적이라는 엉터리 피드백을 주었다. 자신의 행동을 낮은 수준에서 생각하도록 유도한 참가자들은 높은 수준에서 행동을 개념화하도록 유도한 참가자들보다 엉터리 피드백에 더 많이 동의하였다.

마지막으로, 행위 동일시 이론은 성격 특질의 확인과 측정에 대한 유용한 조망도 제공하고 있다. 성격 연구자들은 성격 특질을 가지고 행동을 예언하는 데 있어서 크게 성공적이지 못하였다. 행위 동일시 이론은 사람들이 많은 이유로 인해 행위를 수행한다고 주장한다. 어떤 행위들은 높은 수준의 동일시로서 특정한 성격 특질이나 다른 성향적 자질에 대응될 수 있는 반면에, 다른 것들은 매우 낮은 수준의 동일시로서 성격 특질과 관련될 필요가 없다는 것이다(Vallacher & Wegner, 1987).

인지·행동 일관성을 중재하는 상황 요인

상황 요인들은 특정한 인지를 행동의 안내자로서 현저한 것으로 만드는 방식으로 인지·행동 관계에 영향을 미친다. 한 친구가 당신에게 다가와서 학부 1학년과 2학년들도 캠퍼스에서 차를 타고 다닐 수 있게 허용해 달라는 청원서에 서명 받는 것을 도와달라고 요청한다고 가정해 보자. 어떻게 하겠는가? 그 친구가 정오까지 100명의 서명을 받겠다고 약속하였는데 오전 10시까지 겨우 60명밖에 서명을 받지 못해서 매우 절박한 상태라고 말한다면 당신은 우정 때문에 도와주려 할 것이다. 한편, 한 급우가 캠퍼스에 차가 너무 많아서 주차공간이 너무 없다고 투덜대면서 걸어가고 있다면, 동료들과 소원해지고 싶지 않기에 다시 한 번 생각해 볼 수 있다. 마찬가지로 주차 청원이 인권의 문제로 제기된 것이라면 당신은 그것에 찬성하는 쪽으로 기울 수도 있지만, 방금 지역사회의 대기오염이 증가하는 것을 경고하는 신문 사설을 읽었다면 도와주지 않을 수도 있다. 이 사례가 예시하는 것은, 일관성의 문제를 다루고자 한다면 "무엇과 일관적인 것인가? 사회적 규범인가? 태도인가? 어떤 집합의 태도인가?"를 물음해야만 한다는 것이다. 행동은 일련의 인지를 다른 것보다 현저한 것으로 만드는 상황 요인의 영향을 강하게 받으며, 일관성의 정도를 추론하기에 앞서 어떤 관심사가 현저한 것인지를 알아야만 한다.

태도·행동 일관성은 상황 단서가 특정한 태도나 행동의 어떤 의미를 현저한 것으로 만드는지에 의해서 영향을 받는다. 이 사실을 다룬 한 연구에서 프리슬린(Prislin, 1987)은 사형 제도에 대한 참가자들의 태도를 측정한 후에 가상적인 배심원으로서 결정을 내리도록 요청하였다. 참가자들은 자신의 태도와 일치하는 방향으로 행동하거나(높은 태도 부합성) 아니면 사실에 입각하여 행동하도록(낮은 태도 부합성) 지시받았다. 또한 자신들의 결정은 실제 배심원의 결정에 영향을 줄 수 있다거나 영향을 주지 않는다는 이야기도 들었다(높은 행동 부합성 대 낮은 행동 부합성). 외적 요인들이 태도에 대한 함의를 갖지 않으며 행동을 특별히 부합적인 것으로 만들지도 않을 때는 태도·행동 관계가 강력하였다. 그러나 외적 요인들이 태도와 행동 중의 하나 또는 모두를 부합하는 것으로 만들 때는 상관관계가 상당히 줄어들었다. 행동에 대한 이러한 맥락 효과는 매우 미묘한 것이며, 사전 맥락에서 역치하 점화를 가지고도 유도할 수 있다(Herr, 1986; Neuberg, 1989).

사회적 규범은 부합하는 태도를 압도하는 것처럼 보이는 행동의 강력한 상황적 결정 인자가 될 수 있다(예컨대 Bentler & Speckart, 1981; Fishbein & Ajzen, 1975; LaPiere, 1934; Pagel & Davidson, 1984; S. H. Schwartz & Tessler, 1972). 예컨대, 너저분하기 짝이 없는 사람을 당신 집에 들이겠는지를 묻는다면 약간 분개하면서 그렇게 하지 않을 것이라고 반응하겠지만, 만일 당신이 주최한 파티의 초청객 파트너로 나타난다면 그를 돌려보낼 가능성은 거의 없다. 비록 이런 부류의 사람들에 대한 당신의 태도와 일치하지 않는다고 하더라도 당신의 행동은 주인의 역할을 둘러싼 규범과 일치하게 된다. 규범은 청중이 있을 때 그리고 주의가 상황을 향하여 외부를 지향하고 있을 때(자신을 향하고 있을 때보다는) 특히 현저해질 가능성이 있다. 이러한 상황에서는 행동이 자기과시적 관심사의 영향을 크게 받을 가능성이 있다(Cialdini, Levy, Herman, & Evenbeck, 1973).

다른 상황 요인들은 과거의 태도를 행동의 토대로 사용하도록 부추긴다. 예컨대, 상황 요인이 주의를 내부에 맞추게 한다면 행동이 지속적인 태도에 근거할 가능성이 더 크다(Wicklund, 1975). 즉, 자기에게 주의를 집중하는 것은 외부의 영향을 최소화시키며, 자신의 과거 태도를 더욱 현저한 것으로 만든다(S. E. Taylor & Fiske, 1978 참조). 특정한 태도를 시사하는 과거 행동을 현저한 것으로 만들면, 뒤따르는 태도와 행동 의도 간의 일관성이 높아지게 된다.

특정한 성향을 점화하는 것도 행동에 영향을 미친다. 예컨대, 특정한 상황에서 외향성을 현저한 것으로 만들면, 대부분의 사람들에게 있어서 외향성의 표현이 증가한다. 그렇지만 사람들은 점화된 성향이 각자의 자기개념과 맞아떨어지는 정도에서도 차이를 나타낸다. 만일 한 상황에서 점화된 규범이 외향적 행동을 요구하게 되면 내향적인 사람도 외향적으로 행동할 수 있지만, 외향성 규범의 현저성이 떨어지면 내향성이라는 만성적인 자기지각으로 더욱 회귀하게 된다. 자기를 외향적이거나 내향적으로 간주하지 않는 사람은 상황 규범이 요구하는 행동에 계속해서 민감한 상태로 남아 있게 되는데, 그 규범의 현저성이 떨어질 때조차도 그렇다(Bargh, Lombardi, & Higgins, 1988 참조).

태도 표현은 맥락의 영향을 크게 받는다. 예컨대, 공화당과 민주당에 대한 태도를 평가하는 사회조사에서 두 정당에 대해 함께 코멘트를 해 달라고 요청하면 사람들은 전형적으로 공평하게 반응한다. 반대로 각각의 정당을 개별적으로 제시할 때는 두 정당에 대한 태도가 차이를 나타내게 된다(Schuman & Ludwig, 1983).

총체적인 함의는 무선적인 상황 단서에 주의를 기울이는 것이 태도·행동 일관성을 감소시킬 수 있다는 것이다. 이 견해와 맥을 같이하는 연구들은 태도·행동 일관성에 대한 외측 지향성 효과(effect of lateral orientation)를 입증해 왔다. 구체적으로 연구들은 오른손잡이 참가자들의 좌반구가 활성화될 때는 태도·행동 일관성이 낮아지는 반면에, 우반구가 활성화될 때는 태도·행동 관계가 증가한다고 제안하고 있다(Drake & Sobrero, 1987). 이러한 현상이 일어나는 이유는 좌반구 활성화가 증가함에 따라서 자기에 대한 주의가 증가하는 반면, 우반구가 활성화되어 있는 동안에는 외부 자극에 대한 주의가 고양되기 때문이다(Drake, 1986).

얼핏 보기에 사소한 상황 측면들이 행동에 이토록 명확한 효과를 미치는 이유는 무엇인가? 상황으로 유도한 현저성은 관련된 태도나 규범을 심적 전경(mental foreground)에 배치시킴으로써 보다 가용하게 만들어 행위를 이끌어 가게 만들 수 있다(Borgida & Campbell, 1982; C. A. Kiesler, Collins, & Miller, 1969; M. Snyder, 1977). 개인에게 있어서 현저한 것이 상황을 정의해 줌으로써 모호함과 불일치를 감소시켜 준다(R. Norman, 1975). 즉, 무엇을 해야 할지 확신할 수 없을 때 행동에 부합하는 것이 무엇인지를 알려 주는 것이다. 마지막으로, 전반적 태도나 가치를 현저한 것으로 만들면 태도와 일관성 있게 행동할 책임감이 크게 대두된다(C. A. Kiesler, 1971; S. H. Schwartz, 1978). 만일 인지·행동 연계를 현저한 것으로 만들면 인지와 행동이 전형적으로 응집력을 갖게 되지만, 환경 단서를 현저한 것으로 만들 때는 행동이 그 단서와 일관성을 보이게 된다.

일관성을 매개하는 개인차

"무엇과 일관적인가?"라는 물음은 인지·행동 일관성에서 개인차의 역할을 다룰 때 더욱 중요해진다. 어떤 사람은 사회적 규범과 높은 일관성을 보여 주는 반면에, 다른 사람들은 태도와 일관된 행동을 나타낸다. 어떤 사람들은 행동에서 만성적으로 발현되는 매우 강력한 사회적 규범을 가지고 있는 반면에, 다른 사람들은 행동의 유연성을 더 많이 나타낸다. 이제 이러한 개인차 요인들을 살펴보도록 한다.

성격 특질·행동 관계 그리고 태도·행동 관계를 평가하는 데 있어서 일차적인 물음은 사람들이 특질 용어로 자신에 대해서 생각하며 자신의 행동을 상황에 걸쳐서 매우 안정적이라고 간주하는 정도에 관한 것이다. 라이트와 미쉘(J. C. Wright & Mischel, 1988)은 아동과 성인 모두 성향 구성개념을 많은 상황에 걸쳐 적용되는 불변적 특질로서보다는 조건·행동 수반성으로 간주하는 경향이 있다고 예언하였으며, 이를 뒷받침하는 결과를 얻었다. 예컨대, 성인들은 타인의 행동을 성향에 귀인시키지만, 조건적 진술(예컨대, "철수는 낯선 사람과 있을 때를 제외하면 외향적이다.")에 따라서 그 귀인을 수정하기도 한다. 이러한 사실이 가지고 있는 한 가지 함의는 사람들이 그러한 성향을 특정한 상황에 조건적으로만 부합하는 것으로 지각하는 한, 모든 상황에서 자신의 성향에 맞추어 행동할 필요는 없다고 생각할 수 있다는 점이다. 따라서 어떤 사람이 다정한 사람이라고 믿더라도, 뒷골목의 부랑자들과 인사를 나누는 데는 '다정한' 성향이 필요하지 않다고 믿을 수 있다.

주어진 과제를 수행하는 맥락에서 경험이 없거나 능력이 없거나 자신의 능력을 확신하지 못하는 사람들은 경험이 많고 유능한 수행자들에 비해서 그 과제를 수행하는 데 적절한 성격 특질과 특성이 무엇인지에 더 많은 관심을 보인다(Cantor, Mackie, & Lord, 1983-1984). 과제 수행 맥락에서 요구되는 능력에 초점을 맞추면 상황의 요구에 부응하고자 더 많은 애를 쓰게 되는데, 그 과제의 수행이 반드시 상황의 요구에 밀접하게 부합하기보다는 능력에 달려 있는 경우에도 그렇다(Mischel, 1984; Wicklund, 1986; Wicklund & Braun, 1987).

자기 모니터링

우리 모두는 사회적 상황에 잘 어울려 돌아가는 사람들을 알고 있다. 이들은 어떻게 행동하고 다른 사람들과 무슨 이야기를 나누어야 하는지를 정확하게 알고 있는 것처럼 보인다. 우리는 또한 자신이 처한 상황에 관계없이 자신을 유지하며 사회적 장면의 규범에 굽히지 않는 사람들도 알고 있다. 이렇게 차이 나는 패턴을 각각 높은 자기 모니터링과 낮은 자기 모니터링이라고 부른다(M. Snyder, 1979). 상황이 요구하는 대로 행동하는 사람은 상황에 비추어 자신을 모니터링한다. 자신의 내적 요구에 따라서 행동하는 사람은 상황에 비추어 자신을 모니터링하지 않는다. 이러한 사람들은 낮은 모니터링을 하는 사람들이다(M. Snyder, 1974; M. Snyder & Campbell, 1982; M. Snyder & Monson, 1975; M. Snyder & Tanke, 1976).

자기 모니터링(self-monitoring)이란 개인들이 사회적 상황에서 행동을 계획하고 나타내며 조절하는 방식을 지칭한다(M. Snyder & Cantor, 1980). 행동 선택은 다양한 정보를 활용하는데, 여기에는 특정한 사회적 장면에 대한 지식, 자신의 능력과 자원 그리고 안정된 자질에 대한 지식이 포함된다. 스나이더(Snyder, 1974)는 자기 모니터링을 많이 하는 사람들이 사회적 규범, 상황, 그리고 어떻게 행동해야 할지에 관한 대인관계 단서들에 특히 민감하다고 주장하였다. 반대로 자기 모니터링을 적게 하는 사람들은 이러한 환경 단서에 덜 민감하며, 대신에 행동을 결정하는 데 있어서 자신의 내적 자기로부터 나오는 현저한 정보에 의존한다. 요컨대, 새로운 상황에 직면할 때, 자기 모니터링을 많이 하는 사람은 "이 상황에서 이상적인 인물은 어떤 사람이며, 어떻게 하면 그런 사람이 될 수 있을까?"를 자문하는 반면에, 적게 하는 사람은 "이 상황에서 어떻게 하면 나의 정체성을 유지할 수 있을까?"를 자문한다(M. Snyder, 1979).

자기 모니터링은 척도를 가지고 평가하는데(M. Snyder, 1972, 1974) 몇몇 문항이 **표 15.4**에 제시되어 있다. 우선 표에 있는 문항들에 답을 해 보라. 문항 1, 3, 5에 "아니다"라고 답하고, 문항 2, 4, 6에 "그렇다"고 답하였다면 자기 모니터링이 높은 축에 속하게 된다. 반대되는 패턴의 답을 보였다면 자기 모니터링이 낮은 사람이다.

자기 모니터링이 높은 사람은 낮은 사람보다 여러 가지 측면에서 사회적 기술이 많은 사람이다(예컨대 Ickes & Barnes, 1977). 다양한 정서상태를 전달할 수 있으며, 새로운 상황에서 어떻게 행동해야 할 것인지를 신속하게 학습하고, 대화를 주도할 가능성이 높으며, 자기조절 능력이 뛰어나다(M. Snyder, 1979 참조). 반대되는 유형의 행동을—예컨대 과묵하고, 철회적이며, 내향적 유형의 행동을—나타내 보도록 요구하면 자기 모니터링이 높은 사람이 더 잘 나타내며(Lippa, 1976), 자기 모니터링이 낮은 사람보다 비언어적 행동의 의미를 더 잘 분별한다(M. Snyder, 1979 참조).

표 15.4 자기 모니터링을 측정하는 문항의 예

다음 문항에 "그렇다", "아니다"로 답하시오.	그렇다	아니다
1. 나는 다른 사람의 행동을 잘 흉내 내지 못한다.		
2. 나는 연기를 잘한다.		
3. 집단에서 내가 주의의 중심에 서는 경우는 드물다.		
4. 나는 정말로 싫어하는 사람에게도 다정한 것처럼 속일 수 있다.		
5. 나는 내가 이미 믿고 있는 생각에 대해서만 주장할 수 있다.		
6. 나는 정보가 거의 없는 주제에 대해서도 즉석에서 연설을 할 수 있다.		

출처: Snyder M. (1974). The self-monitoring of expressive behavior. *Journal of Personality and Social Psychology*, *30*, 526–537.

데이트를 신청하는 것처럼 사회적 결과가 타인에게 달려 있을 때는 자기 모니터링을 많이 하는 사람이 타인에 대해서 더 많은 것을 기억해 내며, 상대방에 대해서 보다 확신하고 극단적인 추론을 한다(Berscheid et al., 1976). 제3자에게는 자기 모니터링을 많이 하는 사람들이 그렇지 않은 사람들보다 더 다정하고 덜 불안한 것으로 보인다(Lippa, 1976).

예상할 수 있는 바와 같이, 자기 모니터링을 많이 하는 사람들은 사회적 정보에 더 많은 관심을 보인다. 물론 그 정보가 자신에게 유용하기 때문이다. 그들은 앞으로 교류할 사람들에 대한 정보를 더 잘 기억해 낸다(M. Snyder, 1974 참조). 특히 특정한 영역에서 전형적인 인물(예컨대, 고전적인 외향적 인물이나 완벽한 공주)에 대한 이미지를 더 잘 구축할 수 있으며, 규범이 명확한 사회적 상황에 끼어 들어갈 가능성이 더 크다. 반면에 자기 모니터링을 적게 하는 사람들은 특정한 상황에서 자신의 이미지(예컨대, 외향성을 요구하는 상황에서 자신이 어떻게 행동할 것인지에 대한 이미지)를 구축하는 데 더 유능하며, 자기개념과 잘 들어맞는 사회적 상황에 관여할 가능성이 더 크다(M. Snyder & Gangestad, 1981).

스타일과 정보 선호도에서의 차이를 감안할 때, 두 유형의 사람들이 나타내는 행동이 상이한 기준과 힘의 통제를 받는다는 것은 전혀 놀라운 일이 아니다. 자기 모니터링을 많이 하는 사람은 자신을 융통성 있고 적응적이며 수완이 좋은 사람으로 기술한다. 자기 행동의 이유를 설명해 보도록 요구하면 상황 요인을 지적할 가능성이 높다.[3] 반대로 자기 모니터링을 적게 하는 사람은 자신을 보다 일관적이고 원칙에 입각한 사람으로 간주하며, 자신의 행동에 대해서 성향적 설명을 내놓는다(예컨대 M.

Snyder, 1976). 자기 모니터링을 많이 하는 사람에 비해서 자신의 행동을 일시적인 기분상태나 피로 효과의 탓으로 돌릴 가능성이 매우 높다. 자기 모니터링을 많이 하는 사람은 내적 간섭을 일으키는 이러한 출처를 더 잘 숨길 수 있다(예컨대 Ajzen, Timko, & White, 1982). 또한 외부로 나타나는 자기자각을 조절하는 데도 민감한 반면에(제5장 참조), 자기 모니터링을 적게 하는 사람은 개인적 은밀한 자기자각을 조절하는 데 더 민감하다(Webb, Marsh, Schneiderman, & Davis, 1989).

자기지각에서의 이러한 차이가 행동에도 반영되기 때문에, 자기 모니터링 차원은 인지·행동 일관성 문제를 해결하는 데 도움을 준다. 자기 모니터링을 많이 하는 사람은 상황에 따라서 변하는 사회적 규범과 일치하도록 행동하기 때문에 상황에 걸친 일관성을 거의 보여 주지 않는다. 태도와 반대되는 행동을 나타내도록 유도된 후에도 자기 모니터링을 많이 하는 사람은 그 행동으로부터 새로운 태도를 추론할 가능성이 낮다. 반면에 자기 모니터링을 적게 하는 사람은 상황에 따른 행동의 가변성을 적게 나타내며, 미래 행동도 이들이 가지고 있는 인지에 근거하여 보다 잘 예언할 수 있다(M. Snyder & Swann, 1976). 태도 질문에 대한 반응 속도가 빠르다는 점에서 이들의 태도는 접속 가능성이 더 큰 것으로 보이며, 보다 강력한 대상 평가 연합을 가지고 있다는 점을 시사한다(Kardes et al., 1986). 그렇기는 하지만, 자기 모니터링을 많이 하는 사람이 태도·행동 일관성을 보여 주는 몇몇 상황이 존재한다. 행동에 대한 개인적 태도의 부합성을 현저한 것으로 만들면 일관성을 유지하는데, 아마도 자신의 태도에 근거하여 행동하는 것이 사회적으로 바람직하기 때문일 것이다(M. Snyder & Kendzierski, 1982; M. Snyder, 1982 참조).

두 유형의 사람들은 개인적 관계에서 자신에게 중요한 것에서도 차이를 보인다. 낭만적 파트너와 비낭만적 파트너에 대한 선호도를 평가한 연구에서 자기 모니터링을 많이 하는 사람은 잠재 파트너의 신체적 매력에 영향을 많이 받는 반면에, 자기 모니터링을 적게 하는 사람은 성격 특성의 영향을 더 많이 받았다. 자기 모니터링을 많이 하는 사람들은 더 많은 낭만적 파트너들과 사귀어 왔다고 보고하였으며, 자기 모

3) 이렇게 기술하면 자기 모니터링을 많이 하는 사람이 상당히 마키아벨리적인 인물로 보이게 된다. 그렇지만 이키스, 라이드헤드, 그리고 패터슨(Ickes, Reidhead, & Patterson, 1986)은 마키아벨리즘이 높은 사람들이 자신의 인상을 관리하는 데 있어서 자기 지향적인 반면에, 자기 모니터링은 상황에 대한 타인 지향적 순응을 반영한다고 제안해 왔다.

니터링을 적게 하는 사람들은 현재의 파트너와 더 오랫동안 데이트를 해 왔다고 보고하였다. 이에 덧붙여, 자기 모니터링을 많이 하는 사람들은 더 좋은 잠재적 파트너가 있다면 현재의 관계를 끝낼 의사가 있다고 더 많이 보고하였다. 마지막으로, 자기 모니터링을 적게 하는 사람들의 관계가 더 친밀한 것으로 보이는데, 이 사실은 이들이 관계에 더 몰입하고 있다는 것을 시사하는 것이다(M. Snyder & Simpson, 1984).

요약컨대, 몇몇 외현적인 인지·행동 불일치는 사람들이 사회적 상황에서 가지고 있는 목표의 안정적이고 장기적인 차이에서 유래한다. 자기 모니터링의 경우에 자기 모니터링을 많이 하는 사람들이 나타내는 상황에 따른 비일관성은 주어진 사회적 장면에서 성공하기 위해 필요한 행동을 나타낼 능력과 의지, 즉 사회적 규범과 일치하려는 원망을 보여 주는 것이다. 반면에 자기 모니터링을 적게 하는 사람들의 상황에 걸친 높은 일관성은 자신의 안정적인 원리 원칙과 신념에 몰입하는 것 그리고 그에 따라서 행동하려는 원망을 반영하는 것이다.

3. 인상 관리에 행동 사용하기

사람들은 자신의 행동을 사용하여 상대방의 마음에 특정한 인상을 남기고자 한다 (Nezlek & Leary, 2002). 때때로 자신이 보여 주고 싶어 하는 이미지에 대한 명확한 아이디어를 가지고 있으며, 그 이미지를 만들기 위해서 온갖 정성을 기울인다 (Kowalski & Leary, 1990). 흔히 자신이 성공적이며 매력적이고 호감이 가는 사람이라는 것을 상대방에게 전달하려는 원망에 의해서 주도된다. 자신의 개인적 힘을 증가시키거나, 구직 혹은 승진과 같이 원하는 결과를 얻거나, 상대방으로부터 인정을 받거나, 긍정적 이미지를 심어 준다는 내재적 만족을 경험하는 것처럼, 좋은 인상을 만들고자 하는 데는 많은 이유가 존재한다.

긍정적 인상 만들기

긍정적 인상은 어떻게 만들어지는가? 하나의 전략이 행동 대응(behavioral matching)이다. 만일 표적인물이 겸손하게 행동하고 있다면, 일반적으로 인상을 관리하는 사람도 그렇게 행동한다. 그러나 그 표적인물이 자신을 내세우는 방식으로 행동하고 있다면 인상 관리자도 그렇게 행동한다(예컨대 Newtson & Czerlinsky, 1974). 행동 대응은 지극히 자동적이며 개인적 통제를 넘어서기 십상이다. 앞에서 우리는 사람들이 타인의 비언어적 행동을 자동적으로 흉내 낸다는 사실을 지적하였으며, 이러한 유형의 행동 대응도 긍정적 인상에 기여할 수 있다.

사회적 규범에 동조하는 것도 적절한 인상을 만들어 내는 데 도움을 준다. 예컨대, 결혼 피로연에서는 다소 야한 건배사를 하는 것이 지극히 적절한 행동이지만, 아일랜드 사람들을 제외한다면 장례식에서는 전혀 적절한 것이 아니다.

아부나 아첨은 표적인물에 대해서 긍정적인 말을 하는 것을 지칭한다(Jones & Pittman, 1982). 전반적으로 아첨은 긍정적 인상을 만드는 데 좋은 전략이지만, 아첨하는 동기가 빤히 들여다보인다거나 아첨의 정도가 지나치거나 너무 길면 효과가 없다. 아첨은 표적인물이 가치를 두고 있지만 자신이 어디에 위치하고 있는지 확신하지 못하는 속성에 초점을 맞추고 있을 때 매우 성공적이다. 예컨대, 연구 업적으로 수상한 여성 과학자에게 명석하다고 말하는 것은 아무 효과가 없을 가능성이 있다. 이미 그렇다는 사실을 알고 있기 때문이다. 그렇지만 그녀가 매력적이라고 말하는 것은 의도한 효과를 초래할 수 있다.

자기표현이 항상 효과적인 것은 아니다. 자기과시는—상대방에게 자신의 능력에 관한 긍정적 정보를 전달하는 것—긍정적 인상 전략일 수 있지만, 제5장에서 지적한 바와 같이 역효과를 초래할 수도 있다. 사람들이 시건방지거나 우쭐대는 것으로 볼 수도 있다.

때때로 인상 관리자는 실수를 저지르기도 한다. 현재의 애인을 옛날 애인 이름으로 부른다거나, 상사와 점심식사를 함께 하면서 무릎에 수프를 흘린다거나 할 수 있다. 중차대하지 않은 행동 실수에 대처하는 한 가지 방법은 변명을 하는 것이다(Kernis & Grannemann, 1990; C. R. Snyder & Higgins, 1988). 자신의 실수를 외부의 통제 불가능한 원인 탓으로 돌리는 것(타이어 펑크 때문에 늦었다고 변명하는 것)은 내적이고 통제 가능한 원인 탓으로 돌리는 것(자명종을 켜 놓지 않은 것)보다 더 좋은 전략이다.

핑계 만들기

실패를 관리하는 더 절박한 전략은 **핑계 만들기**(self-handicapping)라고 불러 왔다

(Baumeister & Scher, 1988; Berglas & Jones, 1978). 사람들은 때때로 나중에 실패를 장애물 탓으로 돌릴 수 있도록 성공에 장해가 되는 행동을 하기도 한다. 시험 전날 밤을 꼬박 샌 학생은 나쁜 성적을 능력이 모자란 탓이 아니라 피로에 귀인시킬 수 있다(McCrea & Hirt, 2001). 그렇지만 사람들은 핑계 만들기 전략으로 쉽게 설득되지 않는다(Rhodewalt, Sanbonmatsu, Tschanz, Feick, & Waller, 1995).

핑계 만들기 전략에는 두 가지 버전이 있다. 하나는 행동적 핑계 만들기로 피로, 과음, 지각, 부주의와 같이 순수한 핑계를 만들어서 자신의 실패를 변명하는 것이다. 다른 전략은 아팠다거나 불안하다거나 수줍음을 탄다거나 외상을 입은 사건을 당했다고 주장하면서, 그러한 상태가 형편없는 수행을 변명해 줄 것이라고 희망하는 자기보고식 핑계다. **표 15.5**는 몇몇 핑계 만들기 전략, 자기표현의 형태, 전략의 동기, 그리고 그 전략의 사례들을 보여 주고 있다.

핑계 만들기가 초래하는 한 가지 결과는 형편없는 인상이 만들어진다는 것이다. 무능력 귀인을 피할 수 있을지도 모르지만 그 대가는 상당한 것이다. 게으르고 불안하며 알코올 중독자이거나 술에 취한 것으로 보일 수 있다. 이에 덧붙여, 형편없는 자

표 15.5 자기표현의 전략

인상형성 노력의 유형	가능한 동기	대표적 전략
긍정적 인상의 형성	자신의 권한을 늘리는 것, 자원을 확보하는 것, 인정을 받는 것, 긍정적 자기 이미지를 입증하는 것, 호감을 받는 것	표적인물의 행동에 대응하고, 가능한 한 긍정적 이미지 전달하기, 규범에 동조하기, 표적인물을 인정하거나 아첨하기, 일관성 있게 보이기
모호한 인상의 형성	타인의 고정관념을 피하는 것, 행동의 자유를 유지하는 것, 자존감을 유지하는 것, 체면을 살리는 것	일관성 없는 행동 하기, 행동에 여러 가지 이유 대기, 남들도 모두 그렇게 한다고 주장하기, 그 분야를 떠나기, 평가를 회피하기
부정적 인상의 통제	실패에 대한 자신과 타인의 귀인을 통제하는 것, 무능력 귀인을 회피하는 것, 장차 예상되는 실패에 대한 자신과 타인의 실망을 회피하는 것	성공 장애물 과장하기, 노력을 경주하지 않기, 핑계 만들기(즉, 약물을 복용하거나 음주와 같이 자기파괴적 행동에 몰입하기), 외부의 불안정한 요인 때문에 실패하였다고 주장하기, 자신의 특성을 모호한 것으로 만들기

기표현의 또 다른 위험은 인상 관리 노력이 내면화되기 십상이라는 점이다. 즉, 자신이 그렇게 행동하는 사람이라고 믿어 버리게 된다는 것이다.

인상 관리의 다른 전략

사회적 불안, 우울, 소심증, 낮은 자존감도 자기방어 스타일을 유발함으로써 자기표현 스타일에 영향을 미친다(Arkin, 1987; Baumeister, Tice, & Hutton, 1989; Schlenker, 1987). 이 스타일은 사회적 상호작용에서 철회하는 특징을 갖는다. 구체적으로는, 대화를 먼저 시작하는 경우가 드물고, 적게 말하며, 무식함을 드러낼 수 있는 주제를 회피하고, 자기노출을 최소화하며, 자신에 관한 이야기를 많이 하지 않는다. 이러한 상호작용 스타일은 상대방에게 동의하거나 미소 짓는 것과 같은 행동에 초점을 맞추고 상대방과의 의견 충돌을 회피한다.

때때로 사람들은 자신에 대한 상대방의 인상을 모호한 것으로 만들기도 한다. 특정한 유형의 사람으로 낙인찍히면 자신의 결과에 대한 개인적 통제감이 줄어들게 되는데, 더 이상 반대되는 행동을 자유롭게 할 수 없다는 것을 함축하기 때문이다. 특정한 상황에서는 사람들이 자신의 특성을 모호한 것으로 만들어 상황을 애매하게 만들기도 한다. 일관성 없는 행동을 하거나 한 행동에 대한 여러 가지 이유를 제시함으로써 상대방이 안정적인 성격 요인의 중요성을 절감하게 만들 수 있다. 예컨대, 당신이 기숙사에서 파티 계획을 세우고 파티가 대단히 성공적이었다면, 몇 달 후에 똑같은 책임을 떠맡지 않기 위해서 운이 따랐을 뿐이며 우연히 준비할 시간이 있었을 뿐이라고는 사실을 지적하고 싶어 할 수 있다.

4. 타인에 관한 가설을 검증하는 데 행동 사용하기

우리는 여러 가지 방법으로 타인에 대해서 학습한다. 때로는 만나기도 전에 그 사람에 대한 이야기를 듣거나, 만나는 상황에 근거하여 그 사람에 대한 힌트를 얻기도 한다. 다른 경우에는 원점에서 출발하여 관찰과 대화를 통해 얻은 정보로써 인상을 조합해야만 한다. 타인에 대한 인상이 어떻게 형성되든지 간에, 우리는 그 사람이 어떤 사람인지에 관한 가설을 즉각적으로 만들어 낸다. 상호작용을 하는 과정에서 그 가설은 각자의 행동에 어떤 영향을 미치는가? 상당한 연구 결과들은 사람들이 상대방에 대해서 견지하고 있는 가설을 확증하는 방식으로 행동한다는 사실을 시사한다. 흔히 자신의 가설을 지지해 주는 정보를 유발하는 행동 전략을 채택하기 십상이다.

이 과정은 어떻게 작동하는가? 당신은 철수가 방금 타이티에서 돌아왔다는 사실을 알았으며, 즉각적으로 이국적인 지역을 찾아다니는 근심 걱정 없는 모험가라는 이미지를 형성한다고 가정해 보자. 그와의 상호작용에서 당신은 그의 또 다른 여행지나 취미에 대해서 묻고는 그가 한때 친구들과 돛단배를 타고 버진아일랜드로 여행하였으며, 고등학교를 졸업하고는 씨월드에서 상어에게 먹이를 주는 아르바이트를 하였다는 사실을 알게 될 수 있다. 이 모든 것들이 상당히 이국적인 것일 수 있지만, 당신이 그 이미지를 확증해 주는 정보를 선택적으로 찾았다는 사실에 주목하기 바란다. 우리 모두는 자신을 어느 정도 이국적으로 보이게 만들어 주는 사소한 것들을 적어도 몇 가지는 가지고 있으며, 이것들을 몽땅 드러내 놓게 되면 실제보다 훨씬 더 흥미진진한 사람으로 보이게 된다. 이국적인 철수와 몇 주 동안 데이트를 한 후에, 철수가 근무하는 회사가 그를 회의에 참석하도록 타이티에 보낸 것이고, 그의 삼촌이 씨월드의 매니저여서 여름 아르바이트를 하게 된 것이며, 돛단배를 타고 버진아일랜드로 함께 여행한 '친구들'이 그의 할아버지와 할머니였다는 사실이 드러날 수 있다. 요점은 사람들이 상당한 크기의 행동과 경험 레퍼토리를 가지고 있으며, 선택적인 질문으로 인해서 편향적으로 표본을 추출하면 그 선택적 질문이 평가하고자 하는 어느 가설에도 들어맞게 된다는 사실이다.

이 사실을 입증하기 위하여 스나이더와 스완(M. Snyder & Swann, 1978a)은 대학생 참가자들에게 다른 학생을 인터뷰하게 된다고 알려 주었다. 절반의 참가자에는 그 학생이 외향적(예컨대 사교적, 붙임성)인지를 알아보라고 말했으며, 다른 절반에게는 내향적(예컨대 수줍음, 은둔성)인지를 알아보도록 하였다. 그런 다음에 모든 참가자들에게 내향성과 외향성을 측정하는 일련의 질문을 주고, 물어볼 질문들을 선택하도록 요청하였다. 외향성을 선택적으로 평가하라고 말해 준 참가자들은 외향성 질문(예컨대, "파티에서 분위기를 띄우려고 한다면 어떤 행동을 하겠습니까?")을 지나칠 정도로 많이 선택하였으며, 내향성을 평가하도록 알려 준 참가자들은 내향성 질문(예컨대, "사람들에게 자신을 개방하지 못하게 만드는 요인은 무엇입니까?")을 상당히 많이 선택하였다. 이러한 질문들은 표적인물을 상당히 외향적이거나 내향적이게 보이도록 만들었다. 표적인물이 질문에 부합하는 행동 표본만을 제공하였기 때문이다. 이러한 확증적 가설검증 편향은 수없이 입증되어 왔다(예컨대 Slowiaczek, Klayman, Sherman, & Skov, 1992; Snyder, Campbell, & Preston, 1982). 이러한 편향은 가설이 개인의 성격 특질에 관한 것이든 인종, 성별, 성적 선호와 같이 집단에 근거한 특징에 관한 것이든지 간에 존재한다. 그리고 가설이 어떻게 도출된 것이든, 참일 가능성이 얼마나 높든, 가설검증하는 사람에게 정확성에 대한 유인가가 제시되든지 간에 나타난다(개관을 보려면 M. Snyder & Gangestad, 1981 참조; Klayman & Ha, 1987; Skov & Sherman, 1986 참조).

보다 놀라운 사실은 타인에 대해서 상당히 균형 잡힌 정보를 가지고 있는 경우조차도, 사람들은 특정한 가설을 지지하기 위하여 그 정보를 선택적으로 사용한다는 것이다. 당신이 파티에 참석했는데, 당신의 룸메이트에게 홀딱 반한 어떤 사람이 룸메이트의 모든 바람직한 자질에 관해 선택적으로 질문을 한다고 상상해 보라. 그러한 질문에 답을 하면서, 묻는 사람에게 부정적 속성을 접어 둔 채 모든 긍정적 속성만을 요약해 줌으로써 룸메이트에 대한 당신의 인상도 좋아지고 있다는 사실을 발견하게 될 수 있다.

확증적 가설검증의 함의가 우연한 사회 장면에서 상호간에 형성하는 인상에만 국한되는 것은 아니다. 또 다른 연구는 목격자에게 유도질문을 던지는 사례를 사용하여 법정 상황에서도 확증적 가설검증이 부합할 수 있다는 사실을 입증하였다(Swann, Giuliano, & Wegner, 1982). 예컨대, 변호사가 당신에게 "가장 최근에 싸움을 벌였던 상황을 배심원들에게 말해 주시겠습니까?"라고 요청한다고 가정해 보라. 이 질문은 사람들로 하여금 실제로 공격적인지의 여부와 관계없이 당신이 공격 행동의 개인사를 가지고 있다고 결론 내리도록 이끌어 갈 수 있다. 실제로 스완, 쥘리아노, 그리고 웨그너는 이러한 유도질문에 내포된 추측이 피고는 질문에 포함된 행동을 자주 한다는 증거로 해석될 수 있다는 사실을 발견하였다. 게다가 그러한 유도질문에 답을 해야 하는 상황에 처함으로써 그 행동을 더욱 확증시키는 정보를 제공할 수밖에 없게 된다. 당신이 지금까지 살아오면서 오직 한 번만 싸움을 하였다고 하더라도 배심원들에게 그 싸움을 상세히 말할 수밖에 없다. 따라서 유도질문은 편향을 배가시킨다. 질문 자체를 행동의 증거로 받아들이며(Wegner, Wenzlaff, Kerker, & Beattie, 1981), 질문에 대한 답이 또 다른 증거를 제공하는 것이다.

요컨대, 확증적 가설검증은 상당히 광범위한 상황에서 입증되어 왔다. 그렇기는 하지만, 방법론적 요인들이 확증적 편향을 입증하는 데 기여할 수 있다는 사실을 명심해야 한다. 첫째, 검증하려는 가설은 흔히 그 가설을 진술하는 과정에서 참가자에게 특히 현저한 것이 되기 십상이다(Trope & Bassok, 1982). 가설이 자신에게 특히 현저한 것이기 때문에 사람들은 그 가설을 확증시키는 경향이 있는 질문을 선택하게 된다. 둘째, 몇몇 연구에서는 참가자들에게 주어진 질문의 목록이 검증하려는 가설이 참이라고 전제하는 질문을 지나치게 많이 포함하고 있다. 목록에는 "파티를 좋아합니까?"(외향적인 사람은 "그렇다"고 답하고 내향적인 사람은 "아니다"라고 답할 수 있는 질문)와 같은 질문 대신에, "파티에서 분위기를 살리기 위해 어떻게 하십니까?"(내향적인 사람과 외향적인 사람 모두가 강제로라도 오직 외향성에만 부합하는 정보를 제공할 수밖에 없는 질문)와 같은 질문이 포함된다. 참가자들에게 가설을 검증하기 위해서 스스로 질문을 만들도록 허용하면 이렇게 편향된 질문을 잘 선택하지 않는다.

확증적 가설검증이 때때로 일어난다는 사실에는 의심의 여지가 없는 것으로 보이지만, 이것이 얼마나 보편적인지는 논란거리로 남아 있다. 사람들이 한 가지 명백한 가설을 가지고 있을 때, 그 가설의 정확성을 어느 정도 확신할 때(Swann & Giuliano, 1987), 그리고 가설을 검증하는 데 오직 유도질문만이 가용할 때, 확증적 가설검증이 일어날 가능성이 매우 크다. 사람들이 실제로 언제 유도질문을 선택하는지도 여전히 논쟁거리다. 클레이먼과 하(Klayman & Ha, 1987)는 사회적 상호작용에서 가설 확증 편향은 관심의 대상이 되는 특성을 보여 주지 않는 사례보다 그 특성을 보유하고 있다고 예상되는 사례들을 검증하려는 보편적인 경향성이 발현된 것이라고 제안하였다(발견법에 관한 제7장 참조). 그러한 경향성은 매우 강력한 것일 수 있다. 그렇지만 과제의 틀이 만들어지는 방식, 가용한 질문의 유형, 가설에 대한 지각자의 확신 정도, 대안적 가설의 가용성 여부 등이 가설을 선택적으로 확증하려는 경향성을 조절한다는 사실도 명백하다(Kruglanski & Mayseless, 1988; Skov & Sherman, 1986; Trope & Mackie, 1987).

자기충족적 예언: 행동이 실재를 만들어 낸다

방금 지적한 바와 같이, 확증적 가설검증은 특정한 속성의 존재를 선택적으로 지지하는 정보에만 집중함으로써 사회적 지각자의 마음에 표적인물에 대한 잘못된 표상을 만들 수 있다. 이러한 가설 검증과정이 표적인물의 행동을 가설과 일치하는 방향으로 변경시킬 때, 자기충족적 예언(self-fulfilling prophecy)이 일어난다고 말한다. 처음에 상황을 잘못 정의하면 나중에 잘못된 신념을 참으로 만들어 버리는 행동이 촉발되는 것이다(Merton, 1957).

자기충족적 예언의 고전적 연구는 교실 상황에서 수행되었다(Rosenthal & Jacobson, 1968). 새 학년이 시작될 때, 교사들에게 특정 학생들은 대기만성형이어서 제대로 가르치고 지도한다면 뛰어난 학생이 될 수 있다고 알려 주었다. 실제로 이 학생들이 다른 급우들과 차이 나는 것은 아무것도 없었다. 그저 무선적으로 선택되었던 것이다. 그렇지만 몇 달 뒤 대기만성자라고 이름 붙인 학생들의 성과를 조사해 보았을 때 학업 성적이 증진되었을 뿐만 아니라 지능지수도 실제로 높아졌다. 대부분 교실 장면에서 수행되는 이와 유사한 많은 연구들은 이러한 '피그말리온' 효과(Pygmalion effect)의 강건성을 입증하고 있다(개관을 보려면 Rosenthal, 1974 참조). 이 효과는 다양한 유형의 기대, 표적인물, 상황에서 나타나며, 긍정적 기대와 부정적 기대는 모두 자기충족적 예언을 만들어 낼 수 있다.

자기충족적 예언은 어떻게 초래되는가? 로젠살(Rosenthal)은 피그말리온 효과에서 네 가지 요인의 중요성을 강조해 왔다. 첫째, 학생에 대한 긍정적 기대를 부여한 교사들은 낮은 기대를 가지고 있는 학생에게서 기대할 수 있는 것보다 확실히 따뜻한 사회정서적 분위기를 제공하였다. 피드백도 중요하다. 즉, 교사들은 보통 학생들보다 '특별한' 학생들에게 차별화된 피드백을 더 많이 주었다. 긍정적이든 부정적이든지 간에 이렇게 차별화된 피드백은 학생들이 정확한 반응과 부정확한 반응을 보다 성공적으로 학습하는 데 도움을 주게 된다. 입력 요인이란 교사들이 높은 기대를 견지하는 학생들에게 점차적으로 어려운 과제를 가르치려고 시도하는 경향성을 지칭한다. 마지막으로 교사들은 학생에게 수업 중에 답을 말할 수 있는 기회와 같이 반응(출력) 기회를 더 많이 부여하였다. 이러한 네 가지 요인은 긍정적 기대가 매개하는 데 있어서 중요한 것으로 보인다. 또한 표적인물의 지위가 상대적으로 낮을 때보다는 지위가 높은 사람(예컨대, 권위 있는 인물이나 나이가 지긋한 남성)이 그러한 기대를 견지할 때, 자기충족적 예언으로 이끌어 갈 가능성이 더 크다(Darley & Fazio, 1980).

아마도 기대가 지각자로부터 표적인물로 전달되는 가장 흥미진진한 방식은 눈맞춤, 자세, 미소, 고개 끄덕이기, 신체의 각도와 같은 비언어적 행동을 통한 것이겠다. 예컨대 워드, 자나, 그리고 쿠퍼(Word, Zanna, & Cooper, 1974)의 연구는 면접자가 비언어적으로 전달하는 부정적 기대가 실제로 피면접자의 수행을 저조하게 만든다는 사실을 증명하였다(M. Snyder, Tanke, & Berscheid, 1977 참조). 자기충족적 예언에

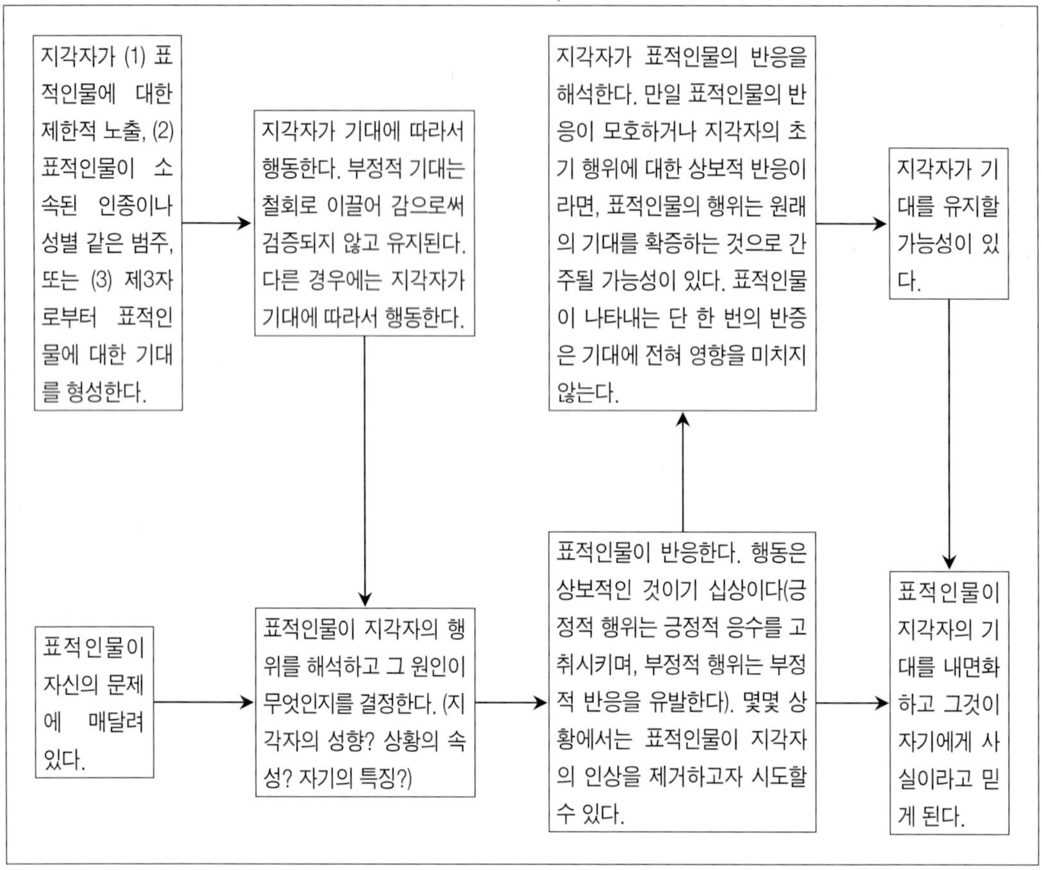

그림 15.1 자기충족적 예언의 발달

출처: Darley, J. M., & Fazio R. H. (1980). Expectancy confirmation processes arising in the social interaction sequency. *American Psychologist*, *35*, 867–881.

관한 상당한 양의 연구들은 이 효과가 보편적이라는 사실을 함축한다(개관을 보려면 Darley & Fazio, 1980 참조). 그렇지만 실제로 이 효과가 나타나기 위해서는 여러 가지 중요한 단계를 거쳐야 한다. **그림 15.1**이 나타내고 있는 바와 같이, 지각자는 표적인물에 대한 기대를 견지하고 그 기대와 일치하는 방식으로 행동해야만 한다. 그리고 표적인물은 그 행동을 해석하고 지각자가 원래의 기대와 일치한다고 해석하는 행동으로 지각자에게 반응해야 한다(Darley & Fazio, 1980).

각 단계에서 확인을 하면 자기충족적 예언을 제거시키게 될 가능성이 있는 것으로 보인다. 그렇기는 하지만 다양한 단계들 간의 연계를 생각해 보라. 만일 지각자가 표적인물에 대해서 긍정적 기대를 형성하고 그에 따라서 행동한다면, 표적인물은 지각자가 자신을 유독 좋아하며 안목을 가지고 있다거나 아니면 지각자가 호의적인 사람이라고 생각할 가능성이 있다. 어느 경우든 간에 표적인물은 지각자의 행동에 상보적으로 반응할 가능성이 있으며, 이것이 자기충족적 예언을 만들어 낸다. 이제 지각자가 표적인물에 대해서 부정적 기대를 견지하고 있으며 냉담하거나 무관심하거나 심지어는 적대적으로 행동한다고 가정해 보라. 표적인물은 지각자는 기분 나쁜 사람이라고 결정하고는 부정적 행동으로 반응함으로써 자기충족적 예언이 만들어지게 된다. 아니면 지각자나 표적인물이나 서로 아무런 관계도 없다고 결정하고는 상호관계를 종료시킬 수 있다. 이 경우에도 여전히 자기충족적 예언은 온전한 채로 남아 있게 된다. 해석과 회상에서의 편향이 여전히 일어나며, 지각자의 기대를 확증하지 않는 표적인물의 행동은 그 기대와 일치하는 방식으로 회상되거나 해석될 수 있다. 이렇게 인지적으로 왜곡된 상황에서는 자기충족적 예언이 여전히 온전하게 남아 있게 되는 것이다.

어떤 조건에서 자기충족적 예언을 무너뜨릴 수 있겠는가? 기본적으로 세 가지 조건이 있는 것으로 보인다. 표적인물을 정확하게 지각하겠다는 목표는 일반적으로 기대 기반적인 상호작용과 연합된 몇몇 행동을 제거시킨다(Neuberg, 1989). 두 번째 조건은 지각자가 표적인물에 대해서 견지하고 있는 기대를 '상쇄시키는 것'이다. 세 번째 조건은 표적인물이 적극적으로 지각자의 잘못된 기대를 제거시키고자 시도하는 것이다(자기검증).

지각자가 표적인물은 적대적이거나 냉담하다는 신념과 같은 부정적 기대를 견지할 때는, 지각자가 기대하는 행동을 상보적으로 주고받기보다는 상쇄시킬 수 있다. 만일 상대방이 적대적이라고 기대한다면, 스스로 적대적이 되기보다는(상보적 행동) 상대방의 불쾌한 행동을 최소화시키려는 희망을 가지고 더욱 신사적으로 행동하기로 결정할 수 있다(상쇄 행동)(M. H. Bond, 1972; Ickes, Patterson, Rajecki, & Tanford, 1982; Shelton & Richeson, 2005; Swann & Snyder, 1980). 놀랍게도 지각자의 상쇄 행동은 표적인물이 기대를 확증시키지 못하도록 만들어 줌에도 불구하고, 그 기대가 지각자의 마음에 여전히 남아 있을 수 있다(예컨대 Ickes et al., 1982).

이러한 현상이 일어나는 이유는 무엇인가? 이론 주도적 추론과 가설검증에 관한 다른 연구들을 통해서 잘 알고 있는 바와 같이, 기대와 부합하지 않거나 어느 정도 일치하지 않는 행동이 그 기대와 일치하는 것으로 해석되는 경우가 많다. 따라서 자기충족적 예언은 사실이 아님에도 불구하고 사회적 지각자의 마음에 존재할 수 있는 것이다(예컨대 Ickes et al., 1982 참조).

표적인물 자신도 자신에게 맞아떨어지지 않는다고 느끼는 역할을 거부함으로써 자기충족적 예언의 작동을 차단시킬 수 있다. 우리 모두는 누군가 옳지 않은 방식으로 우리를 유형화하는 경험을 가지고 있다. 일시적으로는 그 역할을 수행하지만, 어느 정도 시간이 지난 후에는 자기에 대한 본래의 견해를 재확인하려는 자기검증 노력을 통해서 그 역할을 무력화시키고자 한다. 만일 어떤 사람이 나를 재미라고는 눈을 씻고도 찾아볼 수 없는 일 중독자로 몰아세우려고 한다면, 즉각적으로 그러한 인상에 반격을 가하고자 최선을 다할 것이다. 그러한 노력이 항상 성공하는 것은 아니다. 표적인물이 자기에 관해서 견지하는 신념은 강할 수 있지만, 표적인물에 관한 지각자의 기대도 마찬가지로 강할 수 있기 때문에, 기대를 확증하려는 지각자의 노력과 자기검증하려는 표적인물의 노력 사이에 갈등이 일어날 수 있다.

지각자가 부정확한 기대를 포기하거나 표적인물이 이전에 견지하지 않았던 자기귀인을 채택하게 되는 조건은 다양한 조절조건에 달려 있다(Major, Cozzarelli, Testa, & McFarlin, 1988). 한 연구는 자기검증과 기대 확증 간의 갈등에서 부정적 신념이 긍정적 신념보다 변화될 가능성이 더 높다는 사실을 발견하였다(Major et al., 1988). 스완과 일라이(Swann & Ely, 1984)는 표적인물의 자기지각이나 지각자의 행동 기대 중 어느 것이 사회적 상호작용에서 승리를 거둘 것인지를 중재하는 또 다른 중요한 조건, 즉 자기의견의 확실성이라는 조건을 제안하였다. 이들은 표적인물이 자신의 자기개념을 확신하고 있을 때는 자기검증이 항상 일어나며, 지각자와 표적인물 모두가 자신의 신념에 확신하지 못할 때는 자기검증이 일어나는 경향성이 있다는 사실을 발견하였다. 행동 확증—지각자가 견지하는 기대와 관련된 행동을 표적인물이 채택하는 경향성—은 지각자가 자신의 기대를 확신하지만 표적인물은 자기개념을 확신하지 못할 때에만 일어난다.

연구 결과들은 또 다른 몇 가지 가능성을 제안해 왔다(Darley & Fazio, 1980). 즉, 지각자의 잘못된 인상이 표적인물의 어떤 행동에 근거한 것이지, 지각자 자신의 성격이나 환경의 힘에 의한 것이 아니라고 믿는 표적인물은 그 인상을 수정하고자 시도할 가능성이 더 커진다. 지각자의 잘못된 가설을 자각하는 것도 표적인물로 하여금 지각자의 기대를 적극적으로 극복하도록 유도할 수 있다. 힐튼과 달리(Hilton & Darley, 1985)는 미래의 상호작용 파트너가 자신이 냉담한 성격의 소유자라는 인상을 가지고 있다는 사실을 알게 되면, 표적인물은 그 기대를 극복하려는 방식으로 행동하며 대체로 성공하게 된다는 사실을 발견하였다.

다른 두 요인도 표적인물이 지각자의 잘못된 인상을 제거하고자 시도할지의 여부를 결정하는 데 중요한 것으로 보인다. 첫째는 지각자의 인상이 표적인물에게 얼마나 중요한 것이냐는 점이다. 표적인물에게 중요하면서도 상대방이 견지하고 있는 잘못된 인상, 특히 부정적 인상은 표적인물로 하여금 제거시키려는 행위를 촉발할 가능성이 있다. 표적인물로 하여금 지각자의 잘못된 인상을 제거하도록 만드는 두 번째 조건은 지각자의 인상이 표적인물 자신의 자기인상과 얼마나 큰 편차를 보이느냐는 것이다. 편차가 클수록 그 인상을 지우려는 노력도 증가한다(예컨대 Baumeister & Jones, 1978 참조). 물론 어떤 상황에서는 지각자의 잘못된 인상이 바람직한 것임을 발견하고는 표적인물이 그 인상에 맞추고자 시도하고, 지각자가 자신을 바라보는 것과 같이 스스로 자기 자신을 보게 되기도 한다. 아마도 이것이 자기충족적 예언의 가장 극단적인 사례일 것이다. 즉, 표적인물의 행동뿐만 아니라 자신의 자기 인상조차도 지각자가 처음에 가졌던 잘못된 인상에 맞아떨어지게 되는 것이다(Fazio, Effrein, & Falender, 1981; M. Snyder & Swann, 1978b).

요약

사회적 상황에서 어떻게 행동하느냐는 사람들이 그 상황 그리고 자신이 채택하는 개인적 목표를 어떻게 정의하느냐에 달려 있다. 사람들은 특정한 상황의 요건에 대한 지각과 행동 전략을 조절하는 능력에서 상당한 융통성을 보인다. 때때로 행동의 자기조절은 목표를 달성하려는 계획뿐만 아니라 그 목표를 명시적인 것으로 만드는 방식으로 의식적이고 의도적으로 진행된다. 대안적 행위들도 상당히 공정하게 심사숙고하지만, 일단 목표를 구현하는 것에 주의를 돌리면 인지는 지나칠 정도로 낙관적인 것이 되기 십상이다. 아무튼 이러한 인지는 목표 추구를 지원하는 것으로 보이며, 끈질긴 노력과 궁극적 목표 달성에 영향을 미친다. 많은 목표 관련 자기조절은 자동적으로 발생한다. 그렇지만 부분적이나마 상황 단서들을 가지고 행위의 통제를 자동적 활성화로 전환시키는 명시적인 구현 의도(만일 조건을 만족한다면 행위를 수행한다는 의도)를 형성함으로써, 사람들은 자신의 목표 달성을 의식적이고 의도적인 사고로부터 자동적인 행동으로 전환시킬 수 있다.

상황 단서의 자동적 평가는 지극히 빠르게 일어나며 상당히 복잡한 행동 순서를 촉발시킬 수 있다. 때때로 우리는 행동을 상황 단서에 동화시킨다. 예컨대, 주변의 다른 사람들이 성취 지향적이면 우리도 더욱 성취 지향적이 된다. 다른 경우에는 대비효과가 일어난다. 즉, 상황 단서가 시사하는 것과 반대되는 행동을 하기도 한다. 중요한 타인의 현저성이 시사하는 단서들도 목표를 활성화시키고 그 목표를 향한 진보를 가능하게 만들기도 한다.

인지·행동 관계는 특히 태도와 행동에 관한 연구 그리고 둘이 응집적이게 되는 상황에 대한 연구라는 맥락에서 다루어져 왔다. 태도는 그 태도에 전형적인 행동과 더욱 일관성을 보인다. 태도와 행동을 비교 가능한 수준에서 측정하는 것도 관계의 강도를 증가시킨다. 직접 경험을 통해서 형성되고 접속 가능하며 자기이익이나 가치를 반영하는 태도는 행동을 잘 예언해 준다. 자신의 태도에 기저하는 원인에 초점을 맞추면 태도·행동 일관성이 줄어들 수 있다. 그렇지만 이러한 경향성도 행동이 그 자체로서 최종 목표인가 아니면 다른 목표를 달성하는 데 도움을 주기 위한 것인가에 의해서 조정될 수 있다.

행동에 어떤 표지를 붙이느냐는 것도 태도·행동 일관성에 영향을 미친다. 행위는 상대적으로 낮은 수준이나 높은 수준에서 동일시될 수 있다. 높은 수준의 행동은 성향에 기반한 것으로 간주되는 경향이 있지만, 상당한 행동 융통성도 나타낸다. 반대로 낮은 수준의 행위는 상황에 걸쳐서 안정성을 보일 수도 있지만 기저 성향을 반영하는 것으로는 지각되지 않을 수 있다. 상황 요인은 사회적 규범이나 이전의 태도를 현저한 것으로 만드는 방법으로 인지·행동 일관성을 조절한다. 그리고 마지막으로 어떻게 상황에 접근하느냐(예컨대 자기 모니터링과 자기의식)에 있어서 개인차는 어떤 태도가 현저해지고 행동을 주도할 것인지에 영향을 미친다.

사람들은 자신의 행동을 사용하여 타인들이 자신에 대해서 형성하는 인상을 관리한다. 전형적으로 표적인물의 행동에 대응시키거나, 표적인물에게 아첨을 하거나, 자기과시를 통해 자기를 긍정적으로 제시하거나, 아니면 상황 규범에 동조하는 것과 같은 전략을 통해서 가능한 한 가장 긍정적인 인상을 전달하고자 애쓴다. 형편없는 인상이 만들어지거나 그렇게 될 가능성이 있을 때 사람들은 변명을 하거나 핑계를 만드는데, 자신의 실패를 설명해 줄 수도 있는 피로나 질병 또는 음주와 같은 것에 스스로 빠져들거나 빠졌었다고 주장한다.

행동은 자기와 타인 모두에 관한 가설을 검증하는 데 사용될 수 있다. 이러한 경우에 사람들은 어느 정도 제한된 범위에서 자신의 가설을 확증해 주는 정보를 추구하는 편향을 보인다. 이러한 편향은 추측이나 잠정적 가설을 실제보다 더 참인 것처럼 보이게 만드는 효과가 있다. 아무튼 어떤 상황에서는 표적인물에 관한 가설을 검증하는 것이 그 사람으로 하여금 가설을 확증하는 방식으로 행동하도록 이끌어 갈 수 있다. 실생활에서 이러한 변화를 자기충족적 예언이라고 부른다. 지위가 높은 사람이 지위가 낮은 표적인물에 대하여 잘못된 긍정적 인상을 가지고 있으며, 그 표적인물에게 언어적으로나 비언어적으로 따뜻한 행동을 나타낼 때 자기충족적 예언이 일어날 가능성이 매우 크다. 대부분의 상황에서는 표적인물이 상보적 행동을 함으로써 가설을 확증시킬 가능성이 있다. 상대방이 불쾌한 사람이라고 기대하여 불쾌한 방식으로 행동함으로써 자신이 예언하는 행동을 표적인물로부터 유발시키게 되는 때와 같이, 부정적 기대도 자기충족적 예언을 초래할 수 있다. 자신이 엉뚱한 역할을 하고 있다고 느낄 때, 잠재적인 자기충족적 예언은 약화될 수 있다.

전반적으로 인지와 행동 간의 밀접한 관계가 그 신경적 토대와 함께 모습을 드러내고 있다. 전전두피질에 의한 하향적 조절과 환경 경험을 통한 인지의 상향적 수정이 점차적으로 이해되고 있다.

참고문헌

Aarts, H., Custers, R., & Wegner, D. M. (2005). On the inference of personal authorship: Enhancing experienced agency by priming effect information. *Consciousness and Cognition: An International Journal, 14*, 439-458.

Aarts, H., & Dijksterhuis, A. (2000). Habits as knowledge structures: Automaticity in goal-directed behavior. *Journal of Personality and Social Psychology, 78*, 53-63.

Aarts, H., & Dijksterhuis, A. (2003). The silence of the library: Environment, situational norm, and social behavior. *Journal of Personality and Social Psychology, 84*, 18-28.

Aarts, H., Gollwitzer, P. M., & Hassin, R. R. (2004). Goal contagion: Perceiving is for pursuing. *Journal of Personality and Social Psychology, 87*, 23-37.

Abelson, R. P. (1976). Script processing in attitude formation and decision making. In J. S. Carroll & J. W. Payne (Eds.), *Cognition and social behavior* (pp. 33-46). Hillsdale, NJ: Erlbaum.

Abelson, R. P. (1981). The psychological status of the script concept. *American Psychologist, 36*, 715-729.

Abelson, R. P. (1988). Conviction. *American Psychologist, 43*, 267-275.

Abelson, R. P., Aronson E., McGuire, W. J., Newcomb, T. M., Rosenberg, M. J., & Tannebaum, P. H. (Eds.). (1968). *Theories of cognitive consistency: A sourcebook*. Chicago: Rand McNally.

Abelson, R. P., & Gross, P. H. (1987). The strength of conjunctive explanations. *Personality and Social Psychology Bulletin, 13*, 141-155.

Abelson, R. P., Kinder, D. R., Peters, M. D., & Fiske, S. T. (1982). Affective and semantic components in political person perception. *Journal of Personality and Social Psychology, 42*, 619-630.

Abelson, R. P., & Levi, A. (1985). Decision making. In G. Lindzey & E. Aronson (Eds.), *Handbook of Social Psychology* (pp. 231-309). New York: Random House.

Abelson, R. P., & Prentice, D. A. (1989). Beliefs as possessions: A functional perspective. In A. R. Pratkanis, S. J. Breckler, & A. G. Greenwald (Eds.), *Attitude, structure and function* (pp. 361-382). Hillsdale, NJ: Erlbaum.

Aberson, C. L., Healy, M., & Romero, V. (2000). Ingroup bias and self-esteem: A meta-analysis. *Personality and Social Psychology Review, 4*, 157-173.

Ackerman, J. M., Shapiro, J. R., Neuberg, S. L., Kenrick, D. T., Becker, D. V., Griskevicius, V., Maner, J. K., & Schaller, M. (2006). They all look the same to me (unless they're angry): From out-group homogeneity to out-group heterogeneity. *Psychological Science, 17*, 836-840.

Adolphs, R. (2002). Recognizing emotion from facial expressions: Psychological and neurological mechanisms. *Behavioral and Cognitive Neuroscience Reviews, 1*, 21-62.

Adorno, T. W., Frenkel-Brunswik, E., Levinson, D. J., & Sanford, R. N. (1950). The authoritarian personality. New York: Harper.

A gift for vividness. (1980, October 20). *Time*, p. 68.

Agostinelli, G., Sherman, S. J., Presson, C. C., & Chassin, L. (1992). Self-perception and self-enhancement biases in estimates of population prevalence. *Personality and Social Psychology Bulletin, 18*, 631-642.

Aharon, I., Etcoff, N. L., Ariely, D., Chabris, C. F., O'Connor, E., & Breiter H. C. (2001). Beautiful faces have variable reward value: fMRI and behavioral evidence. *Neuron, 8*(32), 537-551.

Ajzen, I. (1977). Intuitive theories of events and the effects of baserate information on prediction. *Journal of Personality and Social Psychology, 35*, 303-314.

Ajzen, I. (1987). Attitudes, traits, and actions: Dispositional prediction of behavior in personality and social psychology. In L. Berkowitz (Ed.), *Advances in experimental social psychology* (Vol. 20, pp. 1-64). San Diego, CA: Academic Press.

Ajzen, I. (1988). *Attitudes, personality, and behavior.* Chicago, IL: The Dorsey Press.

Ajzen, I. (2001). Nature and operation of attitudes. *Annual Review of Psychology, 52*, 27-58.

Ajzen, I., & Fishbein, M. (1977). Attitude-behavior relations: A theoretical analysis and review of empirical research. *Psychological Bulletin, 84*, 888-918.

Ajzen, I., & Fishbein, M. (1980). *Understanding attitudes and predicting social behavior.* Englewood Cliffs, NJ: Prentice-Hall.

Ajzen, I., & Sexton, J. (1999). Depth of processing, belief congruence, and attitude-behavior correspondence In S. Chaiken & Y. Trope (Eds.), *Dual-process theories in social psychology* (pp. 117-138). New York: Guilford Press.

Ajzen, I., Timko, C., & White, J. B. (1982). Self-monitoring and the attitude-behavior relation. *Journal of Personality and Social Psychology, 42*, 426-435.

Albarracín, D. (2002). Cognition in persuasion: An analysis of information processing in response to persuasive communications. In M. P. Zanna (Ed.), *Advances in experimental social psychology* (Vol. 34, pp. 61-130). San Francisco, CA: Academic Press.

Albarracín, D., Johnson, B. T., & Zanna, M. P. (Eds). (2005). *The handbook of attitudes.* Hillsdale, NJ: Erlbaum.

Albarracín, D., & Kumkale, G. T. (2003). Affect as information in persuasion: A model of affect identification and discounting. *Journal of Personality and Social Psychology, 84*, 453-469.

Albarracín, D., & Wyer, R. S., Jr. (2001). Elaborative and nonelaborative processing of a behavior-related communication. *Personality and Social Psychology Bulletin, 27*, 691-705.

Aldrich, J. H., Sullivan, J. L., & Borgida, E. (1989). Foreign affairs and issue voting: Do presidential candidates "waltz before a blind audience"? *American Political Science Review, 83*, 123-141.

Alexander, M. G., Brewer, M. B., & Hermann, R. K. (1999). Images and affect: A functional analysis of out-group stereotypes. *Journal of Personality and Social Psychology, 77*, 78-93.

Alexander, M. G., Brewer, M. B., & Livingston, R. W. (2005). Putting stereotype content in contect: Image theory and interethnic stereotypes. *Personality and Social Psychology Bulletin, 31*, 781-794.

Alicke, M. D. (1985). Global self-evaluations as determined by the desirability and controllability of trait adjectives. *Journal of Personality and Social Psychology, 49*, 1621-1630.

Alicke, M. D., & Largo, E. (1995). The role of self in the false consensus effect. *Journal of Experimental Social Psychology, 31*, 28-47.

Allison, S. T., & Messick, D. M. (1988). The feature-positive effect, attitude strength, and degree of perceived consensus. *Personality and Social Psychology Bulletin, 14*, 231-241.

Alloy, L. B., & Tabachnik, N. (1984). Assessment of covariation by humans and animals: The joint influence of prior expectations and current situational information. *Psychological Review, 91*, 112-149.

Allport, G. W. (1935). Attitudes. InC. Murchison (Ed.), *Handbook of social psychology* (pp. 798-844). Worcester, MA: Clark University Press.

Allport, C. W. (1954). *The nature of prejudice.* Reading, MA: Addison-Wesley.

Altemeyer, B. (1981). *Right-wing authoritarianism.* Winnipeg, Canada: University of Manitoba Press.

Altemeyer, B. (1988). *Enemies of freedom: Understanding right-wing authoritarianism.* San Francisco, CA: Jossey-Bass.

Altemeyer, B. (2004). Highly dominating, highly authoritarian personalities. *Journal of Social Psychology, 144*, 421-447.

Ambady, N., Paik, S. K., Steele, J., Owen-Smith, A., & Mitchell, J. P. (2004). Deflecting negative self-relevant stereotype activation: The effects of individuation. *Journal of Experimental Social Psychology, 40*, 401-408.

Ambady, N., & Rosenthal, R. (1993). Half a minute: Predicting teacher evaluations from thin slices of nonverbal behavior and physical attractiveness. *Journal of Personality and Social Psychology, 64*, 431-441.

Amiot, C. F., & Bourhis, R. Y (2005). Ideological beliefs as determinants of discrimination in positive and negative outcome distributions. European *Journal of Social Psychology, 35*, 581-598.

Amodio, D. M., & Devine, P. G. (2006). Implicit stereotyping vs. evaluative race bias. *Journal of Personality and Social Psychology, 91*, 652-661.

Amodio, D. M., & Frith, C. D. (2006). Meeting of minds: The medial frontal cortex and social cognition. *Nature Reviews Neuroscience, 7*, 268-277

Amodio, D. M., Harmon-Jones, F., & Devine, P.

G. (2003). Individual differences in the activation and control of affective race bias as assessed by startle eyeblink response and self-report. *Journal of Personality and Social Psychology, 84*, 738-753.

Amodio, D. M., Harmon-Jones, E., Devine, P. G., Curtin, J. J., Hartley, S. L., & Covert, A. E. (2004). Neural signals for the detection of unintentional race bias. *Psychological Science, 15*, 88-93.

Amodio, D. M., Shah, J. Y, Sigelman, J., Brazy, P. C., & Harmon-Jones, E. (2004). Implicit regulatory focus associated with asymmetrical frontal cortical activity. *Journal of Experimental Social Psychology, 40*, 225-232.

Andersen, S. M., & Chen, S. (2002). The relational self: An interpersonal social-cognitive theory. *Psychological Review, 109*, 619-645.

Andersen, S. M., & Klatzky, R. L. (1987). Traits and social stereotypes: Levels of categorization in person perception. *Journal of Personality and Social Psychology, 53*, 235-246.

Andersen, S. M., Reznik, I., & Manzella, L. M. (1996). Eliciting facial affect, motivation, and expectancies in transference: Significant-other representations in social relations. *Journal of Personality and Social Psychology, 71*, 1108-1129.

Anderson, A. K., & Phelps, E. A. (2001). Lesions of the human amygdala impair enhanced perception of emotionally salient events. *Nature, 411*, 305-309.

Anderson, C. A. (1983). Abstract and concrete data in the perseverance of social theories: When weak data lead to unshakeable beliefs. *Journal of Experimental Social Psychology, 19*, 93-108.

Anderson, C. A., & Godfrey, S. S. (1987). Thoughts about actions: The effects of specificity and availability of imagined behavioral scripts on expectations about oneself and others. *Social Cognition, 5*, 238-258.

Anderson, C. A., Lepper, M. R., & Ross, L. D. (1980). Perseverance of social theories: The role of explanation in the persistence of discredited information. *Journal of Personality and Social Psychology, 39*, 1037-1049.

Anderson, J. R. (1976). *Language, memory, and thought.* Hillsdale, NJ: Erlbaum.

Anderson, J. R. (1980). *Cognitive psychology and its implications.* San Francisco, CA: Freeman.

Anderson, J. R. (1990). Cognitive psychology and its implications (3rd ed). New York: Freeman.

Anderson, J. R., Bothell, D., Byrne, M. D., Douglass, S., Lebiere, C., & Qin, Y (2004). An integrated theory of the mind. *Psychological Review, 111*, 1036-1060.

Anderson, N. H. (1981). *Foundations of information integration theory.* New York: Academic Press.

Anderson, N. H. (1989). Information integration approach to emotions and their measurement. In R. Pluchik & H. Kellerman (Eds.), *Emotion: Theory, research, and experience* (Vol. 4, pp. 133-186). New York: Academic Press.

Anderson, N. H., & Hubert, S. (1963). Effects of concomitant verbal recall on order effects in personality impression formation. *Journal of Verbal Learning and Verbal Behavior, 2*, 379-391.

Antrobus, J. S., Fein, G., Goldstein, S., & Singer, J. L. (1989). Mindwandering: Time-sharing task-irrelevant thought and imagery with experimental tasks. Unpublished manuscript.

Antrobus, J. S., Singer, J. L., Goldstein, S., & Fortgang, M. (1970). Mindwandering and cognitive structure. *Transactions of the New York Academy of Sciences, 32*, 242-252.

Apsler, R. & Sears, D. O. (1968). Warning, personal involvement, and attitude change. *Journal of Personality and Social Psychology, 9*, 162-166.

Areni, C. S., & Lutz, R. J. (1988). The role of argument quality in the elaboration likelihood model. *Advances in Consumer Research, 15*, 197-203.

Argyle, M., & Crossland, J. (1987). The dimensions of positive emotions. *British Journal of Social Psychology, 26*, 127-137.

Aristotle. (1931). On memory and recollection. In W. D. Ross (Ed.), J. I. Beare (trans.), *The works of Aristotle.* Oxford: Clarendon Press.

Arkes, H. R., & Harkness, A. R. (1980). Effect of making a diagnosis on subsequent recognition of symptoms. *Journal of Experimental Social Psychology: Human Learning and Memory, 6*, 568-575.

Arkes, H. R., & Tetlock, P. E. (2004). Attributions of implicit prejudice, or "Would Jesse Jackson 'Fail' the Implicit Association Test?" *Psychological Inquiry, 15*, 257-278.

Arkin, R. M. (1987). Shyness and self-presentation. In K. Yardley & T. Honess (Eds.), *Self and identity: Psychosocial perspectives* (pp. 187-195). London: Wiley.

Arkin, R. M., Cooper, H. M., & Kolditz, T. A. (1980). A statistical review of the literature concerning the self-serving attribution bias in interpersonal influence situations. *Journal of Personality, 48*, 435-448.

Armitage, C. J., & Conner, M. (2000). Attitudinal ambivalence: A test of three key hypotheses. *Personality and Social Psychology Bulletin, 26*, 1421-1432.

Armor, D. A., & Sackett, A. M. (2006). Accuracy, error, and bias in predictions for real versus hypothetical events. *Journal of Personality and*

Social Psychology, 91, 583-600.

Armor, D. A., & Taylor, S. E. (1998). Situated optimism: Specific outcome expectancies and self-regulation. In M. P. Zanna (Ed.), *Advances in experimental social psychology* (Vol. 30, pp. 309-379). New York: Academic Press.

Armor, D. A., & Taylor, S. E. (2003). The effects of mindset on behavior: Self-regulation in deliberative and implemental frames of mind. *Personality and Social Psychology Bulletin, 29*, 86-95.

Arndt, J., Schimel, J., Greenberg, J., & Pyszczynski, T. (2002). The intrinsic self and defensiveness: Evidence that activating the intrinsic self reduces self-handicapping and conformity. *Personality and Social Psychology Bulletin, 28*, 671-683.

Arnold, M. B. (1945). Physiological differentiation of emotional states. *Psychological Review, 52*, 35-48.

Arnold, M. B. (1970). Perennial problems in the field of emotion. In M. B. Arnold (Ed.), *Feelings and emotions: The Loyola Symposium*. New York: Academic Press.

Aronson, J., Blanton, H., & Cooper, J. (1995). From dissonance to disidentification: Selectivity in the self-affirmation process. *Journal of Personality and Social Psychology, 68*, 986-996.

Aronson, J., Fried, C. B., & Good, C. (2002). Reducing the effects of stereotype threat on African American college students by shaping theories of intelligence. *Journal of Experimental Social Psychology, 38*, 113-125.

Aronson, J., Lustina, M. J., Good, C., Keough, K., Steele, C. M., & Brown, J. (1999). When White men can't do math: Necessary and sufficient factors in stereotype threat. *Journal of Experimental Social Psychology, 35*, 29-46.

Asch, S. E. (1946). Forming impressions of personality. *Journal of Abnormal and Social Psychology, 41*, 1230-1240.

Ashburn-Nardo, L., Voils, C. I., & Monteith, M. J. (2001). Implicit associations as the seeds of intergroup bias: How easily do they take root? *Journal of Personality and Social Psychology, 81*, 789-799.

Ashby, F. G., & Maddox, W. T. (2005). Human category learning. *Annual Review of Psychology, 56*, 149-178.

Aspinwall, L. G., & Brunhart, S. M. (1996). Distinguishing optimism from denial: Optimistic beliefs predict attention to health threats. *Personality and Social Psychology Bulletin, 22*, 993-1003.

Asuncion, A. G., & Lam, W. F. (1995). Affect and impression formation: Influence of mood on person memory. *Journal of Experimental Social Psychology, 31*, 437-464.

Augoustinos, M., & Walker, I. (1995). *Social cognition: An integrated introduction*. Thousand Oaks, CA: Sage.

Averill, J. R. (1980). On the paucity of positive emotions. In K. Blankstein, P. Pliner, & J. Polivy (Eds.), *Advances in the study of communication and affect, Vol. 6. Assessment and modification of emotional behavior* (pp. 7-45). New York: Plenum Press.

Averill, J. R. (1983). Studies on anger and aggression: Implications for theories of emotion. *American Psychologist, 38*, 1145-1160.

Averill, J. R. (1990a). Emotions as episodic dispositions, cognitive schemas, and transitory social roles: Steps toward an integrated theory of emotion. In D. J. Ozer, J. M. Healy Jr., & A. J. Stewart (Eds.), *Perspectives in personality* (Vol. 3a): Self and emotion. Greenwich, CT: JAI Press.

Averill, J. R. (1990b). Emotions in relation to systems of behavior. In N. L. Stein, B. Leventhal, & T. Trabasso (Eds.), *Psychological and biological approaches to emotion*. Hillsdale, NJ: Erlbaum.

Averill, J. R. (1990c). Inner feelings, works of the flesh, the beast within, diseases of the mind, driving force, and putting on a show: Six metaphors of emotion and their theoretical extensions. In D. Leary (Ed.), *Metaphors in the history of psychology*. Cambridge, MA: Cambridge University Press.

Ax, A. F. (1953). Physiological differentiation of emotional states. *Psychosomatic Medicine, 15*, 433- 442.

Axsom, D., Yates, S., & Chaiken, S. (1987). Audience response as a heuristic cue in persuasion. *Journal of Personality and Social Psychology, 53*, 30-40.

Babey, S. H., Queller, S., & Klein, S. B. (1998). The role of expectancy violating behaviors in the representation of trait knowledge: A summary-plus-exception model of social memory. *Social Cognition, 16*, 287-339.

Banaji, M. R., Nosek, B. A., & Greenwald, A. G. (2004). No place for nostalgia in science: A response to Arkes and Tetlock. *Psychological Inquiry, 15*, 279-310.

Bandura, A. (1982). Self-efficacy mechanism in human agency. American Psychologist, 37, 122-147. Bandura, A. (2006). Toward a psychology of human agency. *Perspectives on Psychological Science, 1*, 164-180.

Banfield, J. F., Wyland, C. L., Macrae, C. N., Münte, T. F., & Heatherton, T. F. (2004). The cognitive neuroscience of self-regulation. In R. F. Baumeister & K. D. Vohs (Eds.), *Handbook of self-regulation: Research, theory, and applications* (pp. 62-83). New York: Guilford Press.

Banks, R. R., & Eberhardt, J. L. (1998). Social psychological processes and the legal bases of racial categorization. In J. L. Fberhardt & S. T. Fiske (Eds.), *Confronting racism: The problem and the response* (pp. 54-75). Thousand Oaks, CA: Sage.

Barclay, A. M. (1970). The effect of female aggressive and sexual fantasies. *Journal of Projective Techniques and Personality Assessment, 34*, 19-26.

Barclay, A. M., & Haber, R. N. (1965). The relation of aggressive to sexual motivation. *Journal of Personality, 33*, 462-475.

Barden, R. C., Carber, J., Leiman, B., Ford, M. E., & Masters, J. C. (1985). Factors governing the effective remediation of negative affect and its cognitive and behavioral consequences. *Journal of Personality and Social Psychology, 49*, 1040-1053.

Bargh, J. A. (1984). Automatic and conscious processing of social information. In R. S. Wyer Jr. & T. K. Srull (Eds.), *Handbook of social cognition* (Vol. 3, pp. 1-44). Hillsdale, NJ: Erlbaum.

Bargh, J. A. (1988). Automatic information processing: Implications for communication and affect. In L. Donhew, H. F. Sypher, & E. T. Higgins (Eds.), *Communication, social cognition, and affect*. Hillsdale, NJ: Erlbaum.

Bargh, J. A. (1997). The automaticity of everyday life. In R. S. Wyer Jr. (Ed.), *The automaticity of everyday life* (pp. 1-62). Mahwah, NJ: Erlbaum.

Bargh, J. A. (1999). The cognitive monster: The case against the controllability of automatic stereotype effects. In S. Chaiken & Y Trope (Eds.), *Dual-process theories in social psychology* (pp. 361-382). New York: Guilford Press.

Bargh, J. A., Bond, R. N., Lombardi, W. J., & Tota, M. E. (1986). The additive nature of chronic and temporary sources of construct accessibility. *Journal of Personality and Social Psychology, 50*, 869-879.

Bargh, J. A., Chaiken, S., Govender, R., & Pratto, F. (1992). The generality of the automatic attitude activation effect. *Journal of Personality and Social Psychology, 62*, 893-912.

Bargh, J. A., Chaiken, S., Raymond, P. & Hymes, C. (1996). The automatic evaluation effect: Unconditional automatic attitude activation with a pronunciation task. *Journal of Experimental Social Psychology, 32*, 104-128.

Bargh, J. A., Chen, M., & Burrows, L. (1996). Automaticity of social behavior: Direct effects of trait construct and stereotype activation on action. *Journal of Personality and Social Psychology, 71*, 230-244.

Bargh, J. A., Gollwitzer, P. M., Lee-Chai, A., Barndollar, K., & Trötschel, R. (2001). The automated will: Nonconscious activation and pursuit of behavioral goals. *Journal of Personality and Social Psychology, 81*, 1014-1027.

Bargh, J. A., Lombardi, W. J., & Higgins, E. T. (1988). Automaticity of chronically accessible constructs in person X situation effects on person perception: It's just a matter of time. *Journal of Personality and Social Psychology, 55*, 599-605.

Bargh, J. A., & Pietromonaco, P. (1982). Automatic information processing and social perception: The influence of trait information presented outside of conscious awareness on impression formation. *Journal of Personality and Social Psychology, 43*, 437-449.

Bargh, J. A., & Pratto, F. (1986). Individual construct accessibility and perceptual selection. *Journal of Experimental Social Psychology, 22*, 293-311.

Bargh, J. A., & Them, R. D. (1985). Individual construct accessibility, person memory, and the recall-judgment link: The case of information overload. *Journal of Personality and Social Psychology, 49*, 1129-1146.

Bargh, J. A., & Tota, M. E. (1988). Context-dependent automatic processing in depression: Accessibility of negative constructs with regard to self but not others. Journal of Personality and Social Psychology, 54, 925-939.

Bargh, J. A., & Williams, E. L. (2006). The automaticity of social life. *Current Directions in Psychological Science, 15*, 1-4.

Bar-Hillel, M. (1980). The base-rate fallacy in probability judgments. *Acta Psychologica, 44*, 211-233.

Bar-Hillel, M., & Fischhoff, B. (1981). When do base rates affect predictions? *Journal of Personality and Social Psychology, 41*, 671-680.

Baron, R. A. (1977). *Human aggression*. New York: Plenum Press.

Baron, R. A. (1997). The sweet smell of… helping: Effects of pleasant ambient fragrance on prosocial behavior in shopping malls. *Personality and Social Psychology Bulletin, 23*, 498-503.

Baron, R. M. (1980). Contrasting approaches to social knowing: An ecological perspective. *Personality and Social Psychology Bulletin, 6*, 590-600.

Baron, R. M. (1988). An ecological framework for establishing a dual-mode theory of social knowing. In D. Bar-Tal & A. W. Kruglanski (Eds.), *The social psychology of knowledge* (pp. 48-82). New York: Cambridge University Press.

Barrett, L. F. (2006). Solving the emotion paradox: Categorization and the experience of emotion. *Personality and Social Psychology Review, 10*, 20-46.

Barrett, L. F., & Russell, J. A. (1999). The structure of current affect: Controversies and emerging consensus. *Current Directions in Psychological Science, 8*, 10-14.

Barrett, L. F., Tugade, M. M., & Engle, R. W. (2004). Individual differences in working memory capacity and dual-process theories of the mind. *Psychological Bulletin, 130*, 553-573.

Barrett, L. F., & Wager, T. D. (2006). The structure of emotion: Evidence from neuroimaging studies. *Current Directions in Psychological Science, 15*, 79-83.

Barsalou, L. W. (1985). Ideals, central tendency, and frequency of instantiation as determinants of graded structure in categories. *Journal of Experimental Psychology: Learning, Memory, and Cognition, 11*, 629-654.

Barsalou, L. W. (1999a). Language comprehension: Archival memory or preparation for situated action? *Discourse Processes, 28*, 61-80.

Barsalou, L. W. (1999b). Perceptual symbol systems. *Behavioral and Brain Sciences, 22*, 577-660.

Bartlett, M. Y., & DeSteno, D. (2006). Gratitude and prosocial behavior: Helping when it costs you. *Psychological Science, 17*, 319-325.

Bassili, J. N., & Krosnick, J. A. (2000). Do strength-related attitude properties determine susceptibility to response effects? New evidence from response latency, attitude extremity, and aggregate indices. *Political Psychology, 21*, 107-132.

Bastian, B., & Haslam, N. (2006). Psychological essentialism and stereotype endorsement. *Journal of Experimental Social Psychology, 42*, 228-235.

Baumeister, R. F., Campbell, J. D., Krueger, J. I., & Vohs, K. D. (2003). Does high self-esteem cause better performance, interpersonal success, happiness, or healthier lifestyles? *Psychological Science in the Public Interest, 4*, 1-44.

Baumeister, R. F., DeWall, C. N., Ciarocco, N. J., & Twenge, J. M. (2005). Social exclusion impairs self-regulation. *Journal of Personality and Social Psychology, 88*, 589-604.

Baumeister, R. F., & Jones, E. E. (1978). When self-presentation is constrained by the target's knowledge. *Journal of Personality and Social Psychology, 36*, 608-618.

Baumeister, R. F., & Leary, M. R. (1995). The need to belong: Desire for interpersonal attachments as a fundamental human motivation. *Psychological Bulletin, 117*, 497-529.

Baumeister, R. F., & Scher, S. J. (1988). Self-defeating behavior patterns among normal individuals: Review and analysis of common self-destructive tendencies. *Psychological Bulletin, 104*, 3-22.

Baumeister, R. F., Smart, L., & Boden, J. M. (1996). Relation of threatened egotism to violence and aggression: The dark side of high self-esteem. *Psychological Review, 103*, 5-33.

Baumeister, R. F., Tice, D. M., & Hutton, D. C. (1989). Self-presentational motivations and personality differences in self-esteem. *Journal of Personality, 57*, 547-579.

Baumgardner, A. H., & Arkin, R. M. (1988). Affective state mediates causal attributions for success and failure. *Motivation and Emotion, 12*, 99-111.

Baumgardner, A. H., Lake, E. A., & Arkin, R. M. (1985). Claiming mood as a self-handicap: The influence of spoiled and unspoiled public identities. Personality and Social *Psychology Bulletin, 11*, 349-357.

Beauregard, K. S., & Dunning, D. (1998). Turning up the contrast: Self-enhancement motives prompt egocentric contrast effects in social judgments. *Journal of Personality and Social Psychology, 74*, 606-621.

Bechara, A., Damasio, A. R., Damasio, H., & Anderson, S. W. (1994). Insensitivity to future consequences following damage to human prefrontal cortex. *Cognition, 50*, 7-15.

Beer, J. S., Heerey, F. A., Keltner, D., Scabini, D., & Knight, R. T. (2003). The regulatory function of self-conscious emotion: Insights from patients with orbitofrontal damage. *Journal of Personality and Social Psychology, 85*, 594-604.

Bem, D. J. (1967). Self-perception: An alternative interpretation of cognitive dissonance phenomena. *Psychological Review, 74*, 183-200.

Bem, D. J. (1972). Self-perception theory. In L. Berkowitz (Ed.), *Advances in experimental social psychology* (Vol. 6, pp. 1-62). New York: Academic Press.

Beni, D. J., & McConnell, H. K: (1970). Testing the self-perception explanation of dissonance phenomena: On the salience of premanipulation attitudes. *Journal of Personality and Social Psychology, 14*, 23-31.

Bem, S. L. (1993). *The lenses of gender: Transforming the debate on sexual inequality*. New Haven: Yale University Press.

Benesh, M., & Weiner, B. (1982). On emotion and motivation: From the notebooks of Fritz Heider. *American Psychologist, 37*, 887-895.

Bentler, P. M., & Speckart, C. (1981). Attitudes cause behaviors: A structural equation analysis. *Journal of Personality and Social Psychology, 40*, 226-238.

Ben-Zeev, T., Fein, S., & Inzlicht, M. (2005). Arousal and stereotype threat. *Journal of Experimental Social Psychology, 41*, 174-181.

Berger, S. M., & Lambert, W. W. (1968). Stimulus-response theory in contemporary social psychology. In G. Lindzey & E. Aronson (Eds.), *The handbook of social psychology* (Vol. 1, 2nd ed). Reading, MA: Addison-Wesley.

Berglas, S., & Jones, E. E. (1978). Drug choice as a self-handicapping strategy in response to noncontingent success. *Journal of Personality and Social Psychology, 36*, 405-417.

Berk, M. S., & Andersen, S. M. (2000). The impact of past relationships on interpersonal behavior: Behavioral confirmation in the social-cognitive process of transference. *Journal of Personality and Social Psychology, 79*, 546-562.

Berkowitz, L. (1974). Some determinants of impulsive aggression: Role of mediated associa-with reinforcements for aggression. *Psychological Review, 81*, 165-176.

Berlyne, D. E. (1970). Novelty, complexity, and hedonic value. *Perception and Psychophysics, 8*, 279-286.

Berrenberg, J. L., Finlay, K. A., Stephan, W. G., & Stephan C. (2002). Prejudice toward people with cancer or AIDS: Applying the integrated threat model. *Journal of Applied Biobehavioral Research, 7*, 75-86.

Berry, D. S., & McArthur, L. Z. (1985). Some components and consequences of a babyface. *Journal of Personality and Social Psychology, 48*, 312-323.

Berry, D. S., & McArthur, L. Z. (1986). Perceiving character in faces: The impact of age-related craniofacial changes on social perception. *Psychological Bulletin, 100*, 3-18.

Berry, D. S., & Zebrowitz-McArthur, L. (1988). What's in a face? Facial maturity and the attribution of legal responsibility. *Personality and Social Psychology Bulletin, 14*, 23-33.

Berscheid, E. (1982). Attraction and emotion in interpersonal relationships. In M. S. Clark & S. T. Fiske (Eds.), *Affect and cognition: The 17th Annual Carnegie Symposium on Cognition* (pp. 37-54). Hillsdale, NJ: Erlbaum.

Berscheid, E. (1983). Emotion. In H. H. Kelley, E. Berscheid, A. Christensen, J. Harvey, T. Huston, G. Levinger, E. McClintock, A. Peplau, & D. Peterson (Eds.), *Close relationships* (pp. 110-168). San Francisco: Freeman.

Berscheid, E., Graziano, W. G., Monson, T. C., & Dermer, M. (1976). Outcome dependency: Atattribution, and attraction. *Journal of Personality and Social Psychology, 34*, 978-989.

Berscheid, E., Snyder, M., & Omoto, A. M. (1989). Issues in studying close relationships: Conand measuring closeness. In C. Hendrick (Ed.), *Close relationships*. Newbury Park, CA: Sage.

Berscheid, E., & Walster, E. H. (1978). *Interpersonal attraction*. Reading, MA: Addison-Wesley.

Bettencourt, B. A., Charlton, K., Dorr, N. & Hume, D. L. (2001). Status differences and in-group bias: A meta-analytic examination of the effects of status stability, status legitimacy, and group permeability. *Psychological Bulletin, 127*, 520-542.

Biernat, M., & Fuegen, K. (2001). Shifting standards and the evaluation of competence: Complexin gender-based judgment and decision making. *Journal of Social Issues, 57*, 707-724.

Biernat, M., Crandall, C. S., Young, L. V., Kobrynowicz, D., & Halpin, S. M. (1998). All that you can be: Stereotyping of self and others in a military context. *Journal of Personality and Social Psychology, 75*, 301-317.

Biernat, M., & Fuegen, K. (2001). Shifting standards and the evaluation of competence: Complexin gender-based judgment and decision making. *Journal of Social Issues, 57*, 707-724.

Biernat, M., & Vescio, T. K. (2002). She swings, she hits, she's great, she's benched: Implicaof gender-based shifting standards for judgment and behavior. *Personality and Social Psychology Bulletin, 28*, 66-77.

Birnbaum, M. H., & Mellers, B. A. (1979a). One-mediator model of exposure effects is still vi *Journal of Personality and Social Psychology, 37*, 1090-1096.

Birnbaum, M. H., & Mellers, B. A. (1979b). Stimulus recognition may mediate exposure effects. *Journal of Personality and Social Psychology, 37*, 391-394.

Bizer, G. Y., & Krosnick, J. A. (2001). Exploring the structure of strength-related attitude feaThe relation between attitude importance and attitude accessibility. *Journal of Personality and Social Psychology, 81*, 566-586.

Bizer, G. Y., Krosnick, J. A., Holbrook, A. L., Wheeler, S. C., Rucker, D. D., & Petty, R. E. (2004). The impact of personality on cognitive, behavioral, and affective political processes: The effects of need to evaluate. *Journal of Personality, 72*, 995-1027.

Blackwood, N. J., Bentall, R. F., ffytche, D. H., Simmons, A., Murray, R. M., & Howard, R. J. (2003). Self-responsibility and the self-serving bias: An fMRI investigation of causal at *NeuroImage, 20*, 1076-1085.

Blair, I. V., & Banaji, M. R. (1996). Automatic and controlled processes in stereotype priming. *Journal of Personality and Social Psychology, 70*, 1142-1163.

Blair, I. V., Judd, C. M., & Chapleau, K. M. (2004). The influence of Afrocentric facial features in criminal sentencing. *Psychological Science, 15*, 674-679.

Blair, I. V., Judd, C. M., Sadler, M. S., & Jenkins, C. (2002). The role of Afrocentric features in person perception: Judging by features and categories. *Journal of Personality and Social Psychology, 83*, 5-25.

Blair, I. V., Ma, J. E., & Lenton, A. P. (2001). Imagining stereotypes away: The moderation of implicit stereotypes through mental imagery. *Journal of Personality and Social Psychology, 81*, 828-841.

Blake, R. R., & Mouton, J. S. (1961). Reactions to intergroup competition under win-lose conditions. *Management Science, 7*, 420-435.

Blake, R. R., & Mouton, J. S. (1962). The intergroup dynamics of win-loss conflict and problem-solving collaboration in union-management relations. In M. Sherif (Ed.), *International relations and leadership* (pp. 94-141). New York: Wiley.

Blaney, P. H. (1986). Affect and memory: A review. *Psychological Bulletin, 99*, 229-246.

Blanton, H., Cooper, J., Skurnik, I., & Aronson, J. (1997). When bad things happen to good feedback: Exacerbating the need for self-justification with self-affirmations. *Personality and Social Psychology Bulletin, 23*, 684-692.

Blascovich, J., Mendes, W. B., Hunter, S. B., Lickel, B. A., & Kowai-Bell, N. (2001). Perceiver threat in social interactions with stigmatized others. *Journal of Personality and Social Psychology, 80*, 253-267.

Blascovich, J., Wyer, N. A., Swart, L. A., & Kibler, J. L. (1997). Racism and racial categorization. *Journal of Personality and Social Psychology, 72*, 1364-1372.

Bless, H., Clore, G. L., Schwarz, N., Golisano, V., et al. (1996). Mood and the use of scripts: Does a happy mood really lead to mindlessness? *Journal of Personality and Social Psychology, 71*, 655-679.

Bless, H., Fiedler, K., & Strack, F. (2004). *Social cognition: How individuals construct social reality*. New York: Psychology Press.

Bobo, L. D. (1983). Whites' opposition to busing: Symbolic racism or realistic group conflict? *Journal of Personality and Social Psychology, 45*, 1196-1210.

Bobrow, D. G., & Norman, D. A. (1975). Some principles of memory schemata. In D. G. Bobrow & A. G. Collins (Eds.), *Representation and understanding: Studies in cognitive science* (pp. 131-150). New York: Academic Press.

Bochner, S. (1994). Cross-cultural differences in the self concept: A test of Hofstede's individualism/ collectivism distinction. *Journal of Cross-Cultural Psychology, 25*, 273-283.

Bodenhausen, G. V. (1993). Emotions, arousal, and stereotypic judgments: A heuristic model of affect and stereotyping. In D. M. Mackie & D. L. Hamilton (Eds.), *Affect, cognition and stereotyping* (pp. 13-37). San Diego, CA: Academic Press.

Bodenhausen, G. V., Kramer, G. P. & Süsser, K. (1994). Happiness and stereotypic thinking in social judgment. *Journal of Personality and Social Psychology, 66*, 621-632.

Bodenhausen, G. V., & Lichtenstein, M. (1987). Social stereotypes and information processing strategies: The impact of task complexity. *Journal of Personality and Social Psychology, 52*, 871-880.

Bodenhausen, G. V., & Macrae, C. N. (1998). In R. S. Wyer Jr. (Ed.), *Advances in social cognition. Vol. 11. Stereotype activation and inhibition*. Mahwah, NJ: Erlbaum.

Bodenhausen, G. V., Macrae, C. N., & Sherman, J. S. (1999). On the dialectics of discrimination: Dual processes in social stereotyping. In S. Chaiken & Y Trope (Eds.), *Dual-process theories in social psychology* (pp. 271-290). New York: Guilford Press.

Bodenhausen, G. V., Mussweiler, T., Gabriel, S., & Moreno, K. N. (2001). In J. P. Forgas (Ed.), *Handbook of affect and social cognition* (pp. 319-342). Mahwah NJ: Erlbaum.

Bodenhausen, G. V., & Wyer, R. S., Jr. (1985). Effects of stereotypes on decision making and information-processing strategies. *Journal of Personality and Social Psychology, 48*, 267-282.

Bogardus, E. S. (1933). A social distance scale. *Sociology and Social Research, 17*, 265-271.

Bonano, G. A., Field, N. F., Kovacevic, A., & Kaltman, S. (2002). Self-enhancement as a buffer against extreme adversity: Civil war in Bosnia and traumatic loss in the United States. *Personality and Social Psychology Bulletin, 28*, 184-196.

Bond, M. H. (1972). Effect of an impression set on subsequent behavior. *Journal of Personality and Social Psychology, 24*, 301-305.

Boney-McCoy, S., Gibbons, F. X., & Gerrard, M. (1999). Self-esteem, compensatory self-enhancement, and the consideration of health risk. *Personality and Social Psychology Bulletin, 25*, 954-965.

Boninger, D. S., Krosnick, J. A., & Berent, M. K. (1995). Origins of attitude importance: Self-interest, social identification, and value relevance. *Journal of Personality and Social Psychology, 68*, 61-80.

Borgida, E., & Campbell, B. (1982). Attitude-behavior consistency: The moderating role of personal experience. *Journal of Personality and Social Psychology, 42*, 239-247.

Borgida, E., & Howard-Pitney, B. (1983). Personal involvement and the robustness of perceptual salience effects. *Journal of Personality and Social Psychology, 45*, 560-570.

Borgida, E., Swann, W. B., Jr., & Campbell, B. H. (1977, August). *Attitudes and behavior: The specificity hypothesis revisited.* Paper presented at the meeting of the American Psychological Association, San Francisco.

Boring, E. G. (1950). *A history of experimental psychology* (2nd ed). Englewood Cliffs, NJ: Prentice-Hall.

Bornstein, R. F. (1989). Exposure and affect: Overview and meta-analysis of research, 1968-1987. *Psychological Bulletin, 106*, 265-289.

Bornstein, R. F., & D'Agostino, P. R. (1992). Stimulus recognition and the mere exposure effect. *Journal of Personality and Social Psychology, 63*, 545-552.

Bornstein, R. F., & D'Agostino, P. R. (1994). The attribution and discounting of perceptual fluency: Preliminary tests of a perceptual fluency/attributional model of the mere exposure effect. *Social Cognition, 12*, 103-128.

Bornstein, B. H., & Wiener, R. L. (2006). Introduction to the special issue on emotion in legal judgment and decision making. *Law and Human Behavior, 30*, 115-118.

Bosson, J. K., Haymovitz, E. L., & Pinel, E. C. (2004). When saying and doing diverge: The effects of stereotype threat on self-reported versus non-verbal anxiety. *Journal of Experimental and Social Psychology, 40*, 247-255.

Botvinick, M. M., Cohen, J. D., & Carter, C. S. (2004). Conflict monitoring and anterior cingulate cortex: An update. *Trends in Cognitive Sciences, 8*, 539-546.

Bower, G. H. (1987). Commentary on mood and memory. *Behavior Research Therapy, 25*, 443-455.

Bower, G. H. (1990). Awareness, the unconscious, and repression: An experimental psychologist's perspective. In. J. A. Singer (Ed.), *Repression: Defense mechanism and personality style* (pp. 209-231). Chicago, IL: University of Chicago Press.

Bower, G. H. (1991). *The psychology of learning and motivation: Advances in research and theory* (Vol. 27). San Diego, CA: Academic Press.

Bower, G. H., Gilligan, S. C., & Monteiro, K. P. (1981). Selectivity of learning caused by affective states. *Journal of Experimental Psychology: General, 110*, 451-473.

Bower, G. H., & Mayer, J. D. (1989). In search of mood-dependent retrieval. *Journal of Social Behavior and Personality, 4*, 121-156.

Bradburn, N. M., & Caplovitz, D. (1965). *Reports on happiness.* Chicago: Aldine.

Bramel, D. (1963). Selection of a target for defensive projection. *Journal of Abnormal and Social Psychology, 66*, 318-324.

Brandstätter, V., & Frank, E. (2002). Effects of deliberative and implemental mindsets on persistence in goal-directed behavior. *Personality and Social Psychology Bulletin, 28*, 365-375.

Branscombe, N. R. (1985). Effects of hedonic valence and physiological arousal on emotion: A comparison of two theoretical perspectives. *Motivation and Emotion, 9*, 153-169.

Branscombe, N. R. (1988). Conscious and unconscious processing of affective and cognitive information. In K. Fiedler & J. Forgas (Eds.), *Affect, cognition, and social behavior: New evidence and integrative attempts* (pp. 3-24). Toronto, Canada: Hogrefe.

Branscombe, N. R., & Cohen, B. M. (1990). Motivation and complexity levels as determinants of heuristic use in social judgment. In J. Forgas (Ed.), *Emotion and social judgment.* Oxford: Pergamon Press.

Branscombe, N. R., Schmitt, M. T., & Harvey, R. D. (1999). Perceiving pervasive discrimination among African Americans: Implications for group identification and well-being. *Journal of Personality and Social Psychology, 77*, 135-149.

Branscombe, N. R., & Wann, D. L. (1994). Collective self-esteem consequences of outgroup derogation when a valued social identity is on trial. *European Journal of Social Psychology, 24*, 641-657.

Braverman, J. (2005). The effect of mood on detection of covariation. *Personality and Social Psychology Bulletin, 31*, 1487-1497.

Brehm, J. W. (1956). Postdecision changes in the desirability of alternatives. *Journal of Abnormal and Social Psychology, 52*, 384-389.

Brehm, J. W., & Cohen, A. R. (1962). *Explorations in cognitive dissonance.* New York: Wiley.

Brewer, M. B. (1988). A dual process model of impression formation. In T. K. Srull & R. S. Wyer Jr. (Eds.), *Advances in social cognition* (Vol. 1, pp. 1-36). Hillsdale, NJ: Erlbaum.

Brewer, M. B. (1991). The social self: On being the same and different at the same time. *Personality and Social Psychology Bulletin, 17*, 475-482.

Brewer, M. B. (1999). The psychology of prejudice: Ingroup love or outgroup hate? *Journal of Social Issues, 55*, 429-444.

Brewer, M. B., & Alexander, M. G. (2002). Intergroup emotions and images. In D. M. Mackie & E. R. Smith (Eds.), *From prejudice to intergroup emotions* (pp. 209-225). New York: Psychology Press.

Brewer, M. B., & Brown, R. J. (1998). Intergroup

relations. In D. T. Gilbert, S. T. Fiske, & G. Lindzey (Eds.), *Handbook of social psychology* (4th ed., Vol. 2, pp. 554-594). New York: McGraw-Hill.

Brewer, M. B., Dull, V., & Lui, L. (1981). Perceptions of the elderly: Stereotypes as prototypes. *Journal of Personality and Social Psychology*, *41*, 656-670.

Brewer, M. M., & Harasty Feinstein, A. S. (1999). Dual processes in the cognitive representation of persons and social categories. In S. Chaiken & Y. Trope (Eds.), *Dual-process theories in social psychology* (pp. 255-270). New York: Guilford Press.

Brickman, F., Rabinowitz, V. C., Karuza, J. Jr., Coates, D., Cohn, F., & Kidder, L. (1982). *Models of helping and coping. American Psychologist*, *37*, 368-384.

Brickner, M. A., Harkins, S. G., & Ostrom, T. M. (1985). The effects of personal involvement: Thought provoking implications of social loafing. *Journal of Personality and Social Psychology*, *51*, 763-770.

Brief, A. F., & Weiss, H. M. (2002). Organizational behavior: Affect in the workplace. *Annual Review of Psychology*, *53*, 279-307.

Briñol, F., & Petty, R. E. (2003). Overt head movements and persuasion: A self-validation analysis. *Journal of Personality and Social Psychology*, *84*, 1123-1139.

Briñol, F., Petty, R. E., & Wheeler, S. C. (2006). Discrepancies between explicit and implicit self-concepts: Consequences for information processing. *Journal of Personality and Social Psychology*, *91*, 154-170.

Broadbent, D. (1958). *Perception and communication*. London: Pergamon Press.

Broadbent, D. (1982). Task combination and selective intake of information. *Acta Psychologica*, *50*, 253-290.

Brock, T. C. (1967). Communication discrepancy and intent to persuade as determinants of counterargument production. *Journal of Experimental Social Psychology*, *3*, 269-309.

Brock, T. C., Albert, S. M., & Becker, L. A. (1970). Familiarity, utility, and supportiveness as determinants of information receptivity. *Journal of Personality and Social Psychology*, *14*, 292-301.

Brock, T. C., & Balloun, J. L. (1967). Behavioral receptivity to dissonant information. *Journal of Personality and Social Psychology*, *6*, 413-428.

Brockner, J., Wiesenfeld, B. M., & Martin, C. L. (1995). Decision frame, procedural justice, and survivors reactions to job layoffs. *Organizational Behavior and Human Decision Processes*, *63*, 59-68.

Bronfenbrenner, U. (1977). Lewinian space and ecological substance. *Journal of Social Issues*, *33*, 199-212.

Brown, J. D. (1986). Evaluations of self and others: Self-enhancement biases in social judgments. *Social Cognition*, *4*, 353-376.

Brown, J. D. (1990). Evaluating one's abilities: Shortcuts and stumbling blocks on the road to self-knowledge. *Journal of Experimental Social Psychology*, *26*, 149-167.

Brown, J. D., & Dutton, K. A. (1995). Truth and consequences: The costs and benefits of accurate self-knowledge. *Personality and Social Psychology Bulletin*, *21*, 1288-1296.

Brown, J. D., & Marshall, M. A. (2001). Self-esteem and emotion: Some thoughts about feelings. *Personality and Social Psychology Bulletin*, *27*, 575-584.

Brown, J. D., & Taylor, S. E. (1986). Affect and the processing of personal information: Evidence for mood-activated self-schemata. *Journal of Experimental Social Psychology*, *22*, 436-452.

Brown, R. (1986). *Social psychology: The second edition*. New York: Free Press.

Brown, R. J. (2000). Social identity theory: Past achievements, current problems, and future challenges. *European Journal of Social Psychology*, *30*, 745-778.

Brown, R. J., & Gaertner, S. L. (2001). *Blackwell handbook of social psychology: Intergroup processes*. London: Blackwell.

Brown, R., & Kulik, J. A. (1977). Flashbulb memories. *Cognition*, *5*, 73-99.

Brown, R. J., Maras, F., Masser, B., Vivian, J., & Hewstone, M. (2001). Life on the ocean wave: Testing some intergroup hypotheses in a naturalistic setting. *Group Processes and Intergroup Relations*, *4*, 81-97.

Bruce, V., & Young, A. (1986). Understanding face recognition. *British Journal of Psychology*, *77*, 305-327.

Bruner, J. S. (1957). On perceptual readiness. *Psychological Review*, *64*, 123-152.

Bruner, J. S. (1958). Social psychology and perception. In E. E. Maccoby, T. M. Newcomb, & E. L. Hartley (Eds.), *Readings in social psychology* (3rd ed). New York: Holt, Rinehart, & Winston.

Brunswik, E. (1956). *Perception and the representative design of psychological experiments* (2nd ed). Berkeley and Los Angeles: University of California Press.

Bryant, J., & Zillmann, D. (1979). Effect of intensification of annoyance through unrelated residual excitation on substantially delayed hostile behavior. *Journal of Experimental Social Psychology*, *15*, 470-480.

Buck, R. (1980). Nonverbal behavior and the theory of emotion: The facial feedback hypothesis. *Journal of Personality and Social Psychology, 38,* 811-824.

Buckner, R. L., Kelley, W. M., & Petersen, S. E. (1999). Frontal cortex contributes to human memory formation. *Nature Neuroscience, 2,* 311-314.

Buehler, R., Griffin, D., & Ross, M. (1994). Exploring the "planning fallacy": Why people underestimate their task completion times. *Journal of Personality and Social Psychology, 67,* 366-381.

Burger, J. M. (1981). Motivational biases in the attribution of responsibility for an accident: A meta-analysis of the defensive-attribution hypothesis. *Psychological Bulletin, 90,* 496-512.

Burgess, E. W. (1941). An experiment in the standardization of the case study method. *Sociometry, 4,* 329-348.

Burnstein, E., & Schul, Y. (1982). The informational basis of social judgments: Operations in forming impressions of other persons. *Journal of Experimental Social Psychology, 18,* 21 7-234.

Burnstein, E., & Sentis, K. F. (1981). Attitude polarization in groups. In R. F. Petty, T. M. Ostrom, & T. C. Brock (Eds.), *Cognitive responses in persuasion* (pp. 197-216). Hillsdale, NJ: Erlbaum.

Burnstein, E., & Vinokur, A. (1973). Testing two classes of theories about group-induced shifts in individual choice. *Journal of Experimental Social Psychology, 9,* 123-137.

Burnstein, E., & Vinokur, A. (1975). What a person thinks upon learning he has chosen differently from others: Nice evidence for the persuasive-arguments explanation of choice shifts. *Journal of Experimental Social Psychology, 11,* 412-426.

Burns, C. T., & Rempel, J. K. (2004). "It's the end of the world as we know it:" Threat and the spatial-symbolic self. *Journal of Personality and Social Psychology, 86,* 19-42.

Bush, G., Luu, P., & Posner, M. (2000). Cognitive and emotional influences in anterior cingulate cortex. *Trends in Cognitive Science, 4,* 215-222.

Business and Professional Women's Foundation. (2005, July). 101 facts on the status of working women. Retrieved July 31, 2006, from http://www.bpwusa.org

Buss, D. M. (1989). Sex differences in human mate preferences: Evolutionary hypothesis tested in 37 cultures. *Behavioral and Brain Sciences, 12,* 1-49.

Buss, D. M., Abbott, M., Angleitner, A., Asherian, A., et al. (1990). International preferences in selecting mates: A study of 37 cultures. *Journal of Cross-Cultural Psychology, 21,* 5-47.

Buss, D. M., & Craik, K. H. (1980). The frequency concept of disposition: Dominance and prototypically dominant acts. *Journal of Personality, 43,* 379-392.

Buss, D. M., & Craik, K. H. (1981). The act frequency analysis of interpersonal dispositions: Aloofness, gregariousness, dominance, and submissiveness. *Journal of Personality, 49,* 175-192.

Buss, D. M., & Kennick, D. T. (1998). Evolutionary social psychology. In D. T. Gilbert, S. T. Fiske, & G. Lindzey (Eds.), *Handbook of social psychology* (4th ed., Vol. 2, pp. 982-1026). New York: McGraw-Hill.

Buss, D. M., & Schmitt, D. F. (1993). Sexual strategies theory: An evolutionary perspective on human mating. *Psychological Review, 100,* 204-232.

Cacioppo, J. T. (1979). Effects of exogenous changes in heart rate on facilitation of thought and resistance to persuasion. *Journal of Personality and Social Psychology, 37,* 489-498.

Cacioppo, J. T., Amaral, D., Blanchard, J. J., Cameron, J. L., Carter, C. S., Crews, D. P., et al. (in press). *Social neuroscience: Progress and implications for mental health.* Perspectives on Psychological Science.

Cacioppo, J. I., & Berntson, G. G. (1992). Social psychological contributions to the decade of the brain: Doctrine of multilevel analysis. *American Psychologist, 47,* 1019-1028.

Cacioppo, J. T., & Berntson, G. G. (1999). The affect system: Architecture and operating characteristics. *Current Directions in Psychological Science, 8,* 133-137.

Cacioppo, J. T., & Gardner, W. L. (1999). Emotions. *Annual Review of Psychology, 50,* 191-214.

Cacioppo, J. T., & Petty, R. E. (1979). Effects of message repetition and position on cognitive response, recall, and persuasion. *Journal of Personality and Social Psychology, 37,* 97-109.

Cacioppo, J. T., & Petty, R. E. (1982). The need for cognition. *Journal of Personality and Social Psychology, 42,* 116-131.

Cacioppo, J. T., Petty, R. E., & Geen, T. R. (1989). Attitude structure and function: From the tripartite to the homeostasis model of attitudes. InA. R. Pratkanis, S. J. Breckler, & A. G. Greenwald (Eds.), *Attitude structure and function* (pp. 275-309). Hillsdale, NJ: Erlbaum.

Cacioppo, J. T., Petty, R. E., Losch, M. E., & Kim, H. S. (1986). Flectromyographic activity over facial muscle regions can differentiate the valence and intensity of affective reactions. *Journal of Personality and Social Psychology, 50,* 260-268.

Cacioppo, J. T., Petty, R. E., & Morris, K. J. (1983). Effects of need for cognition on message evaluation, recall, and persuasion. *Journal of Personality and Social Psychology, 45,* 805-818.

Cacioppo, J. T., Pniester, J. R., & Berntson, G. G. (1993). Rudimentary determinants of attitudes: II. Arm flexion and extension have differential effects on attitudes. *Journal of Personality and Social Psychology, 65,* 5-17.

Cadinu, M., Maass, A., Rosabianca, A., & Kiesner, J. (2005). Why do women underperform under stereotype threat? Evidence for the role of negative thinking. *Psychological Science, 16,* 572-578.

Caldwell, C. H., Sellers, R. M., Bernat, D. H., & Zimmerman, M. A. (2004). Racial identity, parental support, and alcohol use in a sample of academically at-risk African American high school students. *American Journal of Community Psychology, 34,* 71-82.

Caldwell, C. H., Zimmerman, M. A., Bernat, D. H., Sellers, R. M., & Notaro, F. C. (2002). Racial identity, maternal support and psychological distress among African American adolescents. *Child Development, 73,* 1322-1336.

Calvo-Menino, B., Glaser, D. E., Grezes, J., Passingham, R. E., & Haggard, P. (2005). Action observation and acquired motor skills. *Cerebral Cortex, 15,* 1243-1249.

Camerer, C. (2003). Strategizing in the brain. *Science, 300,* 1673-1675.

Campbell, D. T. (1958). Common fate, similarity, and other indices of the status of aggregates of persons as social entities. *Behavioral Science, 3,* 14-25.

Campbell, D. T. (1965). Ethnocentric and other altruistic motives. In D. Levine (Ed.), *Nebraska Symposium on Motivation* (pp. 283-311). Lincoln: University of Nebraska Press.

Campbell, J. D. (1986). Similarity and uniqueness: The effects of attribute type, relevance, and individual differences in self-esteem and depression. *Journal of Personality and Social Psychology, 50,* 281-294.

Cannon, W. B. (1927). The James-Lange theory of emotions: A critical examination and an alternative theory. *American Journal of Psychology, 39,* 106-124.

Cantor, J. R., Bryant, J., & Zillmann, D. (1974). Enhancement of humor appreciation by transferred excitation. *Journal of Personality and Social Psychology, 30,* 812-821.

Cantor, J. R., & Zillmann, D. (1973). The effect of affective state and emotional arousal on music appreciation. *Journal of General Psychology, 89,* 97-108.

Cantor, N., & Kihlstrom, J. F. (1985) Social intelligence: The cognitive basis of personality. In F. Shaver (Ed.), *Review of personality and social psychology* (Vol. 6, pp. 15-34). Beverly Hills, CA: Sage.

Cantor, N., & Kihlstrom, J. F. (1987). *Personality and social intelligence.* Englewood Cliffs, NJ: Prentice-Hall.

Cantor, N., Mackie, D. M., & Lord, C. G. (1983-1984). Choosing partners and activities: The social perceiver decides to mix it up. *Social Cognition, 2,* 256-272.

Cantor, N., & Mischel, W. (1979). Prototypes in person perception. In L. Berkowitz (Ed.), *Advances in experimental social psychology* (Vol. 12, pp. 3-52). New York: Academic Press.

Carlson, M., Charlin, V., & Miller, N. (1988). Positive mood and helping behavior: A test of six hypotheses. *Journal of Personality and Social Psychology, 55,* 211-229.

Carlson, M., & Miller, N. (1987). Explanation of the relation between negative mood and helping. *Psychological Bulletin, 102,* 91-108.

Carlston, D. E. (1994). Associated systems theory: A systematic approach to the cognitive representation of persons and events. In R. S. Wyer (Ed.), *Advances in social cognition: Associated systems theory* (Vol. 7, pp. 1-78). Hillsdale, NJ: Erlbaum.

Carlston, D. E., & Skowronski, J. J. (1994). Savings in the relearning of trait information as evidence for spontaneous inference generation. *Journal of Personality and Social Psychology, 66,* 840-856.

Carlston, D. E., Skowronski, J. J., & Sparks, C. (1995). Savings in relearning II: On the formation of behavior-based trait associations and inferences. *Journal of Personality and Social Psychology, 69,* 420-436.

Carnevale, F. J. D., & Isen, A. M. (1986). The influence of positive affect and visual access on the discovery of integrative solutions in bilateral negotiation. *Organizational Behavior and Human Decision Processes, 37,* 1-13.

Carroll, J. S. (1978). The effect of imagining an event on expectations for the event: An interpretaion in terms of the availability heuristic. *Journal of Experimental Social Psychology, 14,* 88-96.

Carvallo, M., & Pelham, B. W. (2006). When fiends become friends: The need to belong and perceptions of personal and group discrimination. *Journal of Personality and Social Psychology, 90,* 94-108.

Carver, C. S. (1979). A cybernetic model of self-attention processes. *Journal of Personality and Social Psychology, 37,* 1251-1281.

Carver, C. S. (2003). Pleasure as a sign you can attend to something else: Placing positive feelings within a general model of affect. *Cognition and Emotion, 17,* 241-261.

Carver, C. S., la Voie, L., Kuhl, J., & Ganellen, R. J. (1988). Cognitive concomitants of depression: A further examination of the roles of generalization, high standards, and self-criticism. *Journal of Social and Clinical Psychology, 7,* 350-365.

Carver, C. S., & Scheier, M. F. (1982). Outcome expectancy, locus of attribution for expectancy, and self-directed attention as determinants of evaluations and performance. *Journal of Experimental Social Psychology, 18,* 184-200.

Carver, C. S., & Scheier, M. F. (1990). Origins and functions of positive and negative affect: A control-process view. *Psychological Review, 97,* 19-35.

Carver, C. S., & Scheier, M. F. (1998). *On the self-regulation of behavior.* New York: Cambridge University Press.

Carver, C. S., Sutton, S. K., & Scheier, M. F. (2000). Action, emotion, and personality: Emerging conceptual integration. *Personality and Social Psychology Bulletin, 26,* 741-751.

Carver, C. S., & White, T. L. (1994). Behavioral inhibition, behavioral activation, and affective responses to impending reward and punishment: The BIS/BAS scales. *Journal of Personality and Social Psychology, 67,* 319-333.

Castano, E. (2004). In case of death, cling to the ingroup. *European Journal of Social Psychology, 34,* 375-384.

Castano, E., & Dechesne, M. (2005). On defeating death: Group reification and social identification as immortality strategies. In W. Strobe & M. Hewstone (Eds.), *European Review of Social Psychology* (Vol. 16, pp. 221-256). New York: Psychology Press.

Castano, E., & Giner-Sorolla, R. (2006). Not quite human: Infra-humanization in response to collective responsibility for intergroup killing. *Journal of Personality and Social Psychology, 90,* 804-818.

Castano, E., Sacchi, S., & Gries, P. H. (2003). The perception of the other in international relations: Evidence for the polarizing effect of entitativity. *Political Psychology, 24,* 449-468.

Castano, E., & Yzerbyt, V. Y. (1998). The highs and lows of group homogeneity. *Behavioural Processes, 42,* 219-238.

Castelli, F., Happé F., Frith, U., & Frith, C. (2000). Movement and mind: A functional imaging study of perception and interpretation of complex intentional movement patterns. *NeuroImage, 12,* 314-325.

Castelli, L., Macrae, C. N., Zogmaister, C., & Arcuri, L. (2004). A tale of two primes: Contextual limits on stereotype activation. *Social Cognition, 22,* 233-247.

Cejka, M. A., & Eagly, A. H. (1999). Gender-stereotypic images of occupations correspond to the sex segregation of employment. Personality and Social Psychology Bulletin, 25, 413-423. Erratum. *Personality and Social Psychology Bulletin, 25,* 1059.

Centerbar, D. B., & Clore, G. L. (2006). Do approach-avoidance actions create attitudes? *Psychological Science, 17,* 22-29.

Cervellon, M. C., & Dubé L. (2002). Assessing the cross-cultural applicability of affective and cognitive components of attitude. *Journal of Cross Cultural Psychology, 33,* 346-357.

Cesario, J., Grant, H., & Higgins, E. T. (2004). Regulatory fit and persuasion: Transfer from "feeling right." *Journal of Personality and Social Psychology, 86,* 388-404.

Cesario, J., Plaks, J. E., & Higgins, E. T. (2006). Automatic social behavior as motivated preparation to interact. *Journal of Personality and Social Psychology, 90,* 893-910.

Chaiken, S. (1979). Communicator physical attractiveness and persuasion. *Journal of Personality and Social Psychology, 37,* 1387-1397.

Chaiken, S. (1980). Heuristic versus systematic information processing and the use of source versus message cues in persuasion. *Journal of Personality and Social Psychology, 39,* 752-766.

Chaiken, S. (1987). The heuristic model of persuasion. In M. P. Zanna, J. M. Olson, & C. P. Herman (Eds.), *Social influence: The Ontario Symposium* (Vol. 5, pp. 3-40). Hillsdale, NJ: Erlbaum.

Chaiken, S., & Eagly, A. H. (1976). Communication modality as a determinant of message persuasiveness and message comprehensibility. *Journal of Personality and Social Psychology, 34,* 605-614.

Chaiken, S., & Eagly, A. H. (1983). Communication modality as a determinant of persuasion: The role of communicator salience. *Journal of Personality and Social Psychology, 45,* 41-56.

Chaiken, S., Liberman, A., & Eagly, A. H. (1989). Heuristic and systematic information processing within and beyond the persuasion context. In J. S. Uleman & J. A. Bargh (Eds.), *Unintended thought* (pp. 212-252). New York: Guilford Press.

Chaiken, S., & Stangor, C. (1987). Attitudes and attitude change. *Annual Review of Psychology, 38,* 575-630.

Chaiken, S., & Trope, Y. (Eds.). (1999). *Dual-process theories in social psychology.* NewYork: Guilford Press.

Chaiken, S., & Yates, S. (1985). Affective-cognitive consistency and thought-induced attitude polarization. *Journal of Personality and Social Psychology, 49*, 1470-1481.

Chajut, E., & Algom, D. (2003). Selective attention improves under stress: Implications for theories of social cognition. *Journal of Personality and Social Psychology, 86*, 231-248.

Chang, C., & Hitchon, J. C. B. (2004). When does gender count? Further insights into gender schematic processing of female candidates' political advertisements. *Sex Roles, 51*, 197-208.

Chaplin, W. F., John, O. P., & Goldberg, L. R. (1988). Conceptions of states and traits: Dimensional attributes with ideals as prototypes. *Journal of Personality and Social Psychology, 54*, 541-557.

Chapman, L. J. (1967). Illusory correlation in observational report. *Journal of Verbal Learning and Verbal Behavior, 6*, 151-155.

Chartrand, T. L., & Bargh, J. A. (1999). The chameleon effect: The perception-behavior link and social interaction. *Journal of Personality and Social Psychology, 76*, 893-910.

Chasteen, A. L., Bhattacharyya, S., Horhota, M., Tam, R., & Hasher, L. (2005). How feelings of stereotype threat influence older adults' memory performance. *Experimental Aging Research, 31*, 235-260.

Chen, H. C., Reardon, R., Rea, C., & Moore, D. J. (1992). Forewarning of content and involvement: Consequences for persuasion and resistance to persuasion. *Journal of Experimental and Social Psychology, 28*, 523-541.

Chen, M., & Bargh, J. A. (1999). Consequences of automatic evaluation: Immediate behavioral predispositions to approach or avoid the stimulus. *Personality and Social Psychology Bulletin, 25*, 215-224.

Chen, S., & Chaiken, S. (1999). The heuristic-systematic model in its broader context. In S. Chaiken & Y. Trope (Eds.), *Dual-process theories in social psychology* (pp. 73-96). New York: Guilford Press.

Chen, S., Schechter, D., & Chaiken, S. (1996). Getting at the truth or getting along: Accuracy-versus impression-motivated heuristic and systematic processing. *Journal of Personality and Social Psychology, 71*, 262-275.

Cheng, P. W., Holyoak, K. J., Nisbett, R. E., & Oliver, L. M. (1986). Pragmatic versus syntactic approaches to training deductive reasoning. *Cognitive Psychology, 18*, 293-328.

Choi, I., & Choi, Y. (2002). Culture and self-concept flexibility. *Personality and Social Psychology Bulletin, 28*, 1508-1517.

Choi, I., Dalal, R., Kim-Prieto, C., & Park, H. (2003). Culture and judgment of causal relevance. *Journal of Personality and Social Psychology, 84*, 46-59.

Chomsky, N. (1959). Verbal behavior. [Review of Skinner's book.] *Language, 35*, 26-58.

Christensen, T. C., Wood, J. V., & Barrett, L. F. (2003). Remembering everyday experience through the prism of self-esteem. *Personality and Social Psychology Bulletin, 29*, 51-62.

Christensen-Szalanski, J. J., & Willham, C. F. (1991). The hindsight bias: A meta-analysis. *Organizational Behavior and Human Decision Processes, 48*, 147-168.

Chun, W. Y, & Kruglanski, A. W. (2006). The role of task demands and processing resources in the use of base-rate and individuating information. *Journal of Personality and Social Psychology, 91*, 205-217.

Chun, W. Y., Spiegel, S., & Kruglanski, A. W. (2002). Assimilative behavior identification can also be resource dependent: The unimodel perspective on personal-attribution phases. *Journal of Personality and Social Psychology, 83*, 542-555.

Chwalisz, K., Diener, E., & Gallagher, D. (1988). Autonomic arousal feedback and emotional experience: Evidence from the spinal cord injured. *Journal of Personality and Social Psychology, 54*, 820-828.

Cialdini, R. B., Darby, B. L., & Vincent, J. E. (1973). Transgression and altruism: A case for hedonism. *Journal of Experimental Social Psychology, 9*, 502-516.

Cialdini, R. B., & Kenrick, D. T. (1976). Altruism as hedonism: A social development perspective on the relationship of negative mood state and helping. *Journal of Personality and Social Psychology, 34*, 907-914.

Cialdini, R. B., Levy, A., Herman, C. P., & Evenbeck, S. (1973). Attitudinal politics: The strategy of moderation. *Journal of Personality and Social Psychology, 25*, 100-108.

Clark, M. S. (1982). A role for arousal in the link between feeling states, judgments, and behavior. In M. S. Clark & S. T. Fiske (Eds.), *Affect and cognition: The 17th Annual Carnegie Symposium on Cognition* (pp. 263-290). Hillsdale, NJ: Erlbaum.

Clark, M. S., & Fiske, S. T. (Eds.). (1982). *Affect and cognition: The 17th Annual Carnegie Symposium on Cognition*. Hillsdale, NJ: Erlbaum.

Clark, M. S., & Isen, A. M. (1982). Toward understanding the relationship between feeling states and social behavior. In A. Hastorf & A. Isen (Eds.), *Cognitive social psychology* (pp. 73-108). New York: Flsevier North-Holland.

Clark, M. S., Milberg, S., & Erber, R. (1984). Effects of arousal on judgments of others' emotions. *Journal of Personality and Social Psychology, 46*, 551-560.

Clark, M. S., Milberg, S., & Erber, R. (1988). Arousal-state-dependent memory: Evidence and implications for understanding social judgments and social behaviors. In K. Fiedler & J. Forgas (Eds.), *Affect, cognition, and social behavior: New evidence and integrative attempts*. Toronto, Canada: Hogrefe.

Clark, M. S., Milberg, S., & Ross, J. (1983). Arousal cues material stored in memory with a similar level of arousal: Implications for understanding the effects of mood on memory. *Journal of Verbal Learning and Verbal Behavior, 22*, 633-649.

Clark, M. S., & Williamson, G. M. (1989). Moods and social judgments. In H. L. Wagner & A. S. R. Manstead (Eds.), *Handbook of psychophysiology: Emotion and social behavior*. Chichester England: Wiley.

Clark, N. K., & Rutter, D. R. (1985). Social categorization, visual cues, and social judgements. *European Journal of Social Psychology, 15*, 105-119.

Clausell, E., & Fiske, S. T. (2005). When do subgroup parts add up to the stereotypic whole? Mixed stereotype content for gay male subgroups explains overall ratings. *Social Cognition, 23*, 161-181.

Clore, G. L., & Ortony, A. (1991). What more is there to emotion concepts than prototypes? *Journal of Personality and Social Psychology, 60*, 48-50.

Clore, G. L., Schwarz, N., & Conway, M. (1994). Affective causes and consequences of social information processing. In R. S. Wyer Jr. & T. K. Srull (Eds.), *Handbook of social cognition. Vol. 1. Basic processes*. (2nd ed., pp. 323-417). Hillsdale, NJ: Erlbaum.

Cloutier, J., Mason, M. F., & Macrae C. N. (2005). The perceptual determinants of person construal: Reopening the social-cognition toolbox. *Journal of Personality and Social Psychology, 88*, 885-894.

Coan, J. A., & Allen, J. J. B. (2004). Frontal FEC asymmetry as a moderator and mediator of emotion. *Biological Psychology, 67*, 7-49.

Coan, J. A., Allen, J. J. B., & Harmon-Jones, F. (2001). Voluntary facial expression and hemispheric asymmetry over the frontal cortex. *Psychophysiology, 38*, 912-925.

Cohen, A. R., Brehm, J. W., & Latané B. (1959). Choice of strategy and voluntary exposure to information under public and private conditions. *Journal of Personality, 27*, 63-73.

Cohen, C. E., & Ebbesen, E. B. (1979). Observational goals and schema activation: A theoretical framework for behavior perception. *Journal of Experimental Social Psychology, 15*, 305-329.

Cohen, J. B., & Basu, K. (1987). Alternative models of categorization: Toward a contingent processing framework. *Journal of Consumer Research, 13*, 455-472.

Cohen, L. H., Towbes, L. C., & Flocco, R. (1988). Effects of induced mood on self-reported life events and perceived and received social support. *Journal of Personality and Social Psychology, 55*, 669-674.

Collins, A. M., & Loftus, E. F. (1975). A spreading-activation theory of semantic processing. *Psychological Review, 82*, 407-428.

Collins, R. L., Taylor, S. E., Wood, J. V., & Thompson, S. C. (1988). The vividness effect: Elusive or illusory? *Journal of Experimental Social Psychology, 24*, 1-18.

Conner, M., & Abraham, C. (2001). Conscientiousness and the theory of planned behavior: Toward a more complete model of the antecedents of intentions and behavior. *Personality and Social Psychology Bulletin, 27*, 1547-1561.

Conway, M., & Ross, M. (1984). Getting what you want by revising what you had. *Journal of Personality and Social Psychology, 47*, 738-748.

Cook, T. D., & Flay, B. R. (1978). The persistence of experimentally induced attitude change. In L. Berkowitz (Ed.), *Advances in experimental social psychology* (Vol. 11, pp. 1-57). New York: Academic Press.

Cooley, C. H. (1902). *Human nature and the social order*. New York: Scribners.

Cooper, J. (1995). Cognitive dissonance theory. In A. S. R. Manstead & M. Hewstone (Eds.), *Blackwell encyclopedia of social psychology* (pp. 99-109). Oxford, UK: Blackwell.

Cooper, J., & Cooper, G. (2002). Subliminal motivation: A story revisited. *Journal of Applied Social Psychology, 32*, 2213-2227.

Cooper, J., & Fazio, R. H. (1984). A new look at dissonance theory. In L. Berkowitz (Ed.), *Advances in experimental social psychology* (Vol. 17, pp. 229-266). New York: Academic Press.

Cooper, J., Zanna, M. P., & Taves, F. A. (1978). Arousal as a necessary condition for attitude change following induced compliance. *Journal of Personality and Social Psychology, 36*, 1101-1106.

Corenblum, B., & Stephan, W. G. (2001). White fears and native apprehensions: An integrated threat theory approach to intergroup attitudes. *Canadian Journal of Behavioral Science, 33*, 251-268.

Correll, J., Park, B., Judd, C. M., & Wittenbrink, B. (2002). The police officer's dilemma: Using ethnicity to disambiguate potentially threatening individuals. *Journal of Personality and*

Social Psychology, 83, 1314-1329.

Correll, J., Urland, G. R., & Ito, T. A. (2006). Event-related potentials and the decision to shoot: The role of threat perception and cognitive control. *Journal of Experimental Social Psychology, 42*, 120-128.

Corteen, R. S., & Wood, B. (1972). Automatic responses to shock-associated words in an unattended channel. *Journal of Experimental Psychology, 94*, 308-313.

Cosmides, L., Tooby, J., & Kurzban, R. (2003). Perception of race. *Trends in Cognitive Sciences, 7*, 173-179.

Cottrell, C. A., & Neuberg, S. L. (2005). Different emotional reactions to different groups: A sociofunctional threat-based approach to "prejudice." *Journal of Personality & Social Psychology, 88*, 770-789.

Cottrell, N. B., Ingraham, L. A., & Monfort, F. W. (1971). The retention of balanced and unbalanced cognitive structures. *Journal of Personality, 39*, 112-131.

Cousins, S. D. (1989). Culture and self-perception in Japan and the United States. *Journal of Personality and Social Psychology, 56*, 124-131.

Couzin, I. D., Krause, J., Franks, N. R., & Levin, S. A. (2005). Effective leadership and decision making in animal groups on the move. *Nature, 433*, 513-516.

Craighead, W. E., Hickey, K. S., & DeMonbreun, B. G. (1979). Distortion of perception and recall of neutral feedback in depression. *Cognitive Therapy and Research, 3*, 291-298.

Crandall, C. S., Eshleman, A., & O'Brien, L. T. (2002). Social norms and the expression and suppression of prejudice: The struggle for internalization. *Journal of Personality and Social Psychology, 82*, 359-378.

Crandall, C. S., & Greenfield, B. S. (1986). Understanding the conjunction fallacy: A conjunction of effects? *Social Cognition, 4*, 408-419.

Crano, W. D., & Prislin, R. (2006). Attitudes and persuasion. *Annual Review of Psychology, 57*, 345-374.

Crary, W. G. (1966). Reactions to incongruent self-experiences. *Journal of Consulting Psychology, 30*, 246-252.

Creswell, J. D., Welch, W. T., Taylor, S. E., Sherman, D. K., Gruenewald, T. L., & Mann, T. (2005). Affirmation of personal values buffers neuroendocrine and psychological stress responses. *Psychological Science, 16*, 846-851.

Crites, S. L., Cacioppo, J. T., Gardner, W. L., & Berntson, G. G. (1995). Bioelectrical echoes from evaluative categorization: II. A late positive brain potential that varies as a function of attitude registration rather than attitude report. *Journal of Personality and Social Psychology*, 68, 997-1013.

Crocker, J. (1981). Judgment of covariation by social perceivers. *Psychological Bulletin, 90*, 272-292.

Crocker, J., Cornwell, B., & Major, B. (1993). The stigma of overweight: Affective consequences of attributional ambiguity. *Journal of Personality and Social Psychology, 64*, 60-70.

Crocker, J., Karpinski, A., Quinn, D. M., & Chase S. K. (2003). When grades determine self-worth: Consequences of contingent self-worth for male and female engineering and psychology majors. *Journal of Personality and Social Psychology, 85*, 507-516.

Crocker, J., & Knight, K. M. (2005). Contingencies of self-worth. *Current Directions in Psychological Science, 14*, 200-203.

Crocker, J., & Luhtanen, R. K. (1990). Collective self-esteem and ingroup bias. *Journal of Personality and Social Psychology, 58*, 60-67.

Crocker, J., & Luhtanen, R. K. (2003). Level of self-esteem and contingencies of self-worth: Unique effects on academic, social and financial problems in college students. *Personality and Social Psychology Bulletin, 29*, 701-712.

Crocker, J., Luhtanen, R., Blame, B., & Broadmax, S. (1994). Collective self-esteem and psychological well-being among White, Black, and Asian college students. *Personality and Social Psychology Bulletin, 20*, 503-513.

Crocker, J., & Major, B. (1989). Social stigma and self-esteem: The self-protective properties of stigma. *Psychological Review, 96*, 608-630.

Crocker, J., & McGraw, K. M. (1984). What's good for the goose is not good for the gander: Solo status as an obstacle to occupational achievement for males and females. *American Behavioral Scientist, 27*, 357-369.

Crocker, J., & Park, L. E. (2004). The costly pursuit of self-esteem. *Psychological Bulletin, 130*, 392-414.

Crocker, J., Voelkl, K., Testa, M., & Major, B. (1991). Social stigma: The affective consequences of attributional ambiguity. *Journal of Personality and Social Psychology, 60*, 218-228.

Croizet, J. C., & Claire, 1. (1998). Extending the concept of stereotype threat to social class: The intellectual underperformance of students from low socioeconomic backgrounds. *Personality and Social Psychology Bulletin, 24*, 588-594.

Croizet, J. C., Després, G., Cauzins, M. E., Huguet, P., Leyens, J.-Ph., & Méot, A. (2004). Stereotype threat undermines intellectual performance by triggering a disruptive mental load. *Personality and Social Psychology Bulletin, 30*, 721-731.

Crosby, F. J. (1991). *Juggling: The unexpected ad-*

vantages of balancing career and home for women and their families. New York: Free Press.

Crosby, F. J., Bromley, S., & Saxe, L. (1980). Recent unobtrusive studies of Black and White discrimination and prejudice: A literature review. *Psychological Bulletin, 87*, 546-563.

Cross, S. E., Bacon, P. L., & Morris, M. L. (2000). The relational-interdependent self-construal and relationships. *Journal of Personality and Social Psychology, 78*, 791-808.

Cross, S. E., & Vick, N. V. (2001). The interdependent self-construal and social support: The case of persistence in engineering. *Personality and Social Psychology Bulletin, 27*, 820-832.

Csikszentmihalyi, M. (1978). Attention and the holistic approach to behavior. In K. S. Pope & J. L. Singer (Eds.), *The stream of consciousness* (pp. 335-358). New York: Plenum Press.

Csikszentmihalyi, M., & Larson, R. (1984). *Being adolescent: Conflict and growth in the teenage years*. New York: Basic Books.

Cuddy, A. J. C., Fiske, S. T., & Glick, P. (2007). The BIAS map: Behaviors from intergroup affect and stereotypes. *Journal of Personality and Social Psychology, 92*, 631-648.

Cuddy, A. J. C., Fiske, S. T., Kwan, V. S. Y, Glick, P., Demoulin, S., Leyens, J.-Ph., et al. (in press). Is the stereotype content model culture-bound? A cross-cultural comparison reveals systematic similarities and differences. *British Journal of Social Psychology*.

Cuddy, A. J. C., Norton, M. I., & Fiske, S. T. (2005) This old stereotype: The pervasiveness and persistence of the elderly stereotype. *Journal of Social Issues, 61*, 265-283.

Cuddy, A. J. C., Rock, M. S., & Norton, M. I. (2007). Aid in the aftermath of Hurricane Katrina: Inferences of secondary emotions and intergroup helping. *Group Processes and Intergroup Relations, 10*, 107-118.

Cunningham, M. R. (1988). Does happiness mean friendliness? Induced mood and heterosexual self-disclosure. *Personality and Social Psychology Bulletin, 14*, 283-297.

Cunningham, M. R., Steinberg, J., & Grey, R. (1980). Wanting to and having to help: Separate motivations for positive mood and guilt-induced helping. *Journal of Personality and Social Psychology, 38*, 181-192.

Cunningham, W. A., Johnson, M. K., Gatenby, J. C., Gore, J. C., & Banaji, M. R. (2003). Neural components of social evaluation. *Journal of Personality and Social Psychology, 85*, 639-649.

Cunningham, W. A., Johnson, M. K., Raye, C. L., Gatenby, J. C., Gore, J. C., & Banaji, M. R. (2004). Separable neural components in the processing of Black and White faces. *Psychological Science, 15*, 806-813.

Cunningham, W. A., Preacher, K. J., & Banaji, M. R. (2001). Implicit attitude measures: Consistency stability, and convergent validity. *Psychological Science, 12*, 163-170.

Cunningham, W. A., Raye, C. L., & Johnson, M. K. (2004). Implicit and explicit evaluation: fMRI correlates of valence, emotional intensity, and control in the processing of attitudes. *Journal of Cognitive Neuroscience, 16*, 1717-1729.

Cupchik, G. C., & Leventhal, H. (1974). Consistency between expressive behavior and the evaluation of humorous stimuli: The role of sex and self-observation. *Journal of Personality and Social Psychology, 30*, 429-442.

Custers, R., & Aarts, H. (2005). Positive affect as implicit motivator: On the nonconscious operation of behavioral goals. *Journal of Personality and Social Psychology, 89*, 129-142.

Czopp, A. M., & Monteith, M. J. (2003). Confronting prejudice (literally): Reactions to confrontations of racial and gender bias. *Personality and Social Psychology Bulletin, 29*, 532-544.

Dambrun, M., Duarte, S., & Guimond, S. (2004). Why are men more likely to support group-based dominance than women? The mediating role of gender identification. *British Journal of Social Psychology, 43*, 287-297.

Darley, J. M., & Fazio, R. H. (1980). Expectancy confirmation processes arising in the social interaction sequence. *American Psychologist, 35*, 867-881.

Darwin, C. R. (1872). *The expression of emotions in man and animals*. London: John Murray.

Dasgupta, N., & Greenwald, A. G. (2001). On the malleability of automatic attitudes: Combating automatic prejudice with images of admired and disliked individuals. *Journal of Personality and Social Psychology, 81*, 800-814.

Dasgupta, N., McGhee, D. E., Greenwald, A. G., & Banaji, M. R. (2000). Automatic preference for White Americans: Eliminating the familiarity explanation. *Journal of Experimental Social Psychology, 36*, 316-328.

Davidson, R. J. (1993). Parsing affective space: Perspectives from neuropsychology and psychophysiology. *Neuropsychology, 7*, 464-475.

Davidson, R. J. (2003). Seven sins in the study of emotion: Correctives from affective neuroscience. *Brain and Cognition, 52*, 129-132.

Davidson, R. J., & Irwin, W. (1999). The functional neuroanatomy of emotion and affective style. *Trends in Cognitive Neuroscience, 3*, 11-21.

Davies, P. G., Spencer, S. J., & Steele, C. M. (2005). Clearing the air: Identity safety moderates the effects of stereotype threat on women's leadership aspirations. *Journal of Personality and Social Psychology, 88*, 276-287.

Davis, J. L., & Rusbult, C. E. (2001). Attitude alignment in close relationships. *Journal of Personality and Social Psychology, 81*, 65-84.

Davison, A. R., Yantis, S., Norwood, M., & Montano, D. E. (1985). Amount of information about the attitude object and attitude-behavior consistency. *Journal of Personality and Social Psychology, 49*, 1184-1198.

Davison, G. C., Feldman, F. M., & Osborn, C. E. (1984). Articulated thoughts, irrational beliefs, and fear of negative evaluation. *Cognitive Therapy and Research, 8*, 349-362.

Davison, G. C., Robins, C., & Johnson, M. K. (1983). Articulated thoughts during simulated situations: A paradigm for studying cognition in emotion and behavior. *Cognitive Therapy and Research, 7*, 17-40.

Davison, G. C., & Zighelboim, V. (1987). Irrational beliefs in the articulated thoughts of college students with social anxiety. *Journal of Rational-Emotive Therapy, 5*, 238-254.

Davitz, J. R. (1970). A dictionary and grammar of emotion. In M. B. Arnold (Ed.), *Feelings and emotion: The Loyola Symposium*. New York: Academic Press.

Dawes, R. M. (1980). You can't systematize human judgment: Dyslexia. In R. A. Shweder (Ed.), *New directions for methodology of social and behavioral science* (Vol. 4, pp. 67-78). San Francisco: Jossey-Bass.

Dawes, R. M, Faust, D., & Meehl, P. E. (1989). Clinical versus actuarial judgment. *Science, 243*, 1668-1674.

Deaux, K., & Fmswiller, T. (1974). Explanations of successful performance on sex-linked tasks: What is skill for the male is luck for the female. *Journal of Personality and Social Psychology, 29*, 80-85.

Deaux, K., & LaFrance, M. (1998). Gender. In D. T. Gilbert, S. T. Fiske, & G. Lindzey (Eds.), *The handbook of social psychology* (4th ed., Vol. 1, pp. 788-827). New York: McGraw-Hill.

Deaux, K., & Major, B. (1977). Sex-related patterns in the unit of perception. *Personality and Social Psychology Bulletin, 3*, 297-300.

Deaux, K., Winton, W. M., Crowley, M., & Lewis, L. L. (1985). Level of categorization and content of gender stereotypes. *Social Cognition, 3*, 145-167.

DeBono, K. G. (1987). Investigating the social-adjustive and value-expressive functions of attirudes: Implications for persuasion processes. *Journal of Personality and Social Psychology, 52*, 279-287.

DeBono, K. G., & Harnish, R. J. (1988). Source expertise, source attractiveness, and the processing of persuasive information: A functional approach. *Journal of Personality and Social Psychology, 55*, 541-546.

DeBono, K. G., & Snyder, M. (1989). Understanding consumer decision-making processes: The role of form and function in product evaluation. *Journal of Applied Social Psychology, 19*, 416-424.

Decéty, J., & Chaminade, T. (2003). Neural correlates of feeling sympathy. Neuropsychologia. *Special Issue on Social Cognition, 41*, 127-138.

DeCoster, J., Banner, M. J., Smith, E. R., & Semin, G. R. (2006). On the inexplicity of the implicit: Differences in the information provided by implicit and explicit tests. *Social Cognition, 24*, 5-21.

Delle Fave, A., & Massimini, F. (2004). Parenthood and the quality of experience in daily life: A longitudinal study. *Social Indicators Research, 67*, 75-106.

Demoulin, S., Torres, R. R., Perez, A. R., Vaes, J., Paladino, M. P., Gaunt, R., Pozo, B. C., & Leyens, J.-Ph. (2004). Emotional prejudice can lead to infra-humanisation. In W. Stroebe & M. Hewstone (Eds.), *European review of social psychology* (Vol. 15, pp. 259-296). Hove, UK: Psychology Press/Taylor & Francis.

Dépret, E. F., & Fiske, S. T. (1999). Perceiving the powerful: Intriguing individuals versus threatening groups. *Journal of Experimental Social Psychology, 35*, 461-480.

de Rivera, J. (1984). The structure of emotional relationships. In F. Shaver (Ed.), *Review of personality and social psychology* (Vol. 5, pp. 116-145). Beverly Hills, CA: Sage.

de Rivera, J., & Grinkis, C. (1986). Emotions as social relationships. *Motivation and Emotion, 10*, 351-369.

Derryberry, D., & Rothbart, M. K. (1988). Arousal, affect, and attention as components of temperament. *Journal of Personality and Social Psychology, 55*, 958-966.

DeSteno, D., Dasgupta, N., Bartlett, M. Y, & Cajdric, A. (2004). Prejudice from thin air: The effect of emotion on automatic intergroup attitudes. *Psychological Science, 15*, 319-324.

DeSteno, D., Petty, R. E., Rucker, D. D., Wegener, D. T., & Braverman, J. (2004). Discrete emotions and persuasion: The role of emotion-induced expectancies. *Journal of Personality and Social Psychology, 86*, 43-56.

DeSteno, D., Petty, R. E., Wegener, D. T., & Rucker, D. D. (2000). Beyond valence in the perception of likelihood: The role of emotion specificity. *Journal of Personality and Social*

Psychology, 78, 397-416.

Deutsch, F. M. (1999). *Halving it all: How equally shared parenting works*. Cambridge, MA: Harvard University Press.

Deutsch, M. A. (1968). Field theory in social psychology. In G. Lindzey & E. Aronson (Eds.), *The handbook of social psychology* (Vol. 1, 2nd ed). Reading, MA: Addison-Wesley.

Deutsch, M. A., & Deutsch, D. (1963). Attention: Some theoretical considerations. *Psychological Review, 87*, 272-300.

Devine, P. G. (1989). Stereotypes and prejudice: Their automatic and controlled components. *Journal of Personality and Social Psychology, 56*, 5-18.

Devine, P. G., & Elliot, A. J. (1995). Are racial stereotypes really fading? The Princeton trilogy revisited. *Personality and Social Psychology Bulletin, 21*, 1139-1150.

Devine, P. G., & Monteith, M. J. (1999). Automaticity and control in stereotyping. In S. Chaiken & Y Trope (Eds.), *Dual-process theories in social psychology* (pp. 339-360). New York: Guilford Press.

Devos, T., Comby, L., & Deschamps, J. C. (1996). Asymmetries in judgments of ingroup and outgroup variability. In W. Stroebe & M. Hewstone (Eds.), *European review of social psychology* (Vol. 7, pp. 95-104). Chichester, UK: Wiley.

Devos, T., Silver, L.A., Mackie, D. M., & Smith, E. R. (2002). Experiencing intergroup emotions. In D. M. Mackie & E. R. Smith (Eds.), *From prejudice to intergroup emotions* (pp. 111-134). New York: Psychology Press.

de Vries, B., & Walker, L. J. (1987). Conceptual/integrative complexity and attitudes toward capital punishment. *Personality and Social Psychology Bulletin, 13*, 448-457.

Dickerson, S. S., & Kemeny, M. E. (2004). Acute stressors and cortisol responses: A theoretical integration and synthesis of laboratory research. *Psychological Bulletin, 130*, 355-391.

Dickerson, S. S., Kemeny, M. E., Aziz, N., Kim, K. H., & Fahey, J. L. (2004). Immunological effects of induced shame and guilt. *Psychosomatic Medicine, 66*, 124-131.

Diener, E. (1984). Subjective well-being. *Psychological Bulletin, 95*, 542-575.

Diener, E., & Diener, M. (1995). Cross-cultural correlates of life satisfaction and self-esteem. *Journal of Personality and Social Psychology, 68*, 653-663.

Diener, E., & Fmmons, R. A. (1984). The independence of positive and negative affect. *Journal of Personality and Social Psychology, 47*, 1105-1117.

Diener, E., & Iran-Nejad, A. (1986). The relationship in experience between various types of affect. *Journal of Personality and Social Psychology, 50*, 1031-1038.

Dijksterhuis, A. (2004). Think different: The merits of unconscious thought in preference development and decision making. *Journal of Personality and Social Psychology, 87*, 586-598.

Dijksterhuis, A., Aarts, H., & Smith, P. K. (2005). The power of the subliminal: On subliminal persuasion and other potential applications. In R. R. Hassan, J. Uleman, & J. A. Bargh (Eds.), *The new unconscious* (pp. 77-106). New York: Oxford University Press.

Dijksterhuis, A., & Bargh, J. A. (2001). The perception-behavior expressway: Automatic effects of social perception on social behavior. In M. F. Zanna (Ed.), *Advances in experimental and social psychology* (Vol. 33, pp. 1-40). San Diego, CA: Academic Press.

Dijksterhuis, A., Bos, M. W., Nordgren, L. F., & van Baaren, R. B. (2006). On making the right choice: The deliberation-without-attention effect. *Science, 311*, 1005-1007.

Dijksterhuis, A., Spears, R., Postmes, T., Stapel, D. A., Koomen, W., van Knippenberg, A., et al. (1998). Seeing one thing and doing another: Contrast effects in automatic behavior. *Journal of Personality and Social Psychology, 75*, 862-871.

Dijksterhuis, A., & van Knippenberg, A. (1998). The relation between perception and behavior, or how to win a game of Trivial Pursuit. *Journal of Personality and Social Psychology, 74*, 865-877.

Dijksterhuis, A., & van Knippenberg, A. (2000). Behavioral indecision: Effects of self-focus on automatic behavior. *Social Cognition, 81*, 55-74.

Dimitrov, M., Grafman, J., Soares, A. H., & Clark, K. (1999). Concept formation and concept shifting in frontal lesion and Parkinson's disease patients assessed with the California Card Sorting Test. *Neuropsychology, 13*, 135-143.

Dion, K. L., & Earn, B. M. (1975). The phenomenology of being a target of prejudice. *Journal of Personality and Social Psychology, 32*, 944-950.

Di Paula, A., & Campbell, J. D. (2002). Self-esteem and persistence in the face of failure. *Journal of Personality and Social Psychology, 83*, 711-724.

Dixon, T. L., & Maddox, K. B. (2005). Skin tone, crime news, and social reality judgments: Priming the stereotype of the dark and dangerous Black criminal. *Journal of Applied Social Psychology, 35*, 1555-1570.

Dolan, R. J. (1999). On the neurology of morals.

Nature Neuroscience, 2, 927-929.

Dovidio, J. F., Brigham, J. C., Johnson, B. T., & Gaertner, S. L. (1996). Stereotyping, prejudice, and discrimination: Another look. In C. N. Macrae, C. Stangor, & M. Hewstone (Eds.), *Stereotypes and stereotyping.* New York: Academic Press.

Dovidio, J. F., Esses, V. M., Beach, K. R., & Gaertner, S. L. (2002). The role of affect in determining intergroup behavior: The case of willingness to engage in intergroup contact. In D. M. Mackie & E. R. Smith (Eds.), *From prejudice to intergroup emotions* (pp. 153-1 72). New York: Psychology Press.

Dovidio, J. F., Evans, N., & Tyler, R. B. (1986). Racial stereotypes: The contents of their cognitive representations. *Journal of Experimental Social Psychology, 22*, 22-37.

Dovidio, J. F., & Gaertner, S. L. (Eds.). (1986). *Prejudice, discrimination, and racism.* Orlando, FL: Academic Press.

Dovidio, J. F., & Gaertner, S. L. (2000). Aversive racism and selection decisions: 1989 and 1999. *Psychological Science, 11*, 315-319.

Dovidio, J. F., Caertner, S. F., Kawakami, K., & Hodson, G. (2002). Why can't we just get along? Interpersonal biases and interracial distrust. *Cultural Diversity and Ethnic Minority Psychology, 8*, 88-102.

Dovidio, J. F., Kawakami, K., & Gaertner, S. L. (2002). Implicit and explicit prejudice and interinteraction. *Journal of Personality and Social Psychology, 82*, 62-68.

Dovidio, J. F., Kawakami, K., Johnson, C., Johnson, B., & Howard, A. (1997). On the nature of prejudice: Automatic and controlled processes. *Journal of Experimental Social Psychology, 33*, 510-540.

Dovidio, J. F., ten Vergert, M., Stewart, T. L., Gaertner, S. L., Johnson, J. D., Esses, V. M., et al. (2004). Perspective and prejudice: Antecedent and mediating mechanisms. *Personality and Social Psychology Bulletin, 30*, 1537-1549.

Downing, J. W., Judd, C. M., & Brauer, M. (1992). Effects of repeated expressions on attitude extremity. *Journal of Personality and Social Psychology, 63*, 17-29.

Drake, R. A. (1986). Lateral asymmetry of impression formation. *International Journal of Neuroscience, 30*, 121-126.

Drake, R. A., & Sobrero, A. P. (1987). Lateral orientation effects upon trait-behavior and attitude-behavior consistency. *Journal of Social Psychology, 127*, 639-651.

Dreben, E. K., Fiske, S. T., & Hastie, R. (1979). The independence of evaluative and item information: Impression and recall order effects in behavior-based impression formation. *Journal of Personality and Social Psychology, 37*, 1758-1768.

Duckitt, J. (1993). Right-wing authoritarianism among white South American students: Its measurement and correlates. *Journal of Social Psychology, 133*, 553-563.

Duckitt, J. (2001). A dual-process cognitive-motivational theory of ideology and prejudice. In M. F. Zanna (Ed.), *Advances in experimental social psychology* (Vol. 33, pp. 41-113). New York: Academic Press.

Duckitt, J., & Mphuthing, T. (1998). Group identification and intergroup attitudes: A longitudinal analysis in South Africa. *Journal of Personality and Social Psychology, 74*, 80-85.

Duckworth, K. L., Bargh, J. A., Garcia, M., & Chaiken, S. (2002). The automatic evaluation of novel stimuli. *Psychological Science, 13*, 513-519.

Duclos, S. E., Laird, J. D., Schneider, E., Sexter, M., Stern, L., & Van Lighten, O. (1989). Emotion-specific effects of facial expressions and postures on emotional experience. *Journal of Personality and Social Psychology, 57*, 100-108.

Duncan, J. W., & Laird, J. D. (1977). Cross-modality consistencies in individual differences in self-attribution. *Journal of Personality, 45*, 191-196.

Dunn, E. W., Wilson, T. D., & Gilbert, D. 1. (2003). Location, location, location: The misprediction of satisfaction in housing lotteries. *Personality and Social Psychology Bulletin, 29*, 1421-1432.

Dunn, J. R., & Schweitzer, M. R. (2005). Feeling and believing: The influence of emotion on trust. *Journal of Personality and Social Psychology, 88*, 736-748.

Dunning, D. (1999). A newer look: Motivated social cognition and the schematic representation of social concepts. *Psychological Inquiry, 10*, 1-11.

Dunning, D. (2003). The zealous self-affirmer: How and why the self lurks so pervasively behind social judgment. In S. J. Spencer & S. Fein (Eds.), *Motivated social perception: The Ontario Symposium* (Vol. 9, pp. 45-72). Mahwah, NJ: Erlbaum.

Dunning, D., & Hayes, A. F. (1996). Evidence for egocentric comparison in social judgment. *Journal of Personality and Social Psychology, 71*, 213-229.

Dunning, D., Meyerowitz, J. A., & Holzberg, A. D. (1989). Ambiguity and self-evaluation: The role of idiosyncratic trait definitions in self-serving assessments of ability. *Journal of Personality and Social Psychology, 57*,

1082-1090.
Dunning, D., & Parpal, M. (1989). Mental addition versus subtraction in counterfactual reasoning: On assessing the impact of personal actions and life events. *Journal of Personality and Social Psychology, 57*, 5-15.
Dunning, D., Perie, M., & Story, A. L. (1991). Self-serving prototypes of social categories. *Journal of Personality and Social Psychology, 30*, 349-359.
Dunning, D., & Sherman D. A. (1997). Stereotypes and tacit inference. *Journal of Personality and Social Psychology, 73*, 459-471.
Dunton, B. C., & Fazio, R. H. (1997). An individual difference measure of motivation to control prejudiced reactions. *Personality and Social Psychology Bulletin, 23*, 316-326.
Dutton, D. G., & Aron, A. F. (1974). Some evidence for heightened sexual attraction under conditions of high anxiety. *Journal of Personality and Social Psychology, 30*, 510-517.
Duval, S., & Wicklund, R. A. (1972). *A theory of objective self-awareness.* New York: Academic Press.
Eagly, A. H. (1974). Comprehensibility of persuasive arguments as a determinant of opinion change. *Journal of Personality and Social Psychology, 29*, 758-773.
Eagly, A. H. (1987). *Sex differences in social behavior: A social-role interpretation.* Mahwah, NJ: Erlbaum.
Eagly, A. H., & Chaiken, S. (1975). An attribution analysis of the effect of communication characteristic on opinion change: The case of communicator attractiveness. *Journal of Personality and Social Psychology, 32*, 136-144.
Eagly, A. H., & Chaiken, S. (1984). Cognitive theories of persuasion. In L. Berkowitz (Ed.), *Advances in experimental social psychology* (Vol. 17, pp. 267-359). New York: Academic Press.
Eagly, A. H., & Chaiken, S. (1993). *The psychology of attitudes.* Orlando, FL: Harcourt Brace Jovanivich.
Eagly, A. H., & Chaiken, S. (1998). Attitude structure and function. In D. T. Gilbert, S. T. Fiske, & G. Lindzey (Eds.). *Handbook of social psychology* (4th ed., Vol. 1, pp. 269-322). New York: McGraw-Hill.
Eagly, A. H., & Chaiken, S. (2005). Attitude research in the 21st century: The current state of knowledge. In D. Albarracin, B. I. Johnson, & M. F. Zanna (Eds), *The handbook of attitudes* (pp. 743-767). Mahwah, NJ: Erlbaum.
Eagly, A. H., Chaiken, S., & Wood, W. (1981). An attribution analysis of persuasion. In J. H. Harvey, W. J. Ickes, & R. F. Kidd (Eds.), *New directions in attribution research* (Vol. 3, pp. 37-62). Hillsdale, NJ: Erlbaum.
Eagly, A. H., Chen, S., Chaiken, S., & Shaw-Barnes, K. (1999). The impact of attitudes on memory: An affair to remember. *Psychological Bulletin, 125*, 64-89.
Eagly, A. H., & Crowley, M. (1986). Gender and helping behavior: A meta-analytic review of the social psychological literature. *Psychological Bulletin, 100*, 283-308.
Eagly, A. H., & Himmelfarb, S. (1978). Attitudes and opinions. *Annual Review of Psychology, 29*, 517-554.
Eagly, A. H., & Johnson, B. T. (1990). Gender and leadership style: A meta-analysis. *Psychological Bulletin, 108*, 233-256.
Eagly, A. H., & Karau, S. J. (1991). Gender and the emergence of leaders: A meta-analysis. *Journal of Personality and Social Psychology, 60*, 685-710.
Eagly, A. H., & Karau, S. J. (2002). Role congruity theory of prejudice toward female leaders. *Psychological Review, 109*, 573-598.
Eagly, A. H., Karau, S. J., & Makhijani, M. G. (1995). Gender and the effectiveness of leaders: A meta-analysis. *Psychological Bulletin, 117*, 125-145.
Eagly, A. H., Karau, S. J., Miner, J. B., & Johnson, B. T. (1994). Gender and motivation to manage in hierarchic organizations: A meta-analysis. *Leadership Quarterly, 5*, 135-159.
Eagly, A. H., Kulesa, P., Brannon, L. A., Shaw-Barnes, K., & Hutson-Comeaux, S. (2000). Why counterattitudinal messages are as memorable as proattitudinal messages: The importance of active defense against attack. *Personality and Social Psychology Bulletin, 26*, 1392-1408.
Eagly, A. H., Kulesa, P., Chen, S., & Chaiken, S. (2001). Do attitudes affect memory? Tests of the congeniality hypothesis. *Current Directions in Psychological Science, 10*, 5-9.
Eagly, A. H., Makhijani, M. G., & Klonsky, B. G. (1992). Gender and the evaluation of leaders: A meta-analysis. *Psychological Bulletin, 111*, 3-22.
Eagly, A. H., & Steffen, V. J. (1984). Gender stereotypes stem from the distribution of women and men into social roles. *Journal of Personality and Social Psychology, 46*, 735-754.
Eagly, A. H., & Steffen, V. J. (1986). Gender and aggressive behavior: A meta-analytic review of the social psychological literature. *Psychological Bulletin, 100*, 309-330.
Eagly, A. H., & Wood, W. (1991). Explaining sex differences in social behavior: A meta-analytic perspective. *Personality and Social Psychology Bulletin, 17*, 306-315.

Eagly, A. H., & Wood, W. (1999). The origins of sex differences in human behavior: Evolved dispositions versus social roles. *American Psychologist, 54*, 408-423.

Eagly, A. H., Wood, W., & Chaiken, S. (1978). Causal inferences about communicators and their effect on opinion change. *Journal of Personality and Social Psychology, 36*, 424-435.

Ebbesen, E. B. (1980). Cognitive processes in understanding ongoing behavior. In R. Hastie, T. M. Ostrom, E. B. Ebbesen, R. S. Wyer, D. L. Hamilton, & D. E. Carlston (Eds.), *Person memory: The cognitive basis of social perception* (pp. 179-226). Hillsdale, NJ: Erlbaum.

Ebbinghaus, H. (1964). *Memory: A contribution to experimental psychology*. H. A. Ruger & C. F. Bussenius (trans.). New York: Dover. (Originally published 1885)

Fberhardt, J. L. (2005). Imaging race. *American Psychologist, 60*, 181-190.

Eberhardt, J. L., Dasgupta, N., & Banaszynski, T. L. (2003). Believing is seeing: The effects of racial labels and implicit beliefs on face perception. *Personality and Social Psychology Bulletin, 29*, 360-370.

Eberhardt, J. L., Davies, P. G., Purdie-Vaughns, V. J., & Johnson, S. L. (2006). Looking deathworthy: Perceived stereotypically of Black defendants predicts capital sentencing outcomes. *Psychological Science, 17*, 383-386.

Fberhardt, J. L., Goff, P. A., Purdie, V. J., & Davies, P. G. (2004). Seeing Black: Race, crime, and visual processing. *Journal of Personality and Social Psychology, 87*, 876-893.

Echebarria-Echabe, A., & Fernandez-Guede, E. (2006). Effects of terrorism on attitudes and ideological orientation. *European Journal of Social Psychology, 36*, 259-265.

Eckes, T. (2002). Paternalistic and envious gender stereotypes: Testing predictions from the stereotype content model. *Sex Roles, 47*, 99-114.

Eckes, T., Trautner, H. M., & Behrendt, R. (2005). Gender subgroups and intergroup perception: Adolescents' views of own-gender and other-gender groups. *Journal of Social Psychology, 145*, 85-111.

Fhrlichman, H., & Halpern, J. N. (1988). Affect and memory: Effects of pleasant and unpleasant odors on retrieval of happy and unhappy memories. *Journal of Personality and Social Psychology, 55*, 769-779.

Ehrlinger, J., & Dunning, D. (2003). How chronic self-views influence (and potentially mislead) estimates of performance. *Journal of Personality and Social Psychology, 84*, 5-17.

Fhrlinger, J., Gilovich, T., & Ross, L. D. (2005). Peering into the bias blind spot: People's assessment of bias in themselves and others. *Personality and Social Psychology Bulletin, 31*, 680-692.

Finhorn, H. J., & Hogarth, R. M. (1981). Behavioral decision theory: Processes of judgment and choice. *Annual Review of Psychology, 32*, 53-88.

Einhorn, H. J., & Hogarth, R. M. (1986). Judging probable cause. Psychological Bulletin, 99, 3-19. Eisen, S. V., & McArthur, L. Z. (1979). Evaluating and sentencing a defendant as a function of his salience and the observer's set. *Personality and Social Psychology Bulletin, 5*, 48-52.

Eisenberger, N. I., Jarcho J. M., Lieberman, M. D., & Naliboff, B. D. (2006). An experimental study of shared sensitivity to physical pain and social rejection. *Pain, 126*, 132-138.

Eisenberger, N. I., Lieberman, M. D., & Williams, K. D. (2003). Does rejection hurt? An fMRI study of social exclusion. *Science, 302*, 290-292.

Eiser, J., Fazio, R. H., Stafford, T., & Prescott, T. J. (2003). Connectionist simulation of attitude learning: Asymmetries in the acquisition of positive and negative evaluations. *Personality and Social Psychology Bulletin, 29*, 1221-1235.

Ekman, P. (1984). Expression and the nature of emotion. In K. Scherer & F. Ekman (Eds.), *Approaches to emotion* (pp. 319-343). Hillsdale, NJ: Erlbaum.

Ekman, P., Levenson, R. W., & Friesen, W. V. (1983). Autonomic nervous system activity distinguishes among emotions. *Science, 221*, 1208-1210.

Ekman, P., & O'Sullivan, M. (1988). Comment on Russell and Fehr. *Journal of Experimental Psychology: General, 117*, 86-88.

Elio, R., & Anderson, J. R. (1981). The effects of category generalizations and instance similarity on schema abstraction. *Journal of Experimental Psychology: Human Learning* and *Memory*, 7, 397-417.

Elliot, A. J., & Devine, P. G. (1994). On the motivational nature of cognitive dissonance: Dissonance as psychological discomfort. *Journal of Personality and Social Psychology, 67*, 382-394.

Ellemers, N., Spears, R., & Doosje, B. (2002). Self and social identity. *Annual Review of Psychology, 53*, 161-186.

Ellsworth, P. C., & Smith, C. A. (1988a). From appraisal to emotion: Differences among unpleasant feelings. *Motivation and Emotion, 12*, 271-302.

Ellsworth, P. C., & Smith, C. A. (1988b). Shades of joy: Patterns of appraisal differentiating pleasant emotions. *Emotion and Cognition, 2*, 302-331.

Ellsworth, P. C., & Tourangeau, R. (1981). On our failure to disconfirm what nobody ever said. *Journal of Personality and Social Psychology, 40*, 363-369.

Else-Quest, N. M., Hyde, J. S., Goldsmith, H. H., & Van-Hulle, C. A. (2006). Gender differences in temperament: A meta-analysis. *Psychological Bulletin, 132*, 33-72.

Enquist, G., Newtson, D., & LaCross, K. (1979). Prior expectations and the perceptual segmentation of ongoing behavior. Unpublished manuscript, University of Virginia.

Epley, N., & Dunning, D. (2000). Feeling "holier than thou": Are self-serving assessments produced by errors in self- or social prediction? *Journal of Personality and Social Psychology, 79*, 861-875.

Epley, N., & Gilovich, T. (2001). Putting adjustment back in the anchoring and adjustment heuristic: Differential processing of self-generated and experimenter-provided anchors. *Psychological Science, 12*, 391-396.

Epley, N., Keysar, B., Van Boven, L., & Gilovich, T. (2004). Perspective taking as egocentric anchoring and adjustment. *Journal of Personality and Social Psychology, 87*, 327-339.

Epstein, S. (1979). The stability of behavior: I. On predicting most of the people much of the time. *Journal of Personality and Social Psychology, 37*, 1097-1126.

Epstein, S. (1983). The unconscious, the preconscious, and the self-concept. In J. Suls & A. Creenwald (Eds.), *Psychological perspectives on the self* (Vol. 2, pp. 220-247). Hillsdale, NJ: Erlbaum.

Epstein, S. (1984). Controversial issues in emotion theory. In F. Shaver (Ed.), *Review of Personality and social psychology* (Vol. 5, pp. 64-88). Beverly Hills, CA: Sage.

Epstein, S. (1990a). Cognitive experiential self-theory. In L. Pervin (Ed.), *Handbook of personality theory and research* (pp. 165-192). New York: Guilford Press.

Epstein, S. (1990b). The self-concept, the traumatic neurosis, and the structure of personality. In D. Ozer, J. M. Healy Jr., & A. J. Stewart (Eds.), *Perspectives on personality* (Vol. 3). Greenwich, CT: JAI Press.

Erber, R. (1991). Affective and semantic priming: Effects of mood on category accessibility and inference. *Journal of Experimental Social Psychology, 27*, 480-498.

Erber, R., & Fiske, S. T. (1984). Outcome dependency and attention to inconsistent information. *Journal of Personality and Social Psychology, 47*, 709-726.

Erdley, C. A., & D'Agostino, F. R. (1988). Cognitive and affective components of automatic priming effects. *Journal of Personality and Social Psychology, 54*, 741-747.

Ericsson, K. A., & Kintsch, W. (1995). Long-term working memory. *Psychological Review, 102*, 211-245.

Ericsson, K. A., & Simon, H. A. (1980). Verbal reports as data. *Psychological Review, 87*, 215-251.

Esses, V. M., & Dovidio, J. F. (2002). The role of emotions in determining willingness to engage in intergroup contact. *Personality and Social Psychology Bulletin, 28*, 1202-1214.

Evans, L. M., & Petty, R. E. (2003). Self-guide framing and persuasion: Responsibly increasing message processing to ideal levels. *Personality and Social Psychology Bulletin, 29*, 313-324.

Eyal, T., Liberman, N., Trope, Y, & Walther, E. (2004). The pros and cons of temporally near and distant action. *Journal of Personality and Social Psychology, 86*, 781-795.

Fabrigar, L. R., Petty, R. E., Smith, S. M., & Crites, S. L., Jr. (2006). Understanding knowledge effects on attitude-behavior consistency: The role of relevance, complexity, and amount of knowledge. *Journal of Personality and Social Psychology, 90*, 556-577.

Farah, M. J. (1994). Neuropsychological inferences with an interactive brain: A critique of the "locality" assumption. *Behavioral and Brain Sciences, 22*, 287-288.

Farina, A., Allen, J. G., & Saul, B. B. (1968). The role of the stigmatized person in affecting social relationships. *Journal of Personality, 36*, 169-182.

Fazio, R. H. (1986). How do attitudes guide behavior? In R. M. Sorrentino & E. T. Higgins (Eds.), *The handbook of motivation and cognition: Foundations of social behavior* (pp. 204-243). New York: Guilford Press.

Fazio, R. H. (1987). Self-perception theory: A current perspective. In M. F. Zanna, J. M. Olson, & C. F. Herman (Eds.), *Social influence: The Ontario Symposium* (Vol. 5, pp. 129-149). Hillsdale, NJ: Erlbaum.

Fazio, R. H. (1989). On the power and functionality of attitudes: The role of attitude accessibility. In A. R. Pratkanis, S. J. Breckler, & A. G. Greenwald (Eds.), *Attitude structure and function* (pp. 153-179). Hillsdale, NJ: Erlbaum.

Fazio, R. H. (1990). Multiple processes by which attitudes guide behavior: The MODE model as an integrative framework. In M. F. Zanna (Ed.), *Advances in experimental social psychology* (Vol. 23, pp. 75-110). New York: Academic Press.

Fazio, R. H. (2001). On the automatic activation of associated evaluations: An overview. *Cognition and Emotion, 15*, 115-141.

Fazio, R. H., Chen, J., McDonel, E. C., & Sherman, S. J. (1982). Attitude accessibility, attitude-behavior consistency, and the strength of the object-evaluation association. *Journal of Experimental Social Psychology, 18*, 339-357.

Fazio, R. H., & Cooper, J. (1983). Arousal in the dissonance process. In J. T. Cacioppo & R. F. Petty (Eds.), *Social psychophysiology*. New York: Guilford Press.

Fazio, R. H., Effrein, E. A., & Falender, V. J. (1981). Self-perceptions following social interaction. *Journal of Personality and Social Psychology, 41*, 232-242.

Fazio, R. H., Herr, P. M., & Olney, T. J. (1984). Attitude accessibility following a self-perception process. *Journal of Personality and Social Psychology, 47*, 277-286.

Fazio, R. H., & Hilden, L. E. (2001). Emotional reactions to a seemingly prejudiced response: The role of automatically activated racial attitudes and motivation to control prejudiced reactions. *Personality and Social Psychology Bulletin, 27*, 538-549.

Fazio, R. H., Jackson, J. R., Dunton, B. C., & Williams, C. J. (1995). Variability in automatic activation as an unobtrusive measure of racial attitudes: A bona fide pipeline? *Journal of Personality and Social Psychology, 69*, 1013-1027.

Fazio, R. H., Ledbetter, J. E., & Towles-Schwen, T. (2000). On the costs of accessible attitudes: Detecting that the attitude object has changed. *Journal of Personality and Social Psychology, 78*, 197-210.

Fazio, R. H., & Olson, M. A. (2003). Implicit measures in social cognition research: Their meaning and use. *Annual Review of Psychology, 54*, 297-327.

Fazio, R. H., Powell, M. C., & Herr, P. M. (1983). Toward a process model of attitude-behavior relation: Accessing one's attitude upon mere observation of the attitude object. *Journal of Personality and Social Psychology, 44*, 723-735.

Fazio, R. H., Sanbonmatsu, D. M., Powell, M. C., & Kardes, F. R. (1986). On the automatic activation of attitudes. *Journal of Personality and Social Psychology, 50*, 229-238.

Fazio, R. H., & Towles-Schwen, T. (1999). The MODE model of attitude-behavior process. In S. Chaiken & Y. Trope (Eds.), *Dual-process theories in social psychology* (pp. 97-116). New York: Guilford Press.

Fazio, R. H., & Williams, C. J. (1986). Attitude accessibility as a moderator of the attitude-perception and attitude-behavior relations: An investigation of the 1984 presidential election. *Journal of Personality and Social Psychology, 51*, 505-514.

Fazio, R. H., & Zanna, M. P. (1978). Attitudinal qualities relating to the strength of the attitude-behavior relationship. *Journal of Experimental Social Psychology, 14*, 398-408.

Fazio, R. H., & Zanna, M. P. (1981). Direct experience and attitude-behavior consistency. In L. Berkowitz (Ed.), *Advances in experimental social psychology* (Vol. 14, pp. 162-203). New York: Academic Press.

Fazio, R. H., Zanna, M. P., & Cooper, J. (1977). Dissonance and self-perception: An integrative view of each theory's proper domain of application. *Journal of Experimental Social Psychology, 13*, 464-479.

Feather, N. 1. (1969). Attitude and selective recall. *Journal of Personality and Social Psychology, 12*, 310-319.

Feeney, B. C., & Cassidy, J. (2003). Reconstructive memory related to adolescent-parent conflict interactions: The influence of attachment-related representations on immediate perceptions and changes in perceptions over time. *Journal of Personality and Social Psychology, 85*, 945-955.

Fehr, B. (1988). Prototype analysis of the concepts of love and commitment. *Journal of Personality and Social Psychology, 55*, 557-579.

Fehr, B., & Russell, J. A. (1984). Concept of emotion viewed from a prototype perspective. *Journal of Experimental Psychology: General, 113*, 464-486.

Fein, S., Hilton, J. L., & Miller, D. T. (1990). Suspicion of ulterior motivation and the correspondence bias. *Journal of Personality and Social Psychology, 58*, 753-764.

Fein, S., & Spencer, S. J. (1997). Prejudice as self-image maintenance: Affirming the self through derogating others. *Journal of Personality and Social Psychology, 73*, 31-44.

Feingold, A. (1992). Gender differences in mate selection preferences: A test of the parental investment model. *Psychological Bulletin, 112*, 125-139.

Ferguson, M. J., & Bargh, J. A. (2004). How social perception can automatically influence behavior. *Trends in Cognitive Science, 8*, 33-39.

Ferguson, M. J., & Bargh, J. A. (2004). Liking is for doing: The effects of goal pursuit on automatic evaluation. *Journal of Personality and Social Psychology, 87*, 557-572.

Festinger, L. (1954). A theory of social comparison processes. *Human Relations, 7*, 117-140.

Festinger, L. (1957). A *theory of cognitive dissonance*. Stanford, CA: Stanford University Press.

Fiedler, K. (1988). Emotional mood, cognitive

style, and behavior regulation. In K. Fiedler & J. P. Forgas (Eds.), *Affect, cognition, and social behavior* (pp. 100-119). Toronto, Canada: Hogrefe.

Fiedler, K., & Freytag, P. (2004). Pseudocontingencies. *Journal of Personality and Social Psychology, 87*, 453-467.

Fiedler, K., Nickel, S., Muehlfriedel, T., & Unkelbach, C. (2001). Is mood congruency an effect of genuine memory or response bias? *Journal of Experimental Social Psychology, 37*, 201-214.

Fiedler, K., Pampe, H., & Scherf, U. (1986). Mood and memory for tightly organized social information. *European Journal of Social Psychology, 16*, 149-164.

Fiedler, K., Walther, E., & Nickel, S. (1999). Explaining asymmetric intergroup judgment through differential aggregation: Computer simulations and some new evidence. *European Review of Social Psychology, 10*, 1-40.

Finlay, K. A., & Stephan, W. G. (2000). Improving intergroup relations: The effects of empathy on racial attitudes. *Journal of Applied Social Psychology, 30*, 1720-1737.

Fischer, P., Jonas, E., Frey, D., & Schulz-Hardt, S. (2005). Selective exposure to information: The impact of information limits. *European Journal of Social Psychology, 35*, 469-492.

Fischhoff, B. (1980). For those condemned to study the past: Reflections on historical judgment. In R. A. Shweder (Ed.), *New directions for methodology of social and behavioral science* (Vol. 4, pp. 79-93). San Francisco: Jossey-Bass.

Fischhoff, B. (1982). Debiasing. In D. Kahneman, P. Slovic, & A. Tversky (Eds.), *Judgment under uncertainty: Heuristics and biases* (pp. 422-444). New York: Cambridge University Press.

Fischhoff, B., & Beyth, R. (1975). "I knew it would happen"-Remembered probabilities of once-future things. *Organizational Behavior and Human Performance, 13*, 1-16.

Fischhoff, B., Gonzalez, R. M., Lerner, J. S., & Small, D. A. (2005). Evolving judgments of terror risks: Foresignt, hindsight, and emotion. *Journal of Experimental Psychology: Applied*, 11, 124-139.

Fischhoff, B., Slovic, P., & Lichtenstein, S. (1977). Knowing with certainty: The appropriateness of extreme confidence. *Journal of Experimental Psychology: Human Perception and Performance, 3*, 552-564.

Fishbach, A., Dhar, R., & Zhang, Y. (2006). Subgoals as substitutes or complements: The role of goal accessibility. *Journal of Personality and Social Psychology, 91*, 232-242.

Fishbach, A., & Shah, J. Y. (2006). Self-control in action: Implicit dispositions toward goals and away from temptations. *Journal of Personality and Social Psychology, 90*, 820-832.

Fishbach, A., Shah, J. Y, & Kruglanski, A. W. (2004). Emotional transfer in goal systems. *Journal of Experimental Social Psychology, 40*, 723-738.

Fishbein, M. (1963). An investigation of the relationship between beliefs about an object and the attitude toward that object. *Human Relations, 16*, 233-240.

Fishbein, M., & Ajzen, I. (1974). Attitudes toward objects as predictors of single and multiple behavioral criteria. *Psychological Review, 81*, 59-74.

Fishbein, M., & Ajzen, I. (1975). *Belief, attitude, intention, and behavior: An introduction to theory and research*. Reading, MA: Addison-Wesley.

Fiske, A. P., Haslam, N., & Fiske, S. T. (1991). Confusing one person with another: What errors reveal about the elementary forms of social relations. *Journal of Personality and Social Psychology, 60*, 656-674.

Fiske, A. P., Kitayama, S., Markus, H. R., & Nisbett, R. E. (1998). The cultural matrix of social psychology. In D. T. Gilbert, S. T. Fiske, & G. Lindzey (Eds.), *The handbook of social psychology* (4th ed., pp. 915-981). New York: McGraw-Hill.

Fiske, D. W., & Maddi, S. R. (1961). *Functions of varied experience*. Oxford, England: Dorsey.

Fiske, S. T. (1980). Attention and weight in person perception: The impact of negative and extreme behavior. *Journal of Personality and Social Psychology, 38*, 889-906.

Fiske, S. T. (1981). Social cognition and affect. In J. Harvey (Ed.), *Cognition, social behavior and the environment* (pp. 227-264). Hillsdale, NJ: Erlbaum.

Fiske, S. T. (1982). Schema-triggered affect: Applications to social perception. In M. S. Clark & S. T. Fiske (Eds.), *Affect and cognition: The 17th Annual Carnegie Symposium on Cognition* (pp. 55-78). Hillsdale, NJ: Erlbaum.

Fiske, S. T. (1988). Compare and contrast: Brewer's dual-process model and Fiske et al's continuum model. In T. K. Srull & R. S. Wyer (Eds.), *Advances in social cognition: A dual model of impression formation* (Vol. 1, pp. 65-76). Hillsdale, NJ: Erlbaum.

Fiske, S. T. (1989). Examining the role of intent: Toward understanding its role in stereotyping and prejudice. In J. S. Uleman & J. A. Bargh (Eds.), *Unintended thought* (pp. 253-283). New York: Guilford Press.

Fiske, S. T. (1992). Thinking is for doing: Portraits

of social cognition from daguerreotype to laserphoto. *Journal of Personality and Social Psychology, 63*, 877-889.

Fiske, S. T. (1993). Social cognition and social perception. In M. R. Rosenzweig & L. W. Porter (Eds.), *Annual review of psychology* (Vol. 44, pp. 155-194). Palo Alto, CA: Annual Reviews.

Fiske, S. T. (1998). Stereotyping, prejudice, and discrimination. In D. T. Gilbert, S. T. Fiske, & G. Lindzey (Eds.), *Handbook of social psychology* (4th ed., Vol. 2, pp. 357-411). New York: McGraw-Hill.

Fiske, S. T. (2002). Five core social motives, plus or minus five. In S. J. Spencer, S. Fein, M. P. Zanna, & J. Olson (Eds.), *Motivated social perception: The Ontario Symposium* (Vol. 9, pp. 233-246). Mahwah, NJ: Erlbaum.

Fiske, S. T. (2004). *Social beings: A core motives approach to social psychology*. New York: Wiley.

Fiske, S. T. (in press). Core social motivations, a historical perspective: Views from the couch, consciousness, classroom, computers, and collectives. In W. Gardner & J. Shah (Eds.), *Handbook of motivation science*. New York: Guilford Press.

Fiske, S. T., Bersoff, D. N., Borgida, E., Deaux, K., & Heilman, M. E. (1991). Social science reon trial: The use of sex stereotyping research in Price Waterhouse v. Hopkins. *American Psychologist, 46*, 1049-1060.

Fiske, S. T., Cuddy, A. J. C., & Glick, P. (2007). Universal dimensions of social perception: Warmth and competence. *Trends in Cognitive Science, 11*, 77-83.

Fiske, S. T., Cuddy, A. J. C., Glick, P., & Xu, J. (2002). A model of (often mixed) stereotype content: Competence and warmth respectively follow from perceived status and competition. *Journal of Personality and Social Psychology, 82*, 878-902.

Fiske, S. T., Kenny, D. A., & Taylor, S. E. (1982). Structural models for the mediation of salience effects on attribution. *Journal of Experimental Social Psychology, 18*, 105-127.

Fiske, S. T., Lin, M. H., & Neuberg, S. L. (1999). The continuum model: Ten years later. In S. Chaiken & Y Trope (Eds.), *Dual process theories in social psychology* (pp. 231-254). New York: Guilford Press.

Fiske, S. T., & Linville, P. W. (1980). What does the schema concept buy us? Symposium on social knowing. *Personality and Social Psychology Bulletin, 6*, 543-557.

Fiske, S. T., Moore, G., & Russell, A. M. (2006). *Mental illness subgroups, in the stereotype content model*. Unpublished data, Princeton University.

Fiske, S. T., & Neuberg, S. L. (1990). A continuum of impression formation, from category-based to individuating processes: Influences of information and motivation on attention and interpretation. In M. P. Zanna (Ed.), *Advances in experimental social psychology* (Vol. 23, pp. 1-74). New York: Academic Press.

Fiske, S. T., Neuberg, S. L., Beattie, A. E., & Milberg, S. J. (1987). Category-based and attribute-based reactions to others: Some informational conditions of stereotyping and individuating processes. *Journal of Experimental Social Psychology, 23*, 399-427.

Fiske, S. T., & Pavelchak, M. A. (1986). Category-based versus piecemeal-based affective responses: Developments in schema-triggered affect. In R. M. Sorrentino & E. T. Higgins (Eds.), *Handbook of motivation and cognition: Foundations of social behavior* (pp. 167-203). New York: Guilford Press.

Fiske, S. T., & Ruscher, J. B. (1989). On-line processes in category-based and individuating impressions: Some basic principles and methodological reflections. In J. N. Bassili (Ed.), *On-line cognition in person perception* (pp. 141-174). Hillsdale, NJ: Erlbaum.

Fiske, S. T., & Taylor, S. E. (1991). Social cognition (2nd ed.). New York: McGraw-Hill.

Fiske, S. T., Taylor, S. E., Etcoff, N. L., & Laufer, J. K. (1979). Imaging, empathy, and causal attribution. *Journal of Experimental Social Psychology, 15*, 356-377.

Fiske, S. T., Xu, J., Cuddy, A. C., & Glick, P. (1999). (Dis)respecting versus (dis)liking: Status and interdependence predict ambivalent stereotypes of competence and warmth. *Journal of Social Issues, 55*, 473-491.

Flack, W. F., Jr. (2006). Peripheral feedback effects of facial expressions, bodily postures, and vocal expressions on emotional feelings. *Cognition and Emotion, 20*, 177-195.

Flory, J. D., Räikkönen, K., Matthews, K. A., & Owens, J. P. (2000). Self-focused attention and mood during everyday social interactions. *Personality and Social Psychology Bulletin, 26*, 875-883.

Folkes, V. S. (1982). Communicating the causes of social rejection. *Journal of Experimental Social Psychology, 18*, 235-252.

Folkman, S., & Lazarus, R. S. (1988a). Coping as a mediator of emotion. *Journal of Personality and Social Psychology, 54*, 466-475.

Folkman, S., & Lazarus, R. S. (1988b). The relationship between coping and emotion: Implications for theory and research. *Social Science Medicine, 26*, 309-317.

Fong, G. T., Krantz, D. H., & Nisbett, R. E.

(1986). The effects of statistical training on thinking about everyday problems. *Cognitive Psychology, 18*, 253-292.

Fong, G. T., & Markus, H. R. (1982). Self-schemas and judgments about others. *Social Cognition, 1*, 191-205.

Forest, D., Clark, M. S., Mills, J., & Isen, A. M. (1979). Helping as a function of feeling state and nature of the helping behavior. *Motivation and Emotion, 3*, 161-169.

Forgas, J. P. (1995). Mood and judgment: The affect infusion model (AIM). *Psychological Bulletin, 117*, 39-66.

Forgas, J. P. (1998). On being happy and mistaken: Mood effects on the fundamental attribution error. *Journal of Personality and Social Psychology. 75*, 318-331.

Forgas, J. P., Bower, G. H., & Krantz, S. F. (1984). The influence of mood on perceptions of social interactions. *Journal of Experimental Social Psychology, 20*, 497-513.

Forgas, J. P., Burnham, D. K., & Trimboli, C. (1988). Mood, memory, and social judgments in children. *Journal of Personality and Social Psychology, 54*, 697-703.

Forgas, J. P., & Fiedler, K. (1996). Us and them: Mood effects on intergroup discrimination. *Journal of Personality and Social Psychology, 70*, 28-40.

Forgas, J. P., & George, J. M. (2001). Affective influences on judgments and behavior in organizations: An information processing perspective. *Organizational Behavior and Human Decision Processes, 86*, 3-34.

Forgas, J. P., & Moylan, S. (1987). After the movies: Transient mood and social judgments. *Personality and Social Psychology Bulletin, 13*, 467-477.

Forgas, J. P., Laham, S., & Vargas, P. (2005). Mood effects on eyewitness memory: Affective influences on susceptibility to misinformation. *Journal of Experimental Social Psychology, 41*, 574-588.

Förster, J., Friedman, R. S., & Liberman, N. (2004). Temporal construal effects on abstract and concrete thinking: Consequences for insight and creative cognition. *Journal of Personality and Social Psychology, 87*, 177-189.

Förster, J., Higgins, T. E., & Idson, L. C. (1998). Approach and avoidance strength during goal attainment: Regulatory focus and the "goal looms larger" effect. *Journal of Personality and Social Psychology, 75*, 1115-1131.

Förster, J., & Strack, F. (1997). Motor actions in retrieval of valenced information: A motor congruences effect. *Perceptual and Motor Skills, 85*, 1419-1427.

Förster, J., & Strack, F. (1998). Motor actions in retrieval of valenced information: II. Boundary conditions for motor congruence effects. *Perceptual and Motor Skills, 86*, 1423-1426.

Fragale, A. R., & Heath, C. (2004). Evolving informational credentials: The (mis)attribution of believable facts to credible sources. *Personality and Social Psychology Bulletin, 30*, 225-236.

Frantz, C. M., Cuddy, A. J. C., Burnett, M., Ray, H., & Hart, A. J. (2004). A threat in the computer: The race implicit association test as a stereotype threat experience. *Personality and Social Psychology Bulletin, 30*, 1611-1624.

Frederick, S., Loewenstein, G., & O'Donoghue, T. (2002). Time discounting and time preferences: A critical review. *Journal of Economic Literature, 40*, 351-401.

Fredrickson, G. M. (2002). *Racism: A short history*. Princeton, NJ: Princeton University Press.

Freedman, J. L., & Sears, D. O. (1965). Selective exposure. In L. Berkowitz (Ed.), *Advances in experimental social psychology* (Vol. 2, pp. 57-97). San Diego, CA: Academic Press.

Freitas, A. L., Liberman, N., Salovey, P., & Higgins, E. T. (2002). When to begin? Regulatory focus and initiating goal pursuit. *Personality and Social Psychology Bulletin, 28*, 121-130.

Frey, D. (1986). Recent research on selective exposure to information. In L. Berkowitz (Ed.), *Advances in experimental social psychology* (Vol. 19, pp. 41-80). New York: Academic Press.

Frey, F. E., & Tropp, L. R. (2006). Being seen as individuals versus as group members: Extending research on metaperception to intergroup contexts. *Personality and Social Psychology Review, 10*, 265-280.

Frijda, N. H. (1987a). Comment on Oatley and Johnson-Laird's "Towards a cognitive theory of emotions." *Cognition and Emotion, 1*, 51-58.

Frijda, N. H. (198Th). Emotion, cognitive structure, and action tendency. *Cognition and Emotion, 1*, 115-143.

Frijda, N. H. (1988). The laws of emotion. *American Psychologist, 43*, 349-358.

Frith, U., & Frith, C. (2001). The biological basis of social interaction. *Current Directions in Psychological Science, 10*, 151-155.

Fu, P. O., Kennedy, J., Tata, J., Yukl, G., Bond, M. H., et al. (2004). The impact of societal cultural values and individual social beliefs on the perceived effectiveness of managerial influence strategies: A meso approach. *Journal of International Business Studies, 35*, 284-305.

Fujita, K., Gollwitzer, P. M., & Oettingen, G. (2007). Mindsets and pre-conscious openmindedness to incidental information. *Journal*

of Experimental Social Psychology, 43, 48-61.
Fujita, K., Henderson, M. D., Fng, J., Trope, Y., & Liberman, N. (2006). Spatial distance and mental construal of social events. *Psychological Science, 17*, 278-282.
Funder, D. C. (1987). Errors and mistakes: Evaluating the accuracy of social judgment. *Psychological Bulletin, 101*, 75-90.
Gable, S. L., Reis, H. T., & Elliot, A. J. (2000). Behavioral activation and inhibition in everyday life. *Journal of Personality and Social Psychology, 78*, 1135-1149.
Gabrielcik, A., & Fazio, R. H. (1984). Priming and frequency estimation: A strict test of the availability heuristic. *Personality and Social Psychology Bulletin, 10*, 85-89.
Gaertner, S. L., & Dovidio, J. F. (1986). The aversive form of racism. In J. P. Dovidio & S. L. Gaertner (Eds.), *Prejudice, discrimination, and racism* (pp. 61-90). Orlando, FL: Academic Press.
Gaertner, S. L., & Dovidio, J. F. (2005). Understanding and addressing contemporary racism: From aversive racism to the common ingroup identity model. *Journal of Social Issues, 61*, 615-639.
Gaertner, S. L., & McLaughlin, J. P. (1983). Racial stereotypes: Associations and ascriptions of positive and negative characteristics. *Social Psychology Quarterly, 46*, 23-40.
Gaertner, S. L., Sedikides, C., & Graetz, K. (1999). In search of self-definition: Motivational primacy of the individual self, motivational primacy of the collective self, or contextual primacy? *Journal of Personality and Social Psychology, 76*, 5-18.
Gailliot, M. T., Schmeichel, B. J., & Baumeister, R. F. (2006). Self-regulatory processes defend against the threat of death: Effects of self-control depletion and trait self-control on thoughts and fears of dying. *Journal of Personality and Social Psychology, 91*, 49-62.
Galanis, C. M. B., & Jones, E. E. (1986). When stigma confronts stigma: Some conditions enhancing a victim's tolerance of other victims. *Personality and Social Psychology Bulletin, 12*, 169-177.
Galinsky, A. D., & Moskowitz, G. B. (2000). Perspective-taking: Decreasing stereotype expression, stereotype accessibility, and ingroup favoritism. *Journal of Personality and Social Psychology, 78*, 708-724.
Gallagher, H. L., & Frith, C. D. (2003). Functional imaging of "theory of mind." *Trends in Cognitive Sciences, 7*, 77-83.
Gallagher, H. L., Jack, A., Roepstorff, A., & Frith, C. D. (2002). Imaging the intentional stance in a competitive game. *NeuroImage, 16*, 814-821.
Garcia-Marques, L., & Hamilton, L. (1996). Resolving the apparent discrepancy between the incongruency effect and the expectancy-based illusory correlation effect: The TRAP model. *Journal of Personality and Social Psychology, 71*, 845-860.
Garcia-Marques, L., Hamilton, L., & Maddox, K. B. (2002). Exhaustive and heuristic retrieval processes in person cognition: Further tests of the TRAP model. *Journal of Personality and Social Psychology, 82*, 193-207.
Gasper, K., & Clore, G. L. (2002). Attending to the big picture: Mood and global versus local processing of visual information. *Psychological Science, 13*, 34-40.
Gauthier, I., Skudlarski, P., Gore, J. C., & Anderson, A. W. (2000). Expertise for cars and birds recruits brain areas involved in face recognition. *Nature Neuroscience, 3*, 191-197.
Gayer, W. W., & Mandler, G. (1987). Play it again, Sam: On liking music. *Cognition and Emotion, 1*, 259-282.
Gawronski, B., & Bodenhausen, G. V. (2006). Associative and propositional processes in evaluation: An integrative review of implicit and explicit attitude change. *Psychological Bulletin, 132*, 692-731.
Gazzaniga, M. S. (2000). Cerebral specialization and interhemispheric communication: Does the corpus callosum enable the human condition? *Brain, 123*, 1293-1326.
Geertz, C. (1974). From the native's point of view: On the nature of anthropological understanding. In K. Basso & H. Selby (Eds.), *Meaning in anthropology* (pp. 221-237). Albuquerque: University of New Mexico Press.
Geertz, C. (1975). On the nature of anthropological understanding. *American Scientist, 63*, 47-53.
Gellhorn, E. (1964). Motion and emotion: The role of proprioception in the physiology and pathology of emotions. *Psychological Review, 71*, 457-472.
Genero, N., & Cantor, N. (1987). Exemplar prototypes and clinical diagnosis: Toward a cognitive economy. *Journal of Social and Clinical Psychology, 5*, 59-78.
Gernsbacher, M. A., & Kaschak, M. P. (2003). Neuroimaging studies of language production and comprehension. *Annual Review of Psychology, 54*, 91-114.
Gibson, J. J. (1966). *The senses considered as perceptual systems*. Boston: Houghton Mifflin.
Gibson, J. J. (1979). *The ecological approach to visual perception*. Boston: Houghton Mifflin.
Gilbert, D. T. (1991). How mental systems believe. *American Psychologist, 46*, 107-119.
Gilbert, D. T. (1998). Ordinary personology. In D.

T. Gilbert, S. T. Fiske, & G. Lindzey (Eds.), *The handbook of social psychology* (4th ed., Vol. 2, pp. 89-150). New York: McGraw-Hill.

Gilbert, D. T. (1999). What the mind's not. In S. Chaiken & Y. Trope (Eds.), *Dual-process theories in social psychology*. New York: Guilford Press.

Gilbert, D. T., Brown, R. P., Pinel, E. C., & Wilson, T. D. (2000). The illusion of external agency. *Journal of Personality and Social Psychology, 79*, 690-700.

Gilbert, D. T., & Hixon, J. G. (1991). The trouble of thinking: Activation and application of stereotypic beliefs. *Journal of Personality and Social Psychology, 60*, 509-517.

Gilbert, D. T., Krull, D. S., & Pelham, B. W. (1988). Of thoughts unspoken: Social inference and the self-regulation of behavior. *Journal of Personality and Social Psychology, 55*, 685-694.

Gilbert, D. T., Lieberman, M. D., Morewedge, C. K., & Wilson, T. D. (2004). The peculiar longevity of things not so bad. *Psychological Science, 15*, 14-19.

Gilbert, D. T., & Malone, P. S. (1995). The correspondence bias. *Psychological Bulletin, 117*, 21-38.

Gilbert, D. T., Pelham, B. W., & Krull, D. S. (1988). On cognitive busyness: When person perceives meet persons perceived. *Journal of Personality and Social Psychology, 54*, 733-739.

Gilbert, D. T., Pinel, E. C., Wilson, D., Blumberg, S. J., & Wheatley, T. P. (1998). Immune neglect: A source of durability bias in affective forecasting. *Journal of Personality and Social Psychology, 75*, 617-638.

Gilovich, T. (1981). Seeing the past in the present: The effect of associations to familiar events on judgments and decisions. *Journal of Personality and Social Psychology, 40*, 797-808.

Giner-Sorolla, R. (1999). Affect in attitude: Immediate and deliberative perspectives. In S. Chaiken & Y Trope (Eds.), *Dual process theories in social psychology* (pp. 441-461). New York: Guilford Press.

Giner-Sorolla, R. (2001). Affective attitudes are not always faster: The moderating role of extremity. *Personality and Social Psychology Bulletin, 27*, 666-677.

Giner-Sorolla, R., Mackie, D. M., & Smith, E. R. (Eds.). (2007). Special issue: Intergroup emotions. *Group Processes and Intergroup Relations, 10*, 5-136.

Ginossar, Z., & Trope, Y. (1980). The effects of base rates and individuating information on judgments about another person. *Journal of Experimental Social Psychology, 16*, 228-242.

Ginossar, Z., & Trope, Y (1987). Problem solving in judgment under uncertainty. *Journal of Personality and Social Psychology, 52*, 464-474.

Gladwell, M. (2005). *Blink: The power of thinking without thinking*. New York: Little, Brown.

Glaser, J., Dixit, J., & Green, D. P. (2002). Studying hate crime with the Internet: What makes racists advocate racial violence? *Journal of Social Issues, 58*, 177-193.

Glaser, J., & Salovey, P. (1998). Affect in electoral politics. *Personality and Social Psychology Review, 2*, 156-172.

Glass, A. L., & Holyoak, K. J. (1986). *Cognition* (2nd ed). New York: Random House.

Glassman, N. S., & Andersen, S. M. (1999). Activating transference without consciousness: Using significant-other representations to go beyond what is subliminally given. *Journal of Personality and Social Psychology, 77*, 1146-1162.

Gleicher, P. H., Kost, K. A., Baker, S. M., Strathman, A. J., Richman, S. A., & Sherman, S. J. (1990). The role of counterfactual thinking in judgments of affect. *Personality and Social Psychology Bulletin, 16*, 284-295.

Glick, P., Diebold, J., Bailey-Werner, B., & Zhu, L. (1997). The two faces of Adam: Ambivalent sexism and polarized attitudes toward women. *Personality and Social Psychology Bulletin, 23*, 1323-1334.

Glick, P., & Fiske, S. T. (1996). The Ambivalent Sexism Inventory: Differentiating hostile and benevolent sexism. *Journal of Personality and Social Psychology, 70*, 491-512.

Glick, P. & Fiske, S. T. (2001). Ambivalent sexism. In M. P. Zanna (Ed.), *Advances in experimental social psychology* (Vol. 33, pp. 115-188). Thousand Oaks, CA: Academic Press.

Glick, P., Fiske, S. T., Mladinic, A., Saiz, J. L., Abrams, D., Masser, B., et al. (2000). Beyond prejudice as simple antipathy: Hostile and benevolent sexism across cultures. *Journal of Personality and Social Psychology, 79*, 763-775.

Glick, P. Lameriras, M., Fiske, S. T., Eckes, T., Masser, B., Volpato, C., et al. (2004). Bad but bold: Ambivalent attitudes toward men predict gender inequality in 16 nations. *Journal of Personality and Social Psychology, 86*, 713-728.

Glick, P., Wilk, K., & Perrault, M. (1995). Images of occupations: Components of gender and status in occupational stereotypes. *Sex Roles, 32*, 9-10.

Glimcher, P. D. (2003). *Decisions, uncertainty, and the brain: The science of neuroeconomics*. Cambridge, MA: MIT Press.

Glimcher, P. W., & Rustichini, A. (2004). Neuroeconomics: The consilience of brain and decision. *Science, 306*, 447-452.

Gobbini, M. I., Leibenluft, E., Santiago, N., & Haxby, J.V. (2004). Social and emotional attachment in the neural representation of faces. *NeuroImage*, *22*, 1628-1635. [Erratum: 32, 1484.]

Goethals, G. R. (1976). An attributional analysis of some social influence phenomena. In J. H. Harvey, W. J. Ickes, & R. F. Kidd (Eds.), *New directions in attribution research* (Vol. 1, pp. 291-310). Hillsdale, NJ: Erlbaum.

Goethals, G. R., & Reckman, R. P. (1973). The perception of consistency in attitudes. *Journal of Experimental Social Psychology*, *9*, 491-501.

Goethals, G. R., & Zanna, M. P. (1979). The role of social comparison in choice shifts. *Journal of Personality and Social Psychology*, *37*, 1469-1476.

Goffman, E. (1963). *Stigma: Notes on the management of spoiled identity*. New York: Prentice-Hall.

Golby, A. J., Gabrieli, J. D. E., Chiao, J. Y, & Eberhardt, J. L. (2001). Differential responses in the fusiform region to same-race and other-race faces. *Nature Neuroscience*, *4*, 845-850.

Goldberg, E. (2001). *The executive brain: Frontal lobes and the civilized mind*. New York: Oxford University Press.

Goldberg, L. R. (1968). Simple models or simple processes? Some research on clinical judgments. *American Psychologist*, *23*, 483-496.

Goldberg, L. R. (1970). Man versus model of man: A rationale, plus some evidence, for a method of improving on clinical inferences. *Psychological Bulletin*, *73*, 422-432.

Goldberg, L. R. (1986). The validity of rating procedures to index the hierarchical level of categories. *Journal of Memory and Language*, *25*, 323-347.

Gollwitzer, P. M. (1990). *Action phases and mindsets*. New York: Guilford Press.

Gollwitzer, P. M., Earle, W. B., & Stephan, W. G. (1982). Affect as a determinant of egotism: Residual excitation and performance attributions. *Journal of Personality and Social Psychology*, *43*, 702-709.

Gollwitzer, PM., & Moskowitz, G. B. (1996). Goal effects on action and cognition. In E. T. Higgins & A. W. Kruglanski (Eds.), *Social psychology: Handbook of basic principles* (pp. 361-399). New York: Guilford Press.

Gollwitzer, P. M., & Sheeran, P. (2006). Implementation intentions and goal achievement: A meta-analysis of effects and processes. In M.P Zanna (Ed.), *Advances in Experimental Psychology* (Vol. 38, pp. 69-119) San Diego, CA: Academic Press.

Gosling, S. D., Ko, S. J., Mannarelli, T., & Morris, M. E. (2002). A room with a cue: Judgments of personality based on offices and bedrooms. *Journal of Personality and Social Psychology*, *82*, 379-398.

Gónzales, P. M., Blanton, H., & Williams, K. J. (2002). The effects of stereotype threat and double-minority status on the test performance of Latino women. *Personality and Social Psychology Bulletin*, *28*, 659-670.

Graham, S., & Lowery, B. S. (2004) Priming unconscious racial stereotypes about adolescent offenders. *Law and Human Behavior*, *28*, 483-504.

Graham, S., & Weiner, B. (1986). From an attributional theory of emotion to developmental psychology: A round-trip ticket? *Social Cognition*, *4*, 152-179.

Granberg, D., & Brent, E. (1980). Perceptions of issue positions of presidential candidates. *American Scientist*, *68*, 617-625.

Graves, J. (2001). *The emperor's new clothes: Biological theories of race at the millennium*. New Brunswick, NJ: Rutgers University Press.

Gray, J. A. (1990). Brain systems that mediate both emotion and cognition. *Cognition and Emotion*, *4*, 269-288.

Graziano, W. G., Moore, J. S., & Collins, J. E., II. (1988). Social cognition as segmentation of the stream of behavior. *Developmental Psychology*, *24*, 568-573.

Greaves, G. (1972). Conceptual system functioning and selective recall of information. *Journal of Personality and Social Psychology*, *21*, 327-332.

Green, D. P., Glaser, J., & Rich, A. (1998). From lynching to gay bashing: The elusive connection between economic conditions and hate crime. *Journal of Personality and Social Psychology*, *75*, 82-92.

Green, D. P. Salovey, P. & Truax, K. M. (1999). Static, dynamic, and causative bipolarity of affect. *Journal of Personality and Social Psychology*, *76*, 856-867.

Green, D. P. Strolovitch, D. Z., & Wong, J. S. (1998). Defended neighborhoods, integration, and racially motivated crime. *American Journal of Sociology*, *104*, 372-403.

Greenberg, J., Arndt, J., Schimel, J., Pyszczynski, T., & Solomon, S. (2001). Clarifying the function of mortality salience-induced worldview defense: Renewed suppression or reduced accessibility of death-related thoughts? *Journal of Experimental Social Psychology*, *37*, 70-76.

Greenberg, J., Porteus, J., Simon, L., Pyszczynski, T., & Solomon, S. (1995). Evidence of a terror management function of cultural icons: The effects of mortality salience on the inappropriate use of cherished cultural symbols. *Personality and Social Psychology Bulletin*, *21*, 1221-1228.

Greenberg, J., & Pyszczynski, T. (1985). The effects of an overheard ethnic slur on evaluations of the target: How to spread a social disease. *Journal of Experimental Social Psychology, 21*, 61-72.

Greenberg, J., Pyszczynski, T., & Solomon, S. (1986). The causes and consequences of a need for self-esteem: A terror management theory. In R. P. Baumeister (Ed.), *Public self and private self* (pp. 189-212). New York: Springer-Verlag.

Greenberg, J., Pyszczynski, T., Solomon, S., Rosenblatt, A., Veeder, M., Kirkland, S., & Lyon, D. (1990). Evidence for terror management theory II: The effects of mortality salience on reactions to those who threaten or bolster the cultural worldview. *Journal of Personality and Social Psychology, 58*, 308-318.

Greenberg, J., Schimel, J., & Meertens, A. (2002). Ageism: Denying the face of the future. In T. D. Nelson (Ed.), *Ageism: Stereotyping and prejudice against older persons* (pp. 27-48). Cambridge, MA: MIT Press.

Greenberg, J., Simon, L., Pyszczynski, T., Solomon, S., & Chatel, D. (1992). Terror management and tolerance: Does mortality salience always intensify negative reactions to others who threaten one's worldview? *Journal of Personality and Social Psychology, 63*, 212-220.

Greenberg, J., Solomon, S., & Pyszczynski, T. (1997). Terror management theory of self-esteem and cultural worldviews: Empirical assessments and conceptual refinements. In M. P. Zanna (Ed.), *Advances in experimental social psychology* (Vol. 29, pp. 61-139). San Diego, CA: Academic Press.

Greenberg, J., Williams, K. D., & O'Brien, M. K. (1986). Considering the harshest verdict first: Biasing effects on mock juror verdicts. *Personality and Social Psychology Bulletin, 12*, 41-50.

Greene, J. D., Somerville, R. B., Nystrom, L. E., Darley, J. M., & Cohen, J. D. (2001). An fMRI investigation of emotional engagement in moral judgment. *Science, 293*, 2105-2108.

Greenwald, A. G. (1968). Cognitive learning, cognitive response to persuasion and attitude change. In A. G. Greenwald, T. C. Brock, & T. M. Ostrom (Eds.), *Psychological foundations of attitudes* (pp. 147-170). New York: Academic Press.

Greenwald, A. G. (1975). Consequences of prejudice against the null hypothesis. *Psychological Bulletin, 82*, 1-20.

Greenwald, A. G. (1981). Self and memory. In G. H. Bower (Ed.), *The psychology of learning and motivation* (Vol. 15, pp. 201-236). New York: Academic Press.

Greenwald, A. G. (1989). Why attitudes are important: Defining attitude and attitude theory 20 years later. In A. R. Pratkanis, S. J. Breckler, & A. G. Greenwald (Eds.), *Attitudes structure and function* (pp. 429-440). Hillsdale, NJ: Erlbaum.

Greenwald, A. G., Banaji, M. R., Rudman, L. A., Farnham, S. D., Nosek, B. A., & Mellott, D. S. (2002). A unified theory of implicit attitudes, stereotypes, self-esteem, and self-concept. *Psychological Review, 109*, 3-25.

Greenwald, A. G., Klinger, M. R., & Liu, T. J. (1989). Unconscious processing of dichotically masked words. *Memory and Cognition, 17*, 35-47.

Greenwald, A. G., & Leavitt, C. (1984). Audience involvement in advertising: Four levels. *Journal of Consumer Research, 11*, 581-592.

Greenwald, A. G., McGhee, D. E., & Schwartz, J. L. K. (1998). Measuring individual differences in implicit cognition: The implicit association test. *Journal of Personality and Social Psychology Bulletin, 74*, 1464-1480.

Grice, H. P. (1975). Logic and conversation. In P. Cole & J. L. Morgan (Eds.), *Syntax and semantics 3: Speech acts* (pp. 95-113). New York: Academic Press.

Griffiths, T. L., & Tenenbaum, j. B. (2006). Optimal predictions in everyday cognition. *Psychological Science, 17*, 767-773.

Groom, C. J., Sherman, J. W., Lu, L., Conrey, P. R., & Keijzer, S. C. (2005). Judging compound social categories: Compound familiarity and compatibility as determinants of processing mode. *Social Cognition, 23*, 291-323.

Grush, J. E. (1976). Attitude formation and mere exposure phenomena: A nonartificial explanation of empirical findings. *Journal of Personality and Social Psychology, 33*, 281-290.

Gueguen, N., & DeGail, M. (2003). The effect of smiling on helping behavior: Smiling and good Samaritan behavior. *Communication Report, 16*, 133-140.

Guimond, S., Chatard, A., Martinot, D., Crisp, R. J., & Redersdorff, S. (2006). Social comparison, self-stereotyping, and gender differences in self-construals. *Journal of Personality and Social Psychology, 90*, 221-242.

Guimond, S., Dambrun, M., Michinov, N., & Duarte, S. (2003). Does social dominance generate prejudice? Integrating individual and contextual determinants of intergroup cognitions. *Journal of Personality and Social Psychology, 84*, 697-721.

Guinote, A. (2001). The perception of group variability in a non-minority and a minority context: When adaptation leads to out-group differentiation. *British Journal of Social Psychology, 40*, 117-132.

Haddock, G., & Zanna, M. P. (1994). Preferring "housewives" to "feminists": Categorization and

the favorability of attitudes toward women. *Psychology of Women Quarterly, 18*, 25-52.
Haddock, G., Zanna, M. P., & Fsses, V. M. (1993). Assessing the structure of prejudicial attitudes: The case of attitudes toward homosexuals. *Journal of Personality and Social Psychology, 65*, 1105-1118.
Hager, J. C., & Ekman, P. (1981). Methodological problems in Tourangeau and Ellsworth's study of facial expression and experience of emotion. *Journal of Personality and Social Psychology, 40*, 358-362.
Haidt, J. (2001). The emotional dog and its rational tail: A social intuitionist approach to moral judgment. *Psychological Review, 108*, 814-834.
Haidt, J., & Hersh, M. A. (2001). Sexual morality: The cultures and emotions of conservatives and liberals. *Journal of Applied Social Psychology, 31*, 191-221.
Haidt, J., Koller, S. H., & Dias, M. G. (1993). Affect, culture, and morality, or is it wrong to eat your dog? *Journal of Personality and Social Psychology, 65*, 613-628.
Haidt, J., McCauley, C. & Rozin, P. (1994). Individual differences in sensitivity to disgust: A scale sampling seven domains of disgust elicitors. *Personality and Individual Differences, 16*, 701-713.
Haines, E. L., & Jost, J. T. (2000). Placating the powerless: Effects of legitimate and illegitimate explanation on affect, memory, and stereotyping. *Social Justice Research, 13*, 219-236.
Halloran, M. J., & Kashima, E. S. (2004). Social identity and worldview validation: The effects of ingroup identity primes and mortality salience on value endorsement. *Personality and Social Psychology Bulletin, 30*, 915-925.
Hamill, R., Wilson, T. D., & Nisbett, R. E. (1980). Insensitivity to sample bias: Generalizing from atypical cases. *Journal of Personality and Social Psychology, 39*, 578-589.
Hamilton, D. L. (1979). A cognitive-attributional analysis of stereotyping. In L. Berkowitz (Ed.), *Advances in experimental social psychology* (Vol. 12, pp. 53-84). New York: Academic Press.
Hamilton, D. L., Driscoll, D. M., & Worth, L. T. (1989). Cognitive organization of impressions: Effects of incongruency in complex representations. *Journal of Personality and Social Psychology, 57*, 925-939.
Hamilton, D. L., Dugan, P. M., & Trolier, T. K. (1985). The formation of stereotypic beliefs: Further evidence for distinctiveness-based illusory correlations. *Journal of Personality and Social Psychology, 48*, 5-17.
Hamilton, D. L., & Gifford, R. K. (1976). Illusory correlation in interpersonal perception: A cognitive basis of stereotypic judgments. *Journal of Experimental Social Psychology, 12*, 392-407.
Hamilton, D. L., & Rose, T. L. (1980). Illusory correlation and the maintenance of stereotypic beliefs. *Journal of Personality and Social Psychology, 39*, 832-845.
Hamilton, V., Bower, G. H., & Frijda, N. H. (Eds.). (1988). *Cognitive perspectives on emotion and motivation.* Norwood, MA: Kluwer Academic.
Hampson, S. E., & Dawson, W. J. M. (1985). Whatever happened to Pollyanna? The effects of evaluative congruence on speed of trait inference. *Personality and Social Psychology Bulletin, 11*, 106-117.
Hampson, S. E., Goldberg, L. R., & John, O. P. (1987). Category-breadth and social-desirability values for 573 personality terms. *European Journal of Personality, 1*, 241-258.
Hampson, S. E., John, O. P., & Goldberg, L. R. (1986). Category breadth and hierarchical structure in personality: Studies of asymmetries in judgments of trait implications. *Journal of Personality and Social Psychology, 51*, 37-54.
Hansen, C. H., & Hansen, R. D. (1988a). Finding the face in the crowd: An anger superiority effect. *Journal of Personality and Social Psychology, 54*, 917-924.
Hansen, C. H., & Hansen, R. D. (1988b). How rock music videos can change what is seen when boy meets girl: Priming stereotypic appraisal of social interactions. *Sex Roles, 19*, 287-316.
Harkins, S. G., & Petty, R. E. (1981). Effects of source magnification of cognitive effort on attitudes: An information-processing view. *Journal of Personality and Social Psychology, 40*, 401-413.
Harkness, A. R., DeBono, K. G., & Borgida, E. (1985). Personal involvement and strategies for making contingency judgments: A stake in the dating game makes a difference. *Journal of Personality and Social Psychology, 49*, 22-32.
Kashima, E. S., Lueck, L., Fearn, M., & Harmon-Jones, C. (2006). The effect of personal relevance and approach-related action expectation on relative left frontal cortical activity. *Psychological Science, 17*, 434-440.
Harris, L. T., & Fiske, S. T. (2006). Dehumanizing the lowest of the low: Neuro-imaging responses to extreme outgroups. *Psychological Science, 17*, 847-853.
Harris, L. T., Todorov, A., & Fiske, S. T. (2005). Attributions on the brain: Neuro-imaging dispositional inferences, beyond theory of mind. *NeuroImage, 28*, 763-769.
Harris, R. J., Teske, R. R., & Ginns, M. J. (1975).

Memory for pragmatic implications from courtroom testimony. *Bulletin of the Psychonomic Society, 6,* 494-496.

Harrison, A. A. (1977). Mere exposure. In L. Berkowitz (Ed.), *Advances in experimental social psychology* (Vol. 10, pp. 39-83). New York: Academic Press.

Hart, A. J., Whalen, P. J., Shin, L. M., Mclnerney, S. C., Fischer, H., & Rauch, S. L. (2000). Differential response in the human amygdala to racial outgroup vs. ingroup face stimuli. *Neuro report: For Rapid Communication of Neuroscience Research, 11,* 2351-2355.

Hartley, D. (1966). *Observations on man, his frame, his duty, and his expectations.* Delmar, NY: Scholastic Facsimiles. (Originally published 1749)

Harvey, J. H., Yarkin, K. L., Lightner, J. M., & Town, J. P. (1980). Unsolicited interpretation and recall of interpersonal events. *Journal of Personality and Social Psychology, 38,* 551-568.

Hasher, L., Rose, K. C., Zacks, R. T., Sanft, H., & Doren, B. (1985). Mood, recall, and selectivity effects in normal college students. *Journal of Experimental Psychology: General, 114,* 104-118.

Haslam, N. (2006). Dehumanization: An integrative review. *Personality and Social Psychology Review, 10,* 252-264.

Haslam, N., Bain, P. Douge, L., Lee, M., & Bastian, B. (2005). More human than you: Attributing humanness to self and others. *Journal of Personality and Social Psychology, 89,* 937-950.

Hastie, R. (1988a). Causes and effects of causal attribution. *Journal of Personality and Social Psychology, 46,* 44-56.

Hastie, R. (1988b). A computer simulation model of person memory. *Journal of Experimental Social Psychology, 24,* 423-447.

Hastie, R., & Carlston, D. (1980). Theoretical issues in person memory. In R. Hastie, T. M. Ostrom, F. B. Fbbesen, R. S. Wyer, D. L. Hamilton, & D. E. Carlston (Eds.), *Person memory: The cognitive basis of social perception* (pp. 1-53). Hillsdale, NJ: Erlbaum.

Hastie, R., & Dawes, R. M. (2001). *Rational choice in an uncertain world: The psychology of judgment and decision making.* San Diego, CA: Sage.

Hastie, R., & Park, B. (1986). The relationship between memory and judgment depends on whether the judgment task is memory-based or on-line. *Psychological Review, 93,* 258-268.

Hastie, R., & Rasinski, K. A. (1988). The concept of accuracy in social judgment. In D. Bar-Tal & A. W. Kruglanski (Eds.), *The social psychology of knowledge.* Cambridge, England: Cambridge University Press.

Hastorf, A. H., & Cantril, H. (1954). They saw a game: A case study. *Journal of Abnormal and Social Psychology, 49,* 129-134.

Hawkley, L. C., Burleson, M. H., Berntson, G. G., & Cacioppo, J. T. (2003). Loneliness in everyday life: Cardiovascular activity, psychosocial context, and health behaviors. *Journal of Personality and Social Psychology, 85,* 105-120.

Haxby, J. V., Gobbini, M. I., & Montgomery, K. J. (2004). Spatial and temporal distribution of face and object representations in the human brain. In M. S. Gazzaniga (Ed.), *The cognitive neurosciences* (3rd ed., pp. 889-904). Cambridge, MA: MIT Press.

Haxby, J. V., Hoffman, E. A., & Gobbini, M. I. (2000). The distributed human neural system for face perception. *Trends in Cognitive Science, 4,* 223-233.

Hayes-Roth, B., & Hayes-Roth, F. (1977). Concept learning and the recognition and classification of exemplars. *Journal of Verbal Learning and Verbal Behavior, 16,* 321-338.

Heatherton, T. F., Macrae, C. N., & Kelley, W. M. (2004). What the social brain sciences can tell us about the self. *Current Directions in Psychological Science, 13,* 190-193.

Heatherton, T. F., & Vohs, K. D. (2000). Interpersonal evaluations following threats to self: Role of self-esteem. *Journal of Personality and Social Psychology, 78,* 726-736.

Heatherton, T. F., Wyland, C. L., Macrae, C. N., Demos, K. E., Denny, B. T., & Kelley, W. M. (2006). Medial prefrontal activity differentiates self from close others. *Social Cognitive and Affective Neuroscience, 1,* 18-25.

Hebl, M. R., & Dovidio, J. F. (2005). Promoting the "social" in the examination of social stigmas. *Personality and Social Psychology Review, 9,* 156-182.

Heckhausen, H., & Gollwitzer, P. M. (1987). Thought contents and cognitive functioning in motivational versus volitional states of mind. *Motivation and Emotion, 11,* 101-120.

Heider, F. (1958). *The psychology of interpersonal relations.* New York: Wiley.

Heilman, M. E. (1980). The impact of situational factors on personnel decisions concerning women: Varying the sex composition of the applicant pool. *Organizational Behavior and Human Performance, 26,* 386-395.

Heine, S. J., & Lehman, D. R. (1997). Culture, dissonance, and self-affirmation. *Personality and Social Psychology Bulletin, 23,* 389-400.

Heine, S. J., Kitayama, S., Lehman, D. R., Takata, T., Ide, E., Leung, C., et al. (2001). Divergent consequences of success and failure in Japan and North America: An investigation of self-improving motivations and malleable selves. *Journal of Personality and Social Psychology, 81*, 599-615.

Heine, S. J., & Renshaw, K. (2002). Interjudge agreement, self-enhancement, and liking: Cross-cultural divergences. *Personality and Social Psychology Bulletin, 28*, 578-587.

Heine, S. J., Takata, T., & Lehman, D. R. (2000). Beyond self-presentation: Evidence for self-criticism among Japanese. *Personality and Social Psychology Bulletin, 26*, 71-78.

Henderson, M. D., Fujita, K., Trope, Y, & Liberman, N. (2006). Transcending the "here": The effect of spatial distance on social judgment. *Journal of Personality and Social Psychology, 91*, 845-856.

Hennessey, J., & West, M. A. (1999). Intergroup behavior in organizations: A field test of social identity theory. *Small Group Research, 30*, 361-382.

Hennigan, K. M., Cook, T. D., & Gruder, C. L. (1982). Cognitive tuning set, source credibility, and the temporal persistence of attitude change. *Journal of Personality and Social Psychology, 42*, 412-425.

Herek, G. M. (1986). The instrumentality of ideologies: Toward a neofunctional theory of attitudes. *Journal of Social Issues, 42*, 99-114.

Herek, G. M. (2000). The psychology of sexual prejudice. *Current Directions in Psychological Science, 9*, 19-22.

Herek, G. M. (2002). Gender gaps in public opinion about lesbians and gay men. *Public Opinion Quarterly, 66*, 40-66.

Herek, G. M., & Capitanio, J. P. (1997). AIDS stigma and contact with persons with AIDS: Effects of direct and vicarious contact. *Journal of Applied Social Psychology, 27*, 1-36.

Herek, G.M., & Capitanio, J. P. (1999). Sex differences in how heterosexuals think about lesbians and gay men: Evidence from survey context effects. *Journal of Sex Research, 36*, 348-360.

Herek, G. M., Gillis, J. R., & Cogan, J. C. (1999). Psychological sequelae of hate-crime victimization among lesbian, gay, and bisexual adults. *Journal of Consulting and Clinical Psychology, 67*, 945-951.

Herr, P. M. (1986). Consequences of priming: Judgment and behavior. *Journal of Personality and Social Psychology, 51*, 1106-1115

Herr, P. M., Sherman, S. J., & Fazio, R. H. (1983). On the consequences of priming: Assimilation and contrast effects. *Journal of Experimental Social Psychology, 19*, 323-340.

Hewstone, M. (1990). The "ultimate attribution error?" A review of the literature on intergroup causal attribution. *European Journal of Social Psychology, 20*, 311-335.

Hewstone, M., Benn, W., & Wilson, A. (1988). Bias in the use of base rates: Racial prejudice in decision-making. *European Journal of Social Psychology, 18*, 161-176.

Hewstone, M., & Jaspers, J. (1987). Covariation and causal attribution: A logical model of the intuitive analysis of variance. *Journal of Personality and Social Psychology, 53*, 663-672.

Hewstone, M., Rubin, M., & Willis, H. (2002). Intergroup bias. *Annual Review of Psychology, 3*, 575-604.

Higgins, E. T. (1987). Self-discrepancy: A theory relating self and affect. *Psychological Review, 94*, 319-340.

Higgins, E. T. (1989a). Knowledge accessibility and activation: Subjectivity and suffering from unconscious sources. In J. S. Uleman & J. A. Bargh (Eds.), *Unintended thought* (pp. 75-123). New York: Guilford Press.

Higgins, E. T. (1989b). Self-discrepancy theory: What patterns of self-beliefs cause people to suffer? In L. Berkowitz (Ed.), *Advances in experimental social psychology* (pp. 93-136). San Diego: Academic Press.

Higgins, E. T. (1996). Knowledge activation: Accessibility, applicability, and salience. In E. T. Higgins & A. W. Kru glanski (Eds.), *Social psychology: Handbook of basic principles* (pp.133-168). New York: Guilford Press.

Higgins, E. T. (1997). Beyond pleasure and pain. *American Psychologist, 52*, 1280-1300.

Higgins, E. T. (1999). Self-discrepancy: A theory relating self and affect. In R. P. Baumeister (Ed.), *Self in social psychology: Key readings in social psychology:* (pp. 150-181). Philadelphia: Psychology Press.

Higgins, E. T. (2005). Value from regulatory fit. *Current Directions in Psychological Science, 14*, 209-213.

Higgins, E. T., & Bargh, J. A. (1987). Social cognition and social perception. *Annual Review of Psychology, 38*, 369-425.

Higgins, E. T., Bargh, J. A., & Lombardi, W. J. (1985). The nature of priming effects on categorization. *Journal of Experimental Psychology: Learning, Memory, and Cognition, 11*, 59-69.

Higgins, E. T., Bond, R. N., Klein, R., & Strauman, T. J. (1986). Self discrepancies and emotional vulnerability: How magnitude, accessibility, and type of discrepancy influence affect. *Journal of Personality and Social Psychology, 51*, 5-15.

Higgins, E. T., & Chaires, W. M. (1980). Accessibility of interrelational constructs: Implications for stimulus encoding and creativity. *Journal of Experimental Social*

Psychology, 16, 348-361.

Higgins, E. T., Idson, L. C., Freitas, A. L., Spiegel, C., & Molden, D. C. (2003). Transfer of value from fit. *Journal of Personality and Social Psychology, 84*, 1140-1153.

Higgins, E. T., & King, G. A. (1981). Accessibility of social constructs: Information-processing consequences of individual and contextual variability. In N. Cantor & J. P. Kihlstrom (Eds.), *Personality, cognition, and social interaction* (pp. 69-122). Hillsdale, NJ: Erlbaum.

Higgins, E. T., King, G. A., & Mavin, G. H. (1982). Individual construct accessibility and subjective impressions and recall. *Journal of Personality and Social Psychology, 43*, 35-47.

Higgins, E. T., Klein, R., & Strauman, T. J. (1985). Self-concept discrepancy theory: A psychomodel for distinguishing among different aspects of depression and anxiety. *Social Cognition, 3*, 51-76.

Higgins, E. T., Kuiper, N. A., & Olson, J. M. (1981). Social cognition: A need to get personal. In E. T. Higgins, C. P. Herman, & M. P. Zanna (Eds.), *Social cognition: The Ontario Symposium* (Vol. 1, pp. 395-420). Hillsdale, NJ: Erlbaum.

Higgins, E. T., Rholes, W. S., & Jones, C. R. (1977). Category accessibility and impression formation. *Journal of Experimental Social Psychology, 13*, 141-154.

Higgins, E. T., Shah, J. Y., & Friedman, R. S. (1997). Emotional responses to goal attainment: Strength of regulatory focus as moderator. *Journal of Personality and Social Psychology, 72*, 515-525.

Highhouse, S., & Paese, P. W. (1996). Problem domain and prospect frame: Choice under opportunity versus threat. *Personality and Social Psychology Bulletin, 22*, 124-132.

Hilton, D. J., & Slugoski, B. R. (1986). Knowledge-based causal attribution: The abnormal conditions focus model. *Psychological Review, 93*, 75-88.

Hilton, J. L., & Darley, J. M. (1985). Constructing other persons: A limit on the effect. *Journal of Experimental Social Psychology, 21*, 1-18.

Hing, L. S., Li, W., & Zanna, M. P. (2002). Inducing hypocrisy to reduce prejudicial responses among aversive racists. *Journal of Experimental Social Psychology, 38*, 71-78.

Hinsz, V. B., & Davis, J. H. (1984). Persuasive arguments theory, group polarization, and choice shifts. *Personality and Social Psychology Bulletin, 10*, 260-268.

Hirschberger, G. (2006). Terror management and attributions of blame to innocent victims: Reconciling compassionate and defensive responses. *Journal of Personality and Social Psychology, 91*, 832-844.

Hirschfeld, L. (1996). *Race in the making.* Cambridge, MA: MIT Press.

Hoffman, E. A., & Haxby, J. V. (2000). Distinct representations of eye gaze and identity in the distributed human neural system for face perception. *Nature Neuroscience, 3*, 80-84.

Hofmann, W., Gawronski, B., Gschwendner, T., Le, H., & Schmitt, M. (2005). A meta-analysis on the correlation between the implicit association test and explicit self-report measures. *Personality and Social Psychology Bulletin, 31*, 1369-1385.

Hogg, M. A. (1992). *The social psychology of group cohesiveness: From attraction to social identity.* London, UK: Harvester Wheatsheaf.

Hogg, M. A. (1993). Group cohesiveness: A critical review and some new directions. *European Review of Social Psychology, 4*, 85-111.

Hogg, M. A. (1995). Social identity theory. In A. S. R. Manstead & M. Hewstone (Eds.), *Blackwell encyclopedia of social psychology* (pp. 269-274). Oxford, UK: Blackwell.

Hogg, M. A., & Abrams, D. (1993). Towards a single-process uncertainty-reduction model of social motivation in groups. In M. A. Hogg & D. Abrams (Eds.), *Group motivation: Social psychological perspectives.* London, UK: Harvester Wheatsheaf.

Hogg, M. A., & Abrams, D. (2003). Intergroup behavior and social identity. In M. A. Hogg & J. Cooper (Eds.), *The Sage handbook of social psychology* (pp. 407-431). Thousand Oaks, CA: Sage.

Hogg, M. A., Turner, J. C., & Davidson, B. (1990). Polarized norms and social frames of referA test of the self-categorization theory of group polarization. *Basic and Applied Social Psychology, 11*, 77-100.

Holbrook, A. L., Berent, M. K., Krosnick, J. A., Visser, P. S., & Boninger, D. S. (2005). Attitude importance and the accumulation of attitude-relevant knowledge in memory. *Journal of Personality and Social Psychology, 88*, 749-769.

Holloway, S., Tucker, L., & Hornstein, H. A. (1977). The effects of social and nonsocial information on interpersonal behavior of males: The news makes news. *Journal of Personality and Social Psychology, 35*, 514-522.

Holmes, D. S. (1978). Projection as a defense mechanism. *Psychological Bulletin, 69*, 248-268.

Holyoak, K. J., & Gordon, P. C. (1984). Information processing and social cognition. In R. S. Wyer Jr. & T. K. Srull (Eds.), *Handbook of social cognition* (Vol. 1, pp. 39-70). Hillsdale, NJ: Erlbaum.

Holmes, D. S. (1978). Projection as a defense

mechanism. *Psychological Bulletin, 69,* 248-268.

Homer, P. M., & Kahle, L. R. (1988). A structural equation test of the value-attitude-behavior hierarchy. *Journal of Personality and Social Psychology, 54,* 638-646.

Hood, B. M., Macrae, C. N., Cole-Davies, V., & Dias, M. (2003). Eye remember you: The effects of gaze direction on face recognition in children and adults. *Developmental Science, 6,* 67-71.

Hornsey, M. J., & Jetten, J. (2004). The individual within the group: Balancing the need to belong with the need to be different. *Personality and Social Psychology Review, 8,* 248-264.

Horowitz, L. M., de Sales French, R., & Anderson, C. A. (1982). The prototype of a lonely person. In L. A. Peplau & D. Perlman (Eds.), *Loneliness: A sourcebook of current theory, research and therapy* (pp. 183-205). New York: Wiley.

Horowitz, M. J. (1970). *Image formation and cognition.* New York: Appleton-Century-Crofts.

Hoshino-Browne, E., Zanna, A. S., Spencer, S. J., Zanna, M. P., Kitayama, S., & Lackenbauer, S. (2005). On the cultural guises of cognitive dissonance: The case of the Easterners and Westerners. *Journal of Personality and Social Psychology, 89,* 294-310.

House, J. S., Landis, K. R., & Umberson, D. (1988). Social relationships and health. *Science, 241,* 540-545.

Houston, D. A., & Fazio, R. H. (1989). Biased processing as a function of attitude accessibility: Making objective judgments subjectively. *Social Cognition, 7,* 51-66.

Hovland, C. I., Janis, I. L., & Kelley, H. H. (1953). *Communication and persuasion.* New Haven, CT: Yale University Press.

Hovland, C. I., Lumsdaine, A. A., & Sheffield, F. D. (1949). *Experiments in mass communication.* Princeton, NJ: Princeton University Press.

Hovland, C. I., & Sears, R. R. (1940). Minor studies of aggression: VI. Correlation of lynchings with economic indices. *Journal of Psychology, 9,* 301-310.

Howard-Pitney, B., Borgida, E., & Omoto, A. M. (1986). Personal involvement: An examination of processing differences. *Social Cognition, 4,* 39-57.

Hsu, M., Bhatt, M., Adolphs, R., Tranel, D., & Camerer, C. F. (2005). Neural systems responding to degrees of uncertainty in human decision-making. *Science, 310,* 1680-1683.

Huddy, L., & Sears, D. O. (1995). Opposition to bilingual education: Prejudice or the defense of realistic interests? *Social Psychology Quarterly, 58,* 133-145.

Hugenberg, K., & Bodenhausen, G. V. (2003). Facing prejudice: Implicit prejudice and the perception of facial threat. *Psychological Science, 14,* 640-643.

Hume, D. (1978). *A treatise on human nature being an attempt to introduce the experimental method of reasoning into moral subjects.* Fair Lawn, NJ: Oxford University Press. (Originally published 1739)

Hummert, M. L. (1994). Physiognomic cues to age and the activation of stereotypes of the elderly in interaction. *International Journal of Aging and Human Development, 39,* 5-19.

Hummert, M. L., Garstka, T. A., O'Brien, L. T., Greenwald, A. G., & Mellott, D. S. (2002). Using the implicit association test to measure age differences in implicit social cognitions. *Psychology and Aging, 17,* 482-495.

Hummert, M. L., Garstka, T. A., Shaner, J. L., & Strahm, S. (1994). Stereotypes of the elderly held by young, middle-aged, and elderly adults. *Journals of Gerontology, 49,* p24O-p24B.

Hummert, M. L., Garstka, T. A., Shaner, J. L., & Strahm, S. (1995). Judgments about stereotypes of the elderly: Attitudes, age associations, and typicality ratings of young, middle-aged, and elderly adults. *Research on Aging, 17,* 168-189.

Huskinson, T. L. H., & Haddock, G. (2004). Individual differences in attitude structure: Variance in the chronic reliance on affective and cognitive information. *Journal of Experimental and Social Psychology, 40,* 82-90.

Hyde, J. S. (2005). The gender similarities hypothesis. *American Psychologist, 60,* 581-592.

Hyers, L. L., & Swim, J. K. (1998). A comparison of the experiences of dominant and minority group members during an intergroup encounter. *Group Processes and Intergroup Relations, 1,* 143-163.

Hymes, R. W. (1986). Political attitudes as social categories: A new look at selective memory. *Journal of Personality and Social Psychology, 51,* 233-241.

Iacoboni, M., Lieberman, M. D., Knowlton, B. J., Molnar-Szakacs, I., Moritz, M., Throop, C. J., & Fiske, A. P. (2004). Watching social interactions produces dorsomedial prefrontal and medial parietal BOLD fMRI signal increases compared to a resting baseline. *NeuroImage, 21,* 1167-1173.

Ickes, W. J. (1984). Compositions in Black and White: Determinants of interaction in interracial dyads. *Journal of Personality and Social Psychology, 47,* 230-241.

Ickes, W. J., & Barnes, R. D. (1977). The role of

sex and self-monitoring in unstructured dyadic interactions. *Journal of Personality and Social Psychology, 35*, 315-330.

Ickes, W. J., Patterson, M. L., Rajecki, D. W., & Tanford, S. (1982). Behavioral and cognitive consequences of reciprocal versus compensatory responses to preinteraction expectancies. *Social Cognition, 1*, 160-190.

Ickes, W. J., Reidhead, S., & Patterson, M. (1986). Machiavellianism and self-monitoring: As different as "me" and "you." *Social Cognition, 4*, 58-74.

Ickes, W. J., Robertson, E., Tooke, W., & Teng, G. (1986). Naturalistic social cognition: Methodology, assessment, and validation. *Journal of Personality and Social Psychology, 51*, 66-82.

Ickes, W. J., & Tooke, W. (1988). The observational method: Studying the interaction of minds and bodies. In S. W. Duck (Ed.), *Handbook of personal relationships* (pp. 79-97). New York: Wiley.

Ickes, W. J., Tooke, W., Stinson, L., Baker, V. L., & Bissonnette, V. (1988). Naturalistic social cognition: Intersubjectivity in same-sex dyads. *Journal of Nonverbal Behavior, 12*, 58-84.

Idson, L. C., & Mischel, W. (2001). The personality of familiar and significant people: The lay perceiver as a social-cognitive theorist. *Journal of Personality and Social Psychology, 80*, 585-596.

Ingram, R. E., Smith, T. W., & Brehm, 5.5. (1983). Depression and information processing: Self-schemata and the encoding of self-referent information. *Journal of Personality and Social Psychology, 45*, 412-420.

Insko, C. A., & Cialdini, R. B. (1969). A test of three interpretations of attitudinal verbal reinforcement. *Journal of Personality and Social Psychology, 12*, 333-341.

Isaacowitz, D. M. (2005). The gaze of the optimist. *Personality and Social Psychology Bulletin, 31*, 407-415.

Isbell, L. M. (2004). Not all happy people are lazy or stupid: Evidence of systematic processing in happy moods. *Journal of Experimental Social Psychology, 40*, 341-349.

Isen, A. M. (1984). Toward understanding the role of affect in cognition. In R. S. Wyer Jr. & T. K. Srull (Eds.), *Handbook of social cognition* (Vol. 3, pp. 179-236). Hillsdale, NJ: Erlbaum.

Isen, A. M. (1987). Positive affect, cognitive processes, and social behavior. In L. Berkowitz (Ed.), *Advances in experimental social psychology* (Vol. 20, pp. 203-253). New York: Academic Press.

Isen, A. M. (1993). Positive affect and decision making. In M. Lewis & J. Haviland (Eds.), *Handbook of emotions* (pp. 261-277). New York: Guilford Press.

Isen, A. M., & Daubman, K. A. (1984). The influence of affect on categorization. *Journal of Personality and Social Psychology, 47*, 1206-1217.

Jsen, A. M., & Geva, N. (1987). The influence of positive affect on acceptable level of risk: The person with a large canoe has a large worry. *Organizational Behavior and Human Decision Processes, 39*, 145-154.

Isen, A. M., Johnson, M. M. S., Mertz, E., & Robinson, G. F. (1985). The influence of positive affect on the unusualness of word associations. *Journal of Personality and Social Psychology, 48*, 1413-1426.

Isen, A. M., & Means, B. (1983). The influence of positive affect on decision-making strategy. *Social Cognition, 2*, 18-31.

Isen, A. M., & Noonberg, A. (1979). The effects of photographs of the handicapped on donation to charity: When a thousand words may be too much. *Journal of Applied Social Psychology, 9*, 426-431.

Isen, A. M., Nygren, T. E., & Ashby, F. G. (1988). Influence of positive affect on the subjective utility of gains and losses: It is just not worth the risk. *Journal of Personality and Social Psychology, 55*, 710-717.

Isen, A. M., Shalker, T. E., Clark, M. S., & Karp, L. (1978). Affect, accessibility of material in memory and behavior: A cognitive loop? *Journal of Personality and Social Psychology, 36*, 1-12.

Isen, A. M., & Simmonds, S. F. (1978). The effect of feeling good on a helping task that is incompatible with good mood. *Social Psychology, 41*, 346-349.

Isenberg, D. J. (1986). Group polarization: A critical review and meta-analysis. *Journal of Personality and Social Psychology, 50*, 1141-1151.

Ishii, K., Reyes, J. A., & Kitayama, S. (2003). Spontaneous attention to word content versus emotional tone: Differences among three cultures. *Psychological Science, 14*, 39-46.

Ito, T. A., Larsen, J. T., Smith, N. K., & Cacioppo, J. T. (1998). Negative information weighs more heavily on the brain: The negativity bias in evaluative categorizations. *Journal of Personality and Social Psychology, 75*, 887-900.

Ito, T. A., Chiao, K. W., Devine, P. G., Long, T. S., & Cacioppo, T. (2006). The influence of facial feedback on race bias. *Psychological Science, 17*, 256-261.

Ito, T. A., Thompson, E., & Cacioppo, J. T. (2004). Tracing the timecourse of social perception: The effects of racial cues on event-related brain potentials. *Personality and Social Psychology Bulletin, 30*, 1-14.

Ito, T. A., & Urland, G. R. (2003). Race and gender on the brain: Electrocortical measures of attention to the race and gender of multiple categorizable individuals. *Journal of Personality and Social Psychology, 85*, 616-626.

Iyengar, S., & Kinder, D. R. (1987). *News that matters: Television and American opinion.* Chicago: University of Chicago Press.

Iyengar, S. S., & Leppen, M. R. (1999). Rethinking the value of choice: A cultural perspective on intrinsic motivation. *Journal of Personality and Social Psychology, 76*, 349-366.

Iyer, A., Leach, C. W., & Crosby, F. J. (2003). White guilt and racial compensation: The benefits and limits of self-focus. *Personality and Social Psychology Bulletin, 29*, 117-129.

Izard, C. E. (1972). *The face of emotion.* New York: Appleton-Century-Cnofts.

Izard, C. E. (1977). *Human emotions.* New York: Plenum Press.

Izard, C. E. (1981). Differential emotions theory and the facial feedback hypothesis of emotion activation: Comments on Tourangeau and Ellsworth's "The role of facial response in the experience of emotion." *Journal of Personality and Social Psychology, 40*, 350-354.

Jackman, M. R. (1994). *The velvet glove: Paternalism and conflict in gender, class, and race relations.* Berkeley, CA: University of California Press.

Jacobs, L., Berscheid, E., & Walster, E. (1971). Self-esteem and attraction. *Journal of Personality and Social Psychology, 17*, 84-91.

Jacobsen, T., Schubotz, R. I., Hofel, L., & Cramon, D. Y. (2006). Brain correlates of aesthetic judgment of beauty. *NeuroImage, 29*, 276-285. [Erratum: 32, 486-487.]

Jacoby, L. L., & Kelley, C. M. (1987). Unconscious influences of memory for a prior event. *Personality and Social Psychology Bulletin, 13*, 314-336.

James, K. (1986). Priming and social categorizational factors: Impact on awareness of emergency situations. *Personality and Social Psychology Bulletin, 12*, 462-467.

James, W. (1907). *Pragmatism.* New York: Longmans-Green.

James, W. (1983). *The principles of psychology.* Cambridge, MA: Harvard University Press. (Originally published 1890)

Jamieson, D. W., & Zanna, M. P. (1989). Need for structure in attitude formation and expression. In A. R. Pratkanis, S. J. Breckler, & A. G. Greenwald (Eds.), *Attitude structure and function* (pp. 383-406). Hillsdale, NJ: Erlbaum.

Janis, I. L. (1972). *Victims of groupthink.* Boston: Houghton Mifflin.

Janis, I. L. (1989). *Crucial decisions: Leadership in policymaking and crisis management.* New York: Free Press.

Janiszewski, C. (1993). Preattentive mere exposure effects. *Journal of Consumer Research, 20*, 376-392.

Janoff-Bulman, R., Timko, C., & Carli, L. L. (1985). Cognitive biases in blaming the victim. *Journal of Experimental Social Psychology, 21*, 161-177.

Jarvis, W. G. G., & Petty, R. E. (1996). The need to evaluate. *Journal of Personality and Social Psychology, 70*, 172-194.

Jaspens, J. M. F., Hewstone, M., & Fincham, P. D. (1983). Attribution theory and research: The state of the art. In J. Jaspans, D. Fincham, & M. Hewstone (Eds.), *Attribution theory and research: Conceptual, developmental, and social dimensions* (pp. 3-36). London: Academic Press.

Jecker, J. D. (1964). The cognitive effects of conflict and dissonance. In L. Festinger (Ed.), *Conflict, decision, and dissonance.* Stanford, CA: Stanford University Press.

Jennings, D., Amabile, T. M., & Ross, L. D. (1982). Informal covaniation assessment: Data-based vs. theory-based judgments. In A. Tversky, D. Kahneman, & P. Slovic (Eds.), *Judgment under uncertainty: Heuristics and biases* (pp. 211-230). New York: Cambridge University Press.

Jervis, R. (1976). *Perception and misperception in international politics.* Princeton, NJ: Princeton University Press.

Jetten, J., Spears, R., & Manstead, A. S. R. (1998). Defining dimensions of distinctiveness: Group variability makes a difference to differentiation. *Journal of Personality and Social Psychology, 74*, 1481-1492.

Johns, M., Schmader, T., & Martens, A. (2005). Knowing is half the battle: Teaching stereotype threat as a means of improving women's math performance. *Psychological Science, 16*, 175-179.

Johnson, B. T., & Eagly, A. H. (1989). The effects of involvement on persuasion: Ameta-analysis. *Psychological Bulletin, 106*, 290-314.

Johnson, B. T., & Eagly, A. H. (1990). Involvement and persuasion: Types, traditions, and the evidence. *Psychological Bulletin, 107*, 375-384.

Johnson, E. J., & Tversky, A. (1983). Affect generalization and the perception of risk. *Journal of Personality and Social Psychology, 45*, 20-31.

Johnson, M. H., & Magaro, P. A. (1987). Effects of mood and severity on memory processes in depression and mania. *Psychological Bulletin,*

101, 28-40.
Johnson, M. K. (2006). Memory and reality. *American Psychologist, 61*, 760-771.
Johnson, M. K., Raye, C. L., Mitchell, K. J., Touryan, S. R., Greene, E. J., & Nolen-Hoeksema, S. (2006). Dissociating medial frontal and posterior cingulate activity during self-reflection. *Social Cognitive and Affective Neuroscience, 1*, 56-64.
Jolly, E. J., & Reardon, R. (1985). Cognitive differentiation, automaticity, and interruptions of automatized behaviors. *Personality and Social Psychology Bulletin, 11*, 301-314.
Jonas, F., Greenberg, J., & Frey, D. (2003). Connecting terror management and dissonance theory: Evidence that mortality salience increases the preference for supporting information after decisions. *Personality and Social Psychology Bulletin, 29*, 1181-1189.
Jonas, F., Schulz-Hardt, S., Frey, D., & Thelen, N. (2001). Confirmation bias in sequential information search after preliminary decisions: An expansion of dissonance theoretical research on selective exposure to information. *Journal of Personality and Social Psychology, 80*, 557-571.
Jones, E. E. (1990). *Interpersonal perception.* New York: Freeman.
Jones, E. E., & Davis, K. E. (1965). From acts to dispositions: The attribution process in person perception. In L. Berkowitz (Ed.), *Advances in experimental social psychology* (Vol. 2, pp. 220-266). New York: Academic Press.
Jones, E. E., & Goethals, G. R. (1972). Order effects in impression formation: Attribution context and the nature of the entity. In E. E. Jones, D. E. Kanouse, H. H. Kelley, R. E. Nisbett, S. Valins, & B. Weiner (Eds.), *Attribution: Perceiving the causes of behavior* (pp. 27-46). Morristown, NJ: General Learning Press.
Jones E. E., & Harris, V. A. (1967). The attribution of attitudes. *Journal of Experimental Social Psychology, 3*, 1-24.
Jones E. E., & McGillis, D. (1976). Correspondent inferences and the attribution cube: A comparative reappraisal. In J. H. Harvey, W. J. Ickes, & R. F. Kidd (Eds.), *New directions in atresearch* (Vol. 1, pp. 389-420). Hillsdale, NJ: Erlbaum.
Jones, E. E., & Nisbett, R. E. (1972). The actor and the observer: Divergent perceptions of the causes of behavior. In E. E. Jones, D. E. Kanouse, H. H. Kelley, R. E. Nisbett, S. Valins, & B. Weiner (Eds.), *Attribution: Perceiving the causes of behavior* (pp. 79-94). Morristown, NJ: General Learning Press.
Jones, E. E., & Pittman, T. S. (1982). Toward a general theory of strategic self-presentation. In J. Suls (Ed.), *Psychological perspectives on the self* (pp. 231-262). Hillsdale, NJ: Erlbaum.
Jones, J. T., Pelham, B. W., Mirenberg, M. C., & Hetts, J. J. (2002). Name letter preferences are not merely mere exposure: Implicit egotism as self-regulation. *Journal of Experimental Social Psychology, 38*, 170-177.
Jones, J. M. (1997). *Prejudice and racism* (2nd ed.). New York: McGraw-Hill.
Jordan, C. H., Spencer, S. J., & Zanna, M. P. (2003). "I love me. I love me not:" Implicit self-esteem, explicit self-esteem, and defensiveness. In S. J. Spencer, S. Fein, M. P. Zanna, & J. M. Olson (Eds.), *Motivated social perception: The Ontario symposium* (Vol. 9, pp. 117-145). Mahwah, NJ: Erlbaum.
Jordan, C. H., Spencer, S. J., & Zanna, M. P. (2005). Types of high self-esteem and prejudice: How implicit self-esteem relates to ethnic discrimination among high explicit self-esteem individuals. *Personality and Social Psychology Bulletin, 31*, 693-702.
Josephs, R. A., Bosson, J. K., & Jacobs, C. G. (2003). Self-esteem maintenance processes: Why low self-esteem may be resistant to change. *Personality and Social Psychology Bulletin, 29*, 920-933.
Jost, J. T., & Banaji, M. R. (1994). The role of stereotyping in system-justification and the production of false consciousness. *British Journal of Social Psychology, 33*, 1-27.
Jost, J. T., Banaji, M. R., & Nosek, B. A. (2004). A decade of system justification theory: Accumulated evidence of conscious and unconscious bolstering of the status quo. *Political Psychology, 25*, 881-920.
Jost, J. T., & Burgess, D. (2000). Attitudinal ambivalence and the conflict between group and system justification motives in low status groups. *Personality and Social Psychology Bulletin, 26*, 293-305.
Jost, J. T., Glaser, J., Kruglanski, A. W., & Sulloway, F. J. (2003). Political conservatism as motivated social cognition. *Psychological Bulletin, 129*, 339-375.
Jost, J. T., & Hunyady, O. (2002). The psychology of system justification and the palliative function of ideology. In W. Stroebe & M. Hewstone (Eds.), *European review of social psychology* (Vol. 13, pp. 111-153). Hove, England: Psychology Press/Taylor & Francis.
Jost, J. T., & Kay, A. C. (2005). Exposure to benevolent sexism and complementary gender stereotypes: Consequences for specific and diffuse forms of system justification. *Journal of Personality and Social Psychology, 88*, 498-509.
Jost, J. T., Pelham, B. W., Sheldon, O., & Sullivan, B. N. (2003). Social inequality and the reduc-

tion of ideological dissonance on behalf of the system: Evidence of enhanced system justification among the disadvantaged. *European Journal of Social Psychology, 33,* 13-36.

Judd, C. M., & Krosnick, J. A. (1982). Attitude centrality, organization, and measurement. *Journal of Personality and Social Psychology, 42,* 436-447.

Judd, C. M., & Krosnick, J. A. (1989). The structural bases of consistency among political attitudes: Effects of political expertise and attitude importance. In A. R. Pratkanis, S. J. Breckler, & A. G. Greenwald (Eds.), *Attitude structure and function* (pp. 99-128). Hillsdale, NJ: Erlbaum.

Judd, C. M., & Kulik, J. A. (1980). Schematic effects of social attitudes on information processing and recall. *Journal of Personality and Social Psychology, 38,* 569-578.

Judd, C. M., & Park, B. (1988). Out-group homogeneity: Judgments of variability at the individual and group levels. *Journal of Personality and Social Psychology, 54,* 778-788.

Judd, C. M., Park, B., Yzerbyt, V. Y., Gordijn, E. H., & Muller, D. (2005). Attributions of intergroup bias and outgroup homogeneity to ingroup and outgroup others. *European Journal of Social Psychology, 35,* 677-704.

Kahn, W. A., & Crosby, F. J. (1987) Discriminating between attitudes and discriminatory behaviors. In L. Larwood, B. A. Gutek, & A. H. Stromberg (Eds.), *Women and work: An annual review* (Vol. 1, pp. 215-328). Beverly Hills, CA: Sage.

Kahneman, D. (1973). *Attention and effort.* Englewood Cliffs, NJ: Prentice-Hall.

Kahneman, D. (2003). A perspective on judgment and choice. *American Psychologist, 58,* 697-720.

Kahneman, D., & Frederick, S. (2002). Representativeness revisited: Attribute substitution in intuitive judgment. In T. Gilovich, D. Griffin, & D. Kahneman (Eds.), *Heuristics and biases: The psychology of intuitive judgment* (pp. 49-81). New York: Cambridge University Press. Kahneman, D., & Miller, D. T. (1986). Norm theory: Comparing reality to its alternatives. *Psychological Review,* 93, 136-153.

Kahneman, D., & Tversky, A. (1972). Subjective probability: A judgment of representativeness. *Cognitive Psychology, 3,* 430-454.

Kahneman, D., & Tversky, A. (1973). On the psychology of prediction. *Psychological Review, 80,* 237-251.

Kahneman, D., & Tversky, A. (1979). Prospect theory: An analysis of decision under risk. *Econometrica, 47,* 263-292.

Kahneman, D., & Tversky, A. (1982). The simulation heuristic. In D. Kahneman, P. Slovic, & A. Tversky (Eds.), *Judgment under uncertainty: Heuristics and biases* (pp. 201-208). New York: Cambridge University Press.

Kahneman, D., & Tversky, A. (1984). Choices, values, and frames. *American Psychologist, 39,* 341-350.

Kaiser, C. R., & Miller, C. T. (2001a). Reacting to impending discrimination: Compensation for prejudice and attributions to discrimination. *Personality and Social Psychology Bulletin, 27,* 1357-1367.

Kaiser, C. R., & Miller, C. T. (2001b). Stop complaining! The social costs of making attributions to discrimination. *Personality and Social Psychology Bulletin, 27,* 254-263.

Kaiser, C. R., & Miller, C. T. (2003). Derogating the victim: The interpersonal consequences of blaming events on discrimination. *Group Processes and Intergroup Relations, 6,* 227-237.

Kallgren, C. A., & Wood, W. (1986). Access to attitude-relevant information in memory as a determinant of attitude-behavior consistency. *Journal of Experimental Social Psychology, 22,* 328-338.

Kammrath, L. K., Mendoza-Denton, R., & Mischel, W. (2005). Incorporating if... then... personality signatures in person perception: Beyond the person-situation dichotomy. *Journal of Personality and Social Psychology, 88,* 605-618.

Kanagawa, C., Cross, S. E., & Markus, H. R. (2001). "Who am I?" The cultural psychology of the conceptual self. *Personality and Social Psychology Bulletin, 27,* 90-103.

Kanazawa, S. (1992). Outcome or expectancy? Antecedent of spontaneous causal attribution. *Personality and Social Psychology Bulletin, 18,* 659-668.

Kant, I. (1969 (Originally published 1781)). Critique of pure reason. New York: St. Martin's Press. Kant, K. J. (1969). Influences of amygdala and medial forebrain bundle on self-stimulation in the septum. *Physiology and Behavior, 4,* 777-784.

Kanter, R. (1977). *Men and women of the corporation.* New York: Basic Books

Kanwisher, N., McDermott, J., & Chun, M. M. (1997). The fusiform face area: A module in human extrastriate cortex specialized for face perception. *Journal of Neuroscience, 17,* 4302-4311.

Kanwisher, N., & Wojciulik, E. (2000). Visual attention: Insights from brain imaging. *Nature Reviews, 1,* 91-100.

Kardes, P. R., Sanbonmatsu, D. M., Voss, R. T., & Fazio, R. H. (1986). Self-monitoring and attitude accessibility. *Personality and Social Psychology Bulletin, 12,* 468-474.

Karniol, R. (1986). What will they think of next?

Transformation rules used to predict other people's thoughts and feelings. *Journal of Personality and Social Psychology, 51*, 932-944.
Karpinski, A., & Hilton, J. L. (2001). Attitudes and the implicit associations test. *Journal of Personality and Social Psychology, 81*, 774-788.
Kashima, K., & Davison, G. C. (1989). Functional consistency in the face of topographical change in articulated thoughts. *Journal of Rational-Emotive and Cognitive-Behavior Therapy, 7*, 131-139.
Kashima, Y, Kashima, F., Chiu, C.-y., Farsides, T., Gelfand, M., Hong, Y, Kim, U., Strack, F. Werth, L., Yuki, M., & Yzerbyt, V. Y. (2005). Culture, essentialism, and agency: Are individuals universally believed to be more real entities than groups? *European Journal of Social Psychology, 35*, 147-169.
Kashima, Y., Woolcock, J., & Kashima, E. S. (2000). Group impressions as dynamic configurations: The tensor product model of group impression formation and change. *Psychological Review, 107*, 914-942.
Kasser, T., & Ryan, R. M. (1996). Further examining the American dream: Differential correlates of intrinsic and extrinsic goals. *Personality and Social Psychology Bulletin, 22*, 280-287.
Kassin, S. M., & Baron, R. M. (1985). Basic determinants of attribution and social perception. In J. Harvey & F. G. Weary (Eds.), *Attribution: Basic issues and applications* (pp. 37-64). New York: Academic Press.
Kassin, S. M., & Baron, R. M. (1986). On the basicity of social perception cues: Developmental evidence for adult processes? *Social Cognition, 4*, 180-200.
Kassin, S. M., & Pryor, J. B. (1985). The development of attribution processes. In J. Pryor & J. Day (Eds.), *The development of social cognition* (pp. 3-34). New York: Springer-Verlag.
Katz, D. (1960). The functional approach to the study of attitudes. *Public Opinion Quarterly, 24*, 163-204.
Katz, D., & Braly, K. (1933). Racial stereotypes of one hundred college students. *Journal of Abnormal and Social Psychology, 28*, 280-290.
Katz, E. (1968). On reopening the question of selectivity in exposure to mass media. In R. P. Abelson et al. (Eds.), *Theories of cognitive consistency: A sourcebook*. Chicago: Rand-McNally.
Katz, I., & Hass, R. G. (1988). Racial ambivalence and American value conflict: Correlational and priming studies of dual cognitive structures. *Journal of Personality and Social Psychology, 55*, 893-905.
Katz, I., Wackenhut, J., & Hass, R. G. (1986). Racial ambivalence, value duality, and behavior. In J. P. Dovidio & S. L. Gaertner (Eds.), *Prejudice, discrimination, and racism* (pp. 35-60). Orlando, FL: Academic Press.
Kawakami, K., & Dovidio, J. F. (2001). The reliability of implicit stereotyping. *Personality and Social Psychology Bulletin, 27*, 212-225.
Kawakami, K., Dovidio, J. F., & Dijksterhuis, A. (2003). Effect of social category priming on personal attitudes. *Psychological Science, 14*, 315-319.
Kawakami, K., Dovidio, J. F., Moll, J., Hermsen, S., & Russin, A. (2000). Just say no (to stereotyping): Effects of training in the negation of stereotypic associations on stereotype activation. *Journal of Personality and Social Psychology, 78*, 871-888.
Kawakami, K., Dovidio, J. F., & van Kamp, S. (2005). Kicking the habit: Effects of non-stereotypic association training and correction processes on hiring decisions. *Journal of Experimental Social Psychology, 41*, 68-75.
Kay, A. C., & Jost, J. T. (2003). Complementary justice: Effects of "poor but happy" and "poor but honest" stereotype exemplars on system justification and implicit activation of the justice motive. *Journal of Personality and Social Psychology, 85*, 823-837.
Kay, A. C., Jost, J. T., & Young, S. (2005). Victim derogation and victim enhancement as alternate routes to system justification. *Psychological Science, 16*, 240-246.
Keller, J. (2005). In genes we trust: The biological component of psychological essentialism and its relationship to mechanisms of motivated social cognition. *Journal of Personality and Social Psychology, 88*, 686-702.
Keller, J., & Dauenheimer, D. (2003). Stereotype threat in the classroom: Dejection mediates the disrupting threat effect on women's math performance. *Personality and Social Psychology Bulletin, 29*, 371-381.
Kellerman, J., Lewis, J., & Laird, J. D. (1989). Looking and loving: The effects of mutual gaze on feelings of romantic love. *Journal of Research in Personality, 23*, 145-161.
Kelley, H. H. (1967). Attribution theory in social psychology. In D. Levine (Ed.), *Nebraska Symposium on Motivation* (Vol. 15, pp. 192-240). Lincoln: University of Nebraska Press.
Kelley, H. H. (1972a). Attribution in social interaction. In E. E. Jones, D. E. Kanouse, H. H. Kelley, R. E. Nisbett, S. Valins, & B. Weiner (Eds.), *Attribution: Perceiving the causes of behavior* (pp. 1-26). Morristown, NJ: General Learning Press.
Kelley, H. H. (1972b). Causal schemata and the attribution process. In E. E. Jones, D. E.

Kanouse, H. H. Kelley, R. E. Nisbett, S. Valins, & B. Weiner (Eds.), *Attribution: Perceiving the causes of behavior* (pp. 151-1 74). Morristown, NJ: General Learning Press.

Kelley, H. H., Berscheid, E., Christensen, A., Harvey, J. H., Huston, T. L., Levinger, G., et al. (1983). Analyzing close relationships. In H. H. Kelley, E. Berscheid, A. Christensen, J. H. Harvey, T. L. Huston, G. Levinger, E. McClintock, L. A. Peplau, & D. R. Peterson (Eds.), *Close relationships* (pp. 20-67). New York: Freeman.

Kelley, H. H., & Michela, J. L. (1980). Attribution theory and research. *Annual Review of Psychology, 31*, 457-501.

Kelley, W. M., Macrae, C. N., Wyland, C. L., Caglar, S., Inati, S., & Heatherton, T. F. (2002). Finding the self? An event-related fMRI study. *Journal of Cognitive Neuroscience, 14*, 785-794.

Kelly, C. (1989). Political identity and perceived intra-group homogeneity. *British Journal of Social Psychology, 28*, 239-250.

Keltner, D., Gruenfeld, D. H., & Anderson, C. (2003). Power, approach, and inhibition. *Psychological Review, 110*, 265-284.

Kemler-Nelson, D. G. (1984). The effect of intention on what concepts are acquired. *Journal of Verbal Learning and Verbal Behavior, 23*, 734-759.

Kemmelmeier, M., Danielson, C., & Basten, J. (2005). What's in a grade? Academic success and political orientation. *Personality and Social Psychology Bulletin, 31*, 1386-1399.

Kenny, D. A., & Acitelli, L. K. (2001). Accuracy and bias in the perception of the partner in a close relationship. *Journal of Personality and Social Psychology, 80*, 439-448.

Kenrick, D. T., & Cialdini, R. B. (1977). Romantic attraction: Misattribution versus reinforcement explanations. *Journal of Personality and Social Psychology, 35*, 381-391.

Kernis, M. H. (2003). Toward a conceptualization of optimal self-esteem. *Psychological Inquiry, 4*, 1-26.

Kernis, M. H., & Grannemann, B. D. (1990). Fxcuses in the making: A test and extension of Darley and Goethals' attributional model. *Journal of Experimental Social Psychology, 26*, 337-349.

Kernis, M. H., Paradise, A. W., Whitaker, D. J., Wheatman, S. R., & Goldman, B. N. (2000). Master of one's psychological domain? Not likely if one's self esteem is unstable. *Personality and Social Psychology Bulletin, 26*, 1297-1305.

Kiesler, C. A. (1971). *The psychology of commitment: Experiments linking behavior to belief.* New York: Academic Press.

Kiesler, C. A., Collins, B. E., & Miller, N. (1969). *Attitude change: A critical analysis of theoretical approaches.* New York: Wiley.

Kiesler, C. A., Nisbett, R. E., & Zanna, M. P. (1969). On inferring one's beliefs from one's behavior. *Journal of Personality and Social Psychology, 11*, 321-327.

Kihlstrom, J. F. (2004). Implicit methods in social psychology. In C. Sansone, C. C. Morf, & A. T. Panter (Eds.), *The Sage handbook of methods in social psychology* (pp. 195-212). Thousand Oaks, CA: Sage.

Kilianski, S. E., & Rudman, L. A. (1998). Wanting it both ways: Do women approve of benevolent sexism? *Sex Roles, 39*, 333-352.

Kim, H-S., & Baron, R. S. (1988). Exercise and the illusory correlation: Does arousal heighten stereotypic processing? *Journal of Experimental Social Psychology, 24*, 366-380.

Kinder, D. R., & Sears, D. O. (1981). Prejudice and politics: Symbolic racism versus racial threats to the good life. *Journal of Personality and Social Psychology, 40*, 414-431.

Kircher, T. T. J., Brammer, M., Bullmore, E., Simmons, A., Bartels, M., & David, A. S. (2002). The neural correlates of intentional and incidental self processing. *Neuropsychologia, 40*, 683-692.

Kitayama, S., Duffy, S., Kawamura, T., & Larsen, J. T. (2003). Perceiving an object and its context in different cultures: A cultural look at New Look. *Psychological Science, 14*, 201-206.

Kitayama, S., & Karasawa, M. (1997). Implicit self-esteem in Japan: Name letters and birthday numbers. *Personality and Social Psychology Bulletin, 23*, 736-742.

Kitayama, S., Markus, H. R., Matsumoto, H., & Norasakkunkit, V. (1997). Individual and collective processes in the construction of. the self: Self-enhancement in the United States and self-criticism in Japan. *Journal of Personality and Social Psychology, 72*, 1245-1267.

Kitayama, S., Snibbe, A. C., Markus, H. R., & Suzuki, T. (2004). Is there any "free choice"?: Self and dissonance in two cultures. *Psychological Science, 15*, 527-533.

Kite, M. F., & Johnson, B. T. (1988). Attitudes toward older and younger adults: A meta-analysis. *Psychology and Aging, 3*, 233-244.

Kittles, R. A., & Weiss, K. M. (2003). Race, ancestry, and genes: Implications for defining disease risk, *Annual Review of Genomics and Human Genetics, 4*, 33-67.

Klar, Y., & Giladi, E. E. (1999). Are most people happier than their peers, or are they just happy? *Personality and Social Psychology Bulletin, 25*, 585-594.

Klauer, K. C., & Meiser, T. (2000). A source-monitoring analysis of illusory correlations. *Personality and Social Psychology Bulletin, 26*, 1074-1093.

Klauer, K. C., & Wegener, I. (1998). Unraveling social categorization in the "Who said what?" paradigm. *Journal of Personality and Social Psychology, 75*, 1155-1178.

Klauer, K. C., Wegener, I., & Ehrenberg, K. (2002). Perceiving minority members as individuals: The effects of relative group size in social categorization. *European Journal of Social Psychology, 32*, 223-245.

Klayman, J., & Ha, Y-W. (1987). Confirmation, disconfirmation, and information in hypothesis testing. *Psychological Review, 94*, 211-228.

Klein, M. (1967). The world of us adults and its roots in infancy. *Archivio di Psicologia, Neurologia e Psichiatria, 28*, 41-59.

Klein, S. B., Cosmides, L., Tooby, J., & Chance, S. (2001). Priming exceptions: A test of the scope hypothesis in naturalistic trait judgments. *Social Cognition, 19*, 443-468.

Kleinhesselink, R. R., & Edwards, R. E. (1975). Seeking and avoiding belief-discrepant information as a function of its perceived refutability. *Journal of Personality and Social Psychology, 31*, 787-790.

Klinger, E. (1977a). *Meaning and void: Inner experience and the incentives in people's lives.* Minneapolis: University of Minnesota Press.

Klinger, E. (197Th). The nature of fantasy and its clinical uses. *Psychotherapy: Theory, Research and Practice, 14*, 223-231.

Klinger, E. (1978). Modes of normal conscious flow. In K. S. Pope & J. L. Singer (Eds.), *The stream of consciousness: Scientific investigations into the flow of human experience.* New York: Plenum Press.

Klinger, E., Barta, S. G., & Maxeiner, M. E. (1980). Motivational correlates of thought content frequency and commitment. *Journal of Personality and Social Psychology, 39*, 1222-1237.

Knäuper, B., Kornik, R., Atkinson, K., Guberman, C., & Aydin, C. (2005). Motivation influences the underestimation of cumulative risk. *Personality and Social Psychology Bulletin, 31*, 1511-1523.

Knoblich, G., & Sebanz, N. (2006). The social nature of perception and action. *Current Directions in Psychological Science, 15*, 99-104.

Knowles, E. D., Morris, M. W., Chiu, C.-y., & Hong, Y-y. (2001). Culture and the process of person perception: Evidence for automaticity among Fast Asians in correcting for situational influences on behavior. *Personality and Social Psychology Bulletin, 27*, 1344-1356.

Knox, V. J., Gekoski, W. L., & Kelly, L. E. (1995). The age group evaluation and description (AGED) Inventory: A new instrument for assessing stereotypes of and attitudes toward age groups. *International Journal of Aging and Human Development, 40*, 31-55.

Knutson, B., Taylor, J., Kaufman, M., Peterson, R., & Glover, G. (2005). Distributed neural representation of expected value. *Journal of Neuroscience, 25*, 4806-4812.

Koenig, A. M., & Eagly, A. H. (2005). Stereotype threat in men on a test of social sensitivity. *Sex Roles, 52*, 489-496.

Koffka, K. (1935). *Principles of Gestalt psychology.* New York: Harcourt, Brace, & World.

Kohler, W. (1976 (Originally published 1938)). *The place of value in a world of facts.* New York: Liveright.

Koole, S. L., Dijksterhuis, A., & van Knippenberg, A. (2001). What's in a name: Implicit self-esteem and the automatic self. *Journal of Personality and Social Psychology, 80*, 669-685.

Koole, S. L., Smeets, K., van Knippenberg, A., & Dijksterhuis, A. (1999). The cessation of rumination through self-affirmation. *Journal of Personality and Social Psychology, 77*, 111-125.

Koriat, A., Goldsmith, M., & Pansky, A. (2000). Toward a psychology of memory accuracy. *Annual Review of Psychology, 51*, 481-537.

Kossan, N. E. (1981). Developmental differences in concept acquisition strategies. *Child Development, 52*, 290-298.

Kowalski, R. M., & Leary, M. R. (1990). Strategic self-presentation and the avoidance of aversive events: Antecedents and consequences of self-enhancement and self-depreciation. *Journal of Experimental Social Psychology, 26*, 322-336.

Kozak, M. N., Marsh, A. A., & Wegner, D. M. (2006). What do I think you're doing? Action identification and mind attribution. *Journal of Personality and Social Psychology, 90*, 543-555.

Kraus, S. J. (1995). Attitudes and the prediction of behavior: A meta-analysis of the empirical literature. *Personality and Social Psychology Bulletin, 21*, 58-75.

Krauss, R. M. (1981). Impression formation, impression management, and nonverbal behaviors. In E. T. Higgins, C. P. Herman, & M. P. Zanna (Eds.), *Social cognition: The Ontario Symposium* (Vol. 1, pp. 323-341). Hillsdale, NJ: Erlbaum.

Kray, L. J., Galinsky, A. D., & Thompson, L. (2002). Reversing the gender gap in negotiations: An exploration of stereotype regeneration. *Organizational Behavior and Human Decision Processes, 87*, 386-409.

Krieger, L. H., & Fiske, S. T. (2006). Behavioral realism in employment discrimination law:

Implicit bias and disparate treatment. *California Law Review, 94*, 997-1062.

Kristiansen, C. M., & Zanna, M. P. (1988). Justifying attitudes by appealing to values: A functional perspective. *British Journal of Social Psychology, 27*, 247-256.

Krosnick, I. A. (1988a). Attitude importance and attitude change. *Journal of Experimental Social Psychology, 24*, 240-255.

Krosnick, J. A. (1988b). The role of attitude importance in social evaluation: A study of policy preferences, presidential candidate evaluations, and voting behavior. *Journal of Personality and Social Psychology, 55*, 196-210.

Krosnick, J. A. (1989). Attitude importance and attitude accessibility. *Personality and Social Psychology Bulletin, 15*, 297-308.

Krueger, J. I. (1998). Enhancement bias in descriptions of self and others. *Personality and Social Psychology Bulletin, 24*, 505-516.

Krueger, J. I., & Clement, R. W. (1994). The truly false consensus effect: An ineradicable and egocentric bias in social perception. *Journal of Personality and Social Psychology, 67*, 596-610.

Krueger, J. I., & Stanke, D. (2001). The role of self-referent and other referent knowledge in perceptions of group characteristics. *Personality and Social Psychology Bulletin, 27*, 878-888.

Kruger, J. I., Wirtz, D., & Miller, D. T. (2005). Counterfactual thinking and the first instinct fallacy. *Journal of Personality and Social Psychology, 88*, 725-735.

Kruglanski, A. W. (1975). The endogenous-exogenous partition in attribution theory. *Psychological Review, 82*, 387-406.

Kruglanski, A. W. (1980). Lay epistemo-logic-process and contents: Another look at attribution theory. *Psychological Review, 87*, 70-87.

Kruglanski, A. W. (1989). The psychology of being "right": On the problem of accuracy in social perception and cognition. *Psychological Bulletin, 106*, 395-409.

Kruglanski, A. W. (1990). Motivations for judging and knowing: Implications for causal attribution. In E. T. Higgins & R. M. Sorrentino (Eds.), *Handbook of motivation and cognition: Foundations of social behavior* (Vol. 2, pp. 333-368). New York: Guilford Press.

Kruglanski, A. W., & Mayseless, O. (1988). Contextual effects in hypothesis testing: The role of competing alternatives and epistemic motivations. *Social Cognition, 6*, 1-20.

Kruglanski, A. W., Thompson, E. P. & Spiegel, S. (1999). Separate or equal? Bimodal notions of persuasion and a single-process "unimodel." In S. Chaiken & Y. Trope (Eds.), *Dual-process theories in social psychology* (pp. 293-313). New York: Guilford Press.

Kruglanski, A. W., & Webster, D. M. (1996). Motivated closing of the mind: "Seizing" and "freezing." *Psychological Review, 103*, 263-283.

Kühnen, U., Hannover, B., & Schubert, B. (2001). The semantic-procedural interface model of the self: The role of self-knowledge for context-dependent versus context-independent modes of thinking. *Journal of Personality and Social Psychology, 80*, 397-409.

Kunda, Z. (1987). Motivated inference: Self-serving generation and evaluation of causal theories. *Journal of Personality and Social Psychology, 53*, 636-647.

Kunda, Z. (1990). The case for motivated reasoning. *Psychological Bulletin, 108*, 480-498.

Kunda, Z. (1999). *Social cognition: Making sense of people*. Cambridge, MA: MIT Press.

Kunda, Z., & Nisbett, R. E. (1986). Prediction and the partial understanding of the law of large numbers. *Journal of Experimental Social Psychology, 22*, 339-354.

Kunda, Z., & Nisbett, R. E. (1988). Predicting individual evaluations from group evaluations and vice versa: Different patterns for self and other? *Personality and Social Psychology Bulletin, 14*, 326-334.

Kunda, Z., & Sherman-Williams, B. (1993). Stereotypes and the construal of individuating information. *Personality and Social Psychology Review, 9*, 2-16.

Kunda, Z., & Thagard, P. (1996). Forming impressions from stereotypes, traits, and behaviors: A parallel-constraint-satisfaction theory. *Psychological Review, 103*, 284-308.

Kunst-Wilson, W. R., & Zajonc, R. B. (1980). Affective discrimination of stimuli that cannot be recognized. *Science, 207*, 557-558.

Kurman, J. (2001). Self-enhancement: Is it restricted to individualistic cultures? *Personality and Social Psychology Bulletin, 27*, 1705-1716.

Kurzban, R., & Leary, M. R. (2001). Evolutionary origins of stigmatization: The functions of social exclusion. *Psychological Bulletin, 127*, 187-208.

Kurzban, R., Tooby, J., & Cosmides, L. (2001). Can race be erased? Coalitional computation and social categorization. *Proceedings of the National Academy of Sciences of the United States of America, 98*, 15387-15392.

Kwan, V. S. Y, John, O. P., Kenny, D. A., Bond, M. H., & Robins, R. W. (2004). Reconceptualizing individual differences in self-enhancement bias: An interpersonal approach. *Psychological Review, 111*, 94-110.

Lacey, J. I. (1959). Psychophysiological approaches to the evaluation of psychotherapeutic process and outcome. In F. A. Rubinstein & M. B. Parloff (Eds.), *Research in psychotherapy*. Washington, DC: American Psychological Association.

Lacey, J. I. (1967). Somatic response patterning and stress: Some revisions of activation theory. In M. H. Appley & R. Trumbull (Eds.), *Psychological stress: Issues in research*. New York: Appleton-Century-Crofts.

Lacey, J. I., & Lacey, B. C. (1958). The relationship of resting autonomic activity to motor impulsivity. In H. C. Solomon, S. Cobb, & W. Pennfield (Eds.), *The brain and human behavior* (Vol. 36). Baltimore: Williams & Wilkins.

Lacey, J. I., & Lacey, B. C. (1970). Some autonomic-central nervous system interrelationships. In P. Black (Ed.), *Physiological correlates of emotion*. New York: Academic Press.

Laird, J. D. (1974). Self-attribution of emotion: The effects of expressive behavior on the quality of emotional experience. *Journal of Personality and Social Psychology, 29*, 475-486.

Laird, J. D. (1984). The real role of facial response in the experience of emotion: A reply to Tourangeau and Ellsworth, and others. *Journal of Personality and Social Psychology, 47*, 909-917.

Laird, J. D., Cuniff, M., Sheehan, K., & Shulman, D., et al. (1989). Emotion specific effects of facial expressions on memory for life events. *Journal of Social Behavior and Personality, 4*, 87-98.

Laird, J. D., Wagener, J., Halal, M., & Szegda, M. (1982). Remembering what you feel: Effects of emotion on memory. *Journal of Personality and Social Psychology, 42*, 646-657.

Lambert, A. J., Khan, S. R., Lickel, B. A., & Fricke, K. (1997). Mood and the correction of positive versus negative stereotypes. *Journal of Personality and Social Psychology, 72*, 1002-1016.

Lambird, K. H., & Mann, T. (2006). When do ego threats lead to self-regulation failure? Negative consequences of defensive high self-esteem. *Personality and Social Psychology Bulletin, 32*, 1177-1187.

Landau, M. J., Solomon, S., Greenberg, J., Cohen, F., Pyszczynski, T., Arndt, J., Miller, C. H., Ogilvie, D. M., & Cook, A. (2004). Deliver us from evil: The effects of mortality salience and reminders of 9/11 on support for President George W. Bush. *Personality and Social Psychology Bulletin, 30*, 1136-1150.

Landman, J. (1988). Regret and elation following action and inaction: Affective responses to positive versus negative outcomes. *Personality and Social Psychology Bulletin, 13*, 524-536.

Lange, C. G. (1922 (Originally published 1885)). *The emotions*. Baltimore: Williams & Wilkins.

Langer, E. J., Blank, A., & Chanowitz, B. (1978). The mindlessness of ostensibly thoughtful action: The role of "placebic" information in interpersonal interaction. *Journal of Personality and Social Psychology, 36*, 635-642.

Langer, E. J., Taylor, S. E., Fiske, S. T., & Chanowitz, B. (1976). Stigma, staring, and discomfort: A novel stimulus hypothesis. *Journal of Experimental Social Psychology, 12*, 451-463.

Lanzetta, J. T., Cartwright-Smith, J., & Kleck, R. E. (1976). Effects of nonverbal dissimilation on emotional experience and autonomic arousal. *Journal of Personality and Social Psychology, 33*, 354-370.

LaPiere, R. T. (1934). Attitudes versus actions. *Social Forces, 13*, 230-237.

Larsen, J. T., McGraw A. P., & Cacioppo, J. T. (2001). Can people feel happy and sad at the same time? *Journal of Personality and Social Psychology, 81*, 684-696.

Larsen, J. T., Norris, C., & Cacioppo, J. T. (2003). Effects of positive and negative affect on elec-activity over zygomaticus major and corrugator supercilli. *Psychophysiology, 40*, 776-785.

Lassiter, G. D. (1988). Behavior perception, affect, and memory. *Social Cognition, 6*, 150-176.

Lassiter, G. D. (2002). Illusory causation in the courtroom. *Current Directions in Psychological Science, 11*, 204-208.

Lassiter, G. D., & Stone, J. I. (1984). Affective consequences of variation in behavior perception: When liking is in the level of analysis. *Personality and Social Psychology Bulletin, 10*, 253-259.

Lassiter, G. D., Stone, J. I., & Rogers, S. L. (1988). Memorial consequences of variation in behavior perception. *Journal of Experimental Social Psychology, 24*, 222-239.

Lasswell, H. D. (1948). The structure and function of communication in society. In L. Byron (Ed.), *Communication of ideas*. New York: Harper.

Latané B., & Bourgeois, M. J. (2001). Dynamic social impact and the consolidation, clustering, correlation, and continuing diversity of culture. In M. A. Hogg & R. S. Tindale (Eds.), *Blackwell handbook of social psychology: Group processes* (pp. 235-258). Maiden, MA: Blackwell.

Lazarus, R. S. (1966). Psychological stress and the coping process. New York: McGraw-Hill.

Lazarus, R. S. (1982). Thoughts on the relations between emotion and cognition. *American Psychologist, 37*, 1019-1024.

Lazarus, R. S. (1984). On the primacy of cognition. American Psychologist, 39, 124-129. Lazarus, R. S. (1990). Constructs of the mind in adaptation. In N. L. Stein, B. Leventhal, & T. Trabasso (Eds.), *Psychological and biological approaches to emotion* (pp. 3-20). Hillsdale,

NJ: Erlbaum.

Lazarus, R. S. (2000). Toward better research on stress and coping. *American Psychologist, 55,* 665-673.

Lazarus, R. S., Averill, J. R., & Opton, E. M., Jr. (1970). Towards a cognitive theory of emotion. In M. B. Arnold (Ed.), *Feelings and emotion: The Loyola Symposium.* New York: Academic Press.

Lazarus, R. S., & Smith, C. A. (1988). Knowledge and appraisal in the cognition-emotion relationship. *Cognition and Emotion, 2,* 281-300.

Leary, M. R. (1990). Responses to social exclusion: Social anxiety, jealousy, loneliness, depression, and low self-esteem. *Journal of Social and Clinical Psychology, 9,* 221-229.

Leary, M. R., & Baumeister, R. F. (2000). The nature and function of self-esteem: Sociometer theory. In M. P. Zanna (Ed.), *Advances in experimental social psychology* (Vol. 32, pp. 1-62). San Diego, CA: Academic Press.

Leary, M. R., Tambor, E. S., Terdal, S. K., & Downs, D. L. (1995). Self-esteem as an interpersonal monitor: The sociometer hypothesis. *Journal of Personality and Social Psychology, 68,* 518-530.

Leddo, J., Abelson, R. P., & Gross, P. H. (1984). Conjunctive explanations: When two reasons are better than one. *Journal of Personality and Social Psychology, 47,* 933-943.

Lee, A. Y, & Aaker, J. L. (2004). Bringing the frame into focus: The influence of regulatory fit on processing fluency and persuasion. *Journal of Personality and Social Psychology, 86,* 205-218.

Lee, A. Y, Aaker, J. L., & Gardner, W. L. (2000). The pleasures and pain of distinct self-construals: The role of interdependence in regulatory focus. *Journal of Personality and Social Psychology, 78,* 1122-1134.

Lehman, D. R., Lempert, R. O., & Nisbett, R. E. (1988). The effects of graduate training on reasoning: Formal discipline and thinking about everyday-life events. *American Psychologist, 43,* 431-442.

Leibenluft, E., Gobbini, M. I., Harrison, T., & Haxby, J. V. (2004). Mothers' neural activation in response to pictures of their children and other children. *Biological Psychiatry, 56,* 225-232.

Leonardelli, G. J., Lakin, J. L., & Arkin, R. M. (in press). A regulatory focus model of self-evaluation. *Journal of Experimental Social Psychology.*

Lepper, M. R., Greene, D., & Nisbett, R. E. (1973). Undermining children's intrinsic interest with extrinsic rewards: A test of the "overjustification" hypothesis. *Journal of Personality and Social Psychology, 28,* 129-137.

Lerner, J. S., & Gonzalez, R. M. (2005). Forecasting one's future based on fleeting subjective experiences. *Personality and Social Psychology Bulletin, 31,* 454-466.

Lerner, J. S., & Keltner, D. (2001). Fear, anger, and risk. *Journal of Personality and Social Psychology, 81,* 146-159.

Lemer, J. S., & Tiedens, L. Z. (2006). Portrait of the angry decision maker: How appraisal tendencies shape anger's influence on cognition. *Journal of Behavioral Decision Making, 19,* 115-137.

Leslie, A. M. (1994). Pretending and believing: Issues in the theory of mind. *Cognition, 50,* 211-238.

Leung, K., & Bond, M. H. (2004). Social axioms: A model for social beliefs in multicultural perspective. In M. P. Zanna (Ed.), *Advances in experimental social psychology* (Vol. 35, pp. 119-197). San Diego, CA: Academic Press.

Leventhal, H. (1982). The integration of emotion and cognition: A view from the perceptual-motor theory of emotion. In M. S. Clark & S. T. Fiske (Eds.), *Affect and cognition: The 17th Annual Carnegie Symposium on Cognition* (pp. 121-156). Hillsdale, NJ: Erlbaum.

Leventhal, H. (1984). A perceptual-motor theory of emotion. In L. Berkowitz (Ed.), *Advances in experimental social psychology* (Vol. 17, pp. 118-182). Orlando, FL: Academic Press.

Leventhal, H., & Scherer, K. (1987). The relationship of emotion to cognition: A functional approach to a semantic controversy. *Cognition and Emotion, 1,* 3-28.

Levesque, C., & Pelletier, L. G. (2003). On the investigation of primed and chronic autonomous and heteronomous motivational orientations. *Personality and Social Psychology Bulletin, 29,* 1570-1584.

Levin, D. (2000). Race as a visual feature: Using visual search and perceptual discrimination tasks to understand face categories and the cross-race recognition deficit. *Journal of Experimental Psychology: General, 129,* 559-574.

Levin, I. P., & Gaeth, G. J. (1988). How consumers are affected by the framing of attribute information before and after consuming the product. *Journal of Consumer Research, 15,* 374-378.

Levin, I. P., Schneider, S. L., & Gaeth, G. J. (1998). All frames are not created equal: A typology and critical analysis of framing effects. *Organizational Behavior and Human Decision Processes, 76,* 149-188.

Levin, I. P., Schnittjer, S. K., & Thee, S. L. (1988).

Information framing effects in social and personal decisions. *Journal of Experimental Social Psychology, 24*, 520-529.

Levin, S., Federico, C. M., Sidanius, J., & Rabinowitz, J. L. (2002). Social dominance orientation and intergroup bias: The legitimation of favoritism for high-status groups. *Personality and Social Psychology Bulletin, 28*, 144-157.

Levine, J. M., & Moreland, R. L. (1998). Small groups. In D. T. Gilbert, S. T. Fiske, G. Lindzey (Eds.), *The handbook of social psychology* (4th ed., Vol. 2, pp. 415-469). New York: McGraw-Hill.

Levine, J. M., & Murphy, G. (1943). The learning and forgetting of controversial material. *Journal of Abnormal and Social Psychology, 38*, 507-517.

Levinger, G., & Breedlove, J. (1966). Interpersonal attraction and agreement. *Journal of Personality and Social Psychology, 3*, 367-372.

Levy, B., Ashman, O., & Dror, I. (1999-2000). To be or not to be: The effects of aging stereotypes on the will to live. *Omega: Journal of Death and Dying, 40*, 409-420.

Levy, B. R., & Banaji, M. R. (2002). Implicit ageism. In T. D. Nelson (Ed.), *Ageism: Stereotyping and prejudice against older persons* (pp. 49-75). Cambridge, MA: MIT Press.

Levy, B. R., Hausdorf, J. M., Hencke, R., & Wei, J. Y (2000). Reducing cardiovascular stress with positive self-stereotypes of aging. *Journals of Gerontology: Series B: Psychological Sciences and Social Issues, 55B*, 205-213.

Levy, B. R., & Langer, E. J. (1994). Aging free from negative stereotypes: Successful memory in China and among the American deaf. *Journal of Personality and Social Psychology, 66*, 989-997.

Levy, B. R., Slade, M. D., Kunkel, S. R., & Kasl, S. V. (2002). Longevity increased by positive self-perceptions of aging. *Journal of Personality and Social Psychology, 83*, 261-270.

Levy, S. R., Plaks, J. E., Hong, Y-y, Chiu, C.-y, & Dweck, C. S. (2001). Static versus dynamic theories and the perception of groups: Different routes to different destinations. *Personality and Social Psychology Review, 5*, 156-168.

Lewicki, P. (1985). Nonconscious biasing effects of single instances on subsequent judgments. *Journal of Personality and Social Psychology, 48*, 563-574.

Lewicki, P., Czyzewska, M., & Hoffman, H. (1987). Unconscious acquisition of complex procedural knowledge. *Journal of Experimental Psychology: Learning, Memory, and Cognition, 13*, 523-530.

Lewin, K. (1951). *Field theory in social psychology*. New York: Harper.

Lewontin, R. (1972). The apportionment of human diversity. Evolutionary Biology, 6, 381-398.

Leyens, J.-Ph., Cortes, B., Demoulin, S., Dovidio, J. F., Fiske, S. T., Gaunt, R., et al. (2003). Emotional prejudice, essentialism, and nationalism: The 2002 Tajfel Lecture. *European Journal of Social Psychology, 33*, 703-717.

Leyens, J.-Ph., Désert, M., Croizet, J. C., & Darcis, C. (2000). Stereotype threat: Are lower status and history of stigmatization preconditions of stereotype threat? *Personality and Social Psychology Bulletin, 26*, 1189-1199.

Liberman, A., & Chaiken, S. (1992). Defensive processing of personally relevant health messages. *Personality and Social Psychology Bulletin, 18*, 669-679.

Libby, L. K., Eibach, R. P., & Gilovich, T. (2005). Here's looking at me: The effect of memory perspective on assessments of personal change. *Journal of Personality and Social Psychology, 88*, 50-62.

Lieberman, M. D. (2007). Social cognitive neuroscience: A review of core processes. *Annual Review of Psychology, 58*, 259-289.

Lieberman, M. D., Gaunt, R., Gilbert, D. T., & Trope, Y (2002). Reflexion and reflection: A social cognitive neuroscience approach to attributional inference. In M. P. Zanna (Ed.), *Advances in experimental social psychology* (Vol. 34, pp.199-249). San Diego: Academic Press.

Lieberman, M. D., Hariri, A., Jarcho, J. M., Eisenberger, N. I., & Bookheimer, S. Y (2005). An fMRI investigation of race-related amygdala activity in African-American and Caucasian-American individuals. *Nature Neuroscience, 8*, 720-722.

Lieberman, M. D., Jarcho, J. M., & Satpute, A. B. (2004). Evidence-based and intuition-based self-knowledge: An fMRI study. *Journal of Personality and Social Psychology, 87*, 421-435.

Lieberman, M. D., Ochsner, K. N., Gilbert, D. T., & Schacter, D. L. (2001). Do amnesiacs exhibit cognitive dissonance reduction? The role of explicit memory and attention in attitude change. *Psychological Science, 12*, 135-140.

Lin, M. H., Kwan, V. S. Y, Cheung, A., & Fiske, S. T. (2005). Stereotype content model explains prejudice for an envied outgroup: Scale of anti-Asian American stereotypes. *Personality and Social Psychology Bulletin, 31*, 34-47.

Lingle, J. H., Altom, M. W., & Medin, D. L. (1984). Of cabbages and kings: Assessing the extendibility of natural object concept models to social things. In R. S. Wyer Jr. & T. K. Srull (Eds.), *Handbook of social cognition* (Vol. 1, pp. 71-117). Hillsdale, NJ: Erlbaum.

Lingle, J. H., Geva, N., Ostrom, T. M., Leippe, M.

R., & Baumgardner, M. H. (1979). Thematic effects of person judgments on impression organization. *Journal of Personality and Social Psychology, 37*, 674-687.

Lingle, J. H., & Ostrom, T. M. (1979). Retrieval selectivity in memory-based impression judgments. *Journal of Personality and Social Psychology, 37*, 180-194.

Linville, P. W. (1982a). Affective consequences of complexity regarding the self and others. In M. S. Clark & S. T. Fiske (Eds.), *Affect and cognition: The 17th Annual Carnegie Symposium on Cognition* (pp. 79-109). Hillsdale, NJ: Erlbaum.

Linville, P. W. (1982b). The complexity-extremity effect and age-based stereotyping. *Journal of Personality and Social Psychology, 42*, 193-211.

Linville, P. W. (1985). Self-complexity and affective extremity: Don't put all your eggs in one cognitive basket. *Social Cognition, 3*, 94-120.

Linville, P. W., Fischer, G. W., & Fischhoff, B. (1993). AIDS risk perceptions and decision biases. In J. B. Pryor & C. D. Reeder (Eds.), *The social psychology of HIV infection* (pp. 5-38). Hillsdale, NJ: Erlbaum.

Linville, P. W., Fischer, G. W., & Salovey, P. (1989). Perceived distributions of the characteristics of ingroup and outgroup members: Empirical evidence and a computer simulation. *Journal of Personality and Social Psychology, 57*, 165-188.

Linville, P. W., Fischer, G. W., & Yoon, C. (1996). Perceived covariation among the features of ingroup and outgroup members: The outgroup covariation effect. *Journal of Personality and Social Psychology, 70*, 421-436.

Linville, P. W., & Jones, E. E. (1980). Polarized appraisals of outgroup members. *Journal of Personality and Social Psychology, 38*, 689-703.

Linville, P. W., Salovey, P., & Fischer, G. W. (1986). Stereotyping and perceived distributions of social characteristics: An application to ingroup-outgroup perception. In J. F. Dovidio & S. L. Gaertner (Eds.), *Prejudice, discrimination, and racism* (pp. 165-208). Orlando, FL: Academic Press.

Lippa, R. (1976). Expressive control and the leakage of dispositional introversion-extraversion during role-playing teaching. *Journal of Personality, 44*, 541-559.

Liu, J., Harris, A., & Kanwisher, N. (2002). Stages of processing in face perception: An MEG study. *Nature Neuroscience, 5*, 910-916.

Livingston, R. W., & Brewer, M. B. (2002). What are we really priming? Cue-based versus category-processing of facial stimuli. *Journal of Personality and Social Psychology, 82*, 5-18.

Locke, J. (1979 (Originally published 1690)). *Essay concerning human understanding*. New York: Oxford University Press.

Loewenstein, G. (1996). Out of control: Visceral influences on behavior. *Organizational Behavior and Human Decision Processes, 65*, 272-292.

Loftus, E. F. (2004). Memories of things unseen. *Current Directions in Psychological Science, 13*, 145-147.

Loftus, E. F., & Davis, D. (2006). Recovered memories. *Annual Review of Clinical Psychology, 2*, 469-498.

Loken, B. (1984). Attitude processing strategies. *Journal of Experimental Social Psychology, 20*, 272-296.

Lombardi, W. J., Higgins, E. T., & Bargh, J. A. (1987). The role of consciousness in priming effects on categorization: Assimilation versus contrast as a function of awareness of the priming task. *Personality and Social Psychology Bulletin, 13*, 411-429.

Lopes, L. L. (1982). *Towards a procedural theory of judgment*. (Tech. Rep. No. 17, pp. 1-49). Madison, WI: Information Processing Program, University of Wisconsin.

Lord, C. G. (1982). Predicting behavioral consistency from an individual's perception of situsimilarities. *Journal of Personality and Social Psychology, 42*, 1076-1088.

Lord, C. G., Lepper, M. R., & Mackie, D. M. (1984). Attitude prototypes as determinants of attitude-behavior consistency. *Journal of Personality and Social Psychology, 46*, 1254-1266.

Lord, C. G., & Saenz, D. S. (1985). Memory deficits and memory surfeits: Differential cognitive consequences of tokenism for tokens and observers. *Journal of Personality and Social Psychology, 49*, 918-926.

Lord, C. G., Saenz, D. S., & Godfrey, D. K. (1987). Effects of perceived scrutiny on participant memory for social interactions. *Journal of Experimental Social Psychology, 23*, 498-517.

Losch, M. E., & Cacioppo, J. T. (1990). Cognitive dissonance may enhance sympathetic tonus, but attitudes are changed to reduce negative affect rather than arousal. *Journal of Experimental Social Psychology, 26*, 289-304.

Loughnan, S., & Haslam, N. (2007). Animals and androids: Implicit associations between social categories and nonhumans. *Psychological Science, 18*, 116-121.

Lowe, C. A., & Kassin, S. M. (1980). A perceptual view of attribution: Theoretical and methodological implications. *Personality and Social Psychology, 6*, 532-542.

Lowery, B. S., Hardin, C. D., & Sinclair, S. (2001). Social influence effects on automatic racial prejudice. *Journal of Personality and Social*

Psychology, 81, 842-855.

Lowery, B. S., Knowles, E. D., & Unzueta, M. M. (2007). Framing inequity safely: The motivated denial of White privilege. *Personality and Social Psychology Bulletin*.

Lowery, B. S., Unzueta, M. M., Knowles, E. D., & Goff, P. A. (2006). Concern for the ingroup and opposition to affirmative action. *Journal of Personality and Social Psychology, 90*, 961-974.

Luhtanen, R. K., & Crocker, J. (2005). Alcohol use in college students: Effects of level of self-esteem, narcissism, and contingencies of self-worth. *Psychology of Addictive Behaviors, 1*, 99-103.

Lydon, J. E., & Zanna, M. P. (1990). Commitment in the face of adversity: A value-affirmation approach. *Journal of Personality and Social Psychology, 58*, 1040-1047.

Lydon, J., Zanna, M. P., & Ross, M. (1988). Bolstering attitudes by autobiographical recall: Attitude persistence and selective memory. *Personality and Social Psychology Bulletin, 14*, 78-86.

Lynn, M., Shavitt, S., & Ostrom, T. M. (1985). Effects of pictures on the organization and recall of social information. *Journal of Personality and Social Psychology, 49*, 1160-1168.

Lyubomirsky, S., King, L., & Diener, E. (2005). The benefits of frequent positive affect: Does happiness lead to success? *Psychological Bulletin, 131*, 803-855.

Lyubomirsky, S., Sheldon, K. M., & Schkade, D. (2005). Pursuing happiness: The architecture of sustainable change. *Review of General Psychology, 9*, 111-131.

Mackie, D. M. (1986). Social identification effects in group polarization. *Journal of Personality and Social Psychology, 50*, 720-728.

Mackie, D. M. (1987). Systematic and nonsystematic processing of majority and minority persuasive communications. *Journal of Personality and Social Psychology, 53*, 41-52.

Mackie, D. M., & Cooper, J. (1984). Attitude polarization: Effects of group membership. *Journal of Personality and Social Psychology, 46*, 575-585.

Mackie, D. M., Devos, T., & Smith, E. R. (2000). Intergroup emotions: Explaining offensive action tendencies in an intergroup context. *Journal of Personality and Social Psychology*, 79, 602-616.

Mackie, D. M., & Gastardo-Conaco, M. C. (1988). The impact of importance accorded an issue on attitude inferences. *Journal of Experimental Social Psychology, 24*, 543-570.

Mackie, D. M., Hamilton, D. L., Schroth, H. A., Carlisle, C. J., Gersho, B. F., Meneses, L. M., Nedler, B. F., & Reichel, L. D. (1989). The effects of induced mood on illusory correlations. *Journal of Experimental Social Psychology, 25*, 524-544.

Mackie, D. M., & Smith, E. R. (1998). Intergroup relations: Insights from a theoretically integrative approach. *Psychological Review, 105*, 499-529.

Mackie, D. M., & Smith, E. R. (Eds.). (2002). *From prejudice to intergroup emotions*. New York: Psychology Press.

Mackie, D. M., & Worth, L. T. (1989). Cognitive deficits and the mediation of positive affect in persuasion. *Journal of Personality and Social Psychology, 57*, 27-40.

MacLeod, C., & Campbell, L. (1992). Memory accessibility and probability judgment: An experimental evaluation of the availability heuristic. *Journal of Personality and Social Psychology, 63*, 890-902.

MacLeod, M. D., & Macrae, C. N. (2001). Gone but not forgotten: The transient nature of retrieval-induced forgetting. *Psychological Science, 12*, 148-152.

Macrae, C. N., & Bodenhausen, G. V. (2000). Social cognition: Thinking categorically about others. *Annual Review of Psychology, 51*, 93-120.

Macrae, C. N., & Bodenhausen, G. V. (2001). Social cognition: Categorical person perception. *British Journal of Psychology, 92*, 239-255.

Macrae, C. N., Bodenhausen, G. V., & Guglielmo, C. (1999). Contexts of cryptomnesia: May the source be with you. *Social Cognition, 17*, 273-297.

Macrae, C. N., Bodenhausen, G. V., & Milne, A. B. (1998). Saying no to unwanted thoughts: Self-focus and the regulation of mental life. *Journal of Personality and Social Psychology, 74*, 578-589.

Macrae, C. N., Bodenhausen, G. V., Milne, A. B., & Ford, R. L. (1997). On the regulation of recollection: The intentional forgetting of stereotypical memories. *Journal of Personality and Social Psychology, 72*, 709-719.

Macrae, C. N., Bodenhausen, G. V., Milne, A. B., & Jetten, J. (1994). Out of mind but back in sight: Stereotypes on the rebound. *Journal of Personality and Social Psychology, 67*, 808-817.

Macrae, C. N., Bodenhausen, G. V., Milne, A. B., Thorn, T. M. J., & Castelli, L. (1997). On the activation of social stereotypes: The moderating role of processing objectives. *Journal of Experimental Social Psychology, 33*, 471-489.

Macrae, C. N., Bodenhausen, G. V., Schloerscheidt, A. M., & Milne, A. B. (1999). Tales of the unexpected: Executive function and person perception. *Journal of Personality*

and Social Psychology, 76, 200-213.
Macrae, C. N., Hewstone, M., & Griffiths, R. J. (1993). Processing load and memory for stereotype-based information. *European Journal of Social Psychology, 23*, 77-87.
Macrae, C. N., Hood, B. M., Mime, A. B., Rowe, A. C., & Mason, M. F. (2002). Are you looking at me? Eye gaze and person perception. *Psychological Science, 13*, 460-464.
Macrae, C. N., & Lewis, H. L. (2002). Do I know you? Processing orientation and face recognition. *Psychological Science, 13*, 194-196.
Macrae, C. N., Milne, A. B., & Bodenhausen, G. V. (1994). Stereotypes as energy-saving devices: A peek inside the cognitive toolbox. *Journal of Personality and Social Psychology, 66*, 37-47.
Macrae, C. N., Moran, J. M., Heatherton, T. F., Banfield, J. F., & Kelley, W. M. (2004). Medial prefrontal activity predicts memory for self. *Cerebral Cortex, 14*, 647-654.
Macrae, C. N., Quinn, K. A., Mason, M. F., & Quadflieg, S. (2005). Understanding others: The face and person construal. *Journal of Personality and Social Psychology, 89*, 686-695.
Macrae, C. N., Schloerscheidt, A. M., Bodenhausen, G. V., & Milne, A. B. (2002). Creating memory illusions: Expectancy-based processing and the generation of false memories. *Memory, 10*, 63-80.
Maddox, K. B. (2004). Perspectives on racial phenotypicality bias. *Personality and Social Psychological Review, 8*, 383-401.
Maddox, K. B., & Chase, S. G. (2004). Manipulating subcategory salience: Exploring the link between skin tone and social perception of Blacks. *European Journal of Social Psychology, 34*, 533-546.
Maddox, K. B., & Gray, S. A. (2002). Cognitive representations of Black Americans: Re-exploring the role of skin tone. *Personality and Social Psychology Bulletin, 28*, 250-259.
Madon, S., Smith, A., Jussim, L., Russel, D. W., Eccles, J., Palumbo, P., et al. (2001). Am I as you see me or do you see me as I am? Self-fulfilling prophecies and self-verification. *Personality and Social Psychology Bulletin, 27*, 1214-1224.
Maguire, F. A., Gadian, D. G., Johnsrude, I. S., Good, C. D., Ashburner, J., Frackowiak, R. S. J., & Frith, C. D. (2000). Navigation-related structural change in the hippocampi of taxi drivers. *Proceedings of the National Academy of Sciences, 97*, 4398-4403.
Maio, G. R., & Olson, J. M. (1998). Values as truisms: Evidence and implications. *Journal of Personality and Social Psychology, 74*, 294-311.
Maitner, A. T., Mackie, D. M., & Smith, E. R. (2006). Evidence for the regulatory function of intergroup emotion: Emotional consequences of implemented or impeded intergroup action tendencies. *Journal of Experimental Social Psychology, 42*, 720-728.
Major, B., Cozzarelli, C., Testa, M., & McFarlin, D. B. (1988). Self-verification versus expectancy confirmation in social interaction: The impact of self-focus. *Personality and Social Psychology Bulletin, 14*, 346-359.
Major, B., Gramzow, R. H., McCoy, S. K., Levin, S., Schmader, T., & Sidanius, J. (2002). Perceiving personal discrimination: The role of group status and legitimizing ideology. *Journal of Personality and Social Psychology, 82*, 269-282.
Major, B., & O'Brien, L. T. (2005). The social psychology of stigma. *Annual Review of Psychology, 56*, 393-421.
Major, B., Quinton, W. J., & McCoy, S. K. (2002). Antecedents and consequences of attributions to discrimination: Theoretical and empirical advances. In M. P. Zanna (Ed.), *Advances in experimental social psychology* (Vol. 34, pp. 251-330). New York: Academic Press.
Major, B., Spencer, S., Schmader, T., Wolfe, C. T., & Crocker, J. (1998). Coping with negative stereotypes about intellectual performance: The role of psychological disengagement. *Personality and Social Psychology Bulletin, 24*, 34-50.
Major, B., Testa, M., & Blysma, W. H. (1991). Responses to upward and downward social comparisons: The impact of esteem-relevance and perceived control. In J. Suls & T. A. Wills (Eds.), *Social comparison: Contemporary theory and research* (pp. 237-260). Hillsdale, NJ: Erlbaum.
Malle, B. F. (2006). The actor-observer asymmetry in attribution: A (surprising) meta-analysis. *Psychological Bulletin, 132*, 895-919.
Malle, B. F., & Knobe, J. (1997). Which behaviors do people explain? A basic actor-observer asymmetry. *Journal of Personality and Social Psychology, 72*, 288-304.
Malle, B. F., Knobe, J., O'Laughlin, M. J., Pearce, G. E., & Nelson, S. E. (2000). Conceptual structure and social functions of behavior explanations: Beyond person-situation attributions. *Journal of Personality and Social Psychology, 79*, 309-326.
Mallon, E. B., Pratt, S. C., & Franks, N. R. (2001). Individual and collective decision-making during nest site selection by an ant Leptothorax albipennis. *Behavioral Ecology and Sociobiology, 50*, 352-359.
Malpass, R. S. (1969). Effects of attitude on learn-

ing and memory: The influence of instruction-induced sets. *Journal of Experimental Social Psychology, 5*, 441-453.

Malpass, R. S., & Kravitz, J. (1969). Recognition for faces of own and other race. *Journal of Personality and Social Psychology, 13*, 330-334.

Mandler, G. (1975). *Mind and emotion.* New York: Wiley.

Mandler, G. (1990). A constructivist theory of emotion. In N. S. Stein, B. L. Leventhal, & T. Trabasso (Eds.), *Psychological and biological approaches to emotion.* Hillsdale, NJ: Erlbaum.

Mandler, G., & Nakamura, Y (1987). Aspects of consciousness. *Personality and Social Psychology Bulletin, 13*, 299-313.

Mandler, G., Nakamura, Y, & Van Zandt, B. J. S. (1987). Nonspecific effects of exposure on stimuli that cannot be recognized. *Journal of Experimental Psychology: Learning, Memory, and Cognition, 13*, 646-648.

Maner, J. K., & Schaller, M. (2006). They all look the same to me (unless they're angry): From out-group homogeneity to out-group heterogeneity. *Psychological Science.*

Manis, M. (1977). Cognitive social psychology. *Personality and Social Psychology Bulletin, 3*, 550-566.

Manis, M., Avis, N. E., & Cardoze, S. (1981). Reply to Bar-Hillel and Fischhoff. *Journal of Personality and Social Psychology, 41*, 681-683.

Manis, M., Dovalina, I., Avis, N. E., & Cardoze, S. (1980). Base rates can affect individual predictions. *Journal of Personality and Social Psychology, 38*, 231-248.

Manis, M., Shedler, J., Jonides, J., & Nelson, T. E. (1993). Availability heuristic in judgments of set size and frequency of occurrence. *Journal of Personality and Social Psychology, 65*, 448-457.

Manucia, C. K., Baumann, D. J., & Cialdini, R. B. (1984). Mood influences on helping: Direct effects or side effects? *Journal of Personality and Social Psychology, 46*, 357-364.

Marcel, A. J. (1983a). Conscious and unconscious perception: An approach to the relations between phenomenal experience and perceptual processes. *Cognitive Psychology, 15*, 238-300.

Marcel, A. J. (1983b). Conscious and unconscious perception: Experiments on visual masking and word recognition. *Cognitive Psychology, 15*, 197-237.

March, J. G., & Simon, G. A. (1958). *Organizations.* New York: Wiley.

Marchand, M. A. C., & Vonk, R. (2005). The process of becoming suspicious of ulterior motives. *Social Cognition, 23*, 242-256.

Marcus, G. E., & Mackuen, M. B. (1999). Anxiety, enthusiasm, and the vote: The emotional underpinnings of learning and involvement during presidential campaigns. *American Political Science Review, 87*, 672-685.

Marcus, G. E., & MacKuen, M. B. (1999). Anxiety, enthusiasm, and the vote: The emotional underpinnings of learning and involvement during presidential campaigns. In J. T. Jost & J. Sidanius (Eds.), *Political psychology: Key readings* (pp. 163-176). New York: Psychology Press.

Marks, J. (1995). *Human biodiversity: Genes, races, and history.* New York: Aldine de Cruyter.

Marks, G., & Miller, N. (1982). Target attractiveness as a mediator of assumed attitude similarity. *Personality and Social Psychology Bulletin, 8*, 728-735.

Markus, H. R. (1977). Self-schemata and processing information about the self. *Journal of Personality and Social Psychology, 35*, 63-78.

Markus, H. R., & Kitayama, S. (1991). Culture and the self: Implications for cognition, emotion, and motivation. *Psychological Review, 98*, 224-253.

Markus, H. R., & Kunda, Z. (1986). Stability and malleability of the self concept. *Journal of Personality and Social Psychology, 51*, 858-866.

Markus, H. R., & Nurius, P. (1986). Possible selves. American Psychologist, 41, 954-969.

Markus, H. R., & Smith, J. (1981). The influence of self-schemas on the perception of others. In N. Cantor & J. F. Kihlstrom (Eds.), *Personality, cognition, and social interaction* (pp. 233-262). Hillsdale, NJ: Erlbaum.

Markus, H. R., & Wurf, E. (1987). The dynamic self-concept: A social psychological perspective. *Annual Review of Psychology, 38*, 299-337.

Marshall, G. D., & Zimbardo, P. G. (1979). Affective consequences of inadequately explained physiological arousal. *Journal of Personality and Social Psychology, 37*, 970-988.

Martens, A., Johns, M., Greenberg, J., & Schimel, J. (2006). Combating stereotype threat: The effect of self-affirmation on women's intellectual performance. *Journal of Experimental Social Psychology, 42*, 236-243.

Martin, L. L. (1986). Set/reset: Use and disuse of concepts in impression formation. *Journal of Personality and Social Psychology, 51*, 493-504.

Martin, L. L., & Tesser, A. (1989). Toward a motivational and structural theory of ruminative thought. In J. S. Uleman & J. A. Bargh (Eds.), *Unintended thought* (pp. 306-326). New York: Guilford Press.

Marx, D. M., Stapel, D. A., & Muller, D. (2005). We can do it: The interplay of construal orientation and social comparisons under threat. *Journal of Personality and Social Psychology,*

88, 432-446.

Maslach, C. (1979). Negative emotional biasing of unexplained arousal. *Journal of Personality and Social Psychology, 37*, 953-969.

Mason, M. F., Hood, B. M., & Macrae, C. N. (2004). Look into my eyes: Gaze direction and person memory. *Memory, 12*, 637-643.

Mason, M. F., & Macrae, C. N. (2004). Categorizing and individuating others: The neural substrates of person perception. *Journal of Cognitive Neuroscience, 16*, 1785-1795.

Mason, M. F., Tatkow, E. P., & Macrae, C. N. (2005). The look of love: Gaze shifts and person perception. *Psychological Science, 16*, 236-239.

Massad, C. M., Hubbard, M., & Newtson, D. (1979). Selective perception of events. *Journal of Experimental Social Psychology, 15*, 513-532.

Massey, D. S., & Denton, N. A. (1993). *American apartheid: Segregation and the making of the underclass*. Cambridge, MA: Harvard University Press.

Masters, J. C., & Furman, W. (1976). Effects of affective states on noncontingent outcome expectancies and beliefs in internal or external control. *Developmental Psychology, 12*, 481-482.

Masuda, T., & Nisbett, R. E. (2001). Attending holistically vs. analytically: Comparing the context sensitivity of Japanese and Americans. *Journal of Personality and Social Psychology, 81*, 922-934.

Matlin, M., & Stang, D. J. (1978). *The Pollyanna principle*. Cambridge, MA: Schenkman.

Matsumoto, D. (1987). The role of facial response in the experience of emotion: More methodological problems and a meta-analysis. *Journal of Personality and Social Psychology, 52*, 769-774.

Mayer, J. D. (1986). How mood influences cognition. In N. F. Sharkey (Ed.), *Advances in cognitive science* (pp. 290-314). Chichester, West Sussex: Ellis Horwood Limited.

Mayer, J. D., & Bower, G. H. (1985). Naturally occurring mood and learning: Comment on Hasher, Rose, Zacks, Sanft, and Doren. *Journal of Experimental Psychology: General, 114*, 396-403.

Mayer, J. D., & Bower, G. H. (1986). Learning and memory for personality prototypes. *Journal of Personality and Social Psychology, 51*, 473-492.

Mayer, J. D., & Bremer, D. (1985). Assessing mood with affect-sensitive tasks. *Journal of Personality Assessment, 49*, 95-99.

Mayer, J. D., & Gaschke, Y. N. (1988). The experience and meta-experience of mood. *Journal of Personality and Social Psychology, 55*, 102-111.

Mayer, J. D., Mamberg, M. H., & Volanth, A. J. (1988). Cognitive domains of the mood system. *Journal of Personality, 56*, 453-486.

Mayer, J. D., McCormick, L. J., & Strong, S. E. (1995). Mood-congruent memory and natural mood: New evidence. *Personality and Social Psychology Bulletin, 21*, 736-746.

Mayer, J. D., & Salovey, P. (1988). Personality moderates the interaction of mood and cognition. In K. Fiedler & J. Forgas (Eds.), *Affect, cognition, and social behavior* (pp. 87-99). Toronto, Canada: Hogrefe.

Mays, V. M., Cochran, S. D., & Barnes, N. W. (2007). Race, race-based discrimination, and health outcomes among African Americans. *Annual Review of Psychology, 58*, 201-225.

McArthur, L. Z. (1972). The how and what of why: Some determinants and consequences of causal attribution. *Journal of Personality and Social Psychology, 22*, 171-193.

McArthur, L. Z. (1980). Illusory causation and illusory correlation: Two epistemological accounts. *Personality and Social Psychology Bulletin, 6*, 507-519.

McArthur, L. Z. (1981). What grabs you? The role of attention in impression formation and causal attribution. In E. T. Higgins, C. P. Herman, & M. P. Zanna (Eds.), *Social cognition: The Ontario Symposium* (Vol. 1, pp. 201-246). Hillsdale, NJ: Erlbaum.

McArthur, L. Z., & Apatow, K. (1983-1984). Impressions of baby-faced adults. *Social Cognition, 2*, 315-342.

McArthur, L. Z., & Baron, R. M. (1983). Toward an ecological theory of social perception. *Psychological Review, 90*, 215-238.

McArthur, L. Z., & Berry, D. S. (1987). Cross-cultural agreement in perceptions of babyfaced adults. *Journal of Cross-Cultural Psychology, 18*, 165-192.

McArthur, L. Z., & Ginsberg, E. (1981). Causal attribution to salient stimuli: An investigation of visual fixation mediators. *Personality and Social Psychology Bulletin, 7*, 547-553.

McArthur, L. Z., & Post, D. L. (1977). Figural emphasis and person perception. *Journal of Experimental Social Psychology, 13*, 520-535.

McArthur, L. Z., & Solomon, L. K. (1978). Perceptions of an aggressive encounter as a function of the victim's salience and the perceiver's arousal. *Journal of Personality and Social Psychology, 36*, 1278-1290.

McCabe, K., Houser, D., Ryan, L., Smith, V., & Trouard, T. (2001). A functional imaging study of cooperation in two-person reciprocal exchange. *Proceedings of the National Academy of Sciences, 98*, 11832-11835.

McCaul, K. D., Holmes, D. S., & Solomon, S. (1982). Voluntary expressive changes and emotion. *Journal of Personality and Social Psychology, 42*, 145-152.

McCauley, C., Stitt, C. L., Woods, K., & Lipton, D. (1973). Group shift to caution at the race track. *Journal of Experimental Social Psychology, 9*, 80-86.

McClelland, J. L., McNaughton, B. L., & O'Reilly R. C. (1995). Why there are complementary learning systems in the hippocampus and neocortex: Insights from the successes and failures of connectionist models of learning and memory. *Psychological Review, 102*, 419-457.

McClelland, J. L., Rumelhart, D. E., & Hinton, G. E. (1986). The appeal of parallel distributed processing. In D. F. Rumelhart, J. L. McClelland, & the PDP Research Group, *Parallel distributed processing: Explorations in the microstructure of cognition* (Vol. 1, pp. 3-44). Cambridge, MA: MIT Press.

McClosky, M. E., & Glucksberg, S. (1978). Natural categories: Well-defined or fuzzy sets. *Memory and Cognition, 6*, 462-472.

McClure, S. M., Daw, N. D., & Montague, P. R. (2003). A computational substrate for incentive salience. *Trends in Neuroscience, 26*, 423-428.

McClure, S. M., Li, J., Tomlin, D., Cypert, K. S., Montague, L. M., & Montague, P. R. (2004). Neural correlates of behavioral preference for culturally familiar drinks. *Neuron, 44*, 379-387.

McConnell, A. R., & Leibold, J. M. (2001). Relations among the implicit association test, discriminatory behavior, and explicit measures of racial attitudes. *Journal of Experimental Social Psychology, 37*, 435-442.

McCrea, S. M., & Hirt, F. R. (2001). The role of ability judgments in self-handicapping. *Personality and Social Psychology Bulletin, 27*, 1378-1389.

McFarland, C., & Buehler, R. (1998). The impact of negative affect on autobiographical memory: The role of self-focused attention to moods. *Journal of Personality and Social Psychology, 75*, 1424-1440.

McFarland, C., & Ross, M. (1987). The relation between current impressions and memories of self and dating partners. *Personality and Social Psychology Bulletin, 13*, 228-238.

McFarland, C., Ross, M., & Conway, M. (1984). Self-persuasion and self-presentation as mediators of anticipatory attitude change. *Journal of Personality and Social Psychology, 46*, 529-540.

McGarty, C., Turner, J. C., Hogg, M. A., Davidson, B., & Wetherell, M. S. (1992). Group polarization as conformity to the prototypical group member. *British Journal of Social Psychology, 31*, 11-19.

McGregor, H., Lieberman, J. D., Solomon, S., Greenberg, T., Arndt, J., Simon, L., et al. (1998). Terror management and aggression: Evidence that mortality salience motivates aggression against worldview threatening others. *Journal of Personality and Social Psychology, 74*, 590-605.

McGregor, I., Zanna, M. P., Holmes, J. G., & Spencer, S. J. (2001). Compensatory conviction in the face of personal uncertainty: Going to extremes and being oneself. *Journal of Personality and Social Psychology, 80*, 472-488.

McGuire, W. J. (1969). Nature of attitudes and atti-tude change. In G. Lindzey & E. Aronson (Eds.), *The handbook of social psychology* (2nd ed., Vol. 3, pp. 136-314). Reading, MA: Addison-Wesley.

McGuire, W. J. (1976). Some internal psychological factors influencing consumer choice. *Journal of Consumer Research, 2*, 302-309.

McGuire, W. J. (1985). Attitudes and attitude change. In G. Lindzey & E. Aronson (Eds.), *The handbook of social psychology* (3rd ed., Vol. 2, pp. 233-346). New York: Random House.

McKenzie-Mohr, D., & Zanna, M. P. (1990). Treating women as sexual objects: Look to the (gender schematic) male who has viewed pornography. *Personality and Social Psychology Bulletin, 16*, 296-308.

McKone, E., Kanwisher, N., & Duchaine, B. C. (2007). Can generic expertise explain special processing for faces? *Trends in Cognitive Sciences, 11*, 8-15.

McLachlan, A. (1986). Polarization and discussion context. *British Journal of Social Psychology, 25*, 345-347.

McMullen, M. N., & Markman, K. D. (2000). Downward counterfactuals and motivation: The "wake-up call" and the "Pangloss" effect. *Personality and Social Psychology Bulletin, 26*, 575-584.

Mead, G. H. (1934). *Mind, self, and society.* Chicago: University of Chicago Press.

Medin, D. L., Altom, M. W., & Murphy, T. D. (1984). Given versus induced category representations: Use of prototype and exemplar information in classification. *Journal of Experimental Psychology: Learning, Memory, and Cognition, 10*, 333-352.

Meehl, P. E. (1954). *Clinical versus statistical prediction: A theoretical analysis and review of the literature.* Minneapolis: University of Minnesota Press.

Meloen, J. D., Van der Linden, C., & De Witte, H. (1996). A test of the approaches of Adorno et al., Lederer, and Altemeyer of authoritarianism in Belgian Flanders: A research note. *Political*

Psychology, 17, 643-656.
Mendes, W. B., Blascovich, J., Lickel, B. A., & Hunter, S. (2002). Challenge and threat during social interaction with White and Black men. *Personality and Social Psychology Bulletin, 28,* 939-952.
Mendoza-Denton, R., Ayduk, O., Mischel, W., Shoda, Y, & Testa, A. (2001). Person X situation interactionism in self-encoding (I am. when.): Implications for affect regulation and social information. *Journal of Personality and Social Psychology, 80,* 533-544.
Menon, T., Morris, M. W., Chiu, C.-y., & Hong, Y-y. (1999). Culture and the construal of agency: Attribution to individual versus group dispositions. *Journal of Personality and Social Psychology, 76,* 701-717.
Merton, R. K. (1957). *Social theory and social structure.* New York: Free Press.
Mervis, C. B., & Rosch, E. H. (1981). Categorization of natural objects. *Annual Review of Psychology, 32,* 89-115.
Mesquita, B. (2001). Emotions in collectivist and individualist contexts. *Journal of Personality and Social Psychology, 80,* 68-74.
Messick, D. M., & Mackie, D. M. (1989). Intergroup relations. *Annual Review of Psychology, 40,* 45-81.
Meyer, J. P., & Mulherin, A. (1980). From attribution to helping: An analysis of the mediating effects of affect and expectancy. *Journal of Personality and Social Psychology, 39,* 201-210.
Milburn, M. A. (1987). Ideological self-schemata and schematically induced attitude consistency. *Journal of Experimental Social Psychology, 23,* 383-398.
Mill, J. S. (1869). *The analysis of the phenomena of the human mind.* New York: Kelley.
Mill, J. S. (1974 (Originally published 1843)). *System of logic, ratiocinative and inductive.* Toronto, Canada: University of Toronto Press.
Millar, M. G., Millar, K. U., & Tesser, A. (1988). The effects of helping and focus of attention on mood states. *Personality and Social Psychology Bulletin, 14,* 536-543.
Millar, M. G., & Tesser, A. (1986a). Effects of attitude and cognitive focus on the attitude-behavior relation. *Journal of Personality and Social Psychology, 51,* 270-276.
Millar, M. G., & Tesser, A. (1986b). Thought-induced attitude change: The effects of schema structure and commitment. *Journal of Personality and Social Psychology, 51,* 259-269.
Millar, M. G., & Tesser, A. (1989). The effects of affective-cognitive consistency and thought on the attitude-behavior relationship. *Journal of Experimental Social Psychology, 25,* 189-202.
Millar, M. G., Tesser, A., & Millar, K. U. (1988). The effects of a threatening life event on behavior sequences and intrusive thought: A self-disruption explanation. *Cognitive Therapy and Research, 12,* 441-457.
Miller, C. T., & Downey, K. T. (1999). A meta-analysis of heavyweight and self-esteem. *Personality and Social Psychology Review, 3,* 68-84.
Miller, C. T., & Kaiser, C. R. (2001). A theoretical perspective on coping with stigma. *Journal of Social Issues, 57,* 73-92.
Miller, D. A., Smith, E. R., & Mackie, D. M. (2004). Effects of intergroup contact and political dispositions on prejudice: Role of intergroup emotions. *Group Processes and Intergroup Relations, 7,* 221-237.
Miller, D. T., & McFarland, C. (1986). Counterfactual thinking and victim compensation: A test of norm theory. *Personality and Social Psychology Bulletin, 12,* 513-519.
Miller, D. T., & Prentice, D. A. (1999). Some consequences of a belief in group essence: The category divide hypothesis. In D. A. Prentice & D. T. Miller (Eds.), *Cultural divides: Understanding and overcoming group conflict* (pp. 213-238). New York: Russell Sage Foundation.
Miller, D. T., & Ross, M. (1975). Self-serving biases in the attribution of causality: Fact or fiction? *Psychological Bulletin, 82,* 213-225.
Miller, D. T., Turnbull, W., & McFarland, C. (1990). Counterfactual thinking and social perception: Thinking about what might have been. In M. P. Zanna (Ed.), *Advances in experimental social psychology* (Vol. 23, pp. 305-331). New York: Academic Press.
Miller, D. T., Visser, P. S., & Staub, B. D. (2005). How surveillance begets perceptions of dishonesty: The case of the counterfactual sinner. *Journal of Personality and Social Psychology, 89,* 117-128.
Miller, E. K., & Cohen, J. D. (2001). An integrative theory of prefrontal cortex function. *Annual Review of Neuroscience, 24,* 167-202.
Miller, G. A. (1956). The magical number seven, plus or minus two: Some limits on our capacity for processing information. *Psychological Review, 63,* 81-97.
Mills, J. (1968). Interest in supporting and discrepant information. In R. P. Abelson, E. Aronson, W. J. McGuire, T. M. Newcomb, M. J. Rosenberg, & P. H. Tannenbaum (Eds.), *Theories of cognitive consistency: A sourcebook.* Chicago: Rand McNally.
Milne, F., & Grafman, J. (2001). Ventromedial prefrontal cortex lesions in humans eliminate implicit gender stereotyping. *Journal of Neuroscience, 21,* 1-6.

Mischel, W. (1968). *Personality and assessment.* New York: Wiley.

Mischel, W. (1984). Convergences and challenges in the search for consistency. *American Psychologist, 39*, 351-364.

Mischel, W. (1997). Was the cognitive revolution just a detour on the road to behaviorism? On the need to reconcile situational control and personal control. In R. S. Wyer Jr. (Ed.), *The automaticity of everyday life* (pp. 181-186). Mahwah, NJ: Erlbaum.

Mischel, W., & Peake, P. K. (1982). Beyond déjà vu in the search for cross-situational consistency. *Psychological Review, 89*, 730-755.

Mitchell, J. P., Banaji, M. R., & Macrae, C. N. (2005). General and specific contributions of the medial prefrontal cortex to knowledge about mental states. *NeuroImage, 28*, 757-762.

Mitchell, J. P., Heatherton, T. E, & Macrae, C. N. (2002). Distinct neural systems subserve person and object knowledge. *Proceedings of the National Academy of Sciences, 99*, 15238-15243.

Mitchell, J. P., Macrae, C. N., & Banaji, M. R. (2005). Forming impressions of people versus inanimate objects: Social-cognitive processing in the medial prefrontal cortex. *NeuroImage, 26*, 251-257.

Miyamoto, Y, & Kitayama, S. (2002). Cultural variation in correspondence bias: The critical role of attitude diagnosticity of socially constrained behavior. *Journal of Personality and Social Psychology, 83*, 1239-1248.

Monin, B. (2003). The warm glow heuristic: When liking leads to familiarity. *Journal of Personality and Social Psychology, 85*, 1035-1048.

Monin, B., & Miller, D. T. (2001). Moral credentials and the expression of prejudice. *Journal of Personality and Social Psychology, 81*, 33-43.

Monson, T. C., Hesley, J. W., & Chernick, L. (1982). Specifying when personality traits can and cannot predict behavior: An alternative to abandoning the attempt to predict single-act criteria. *Journal of Personality and Social Psychology, 43*, 385-399.

Monteith, M. J. (1993). Self-regulation of prejudiced responses: Implications for progress in prejudice-reduction efforts. *Journal of Personality and Social Psychology, 65*, 469-485.

Monteith, M. J. (1996). Contemporary forms of prejudice-related conflict: In search of a nutshell. *Personality and Social Psychology Bulletin, 22*, 461-473.

Monteith, M. J., Ashburn-Nardo, L., Voils, C. I., & Czopp, A. M. (2002). Putting the brakes on prejudice: On the development and operation of cues for control. *Journal of Personality and Social Psychology, 83*, 1029-1050.

Monteith, M. J., Deneen, N. E., & Tooman, G. D. (1996). The effect of social norm activation on the expression of opinions concerning gay men and Blacks. *Basic and Applied Social Psychology, 18*, 267-288.

Monteith, M. J., Sherman, J. W., & Devine, P. G. (1998). Suppression as a stereotype control strategy. *Personality and Social Psychology, 36*, 125-154.

Monteith, M. J., Spicer, C. V., & Tooman, G. D. (1998). Consequences of stereotype suppression: Stereotypes on and not on the rebound. *Journal of Experimental Social Psychology, 34*, 355-377.

Monteith, M. J., & Voils, C. I. (1998). Proneness to prejudiced responses: Toward understanding the authenticity of self-reported discrepancies. *Journal of Personality and Social Psychology, 75*, 901-916.

Monteith, M. J., & Walters, G. L. (1998). Egalitarianism, moral obligation, and prejudice-related personal standards. *Personality and Social Psychology Bulletin, 24*, 186-199. [Erratum: 24, 442.]

Montepare, J. M., & Zebrowitz-McArthur, L. (1986). The influence of facial characteristics on children's age perceptions. *Journal of Experimental Child Psychology, 42*, 303-314.

Montepare, J. M., & Zebrowitz-McArthur, L. (1987). Perceptions of adults with childlike voices in two cultures. *Journal of Experimental Social Psychology, 23*, 331-349.

Montepare, J. M., & Zebrowitz-McArthur, L. (1988). Impressions of people created by age-related qualities of their gaits. *Journal of Personality and Social Psychology, 55*, 547-556.

Mor, N., & Winquist, J. (2002). Self-focused attention and negative affect: A meta-analysis. *Psychological Bulletin, 128*, 638-662.

Moreland, R. L., & Zajonc, R. B. (1977). Is stimulus recognition a necessary condition for the occurrence of exposure effects? *Journal of Personality and Social Psychology, 35*, 191-199.

Moreland, R. L., & Zajonc, R. B. (1979). Exposure effects may not depend on stimulus recognition. *Journal of Personality and Social Psychology, 37*, 1085-1089.

Moreland, R. L., & Zajonc, R. B. (1982). Exposure effects in person perception: Familiarity, similarity and attraction. *Journal of Experimental Social Psychology, 18*, 395-415.

Moretti, M., & Higgins, E. T. (1990). Relating self-discrepancy beyond actual self-ratings. *Journal of Experimental Social Psychology, 26*, 108-123.

Morewedge, C. K., Gilbert, D. T., & Wilson, T. D. (2005). The least likely of times: How remembering the past biases forecasts of the future. *Psychological Science, 16*, 626-630.

Morier, D. M., & Borgida, E. (1984). The conjunction fallacy: A task specific phenomenon? *Personality and Social Psychology Bulletin, 10*, 243-252.

Morris, J. S., Ohman, A., & Dolan, R. J. (1998). Conscious and unconscious emotional learning in the human amygdala. *Nature, 393*, 467-470.

Morris, M. W., & Peng, K. (1994). Culture and cause: American and Chinese attributions for social and physical events. *Journal of Personality and Social Psychology, 67*, 949-971.

Moskalenko, S., & Heine, S. J. (2003). Watching your troubles away: Television viewing as a stimulus for subjective self-awareness. *Personality and Social Psychology Bulletin*, 29, 76-85.

Moskowitz, G. B. (2005). *Social cognition: Understanding self and others*. New York: Guilford Press.

Mullen, B., Brown, R. J., & Smith, C. (1992). Ingroup bias as a function of salience, relevance, and status: An integration. *European Journal of Social Psychology, 22*, 103-122.

Mullen, B., & Goethals, G. R. (1990). Social projection, actual consensus, and valence. British *Journal of Social Psychology, 29*, 279-282.

Mullen, B., & Hu, L. (1989). Perceptions of ingroup and outgroup variability: A meta-analytic integration. *Basic and Applied Social Psychology, 10*, 233-252.

Mullen, B., & Johnson, C. (1990). Distinctiveness-based illusory correlations and stereotyping: A meta-analytic integration. *British Journal of Social Psychology, 29*, 11-27.

Mullen, B., & Riordan, C. A. (1988). Self-serving attributions for performance in naturalistic settings: A meta-analytic review. *Journal of Applied Social Psychology, 18*, 3-22.

Murphy, F. C., Nimmo-Smith, I., & Lawrence, A. D. (2003). Functional neuroanatomy of emotions: A meta-analysis. *Cognitive Affective and Behavioral Neuroscience, 3*, 207-233.

Murphy, G. L., & Medin, D. L. (1985). The role of theories in conceptual coherence. *Psychological Review, 92*, 289-316.

Murphy, S. T., Monahan, J. L., & Zajonc, R. B. (1995). Additivity of nonconscious affect: Combined effects of priming and exposure. *Journal of Personality and Social Psychology, 69*, 589-602.

Murray, J. D., Spadafore, J. A., & McIntosh, W. D. (2005). Belief in a just world and social perception: Evidence for automatic activation. *Journal of Social Psychology, 145*, 35-47.

Musen, G., & Squire, L. R. (1993). Implicit learning of color-word associations using a Stroop paradigm. *Journal of Experimental Psychology: Learning, Memory, and Cognition, 19*, 789-798.

Mussweiler, T. (2003). Comparison processes in social judgment: Mechanisms and consequences. *Psychological Review, 110*, 472-489.

Mussweiler, T. (2006). Doing is for thinking! *Psychological Science, 17*, 17-21.

Mussweiler, T., & Bodenhausen, G. (2002). I know you are but what am I? Self-evaluative consequences of judging ingroup and out-group members. *Journal of Personality and Social Psychology, 82*, 19-32.

Mussweiler, T., & Förster, J. (2000). The sex → aggression link: A perception-behavior dissociation. *Journal of Personality and Social Psychology, 79*, 507-520.

Mussweiler, T., & Strack, F. (1999). Hypothesis-consistent testing and semantic priming in the anchoring paradigm: A selective accessibility model. *Journal of Experimental Social Psychology, 35*, 136-164.

Mussweiler, T., & Strack, F. (2000). Numeric judgments under uncertainty: The role of knowledge in anchoring. *Journal of Experimental Social Psychology, 36*, 495-518.

Mussweiler, T., Strack, F., & Pfeiffer, T. (2000). Overcoming the inevitable anchoring effect: Considering the opposite compensates for selective accessibility. *Personality and Social Psychology Bulletin, 26*, 1142-1150.

Naqvi, N., Shiv, B., & Bechara, A. (2006). The role of emotion in decision making: A cognitive neuroscience perspective. *Current Directions in Psychological Science, 15*, 260-264.

Nasby, W., & Yando, R. (1982). Selective encoding and retrieval of affectively-valent information: Two cognitive consequences of mood. *Journal of Personality and Social Psychology, 43*, 1244-1253.

Nasi, N., Shiv, B., & Bechara, A. (2006). The role of emotion in decision making: A cognitive neuroscience perpective. *Current Directions in Psychological Science, 15*, 260-264.

Nei, M., & Roychoudhury, A. (1993). Evolutionary relationships of human populations on a global scale. *Molecular Biology Evolution, 10*, 927-943.

Neisser, U. (1967). *Cognitive psychology*. Englewood Cliffs, NJ: Prentice-Hall.

Neisser, U. (1976). *Cognition and reality*. San Francisco: Freeman.

Neisser, U. (1980). On 'social knowing." *Personality and Social Psychology Bulletin, 6*, 601-605.

Nelson, T. D. (Ed.). (2002). *Ageism: Stereotyping and prejudice against older persons*. Cambridge, MA: MIT Press.

Nesdale, A. R., Dharmalingam, S., & Kerr, G. K. (1987). Effect of subgroup ratio on stereotyping. *European Journal of Social Psychology, 17*, 353-356.

Neuberg, S. L. (1988). Behavioral implications of information presented outside of conscious awareness: The effect of subliminal presentation of trait information on behavior in the prisoner's dilemma game. *Social Cognition, 6*, 207-230.

Neuberg, S. L. (1989). The goal of forming accurate impressions during social interactions: Attenuating the impact of negative expectancies. *Journal of Personality and Social Psychology, 56*, 374-386.

Neuberg, S. L., & Cottrell, C. A. (2002). Intergroup emotions: A biocultural approach. In D. M. Mackie & E. R. Smith (Eds.), *From prejudice to intergroup emotions: Differentiated reactions to social groups* (pp. 265-283). New York: Psychology Press.

Neuberg, S. L., & Fiske, S. T. (1987). Motivational influences on impression formation: Outcome dependency, accuracy-driven attention, and individuating processes. *Journal of Personality and Social Psychology, 53*, 431-444.

Neuberg, S. L., & Newsom, J. T. (1993). Personal need for structure: Individual differences in the desire for simpler structure. *Journal of Personality and Social Psychology, 65*, 113-131.

Neuberg, S. L., Smith, D. M., & Asher, T. (2000). Why people stigmatize: Toward a biocultural framework. In T. F. Heatherton, R. E. Kleck, & M. R. Hebl (Eds.), *The social psychology of stigma* (pp. 31-61). New York: Guilford Press.

Neugarten, B. (1974, September). Age groups in American society and the rise of the young-old. *Annals of the American Academy of Political and Social Science*, 187-198.

Neumann, R., & Strack, F. (2000). Approach and avoidance: The influence of proprioceptive and exteroceptive cues on encoding of affective information. *Journal of Personality and Social Psychology, 79*, 39-48.

Neumann, R., & Seibt, B. (2001). The structure of prejudice: Associative strength as a determinant of stereotype endorsement. *European Journal of Social Psychology, 31*, 609-620.

Newman, L. S., & Uleman, J. S. (1990). Assimilation and contrast effects in spontaneous trait inference. *Personality and Social Psychology Bulletin, 16*, 224-240.

Newell, A., & Simon, H. A. (1972). *Human problem solving.* Englewood Cliffs, NJ: Prentice-Hall.

Newtson, D. (1973). Attribution and the unit of perception of ongoing behavior. *Journal of Personality and Social Psychology, 28*, 28-38.

Newtson, D. (1976). Foundations of attribution: The perception of ongoing behavior. In J. H. Harvey, W. J. Ickes, & R. F. Kidd (Eds.), *New directions in attribution research* (Vol. 1, pp. 223-248). Hillsdale, NJ: Erlbaum.

Newtson, D. (1980). An interactionist perspective on social knowing. *Personality and Social Psychology Bulletin, 6*, 520-531.

Newtson, D., & Czerlinsky, T. (1974). Adjustment of attitude communications for contrasts by extreme audiences. *Journal of Personality and Social Psychology, 30*, 829-837.

Newtson, D., & Enquist, G. (1976). The perceptual organization of ongoing behavior. *Journal of Experimental Social Psychology, 12*, 436-450.

Newtson, D., Enquist, G., & Bois, J. (1977). The objective basis of behavior units. *Journal of Personality and Social Psychology, 35*, 847-862.

Newtson, D., Hairfield, J., Bloomingdale, J., & Cutino, S. (1987). The structure of action and interaction. *Social Cognition, 5*, 191-237.

Nezlek, J. B., & Leary, M. R. (2002). Individual differences in self-presentational motives in daily social interaction. *Personality and Social Psychology Bulletin, 28*, 211-223.

Niedenthal, P. M., Barsalou, L. W., Winkielman, P., Krauth-Gruber, S., & Ric, F. (2005). Embodiment in attitudes, social perception, and emotion. *Personality and Social Psychology Review, 9*, 184-211.

Niedenthal, P. M., & Cantor, N. (1986). Affective responses as guides to category-based inferences. *Motivation and Emotion, 10*, 217-232.

Niedenthal, P. M., & Setterlund, M. B. (1994). Emotion congruence in perception. *Personality and Social Psychology Bulletin, 20*, 401-411.

Nielson, S. L., & Sarason, S. G. (1981). Emotion, personality, and selective attention. *Journal of Personality and Social Psychology, 41*, 945-960.

Niiya, Y., Crocker, J., & Bartmess, E. N. (2004). From vulnerability to resilience: Learning orientations buffer contingent self-esteem from failure. *Psychological Science, 15*, 801-805.

Nilsson, I., & Ekehammar, B. (1987). Person-positivity bias in political perception? *European Journal of Social Psychology, 17*, 247-252.

Nisbett, R. E., Krantz, D. H., Jepson, C., & Fong, G. T. (1982). Improving inductive inference. In D. Kahneman, P. Slovic, & A. Tversky (Eds.), *Judgment under uncertainty: Heuristics and biases* (pp. 445-462). New York: Cambridge University Press.

Nisbett, R. E., Peng, K., Choi, I., & Norenzayan, A. (2001). Culture and systems of thought: Holistic versus analytic cognition. *Psychological Review, 108*, 291-310.

Nisbett, R. E., & Ross, L. D. (1980). *Human inference: Strategies and shortcomings of social judgment*. Englewood Cliffs, NJ: Prentice-Hall.

Nisbett, R. E., & Valins, S. (1972). Perceiving the causes of one's own behavior. In E. E. Jones, E. E. Kanouse, H. H. Kelley, R. E. Nisbett, S. Valins, & B. Weiner (Eds.), *Attribution: Perceiving the causes of behavior* (pp. 63-78). Morristown, NJ: General Learning Press.

Nisbett, R. E., & Wilson, T. D. (1977a). The halo effect: Evidence for unconscious alteration of judgments. *Journal of Personality and Social Psychology, 35*, 250-256.

Nisbett, R. E., & Wilson, T. D. (197Th). Telling more than we can know: Verbal reports on mental processes. *Psychological Review, 84*, 231-259.

Nisbett, R. E., Zukier, H., & Lemley, R. E. (1981). The dilution effect: Non-diagnostic information weakens the implications of diagnostic information. *Cognitive Psychology, 13*, 248-277.

Norem, J. K., & Cantor, N. (1990). Capturing the "flavor' of behavior: Cognition, affect, and interpretation In B. S. Moore & A. M. Isen (Eds.), *Affect and social behavior: Studies in emotion and social interaction* (pp. 39-63). New York: Cambridge University Press.

Norenzayan, A., Choi, I., & Nisbett, R. E. (2002). Cultural similarities and differences in social inference: Evidence from behavioral predictions and lay theories of behavior. *Personality and Social Psychology Bulletin, 28*, 109-120.

Norman, D. A. (1976). *Memory and attention: An introduction to human information processing*. New York: Plenum Press.

Norman, D. A., & Shallice,.T. (1986). Attention to action: Willed and automatic control of behavior. In R. J. Davidson, C. F. Schwartz, & D. Shapiro (Eds.), *Consciousness and self regulation: Advances in research and theory* (Vol. 4, pp. 1-18). New York: Plenum Press.

Norman, K. A., & O'Reilly, R. C. (2003). Modeling hippocampal and neocortical contributions to recognition memory: A complementary-learning systems approach. *Psychological Review, 110*, 611-646.

Norman, R. (1975). Affective-cognitive consistency, attitudes, conformity, and behavior. *Journal of Personality and Social Psychology, 32*, 83-91.

Norton, M. I., Vandello, J. A., & Darley, J. M. (2004). Casuistry and social category bias. *Journal of Personality and Social Psychology, 87*, 817-831.

Nosek, B. A., Banaji, M., & Greenwald, A. G. (2002a). Harvesting implicit group attitudes and beliefs from a demonstration web site. *Group Dynamics: Theory, Research, and Practice, 6*, 101-115.

Nosek, B. A., Banaji, M. R., & Greenwald, A. G. (2002b). Math male, me female, therefore math = me. *Journal of Personality and Social Psychology, 83*, 44-59.

Nowak, A., Vallacher, R. R., Tesser, A., & Borkowski, W. (2000). Society of self: The emergence of collective properties in self-structure. *Psychological Review, 107*, 39-61.

Nussbaum, S., Trope, Y., & Liberman, N. (2003). Creeping dispositionism: The temporal dynamics of behavior prediction. *Journal of Personality and Social Psychology, 84*, 485-497.

Oakes, P. J., & Turner, J. C. (1980). Social categorization and intergroup behaviour: Does minimal intergroup discrimination make social identity more positive? *European Journal of Social Psychology, 10*, 295-301.

Oakes, P. J., & Turner, J. C. (1986). Authors' rejoinder to Jahoda and Tetlock. *British Journal of Social Psychology, 25*, 257-258.

Oatley, K., & Johnson-Laird, P. N. (1987). Towards a cognitive theory of emotions. *Cognition and Emotion, 1*, 29-50.

O'Brien, L. T., & Crandall, C. S. (2003). Stereotype threat and arousal: Effects on women's math performance. *Personality and Social Psychology Bulletin, 29*, 782-789.

Ochsner, K. N., Beer, J. S., Robertson, E. R., Cooper, J. C., Cabrieli, J. D. F., Kihlstrom, J. F., et al. (2005). The neural correlates of direct and reflected self-knowledge. *NeuroImage, 28*, 797-814.

O'Doherty, J., Kringelbach, M. L., Rolls, E. T., Hornak, J., & Andrews, C. (2001). Abstract reward and punishment representations in the human orbitofrontal cortex. *Nature Neuroscience, 4*, 95-102.

Oettingen, G., & Mayer, D. (2002). The motivating function of thinking about the future: Expectations versus fantasies. *Journal of Personality and Social Psychology, 83*, 1198-1212.

Oettingen, G., Pak, H.-j., & Schnetter, K. (2001). Self-regulation of goal setting: Turning free fantasies about the future into binding goals. *Journal of Personality and Social Psychology, 80*, 736-753.

Oishi, S., & Diener, E. (2003). Culture and well-being: The cycle of action, evaluation, and decision. *Personality and Social Psychology Bulletin, 29*, 939-949.

Oishi, S., Diener, E., Napa Scollon, C., & Biswas-Diener, R. (2004). Cross-situational consistency of affective experiences across cultures. *Journal of Personality and Social Psychology, 86*, 460-472.

Oishi, S., Wyer, R. S., Jr. & Colcombe, S. (2000).

Cultural variation in the use of current life satisfaction to predict the future. *Journal of Personality and Social Psychology, 78*, 434-445.

Olson, J. M., Ellis, R. J., & Zanna, M. P. (1983). Validating objective versus subjective judgments: Interest in social comparison and consistency information. *Personality and Social Psychology Bulletin, 54*, 758-767.

Olson, J. M., & Ross, M. (1988). False feedback about placebo effectiveness: Consequences for the misattribution of speech anxiety. *Journal of Experimental Social Psychology, 24*, 275-291.

Olson, J. M., & Zanna, M. P. (1979). A new look at selective exposure. *Journal of Experimental Social Psychology, 15*, 1-15.

Olson, M. A., & Fazio, R. H. (2002). Implicit acquisition and manifestation of classically conditioned attitudes. *Social Cognition, 20*, 89-104.

Olson, M. A., & Fazio, R. H. (2004a). Reducing the influence of extrapersonal associations on the implicit association test: Personalizing the IAT. *Journal of Personality and Social Psychology, 86*, 653-667.

Olson, M. A., & Fazio, R. H. (2004b). Trait inferences as a function of automatically activated racial attitudes and motivation to control prejudiced reactions. *Basic and Applied Social Psychology, 26*, 1-11.

Operario, D., & Fiske, S. T. (2001). Ethnic identity moderates perceptions of prejudice: Judgments of personal versus group discrimination and subtle versus blatant bias. *Personality and Social Psychology Bulletin, 27*, 550-561.

Ortony, A., Clore, G. L., & Collins, A. (1988). *The cognitive structure of emotion*. Cambridge: Cambridge University Press.

Ortony, A., & Turner, T. J. (1990). What's basic about basic emotions? *Psychological Review, 97*, 315-331.

Osgood, C. E., & Tannenbaum, P. H. (1955). The principle of congruity in the prediction of attitude change. *Psychological Review, 62*, 42-55.

Ostrom, T. M. (1977). Between-theory and within-theory conflict in explaining context effects in impression formation. *Journal of Experimental Social Psychology, 13*, 492-503.

Ostrom, T. M. (1984). The sovereignty of social cognition. In R. S. Wyer Jr. & T. K. Srull (Eds.), *Handbook of social cognition* (Vol. 1, pp. 1-38). Hillsdale, NJ: Erlbaum.

Ostrom, T. M. (1988). Computer simulation: The third symbol system. *Journal of Experimental Social Psychology, 24*, 381-392.

Ostrom, T. M., Lingle, J. H., Pryor, J. B., & Geva, N. (1980). Cognitive organization of person impressions. In R. Hastie, T. M. Ostrom, E. B. Ebbesen, R. S. Wyer Jr., D. Hamilton, & D. E. Carlston (Eds.), *Person memory: The cognitive basis of social perception* (pp. 55-88). Hillsdale, NJ: Erlbaum.

Ostrom, T. M., & Sedikides, C. (1992). Out-group homogeneity effect in natural and minimal groups. *Psychological Bulletin, 112*, 536-552.

Ottati, V., Fishbein, M., & Middlestadt, S. E. (1988). Determinants of voters' beliefs about the candidates' stands on the issues: The role of evaluative bias heuristics and the candidates' expressed message. *Journal of Personality and Social Psychology, 55*, 517-529.

Otten, S., Mummendey, A., & Blanz, M. (1996). Intergroup discrimination in positive and negative outcome allocations: Impact of stimulus valence, relative group status, and relative group size. *Personality and Social Psychology Bulletin, 22*, 568-581.

Owens, J., Bower, G. H., & Black, J. B. (1979). The "soap-opera" effect in story recall. *Memory and Cognition, 7*, 185-191.

Oyserman, D., Bybee, D., & Terry, K. (2006). Possible selves and academic outcomes: How and when possible selves impel action. *Journal of Personality and Social Psychology, 91*, 188-204.

Padoa-Schioppa, C., & Assad, J. A. (2006). Neurons in the orbitofrontal cortex encode economic value. *Nature, 441*, 223-226.

Pagel, M. D., & Davidson, A. R. (1984). A comparison of three social-psychological models of attitude and behavioral plan: Prediction of contraceptive behavior. *Journal of Personality and Social Psychology, 47*, 517-533.

Pallak, S. R. (1983). Salience of a communicator's physical attractiveness and persuasion: A heuristic versus systematic processing interpretation. *Social Cognition, 2*, 158-170.

Pandya, D. N., & Barnes, C. L. (1987). Architecture and connections of the frontal lobe. In F. Perecman (Ed.), *The frontal lobes revisited* (pp. 41-72). New York: IRBN Press.

Parducci, A. (1968). The relativism of absolute judgments. *Scientific American, 219*, 84-90.

Park, B., & Hastie, R. (1987). Perception of variability in category development: Instance - versus abstraction-based stereotypes. *Journal of Personality and Social Psychology, 53*, 621-635.

Park, B., & Judd, C. M. (1990). Measures and models of perceived group variability. *Journal of Personality and Social Psychology, 59*, 173-191.

Park, B., & Judd, C. M. (2005). Rethinking the link between categorization and prejudice within the social cognition perspective. *Personality and Social Psychology Review, 9*, 108-130.

Park, B., Ryan, C. S., & Judd, C. M. (1992). Role of meaningful subgroups in explaining differences in perceived variability. *Journal of*

Personality and Social Psychology, 5, 73-91.

Parkinson, B. (1985). Emotional effects of false autonomic feedback. *Psychological Bulletin, 98*, 471-494.

Parra, F. C., Amado, R. C., Lambertucci, J. R., Rocha, J., Antunes, C. M., & Pena, S. D. (2003). Color and genomic ancestry in Brazilians. *Proceedings of the National Academy of Sciences, 100*, 177-182.

Parrott, W. G., & Sabini, J. (1990). Mood and memory under natural conditions: Evidence for mood incongruent recall. *Journal of Personality and Social Psychology, 59*, 321-336.

Pasupathi, M., Carstensen, L. L., & Tsai, J. L. (1995). Ageism in interpersonal settings. In B. Lott & D. Maluso (Eds.), *The social psychology of interpersonal discrimination.* New York: Guilford Press.

Pavelchak, M. A. (1989). Piecemeal and category-based evaluation: An idiographic analysis. *Journal of Personality and Social Psychology, 56*, 354-363.

Peeters, G. (1983). Relational and informational patterns in social cognition. In W. Doise & S. Moscovici (Eds.), *Current issues in European social psychology* (pp. 201-237). Cambridge, England: Cambridge University Press.

Pelham, B. W. (1990). On confidence and consequence: The certainty and importance of self-knowledge. *Journal of Personality and Social Psychology, 60*, 518-530.

Pelham, B. W., Carvallo, M., & Jones, J. T. (2005). Implicit egotism. *Current Directions in Psychological Science, 14*, 106-110.

Pelham, B. W., Mirenberg, M. C., & Jones, J. K. (2002). Why Susie sells seashells by the seashore: Implicit egotism and major life decisions. *Journal of Personality and Social Psychology, 82*, 469-487.

Pennebaker, J. W., Dyer, M. A., Caulkins, R. S., Litkowitz, D. L., Ackreman, P. L., Anderson, D. B., & McCraw, K. M. (1979). Don't the girls get prettier at closing time: A country and western application to psychology. *Personality and Social Psychology Bulletin, 5*, 122-125.

Penner, L. A., Dovidio, J. F., Piliavin, J. A., & Schroeder, D. A. (2005). Prosocial behavior: Multilevel perspectives. *Annual Review of Psychology, 56*, 365-392.

Pepitone, A. (1950). Motivational effects in social perception. *Human Relations, 3*, 57-76.

Percy, W. (1966). *The last gentleman.* New York: Picador USA.

Perdue, C. W., Dovidio, J. F., Gurtman, M. B., & Tyler, R. B. (1990). Us and them: Social categorization and the process of intergroup bias. *Journal of Personality and Social Psychology, 59*, 475-486.

Perlow, L., & Weeks, J. (2002). Who's helping whom? Layers of culture and workplace behavior. *Journal of Organizational Behavior, 23*, 345-361.

Perreault, S., & Bourhis, R. Y. (1999). Ethnocentrism, social identification, and discrimination. *Personality and Social Psychology Bulletin, 25*, 92-103.

Perry, L. C., Perry, D. G., & Weiss, R. J. (1986). Age differences in children's beliefs about whether altruism makes the actor feel good. *Social Cognition, 4*, 263-269.

Peterson, B. E., Doty, R. M., & Winter, D. G. (1993). Authoritarianism and attitudes toward contemporary social issues. *Personality and Social Psychology Bulletin, 19*, 174-184.

Peterson, B. E., Duncan, L. F., & Pang, J. S. (2002). Authoritarianism and political impoverishment: Deficits in knowledge and civic disinterest. *Political Psychology, 23*, 97-112.

Peterson, B. E., & Miller, J. A. (2004). Quality of college students' experiences during cooperative learning. *Social Psychology of Education, 7*, 161-183.

Pettigrew, T. F. (1979). The ultimate attribution error: Extending Allport's cognitive analysis of prejudice. *Personality and Social Psychology Bulletin, 5*, 461-476.

Pettigrew, T. F., & Meertens, R. W. (1995). Subtle and blatant prejudice in Western Europe. *European Journal of Social Psychology, 25*, 57-75.

Pettigrew, T. F., & Tropp, L. R. (2006). A meta-analytic test of intergroup contact theory. *Journal of Personality and Social Psychology, 90*, 751-783.

Petty, R. E., Briñol, P., & Tormala, Z. L. (2002). Thought confidence as a determinant of persuation: The self-validation hypothesis. *Journal of Personality and Social Psychology, 82*, 722-741.

Petty, R. E., & Cacioppo, J. T. (1979). Issue involvement can increase or decrease persuasion by enhancing message-relevant cognitive responses. *Journal of Personality and Social Psychology, 37*, 1915-1926.

Petty, R. E., & Cacioppo, J. T. (1981). *Attitudes and persuasion: Classic and contemporary approaches.* Dubuque, IA: W. C. Brown.

Petty, R. E., & Cacioppo, J. T. (1984). The effects of involvement on responses to argument quantity and quality: Central and peripheral routes to persuasion. *Journal of Personality and Social Psychology, 46*, 69-81.

Petty, R. E., & Cacioppo, J. T. (1986). The elaboration likelihood model of persuasion. In L. Berkowitz (Ed.), *Advances in experimental social psychology* (Vol. 19, pp. 123-205). New York: Academic Press.

Petty, R. E., & Cacioppo, J. T. (1990). Involvement and persuasion: Tradition versus integration. *Psychological Bulletin, 107*, 367-374.

Petty, R. E., Cacioppo, J. T., & Goldman, R. (1981). Personal involvement as a determinant of argument-based persuasion. *Journal of Personality and Social Psychology, 41*, 847-855.

Petty, R. E., Cacioppo, J. T., & Kasmer, J. A. (1988). The role of affect in the elaboration likelihood model of persuasion. In L. Donohew, H. F. Sypher, & E. T. Higgins (Eds.), *Communication, social cognition, and affect* (pp. 117-146). Hillsdale, NJ: Erlbaum.

Petty, R. E., Cacioppo, J. T., Kasmer, J. A., & Haugtvedt, C. P. (1987). A reply to Stiff and Boster. *Communication Monographs, 54*, 257-263.

Petty, R. E., Cacioppo, J. T., & Schumann, D. (1983). Central and peripheral routes to advertising effectiveness: The moderating role of involvement. *Journal of Consumer Research, 10*, 134-148.

Petty, R. E., Cacioppo, J. T., Sedikides, C., & Strathman, A. J. (1988). Affect and persuasion: A contemporary perspective. *American Behavioral Scientist, 31*, 355-371.

Petty, R. E., Fleming, M. A., Priester, J. R., & Feinstein, A. H. (2001). Individual versus group interest violation: Surprise as a determinant of argument scrutiny and persuasion. *Social Cognition, 19*, 418-442.

Petty, R. E., Gleicher, F., & Baker, S. M. (1991). Multiple roles for affect in persuasion. In J. Forgas (Ed.), *Emotion and social judgment*. London: Pergamon Press.

Petty, R. E., Harkins, S. G., & Williams; K. D. (1980). The effects of group diffusion of cognitive effort on attitudes: An information-processing view. *Journal of Personality and Social Psychology, 38*, 81-92.

Petty, R. E., Kasmer, J., Haugtvedt, C. P., & Cacioppo, J. T. (1987). Source and message factors in persuasion: A reply to Stiff's critique of the elaboration of the likelihood model. *Communication Monographs, 54*, 233-263.

Petty, R. E., Ostrom, T. M., & Brock, T. C. (Eds.). (1981). *Cognitive responses in persuasive communications: A text in attitude change*. Hillsdale, NJ: Erlbaum.

Petty, R. E., Rennier, G. A., & Cacioppo, J. T. (1987). Assertion versus interrogation format in opinion surveys: Questions enhance thoughtful responding. *Public Opinion Quarterly, 51*, 481-494.

Petty, R. E., Tormala, Z. L., Brinol, P., & Jarvis, W. B. G. (2006). Implicit ambivalence from attitude change: An exploration of the PAST model. *Journal of Personality and Social Psychology, 90*, 21-41.

Petty, R. E., & Wegener, D. T. (1998). Attitude change: Multiple roles for persuasion variables. In D. T. Gilbert, S. T. Fiske, & G. Lindzey (Eds.), *Handbook of social psychology* (4th ed., Vol. 1, pp. 323-390). New York: McGraw-Hill.

Petty, R. E., & Wegener, D. T. (1999). The elaboration likelihood model: Current status and controversies. In S. Chaiken & Y Trope (Eds.), *Dual-process theories in social psychology* (pp. 37-72). New York: Guilford Press.

Petty, R. E., Wegener, D. T., & Fabrigar, L. R. (1997). Attitudes and attitude change. *Annual Review of Psychology, 48*, 609-647.

Petty, R. E., Wells, G. L., & Brock, T. C. (1976). Distraction can enhance or reduce yielding to propaganda: Thought disruption versus effort justification. *Journal of Personality and Social Psychology, 34*, 874-884.

Phalet, K., & Poppe, E. (1997). Competence and morality dimensions of national and ethnic stereotypes: A study in six Eastern-European countries. *European Journal of Social Psychology, 27*, 703-723.

Pham, L. B., & Taylor, S. E. (1999). From thought to action: Effects of process versus outcome-based mental simulations on performance. *Personality and Social Psychology Bulletin, 25*, 250-260.

Pham, L. B., Taylor, S. E., & Seeman, T. E. (2001). Effects of environmental predictability and personal mastery on self-regulatory and physiological processes. *Personality and Social Psychology Bulletin, 27*, 611-620.

Pham, M. T., Meyvis, T., & Zhou, N. (2001). Beyond the obvious: Chronic vividness of imagery and the use of information in decision making. *Organizational Behavior and Human Decision Processes, 84*, 226-253.

Phan, K. L., Wager, T., Taylor, S. F., & Liberzon, I. (2002). Functional neuroanatomy of emotion: A meta-analysis of emotion activation studies in PET and fMRI. *NeuroImage, 16*, 331-348.

Phelps, E. A. (2005). The interaction of emotion and cognition: The relation between the human amygdala and cognitive awareness. In R. R. Hassan, J. Uleman, & J. A. Bargh (Eds.), *The power of the subliminal: On subliminal persuasion and other potential applications* (pp. 61-76). New York: Oxford University Press.

Phelps, E. A. (2006). Emotion and cognition: Insights from studies of the human amygdala. *Annual Review of Psychology, 57*, 27-53.

Phelps, E. A., Cannistraci, C. J., & Cunningham, W. A. (2003). Intact performance on an indirect measure of face bias following amygdala damage. *Neuropsychologia, 41*, 203-208.

Phelps, E. A., O'Connor, K. J., Cunningham, W. A., Funayama, E. S., Gatenby, J. C., Gore, J. C., & Banaji, M. R. (2000). Performance on indirect measures of race evaluation predicts amygdala activation. *Journal of Cognitive Neuroscience, 12*, 729-738.

Phillips, A. G., & Silvia, P. J. (2005). Self-awareness and the emotional consequences of self-discrepancies. *Personality and Social Psychology Bulletin, 31*, 703-713.

Picek, J. S., Sherman, S. J., & Shiffrin, R. M. (1975). Cognitive organization and coding of social structures. *Journal of Personality and Social Psychology, 31*, 758-768.

Pinel, E. C. (1999). Stigma consciousness: The psychological legacy of social stereotypes. *Journal of Personality and Social Psychology, 76*, 114-128.

Pinel, E. C. (2002). Stigma consciousness in intergroup contexts: The power of conviction. *Journal of Experimental Social Psychology, 38*, 178-185.

Pittman, T. S. (1998). Motivation. In D. T. Gilbert, S. T. Fiske, & G. Lindzey, (Eds.), *Handbook of social psychology* (4th ed., Vol. 1, pp. 549-590). New York: McGraw-Hill.

Plant, E. A., Kling, K. C., & Smith, G. L. (2004). The influence of gender and social role on the interpretation of facial expressions. *Sex Roles, 51*, 187-196.

Plutchik, R. (1962). *The emotions: Facts, theories and a new model.* New York: Random House.

Plutchik, R. (1980). *Emotion: A psychoevolutionary synthesis.* New York: Harper & Row.

Posavac, S. S., Sanbonmatsu, D. M., & Fazio, R. H. (1997). Considering the best choice: Effects of the salience and accessibility of alternatives on attitude-decision consistency. *Journal of Personality and Social Psychology, 72*, 253-261.

Poehlman, T. A., Uhlmann, E., Greenwald, A. G., & Banaji, M. R. (2006). *Understanding and using the Implicit Association Test: III. Meta-analysis of predictive validity.* Unpublished manu-Yale University.

Poehlman, T. A., Uhlmann, E., & Nosek, B. A. (2006). *Automatic associations: Personal attitudes or cultural knowledge?* Unpublished manuscript, Yale University.

Posner, M. I. (1982). Cumulative development of attentional theory. *American Psychologist, 37*, 168-179.

Posner, M. I., & Keele, S. W. (1968). On the genesis of abstract ideas. *Journal of Experimental Psychology, 77*, 353-363.

Posner, M. I., & Keele, S. W. (1970). Retention of abstract ideas. *Journal of Experimental Psychology, 83*, 304-308.

Posner, M. I., & Rothbart, M. K. (1989). Intentional chapters on unintended thoughts. In J. S. Uleman & J. A. Bargh (Eds.), *Unintended thought* (pp. 450-470). New York: Guilford Press.

Postmes, T., Haslam, S. A., & Swaab, R. I. (2005). Social influence in small groups: An interactive model of social identity formation. *European Review of Social Psychology, 16*, 1-42.

Postmes, T., Spears, R., Lee, A. T., & Novak, R. J. (2005). Individuality and social influence in groups: Inductive and deductive routes to group identity. *Journal of Personality and Social Psychology, 89*, 747-763.

Powell, M. C., & Fazio, R. H. (1984). Attitude accessibility as a function of repeated attitudinal expression. *Personality and Social Psychology Bulletin, 10*, 139-148.

Pratkanis, A. R. (1988). The attitude heuristic and selective fact identification. *British Journal of Social Psychology, 27*, 257-263.

Pratkanis, A. R. (1989). The cognitive representation of attitudes. In A. R. Pratkanis, S. J. Breckler & A. C. Creenwald (Eds.), *Attitude structure and function* (pp. 71-98). Hillsdale, NJ: Erlbaum.

Pratkanis, A. R., & Greenwald, A. G. (1989). A sociocognitive model of attitude structure and function. In L. Berkowitz (Ed.), *Advances in experimental social psychology* (Vol. 22, pp. 245-285). New York: Academic Press.

Pratto, F. (1999). The puzzle of continuing group inequality: Piecing together psychological, social, and cultural forces in social dominance theory. In M. P. Zanna (Ed.), *Advances in experimental social psychology* (Vol. 1, pp. 191-263). San Diego, CA: Academic Press.

Pratto, F., & John, O. P. (1991). Automatic vigilance: The attention-grabbing power of negative social information. *Journal of Personality and Social Psychology, 61*, 380-391.

Pratto, F., Sidanius, J., Stallworth, L. M., & Malle, B. F. (1994). Social dominance orientation: A personality variable predicting social and political attitudes. *Journal of Personality and Social Psychology, 67*, 741-763.

Pratto, F., Stallworth, L. M., Sidanius, J., & Siers, B. (1997). The gender gap in occupational role attainment: A social dominance approach. *Journal of Personality and Social Psychology, 72*, 37-53.

Prentice, D. A. (1987). Psychological correspondence of possessions, attitudes, and values. *Journal of Personality and Social Psychology, 53*, 993-1003.

Priester, J. R., Cacioppo, J. T., & Petty, R. E. (1996). The influence of motor processes on attitudes toward novel versus familiar semantic stimuli. *Personality and Social Psychology Bulletin, 22*, 442-447.

Priester, J. R., & Petty, R. E. (2001). Extending the bases of subjective attitudinal ambivalence: Interpersonal and intrapersonal antecedents of evaluative tension. *Journal of Personality and Social Psychology, 80*, 19-34.

Prislin, R. (1987). Attitude-behaviour relationship: Attitude relevance and behaviour relevance. *European Journal of Social Psychology, 17*, 483-485.

Prislin, R., & Ouellette, J. (1996). When it is embedded, it is potent: Effects of general attitude embeddedness on formation of specific attitudes and behavioral intentions. *Personality and Social Psychology Bulletin, 22*, 845-861.

Pronin, E., Gilovich, T., & Ross, L. D. (2004). Objectivity in the eye of the beholder: Divergent perceptions of self versus others. *Psychological Review, 111*, 781-799.

Pronin, E., Kruger, J., Savitsky, K., & Ross, L. D. (2001). You don't know me, but I know you: The illusion of asymmetric insight. *Journal of Personality and Social Psychology, 81*, 639-656.

Pronin, E., Lin, D. Y, & Ross, L. D. (2002). The bias blind spot: Perceptions of bias in self versus others. *Personality and Social Psychology Bulletin, 28*, 369-381.

Pronin, E., & Ross, L. D. (2006). Temporal differences in trait self-ascription: When the self is seen as an other. *Journal of Personality and Social Psychology, 90*, 197-209.

Pronin, E., Steele, C. M., & Ross, L. D. (2004). Identity bifurcation in response to stereotype threat: Women and mathematics. *Journal of Experimental Social Psychology, 40*, 152-168.

Pronin, E., Wegner, D. M., McCarthy, K., & Rodriguez, S. (2006). Everyday magical powers: The role of apparent mental causation in the overestimation of personal influence. *Journal of Personality and Social Psychology, 91*, 218-231.

Pruessner, J. C., Baldwin, M. W., Dedovic, K., Renwick, R., Mahani, N. K., Lord, C., Meaney, M., & Lupien, S. (2005). Self-esteem, locus of control, hippocampal volume, and cortisol reguin young and old adulthood. *Neurolmage, 28*, 815-826.

Pruitt, D. G., & Teger, A. I. (1969). The risky shift in group betting. *Journal of Experimental Social Psychology, 5*, 115-126.

Pryor, J. B., & Kriss, N. (1977). The cognitive dynamics of salience in the attribution process. *Journal of Personality and Social Psychology, 35*, 49-55.

Quadflieg, S., Mason, M. F., & Macrae, C. N. (2004). The owl and the pussycat: Caze cues and visuospatial orienting. *Psychonomic Bulletin and Review, 22*, 826-831.

Quattrone, G. A. (1982). Overattribution and unit formation: When behavior engulfs the person. *Journal of Personality and Social Psychology, 42*, 593-607.

Quattrone, G. A. (1985). On the congruity between internal states and action. *Psychological Bulletin, 98*, 3-40.

Quattrone, G. A., Finkel, S. E., & Andrus, D. C. (1982). *Anchors away! On overcoming the anchoring bias across a number of domains.* Unpublished manuscript, Stanford University.

Quinn, D. M., Kahng, S. K., & Crocker, J. (2004). Discreditable: Stigma effects of revealing a mental illness history on test performance. *Personality and Social Psychology Bulletin, 30*, 803-815.

Quinn, K. A., & Macrae, C. N. (2005). Categorizing others: The dynamics of person construal. *Journal of Personality and Social Psychology, 88*, 467-479.

Quinn, K. A., Macrae, C. N., & Bodenhausen, G. (2003). Stereotyping and impression formation: How categorical thinking shapes person perception. In M. A. Hogg & J. Cooper (Eds.), *The Sage handbook of social psychology* (pp. 87-1 09). Thousand Oaks, CA: Sage.

Rabbie, J., & Horowitz, M. (1969). Arousal of ingroup-outgroup bias by a chance win or loss. *Journal of Personality and Social Psychology, 13*, 269-277.

Raghubir, P., & Valenzuela, A. (2006). Center of inattention: Position biases in decision-making. *Organizational Behavior and Human Decision Processes, 99*, 66-80.

Rajecki, D. W. (1982). *Attitudes: Themes and advances.* Sunderland, MA: Sinauer.

Read, S. (1983). Once is enough: Causal reasoning from a single instance. *Journal of Personality and Social Psychology, 45*, 323-334.

Read, S. (1984). Analogical reasoning in social judgment: The importance of causal theories. *Journal of Personality and Social Psychology, 46*, 14-25.

Read, S. (1987). Similarity and causality in the use of social analogies. *Journal of Experimental Social Psychology, 23*, 189-207.

Read, S. J. (1988). Conjunctive explanations: The effect of a comparison between a chosen and a nonchosen alternative. *Journal of Experimental Social Psychology, 24*, 146-162.

Read, S. J., & Miller, L. C. (1989). Inter-personalism: Toward a goal-based theory of persons in relationships. In L. Pervin (Ed.), *Goal concepts in personality and social psychology* (pp. 413-472). Hillsdale, NJ: Erlbaum.

Read, S. J., & Urada, D. I. (2003). A neural network simulation of the outgroup homogeneity effect. *Personality and Social Psychology Review, 7,* 146-159.

Read, S. J., Vanman, E. J., & Miller, L. C. (1997). Connectionism, parallel constraint satisfaction processes, and Gestalt principles: (Re) introducing cognitive dynamics to social psychology. *Personality and Social Psychology Review, 1,* 26-53.

Reber, R., Schwarz, N., & Winkielman, P. (2004). Processing fluency and aesthetic pleasure: Is beauty in the perceiver's processing experience? *Personality and Social Psychology Review, 8,* 364-382.

Reed, G. M., Kemeny, M. E., Taylor, S. E., & Visscher, B. R. (1999). Negative HIV-specific expectancies and AIDS-related bereavement as predictors of symptom onset in asymptomatic HIV-positive gay men. *Health Psychology, 18,* 354-363.

Reed, S. K. (1972). Pattern recognition and categorization. *Cognitive Psychology, 3,* 382-407.

Reeder, G. D. (1993). Trait-behavior relations and dispositional inference. *Personality and Social Psychology Bulletin, 19,* 586-593.

Reeder, G. D., & Brewer, M. B. (1979). A schematic model of dispositional attribution in interpersonal perception. *Psychological Review, 86,* 61-79.

Reeder, G. D., Vonk, R., Ronk, M. J., Ham, J., & Lawrence, M. (2004). Dispositional attribution: Multiple inferences about motive-related traits. *Journal of Personality and Social Psychology, 86,* 530-544.

Regan, P. C., Snyder, M., & Kassin, S. M. (1995). Unrealistic optimism: Self-enhancement or person positivity? *Personality and Social Psychology Bulletin, 21,* 1073-1082.

Reisenzein, R. (1983). The Schachter theory of emotion: Two decades later. *Psychological Bulletin, 94,* 239-264.

Reisenzein, R. (1986). A structural equation analysis of Weiner's attribution-affect model of helping behavior. *Journal of Personality and Social Psychology, 50,* 1123-1133.

Reiss, M., Rosenfeld, P., Melburg, V., & Tedeschi, J. T. (1981). Self-serving attributions: Biased private perceptions and distorted public descriptions. *Journal of Personality and Social Psychology, 41,* 224-251.

Reyes, R. M., Thompson, W. C., & Bower, G. H. (1980). Judgmental biases resulting from differing availabilities of arguments. *Journal of Personality and Social Psychology, 39,* 2-12.

Reyna, C., Henry, P. J., Korfmacher, W., & Tucker, A. (2006). Examining the principles in principled conservatism: The role of responsibility stereotypes as cues for deservingness in racial policy decisions. *Journal of Personality and Social Psychology, 90,* 109-128.

Rhee, F., Uleman, J. S., Lee, H. K., & Roman, R. J. (1995). Spontaneous self-descriptions and ethnic identities in individualistic and collectivist cultures. *Journal of Personality and Social Psychology, 69,* 142-152.

Rhodewalt, F., & Coiner, R. (1979). Induced-compliance attitude change: Once more with feeling. *Journal of Experimental Social Psychology, 15,* 35-47.

Rhodewalt, F., Sanbonmatsu, D. M., Tschanz, B., Feick, D. L., & Waller, A. (1995). Self-handicapped and interpersonal trade-offs: The effects of claimed self-handicaps on observ' performance evaluations and feedback. *Personality and Social Psychology Bulletin, 21,* 1042-1050.

Rholes, W. S., Jones, M., & Wade, C. (1988). Children's understanding of personal dispositions and its relationship to behavior. *Journal of Experimental Child Psychology, 45,* 1-17.

Rholes, W. S., & Pryor, J. B. (1982). Cognitive accessibility and causal attributions. *Personality and Social Psychology Bulletin, 8,* 719-727.

Richeson, J. A., Baird, A. A., Gordon, H. L., Heatherton, T. F., Wyland, C. L., Trawalter, S., & Shelton, J. N. (2003). An fMRI investigation of the impact of interracial contact on executive function. *Nature Neuroscience, 6,* 1323-1328.

Richeson, J. A., & Shelton, J. N. (2003). When prejudice does not pay: Effects of interracial contact on executive function. *Psychological Science, 14,* 287-290.

Richeson, J. A., & Shelton, J. N. (2005). Brief report: Thin slices of racial bias. *Journal of Nonverbal Behavior, 29,* 75-86.

Richeson, J. A., & Shelton, J. N. (2006). A social psychological perspective on the stigmatization of older adults. In L. L. Carstensen & C. R. Hartel (Eds.), *When I'm 64* (pp. 174-208). Washington, DC: National Research Council Committee on Aging Frontiers in Social Psychology, Personality, and Adult Developmental Psychology. The National Academies Press.

Richeson, J. A., & Trawalter, S. (2005). Why do interracial interactions impair executive function? A resource depletion account. *Journal of Personality and Social Psychology, 88,* 934-947.

Richeson, J. A., Trawalter, S., & Shelton, J. N. (2005). African Americans' implicit racial attiand the depletion of executive function after interracial internactions. *Social Cognition, 23,* 336-352.

Ridgeway, C. L. (2001). The emergence of status beliefs: From structural inequality to legitimizing ideology. In J. T. Jost & B. Major (Eds.),

The psychology of legitimacy (pp. 257-277). New York: Cambridge University Press.

Rilling, J. K., Sanfey, A. G., Aronson, J. A., Nystrom, L. E., & Cohen, J. D. (2004). The neural correlates of theory of mind within interpersonal interactions. *NeuroImage, 22*, 1694-1703.

Rimé, B., Philippot, P., & Cisamolo, D. (1990). Social schemata of peripheral changes in emotion. *Journal of Personality and Social Psychology, 59*, 38-49.

Riskey, D. R. (1979). Verbal memory processes in impression formation. *Journal of Experimental Psychology: Human Learning and Memory, 5*, 271-281.

Rizzolatti, G., Fogassi, L., & Callese, V. (2001). Neurophysiological mechanisms underlying the understanding and imitation of action. *Nature Reviews Neuroscience, 2*, 661-670.

Robins, R. W., & Beer, J. S. (2001). Positive illusions about the self: Short-term benefits and long-term costs. *Journal of Personality and Social Psychology, 80*, 340-352.

Robinson, R. J., Keltner, D., Ward, A., & Ross, L. D. (1995). Actual versus assumed differences in construal: "Naïve realism" in intergroup perception and conflict. *Journal of Personality and Social Psychology, 68*, 404-417.

Robinson, R. J., & McArthur, L. Z. (1982). The impact of salient vocal qualities on causal attributions for a speaker's behavior. *Journal of Personality and Social Psychology, 43*, 236-247.

Robinson, M. D., & Clore, G. L. (2002a). Belief and feeling: Evidence for an accessibility model of emotional self-report. *Psychological Bulletin, 128*, 934-960.

Robinson, M. D., & Clore, G. L. (2002b). Episodic and semantic knowledge in emotional self-report: Evidence for two judgment processes. *Journal of Personality and Social Psychology, 83*, 198-215.

Robles, R., Smith, R., Carver, C. S., & Wellens, A. R. (1987). Influence of subliminal visual images on the experience of anxiety. *Personality and Social Psychology Bulletin, 13*, 399-410.

Rodin, M. J. (1987). Who is memorable to whom: A study of cognitive disregard. *Social Cognition, 5*, 44-165.

Roese, N. J., & Olson, J. M. (1994). Attitude importance as a function of repeated attitude expression. *Journal of Experimental Social Psychology, 30*, 39-51.

Rogers, M., Miller, N., Mayer, F. S., & Duval, S. (1982). Personal responsibility and salience of the request for help: Determinants of the relation between negative affect and helping behavior. *Journal of Personality and Social Psychology, 43*, 956-970.

Rogers, R. W., & Prentice-Dunn, S. (1981). Deindividuation and anger-mediated interracial aggression: Unmasking regressive racism. *Journal of Personality and Social Psychology, 41*, 63-73.

Rogers, T. B., Kuiper, N. A., & Kirker, W. S. (1977). Self-reference and the encoding of personal information. *Journal of Personality and Social Psychology, 35*, 677-688.

Rokeach, M. (1960). *The open and closed mind.* New York: Basic Books.

Romer, D. (1979). Distraction, counterarguing, and the internalization of attitude change. *European Journal of Social Psychology, 9*, 1-17.

Roney, C. J. R., Higgins, E. T., & Shah, J. Y. (1995). Coals and framing: How outcome focus influences motivation and emotion. *Personality and Social Psychology Bulletin, 21*, 1151-1160.

Rosch, E. H. (1978). Principles of categorization. In F. Rosch & B. B. Lloyd (Eds.), *Cognition and categorization.* Hillsdale, NJ: Erlbaum.

Rosch, E. H. (1987). Wittgenstein and categorization research in cognitive psychology. In M. Chapman & M. Dixon (Eds.), *Meaning and the growth of understanding: Wittgenstein's significance for developmental psychology.* Berlin: Springer-Verlag.

Rosch, E. H., Mervis, C. B., Gray, W., Johnson, D., & Boyes-Braem, P. (1976). Basic objects in natural categories. *Cognitive Psychology, 8*, 382-439.

Roseman, I. J. (1984). Cognitive determinants of emotion: A structural theory. In P. Shaver (Ed.), *Review of personality and social psychology* (Vol. 5, pp. 11-36). Beverly Hills, CA: Sage.

Rosenberg, M. J. (1956). Cognitive structure and attitudinal affect. *Journal of Abnormal and Social Psychology, 53*, 367-372.

Rosenberg, M. J. (1960). An analysis of affective-cognitive consistency. In C. I. Hovland & M. J. Rosenberg (Eds.), *Attitude organization and change.* New Haven, CT: Yale University Press.

Rosenberg, S., & Sedlak, A. (1972). Structural representations of implicit personality theory. In L. Berkowitz (Ed.), *Advances in experimental social psychology* (Vol. 6, pp. 235-297). New York: Academic Press.

Rosenhan, D. L., Salovey, F., & Hargis, K. (1981). The joys of helping: Focus of attention mediates the impact of positive affect on altruism. *Journal of Personality and Social Psychology, 40*, 899-905.

Rosenthal, H. E., & Crisp, R. J. (2006). Reducing stereotype threat by blurring intergroup boundaries. *Personality and Social Psychology Bulletin, 32*, 501-511.

Rosenthal, R. (1974). *On the social psychology of the self-fulfilling prophecy: Further evidence for Pygmalion effects and their mediating mechanisms.* New York: MSS Modular Publications (Module 53).

Rosenthal, R., & Jacobson, L. F. (1968). *Pygmalion in the classroom.* New York: Holt, Rinehart, & Winston.

Roser, M., & Gazzaniga, M. S. (2004). Automatic brains-Interpretive minds. *Current Directions in Psychological Science, 13,* 56-59.

Ross, L. D. (1977). The intuitive psychologist and his shortcomings: Distortions in the attribution process. In L. Berkowitz (Ed.), *Advances in experimental social psychology* (Vol. 10, pp. 174-221). New York: Academic Press.

Ross, L. D., Lepper, M. R., & Hubbard, M. (1975). Perseverance in self-perception and social perception: Biased attribution processes in the debriefing paradigm. *Journal of Personality and Social Psychology, 32,* 880-892.

Ross, L. D., Lepper, M. R., Strack, F., & Steinmetz, J. (1977). Social explanation and social expectation: Effects of real and hypothetical explanations on subjective likelihood. *Journal of Personality and Social Psychology, 35,* 817-829.

Ross, L. D., Rodin, J., & Zimbardo, P. G. (1969). Toward an attribution therapy: The reduction of fear through induced cognitive-emotional misattribution. *Journal of Personality and Social Psychology, 12,* 279-288.

Ross, M. (1989). The relation of implicit theories to the construction of personal histories. *Psychological Review, 96,* 341-357.

Ross, M., & Conway, M. (1986). Remembering one's own past: The construction of personal histories. In R. M. Sorrentino & E. T. Higgins (Eds.), *Handbook of motivation and cognition: Foundations of social behavior* (pp. 122-144). New York: Guilford Press.

Ross, M., McFarland, C., & Fletcher, G. J. O. (1981). The effect of attitude on the recall of personal histories. *Journal of Personality and Social Psychology, 10,* 627-634.

Ross, M., McFarland, C., Conway, M., & Zanna, M. P. (1983). Reciprocal relation between attitudes and behavior recall: Committing people to newly formed attitudes. *Journal of Personality and Social Psychology, 45,* 257-267.

Ross, M., & Shulman, R. F. (1973). Increasing the salience of initial attitudes: Dissonance vs. self-perception theory. *Journal of Personality and Social Psychology, 28,* 138-144.

Ross, M., & Sicoly, F. (1979). Egocentric biases in availability and attribution. *Journal of Personality and Social Psychology, 37,* 322-337.

Ross, M., & Wilson, A. E. (2002). It feels like yesterday: Self-esteem, valence of personal past experiences, and judgments of subjective distance. *Journal of Personality and Social Psychology, 82,* 792-803.

Rothbart, M., Evans, M., & Fulero, S. (1979). Recall for confirming events: Memory processes and the maintenance of social stereotypes. *Journal of Experimental Social Psychology, 15,* 343-355.

Rothbart, M., Fulero, S., Jensen, C., Howard, J., & Birrell, B. (1978). From individual to group impressions: Availability heuristics in stereotype formation. *Journal of Experimental Social Psychology, 14,* 237-255.

Rothbart, M., & Park, B. (1986). On the confirmability and disconfirmability of trait concepts. *Journal of Personality and Social Psychology, 50,* 131-142.

Rothbart, M., & Taylor, M. (1992). Category labels and social reality: Do we view social categories as natural kinds? In C. Semin & K. Fiedler (Eds.), *Language, interaction and social cognition* (pp. 11-36). London: Sage.

Rothman, A. J., & Hardin, C. D. (1997). Differential use of the availability heuristic in social judgment. *Personality and Social Psychology Bulletin, 23,* 123-128.

Rothman, A. J., & Salovey, P. (1997). Shaping perceptions to motivate healthy behavior: The role of message framing. *Psychological Bulletin, 121,* 3-19.

Rowley, S. J., Sellers, R. M., Chavous, T. M., & Smith, M. A. (1998). The relationship between racial identity and self-esteem in African American college and high school students. *Journal of Personality and Social Psychology, 74,* 715-724.

Rozin, F., & Fallon, A. E. (1987). A perspective on disgust. *Psychological Review, 94,* 23-41.

Rubin, M., & Hewstone, M. (1998). Social identity theory's self-esteem hypothesis: A review and some suggestions for clarification. *Personality and Social Psychology Review, 2,* 40-62.

Ruble, D. N., & Ruble, T. L. (1982). Sex stereotypes. In A. C. Miller (Ed.), *In the eye of the beholder: Contemporary issues in stereotyping* (pp. 188-252). New York: Praeger.

Ruble, D. N., & Stangor, C. (1986). Stalking the elusive schema: Insights from developmental and social-psychological analyses of gender schemas. *Social Cognition, 4,* 227-261.

Ruder, M., & Bless, H. (2003). Mood and the reliance on the ease of retrieval heuristic. *Journal of Personality and Social Psychology, 85,* 20-32.

Rudman, L. A. (1998). Self-promotion as a risk factor for women: The costs and benefits of counterstereotypical impression management. *Journal of Personality and Social Psychology, 74,* 629-645.

Rudman, L. A. (2004). Sources of implicit attitudes. *Current Directions in Psychological Science, 13*, 79-82.

Rudman, L. A., & Ashmore, R. D. (2007). Discrimination and the IAT. *Group Processes and Intergroup Relations, 10*, 359-372.

Rudman, L. A., Ashmore, R. D., & Gary, M. L. (2001). "Unlearning" automatic biases: The malleability of implicit prejudice and stereotypes. *Journal of Personality and Social Psychology, 81*, 856-868.

Rudman, L. A., & Fairchild, K. (2004). Reactions to counterstereotypic behavior: The role of backlash in cultural stereotype maintenance. *Journal of Personality and Social Psychology, 87*, 157-176.

Rudman, L. A., Feinberg, J., & Fairchild, K. (2002). Minority members' implicit attitudes: Automatic ingroup bias as a function of group status. *Social Cognition, 20*, 294-320.

Rudman, L. A., & Glick, P. (1999). Feminized management and backlash toward agentic women: The hidden costs to women of a kinder, gentler image of middle managers. *Journal of Personality and Social Psychology, 77*, 1004-1010.

Rudman, L. A., & Glick, P. (2001). Prescriptive gender stereotypes and backlash toward agentic women. *Journal of Social Issues, 57*, 743-762.

Rudman, L. A., & Glick, P. (in press). *Sexism: How power and love shape gender relations.* New York: Guilford Press.

Rudman, L. A., & Goodwin, S. A. (2004). Gender differences in automatic ingroup bias: Why do women like women more than men like men? *Journal of Personality and Social Psychology, 87*, 494-509.

Rudman, L. A., Greenwald, A. G., Mellott, D. S., & Schwartz, J. L. K. (1999). Measuring the automatic components of prejudice: Flexibility and generality of the implicit association test. *Social Cognition, 17*, 437-465.

Rudman, L. A., Greenwald, A. G., & McChee, D. F. (2001). Implicit self-concept and evaluative implicit gender stereotypes: Self and ingroup share desirable traits. *Personality and Social Psychology Bulletin, 27*, 1164-1178.

Rudman, L. A., & Heppen, J. B. (2003). Implicit romantic fantasies and women's interest in personal power: A glass slipper effect? *Personality and Social Psychology Bulletin, 29*, 1357-1370.

Rudman, L. A., & Kilianski, S. E. (2000). Implicit and explicit attitudes toward female authority. *Personality and Social Psychology Bulletin, 26*, 1315-1328.

Rudolph, U., Roesch, S. C., Greitemeyer, T., & Weiner, B. (2004). A meta-analytic review of help giving and aggression from an attributional perspective: Contributions to a general theory of motivation. *Cognition and Emotion, 18*, 815-848.

Rule, B. G., Taylor, B. R., & Dobbs, A. R. (1987). Priming effects of heat on aggressive thoughts. *Social Cognition, 5*, 131-143.

Rumelhart, D. E., Lindsay, P. H., & Norman, D. A. (1972). A process model for long-term memory. In F. Tulving & W. Donaldson (Eds.), *Organization of memory.* New York: Academic Press.

Rumelhart, D. E., & Ortony, A. (1977). The representation of knowledge in memory. In R. C. Anderson, R. J. Spiro, & W. E. Montague (Eds.), *Schooling and the acquisition of knowl* (pp. 99-136). Hillsdale, NJ: Erlbaum.

Ruscher, J. B., & Fiske, S. T. (1990). Interpersonal competition can cause individuating impression formation. *Journal of Personality and Social Psychology, 58*, 832-842.

Russell, J. A. (2003). Core affect and the psychological construction of emotion. *Psychological Review, 110*, 145-172.

Russell, J. A., & Bullock, M. (1985). Multidimensional scaling of emotional facial expressions: Similarity from preschoolers to adults. *Journal of Personality and Social Psychology, 48*, 1290-1298.

Russell, J. A., & Bullock, M. (1986). Fuzzy concepts and the perception of emotion in facial expressions. *Social Cognition, 4*, 309-341.

Russell, J. A., & Fehr, B. (1987). Relativity in the perception of emotion in facial expressions. *Journal of Experimental Psychology: General, 116*, 223-237.

Russell, J. A., & Fehr, B. (1988). Reply to Ekman & O'Sullivan. *Journal of Experimental Psychology: General, 117*, 89-90.

Russell, J. A., & Woudzia, L. (1986). Affective judgments, common sense, and Zajonc's thesis of independence. *Motivation and Emotion, 10*, 169-183.

Rusting, C. L. (1998). Personality, mood, and cognitive processing of emotional information: Three conceptual frameworks. *Psychological Bulletin, 124*, 165-196.

Rusting, C. L. (1999). Interactive effects of personality and mood on emotion-congruent memory and judgment. *Journal of Personality and Social Psychology, 77*, 1073-1086.

Rusting, C. L., & DeHart, T. (2000). Retrieving positive memories to regulate negative mood: Consequences for mood congruent memory. *Journal of Personality and Social Psychology, 78*, 737-752.

Rusting, C. L., & Larsen, R. J. (1998). Diurnal patterns of unpleasant mood: Associations with neuroticisin, depression, and anxiety. *Journal of Personality, 66*, 85-103.

Saenz, D. S., & Lord, C. G. (1989). Reversing roles: A cognitive strategy for undoing memory deficits associated with token status. *Journal of Personality and Social Psychology, 56*, 698-708.

Salovey, P. (1991). Social comparison processes in envy and jealousy. In J. Suls & T. A. Wills (Eds.), *Social comparison theory: Contemporary theory and research* (pp. 261-285). Hillsdale, NJ: Erlbaum.

Salovey, F., & Rodin, J. (1985). Cognitions about the self: Connecting feeling states and social behavior. In P. Shaver (Ed.), *Review of personality and social psychology* (Vol. 6, pp. 143-166). Beverly Hills, CA: Sage.

Salovey, F., & Singer, J. A. (1988). Mood congruency effects in recall of childhood versus recent memories. *Journal of Social Behavior and Personality, 3*, 1-22.

Samuelson, P. A. (1937). A note on measurement of utility. *Review of Economic Studies, 4*, 155-161.

Sanbonmatsu, D. M., & Fazio, R. H. (1990). The role of attitudes in memory-based decision making. *Journal of Personality and Social Psychology, 59*, 614-622.

Sanbonmatsu, D. M., Shavitt, S., & Gibson, B. D. (1994). Salience, set size, and illusory correlation: Making moderate assumptions about extreme targets. *Journal of Personality and Social Psychology, 66*, 1020-1033.

Sanbonmatsu, D. M., Sherman, S. J., & Hamilton, D. L. (1987). Illusory correlation in the perception of individuals and groups. *Social Cognition, 5*, 1-25.

Sanchez, D. T., & Crocker, J. (2005). How investment in gender ideals affects well-being: The role of external contingencies of self-worth. *Psychology of Women Quarterly, 29*, 63-77.

Sanchez, D. T., Crocker, J., & Boike, K. R. (2005). Doing gender in the bedroom: Investing in gender norms and the sexual experience. *Personality and Social Psychology Bulletin, 31*, 1445-1455.

Sanders, J. D., McClure, K. A., & Zárate, M. A. (2004). Cerebral hemisphere asymmetries in social perception: Perceiving and responding to the individual and the group. *Social Cognition, 22*, 279-291.

Sanfey, A. G., Loewenstein, G., McClure, S. M., & Cohen, J. D. (2006). Neuroeconomics: Crosscurrents in research on decision-making. *Trends in Cognitive Sciences, 10*, 108-116.

Sanfey, A. G., Rilling, J. K., Aronson, J. A., Nystrom, L. E., & Cohen, J. D. (2003). The neural basis of economic decision-making in the ultimatum game. *Science, 300*, 1755-1758.

Sanna, L. J., Chang, E. C., & Meier, S. (2001). Counterfactual thinking and self-motives. *Personality and Social Psychology Bulletin, 27*, 1023-1034.

Sanna, L. J. & Schwarz, N. (2006). Metacognitive experiences and human judgment. *Current Directions in Psychological Science, 15*, 172-176.

Sanna, L. J., Turley-Ames, K. J., & Meier, S. (1999). Mood, self-esteem, and simulated alternatives: Thought-provoking affective influences on counterfactual direction. *Journal of Personality and Social Psychology, 76*, 543-558.

Sansone, C., & Harackiewicz, J. M. (2000). *Intrinsic and extrinsic motivation: The search for optimal motivation and performance*. San Diego, CA: Academic Press.

Santuzzi, A. M., & Ruscher, J. B. (2002). Stigma salience and paranoid social cognition: Understanding variability in metaperceptions among individuals with recently-acquired stigma. *Social Cognition, 20*, 171-197.

Saucier, D. A., Miller, C. T., & Doucet, N. (2005). Differences in helping Whites and Blacks: A meta-analysis. *Personality and Social Psychology Review, 9*, 2-16.

Savitsky, K., Gilovich, T., Berger, G., & Medvec, V. H. (2003). Is our absence as conspicuous as we think? Overestimating the salience and impact of one's absence from a group. *Journal of Experimental Social Psychology, 39*, 386-392.

Sawyer, A. (1981). Repetition, cognitive responses, and persuasion. In R. F. Petty, T. M. Ostrom & T. C. Brock (Eds.), *Cognitive responses in persuasion* (pp. 237-262). Hillsdale, NJ: Erlbaum.

Sawyer, J. (1966). Measurement and prediction, clinical and statistical. *Psychological Bulletin, 66*, 178-200.

Saxe, R., Carey, S., & Kanwisher, N. (2004). Understanding other minds: Linking developmental psychology and functional neuroimaging. *Annual Review of Psychology, 55*, 87-124.

Schachter, S. (1959). *The psychology of affiliation*. Stanford, CA: Stanford University Press.

Schachter, S. (1964). The interaction of cognitive and physiological determinants of emotional state. In L. Berkowitz (Ed.), *Advances in experimental social psychology* (Vol. 1, pp. 49-82). New York: Academic Press.

Schachter, S., & Singer, I. A. (1962). Cognitive, social, and physiological determinants of emotional state. *Psychological Review, 69*, 379-399.

Schaffner, P. E. (1985). Specious learning about reward and punishment. *Journal of Personality and Social Psychology, 48*, 1377-1386.

Schaller, M., & Cialdini, R. B. (1988). The economics of empathic helping: Support for a mood management motive. *Journal of Experimental Social Psychology, 24*, 163-181.

Schank, R. C., & Abelson, R. P. (1977). *Scripts, plans, goals, and understanding: An inquiry into human knowledge structures*. Hillsdale, NJ: Erlbaum.

Schaufeli, W. B. (1988). Perceiving the causes of unemployment: An evaluation of the causal dimensions scale in a real-life situation. *Journal of Personality and Social Psychology, 54*, 347-356.

Scheier, M. F., & Carver, C. S. (1982). Cognition, affect, and self-regulation. In M. S. Clark & S. T. Fiske (Eds.), *Affect and cognition: The 17th Annual Carnegie Symposium on Cognition* (pp. 157-184). Hillsdale, NJ: Erlbaum.

Scheier, M. F., Carver, C. S., & Gibbons, F. X. (1981). Self-focused attention and reactions to fear. *Journal of Research in Personality, 15*, 1-15.

Scherer, K. R. (1984). Emotion as a multicomponent process: A model and some cross-cultural data. In P. Shaver (Ed.), *Review of personality and social psychology* (Vol. 5, pp. 37-63).

Scherer, K. R. (1988). Criteria for emotion-antecedent appraisal: A review. In V. Hamilton, C. H. Bower, & N. H. Frijda (Eds.), *Cognitive perspectives on emotion and motivation* (pp. 89-112). New York: Kluwer Academic.

Scherer, K. R., Wallbott, H. G., & Summerfield, A. B. (Eds.). (1986). *Experiencing emotion: A cross-cultural study*. Cambridge, MA: Cambridge University Press.

Schimel, J., Arndt, J., Pyszczynski, T., & Greenberg, J. (2001). Being accepted for who we are: Evidence that social validation of the intrinsic self reduces general defensiveness. *Journal of Personality and Social Psychology, 80*, 35-52.

Schimel, J., Pyszczynski, T., Greenberg, J., O'Mahen, H., & Arndt, J. (2000). Running from the shadow: Psychological distancing from others to deny characteristics people fear in themselves. *Journal of Personality and Social Psychology, 78*, 446-462.

Schimel, J., Simon, L., Greenberg, J., Pyszczynski, T., Solomon, S., Waxmonsky, J., & Arndt, J. (1999). Stereotypes and terror management: Evidence that mortality salience enhances stereotypic thinking and preferences. *Journal of Personality and Social Psychology, 77*, 905-926.

Schlenker, B. R. (1987). Threats to identity: Self-identification and social stress. In C. R. Snyder & C. E. Ford (Eds.), *Coping with negative life events: Clinical and social psychological perspectives* (pp. 273-321). New York: Plenum Press.

Schlosberg, H. (1954). Three dimensions of emotion. *Psychological Review, 61*, 81-88.

Schmader, T., & Johns, M. (2003). Converging evidence that stereotype threat reduces working memory capacity. *Journal of Personality and Social Psychology, 85*, 440-452.

Schmeichel, B. J., & Martens, A. (2005). Self-affirmation and mortality salience: Affirming values reduces worldview defense and death-thought accessibility. *Personality and Social Psychology Bulletin, 31*, 658-667.

Schmeichel, B. J., Vohs, K. D., & Baumeister, R. F. (2003). Intellectual performance and ego depletion: Role of the self in logical reasoning and other information processing. *Journal of Personality and Social Psychology, 85*, 33-46.

Schmidt, D. F., & Sherman, R. C. (1984). Memory for persuasive messages: A test of a schema-copy-plus-tag model. *Journal of Personality and Social Psychology, 47*, 17-25.

Schmidt, G., & Weiner, B. (1988). An attribution-affect-action theory of behavior: Replications of judgments of help-giving. *Personality and Social Psychology Bulletin, 14*, 610-621.

Schmidt-Atzert, L. (1988). Affect and cognition: On the chronological order of stimulus evaluation and emotion. In K. Fiedler, & J. P. Forgas (Eds.), *Affect, cognition, and social behavior* (pp. 153-164). Toronto, Canada: Hogrefe.

Schmitt, M. T., Branscombe, N. R., & Kappen, D. M. (2003). Attitudes toward group-based inequality: Social dominance or social identity? *British Journal of Social Psychology, 42*, 161-186.

Schmitt, M. T., Branscombe, N. R., & Postmes, T. (2003). Women's emotional responses to the pervasiveness of gender discrimination. *European Journal of Social Psychology, 33*, 297-312.

Schnall, S., Haidt, J., Clore, G., & Jordan, A. (2007). *Irrelevant disgust makes moral judgment more severe, for those who listen to their bodies*. Unpublished manuscript.

Schneider, D. J. (1973). Implicit personality theory: A review. *Psychological Bulletin, 79*, 294-309.

Schneider, D. J., Hastorf, A. H., & Ellsworth, P. C. (1979). *Person perception*. Reading, MA: Addison-Wesley.

Schnittker, J., & McLeod, J. D. (2005). The social psychology of health disparities. *Annual Review of Sociology, 31*, 75-103.

Schooler, J. W., & Engstler-Schooler, T. Y. (1990). Verbal overshadowing of visual memories: Some things are better left unsaid. *Cognitive Psychology, 22*, 36-71.

Schopler, J., Insko, C. A., Wieselquist, J.,

Pemberton, M., Witcher, B., Kozar, R., Roddenberry, C., & Wildschut, T. (2001). When groups are more competitive than individuals: The domain of the discontinuity effect. *Journal of Personality and Social Psychology, 80*, 632-644.

Schroeder, D. A., Dovidio, J. F., Sibicky, M. E., Matthews, L. L., & Allen, J. L. (1988). Empathy and helping behavior: Egoism or altruism? *Journal of Experimental Social Psychology, 24*, 333-353.

Schubert, T. W. (2004). The power in your hand: Gender differences in bodily feedback from making a fist. *Personality and Social Psychology Bulletin, 30*, 757-769.

Schul, Y, Mayo, R., & Burnstein, E. (2004). Encoding under trust and distrust: The spontaneous activation of incongruent cognitions. *Journal of Personality and Social Psychology, 86*, 668-679.

Schuman, H., & Johnson, M. P. (1976). Attitudes and behavior. *Annual Review of Sociology, 2*, 161-207.

Schuman, H., & Ludwig, J. (1983). The norm of even-handedness in surveys as in life. *American Sociological Review, 48*, 112-120.

Schutte, N. S., Kenrick, D. T., & Sadalla, E. K. (1985). The search for predictable settings: Situational prototypes, constraint, and behavioral variation. *Journal of Personality and Social Psychology, 49*, 121-128.

Schwartz, G. E., Davidson, R. J., & Pugash, E. (1976). Voluntary control of patterns of EEC parietal asymmetry: Cognitive concomitants. *Psychophysiology, 13*, 498-504.

Schwartz, G. E., Weinberger, D. A., & Singer, J. A. (1981). Cardiovascular differentiation of happiness, sadness, anger, and fear following imagery and exercise. *Psychosomatic Medicine, 43*, 343-364.

Schwartz, S. H. (1978). Temporal instability as a moderator of the attitude-behavior relationship. *Journal of Personality and Social Psychology, 36*, 715-724.

Schwartz, S. H., & Inbar-Saban, N. (1988). Value self-confrontation as a method to aid in weight loss. *Journal of Personality and Social Psychology, 54*, 396-404.

Schwartz, S. H., & Tessler, R. C. (1972). A test of a model for reducing measured attitude-behavior discrepancies. *Journal of Personality and Social Psychology, 24*, 225-236.

Schwarz, N., & Bless, H. (1991). Happy and mindless, but sad and smart? The impact of affective states on analytic reasoning. In J. P. Forgas (Ed.), *Emotion and social judgments* (pp. 55-71). Elmsford, NY: Pergamon Press.

Schwarz, N., Bless, H., & Bohner, G. (1991). Mood and persuasion: Affective states influence the processing of persuasive communications. In M. P. Zanna (Ed.), *Advances in experimental social psychology* (Vol. 24, pp. 161-199). New York: Academic Press.

Schwarz, N., Bless, H., Strack, F., Klumpp, G., Rittenauer-Schatka, H., & Simons, A. (1991). Ease of retrieval as information: Another look at the availability heuristic. *Journal of Personality and Social Psychology, 61*, 195-202.

Schwarz, N., & Clore, G. L. (1996). Feelings and phenomenal experiences. In E. T. Higgins & A. W. Kruglanski (Eds.), *Social psychology: Handbook of basic principles* (pp. 433-465). New York: Guilford Press.

Schwarz, N., Strack, F., Hilton, D. J., & Naderer, G. (1991). Base-rates, representativeness, and the logic of conversation. *Social Cognition, 9*, 67-84.

Sears, D. O. (1965). Biased indoctrination and selectivity of exposure to new information. *Sociometry, 28*, 363-376.

Sears, D. O. (1968). The paradox of de facto selective exposure. In R. P. Abelson et al. (Eds.), *Theories of cognitive consistency: A sourcebook*. Chicago: Rand McNally.

Sears, D. O. (1983). The person-positivity bias. *Journal of Personality and Social Psychology, 44*, 233-240.

Sears, D. O. (1998). Racism and politics in the United States. In J. L. Fberhardt, & S. T. Fiske (Eds.), *Confronting racism: The problem and the response* (pp. 76-100). Thousand Oaks, CA: Sage.

Sears, D. O., & Henry, P. J. (2003). The origins of symbolic racism. *Journal of Personality and Social Psychology, 85*, 259-275.

Sears, D. O., Huddie, L., & Schaffer, L. C. (1986). A schematic variant of symbolic politics theory, as applied to racial and gender equality. In R. R. Lau & D. O. Sears (Eds.), *Political cognition* (pp. 159-202). Hillsdale, NJ: Erlbaum.

Sears, D. O., & Kinder, D. R. (1985). Whites' opposition to busing: On conceptualizing and operationalizing group conflict. *Journal of Personality and Social Psychology, 48*, 1148-1161.

Sears, D. O., & Whitney, R. E. (1973). Political persuasion. In I. deS. Pool, W. Schramm, F. W. Frey, N. Maccoby, & F. B. Parker (Eds.), *Handbook of communication*. Chicago: Rand McNally.

Seccombe, K., & Ishii-Kuntz, M. (1991). Perceptions of problems associated with aging: Comparisons among four older age cohorts. *Gerontologist, 31*, 527-533.

Sechrist, G. B., Swim, J. K., & Stangor, C. (2004). When do the stigmatized make attributions to discrimination occurring to the self and others? The roles of self-presentation and need for control. *Journal of Personality and Social Psychology, 87*, 111-122.

Sedikides, C. (1993). Assessment, enhancement, and verification determinants of the self-evaluation process. *Journal of Personality and Social Psychology, 65*, 317-338.

Sedikides, C., Gaertner, L., & Toguchi, Y. (2003). Pancultural self-enhancement. *Journal of Personality and Social Psychology, 84*, 60-79.

Sedikides, C., & Green, J. D. (2000). On the self-protective nature of inconsistency-negativity management: Using the person memory paradigm to examine self-referent memory. *Journal of Personality and Social Psychology, 79*, 906-922.

Seger, C. A. (1994). Implicit learning. *Psychological Bulletin, 115*, 163-196.

Segerstrom, S. C., Taylor, S. E., Kemeny, M. E., & Fahey, J. L. (1998). Optimism is associated with mood, coping and immune change in response to stress. *Journal of Personality and Social Psychology, 74*, 1646-1655.

Seibt, B., & Förster, J. (2004). Stereotype threat and performance: How self-stereotypes influence processing by inducing regulatory foci. *Journal of Personality and Social Psychology, 87*, 38-56.

Sekaquaptewa, D., & Thompson, M. (2003). Solo status, stereotype threat, and performance expectancies: Their effects on women's performance. *Journal of Experimental Social Psychology, 39*, 68-74.

Sellers, R. M., Caldwell, C. H., Schmeelk-Cone, K. H., & Zimmerman, M. A. (2003). Racial identity, racial discrimination, perceived stress, and psychological distress among African American young adults. *Journal of Health and Social Behavior, 44*, 302-317.

Sellers, R. M., Rowley, S. A. J., Chavous, T. M., Shelton, J. N., & Smith, M. A. (1997). Multidimensional inventory of Black identity: A preliminary investigation of reliability and construct validity. *Journal of Personality and Social Psychology, 73*, 805-815.

Sellers, R. M., & Shelton, J. N. (2003). The role of racial identity in perceived racial discrimination. *Journal of Personality and Social Psychology, 84*, 1079-1092.

Sentis, K. P. & Burnstein, E. (1979). Remembering schema consistent information: Effects of a balance schema on recognition memory. *Journal of Personality and Social Psychology, 37*, 2200-2211.

Seta, J. J., McElroy, T., & Seta, C. E. (2001). To do or not to do: Desirability and consistency mediate judgments of regret. *Journal of Personality and Social Psychology, 80*, 861-870.

Setterlund, M. B., & Niedenthal, P. M. (1993). "Who am I? Why am I here?" Self-esteem, self-clarity, and prototype matching. *Journal of Personality and Social Psychology, 65*, 769-780.

Shah, J. Y. (2003a). Automatic for the people: How representations of significant others implicitly affect goal pursuit. *Journal of Personality and Social Psychology, 84*, 661-681.

Shah, J. Y. (2003b). The motivational looking glass: How significant others implicitly affect goal appraisals. *Journal of Personality and Social Psychology, 85*, 424-439.

Shah, J. Y., Friedman, R., & Kruglanski, A. W. (2002). Forgetting all else: On the antecedents and consequences of goal shielding. *Journal of Personality and Social Psychology, 83*, 1261-1280.

Shah, J. Y., Higgins, E. T., & Friedman, R. S. (1998). Performance incentives and means: How regulatory focus influences goal attainment. *Journal of Personality and Social Psychology, 74*, 285-293.

Shallice, T. (1972). Dual functions of consciousness. *Psychological Review, 79*, 383-393.

Shallice, T. (1978). The dominant action system: An information-processing approach to consciousness In K. S. Pope & J. L. Singer (Eds.), *The stream of consciousness: Scientific investigations into the flow of human experience*. New York: Plenum Press.

Shapiro, D., & Crider, A. (1969). Psychophysiological approaches in social psychology. In. G. Lindzey & E. Aronson (Eds.), *The handbook of social psychology* (Vol. 3, pp. 1-49). Reading, MA: Addison-Wesley.

Shaver, K. G. (1975). *An introduction to attribution processes*. Cambridge: Winthrop.

Shaver, K. G. (1985). *The attribution of blame: Causality, responsibility, and blameworthiness*. New York: Springer-Verlag.

Shaver, P. (Ed.). (1984). *Review of personality and social psychology: Emotions, relationships, and health* (Vol. 5). Beverly Hills, CA: Sage.

Shaver, P., Schwartz, J., Kirson, D., & O'Connor, C. (1987). Emotion knowledge: Further exploration of a prototype approach. *Journal of Personality and Social Psychology, 52*, 1061-1086.

Shavitt, S. (1989). Operationalizing functional theories of attitude. In A. R. Pratkanis, S. J. Breckler, & A. C. Creenwald (Eds.), *Attitude structure and function* (pp. 311-338). Hillsdale, NJ: Erlbaum.

Shaw, M. E. (1971). *Group dynamics*. New York: McGraw-Hill.

Shedler, J., & Manis, M. (1986). Can the availability heuristic explain vividness effects? *Journal of Personality and Social Psychology, 51*, 26-36.

Sheeran, P., Orbell, S., & Trafimow, D. (1999). Does the temporal stability of behavioral intentions moderate intention-behavior and past behavior-future behavior relations? *Personality and Social Psychology Bulletin, 25*, 721-730.

Sheeran, P., Webb, T. L., & Gollwitzer, P. M. (2005). The interplay between goal intentions and implementation intentions. *Personality and Social Psychology Bulletin, 31*, 87-98.

Sherman, J. W., Klein, S. B., Laskey, A., & Wyer, N. A. (1998). Intergroup bias in group judgment processes: The role of behavioral memories. *Journal of Experimental Social Psychology, 34*, 51-65.

Shelton, J. N. (2000). A reconceptualization of how we study issues of racial prejudice. *Personality and Social Psychology Review, 4*, 374-390.

Shelton, J. N. (2003). Interpersonal concerns in social encounters between majority and minority group members. *Group Processes & Intergroup Relations, 6*, 171-185.

Shelton, J. N., & Richeson, J. A. (2005). Intergroup contact and pluralistic ignorance. *Journal of Personality and Social Psychology, 88*, 91-107.

Shelton, J. N., & Richeson, J. A. (2006). Interracial interactions: A relational approach. In M. P. Zanna (Ed.), *Advances in experimental social psychology* (pp. 121-181). New York: Academic Press.

Shelton, J. N., Richeson, J. A., & Salvatore, J. (2005). Expecting to be the target of prejudice: Implications for interethnic interactions. *Personality and Social Psychology Bulletin, 31*, 1189-1202.

Shelton, J. N., Richeson, J. A., Salvatore, J., & Trawalter, S. (2005). Ironic effects of racial bias during interracial interactions. *Psychological Science, 16*, 397-402.

Shelton, J. N., & Sellers, R. M. (2000). Situational stability and variability in African American racial identity. *Journal of Black Psychology, 26*, 27-50.

Shepperd, J. A., Ouellette, J. A., & Fernandez, J. K. (1996). Abandoning unrealistic optimism: Performance estimates and the temporal proximity of self-relevant feedback. *Journal of Personality and Social Psychology, 70*, 844-855.

Sherer, M., & Rogers, R. W. (1984). The role of vivid information in fear appeals and attitude change. *Journal of Research in Personality, 18*, 321-334.

Sherif, C. W., Kelly, M., Rodgers, H. L., Sarup, G., & Tittler, B. (1973). Personal involvement, social judgment, and action. *Journal of Personality and Social Psychology, 27*, 311-327.

Sherif, M., & Hovland, C. I. (1961). *Social judgment: Assimilation and contrast effects in communication and attitude change.* New Haven, CT: Yale University Press.

Sherif, M., & Sherif, M. (1953). *Groups in harmony and tension: An integration of studies on intergroup relations.* Oxford, England: Harper & Brothers.

Sherman, D. K., & Cohen, G. L. (2002). Accepting threatening information: Self-affirmation and the reduction of defensive biases. *Current Directions in Psychological Science, 11*, 119-123.

Sherman, D. K., & Cohen, G. L. (2006). The psychology of self-defense: Self-affirmation theory. In M. P. Zanna (Ed.), *Advances in experimental social psychology* (Vol. 38, pp. 183-242). San Diego, CA: Academic Press.

Sherman, D. K., Mann, T., & Updegraff, J. A. (2006). Approach/avoidance orientation, message framing, and health behavior: Understanding the congruency effect. *Motivation and Emotion, 30*, 165-169.

Sherman, D. K., Nelson, L. D., & Ross, L. D. (2003). Naive realism and affirmative action: Adversaries are more similar than they think. *Basic and Applied Social Psychology, 25*, 275-289.

Sherman, D. K., Nelson, L. D., & Steele, C. M. (2000). Do messages about health risks threaten the self? Increasing the acceptance of threatening health messages via self-affirmation. *Personality and Social Psychology Bulletin, 26*, 1046-1058.

Sherman, J. W., Conrey, F. R., & Groom, C. J. (2004). Encoding flexibility revisited: Evidence for enhanced encoding of stereotype-inconsistent information under cognitive load. *Social Cognition, 22*, 214-232.

Sherman, J. W., Klein, S. B., Laskey, A., & Wyer, N. A. (1998). Intergroup bias in group judgment processes: The role of behavioral memories. *Journal of Experimental Social Psychology, 34*, 51-65.

Sherman, J. W., Lee, A. Y, Bessenhoff, C. R., & Frost, L. A. (1998). Stereotype efficiency reconsidered Encoding flexibility under cognitive load. *Journal of Personality and Social Psychology, 75*, 589-606.

Sherman, J. W., Stroessner, S. J., Conrey, F. R., & Azam, O. A. (2005). Prejudice and stereotype maintenance processes: Attention, attribution and individuation. *Journal of Personality and Social Psychology, 89*, 607-622.

Sherman, R. C., & Titus, W. (1982). Convariation information and cognitive processing: Effects of causal implications on memory. *Journal of Personality and Social Psychology, 42*, 989-1000.

Sherman, S. J. (1987). Cognitive processes in the formation, change, and expression of attitudes. In M. P. Zanna, J. M. Olson, & C. P. Herman (Eds.), *Social influence: The Ontario Symposium* (Vol. 5, pp. 75-106). Hillsdale, NJ: Erlbaum.

Sherman, S. J., & Corty, E. (1984). Cognitive heuristics. In R. S. Wyer Jr. & T. K. Srull (Eds.), *Handbook of social cognition* (Vol. 1, pp. 189-286). Hillsdale, NJ: Erlbaum.

Sherman, S. J., Mackie, D. M., & Driscoll, D. M. (1988). Priming and the differential use of dimensions in evaluation. *Personality and Social Psychology Bulletin, 16*, 405-418.

Sherman, S. J., Presson, C. C., & Chassin, L. (1984). Mechanisms underlying the false consensus effect: The special role of threats to the self. *Personality and Social Psychology Bulletin, 10*, 127-138.

Sherwood, G. G. (1979). Classical and attributive projection: Some new evidence. *Journal of Abnormal Psychology, 88*, 635-640.

Shih, M., Pittinsky, T. L., & Ambady, N. (1999). Stereotype susceptibility: Identity salience and shifts in quantitative performance. *Psychological Science, 10*, 80-83.

Showers, C., & Cantor, N. (1985). Social cognition: A look at motivated strategies. *Annual Review of Psychology, 36*, 275-305.

Shrauger, S. J., & Patterson, M. B. (1974). Self-evaluation and the selection of dimensions for evaluating others. *Journal of Personality, 42*, 569-585.

Sidanius, J. (1988). Political sophistication and political deviance: A structural equation examination of context theory. *Journal of Personality and Social Psychology, 55*, 37-51.

Sidanius, J., & Pratto, F. (1999). *Social dominance: An intergroup theory of social hierarchy and oppression.* New York: Cambridge University Press.

Sidanius, J., & Pratto, F. (2003). Social dominance theory and the dynamics of inequality: A reply to Schmitt, Branscombe, & Keppen and Wilson & Liu. *British Journal of Social Psychology, 42*, 207-213.

Sidanius, J., Pratto, F., & Bobo, L. (1994). Social dominance orientation and the political psychology of gender: A case of invariance? *Journal of Personality and Social Psychology, 70*, 476-490.

Sidanius, J., Pratto, F., & Bobo, L. (1996). Racism, conservatism, affirmative action, and intellectual sophistication: A matter of principled conservatism or group dominance? *Journal of Personality and Social Psychology, 70*, 476-490.

Silvia, P. J., & Duval, T. S. (2001). Objective self-awareness theory: Recent progress and enduring problems. *Personality and Social Psychology Review, 5*, 230-241.

Simon, B. (1992). The perception of ingroup and outgroup homogeneity: Reintroducing the intergroup context. In W. Stroebe & M. Hewstone (Eds.), *European review of social psychology* (Vol. 3, pp. 1-30). Oxford, England: Wiley.

Simon, H. A. (1967). Motivational and emotional controls of cognition. *Psychological Review, 74*, 29-39.

Simon, H. A. (1980). Problem solving and education. In D. T. Tuina & F. Reif (Eds.), *Problem solving and education: Issues in teaching and research.* Hillsdale, NJ: Erlbaum.

Simon, H. A. (1982). Comments. In M. S. Clark & S. T. Fiske (Eds.), *Affect and cognition: The 17th Annual Carnegie Symposium on Cognition* (pp. 333-342). Hillsdale, NJ: Erlbaum.

Simpson, J. A., Oriña, M. M., & Ickes, W. J. (2003). When accuracy hurts, and when it helps: A test of the empathic accuracy model in marital interactions. *Journal of Personality and Social Psychology, 85*, 881-893.

Sinclair, S., Dunn, E., & Lowery, B. S. (2005). The relationship between parental racial attitudes and children's implicit prejudice. *Journal of Experimental Social Psychology, 41*, 283-289.

Sinclair, S., Lowery, B. S., Hardin, C. D., & Colangelo, A. (2005). Social tuning of automatic racial attitudes: The role of affiliative motivation. *Journal of Personality and Social Psychology, 89*, 583-592.

Sinclair, L., & Kunda, Z. (1999). Reactions to a Black professional: Motivated inhibition and activation of conflicting stereotypes. *Journal of Personality and Social Psychology, 77*, 885-904.

Sinclair, L., & Kunda, Z. (2000). Motivated stereotyping of women: She's fine if she praised me but incompetent if she criticized me. *Personality and Social Psychology Bulletin, 24*, 1139-1152.

Sinclair, R. C., Mark, M. M., & Shotland, R. L. (1987). Construct accessibility and generalizability across response categories. *Personality and Social Psychology Bulletin, 13*, 239-252.

Singer, J. L. (1966). *Daydreaming.* New York: Random House.

Singer, J. L. (1978). Experimental studies of daydreaming and the stream of thought. In K. S. Pope & J. L. Singer (Eds.), *The stream of consciousness: Scientific investigations into the flow of human experience.* New York: Plenum Press.

Singer, J. L. (1984). The private personality.

Personality and Social Psychology Bulletin, 10, 7-30.
Singer, J. L. (1988). Reinterpreting the transference. In D. C. Turk & P. Salovey (Eds.), *Reasoning, inference, and fudgment in clinical psychology* (pp. 182-205). New York: Free Press.
Singer, J. L., & Salovey, P. (1988). Mood and memory: Evaluating the network theory of affect. *Clinical Psychology Review, 8,* 211-251.
Sivacek, J., & Crano, W. D. (1982). Vested interest as a moderator of attitude-behavior consistency. *Journal of Personality and Social Psychology, 43,* 210-221.
Skinner, B. F. (1957). Verbal behavior. New York: Appleton-Century-Crofts. Skinner, B. F. (1963). Operant behavior. *American Psychologist, 18,* 503-515.
Skov, R. B., & Sherman, S. J. (1986). Information-gathering processes: Diagnosticity, hypothesis-confirmatory strategies, and perceived hypothesis confirmation. *Journal of Experimental Social Psychology, 22,* 93-121.
Skowronski, J. J., & Carlston, D. E. (1989). Negativity and extremity biases in impression formation: A review of explanations. *Psychological Bulletin, 105,* 131-142.
Slovic, P., Fischhoff, B., & Lichtenstein, S. (1976). Cognitive processes and societal risk taking. In J. S. Carroll & J. W. Payne (Eds.), *Cognition and social behavior* (pp. 165-184). Hillsdale, NJ: Erlbaum.
Slovic, P., Fischhoff, B., & Lichtenstein, S. (1977). Behavioral decision theory. *Annual Review of Psychology, 28,* 1-39.
Slowiaczek, L. M., Klayman, J., Sherman, S. J., & Skov, R. B. (1992). Information selection and use in hypothesis testing: What is a good question, what is a good answer? *Memory and Cognition, 20,* 392-405.
Small, D. A., & Lowenstein, C. (2005). The devil you know: The effects of identifiability on punishment. *Journal of Behavioral Decision Making, 18,* 311-318.
Smedslund, J. (1963). The concept of correlation in adults. *Scandinavian Journal of Psychology, 4,* 165-173.
Smith, C. A. (1989). Dimensions of appraisal and physiological response in emotion. *Journal of Personality and Social Psychology, 56,* 339-353.
Smith, C. A., & Ellsworth, P. C. (1985). Patterns of cognitive appraisal in emotion. *Journal of Personality and Social Psychology, 48,* 813-838.
Smith, C. A., & Ellsworth, P. C. (1987). Patterns of appraisal and emotion related to taking an exam. *Journal of Personality and Social Psychology, 52,* 475-488.
Smith, E. E., & Medin, D. L. (1981). *Categories and concepts.* Cambridge, MA: Harvard University Press.
Smith, E. E., Shoben, E. J., & Rips, L. J. (1974). Structure and process in semantic memory: A featural model for semantic decisions. *Psychological Review, 81,* 214-241.
Smith, E. R. (1984). Model of social inference processes. *Psychological Review, 91,* 392-413.
Smith, E. R. (1988). Category accessibility effects in simulated exemplar-based memory. *Journal of Experimental Social Psychology, 24,* 448-463.
Smith, E. R. (1989). Procedural efficiency and on-line social judgments. In J. Bassili (Ed.), *Online cognition in person perception* (pp. 19-38). Hillsdale, NJ: Erlbaum.
Smith, E. R. (1990). Content and process specificity in the effects of prior experiences. In T. K. Srull & R. S. Wyer Jr. (Eds.), *Advances in social cognition* (Vol. 3, pp. 1-59). Hillsdale, NJ: Erlbaum.
Smith, E. R. (1993). Social identity and social emotions: Toward new conceptualizations of prejudice. In D. M. Mackie & D. L. Hamilton (Eds.), *Affect, cognition, and stereotyping: Interactive processes in group perception* (pp. 297-315). San Diego, CA: Academic Press.
Smith, E. R. (1998). Mental representation and memory. In D. T. Gilbert, S. T. Fiske, & G. Lindzey (Eds.), *The handbook of social psychology* (4th ed., Vol. 1, pp. 391-445). New York: McGraw-Hill.
Smith, E. R., & Branscoinbe, N. R. (1987). Procedurally mediated social inferences: The case of category accessibility effects. *Journal of Experimental Social Psychology, 23,* 361-382.
Smith, E. R., & Branscombe, N. R. (1988). Category accessibility as implicit memory. *Journal of Experimental Social Psychology, 24,* 490-504.
Smith, E. R., Branscombe, N. R., & Bormann, C. (1988). Cenerality of the effects of practice on social judgment tasks. *Journal of Personality and Social Psychology, 54,* 385-395.
Smith, E. R., Coats, S., & Walling, D. (1999). Overlapping mental representations of self, in-group, and partner: Further response time evidence and a connectionist model. *Personality and Social Psychology Bulletin, 25,* 873-882.
Smith, E. R., & DeCoster, J. (1998). Knowledge acquisition, accessibility, and use in person perception and stereotyping: Simulation with a recurrent connectionist network. *Journal of Personality and Social Psychology, 74,* 21-35.
Smith, E. R., & DeCoster, J. (2000). Dual-process models in social and cognitive psychology: Conceptual integration and links to underlying memory systems. *Personality and Social Psychology Review, 4,* 108-131.

Smith, E. R., & Henry, S. (1996). An ingroup becomes part of the self: Response time evidence. *Personality and Social Psychology Bulletin, 22,* 635-642.

Smith, E. R., & Lerner, M. (1986). Development of automatism of social judgments. *Journal of Personality and Social Psychology, 50,* 246-259.

Smith, E. R., & Miller, F. D. (1979). Salience and the cognitive mediation of attribution. *Journal of Personality and Social Psychology, 37,* 2240-2252.

Smith, E. R., & Semin, G. R. (2004). Socially situated cognition: Cognition in its social context. In M. P. Zanna (Ed.), *Advances in experimental social psychology* (Vol. 36, pp. 53-116). San Diego, CA: Flsevier Academic Press.

Smith, E. R., & Zárate, M. A. (1992). Exemplar-based model of social judgment. *Psychological Review, 99,* 3-21.

Smith, M. B., Bruner, J. S., & White, R. W. (1956). *Opinions and personality.* Oxford, England: Wiley.

Smith, R. H. (2000). Assimilative and contrastive emotional reactions to upward and downward social comparisons. In J. Suls & L. Wheeler (Eds.) *Handbook of social comparison: Theory and research* (pp. 173-200). Dordrecht, NL: Kluwer.

Smith, S. M., & Shaffer, D. R. (2000). Vividness can undermine or enhance message processing: The moderating role of vividness congruency. *Personality and Social Psychology Bulletin, 26,* 769-779.

Smith, V. L., & Ellsworth, P. C. (1987). The social psychology of eyewitness accuracy: Leading questions and communicator expertise. *Journal of Applied Psychology, 72,* 294-300.

Snyder, C. R., & Higgins, R. L. (1988). Excuses: Their effective role in the negotiation of reality. *Psychological Bulletin, 104,* 23-35.

Snyder, M. (1974). The self-monitoring of expressive behavior. *Journal of Personality and Social Psychology, 30,* 526-537.

Snyder, M. (1976). Attribution and behavior: Social perception and social causation. In J. H. Harvey, W. J. Ickes, & R. F. Kidd (Eds.), *New directions in attribution research* (Vol. 1, pp. 53-72). Hillsdale, NJ: Erlbaum.

Snyder, M. (1977). Impression management. In S. Wrightsman (Ed.), *Social psychology in the seventies.* New York: Wiley.

Snyder, M. (1979). Self-monitoring processes. In L. Berkowitz (Ed.), *Advances in experimental social psychology* (Vol. 12, pp. 86-131). New York: Academic Press.

Snyder, M. (1982). When believing means doing: Creating links between attitudes and behavior. In M. P. Zanna, E. T. Higgins, & C. P. Herman (Eds.), *Consistency in social behavior: The Ontario Symposium* (Vol. 2, pp. 105-130). Hillsdale, NJ: Erlbaum.

Snyder, M., & Campbell, B. H. (1982). Self-monitoring: The self in action. In J. Suls (Ed.), *Psychological perspectives on the self* (Vol. 1, pp. 185-208). Hillsdale, NJ: Erlbaum.

Snyder, M., Campbell, B. H., & Preston, F. (1982). Testing hypotheses about human nature: Assessing the accuracy of social stereotypes. *Social Cognition, 1,* 256-272.

Snyder, M., & Cantor, N. (1980). Thinking about ourselves and others: Self-monitoring and social knowledge. *Journal of Personality and Social Psychology, 39,* 222-234.

Snyder, M., & DeBono, K. G. (1985). Appeals to image and claims about quality: Understanding the psychology of advertising. *Journal of Personality and Social Psychology, 49,* 586-597.

Snyder, M., & DeBono, K. G. (1987). A functional approach to attitudes and persuasion. In M. P. Zanna, J. M. Olson, & C. P. Herman (Eds.), *Social influence: The Ontario Symposium* (Vol. 5, pp. 107-125). Hillsdale, NJ: Erlbaum.

Snyder, M., & DeBono, K. G. (1989). Understanding the functions of attitudes: Lessons from personality and social behavior. In A. R. Pratkanis, S. J. Breckler, & A. C. Creenwald (Eds.), *Attitude structure and function* (pp. 339-360). Hillsdale, NJ: Erlbaum.

Snyder, M., & Gangestad, S. (1981). Hypothesis-testing processes. In J. H. Harvey, W. Ickes, & R. F. Kidd (Eds.), *New directions in attribution research* (Vol. 3, pp. 171-198). Hillsdale, NJ: Erlbaum.

Snyder, M., & Kendzierski, D. (1982). Acting on one's attitudes: Procedures for linking attitude and behavior. *Journal of Experimental Social Psychology, 18,* 165-183.

Snyder, M., & Miene, P. K. (1994). Stereotyping of the elderly: A functional approach. *British Journal of Social Psychology, 33,* 63-82.

Snyder, M., & Monson, T. C. (1975). Persons, situations, and the control of social behavior. *Journal of Personality and Social Psychology, 32,* 637-644.

Snyder, M., & Simpson, J. A. (1984). Self-monitoring and dating relationships. *Journal of Personality and Social Psychology, 47,* 1281-1291.

Snyder, M., & Swann, W. B., Jr. (1976). When actions reflect attitudes: The politics of impression management. *Journal of Personality and Social Psychology, 34,* 1034-1042.

Snyder, M., & Swann, W. B., Jr. (1978a). Hypothesis-testing processes in social interaction. *Journal of Personality and Social*

Psychology, 36, 1202-1212.

Snyder, M., & Swann, W. B., Jr. (1978b). Behavioral confirmation in social interaction: From social perception to social reality. *Journal of Experimental Social Psychology, 14*, 148-162.

Snyder, M., & Tanke, E. D. (1976). Behavior and attitude: Some people are more consistent than others. *Journal of Personality, 44*, 501-517.

Snyder, M., Tanke, E. D., & Berscheid, E. (1977). Social perception and interpersonal behavior: On the self-fulfilling nature of social stereotypes. *Journal of Personality and Social Psychology, 35*, 656-666.

Solarz, A. K. (1960). Latency of instrumental responses as a function of compatibility with the meaning of eliciting verbal signs. *Journal of Experimental Psychology, 59*, 239-245.

Sommer, K. L., & Baumeister, R. F. (2002). Self-evaluation, persistence, and performance following implicit rejection: The role of trait self-esteem. *Personality and Social Psychology Bulletin, 28*, 926-938.

Sommers, S. (1981). Emotionality reconsidered: The role of cognition in emotional responsiveness. *Journal of Personality and Social Psychology, 41*, 553-561.

Sorrentino, R. M., Bobocel, D. R., Citta, M. Z., Olson, J. M., & Hewitt, F. L. (1988). Uncertainty orientation and persuasion: Individual differences in the effects of personal relevance on social judgments. *Journal of Personality and Social Psychology, 55*, 357-371.

Sorrentino, R. M., & Hancock, R. D. (1987). The role of information and affective value for social influence: A case for the study of individual differences. In M. P. Zanna, J. M. Olson, & C. P. Herman (Eds.), *Social influence: The Ontario Symposium* (Vol. 5, pp. 244-268). Hillsdale, NJ: Erlbaum.

Sorrentino, R. M., & Roney, C. J. R. (1986). Uncertainty orientation, achievement-related motivation, and task diagnosticity as determinants of task performance. *Social Cognition, 4*, 420-436.

Sorrentino, R. M., & Short, J. C. (1986). Uncertainty orientation, motivation, and cognition. In R. M. Sorrentino & E. T. Higgins (Eds.), *Handbook of motivation and cognition: Foundations of social behavior* (pp. 379-403). New York: Guilford Press.

Spangler, E., Cordon, M. A., & Pipkin, R. M. (1978). Token women: An empirical test of the Kanter hypothesis. *American Journal of Sociology, 84*, 160-170.

Spears, R., Postmes, T., Lea, M., & Wolbert, A. (2002). When are net effects gross products? The power of influence and the influence of power in computer-mediated communication. *Journal of Social Issues, 58*, 91-107.

Spence, J. T., Deaux, K., & Helmreich, R. L. (1985). Sex roles in contemporary American society. In G. Lindzey & E. Aronson (Eds.), *The handbook of social psychology* (3rd ed., Vol. 2, pp. 149-178). New York: Random House.

Spence, S. A., & Frith, C. D. (1999). Towards a functional anatomy of volition. *Journal of Consciousness Studies, 6*, 11-28.

Spencer, S. J., Fein, S., Wolfe, C. T., Fong, C., & Dunn, M. A. (1998). Automatic activation of stereotypes: The role of self-image threat. *Personality and Social Psychology Bulletin, 24*, 1139-1152.

Spencer, S. J., Steele, C. M., & Quinn, D. M. (1999). Stereotype threat and women's math performance. *Journal of Experimental Social Psychology, 35*, 4-28.

Spielman, L. A., Pratto, F., & Bargh, J. A. (1988). Are one's moods, attitudes, evaluations, and emotions out of control? *American Behavioral Scientist, 31*, 296-311.

Squire, L. R. (1987). *Memory and brain*. New York: Oxford University Press.

Squire, L. R. (1992). Memory and the hippocampus: A synthesis from findings with rats, monkeys, and humans. *Psychological Review, 99*, 195-231.

Srull, T. K. (1981). Person memory: Some tests of associative storage and retrieval models. *Journal of Experimental Psychology: Human Learning and Memory, 7*, 440-462.

Srull, T. K., Lichenstein, M., & Rothbart, M. (1985). Associative storage and retrieval processes in person memory. *Journal of Experimental Psychology: Learning, Memory, and Cognition, 11*, 316-345.

Srull, T. K., & Wyer, R. S., Jr. (1979). The role of category accessibility in the interpretation of information about persons: Some determinants and implications. *Journal of Personality and Social Psychology, 37*, 1660-1672.

Srull, T. K., & Wyer, R. S., Jr. (1980). Category accessibility and social perception: Some implications for the study of person memory and interpersonal judgments. *Journal of Personality and Social Psychology, 38*, 841-856.

Srull, T. K., & Wyer, R. S., Jr. (1986). The role of chronic and temporary goals in social information processing. In R. M. Sorrentino & E. T. Higgins (Eds.), *Handbook of motivation and cognition: Foundations of social behavior* (pp. 503-549). New York: Guilford Press.

Srull, T. K., & Wyer, R. S., Jr. (1989). Person memory and judgment. *Psychological Review, 96*, 58-83.

Staats, A. W., & Staats, C. K. (1958). Attitudes established by classical conditioning. *Journal of Abnormal and Social Psychology, 57*, 37-40.

Stang, D. J. (1974). Methodological factors in mere exposure research. *Psychological Bulletin, 81*, 1014-1025.

Stangor, C. (1988). Stereotype accessibility and information processing. *Personality and Social Psychology Bulletin, 14*, 694-708.

Stangor, C. (1990). Arousal, accessibility of trait constructs, and person perception. *Journal of Experimental Social Psychology, 26*, 305-321.

Stangor, C., Carr, C., & Kiang, L. (1998). Activating stereotypes undermines task performance expectations. *Journal of Personality and Social Psychology, 75*, 1191-1197.

Stangor, C., Swim, J. K., Sechrist, G. B., DeCoster, J., Van Allen, K., & Ottenbreit, A. (2003). In W. Stroebe & M. Hewstone (Eds.), *European review of social psychology* (Vol. 14, pp. 277-311). Hove, England: Psychology Press/Taylor & Francis.

Stangor, C., & Thompson, E. P. (2002). Needs for cognitive economy and self-enhancement as unique predictors of intergroup attitudes. *European Journal of Social Psychology, 32*, 563-575.

Stapel, D. A., & Koomen, W. (2000). How far do we go beyond the information given? The impact of knowledge activation in interpretation and inference. *Journal of Personality and Social Psychology, 78*, 19-37.

Stapel, D. A., & Koomen, W. (2006). The flexible unconscious: Investigating the judgmental impact of varieties of unaware perception. *Journal of Experimental Social Psychology, 42*, 112-119.

Stapel, D. A., & Marx, D. M. (2006). Hardly thinking about others: On cognitive busyness and target similarity in social comparison effects. *Journal of Experimental Social Psychology, 42*, 397-405.

Stapel, D. A., & Van der Zee, K. I. (2006). The self salience model of other-to-self effects: Integrating principles of self-enhancement, complementarity, and imitation. *Journal of Personality and Social Psychology, 90*, 258-271.

Staub, E. (1999). The roots of evil: Social conditions, culture, personality, and basic human needs. *Personality and Social Psychology Review, 3*, 179-192.

Steele, C. M. (1988). The psychology of self-affirmation: Sustaining the integrity of the self. In L. Berkowitz (Ed.), *Advances in experimental psychology* (Vol. 21). New York: Academic Press.

Steele, C. M. (1997). A threat in the air: How stereotypes shape intellectual identity and performance. *American Psychologist, 52*, 613-629.

Steele, C. M., & Aronson, J. (1995). Stereotype threat and the intellectual test performance of African Americans. *Journal of Personality and Social Psychology, 69*, 797-811.

Steele, C. M., Spencer, S. J., & Aronson, J. (2002). Contending with group image: The psychology of stereotype and social identity threat. In M. P. Zanna (Eds.), *Advances in experimental social psychology* (Vol. 34, pp. 379-440). San Diego, CA: Academic Press.

Stephan, C. W., Stephan, W. G., Demitrakis, K. M., Yamada, A. M., & Clason, D. L. (2000). Women's attitudes toward men: An integrated threat theory approach. *Psychology of Women Quarterly, 24*, 63-73.

Stephan, W. G., Berscheid, E., & Walster, E. (1971). Sexual arousal and heterosexual perception. *Journal of Personality and Social Psychology, 20*, 93-101.

Stephan, W. G., Boniecki, K. A., Ybarra, O., Bettencourt, A., Ervin, K. S., Jackson, L. A., et al. (2002). The role of threats in the racial attitudes of Blacks and Whites. *Personality and Social Psychology Bulletin, 28*, 1242-1254.

Stephan, W. G., Diaz-Loving, R., & Duran, A. (2000). Integrated threat theory and intercultural attitudes: Mexico and the United States. *Journal of Cross Cultural Psychology, 31*, 240-249.

Stephan, W. G., & Finlay, K. A. (1999). The role of empathy in improving intergroup relations. *Journal of Social Issues, 55*, 729-743.

Stephan, W. G., & Renfro, C. L. (2002). The role of threat in intergroup relations. In D. M. Mackie & E. R. Smith (Eds.), *From prejudice to intergroup emotions* (pp. 1191-1207). New York: Psychology Press.

Stephan, W. G., & Stephan, C. W. (2000). An integrated threat theory of prejudice. In S. Oskamp (Ed.), *Reducing prejudice and discrimination* (pp. 23-45). Mahwah, NJ: Erlbaum.

Stephan, W. G., Renfro, C. L., Esses, V. M., Stephan, C. W., & Martin, T. (2005). The effects of feeling threatened on attitudes toward immigrants. *International Journal of Intercultural Relations, 29*, 1-19.

Stephan, W. G., Ybarra, O., & Bachinan, G. (1999). Prejudice toward immigrants. *Journal of Applied Social Psychology, 29*, 2221-2237.

Stephan, W. G., Ybarra, O., Martinez, C. M., Schwarzwald, J., & Tur-Kaspa, M. (1998). Prejudice toward immigrants to Spain and Israel: An integrated threat theory analysis. *Journal of Cross Cultural Psychology, 29*, 559-576.

Stevens, L. F., & Fiske, S. T. (2000). Motivated impressions of a powerholder: Accuracy under task dependency and misperception under evaluation dependency. *Personality and Social Psychology Bulletin, 26*, 907-922.

Stiff, J. B. (1986). Cognitive processing of persuasive message cues: A meta-analytic review of the effects of supporting information on attitudes. *Communication Monographs, 53*, 75-89.

Stiff, J. B., & Boster, F. J. (1987). Cognitive processing: Additional thoughts and a reply to Petty, Kasmer, Haugtvedt, and Cacioppo. *Communication Monographs, 54*, 250-256.

Stone, J., Lynch, C. I., Sjomeling, M., & Darley, J. M. (1999). Stereotype threat effects on Black and White athletic performance. *Journal of Personality and Social Psychology, 77*, 1213-1227.

Stoner, J. A. F. (1961). *A comparison of individual and group decisions involving risk.* Unpublished master's thesis, School of Industrial Management, MIT.

Storms, M. D., & Nisbett, R. E. (1970). Insomnia and the attribution process. *Journal of Personality and Social Psychology, 16*, 319-328.

Story, A. L. (1998). Self-esteem and memory for favorable and unfavorable personality feedback. *Personality and Social Psychology Bulletin, 24*, 51-64.

Stouffer, S. A., Suchman, E. A., DeVinney, L. C., Star, S. A., & Williams, R. M., Jr. (1949). *The American soldier: Vol. 1. Adjustment during army life.* Princeton, NJ: Princeton University

Strack, F., Erber, R., & Wicklund, R. A. (1982). Effects of salience and time pressure on ratings of social causality. *Journal of Experimental Social Psychology, 18*, 581-594.

Strack, F., Martin, L. L., & Schwarz, N. (1988). Priming and communication: Social determinants of information use in judgments of life satisfaction. *European Journal of Social Psychology, 18*, 429-442.

Strack, F., Martin, L. L., & Stepper, S. (1988). Inhibiting and facilitating conditions of the human smile: A nonobtrusive test of the facial feedback hypothesis. *Journal of Personality and Social Psychology, 54*, 768-777.

Strack, F., & Mussweiler, T. (1997). Explaining the enigmatic anchoring effect: Mechanisms of selective accessibility. *Journal of Personality and Social Psychology, 73*, 437-446.

Strauman, T. J. (1996). Stability within the self: A longitudinal study of the structural implications of self-discrepancy theory. *Journal of Personality and Social Psychology, 71*, 1142-1153.

Strauinan, T. J., & Higgins, E. T. (1987). Automatic activation of self-discrepancies and emotional syndromes: When cognitive structures influence affect. *Journal of Personality and Social Psychology, 53*, 1004-1014.

Strenta, A. C., & Kleck, R. E. (1984). Physical disability and the perception of social interaction: It's not what you look at but how you look at it. *Personality and Social Psychology Bulletin, 10*, 279-288.

Stuss, D. T., & Levine, B. (2002). Adult clinical neuropsychology: Lessons from studies of the frontal lobes. *Annual Review of Psychology, 53*, 401-433.

Suh, E. (2002). Culture, identity consistency, and subjective well-being. *Journal of Personality and Social Psychology, 83*, 1378-1391.

Sujan, M. (1985). Consumer knowledge: Effects on evaluation strategies mediating consumer judgments. *Journal of Consumer Research, 12*, 1-16.

Suls, J. M., Lemos, K., & Stewart, H. L. (2002). Self-esteem, construal, and comparisons with the self, friends, and peers. *Journal of Personality and Social Psychology, 82*, 252-261.

Suls, J. M., & Wan, C. K. (1987). In search of the false-uniqueness phenomenon: Fear and estimates of social consensus. *Journal of Personality and Social Psychology, 52*, 211-217.

Swann, W. B., Jr. (1983). Self-verification: Bringing social reality into harmony with the self. In J. M. Suls & A. C. Creenwald (Eds.), *Social psychology perspectives* (Vol. 2, pp. 33-66). Hillsdale, NJ: Erlbaum.

Swann, W. B., Jr. (1984). Quest for accuracy in person perception: A matter of pragmatics. *Psychological Review, 91*, 457-477.

Swann, W. B., Jr., & Ely, R. M. (1984). The battle of wills: Self-verification versus behavioral confirmation. *Journal of Personality and Social Psychology, 46*, 1287-1302.

Swann, W. B., Jr., & Giuliano, T. (1987). Confirmatory search strategies in social interaction: How, when, why, and with what consequences. *Journal of Consulting and Clinical Psychology, 5*, 511-524.

Swann, W. B. Jr., Giuliano, T., & Wegner, D. M. (1982). Where leading questions can lead: The power of conjecture in social interaction. *Journal of Personality and Social Psychology, 42*, 1025-1035.

Swann, W. B., Jr., Hixon, J. G., Stein-Seroussi, A., & Gilbert, D. T. (1990). The fleeting gleam of praise: Congitive processes underlying behavioral reactions to self-relevant feedback. *Journal of Personality and Social Psychology, 59*, 17-26.

Swann, W. B., Jr., Pelham, B. W., & Chidester, T. R. (1988). Change through paradox: Using self-verification to alter beliefs. *Journal of Personality and Social Psychology, 54*, 268-273.

Swann, W. B., Jr., Pelham, B. W., & Krull, D. S. (1989). Agreeable fancy or disagreeable truth?

Reconciling self-enhancement and self-verification. *Journal of Personality and Social Psychology, 57*, 782-791.

Swann, W. B., Jr., & Read, S. J. (1981). Self-verification processes: How we sustain our self-conceptions. *Journal of Experimental Social Psychology, 17*, 351-370.

Swann, W. B., Jr., & Snyder, M. (1980). On translating beliefs into action: Theories of ability and their application in an instructional setting. *Journal of Personality and Social Psychology*, 38, 879-888.

Swann, W. B., Jr., Stein-Seroussi, A., & Giesler, R. B. (1992). Why people self-verify. *Journal of Personality and Social Psychology, 62*, 392-401.

Swim, J. K., & Hyers, L. L. (1999). Excuse me-What did you say?!: Women's public and private responses to sexist remarks. *Journal of Experimental Social Psychology, 79*, 238-250.

Swim, J. K., Hyers, L. L., Cohen, L. L., & Ferguson, M. J. (2001). Everyday sexism: Evidence for its incidence, nature, and psychological impact from three daily diary studies. *Journal of Experimental Social Psychology, 35*, 68-88.

Swim, J. K., & Miller, D. L. (1999). White guilt: Its antecedents and consequences for attitudes toward affirmative action. *Personality and Social Psychology Bulletin, 25*, 500-514.

Swim, J. K., Pearson, N. B., & Johnston, K. E. (2006). Daily encounters with heterosexism: A week in the life of lesbian, gay, and bisexual individuals. *Journal of Homosexuality.*

Swim, J. K., Scott, E. D., Sechrist, G. B., Campbell, B., & Stangor, C. (2003). The role of intent and harm in judgments of prejudice and discrimination. *Journal of Personality and Social Psychology, 84*, 944-959.

Swim, J. K., & Sanna, L. J. (1996). He's skilled, she's lucky: A meta-analysis of observer's attributions of women's and men's successes and failures. *Personality and Social Psychology Bulletin, 22*, 507-519.

Tabachnik, N., Crocker, J., & Alloy, L. B. (1983). Depression, social comparison, and the false consensus effect. *Journal of Personality and Social Psychology, 45*, 688-699.

Taguiri, R., & Petrullo, L. (Eds.). (1958). *Person perception and interpersonal behavior.* Palo Alto, CA: Stanford University Press.

Tajfel, H. (1981). *Human groups and social categories: Studies in social psychology.* Cambridge, MA: Cambridge University Press.

Tajfel, H., Billig, M., Bundy, R. P., & Flament, C. (1971). Social categorization and intergroup behaviour. *European Journal of Social Psychology, 1*, 149-1 77.

Tajfel, H., & Turner, J. C. (1979). An integrative theory of intergroup conflict. In W. C. Austin & S. Worchel (Eds.), *The social psychology of intergroup relations.* Monterey, CA: Brooks/Cole.

Takata, T. (1987). Self-deprecative tendencies in self-evaluation through social comparison. *Japanese Journal of Experimental Social Psychology, 27*, 27-36.

Talaska, C. A., Fiske, S. T., & Chaiken, S. (in press). Legitimating racial discrimination: A meta-analysis of the racial attitude-behavior literature shows that emotions, not beliefs, best predict discrimination. *Social Justice Research.*

Tanaka, J. W., & Farah, M. J. (1993). Parts and wholes in face recognition. *Quarterly Journal of Experimental Psychology: Human Experimental Psychology, 42*, 225-245.

Tangney, J. P., Stuewig, J., & Mashek, D. (2007). Moral emotions and moral behavior. *Annual Review of Psychology, 58*, 345-372.

Taylor, K. M., & Shepperd, J. A. (1998). Bracing for the worst: Severity, testing, and feedback timing as moderators of the optimistic bias. *Personality and Social Psychology Bulletin, 24*, 915-926.

Taylor, S. E. (1975). On inferring one's own attitudes from one's behavior: Some delimiting conditions. *Journal of Personality and Social Psychology, 31*, 126-131.

Taylor, S. E. (1981a). A categorization approach to stereotyping. In D. L. Hamilton (Ed.), *Cognitive processes in stereotyping and intergroup behavior* (pp. 88-114). Hillsdale, NJ: Erlbaum.

Taylor, S. E. (1981b). The interface of cognitive and social psychology. In J. Harvey (Ed.), *Cognition, social behavior, and the environment* (pp. 189-211). Hillsdale, NJ: Erlbaum.

Taylor, S. E. (1982). The availability bias in social psychology. In D. Kahneman & A. Tversky (Eds.). *Judgment under uncertainty: Heuristics and biases.* New York: Cambridge University Press.

Taylor, S. E. (1991). Asymmetrical effects of positive and negative events: The mobilization-minimization hypothesis. *Psychological Bulletin, 110*, 67-85.

Taylor, S. E. (1998). The social being in social psychology. In D. T. Gilbert, S. T. Fiske, & G. Lindzey (Eds.), *The handbook of social psychology* (4th ed., Vol. 1, pp. 58-95). New York: McGraw-Hill.

Taylor, S. E. (2006a). *Health psychology* (6th ed.). New York: McGraw-Hill.

Taylor, S. E. (2006b). Tend and befriend: Biobehavioral bases of affiliation under stress. *Current Directions in Psychological Science, 15*, 273-277.

Taylor, S. E., & Brown, J. (1988). Illusion and

well-being: A social psychological perspective on mental health. *Psychological Bulletin, 103*, 193-210.

Taylor, S. E., & Crocker, J. (1981). Schematic bases of social information processing. In F. T. Higgins, C. P. Herman, & M. P. Zanna (Eds.), *Social cognition: The Ontario Symposium* (Vol. 1, pp. 89-134). Hillsdale, NJ: Erlbaum.

Taylor, S. E., Crocker, J., Fiske, S. T., Sprinzen, M., & Winkler, J. D. (1979). The generalizability of salience effects. *Journal of Personality and Social Psychology, 37*, 357-368.

Taylor, S. E., Eisenberger, N. I., Saxbe, D., Lehman, B. J., & Lieberman, M. D. (2006). Neural responses to emotional stimuli are associated with childhood family stress. *Biological Psychiatry, 60*, 296-301.

Taylor, S. E., & Fiske, S. T. (1975). Point-of-view and perceptions of causality. *Journal of Personality and Social Psychology, 32*, 439-445.

Taylor, S. E., & Fiske, S. T. (1978). Salience, attention, and attribution: Top of the head phenomena. In L. Berkowitz (Ed.), *Advances in experimental social psychology* (Vol. 11, pp. 249-288). New York: Academic Press.

Taylor, S. E., & Fiske, S. T. (1981). Cetting inside the head: Methodologies for process analysis in attribution and social cognition. In J. H. Harvey, W. Ickes, & R. F. Kidd (Eds.), *New directions in attribution research* (Vol. 3, pp. 459-524). Hillsdale, NJ: Erlbaum.

Taylor, S. E., Fiske, S. T., Close, M., Anderson, C., & Ruderman, A. J. (1977). *Solo status as a psychological variable: The power of being distinctive*. Unpublished manuscript, Harvard University.

Taylor, S. E., Fiske, S. T., Etcoff, N. L., & Ruderman, A. J. (1978). Categorical and contextual bases of person memory and stereotyping. *Journal of Personality and Social Psychology, 36*, 778-793.

Taylor, S. E., & Gollwitzer, P. M. (1995). The effects of mindset on positive illusions. *Journal of Personality and Social Psychology, 69*, 213-226.

Taylor, S. E., Kemeny, M. E., Reed, G. M., Bower, J. E., & Gruenewald, T. L. (2000). Psychological resources, positive illusions, and health. *American Psychologist, 55*, 99-109.

Taylor, S. E., Lerner, J. S., Sherman, D. K., Sage, R. M., & McDowell, N. K. (2003a). Are self-enhancing cognitions associated with healthy or unhealthy biological profiles? *Journal of Personality and Social Psychology, 85*, 605-615.

Taylor, S. E., Lerner, J. S., Sherman, D. K., Sage, R. M., & McDowell, N. K. (2003b). Portrait of the self-enhancer: Well-adjusted and well-liked or maladjusted and friendless? *Journal of Personality and Social Psychology, 84*, 165-176.

Taylor, S. E., Lichtman, R. R., & Wood, J. V. (1984). Attributions, beliefs about control, and adjustment to breast cancer. *Journal of Personality and Social Psychology, 46*, 489-502.

Taylor, S. E., & Lobel, M. (1989). Social comparison activity under threat: Downward evaluation and upward contacts. *Psychological Review, 96*, 569-575.

Taylor, S. E., Pham, L. B., Rivkin, I., & Armor, D. A. (1998). Harnessing the imagination: Mental simulation and self-regulation of behavior. *American Psychologist, 53*, 429-439.

Taylor, S. E., & Thompson, S. C. (1982). Stalking the elusive "vividness" effect. *Psychological Review, 89*, 155-181.

Taylor, S. E., & Wood, J. V. (1983). The vividness effect: Making a mountain out of a molehill? In R. P. Bagozzi & A. M. Tybout (Eds.), *Advances in consumer research*. Ann Arbor: Association for Consumer Research.

Taylor, S. E., Wood, J. V., & Lichtman, R. R. (1983). It could be worse: Selective evaluation as a response to victimization. *Journal of Social Issues, 39*, 19-40.

Teasdale, J. D., & Russell, M. L. (1983). Differential effects of induced mood on the recall of positive, negative and neutral words. *British Journal of Clinical Psychology, 22*, 163-171.

Teger, A. I., & Pruitt, D. G. (1967). Comparison of group risk taking. *Journal of Experimental Social Psychology, 3*, 189-205.

Tesser, A. (1978). Self-generated attitude change. In L. Berkowitz (Ed.), *Advances in experimental social psychology* (Vol. 11, pp. 289-338). New York: Academic Press.

Tesser, A. (1988). Toward a self-evaluation maintenance model of social behavior. In L. Berkowitz (Ed.), *Advances in experimental social psychology* (Vol. 21, pp. 181-227). New York: Academic Press.

Tesser, A., Crepaz, N., Collins, S. R., Cornell, D., & Beach, J. C. (2000). Confluence of self-esteem regulation mechanisms: On integrating the self-zoo. *Personality and Social Psychology Bulletin, 57*, 442-456.

Tetlock, P. E. (1984). Cognitive style and political belief systems in the British House of Commons. *Journal of Personality and Social Psychology, 46*, 365-375.

Tetlock, P. E. (1985). Accountability: A social check on the fundamental attribution error. *Social Psychology Quarterly, 48*, 227-236.

Tetlock, P. E. (1986). Is self-categorization theory the solution to the level-of-analysis problem? *British Journal of Social Psychology, 25*, 255-256.

Tetlock, P. E. (1988). Monitoring the integrative

complexity of American and Soviet policy rhetoric: What can be learned? *Journal of Social Issues, 44,* 101-132.

Tetlock, P. E. (1990). Some thoughts on fourth generational models of social cognition. *Psychological Inquiry, 1,* 212-214.

Tetlock, P. E. (1992). The impact of accountability on judgment and choice. In M. P. Zanna (Ed.), *Advances in experimental social psychology* (Vol. 23, pp. 331-376). New York: Academic Press.

Tetlock, P. E. (1998). Close-call counterfactuals and belief-system defenses: I was not almost wrong but I was almost right. *Journal of Personality and Social Psychology, 75,* 639-652.

Tetlock, P. E., & Boettger, R. (1989). Accountability: A social magnifier of the dilution effect. *Journal of Personality and Social Psychology, 57,* 388-398.

Tetlock, P. E., Hannum, K. A., & Micheletti; P. M. (1984). Stability and change in the complexity of senatorial debate: Testing the cognitive versus rhetorical style hypotheses. *Journal of Personality and Social Psychology, 46,* 979-990.

Thibaut, J. W., & Kelley, H. H. (1959). *The social psychology of groups.* New York: Wiley.

Thompson, W., Cowan, C., & Rosenhan, D. L. (1980). Focus of attention mediates the impact of negative affect on altruism. *Journal of Personality and Social Psychology, 38,* 291-300.

Thorndike, E. L. (1940). *Human nature and the social order.* New York: Macmillan.

Thurstone, L. L. (1928). An experimental study of nationality preferences. *Journal of General Psychology, 1,* 405-425.

Tiedens, L. Z. (2001). The effect of anger on the hostile inferences of aggressive and nonaggressive people: Specific emotions, cognitive processing, and chronic accessibility. *Motivation and Emotion, 25,* 233-251.

Tiedens, L. Z., Ellsworth, P. C., & Mesquita, B. (2000). Stereotypes about sentiments and status: Emotional expectations for high- and low-status group members. *Personality and Social Psychology Bulletin, 26,* 560-574.

Tiedens, L. Z., & Jimenez, M. C. (2003). Assimilation for affiliation and contrast for control: Complementary self-construals. *Journal of Personality and Social Pscyhology, 85,* 1049-1061.

Tiedens, L. Z., & Linton, S. (2001). Judgment under emotional certainty and uncertainty: The effects of specific emotions on information processing. *Journal of Personality and Social Psychology, 81,* 973-988.

Todorov, A., Gobbini, M. I., Evans, K. K, & Haxby, J. V. (2007). Spontaneous retrieval of affective person knowledge in face perception. *Neuropsychologia, 445,* 163-173.

Todorov, A., Mandisodza, A. N., Goren, A., & Hall, C. (2005). Inferences of competence from faces predict election outcomes. *Science, 308,* 1623-1626.

Todorov, A., & Uleman, J. S. (2002). Spontaneous trait inferences are bound to actors' faces: Evidence from a false recognition paradigm. *Journal of Personality and Social Psychology, 83,* 1051-1065.

Todorov, A., & Uleman, J. S. (2003). The efficiency of binding spontaneous trait inferences to actors' faces. *Journal of Experimental Social Psychology, 39,* 549-562.

Todorov, A., & Uleman, J. S. (2004). The person reference process in spontaneous trait inferences. *Journal of Personality and Social Psychology, 87,* 482-493.

Tomkins, S. S. (1962). *Affect, imagery, and consciousness* (Vol. 1). New York: Springer.

Tomkins, S. S. (1981). The role of facial response in the experience of emotion: A reply to Tourangeau and Ellsworth. *Journal of Personality and Social Psychology, 40,* 355-357.

Tordesillas, R. S., & Chaiken, S. (1999). Thinking too much or too little? The effects of introspection on the decision-making process. *Personality and Social Psychology Bulletin, 25,* 623-629.

Tormala, Z. L., & Petty, R. E. (2001). On-line versus memory-based processing: The role of "need to evaluate" in person perception. *Personality and Social Psychology Bulletin, 27,* 1599-1612.

Tormala, Z. L., Petty, R. E., & Brinol, P. (2002). Ease of retrieval effects in persuasion: A self-validation analysis. *Personality and Social Psychology Bulletin, 28,* 1700-1712.

Tourangeau, R., & Ellsworth, P. C. (1979). The role of facial response in the experience of emotion. *Journal of Personality and Social Psychology, 37,* 1519-1531.

Tourangeau, R., Rasinski, K. A., Bradburn, N. M., & D'Andrade, R. (1989). Belief accessibility and context effects in attitude measurement. *Journal of Experimental Social Psychology, 25,* 401-421.

Towles-Schwen, T., & Fazio, R. H. (2001). On the origins of racial attitudes: Correlates of childhood experiences. *Personality and Social Psychology Bulletin, 27,* 162-175.

Towles-Schwen, T., & Fazio, R. H. (2003). Choosing social situations: The relation between automatically activated racial attitudes and anticipated comfort interacting with African Americans. *Personality and Social Psychology Bulletin, 29,* 170-182.

Traut-Mattausch, F., Schulz-Hardt, S., Greitemeyer, T., & Frey, D. (2004). Expectancy confirmation in spite of disconfirming evidence: The case of price increases due to the introduction of the Euro. *European Journal of Social Psychology, 34*, 739-760.

Triandis, H. C., McCusker, C., & Hui, C. (1990). Multimethod probes of individualism and collectivism. *Journal of Personality and Social Psychology, 59*, 1006-1020.

Trivers, R. L. (1985). *Social evolution.* Menlo Park, CA: Benjamin/Cummings.

Trope, Y. (1975). Seeking information about one's own ability as a determinant of choice among tasks. *Journal of Personality and Social Psychology, 32*, 1004-1013.

Trope, Y. (1979). Uncertainty-reducing properties of achievement tasks. *Journal of Personality and Social Psychology, 37*, 1505-1518.

Trope, Y. (1983). Self-assessment in achievement behavior. In J. M. Suls & A. C. Carver (Eds.), *Psychological perspectives on the self* (Vol. 2, pp. 93-1 22). Hillsdale, NJ: Erlbaum.

Trope, Y. (1986). Identification and inferential processes in dispositional attribution. *Psychological Review, 93*, 239-257.

Trope, Y., & Bassok, M. (1982). Confirmatory and diagnosing strategies in social information gathering. *Journal of Personality and Social Psychology, 43*, 22-34.

Trope, Y., Cohen, O., & Maoz, Y. (1988). The perceptual and inferential effects of situational inducements on dispositional attributions. *Journal of Personality and Social Psychology, 55*, 165-177.

Trope, Y., & Fishbach, A. (2000). Counteractive self-control in overcoming temptation. *Journal of Personality and Social Psychology, 79*, 493-506.

Trope, Y., & Gaunt, R. (1999). A dual-process model of overconfident attributional inferences. In S. Chaiken & Y. Trope (Eds.), *Dual-process theories in social psychology* (pp. 161-1 78). New York: Guilford Press.

Trope, Y., & Liberman, N. (2003). Temporal construal. *Psychological Review, 110*, 403-421.

Trope, Y., & Mackie, D. M. (1987). Sensitivity to alternatives in social hypothesis-testing. *Journal of Experimental Social Psychology, 23*, 445-459.

Trope, Y., & Neter, E. (1994). Reconciling competiting motives in self-evaluation: The role of self-control in feedback setting. *Journal of Personality and Social Psychology, 66*, 646-657.

Tropp, L. R. (2003). The psychological impact of prejudice: Implications for intergroup contact. *Group Processes and Intergroup Relations, 6*, 131-149.

Tropp, L. R. (2006). Stigma and intergroup contact among members of minority and majority status groups. In S. Levin & C. van Laar (Eds.), *Stigma and group inequality: Social psychological perspectives* (pp. 171-191). Mahwah, NJ: Erlbaum.

Tropp, L. R., & Bianchi, R. A. (2006). Valuing diversity and interest in intergroup contact. *Journal of Social Issues, 62*, 533-551.

Tropp, L. R., & Pettigrew, T. F. (2005a). Differential relationships between intergroup contact and affective and cognitive dimensions of prejudice. *Personality and Social Psychology Bulletin, 31*, 1145-1158. [Erratum: 31, 1456.]

Tropp, L. R., & Pettigrew, T. F. (2005b). Relationships between intergroup contact and prejudice among minority and majority status groups. *Psychological Science, 16*, 951-957.

Tropp, L. R., Stout, A. M., Boatswain, C., Wright, S. C., & Pettigrew, T. F. (2006). Trust and acceptance in response to references to group membership: Minority and majority perspectives on cross-group interactions. *Journal of Applied Social Psychology, 36*, 769-794.

Trzebinski, J. (1985). Action-oriented representations of implicit personality theories. *Journal of Personality and Social Psychology, 48*, 1266-1278.

Trzebinski, J., & Richards, K. (1986). The role of goal categories in person impression. *Journal of Experimental Social Psychology, 22*, 216-227.

Tsujimoto, R. N. (1978). Memory bias toward normative and novel trait prototypes. *Journal of Personality and Social Psychology, 36*, 1391-1401.

Tuckman, J., & Lavell, M. (1957). Self classification as old or not old. *Geriatrics, 12*, 666-671.

Tulving, E. (1983). *Elements of episodic memory.* New York: Oxford University Press.

Tulving, E. (2002). Episodic memory: From mind to brain. *Annual Review of Psychology, 53*, 1-25.

Tulving, E., & Pearlstone, Z. (1966). Availability versus accessibility of information in memory for words. *Journal of Verbal Learning and Verbal Behavior, 5*, 381-391.

Turk, D. C., & Salovey, P. (1986). Clinical information processing: Bias innoculation. In R. E. Ingram (Ed.), *Information processing approaches to clinical psychology* (pp. 305-323). New York: Academic Press.

Turk, D. J., Heatherton, T. F., Kelley, W. M., Funnell, M. G., Gazzaniga, M. S., & Macrae, C. N. (2002). Mike or me? Self-recognition in a split-brain patient. *Nature Neuroscience, 5*, 841-842.

Turk, D. J., Heatherton, T. F., Macrae, C. N., Kelley, W. M., & Gazzaniga, M. S. (2003). Out of contact, out of mind: The distributed nature of the self. *Annals of New York Academy of*

Sciences, 1001, 65-78.

Turnbull, W., & Slugoski, B. R. (1988). Conversational and linguistic processes in causal attribution. In D. J. Hilton (Ed.), *Contemporary science and natural explanation: Commonsense conceptions of causality* (pp. 66-93). Brighton, England: Harvester Press.

Turner, J. C. (1985). Social categorization and the self-concept: A social cognitive theory of group behavior. In F. J. Lawler (Ed.), *Advances in group processes* (Vol. 2, pp. 77-121). Creenwich, CT: JAI Press.

Turner, J. C. (1987). *Rediscovering the social group: A self-categorization theory*. New York: Basil Blackwell.

Turner, J. C. (1991). *Social influence*. Pacific Grove, CA: Brooks/Cole.

Turner, J. C., & Reynolds, K. J. (2001). The social identity perspective in intergroup relations: Theories, themes, and controversies. In R. Brown & S. L. Gaertner (Eds.), *Blackwell handbook of social psychology: Intergroup processes* (pp. 133-152). London: Blackwell.

Turner, J. C., Wetherell, M. S., & Hogg, M. A. (1989). Referent informational influence and group polarization. *British Journal of Social Psychology, 28*, 135-147.

Tversky, A., & Kahneman, D. (1973). Availability: A heuristic for judging frequency and probability *Cognitive Psychology, 5*, 207-232.

Tversky, A., & Kahneman, D. (1974). Judgment under uncertainty: Heuristics and biases. *Science, 185*, 1124-1131.

Tversky, A., & Kahneman, D. (1980). Causal schemata in judgments under uncertainty. In M. Fishbein (Ed.), *Progress in social psychology* (pp. 49-72). Hillsdale, NJ: Erlbaum.

Tversky, A., & Kahneman, D. (1981). The framing of decisions and the psychology of choice. *Science, 211*, 453-458.

Tversky, A., & Kahneman, D. (1982). Judgments of and by representativeness. In D. Kahneman P. Slovic, & A. Tversky (Eds.), *Judgment under uncertainty: Heuristics and biases* (pp. 84-100). New York: Cambridge University Press.

Tversky, A., & Kahneman, D. (1983). Extensional versus intuitive reasoning: The conjunction fallacy in probability judgment. *Psychological Review, 90*, 293-315.

Twenge, J. M., Catanese, K. R., & Baumeister, R. F. (2003). Social exclusion and the deconstructed state: Time perception, meaninglessness, lethargy, lack of emotion, and self-awareness. *Journal of Personality and Social Psychology, 85*, 409-423.

Ucros, C. G. (1989). Mood state-dependent memory: A meta-analysis. *Cognition and Emotion, 3*, 139-169.

Uhlmann, E. L., Brescoll, V. L., & Paluck, E. L. (2006). Are members of low status groups perceived as bad, or badly off? Egalitarian negative associations and automatic prejudice. *Journal of Experimental Social Psychology, 42*, 491-499.

Uleman, J. S. (1989). A framework for thinking intentionally about unintended thoughts. In I. S. Uleman & I. A. Bargh (Eds.), *Unintended thought* (pp. 425-449). New York: Guilford Press.

Uleman, J. S. (1999). Spontaneous versus intentional inferences in impression formation. In S. Chaiken & Y. Trope (Eds.), *Dual-process theories in social psychology* (pp. 141-160). New York: Guilford Press.

United Nations Development Fund for Women. (2005). Overview: Women, work, and poverty. *Progress of World's Women 2005*. Retrieved August 2, 2006, from http://www.unifem.org/attachments/products/PoWW2005_overview_eng.pdf.

United States Department of Labor. (2005, May). Women in the labor force, A databook. Retrieved July 28, 2006, from http://www.bls.gov/cps/wlf-databook2005.htm.

Updegraff, J. A., Gable, S. L., & Taylor, S. E. (2004). What makes experiences satisfying? The interaction of approach-avoidance motivations and emotions in well-being. *Journal of Personality and Social Psychology, 86*, 496-504.

Valdesolo, P., & DeSteno, D. (2006). Manipulations of emotional context shape moral judgment. *Psychological Science, 17*, 476-477.

Valins, S. (1966). Cognitive effects of false heart-rate feedback. *Journal of Personality and Social Psychology, 4*, 400-408.

Vallacher, R. R., Read, S. J., & Nowak, A. (2002). The dynamical perspective in personality and social psychology. *Personality and Social Psychology Review, 6*, 264-273.

Vallacher, R. R., & Wegner, D. M. (1987). What do people think they're doing? Action identification and human behavior. *Psychological Review, 94*, 3-15.

Vallacher, R. R., Wegner, D. M., & Frederick, J. (1987). The presentation of self through action identification. *Social Cognition, 5*, 301-322.

Vallone, R. P., Ross, L. D., & Lepper, M. R. (1985). The hostile media phenomenon: Biased perception and perceptions of media bias in coverage of the Beirut massacre. *Journal of Personality and Social Psychology, 49*, 577-585.

van den Bos, K., Poortvliet, P. M., Maas, M., Miedema, J., & van den Ham, E. J. (2005). An enquiry concerning the principles of cultural norms and values: The impact of uncertainty and mortality salience on reactions to violations and bolstering of cultural worldviews. *Journal*

of Experimental Social Psychology, 41, 91-113.
van Knippenberg, A., Dijksterhuis, A., & Vermeulen, D. (1999). Judgment and memory of a criminal act: The effects of stereotypes and cognitive load. *European Journal of Social Psychology, 29*, 191-201.
van Laar, C., Levin, S., Sinclair, S., & Sidanius, J. (2005). The effect of university roommate contact on ethnic attitudes and behavior. *Journal of Experimental Social Psychology, 41*, 329-345.
van Laar, C., Sidanius, J., Rabinowitz, J. L., & Sinclair, S. (1999). The three Rs of academic achievement: Reading, 'riting, and racism. *Personality and Social Psychology Bulletin, 25*, 139-151.
Vanman, E. J., Paul, B. Y., Ito, T. A., & Miller, N. (1997). The modern face of prejudice and structural features that moderate the effect of cooperation on affect. *Journal of Personality and Social Psychology, 73*, 941-959.
Van Overwalle, F. (1998). Causal explanation as constraint satisfaction: A critique and a feed-forward connectionist alternative. *Journal of Personality and Social Psychology, 74*, 312-328.
Van Overwalle, F., & Heylighen, F. (2006). Talking nets: A multiagent connectionist approach to communication and trust between individuals. *Psychological Review, 113*, 606-627.
Van Overwalle, F., & Jordens, K. (2002). An adaptive connectionist model of cognitive dissonance. *Personality and Social Psychology Review, 6*, 204-231.
Van Overalle, F., & Labiouse, C. (2004). A recurrent connectionist model of person impression formation. *Personality and Social Psychology Review, 8*, 28-61.
Van Overwalle, F., & Siebler, F. (2005). A connectionist model of attitude formation and change. *Personality and Social Psychology Review, 9*, 231-274.
Van Overwalle, F., & Van Rooy, D. (2001). How one cause discounts or augments another: A connectionist account of causal competition. *Personality and Social Psychology Bulletin*, 27, 1613-1626.
Van Rooy, D., Van Overwalle, F., Vanhoomissen, T., Labiouse, C., & French, R. (2003). A recurrent connectionist model of group biases. *Psychological Review, 110*, 536-563.
Vartanian, O., & Goel, V. (2004). Neuroanatomical correlates of aesthetic preference for paintings. *Neuro report, 15*, 893-897.
Verdoux, H., Husky, M., Tournier, M., Sorbara, F., & Swendsen, J. D. (2003). Social environments and daily life occurrence of psychotic symptoms: An experience sampling test in a nonclinical population. *Social Psychiatry and Psychiatric Epidemiology, 38*, 654-661.
Verkuyten, M., & Brug, P. (2004). Multiculturalism and group status: The role of ethnic identification group essentialism and Protestant ethnic. *European Journal of Social Psychology, 34*, 647-661.
Verplanken, B., & Holland, R. W. (2002). Motivated decision making: Effects of activation and self-centrality of values on choices and behavior. *Journal of Personality and Social Psychology, 82*, 434-447.
Vidmar, N., & Rokeach, M. (1974). Archie Bunker's bigotry: A study in selective perception and exposure. *Journal of Communications, 24*, 36-47.
Vignoles, V. L., Chryssochoou, X., & Breakwell, G. M. (2000). The distinctiveness principle: Identity, meaning, and the bounds of cultural relativity. *Personality and Social Psychology Review, 4*, 337-354.
Vignoles, V. L., Regalia, C., Manzi, C., Colledge, J., & Scabini, E. (2006). Beyond self-esteem: Influence of multiple motives on identity construction. *Journal of Personality and Social Psychology, 90*, 308-333.
Vinokur, A., & Ajzen, I. (1982). Relative importance of prior and immediate events: A causal primacy effect. *Journal of Personality and Social Psychology, 42*, 820-829.
Vinokur, A., Schul, Y, & Caplan, R. D. (1987). Determinants of perceived social support: Interpersonal transactions, personal outlook, and transient affective states. *Journal of Personality and Social Psychology, 53*, 1137-1145.
Visser, P. S., & Krosnick, J. A. (1998). Development of attitude strength over the life cycle: Surge and decline. *Journal of Personality and Social Psychology, 75*, 1389-1410.
Visser, P. S., Krosnick, J. A., & Simmons, J. P. (2003). Distinguishing the cognitive and behavioral consequences of attitude and certainty: A new approach to testing the common-factor hypothesis. *Journal of Experimental Social Psychology, 39*, 118-141.
Vohs, K. D., Bauineister, R. F., & Ciarocco, N.J. (2005). Self-regulation and self-presentation: Regulatory resource depletion impairs impression management and effortful self-presentation depletes regulatory resources. *Journal of Personality and Social Psychology, 88*, 632-657.
Vohs, K. D., & Heatherton, T. F. (2004). Ego threat elicits different social comparison processes among high and low self-esteem people: Implications for interpersonal perceptions. *Social Cognition, 22*, 168-191.
Vohs, K. D., & Schmeichel, B. J. (2003). Self-regu-

lation and the extended now: Controlling the self alters the subjective experience of time. *Journal of Personality and Social Psychology, 85*, 217-230.

Voils, C. I., Ashburn-Nardo, L., & Monteith, M. J. (2002). Evidence of prejudice-related conflict and associated affect beyond the college setting. *Group Processes and Intergroup Relations, 5*, 19-33.

von Hippel, W., von Hippel, C., Conway, L., Preacher, K. J., Schooler, J. W., & Radvansky, G. A. (2005). Coping with stereotype threat: Denial as an impression management strategy. *Journal of Personality and Social Psychology, 89*, 22-35.

Vonk, R. (2002). Self-serving interpretations of flattery: Why ingratiation works. *Journal of Personality and Social Psychology, 82*, 515-526.

Vorauer, J. D. (2005). Miscommunications surrounding efforts to reach out across group boundaries. *Personality and Social Psychology Bulletin, 31*, 1653-1664.

Vorauer, J. D. (2006). An information search model of evaluative concerns in intergroup interaction. *Psychological Review, 113*, 862-886.

Vorauer, J. D., Hunter, A. J., Main, K. J., & Roy, S. A. (2000). Meta-stereotype activation: Evidence from indirect measures for specific evaluative concerns experienced by members of dominant groups in intergroup interaction. *Journal of Personality and Social Psychology, 78*, 690-707.

Vorauer, J. D., & Kumhyr, S. M. (2001). Is this about you or me? Self- versus other-directed judgments and feelings in response to intergroup interaction. *Personality and Social Psychology Bulletin, 27*, 706-719.

Vorauer, J. D., & Turpie, C. A. (2004). Disruptive effects of vigilance on dominant group members' treatment of outgroup members choking versus shining under pressure. *Journal of Personality and Social Psychology, 87*, 384-399.

Wachtler, J., & Counselman, E. (1981). When increasing liking for a communicator decreases opinion change: An attributional analysis of attractiveness. *Journal of Experimental Social Psychology, 17*, 386-395.

Wagner, A. D., Paré-Blagoev, E. J., Clark, J., & Poldrack, R. A. (2001). Recovering meaning: Left prefrontal cortex guides controlled semantic retrieval. *Neuron, 31*, 329-338.

Wallach, M. A., Kogan, N., & Bem, D. J. (1962). Group influence on individual risk taking. *Journal of Abnormal and Social Psychology, 65*, 75-86.

Wallbott, H. G., & Scherer, K. R. (1988). Emotion and economic development: Data and speculations concerning the relationship between economic factors and emotional experience. *European Journal of Social Psychology, 18*, 267-273.

Walster, E. (1971). Passionate love. In B. I. Murstein (Ed.), *Theories of attraction and love*. New York: Springer.

Wänke, M., Schwarz, N., & Bless, H. (1995). The availability heuristic revisited: Experienced ease of retrieval in mundane frequency estimates. *Acta Psychologica, 89*, 83-90.

Ward, W. D., & Jenkins, H. M. (1965). The display of information and the judgment of contingency. *Canadian Journal of Psychology, 19*, 231-241.

Ward, S. E., Leventhal, H., & Love, R. (1988). Repression revisited: Tactics used in coping with a severe health threat. *Personality and Social Psychology Bulletin, 14*, 735-746.

Watson, D., & Clark, L. A. (1997). Measurement and misineasurement of mood: Recurrent and emergent issues. *Journal of Personality and Assessment, 68*, 267-296.

Watson, D., & Tellegen, A. (1985). Toward a consensual structure of mood. *Psychological Bulletin, 98*, 219-235.

Watson, J. (1930). *Behaviorism*. New York: Norton.

Watson, W. S., & Hartmann, G. W. (1939). The frigidity of a basic attitudinal frame. *Journal of Abnormal and Social Psychology, 34*, 314-335.

Weary, G., Reich, D. A., & Tobin, S. J. (2001). The role of contextual constraints and chronic expectancies on behavior categorizations and dispositional inferences. *Personality and Social Psychology Bulletin, 27*, 62-75.

Weary, G., Swanson, H., Harvey, J. H., & Yarkin, K. L. (1980). A molar approach to social knowing. *Personality and Social Psychology Bulletin, 6*, 574-581.

Webb, W. M., Marsh, K. L., Schneiderman, W., & Davis, B. (1989). Interaction between self-monitoring and manipulated states of awareness. *Journal of Personality and Social Psychology, 56*, 70-80.

Weber, E. U., & Johnson, E. J. (2006). Constructing preferences from memories. In S. Lichtenstein & P. Slovic (Eds.), *The construction of preferences* (pp. 397-410). New York: Cambridge University Press.

Wegener, D. T., & Petty, R. E. (1995). Flexible correction processes in social judgment: The role of naive theories in corrections for perceived bias. *Journal of Personality and Social Psychology, 68*, 36-51.

Wegener, D. T., & Petty, R. E. (1997). The flexible correction model: The role of naive theories of bias in bias corrections. In M. P. Zanna

(Ed.), *Advances in experimental social psychology* (pp. 141-208). San Diego, CA: Academic Press.

Wegner, D. M. (1994). Ironic processes of mental control. *Psychological Review, 101*, 34-52.

Wegner, D. M. (2003). The mind's best trick: How we experience conscious will. *Trends in Cognitive Sciences, 7*, 65-69.

Wegner, D. M., & Bargh, J. A. (1998). Control and automaticity in social life. In D. T. Gilbert, S. T. Fiske, & G. Lindzey (Eds.), *The handbook of social psychology* (4th ed., Vol.2, pp. 446-496). New York: McGraw-Hill.

Wegner, D. M., Schneider, D. J., Carter, S. R., & White, T. L. (1987). Paradoxical effects of thought suppression. *Journal of Personality and Social Psychology, 53*, 5-13.

Wegner, D. M., Vallacher, R. R., Kiersted, G. W., & Dizadji, D. (1986). Action identification in the emergence of social behavior. *Social Cognition, 4*, 18-38.

Wegner, D. M., Vallacher, R. R., Macomber, G., Wood, R., & Arps, K. (1984). The emergence of action. *Journal of Personality and Social Psychology, 46*, 269-279.

Wegner, D. M., Wenzlaff, R., Kerker, R. M., & Beattie, A. E. (1981). Incrimination through innuendo: Can media questions become public answers? *Journal of Personality and Social Psychology, 40*, 822-832.

Wegner, D. M., & Wheatley, T. P. (1999). Apparent mental causation: Sources of the experience of will. *American Psychologist, 54*, 480-492.

Weiner, B. (1979). A theory of motivation for some classroom experiences. *Journal of Educational Psychology, 71*, 3-25.

Weiner, B. (1980). A cognitive (attribution)-emotion-action model of motivated behavior: An analysis of judgment of help-giving. *Journal of Personality and Social Psychology, 39*, 186-200.

Weiner, B. (1982). The emotional consequences of causal attributions. In M. S. Clark & S. T. Fiske (Eds.), *Affect and cognition: The 17th Annual Carnegie Symposium on Cognition* (pp. 185-210). Hillsdale, NJ: Erlbaum.

Weiner, B. (1985). An attributional theory of achievement motivation and emotion. *Psychological Review, 92*, 548-573.

Weiner, B. (1986). *An attributional theory of motivation and emotion.* New York: Springer-Verlag.

Weiner, B. (1987). The social psychology of emotion: Applications of a naive psychology. *Journal of Social and Clinical Psychology, 5*, 405-419.

Weiner, B. (1988). An attributional analysis of changing reactions to persons with AIDS. In R. A. Berk (Ed.), *The social impact of AIDS in the U.S.* (pp. 163-132). Cambridge: Abt Books.

Weiner, B. (2005). Motivation from an attributional perspective and the social psychology of perceived competence. In A. J. Elliot & C. S. Dweck (Eds.), *Handbook of competence and motivation* (pp. 73-84). New York: Guilford Press.

Weiner, B., Amirkhan, J., Folkes, V. S., & Verette, J. A. (1987). An attributional analysis of excuse giving: Studies of a naive theory of emotion. *Journal of Personality and Social Psychology, 52*, 316-324.

Weiner, B., & Handel, S. (1985). Anticipated emotional consequences of causal communications, and reported communication strategy. *Developmental Psychology, 21*, 102-107.

Weiner, B., Perry, R. P., & Magnusson, J. (1988). An attributional analysis of reactions to stigmas. *Journal of Personality and Social Psychology, 55*, 738-748.

Weisbuch, M., Mackie, D. M., & Garcia-Marques, T. (2003). Prior source exposure and persuasion: Further evidence for misattributional processes. *Personality and Social Psychology Bulletin, 29*, 691-700.

Wellbourne, J. L. (2001). Changes in impression complexity over time and across situations. *Personality and Social Psychology Bulletin, 27*, 1071-1085.

Wells, G. L., & Cavanski, I. (1989). Mental simulation of causality. *Journal of Personality and Social Psychology, 56*, 161-169.

Wells, G. L., & Petty, R. E. (1980). The effects of overt head movements on persuasion: Compatibility and incompatibility of responses. *Basic and Applied Social Psychology, 1*, 219-230.

Wells, R. E., & Iyengar, S. S. (2005). Positive illusions of preference consistency: When remaineluded by one's preferences yields greater subjective well-being and decision outcomes. *Organizational Behavior and Human Decision Processes, 98*, 66-87.

Wentura, D., Rothermund, K., & Bak, P. (2000). Automatic vigilance: The attention-grabbing power of approach- and avoidance-related social information. *Journal of Personality and Social Psychology, 78*, 1024-1037.

Wenzlaff, R. M., & Wegner, D. M. (2000). Thought suppression. *Annual Review of Psychology, 51*, 59-91.

Wenzlaff, R. M., Wegner, D. M., & Roper, D. W. (1988). Depression and mental control: The resurgence of unwanted negative thoughts. *Journal of Personality and Social Psychology, 55*, 882-892.

Westen, D. (1988). Transference and information processing. *Clinical Psychology Review, 8*, 161-179.

Whalen, P. J., Rauch, S. L., Etcoff, N. L., Mclnerney, S. C., Lee, M. B., & Jenike, M. A. (1998). Masked presentations of emotional facial expressions modulate amygdala activity withexplicit knowledge. *Journal of Neuroscience, 18*, 411-418.

Wheatley, T., & Haidt, J. (2005). Hypnotic disgust makes moral judgments more severe. *Psychological Science, 16*, 780-784.

Wheeler, M. E., & Fiske, S. T. (2005). Controlling racial prejudice: Social cognitive goals affect amygdala and stereotype activation. *Psychological Science, 16*, 56-63.

Wheeler, S. C., Jarvis, W. B. G., & Petty, R. E. (2001). Think unto others: The self-destructive impact of negative racial stereotypes. *Journal of Experimental Social Psychology, 37*, 173-180.

Wheeler, S. C., & Petty, R. E. (2001). The effects of stereotype activation on behavior: A review of possible mechanisms. *Psychological Bulletin, 127*, 797-826.

White, G. L., Fishbein, S., & Rutstein, J. (1981). Passionate love and misattribution of arousal. *Journal of Personality and Social Psychology, 41*, 56-62.

White, G. L., & Kight, T. D. (1984). Misattribution of arousal and attraction: Effects of salience of explanations for arousal. *Journal of Experimental Social Psychology, 20*, 55-64.

White, G. L., & Shapiro, D. (1987). Don't I know you? Antecedents and social consequences of perceived familiarity. *Journal of Experimental Social Psychology, 23*, 75-92.

Whitley, B. E., Jr., & Frieze, I. H. (1986). Measuring causal attributions for success and failure: A meta-analysis of the effects of question-working style. *Basic and Applied Social Psychology; 7*, 35-51.

Whittlesea, B. W. A. (1987). Preservation of specific experiences in the representation of general knowledge. *Journal of Experimental Psychology: Learning, Memory, and Cognition, 13*, 3-17.

Wickelgren, W. A. (1981). Human learning and memory. *Annual review of psychology, 32*, 21-52.

Wicker, A. W. (1969). Attitudes vs. actions: The relationship of verbal and overt behavioral responses to attitude objects. *Journal of Social Issues, 41*, 41-78.

Wicklund, R. A. (1975). Objective self-awareness. In L. Berkowitz (Ed.), *Advances in experimental social psychology* (Vol. 8, pp. 233-275). New York: Academic Press.

Wicklund, R. A. (1986). Orientation to the environment versus preoccupation with human potential. In R. M. Sorrentino & E. T. Higgins (Eds.), *Handbook of motivation and cognition: Foundations of social behavior* (pp. 64-95). New York: Guilford Press.

Wicklund, R. A., & Braun, O. L. (1987). Incompetence and the concern with human categories. *Journal of Personality and Social Psychology, 53*, 373-382.

Wicklund, R. A., & Brehm, J. W. (1976). *Perspectives on cognitive dissonance*. Hillsdale, NJ: Erlbaum.

Wicklund, R. A., & Frey, D. (1980). Self-awareness theory: When the self makes a difference. In D. M. Wegner & R. R. Vallacher (Eds.), *The self in social psychology* (pp. 31-54). New York: Oxford University Press.

Wilder, D. A. (1978a). Effect of predictability on units of perception and attribution. *Personality and Social Psychology Bulletin, 9*, 281-284.

Wilder, D. A. (1978b). Perceiving persons as a group: Effects on attributions of causality and beliefs. *Social Psychology, 1*, 13-23.

Wilder, D. A. (1986). Social categorization: Implications for creation and reduction of intergroup bias. In L. Berkowitz (Ed.), *Advances in Experimental Social Psychology* (Vol. 19, pp. 291-355). San Diego, CA: Academic Press.

Wilder, D. A. (1993). The role of anxiety in facilitating stereotypic judgments of outgroup behavior. In D. M. Mackie & D. L. Hamilton (Eds.), *Affect, cognition, and stereotyping: Interactive processes in group perception* (pp. 87-109). San Diego, CA: Academic Press.

Williams, K. D., Cheung, C. K. T., & Choi, W. (2000). Cyberostracism: Effects of being ignored over the Internet. *Journal of Personality and Social Psychology, 79*, 748-762.

Williams, L. N. (2006). *Applying the stereotype content model to intra-racial subgroups: Black people's perceptions about Black people in America*. Unpublished senior thesis, Princeton University.

Willis, J., & Todorov, A. (2006). First impressions: Making up your mind after 100 ins exposure to a face. *Psychological Science, 17*, 592-598.

Wills, T. A. (1981). Downward comparison principles in social psychology. *Psychological Bulletin, 90*, 245-271.

Wilson, A. E., & Ross, M. (2001). From chump to champ: People's appraisals of their earlier and present selves. *Journal of Personality and Social Psychology, 80*, 572-584.

Wilson, M. S., & Liu, J. H. (2003). Social dominance orientation and gender: The moderating role of gender identity. *British Journal of Social Psychology, 42*, 187-198.

Wilson, T. D., Dunn, D. S., Kraft, D., & Lisle, D.

J. (1989). Introspection, attitude change, and attitude-behavior consistency: The disruptive effects of explaining why we feel the way we do. In L. Berkowitz (Ed.), *Advances in experimental social psychology* (Vol. 22, pp. 287-344). New York: Academic Press.

Wilson, T. D., & Gilbert, D. T. (2005). Affective forecasting: Knowing what to want. *Current Directions in Psychological Science, 14,* 131-134.

Wilson, T. D., & Hodges, S. D. (1992). Attitudes as temporary constructions. In L. L. Martin & A. Tesser (Eds.), *The construction of social judgments* (pp. 37-65). Hillsdale, NJ: Erlbaum.

Wilson, T. D., Hodges, S. D., & LaFleur, S. J. (1995). Effects of introspecting about reasons: Inferring attitudes from accessible thoughts. *Journal of Personality and Social Psychology, 69,* 16-28.

Wilson, T. D., Hull, J. G., & Johnson, J. (1981). Awareness and self-perception: Verbal reports on internal states. *Journal of Personality and Social Psychology, 40,* 53-70.

Wilson, T. D., Kraft, D., & Dunn, D. S. (1989). The disruptive effects of explaining attitudes: The moderating effect of knowledge about the attitude object. *Journal of Experimental Social Psychology, 25,* 379-400.

Wilson, T. D., & LaFleur, S. J. (1995). Knowing what you'll do: Effects of analyzing reasons on self-prediction. *Journal of Personality and Social Psychology, 68,* 21-35.

Wilson, T. D., Lindsey, S., & Schooler, T. Y. (2000). A model of dual attitudes. *Psychological Review, 107,* 101-126.

Wilson, T. D., Meyers, J., & Gilbert, D. T. (2001). Lessons from the past: Do people learn from experience that emotional reactions are short-lived? *Personality and Social Psychology Bulletin, 27,* 1648-1661.

Wilson, T. D., Meyers, J., & Gilbert, D. T. (2003). "How happy was I, anyway?": A retrospective impact bias. *Social Cognition, 21,* 421-446.

Wilson, T. D., & Nisbett, R. E. (1978). The accuracy of verbal reports about the effects of stimuli on evaluations and behavior. *Social Psychology, 41,* 18-131.

Wilson, T. D., Wheatley, T., Meyers, J. M., Gilbert, D. T., & Axsom, D. (2000). Focalisin: A source of durability bias in affective forecasting. *Journal of Personality and Social Psychology, 78,* 821-836.

Wilson, W. R. (1979). Feeling more than we can know: Exposure effects without learning. *Journal of Personality and Social Psychology, 37,* 811-821.

Wilson, W. R., & Miller, H. (1968). Repetition, order of presentation, and timing of arguments and measures as determinants of opinion change. *Journal of Personality and Social Psychology, 9,* 184-188.

Winkielman, P., & Cacioppo, J. T. (2001). Mind at ease puts a smile on the face: Psychophysiological evidence that processing facilitation elicits positive affect. *Journal of Personality and Social Psychology, 81,* 989-1000.

Winston, J. S., Strange, B. A., O'Doherty, J., & Dolan, R. J. (2002). Automatic and intentional brain responses during evaluation of trustworthiness of faces. *Nature Neuroscience, 5,* 277-283.

Winter, L., & Uleman, J. S. (1984). When are social judgments made? Evidence for the spontanousness of trait inferences. *Journal of Personality and Social Psychology, 47,* 237-252.

Winter, L., Uleman, J. S., & Cunniff, C. (1985). How automatic are social judgments? *Journal of Personality and Social Psychology, 49,* 904-917.

Winton, W. M. (1986). The role of facial response in self-reports of emotion: A critique of Laird. *Journal of Personality and Social Psychology, 37,* 1519-1531.

Winton, W. M., Putnam, L. E., & Krauss, R. M. (1984). Facial and autonoinic manifestations of the dimensional structure of emotion. *Journal of Experimental Social Psychology, 20,* 195-216.

Wittenbrink, B., Gist, P. L., & Hilton, J. L. (1997). Structural properties of stereotypic knowledge and their influences on the construal of social situations. *Journal of Personality and Social Psychology, 72,* 526-543.

Wittenbrink, B., Judd, C. M., & Park, B. (1997). Evidence for racial prejudice at the implicit level and its relationship with questionnaire measures. *Journal of Personality and Social Psychology, 72,* 262-274.

Wittenbrink, B., Judd, C. M., & Park, B. (2001a). Evaluative versus conceptual judgments in automatic stereotyping and prejudice. *Journal of Experimental Social Psychology, 37,* 244-252.

Wittenbrink, B., Judd, C. M., & Park, B. (2001b). Spontaneous prejudice in context: Variability in automatically activated attitudes. *Journal of Personality and Social Psychology, 81,* 815-827.

Wittgenstein, L. (1953). *Philosophical investigations.* New York: Macmillan.

Wixon, D. R., & Laird, J. D. (1976). Awareness and attitude change in the forced-compliance paradigm: The importance of when. *Journal of Personality and Social Psychology, 34,* 376-384.

Woike, B., Gershkovich, I., Piorkowski, R., & Polo, M. (1999). The role of motives in the content and structure of autobiographical memory. *Journal of Personality and Social Psychology, 76,* 600-612.

Wojciszke, B. (1997). Parallels between competence- versus morality-related traits and individualistic versus collectivistic values. *European Journal of Social Psychology, 27,* 245-256.

Wojciszke, B. (2005). Affective concomitants of information on morality and competence. *European Psychologist, 10,* 60-70.

Wolman, C., & Frank, H. (1975). The solo woman in a professional peer group. *American Journal of Orthopsychiatry, 45,* 164-171.

Wolsko, C., Park, B., Judd, C. M., & Wittenbrink, B. (2000). Framing interethnic ideology: Effects of multicultural and color-blind perspectives on judgments of groups and individuals. *Journal of Personality and Social Psychology, 78,* 635-654.

Wong, M. D., Shapiro, M. F. , Boscardin, W. J., & Fttner, S. L. (2002). Contribution of major diseases to disparities in mortality. *New England Journal of Medicine, 347,* 1585-1592.

Wong, P. T. P., & Weiner, B. (1981). When people ask "why" questions, and the heuristics of attributional search. *Journal of Personality and Social Psychology, 40,* 650-663.

Wood, J. V. (1989). Theory and research concerning social comparisons of personal attributes. *Psychological Bulletin, 106,* 231-248.

Wood, J. V., Heimpel, S. A., & Michela, J. L. (2003). Savoring versus dampening: Self-esteem differences in regulating positive affect. *Journal of Personality and Social Psychology, 85,* 566-580.

Wood, W. (2000). Attitude change: Persuasion and social influence. *Annual Review of Psychology, 51,* 39-570.

Wood, W., & Eagly, A. H. (1981). Stages in the analysis of persuasive messages: The role of causal attributions and message comprehension. *Journal of Personality and Social Psychology, 40,* 246-259.

Wood, W., & Eagly, A. H. (2002). A cross-cultural analysis of the behavior of women and men: Implications for the origins of sex differences. *Psychological Bulletin, 128,* 699-727.

Wood, W., Kallgren, C. A., & Preisler, R. M. (1985). Access to attitude-relevant information in memory as a determinant of persuasion: The role of message attributes. *Journal of Experimental Social Psychology, 21,* 73-85.

Wood, W., Quinn, J., & Kashy, D. (2002). Habits in everyday life: Thought, emotion, and action. *Journal of Personality and Social Psychology, 83,* 1281-1297.

Worchel, S., Axsom, D., Ferris, S., Samaha, C., & Schweitzer, S. (1978). Determinants of the effect of intergroup cooperation on intergroup attraction. *Journal of Conflict Resolution, 22,* 429-439.

Word, C. O., Zanna, M. P., & Cooper, J. (1974). The nonverbal mediation of self-fulfilling prophecies in interracial interaction. *Journal of Experimental Social Psychology, 10,* 109-120.

Worth, L. T., & Mackie, D. M. (1987). The cognitive mediation of positive affect in persuasion. *Social Cognition, 5,* 76-94.

Wright, J. C., & Mischel, W. (1988). Conditional hedges and the intuitive psychology of traits. *Journal of Personality and Social Psychology, 55,* 454-469.

Wright, P., & Rip, P. D. (1981). Retrospective reports on the causes of decisions. *Journal of Personality and Social Psychology, 40,* 601-614.

Wu, C., & Shaffer, D. R. (1987). Susceptibility to persuasion appears as a function of source credibility and prior experience with the attitude object. *Journal of Personality and Social Psychology, 52,* 677-688.

Wundt, W. (1897). *Outlines of psychology.* New York: Stechert. (Translated 1907).

Wyer, N. A., Sherman, J. W., & Stroessner, S. J. (1998). The spontaneous suppression of racial stereotypes. *Social Cognition, 16,* 340-352.

Wyer, N. A., Sherman, J. W., & Stroessner, S. J. (2000). The roles of motivation and ability in controlling the consequences of stereotype suppression. *Personality and Social Psychology Bulletin, 26,* 13-25.

Wyer, R. S., Jr., Budesheim, T. L., & Lambert, A. J. (1990). Cognitive representation of conversations about persons. *Journal of Personality and Social Psychology, 58,* 218-238.

Wyer, R. S., Jr., & Gordon, S. E. (1982). The recall of information about persons and groups. *Journal of Experimental Social Psychology, 18,* 128-164.

Wyer, R. S., Jr., & Martin, L. L. (1986). Person memory: The role of traits, group stereotypes, and specific behaviors in the cognitive representation of persons. *Journal of Personality and Social Psychology, 50,* 661-675.

Wyer, R. S., Jr., & Srull, T. K. (1986). Human cognition in its social context. *Psychological Review, 93,* 322-359.

Wyland, C. L., Kelley, W. M., Macrae, C. N., Gordon, H. L., & Heatherton, T. F. (2003). Neural correlates of thought suppressibn. *Neuropsychologia, 41,* 1863-1867.

Yang, A. S. (1997). The polls-trends: Attitudes toward homosexuality. *Public Opinion Quarterly, 61,* 477-507.

Ybarra, O. (1999). Misanthropic person memory when the need to self-enhance is absent. *Personality and Social Psychology Bulletin, 25,* 261-269.

Yelland, L. M., & Stone, W. F. (1996). Belief in the Holocaust: Effects of personality and propaganda. *Political Psychology, 17*, 551-562.

Yik, M. S. M., Bond, M. H., & Paulhus, D. L. (1998). Do Chinese self-enhance or self-efface? It's a matter of domain. *Personality and Social Psychology Bulletin, 24*, 399-406.

Yopyk, D. J. A., & Prentice, D. A. (2005). Am I an athlete or a student? Identity salience and stereotype threat in student-athletes. *Basic and Applied Social Psychology, 27*, 329-336.

Young, J., Borgida, E., Sullivan, J. L., & Aldrich, J. (1987). Personal agendas and the relationship between self-interest and voting behavior. *Social Psychology Quarterly, 50*, 64-71.

Yzerbyt, V. Y., Castano, E., Leyens, J.-Ph., & Paladino, M. P. (2000). The primacy of the ingroup: The interplay of entitativity and identification. In W. Stroebe & M. Hewstone (Eds.), *European Review of social psychology* (Vol. 11, pp. 257-295). New York: Wiley.

Yzerbyt, V. Y, Corneille, O., & Estrada, C. (2001). The interplay of subjective essentialism and entitativity in the formation of stereotypes. *Personality and Social Psychology Review, 5*, 141-155.

Yzerbyt, V. Y, Rocher, S., & Schadron, G. (1997). Stereotypes as explanations: A subjective essentialistic view of group perception. In R. Spears, P. J. Oakes, N. Fllemers, & S. A. Haslam (Eds.), *The social psychology of stereotyping and group life*. Malden, MA: Blackwell.

Zajonc, R. B. (1968a). Attitudinal effects of mere exposure. *Journal of Personality and Social Psychology, 9* (2, pt. 2), 1-27.

Zajonc, R. B. (1968b). Cognitive theories in social psychology. In G. Lindzey & E. Aronson (Eds.), *The handbook of social psychology* (2nd ed., Vol. 1, pp. 320-411). Reading, MA: Addison-Wesley.

Zajonc, R. B. (1980a). Cognition and social cognition: A historical perspective. In L. Festinger (Ed.), *Retrospections on social psychology* (pp. 180-204). New York: Oxford University Press.

Zajonc, R. B. (1980b). Feeling and thinking: Preferences need no inferences. *American Psychologist, 35*, 151-175.

Zajonc, R. B. (1984). On the primacy of affect. *American Psychologist, 39*, 117-123.

Zajonc, R. B. (1998). Emotions. In D. T. Gilbert, S. T. Fiske, & G. Lindzey (Eds), *Handbook of social psychology* (4th ed., Vol. 1, pp. 591-634). New York: McGraw-Hill.

Zajonc, R. B., & Burnstein, E. (1965). The learning of balanced and unbalanced social structures. *Journal of Personality, 33*, 153-163.

Zajonc, R. B., & Markus, H. R. (1984). Affect and cognition: The hard interface. In C. F. Izard, J. Kagan, & R. B. Zajonc (Eds.), *Emotions, cognition, and behavior*. Cambridge: Cambridge University Press.

Zajonc, R. B., Pietromonaco, P., & Bargh, J. (1982). Independence and interaction of affect and cognition. In M. S. Clark & S. T. Fiske (Eds.), *Affect and cognition: The 17th Annual Carnegie Symposium on Cognition* (pp. 211-228). Hillsdale, NJ: Erlbaum.

Zak, P. J., Kurzban, R., & Matzner, W. T. (2005). Oxytocin is associated with human trustworthiness. *Hormones and Behavior, 48*, 522-527.

Zald, D. H. (2003). The human amygdala and the emotional evaluation of sensory stimuli. *Brain Research Reviews, 41*, 88-123.

Zanna, M. P. (1991). Message receptivity: A new look at the old problem of open- vs. close-mindedness. In A. Mitchell (Ed.), *Advertising exposure: Memory and choice*. Hillsdale, NJ: Erlbaum.

Zanna, M. P., & Fazio, R. H. (1982). The attitude-behavior relation: Moving toward a third generation of research. In M. P. Zanna, E. T. Higgins, & C. P. Herman (Eds.), *Consistency in social behavior: The Ontario Symposium* (Vol. 2, pp. 283-302). Hillsdale, NJ: Erlbaum.

Zanna, M. P., & Olson, J. M. (1982). Individual differences in attitudinal relations. In M. P. Zanna, E. T. Higgins, & C. P. Herman (Eds.), *Consistency in social behavior: The Ontario Symposium* (Vol. 2, pp. 75-104). Hillsdale, NJ: Erlbaum.

Zanna, M. P., & Rempel, J. K. (1988). Attitudes: A new look at an old concept. In D. Bar-Tal & A. W. Kruglanski (Eds.), *The social psychology of knowledge* (pp. 315-334). Cambridge: Cambridge University Press.

Zárate, M. A., Sanders, J. D., & Garza, A. A. (2000). Neurological dissociations of social perceprual processes. *Social Cognition, 2000*, 223-251.

Zárate, M. A., & Smith, E. R. (1990). Person categorization and stereotyping. *Social Cognition, 8*, 161-185.

Zebrowitz, L. A. (1990). *Social perception*. Pacific-Grove, CA: Brooks-Cole.

Zebrowitz, L. A. (2003). Aging stereotypes-Internalization or inoculation? A commentary. *Journals of Gerontology: Series B: Psychological Sciences and Social Sciences, 58*, 214-215.

Zeigarnik, B. (1927). Das Bahalten erfedigter und unerledigter Handlungen. Psychologoie Forshung, 9, 1-85. [Translated and condensed as "On finished and unfinished tasks" in W. D. Ellis (Ed.), *A source book of gestalt psychology*. New York: Harcourt, Brace, & World, 1938.]

Zillmann, D. (1971). Excitation transfer in communication-mediated aggressive behavior. *Journal*

of *Experimental Social Psychology*, *7*, 419-434.
Zillmann, D. (1978). Attribution and misattribution of excitatory reactions. In J. H. Harvey, W. Ickes, & R. P. Kidd (Eds.), *New directions in attribution research* (Vol. 2, pp. 335-368). New York: Wiley.
Zillmann, D. (1983). Transfer of excitation in emotional behavior. In I. T. Cacioppo & R. F. Petty (Eds.), *Social psychophysiology*. New York: Guilford Press.
Zillmann, D. (1988). Cognition-excitation interdependencies in aggressive behavior. *Aggressive Behavior*, *14*, 51-64.
Zillmann, D., & Bryant, J. (1974). Effect of residual excitation on the emotional response to provocation and delayed aggressive behavior. *Journal of Personality and Social Psychology*, *30*, 782-791.
Zillmann, D., Katcher, A. H., & Milavsky, B. (1972). Excitation transfer from physical exercise to subsequent aggressive behavior. *Journal of Experimental Social Psychology*, *8*, 247-259.
Zillmann, D., & Mundorf, N. (1987). Image effects in the appreciation of video rock. *Communication Research*, *14*, 316-334.
Zillmann, D., Weaver, J. B., Mundorf, N., & Aust, C. F. (1986). Effects of an opposite-gender companion's affect to horror on distress, delight, and attraction. *Journal of Personality and Social Psychology*, *51*, 586-594.
Zimbardo, P. G. (1960). Involvement and communication discrepancy as determinants of opinion conformity. *Journal of Abnormal and Social Psychology*, *60*, 86-94.
Zuckerman, M., Fghrari, H., & Lambrecht, M. R. (1986). Attributions as inferences and explanations: Conjunction effects. *Journal of Personality and Social Psychology*, *51*, 1144-1153.
Zuckerman, M., & Feldman, L. S. (1984). Actions and occurrences in attribution theory. *Journal of Personality and Social Psychology*, *46*, 541-550.
Zuckerman, M., Klorman, R., Larrance, D. T., & Spiegel, N. H. (1981). Facial, autonomic, and subjective components of emotion: The facial feedback hypothesis versus the externalizer-internalizer distinction. *Journal of Personality and Social Psychology*, *41*, 929-944.
Zuckerman, M., & O'Loughlin, R. E. (2006). Self-enhancement by social comparison: A prospective analysis. *Personality and Social Psychology Bulletin*, *32*, 751-760.
Zukier, H., & Jennings, D. L. (1983-1984). Nondiagnosticity and typicality effects in prediction. *Social Cognition*, *3*, 187-198.
Zuwerink, J. R., Devine, P. G., Monteith, M. J., & Cook, D. A. (1996). Prejudice toward Blacks: With and without compunction? *Basic and Applied Social Psychology*, *18*, 131-150. [Erratum: 1996 (4).]
Zysset, S., Huber, O., Ferstl, E., & von Cramon, D. Y. (2002). The anterior frontomedian cortex and evaluative judgment: An fMRI study. *NeuroImage*, *15*, 983-991.

찾아보기

<ㄱ>

<ㄴ>

<ㄷ>

<ㅁ>

<ㅂ>

<ㅅ>

<ㅇ>

<ㅈ>

<ㅊ>

<ㅋ>

<ㅌ>

<ㅍ>

<ㅎ>

<기타>

역자 소개

■ **신현정 (申鉉正)** hjshin@pusan.ac.kr

서울대학교 심리학과 학사

서울대학교 대학원 심리학과 석사

인디애나대학교 대학원 심리학과 Ph.D.

한국인지과학회 회장, 한국심리학회 부회장 등을 역임하였으며,
현재 부산대학교 심리학과 교수로 재직 중이다.

저서로는 『개념과 범주화』, 『인지심리학』, 『언어심리학』 등이,
역서로는 『심리학의 오해』, 『시각심리학』, 『역동적 기억』, 『유머심리학』 등 다수가 있다.

두뇌로부터 문화에 이르는

사 회 인 지

발 행 일	2010년 2월 25일 초판 1쇄 발행
저 자	Susan T. Fiske · Shelley E. Taylor 지음
역 자	신현정 옮김
발 행 인	구본하
발 행 처	도서출판 박학사
주 소	서울시 마포구 서교동 460-26 동아빌딩 2층
전 화	(02)3142-3764~5
팩 스	(02)3142-3766
웹사이트	www.pakhaksa.co.kr
등록번호	제10-2230호

정가 25,000원 ISBN 978-89-91633-76-6